I0354800

www.ingramcontent.com/pod-product-compliance
Lightning Source LLC
Chambersburg PA
CBHW081437070526
44586CB00019B/2149
* 9 7 8 1 5 9 5 8 4 8 6 4 2 *

بنیاد نیشابور

۸۱

شاهنامهٔ فردوسی

(۳)

شرکت کتاب
ketab.com

ویرایش: فریدون جنیدی

Ferdowsi's Shahnameh 3
Subject:Ferdowsi's Shahnameh
Poet: Abolqasem Ferdowsi
Editor: Fereydoon Joneydi

Copyright © 2025 by: **Fereydoon Joneydi**
All right reserved.

First Edition: 2025

شاهنامه فردوسی جلد ۳
موضوع: شاهنامه فردوسی
شاعر: حکیم ابوالقاسم فردوسی
ویراستار: فریدون جنیدی
١٤٠٤ خورشیدی - ۲۰۲۵ میلادی

No part of this book may be reproduced in any manner without the express written consent of the author, except in the case of brief excerpts in critical reviews or articles.
For information about permission to reproduce selections from this book, write to Permissions @ ketab Corporation

The Library of Congress Cataloging-in-publishing Data is available upon request.

ISBN:978-1-59584-864-2
Ketab Corporation:
12701 Van Nuys Blvd., Suite H,
Pacoima, CA, 91331, USA
www.ketab.com

1 2 3 4 5 6 7 8 25

فهرست

نبرد پهلوانان	9
سگالش افراسیاب با سران توران	9
رسیدن گودرز کشواد با سپاه ایران به نزدیکی رِبَد	16
لشگر آراستن گودرز و پیران	24
رفتن هومان به جنگ ایرانیان	31
رزم هومان با بیژن	45
نامه فرستادن گودرز بنزدیک کیخسرو	56
پاسخ نامهٔ گودرز از پیش شاه کیخسرو	59
نامهٔ پیران ویسه به گودرز کشواد	66
پاسخ نامهٔ پیران ویسه از گودرز	71
پاسخ افراسیاب به پیران ویسه	81
رسیدن گودرز و پیران بیکدیگر	103
رزم فریبرز با کلباد ویسه	106
رزم گیو با گروی زره	107
رزم گرازه با سیامک	108
رزم فروهل با زنگله	108
رزم رهام گودرز با بارمان ویسه	109
رزم بیژن با رویین پیران	110
رزم هجیر با سپهرُم	111
رزم زنگهٔ شاوران با اَخواست	112
رزم گرگین میلاد با اندریمان	114
رزم بِرتَه با کهرُم	115
رزم گودرز کشواد، با پیران ویسه و کشته شدن پیران	115
اندر رسیدن بیژن و گستهم به نزدیک کیخسرو	141
جنگ بزرگ کیخسرو با افراسیاب	144
پیام افراسیاب به نزد کیخسرو	167
نامهٔ پیروزی کیخسرو به کاووس	190
رسیدن کیخسرو به بهشت کنگ	203
پیام دادن افراسیاب به کیخسرو	205
پاسخ کیخسرو به افراسیاب	209
شکست کنگدژ و گریختن افراسیاب	213
پیروزی نامه نوشتن کیخسرو به کاووس	223
شبیخون افراسیاب بر ایرانسپاه	230
گذشتن افراسیاب بر آبِ زره	237
نامهٔ شاه به کاووس	240
رزم کیخسرو با شاه مکران و گذشتن بر آب زره	249
بازگشتن کیخسرو از توران به ایران	262
سپری شدن روزگار کاووس	278

ناامید شدن کیخسرو از پادشاهی	۲۸۰
پند دادن زالِ سام کیخسرو را	۲۹۳
پدرود کردن کیخسرو ایرانیان را	۲۹۸
بخش کردن گنج و ولایت‌ها به ایرانیان	۳۰۰
ولیعهد کردن کیخسرو لهراسپ را	۳۰۶
پادشاهی لهراسپ	۳۱۹
داستان کتایون با گشتاسپ	۳۳۲
پادشاهی گشتاسپ	۳۷۶
به خواب دیدن فردوسی دقیقی را	۳۷۶
گفتار دقیقی	۳۷۷
رزم ارجاسب با گشتاسپ	۳۹۴
اندر بازگشت گشتاسپ به ایران‌زمین	۴۰۶
اندر بد گفتن گرزم اسفندیار را	۴۰۹
اندر بند کردن گشتاسپ اسفندیار را	۴۱۱
اندر تاخت آوردن ارجاسپ به ایران‌زمین	۴۱۴
افزودن سخن از زبانِ فردوسی در میانِ گفتار دقیقی!	۴۱۵
رزم کهرم با لهراسپ	۴۱۶
رسیدن اسفندیار به نزد گشتاسپ	۴۲۷
آگاه شدن ارجاسب از آمدن اسفندیار	۴۲۸
گریختن ارجاسب از اسفندیار	۴۳۱
داستان هفت خان اسفندیار	۴۳۳
خان نخست و کشتن اسفندیار گرگان را	۴۳۷
خان دویم و کشتن اسفندیار شیران را	۴۴۰
خان سیم و کشتن اسفندیار اژدها را	۴۴۲
خان چهارم و کشتن اسفندیار زن جادو را	۴۴۴
خان پنجم و کشتن اسفندیار سیمرغ را	۴۴۹
خان ششم گذشتن اسفندیار از برف	۴۵۵
خان هفتم رفتن اسفندیار بر وییندژ	۴۶۲
آمدن خواهران، نزد اسفندیار	۴۶۶
داستان رستم و اسفندیار	۴۸۴
آغاز داستان	۴۸۵
رفتن اسفندیار به سیستان	۴۹۳
رفتن بهمن به نزد رستم	۴۹۷
پاسخ پیام اسفندیار از سوی رستم	۵۰۲
پوزش بردن رستم بر اسفندیار	۵۰۷
نخواندن اسفندیار، رستم را به میهمانی	۵۱۰
نکوهش کردن اسفندیار رستم را	۵۱۳
پاسخ اسفندیار رستم را	۵۱۷

پاسخ رستم به اسفندیار	۵۲۰
پند دادن زال مر رستم را	۵۳۰
رزم رستم با اسفندیار	۵۳۳
رزم زواره با پسر اسفندیار	۵۳۶
چاره ساختن سیمرغ و زال بر اسفندیار	۵۴۷
کشته شدن اسفندیار از تیر رستم	۵۵۱
اندرز کردنِ اسفندیار رستم را	۵۵۸
نامهٔ رستم زال به نزدیک گشتاسپ	۵۶۵
داستان رستم و شغاد	۵۶۸
کشته شدن رستم در چاه نخچیرگاه	۵۷۵
پادشاهی بهمنِ اسفندیار	۵۸۵
پادشاهی همای چهرآزاد	۵۹۴
اندر پژوهش داراب نژاد خویش را	۵۹۹
داستان رشنواد و داراب و تاق شکسته	۶۰۲
رزم داراب با لشگر روم و گریز رومیان	۶۰۴
پادشاهی داراب	۶۱۲
رزم داراب با تازیان	۶۱۳
رفتن داراب به جنگ روم	۶۱۴
پادشاهی دارای داراب چهارده سال بود	۶۲۰
یورش اسکندر به ایران	۶۲۲
رزم نخست اسکندر و دارا	۶۲۷
دودیگر نبرد اسکندر با دارا	۶۲۸
سدیگر نبرد اسکندر با دارا	۶۳۰
اندرز کردن دارا اسکندر را	۶۳۷
فهرست نام‌های این دفتر	۶۴۳

نبرد پهلوانان*

❋

سگالش افراسیاب
با
سران توران

دل شاه ترکان[1] چنان کم شنود — همیشه به رنج، از پیِ آز بود
ازان پس که برگشت زان رزمگاه — که رستم بر او کرد گیتی سیاه[2]
بشد تازنان تا به خلّخ رسید — به ننگ از کیان شد سرش ناپدید[3]
بکاخ اندر آمد پر آزار دل — ابا کاردانان هشیاردل
چو پیران و گرسیوز رهنمون — قراخان و چون شیده و گرسیون[4]
بر ایشان همه داستان برگشاد — گذشته سخن‌ها همه کرد یاد
که: «تا برنهادم بشاهی کلاه — مرا گشت، خورشید و تابنده ماه[○]
مرا بود بر مهتران دسترس — عنان مرا، برنتابید کس
ز هنگام رزم منوچهر باز؛ — نبُد دست ایران بتوران دراز
شبیخون کند تا در خان من — از ایران بیازند بر جان من[5]
دلاور شد آن مردم نادلیر — گوزن اندر آمد ببالین شیر

* – در برخی از نمونه‌ها چون شاهنامه بنداری، از نبرد یازده پهلوان یاد شده‌است و برخی از دوازده رخ، اما نگارنده نام را به نبرد پهلوانان برگرداند، و خوانندهٔ آگاه، بهنگام خواندن رویدادهای نبرد، خود بدین داوری خواهد رسیدن که نبرد یازده پهلوان نبرد و دوازده رخ نامی درست نیست و همانا نبرد پهلوانان، زیبندهٔ این داستان است.

۱ – در همهٔ نمونه‌ها چنین آمده‌است، و از آفتاب روشنتر است که آنزمان هنوز ترکان در گسترهٔ آسیا پدیدار نشده‌بودند و افراسیاب و تورانیان نیز ترک نبودند، و از نژاد فریدون بودند، پس می‌باید که این واژه «توران» بوده باشد، اما بر لت دویم نیز انگشت می‌توان نهادن، زیرا که فردوسی همواره داستان را ترجمه کرده و بجزاز دو سه نکته که در پیشگفتار آورده‌ام، از خود سخنی نیاورده است. کاری را که افراسیاب نیز فرمان می‌دهد، نشاید از روی آز بشمار آوردن. که از «کین» و «خشم» است. می‌توان گمان بردن که اینجا یک یا دو رج از شاهنامه فروافتاده باشد که پس‌از آگاهی افراسیاب از گریختن بیژن «بکاخ اندر آمد...» در آینده نیز چنین آمده‌است که «ز بیژن، بدانگونه، دل؛ تنگ داشت».

۲ – داستان آن رزمگاه افزوده بود.

۳ – **یک**: هیچگاه در داستان نیامده‌است که پایتخت افراسیاب خلّخ بوده باشد. **دو**: لت دویم نیز دوباره‌گویی سخن افراسیاب است بگرسیوز برای پیام بمنیژه در افزوده‌ها: بننگ از کیان، پست کردی سرم /بخاک اندر انداختی افسرم. اما افراسیاب از کیان نبود.

۴ – چو... نادرست است، نام گرسیون هم هیچگاه در شاهنامه بازگو نشده‌است.

○ – خورشید و ماه؛ برای من می‌گشتند؛ شب و روز و ماه و سال بکام من بود.

۵ – «کند» در لت نخست، با «بیازند» در لت دویُم همخوان نیست.

بر این کینه، گر، کار سازیم زود — اُگرنه، برآرند، زین مرز دود
سزد گر کنون گِرد این کشورم — سراسر فرستادگان گسترم
ز ترکان و از چین هزاران هزار — کمربستگان ازدر کارزار[1]
بیاریم بر گِرد ایران سپاه — بسازیم هرسو یکی رزمگاه
همه موبدان رای هشیار خویش — نهادند با گفتِ سالار خویش
که: «ما را ز جیهون بباید گذشت — زدن کوس شاهی بر آن پهندشت»
به آموی لشکرگهی ساختن — شب و روز نآسودن از تاختن[2]
که آن جای جنگ است و خون ریختن — چه با گیو و با رستم آویختن[3]
سرافراز گردان گیرنده شهر — همه تیغ کین آب داده به زهر»[4]
چو افراسیاب آن سخن‌ها شنود — برافروخت از بخت و شادی نمود[5]
اَبَر پهلوانان و بر موبدان — بکرد آفرینی به رسم ردان[6]
نویسندهٔ نامه را پیش خواند — سخن‌های بایسته چندی براند
فرستادگان خواست از انجمن — به نزدیک فغفور و شاه ختن[7]
فرستاد نامه بِهَر کشوری — بِهَر نامداریّ و هر مهتری
سپه خواست، کاندیشهٔ جنگ داشت — ز بیژن بدان‌گونه، دل، تنگ داشت
دو هفته برآمد ز چین و ختن — ز هر کشوری شد سپاه انجمن[8]
چو دریای جوشان زمین بردمید — چنان شد که کس روز روشن ندید[9]
گله هرچه بودش ز اسپان یله — به شهر اندرآورد یکسر گله[10]
همان گنج‌ها کز گه تور باز — پدر بر پسر بر همی داشت راز[11]
سر بدره‌ها را گشادن گرفت — شب و روز دینار دادن گرفت[12]

---

۱ – ترک هنوز پدیدار نشده‌بود. «ترک» را نیز در برابر «کشور چین» نشاید آوردن: «ترک و چینی».
۲ – در رج پیشین، سخن از گذشتن از آموی (جیهون) رفته‌بود. ۳ – لت دویم با لت نخست همخوان نیست.
۴ – سخن پایان ندارد.
۵ – یک سخن بود، و «آن سخنان» نابجا است، لت دویم نیز نادرست است. شاهنامه فلورانس از بخت... و هنوز بخت در نبرد آینده بدو روی ننموده‌است. ٦ – سخن با کاردانان درمیان نهاده‌بود، اکنون به پهلوانان و موبدان گردید. لت دویم نیز ناهماهنگ است.
۷ – فرستاد در رج پسین می‌آید.
۸ – **یک:** چین و ختن، در رج سیوم پیش‌ازاین افزوده دانسته شد. **دو:** پادشاه ختن نیز پیران ویسه بود که نامه نوشتن بدو نابجا می‌نماید. **سه:** «دو هفته برآمد» نیز نادرست است، «دو هفته گذشت». **چهار:** نادانی افزاینده چنانست که نامه از توران چند ماهه بچین میرسید، و پیوستن سپاه و جنبش آن به چند ماه زمان نیاز داشت. **پنج:** اگر از چین و ختن سپاه آمده‌است «از هر کشوری» چه باشد؟
۹ – هنوز جنگ آغاز نشده، چرا روزِ روشن دیده نشود؟ ۱۰ – «گله هرچه بود»، با «یکسر گله» همخوان نیست.
۱۱ – **یک:** «گنج‌ها (را)» درست است. **دو:** سخن بِرج پسین پیوسته می‌شود، و آنجا نیز پیوند درست ندارد. «از گاه تور بازمانده‌بود».
۱۲ – سخن از گنج بود، و اینجا از «بدره» یاد می‌شود.

بسیج ایرانیان ۱۱

چو لشکر سراسر شد آراسته   بدان بی‌نیازی شد از خواسته[1]
ز گردان گزین کرد پنجه هزار   همه رزم‌جویان سازنده کار[2]
به شیده که بودش نبرده پسر   ز گردان جنگی برآورده سر[3]
بدو گفت ک:«این لشکر سرفراز   سپردم ترا راه خوارزم ساز[4]
نگهبان آن مرز خوارزم باش   همیشه کمربستهٔ رزم باش»[5]
دگر پنجه از نامداران چین   بفرمود تا کرد پیران گزین[6]
بدو گفت: «تا شهر ایران برو   مَمان تخت و مه بخت سالار نو[7]
درِ آشتی هیچ گونه مجوی   سخن جز به جنگ و به کینه مگوی[8]
کسی کاو برد آب و آتش بهم   اَبَر هر دوان کرده باشد ستم»[9]
دو پرمایه بیدار و دو پهلوان   یکی پیر و باهوش و دیگر جوان[10]
برفتند با پند افراسیاب   به آرام پیر و، جوان بر شتاب[11]
ابا ترگ زرّین و گوپال و تیغ   خروشان بکردار غرّنده میغ[12]
پس آگاهی آمد به پیروز شاه   که: «آمد ز توران، به ایران؛ سپاه
جفاپیشه بدگوهر افراسیاب   ز کینه نیابد شب و روز، خواب
برآورد خواهد همی سر ز ننگ   ز هرسو فرستاد، لشکر، بجنگ
همی زهر ساید به نوک سنان   که تابد مگر، سوی ایران عنان[13]
سواران جنگی چو سیسد هزار   به جیهون همی کرد خواهد گذار[14]
سپاهی که هنگام ننگ و نبرد   ز جیهون به گردون برآرند گرد[15]
دلیران به درگاه افراسیاب   ز بانگ تبیره نیابند خواب[16]

---

۱ – «بدان بی‌نیازی» در لت دویم نادرست است: «بی‌نیاز شد».   ۲ – سخن پایان ندارد.

۳ – بشیده «داد»، یا «سپرد» می‌باید!   ۴ – دنباله گفتار.

۵ – در رج پیشین ره بسوی خوارزم «برای نبرد» می‌نماید، و در این رج «نگهبانی» خوارزم می‌آید که نادرست است. (آن) مرز خوارزم نیز نادرست است.

٦ – **یک:** نامداران چین پنجاه هزارکس نتوانند بود. **دو:** اما اگر سپاه چین را خواهد گفتن، سپاه چین خود فرمانده دارد، که هیچگاه آنرا به پیران وا نمی‌نهد!

۷ –شهر ایران همان ایرانشهر و کشور ایران است، و تاشهر ایران برو، تا کنار مرز آنرا میرساند نه پایتخت آنرا که در آنزمان در آذربایجان بوده‌است.   ۸ – «درِ» آشتی «جستنی» نیست، «کوبیدنی» است.

۹ – آب و آتش را «بر هم ریختن» درست است نه بردن!   ۱۰ – دنبالهٔ گفتار.

۱۱ – با پند افراسیاب نادرست است: «بفرمان افراسیاب». افزاینده بجای «با درنگ» بآرام آورده، و به آرام نشان از آرامش نمی‌دهد و آرامگاه را می‌نماید «پرشتاب» نیز نادرست است: «با شتاب».   ۱۲ – ترگِ زرین در جنگ کاربرد ندارد.

۱۳ – سپاه بسوی ایران روان کرده‌است و «تابد مگر عنان» نابجا است.

۱۴ – چو سیسدهزار نادرست است، پیشتر از یکسدهزار سوار نام برده شد.   ۱۵ – یک سپاه نبود، و از دو سپاه نام برده شده‌بود.

١٦ – دلیران از درگاه افراسیاب بسوی ایران روان شده‌بودند.

ز آوای شیپور و زخم درای / تو گویی برآید همی دل ز جای[1]
گر آید به ایران بجنگ آن سپاه / هژبر دلاور نیاید به راه[2]
سر مرز توران به پیران سپرد / سپاهی فرستاد با او نه خرد[3]
سوی مرز خوارزم پنجه هزار / کمربسته رفت ازدر کارزار[4]
سپهدارشان شیدهٔ شیردل / کز آتش ستاند به شمشیر دل[5]
سپاهی بکردار پیلان مست / که با جنگ ایشان شود کوه پست»[6]
چو بشنید گفتار کارآگهان / پر اندیشه بنشست شاه جهان[7]
به کارآگهان گفت ک:«ای بخردان / من ایدون شنیده‌ستم از موبدان[8]
که چون ماه ترکان برآید بلند / ز خورشید ایرانش آید گزند[9]
سیه مار کاو را سرآید بکوب / ز سوراخ پیچان شود سوی چوب[10]
چو خسرو به بیداد کارد درخت / بگردد بر او پادشاهیّ و بخت»[11]
همه موبدان را بر خویش خواند / شنیده سخن پیش ایشان براند[12]
نشستند با شاه ایران به راز / بزرگان و فرزانه و رزم‌ساز[13]
چو دستان سام و چو گودرز و گیو / چو شیدوش و فرهاد و رهّام نیو[14]
چو توس و چو رستم یل پهلوان / فریبرز و شاپور شیر دمان[15]
دگر بیژن گیو با گستهم / چو گرگین و چون زنگه و گژدهم[16]
جز این نامداران لشکر همه / که بودند شاه جهان را رمه[17]
ابا پهلوانان چنین گفت شاه / که «توران همی رزم جویند و گاه[18]
چو دشمن سپه کرد و شد تیزچنگ / بباید بسیچید ما را بجنگ»[19]

---

۱ - همچنین... ۲ - پیدا است که شیر نر از گذرِ سپاه میگریزد!
۳ - سرِ مرزِ توران را «را» باید و «سپاه نه خرد» سخن زیبنده‌ای نیست.
۴ - رفت نادرست است: «آمد»، چون ایرانیان از اینسوی می‌نگرند.
۵ - آتش را «دل» نیست وکنش «ستانَد» ویژهٔ زمان گذشته نیست، و این داستان درگذشته رخ نموده‌است.
۶ - نیز کنش شود که می‌بایستی بگونهٔ «میشد» می‌آمد. ۷ - دنبالهٔ گفتار.
۸ - کارآگهان را خویشکاری آنست که آگاهی آورند، و شاه با آنان بسگالش نمی‌نشست.
۹ - تورانیان ترک نبوده‌اند.
۱۰ - لت نخست ناهموار است کاو را سر آید... ما را، که سرآید، چه روی باشد؟ لت دویم، نیز چنین است. مار خود بسوی چوب می‌آید؟ و نه چنین است! ۱۱ - کاشتن درخت همواره، «داد» است و بیداد نیست.
۱۲ - سگالش دربارهٔ جنگ تنها با موبدان نبوده‌است که با پهلوانان نیزسگالش می‌رفت.
۱۳ - نشستند براز نادرست است: «بسگالش نشستند». ۱۴ - چو... نادرست است.
۱۵ - همچنین. ۱۶ - نیز... ۱۷ - جزین نادرست است، جز آنان... «بجزاز آنان».
۱۸ - دنباله سخن. ۱۹ - سپه کرد نادرست است: «سپاه فرستاد».

بفرمود تا بوق با گاودم — دمیدند و بستند روبینه‌خم[1]
از ایوان بمیدان خرامید شاه — بیاراستند از برِ پیل گاه[2]
بزد مهره در جام بر پشت پیل — زمین را تو گفتی براندود نیل[3]
هوا نیلگون شد زمین رنگ رنگ — دلیران لشکر بسان پلنگ[4]
به چنگ اندرون گرز و، دل پر ز کین — ز گردان چو دریای جوشان زمین[5]
⇐ **خروشی برآمد ز درگاه شاه — که: «ای پهلوانان ایرانسپاه**
کسی کاو بساید عنان و رکیب — نباید که، یابد بخانه؛ شکیب»
بفرمود کز روم و ز هندوان — سواران جنگی گزیده گوان[6]
دلیران گردنکش از تازیان — پسیچیدهٔ جنگ شیر ژیان[7]
کمربسته خواهند سیصدهزار — ز دشت سواران نیزه‌گزار[8]
هر آن کاو چهل روزه را نزد شاه — نیاید نبیند به سر بر کلاه[9]
پراکند بر گرد کشور سوار — فرستاده با نامهٔ شهریار[10]
دو هفته برآمد به فرمان شاه — بجنبید در پادشاهی سپاه[11]
ز لشگر همه کشور آمد بجوش — ز گیتی برآمد سراسر خروش[12]
بشبگیر گاه خروش خروس — ز هر سوی برخاست آوای کوس[13]
بزرگان هر کشوری با سپاه — نهادند سر، سوی درگاه شاه
در گنج‌های کهن باز کرد — سپه را درم دادن آغاز کرد
همه لشکر از گنج دینار شاه — به سر برنهادند گوهر کلاه[14]

---

۱ – «در» بوق و گاودم می‌دمند، نه «با» بوق و گاودم!
۲ – هنوز سپاه را فرا نخوانده‌اند، چرا می‌باید که شاه بمیدان «بخرامد».
۳ – **یک:** همچنین... **دو:** تو گفتی... **سه:** چرا از زدن مهره زمین نیل رنگ می‌شود؟
۴ – و هوا نیز... و زمین نیلگون رنگ رنگ میگردد؟
۵ – بچنگ چه کس؟ ازپسِ چندین گفتار، تازه در رج پسین، سپاهیان را از کشور فرا می‌خوانند.
٦ – افزاینده چو از چین برای افراسیاب سپاه خواسته‌بود از روم و هند نیز برای ایران سپاه می‌خواهد، اما «روم» را باید در برابر «هند» آوردن نه هندوان!
۷ – پیوند ندارد. «با»، یا «و».
۸ – مگر در آنزمان سیصدهزار سپاهی در تازیکستان پیدا می‌شد؟ سپاهیان تازی چون بهمراه اسلام بایران آمدند هشت هزار تن بودند.
۹ – افزاینده چینیان را بدو هفته بتوران رساند، و تازیان را چهل‌روزه بایران کشاند!
۱۰ – لت نخست پراکنده است: «سواران پراکنده در کشور» لت دویم نیز بی‌پیوند است و پایان ندارد.
۱۱ – دیگر بار پشیمان گردید، و ایرانیان را بدو هفته بدرگاه شاه رسانید. اکنون می‌باید سنجیدن که از بلوچستان و فرغانه، سپاهیان چگونه توانند، در چنین زمان خود را به آذربایجان رساندن؟!
۱۲ – گرد آمدن لشگریان در رج دویم پس‌ازاین می‌آید.
۱۳ – این رج میان رج‌های پیشین و پسین جدایی می‌افکند.
۱۴ – چنین نیست و همهٔ لشگر(یان) کلاه از گوهر نتوانند بر سر نهادن! گزافه از این سخت‌تر نمی‌شود... «گوهر کلاه» نیز نادرست است: «کلاه آراسته بگوهر».

۱۴ کیخسرو

به برگستوان و به جوشن چو کوه — شدند انجمن لشکری همگروه[1]
چو شد کار لشکر همه ساخته — از ایشان دل شاه پرداخته[2]
نخستین از آن لشگرِ نامدار — سواران شمشیرزن سی هزار[3]
گزین کرد خسرو برستم سپرد — بدو گفت ک:«ای نامبردار گرد
ره سیستان گیر و برکش پگاه — بهندوستان اندرآور سپاه[4]
ز غزنین برو تا به راه برین — چو گردد ترا تاج و تخت و نگین[5]
چو آن پادشاهی شود یکسره — به آبشخور آید پلنگ و بره[6]
فرامرز را ده کلاه و نگین — کسی کاو بخواهد ز لشگر گزین[7]
بزن کوس رویین و شیپور و نای — به کشمیر و کابل فزون زین مپای[8]
که ما را سر از جنگ افراسیاب — نیابد همی خورد و آرام و خواب»[9]
الانان و غزدژ بلهراسپ داد — بدو گفت ک:«ای گُردِ خسرونژاد[10]
برو با سپاهی بکردار کوه — گزین کن ز گردان لشگر گروه[11]
سواران شایستهٔ کارزار — ببر تا برآری ز دشمن دمار»[12]
به اشکش بفرمود تا سی هزار — دمنده هژبران نیزه‌گزار[13]
برد سوی خوارزم و کوس بزرگ — سپاهی بکردار درنده گرگ[14]

---

۱ – دنبالهٔ گفتار.

۲ – از ایشان نادرست است: «چون از کار لشگر بپرداخت».

۳ –لشگر، نامدار نمی‌شود، در هر سپاه چند تن نامدار، شاید بودن!

۴ – **یک:** به رستم سیستانی، سپاه از مرزهای دیگر دادن، از روی خرد نیست... **دو:** رستم که با سپاه سیستان به پایتخت آمده، با سپاهی دیگر بسوی سیستان میرود؟ **سه:** سپاهیان ایران را که می‌باید به جنگ تورانیان رفتن، چرا بسوی سیستان، و دیگر شهرها (که در آینده می‌آید) روند؟ **چهار:** «اندر (آور)» نادرست است زیرا که رستم سپاه را «می‌برد» و نمی«آورد».

۵ – **یک:** جایی با نام «برین» شناخته نشده‌است، شاهنامهٔ فلورانس رای برین آورده‌است و آن نیز ناشناخته است. **دو:** اگر می‌باید به برین رود، چرا میگوید تا «راهِ» برین رو! **سه:** در رج پیشین سخن از سیستان و هندوستان بود و در این رج غزنین و راه برین! **چهار:** لت دویم بی‌پیوند است، افزاینده خواسته‌است بگوید تا «راه» برین برو، اگر در جنگ پیروز شوی تاج و تخت و نگین آنجا از آن تست.

۶ – **یک:** لت نخست سست و بی‌بنیاد است. اگر آنجا پادشاهی است، پیش‌از رفتن رستم نیز «یکسره» بوده‌است. **دو:** «چو» در آغاز این رج با «چو» در آغاز لت دویم در رج پیش همخوان نیست.

۷ – سه رج پیش پادشاهی نگرفته را برستم داد، اکنون بفرامرز می‌بخشد.

۸ – **یک:** کوس رویین نیست. شاهنامه فلورانس کوس زرّین آورده‌است! **دو:** فرمان رفتن بکشمیر و کابل نداده‌بود. **سه:** فزون از «این» چه باشد؟

۹ –نبرد غزنین و هندوستان و راه برین و کشمیر و کابل را چه پیوند، با جنگ افراسیاب است.

۱۰ – **یک:** اگر «غزدژ» را نامی درست و راست بشمار آوریم، غُزان هنوز در گسترهٔ آسیا پدیدار نشده‌بودند. **دو:** آنگاه الان (= اران، شمال آذربایجان) را چه پیوند با جایگاه نخستین غزان است؟ **سه:** فرمانروایی دوشهر را که در آن، دشمنان ایران استواراند، نمیتوان بکسی «دادن»، که می‌توان او را بجنگ آنان فرستادن!

۱۱ – برو وگزین کن در این رج...

۱۲ – با «ببر» در این رج همخوان نیست.

۱۳ –نیزه‌گزاران، تازیکان بوده‌اند که جنگ‌افزار سنگین نداشته‌اند، تا آنجا که در شاهنامه تازیکستان «دشت سواران نیزه‌گزار» خوانده شده‌است، و ایرانیان همه گونه جنگ‌افزار داشته‌اند و نیزه‌گزار نبوده‌اند.

۱۴ – **یک:** خوارزم با کوس (پایتخت فریدون، نزدیک آمل امروزین) کنار هم نبوده‌اند که لشگر را بهر دو جای ببرد، تنها در شاهنامه

←

زنـد بـر درِ شـهرِ خـوارزم گـاه — ابـا شـیدهٔ رزم‌زن، کـینه‌خواه[۱]
سـپاه چـهارم بگـودرز داد — چـه مـایه ورا پـند و انـدرز داد[۲]
کـه رو بـا بـزرگان ایـران بـهم — چـو گـرگین و چـون زنگـه و گسـتهم[۳]
زواره فـریبرز و فـرهاد و گـیو — گـرازه سـپهدار و رهّـام نـیو[۴]
بـفرمود بسـتن کـمرشان بـه جـنگ — سـوی رزم تـوران شـدن بـیدرنگ[۵]
سـپهدار گـودرز کشـوادگـان — هـمه پـهلوانانِ آزادگـان[۶]
⟸ نشسـتند بـر زیـن بـفرمان شـاه — سـپهدار گـودرز، پـیش سـپاه
بگـودرز فـرمود پس شـهریار — :«چـو رفـتی کـمربستهٔ کـارزار؛
نگـر تـا نـیازی بـه بـیداد دست — نگـردانـی ایـوان آبـاد، پست
کسـی کـاو بـجنگت نـبندد مـیان — چـنان کـن، کَش از تـو؛ نـیاید زیان
کـه نـپسندد از مـا بـدی دادگـر — سـپنج است گـیتی و، مـا بـر گـذر[۷]
چـو لشگـر سـوی مـرز تـوران بـری — مکـن تـیز دل را بـه آتش‌سـری[۸]
نگـر تـا نـجوشی بکـردارِ تـوس — نـبندی بـهرکار، بـر پـیل، کـوس
جـهاندیده‌ای سـوی پـیران فـرست — هشـیوار و از یـادگیران فـرست[۹]
بـه پـند فـراوانش بگشـای گـوش — بـر او چـادر مـهربانی بـپوش[۱۰]
بـهرکار، بـا هـرکسی داد کـن — ز یـزدان نـیکی‌دهش یـاد کـن!»
چـنین گـفت سـالار لشگـر بشـاه — کـه: «فـرمان تـو بـرتر از شید و مـاه
بدانسان شـوم، کـه‌م تـو فـرمان دهـی! — تـو شـاه جـهانداری و مـن رهـی»
بـرآمـد خـروش از درِ پـهلوان — ز بـانگ تـبیره جـهان شـد نـوان[۱۱]
بـه لشکـرگه آمـد، دَمـادَم سـپاه — جـهان شـد زگـرد سـواران سـیاه
بـه پـیش سـپاه انـدرون پـیل شست — جـهان پست گشـته ز پـیلان مست[۱۲]

→ قاهره بجای کوس؛ کوه آمده‌است که نادرست است. **دو**: در رج پیشین سپاهیان او هژبر نامیده شدند، و اینجا گرگ خوانده می‌شوند!

۱ – چه‌کس زند؟ لت دویم را نیز پیوند درست با لت نخست نیست.

۲ – اندرز (= وصیت) است، و از آنجا که پدران بهنگام درگذشتن اندرز خویش را با پند همراه میکردند، نرم‌نرم اندرز نیز بجای پند بکار گرفته شد، اما در زمان فردوسی چنین نبوده‌است.

۳ – چو... نادرست است با گرگین...

۴ – دنباله

۵ – روی سخن با گودرز بود، و بسوی بزرگان برگشت.

۶ – دنباله.

۷ – کننده (فاعل) در گفتار دادگر، گیتی، «ما»... است و نادرست است. و «ما» دوبار در یک سخن آمده‌است که نادرخور است.

۸ – آتش‌سری را ندانستم چه باشد! باز آنکه پند کیخسرو در رج‌های ۱۸ و ۱۷۵۱۷ آمده‌بود، و در رج پسین نیز می‌آید.

۹ – لت دویم نادرست است یادگیر چه باشد؟

۱۰ – لت دویم نادرخور است.

۱۱ – سخن سست و سپاه و گودرز (= پهلوان) در رج ۱۷۵۱۵ بر زین نشسته بودند و پس چگونه خروش از درِ پهلوان (= گودرز) «برآمد»؟ و از بانگ تبیره (= تبل ریز) جهان نوان نمی‌شود.

۱۲ – پیل شست نادرست است: «شست پیل».

اُزان زنـــدەپیلان جـــنگی چـــهار   بـــیار اســـته از در شـــهریار[1]
نـــهادند بـــر پشت‌شـان تـــخت زر   نشســـتنگهِ شـاه بـــا زیب و فـــر[2]
بـــه گـــودرز فـــرمود تـــا بـــرنشست   بـــران تـــخت زر از بـــر پـــیل مست[3]
بـــرانگیخت پـــیلان و بـــرخـاست گـــرد   مـــر آن را بـــه نـیک اخـتری یـاد کـرد[4]
کـــه: «از جـــان پـــیران بـــرآریـم دود   بـــران سـان کـه گـرد پـی پـیل بـود»[5]
بـــی‌آزار لشکـــر، بـــفرمان شـــاه   هـــمی رفت مـــنزل بـمنزل؛ بـراه

رسیدن گودرز کشواد با سپاه ایران به نزدیکی رِیبَد

چـــو گـــودرز نـــزدیک رِیـــبَد رسـید   ســـران را ز لشکـــر هـــمه بـــرگزید؛
هـــزاران دلـــیران خـــنجرگزار   ز گـــردان لشگـــر دلاورســـوار[6]
از ایـــرانـــیان نـــامور دَه ســـوار   ســـخنگوی و انـــدرخـور کـارزار
سپـهدار، پس، گـیو را پـیش خـوانـد   هـــمه گـــفتهٔ شـاه، بـا او بـرانـد
بـــدو گـــفت ک:«ای پـــورِ ســالار ســر   بـــرافـــراخـــته ســـر ز بسـیار ســر[7]
گـــزین کـــردم انـــدرخـورت لشکـــری   کـــه هســـتند ســـالار هـــر کشـوری*
بـــدان●، تـــا بـــنزدیک پـــیران شـوی   بگـــوییّ و گـــفتار او بشـــنوی
بگـــویی بـــه پـــیران کـه: «مـن بـا سـپاه   بـــه رِیـــبَد رسـیدم بـــفرمان شـــاه
شـــناسی تـــو گـــفتار و کـــردار خـویش   بـــی‌آزاری و رنـــج و تـــیمار خـویش[8]

---

۱ - شهریار بمیدان جنگ نمی‌رفت که ازبرایش پیل بیارایند.
۲ - و بر پشت آنها تخت شاهی نهند!
۳ - «آن» تخت زر کدام تخت باشد؟ در رج پیشین که از چهار تخت یاد شده‌بود.
۴ - نیک اختری برای...
۵ - کشتن پیران! باز آنکه، پس‌ازاین، پند گودرز بگیو در برابر این سخن می‌ایستد.
۶ - سخن پایان ندارد.
۷ - سخن سست است.
* - این سخن، از دیدگاه دستوری؛ درست نمی‌نماید، نمونه‌های دیگر چنین‌اند:
س، ل ۲، س ۲ (نیز ق ۲، لی، ل ۳، و، ب) کشوری؛ ل (نیز لن، پ، لن ۲): که هستند سالار هر کشوری؛ ق (نیز آ) که سالار شایند هر (آ: بر) کشوری. ف: که شایند سالار هر مهتری. (خالقی مطلق ۲ ۱-۴). بنداری در ترجمهٔ ۳ رج پیش چنین آورده‌است: «أرسل ولده جیواً إلی بیران مع عشرة من امراء ایران» از بررسی همه این گونه‌ها چنین می‌نماید که ده مرد از فرمانروایان و بزرگانِ ایران، بهمراه گیو بسوی پیران می‌روند، و سخنِ درست چنین می‌نماید: «**که شاهند، هریک، اَبَر کشوری**».
● - برای آنکه.
۸ - این سخن بر هر کس پیدا است و گفتن ندارد.

۱۷
رفتن گیو بسوی پیران

همه شهر توران، بدی را میان — ببستند با نامدار کیان[1]
فریدون فرخ که با داغ و درد — ز گیتی بشد دیده پر آب زرد[2]
پر از درد ایران پر از داغ شاه — که با سوک ایرج نتابید ماه[3]
ز توران تو تنها ازان انجمن — شناسی به مهر و وفا، خویشتن[4]
دروغ است بر تو همی، نامِ مهر* — نبینم به‌دلت اندر، آرامِ مهر
همانست کآن شاه آزرمجوی — مرا گفت با او همه نرم‌گوی؛
از آن، کاو، بکار سیاوخشِ رد؛ — نیفکند یک روز بنیادِ بد!
بنزد منش دستگاه است نیز — ز خون پدر بیگناه است نیز[5]
گناهی که تا این زمان کرده‌ای — ز شاهان گیتی که آزَرده‌ای؛
همی شاه، بگذارَد از تو؛ همه — بدی، نیکی انگارد از تو همه
نباید که بر دست ما بر، تباه — شوی برگذشته فراوان گناه[6]
دگر، کز پی جنگِ افراسیاب — زمانه همی بر تو گیرد شتاب[7]
بزرگان ایران و فرزند من — بخوانند بر تو، همه پند من
سخن هرچه دانی بدیشان بگوی — اُز ایشان، همیدون؛ سخن بازجوی!
اگر راست باشد دلت با زبان — گذشتی ز تیمار و رستی بجان
بر و بوم و خویشانت آباد گشت — ز تیغ منت گردن آزاد گشت[8]
ور از تو پدیدار آید گناه — نماند بتو مُهر و تخت و کلاه![9]
نجویم بر این کینه آرام و خواب — من و گرز و میدان افراسیاب[10]
کزو شاه ما را به کین خواستن — نباید بسی لشگر آراستن[11]
مگر پند من سربسر بشنوی — بگفتار هشیار من بگروی[12]
نخستین کسی کاو پی افکند کین — به خون ریختن برنوشت آستین[13]

---

۱ - **یک:** همهٔ تورانیان چنین نکردند، و تورانیان دوستدار ایرج بودند، **دو:** نامدار کیان نادرست است زیرا که همه کیان نامدار بوده‌اند. **سه:** ایرج، از کیانیان نبود، و زنجیرهٔ کیان از کیقباد آغاز می‌شود.
۲ - سخن پایان ندارد.
۳ - نتابید ماه، چه باشد؟
۴ - نه چنین است و بسا از تورانیان مهر ایران را داشته‌اند، و این گفتارها درست، رودرروی رج پسین می‌ایستد!
* - مهر: پیمان، راستی، وکیش مهر.
۵ - آزرم (=احترام) شاید گفتن، اما دستگاه نشاید، زیرا که او در توران می‌زید، ودستگاهش در همان توران است.
۶ - برگذشته فراوان گناه نادرست است: «برای گنا(هان) فراوانت درگذشته».
۷ - «کز پی» نادرست «برای جنگ...»
۸ - گشت نادرست است: «شوند»، یا «گردند».
۹ - پدیدار آید نادرست است: «پدیدار گردد» یا «پدید آید».
۱۰ - لت دویم از سخنان رستم است، و خود، افراسیاب در میدان نبرد آینده نبوده‌است.
۱۱ - **یک:** از او شاه ما را نادرست است: «که شاه ما، برای کین خواستن از او». **دو:** لت دویم بی‌پیوند است.
۱۲ - گفتار، «هشیار» نمی‌شود.
۱۳ - سخن شاهنامه است دربارهٔ تور.

به خون سیاوخش یازید دست — جهانی به بیداد بر کرد پست[۱]
بسان سگانش ازان انجمن — ببندی فرستی به نزدیک من[۲]
بدان تا فرستم به نزدیک شاه — چه‌شان سرستاند چه بخشد کلاه[۳]
تو نشنیدی آن داستان بزرگ — که شیر ژیان آورد پیش گرگ[۴]
که هر کاو به خون کیان دست آخت — زمانه بجز خاک جایش نساخت[۵]
دگر هرچه از گنج نزدیک تست — همه دشمن جان تاریک تست[۶]
ز اسپان پرمایه و گوهران — ز دیبا و دینار و ز افسران[۷]
ز ترگ و ز شمشیر و برگستوان — ز خفتان و ز خنجر هندوان[۸]
همه آلت لشگر و سیم و زر — فرستی به نزدیک ما سربسر[۹]
به بیداد کز مردمان بستدی — فراز آوریدی ز دست بدی[۱۰]
بدان باز خری مگر جان خویش — ازین در کنی زود درمان خویش[۱۱]
چه اندر خور شهریارست ازان — فرستم به نزدیک شاه جهان[۱۲]
ببخشیم دیگر همه بر سپاه — به جای مکافات کرده گناه[۱۳]
اُ دیگر که پور گزین ترا — نگهبان گاه و نگین ترا[۱۴]
برادرت هر دو سران سپاه — که هزمان برآرند گردن به ماه[۱۵]
چو هر سه بدین نامدار انجمن — گروگان فرستی به نزدیک من[۱۶]
بدان تا شوم ایمن از کار تو — برآرد درختِ وفا بار تو[۱۷]
تو نیز آنگهی برگزینی دو راه — یکی راه جویی به نزدیک شاه[۱۸]
ابا دودمان نزد خسرو شوی — بدان سایهٔ مهر او بغنوی[۱۹]

---

۱ – دنباله سخن. ۲ – دنبالهٔ سخن.

۳ – **یک:** نخستین کسی را... «شان» نمی‌باید «ش» می‌باشد. **دو:** «چه‌شان» آمیزهٔ نادرستی است و همانند ندارد.

۴ – **یک:** داستان (= مثل) را بزرگ و کوچک نیست. **دو:** آوَرَد، نادرست است، و بزمان روان (حال) می‌پیوندد. داستان زدنی است، آوردنی نیست.

۵ – **یک:** گزافه ناهموار که شیر و گرگ کیان را نمی‌شناسند. **دو:** زمانه همه را در خاک «جای میدهد». **سه:** جایش نساخت نادرست است: «جایش نداد». ۶ – **یک:** لت دویم را با لت نخست پیوند درست نیست. **دو:** از گنج سیاوخش چیزی بدست پیران نرسیده‌بود.

۷ – **یک:** اسپان زمان سیاوخش تا آنزمان همگی مرده‌بودند... **دو:** و در دست پیران نیز نبودند. **سه:** دیبا و دینار را افسر می‌باید نه «افسران». ۸ – دریوزه گری افزاینده. ۹ – دنباله.

۱۰ – **یک:** پیران از مردمان سپاهیان ایران چیزی نستانده‌بود. **دو:** که می‌باید در آغاز سخن آید: «که ببیداد از مردمان».

۱۱ – «خرّی» نادرست است. ۱۲ – چه نادرست است: «آنچه».

۱۳ – **یک:** بجای مکافات گناه نادرست است: «بجای گناه انجام پذیرفته»، یا «بمکافات گناه». **دو:** پیران را در خون سیاوخش گناهی نبود.

۱۴ – پور ترا نادرست است: «پسرت را». ۱۵ – **یک:** برادرت نادرست است: «بردرانت را». **دو:** هزمان نادرست است.

۱۶ – چو هر سه نادرست است: «چون هر سه را».

۱۷ – **یک:** «بدان» در آغاز سخن پیوندی درست برای «چو» در رج پیشین نیست: «چون هر سه را فرستی، از کار تو ایمن شوم». **دو:** لت دویم نیز درهم است: «درختِ وفای تو». ۱۸ – آنگهی نادرست است. ۱۹ – دنبالهٔ گفتار.

بازگشتن گیو ۱۹

کنم با تو پیمان که خسرو ترا / به خورشید تابان برآرد سرا[1]
ز مهر دل او تو آگه‌تری / کزو هیچ ناید جز از بهتری[2]
بشویی دل از مهر افراسیاب / نبینی شب تیره اورا به خواب[3]
گر از شاه ترکان بترسی ز بد / نخواهی که آیی به ایران سزد[4]
بپرداز توران و بنشین به چاج / ببر تخت ساج و برافراز تاج[5]
ورت سوی افراسیاب است رای / بکش لشگر و جنگ ما را مپای[6]
اگر تو بخواهی پسیچید جنگ / مرا زور شیر است و چنگ پلنگ[7]
به ترکان نمانم من از تخت بهر / کمان من ابر است و بارانش زهر[8]
پسیچیدهٔ جنگ خیز اندرآی / گرت هست با شیر درّنده پای[9]
چو صف برکشند از دو رویه سپاه / گنهکار پیدا شد از بی‌گناه[10]
گرین گفته‌های مرا نشنوی / به فرجام کارت پشیمان شوی[11]
پشیمانی آنگه نداردت سود / که تیغ زمانه سرت را درود»[12]
بگفت این سخن پهلوان با پسر / که: «بر خوان به پیران همه دربه‌در»[13]

*

⇐ ز پیش پدر، گیو؛ شد تا به بلخ / گرفته بیاد آن سخن‌های تلخ
فرود آمد و کس فرستاد زود / بران سان که گودرز فرموده‌بود
همان شب سپاه اندر آورد گرد / برفت از در بلخ تا ویسه گِرد[14]
که پیران بدان شهر بُد با سپاه / که دیهیم ایران همی جست و گاه[15]
فرستاده چون، سوی پیران رسید / سپهدارِ پیران، مر او را بدید
بگفتند ک :«آمد سوی بلخ گیو / ابا ویژگان سپهدار نیو»[16]

---

۱ - سرا نادرست است.
۲ - دنبالهٔ گفتار.
۳ - شگفتا که افزاینده به خواب او نیز اندر می‌شود، و فرمان چگونه خواب دیدن می‌دهد!
۴ - لت دویم را با لت نخست پیوند نیست.
۵ - چون بر شهر چاچ نشینند. آن نیز از مرز ایران است و با آنچه که پیشتر گفته شد یکی است.
۶ - سخن کودکانه... اگر رای بسوی افراسیاب دارد که بایستی پای بفشارد، و با ایرانیان بجنگد!
۷ - «پسیچیدن خواهی» درست است. مگر چنگ شیر ناتوان است که برای چنگ پلنگ آورند!
۸ - تورانیان ترک نبودند.
۹ - «پسیچیدن» دوباره آمد، و از «شیر» نیز دوباره یاد شد.
۱۰ - پیدا شد نادرست است. شاهنامه قاهره «شود» آورده‌است که آهنگ سخن را در هم میریزد: «گنهکار پیدا شود از بیگناه».
۱۱ - بفرجام کارت نادرست است: «بفرجام از کار خود».
۱۲ - «درود» در لت دویم نادرخور است: «بدرَوَد».
۱۳ - «بگفت» در این رج نابجا است، زیرا که در گفتار درست پسین بگویی، آمده‌بود: «بگویی به پیران که من با سپاه...».
۱۴ - افزایندهٔ ناآگاه، ببازی سخن میگوید. زیرا که از بلخ تا ویسه گرد بیست روزه راه بوده‌است. آنگاه چگونه با سپاه می‌توان این راه دراز را یکشبه پیمودن؟
۱۵ - دیهیم هنوز در جهان پدید نیامده‌بود.
۱۶ - پس‌از دیدار فرستاده با پیران، او را از آمدن گیو آگاه میکنند؟

چو بشنید پیران برافراخت کوس ... شد از سمّ اسپان زمین آبنوس[1]
ده و دو هـزارش ز لشگر سوار ... فراز آمد اندرخور کارزار[2]
ازیشان دو بهره هم آنجا بماند ... برفت و جهاندیدگان را بخواند[3]
بیامد چو نزدیک جیهون رسید ... به گرد لب آب لشگر کشید[4]
به جیهون بر از نیزه دیوار کرد ... چو با گیو گودرز دیدار کرد؛[5]
دو هفته شد اندر سخن‌شان درنگ ... بدان، تا نباشد، به بیداد؛ جنگ
ز هرگونه گفتند و پیران شنید ... گنهکاری آمد ز ترکان پدید[6]
بزرگان ایران زمان یافتند ... بر ایشان بگفتار بشتافتند
برافکند پیران هم اندر شتاب ... نوندی بنزدیک افراسیاب
که: «گودرز کشوادگان با سپاه ... نهاد از برِ تخت گردان کلاه[7]
فرستاده آمد بنزدیک من ... گزین پور او مهتر انجمن[8]
مرا گوش و دل سوی فرمان تست ... بپیمان روانم گروگان تست»[9]
سخن چون بسالار توران رسید ... سپاهی ز جنگ‌آوران برگزید
فرستاد نزدیک پیران سوار ... زگُردان شمشیرزن سی هزار
بدو گفت: «بردار، شمشیر کین ... اُز ایشان بپرداز، روی زمین
نه گودرز باید که ماند نه گیو ... نه فرهاد و گرگین نه رهّام نیو[10]
که بر ما سپاه آمد از چار سوی ... همی گاه ایران کنند آرزوی[11]
جفاپیشه گشتم ازین پس به جنگ ... نجویم به خون ریختن بر درنگ[12]
به رای هشیوار و مردان مرد ... برآرم ز کیخسرو این بار گرد»[13]
چو پیران بدید آن سپاه بزرگ ... به خون تشنه هریک بکردار گرگ

---

۱ - **یک:** کوس برافراختنی نیست، **دو:** شبانه از سم اسبان زمین آبنوس نمی‌شود.

۲ - پیران بر پایهٔ افزوده‌ها با پنجاه هزار سوار بجنگ آمده‌بود! ده و دو هزار(ش) نادرست است: «فراز آمد(ش)»، و آن نیز نادرست است زیرا سرداری که با پنجاه هزار سوار از توران جنبیده است، خود همراه سوارانش است، و سواران بر او فراز نمی‌توانند آمدن.

۳ - دو بهره از چند بهره؟ لت دویم را نیز با لت نخست پیوند نیست.

۴ - گردِ لب آب نادرست است: یا «گردِ روده»، یا «لب روده».

۵ - دوباره از دیدار پیران و گیو سخن میرود.. و برای دیدار با فرستاده، دیوار نیزه‌ای نمی‌باید.

٦ - **یک:** تورانیان ترک نبوده‌اند. **دو:** در رج پسین، این گفتارِ درست می‌آید.

۷ - لت دویم نادرخور است. تخت گُردان چگونه تختی است؟ و کلاه را روی تخت نمی‌نهند.

۸ - «گیو» مهتر انجمن ایران نبوده‌است، که گودرز مهتر انجمن مهیستان ایران بود.

۹ - دنبالهٔ گفتار.

۱۰ - نام بردن از چند پهلوان نادرست است، می‌بایستی گفتن که پهلوانان یا سپاهیان ایران را ازمیان بردار.

۱۱ - سپاهیانی که گاه آرزوی تخت ایران راکنند نمیتوانند دوستدار توران بوده باشند، زیرا که تورانیان نیز چنین آرزو میکنند!

۱۲ - افراسیاب را بجزاز چند گاه که با سیاوخش پیمان بست و مهر ورزید، همواره خوی، «جفا پیشگی» بود. افزاینده این واژه را از سخن رج چهارم پسین برگرفته‌است.

۱۳ - رای «آهنگ» و اندیشه است و هشیار (هشیوار) نمی‌شود.

بازگشتن گیو ۲۱

برآشفت ازان پس که نیرو گرفت / هنرها بشست از دل آهو گرفت[1]
جفا○ پیشه گشت آن دل نیکخوی / پر اندیشه شد، رزم کرد آرزوی
به گیو آنزمان گفت: «برخیز و رو / سوی پهلوانِ سپه باز شو
بگویش که: از من تو چیزی مجوی / که فرزانگان، آن، نبینند روی!
یکی آنکه از نامدار گوان / گروگان همی خواهی این کی توان[2]
دُدیگر که گفتی سلیح و سپاه / گرانمایه اسپان و تخت و کلاه[3]
برادر که روشن‌جهان من است / گزیده پسر پهلوان من است[4]
همی گویی از خویشتن دور کن / ز بخرد، چنین خام باشد سخن[5]
مرا مرگ بهتر از آن زندگی / که سالار باشم کنم بندگی
یکی داستان زد بر این بر، پلنگ / چو با شیرِ جنگاورش، خاست؛ جنگ
«بنام ار بریزی مرا» گفت: «خون / به از زندگانی بننگ اندرون!»
دو دیگر که پیغام شاه آمده‌است / بفرمان جنگم، سپاه آمده‌است»[6]
چو پاسخ چنین یافت برگشت گیو / ابا لشگری نامبردار و نیو[7]

*

سپهدار، چون گیو برگشت از اوی / خروشان سوی جنگ بنهاد روی
دمان ازپس گیو، پیران، دلیر / سپه را همی راند، برسان شیر[8]
بیامد، چو پیش کنابد رسید / برآن دامن کوه لشکر کشید
چو گیو اندر آمد به پیش پدر / همی* گفت پاسخ، همه؛ دربه‌در
به گودرز گفت: «اندر آور سپاه / بجایی که سازی همی رزمگاه
که او را همی آشتی رای نیست / بدلْش اندرون، داد را جای نیست
ز هرگونه با او سخن راندم / همه هرچه گفتی بر او خواندم
چو آمد پدیدار از ایشان گناه / هیونی برافکند نزدیک شاه
که گودرز و گیو اندر آمد به جنگ / سپه باید ایدر مرا بی‌درنگ[9]
سپاه آمد از نزد افراسیاب / چو ما بازگشتیم، بگذاشت آب●

---

۱ – چون سپاه بیاری پیران آمد، جای برآشفتنش نبود. ○ – «ستم» درست‌تر می‌نماید.
۲ – نامدار گوان نادرست است: «گوان نامدار» لت دویم نیز سست است. ۳ – سخن پایان ندارد.
۴ – یک: افزاینده دو برادر از پیران خواسته‌بود نه یک برادر. دو: روشن جهان نیز نادرخور است. سه: لت دویم را نیز با لت نخست پیوند نیست. ۵ – دنبالهٔ گفتار. ٦ – لت دویم هموار نیست.
۷ – گیو با ده تن رفته‌بود نه بالشگر. ۸ – بازگویی رج پیشین است.
* – در همهٔ نمونه‌ها «همی‌گفت» آمده‌است و درست چنین می‌نماید: «بدو گفت».
۹ – گودرز و گیو را «آمدند» باید، نه «آمد»! ● – از آب (جیهون) گذشت.

کنون کینه را، کوس؛ بر پیل بست　　همی جنگ ما را کند پیشدست»
چنین گفت با گیو پس پهلوان　　که: «پیران بسیری رسید از روان
همین داشتم چشم، زان بد نهان　　ولیکن بفرمان شاه جهان؛
ببایست رفتن، که چاره نبود　　دلش را کنون، شهریار؛ آزمود
یکی داستان گفته بودم به شاه　　چو فرمود لشگر کشیدن به راه[۱]
که: دل را ز مهر کسی برگسل　　کجا نیستش با زبان راست دل[۲]
همه مهر پیران به ترکان بر است　　بشوید همی شاه از او پاک دست»[۳]

*

چو پیران سپاه از کنابد براند　　به روز اندرون روشنایی نماند[۴]
سواران جوشنوران سدهزار　　ز ترکان کمربستهٔ کارزار[۵]
برفتند بسته کمرها به جنگ　　همه نیزه و تیغ هندی به چنگ[۶]
چو دانست گودرز کآمد سپاه　　بزد کوس و آمد ز رِیبَد به راه
ز کوه اندر آمد به هامون گذشت　　کشیدند لشکر بران پهن دشت
بکردار کوه از دو رویه سپاه　　ز آهن به سر برنهاده کلاه؛[۷]
برآمد خروشیدن کرنای　　بجنبد همی کوه گفتی ز جای[۸]
ز ریبد همی تا کنابد سپاه　　در و دشت از ایشان کبود و سیاه[۹]
ز گرد سپه روز روشن نماند　　ز نیزه هوا جز به جوشن نماند[۱۰]
وز آواز اسپان و گرد سپاه　　بشد روشنایی ز خورشید و ماه[۱۱]
ستاره سنان بود و خورشید تیغ　　از آهن زمین بود و، ز گرز میغ[۱۲]
بتوفید ز آواز گردان زمین　　ز ترگ و سنان آسمان آهنین[۱۳]

---

۱ – بدانهنگام گودرز هیچ سخن با کیخسرو نگفته‌بود، تنها گفته‌بود:

براهی روم کم تو فرمان دهی　　تو شاه جهانداری و من رهی

۲ – دنبالهٔ گفتار.　　۳ – تورانیان ترک نبوده‌اند.

۴ – پیران، بسوی کنابد (= کناوت پهلوی) لشگر کشیده‌بود، و اکنون چه روی دارد که از آنجا لشگر را براند؟

۵ – **یک:** جوشنوران نادرست است: «جوشن‌ور». **دو:** افراسیاب سی هزار سپاهی فرستاده‌بود. پس یکسدهزار سوار از کجا پدیدار گشتند؟

۶ – **یک:** کمرها نادرست است: «بسته کمر». **دو:** نیزه را همراه با تیغ نمی‌توان بدست گرفتن، که هر یک، جای خویش و زمان خویش را خواهد.　　۷ – در رج پیشین سخن از سپاه گودرز رفت، نه از هردو سپاه.

۸ – پیش‌از جنگ کرنای نمی‌نوازند، و آنان را در نبرد، چند روز درنگ بود.

۹ – بازگویی رج دوئم پیش است.

۱۰ – هوا جوشن نمی‌شود، که اگر بیننده‌ای از آسمان زمین را بنگرد، آنرا چون جوشن می‌بیند.

۱۱ – **یک:** از آواز اسپان روشنایی از خورشید و ماه نمیرود. **دو:** خورشید در روز و ماه در شب روشن‌اند، و باهم نیستند.

۱۲ – زمین چگونه از آهن بود، وگرز را با ابر، چه پیوند؟　　۱۳ – باز، آسمان آهنین گشت.

آمادگی نبرد ۲۳

چو گودرز توران سپه را بدید
که برسان دریا زمین بردمید[1]

درفش از درفش و گروه از گروه
گسسته نشد شب برآمد ز کوه[2]

چو شب تیره شد پیل پیش سپاه
فراز آوریدند و بستند راه[3]

برافروختند آتش از هر دو روی
از آواز گردان پرخاشجوی[4]

جهان سربسر گفتی آهرمن است
به دامن بر از آستی دشمن است[5]

ز بانگ تبیره به سنگ اندرون
بدرّد دل اندر شب قیرگون[6]

سپیده برآمد ز کوه سیاه
سپهدار ایران به پیش سپاه[7]

به آسوده اسپ اندر آورد پای
یلانرا به هر سو همی ساخت جای[8]

سپه را سوی میمنه کوه بود
ز جنگ دلیران بی‌اندوه بود[9]

سوی میسره رود و آب روان
چنان درخور آمد، چو تن را روان[10]

پیاده که اندرخور کارزار
بفرمود تا پیش روی سوار[11]

صفی برکشیدند نیزه‌وران
ابا گرزداران و گنداوران[12]

هم ایدون پیاده بسی نیزه‌دار
چه با ترکش و تیر جوشن گذار[13]

کمان‌ها فکنده به بازو درون
همی از جگرشان بجوشید خون[14]

پس پشت ایشان سواران جنگ
کز آتش به خنجر ببردند رنگ[15]

پس پشت لشگر ز پیلان گروه
زمین از پی پیل گشته ستوه[16]

---

۱ – سپاه توران برمی‌دمید؟ یا زمین بردمید؟

۲ – **یک:** چنین کار بهنگام جنبش سپاه روی میدهد، باز آنکه پیران، سپاه را بلشگرگاه رسانده‌بود. **دو:** در لت دویم «تا» فروافتاده‌است: «تا شب برآمد».

۳ – **یک:** پس‌از تیره شدن چنین کردند؟ **دو:** شب، خود، تیره است، و تیره نمی‌شود. **سه:** فراز آوریدند نادرست است: «به پیش سپاه آوردند».

۴ – دو لت را پیوند با یکدگر نیست.

۵ – **یک:** از آواز مردان، جهان آهرمن! «اهریمن» نمی‌شود. **دو:** لت دویم را با لت نخست پیوند نیست.

٦ – **یک:** شب هنگام تبیره نمی‌زدند. **دو:** بدرّد در لت دویم نادرخور است: «بدرّید»، یا «می‌درّید»، بانگ تبیره، «بسنگ اندرون» چه میکرد؟

۷ – سپهدار، پیش سپاه نمی‌ایستد.

۸ – آسوده اسپ نادرست است: «بر اسپی آسوده...» و مگر اسبان سپاه ایران شب را رهپیمایی کرده‌بود؟ که سپهدار اکنون به اسبی آسوده نیاز دارد!

۹ – لت نخست نادرست است: «بال راست سپاه، پشت بکوه داشت» لت دویم نیز ناهموار است، بی‌اندوه که بود؟ کوه، یا سپاه؟

۱۰ – لت نخست بی‌پایان است... لت دویم نیز سست می‌نماید.

۱۱ – **یک:** لت نخست پیوند درست ندارد. **دو:** پیادگان پیش «روی» سواران رده نمی‌کشیدند، که پیش سپاه رده می‌کشیدند.

۱۲ – گرز را همگان داشتند، و ویژهٔ یک گروه نبود.

۱۳ – **یک:** «نیزه‌دار» همان «نیزه‌ور» است. **دو:** نیزه‌دار را تیر و ترکش نیست.

۱۴ – بازو را، درون، نباشد.

۱۵ – «ببردند» در لت دویم نابجا است، اگر سخن را بپذیریم، کنش آن می‌بایستی «می‌بردند» بوده باشد.

١٦ – پیلان پیشتر پیش سپاه بودند. لت دویم پیل نادرست است: «آنان».

درفش خجسته میان سپاه   ز گوهر درفشان بکردار ماه[1]
ز پیلان زمین سربسر پیلگون   ز گرد سواران هوا نیلگون[2]
درخشیدن تیغهای بنفش   ازان سایهٔ کاویانی درفش[3]
تو گفتی که اندر شب تیره چهر   ستاره همی برفشاند سپهر[4]
بیاراست لشگر بسان بهشت   به باغ وفا سرو کینه بکشت[5]

لشگر آراستن گودرز
و
پیران

فریبرز را داد پس میمنه   پس پشتِ لشگر حصار و بنه[6]
گرازه سر تخمهٔ گیوگان   زواره نگهدار تخت کیان[7]
به یاری فریبرز برخاستند   بیک روی لشگر بیاراستند[8]
به رهّام فرمود پس پهلوان   که: «ای تاج و تخت خرد را روان[9]
برو با سواران سوی میسره   نگهدار، چنگالِ گرگ، از بره[10]
بپیروز لشگرگه از فرّ خویش   سپه را همی دار در پرّ خویش[11]
بدان آبگون خنجر نیوسوز   چو شیر ژیان با یلان رزم‌توز»[12]
برفتند یارانش با او بهم   ز گردان لشگر یکی گستهم[13]

۱ – دنبالهٔ سخن.   ۲ – افزاینده دوباره در اندیشه پیلان افتاد، اما پیلگون چگونه باشد؟

۳ – درفش کاویان را چندان سایه نبود.   ۴ – تو گفتی... روز شده‌بود، و افزاینده آنرا بشب گرداند!

۵ – باغِ وفا راه کینه چگونه باشد؟ و سرو را چگونه کینه باشد؟

٦ – **یک:** پس میمنه نادرست است زیرا که آغاز کار بود. میمنه را نیز در گفتار فردوسی راه نیست. **دو:** حصار از کجا پیدا شد؟ **سه:** بنه همواره پشتِ دنبالهٔ سپاه جای داشت نه پشت بال راست.

۷ – تاکنون هیچگاه از کسی با نام نگهدار تخت کیان یاد نشده‌است.

۸ – **یک:** بیاری، فریبرز بدآهنگ است. **دو:** بیک روی لشگر، چه را بیاراستند؟

۹ – خرد را نه تاج است، نه تخت!

۱۰ – **یک:** میسره در سخن فردوسی نمی‌گنجد. **دو:** بره را از چنگال گرگ نگهدار؟ یا چنگال گرگ را؟ **سه:** مگر بال راست یک سپاه که با جنگ‌افزار، بجنگ آمده‌اند، همانند بره‌اند؟

۱۱ – نیز تاکنون از فرّ یک پهلوان یاد نشده‌است. «از فرّ» نیز نادرست است: «با فر»، یا «بفرّ».

۱۲ – پهلوان با خنجر رزم نمی‌کند، که خنجر جنگ‌افزارِ پایانین است که از ناچاری بدست میگیرد.

۱۳ – لت دوئم سخت سست است و نادرخور، زیرا که گستهم از پهلوانان ایران بود و شایسته نمی‌نماید که نامش پس‌از دیگر گمنامان آید.

آمادگی نبرد ۲۵

دگر گزدهم رزم را ناگریز فروهل که بگذاشت از سنگ، تیر [1]
بفرمود تا گیو با دو هزار برفتند برگستوان‌ور سوار [2]
سپرد آن زمان پشت لشگر بدوی که بد جای گردان پرخاشجوی [3]
برفتند با گیو جنگاوران چو گرگین و چون زنگهٔ شاوران [4]
درفشی فرستاد و سیسد سوار نگهبان لشگر سوی رودبار [5]
هم ایدون فرستاد بر سوی کوه درفشی و سیسد ز گردان گروه [6]
یکی دیده‌بان بر سر کوه بر برآمد، برآورد از انبوه، سر
شب و روز گردن برافراخته از آن دیده گه دیده‌بان ساخته [7]
بجُستی همی تا، ز توران سپاه؛ پی مور دیدی، نهاده به راه؛
ز دیده، خروشیدن آراستی بگفتی و، گودرز برخاستی
بدانسان بیاراست آن رزمگاه که رزم آرزو کرد خورشید و ماه
چو سالار، شایسته باشد بجنگ نترسد سپاه، از دلاور نهنگ
ازانپس بیامد بسالار گاه که دارد سپه را ز دشمن نگاه [8]
درفش دلفروز بر پای کرد سپه را به قلب اندرون جای کرد [9]
سران را همه خواند نزدیک خویش پس پشت شیدوش و فرهاد پیش [10]
به دست چپش رزم دیده هجیر سوی راست کشمارهٔ شیرگیر [11]
ببستند ز آهن به گردش سرای پس پشت، پیلان جنگی بپای [12]
سپهدار گودرزشان در میان درفش از برش سایهٔ کاویان [13]
همی بستد از ماه و خورشید نور نگه کرد پیران به لشگر ز دور [14]
بدان ساز و آن لشگر آراستن دل از ننگ و تیمار پیراستن [15]

۱ – گزدهم در آنهنگام درگذشته بود، و فروهل نیز نامی بی‌نشان است.

۲ – در لشگرگاه، لشگریان بکجا رفتند؟ برفتند نیز نادرست است: گیو با دو هزار سوار «برفت».

۳ – گردان پرخاشجوی را جای، پیش سپاه است، نه پشت لشگر.

۴ – چو... نادرست است.

۵ – رودبار که در سخنان پیشین چون تن و روان لشگر بود، سیسد سوار را چه میخواست؟

۶ – لت دویم سست است.

۷ – لت دویم ناهمگون است. در برخی نمونه‌ها بجای دیده‌بان دیدگه آمده که آنهم نادرست است.

۸ – بسالارگاه را نه شنیده‌ایم، و نه پیدا است که کجا است؟

۹ – **یک:** درفش پیشتر بر پای بود. **دو:** سخن سخت بیمایه! که همهٔ سپاه را نمیتوان در قلب سپاه جای داد. جای کرد نیز نادرست است.

۱۰ – **یک:** سران را که خود بچپ‌وراست فرستاده‌بود! چرا دوباره به پیش خواست؟ **دو:** سپهسالار را نمی‌شاید که پشت یکی از جنگاوران (فرهاد) پناه گیرد.

۱۱ – کشماره نیز همچون فروهل نامی دروغین است که بجزاز اینجا هیچگاه بدان برنخورده‌ایم.

۱۲ – **یک:** سخن بی‌بنیاد که چهارکس پیرامون یک کس، برای وی سرای بشمار نمی‌روند! **دو:** پیلان جنگی پیش سپاه می‌ایستاده‌اند.

۱۳ – **یک:** گفتار کودکانه که پیشتر گودرز را در سالارگاه جای داده‌بود! **دو:** سایهٔ کاویان پاژنامی دروغین برای درفش درخشان است.

۱۴ – فروغ خورشید از درفش بازتاب داشت، ماه در این میان کجا بود؟ **دو:** کننده (= فاعل) از گودرز به پیران گشت!

۱۵ – **یک:** نام «لشگر» دوباره آمد. **دو:** لت دویم را هیچ گزارش نیست.

در و دشت و کـــوه و بـیابان سـنان　　عـنان بـافته سربسر بـا عـنان[۱]
سـپهدار پـیران غـمی گشت سخت　　بـرآشفت بـا تـیره خورشید بـخت[۲]
ازان پس نگـــه کـرد جـای سـپاه　　نـیامدش بــر آرزو رزمگـــاه[۳]
نـه آوردگــه دیـد و نـه جـای صف　　همی برزد از خشم کـف را بـه کف[۴]
بـر ایـن‌گونه کآمـد ببایست ساخت　　چو سوی یـلان چـنگ بایست آخت[۵]
پس از نـامداران افـراسیاب　　کسی کـه‌ش سـر از کینه گیرد شتاب[۶]
گـزین کـرد شـمشیرزن سـی‌هزار　　کـه بـودند شایستهٔ کـارزار[۷]
بـه هـومان سـپرد آن زمـان قـلبگاه　　سـپاهی هـژبراوژن و رزمـخواه[۸]
بـخوانـد انـدریمان و اوخـواست را　　نـهادِ چپ لشگـر و راست را[۹]
چپ لشگـرش را بـدیشان سـپرد　　ابـا سـی هـزار از دلیـران گـرد[۱۰]
چـو لهـاک جـنگی و فـرشیدورد　　ابـا سـی هـزار از دلیـران مـرد[۱۱]
گـرفتند بـر مـیمنه جـایگاه　　جـهان سـربسر گشت ز آهـن سیاه[۱۲]
چــو زنگـالهٔ گـرد و کـلباد را　　سـپهرم کـه بـد روز فـریاد را[۱۳]
بـرفتند بـا نـیزه‌ور ده‌هـزار　　بـه پشت سـواران خـنجرگزار[۱۴]
بـرون رفت رویـین رویـینه‌تن　　ابـا ده هـزار از یـلان خـتن[۱۵]
بـدان، تـا در آن بـیشه انـدر، چـو شیر　　کـمینگه کـند بـا یـلان دلیـر[۱۶]

۱ – **یک:** «در» خانه باشد، و در آن بیابان، خانه‌ای نبود! **دو:** «عنان در عنان» شاید گفتن. اما عنان در عنان بافته نادرست است، زیرا در چنان زمان، اسبان همه در هم می‌غلتند و سپاه خودبخود تباه می‌شود.

۲ – **یک:** غمی نادرست است. **دو:** خورشید، تیره نیست، بختِ تیره شاید گفتن، خورشید تیره نشاید گفتن.

۳ – پیشتر جای سپاه را دیده‌بود.

۴ – **یک:** پیشتر راه برکشیده‌بودند، و سپاه آراسته‌بودند... **دو:** در لت دویم «کف» برای پساوا آمده‌است، و «همی» نابجا است: «برزد».

۵ – **یک:** گفتار چنان می‌نماید که «پیران با خود گفت» اما در سخن نیامده‌است. **دو:** لت دویم بی‌پیوند و بی‌گزارش است.

٦ – در لت دویم «گیرد» نابجا است: «میگرفت».

۷ – افراسیاب سی هزار سوار برای پیران فرستاده‌بود، پس چگونه ازمیان آنان سی هزار سوار را برگزید؟

۸ – ازپیش، جای سرداران، پیش‌بینی می‌شد، و در «آن زمان» قلبگاه را بهومان سپردن نادرست است. لت دویم نیز که دنبالهٔ لت نخست از رج پیشین است بجا، نمی‌نماید.

۹ – **یک:** اندریمان را «را» می‌باید. **دو:** اندریمان و اوخواست، که گاه بگونهٔ «اَخواست» آمده نامهای دروغین‌اند. **سه:** لت دویم پریشان و نادرست است. «نهادِ چپ لشگر» را هیچ گزارش نیست.

۱۰ – **یک:** در رج پیشین یکی از آنان «نهادِ راست لشگر» بود و در این رج هردو را ببال چپ فرستاد! **دو:** تاکنون سی هزار شمشیرزن به هومان داده و سی هزار نیز بدین دو نام ساختگی سپرده است، باز آنکه افراسیاب (در سخنان افزوده) سی هزار سپاهی برای پیران فرستاده‌بود.

۱۱ – **یک:** «چو لهاک» نادرست است. **دو:** سی هزار دیگر بدان افزوده شد!!

۱۲ – دنبالهٔ سخن.

۱۳ – **یک:** زنگاله، نام دروغین. **دو:** لت دویم پیوند ندارد.

۱۴ – **یک:** ده‌هزار سپاهی دیگر افزوده شد! **دو:** سوار خنجرگزار برترین دروغ است، چراکه سوار **یک:** با نیزه. **دو:** باشمشیر. **سه:** باگرز می‌جنگد، و چون چاره نماند، دست بخنجر می‌برد.

۱۵ – ده‌هزار سوار دیگر افزوده شد!

٦۱ – لت دویم نادرخور و سست است: کمین کردن «با» یلان نادرست است. و «چو شیر» نادرست‌تر. «در آن» با «اندر» یکی است و «در

طلایه فرستاد بر سوی کوه / سپهدار ایران شود زو ستوه [1]
از آن رزمگه پی نهد پیش‌تر / اگر جنبد از خویشتن بیش‌تر [2]
سپهدار رویین بکردار شیر / پس پشت او اندر آید دلیر [3]
همان دیده‌بان بر سر کوه کرد / که جنگ سواران بی‌اندوه کرد [4]
ز ایرانیان گر سواری ز دور / عنان تافتی سوی پیکار تور [5]
نگهبانِ دیده گرفتی خروش / همه رزمگاه آمدی زو به جوش [6]
⇐ دو لشکر به روی اندر، آورده؛ روی / همه نامداران پرخاشجوی
چنین، ایستاده سه روز و سه شب / یکی را بگفتن نجنبید لب
همی گفت گودرز: «گر پشت خویش / سپارم بدیشان، نهم پای پیش
سپاه اندر آید پسِ پشت من / نماند جزاز باد، در مشتِ من»
همه روز، بر پای، پیش سپاه / همی جُست نیک اخترِ هور و ماه*
که روزی که آن روز نیک اخترست / کدام است و جنبش که را بهترست [7]
کجا بردمد باد روز نبرد؟ / که چشم سواران بپوشد بگرد!
بر ایشان بیابم مگر دستگاه / بکردار باد اندر آرم سپاه
نهاده سپهدار پیران دو چشم / که گودرز را دل بجوشد ز خشم [8]
کند پشت پردخت و رانَد سپاه / سپاه اندر آرد بپشت سپاه [9]

*

بروز چهارم ز پیش سپاه / بشد بیژن گیو، تا قلبگاه
به پیش پدر شد همه جامه چاک / همی بآسمان بر پراکند خاک

→ آن بیشه اندر» نادرست است.

۱ – **یک:** پیش‌آهنگان سپاه «طلایه» پیش‌از جنبش سپاه به پیش می‌روند، نه بدانهنگام که دو سپاه روی در روی یکدیگر ایستاده‌اند! **دو:** لت دویم بی‌پیوند و نادرخور است، زیرا که سپاه دشمن از پیش‌آهنگ (= طلایه) بستوه در نمی‌آید، زیرا که آنان نمی‌جنگند.

۲ – **یک:** آنجا که ایرانیان، یا تورانیان به رده ایستاده‌اند، رزمگاه نیست لشگرگاه است، و چون بیکدیگر یورش آورند، میدان میان آنان رزمگاه می‌شود. **دو:** لت دویم سخت سست است.

۳ – اگر آنان بسوی میدان آیند، رویین می‌تواند بپذیره‌شان رود، ازپیش، نه از پشت!

۴ – سخن سست. که بی‌اندوه سپاهی است که پیروز شده باشد، و کارِ دیده‌بان نمیتواند سپاه را پیروز گرداند.

۵ – **یک:** پیوند درست ندارد: «تا اگر از ایرانیان...». **دو:** «تافتی» در رج دویم نادرست است: «بتابد». **سه:** کسیکه لگام اسب را بتابد، آهنگ گریز دارد، نه رای ستیز. سخن درست آنستکه «عنان بجنباند»: لگام را تکان بده، تا اسب براه افتد، و با جنباندن آن به تندی افزاید.

۶ – **یک:** خروش، گرفتنی نیست برآوردنی است. **دو:** «آمدی» کنش گذشته است، و نادرست «برآید» «بیاید».

* – در همه نمونه‌ها چنین آمده‌است: «نیک اخترِ هور و ماه» اما پیداست که خورشید و ماه، اختر ندارند و بر این بنیاد سخن درست فردوسی چنین بوده‌است: [«نیک‌اختر» و «هور» و «ماه»...] و پسان، «بادِ نبرد»

۷ – **یک:** روز نیز نیک‌اختر و بداختر نیست. **دو:** این سخن میان رج‌های پیشین و پسین جدایی می‌افکند.

۸ – سخن را «نیز» باید: «پیران نیز».

۹ – بازگویی رج ششم پیشین است.

۲۸ کیخسرو

بدو گفت کـ :«ای بـاب کـارآزمـای   چه داری؟ چنین، خیره بـودن بـپای!●

بـه پـنجم فـراز آمـد ایـن روزگـار   شب و روز آسـایش آمـوزگار[1]

نـه خـورشید شـمشیر گـردان بـدید   نـه گـردی بـه روی هـوا بـردمید[2]

سـواران بـه خـفتان و خـود انـدرون   یکـی را بـه رگ بـر نـجنید خـون[3]

بـه ایـران پس از رسـتم نـامدار   نـبودی چـو گـودرز دیگـر سـوار[4]

چـنین تـا بـیامد ز جـنگ پشـن   ازان کشـتن و رزمگـاه گشـن[5]

بـه لاون کـه چـندان پسـر کشـته دیـد   سـر بـختِ ایـرانـیان گشـته دیـد[6]

جگـرخسـته گشـته‌ست و گـم کـرده راه   نـخواهـد کـه بـیند هـمی رزمگـاه[7]

بـه پـیرانش بـر چشـم بـاید فکـند   نـهاده‌ست سـر سـوی کـوه بـلند[8]

سـپهدار کـو نـاشمرده سـپاه   سـتاره شـمارد هـمی گـرد مـاه[9]

تـو بشـناس کـاندر تـنش نـیست خـون   شـد از جـنگ جـنگاوران او زبـون[10]

شگـفت از جـهاندیده گـودرز نـیست   کـه اورا روان خـود بـر ایـن مـرز نـیست[11]

شگـفت از تـو آیـد مـرا ای پـدر   کـه شـیر ژیـان از تـو جـوید هـنر؛

دو لشکـر هـمی بـر تـو دارنـد چشـم   یکـی تـیز کـن مـغز و بـفروز خشـم

کـنون چـون جـهان گـرم و روشـن هـوا   نگـیرد هـمی رزم لشگـر نـوا[12]

چـو ایـن روزگـار خـوشی بگـذرد   چـو پـولاد روی زمـین بـفسرد[13]

چـو بـر نـیزه‌ها گـردد افسـرده چـنگ   پس پشـت تـیغ آیـد و پـیش سـنگ[14]

● – گفتار چنین است که، برای چه لشکر را بیهوده برپای نگه میداری؟ در نمونه‌های دیگر ۹ گونه از این سخن آمده‌است (بنگرید به. خالقی مطلق ۲۵–۴) اما من می‌اندیشم که این سخن را چنین باید خواندن:

بدو گفت کاین بابِ کارآزمای،   چه «دارد» چنین، خیره؛ بودن، بپای!

هنوز نیز در تاجیکستان و افغانستان و گیلان پدربزرگ را باب، و بابا می‌نامند، و سخن بیژن به گیو آنستکه این پدربزرگِ کارآزموده چرا؟... و بیژن همه گاه، گیو را «پدر» می‌خواند، چنانکه در همین داستان گیو به بیژن می‌گوید زبان بر نیا بر، گشاده مکن! و «نیا» نیز همچون باب، پدربزرگ است.

۱ – گفتار شاهنامه روز چهارم را میگوید و افزاینده با سخن سست از روز پنجم یاد میکند.

۲ – دنبالهٔ گفتار.   ۳ – سخن یاوه.   ۴ – دنبالهٔ گفتار.

۵ – **یک:** چه کس بیامد، **دو:** پَشَن شناخته نشده‌است و چند بار در افزوده‌ها از آن یاد شده‌است. **سه:** گَشْنْ درست است، و درخت پر شاخ و برگ را گویند، نه گَشَن.

۶ – لاون نیز شناخته نمی‌شود.

۷ – لت دویم نادرست است؛ شاید گفتن که نه خواهد رزم جستن، نه رزمگاه دیدن!

۸ – **یک:** پیران نیز چون گودرز درنگ را پذیرفته‌است. **دو:** چه کس نهاده است؟ پیدا است که گودرز را خواهد گفتن، اما سخن به پیران بازمیگردد!

۹ – روز، ستاره نیست که بر گردِ ماه شمرده شود.

۱۰ – **یک:** تو بشناس نادرست است. **دو:** «او» در پایان گفتار درست نیست، و چون از گودرز یاد می‌شود «او» ناکارآمدست.

۱۱ – لت دویم سخت سست و بی‌گزارش است.

۱۲ – **یک:** «است» در کار است. **دو:** رزم چگونه «نوا» گیره؟ افزایندهٔ سست گفتار، خواسته‌است بگوید، اگر اکنون که هوا گرم است نجنگیم فردای زمستان چگونه خواهم جنگیدن.

۱۳ – دنبالهٔ همان گفتار.

۱۴ – چگونه از پشت سر تیغ، و از روبرو سنگ می آید؟

آمادگی بیژن برای رزم

که آید ز گردان به پیش سپاه	که آورد گیرد بدین رزمگاه¹
ور ایدون که ترسی همی از کمین	ز جنگ سواران و مردان کین؛²
بمن داد باید، سواری هزار	گزینِ من، اندرخورِ کارزار
برآریم گرد از کمینگاهشان	سرافشان کنیم از بر ماهشان»³

۱۷۷۷۰
ز گفتار بیژن بخندید گیو	بسی آفرین کرد بر پور نیو
بدادار، گفت: «از تو دارم سپاس	که دادی مرا پور نیکی‌شناس*
همش هوش دادی و هم زور کین	شناسای هر کار و جویای دین⁴
به من بازگشت این دلاور جوان	چنانچون بود بچهٔ پهلوان⁵
چنین گفت مر جفت را نره شیر	که: فرزند ما گر نباشد دلیر⁶

۱۷۷۷۵
ببریم ازو مهر و پیوند پاک	پدرش آب دریا بود، مام، خاک،⁷
ولیکن تو ای پور چیره سَخُن	زبان، بر نیا بر، گشاده مکن
که او کار دیده‌ست و داناتراست	بر این لشکرِ نامور، مهتراست
کسی کاو بُود سودهٔ کارزار	نباید بِهَر کارش آموزگار!
سواران ما گر ببار اندرند	نه توران، برنگ و نگار اندرند!

۱۷۷۸۰
همه شوربختند و برگشته‌سر	همه دیده پر خون و خسته جگر
همی خواهد این پیر کارآزمای	که توران، بجنگ اندر آرند؛ پای
پس پشتشان دور ماند ز کوه	–بَرَد لشگر کینه‌ور همگروه–
ببینی تو کوپال گودرز را	که چون برنوردد همی مرز را⁸
دودیگر کجا، ز اختر نیک و بد؛	همی گردش چرخ را بشمرد

۱۷۷۸۵
چو پیش آید آن روزگار بهی	کند روی گیتی ز دشمن تهی»
چنین گفت بیژن به پیش پدر	که: «ای پهلوان جهان سربسر
خجسته نیا را گر اینست رای	سزد گر نداریم زآهن، قبای!
شوم جوشن و خود بیرون کنم	به می، رویِ پژمرده گلگون کنم!
چو آیم جهان پهلوان را، بکار	بسایم کمربستهٔ کارزار»

---

۱ – دنبالهٔ گفتار.   ۲ – یک: کمین در کار نیست. دو: سپاه، رودرروی یکدیگر ایستاده‌اند.
۳ – باز سخن از کمین می‌رود. لَتِ دویم نادرست است. افزاینده خواسته‌است بگوید که سرهایشان را بچرخ ماه می‌افشانیم.
* – گفت: از خداوند سپاسگزارم که فرزندی نیکی‌شناس –چون تو– بمن داده‌است! که دادی: که او داد.
۴ – لَتِ دویم سست است. سخن از دین نرفته‌بود!
۵ – در رجِ پیشین، از بیژن با «او» (= همش) یاد کرده‌بود، و اینجا با «این» یاد می‌شود، و نادرست است.
۶ – برای خداوند داستان زدن!!
۷ – چگونه بچه‌ای که فرزند «ماه» خوانده می‌شود پدرش آب دریا می‌شود و مادرش خاک!؟ داستان دروغ زدن برای خدایی که آنانرا پدر و مادر آن فرزند کرده‌است چنین بی‌بنیاد می‌شود!
۸ – سخن کمبود دارد: «در چنان زمان... بینی».

۳۰ کیخسرو

*

أُزان لشکر تور، هومان، دلیر — به پیش برادر بیامد چو شیر!
که: «ای پهلوانِ رد افراسیاب — گرفت اندرین دشت ما را شتاب!
به هفتم فراز آمد این روزگار — میان بسته در جنگ، چندین سوار[1]
از آهن، میان سوده و، دل ز کین — نهاده دو دیده بایرانزمین
چه؟ داری، بروی اندرآورده، روی — چه؟ اندیشه داری، بدل در، بگوی!
گرت رایِ جنگ است، جنگ آزمای! — ورت رای برگشتن، ایدر مپای!
که ننگ است ازین بر تو ای پهلوان — برین کار خندند پیر و جوان!
همان لشگرست این که از ما به جنگ — برفتند و رفته ز روی آب و رنگ[2]
کز ایشان همه رزمگه کشته بود — زمین سربسر رود خون گشته بود[3]
نه زین نامداران سواری کم است — نه آن دوده را پهلوان رستم است[4]
گرت آرزو نیست خون ریختن — نخواهی همی لشگر انگیختن[5]
ز جنگ آوران لشگری برگزین — به من ده تو بنگر کنون رزم و کین»[6]
چو بشنید پیران، ز هومان؛ سَخُن — بدو گفت: «مشتاب و تندی مکن
بدان ای برادر که این رزمخواه؛ — که آمد چنین پیش ما با سپاه؛
گزینِ بزرگانِ کیخسرَوْ است — سرِ پهلوانانِ آن پهلَوْ است
یکی آنکه کیخسرو از شاهِ من — بدو سر فرازد، بِهر انجمن!
دودیگر که از پهلوانانِ شاه — ندانم چو گودرز، کس را، بجاه؛
سدیگر که پر داغ دارد جگر — پراز خون، دل، از دردِ چندان پسر!
که از تن سرانشان جدا ماندهایم — زمین را، به خون، گرد بنشاندهایم[7]
کنون، تا به تنْش اندرون، جان بُود — براین‌کینه چون مار، پیچان بُود
چهارم که لشکر، میانِ دو کوه — فرود آوریدهست و کرده گروه
ز هرسو که پویی بدو راه نیست — براندیش! کاین رنج، کوتاه نیست!
بکوشید باید، بدان، تا مگر — از آن کوهپایه برآرند سر
مگر مانده گردند و مشتی کنند — بجنگ اندرون پیشدستی کنند[8]
چو از کوه بیرون کشد لشکرش — یکی تیرباران کنم* بر سرش

1 – روز سیوم بود. 2 – که از ما برفتند نادرست: «از ما گریختند». 3 – دنبالهٔ سخن.
4 – دوده نادرست است: «آن سپاه را». 5 – سخن درست، اما پیوسته‌است بداستان.
6 – «کنون» نادرست است: «آنگاه». 7 – سخن سست است «کردیم» و «بنشاندیم».
8 – مُستی را با دَستی پساوا نیست.
* – همهٔ نمونه‌ها چنین است مگر شاهنامه س، کنند ازبرش. کنم بر سرش درست نمی‌نماید زیراکه لشکریان توران چنان خواهند کردن. و
←

چو دیوار، گِرد اندر آریمشان / چو شیر ژیان، در بر آریمشان
بر ایشان بگردد، همه کام ما / برآید بخورشید بر، نام ما
تو پشت سپاهیّ و سالارِ شاه / برآورده از چرخِ گَردان، کلاه
کسی کاو بنام بلندش، نیاز؛ / نباشد، چه گردد همی گردِ آز●
دودیگر که از نامدارانِ جنگ / نیاید کسی نزد ما بیدرنگ[1]
ز گُردان کسی را که بی‌نام‌تر / ز جنگ سواران بی‌آرام‌تر[2]
ز لشگر فرستند پیشت به کین / اگر برنوردی بر او بر زمین[3]
ترا نام ازان برنیاید بلند / به ایرانیان نیز ناید گزند[4]
اُگر بر تو بر دست یابد به خون / شوند این دلیران ترکان زبون»[5]
نگه کرد هومان بگفتار اوی / همی خیره دانست کردارِ اوی
چنین داد پاسخ که:«ز ایران، سوار / نباشد، که با من کند کارزار
ترا خود همین مهربانی‌ست؛ خوی / مرا کارزار آمده‌ست آرزوی
اُگر که‌ت، بکین جستن آهنگ نیست / به دلْتْ اندرون، آتشِ جنگ نیست
کنم آنچه باید، بدین رزمگاه / نمایم هنرها به ایرانسپاه
شوم چرمهٔ گامزن زین کنم / سپیده‌دمان جستن کین کنم»[6]

رفتن هومان به جنگ ایرانیان

نشست از بر زین سپیده‌دمان / چو شیر ژیان با یکی ترجمان[7]
بیامد بنزدیک ایرانسپاه / پر از جنگ، سر، دل پر از کینِ شاه[8]

← ازآنجاکه در رج پسین، کننده (= فاعل) «ما» است (اندر آریمشان)، اینجا نیز می‌باید همچنین بوده باشد، پس در اندیشهٔ من سخن فردوسی چنین بوده‌است: **«یکی تیر باران کنیم از برش»**.

● – تو، هومان نام بلند داری و نیاز بنام بلندت نیست، آز مَوَرز.

۱ – **یک:** افزاینده خواسته بگوید: «اگر بنبرد پیشدستی کنیم»، از نامداران «ایران» کسی پیش نمی‌آید. **دو:** بیدرنگ نیز نادرخور است.

۲ – اگر گرد باشد چگونه بی‌نام می‌شود؟ لت دویم بی‌گزارش است.   ۳ – دنبالهٔ گفتار.   ۴ – همچنین.

۵ – تورانیان ترک نبوده‌اند.

٦ – پهلوان سپاه در میدان سوار بر اسب است و نیاز ندارد که «خود» اسپ را زین کند.

۷ – **یک:** سخن هومان چنانست که در همان دم بجنگ میرود. **دو:** میان ایرانیان و تورانیان ترجمان در کار نبوده‌است.

۸ – در رج پس‌ازاین «بیامد» آمده‌است، و آن درست است. سر نیز پر از جنگ نمی‌شود.

چو پیران بدانست کاو شد بجنگ / براو بر، جهان گشت، زاندوه، تنگ![1]
بجوشیدش از دردِ هومان جگر / یکی داستان یاد کرد از پدر[2]
که: «دانا به هر کار سازد درنگ / سر اندر نیارد به پرگار تنگ[3]
سبکسار تندی نماید نخست / به فرجام کار انده آرد درست[4]
زبانی که اندر سرش مغز نیست / اگر درّ ببارد همان نغز نیست»[5]
چو هومان بدین رزم تندی نمود / ندانم چه آرد به فرجام سود[6]
جهانداورش باد فریادرس / جز اویش نبینم همی یار کس[7]
چو هومان ویسه بدان رزمگاه / که گودرز گشواد بد با سپاه[8]
بیامد که جوید ز گردان نبرد / نگهبان لشکر بدو باز خورد
طلایه بیامد برِ ترجمان / سواران ایران همه بدگمان-[9]
بپرسید ک:«ین* مرد پرخاشجوی؛ / بخیره، به دشت اندر آورده؛ روی!
کجا؟ رفت خواهی همی، چون نوند! / بچنگ اندرون گرز و، بر زین کمند»!
به ایرانیان گفت پس ترجمان / که: «آمد گهِ گرز و تیر و کمان[10]
که این شیردل نامبردار مرد / همی با شما کرد خواهد نبرد[11]
سرِ ویسگان است هومان بنام / که تیغش دل شیر دارد نیام»[12]
چو دیدند ایرانیان گرز اوی / کمربستن و خسروی بُرزِ اوی[13]
همه دست نیزه گزاران ز کار / فروماند از فرّ آن نامدار[14]

---

۱ - سخن درست است اما وابسته بگفتار پسین است.

۲ - هنوز به هومان دردی نرسیده‌است که جگر پیران بر او بسوزد.

۳ - درنگ، ساختنی نیست، کردنی است. سر به (بند) می‌افتد نه پرگار.

۴ - دنبالهٔ گفتار.

۵ - **یک:** «زبان» سر و مغز ندارد. **دو:** گفتارِ چون دُرّ بیگمان از اندیشهٔ درست برمی‌آید، نه از بیخردی.

۶ - دنبالهٔ گفتار.

۷ - دنباله...

۸ - پیشتر گفته شد که هومان بنزدیک ایرانسپاه آمد! «بدان رزمگاه» نیز درست نیست: بسوی ایرانسپاه آمده‌بود.

۹ - همهٔ نمونه‌ها با گمانِ درست بودن ترجمان در رج‌های پیشین چنین آورده‌اند. اما پیدا است که «کای» در رج پسین درست است زیرا که با خودِ هومان سخن میگویند.

* - نمونه‌ها همه کاین آورده‌اند اما پیدا است که «کای» درست است، چون در لت دویم نیز سخن با هومان است (دوم کس) نه آنکه دربارهٔ هومان گفته باشند.

۱۰ - **یک:** ایرانیان و تورانیان را ترجمان نمی‌بایست، چون همه فرزندان فریدون بودند. **دو:** «پس» سخن را سست میکند، چون اگر از کسی چیزی پرسند، او را «گفت» باید، نه «پس گفت».

۱۱ - پیوند «که» بایسته است: «که با شما نبرد میکند... سر ویسگان است»!

۱۲ - هومان سر ویسگان نبود که برادر کوچکتر پیران بود.

۱۳ - هومان شاهزاده نبود، پهلوان و پهلوانزاده بود، و پاژنام خسرو نیز از آن کیخسرو بود و بس.

۱۴ - دنباله سخن.

نبرد خواستن هومان از ایرانیان

همه یکسره بازگشتند از اوی / سوی ترجمانش نهادند روی [1]
که: «رو پیش هومان به ترکی زبان / همه گفتهٔ ما بر او بر بخوان [2]
که ما را به جنگ تو آهنگ نیست / ز گودرز، دستوری جنگ نیست
اُگر جنگ جویی، گشاده‌ست راه؛ / سوی نامور پهلوان سپاه»
ز سالار گردان و گردنکشان / بهومان بدادند یک یک نشان [3]
که گردان کجایند و مهتر کجاست / که دارد چپ لشگر و دست راست [4]
اُزان پس هیونی تکاور دمان / طلایه، برافکند؛ زی پهلوان
که: «هومان از آن رزمگه چون پلنگ / سوی پهلوان آمد ایدر، بجنگ»
چو هومان ز نزد سواران برفت / بیامد بنزدیک رهّام، تفت
اُزان جا خروشی برآورد سخت / که: «ای پورِ سالارِ بیداربخت
چپ لشکر و چنگ شیران تویی / نگهبان سالار ایران تویی
بجنبان عنان اندرین رزمگاه / میان دو صف برکشیده سپاه!
به آورد، با من بیایدت گشت / سوی رود خواهی! اُگر سوی دشت؟ [5]
اُگر تو نیایی مگر گستهم / بیاید دمان با فروهل بهم [6]
که جوید نبردم ز جنگاوران / به تیغ و سنان و به گرز گران [7]
هر آن کس که پیش من آید بکین / زمانه بر او برنوردد زمین [8]
اُگر تیغ ما را ببیند به جنگ / بدرّد دل شیر و چرم پلنگ» [9]
چنین داد رهّام پاسخ بدوی / که: «ای نامور گُردِ پرخاشجوی
ز توران ترا بخرد انگاشتم / ازینسان که هستی نپنداشتم [10]
که تنها بدین رزمگاه آمدی / دلاور به پیش سپاه آمدی [11]
بر آنی که اندر جهان تیغدار / نبندد کمر چون تو، دیگر، سوار [12]

---

۱ - «همه» چه کسانند؟ در رج‌های پیشین گفته شد که نگهبان‌لشگر بتنهایی بدو باز خورده‌بود.
۲ - تورانیان ترک نبوده‌اند.
۳ - پیدا است که سالار درمیانهٔ سپاه است، و بایسته نمی‌نمود که از گردنکشان نشانِ او دهند. زیرا که در سخن درست آمده‌است راه بسوی پهلوان سپاه، گشاده است.
۴ - دنباله سخن، چپ لشگر و دست راست نادرست است: «چپ‌وراست».
۵ - سخن لت نخست در رج پیشین آمده‌است: «بجنبان عنان».
٦ - **یک**: از بال چپ چگونه بگستهم تواند گفتن که تو برو. **دو**: فروهل کیست!
۷ - این پرسش را می‌بایستی از گودرز سپهسالار کردن.
۸ - زمانه بر می‌نوردد؟ یا هومان؟
۹ - میان لت نخست با لت دویم پیوند درست نیست: «اگر شیر و پلنگ تیغ را «ببینند».
۱۰ - انگاشتم و پنداشتم نادرست است، می‌انگاشتم، نمی‌پنداشتم.
۱۱ - رزمخواهان همواره بتنهایی بسوی سپاه دشمن میرفتند.
۱۲ - «دیگر» پیوند بآینده دارد، باز آنکه هومان اکنون بجنگ آمده‌است: «نبسته‌است».

یکی داستان از کیان یاد کن ... زِ فامِ خرد گردن آزاد کن[1]
که هر کاو بجنگ اندرآید نخست ... رهِ بازگشتن ببایدش جست[2]
از اینها که تو نام بردی به جنگ ... همه جنگ را تیز دارند چنگ[3]
ولیکن چو فرمان سالار شاه ... نباشد، نسازد کسی رزمگاه[4]
اگر جنگِ گُردان بجویی؟ همی! ... سوی پهلوان، چون بپویی همی؛
ز گودرز، دستوری جنگ‌خواه ... پس، از ما؛ بجنگ اندر، آهنگ خواه»*
بدو گفت هومان که: «خیره مگوی ... بدین روی با من بهانه مجوی[5]
تو این رزم را جای مردان گزین ... نه مرد سوارانی و دشت کین»[6]

*

از آنجا بقلب سپه برگذشت ... دمان، تا بدان روی لشکر گذشت
به نزد فریبرز با ترجمان ... بیامد بکردار باد دمان[7]
یکی برخروشید که: «ای بدنشان ... فروبرده گردن ز گردنکشان
سواران و پیلان و زرّینه کفش ... ترا بود با کاویانی درفش
به ترکان سپردی به روز نبرد ... یلانت به ایران نخوانند مرد[8]
چو سالار باشی شوی زیردست ... کمر بندگی را ببایدْت بست[9]
سیاوخشِ رَد را برادر تویی ... بگوهر ز سالار، برتر تویی
تو باشی سزاوار کین خواستن ... بکینه، ترا باید آراستن
یکی با من اکنون به آوردگاه ... ببایدْت گشتن به پیش سپاه
به خورشید تابان برآیدت نام ... که پیش من اندر گذاری تو گام[10]
اُگر تو نیایی به جنگم رواست ... زواره گرازه نگر تا کجاست[11]
کسی را ز گردان به پیش من آر ... که باشد ز ایرانیان نامدار»[12]

---

۱ – **یک:** هومان تورانی که کیان را ندیده‌است چگونه داستانی از آنان بیاد آوَرَد؟ **دو:** داستان در گذر هزاره‌ها پدید می‌آید، و گویندهٔ آن پیدا نیست.
۲ – جایگاه «ش» در لت دویم نابجا است: باید رهِ بازگشتنش جست.
۳ – **یک:** اینها نادرست است: «آنان». **دو:** بجنگ نیز نادرخور است: «برای جنگ جستن».
۴ – رزمگاه، ساختنی نیست.
* – آنگاه از ما (پهلوانان ایران) بخواه که آهنگِ جنگ کنیم.
۵ – «بدینروی» چه باشد؟
٦ – جای مردان گزین نادرست است: «ازآنِ مردان بدان».
۷ – اگر ترجمان بایسته بود، پس چگونه با رهّام؛ خود سخن گفت؟
۸ – **یک:** درفش کاویانی را بترکان نسپرد، بایرانیان سپرد. **دو:** تورانیان ترک نبوده‌اند.
۹ – «چو» جای خود را نیافته است: «آنکه سالار است، چون زیر دست شود...».
۱۰ – بجای «که»، «چون» باید! «تو» در پایان لت سخن را ناهموار میکند.
۱۱ – **یک:** نگریستن در کار نبود، پهلوانان همگی میدانستند که هر کس در کجای لشگر جای دارد. **دو:** کجا است، نادرست است: «کجا استند».
۱۲ – جویندهٔ جنگ، خود آهنگ میدان میکند، و دیگر کسی او را بمیدان نمی‌آوَرَد!

نبرد خواستن هومان از ایرانیان

چنین داد پاسخ فریبرز باز	که: «با شیر درّنده، کینه مساز
چنین است فرجام روز نبرد	یکی شاد و پیروز و دیگر بدرد![1]
بپیروزی اندر، بترس از گزند	که یکسان نگردد سپهر بلند[2]
درفش ار، زِ من، شاه بستد، رواست	بدان داد پیلان و لشکر، که خواست؛
به کین سیاوش پُسِ کیقباد	کسی کاو کلاه مهی برنهاد[3]
کمربست تا گیتی آباد کرد؛	سپهدار، گودرز کشواد کرد
همیشه به پیش کیان کینه‌خواه	پدر بر پدر نیو و سالارِ شاه[4]
دودیگر که از گرز او بیگمان	سرآید به سالارتان بر، زمان[5]
سپه را بدویست فرمانِ جنگ	بدو بازگردد همه نام و ننگ
اگر با توام جنگ فرمان دهد	دلم پر ز درد است، درمان دهد!
ببینی که من سر چگونه ز ننگ	برآرم چو پای اندر آرم به جنگ»[6]
چنین پاسخش داد هومان که: «بس!	بگفتار، بینم ترا دسترس!
بدین تیغ کاندر میان بسته‌ای	گیا بُر، که از جنگ، خود رسته‌ای[7]
بدین گرز جویی همی کارزار	که بر ترگ و جوشن نیاید به کار»[8]
اُزان جا بدان خیرگی بازگشت	تو گفتی مگر شیر بدساز گشت[9]

*

کمربستهٔ کین آزادگان*	بنزدیک گودرز کشوادگان؛
بیامد، یکی بانگ برزد بلند	که: «ای پُرمنش مهترِ دیوبند
شنیدم همه هرچه گفتی بشاه	اُزان پس کشیدی سپه را براه[10]
چنین بود با شاه پیمان تو؟	بپیرانِ سالار، فرمان تو![11]
فرستاده کآمد به توران سپاه	گزین پور تو گیو لشگرپناه[12]
ازانپس که سوگند خوردی بشاه!	بخورشید و ماه و بتخت و کلاه[13]

---

۱ – **یک:** «چنین است» در آغاز سخن، نادرخور است. **دو:** «یکی» را در لت دویم «دیگر(ی)» باید، نه «دیگر».
۲ – هومان هنوز پیروز نشده‌است.
۳ – این رج و رج پسین درهمریخته است، پُسِ کیقباد نیز نادرست است، زیرا که سیاوخش پوس = پسرِ کیکاووس بود، کلاه مهی را نیز کاووس و کیخسرو بر سر نهادند، نه گودرز.
۴ – دنبالهٔ گفتار.
۵ – پیش‌بینی بر پایهٔ آهنگ گرز! چرا از شمشیر نباشد! سخن درست آن بود که گفته شود: زمانِ پیران بر دست گودرز است!
۶ – کدام ننگ بر فریبرز بود؟
۷ – سخن سخت سست است.
۸ – «گرز» نیست که بر ترگ و جوشن کارگر می‌شود. دستِ پهلوان است که چنین میکند.
۹ – بدان خیرگی نادرخور است. تو گفتی!
* – هومان؛ که کمر بر کین ایرانیان بسته‌است.
۱۰ – گفتی نادرست است: «گفته‌بودی»، یا «گفته‌ای».
۱۱ – لت دویم را پیوند درست با لت نخست نیست.
۱۲ – سخن پایان ندارد.
۱۳ – چنین سوگند درمیان نبود.

که گر چشم من در گهِ کارزار / به پیران برافتد برآرم دمار[1]
چو شیر ژیان، لشکر آراستی / همی بآرزو جنگ ما خواستی!
کنون ازپسِ کوه، چون مُستمند / نشستی بکردارِ غُرمِ● نژند
چنانی که نخچیر، از شرزه شیر / گریزان و شیر ازپس اندر دلیر[2]
گزیند به بیشه درون جای تنگ / نجوید ز تیمار جان نام و ننگ[3]
یکی، لشکرت را بهامون گذار○ / چه داری سپاه ازپس کوهسار؟
چنین بود پیمانت با شهریار / که بر کینه‌گه، کوه گیری حصار؟»
بدو گفت گودرز ک:«اندیشه کن! / که باشد سزا، با تو گفتن سخن؛
چو پاسخ نیابی کنون ز انجمن / به بی‌دانشی برنهی آن به من[4]
تو بشناس کز شاه فرمان من / همین بود سوگند و پیمان من[5]
کنون آمدم با سپاهی گران / از ایران گزیده دلاور سران[6]
شما هم بکردار روباه پیر / به بیشه در، از بیمِ نخچیرگیر
همی چاره سازید و دستان و بند / گریزان ز گرز و سِنان و کمند
دلیری مکن جنگ ما را مخواه / که روباه با شیر ناید براه»[7]
چو هومان ز گودرز پاسخ شنید / چو شیر اندر آن رزمگه بردمید
به گودرز گفت: «ار نیایی به جنگ / تو با من نه زان است کآیدت ننگ[8]
ازان پس که جنگ پشن دیده‌ای / سر از رزم ترکان بپیچیده‌ای[9]
به لاون به جنگ آزمودی مرا / به آوردگه بر پسودی مرا[10]
ار ایدونکه هست اینکه گویی همی / اُزین کینه کردار جویی همی[11]
یکی برگزین از میان سپاه / که با من بگردد به آوردگاه[12]
که من از فریبرز و رهّام، جنگ / بجُستم، بسان دلاور پلنگ!
بگشتم سراسر همه انجمن / نیامد ز گُردان کسی پیش من[13]
بگودرز بُد، بندِ پیکارشان / شنیدن نیرزید گفتارشان

---

۱ - دمار از که برآرد؟ شایسته بود که گفته شود: «از پیران دمار بر می‌آورم». ● - غُرم؛ بز کوهی.
۲ - غرم نژند در رج پیشین همان نخچیر در این رج است، لت دویم بی‌پیوند است، و «شیر» در آن دوباره‌گویی است.
۳ - دنبالهٔ همان گفتار. ○ - یکبار سپاه خویش را به بیابان بگذران!
۴ - چو پاسخ نیابی نادرست است: چون دلیران پاسخ نبرد ترا ندادند. لت دویم نیز سخت درهم است.
۵ - تو بشناس نادرست است: «بدان». ٦ - دنبالهٔ همان گفتار است.
۷ - این رج درست رودرروی رج پیشین ایستاده‌است. ۸ - لت دویم سخت نادرخور است.
۹ - جنگ پشن از افزوده‌ها است. ۱۰ - و نیز جنگ لاون.
۱۱ - «از کینه کردار جستن» چه باشد؟ ۱۲ - دنبالهٔ همان گفتار.
۱۳ - سراسر همه انجمن نادرست: «سراسر لشگرگاه (را) گشتم».

تو آنی که گویی بروز نبرد   به خنجر کنم لاله بر کوه زرد[1]
یکی با من اکنون بدین رزمگاه   بگرد و بگرز گران کینه خواه[2]
فراوان پسر داری ای نامور   همه بسته، بر جنگ ما بر؛ کمر!
یکی را فرستی برِ من بجنگ؟   اگر جنگ جویی؟ چه جویی؟ درنگ»!
پس اندیشه کرد اندران پهلوان   که پیشش که آید به جنگ از گوان[3]
گر از نامداران هزبری دمان   فرستم به نزدیک این بدگمان[4]
شود کشته هومان بر این رزمگاه   ز ترکان نیاید کسی کینه‌خواه[5]
دل پهلوانش بپیچد به درد   ازان پس به تندی نجوید نبرد[6]
سپاهش به کوه کنابد شود   به جنگ اندرون دست ما بد شود[7]
ور از نامداران این انجمن   یکی کم شود گم شود نام من[8]
شکسته شود دل گوان را به جنگ   نسازند زان پس به جایی درنگ[9]
همان به که با او نسازیم کین   بر او بر ببندیم راه کمین[10]
مگر خیره گردند و جویند جنگ   سپاه اندرآرند زان جای تنگ[11]
چنین داد پاسخ بهومان که: «رَو   بگفتار، تندیّ و در کار، نَو
چو در پیش من برگشادی زبان   بدانستم از آشکارت، نهان
که کس را ز ترکان نباشد خرد   کز اندیشهٔ خویش رامش برد[12]
ندانی؟ که شیر ژیان روز جنگ   نیالاید ازبُن، بروباه، چنگ!
دودیگر! دو لشکر چنین ساخته   همه بادپایان، سرافراخته
بکینه دو تن؟ پیش سازند جنگ!   همه نامداران بخایند چنگ؟[13]
سپه را همه پیش باید شدن   بانبوه زخمی بباید زدن
تو اکنون سوی لشگرت باز شو   برافراز گردن به سالار نو[14]

---

۱ – سخن بی‌بنیاد که اگر با خنجر لاله را ببرند، برگ سرخش بر روی زمین میریزد و آنرا سرخ رنگ میکند.
۲ – بگرد نادرست است «بگردان»، آنرا هم که گودرز نمی‌تواند بگرداند، و هومان در میدان نبرد با او میگردد... سخن درست چنین بود «بفرست» که در رج دوئم پس‌ازاین آمده‌است. ۳ – لت دویم نادرخور است: «که را بفرستد». ۴ – دنبالهٔ گفتار.
۵ – **یک:** این که از دیدگاه گودرز بد نیست! **دو:** و تورانیان ترک نبوده‌اند. ٦ – دل پهلوانش نادرست است دل پهلوان (= پیران).
۷ – لت دویم سخت سست است. ۸ – چنین نیست، و با کشته شدن یک پهلوان، نام سپهسالار گم نمی‌شود.
۹ – **یک:** لت دویم روشن نیست، **دو:** درنگ نیز ساختنی نیست کردنی است.
۱۰ – **یک:** کین نیز ساختنی نیست، کشیدنی است. **دو:** او که کمین نکرده‌بود، آشکارا بسوی ایرانسپاه آمده‌بود!
۱۱ – دنباله سخن. ۱۲ – سخن زیبا سروده شده‌است، اما تورانیان ترک نبوده‌اند.
۱۳ – **یک:** جنگ ساختنی نیست در نمونه‌های دیگر یازند و تازند آمده‌است که نادرست است. لن ۲ «تازد به» که آن نیز می‌بایستی تازنده باشد، و با «به» آهنگ سخن بر هم میریزد. **دو:** لت دویم را نیز با لت نخست پیوندِ «تا» یا «که» باید، یا «دگر نامداران».
۱۴ – **یک:** لت دویم ناهماهنگ است: «برافراز گردن نزدِ...». **دو:** سالار نو کیست؟ پیران ازپیش سپهدار توران بوده‌است.

کـز ایـرانـیان چـند جستم نبرد نـزد پیش مـن کس جز از باد سـرد[1]
بـدان رزمگـه بـرشود نـام تـو ز پـیران بـرآیـد هـمه کـام تـو»[2]
بـدو گـفت هـومان بـبانگ بـلند کـه: «بـی کـردنِ کـار، گـفتار چـند؟
یکـی داسـتان زد جـهاندار شـاه بـه یـاد آورم انـدرین کـینه گـاه[3]
کـه تـخت کـیان جست خـواهی مجوی چـو جـویی از آتش مـبرتاب روی[4]
تـرا آرزو جـنگ و پـیکار نـیست اگـر گـل چـنی، راه بـی‌خار نـیست[5]
نـداری از ایـران یکـی شـیرمرد کـه بـا مـن کـند، پیشِ لشکـر، نـبرد
بـیچاره! هـمی بـازگردانـیَم نگـیرم فـریبت اگـر دانـیَم»*
هـمه نـامداران پـرخـاشجوی بگـودرز گـفتند کـه: «ایـن است روی؛
کـه از مـا یکـی را بـه آوردگـاه فـرستی بـنزدیک او کـینه‌خواه»!
چـنین داد پـاسخ کـه: «امـروز، روی نـدارد، شـدن جـنگ را، پیشِ اوی»
چـو هـومان ز گـودرز بـرگشت چـیر بـرآشـفت بـرسان شـیر دلیـر
بـخندید و روی از سـپهبد بـتافت سـوی روزبـانان لشگـر شـتافت[6]
کـمان را بـه زه کـرد و زشـان چـهار بـیفکند ز اسپ انـدران مـرغزار[7]
چـو آن روزبـانان لشگـر ز دور بـدیدند زخـم سـرافـراز تـور[8]
رهش بـاز دادنـد و بگـریختند بـه آورد بـا او نـیاویختند[9]
بـبالا بـرآمـد بکـردار مست خـروشش هـمی کـوه راکـرد پست
هـمی نـیزه بـرگاشت بـر گِـردِ سر کـه هـومان‌ویسه است پـیروزگر!
خـروشیدن نـایِ رویـین ز دشت بـرآمـد چـو نـیزه بـبالا، بگشت
ز شـادی دلیـران تـورانسپاه هـمی تـرگ سـودند بـر چـرخِ مـاه
چـو هـومان بـیامد بـدان چـیرگی بـپیچید گـودرز زان خـیرگی[10]
سـپهبد پـر از شـرم گشـته دژم گـرفته بـر او خـشم و تـندی سـتم[11]
بـه نـنگ از دلیـران بـپالود خَـوی سـپهبد یکـی اخـتر افکـند پـی[12]

---

۱ – دنبالهٔ سخن. ۲ – دنباله! ۳ – لت دویم پیوند درست ندارد: «که آنرا بیاد...».
۴ – **یک:** افراسیاب از کیان نبوده‌است. شاهنامهٔ فلورانس «تخت کسان». **دو:** خواهی جستن، مجوی را هیچ گزارش نباشد.
۵ – خار با خودِ گل است، نه در راهِ آن در ۹ نمونه «وگر»، و در پنج نمونهٔ دیگر؛ «اگر» (بنگرید به خالقی مطلق ۳۸–۴) اما درست چنین می‌نماید: «که گر». * – اگر مرا می‌شناسی!
۶ – **یک:** روی تافتن همان برگشتن است که در رج پیشین آمده‌بود. **دو:** روزبان، کارگزار بگیر و ببند و آزار است، و در لشگر چه میکند؟ ۷ – کدام مرغزار؟ ۸ – دنباله. ۹ – ره باز دادن نادرست است: «ره را باز کردن».
۱۰ – پیچیدن گودرز را، روی نیست زیرا که خود خواسته‌بود تا چنین شود تا آنجا که خود پهلوانان ایران را از نبرد با وی دور داشت!
۱۱ – پر از شرم شد؟ یا دُژم گردید؟ سخن را نیز پایان نیست. ۱۲ – ستاره را پی افکندن چه روی باشد؟

نبرد خواستن هومان از ایرانیان

کزیشان بُد این پیشدستی به خون   بَدان‌اند و هم بر بدی رهنمون[1]
ازان پس بـه گردنکشان بنگرید   کـه تا جنگ اورا کـه آید پدید[2]

*

خبر شد به بیژن که: «هومان چو شیر   به پیش نیای تو آمد دلیر!»
چو بشنید بیژن برآشفت سخت   به خشم آمد آن شیربچه ز بخت[3]
بفرمود تا برنهادند زین   بران پیل‌تن دیزهٔ دوربین[4]
بپوشید رومی زره جنگ را   یکی تنگ بربست شبرنگ را[5]
به پیش پدر شد پراز کیمیا   سخن گفت با او، ز بهرِ نیا
چنین گفت مر گیو را کـ:«ای پدر   بگفتم ترا من، همه؛ دربه‌در
که گودرز را هوش کمتر شده‌ست   به آیین نبینی؟ که دیگر شده‌ست!
دلش پر نهیب است و، پر خون، جگر   ز تیمار و از دردِ چندان پسر؛
که از تن سرانشان جدا کرده دید!   بدان رزمگه جمله افکنده دید![6]
نشان آنکه ترکی بیامد دلیر   میان دلیران بکردار شیر[7]
به پیش نیا رفت نیزه به دست   همی بر خروشید بر سان مست[8]
چنان بُد کزین لشگر نامدار   سواری نبود ازدر کارزار[9]
که اورا به نیزه برافراختی   چو بر بابزن مرغ برساختی[10]
تو ای مهربان باب بسیار هوش   دو کتفم به دِرعِ سیاوش بپوش[11]
نشاید جزاز من که سازم نبرد   بدان تا برآرم ز مردیش گرد»
بدو گفت گیو: «ای پسر هوش‌دار   بگفتار من سربسر گوش دار
ترا گفته‌بودم که تیزی مکن   ز گودرز، بر بد، مگردان سَخُن
که او کاردیده است و داناتر است   برین لشکر نامور، مهتر است
سواران جنگیش، پیش اندرند   که بر کینه‌گه، پیل را بشکرند[12]

---

۱ - دنبالهٔ گفتار.
۲ - جنگ که را؟ اگر جنگ در برابر هومان است که پهلوانان آمادگی نموده‌بودند! و جنگاور نیز پدید نمی‌آید، که آماده می‌شود یا آمادگی می‌نماید.
۳ - شیر بچه برای پهلوان جوانی چون بیژن نادرخور است.
۴ - آن دیزه (=اسب) دوربین، نادرست است، زیرا که پیش‌ازاین از آن نامی برده نشده‌بود.
۵ - **یک:** زره رومی!! **دو:** دوباره سخن از اسب میرود، و این پیدا است که افزودن این رج کار افزاینده‌ای دیگر است.
۶ - **یک:** لت نخست سست است، **دو:** بکدام رزمگه؟
۷ - تورانیان ترک نبوده‌اند.
۸ - «بر سان مست»، که چگونگی کار هومان را باز می‌نماید، همانست که در رج پیشین «بکردار شیر» آمده‌بود و درست نیست یا مست، یا شیر!
۹ - نه چنین است و سواران ایران آمادگی رزم داشتند.
۱۰ - **یک:** برافراختی نادرست است: هومان را «برافرازد»، **دو:** برساختی نیز نادرست: چونان مرغی که بر بابزن (=سیخِ کباب) میکَشند!
۱۱ - شیوهٔ سخن فرزند با پدر چنین نیست که او را بسیار هوش (= باهوش)!! بخوانند.
۱۲ - پیش اندر.

نفرمود با او کسی را نبرد جوانی مگر، مر ترا خیره کرد!
که گردن بدینسان برافراختی بدین آرزو، پیش من تاختی!
نیم من بدین کار همداستان مزن نیز پیشم، چنین داستان»

*

بدو گفت بیژن که: «گر کامِ من نجویی، نخواهی، مگر نام من؛
شوم پیش سالار، بسته کمر زنم دست، بر جنگ هومان ببر!»
اُزان جا بزد اسپ و برکاشت روی بنزدیک گودرز شد پوی پوی
ستایش‌کنان پیش او شد بدرد هم این داستان سربسر یاد کرد[1]
که: «ای پهلوانِ جهاندار شاه! شناسای هر کار و زیبای گاه!
شگفتی همی بینم از تو یکی اُگر چند هستم به هوش، اندکی[2]
کزین رزمگه بوستان ساختی دل از کین ترکان بپرداختی[3]
شگفتی‌تر آنک از میان سپاه یکی ترک بدبخت گم کرده راه[4]
بیامد که یزدان نیکی کنش همی بدسگالید با بد تنش[5]
بیاوردش از پیش توران سپاه بدان تا به دست تو گردد تباه[6]
به دام آمده گرگ برگاشتی ندانم کزین خود چه پنداشتی[7]
تو دانی که گر خون او بی‌درنگ بریزند پیران نیاید به جنگ[8]
سپندار کاو کینه پیش آورد سپه را بر این دشت پیش آورد[9]
من اینک بخون، جنگ را شسته‌ام همان جنگ او را کمر بسته‌ام[10]
چو دستور باشد مرا، پهلوان شوم پیش، او چون هژبرِ دمان
بفرماید اکنون سپهبد بگیو مگر کان سلیح سیاوخشِ نیو[11]
دهد مر مرا خود و رومی زره ز بند زره برگشاید گره»[12]
چو بشنید گودرز گفتار اوی بدید آن دل و رای هشیار اوی
ز شادی بر او آفرین کرد سخت که: «از تو مگرداد، جاوید، بخت

---

۱ - با «درد» همراه نبود، و لت دویم نیز سست است.
۲ - «یکی» لت نخست، ناهمگون است: «از کار تو در شگفتم» و لت دویم سست است!
۳ - **یک:** کزین نادرست است: «(که) این رزمگه (را)». **دو:** تورانیان ترک نبوده‌اند.
۴ - باز، پاژنام ترک برای تورانیان.
۵ - کنِش را با تَنَش پساوا نباشد.
۶ - دنبالهٔ سخن.
۷ - گرگ را «را» باید در لت دویم نیز «کزین» نادرخور است.
۸ - بریزند، نادرست است: «می‌ریختند»، یا «می‌ریختی».
۹ - این سخن در رج پیشین با «نیاید بجنگ» آمده‌بود و دوباره‌گویی است.
۱۰ - شسته‌ام را با بسته‌ام پساوا نیست.
۱۱ - سخن درست است، اما وابسته بگفتار پسین است.
۱۲ - روم هنوز در جهان پدیدار نشده‌بود.

آمادگی بیژن برای نبرد

تو تا برنشستی بزین پلنگ / نهنگ از دم آسود و، شیران ز چنگ[1]
بِهر کارزار، اندر آیی دلیر / بِهر جنگ پیروز باشی چو شیر
نگه کن که با او به آوردگاه / توانی شدن؟ زانپس؛ آورد خواه!
که هومان یکی بدکنش ریمن است / به آورد جنگ او چو آهرمن است[2]
جوانیّ و ناگشته بر سر سپهر / نداری همی بر تن خویش مهر![3]
بمان تا یکی رزم‌دیده هژبر / فرستم بجنگش که برسانِ ابر[4]
بر او تیرباران کند چون تگرگ / به سر بر بدوزدش پولاد ترگ»[5]
بدو گفت بیژن که: «ای پهلوان / هنرمند، باشد؛ دلیر و جوان
مرا گر* ندیدی برزمِ فرود! / ز سر●، باز، باید کنون آزمود؟
بجنگِ پشن برنوشتم زمین! / نبیند کسی پشت من روز کین![6]
مرا زندگانی نه اندرخوَر است / گر از دیگرانم هنر کمتر است
اُگر بازداری مرا زین سَخُن / بدانروی، کآهنگ هومان مکن؛
بنالم من از پهلوان پیش شاه / نه، خواهم کمر زان سپس، نه کلاه!»
بخندید گودرز و زو شاد شد / بسان یکی سرو آزاد شد
بدو گفت: «نیک، اختر و بختِ گیو / که فرزند بیند همی چون تو، نیو
تو تا چنگ را باز کردی بجنگ / فروماند از جنگ، چنگِ پلنگ[7]
ترا دادم این رزمِ هومان، کنون / مگر بخت نیکت بُود رهنمون؛
گر این اهرمن را به دست تو هوش / برآید بفرمان یزدان بکوش[8]
بنام جهاندار یزدان ما / به پیروزی شاه و گردان ما!
بگویم کنون گیو را کان زره / که بیژن همی خواهد، او را بده[9]
گرایدونکه پیروز باشی بر اوی / ترا بیشتر نزد من آبروی

---

۱ - نهنگ از دم آسود نادرست است: «نهنگ دم بر نمی‌آورد». و شیر از چنگ چگونه می‌آساید؟
۲ - **یک:** هومان، پهلوان توران بدکنش و ریمن نبود. **دو:** بآوردِ جنگ نیز نادرست است زیرا که «آورد» نیز همان جنگ است.
۳ - دنباله گفتار.
۴ - **یک:** این سخن رودرروی آن گفتار «زانپس، آورد خواه» می‌ایستد. **دو:** گودرز، خود، کسیرا فرمان بجنگ هومان نداده‌بود، و این سخن نیز رودرروی آن گفتار می‌ایستد!
۵ - دنبالهٔ گفتار.
* - در همه نمونه‌ها چنین آمده‌است، اما پیدا است که گفتار درست چنین بوده‌است: «**مرا خود ندیدی؟**» و با این سخن است که لت نخست با لت دویم پیوند می‌یابد.
● - ز سر: از سر: دوباره.
٦ - **یک:** جنگ پشن شناخته نشده است. **دو:** زمان کنش در دو لت، همخوان نیست. دوباره‌گویی همان سخن پیشین است، اندکی آراسته‌تر.
۷ - این سخن میان رج‌های پیشین و پسین جدایی می‌افکند.
۸ - لت دویم ناهمخوان است.
۹ - بیژن زره نخواسته‌بود!

ز فرهاد و گیوت برآرم به جاه — به گنج و سپاه و به تخت و کلاه»[1]
بگفت این سخن با نبیره نیا — نبیره پر از بند و پر کیمیا[2]
پیاده شد از اسپ و روی زمین — ببوسید و بر باب کرد آفرین
بخواند آن زمان گیو را پهلوان — سخن گفت با او ز بهر جوان
اُزان خسروانی زره یاد کرد — کجا خواست بیژن ز بهرِ نبرد[3]
چنین داد پاسخ، پدر را؛ پسر — که: «ای پهلوان جهان، سربسر
مرا هوش و جان و جهان این یکیست — بچشمم چنین، جان او، خوار نیست!»
بدو گفت گودرز ک:«ای مهربان — جزاین بُرد باید، بر او بر، گمان!
که هرچند بیژن جوان است و نَو — بِهر کار دارد، خرد پیشرَو!
اُدیگر که این، جایِ کین جستن است — جهان را ز آهریمنان شستن است[4]
بکین سیاوش! بفرمان شاه — نشاید، بپیوند، کردن نگاه!
اُ گر بارد از ابر پولاد تیغ — نشاید که داریم ما جان دریغ
نشاید شکستن دلش را بجنگ — نپوشید باید، بدو، نام و ننگ*
که چون کاهلی پیشه گیرد جوان — بماند منش پست و تیره روان»
چو پاسخ چنین یافت چاره نبود — یکی با پسر نیز پند● آزمود
بگودرز گفت: «ای جهان پهلوان — بجایی که پیکار خیزد بجان؛[5]
مرا خود شب و روز کارست پیش — چرا داد باید مرا جان خویش
نه فرزند باید نه گنج و سپاه — نه آزرم سالار و فرمان شاه
اگر جنگ جوید! سلیحش کجاست؟ — زره دارد، از من چه بایدش خواست؟»
چنین گفت پیش پدر، رزمساز؛ — که: «ما را به درع تو ناید نیاز[6]
برآنی که اندر جهان سربسر — به درع تو جویند؟ مردان هنر!؟[7]
چو درع سیاوش نباشد بجنگ — نجویند گردنکشان نام و ننگ؟!»[8]
برانگیخت اسپ از میان سپاه — که آید ز لشگر به آوردگاه[9]

---

۱ – هیچگاه نشاید که فرزندی را از پدر (گیو) برتر کشند! ۲ – وابسته بگفتار افزودهٔ پیشین.
۳ – دوباره از زره یاد می‌شود! ۴ – جهان را از دشمنان شستن درست است نه از اهریمنان.
* – نباید درِ جستنِ نام‌وننگ را بر رویش ببندیم.
● – ل ۳، ف، نی ۲، ب: «پند»، دیگر نمونه‌ها «بند» که درست نمی‌نماید. درست آنستکه: **«یکی با پدر نیز، بند آزمود»**. پس‌از آنکه با پسر سخن گفته‌بود، با پدر نیز.
۵ – در این چند رج در همهٔ نمونه‌ها چنین آمده‌است که دوباره‌گویی سلیح، در رج نخست است، و سخن را نیز سست میکند.
٦ – ناید نیاز نادرست است: «نیاز نیست». ۷ – دنبالهٔ گفتار. ۸ – سخن سست می‌نماید.
۹ – آید، نادرست است: «رود».

آمادگی بیژن برای نبرد ۴۳

چو از پیش گودرز شد ناپدید   دل گیو ز اندوه او بردمید[1]
پشیمان شد از درد دل خون گریست   نگر تا غم و مهر فرزند چیست[2]
یکی بآسمان برفرازید سر   پر از خون دل از درد خسته جگر[3]
بدادار گفت: «ار جهانداوری   یکی سوی این خسته‌دل بنگری[4]
نسوزی تو از جان بیژن دلم   که ز آب مژه تا دل اندر گلم[5]
بمن باز بخشش تو ای کردگار   بگردان ز جانش بدِ روزگار»[6]
بیامد پر اندیشه دل پهلوان   پر از خون دل از بهر رفته جوان[7]
به دل گفت: «خیره بیازردمش   چرا خواسته پیش ناوردمش[8]
گر او را ز هومان بد آید بسر   چه باید مرا درع و تیغ و کمر؟[9]
بمانم پر از حسرت و درد و خشم   پر از آرزو دل پر از آب چشم»[10]
اُز آنجا دمان هم بکردار گرد   به پیش پسر شد به جای نبرد[11]
بدو گفت: «ما را چه داری بننگ؟   همی تیزی آری بجای درنگ![12]
سیه مار چندان دمد روز جنگ   که از ژرف دریا برآید نهنگ[13]
درفشیدن ماه چندان بود   که خورشید تابنده پنهان بود[14]
کنون سوی هومان شتابی همی   ز فرمان من سر بتابی همی[15]
چنین برگزینی همی رای خویش   ندانی که چون آیدت کار، پیش!»[16]
بدو گفت بیژن که: «ای نیو باب   دلم را ز کین سیاوش متاب
نه هومان ز روی است و از آهن است   نه پیل ژیان و نه اهریمن است
یکی مرد جنگ است و من جنگجوی   ازو، برنتابم ببخت تو، روی
نوشته مگر بر سرم دیگر است!   زمانه بدست جهانداور است!
اگر بودنی بود دل را به غم   سزد گر نداری نباشم دژم»[17]

---

۱ – چگونه ناپدید شد که گیوبدنبالش می‌رود، و او را می‌بیند؟... مگر در دشت، کسی از چشم ناپدید می‌شود؟
۲ – سخن سست که پهلوان لرستان در میدان جنگ چون پیرزنان نمی‌گرید، لت دویم نیز بی‌پیوند است.
۳ – اگر دل خونین را بپذیریم، «درد» او چه بود؟
۴ – چنین سخن دور از آیین وکیش ایرانیان است که دربارهٔ داوری وی گمان پیش آورند.
۵ – از جان بیژن دل نمی‌سوزد، «از مرگ بیژن». لت دویم: سخن بیمایه.   ٦ – هنوز نمرده‌است که باز بخشدش!
۷ – کجا بیامد؟... باز خون دل.   ۸ – بیژن از گیو «خواسته» نخواسته‌بود.   ۹ – دنبالهٔ گفتار.
۱۰ – باز آب چشم...   ۱۱ – بدانجا رسیدیم که گیو، خود را به فرزند ناپدید رسانید!!
۱۲ – **یک:** فرزندی که بآوردگاه میرود، برای پدر «ننگ» نمی‌آورد، که «نام» میآورد. **دو:** ننگ نیز «داشتنی» نیست: «داری».
۱۳ – مارِ دشت را با نهنگ دریا کاری نیست، و از وی ترس ندارد.   ۱۴ – ماه، در روز نیز درخشش خویش را دارد.
۱۵ – این رج را با رج پیشین پیوند نیست.   ۱٦ – لت دویم پیوند ندارد.
۱۷ – بودنی، تقدیر است. بودنی بود، بزمان گذشته بازمی‌گردد: «اگر بودنی باشد».

۴۴ کیخسرو

چو بشنید گفتار پور دلیر میان بستهٔ جنگ برسان شیر
فرود آمد از دیزهٔ راهجوی سپر داد و درع سیاوش بدوی
بدو گفت: «گر کارزارت هوااست؟ چنین بر خرد، کام تو، پادشااست!
بر این بارهٔ گامزن برنشین که زیر تو اندر نوردد زمین
سلیحم همیدون به کار آیدت چو با اهرمن کارزار آیدت»[1]
چو اسپ پدر دید، بر پای، پیش چو باد اندر آمد ز بالای خویش[2]
بران بارهٔ خسروی برنشست کمربست و بگرفت گرزش به دست[3]
یکی ترجمان را ز لشگر بجست که گفتار ترکان بداند درست[4]
بیامد بسان هژبر ژیان به کین سیاوخش بسته میان

*

[چو بیژن به نزدیک هومان رسید یکی آهنین کوه جوشنده دید[5]]
ز جوشن همه دشت روشن شده یکی پیل در زیر جوشن شده[6]
[ازان پس بفرمود تا ترجمان یکی بانگ برزد بران بدگمان[7]]
که: «گر جنگ جویی همی، بازگرد که بیژن همی با تو جوید نبرد
همی گوید ای رزم دیده سوار چه پویانی اسپ اندرین مرغزار[8]
کز افراسیاب اندر آیدت بد ز تورانزمین بر تو نفرین سزد[9]
به کینه پی افکنده و بدخویی ز ترکان گنهکارتر کس تویی[10]
عنان بازکش زین تگاور هیون کهت اکنون ز کینه بجوشید خون[11]
یکی برگزین جایگاه نبرد به دشت و در و کوه با من بگرد[12]

---

۱ - کارزار با اهرمن نیست، با پهلوان تورانی است.
۲ - اسب پدر را از آغاز دیده‌بود.
۳ - اسپ گیو، بارهٔ خسروی نبود. کمر را بامداد، می‌بندند.
۴ - ترجمان درمیان ایرانیان و تورانیان در کار نبود، و تورانیان، خود ترک نبوده‌اند. و بیژن که در آغاز جنبش بتنهایی بسوی سپاه توران رفته‌بود، این ترجمان را از کجا یافت؟
۵ - لت دویم سست می‌نماید.
٦ - دوباره گویی، بزبانی دیگر.
۷ - ترجمان! و کار ترجمان، ترجمهٔ گفتار است، نه بانگ زدن. سخن در این سه رج درهمریخته است و با رج پسین پیوند ندارد. اندیشه رهنمون می‌شود که گفار فردوسی چنین بوده‌است:

بیامد بنزدیک هومان، دمان؛ یکی بانگ برزد، بر آن بدگمان؛
که گر..............................

۸ - **یک:** میدان نبرد، مرغزار نمی‌تواند بودن. **دو:** هومان سوار بر اسب، نمی‌تواند پوینده نیز باشد!
۹ - اندر آیدت بد، نادرست است: «بتو بد رسد» از تورانزمین چرا نفرین سزاوار اوست؟
۱۰ - **یک:** لت نخست راکنش درست نیست: «پی افکنده(ای) هومان را در خون سیاوخش هیچ گناه نبود، که دوستدار سیاوخش نیز بود. **دو:** توران ترک نبوده‌اند.
۱۱ - **یک:** سخن دوباره، که پیشتر گفته‌بود بازگرد. **دو:** بجوشید نادرست است: «بجوشد».
۱۲ - «در»، «خانه» باشد، و جای خانه در میدان نبرد نیست.

اُ گــــر در مــیان دو رویــه ســپاه　　　بگــردی بــه لاف از پــی نـام و جـاه[1]
کـــجا دشــمن و دوست بــیند تــرا　　　دل اکــنون کــجا بــرگزیند تــرا[2]
چــو بشــنید هــومان بـدو گـفت: «زه!　　　زره را بــه کـینم تــو بسـتی؟ گـره!
ز یـــزدان ســپاس و بــدویم پــناه　　　کــه‌ت آورد، پــیشم، بــدین رزمگــاه
بــلشکر، بــران ســان فــرستمْث بـاز　　　کــه گــیو از تــو مـانَد، بــه گُــرم و گـداز
ســرت را ز تــن دور مــانم نــه دیــر　　　چــنان کــز تــبارت فــراوان دلیــر[3]
چه سود است؟ کآمـد بـه نـزدیک، شب!　　　رو اکــنون، بــه زنــهارِ تــاریک شب
مــن اکــنون، یکـی؛ بـاژ لشـکر شـوم　　　بــه شــبگیر، نــزدیک مــهتر شــوم
اُزان جــا دمــان، گــردن افــراخــته　　　بــیایم، نــبردِ تــرا؛ ســاخته!»
چــنین پــاسخ آورد بــیژن کــه: «شـو　　　پَسَت بــاد و آهــرمنت پــیشرو[4]
هــمه دشــمنان ســربسر کشــته بـاد　　　گــر آواره از جــنگ بــرگشته بـاد[5]
چــو فــردا بــیایی بــه آوردگــاه　　　نــبیند تــرا نــیز شــاه و ســپاه[6]
ســرت را چــنان دور مــانم ز پــای　　　کــزان پس بــه لشگـر نـیابدت رای»[7]
اُزان جــایگه روی بــرگاشتند　　　بــه شب، دشت پــیکار، بگــذاشــتند
بــه لشگــرگه خــویش بــازآمــدند　　　بــرِ پــهلوانــان فــراز آمــدند[8]
هــمه شب بــه خـواب انـدر آسیبِ شیب　　　ز پــیگارشان دل شــده نــاشکیب[9]

رزم هومان
با
بیژن*

ســپیده، چــو از کــوهسر، بــردمید　　　بــبُد دامــن تــیره شب، نــاپدید

---

۱ - **یک:** «بگزین» رج پیشین با «بگردی» در این لت همخوان نیست: «بگرد». **دو:** گردیدن و جنگ آوردن، «لاف» نمیتواند بودن، لاف وابسته بگفتار است.　　۲ - لت دویُم پریشان.

۳ - لت دویم پیوند ندارد: «چنانکه از تبار تو، سر دلیران فراوان را از تن دور کردم».

۴ - لت دویم کنش بایسته، ندارد. پست باد «باد».

۵ - **یک:** دشمنانِ که؟ چون روی سخن بهومان است، دشمنان او ایرانیان‌اند و این گفتار ایرانیان را کشته و آواره آرزو می‌کند!! **دو:** کُشته را باگَشته پساوا نیست.　　٦ - افراسیاب در لشگرگاه نبود.

۷ - سر را از تن دور میکنند نه از پای.　　۸ - اگر یکی از آنان، بیاید، دیگری را می‌باید «رفتن»، نه باز آمدن.

۹ - **یک:** شیب؛ تازیانه است و اگر آنان خواب می‌دیدند، می‌بایستی خواب شمشیر و گرز و ژوپین ببینند نه خواب آسیبِ تازیانه! **دو:** لت نخست، «کنش» بایسته ندارد...: «می‌دیدند».　　* - **از اینجا، شاهنامهٔ سپاهان، بیاری می آید.**

بپوشید هومان سلیح نبرد   سخن پیش پیران همه یاد کرد[1]
که: «من بیژن گیو را خواستم   همه شب همی جنگش آراستم»[2]
یکی ترجمان را ز لشگر بخواند   به گلگون باد آورش برنشاند[3]
که: «رو پیش بیژن بگویش که زود   بیایی دمان گر من آیم چو دود»[4]
فرستاده برگشت و با او بگفت   که «با جان پاکت خرد باد جفت[5]
سپهدار هومان بیامد چو گَرد   بدان، تا ز بیژن بجوید نبرد»
چو بشنید بیژن بیامد دمان   بسیچیدهٔ جنگ با ترجمان[6]
به پشت شباهنگ بربسته تنگ   چو جنگی پلنگی گرازان به جنگ[7]
زره با گره بر برِ پهلوی   درفشان سر از مغفر خسروی[8]
بهومان چنین گفت که:«ای بادسار!   ببردی ز من دوش، سر، یاد دار[*]
امیدستم امروز کاین تیغ من   سرت را ز بن، بگسلاند ز تن[9]
که از خاک خیزد ز خون تو گل   یکی داستان اندر آری به دل[10]
که با آهوان گفت غرم ژیان   که گر دشت گردد همه پرنیان
ز دامی که پای من آزاد گشت   نپویم بران سوی آباد دشت»[11]
چنین داد پاسخ که: «امروز گیو   بمانَد جگرخسته بر، پورِ نیو
بچنگ من اندر، بسان تذرو؛   که بازش برد بر سرِ شاخ سرو؛
خروشان و خون از دو دیده چکان   کشانش بچنگال و خونش مکان»![12]
بدو گفت بیژن که: «تا کی؟ سخن   کجا خواهی! آهنگِ آورد کن
به کوه کنابد کنی کارزار؟   اگر سوی رِیبَد برآرای کار[13]
که فریادرس مان نباشد ز دور   نه ایران گراید به یاری نه تور»[14]
برانگیختند اسب و برخاست گرد   بزه برنهاده، کمانِ نبرد

۱ - «سخن» نابسنده است: «سخنان گذشته را».   ۲ - بیژن هومان را خواسته‌بود، نه هومان بیژن را.
۳ - **یک:** ترجمان بایسته نبود، **دو:** اسب بادپیما گویند، و بادآور نشنیده‌ایم.   ۴ - بیایی نادرست است: «بیا».
۵ - فرستاده را می‌باید، رفتن نه بازگشتن!   ٦ - ترجمان!
۷ - **یک:** بر پشت اسب زین می‌نهند، و تنگ را از دو سوی زین، زیر شکم اسب می‌بندند! **دو:** لت دویم نیز پیوند با لت نخست ندارد.
۸ - سخن سخت سست می‌نماید.   * - بیژن گفت: بیاد داشته باش که دیشب سرت را از دست من بدر بردی!
۹ - این تیغِ من نادرست است، یا: «این تیغ» یا «تیغ من».
۱۰ - **یک:** رج پیشین بپایان رسیده‌بود، و «که» در آغاز این رج، نابجا است. **دو:** داستان را می‌زنند به دل اندر نمی‌آورند... افزاینده خواسته‌است بگوید بیاد آری... اما پس‌آوای «دل» را بایسته می‌نمود.   ۱۱ - داستان بی‌پیوند و بی‌بنیاد، و با سخنان آشفته!
۱۲ - سخن را با رج پیشین پیوند نیست. تذرو در چنگال باز از دیده خون نمی‌چکاند که خون از پیکرش فرو میریزد.
۱۳ - لت نخست پرسشی است و لت دویم چنین نیست.
۱۴ - بسوی هر یک از دو کوه که بروند، از یکسو فریادرسشان نیست.

رزم هومان و بیژن

دو خونی برافراخته سر به ماه　　چنان کینه‌ور گشته از کین شاه[1]
ز کوه کنابد برون تاختند　　سران سوی هامون برافراختند[2]
برفتند چندان که اندر زمی　　ندیدند جای پی آدمی
نه بر آسمان کرگسان را گذر　　نه خاکش سپرده پیِ شیر نر[3]
نه از لشگران یار و فریادرس　　به پیرامن اندر بدیدند کس[4]
نهادند پیمان که با ترجمان　　نباشند در چیرگی بدگمان[5]
بدان تا بد و نیک با شهریار　　بگویند ازان گردش روزگار[6]
که کردار چون بود و پیگار چون　　چه زاری رسید اندرین دشت خون[7]
بگفتند و ز اسپان فرود آمدند　　به بند زره بر گره برزدند[8]
بر اسپان جنگی، سواران جنگ　　یکی برکشیدند چون سنگ، تنگ
چو بر بادپایان ببستند زین　　پر از خشم گردان و دل پر ز کین[9]
کمان‌ها چو بایست، برساختند　　بمیدانِ تنگ اندرون، تاختند[10]
چو تیر؛ آنچه بُد، اندر انداختند　　همیدون سوی نیزه دست آختند
چپ و راست، گَردان و پیچان عنان!　　هم آن نیزهٔ آب‌داده سنان؛
ز زور؛ اندر آورد، شد لخت‌لخت　　نگر تا که‌را روز برگشت و بخت*
دهانشان همی از تبش، مانده باز!　　بآب و بآسایش آمد نیاز
پس آسوده گشتند و دم برزدند　　بران آتش تیز نم برزدند
سپر برگرفتند و شمشیر تیز　　برآمد خروشیدن رستخیز
چو برق درفشان که از تیره میغ　　همی آتش افروخت از هر دو تیغ[11]

---

۱ - **یک**: پهلوان را نمیتوان «خونی» نامیدن! خونی آن‌کس است که کسی را نه در جنگ و بر بیگناه بکشد. **دو**: لت دویم را با لت نخست پیوند درست نیست، **سه**: اگر بیژن برای کین سیاوخش می‌جنگد، هومان را جنگ برای او نیست.

۲ - «سران» برابر است با سروران... «سرها» می‌باید، و سری را که بسوی هامون (= زمین) گراید، برافراخته نمی‌توان خواندن.

۳ - **یک**: چنین جای، در جهان پیدا نمی‌شود که پرنده در آسمانش پرواز نکند. **دو**: «خاکش» در لت دویم، «آسمان(ش)» را در لت نخست می‌باید.

۴ -لشگران نادرست است: «دولشگر» شاهنامه فلورانس: «ز دولشگر از» که از دیدگاه سخن با رج پیشین همخوان نیست: نه بر آسمان، نه خاکش. اینجا نیز «نه» می‌باید. اگر از آن نیز بگذریم «از یار و فریادرس» نیز نادرست است: «یار و فریادرس».

۵ - ترجمان!!　　۶ - از شهریاران هیچیک در میدان نبودند.　　۷ - زاری در آوردگاه نیست.

۸ - دنبالهٔ سخن.　　۹ - در رج پیشین از استوار کردن تنگ سخن رفت، و در این رج، تازه از بستن زره سخن میرود!!

۱۰ - هنگام (برساختن!) کمان نبود.

* - «نگر» روی به که دارد؟ پرسش نیز چنانست که یکی از آنان را بخت برگشته‌بود، که چنین نیز نبود! در همهٔ نمونه‌ها «نگر» آمده‌است و در اندیشهٔ من این لت در گفتار فردوسی چنین بوده‌است: **«یکی را از ایشان، نه برگشت، بخت!»**.

۱۱ - «که» در لت نخست بیجا آمده‌است! اگر «که» را در جای خود بایسته بدانیم، لت دویم می‌بایستی با «می‌درخشد» آغاز گردد.

ز آهن بدان آهن آبدار / نیامد به زخم اندرون پایدار[1]
بکردار آتش پرندآوران / فروریخت از دست گُنداوران●
نبُد دسترس‌شان به خون ریختن / نشد سیر دل‌شان ز آویختن[2]
عمود از پس تیغ برداشتند / از اندازه پیگار بگذاشتند[3]
ازانپس برآن برنهادند کار / که زور آزمایند، در کارزار
بدین گونه جستند ننگ و نبرد / که از پشت زین اندر آرند مرد[4]
کمربند گیرد که را زور بیش / رباید ز اسپ افگند خوار پیش[5]
ز نیروی گُردان دوالِ رکیب / گسست اندر آوردگاه از نهیب
همیدون نگشتند ز اسپان جدا / نبودند، یک، بر دگر، پادشا
پس از اسپ هر دو فرود آمدند / ز پیکار، یکپاره دم برزدند[6]
گرفته به دست اسپ‌شان ترجمان / دو جنگی بکردار شیر دمان[7]
بدان ماندگی باز برخاستند / به کشتی گرفتن بیاراستند[8]
ز شبگیر تا سایه گسترد شید / دو خونی ازین سان به بیم و امید[9]
همی رزم جستند یک با دگر / یکی را ز کینه نبرگشت سر[10]
دهن خشک و غرقه شده تن در آب / ازان رنج و تابیدن آفتاب[11]
اُزان پس بدستوری یکدگر / برفتند پویان، سوی آبخوَر
بخورد آب و برخاست بیژن بدرد / ز دادار نیکی‌دهش یاد کرد
تن از درد لرزان، چو از باد، بید / دل از جان شیرین شده ناامید[12]
بیزدان چنین گفت ک:«ای کردگار! / تو دانی نهان من و آشکار[13]

---

۱ - از کدام آهن بکدام آهن؟ از آهن بزخم (=ضربه) پایدار نماند، چه گزارش دارد؟

● -شمشیرهای چون آتش ریزریز شد و از دست پهلوانان فروریخت.

۲ - بخون ریختن با «دسترس» همخوان نیست: «نتوانستند».

۳ - **یک:** عمود در گفتار فردوسی نمی‌آید. **دو:** پایان کار عمود نیز در این رج روشن نیست.

۴ - جستند در لت نخست «گذشته» است با اندر آرند لت دویم همخوان نیست.

۵ - «گیرد» در این رج را، با «جستند» در رج پیشین همخوان نیست. افزاینده از تابش آفتاب سخن میگوید و فراموش کرده‌است که دو رج پیش، از سایه گستردنِ آفتاب یاد کرده‌بود!

٦ - اسپ نادرست است: «اسپان».

۷ - ترجمان در کار نبود. سخن نیز نادرست است «گرفتند».

۸ - اگر یکپاره دم بر زده‌بودند، چرا اکنون «مانده» بوده باشند؟ کشتی گرفتن، را آراستن نیست.

۹ - **یک:** اگر آغاز کشتی آنان از شبگیر (سپیده‌دم) بوده‌است، پس آنهمه رزم و پیکار پیشین چه زمان میان ایشان رفت؟ **دو:** آن دو «خونی» نبودند.

۱۰ - دنبالهٔ سخن.

۱۱ - کنش «شده» در این رج با «جستند» در رج پیشین همخوان نیست.

۱۲ - **یک:** این رج میان رج‌های پیشین و پسین، جدایی می‌افکند. **دو:** تن از درد، لرزان نمی‌شود، که از ترس چنین می‌شود.

۱۳ - «نهان و آشکار مرا» درست است.

پیروز شدن بیژن بر هومان

اگر داد بینی همی جنگ ما ... بر این کینه جستن بر، آهنگ ما[1]
ز من مگسل امروز توش مرا ... نگه‌دار بیدار هوش مرا»[2]
جگر خسته هومان بیامد چو زاغ ... سیه گشته از درد، رخ چون چراغ[3]
بدان خستگی، باز جنگ آمدند ... گرازان بسان پلنگ آمدند
همی زور کرد این بران آن بر این ... گه این را پسودی، گه آن را، زمین[4]
ز بیژن فزون بود هومان بزور ... هنر، عیب گردد، چو برگشت هور!
ز هرگونه زور آزمودند و بند ... فراز آمد آن بندِ چرخ بلند
بزد دست بیژن بسان پلنگ ... ز سر تا میانش بیازید چنگ[5]
گرفتش بچپ، گردن و، راست، ران ... خم آورد پشتِ هیون گران!
برآوردش از جای و بنهاد پست ... سوی خنجر آورد، چون باد، دست
فروبرد و کردش سر از تن جدا ... فکندش بسان یکی اژدها
بغلتید هومان بخاک اندرون ... همه دشت شد، سربسر جوی خون
نگه کرد بیژن بدان پیلتن ... فکنده چو سرو سهی بر چمن
شگفت آمدش سخت و برگشت از اوی ... سوی کردگار جهان کرد روی
که: «ای برتر از جایگاه و زمان ... ز جان سخنگوی و روشنروان
تویی تو که جز تو جهاندار نیست ... خرد را بدین کار پیگار نیست[6]
مرا زین هنر سربسر بهره نیست ... که با پیل کین جستنم زهره نیست[7]
به کین سیاوش بریدمْش سر ... به هفتاد خون برادر پدر
روانش روان ورا بنده باد ... بچنگال شیران تنش کنده باد»[8]
سرش را به فتراکِ شبرنگ بست ... تنش را بخاک اندر افکند پست[9]

---

۱ – چون از «جنگِ ما» یاد می‌شود، پس جنگ هومان نیز «داد» است «داد» نیز کمبود دارد: «بر داد».
۲ – توش؛ خوراک باشد و گسلانیدن آن درمیان جنگ شایستهٔ یادکرد نیست بیدارهوش نیز سخنی سخت نادرست است.
۳ – چندان درد داشت که همانند زاغ سیاه شده‌بود، چگونه چهره‌اش چون چراغ میدرخشید؟ نمونه‌های ق، ق ۲، ل ۳ و نیز شاهنامهٔ سپاهان همچون کلاغ آورده‌اند، و چهرهٔ کلاغ و زاغ هردو همانند باشد، و آمدنِ گرازان هردو، در سخن فردوسی، در رج پسین، دروغ این سخنان را آشکارتر میکند.
۴ – زمین چگونه کس را می‌پساواید؟ اگر یکی از آنان بر زمین خورد که کارش بپایان می‌رسد! پس چگونه گه این، گه آن؟
۵ – در کشتی از سر تا میان را بچنگ نمی‌یازند... پهلوان می‌بایستی یک جای از تن هماورد را بگیرد، نه از سر تا میان او را. سخن درست در رج پسین می‌آید که هنوز کشتی‌گیران ایرانی آنرا چپ‌وراست می‌خوانند.
٦ – سه بار «تو» در یک گفتار؟ «تویی تو» را چه گزارش تواند بودن.
۷ – **یک**: «نیست» در سخن نابجا است: «نبود» از آنجا که کار، از کار گذشته بود. **دو**: زهره داشت و با او نبرد آزموده‌بود.
۸ – **یک**: لت نخست از اندیشهٔ سست گوینده سخن میگوید، زیرا که روان‌ها را در جهان مینوی برده و بنده و پادشاه نیست. **دو**: شیر، بشکار دیگران نمی‌نگرد، و خود می‌بایستی شکار را بشکرد! چنین کار، کار کرکس و کفتار و سیه گوش است که از شکار دیگران می‌خورند.
۹ – تنش را پیش‌از آن بخاک افکنده‌بود.

۵۰ کیخسرو

گشاده سلیح و گسسته کمر تنش جای دیگر، دگر جای سر[1]
زمانه سراسر فریب است و بس بسختی نباشدت فریادرس[2]
جهان را نمایش چو کردار نیست سپردن بدو دل سزاوار نیست[3]
بترسید ازو یار هومان چو دید که بر مهتر او چنان بد رسید[4]
چو شد کار هومان ویسه تباه دوان ترجمانان هر دو سپاه[5]
ستایش‌کنان پیش بیژن شدند چو پیش بت چین برهمن شدند[6]
بدو گفت بیژن: «مترس از گزند که پیمان همان است و نگشاد بند[7]
تو اکنون سوی لشگر خویش پوی ز من هرچه دیدی بدیشان بگوی»[8]
بشد ترجمان بیژن آمد دمان به کوه کنابد به زه بر کمان[9]
چو بیژن نگه کرد، از آن رزمگاه؛ نبودش گذر، جز؛ بتوران سپاه
بترسید از انبوهِ مردم‌کشان که یابند زان کار، یکسر، نشان
بجنگ اندر آیند برسان کوه بسنده نباشد مگر با گروه
برآهیخت درع سیاوش ز سر بخفتان هومان بپوشید بر
بران چرمهٔ پیل‌پیکر نشست درفش سرِ نامداران* بدست
برفت و بر آن دشت کرد آفرین برآن بخت بیدار و فرخ زمین[10]
چو آن دیده‌بانان لشکر ز دور درفش و نشان سپهدار تور
بدیدند، زان دیده برخاستند بشادی خروشیدن آراستند
طلایه هیونی برافکند زود بنزدیک پیران بکردار دود
که: «هومان بپیروزی شهریار دمان آمد از مرکز کارزار
درفش سپهدار ایران نگون تنش غرقه مانده بخاک اندرون[11]
همه لشگرش برگرفته خروش بهومان نهاده سپهدار گوش»[12]

---

۱ – چون بیژن هومان را با فنِّ چپ‌وراست بر زمین کوفته بود، کمرِ وی چرا می‌بایستی گسسته باشد؟ و اگر «کمر» که در سخنان افزایندگان همواره بجای میان می‌آید، این بار، همان کمر و میان‌بند بوده باشد، چرا در کشتی، کمر هومان از هم بگسلد؟

۲ – زمانه در فرهنگ ایرانی شایستهٔ ستایش است...

۳ – آنچه که می‌نماید، همان، کردارِ جهان است!!

۴ – چون ترجمان داشتن، نادرست بود، این رج نیز خودبخود، افزوده‌است.

۵ – ترجمان نداشتند.

۶ – **یک:** برهمن به پیش بت هندی میرود، نه پیش بت چین! **دو:** اگر ترجمان دروغین هومان از بیژن زنهار می‌خواهد، چرا بایستی که ترجمان بیژن نیز از او زنهار خواهد؟

۷ – دوکس بودند، و اینجا «یک کس» است. افزاینده را می‌بایستی گفتن: بیژن بترجمان هومان گفت.

۸ – دنبالهٔ گفتار.

۹ – بیژن بدین آسانی ره نپیمود، و در سخنان آینده، داستان روشن می‌شود.

* – پیران ویسه.

۱۰ – **یک:** دو بار بر زمین آفرین کردن در یک سخن نادرست می‌نماید. **دو:** این رج میان رج‌های پیشین و پسین جدایی می‌افکند.

۱۱ – آنکه تنش از دیدِ دیدبانان توران غرقه بخون است، گودرز نیست، بیژن است.

۱۲ – **یک:** از راه دور چگونه بهومان گوش نهاده‌بودند، **دو:** کنش نیز ناتمام است. «برگرفته»، «نهاده». **سه:** شاید گفتن که چشم براه هومان بودند.

چو بیژن میان دو رویه سپاه   رسید اندران سایهٔ تاج و گاه[1]
به توران رسید آن زمان ترجمان   بگفت آنچه دید از بد بدگمان[2]
هم آنگه بپیران رسید آگهی   که: «شد تیره آن فرّ شاهنشهی»[3]
سبک بیژن اندر میان سپاه   نگونسار کرد آن درفش سیاه
چو آن دیده‌بانان ایرانسپاه   نگون یافتند آن درفش سیاه
سوی پهلوان روی برکاشتند   اُزان دیده‌گه، نئره برداشتند
وزان جا هیونی بسان نوند   طلایه سوی پهلوان برفکند[4]
که: «بیژن به پیروزی آمد چو شیر   درفش سیه را، سر، آورده زیر
چو دیوانگان گیو گشته نوان   به هر سو خروشان و هر سو دوان[5]
همی آگهی جست زان نیو پور   همی ماتم آورد هنگام سور[6]
چو آگاهی آمد ز بیژن بدوی   دمان پیش فرزند بنهاد روی[7]
چو چشمش بروی گرامی رسید   ز اسپ اندر آمد چنان چون سزید[8]
بغلتید و بنهاد بر خاک، سر   همی آفرین خواند بر دادگر[9]
گرفتش ببر، باز فرزند را   دلیر و جوان و خردمند را[10]
اُزان جا دمان سوی سالار شاه   ستایش‌کنان برگرفتند راه[11]
چو دیدند مر پهلوان را ز دور   نبیره فرود آمد از اسپ، و، پور[12]
پر از خون سلیح و، پر از خاک سر   سبر گُرد هومان به فتراک بر[13]
به پیش نیا رفت بیژن چو دود   همی یاد کرد آن کجا رفته بود
سلیح و سر و اسپ هومان گُرد   به پیش سپهدار گودرز برد[14]
ز بیژن چنان شاد شد پهلوان   که گویی برافشاند خواهد روان

---

۱ – تاج و گاه کیخسرو درمیانهٔ سپاه نبود. ۲ – دنبالهٔ گفتار. ۳ – هومان را فر شاهنشهی نبود.

۴ – با نئره در رج پیشین این آگهی را میدهند!

۵ – افزاینده، همه جا از سپهسالار لرستان، همانند یک مادربزرگ ترسو یاد می‌کند! چنین کارها، پایگاه پهلوان را درمیان سپاه بزیر فرو میکشد!

۶ – **یک**: از چه‌کس، آگهی «همی» جست؟ که جنگاوران دیده نمی‌شدند! **دو**: کدام سور در لشگرگاه برپای بود که وی در آن ماتم آوَرَد! ۷ – دنبالهٔ سخن. ۸ – پدر را سزاوار نیست که پیش پسر، پیاده شود... (اندر آید)!

۹ – سزاوار: «سزید»(؟) پهلوان آن بود که بر خاک غلتد؟

۱۰ – چون «فرزند را» آمده‌است، گرفتـ(ش) نادرست است: «ببر درگرفت».

۱۱ – درمیان راه چه‌کس راستایش می‌کردند؟ اگر گیو بیژن را ستایش می‌کرد، «ستایش کنان» نادرخور است.

۱۲ – «سالار شاه» در رج پیشین در این رج «پهلوان» گشت.

۱۳ – این رج را با رج پیشین پیوندِ درست نیست، زیرا که چون هردو فرود آمدند، خون و خاک این رج به هردو پهلوان بازمیگردد، باز آنکه پیکر گیو خون‌آلوده و خاک آلوده نبود.

۱۴ – بیژن، پس‌ازشکست دادن هومان، تنها خفتان او را برگرفته‌بود، نه «سلیح و سر و اسپ» هومان را.

گرفت* آفرین پس، بدادار بر　　برآن اختر و بختِ بیدار بر
بگنجور فرمود پس پهلوان　　که: «تاج آر با جامهٔ خسروان[1]
گهر بافته پیکر و بوم زر　　درفشان چو خورشید تاج و کمر»[2]
ده اسپ آوریدند زرّین لگام　　پریروی زرّین‌کمر ده غلام[3]
بدو داد و گفت: «از گه سام شیر　　کسی ناورید اژدهایی به زیر[4]
گشادی سپه را بدین جنگ دست　　دل شاه ترکان بهم برشکست»[5]
همه لشگر شاه ایران چو شیر　　دمان و دنان بادپایان بزیر![6]

*

اُز اندوه، پیران برآورد خشم　　دل از درد خسته، پراز آب، چشم
به نستیهن آنگه فرستاد کس　　که: «ای نامور گرد فریادرس[7]
سزد گر کنی جنگ را، تیز، چنگ　　بکین برادر نسازی درنگ[8]
بر ایرانیان بر، شبیخون کنی　　زمین را بخون رود جیهون کنی[9]
ببر ده‌هزار آزموده سوار　　کمربستهٔ کینه و کارزار[10]
مگر کین هومان تو باز آوری　　سر دشمنان را بگاز آوری[11]
چو رفتی به نزدیک لشگر فراز　　سپه را یکی سوی هامون، بتاز»[12]
بدو گفت نستیهن: «ایدون کنم　　که از خون زمین رود جیهون کنم»[13]
دو بهره چو از تیره شب درگذشت　　ز جوش سواران بجوشید دشت[14]
گرفتند گردان، همه تاختن　　بدان تاختن گردن افراختن[15]
چو نستیهن آن لشگر کینه‌خواه　　بیاورد نزدیک ایرانسپاه[16]

---

* - «بخواند آفرین» درست می‌نماید.

۱ - تاج و جامهٔ خسروانی ویژهٔ پادشان بوده‌است، و دادن آن بیک مرزبان، می‌بایستی ازسوی شاه باشد، نه ازسوی پهلوان!

۲ - پیوند درست میان دو لت نیست.

۳ - **یک:** آوریدند، نادرست است، **دو:** پرستندگان راکمر زرین نبوده‌است. لت دویم پایان ندارد، و نشاید که آنرا به لت نخست پیوند داد، زیرا که در آن لت سخن بپایان رسیده‌بود.

۴ - **یک:** بدو داد نادرست است: «برایش آوردند»... **دو:** اگر «اژدها» همان اژدها است که رستم در خوان سیوم اژدها بزیر آورده‌بود. و اگر پهلوان نیرومند است، که چنین کار نیز چند بار روی نموده‌بود.

۵ - تورانیان ترک نبوده‌اند.

۶ - این رج را نه به رج پسین و نه به رج پیشین پیوند نیست.

۷ - «آنگه» در این رج نادرست است.

۸ - درنگ «ساختنی» نیست، «کردنی» است.

۹ - دنبالهٔ گفتار.

۱۰ - شبیخون کردن را پیاده باید، نه سوار. زیرا که اسبان در شب پیش پای خویش را نمی‌بینند، و شاید که در چاله‌ای افتند، یا پایشان بسنگی خورد و خود سرنگون شوند و سوار را نیز با خود بغلتانند، و سواران پس‌از آنها نیز بر روی آنها غلتند، و یک سپاه بزرگ، خودبخود، باشکست روبرو شود.

۱۱ - دنبالهٔ سخن.

۱۲ - چرا سپاه را ازسوی لشگر بهامون برگرداند؟

۱۳ - لت دویم دوباره‌گویی است.

۱۴ - **یک:** دوبهره، از چند بهره؟ **دو:** در شبیخون آهستگی باید، نه جوشیدن!

۱۵ - **یک:** پیدا است که اگر تازشی در کار بوده‌است، همه می تاخته‌اند، و آوردن «همه» در این لت نادرست است: «گردان، بتاختند». **دو:** شبیخون را، با سر نهان کردن همراه می‌کنند، نه گردنفرازی!

۱۶ - لت دویم را «را» در آغاز باید.

پیروز شدن بیژن بر هومان

سپیده‌دمان را بدانجا رسید　　که از دیده گه دیده‌بانش بدید[1]
چو کارآگهان آگهی یافتند　　سبک سوی گودرز بشتافتند[2]
که: «آمد سپاهی چو کوهِ روان　　که گویی ندارند گویا زبان[3]
برآنسان که رسم شبیخون بود　　سپهدار داند که آن چون بود»[4]
بلشگر بفرمود پس پهلوان　　که: «بیدار باشید و روشنروان»[5]
بخواند آن زمان بیژن گیو را　　ابا تیغزن، لشگرِ نیو را[6]
بدو گفت: «نیک! اختر و کام تو!　　شکسته دل دشمن از نام تو[7]
ببر هر که باید ز گردان من　　ازین نامداران و مردان من[8]
پذیره شو این تاختن را چو شیر　　سپاه اندر آور بمردی بزیر»[9]
گزین کرد بیژن ز لشگر سوار　　دلیرانِ پرخاشجویان، هزار[10]
رسیدند پس یک بدیگر فراز　　دو لشگر پر از کینه و رزمساز[11]
همه گرزها برکشیدند پاک　　یکی ابر بست از برِ تیره‌خاک[12]
فرود آمد از کوه ابر سیاه　　بپوشید دیدار تورانسپاه[13]
سپهدار چون گرد تیره بدید　　کزو لشگر ترک شد ناپدید[14]
کمان‌ها بفرمود کردن به زه　　برآمد خروش از مهان و ز کِه[15]
چو بیژن به نستیهن اندر رسید　　درفش سر ویسگان را بدید[16]
هوا سربسر گشته زنگارگون　　زمین شد بکردار دریای خون[17]
ز ترکان دو بهره فتاده نگون　　به زیر پی اسپ غرقه به خون[18]

---

۱ - در رج پیشین سپاه را بنزدیک سپاه ایران رسانده‌بود، و اینجا در راه است چنانکه دیده‌بان آنانرا می‌بیند.
۲ - کارآگهان، دیده‌بان نبوده‌اند، و کارِ آنان پژوهش در کار سپاه و مرزها و کشور، در روز بوده‌است نه در شب.
۳ - دنبالهٔ سخن.　　۴ - لت دویم سخت سست است.
۵ - «بیدار باشید» نادرست است: «لشگریان را بیدار کردند».
۶ - «را» در لتِ دویم، نابجا است بیژن «را» بخواند، همراه بالشگر!　　۷ - دنبالهٔ گفتار.
۸ - **یک:** می‌باید؛ لشگری را که آماده کرده‌اند بهمراه ببرد، نه هر که را که خود خواهد. **دو:** گُردان را با مَردان پساوا نیست.
۹ - کدام سپاه را؟: «سپاه دشمن را».　　۱۰ - گزینش چنانکه پیشتر آمد نادرست است: «هزار مرد از دلیران...».
۱۱ - «یک بدیگر» برای دو کس کاربرد دارد، نه برای دو لشگر!: «دولشگر بهم رسیدند».
۱۲ - «پاک» در این سخن گزارش ندارد: زیرا که چون گرز را برکشند، پاک (= بتمامی) کشیده می‌شود.
۱۳ - **یک:** اگر ابر، از کوه فرود آید، چشم همگان را می‌پوشد، نه تنها تورانسپاه را! **دو:** آنکه چشم یکی از دولشگر را می‌پوشد، «باد» است که چون همراه گردِ سمّ اسپانِ روبرو، شود چشم آنان را می‌پوشد!
۱۴ - **یک:** «ابر»، به «گرد» گردید! **دو:** پیشتر چشم آنانرا پوشیده‌بود، و اکنون ناپدیدشان کرد!
۱۵ - **یک:** کمانها بفرمود، نادرست کمانها (را) بفرمود، بفرمود کمان‌ها (را). **دو:** کمان را پیش‌از جنبش بزه باید کردن! **سه:** پس‌از رویایی باگرز، کمان کاربرد ندارد. کمان را از راه دور بکار میگیرند. **چهار:** با زه کردن کمان چرا از دشمن خروش برآید؟ پس‌از تیراندازیست که چنین می‌شود. **پنج:** «مهان» را «کهان» باید: نه «که».　　۱۶ - سرِ ویسگان پیران بود نه نستیهن(!)
۱۷ - «گشته» را در لت نخست با «شد» در لت دویم همخوانی نیست.　　۱۸ - ترک!؟

یکـــی تـــیر بـــر اسپ نســتیهنا   رســـید از گشـــادِ بـــرِ بـیژنا[1]

ز درد انــــدر آمـــد تگـــاور بـــه روی   رســـید انـــدرو بـــیژن جـــنگجوی[2]

عـــمودی بـــزد بـــر ســـر تـــرگ‌دار   تـــهی مـــاند ازو مـــغز و بـــرگشت کـــار[3]

چـــنین گـــفت بـــیژن بـــه ایـــرانـیان   کـــه: «هـــر کـــاو نـــبندد کـــمر بـــر مـــیان[4]

بـــجز گـــرز و شـــمشیر گـــیرد بـــدست   کـــمان بـــر ســـرش بـــر کـــنم پـــاک پـــست[5]

کـــه تـــرکان بـــه دیـــدن پـــریچهره‌انـد   بـــه جـــنگ از هـــنر پـــاک بـــی‌بهره‌انـد»[6]

دلـــیری گـــرفتند گـــنداوران   کشـــیدند لشگـــر پـــرندآوران[7]

چـــو پـــیلان هـــمه دشت بـــر یـــکدگر   فکـــنده، ز تـــن‌ها جـــدا مـــانده ســـر[8]

ازآن رزمگـــــه تـــــا بتـــوران ســـپاه   دمـــــان ازپـــس انـــــدر گـــرفتند راه[9]

چـــو پـــیران نـــدید آن زمـــان بـــا ســـپاه   بـــرادر، بـــر او گـــشت گـــیتی ســـیاه[10]

بـــه کـــارآگـــهان گـــفت زیـــن رزمگـــاه   هـــیونی بـــتازد بـــه آوردگـــاه[11]

کـــه آرد نشـــانی ز نســـتیهنم   اُگـــر نـــه دو دیـــده ز ســـر بـــرکنم[12]

هـــیونی بـــرون تـــاختند آن زمـــان   بـــرفت و بـــدید و بـــیامد دمـــان[13]

کـــه: «نســـتیهن آنک بـــدان رزمگـــاه   ابـــا نـــامداران تـــوران ســـپاه»[14]

بـــریده‌سر افکـــنده بـــرسان پـــیل   تـــن از گـــرز خســـته بکـــردار نـــیل»[15]

چـــو بشـــنید پـــیران بـــرآمد بـــه جـــوش   نـــماند آن زمـــان بـــا ســـپهدار هـــوش[16]

هـــمی کـــند مـــوی و هـــمی ریـــخت آب   ازودورشـــد خـــورد و آرام و خـــواب[17]

---

۱ - نستیهنا، بیژنا!   ۲ - تکاور از «درد» بروی می‌افتد (اندر نمی‌آید؟).

۳ - عمود را بگفتار فردوسی راه نیست.

۴ - **یک:** در آن گیرودار، چگونه فرمان او بایرانیان رسیدن توانست؟ **دو:** ازپیش، کمربسته، آهنگ جنگ کرده‌بودند.

۵ - **یک:** لت نخست را با رج پیشین پیوند درست نیست. **دو:** و لت دویم سخت سست می‌نماید، زیراکه چگونه شاید که بیژن یک کمان را بر سر چندکس، پست نماید. **سه:** کمان چگونه پست می‌شود؟ **چهار:** پاک، پست کردن چگونه باشد، **پنج:** آیا بهتر نمی‌نمود که بجای کمان، گرز بر سر ایشان بکوبد؟

۶ - **یک:** تورانیان ترک نبوده‌اند. **دو:** پریچهرگی تورانیانِ «مرد» را چه پیوند با جنگ. **سه:** «چِهره» را با «بَهره» پساوا نباشد.

۷ - کشیدند را لشگر(یان) باید، نه لشگر.

۸ - پیوند درست ندارد. آیا آنان که چون پیل افکنده‌بودند، تورانیان بوده‌اند؟ روشن نیست!

۹ - باز روشن نشده‌است که گروهی از آنان گریختند، و ایرانیان ازپس آنان (اندر) راه‌گرفتند!!

۱۰ - آنزمان: نادرخور است. «برادر» در آغاز لت دویم نادرخورتر!   ۱۱ - دنبالهٔ گفتار.

۱۲ - **یک:** سخن پریشان است، نشان از مرده، یا از زندهٔ او بیاورد؟ **دو:** چون روشن شد که نستیهن(؟) مرده‌است، چرا پیران چشمان خویش را بر نکند؟ **سه:** چشم را بر نمی‌کنند، از کاسه برون می‌کشند.   ۱۳ - آنزمان نادرخور است.

۱۴ - «آنک» بدانهنگام گفته می‌شود که بتوان آن (چیز یاکس) را از دور دیدن.

۱۵ - **یک:** سخن را «است» باید، **دو:** در گفتار پیشین گرز بر سر نستیهن(!) خورده‌بود نه بر تنش. **سه:** گرز، تن را «خسته» نمی‌کند، کوفته می‌کند!   ۱۶ - «آنزمان» در لت دویم نابجا است. «چو بشنید» زمان را روشن میکند.

۱۷ - در چنان زمان، از «خورد و خواب» یادکردن را، چه روی باشد.

بزد دست و بدرید رومی قبای — برآمد خروشیدن و های های[1]
همی گفت ک:«ای کردگار جهان — همانا که با تو بُداستم نهان[2]
که بگسستی از بازوان زور من — چنین تیره شد اختر و هور من[3]
دریغ آن هژبرافکن گردگیر — جوان دلاور سوار هژیر[4]
گرامی برادر جهانبان من — سر ویسگان گُرد هومان من[5]
چو نستیهن آن شیر شرزه به جنگ — که روباه بودی به جنگش پلنگ[6]
که را یابم اکنون بدین رزمگاه — به جنگ اندر آورد باید سپاه»[7]
بزد نای رویین و بربست کوس — هوا نیلگون شد زمین آبنوس[8]
ز کوه کنابد برون شد سپاه — بشد روشنایی ز خورشید و ماه
سپهدار ایران بزد کرنای — سپاه اندر آورد و بگرفت جای[9]
میان سپه کاویانی درفش — به پیش اندرون تیغهای بنفش[10]
همه نامداران پرخاشخر — ابا نیزه و گرزهٔ گاوسر[11]
سپیده‌دمان اندر آمد سپاه — به پیگار تا گشت گیتی سیاه[12]
برفتند زان پس به بنگاه خویش — به خیمه شد این، آن به خرگاه خویش[13]
سپهدار ایران به ربد رسید — از اندیشه کردن دلش بردمید[14]
همی گفت ک:«امروز رزمی گران — بکردیم و کُشتیم از ایشان سران[15]
گمانی برم زانکه پیران کنون — دواند سوی شاه ترکان هیون[16]
وز او بار دیگر بخواهد سپاه — رسانم کنون آگهی من به شاه»[17]

---

۱ – روم هنوز در جهان پدیدار نشده‌بود، و «برآمد» نادرست است: «برآورد».

۲ – سخن بازگونه است: لت دویم چنین گزارش می‌شود که: نهان من با تو بد است! اگر چنین است چرا با خداوند سخن میگوید و گله می‌کند؟

۳ – پیوند درست میان دو لتِ سست، نیست.

۴ – دنبالهٔ گفتار

۵ – **یک:** هومان جهانبان نبوده‌است و اندر یک سپاه؛ پهلوان بوده‌است. **دو:** وی سر ویسگان نیز نبود.

٦ – **یک:** چو... نادرست است. **دو:** لت دویم بازگونه است و چنین می‌نماید که روباه در جنگ نستیهن(!) پلنگ می‌شد!

۷ – لت نخست پایان درست ندارد: «که با ایرانیان یارای نبرد داشته باشد».

۸ – کوس در میدان جنگ هموار بسته‌بود.

۹ – **یک:** سپهبدار ایران را «نیزه» باید. **دو:** «اندر آورد» چگونه باشد؟: «سپاه را براند».

۱۰ – دنبالهٔ سخن.

۱۱ – نیز.

۱۲ – سپیده‌دمان که گاهِ رسیدن شبیخون تورانیان بود!

۱۳ – «بنگاه» در شهرها بوده، و آن جای، لشگرگاه است. لت دویم سخت نادرخور است. چه کس به خیمه(!) شد؟ و چه کس بخرگاه خویش رفت؟ پیدا است که دو سردار را، خرگاه هست.

۱۴ – «کردن» لت دویم، ناهمخوان: «از اندیشه».

۱۵ – «همی‌گفت» نادرست است: «چنین گفت» یا «بدل گفت».

۱٦ – **یک:** گمانی نادرست است. **دو:** افراسیاب ترک نبود.

۱۷ – **یک:** لت نخست برابر با شاهنامهٔ سپاهان است. نمونه‌های دیگر وزو یار خواهد بجنگ و سپاه. بجنگش، بجنگم. **دو:** لت دویم نیز سست است: «مرا نیز باید بشاه آگهی رساندن».

نامه فرستادن گودرز بنزدیک کیخسرو

نویسندهٔ نامه را خواند و گفت :«برآورد خواهم نهان از نهفت[1]
اگر برگشایی تو لب را ز بند زبان آورد بر سرت بر گزند»[2]
یکی نامه فرمود نزدیک شاه به آگاه کردن ز کار سپاه[3]
به خسرو نمود آن کجا رفته بود سخن هرچه پیران بدو گفته بود[4]
فرستادن گیو و پیوند و مهر نمودن بد و کار گردان سپهر[5]
ز پاسخ که دادند مر گیو را بزرگان فرزانهٔ نیو را[6]
ازان لشگری کز پسش چون پلنگ بیاورد سوی کنابد به جنگ[7]
ازان پس کجا رزمگه ساختند ازان رزم دل را بپرداختند[8]
ز هومان و نستیهن جنگجوی سراسر همه یاد کرد اندر اوی[9]
ز کردار بیژن که روز نبرد بدان گرزداران توران چه کرد[10]
سخن سربسر چون همه گفته شد ز پیگار و جنگ آن کجا رفته شد[11]
بپردخت زان پس به افراسیاب که با لشگر آمد به نزدیک آب[12]
گر او از لب رود جیهون سپاه به ایران گذارد سپه را به راه[13]
تو دانی که با او نداریم پای ایا فر خجسته جهان کدخدای[14]
مگر خسرو آید به پشت سپاه به سر برنهد بندگان را کلاه[15]

---

۱ – دنبالهٔ سخن. ۲ – دنباله... ۳ – لت دویم ناهمخوان است.

۴ – **یک**: «نمود» نیز در لت نخست نادرخور است فرمود... در رج پیشین را دنباله چنین باید بودن که در نامه چنین... نوشت! **دو**: لت دویم نیز پیوند ندارد: «سخنان پیران را یاد کرد».

۵ – گیو پیش‌از سخنان پیران رفته‌بود، و رفتن او و دیگر سران ایران می‌بایستی پیش‌از سخنان پیران بیاید!

۶ – پاسخ همانست که دو رج پیشین با سخنان پیران همراه بود.

۷ – لشگر را می‌رانند، ازپس نمی‌آورند. (ش) نیز نادرخور است. ۸ – لت دویم بی‌پیوند و بی‌گزارش است.

۹ – اندروی نادرست است: از «کار» پیران و نستیهن «در نامه» یاد کرد.

۱۰ – «روز نبرد» درست نیست: «در شبیخون تورانیان».

۱۱ – سخنِ نابجا، زیرا که هنوز، نامه بپایان نرسیده‌است. ۱۲ – هنوز افراسیاب نیامده‌است.

۱۳ – «به راه» در پایان رج نادرست است، سخن همانجا بپایان رسیده‌بود اگر دو سپاه را جیهون بگذراند...

۱۴ – فر خجسته نادرست است. نمونه‌های دیگر: «پی خجسته»، نادرست است، «ایا پهلوان»، کیخسرو پهلوان نبود، «ایا شاه ایران» که با جهان کدخدای پسین همخوان نیست، (بنگرید به خالقی مطلق ۶۱–۴) پیدا است که پچین‌برداران چون فر خجسته را نادرست دیده‌اند، هر یک خواسته‌اند، از دید خود آنرا درست گردانند! ۱۵ – لت دویم نادرخور.

ور ایدونکه پیران کند دست پیش … نخواهد سپه، یاور از شاه خویش[1]
به خسرو رسد زان سپس آگهی … که با او چه سازد به بختت رهی[2]
اُ دیگر که از رستم دیوبند … ز لهراسپ، وز اشکش هوشمند[3]
ز کردار ایشان به کهتر خبر … رساند مگر شاه پیروزگر»[4]

*

چو نامه به مُهر اندرآورد و بند … بفرمود تا بر ستور نوند[5]
نشستنگه خسروی ساختند … فراوان تگاور برون تاختند[6]
بفرمود تا رفت پیشش هجیر … جوانی بکردار هشیار و پیر[7]
بگفت آن سخن سربسر پهلوان … به پیشش هشیوار پور جوان[8]
بدو گفت ک:«ای پور هشیاردل … یکی تیز گردان بدین کار دل[9]
اگر مر ترا نزد من دستگاه … همی جست باید کنون است گاه[10]
چو بستانی این نامه اندر زمان … برو هم بکردار باد دمان[11]
شب و روز مآسای و سر برمخار … ببر نامهٔ من برِ شهریار»[12]
به پدرود کردن گرفتش به بر … برون آمد از پیش فرّخ پدر[13]
ز لشگر، دو تن را برِ خویش خواند … سبک‌شان به اسپ تگاور نشاند[14]
برون شد ز پرده سرای پدر … به هر منزلی بر هیونی دگر[15]
خور و خواب و آرام‌شان بر ستور … چه تاریکی شب چه تابنده هور[16]
بران گونه پویان به راه آمدند … به یک هفته نزدیک شاه آمدند[17]
چو از راه ایران بیامد سوار … کس آمد برِ خسرو نامدار[18]

---

۱ - دنبالهٔ گفتار **۲** - به بختت را جایِ درخور نیست: «که با بخت تو... رهی چگونه...».
۳ - «از» و «ز» در این رج. **۴** - با «ز» در آغاز این رج همخوان نیست. **۵** - دنبالهٔ گفتار.
۶ - **یک:** چگونه تخت پادشاهی را بر ستور نوند «ساختند»؟ **دو:** اگر یک ستور بود، گروه تکاوران چرا برون تاختند؟
۷ - هشیار؟ یا پیر؟ کدامیک؟ نمونه‌های دیگر نیز همه نادرخوراند کردار، هشیار نتواند بودن.
۸ - لت دویُم پریشان است.
۹ - **یک:** هوشیاری از دل نیست، از سر است. **دو:** دل را تیز نمی‌گردانند: «تیز باش و برو».
۱۰ - **یک:** اگر فرزند را نزد پدر، دستگاه نبود، چرا وی را ازمیان همهٔ پهلوانان بدینکار برگزید. **دو:** کنون است گاه نادرست است: «کنون گاهِ آنست». **۱۱** - «هم» در لت دویم نابجا است. **۱۲** - دنبالهٔ سخن.
۱۳ - کننده (= فاعل) در لت نخست گودرز است، و در لت دویُم هجیر! **۱۴** - برِ خویش خواند، نادرست است: «فراخواند».
۱۵ - **یک:** هجیر از پیش پدر بیرون آمده‌بود. پس چگونه دوباره از پرده‌سرای برون شد؟ **دو:** لت دویم، روشن نیست.
۱۶ - **یک:** چنین کار را نشاید کردن. **دو:** تاریکی شب نادرست است: «در تاریکی شب»، تابنده هور نادرست است، زیرا که نخست می‌بایستی گفتن چه در روشنایی روز، دودیگر آنکه «چه تابنده هور» را در این سخن گزارش نیست.
۱۷ - **یک:** براه آمدند، نادرست است: «براه رفتند». **دو:** پویان نادرست است، زیرا که آنان سوار بر اسب بودند، و خود نمی‌پوییدند. **سه:** از ریوند نیشابور در خراسان تا آذربایجان راهی نیست که سوار بتواند در یکهفته بپیماید!
۱۸ - مگر پایتخت کیخسرو در جایی بیرون از ایران بود، که سوار از راه ایران بدانجا رود؟

پذیره فرستاد شمّاخ را — چه مایه دلیران گستاخ را[1]
بپرسید چون دید روی هجیر — که: «ای پهلوان زادهٔ شیرگیر[2]
درودست باری که بس ناگهان — رسیدی به نزدیک شاه جهان»[3]
بفرمود تا پرده برداشتند — به اسپش ز درگاه بگذاشتند[4]
هجیر اندر آمد چو خسرو بدوی — نگه کرد پیشش بمالید روی[5]
بپرسید بسیار و بنشاندش — هزاران هجیر آفرین خواندش[6]
ز گوهر یکی تاج پیروزه شاه — به سر برنهادش چو رخشنده ماه[7]
ز گودرز و ز مهتران سپاه — ز هر یک یکایک بپرسید شاه[8]
درود بزرگان به خسرو بداد — همه کار لشگر بر او کرد یاد[9]
بدو داد پس نامهٔ پهلوان — جوان خردمند روشنروان[10]
نویسنده را پیش بنشاندند — بفرمود تا نامه برخواندند[11]
چو برخواند نامه به خسرو دبیر — ز یاقوت رخشان دهان هجیر[12]
بیاگند و زان پس به گنجور گفت — که: «دینار و دیبا بیار از نهفت»[13]
بیاورد بدره چو فرمان شنید — همی ریخت تا شد سرش ناپدید
بیاورد پس جامهٔ زرنگار — چنان چون بود از در شهریار
همیدون ببردند پیش هجیر — ابا زین زرّین دَه اسپ هژیر
به یارانش بر خلعت افگند نیز — درم داد و دینار و هرگونه چیز
ازان پس چو از جای برخاستند — نشستنگه مَی بیاراستند[14]

---

۱ - **یک:** شمّاخ، نامی ایرانی نیست. **دو:** لت دویم پیوند ندارد. و برای کسیکه نامه‌ای می آورد پذیره نمی‌فرستند.

۲ - دنبالهٔ سخن.

۳ - **یک:** بس ناگهان (= بسیار ناگهان) نادرست است: «ناگهان». **دو:** هرکس که از شهر بشهر دیگر رود، ناگهان بدان شهر میرسد!

۴ - چنین کار را شمّاخ نمی‌تواند کردن که پرده برداشتن کارِ سالار بار است.

۵ - سخن درهم و آشفته‌است... «پیشش بمالید روی» به خسرو بازمیگردد، نه به هجیر.

۶ - نیز در لت دویم این رج... هجیر بر خسرو آفرین خواند، و هزاران آفرین چنانکه در این لت آمده‌است نادرست است، زیراکس را یارای هزار بار آفرین خواندن نیست و نیزکس را توان شنیدن آن... مگر آنکه گوینده‌ای در یک سخن بدیگری گوید: «هزار آفرین بر تو باد».

۷ - تاج فیروزه بود یا گوهر؟ تاج بر سر فرستاده نهادن نیز کار افزایندگان است.

۸ - «ز هر یک» در آغاز لت دویم نادرخور است.

۹ - کننده (فاعل) پیدا نیست.

۱۰ - پیشتر «پساوا» به افزاینده فرمان داده‌بود که او را «هشیار دل» بخواند، و اکنون فرمان به «روشنروان» خواندن می‌دهد!

۱۱ - نویسنده نه! خواننده یا «دبیر».

۱۲ - مگر هجیر بجزاز نامه آوردن چه کرده‌بود که یکبار تاج گوهر، فیروزه بر سرش نهند، و یکبار دهانش را پر از یاقوت کنند؟ چنین کارها؛ انجام شده‌است، اما بدانهنگام که گوینده‌ای سخنی سخت سزاوار گوید، نه در چنین جای که خواننده نامهٔ دیگری را بر پهلوان میخواند!

۱۳ - به دریوزه‌گری افزاینده پرداختن را بیش‌ازاین سزاوار نمی‌بینم.

۱۴ - ایرانیان پیش‌از خوراک، مَی نمی‌خورند... و هجیر و یارانش تازه رسیده‌اند پس آنانرا می‌باید نان خوردن!

هجیر و بزرگان خسروپرست — گرفتند یکسر همی مَی به دست[1]
نشستند یک روز و یک شب بهم — همی رای زد خسرو از بیش و کم[2]
به شبگیر خسرو سر و تن بشست — به پیش جهانداور آمد نخست[3]
بپوشید نوجامهٔ بندگی — دو دیده چو ابری به بارندگی[4]
دوتایی شده پشت و بنهاد سر — همی آفرین خواند بر دادگر[5]
ازو خواست پیروزی و فرّهی — بدو جست دیهیم و تخت مهی[6]
به یزدان بنالید ز افراسیاب — به درد از دو دیده فروریخت آب
اُزان جا بیامد چو سرو سهی — نشست از برِ گاه شاهنشهی

پاسخ نامهٔ گودرز از پیش شاه کیخسرو

دبیر خردمند را پیش خواند — سخن‌های بایسته با او براند
چو آن نامه را زود پاسخ نوشت — پدید آورید اندرو خوب و زشت[7]
نخست آفرین کرد بر کردگار — کزو دید نیک و بد روزگار[8]
دگر آفرین کرد بر پهلوان — که: «جاوید بادیّ و روشنروان[9]
خجسته سپهدار بسیارهوش — همه رای و دانش همه جنگ و جوش[10]
خداوند گوپال و تیغ بنفش — فروزندهٔ کاویانی درفش[11]
سپاس از جهاندار یزدان ما — که پیروز بودند گردان ما[12]

---

۱ – «می» را بدست نمی‌گیرند که «جام» را چنین میکنند.
۲ – رای زدن در نشستنگه مَی، آنهم با میخوارانی که یک شبانه‌روز مَی نوشیده‌اند بهره‌ای بجز رنج و درد ندارد.
۳ – جهانداور همه جا هست، و نبایستی به پیش او رفتن.
۴ – **یک:** ایرانیان خویش را آفریدهٔ خدا می‌دانستند. **دو:** پس‌از شست‌وشوی، و رفتن به پیش خدا(؟) جامهٔ نو بندگی، یا بندگی نو پوشید؟ **سه:** لت دویم را پیوند درست با لت نخست نیست. **چهار:** چو ابری نادرست است: «چو ابر».
۵ – **یک:** دوتایی نادرست است... اگر در دین ایران روایی داشت «دو تا» می‌بود، اما دو تا شدن (تعظیم = رکوع) تنها در دین اسلام دیده می‌شود. **دو:** دوتایی شده پشت نیز نادرست است: پشت را دو تا کرد، و در این زمان، سر بزمین نمی‌رسد، مگر آنکه از «رکوع» به «سجود» روند، و این آیین اسلامی است نه آیین کیش مهر زمان کیخسرو. **سه:** «همی» نیز در لت دویم نادرخور است.
٦ – **یک:** بدو جست نادرست است. «از او جُست» یا «از او خواست». **دو:** در آنزمان هنوز دیهیم پدید نیامده‌بود.
۷ – **یک:** کننده (فاعل) در این رج کیخسرو است، باز آنکه دبیر نامه را نوشته‌است. **دو:** زود پاسخ نوشت را چه روی باشد؟، زشتی پدید آوردن در نامه چگونه باشد؟
۸ – **یک:** «بد» نادرست است: «بدی». **دو:** ایرانیان بدی را ازسوی خداوند نمی‌دانستند، و آنرا، از برآمد کارهای خویش می‌شمردند.
۹ – دگر آفرین کرد، نادرست است. «پس، آفرین بر پهلوان خواند».
۱۰ – لت دویم را با لت نخست پیوند درست نیست.
۱۱ – **یک:** هر سپاهی دیگر نیز شمشیر بنفش و کوپال دارد! **دو:** فروزندهٔ درفش کاویان سخت گزافه است، همهٔ نمونه‌ها نیز چنین آورده‌اند.
۱۲ – «بودند» در لت دویم نادرست است: «گشتند».

از اختر ترا روشنایی نمود ز دشمن برآورد ناگاه دود[1]
نخست آنک گفتی که مر گیو را بزرگان فرزانهٔ نیو را[2]
به نزدیک پیران فرستاده‌ام چه مایه ورا پندها داده‌ام[3]
نپذرفت ازان‌پس خود او پند من نجست اندرین کار پیوند من[4]
سپهبد یکی داستان زد برین چو دستور پیشی برآورد کین[5]
که هر مهتری کاو روان کاسته‌ست ز نیکی به بخت بد آراسته‌ست[6]
مرا زان سخن پیش بود آگهی که پیران دل از کین ندارد تهی[7]
ولیکن ازان خوب کردار او نجستم همی ژرف پیکار او[8]
کنون آشکارا نمود این سپهر که پیران به توران گراید به مهر[9]
کنون چو نبیند جز افراسیاب دلش را تو از مهر او برمتاب[10]
گر او بر خرد برگزیند هوا به کوشش نروید ز خارا گیا[11]
تو با دشمن ار خوب گفتی رواست از آزادگان خوب گفتن سزاست[12]
أ دیگر ز پیکار جنگ‌آوران کجا یاد کردی به گرز گران[13]
ز نیک اختر و گردش هور و ماه ز کوشش نمودن بدان رزمگاه[14]
مرا این درست است کز کارکرد تو پیروز باشی به روز نبرد[15]
نبیره کجا چون تو دارد نیا به جنگ اندرون باشدش کیمیا[16]
ز شیران چه زاید مگر نرّه شیر چنان چون بود نامدار و دلیر[17]
به بیداد بر نیست این کار تو بسنده‌ست یزدان نگهدار تو[18]
تو زور و دلیری ز یزدان شناس ازو دار تا زنده باشی سپاس[19]

---

۱ - لت نخست راگزارش نیست. و دشمن نیز ناگاه شکسته نخورده‌بود.
۲ - اگر برای گیو «مر» آید برای دیگر بزرگان نیز «مر» شاید!
۳ - چه مایه پندها نادرست است: «چه مایه پند» «پند بسیار». ۴ - ازانپس نیز نابجا آمده‌است: «نپذرفت پند مرا».
۵ - **یک:** کدام سپهبد داستان زده است؟ **دو:** لت دویم نیز پریشان است. نمونه‌ها، پیشش، و پیشین هردو نادرست است.
۶ - لت دویم سخت نادرست است و بی‌گزارش است.
۷ - **یک:** از سخن آگهی نمیتوان داشتن، اما از اندیشه و رای او شاید آگاه بودن. **دو:** پیران کین سیاوخش را نداشت.
۸ - ژرف پیکار جستن را روی نیست.
۹ - این سپهر نیز نادرخور است: «سپهر» اماگرایش پیران بتوران از خودِ او بوده‌است نه از سپهر.
۱۰ - سخن سست... افزاینده در لت نخست خواسته‌است بگوید که بجزاز افراسیاب بدیگری مهر ندارد، یاکسی دیگر را شاه نمیداند. در لت دویم پند میدهد که تو یاری بمهر افراسیابش ده! ۱۱ - دنبالهٔ گفتار. ۱۲ - دنباله
۱۳ - لت دویم بی‌گزارش است پیکار جنگ‌آوران بگرز، چگونه باشد؟ ۱۴ - دنباله
۱۵ - سخن لتِ نخست رسا نیست. ۱۶ - لت دویم بی‌گزارش است.
۱۷ - **یک:** از شیران، ماده شیر نیز میزاید، اما سخن در این لت، گودرز را ماده شیر می‌خواند! **دو:** لت دویم نیز بی‌پیوند است.
۱۸ - مگر گودرز چه کرده‌است که کارش بر بیداد نیست!
۱۹ - زور و دلیری را از یزدان نمی‌توان شناختن، اما می‌توان سپاسگزار وی بودن!

سدیگر که گفتی که افراسیاب ‌‌‌‌ سپه را همی بگذرانَد ز آب[1]
ز پیران فرستاده شد نزد اوی ‌‌‌‌ سپاهش به ایران نهاده‌ست روی[2]
همان است یکسر که گفتی سخن ‌‌‌‌ کنون باز پاسخ فکندیم بن[3]
بدان ای پر اندیشه سالار من ‌‌‌‌ به هر کار شایستهٔ کار من[4]
که او بر لب رود جیهون درنگ ‌‌‌‌ نه زان کرد کآید برِ ما به جنگ[5]
که خاقان بر او لشگر آرد ز چین ‌‌‌‌ فراز آمدش از دو رویه کمین[6]
اُ دیگر که از لشگران گران ‌‌‌‌ پراگنده بر گِرد توران سران[7]
بدو دشمن آمد ز هر سو پدید ‌‌‌‌ ازان بر لب رود جیهون کشید[8]
به پنجم سخن کآگهی خواستی ‌‌‌‌ به مهر گوان دل بیاراستی[9]
چو لهراسپ و چون اشکش تیزچنگ ‌‌‌‌ چو رستم سپهبد دمنده نهنگ[10]
بدان ای سپهدار و آگاه باش ‌‌‌‌ به هر کار با بخت همراه باش[11]
کزان سو که شد اشکش تیزهوش ‌‌‌‌ برآمد ز خوارزم یکسر خروش[12]
به رزم اندرون شیده برگشت از اوی ‌‌‌‌ سوی شهر گرگان نهاده‌ست روی[13]
اُزان سو که لهراسپ شد با سپاه ‌‌‌‌ همه مهتران برگشادند راه[14]
الانان و غز گشت پرداخته ‌‌‌‌ شد آن پادشاهی همه ساخته[15]
گر افراسیاب اندر آید به راه ‌‌‌‌ ز جیهون بدین سو گذارد سپاه[16]
بگیرند گردان پس پشت اوی ‌‌‌‌ نمانَد بجز باد در مشت اوی[17]
تو بشناس کاو شهر آباد خویش ‌‌‌‌ برو و بوم و فرخنده بنیاد خویش[18]
به گفتار پیران نمانَد بجای ‌‌‌‌ به دشمن سپارد نهد پیش پای[19]
نجنبانَد او داستان را دو لب ‌‌‌‌ که ناید خبر زو به من روز و شب[20]

---

۱ – دنبالهٔ گفتار. ۲ – دنباله... ۳ – کیخسرو کجا پاسخ داده‌بود که اینک «باز» پاسخ میدهد؟
۴ – سخن پیوسته برج پسین. ۵ – دنبالهٔ سخن.
۶ – بر اولشگر آوردن نادرست است: «بیاری او» یا «بجنگ او». ۷ –لشگران نادرست یا: «لشگرها» یا «سپاهیان».
۸ – بدو دشمن آمد پدید، نادرست است: «دشمنان بر او شوریدند»، «دشمنان بجنگ وی آراستند...».
۹ – پس‌از سدیگر، چهارم می‌آید نه پنجم و نه «به پنجم» افزاینده اُ دیگر را که بدنبال یورش خاقان بوده‌است، بجای چهارم درشمار آورده‌است. ۱۰ – چو... نادرست است.
۱۱ – بخت را باید بمردمان یاری رساندن و مردمان خود نمیتوانند با بخت همراه! باشند.
۱۲ –اشکش تیز چنگ دو رج پیش به‌اشکش تیزهوش گردید!
۱۳ – پیدا نیست که شیده بسوی خوارزم روی نهاده است، یااشکش! ۱۴ – دنبالهٔ گفتار.
۱۵ – الانان را غزان باید، اما افزاینده پیشتر غز در آورده‌بود و غزان هنوز در آسیا پدیدار نشده‌بودند.
۱۶ – براه آمدن درست است، نه اندر آمدن! ۱۷ – دنبالهٔ سخن. ۱۸ – بشناس نادرست است: «بدان».
۱۹ – پیوند میان دولت نیست. نماند بجای، افزاینده خواسته‌است که بگوید افراسیاب برای پیران، از شهر خویش بیاری او نخواهد آمد!!!
۲۰ – روز را شاید پذیرفتن، آنهم در دربار، شب‌ها چگونه از سخنان افراسیاب آگهی می‌آورند!

بدان روز هرگز مبادا درود — که او بگذرانَد سپه را ز رود [1]
به ما بر کند پیشدستی به جنگ — نبیند کس این روز تاریک و تنگ [2]
بفرمایم اکنون که بر پیل کوس — ببندد دمنده سپهدار توس [3]
دهستان و گرگان و آن بوم و بر — بگیرد برآرد به خورشید سر [4]
من اندر پی توس با پیل و گاه — به یاری بیایم به پشت سپاه [5]
تو از جنگ پیران مبرتاب روی — سپه را بیارای و زو کینه جوی [6]
چو هومان و نستیهن از پشت اوی — جدا ماند شد باد در مشت اوی [7]
گر از نامداران ایران نبرد — بخواهد بفرما و زان برمگرد [8]
چو پیران نبرد تو جوید دلیر — مکن بددلی پیش او شو چو شیر [9]
به پیکار مندیش ز افراسیاب — بجای آر دل روی ازو برمتاب [10]
چو آید به جنگ اندرون جنگجوی — نباید که برتابی از جنگ روی [11]
بر ایشان تو پیروز باشی به جنگ — نگر دل نداری بدین کار تنگ [12]
چنین دارم اومید از کردگار — که پیروز باشی تو در کارزار [13]
همیدون گمانم که چون من ز راه — به پشت سپاه اندر آرم سپاه [14]
بر ایشان شما رانده باشید کام — به خورشید تابان برآورده نام» [15]
ز کاووس و ز توس نزد سپاه — درود فراوان فرستاد شاه [16]
بران نامه بنهاد خسرو نگین — فرستاده را داد و کرد آفرین [17]
چو از پیش خسرو برون شد هجیر — سپهبد همی رای زد با وزیر [18]
ز بس مهربانی که بد بر سپاه — سراسر همه رزم بد رای شاه [19]

---

۱ – تاکنون هیچکس به روز و شب درود نفرستاده‌است.

۲ – خود میگوید که افراسیاب از ترس دشمنان بایران نمی‌آید و خود از آن روز ترس دارد! ۳ – دنبالهٔ داستان.

۴ – دهستان و گرگان شهرهای ایرانی بودند و نیاز نبود که توس، آنها را «بگیرد»! ۵ – دنباله

۶ – دنباله ۷ – جدا ماند نادرست است: «جدا ماندند»، «جدا شدند». پیشتر سخن از افراسیاب و اینجا پیران رسید!

۸ – بفرما در لت دویم نادرست است: «بپذیر».

۹ – **یک:** چون در رج پیشین سخن از نبرد خواستن از نامداران ایران بود، این لت می‌باید با «وگر» آغاز شود، **دو:** نام پیران نیز نابجا آمده‌است چون در رج پیش سخن از پیران بود. ۱۰ – چند بار دربارهٔ افراسیاب سخن گفتن شاید؟

۱۱ – دنبالهٔ همان سخن.

۱۲ – بر ایشان نادرست است «بر افراسیاب» زیرا که گفتار پیشین دربارهٔ افراسیاب بود.

۱۳ – پیروز باشی در رج پیشین نیز آمده‌بود. ۱۴ – همیدون در آغاز این رج نابجا است: «من ایدون گمانم».

۱۵ – سخن زیبا است اما دنبالهٔ داستان است.

۱۶ – این رج پیوند درست با سخنان پیشین ندارد، زیرا که نامبردن از شاه در پایان نشان میدهد که افزاینده‌ای دیگر این رج را بکار افزایندهٔ پیشین افزوده‌است. ۱۷ – بر آن نامه نیز نادرست است: «بر نامه».

۱۸ – **یک:** «همی» در لت دویم نادرخور است. **دو:** این وزیر که با وی رای میزنند چه نام دارد که تاکنون آگاهی از وی نداریم.

۱۹ – لت دویم کاستی دارد: «از بس که (شاه را) بر سپاه مهربانی بود.

همی گفت اگر لشگر افراسیاب	بجنباند از جای و بگذارد آب[1]
سپاه مرا بگسلاند ز جای	مرا رفت باید همین است رای[2]
همانگه شه نوذران را بخواند	بفرمود تا تیز لشگر براند[3]
به سوی دهستان سپه برکشید	همه دشت خوارزم لشگر کشید[4]
نگهبان لشگر بود روز جنگ	به جنگ اندر آید بسان پلنگ[5]
تبیره برآمد ز درگاه توس	خروشیدن نای رویین و کوس[6]
سپاه و سپهبد به رفتن گرفت	زمین سمّ اسپان نهفتن گرفت[7]
تو گفتی که خورشید تابان بپای	نماند از نهیب سواران بجای[8]
دو هفته همی رفت زان سان سپاه	بشد روشنایی ز خورشید و ماه[9]
پراکنده بر گرد کشور خبر	ز جنبیدن شاه پیروزگر[10]
چو توس از در شاه ایران برفت	سبک شاه رفتن بسیچید و تفت[11]
ابا دههزار از گزیده سران	همه نامدارانِ گنداوران[12]
بنه نزدیک گودرز بنهاد روی	ابا نامداران پرخاشجوی[13]
ابا پیل و با کوس و با فرهی	ابا تخت و با تاج شاهنشهی[14]
هجیر آمد از پیش خسرو دمان	گرازان و خندان و دل شادمان
ابا خلعت و خوبی و خرمی	تو گفتی همی برنوردد زمی[15]
چو آمد به نزدیک پردهسرای	برآمد خروشیدن کرنای[16]
پذیره شدندش سران سربسر	زمین پر ز آهن هوا پر ز زر[17]

---

۱ - این گفتار رودرروی گفتارهای پیشین است که افراسیاب از بیم خاقان و دیگر لشگر(ان) پروای جنبش از پایتخت خود را ندارد.

۲ - و این رج نیز واژگونهٔ آن سخن است که گفت: بر ایشان تو پیروز باشی.

۳ - براندْ در پایان رج نادرخور است: «برانَد».

۴ - گفتار نادرست گرفتن دَهستان و خوارزم نیزلشگر کشید در پایان لت دویم، همان «سپه بر کشید» لت نخست است.

۵ - سپاهیان ایران در رِیبد (ریوند) و کناوت روبروی تورانیان ایستادهاند، و توس چگونه تواند از دهستان و خوارزم نگهبان آنان باشد؟

۶ - «کوس» را خروش نیست.

۷ - دنباله سخن.

۸ - **یک:** تو گفتی! **دو:** بپای در پایان لت نخست با بجای در پایان لت دویم هردو یکی است. **سه:** اگر جز این باشد نادرست است، زیرا که خورشید همواره در گردش است، و هیچگاه بر یکجای نمیمانَد.

۹ - لت دویم را با لت نخست پیوند نیست.

۱۰ - لت نخست را کاستی همراه است: «آگاهیِ (خبرِ) جنبیدن شاه (در سراسر کشور) پراکنده شد».

۱۱ - پیشتر آگاهی در کشور پخش شدهبود تازه از بسیچیدن سخن میرود! و ازسویی توس که در دهیستان و گرگان بود چگونه از درِ شاه ایران برفت؟

۱۲ - **یک:** سران گزیدهٔ ایران همه در میدانهای جنگ بودند، و هیچگاه شمار سران گزیده بیشاز دههزارکس نمیشود، که وی از آنان دههزارکس همراه خود کند. **دو:** گندآوران نیز نادرست است: «گندآور».

۱۳ - **یک:** بنزدیک نادرست است: «بسوی». **دو:** از نامداران پیشتر سخن رفتهبود.

۱۴ - دنبالهٔ سخن.

۱۵ - «خوبی» در لت نخست چیست؟ **دو:** تو گفتی.

۱۶ - دنبالهٔ گفتار.

۱۷ - هوا چگونه پر از زر شد؟

چو خیزد به چرخ اندرون داوری — ز ماه و ز ناهید و ز مشتری[1]
بیاراست لشگر چو چشم خروس — ابا زنگ زرّین و پیلانِ کوس[2]
چو آمد برِ نامور پهلوان — بگفت آنچه دید از شه خسروان[3]
نوازیدن شاه و پیوند اوی — همی گفت از رادی و پند اوی[4]
که چون بر سپه گستریده‌ست مهر — چگونه ز پیغام بگشاد چهر[5]
پس آن نامهٔ شهریار جهان — به گودرز داد و درودِ مهان[6]
نوازیدن شاه بشنید از اوی — بمالید بر نامه بر چشم و روی[7]
چو بگشاد مُهرش به خواننده داد — سخن‌ها بر او کرد خواننده یاد[8]
سپهدار بر شاه کرد آفرین — به فرمان ببوسید روی زمین[9]
ببود آن شب و رای زد با پسر — به شبگیر بنشست و بگشاد در[10]
همه نامداران لشگر پگاه — برفتند بر سر نهاده کلاه[11]
پس آن نامهٔ شاه فرخ هجیر — بیاورد و بنهاد پیش دبیر[12]
دبیر آن زمان پند و فرمان شاه — ز نامه همی خواند پیش سپاه[13]
سپهدار روزی‌دهان را بخواند — به دیوان دینار دادن نشاند[14]
ز اسپان گله هرچه بودش به کوه — به لشگرگه آورد یکسره گروه[15]
در گنج دینار و تیغ و کمر — همان مایه‌ور جوشن و خود زر[16]

۱ - افزاینده خواسته‌است بگوید «هوا پر ز زر شده»، چنانچون...، اما بجای آن «چو» آورده‌است. چندین شکوهِ بزرگداشت در پذیره را، هیچگاه ازبرای رستم و گودرز و کاووس و کیخسرو سراغ نداریم، چرا بایستی ازبرای پذیره هجیر چنین گزافه‌ها را سرودن؟

۲ - چه کس لشگر را آراست؟ با زنگ زرین و پیل و کوس،لشگر چون چشم خروس نمی‌شود.

۳ - دید در لت دویم نادرست است: «آنچه دیده و شنیده بود». شه خسروان نیز نابجا است، چون خسرو پاژنامِ خودِ کیخسرو است.

۴ - **یک:** نواختن، بجای نوازیدن، **دو:** اما پیوند کیخسرو چگونه بود؟ **سه:** «همی» نادرخور است. **چهار:** در رج پیشین «بگفت» آمده‌بود. **پنج:** رادی را با پند چه پیوستگی است؟

۵ - گستریده نادرست است: «گسترده».

۶ - درود مهان دادنی نیست خواندنی و گفتنی است.

۷ - چند بار نوازیدن؟

۸ - دنبالهٔ گفتار.

۹ - کیخسرو فرمان ببوسیدن زمین نداده‌بود!

۱۰ - **یک:** هجیر، روز بلشگرگاه رسیده‌بود نه شب. **دو:** اگر بنیاد برسگالش و رایزنی بود چرا پهلوانان دیگر با وی در انجمن نباشند؟ **سه:** در لشگرگاه «در» نبود که آنرا بگشایند، اما پرده را شاید گشودن!

۱۱ - پگاه در این رج همان شبگیر در رج پیشین است و سپاهیانِ آمادهٔ جنگ را خود بر سر نهادن باید نه کلاه!

۱۲ - هجیر، دیروز نامه را بگودرز داده‌بود!

۱۳ - «آنزمان» نادرست است. پند و فرمان نیز سست است: «نامه را»، همی‌خواند نیز نادرخور است، بخواند!

۱۴ - دیوان، در پایتخت است، و سپاهیان پیش‌از جنبش سپاه، از روزی‌دهان، روزی = روزیک = رُوچیک پهلوی = مزد خود را گرفته‌بودند.

۱۵ - سپاهِ بمیدانِ جنگ رفته، درکدام کوه گله تواند داشتن؟

۱۶ - **یک:** گنج را با خود به بیابان و میدان نبرد نمی‌بردند. **دو:** از دینار بگذریم، سپاهیان همه خود، تیغ و گرز و جوشن داشته‌اند، که بجنگ آمده‌اند. **سه:** خود زرین، سست است و بکار جنگ نمی‌آید. **چهار:** کدام نادان باور میکند که همه سپاهیان خود زرین بر سر نهند؟

پیروز شدن بیژن بر هومان

به روزی‌دهان داد یکسر کلید — چو آمد گه نام جستن پدید[1]
برافشاند بر لشگر آن خواسته — سوار و پیاده شد آراسته[2]
یکی لشگری گشن برسان کوه — زمین از پی بادپایان ستوه[3]
دل شیر غران از ایشان به بیم — همه غرقه در آهن و زرّ و سیم[4]
بفرمودشان جنگ را ساختن — دل و گوش دادن به کین آختن[5]
برفتند پیش سپهبد گروه — بر انبوه لشگر بکردار کوه[6]
بر ایشان نگه کرد سالار مرد — زمین تیره دید آسمان لاژورد[7]
چنین گفت که: «ز گاه رزم پشین — نیاراست کس رزمگاهی چنین[8]
به اسپ و سلیح و به سیم و به زر — به پیلان جنگی و شیران نر[9]
اگر یار باشد جهان‌آفرین — بپیچیم از ایدر عنان تا به چین»[10]
چو بنشست فرزانگان را بخواند — ابا نامداران به رامش نشاند[11]
همی خورد شادی‌کنان دل بجای — همی با یلان جنگ را کرد رای[12]
به پیران رسید آگهی زین سخن — که سالار ایران چه افکند بن[13]
ازان آگهی شد دلش پرنهیب — سوی چاره برگشت و بند و فریب[14]
ز دستور فرخنده رای آنگهی — بجست اندر آن کینه جستن رهی[15]

۱ – **یک:** گنج در دشت نبود، کلید نیز نداشت. **دو:** هنوز پدید نیامده‌است. ۲ – آن خواستهٔ دروغین افشاندنی نیز هست!
۳ – **یک:** با خواسته، لشگر گشن نمی‌شود! **دو:** لت دویم را نیز با لت نخست پیوند نیست.
۴ – نیز این رج پیوند درست با خود و با رج پیشین ندارد: «به بیم بود»، «در هراس بود».
۵ – برای کین بیرون کشیدن (آختن!) دل و گوش نشاید دادن! ٦ – هردو لت ناهموار و بی‌پیوند است.
۷ – **یک:** سالار مرد که باشد: «سپهسالار». **دو:** گودرز بایشان نگریسته‌بود یا بزمین و آسمان؟ **سه:** سپاه ایستاده چگونه آسمان را لاجوردین میکند؟
۸ – افزایندگان همواره از یک رزم دروغین بنام جنگ پشن یاد می‌کردند، و اینجا، پساوای «چنین» افزاینده را واداشت که «پَشَن» را به «پشین» گرداند!! ۹ – لشگر را با اسپ و جنگ‌افزار شاید آراستن، اما بسیم و بزر نشاید، که آن، آیین بزمگاه است، نه رزمگاه.
۱۰ – گودرز که برای کین سیاوخش می‌جنگد، به چینش چکار؟
۱۱ – **یک:** در میدان، جای نشستن نیست! **دو:** فرزانگان نیز از نامداران‌اند.
۱۲ – **یک:** جنگ را رای «کردن» سخنی نادرست است: «دربارهٔ جنگ با یلان رای زد!» **دو:** آنگاه در رامش و شادی، دربارهٔ جنگ رای زدن کاری درست نمی‌نماید!
۱۳ – زین سخن نادرست است: «زان سخن» اما سخنی در کار نبود... گودرز سپاه را آمادهٔ جنگ کرد، و گفتار درست چنین است: «زان داستان». ۱۴ – سخن زیبا است اما پیوسته بداستان است.
۱۵ – **یک:** پیران، شاه نبود که او را دستور باشد. **دو:** دستور فرخنده رای نادرست است: «فرخنده». **سه:** آنگهی نادرست است. **چهار:** بجست، کین جستن، سخن را ناهموار می‌کند. **پنج:** ره جستن در این گفتار نادرست است: «رهنمود خواست».

نامهٔ پیران ویسه
به
گودرز کشواد

یکی نامه فرمود، پس؛ تا دبیر نویسد سوی پهلوان، دلپذیر؛
سر نامه کرد آفرین بزرگ به یزدان پناهش ز دیو سترگ[1]
دگر گفت کز کردگار جهان بخواهم همی آشکار و نهان[2]
مگر کز میان دو رویه سپاه جهاندار، بردارد این کینه گاه
اگر تو که گودرزی، آن خواستی که گیتی بکینه بیاراستی
برآمد ازین کینه گه کام تو چگویی؟ چه باشد سرانجام تو؟[3]
نگه کن که چندان دلیران من ز خویشان نزدیک و شیران من[4]
تن بی سرانشان فکندی بخاک ز یزدان نداری همی شرم و باک؟[5]
ز مهر و خرد، روی برتافتی کنون آنچه جستی همه یافتی!
گه آمد که گردی ازین کینه سیر بخون ریختن چند باشی دلیر[6]
نگه کن کز ایران و توران، سوار چه مایه تبه شد بدین کارزار
بکین جستنِ مرده‌ای ناپدید سرِ زندگان، چند؟ باید برید
گه آمد، که بخشایش آید ترا ز کین جُستن، آسایش آید ترا
اگر بازناید، شده روزگار! بگیتی درون تخم کینه مکار[7]
روانت مرنجان و مگداز تن ز خون ریختن بازکش خویشتن[8]
پس از مرگ نفرین بُود بر کسی کزو نام زشتی بماند بسی[9]
نباید که زشتی بماندت نام اُگر تو بدان سر شوی شادکام[10]

---

۱ – آفرین بزرگ نادرست است: «آفرین» «آفرین شایسته».

۲ – **یک:** هنوز سخنی بمیان نیامده، «دگر گفت» را جای نباشد. **دو:** در رج پسین، از خداوند! با پاژنام جهاندار یاد شده‌است، و نشان میدهد که رج‌های پیشین و پسین بیکدیگر پیوسته بوده‌اند، و این دو رج افزوده‌اند.

۳ – **یک:** چهار رج پس‌تر، این سخن آمده‌است: آنچه جستی همه یافتی. **دو:** لت دویم را با لت نخست پیوند نیست.

۴ – خویشان نزدیک و شیران من، رنگ‌آمیزی افزاینده است: «برادران من».

۵ – **یک:** گودرز تن آنانرا بخاک نیفکنده‌بود. **دو:** در نبرد یکی پیروز میشود و دیگری را شکست می‌رسد! باری اگر شرم از یزدان باشد، جنگ، خود کاریست ناشایست، و اگر دو سپاه با آگاهی از رای یزدان با یکدیگر می‌جنگند. پیروز شدنِ یکی بر دیگری شرم ندارد، سرافرازی دارد!

٦ – لت دویم را با لت نخست پیوند درست نیست: «و بخون ریختن دلیر نباشی».

۷ – لت نخست را با لت دویم پیوند نیست.

۸ – روانت را «راه» باید: و نیز تن را... بازکش نیز نادرست است: «دست بردار»، «دور باش».

۹ – نام زشتی نادرست است: «نام زشت».

۱۰ – **یک:** سخن با کاربردِ نام زشتی بی‌آیین‌تر شد. **دو:** لت دویم را نیز گزارش نباشد.

هر آنگه که موی سیه شد سپید — به بودن نماند فراوان امید[۱]
بترسم که گر بار دیگر سپاه — به جنگ اندر آید بدین رزمگاه[۲]
نبینی ز هر دو سپه کس بپای — برفته روان تن بمانده بجای[۳]
ازان پس که داند که پیروز کیست — نگونبخت گر گیتی‌افروز کیست[۴]
وزایدونکه پیکار و خون ریختن — بدین رزمگه با من آویختن؛
بدینسان، همی جنگِ شیران کنی؟ — همه از پیِ شهر ایران کنی!
بگو تا من اکنون، هم اندر شتاب — نوندی فرستم به افراسیاب
بدان؛ تا بفرمایدم، تا زمین — ببخشیم و، پس؛ درنوردیم کین[○]
چنان چون به گاه منوچهر شاه — به بخشش همی داشت گیتی نگاه[۵]
هران شهر کز مرز ایران نهی — بگو تا کنیم آن ز ترکان تهی[۶]
وز آباد و ویران و هر بوم و بر — که فرمود کیخسرو دادگر[۷]
از ایران به کوه اندر آید نخست — در غرچگان از بر بوم بُست[۸]
دگر طالقان شهر تا فاریاب — همیدون در بلخ تا اندرآب[۹]
دگر پنجهیر و درِ بامیان — سر مرز ایران و جای کیان[۱۰]
دگر گوزگانان فرخنده‌جای — نهاده‌ست نامش جهان کدخدای[۱۱]
دگر مولیان تا در بدخشان — همین است ازین پادشاهی نشان[۱۲]
فروتر دگر دشت آموی و زم — که با شهر ختلان براید برم[۱۳]
چو شگنان و چون ترمذ ویسه کرد — بخارا و شهری که هستش به گرد[۱۴]

---

۱ – «هر آنگه» نادرست است: «چون». ۲ – دنبالهٔ سخن.

۳ – چنین نمی‌شود، و اگر همه بمیرند، یک کس زنده می‌ماند! لت دویم را نیز، کنشِ نادرست همراه است.

۴ – چون همگان بمیرند، کسی پیروز نیست!! لت دویم نیز نادرخور است.

○ – زمین را میان خود بخش کنیم، و کینه را از میان برداریم. ۵ – لت دویم را پیوندِ «که» باید.

٦ – تورانیان ترک نبوده‌اند. ۷ – کیخسرو هنوز سخنی نگفته‌است.

۸ – **یک:** چه چیز از ایران اندر آید؟ **دو:** غرچگان نامی تازه است. **سه:** در، «خانه» باشد و با «بر بوم بُست» همخوانی ندارد. **چهار:** بُست، نزدیک غزنین همواره از شهرهای ایرانی بوده‌است.

۹ – **یک:** اگر نام شهر می‌آید، می‌باید هم برای تالقان، و هم برای فاریاب آید، **دو:** باز سخن از «در» بلخ میرود.

۱۰ – **یک:** و درِ بامیان. **دو:** بامیان سر مرز ایران نبوده‌است، آنسوتر، کشمیر بزرگ نیز از مرز ایران بوده‌است، و فرمانِ آن را همواره برای زال و رستم می‌نوشته‌اند.

۱۱ – لت دویم سست است و جهان کدخدای که بوده‌است که نام بر آن نهاده؟ اگر کیخسرو است که تازه بپادشاهی رسیده‌است.

۱۲ – **یک:** افزاینده نتوانسته است که نام بَدَخشان را در آهنگ سخن بیاورد و به بَذْخَشانش گردانید. **دو:** چه نشان؟

۱۳ – «زَم» در پایان لت دویم چیست و کجا است؟ برای آنکه اندیشهٔ پریشان پچین‌برداران شاهنامه را در سخنان افزوده بسنجید (بنگرید به خالقی مطلق ۲۷–۴).

۱۴ – **یک:** چو و چون نادرست است. **دو:** لت دویم بیشتر به ریشخند ماند! **سه:** اگر «ویسه کرد» را با آوای کهنترش بخوانیم «کَرد» است ←

همیدون برو تا در سغد نیز — نجوید کس آن پادشاهی بنیز[۱]
وزان سو که شد رستم گردسوز — سپارم بدو کشور نیمروز[۲]
ز کوه و ز هامون بخوانم سپاه — سوی باختر برگشاییم راه
بپردازم این تا در هندوان — نداریم تاریک ازین پس روان[۳]
ز کشمیر و ز کابل و قندهار — شما را بود آن همه زین شمار[۴]
اُزان سو که لهراسپ شد جنگجوی — الانان و غزدز سپارم بدوی[۵]
ازین مرز پیوسته تا کوه قاف — به خسرو سپاریم بی‌جنگ و لاف[۶]
اُزان سو که اشکش بشد همچنین — بپردازم اکنون سراسر زمین[۷]
اُزان پس که این کرده باشم همه — ز هر سو برِ خویش خوانم رمه[۸]
بسوگند پیمان کنم پیش تو — کزین پس نباشم بداندیش تو
بدانی که ما راستی خواستیم — بمهر و وفا دل بیاراستیم
سوی شاه توران فرستم خبر — که ما را زکینه، بپیچید سر
همیدون تو نزدیک خسرو بمهر — یکی نامه بنویس و بنمای چهر
چنین از ره مهر و پیکار من — ز خون ریختن با تو گفتار من[۹]
چو پیمان همه کرده باشیم راست — ز من خواسته هرچه خسرو بخواست[۱۰]
فرستم همه سربسر نزد شاه — در کین ببندد مگر بر سپاه[۱۱]
ازان پس که این کرده باشیم نیز — گروگان فرستاده و داده چیز[۱۲]

← که با «گِرد» پساوا ندارد. **چهار:** و اگر آنرا با آوای تازه بخوانیم، «هستش بگرد» نادرست است. **پنج:** چون «به گرد» یا پیرامون بخارا را درشمار آوریم. «یک شهر» را در بر نمیگیرد، پس «شهری» نیز نابجا است. **شش:** و اگر «شهر» در این لت یک شهر باشد، برگرد بخارا چنین شهر را سراغ نداریم.

۱ – **یک:** تاکنون از «رفتن» سخنی نبود و اکنون چنین شد! **دو:** بنیز نادرست است و چند بار دیگر نیز در سخنان افزوده آمده‌است. **سه:** «بنیز» را با «سغد نیز» پساوا نیست. سغد، جایگاه سمرقند و بخارا و شهرهای پیرامون آن(!) آمده‌بود.

۲ – در آینده به نیمروز برمیخوریم.

۳ – افزاینده از گفتار سیر نشده‌است، و پس‌از رفتن سپاه باز به در هندوستان می‌پردازد!...

۴ – **یک:** و باز بکشمیر و کابل و قندهار بازمیگردد، اما خود می‌گوید، این شهرها از آن شما است، **دو:** زین شمار در پایان لت دویم نادرخور است. **سه:** چون این شهرها از آن ایرانیان است نمیتوان آنها را با «از» همراه آوردن!: «از کشمیر، از آن شما است؟» مگر آنکه گفته آید از کشمیر تا قندهار، که چنین نیست.

۵ – **یک:** این بار، از غز به غزدژ برگشت که جایی ناپیدا است. **دو:** این شهرها را بایران باز میدهند، نه به سرداران (لهراسب).

۶ – افزاینده را همین یک سخن بس بود، پس چرا چندین سخن یاوه بدان افزوده‌است؟ ازبرای پر کردن شست هزار رج!

۷ – **یک:** پس‌از سخن پیشین که کار را بپایان رسانده‌بود، دوباره به‌اشکش بازگشت. **دو:** «اکنون» نابجا است.

۸ – پیشتر می‌بایستی رمه را پیش خود بخواند، تا اینکارها کرده شود.

۹ – این سخنان پیکار نبود، و نیز خون ریختن!، مهر را به پیکار و خون چه پیوند است؟

۱۰ – **یک:** کرده باشیم نادرست است: «بکنیم»، «بانجام رسانیم». **دو:** بخواست نیز در لت دویُم نادرخور است: «بخواهد».

۱۱ – دنبالهٔ گفتار.

۱۲ – لت دویُم درست نیست: «چون گروگان و خواسته بفرستم».

بپیوندم این مهر و آیین دین ... بدوزم به دست وفا چشم کین[1]
که بشکست هنگام شاه بزرگ ... ز بدگوهری تور و سلم سترگ[2]
فریدون که از درد سرگشته شد ... کجا ایرج نامور کشته شد[3]
ز من هرچه باید به نیکی بخواه ... ازان‌پس بدین، نامه کن نزد شاه[4]
نباید کزین خوب گفتار من ... بسستی گمانی بَرَد، انجمن
که من جز به مهر این نگویم همی ... سرانجام نیکی بجویم همی[5]
مرا گنج و هم کام ازآنِ تو بیش ... بمردانگی، نام، ازآنِ تو بیش
ولیکن بدین کینه انگیختن ... به بیداد، هر جای، خون ریختن
بسوزد همی بر سپه بر، دلم ... بکوشم که کین از میان بگسلم
سدیگر که از کردگار جهان ... بترسم همی آشکار و نهان
که نپسندد از ما بدی دادگر ... گزافه نبردارد این شور و شر[6]
اُگر سر بپیچی ز گفتار من ... نجویی همه ژرف کردار من
گنهکار داری مرا، بیگناه ... نخواهی بگفتار کردن نگاه[7]
کجا داد و بیداد نزدت یکیست ... جز این کینه گستردنت رای نیست[8]
گزین کن ز گردانِ ایران، سران ... کسی کاو گراید بگرز گران
همیدون من از لشکر خویش، مرد ... گزینم چو باید، ز بهر نبرد
همه یک‌بدیگر فراز آوریم ... سران را، ز سر، سوی گاز آوریم*
همیدون من و تو به آوردگاه ... بگردیم یک با دگر بی‌سپاه
مگر بیگناهان ز خون ریختن ... به آسایش آیند و ز آویختن
کسی که‌ش گنهکار داری همی ... اُزو بر دل آزار داری همی؛
به پیش تو آرم بروز نبرد● ... ببایدت، پیمان یکی نیز، کرد
که بر ما، تو گر دست یابی بخون؛ ... شود بختِ گردانِ توران نگون؛
نیازاری ازبُن، سپاهِ مرا ... نسوزی بر و بوم و گاه مرا

---

۱ – لت نخست ناهموار است: «مهر بپیوندم».
۲ – **یک:** سلم و تور، بدگوهر نبودند، و از گوهر فریدون بودند. **دو:** سلم و تور را «بشکستند» باید، نه بشکست.
۳ – پیوند میان لت نخست و لت دویم، درست نیست. ۴ – نامه کردنی نیست نوشتنی و فرستادنی است.
۵ – «این» در لت نخست ناهموار است. نیز نگویم!: «من بجزاز روی مهر، این سخن را نگفتم».
۶ – «که» در آغاز این رج با «که» در لت نخست رج پیشین همخوان نیست.
۷ – روشن نیست... افزاینده را رای آن بوده‌است که بگوید: من بیگناهم، و تو مرا گناهکار «میکنی».
۸ – این سخنان نه از روی «مهر»ی است که در رج‌های پیشین آمده‌بود! * – سرها را دوباره بسوی گاز آوریم.
● – آن کسان را که تو در خون سیاوخش گنهکار می‌شناسی –دست‌بسته بدست تو نمی‌سپارم– آنانرا در میدان نبرد، برابر با پهلوانان ایران می‌نهم.

۷۰ کیخسرو

گذرشان دهی تا بتوران شوند   کمین را نسازی بر ایشان، کمند
اُگر من شوم بر تو پیروزگر   دهد مر مرا اخترِ نیک، بر!
نسازم بر ایرانیان بر، کمین   نگیریم خشم و نجوییم کین
سوی شهر ایران دهم راهشان   گذارم یکایک سوی شاه‌شان[1]
از ایشان نگردد یکی کاسته   شوند ایمن از جان و از خواسته[2]
وراید‌ونکه زینسان نجویی نبرد   دگرگونه خواهی همی کار کرد
به انبوه جویی همی؟ کارزار!   سپه را سراسر بجنگ اندر آر؛
هرآن خون که آید بکین، ریخته   تو باشی بدان گیتی آویخته!»
ببست از برِ نامه بر بند را   بخواند آن گرانمایه فرزند را[3]
پسر بد مر او را، سرِ انجمن   یکی، نام؛ رویینِ رویینه‌تن
بدو گفت: «نزدیک گودرز شو   سخن گوی، هشیار و، پاسخ شنو»

*

چو رویین برفت از در نامور   فرستاده با ده سوار دگر[4]
بیامد خردمندِ روشنروان   دمان، تا سراپردهٔ پهلوان
چو رویین پیران بدرگه رسید   سوی پهلوان سپه کس دوید[5]
فرستاده را خواند پس پهلوان   دمان ازپس پرده آمد جوان[6]
بیامد چو گودرز را دید، دست   بکش کرد و سر پیش بنهاد پست![7]
سپهدار برجست و اورا چو دود   به آغوش تنگ اندرآورد زود[8]
ز پیران بپرسید و ز لشگرش   ز گردان و ز شاه و از کشورش[9]
خردمند رویین پس آن نامه پیش   بیاورد بگزارد پیغام خویش[10]
دبیر آمد و نامه برخواند زود   به گودرز گفت آنچه در نامه بود[11]

---

۱ - **یک:** گذارم در لت دویم «بگذرانم» است که درست نمی‌نماید. **دو:** شاهشان نیز در گفتار پیران نیامده‌است او همواره از وی با نام «خسرو» یا «شاه» یاد میکند.

۲ - دوباره‌گویی است.

۳ - سخن سست می‌نماید «آن» را برای فرزند بکار گرفتن نادرخور است.

۴ - برفت، فرستاده نادرست است. یا رویین برفت، یا فرستاده برفت.

۵ - **یک:** تا سراپردهٔ گودرز رفته‌بود، پس چگونه بدرگاه رسید؟ **دو:** پهلوانان را در لشگرگاه سراپرده هست نه درگاه!

۶ - **یک:** پسِ پرده، آنسوی پرده‌سرای است، نه اینسوی که از آن بدرون می‌آیند. **دو:** دمان آمدن شیوهٔ رفتار فرستادهٔ بفرهنگ نیست.

۷ - سر پیش بنهاد نادرست است: «سر فرو برد».

۸ - **یک:** افزاینده خود، سخت سبکسر بوده‌است که گمان می‌برد سپهسالار یک سپاه از جای بر می‌جهد! آنهم همانند دود!! **دو:** پیدا نیست که چه‌کس را در آغوش میگیرد؟ «به آغوش تنگ اندر آورد» نادرست است: «او را تنگ در آغوش گرفت».

۹ - چنین پرسش گرم نه درخورِ پاسخ سختی است که گودرز به پیران خواهد داد.

۱۰ - پاسخ پرسش گرم گودرز را نداد نامه «را پیش آورد»؟: «نامه را بگودرز داد».

۱۱ - سخت سست می‌نماید. دبیر را می‌بایستی نامه را بآیین خواندن، نه آنکه خود نامه را بخواند، و پسان ازپیش خود بگوید.

چو نامه بگودرز برخواندند — همه نامداران فروماندند!
ز بس چرب گفتار و از پند خوب — نمودن بدو راه و پیوند خوب[1]
خردمند پیران که در نامه یاد — چه آورد و ز پند نیکو چه داد[2]
برویین چنین گفت پس پهلوان — که «ای پورِ سالار و فرّخ جوان[3]
تو مهمان ما بود باید نخست — پس این پاسخ نامه بایدت جست»[4]
سراپردهٔ نو بپرداختند — نشستنگه خسروی ساختند[5]
به دیبای رومی بیاراستند — خورش‌ها و رامشگران خواستند[6]
پر اندیشه گشته دل پهلوان — نشسته ابا رایزن موبدان[7]
همی پاسخ نامه آراستند — سخن هرچه نیکوتر آن خواستند[8]
به یک هفته گودرز با رودی و می — همی نامه را پاسخ افکند پی[9]
ز بالا چو خورشید گیتی‌فروز — بگشتی سپهبد گه نیم روز[10]
می و رود و مجلس بیاراستی — فرستاده را پیش خود خواستی[11]

پاسخ نامهٔ پیران ویسه
از
گودرز

چو یک هفته بگذشت، هشتم؛ پگاه — نویسنده را خواند، سالارِ شاه
بفرمود تا نامه پاسخ نوشت — درختی بنوّی بکینه بکشت
سر نامه کرد آفرین از نخست — دگر پاسخ آورد یکسر درست[12]
که: «برخواندم این نامه را سربه‌سر — شنیدم ز گفتارِ تو، دربه‌در
رسانید رویین برِ ما پیام — یکایک همه هرچه بردی تو نام
ولیکن، شگفت آید از کار تو — مرا، زین چنین چرب گفتار تو

۱ – پند خوب و بد ندارد. «پند» خودبخود خوبست. نیز «پیوند» که آن هم چنین است.
۲ – گفتار پس‌وپیش شده‌است. ۳ – پیوسته به گفتار. ۴ – لت دویم نیز همچنان سست است.
۵ – رویین پادشاه نبود که ازبرایش نشستنگه خسروی بسازند. ٦ – روم در جهان پدیدار نشده‌بود.
۷ – گشته و نشسته نابجا است: گشت و نشست.
۸ – چهار رج پس‌تر نویسنده را برای نوشتن می‌خواهند. پس چگونه اینجا پاسخ نامه را آراستند؟
۹ – **یک:** از خرد بدور است که در چنان نبرد، سپهسالار به رود و می سرگرم باشد. **دو:** در رج پیش پاسخ آراسته شده‌بود، و این، دوباره‌گویی است. ۱۰ – چون خورشید از «بالا؟ = گردون» بگردد. گاه پسین میگردد، نه گاه نیمروز.
۱۱ – دوباره رود و می؟!! ۱۲ – **یک:** لت دویم، پریشان است. **دو:** در نامهٔ گودرز از «آفرین» نشان نیست.

دلت با زبان هیچ همسایه نیست — روان ترا از خرد مایه نیست[1]
بهر جای چربی به کار آوری — چنین تو سخن پرنگار آوری[2]
کسی را که از بُن نباشد خرد — گمان، بر تو، بر مهربانی برد
چو شوره‌زمینی که از دور، آب — نماید، چو تابد بر او آفتاب*
ولیکن نه گاه فریب است و بند — که هنگام گرز است و تیغ و کمند
مرا با تو جز کین و پیکار نیست — گهِ پاسخ و روز گفتار نیست[3]
نگر تا چه سان گردد اکنون سپهر — نه جای فریب است و پیوند و مهر[4]
که را داد خواهد جهاندار زور — که را بردهد بخت پیروز هور[5]
ولیکن بدین گفته پاسخ شنو — خرد یار کن بخت را پیشرو[6]
«نخست آنکه گفتی: من از «مهر»، نیز — ز یزدان و از گردشِ رستخیز؛
نخواهم که آید مرا، پیش، جنگ؛ — دلم گشت ازین کارِ بیداد، تنگ»
دلت با زبان آشنایی نداشت — بدانگه که این گفته بر لب گذاشت●
اگر داد بودی بدلْتْ اندرون — ترا پیشدستی نبودی بخون
که ز آغاز کار اندر آمد نخست — نبودی به خون ریختن هیچ سست[7]
نخستین که آمد به پیش تو گیو — وز ایران هشیوار مردانِ نیو
بسازیده مر جنگ را لشگری — ز کشور دمان تا دگر کشوری[8]
تو کردی همه جنگ را، دست، پیش — سپه را تو برکندی از جای خویش
خرد، ار پس آمد، تو پیش آمدی — بفرجامِ آرام، بیش آمدی○
ولیکن سرشتِ بد و خوی بد — ترا نگذرانَد، براه خرد
بَدی خود بدان تخمه در، گوهر است! — ببد کردن آن تخمه اندر خوَر است
شنیدی که بر ایرج نیکبخت — چه آمد ز تور از پیِ تاج و تخت
چو از تور و سلم اندر آمد زمین — سراسر بگسترد بیداد و کین[9]
فریدون که از درد دل روز و شب — گشادی به نفرین ایشان دو لب[10]
به افراسیاب آمد آن خوی بد — ازآن نامدارانِ اندک خرد

---

۱ – دل را هیچگاه نبایستی با زبان همسایه بودن. ۲ – «چنین تو» در لت دویم نادرخور است. * – سراب را فرماید!
۳ – اگر گه پاسخ نیست چرا پاسخ میدهد؟ ۴ – فریب، و پیوند و مهر، با یکدیگر همساز نیستند.
۵ – هردو لت را پیوند درست نیست. افزاینده خواسته‌است بگوید جهاندار، بدانکس که خواهد، زور می‌دهد...
۶ – این رج را با رج پیشین پیوند نیست. ● – بر لب گذراند.
۷ – «آغاز» کار و «نخست» هردو در واژه پیشدستی نهفته‌است. این سخن پریشان، بگونهٔ آراسته در رج پیشین آمده‌بود.
۸ – سخن پایان ندارد. بسازیده نیز تاکنون پیشینهٔ کاربرد نداشته‌است.
○ – در زبان پهلوی «بیش»: درد و رنج: «پس‌از آرامش، چونان درد و رنج آمدی».
۹ – لت نخست راگزارش نیست. ۱۰ – این رج سست است و پیوند، با رج‌های پیشین و پسین ندارد.

پاسخ گودرز به پیران ۷۳

ز سر، با منوچهر، نو کین نهاد — همیدون ابا نوذر و کیقباد[1]
بکاووسِ کی، کرد خود، آنچه کرد — برآورد از ایرانِ آباد گرد
ازانپس بکین سیاوخش باز — فکند این چنین کینهٔ نو، دراز
نیامد؟ بدانگه، ترا داد، یاد! — که او بیگنه جان شیرین بداد!
چه مایه بزرگان که از تخت و گاه — از ایران شدند اندرین کین تباه
دودیگر که گفتی که: «با پیرسر — بخون ریختن، کس نبندد کمر»
بدان ای جهاندیدهٔ پر فریب — به هرکار، دیده فراز و نشیب؛
که یزدان مرا، زندگانی؛ دراز — بدان داد با بختِ گردنفراز؛
که از شهر توران بروز نبرد — ز کینه برآرم بخورشید، گرد
بترسم همی زانکه یزدان من — ز تن بگسلاند مگر جان من؛[2]
من این کینه را ناوریده بجای — بر و بومتان ناسپرده بپای![3]
سدیگر که گفتی: «ز یزدان پاک؛ — نبینم بدلْث اندرون، بیم و باک؛
ندانی کزین خیره خون ریختن؛ — گرفتار گردد بفرجام، تن!»
من اکنون بدین خوب گفتار تو — اگر باز گردم ز پیکار تو
بهنگامِ پرسش ز من کردگار — بپرسد* ازین گردش روزگار
که سالاری و گنج و مردانگی — ترا دادم و زور و فرزانگی
بکین سیاوش، کمر، بر میان — نبستی چرا؟ پیشِ ایرانیان!
به هفتاد خون گرامی پسر — بپرسد ز من داورِ دادگر؛[4]
ز پاسخ به پیش جهان‌آفرین — چه گویم؟ چرا بازگشتم ز کین!
ز کار سیاوش چهارم سُخن — که افکندی ای پیرِ سالار، بُن
تو گفتی ز بهر تنی گشته خاک — نشاید ستد، زنده را جانِ پاک[5]
تو بشناس کاین زشت کردارها — بدل بر، ز هر گونه آزارها؛[6]
که با شهر ایران شما کرده‌اید — چه مایه کیان را بیازرده‌اید؛[7]

---

۱ – **یک:** افراسیاب در زمان منوچهر پادشاه نبود. **دو:** نو کین نادرست است: «کینهٔ نو» نهاد نیز نادرخور است «کینهٔ نو پدید آورد».

۲ – **یک:** یزدانِ من نادرست است. زیرا که «یزدان» خداوند همگان است. **دو:** در سخن پیشین گفته‌بود که یزدان مرا زندگانی دراز داد، تا...

۳ – «ناوریده» نادرست است. سخن نیز به رجِ افزودهٔ پیشین پیوسته‌است.

* – همه نمونه‌ها «بپرسد». اما درست چنین می‌نماید: «چو پرسد...» بپاسخ چه گویم؟... در رج چهارم پسین.

۴ – **یک:** لت نخست پیوند درست ندارد. لت دویم نیز بازگویی رج سیوم پیشین است. **دو:** «هفتاد خون» نادرست است.

۵ – تو گفتی (یا که گفتی) در همان سخن رج چهارم پیشین نهفته‌است.

۶ – **یک:** تو بشناس نادرست است. **دو:** آوردن «تو» در این رج پس‌از رج پیشین نابکار است. **سه:** لت دویم را پایان نیست.

۷ – «شما» در لت نخست نادرخور است: «کرده‌اید».

۷۴
کیخسرو

چه پیمان شکستن! چه کین ساختن! / همیشه بسوی بدی تاختن؛*
چو یاد آورم، چون کنم؟ آشتی! / که نیکی، سراسر بد انگاشتی!
به پنجم که گفتی که پیمان کنم / ز توران سران را گروگان کنم
بنزدیک خسرو فرستیم گنج / ببندیم بر خویشتن راه رنج![۱]
بدان ای نگهبان توران سپاه / که فرمان جز اینست ما را ز شاه[۲]
مرا جنگ فرمود و آویختن / به کین سیاووش خون ریختن[۳]
چو فرمان خسرو نیارم بجای / روان شرم دارد بدیگر سرای[۴]
ور اوئید داری که خسرو بمهر / گشاید برین گفته‌ها، برتو چهر[۵]
گروگان و آن خواسته هرچه هست / چو لهّاك و رویین خسروپرست[۶]
گسی کن بزودی به نزدیک شاه / سوی شهر ایران گشاده‌ست راه[۷]
ششم شهر ایران که کردی تو یاد / بر و بوم آباد فرخ نژاد[۸]
سپارم گفتی به خسرو همه / ز هر سو برِ خویش خوانم رمه[۹]
ترا کرد یزدان ازان بی‌نیاز / گر آگه نه‌ای تا گشاییم راز[۱۰]
سوی باختر تا به مرز خزر / همه گشت لهراسپ را سربسر[۱۱]
سوی نیمروز اندرون تا به سند / جهان شد بکردار رومی پرند[۱۲]
همان رستم نیو با تیغ تیز / برآورد از ایشان دم رستخیز[۱۳]
سر هندوان با درفش سیاه / فرستاد رستم به نزدیک شاه[۱۴]
دهستان و خوارزم و آن بوم و بر / که ترکان برآورده بودند سر[۱۵]

---

* – نمونه‌ها چنین‌اند. شاهنامهٔ سپاهان کژی تاختن... چون کژی در این شاهنامه آمده‌است می‌توان داوری کردن که بسوی کژی یاختن (= یازیدن) درست است.

۱ – از اینجا سی رج سخن افزوده آمده‌است که پیوند پیمان را در رج پیشین با سخنی درست: «به پیمان مرا با تو گفتار نیست» از هم می‌گسلند! «فرستیم» و «ببندیم» در این رج با پیمان «کنم» در رج پیشین همخوان نیست.

۲ – دنبالهٔ سخن.

۳ – دنباله

۴ – روان در آغاز لت دویم نادرست است: «روانم»... این سخن که خداوند از من می‌پرسد: «بپرسد از این گردش روزگار» پیشتر آمده‌بود.

۵ – خسرو را به پیران مهر بوده‌است از روی سپاس.

٦ – **یک:** کدام گروگان. **دو:** پیران در نامهٔ خویش یاد کرده‌بود که این پهلوانان را بروز جنگ بمیدان می‌فرستم.

۷ – از زمان سیاوخش کدام خواسته بر جای مانده‌است، و اگر هم هست در دست پیران نیست!

۸ – **یک:** نامهٔ پیران را «درِ ششم» نبود. **دو:** بر و بوم، را با نژاد فرخ چکار؟

۹ – «گفتی» در این رج با «یاد کردی» رج پیشین یکی است.

۱۰ – سخن همه از «من» بود و در این رج «ما» گردید (بنگرید به گشاییم).

۱۱ – همواره لهراسب را گشایندهٔ الان و غزدژ خوانده‌بودند، و اکنون دیگرگون شد.

۱۲ – **یک:** «سوی اندرون» نادرست است. **دو:** سِند را با پَرَند پساوا نیست.

۱۳ – از نیمروزیان رستخیز برآورد؟

۱۴ – درفش سیاه از آن هندوان نبوده‌است، و ازآنِ تورانیان بوده‌است.

۱۵ – لت دویم راگزارش نیست، و تورانیان نیز ترک نبوده‌اند.

پاسخ گودرز به پیران

بیابان از ایشان بپرداختند سوی باختر تاختن ساختند[1]
ببارید بر شیده اشکش تگرگ فراز آوریدش به نزدیک مرگ[2]
اسیران و ز خواسته چند چیز فرستاد نزدیک خسرو بنیز[3]
أ زین سو من و تو به جنگ اندریم بدین مرکز نام و ننگ اندریم[4]
به یک جنگ دیدی همه دستبرد ازین نامداران و مردان گرد[5]
ور ایدونکه روی اندر آری به روی رهانم ترا زین همه گفت‌وگوی[6]
به نیروی یزدان و فرمان شاه به خون غرقه گردانم این رزمگاه[7]
تو ای نامور پهلوان سپاه نگه کن بدین گردش هور و ماه[8]
که بند سپهری فراز آمده‌ست سر بخت ترکان به گاز آمده‌ست[9]
نگر تا ز کردار بدگوهرت چه آرد جهان‌آفرین بر سرت[10]
زمانه ز بد دامن اندر کشید مکافات بد را بد آید پدید[11]
تو بندیش هشیار و بگشای گوش سخن از خردمند مردم نیوش[12]
بدان کین چنین لشگر نامدار سواران شمشیرزن سدهزار[13]
همه نامجوی و همه کینه‌خواه به افسون نگردند ازین رزمگاه[14]
زمانه برآمد به هفتم سخن فکندی وفا را به سوگند بن[15]
به پیمان مرا با تو گفتار نیست خرد را روانت خریدار نیست
ازیرا که با هر که پیمان کنی وفا را بفرجام ویران کنی[16]
بسوگند* تو، شد سیاوش بباد! بگفتار، بر تو، کس ایمن مباد!

---

۱ – **یک:** دهستان و خوارزم در این رج به «بیابان» گردید. **دو:** تاختن ساختنی نیست...
۲ – لت دویم بیشتر برای خنده سروده شده‌است. ۳ – **یک:** از خواسته چند چیز سخنی نادرخور است. **دو:** «بنیز» نادرست است.
۴ – دنبالهٔ سخن. ۵ – «همه دستبرد» نادرست است: «دستبرد ما را» یا «دستبرد گُردان ما را».
۶ – «ور ایدونکه» در آغاز این رج، پیوند درستی با رج پیشین ندارد: «وگر باز خواهی که...». ۷ – دنبالهٔ گفتار.
۸ – «بدین گردش» نادرست است: «بگردش هور و ماه». ۹ – تورانیان ترک نبوده‌اند.
۱۰ – «کردار» بدگوهر نمی‌شود.
۱۱ – لت دویم بازگونهٔ لت نخست است، در برخی نمونه‌ها «زمانه از او» آمده‌است، و «او» که باشد. روی سخن با پیران است و می‌بایستی «ز تو» بیاید.
۱۲ – **یک:** «بندیش» نادرست است «بیندیش». **دو:** آوردن «تو» در آغاز این رج نیز نادرست است زیرا که روی سخن با پیران (= تو) بوده‌است. «اندیشه کردن هشیار» چگونه است؟ ۱۳ – شمارش نادرست است: «سدهزار سوار شمشیرزن».
۱۴ – دنبالهٔ سخن.
۱۵ – پیران در گفتارش به درِ هفتم نرسیده‌بود، اما چون افزاینده آهنگ آن دارد که بگفتار فردوسی بازگردد. بایسته می‌نماید که به «وفا» چنگ آویزد تا از «پیمان» نام بَرَد!
۱۶ – وفا ویران کردنی نیست، «بجای آوردنی» یا «کردنی» است. برخی نمونه‌ها گریان کنی که آن نیز نادرست است.
* – در همهٔ نمونه «سوگند» آمده‌است، اما پیران بر سیاوخش سوگند نخورد و پیمان کرد، و سخن درست آنستکه **«سیاوش به پیمان تو شد بباد»**، که با «پیمان» رج دویم پیشین نیز همخوان است.

نبودیش فریادرس روز درد | چه مایه بسختی ترا یاد کرد [1]
به هشتم که گفتی مرا تاج و تخت | ازآنِ تو بیش است مردیّ و بخت [2]
همیدون فزونم به مردان و گنج | ولیکن دلم را ز مهر است رنج [3]
من ایدون گمانم که تا این زمان | به جنگ آزمودی مرا بی‌گمان [4]
گرم بی‌هنر یافتی روز کین | تو دانی کنون بازم ازپس ببین [5]
بفرجام گفتی ز مردان مرد | تنی چند بگزین ز بهر نبرد
من از لشگر ترک هم زین نشان | بیارم سواران مردم‌کشان [6]
که از مهربانی که بر لشگرم | نخواهم که بیداد کین گسترم [7]
تو با مهربانان نهی پای پیش | که دانی نهان دل و رای خویش [8]
بیازارد از من جهاندار شاه | گر از یکدگر بگسلانم سپاه [9]
نهم آنکه گفتی مبارز گزین | که با من بگردد برین دشت کین [10]
یکی لشگری پرگنه پیش من | پر آزار از ایشان دل انجمن [11]
نباشد ز من شاه همداستان | کزینسان بگردم بدین داستان [12]
نخستین به انبوه زخمی چو کوه | بباید زدن سربسر همگروه [13]
میان دو لشگر دو صف برکشید | گر ایدونکه پیروزی آید پدید [14]
اُ گرنه همین نامداران مرد | بیاریم و سازیم جای نبرد [15]
ازین گفته گر بگسلی باز، دل | من از گفتهٔ خود نیَم دلگسل
ور ایدونکه با من، بآوردگاه | بسنده نخواهی بُدن با سپاه [16]
سپه خواه و یاور، ز سالار خویش | نگه کن تو در کار و پیکار خویش! [17]

---

۱ – سخن نابجا است که همواره در افزوده‌ها بدان باز می‌گردند... پیران بهنگام کشته شدن سیاوخش در سیاوخشکرد نبود!!

۲ – افزاینده یکایک درها را می‌گشاید!... پیران نگفته تاج و تخت بیش‌از تو دارم... گفته‌بود «مراگنج و هم کام از آن تو بیش /بمردانگی، نام، از آن تو بیش» افزاینده را با چنین روشنایی و سخنِ نزدیک، از دروغ گفتن، شرم نیست.

۳ – دنبالهٔ گفتار.

۴ – آزمودی نادرست است: «آزموده‌ای».

۵ – **یک**: یافتی نادرست است: «یافته‌ای» یا «یافتستی». **دو**: لت دویم کودکانه است.

٦ – تورانیان ترک نبوده‌اند.

۷ – لت نخست پایان درست ندارد: «از مهربانی که مرا بر لشگر است». سخن کودکانهٔ این رج را با گفتار درست فردوسی بسنجیم:

بسوزد همی، بر سپه بر، دلم | بکوشم که کین، ازمیان بگسلم

۸ – سخن روشن نیست.

۹ – پیران نگفته‌بود سپاه را ز هم بگسلان.

۱۰ – درِ نهم گشوده می‌شود، با سخن دوباره‌ایکه درستِ آن چنین آمده‌است: «تنی چند بگزین ز بهر نبرد».

۱۱ – لشگریان توران را گناه نبود، گناه از آن افراسیاب و گرسیوز و دمور و گروی بوده‌است و بس!

۱۲ – نباشد ز من، نادرست است: «نباشد با من».

۱۳ – زخم (=ضربه) همانند کوه نیست.

۱۴ – **یک**: دولشگر هم اکنون نیز به رده (صف) برابر هم ایستاده‌اند. **دو**: چه کس کشید؟ **سه**: لت دویم را با لت نخست پیوند نیست.

۱۵ – «همی نامداران مرد» نادرست است «همین نامداران را».

۱٦ – گفتار به نبرد هماوردان رسید، و هنوز سخن از «با سپاه» میرود!

۱۷ – دنبالهٔ گفتار.

پاسخ گودرز به پیران

پراکنده از لشگر خستگان / ز خویشان نزدیک و پیوستگان[1]
بمان تا کنندشان پزشکان درست / زمان جستن اکنون بدین کار تست[2]
اگر خواهی، از من؛ زمان و درنگ! / اُگر جنگ جویی؟ بیارای جنگ![3]
بدان گفتم این تا به روز نبرد / بما بر، بهانه نبایدت کرد[4]
که ناگاه با ما به جنگ آمدی / کمین کردی و بی‌درنگ آمدی[5]
من این کین اگر تا به سد سالیان / بخواهم همان است و اکنون همان[6]
ازین کینه برگشتن امید نیست / شب و روز بی‌دیدگان را یکیست»[7]
چو آن پاسخ نامه گشت اسپری / فرستاده آمد بسان پری[8]
کمر بر میان با ستور نوند / ز مردان به گرد اندرش نیز چند[9]
فرود آمد از باره روین گرد / گوان را همه پیش گودرز برد[10]
سپهبد بفرمود تا موبدان / ز لشگر همه نامور بخردان[11]
بزودی سوی پهلوان آمدند / خردمند و روشن‌روان آمدند[12]
پس آن پاسخِ نامه پیش گوان / بفرمود خواندن همی پهلوان[13]
بزرگان که آن نامهٔ دلپذیر / شنیدند و گفتارِ فرخ دبیر[14]
هش و رای پیران تنک داشتند / همه پند او را سبک داشتند[15]
بگودرز بر، آفرین خواندند / ورا پهلوان زمین خواندند[16]
پس آن نامه را مهر کرد و بداد / به روین پیران ویسه‌نژاد[17]
چو از پیش گودرز برخاستند / بفرمود تا خلعت آراستند[18]

---

۱ – سخن نادرست است: «خستگان لشگر و نزدیکان و خویشانِ خود را». ۲ – پزشکان را باید با «کنند(شان)» همراه کردن.

۳ – لت نخست پایان همخوان با لت دویم ندارد: «اگر درنگ خواهی، زمان میدهم، وگر جنگ‌جویی...».

۴ – روز نبرد جای بهانه آوردن نیست. ۵ – دنبالهٔ گفتار.

۶ – تا بسد سالیان، نادرست است: «تا یکسد سال دیگر». ۷ – هیچکس خود را کور نمی‌خواند!

۸ – **یک:** «اسپری» نیز از آن واژه‌ها است که همین یکبار در زبان فارسی آمده‌است. **دو:** پری زن باشد، و پهلوان را پری خواندن درست نیست.

۹ – **یک:** افزاینده خود، پری زیباروی را کمر بر میان بر ستور نوند جای داد! **دو:** لت دویم پایان ندارد... «چند مرد بهمراهش بودند».

۱۰ – پری، گرد و پهلوان شد از پرده‌سرایی که بدو ویژه کرده‌بودند، تا پرده‌سرای گودرز، چندان راه نتواند بودن که وی را بر ستور نوند، نشانند. ۱۱ – میان موبدان و بخردان پیوند درست نیست.

۱۲ – آیین چنان نیست که نخست فرستادهٔ سپاه دشمن را بپذیرند، و پس‌ازآن موبدان و بخردان سپاه بانجمن آیند!

۱۳ – و باز آیین چنان نیست که نامهٔ سپهسالار دشمن را نزد فرستادهٔ او بخوانند!

۱۴ – «نامه را شنیدند» نادرست است.

۱۵ – **یک:** پیران تنک داشتند نادرست است: «رای پیران (را) تنک (درشمار آوردند)». **دو:** پیران، پند نداده‌بود پیشنهاد کرده‌بود، و سخنش نیز درست بود، و افزاینده آنرا سبک می‌نماید! بسنجیم که افزایندگان دروغپرداز تا چه اندازه، روانِ پیران سپهسالار را رنجانده‌اند! درود بر روان پیران. ۱۶ – دنباله گفتار. ۱۷ – پیوسته به گفتار.

۱۸ – سه رج دریوزه‌گری افزاینده، با سخنان نادرخور.

از اسپان تازی به زرّین ستام — چه افسر چه شمشیر زرّین نیام
ببخشید یارانش را سیم و زر — که را درخور آمد کلاه و کمر
برفت از در پهلوان با سپاه — سوی لشگر خویش بگرفت راه[1]
چو رویین بیامد بنزد پدر — بگفت آنچه بشنید از او، در بدر!*
چو رویین بنزدیک پیران رسید — به پیش پدر شد، چنانچون سزید
بنزدیک تختش فروبرد سر — جهاندیده پیران گرفتش ببر
چو بگزارد پیغامِ سالارِ شاه — بگفت آنچه دید اندرآن رزمگاه[2]
پس آن نامه برخواند پیشش دبیر — رخ پهلوانِ سپه شد چو قیر
دلش گشت پر درد و جان پر نهیب — بدانست کآمد بتنگی، نشیب[○]
شکیبایی و خامشی برگزید — نکرد آن سخن، بر سپه بر، پدید
اُزانپس چنین گفت پیش سپاه — که: «گودرز را، دل نیامد براه
ازآن خون هفتاد پور گزین — نیارامَدَش یکزمان، دل ز کین
گرایدونکه او، بر گذشته سَخُن — بنوّی همی کینه سازد ز بن
چرا من بکین برادر، کمر؛ — نبندم، بخارم ازین کینه، سر!
هم از خون نهسد سر نامدار — که از تن جدا شد گه کارزار[3]
که اندر بر و بوم ترکان دگر — سواری چو هومان نبندد کمر[4]
چو نستیهن آن سرو سایه‌فکن — که شد ناپدید از همه انجمن[5]
بباید کنون بست ما را کمر — نمانم بایرانیان بوم و بر[6]
بنیروی یزدان و شمشیرِ تیز — برآرم از آن انجمن رستخیز!
از اسپان گله هرچه شایسته بود — ز هر سو به لشگرگه آورد زود[7]

---

۱ - «راه گرفت» نادرست است: «راهی شد»، «براه رفت»، «بسوی لشگر خویش ره پیمود».

* - این رج از شاهنامهٔ سپاهان برگرفته شد. دیگر شاهنامه‌ها بجای این رج دو رج دیگر دارند:

چو رویین بنزدیک پیران رسید — به پیش پدر شد، چنانچون سزید
بنزدیک تختش فرو برد سر — جهاندیده پیران گرفتش ببر

در این گفتار، دو بار «بنزدیک»، و یکبار «به پیش» آمده‌است که درست نیست و نیز در آیینی که فرزند بنزدیک تخت پدر، سر فرو می‌برد، در بر گرفتن او بآیین نمی‌نماید.

۲ - «بگفت» در این رج با «بگفت» در رج سیوم پیش همخوان نیست.

○ - نشیب نزدیک شد.

۳ - پیران در برابر کین گودرز ازبرای فرزندانش، کین برادر را پیش میکشد، وگرنه در جنگهای ایران و توران سدها هزار کس کشته شده‌اند.

۴ - تورانیان ترک نبوده‌اند.

۵ - چو... در آغاز سخن.

٦ - «ما» در لت نخست با «نمانم» در لت دویم هماهنگ نیست.

۷ - **یک:** اسپان گله، نادرست است: «گلهٔ اسپان». **دو:** هرچه شایسته بود، نیز: اسپانِ شایسته را. **سه:** «زود» نادرخور است، زیرا که شاید فرمان دادن که اسپان شایسته را بیاورید، اما «زود» چنین کار انجام نمی‌گیرد. **چهار:** گزینش اسب برای سپاهیان، پیش‌از جنبش سپاه انجام می‌پذیرد. **پنج:** سپاه توران اکنون در کناوت است و در سرزمین ایران گلهٔ اسپان توران چه میکند؟

پیاده همه کرد یکسر سوار — دو اسپه سوار ازدرِ کارزار[۱]
سر گنج‌های کهن برگشاد — به دینار دادن دل اندر نهاد[۲]
چو این کرده شد نزد افراسیاب — نوندی برافکند هنگام خواب[۳]
فرستاده‌ای با هش و رای پیر — سخنگوی و گرد و سوار و دبیر[۴]
که: «رو شاه توران‌سپه را بگوی — که ای دادگر خسرو نامجوی[۵]
کز آنگه که چرخ سپهر بلند — بگشت از برِ تیره خاکِ نژند[۶]
چو تو، شاه، بر گاه ننشست نیز — به کس نام شاهی نپیوست نیز[۷]
نه زیبا بود جز تو مر تخت را — کلاه و کمر بستن و بخت را[۸]
ازآنکس برآرد جهاندار، گرد! — که پیش تو آید بروز نبرد![۹]
یکی بنده‌ام من گنهکار تو — کشیده سر از رای بیدار تو[۱۰]
ز کیخسرو از من بیازرد شاه — جز این خویشتن را ندانم گناه[۱۱]
که این ایزدی بود بود آنچه بود — نیاید ز گفتارِ بسیار، سود![۱۲]
اگر شاه بیند، مرا زین گناه؛ — کند گردن آزاد و، آید براه؛[۱۳]
رسانم من اکنون بشاه آگهی — که گردون چه آورد پیش رهی[۱۴]
کشیدم بکوه کنابد سپاه — به ایرانسپه بر، ببستیم راه[۱۵]
اُزان سو بیامد سپاهی گران — سپهدار گودرز و با او سران[۱۶]
کز ایران ز گاه منوچهر شاه — فزون زان نیامد به توران سپاه[۱۷]

---

۱ - **یک:** «پیاده همه» نادرست است: «همهٔ پیادگان را». **دو:** پیادگان نمیتوانند سواری کنند که آن نیاز به کارآموزی دارد. **سه:** برای رزم، داشتن گروه پیاده نیز برای جنگ بایسته است، و تیراندازی‌های نخستین بر دست پیادگان انجام می‌پذیرد. **چهار:** دو اسبه برای تیزتر رفتن شاید بکار آید، اما سواری که یک اسپ را نیز بهمراه خویش بکشد، دستش برای نبرد باز نمی‌ماند!

۲ - **یک:** جایگاه گنج‌های کهن در شهر بوده‌است نه در بیابان. **دو:** چند بار چنین کرد؟ **سه:** زر و سیم را بهنگام جنبش سپاه بسپاهیان میدادند، تا روزی زن و فرزند را به آنان رسانند، و خود با اندیشه‌ای آسوده براه افتند. **۳** - دنبالهٔ داستان.

۴ - گون‌های برشمرده شده برای فرستاده‌ای که بنزد شاه خویش میرود، چندان بایسته نمی‌نماید. چنین گون (صفت)ها برای فرستاده‌ایست که بنزد دشمن میرود، تا فریب نخورد و نیک سخن گوید! **۵** - پیوسته برج پسین.

۶ - در آغاز گردش سپهر، مردمان نبودند...

۷ - که شاه نیز داشته باشند... لت دویم گزافه‌ای سخت است، زیرا که شاهان بسیار بوده‌اند، و در همان زمان نیز هر کشور را شاهی بوده‌است. **۸** - بخت (=قسمت) چیزی جز کلاه و کمر است! **۹** - دنبالهٔ گفتار.

۱۰ - او که بفرمان و رای افراسیاب بجنگ با ایرانیان پرداخته است، چرا از رای او کشیده باشد؟

۱۱ - در دیدار کیخسرو (زمان کودکی‌اش)! افراسیاب را، آزردگی درمیان نبود. **۱۲** - دنبالهٔ سخن.

۱۳ - **یک:** اگر افراسیاب او را گناهکار درشمار می آوَرَد، چرا پایگاه دستوری و سپهسالاری توران را بوی بخشیده‌است؟ **دو:** لت دویم را نیز گزارش نباشد. **۱۴** - دنبالهٔ گفتار. **۱۵** - «کشیدم» در لت نخست، با «ببستیم» در لت دویم هماهنگ نیست.

۱۶ - میان لت نخست و لت دویم پیوند بایسته نیست: «که سپهبدار آن».

۱۷ - لت دویم «نیامد» نادرست است «نیامده‌است». و سپاهیان ایران و توران همه در خاک ایرانند، و در آن جنگ سپاهی از ایران، بتوران نرفته‌بود.

۸۰ کیخسرو

به ریبد یکی جایگه ساختند   سپه را را درآن کوه بنشاختند[1]
سپه را سه روز و سه‌شب چون پلنگ   به روی اندر آورده بُد روی تَنگ[2]
نجستیم رزم اندران کینه گاه   که آید مگر سوی هامون سپاه[3]
نیامد سپاهش ازآن کُه برون   سر پهلوانان ما شد نگون[4]
سپهدار ایران نیامد ستوه   بهامون نیاورد لشگر ز کوه[5]
برادر جهانبین هومانِ من   بکینه بجوشید ازین انجمن[6]
بایران سپه شد که جوید نبرد   ندانم چه آمد برآن شیرمرد[7]
بیامد بکین جستنش پورِ گیو   بگردید با گرد هومان نیو[8]
اَبَر دست چون بیژنی کشته شد   سر من ز تیمار او گشته شد[9]
که دانست هرگز که سرو بلند   بباغ، از گیا، یافت خواهد گزند[10]
دل نامداران همه برشکست   همه شادمانی شد از درد پست[11]
اُ دیگر چو نستیهن نامدار   ابا ده‌هزار آزموده سوار[12]
برفت از بر من سپیده دمان   همان بیژنش کند سر در زمان[13]
من از دردِ دل برکشیدم سپاه   غریوان برفتم به آوردگاه[14]
یکی رزم تا شب برآمد ز کوه   بکردیم یک با دگر همگروه[15]
چو نهسد تن از نامداران شاه   سر از تن جدا شد برین رزمگاه[16]
دو بهره ز گردان این انجمن   دل از درد خسته به شمشیر تن[17]
به ما بر شده چیره ایرانیان   به کینه همه پاک بسته میان[18]

۱ – دنبالهٔ گفتار.

۲ – **یک:** پلنگ کمین نمی‌گیرد و گوشه نمی‌نشیند، و از روبرو یورش می‌آورد. **دو:** اگر دو سپاه رودرروی هم چنان ایستاده‌بودند، پس این داوری دربارهٔ سپاه توران نیز درست است.

۳ – روشن نمی‌نماید که «سپاه ایران» راگوید.

۴ – **یک:** از کوه نمی‌توان بیرون آمدن که نمیتوان نیز بدان اندرون شدن: «ازمیان درّه». **دو:** در آن سه روز، سر هیچیک از پهلوانان توران نگون نشد!

۵ – نیامد ستوه نادرست است: «بستوه نیامد».

٦ – جهان‌بین (=چشم، دیده) پاژنام فرزند است، نه برادر.

۷ – هنوز سخن از بیژن نیامده‌است، چگونه باید دانستن که بر سر آن شیرمرد چه رفته‌است؟

۸ – دنبالهٔ سخن.

۹ – کُشته را باگَشته پساوا نیست.

۱۰ – سرو هیچگاه از گیاه گزند نمی‌یابد.

۱۱ – لت دویم نادرست است.

۱۲ – چو نستیهن نادرست است.

۱۳ – **یک:** نیمه شب براه افتاده‌بودند و سپیده‌دمان بایرانیان رسیدند. **دو:** لت دویم سخت نادرخور است. و نستیهن(؟) در آن نبرد باگرز بیژن کشته شد و سرش بریده نشد.

۱۴ – دنبالهٔ گفتار.

۱۵ – جای کنش «بکردیم» نابجا است: «یکی رزم کردیم» افزاینده را اگر اندک نگرش در کار سرودن می‌بود می‌توانست سرودن:

یکی رزم کردیم –تا شب ز کوه   برآمد– ابا یکدگر، همگروه!

٦۱ – چو... نادرست است.

۱۷ – دو بهره از چند بهره؟ چون در رج پیشین «شمار» آمده‌بود، این سخن، دوباره‌گویی است.

۱۸ – شده نادرست است: «شدند».

بترسم همی زانکه گردان سپهر　　بخواهد بریدن ز ما پاک مهر[1]
اُزان پس شنیدم یکی بد خبر　　کزان نیز برگشتم آسیمه‌سر[2]
که کیخسرو آید همی با سپاه　　به پشت سپهبد بدین رزمگاه[3]
گر ایدونکه گردد درست این خبر　　که خسرو کند سوی ما بر گذر[4]
جهاندار داند که من با سپاه　　نیارم شدن پیش او کینه‌خواه[5]
مگر شاه با لشگر کینه‌جوی　　نهد سوی ایران بدین کینه روی
بگرداند این بد ز تورانیان　　ببندد بکینه کمر بر میان
که گر جان ما را ز ایران سپاه　　بد آید نباشد کسی کینه‌خواه»

پاسخ افراسیاب به پیران ویسه

فرستاده چون گفتِ پیران شنید　　بکردار باد دمان بردمید[6]
نشست از برِ بادپایی سمند　　بکردار آتش هیونی بلند[7]
بشد تا بنزدیک افراسیاب　　نه دم زد به ره بر، نه آرام و خواب[8]
بنزدیک شاه اندر آمد چو باد　　ببوسید تخت و پیامش بداد[9]
چو بشنید گفتار پیران به‌درد　　دلش گشت پرخون و رخساره زرد[10]
شد از کار آن کشتگان خسته‌دل　　بدان درد بنهاد پیوسته دل[11]
اُزان نیز کز دشمنان لشگرش　　گریزان و ویران شده کشورش[12]
ز هر سو پلنگ اندرآورده چنگ　　بر او بر جهان گشته تاریک و تنگ[13]
چو گفتار پیران از آن سان شنید　　سپه را همه پای برجای دید[14]

---

۱ - گفتار زیبا است، اما پیوسته بداستان است. ۲ - برگشتم آسیمه نادرست است: «سرآسیمه گشتم».
۳ - دنبالهٔ گفتار. ۴ - لت دویم دوباره‌گویی لت نخست از رج پیشین است.
۵ - چهار رج زیبا، اما پیوسته بداستان. ٦ - پیش‌از برنشستن بر اسب (رج پسین) چگونه چون باد دمان بردمیدن توانست؟
۷ - دنباله و پیوسته همان سخن.
۸ - «دم زدن» در زبان فارسی (نفس کشیدن) است که چنین کار شدنی نیست. نه آرام و خواب را نیز پایان درست نیست نه آرام و خواب داشت، یا برگزید!... و این نیز ناشدنی است! ۹ - دنبالهٔ سخن.
۱۰ - لت نخست پیوند درست ندارد: «چو گفتار دردآلودهٔ پیران را شنید».
۱۱ - پیوسته نابجا است زیرا که زمان را، تا دور زمان، میکشاند.
۱۲ - **یک:** لشگر هنوز گریزان نشده‌است، و رودرروی سپاه ایران ایستاده‌است. **دو:** کشور او نیز هنوز ویران نشده.
۱۳ - از یکسو بیشتر با پلنگ در جنگ نیست.
۱۴ - **یک:** چند بار گفتار پیران را بایستی شنیدن؟ **دو:** این گفتار، بازگونه سخن دو رج پیش است که گفته‌بود سپاهیان گریزان شدند!

به شبگیر چون تاج بر سر نهاد همانگه فرستاده را بار داد[1]
بفرمود تا بازگردد بجای سوی نامور بندهٔ کدخدای[2]
چنین پاسخ آورد کاو را بگوی که: «ای مهربان نیکدل راستگوی[3]
تو تا زادی از مادر پاکتن سرافراز بودی بهر انجمن[4]
ترا بیشتر نزد من دستگاه تویی برتر از پهلوانان به جاه[5]
همیشه یکی جوشنی پیش من سپر کرده جان و فدا کرده تن[6]
همیدون بهر کار با گنجِ خویش گزیده ز بهر مرا، رنجِ خویش[7]
تو بردی ز چین تا به ایران سپاه تو کردی دل و بخت دشمن سیاه[8]
نبیند سپه چون تو سالار نیز نبندد کمر چون تو هشیار نیز[9]
ز تور و پشنگ ار در آید به مهر چو تو پهلوان نیز نارد سپهر[10]
نخست آنکه گفتی من از انجمن گنهکار دارم همی خویشتن[11]
که کیخسرو آمد ز تورانزمین به ایران و بر ما بگسترد کین[12]
بدین، من که شاهم نیازرده‌ام به دل هرگز این یاد ناورده‌ام[13]
نباید که باشی بدین تنگدل ز تیمار گردد پر آژنگ دل[14]
که آن بودنی بود از کردگار نیامد بدین بَد، کس آموزگار[15]
که کیخسرو از من نگیرد فروغ نبیره مخوانش که باشد دروغ[16]
نباشم همیدون من او را نیا نجویم همی زین سخن کیمیا[17]
بدین کار او کس گنهکار نیست مرا با جهاندار پیکار نیست
چنین بود و این بودنی کار بود مرا از تو در دل، چه آزار بود؟[18]
دودیگر که گفتی ز کار سپاه ز گردیدن تیره خورشید و ماه[19]

---

۱ – دنبالهٔ گفتار. ۲ – بندهٔ کدخدای؟ پیران سپهسالار توران بود.
۳ – یک: پاسخ آورد نادرست است: «بفرمود او را بپیران بگوی». ۴ – دنبالهٔ گفتار.
۵ – باید روشن شود که دستگاه پیران در نزد افراسیاب، از چه کسان (یا از همه) بیشتر است.
۶ – زمان کنش در لت دویم با لت نخست هماهنگ نیست. ۷ – دنبالهٔ گفتار.
۸ – یک: توران، «چین» نبوده‌است. دو: در این نبرد که دل و بخت تورانیان سیاه شده‌است!
۹ – سخن زیبا است اما پیوسته بداستان است.
۱۰ – «تور و پشنگ» با «درآید» همخوان نیست، در آیند، رویهمرفته سخن درهم است. ۱۱ – دنبالهٔ سخن.
۱۲ – کیخسرو از تورانزمین برفت... و نیامد. ۱۳ – دنباله سخن.
۱۴ – پر آژنگ دل نادرست است: آژنگ (= چین) ویژه رخِ مردمان است، نه دلِ آنان.
۱۵ – «نیامد» نادرست است: «کس بدین کار آموزگار (نبود)».
۱۶ – «که» در آغاز این لت، پیوندی درست برای رج پیشین نیست. ۱۷ – دنبالهٔ گفتار.
۱۸ – دوباره از بودنی کار سخن میرود. ۱۹ – تیره خورشید؟؟!

پاسخ گودرز به پیران

همیشه چنین است کار نبرد	ز هر سو همی گردد این تیز گرد¹
گهی برکشد تا بخورشید سر	گهی اندر آرد ز خورشید بر²
به یکسان نگردد سپهر بلند	گهی شاد دارد گهی مستمند³
گهی با می و رود و رامشگران	گهی با غم و گرم و با اندهان⁴
تو دل را بدین درد خسته مدار	روان را بدین کار بسته مدار
سخن گفتن از کشتگان گشت خواب	ز کین برادر تو سر برمتاب⁵
دلی کاو ز درد برادر شخود	علاج پزشکان نداردش سود⁶
دیگر که گفتی که خسرو پگاه	بجنگ اندرآید همی با سپاه⁷
مبیناد چشم کس آن روزگار	که او پیشدستی نماید به کار⁸
که من خود برآنم کز ایدر سپاه	بدان سوی جیحون، گذارم براه⁹
نه گودرز ماتم نه خسرو نه توس	نه گاه و نه تاج و نه بوق و نه کوس¹⁰
به ایران ازان گونه رانم سپاه	کزان پس نبیند کسی تاج و گاه¹¹
به کیخسرو ازئن پس نمانم جهان	به سر بر فرود آیمش ناگهان¹²
به خنجر ازان سان ببرم سرش	که گرید بدو لشگر و کشورش¹³
مگر کاسمانی دگرگونه کار	فراز آید از گردش روزگار
ترا ای جهاندیده سرفراز	نکردست یزدان به چیزی نیاز¹⁴
ز مردان و از گنج و نیروی دست	همه ایزدی هرچه بایدت هست¹⁵
یکی نامور لشگری ده‌هزار	دلیر و خردمند و گرد و سوار¹⁶

	۱۸۸۱۰
	۱۸۸۱۵
	۱۸۸۲۰
	۱۸۸۲۵

---

۱ - خورشید و ماه به «گردون» برگشت. **۲** - سخن بی‌بنیاد و پیوند.
۳ - این سخن در دو رج پیشین گفته شد. **۴** - اندُهان را نشاید با غم و گرم همراه آوردن!
۵ - یک: «گشت خواب»، نادرست است. زیرا که سخن گفتن از آنان در بیداریست، اما خودِ آنان بخواب همیشگی رفته‌اند. دو: «تو» در لت دویم ناسزاوار است، زیرا که روی سخن به پیران (= تو) بوده‌است.
۶ - «علاج» بجای درمان در سخن فردوسی کاربرد ندارد، و در شاهنامه همین یکبار، در افزوده‌ها از آن یاد شده‌است.
۷ - خسرو، پگاه نمی‌آید و افزاینده را چندان آگاهی نیست که جنبش خسرو را از آذربایجان، تا خراسان بهمراه سپاه، دو ماه زمان باید!
۸ - این سخن خود، داستان از ترس افراسیاب می‌گوید، باز آنکه در دیگر سخنان او «ترس» خود را نمی‌نمود!
۹ - «براه» در پایان رج نادرخور است: «سپاه را بدانسوی جیحون بگذرانم».
۱۰ - اگر در دو رج پیشین «مبیناد چشم کس آن‌روزگار» آمد، پس چگونه در این رج خسرو و گودرز و توس را ازمیان برمیدارد؟
۱۱ - از تاج و گاه در رج پیشین نیز سخن رفت.
۱۲ - در سخنان پیشین کیخسرو را ازمیان برداشته بود. و این، گفتارِ دوباره است. **۱۳** - دنبالهٔ گفتار.
۱۴ - «نکرده‌است بچیزی نیاز» نادرست است: «یزدان ترا نیازمند چیز نکرده‌است.»
۱۵ - دهش ایزدی تن و توان و چهر و دانش است، نه گنج!
۱۶ - یک: لشگری ده‌هزار نادرست است: «لشگری با ده‌هزار سواره». دو: سواران جنگاور را نشاید که همگان «خردمند» بوده باشند. سه: ده‌هزار لشگری را نمیتوان نامدار شمردن زیرا که در چنان لشگر چند نامدار سرپرستی دارند. چهار: شمار لشگریان توران در آغاز پنجاه هزار سوار بود!

فرستادم اینک به نزدیک تو که روشن کند جان تاریک تو
کز ایرانیان ده وز اینها یکی به چشم یکی ده سوار اندکی[1]
چو لشگر به نزد تو آید مپای سرِ تاج گودرز بگسل ز جای[2]
همان کوه کاو کرده دارد حصار به اسپان جنگی ز پا اندر آر[3]
مکش دست ازیشان به خون ریختن تو پیروز باشی به آویختن[4]
ممان زنده زیشان به گیتی کسی که نزد تو آید ازیشان بسی»[5]
فرستاده بشنید پیغام شاه بیامد بر پهلوان سپاه
به پیش اندر آمد بسان شمن خمیده چو از بار شاخ سمن[6]
به پیران رسانید پیغام شاه أزان نامداران جنگی سپاه[7]
چو بشنید پیران، سپه را بخواند فرستاده چون این سخن باز راند[8]
سپه را سراسر همه داد دل که: «از غم بباشید آزاد دل[9]»
نهانی روانش پر از درد بود پر از خون دل و بخت پُرگرد بود[10]
که از هر سوی لشگر شهریار همی کاسته دید در کارزار[11]
هم از شاه خسرو دلش بود تنگ بترسید کآید یکایک به جنگ[12]
به یزدان چنین گفت ک: «ای کردگار چه مایه شگفت اندرین روزگار[13]
که را برکشیدی تو، افکنده نیست جز از تو جهاندار دارنده نیست
به خسرو نگر تا جز از کردگار که دانست کآید یکی شهریار[14]

---

۱ - **یک:** سخنِ سستِ بی‌مایه! افزاینده خواسته‌است بگوید که هر یک از این سواران با ده سوار ایرانی برابر است!! **دو:** لت دویم بی‌پایان است، و باز رای افزاینده بر آن بوده‌است که هر یک از اینان ده سوار ایرانی را ناچیز بشمار می‌آورند.

۲ - **یک:** گودرز پهلوان بود، و تاج نداشت. **دو:** اگر سرِ تاج را برگیرد و بگسلاند، پایین تاج، و سرِ گودرز برجای خواهد ماندن!!

۳ - **یک:** همان کوه نادرست است «همان کوه را». **دو:** «کرده» همان ساخته است که در واژه‌های دستکرد، دارابکرد،... هنوز روان است، و ایرانیان آن کوه را نساخته‌بودند! **سه:** افزاینده خواسته‌است بگوید، که آنرا حصار گرفته‌اند. **چهار:** مگر میتوان، کوه را از پا در آوردن؟

۴ - دنبالهٔ گفتار.

۵ - لت دویم آشفته‌است.

۶ - **یک:** به پیش «اندر» آمد نادرست: «پیش آمد». **دو:** شاخِ سمن و یاسمن هیچگاه از بارِ گُل خم نمیشود!

۷ - سخن چنین میرساند که از آن نامداران جنگی نیز پیام رسانید، و این نادرست است. چون تنها افراسیاب پیام داده‌بود.

۸ - فرستاده پیام را بسپهسالار میرساند نه بیک یک سپاهیان! اما گفتار پسین چنانست که فرستاده با سپاهیان میگوید.

۹ - لت دویم نادرست است: «دل، از غم آزاد سازید».

۱۰ - **یک:** افراسیاب به پیران پیام نویدبخش داده‌بود، و ده‌هزار سوار، که هر یک با ده سوار ایرانی نبرد توانستند کرد در راهند، پس بر فرستاده نیست که در نهان پر از درد باشد! **دو:** تاکنون «بختِ پرگرد» را نه‌کس نوشته و نه‌کس خوانده است.

۱۱ - لشگری که با ده‌هزار نیروی تازه افزایش می‌یابد، چرا «کاسته» دیده شود؟

۱۲ - از «شاه خسرو» نیز همین یکبار با چنین نام یاد شده‌است.

۱۳ - دنبالهٔ گفتار

۱۴ - سخن سست است، روی سخن در رج پیشین با خداوند بود، و در این رج شایسته نیست که بخداوند فرمان «بنگر» دهد. و بیدرنگ روی سخن از خداوند برگردد.

پاسخ گودرز به پیران ۸۵

نگه کن بدین کار گردنده دهر — مر آن را که از خویشتن کرد بهر[1]
برآرد گل تازه از خار خشک — شود خاک با بخت بیدار مشک[2]
شگفتی‌تر آنک از پی آز مرد — همیشه دل خویش دارد به درد[3]
میان نیا و نبیره دو شاه — ندانم چرا باید این کینه گاه[4]
دو شاه و دو کشور چنین جنگجوی — دو لشگر به روی اندر آورده روی[5]
چه گویی؟ سرانجام این کارزار — که را برکشد گردش روزگار[6]
پس آنگه به یزدان بنالید زار — که ای روشن دادگر کردگار[7]
گر افراسیاب اندرین کینه گاه — ابا نامداران توران سپاه[8]
بدین رزمگه کشته خواهد شدن — سر بخت ما گشته خواهد شدن[9]
چو کیخسرو آید ز ایران به کین — بدو بازگردد سراسر زمین[10]
روا باشد ار خسته در جوشنم — برآرد روان کردگار از تنم[11]
مبیناد هرگز جهانبین من — گرفته کسی راه و آیین من[12]
که را گردش روز با کام نیست — ورا زندگانی و مرگش یکیست[13]
اُزان پس ز ایران سپه کرنای — بر آمد، دم بوق و هندی درای[14]
دو رویه ز لشگر برآمد خروش — زمین آمد از نعل اسپان به جوش
سپاه اندر آمد ز هر سو گروه — بپوشید جوشن همه دشت و کوه[15]
دو سالار هر دو بسان پلنگ — فراز آوریدند لشگر بجنگ[16]
بکردار باران ز ابر سیاه — ببارید تیر اندران رزمگاه[17]

۱ – **یک:** باز فرمانِ نگریستن بخداوند! **دو:** اینجا خواست خداوندی به خواست «گردنده دهر» می‌گردد.

۲ – خاک را بخت بیدار نیست، و هیچگاه مشک را از خاک برنیاورده‌اند، و مشک از نافِ آهوی ختن برمی‌آید.

۳ – **یک:** این رج را هیچ پیوند با گفتارهای پیشین نیست که بتوان آنرا با «شگفتی‌تر آنکه» به سخن پیش پیوند دهیم. **دو:** چه کس دلِ خویش را بدرد دارد؟ ۴ – دنبالهٔ گفتار. ۵ – بازگویی سخن پیشین است.

۶ – **یک:** روی سخن بکیست؟ **دو:** پیوند میان لت دویم با لت نخست نیست.

۷ – روشنِ دادگر کردگار درست نیست: «کردگارِ دادگر». ۸ – افراسیاب و نامداران لشگر.

۹ – خواهد شدن همخوان نیست «خواهند شدن».

۱۰ – سراسر زمین، پیشتر، از آن او نبود، که بدو بازگردد.

۱۱ – **یک:** خسته در جوشنم درست نیست: «خسته، در جوشن». **دو:** روی سخن همه با کردگار بود، و اکنون از او برمیگردد.

۱۲ – آزادگان از خدا میخواهند که دیگران راه و آیین ویرا دنبال کنند! «گرفته» نیز نادرست است.

۱۳ – درلت دویم «ورا» با مرگش همخوانی ندارد: «ورا زندگانی و مرگ».

۱۴ – **یک:** برآمد درلت دویم میان کرنای و بوق و درای هندی جدایی می‌افکند، زیرا که «کرنای برآمد» سخن را بپایان میرساند، و برای بوق و درای، کنش دیگر بایسته است. **دو:** کرنای برآمدنی نیست. «آوای کرنای»، یا «نالهٔ کرنای».

۱۵ – ز هر سو نادرست است: «از دو سو». ۱۶ – آوریدند نادرست است: «آوردند».

۱۷ – سخن چنان نشان می‌دهد که از ابر سیاه، باران تیر فرو بارید: «بکردار بارانی که از ابر سیاه می‌بارد...».

جهان چون شب تیره از تیره میغ / چو ابری که باران او تیر و تیغ[1]
زمین آهنین کرده اسپان به نعل / بر و دست گردان به خون گشته لعل[2]
زبس خسته ترک اندران رزمگاه / بریده سران‌شان فکنده به راه[3]
برآوردگه جای گشتن نماند / پی اسپ را برگذشتن نماند[4]
زمین لاله‌گون شد هوا نیلگون / برآمد همی موج دریای خون[5]
دو سالار گفتند اگر همچنین / بداریم گردان بر این دشت کین[6]
شب تیره راکس نماند بجای / جز از چرخ گردان و گیهان‌خدای[7]
چو پیران چنان دید جای نبرد / به لهاک فرمود و فرشیدورد[8]
که: «چندان کجا با شما لشگرست / کسی کاندرین رزمگه درخورست[9]
سران را ببخشید تا بر سه روی / بوند اندرین رزمگه کینه‌جوی[10]
وز ایشان گروهی که بیدارتر / سپه را ز دشمن نگهدارتر[11]
بدیشان سپارید پشت سپاه / شما بر دو رویه بگیرید راه»[12]
به لهاک فرمود تا سوی کوه / برد لشگر خویش را همگروه[13]
همیدون سوی رود فرشیدورد / شود تا برآرد به خورشید گرد[14]
چو آن نامداران توران سپاه / گسستند زان لشگر کینه‌خواه[15]
نوندی برافکند بر دیده‌بان / ازان دیده گه تا در پهلوان[16]

---

۱ - **یک:** کنش بایسته ندارد: «چون شب تیره شد». **دو:** لت دویم همچنین: «چون ابری که باران آن تیر و تیغ (باشد)». **سه:** سخن از تیغ بمیان نیامده‌بود، و آغاز با تیر باران بود، و تیر باران از راه دور انجام می‌پذیرد و تیغ در هنگام برخورد دو سپاه.

۲ - **یک:** «را» برای لت نخست بایسته است «زمین را». **دو:** کنش کرده نیز ناهماهنگ است: «کردند» یا «کرده‌بودند».

۳ - **یک:** تورانیان ترک نبوده‌اند. **دو:** خسته (= مجروح) با «سر بریده» یکی نیست.

۴ - **یک:** آوردگاه، جایِ «گشتن» نیست. **دو:** لت دویم نیز پریشان است: «اسپان را (توان) گذشتن» نماند.

۵ - پیشتر هوا چون شب شده‌بود، و اکنون نیلگون می‌نماید.

۶ - لت دویم را «را» باید.

۷ - **یک:** دو سالار، کنارِ هم نبوده‌اند که چنین گویند! **دو:** سخن نادرست است: «(تا) شب، کس برجای نمی‌ماند». **سه:** گزافه و یافه!! مگر در هفت کشورِ زمین هیچکس جزاز سواران آن دو سپاه نبوده‌است؟

۸ - «جای نبرد» چه باشد؟ «رزمگاه را».

۹ - چندان (= هر چند کس) در لت نخست با «کسی که شایسته‌است» در لت دویم همخوان نیست.

۱۰ - در لشگر (سران) کیانند؟ بجز همان دو کس که بالشگر، زیر فرمان پیران را بانجام رسانند! «سران را ببخشید (= بخش کنید) بر سه روی» درست نمی‌نماید، زیراکه همگان بایستی از یکسوی، با سوی دیگر که ایرانیان‌اند بجنگند!

۱۱ - **یک:** بیدارتر را «اند» بایسته است. **دو:** «ایشان» در این رج...

۱۲ - **یک:** با «ایشان» در این رج همخوان نیست. **دو:** پیشتر از سه بخش یاد شده‌بود، و اینجا از دو رویه؟! **سه:** در میدان جنگ «راه» نیست. **چهار:** و ایرانیان بجایی نمی‌رفتند که راه برایشان گرفته شود.

۱۳ - لهاک را در فرمان نخست به سه بهر کردن لشگر فرمان داد، پسان به دو رویه و اکنون بسوی کوه رفتن!

۱۴ - و چون فرشیدورد را نیز بسوی رود فرستاد، پس دیگربار، دو گروه شدند.

۱۵ - در میدان نبرد «گسستن» شایسته نیست، که گسستن همانا گریختن است، زیراکه سپاهیان دشمن بدنبال آنان میروند.

۱۶ - **یک:** لت دویم پایان ندارد. **دو:** در لشگرگاه پهلوان را در (= کاخ) نیست و پرده‌سرای است.

نگهبان گودرز خود با سپاه — همی داشت هر سو ز دشمن نگاه[1]
دو رویه چو لهّاک و فرشیدورد — ز راه کمین برگشادند گرد[2]
سواران ایران برآویختند — همی خاک با خون برآمیختند[3]
نوندی برافکند هر سو دوان — به آگاه کردن برِ پهلوان[4]
نگه کرد گودرز تا پشت اوی — که دارد ز گردان پرخاشجوی[5]
گرامی پسر شیر شرزه هجیر — به پشت پدر بود با تیغ و تیر[6]
بفرمود تا شد به پشت سپاه — برِ گیو گودرز لشگرپناه[7]
بگوید که: «لشگر سوی رود و کوه — به یاری فرستد گروهاگروه[8]»
اُ دیگر بفرمود گفتن به گیو — که: «پشت سپه را یکی مرد نیو[9]
گزیند سپارد بدو جای خویش — نهد او از آن جایگه پای پیش»[10]
هجیر خردمند بسته کمر — چو بشنید گفتار فرخ پدر
بیامد به سوی برادر دوان — بگفت آن کجا گفته بُد پهلوان[11]
چو بشنید گیو این سخن بردمید — ز لشگر یکی نامور برگزید[12]
کجا نام او بود فرهاد گرد — بخواند و سپه یکسر اورا سپرد[13]
دو سد کاردیده دلاور سران — بفرمود تا زنگهٔ شاوران[14]
برد تاختن سوی فرشیدورد — برانگیزد از رود و ز آب گرد[15]
ز گردان دو سد با درفشی چو باد — به فرخنده گرگین میلاد داد[16]

---

۱ – «خود با سپاه» گویا نیست.

۲ – **یک:** «از دو رویه» باید. **دو:** «گرد» «برگشادنی» نیست، «برانگیختنی» است. **سه:** آن، چگونه کین است، که از آن گرد «برمی‌گشایند»؟

۳ – برآویختند کاستی دارد: «با آنان بر آویختند».

۴ – چه‌کس «نوند» بر افکند؟

۵ – سخن کمبود دارد «گودرز بنگریست تا چه‌کس نگهبان پشتِ او است».

۶ – به پشت پدر بود، نادرست است: «پشت (او) بود» زیرا که در رج پیشین که پیوسته بدین رج است نام گودرز آمده‌بود.

۷ – **یک:** تا شد درست نیست: «تا بشود» (= برود). **دو:** تاکنون روشن نبود که گیو در کجای لشگر است، و یکباره آن پهلوان نامور، به پشت سپاه کشانده شد.

۸ – که‌لشگر نادرست است: «از سپاهیان بسوی رود و کوه».

۹ – «گفتن» در این رج، دوباره‌گویی «بگوید» در رج پیشین است.

۱۰ – «او» در لت دویم نابجای است: «نهد از آنجایگه».

۱۱ – پهلوان سپاه «دوان» بسوی برادر میرود یا سوار بر اسب میرود؟

۱۲ – بر دمیدن که جنبش برای تاختن باشد، پیش‌ازگزینش یک پهلوان روی میدهد؟

۱۳ – «بخواند» در این رج با برگزید در رج پیشین همخوان نیست.

۱۴ – **یک:** دویست سردار دلاور در یک یورش نادرست است: «دو سد سوار دلاور». **دو:** این فرمان را گودرز داده‌بود، یا گیو؟ چون پیام گودرز بگیو آن بود که از پشت سپاه به پیش سپاه آید. **سه:** «دوسد سوار» را «را» می‌باید: «دو سد سوار را».

۱۵ – پیوند این رج با رج پسین درست نیست: «زنگهٔ شاوران (با) دویست سوار دلاور، بسوی فرشیدورد بتازد».

۱۶ – **یک:** سخن سنجیده نیست، «از گردان دوسد کس (را) بگرگین میلاد سپرد. **دو:** «درفشی چو باد» را چه گزارش تواند بودن؟

بدو گفت: «ز ایدر بگردان عنان　　ابا گرز و با آبداده سنان[1]
کنون رفت باید بدان رزمگاه　　جهان کرد باید بر ایشان سیاه[2]
که پشت سپه‌شان بهم برشکست　　دل پهلوانان شد از درد پست»[3]
به بیژن چنین گفت ک:«ای شیرمرد　　تویی شیر درّنده روز نبرد[4]
کنون شیرمردی به کار آیدت　　که با دشمنان کارزار آیدت[5]
از ایدر برو تا به قلب سپاه　　ز پیران بدان جایگه کینه خواه
ازیشان نپرهیز و تن پیش‌دار　　که آمد گه کینه در کارزار[6]
که پشت همه شهر توران بدوست　　چو روی تو بیند بدرّدش پوست[7]
اگر دست یابی بر او کار بود　　جهاندار و نیک اخترت یار بود[8]
بیاساید از رنج و سختی سپاه　　شود شادمانه جهاندار و شاه[9]
شکسته شود پشت افراسیاب　　پرازخون کند دل، دو دیده پر آب»[10]
بگفت این سخن پهلوان با پسر　　پسر جنگ را تنگ بسته کمر[11]
سواران که بودند بر میسره　　بفرمود خواندن همه یکسره[12]
گرازه برون آمد و گستهم　　هجیر سپهدار و بیژن بهم[13]
اُزان جا سوی قلب توران سپاه　　گرانمایگان برگرفتند راه[14]
بکردار گرگان به روز شکار　　بران بادپایان هخته زهار[15]
میان سپاه اندرون تاختند　　ز کینه همی دل بپرداختند[16]

---

۱ - **یک:** بگردان عنان، برگشتن، و پشت کردن بمیدان رزم است!! **دو:** گرز و سنان یکجا کاربرد ندارند.
۲ - بکدام رزمگاه؟ (یا کینه گاه، در شاهنامه فلورانس)
۳ - **یک:** سخن ناهموار است: «که پشت سپاهشان (را بر هم شکنی). **دو:** «شد» در لت دویم نیز: «شود».
۴ - شیرمرد و شیر درّنده در این رج...　　۵ - ...باشیرمردی در این رج.
٦ - **یک:** نپرهیز در شیوهٔ سخن فارسی نیست: «مپرهیز». اما در همهٔ نمونه‌ها چنین آمده‌است. **دو:** پس‌از آنهمه همهمه و آشوب و نبرد، تازه گاهِ کینه رسیده‌است؟ **سه:** گاه کینه نیز نادرست است زیرا که کینه پیش‌از جنگ نیز در دلها افروخته است.
۷ - لت دویم برای سپهسالار توران سخت نادرخور است.
۸ - «کار بود» چه باشد؟ در لت دویم نیز «یار باشد» درست است.
۹ - این رج را با رج پیشین پیوند باید.. «اگر چنین شود، بیاساید».
۱۰ - پیش‌بینی دل خونین و چشم گریان افراسیاب با گودرز نیست!
۱۱ - **یک:** پیشتر گفته‌بود... **دو:** لت دویم را پایان نیست.
۱۲ - **یک:** میسره را بجای بال راست در سخن فردوسی جای نیست. **دو:** اگر همهٔ سپاهیان بال راست را فراخوانَد، تورانیان از همان سو، راه را برای یورش گشاده می‌بینند، و این با خرد همساز نیست. **سه:** «همه» و «یکسره» هردو یکی است.
۱۳ - گرازه و گستهم از کجا برون «آمدند»؟ و نیز هجیر و بیژن!
۱۴ - مگر میان دشت و کوه بودند که «برگرفتند راه»! روبروی آنان سپاهیان دشمن ایستاده‌اند و می‌جنگند؟!!
۱۵ - **یک:** پهلوانان را به شیر و پلنگ و پیل، توان همانند کردن، و بگرگان نشاید. **دو:** کدام بادپایان؟ «آن» در این لت نابجا است.
١٦ - **یک:** «میان» و «اندرون» هردو یکی است. **دو:** هنوز کاری نکرده‌اند چگونه دل از کینه بپرداختند؟

همه دشت برگستوان‌ور سوار ‌‌ ‌ پراکنده گشته گه کارزار [1]
چه مایه فتاده به پای ستور ‌ ‌ ‌ کفن جوشن و سینهٔ شیر گور [2]
چو روبین پیران ز پشت سپاه ‌ ‌ ‌ بدید آن تکاپوی و گرد سیاه [3]
بیامد به پشت سپاه بزرگ ‌ ‌ ‌ ابا نامداران بکردار گرگ [4]
برآویخت برسان شرزه پلنگ ‌ ‌ ‌ بکوشید و هم برنیامد به جنگ [5]
بیفکند شمشیر هندی ز مشت ‌ ‌ ‌ به نومیدی از جنگ بنمود پشت [6]
سپهدار پیران و مردان خویش ‌ ‌ ‌ به جنگ اندرون پای بنهاد پیش [7]
چو گیو آن زمان روی پیران بدید ‌ ‌ ‌ عنان را سوی جنگ او برکشید [8]
ازان مهتران پیش پیران چهار ‌ ‌ ‌ به نیزه ز اسپ اندر افکند خوار [9]
به زه کرد پیران وسه کمان ‌ ‌ ‌ همی تیر بارید بر بدگمان [10]
سپر بر سر آورد گیو سترگ ‌ ‌ ‌ به نیزه درآمد بکردار گرگ [11]
چو آهنگ پیران سالار کرد ‌ ‌ ‌ که جوید به آورد با او نبرد [12]
فروماند اسپش همیدون بجای ‌ ‌ ‌ از آنجاکه بد پیش ننهاد پای [13]
یکی تازیانه بران تیزرو ‌ ‌ ‌ بزد خشم را نامبردار گو [14]

---

۱ - **یک:** پراکنده نبودند، و بانبوه می‌جنگیدند. **دو:** لت دویم را نیز پایان نیست.

۲ - **یک:** بپای ستور نادرست است: «زیر پای ستوران». **دو:** لت دویم نیز پایان ندارد. و شیر نیز هیچگاه جانور کشته شده را نمی‌خورد.

۳ -گردی که درمیان رزمگاه بآسمان بلند می‌شود، از هردو روی است و نمیتوان گرد اسپ آن چهار پهلوان را جداگانه دیدن!

۴ - پشت کدام سپاه؟ سپاه ایران یا سپاه توران؟ اگر به پشت سپاه توران رفته باشد،گریخته است و نمیتوان از او «بکردار گرگ» یادکردن! و اگر به پشت سپاه ایران رفته‌است، می‌بایستی که «قلب» سپاه ایران را شکافته باشد، یا ازسوی بال راست یا چپ به پشت سپاه ایران آمده باشد، و در گفتار چنین نیامده‌است!

۵ - افزاینده باگفتار بازی کودکانه کرده‌است: (۱) بکوشید (=بجنگید)، (۲) بر آویخت (۳) نیامد بجنگ! زهی آشفتگی.

۶ - روبین با دو بار کوشیدن و بر آویختن شمشیر هندی را از مشت بیفکند؟ چرا بیفکند؟ اگر گریخته باشد هم شمشیر در دست داشته باشد به از آنست که‌شمشیر را از دست بیفکَند.

۷ - لت نخست نادرست است: سپهدار پیران با مردان خویش... باز نادرست است، زیراکه همهٔ سپاه توران، مردانِ سپهدار پیران بودند!

۸ - **یک:** آنزمان نادرخور است، **دو:** عنان برکشیدن، ایستاندن اسپ است و افزاینده همین اندازه از آیین سواری را نمی‌دانسته‌است، **سه:** «عنان را سوی جنگ او» نیز نادرست است: «اسب» را «بسوی» او، «بتاخت».

۹ - **یک:** شمارش نادرست است: «چهار مهتر». **دو:** پیش پیران نادرست است: «از همراهان پیران».

۱۰ - **یک:** کمان را پیش‌از جنگ بزه می‌کنند! **دو:** کمان و تیر در نبرد تن‌بتن (یا بهنگام نیزه) بکار نمی‌آید. **سه:** بدگمان در پایان سخن نادرخور است، زیراکه پیشتر از «گیو» نام برده شده‌بود و اینجا تنها «او» بسنده می‌نماید.

۱۱ - سترگ لجوج باشد و بی‌آزرم شرم (لغت فرس اسدی). سوار را چگونه توان باشد؟ که باگرفتن لگام اسپ در یکدست، برگرفتن سپر بر دست دیگر، با نیزه یورش کند، که دو دست دیگر برای گرفتن آن در کار است!

۱۲ - دنبالهٔ گفتار.

۱۳ - همیدون، اینچنین است، و اینچنین در این گفتار، نابجا است، زیراکه شنونده یا خواننده در نمی‌یابد که چگونه؟ اینچنین را زمانی توان گفتن که خواننده یا شنونده آنرا بچشم ببیند!

۱۴ - **یک:** «بزد خشم را» نادرست است: خشمگین شد و تازیانه‌ای بر او زد. **دو:** افزاینده را از آیین سواری آگاهی نبوده‌است. زیراکه پهلوانی که نیزه بدست برای نبرد با دشمن می‌تازد، هردو دستش بر نیزه استوار است، و دستی دیگرش برای کوفتن تازیانه نیست!

بجوشید و بگشاد لب را ز بند — به نفرین دژخیم دیو نژند[1]
بیفکند نیزه کمان برگرفت — یکی درقهٔ کرگ بر سر گرفت[2]
کمان را به زه کرد و بگشاد بر — که با دست پیران بدوزد سپر[3]
بزد بر سرش چارچوبه خدنگ — نبد کارگر تیر بر کوه سنگ[4]
همیدون سه چوبه بر اسپ سوار — بزد گیو پیکان آهن گذار[5]
نه شد اسپ خسته نه پیران نیو — بدانجا رسیدند یاران گیو
چو پیران چنان دید برگشت زود — برفت ازپسش گیو تازان چو دود[6]
به نزدیک گیو آمد آنگه پسر — که: «ای نامبردار فرخ پدر
من ایدون شنیده‌ستم از شهریار — که پیران فراوان کند کارزار
ز چنگ بسی تیزچنگ اژدها — مر او را بود روز سختی رها
سرانجام بر دست گودرز هوش — برآید تو ای باب چندین مکوش»[7]
پس اندر رسیدند یاران گیو — پر از خشم و کینه سواران نیو[8]
چو پیران چنان دید برگشت زوی — سوی لشگر خویش بنهاد روی[9]
خروشان پر از درد و رخساره زرد — به نزدیک لهاک و فرشیدورد[10]
بیامد که: «ای نامداران من — دلیران و خنجرگزاران من[11]
شما را ز بهر چنین روزگار — همی پرورانیدم اندر کنار[12]
کنون چون به جنگ اندر آمد سپاه — جهان شد به ما بر ز دشمن سیاه
نبینم کسی کز پی نام و ننگ — به پیش سپاه اندر آید به جنگ»[13]

---

۱ – **یک:** دیو دژخیم، کدام دیو بوده‌است. **دو:** دیو که نژند نمی‌شود.

۲ – **یک:** در گفتار فردوسی هیچگاه بجای سپر، درقهٔ تازی بکار نرفته‌است. **دو:** ناآگاهی افزاینده دیگربار، خود می‌نماید! زیرا که آنکس کمان بر دست میگیرد می‌باید با دو دست تیراندازی کند، آنگاه چگونه یارای گرفتن سپر بر سر را دارد؟

۳ – **یک:** جنگاوران، پیش‌از جنگ، کمان را بزه میکنند. **دو:**!!؟ جای گفتار نمی‌ماند!

۴ – در رج پیشین آهنگ دوختن دست او را با سپر داشت، و اینجا بر سرش زد!؟

۵ – «گیو» در لت دویُم نابجا است، زیرا که پیش‌ازاین نامش آورده شده‌است. میان چوبه و پیکان آهن‌گذار پیوند نیست. پیکان، اگر آهن گذار بود، چگونه بر برگستوان گذر نکرد؟

٦ – برگشت، نادرست است: «روی بگریز نهاد». دود را جنبش نیست و آرام بهوا بلند می‌شود. آن باد است که اگر بر دود وزد، دود را بجنبش در می‌آورد.

۷ – ازپسِ چند رج سخنان سست. این رج راکاستی است: هوشِ «وی» بر دست گودرز خواهد بودن. گیو پدر بیژن بود نه باب = نیا.

۸ – «سواران نیو» در لت دویم نابجا است.

۹ – **یک:** پیران، پیشتر برگشته بود. **دو:** پیران درمیانهٔ «قلب» سپاه خود بود، و نیاز به روی آوردن دوباره‌اش نبود.

۱۰ – **یک:** پهلوان بزرگ توران را شایسته نمی‌نمود که خروشان و رخساره زرد باشد. **دو:** چرا درد؟ تیر گیو بر وی کارگر نبوده‌است. **سه:** لهاک و فرشیدورد را بدو سوی کوه و رود فرستاده‌بود، و در یک جای نبوده‌اند که پیران بسوی آنان رود.

۱۱ – «بگفت» کم دارد. ۱۲ – همی پرورانیدم نادرست است: «پرورده‌ام».

۱۳ – پیران خردمند، را بدینگونه پریشان اندیشه و نابخرد نمایاندن، روان آن پهلوان را می‌آزارد! پیران در این افزوده‌ها؛ خود بآنان فرمان

←

پاسخ گودرز به پیران

چو آواز پیران بدیشان رسید   دل نامداران ز کین بردمید[1]
برفتند و گفتند گر جان پاک   نباشد به تن نیست‌مان بیم و باک[2]
ببندیم دامن یک اندر دگر   نشاید گشادن برین کین کمر[3]
سوی گیو لهاک و فرشیدورد   برفتند و جستند با او نبرد[4]
بیامد بر گیو لهاک نیو   یکی نیزه زد بر کمرگاه گیو[5]
همی خواست کاو را رباید ز زین   نگونسار ز اسپ افکند بر زمین
به نیزه زره بردرید از نهیب   نیامد برون پای گیو از رکیب[6]
بزد نیزه‌پس گیو بر اسپ اوی   ز درد اندر آمد تگاور به روی[7]
پیاده شد از باره لهاک مرد   فراز آمد از دور فرشیدورد[8]
ابر نیزهٔ گیو تیغی چو باد   بزد نیزه ببرید و برگشت شاد[9]
چو گیو اندران زخم او بنگرید   عمود گران از میان برکشید[10]
بزد چون یکی تیزدم اژدها   که از دست او خنجر آمد رها[11]
سبک دیگری زد به گردنش بر   که آتش ببارید بر تنش بر[12]
بجوشید خون بر دهانش از جگر   تنش سست برگشت و آسیمه سر[13]
چو گیو اندرین بود لهاک زود   نشست از بر بادپایی چو دود[14]
ابا گرز و با نیزه برسان شیر   بر گیو رفتند هر دو دلیر[15]

→ داده‌بود که دو سوی سپاه را بگیرند!

۱ – دل نامداران نادرست است: «دل آنان».

۲ – سخن سخت سست است: «اگر جان از تنمان برود، باک نیست».

۳ – افزایندهٔ نادان! مگر می‌شود دامان زره‌ها را در نبرد بیکدیگر بستن!! اینکار که از جنبش آنان جلوگیری میکند!

۴ – اینجا یاد کردن نام لهاک و فرشیدورد بایسته نیست، زیرا که پیش‌ازاین نامشان آمده‌بود.

۵ – **یک:** هردو باهم رفته‌بودند و اکنون سخن از لهّاک میرود! **دو:** بیامد در این رج با برفتند در رج پیشین همخوان نیست.

۶ – **یک:** از نهیب، زره پاره نمی‌شود: «از زور نیزه‌ور» یا «از زخم (ضربه) سنان». **دو:** چگونه است که همان زره که با نام زره سیاوخش از آن یاد می‌شود، با یک زخم نیزه دریده می‌شود؟ **سه:** چون نیزه بکمرگاه کسی بخورد، کمر را می‌بایستی پاره شدن نه زره را.

۷ – از درد، یا از زخم؟

۸ – **یک:** لهاک مرد نادرست است: «لهاک». **دو:** افزاینده فراموش کرده‌است که آن دو را باهم بسوی گیو فرستاده‌بود.

۹ – چرا برگشت؟ چون در میدان جنگ چنین پیروزی بدست آورده‌بود... گیو نیز بر دست خود شمشیر با گرز نداشت، زیرا که با دو دست نیزه راگرفته‌بود در چنین زمان که گیو بی‌جنگ‌افزار است فرشیدورد می‌توانست زخم دیگری باشمشیر به وی زند، و کار را بپایان بَرَد!... زهی سست‌اندیشی افزایندگان!

۱۰ – عمود را در سخن فردوسی راه نباشد!

۱۱ – **یک:** بکجای فرشیدورد زد؟ او که برگشته بود! **دو:** خنجر آمد رها نادرست است: «خنجر فرو افتاد!» **سه:** فرشیدورد که در دست خنجر نداشت!!

۱۲ – «سبک دیگری» نادرست است. سبک «زخم دیگر را».

۱۳ – **یک:** چون خون جگر از دهان کسی بیرون ریزد، زنده نمی‌ماند، باز آنکه او را زنده خواهیم دیدن. **دو:** چون زخم گرز بر گردن خورَد، ستون مهره‌ها می‌شکند، و دیگر ویرا تاب ایستادن نمی‌ماند! **سه:** آسیمه‌سر نادرست است «آسیمه‌سر شد» یا «سرآسیمه شد».

۱۴ – **یک:** اندرین بود نارسا است، زیرا که وی می‌توانست زخم دیگر را بر مردِ خون از دهان برآمدهٔ آسیمه‌سر فرود آورَد! **دو:** مگر میدان نبرد، دشتِ فسیلهٔ اسبان است که بیدرنگ بر اسبی دیگر نشینند؟

۱۵ – **یک:** فرشیدورد که آسیمه‌سر و خونین بود چگونه یارای آنرا داشت که زود همراه لهاک شود، و دلیر بسوی گیو رود؟ **دو:** مگر
←

چه مایه ز چنگ دلاور سران / بر او بر بباربد گرز گران[1]
به زین خدنگ اندرون بد سوار / ستوهی نیامدش از کارزار[2]
چو دیدند لهاک و فرشیدورد / چنان پایداری ازان شیرمرد
ز بس خشم گفتند یک با دگر / که ما را چه آمد ز اختر به سر[3]
بر این زین همانا که پیل است و بس / ندرّد برو، پوست، جز شیر، کس[4]
ز یارانش گیو آنگهی نیزه خواست / همی گشت هر سو چپ و دست راست[5]
بدیشان نهاد از دو رویه نهیب / نیامد یکی را سر اندر نشیب[6]
به دل گفت: «کاری نو آمد به روی / مرا زین دلیران پرخاشجوی
نه از شهر ترکان سران آمدند / که دیوان مازندران آمدند»[7]
سوی راست گیو اندر آمد چو گرد / گرازه به پرخاش فرشیدورد[8]
ز پولاد در چنگ سیمین‌ستون / به زیر اندرون باره‌ای چون هیون[9]
گرازه چو بگشاد از باد دست / به زین برشد آن ترگ پولاد پست[10]
بزد نیزه‌ای بر کمربند اوی / زره بود نگسست پیوند اوی[11]
یکی تیغ در چنگ بیژن چو شیر / به پشت گرازه درآمد دلیر[12]
بزد بر سرِ ترگ فرشیدورد / زمین را بدرّید ترک از نبرد[13]
همی کرد بر بارگی دست راست / به‌اسپ‌اندرآمد نبود آنچه خواست[14]

→ فرشیدورد، دور از گیو بود که بسوی گیو رود؟

۱ - سخن روشن نمی‌کند که گرزها بر سر گیو بارید؟ آندو که نیزه‌ای نیز در دست داشتند، چرا از زخم نیزه سخن نمی‌رود؟

۲ - **یک:** زین خدنگ نادرست است، و پیش‌ازین نموده شده‌است که تنها تیر را اگر نیک راست باشد خدنگ می‌نامند. **دو:** مگر زین را چه ویژگیست که اگر کسی بر روی آن نشیند. زخم گرزها ییرا که بر سر و شانه و بازوی سوار فرود می‌آید، دور کند؟! **سه:** افزاینده فراموش کرده‌است که پیش‌ازاین زره گیو را پاره کرده‌بود، چرا آن نیزه را بر پارگی زره او فرود نیاوردند؟

۳ - زبس خشم نادرست است: «خشمگین شدند و...».

۴ - شیر هیچگاه با پیل نمی‌جنگد، و تنها دشمن پیل ببر است!

۵ - **یک:** گیو که تنها بود، یارانش کجا بودند؟ **دو:** اگر یاری همراه او بود، چرا در آن هنگامه دست از یاری کشیده‌بودند؟ **سه:** آنگهی نادرست است. **چهار:** «هر سو» پس‌وپیش را نیز دربرمیگیرد! **پنج:** در سخن افزاینده، همواره «چپ و دست راست» می‌آید که نادرست است.

٦ - نهیب، نهادنی نیست «کردنی» است.

۷ - تورانیان، ترک نبوده‌اند.

۸ - **یک:** آهنگ لتِ نخست درهمریخته است. **دو:** نام گرازه می‌بایستی در آغاز سخن آید.

۹ - از چنگ سیمین یک پهلوان یاد کردن درست نمی‌نماید، زیرا که اگر پهلوان پوست سیمین داشته باشد، چنگ او در میدان‌ها، چندان زیر تابش آفتاب بوده‌است که‌سیمینش نمیتوان نامیدن! باری اگر گرز وی را ستون سیمین خوانده باشند، باز نادرخور است زیرا که دستهٔ گرز همواره چوبین بوده‌است.

۱۰ - **یک:** گشادن دست از باد را هیچ گزارش نتوان کردن. **دو:** چه‌کس بر زین نشست؟ **سه:** ترگِ پولادین را بر سر می‌نهند، نه بر زین!

۱۱ - **یک:** بر کمربندِ چه‌کس؟ **دو:** کمربند نادرست است: کمر. **سه:** همگان در جنگ، زره بر تن دارند، و بسا که نیزه از زره میگذرد، پس نمیتوان گفتن که چون او(؟) زره داشت نیزه بر وی کارگر نشد!

۱۲ - پیوسته به رج پسین.

۱۳ - **یک:** بیژن بر ترگ فرشیدورد زد، و فرشیدورد، زمین را بدرّید؟!! **دو:** تورانیان ترک نبوده‌اند، و افزاینده را می‌بایستی از همین نام فرشیدورد، شرم کند، و وی را ترک نخواند.

۱۴ - این رج را هیچ گزارش نیست.

آمادگی نبرد ۹۳

پس بیژن اندر دمان گستهم — ابا نامداران ایران بهم[1]
به نزدیک توران سپاه آمدند — خلیده دل و کینه‌خواه آمدند[2]
ز توران سپاه اندریمان چو گرد — بیامد دمان تا به جای نبرد[3]
عمودی فروهشت بر گستهم — که تا بگسلاند میانش ز هم[4]
به تیغش برآمد به دو نیم گشت — دل گستهم زو پر از بیم گشت[5]
به پشت یلان اندر آمد هجیر — ابر اندریمان ببارید تیر[6]
خدنگش بدرّید برگستوان — بماند آن زمان بارگی بی روان[7]
پیاده شد از باره مرد سوار — سپر بر سر آورد و برساخت کار[8]
ز ترکان برآمد سراسر غریو — سواران برفتند برسان دیو[9]
مر او را به چاره ز آوردگاه — کشیدند از پیش روی سپاه[10]
سپهدار پیران ز سالار گاه — بیامد بیاراست قلب سپاه[11]
ز شبگیر تا شب برآمد ز کوه — سواران ایران و توران گروه
همی گرد کینه برانگیختند — همی خاک با خون برآمیختند[12]
از اسپان و مردان همه رفته هوش — دهن خشک و رفته ز تن زور و توش[13]
چو روی زمین شد به رنگ آبنوس — برآمد ز هر دو سپه بوق و کوس[14]
ابر پشت پیلان تبیره زنان — ازان رزمگه بازگشت آن زمان[15]

---

۱ – با کدام نامداران؟

۲ – بسی پیش‌ازاین، آن چهار پهلوان بمیان سپاه توران آمده‌بودند، و اکنون بنزدیک سپاه میرسند؟

۳ – نبرد درمیانهٔ سپاه توران روی داده‌است و اندریمان را نشاید از سپاه توران بدانجا آید.

۴ – **یک:** عمود! **دو:** گرز را اگر بهلند، هیچ زخمی پدیدار نمی‌شود. **سه:** شگفتا که افزاینده می‌توانست گفتن «فرو کوفت». **چهار:** گرز بر میان زخم (ضربه) می‌زند، و توان از هم گسلانیدن میان را ندارد.

۵ – یاوه‌تر از این سخن در جهان بر زبان نرفته‌است! باری، گرز شمشیر را تواند درنوردیدن و خم کردن، و شمشیر را توان آن نیست که گرز را بر دو نیم کند!

۶ – یلان رودرروی یکدیگرند، و چون اندریمان به پشت سر ایشان آمد، نمی‌تواند و نشاید که آنانرا تیر باران کند، زیرا که تیر را از راهی دورتر بکار میگیرند.

۷ – **یک:** برگستوانِ که را؟ **دو:** آنزمان نادرست است. **سه:** بی‌روان بماند نادرست: «بر جای بمرده». **چهار:** تاکنون کسی از روانِ اسب سخن نگفته‌است!

۸ – **یک:** چون اسب بمیرد، بر زمین می‌افتد، و سوار را نیز بر زمین میزند، دیگر جای پیاده شدن نمی‌ماند! **دو:** سپر بر سر آورد نادرست است: «سپر بر سر گرفت».

۹ – ترک!!

۱۰ – ازپیشِ رویِ سپاه سخنی نادرخور است: «ازپیش سپاه».

۱۱ – در چنان هنگامه که همه بر هم ریخته‌اند، آراستن سپاه روی نمیدهد سپاه را پیش‌از آغاز نبرد می‌آرایند.

۱۲ – با چنین سخن، آرایش سپاه چگونه بود؟

۱۳ – اسپ چگونه از هوش میرود؟ لت دویم را نیز کنشِ بایسته نیست.

۱۴ – **یک:** شد برنگ آبنوس نادرست است: «چون شب آمد و زمین تیره گشت»، یا «برنگِ آبنوس شد». **دو:** بوق و کوس را پیش‌از جنبش سپاه میزنند، نه شباهنگام!

۱۵ – بازگشت نادرست است: «بازگشتند» آنزمان نیز نادرست است، چون از زمان بهنگام شب شدن، یاد شده‌بود.

⇐ بران بر، نهادند هر دو سپاه / که شب، بازگردند ز آوردگاه
گزینند، شبگیر، مردان مرد / که از ژرف دریا برآرند گرد
همه نامداران پرخاشجوی / یکایک بروی، اندرآرند روی
ز پیکار یابد رهایی سپاه / نریزند خونِ سرِ بیگناه
بکردند پیمان و گشتند باز / گرفتند کوتاه رزم دراز[1]
دو سالار هر دو ز کینه به درد / همی روی برگاشتند از نبرد[2]
یکی سوی ریبد خرامید تفت[3] / یکی سوی کوه کنابد برفت
همان گه طلایه ز لشکر به راه / فرستاد گودرز سالار شاه[4]
ز جوشنوران هر که فرسوده بود / بخون دست و تیغش بیالوده بود
همه جوشن و خود ترگ و زره / گشادند مر بندها را گره[5]
چو از بار آهن برآسوده شد / خورش جست و می چند پیموده شد[6]
به تدبیر کردن سوی پهلوان / برفتند بیدار پیر و جوان[7]
به گودرز پس گفت گیو: «ای پدر / چه آمد مرا از شگفتی به سر[8]
چو من حمله بردم به توران سپاه / دریدم صف و برگشادند راه
به پیران رسیدم نوندم بجای / فروماند و ننهاد از پیش پای
چنانم شتاب آمد از کار خویش / که گفتم نباشم دگر یار خویش[9]
پس آن گفتهٔ شاه بیژن به یاد / همی داشت وان دم مرا یاد داد[10]
که پیران به دست تو گردد تباه / از اختر همین بود گفتار شاه»[11]
بدو گفت گودرز ک: «او را زمان / به دست من است ای پسر بی‌گمان[12]
که زو کین هفتاد پور گزین / بخواهم به زور جهان‌آفرین»

---

۱ - **یک:** بکردند پیمان نادرست است: «پیمان بستند». **دو:** لت دویم نیز بی‌گزارش است. بر آن بر نهادن چهار رج پیش، همان پیمان بستن است، و سخنی است که بزبان امروزیان «قرار گذاشتن» خوانند.
۲ - بازگشت آنان پیش‌ازاین بود.
۳ - باز، از «خرامیدنِ» پهلوان سخن میرود!
۴ - پیش‌آهنگ (طلایه) را به راه نمی‌فرستادند که جای آنان پیرامون لشگرگاه بود.
۵ - **یک:** «بند» را بایستی پیش‌از جوشن آوردن: «بندهای جوشن را گشادند». **دو:** زره و جوشن یکی است.
٦ - **یک:** سخن از جوشنوران بود، پس می‌باید کنش «شدند» و «جستند». **دو:** «می چند» نادرست است: «چند (جام) می پیموده شد». کنشِ «شد» در این رج نادرخور است: «شدند».
۷ - دنباله سخن.
۸ - چنین سخن (تدبیر) نیست... گزارش رویدادهای جنگ است.
۹ - سخن نادرست در لت دویم «یار خویش نباشم» را چه گزارش است؟
۱۰ - مرا گفت، یا مرا یاد داد؟
۱۱ - **یک:** اگر گفتار کیخسرو چنین بوده‌است، و گیو، آنرا بیاد داشت، بیگمان گودرز را نیز می‌بایستی در یاد بودن که پهلوان سپاه بود، و بر دست او ازمیان برداشته خواهد شد، چرا در آغاز جنگ، به بیژن فرمان داد، که بجنگ پیران رود؟ **دو:** لت دویم نیز ناهماهنگ است.
۱۲ - پس پرسشِ یاد شده، گران‌تر می‌شود!

ازان پس به روی سپه بنگرید … سران را همه گونه پژمرده دید[1]
ز رنج نبرد و ز خون ریختن … به هر جای با دشمن آویختن
دل پهلوان گشت زان پر ز درد … که رخسار آزادگان دید زرد[2]
بفرمودشان بازگشتن به جای … سپهدار نیک اختر و رهنمای[3]
بدان تا تن رنج بردارشان … برآساید از جنگ و پیکارشان[4]
برفتند و شبگیر باز آمدند … پر از کینه و رزمسار آمدند
بسالار بر، خواندند آفرین … که: «ای نامور پهلوان زمین
شبت خواب چون بود؟ و چون خاستی؟ … ز پیکار ترکان چه آراستی»[5]

---

۱ – شب تیره چگونه بروی سپه بنگرید؟! خواست افزاینده آن بوده‌است که بگوید بروی سران بنگریست، و دنبالهٔ آن در لت دویُم می‌آید.

۲ – چون آنان خون ریخته‌بودند، و شکست نیز نخورده‌بودند، چرا می‌بایستی دل پهلوان از دیدن آنان پر از درد شود؟

۳ – چون آنان بسگالش آمده‌بودند، «سپهدار نیک اختر و رهنمای» را بایسته بود که با یکایک آنان سخن گوید و رنج و درد نبرد را از دل آنان بشوید، نه آنکه تنها پسر خویش را آزاد گذارد تا سخن گوید، و دیگران را بی‌سخن و پرسش بازگرداند!!

۴ – «تن رنج بردار» به همهٔ زمان زندگی آنان بازمیگردد، باز آنکه آنان در آن روز رنج برده‌بودند: «تنِ رنجدیده‌شان». **دو:** پیکارشان نیز نادرست است: «پیکار».

۵ – **یک:** ترک! **دو:** لت دویُم بی‌گزارش است: «برای پیکار با تورانیان چه اندیشه داری».

از اینجا تا ۱۲۸ درج با سخنان سست [illegible] پیشین ایران را که
[illegible] آنرا می دانستند) برای سران باز می‌گوید و گفتن ندارد که این
افزودنهای کار افزاینده دیگری است زیرا که کیخسرو از رویدادهای پیشین
آگاهی بر آن سران [illegible] این سخنان [illegible] سران نیست که
[illegible] اندیشه و فرصت برای [illegible]
۱۹۱۴۹ آغاز می‌شود.

بدیشان چنین گفت پس پهلوان　　که: «ای نیک مردان و فرخ گوان
سزد گر شما بر جهان‌آفرین　　بخوانید روز و شبان آفرین
که تا این زمان هرچه رفت از نبرد　　به کام دل ما همی گشت گرد
فراوان شگفتی رسیدم به سر　　جهان را ندیدم مگر بر گذر
ز بیداد و داد آنچه آمد بشاه　　بد و نیک را هم بدویست راه
چو ما، چرخ گردان فراوان سرشت　　درود آن کجا بآرزو خود بکشت
نخستین که ضحاک بیدادگر　　ز گیتی به شاهی برآورد سر
جهان را چه مایه به سختی بداشت　　جهان‌آفرین زو همه درگذاشت
بداد آنکه آورد پیدا ستم　　ز باد آمد آن پادشاهی به دم
چو بیداد او دادگر برنداشت　　یکی دادگر را بر او برگماشت
برآمد بران کار او چند سال　　بد انداخت یزدان بران بدسگال
فریدونِ فرخ شه دادگر　　ببست اندر آن پادشاهی کمر
همه بند آهرمنی برگشاد!　　بیاراست گیتی سراسر به داد
چو ضحاک بدگوهر بدمنش　　که کردند شاهان بدو سرزنش
ز افراسیاب آمد آن بدخوی　　همان غارت و کشتن و بدگوی
که در شهر ایران بگسترد کین　　بگشت از ره داد و آیین و دین
سیاوخش را هم بفرجام کار　　بکشت و برآورد از ایران دمار
أزان پس کجا گیو ز ایران براند　　چه مایه به سختی به توران بماند
نهالیش بُد خاک و بالینش سنگ　　خورش گوشت نخچیر و پوشش پلنگ
همی رفت گم بوده چون بیهشان　　که یابد ز کیخسرو آنجا نشان
یکایک چو نزدیک خسرو رسید　　بر او آفرین کرد کاو را بدید
أزان پس به ایران نهادند روی　　خبر شد به پیران پرخاشجوی

سبک با سپاه اندر آمد به راه / که هر دو کندشان به ره بر تباه
بکرد آنچه بودش ز بد دسترس / جهاندارشان بد نگهدار و بس
ازان پس به کین سیاوش سپاه / سوی کاسه‌رود اندر آمد به راه
به لاون که آمد سپاه گُشَن / شبیخون پیران و جنگ پشن!
که چندان پسر پیش من کشته شد / دل نامداران همه گشته شد
کنون با سپاهی چنین کینه‌جوی / بیامد به روی اندر آورد روی
چو با ما بسنده نخواهد بُدَن / همی داستان‌ها بخواهد زدن
همی چاره سازد بدان تا سپاه / ز توران بیاید بدین رزمگاه
سران را همی خواهد اکنون بجنگ / یکایک بباید شدن تیزچنگ
که گر ما بدین کار سستی کنیم / اُ گرنه بدین پیشدستی کنیم
بهانه کند بازگردد ز جنگ / بپیچد سر از کینه و نام و ننگ
ار ایدونکه باشید با من یکی / ازیشان فراوان و ما اندکی[1]
ازان نامداران برآریم گرد / بدان گه که سازند با ما نبرد[2]
ور ایدونکه پیران ازین رای خویش / نگردد نهد رزم را پای پیش[3]
پذیرفتم اندر شما سربسر / که من پیش بندم بدین کین کمر[4]
ابا پیرسر من بدین رزمگاه / بکشتن دهم تن به پیش سپاه[5]
من و گرد پیران و رویین و گیو / یکایک بسازیم مردان نیو[6]
که کس در جهان جاودانه نماند / بگیتی ز ما جز فسانه نماند[7]
همان نام باید که ماند بلند / چو مرگ افکند سوی ما بر، کمند[8]
زمانه بمرگ و به کشتن یکیست / وفا با سپهر روان اندکیست[9]

---

۱ - در لت نخست سخن نادرست است: «اگر با من همرای باشید»، لت دویم نیز رسا نیست.
۲ - لت دویم نبرد، ساختنی نیست، جستنی و کردنی است.
۳ - لت دویم بگردد (و نگردد در برخی نمونه‌ها)، اگر آنان برای رزم پای پیش نهند، همانست که در رج پیشین آمده‌بود که ما از آنان در نبرد گرد برمی‌آوریم.
۴ - پذیرفتم «اندر» شما، نادرست است: پذیرفتم که در جنگ، من پیش‌از شما کمربندم.
۵ - سالارِ آگاه را، در سخن گفتن رزم، شایسته نیست که از کشته شدن خویش با سرداران سخن گوید، آنکه ازپیش میدانسته‌است که مرگ پیران بر دست وی است!
٦ - این رج درهم ریخته و بی‌بنیاد است اما با نگرش به داستان نبرد هماوردان که در آینده خواهد آمد، افزاینده میخواهد بگوید که من با پیران، و گیو نیز با رویین می‌جنگیم، و دیگر پهلوانان را یکایک با پهلوانان توران بجنگ می‌آوریم.
۷ - لت دویم: اگر «ز ما» باشد، کنش نمانْد ناردست است: «نمانَد»، و اگر بما باشد، خود نادرخور است، زیرا که می‌بایستی گفتن: از پیشینیان «برای ما جز فسانه».
۸ - در لت نخست داوری، همگان است. نام بلند «برای همه»، اما در لت دویم نام بلند تنها برای «ما» است، که ناهموار است.
۹ - نه چنین است و جای جای شاهنامه آمده‌است که بر پهلوانان مردن در جامهٔ خواب ننگ است و جانِ پهلوانان را می‌باید در میدان جنگ از تن بدرشدن.

۹۸ کیخسرو

شما نیز باید که هم زین نشان	ابا نیزه و تیغ مردم‌کشان![1]
به کینه ببندید یکسر کمر	هر آن‌کس که هست از شما نامور[2]
که دولت گرفته‌ست ازیشان نشیب	کنون کرد باید به کین بر نهیب[3]
بتوران چو هومان سواری نبود	که با بیژن گیو رزم آزمود[4]
چو سرگشته شد، بخت او شد نگون	بریدش سر از تن بسان هیون[5]
نباید شکوهید زیشان بجنگ	نشاید کشیدن ز پیکار چنگ[6]
ور ایدونکه پیران بخواهد نبرد	به انبوه لشگر بیارد چو گرد[7]
همیدون به انبوه ما همچو کوه	بباید شدن پیش او همگروه[8]
که چندان دلیران همه خسته دل	به تیمار و اندوه پیوسته دل[9]
برآنم که ما را بود دستگاه	ازیشان برآریم گرد سیاه![10]
بگفت این سخن سربسر پهلوان	به پیش جهاندیده فرخ گوان[11]
چو سالارشان مهربانی نمود	همه پاک بر پای جستند زود[12]
بر او سربسر خواندند آفرین	که: «ای نامور، پهلوان زمین![13]
پرستنده چون تو فریدون نداشت	که گیتی سراسر به شاهی گذاشت[14]
ستون سپاهیِ و سالار شاه	فرازندهٔ تاج و گاه و کلاه[15]
فدی کرده‌یی جان و فرزند و چیز	ز سالار شاهان چه جویند نیز![16]

---

۱ - تیغ مردم‌کشان نادرست است: «تیغ مردم کش». آن نیز نادرست است، زیرا که تیغ ببر و شیر و آهو را نیز می‌کشد!

۲ - همهٔ آنان نامور بودند.

۳ - گودرز با نامداران لشگر سخن میگوید، و هر آنکس که نامور است، درست نمی‌نماید.

۴ - سخن نادرست است: «دولت ایشان رو به نشیب دارد».

۵ - هومان سرگشته نشده‌بود! در لت دویم هیون به بیژن بازمیگردد و با نگرش به رج پیشین چنین می‌نماید که هومان سر بیژن را بریده‌است.

۶ - [شکوهیدن، ترسیدن است] این سخن رودرروی سخنان پیشین است زیرا که پیشتر آمده‌بود که بخت آنان رو به نشیب دارد!

۷ - لت نخست چنین میگوید که پیران بتن خویش نبرد خواهد، و در لت دویم لشگریان با او همراه می‌شوند.

۸ - «ما همگروه بباید شدن» نادرست است: «ما را باید که همگروه...».

۹ - سخن، نشان نمی‌دهد که دلیرانِ کدام سوی، خسته دل‌اند!

۱۰ - **یک:** باز این سخن باژگونهٔ گفتار رج چهارم پیش است. **دو:** از زمین توان گرد سیاه برآوردن، و از آنان (تورانیان) نتوان!

۱۱ - «این سخنان» باید. ۱۲ - چنین سخنان، «مهربانی» درشمار نمی‌آید.

۱۳ - لت دویم را گونه‌های فراوان است (بنگرید به خالقی مطلق ۱۰۸-۴).

۱۴ - «گیتی سراسر بشاهی گذاشت» سخنی پریشان است.

۱۵ - نزدیک بدین سخن را گودرز در داستان کاموس کشانیْ به رستم گفته‌است:

ستون سپاهی و زیبای گاه   فروزان بتو تخت و شاه و کلاه

۱۶ - گودرز که هنوز جان خویش را «فدا» نکرده‌است! لت دویم نیز سست می‌نماید.

همه هرچه شاه از فریبرز جست — ز توس، آن کنون از تو بیند درست[1]
همه سربسر مر ترا بنده‌ایم — به فرمان و رایت سرافکنده‌ایم[2]
گر ایدونکه پیران ز توران سپاه — سران آورد پیش ما کینه‌خواه[3]
ز ما ده مبارز وز ایشان هزار — نگر تا که پیچد سر از کارزار[4]
ور ایدونکه لشگر همه همگروه — به جنگ اندر آید بکردار کوه
ز کینه همه پاک دل خسته‌ایم — کمر بر میان جنگ را بسته‌ایم
فدای تو بادا تن و جان ما — سراسر برین است پیمان ما»[5]
چو گودرز پاسخ برین سان شنود — به دلش اندرون شادمانی فزود
بران نامداران گرفت آفرین — که آباد بادا به گردان زمین[6]
سپه را بفرمود تا برنشست — همیدون میان را به کینه ببست[7]
چپ لشگرش جای رهّام گرد — به فرهاد خورشیدپیکر سپرد[8]
سوی راست جای فریبرز بود — به کشمارهٔ قارنان داد زود[9]
به شیدوش فرمود ک :«ای پور من — به هر کار شایسته دستور من[10]
تو با کاویانی درفش و سپاه — برو پشت لشگر تو باش و پناه»[11]
بفرمود پس گستهم را که: «شو — سپه را تو باش این زمان پیشرو[12]
ترا بود باید بسالارگاه! — نگه‌دار، بیدار، پشت سپاه»[13]
سپه را بفرمود ک :«از جای خویش — نگر ناورید اندکی پای پیش[14]
همه گستهم را کنید آفرین — شب و روز باشید بر پشت زین»[15]
برآمد خروش از میان سپاه — گرفتند زاری بران رزمگاه[16]

---

۱ – سخن سخت درهمریخته است «هر آنچه را که شاه از توس و فریبرز می‌جست»... «آن» پیش‌از کنون نیز نادرخور است: «اکنون از تو...».
۲ – چنین نبود، و گودرز نیز خود راکهتر کیخسرو می‌شمرد!

۳ – سران آورد. نادرست است: «سران را آورد».

۴ – اگر سران را بآوردگاه آوردند، در برابر هر یک آنان یک ایرانی را می‌بایستی رفتن، و پیمان میان گودرز و پیران نیز همین بود!

۵ – تن پهلوانان فدای ایران است نه فدای سردار سپاه.
۶ – دنبالهٔ گفتار.
۷ – پیوسته بگفتار.

۸ – **یک:** چپ لشگرش نادرست است: «چپ لشگر را». **دو:** به رهام سپرد؟ یا به فرهاد؟ یا بهر دو؟ یا جای رهام را بفرهاد داد؟ **سه:** تاکنون هیچگاه از هیچکس با پاژنام «خورشید پیکر» یاد نشده‌بود.

۹ – **یک:** پیوند میان دو لت گسسته است. **دو:** کشماره نیز از آن نامها است که افزایندگان از خود پدید آورده‌اند.

۱۰ – گیو، پسر بزرگ گودرز، چنین پایگاه داشت نه دیگر پسران او!

۱۱ – بکارگرفتن دوبارهٔ تو در یک رج درست نیست.

۱۲ – اینزمان نادرست است: «در یورشی که پیش خواهد آمدن، تو پیشرو سپاه باش».

۱۳ – چگونه پیشروِ سپاه را شاید که در پشت لشگر، پناه سپاهیان باشد؟

۱۴ – «سپه را» نادرست است «سپاهیان را» و اینچنین، «نگر» نادرخور است: «بنگرید که...».

۱۵ – یک سپاه را چگونه توانِ آن است که شب‌وروز بر پشت زین باشند؟

۱۶ – **یک:** خروش؟ یا زاری؟ **دو:** مگر لشگریان در انجمن پیره‌زنان بودند که برای کاری که ازپیش، خویش را آماده کرده‌بودند، زاری ←

همه سربسر سوی او تاختند ‌ ‌ همی خاک بر سر برانداختند[1]
که با پیرسر پهلوان سپاه ‌ ‌ کمر بست و شد سوی آوردگاه[2]
سپهدار پس گستهم را بخواند ‌ ‌ بسی پند و اندرز با او براند[3]
بدو گفت: «زنهار بیدار باش ‌ ‌ سپه را ز دشمن نگهدار باش
شب و روز در جوشن کینه‌جوی ‌ ‌ نگر تا گشاده ندارید روی[4]
چو برگردی از جنگ پرداختن ‌ ‌ بود خواب را بر تو بر تاختن[5]
همان چون سر آری به سوی نشیب ‌ ‌ ز ناخفتگان بر تو آید نهیب[6]
یکی دیده‌بان بر سر کوه دار ‌ ‌ سپه را ز دشمن بی‌اندوه دار[7]
ور ایدونکه آید ز توران زمین ‌ ‌ شبی ناگهان تاختن گر کمین[8]
تو باید که پیکار مردان کنی ‌ ‌ به جنگ اندر آهنگ گردان کنی[9]
ور ایدونکه از ما درین رزمگاه ‌ ‌ بد آگاهی آید ز توران سپاه[10]
که ما را به آوردگه برکشند ‌ ‌ تن بی‌سران‌مان به توران کشند[11]
نگر تا سپه را نیاری به جنگ ‌ ‌ سه روز اندرین کرد باید درنگ[12]
چهارم خود آید به پشت سپاه ‌ ‌ شه نامبردار با پیل و گاه»[13]
چو گفتار گودرز زانسان شنید ‌ ‌ سرشکش ز مژگان برخ برچکید[14]
پذیرفت سر تا بسر پند اوی ‌ ‌ همی جست ازآن کار، پیوند اوی[15]
بسالار گفت: «آنچه فرمان دهی ‌ ‌ میان بسته دارم بسان رهی»

← کنند! ‌ ‌ ‌ ۱ - **یک:** خاک بر سر انداختنی نیست ریختنی است، **دو:** سواره، چگونه خاک از زمین برداشتند؟

۲ - در آینده، و در سخنان درست شاهنامه چون گودرز بآوردگاه و نبرد پیران می‌رود، خواهیم دیدن که چنین زاری روی نمی‌دهد!

۳ - سپهدار هم اکنون با گستهم سخن گفته‌بود، و «فراخواندن» او را روی نیست.

۴ - **یک:** لت نخست را هیچ گزارش نیست. **دو:** گیریم که آنروز جنگ درگیرد، یا گودرز پیروز میشود، و شبانگاه بمیان سپاهیان بازمیگردد، که سخن گفتن از «شب‌وروز» نادرست است، یا کشته می‌شود و سپاهیان را می‌باید جنگیدن که باز هم چنان است. **سه:** مگر سپاهیان، زنان روی پوشیده بوده‌اند؟ ‌ ‌ ۵ - اگر گستهم نگهبان‌لشگر است بجنگ نمیرود که از آن، بازگردد.

۶ - پس همواره بایستی بیدار باشد، و چنین کار نشدنی است!

۷ - باری در آغاز کار، گودرز خود، دیده‌بان بر سر کوه گماشته‌بود.

۸ - **یک:** تاختن، «آمدنی» نیست، آوردنی است. کمین نیز «آمدنی» نیست کردنی است، و این هردو را با یک کنش، آنهم نادرست نمی‌توان آوردن. **دو:** تاختن از تورانزمین روی نمیدهد، و ازلشگر توران چنین می‌شود زیرا که در آن نبرد سپاهیان توران در کوه کناوت در نزدیکی آذربرزین مهر بوده‌اند. ‌ ‌ ۹ - سخن سست. ‌ ‌ ۱۰ - بدآگاهی از رزمگاه می‌آید، یا از تورانسپاه؟

۱۱ - پیش‌بینی کودکانه! باری اگر تورانیان بخواهند نموداری از پیروزی خویش را بتورانیان نشان دهند (نه بکشند)، سر پهلوانان ایرانی را می‌بایستی با خود ببرند، که شناخته می‌شود و سبکتر نیز هست «تن بی‌سران» نیز نادرست است: «تن بی‌سر» یا: «تن‌های بی‌سر» «سرِ بی‌تن».

۱۲ - فرمان پیشین، آن بود که شب‌وروز بر پشت زین باشید و تاختن کنید!!

۱۳ - اگر کیخسرو چهار روز دیگر به پشت سپاه ایران میرسد، گودرز را چرا باید جنگ آغازیدن؟ آنهم نبردی که چندین ترس آغاز میشود! ‌ ‌ ۱۴ - آمدن کیخسرو سرشگ از مژگان نمی‌چکاند!

۱۵ - لت دویم ناهموار است. پیوند چگونه باشد؟ سخن چنانست که [گستهم پذیرفت دختر گودرز را بزنی گیرد!!!]

پس از جنگ پیشین که آمد شکست / که توران بران درد بودند پست[1]
خروشان پدر بر پسر روی زرد / برادر ز خون برادر به درد[2]
همه سربسر سوکوار و نژند / دژم گشته از گشتِ چرخ بلند
چو پیران چنان دید لشگر همه / چو از گرگ درنده خسته رمه[3]
سران را ز لشگر سراسر بخواند / فراوان سخن پیش ایشان براند[4]
چنین گفت کـ:«ای کاردیده گوان / همه سودهٔ رزم پیر و جوان[5]
شما را به نزدیک افراسیاب / چه مایه بزرگیّ و جاه است و آب
به پیروزی و فرّهی کام‌تان / به گیتی پراکنده شد نام‌تان[6]
به یک رزم کآمد شما را شکست / کشیدید یکسر ز پیکار دست[7]
بدانید یکسر کزین رزمگاه / اگر بازگردد به‌سستی سپاه
پس اندر ز ایران دلاور سران / بیایند با گرزهای گران
یکی را ز ما زنده اندر جهان / نبیند کس از مهتران و کهان[8]
برون کرد باید ز دل‌ها نهیب / گزیدن مر این غمگنان را شکیب[9]
چنین داستان زد شه موبدان / که پیروز یزدان بود جاودان[10]
جهان سربسر با فراز و نشیب / چنین است تا رفتن اندر نهیب[11]
کنون از بر و بوم و فرزند خویش / که اندیشد از جان و پیوند خویش[12]
همان لشگر است این که از جنگ ما / بپیچید و بس کرد آهنگ ما[13]
بدین رزمگه بست باید میان / به کینه شدن پیش ایرانیان[14]
چنین کرد گودرز پیمان که من / سران برگزینم ازین انجمن[15]
یکایک به روی اندر آریم روی / دو لشگر برآساید از گفت‌وگوی[16]

---

۱ - **یک:** شکست بکدام سپاه آمد؟ **دو:** لت دویم روشن میکند که شکست بر سپاه توران بوده‌است، اما سخن نادرخور است.

۲ - در سخنان پیشین سخنی از کشته شدن یکی از پهلوانان توران نیامده‌بود که اکنون همگان را سوگوار می‌نمایانند!

۳ - سخن بی‌پیوند است.

۴ - پیش‌ازآن سران را نزد خویش فرا خوانده‌بود.

۵ - جوانان نامبرده در لت دویم، را نمیتوان «کاردیده» شمردن.

۶ - آنانکه در سخن پیشین همانند رمه‌ای بودند که از یورش گرگ خسته شده‌بودند، پس چگونه از پیروزی و فرهی آنان یاد می‌شود؟

۷ - کدامیک از آنان از پیکار دست کشیدند؟ در رج‌های پیشین چنین آمده‌بود که: «چو روی زمین شد برنگ آبنوس» هردو سپاه از یکدیگر جدا شدند!

۸ - لت دویم «نبیند زنده» نادرست است.: «زنده نگذارند».

۹ - لت دویم بی‌گزارش است، چه‌کس گزینند؟ خودشان؟ یا دیگری؟

۱۰ - شه موبدان کیست؟

۱۱ - لت نخست پایان ندارد. لت دویم نیز بی‌گزارش است.

۱۲ - لت نخست از گفتار تورانیان بافراسیاب برگرفته شده‌است: «ز بهر بر و بوم و پیوند خویش».

۱۳ - آهنگ «بس کردنی» نیست.

۱۴ - در رزمگه همه بسته میان بودند و افزاینده خواسته‌است بگوید «بدین رزم»!

۱۵ - پیمان با گودرز از هردو روی بود، نه تنها ازسوی پیران!

۱۶ - **یک:** یکایک؛ ناگهان باشد: «یکی با دگر». **دو:** لت دویم را نیز پیوندِ «تا» باید.

۱۰۲ کیخسرو

گر ایدونکه پیمان بجای آورید		سران را ز لشگر به پای آورید[۱]
اُگر همگروه اندر آید به جنگ		نباید کشیدن ز پیکار چنگ[۲]
اگر سر همه سوی خنجر بریم		به روزی بزادیم و روزی مُریم[۳]
اُگرنه سران‌شان برآرم به دار		دو رویه بود گردش روزگار[۴]
اگر سر بپیچد کس از گفتِ من		بفرمایمش سر بریدن ز تن»[۵]
گرفتند گردان به پاسخ شتاب		که: «ای پهلوان رد افراسیاب
تو از دیرگه باز با گنج خویش		گزیده‌ستی از بهر ما رنج خویش[۶]
میان بسته بر پیش ما چون رهی		پسر با برادر به کشتن دهی[۷]
چرا سر بپیچیم ما خود کی‌ایم		چنین بندهٔ شه ز بهر چی‌ایم»[۸]
بگفتند و ز پیش برخاستند		به پیکار یکسر بیاراستند[۹]
همه شب همی ساختند این سخن		که افکند سالار بیدار بن[۱۰]
به شبگیر آوای شیپور و نای		ز پرده برآمد به هر دو سرای[۱۱]
نشستند بر زین سپیده‌دمان		همه نامداران ببازو کمان[۱۲]
که از نعل اسپان تو گفتی زمین		بپوشد همی چادر آهنین؛[۱۳]
⇐ سپهبد به لهّاک و فرشیدورد		چنین گفت ک:«ای نامداران مرد
شما را نگهبان توران سپاه		همی بود باید بدین رزمگاه
یکی دیده‌بان بر سر کوهسار		نگهبان روز و ستاره‌شمار[۱۴]
گر ایدونکه ما را ز گردان سپهر		بد آید ببرد ز ما پاک مهر
شما جنگ راکس مسازید زود		به توران شتابید برسان دود[۱۵]

---

۱ – سران را از کدام لشگر؟ لشگر ایران!		۲ – همگروه را «آیند» باید، نه «آید».

۳ – **یک:** سر سوی خنجر بردن نیز به ریشخند مانَد! **دو:** میان لت دویم با لت نخست پیوند نیست، مُریم را نیز با بَریم پساوا نیست.

۴ – این رج را هیچ گزارش نیست. سر، بدار «برآوردنی» نیست «بدار کشیدنی» است، سرِ کدام گروه را بدار برکشد؟ اگر ایرانیان را شکست پیش آید که در میدان می‌میرند و نیاز بدار کشیدن آنان نیست! و اگر تورانیان راشکست آید، چه‌کس بر جای میماند که‌سر ایرانیان را بدار برکشد؟		۵ – سپهسالار را شایسته نیست چنین سخنان گفتن و روانِ سرداران خویش را آزردن.

۶ – این دو رج بسیار زیبا سروده شده‌است، اما پیوسته بداستان است.

۷ – پیران، هیچگاه رهیِ آنان نبوده، و همواره سالارشان بوده‌است، و لت دویم نیز بی‌پیوند است.		۸ – سخن سست می‌نماید.

۹ – آنان در میدان جنگ بودند، نه در پرده‌سرای، که ازپیش پیران برخیزند.

۱۰ – سخن ساختنی نیست «گفتنی» است. لت دویم را نیز پیوند درست نیست. گفتارها نیز در روز جنگ، رانده شده‌بود.

۱۱ – از پرده درست نیست: «از هردو پرده‌سرای».

۱۲ – کمان را در تیردان می‌نهند که گرفتن آن، یکی از دست‌ها را بیکار می‌کند.

۱۳ – «که» در آغاز این رج پیوندی نادرست است.		۱۴ – سخن پایان ندارد.

۱۵ – **یک:** شما جنگ راکس مسازید، نادرست است. **دو:** جنگ «ساختنی» نیست، کردنی است. **سه:** «شما» را «کس» نمی‌باید!

کزین تخمهٔ ویسگان بس نماند   همه کشته شد جز شما کس نماند[۱]
گرفتند مر یکدگر را کنار   بدرد جگر بر گرستند زار[۲]
برفتند و بس روی برکاشتند   غریویدن و بانگ برداشتند[۳]

رسیدن گودرز و پیران بیکدیگر

پراز کینه سالارِ تورانسپاه   خروشان بیامد بآوردگاه
چو گودرزِ کشوادگان را بدید   سخن گفت بسیار و، پاسخ شنید
بدو گفت که:«ای پر خرد پهلوان   برنج اندرون، چند؟ پیچی روان!
روان سیاوخش را زان چه؟ سود   که از شهر توران برآری تو دود!
بدان گیتی، او، جای نیکان گزید   نگیری تو؟ آرام، کاو آرمید!
دو لشگر چنین پاک با یکدگر   فکنده چو پیلان ز تن، دور، سر[۴]
سپاه دو کشور همه شد تباه   گه آمد، که برداری این کینه‌گاه!
جهان سربسر پاک بی‌مرد گشت   بر این کینه پیکار ما سرد گشت[۵]
ور ایدونکه هستی چنین کینه‌دار   ازآن کوهپایه، سپاه اندر آر[۶]
تو از لشکر خویش بیرون خرام   مگر خود برآیدت زین کینه، کام
بتنها من و تو برین دشتِ کین   بگردیم و کین‌آوران همچنین
ز ما هر که او هست پیروزبخت   رسد خود بکام و، نشیند بتخت[۷]
اگر من بدست تو گردم تباه   نجویید کینه، ز توران سپاه
به پیش تو آیند و فرمان کنند   بپیمان روان را گروگان کنند[۸]
اُگر تو شوی کشته بر دست من   کسی را نیازارم از انجمن
مرا با سپاه تو پیکار نیست   بر ایشان ز من نیز، تیمار نیست»

---

۱ – همه راکشته «شدند» می‌باید.   ۲ –برگریستند، نادرست است: «گریستند».

۳ – **یک:** برفتند؟ یا روی برگرداندند؟ **دو:** دور است از دو پهلوان توران که همانند دخترکان با بانگ بلند بگریند!، و در میدان جنگ باز پس بنگرند!

۴ – سخن را پیوند درست نیست. سرِ پیل نیز از پیکر جدا نمی‌شود از آنجاکه پیل راگردن نیست و این رج میان رج‌های پیشین و پسین جدایی می‌افکند.   ۵ – سخن نادرست است زیرا هم آنان که رودرروی یکدیگر ایستاده‌اند، مرداند، و هنوز نکرده‌اند.

٦ – پیمان به نبرد تن‌بتن بسته‌بودند، نه جنگ همگروه!   ۷ – پهلوانان پس‌از پیروزی بتخت نمی‌نشینند!

۸ – سپاه پیران را فرمان بردن از گودرز چه سود است، پیران می‌خواهد که سپاهش بتوران بازگردند.

چو گودرز گفتار پیران شنید — از اختر همی بخت وارونه دید[۱]
نخست آفرین کرد بر کردگار — دگر یاد کرد از شه نامدار[۲]
به پیران چنین گفت ک:«ای نامور — شنیدیم گفتار تو سربسر»
ز خون سیاوش به افراسیاب — چه سودست از داد سر بر متاب[۳]
که چون گوسفندانش ببرید سر — پر از خون دل از درد خسته جگر[۴]
ازان‌پس برآورد ز ایران خروش — زبس‌کشتن و غارت و جنگ و جوش[۵]
سیاوش بسوگند تو* سر بداد — تو دادی بخیره، مر او را بباد
ازانپس که نزد تو فرزند من — بیامد، کشیدی سر از پند من
بتابیدی و جنگ را ساختی — بکردار آتش همی تاختی
مرا خواهش از کردگار جهان — برین‌گونه بود آشکار و نهان
که روزی تو پیش من آیی بجنگ — کنون کامدی، نیست جای درنگ!
به پیران‌سر، اکنون بآوردگاه — بگردیم یک با دگر بی‌سپاه»
سپهدار توران برآراست کار — ز لشگر گزید آن زمان ده سوار[۶]
ابا اسپ و ساز و سلیح تمام — همه شیرمرد و همه نیکنام[۷]
همان گه ز ایران سپه پهلوان — بخواند آن زمان ده سوار جوان[۸]
برون تاختند از میان سپاه — برفتند یکسر بآوردگاه
که دیدارِ دیده، بر ایشان نبود — دو سالار زین‌گونه رزم آزمود[۹]
ابا هر سواری ز ایرانسپاه — ز توران یکی شد ورا رزمخواه[۱۰]
نهادند پس گیو را با گروی — که همزور بودند و پرخاشجوی[۱۱]
گروی زره کز میان سپاه — سراسر بر او بود نفرین شاه[۱۲]
که بگرفت ریش سیاوش به دست — سرش را برید از تن پاک پست[۱۳]

---

۱ – نه چنین است و نه اختر دیده می‌شد، و نه بخت وارونه بود که آن نبرد بسود ایرانیان بود.

۲ – اگر بخت را وارونه دیده‌بود آفرین بر کردگار و یادکرد از شاه، را جای نبود.

۳ – سود «است» نادرست است: «چه سود بود». ۴ – دنبالهٔ گفتار. ۵ – ایرانیان از توران خروش برآوردند!

* – دوباره بجای پیمان، از سوگند یاد می‌شود. ٦ – آنزمان نادرست است.

۷ – **یک:** پیدا است که پهلوانان بی‌اسپ و جنگ‌افزار بآوردگاه نمی‌روند! **دو:** لت دویم نیز پیوند درست ندارد.

۸ – آنزمان نادرست است، و سواران ایران نیز پهلوان بودند و جوان نبودند.

۹ – سخن بی‌پیوند و ناهموار. آزمود در لت دویم نادرخور است: «آزمودند».

۱۰ – پیمان چنین بود، و دوباره گفتن ندارد.

۱۱ – **یک:** گیو را با گروی «نهادند» درست نیست «روبرو کردند» «هماورد کردند»... **دو:** از کجا پیدا بود که آنان همزوراند؟ **سه:** بیگمان هرکس به میدان نبرد می‌رود پرخاشجوی هست. ۱۲ – نام گروی را دوباره آوردن شایستهٔ سخن نیست.

۱۳ – «که» در آغاز این رج با «که» در آغاز لت دویم دو رج پیش ناساز است.

پیمان نبرد پهلوانان ۱۰۵

دگر با فریبرز کاووس تفت   چو کلباد ویسه به آورد رفت[1]
چو رهّام گودرز با بارمان   برفتند یک با دگر بدگمان[2]
گرازه بشد با سیامک به جنگ   چو شیر ژیان با دمنده نهنگ[3]
چو گرگین کاآزموده سوار   که با اندریمان کند کارزار[4]
ابا بیژن گیو رویین گرد   به جنگ از جهان روشنایی ببرد[5]
چو اوخواست با زنگهٔ شاوران   دگر برته با کهرم از یاوران[6]
چو دیگر فروهل بُد و زنگله   برون تاختند از میان گله[7]
هجیر و سپهرم بکردار شیر   بدان رزمگاه اندر آمد دلیر[8]
چو گودرز کشواد و پیران بهم   همه ساخته دل به درد و ستم[9]
میان بسته هر دو سپهبد به کین   چه از پادشاهی چه از بهر دین[10]
بخوردند سوگند، یک؛ با دگر   که کس برنگردانَد از کینه سر؛
بدان، تا که‌را؟ گردد، امروز، کار*   که؟ پیروز برگردد از کارزار!
دو بالا بُد اندر دو روی● سپاه   که شایست کردن بهرسو نگاه
یکی سوی ایران دگر سوی تور   که دیدار بودی بلشکر ز دور
به پیش اندرون بود هامون و دشت   که، تازنده، شایست؛ بر وی گذشت[11]
سپهداز گودرز کرد، آن، نشان!   که هر کاو ز گردان و گردنکشان؛
بزیر آورد دشمنش را، ز تور؛   درفشش برآرد، به بالا، ز دور
سپهداز پیران نشانه نهاد   ببالای دیگر همین کرد یاد
ازانپس بهامون نهادند سر   بخون ریختن، بسته گُردان کمر
به تیغ و به گرز و به تیر و کمند   همی آزمودند هرگونه بند[12]
دلیرانِ تورانِ گنداوران   ابا گرز و تیغ و پرنداوران[13]

---

۱ – چو... در آغاز لت دویم نادرست است.   ۲ – چو... در این رج همچنین.   ۳ – دنبالهٔ سخن.
۴ – چو...
۵ – پس رویین پیروز می‌نماید، باز آنکه هنوز نبرد آغاز نشده‌است و چون نبرد آغاز نشده‌است چگونه بجنگ از هوا روشنایی ببرد!
٦ – چو... یاوران در پایان لت دویم تنها برای پساوا آمده‌است.
۷ – چو... «بُد» در لت نخست برای دوکس نادرست است.   ۸ – دوکس را «آمدند» باید!
۹ – چو...
۱۰ – دین ایرانیان و تورانیان در آنزمان یکی بود، و آن کیش مهر بود. و تورانیان ازبرای کیش با ایرانیان جنگ و کین نداشتند.
* – بخت، از که برگردد، یا چه کسی در کارزار شکست خورَد.
● – نمونه‌ها چنین آورده‌اند، اما پیدا است که «اندرمیان» درست است. میان دو سپاه، که ایرانیان و تورانیان آنرا می‌دیدند.
۱۱ – پیش اندرون.   ۱۲ – هنوز نبردشان آغاز نشده‌است که «آزمودند» بیاید.
۱۳ – **یک**: تورانِ گندآوران نادرست است: «توران گندآور». **دو**: پرندآور، همان تیغ است و دوباره یاد کردن آن در یک سخن درست نیست.

۱۰۶ کیخسرو

که گر کوه پیش آمدی روز جنگ نبودی بدان رزم کردن درنگ[۱]
همه دست‌هاشان فروماند پست در زور یزدان بر ایشان ببست[۲]
به دام بلا اندر آویختند که بسیار بیداد خون ریختند[۳]
فرومانده اسپان جنگی به جای تو گفتی که با دست بسته‌ست پای[۴]
بر ایشان همه راستی شد نگون که برگشت روز و بجوشید خون[۵]
چنان خواست یزدان جان‌آفرین که گفتی گرفت آن گوان را زمین[۶]
ز مردی که بودند با بخت خویش برآویختند از پی تخت خویش[۷]
سران از پی پادشاهی به جنگ بدادند جان از پی نام و ننگ[۸]
دمان آمدند اندر آوردگاه ابا یکدگر ساخته کینه‌خواه

رزم فریبرز با کلباد ویسه

نخستین؛ فریبرز، نیوِ دلیر ز لشگر برون تاخت برسانِ شیر
بنزدیک کلبادِ ویسه، دمان بیامد بزه بر، نهاده کمان[۹]
همی گشت و تیرش نیامد چو خواست کشید آن پرندآور از دست راست[۱۰]
برآورد و زد تیغ بر گردنش به دو نیم شد تا کمرگه، تنش![۱۱]
فرود آمد از اسپ و بگشاد بند ز فتراکِ خویش آن کیانی کمند[۱۲]
ببست از بر باره کلباد را گشاد از برش بندِ پولاد را[۱۳]
ببالا برآمد به پیروز نام خروشی برآورد و بگزارد گام[۱۴]

---

۱ - پیوند «که» در آغاز این رج نادرست است. لت دویم نیز کنش نادرست دارد: «نبودشان در آن رزم».
۲ - **یک:** سخن باژگونه. **دو:** زور را «در» نباشد.   ۳ - **یک:** هنوز نبردها آغاز نشده‌است. **دو:** لت دویم نیز بی‌پیوند است.
۴ - چنین نیست و هنوز نبرد آغاز نشده‌است.
۵ - **یک:** راستی را با نبرد پیوند نیست، که بسا راستان جهان در نبرد میان راست و دروغ ازمیان رفته‌اند. **دو:** لت دویم نیز گویا نیست.
۶ - هنوز نبرد آغاز نشده‌است!
۷ - لت نخست بی‌گزارش است. لت دویم نیز همچنین. پهلوانان که از تخت برخوردار نبودند!
۸ - **یک:** افزاینده «تخت» رج پیشین را اینجا گزارش خواهد کردن! **دو:** از پی نادرست است: «ازبرای». **سه:** از پی پادشاهی؟ یا از پی نام‌وننگ؟   ۹ - کلباد، نامی ساختگی است و پیش‌ازاین بررسیدیم.
۱۰ - **یک:** لت نخست راگزارش نیست. **دو:** «آن» پرندآور نادرست است. **سه:** شمشیر را ازسوی چپ از نیام بیرون می‌کشند.
۱۱ - دوباره نام تیغ را آوردن، سخن را سست میکند.
۱۲ - بند را از کجا برگشاد؟ لت دویم گزارش میکند که از فتراکِ خود، باز آنکه، کمند را گشادن خواهد!
۱۳ - بند پولادین که از برِ او گشود، چه بوده‌است.
۱۴ - چون خروش برآورده‌بود، و گام نیز گزارده‌بود، این رج را پیوند درست با داستان نیست.

که: سالار ما باد پیروزگر — همه دشمنِ شاه، خسته جگر!

رزم گیو
با
گروی زره

⇐ دودیگر* گروی زره دیو نیو — برون رفت با پورِ گودرز، گیو
بنیزه فراوان برآویختند — همی● خاک○ با خون برآمیختند
سناندار[1] نیزه ز جنگ سوار — فروریخت از هول آن کارزار
کمان برگرفتند و تیر خدنگ — ببردند، از روی خورشید؛ رنگ■
همی زنده بایست مر گیو را — کز اسپ اندر آرد گوِ نیو را[2]
چنان بسته در پیش خسرو برد — ز ترکان یکی هدیهٔ نو برد[3]
چو گیو اندر آمد، گروی از نهیب — کمان شد ز دستش بسوی نشیب
سوی تیغ برد آن زمان دست خویش — دمان، گیوِ نیو، اندر آمد به پیش[4]
عمودی بزد بر سر ترگ اوی — که خون اندر آمد ز تارک به روی[5]
همیدون ز زین، دست بگزاردش — گرفتش ببر سخت و بفشاردش
که بر پشت زین، مَرد، بی‌توش گشت — ز اسپ اندر افتاد و بیهوش گشت
فرود آمد از باره، جنگی پلنگ — دو دست از پس پشت بستش چو سنگ
نشست از برِ زین و او را به پیش — دوانید و شد تا برِ یار خویش[6]
ببالا برآمد درفشی بدست — به نئره، همی کوه را کرد پست
به پیروزی شاه ایرانزمین — همی خواند بر پهلوان آفرین

* – ازآنجاکه رزم نخستین افزوده بود، «دودیگر» در این رزم نادرست می‌نماید و «نخستین» می‌باید، دیگر آنکه در آن نبرد «گیو» پیشرو بود، و همو بود که ازسوی گودرز سپهسالار با بزرگان ایران برای گفت‌وگو با پیران فرستاده شد.

● – در همهٔ نمونه‌ها همی آمده‌است. اما باکنش لتِ نخست همخوان نیست، و «همه» درست می‌نماید.

○ – باز در همهٔ نمونه‌ها زهر آمده‌است، و در شاهنامهٔ سپاهان «خاک» درست‌تر می‌نماید.

■ – همهٔ نمونه‌ها «یک اندر دگر تاخته چون پلنگ» که کنش شایسته ندارد. لت یادشده از شاهنامهٔ سپاهان است.

۱ – سناندار کجا بود؟

۲ – سخن در آغاز چنین می‌نماید که «گیو را زنده بایستی از اسب بزیر فرو کشیدن» باز آنکه باژگونه است و گروی را زنده می‌بایستی گرفتن.

۳ – تورانیان ترک نبودند، و نام «گروی زره» نیز خود را نشان میدهد!

۴ – آنزمان نادرست است.

۵ – عمود را در سخن فردوسی راه نیست.

۶ – گروی بیهوش و بی‌توش شده را چسان ازپسِ اسب دوانید؟ افزاینده را رای بر آنست که گروی زره را زنده بنزد کیخسرو رسانَد! تا بدست وی کشته شود! یار گیو که بود؟

رزم گرازه
با
سیامک

سدیگر*، سیامک، ز تورانسپاه … بشد با گرازه بآوردگاه
برفتند، نیزه گرفته بدست؛ … خروشان بکردار پیلان مست[1]
پر از جنگ و پر خشم کینه‌وران … گرفتند زان پس عمود گران[2]
چو شیران جنگی برآشوفتند … همی بر سر یکدگر کوفتند
زبانشان شد از تشنگی لخت‌لخت … بتنگی فراز آمد آن کار سخت
پیاده شدند و برآویختند … یکی گرد کینه برانگیختند●
گرازه بزد دست برسان شیر … مر او را چو باد اندر آورد زیر
چنان سخت زد بر زمین، کاستخوانْش … شکست و برآمد ز تن نیز جانْش
گرازه هم آنگه ببستش بر اسپ … نشست از بر زین چو آذرگشسپ[3]
گرفت آنگه اسپ سیامک بدست … ببالا برآمد بکردار مست
درفش خجسته، بدست اندرون … گرازان و شادان و دشمن نگون
خروشان و جوشان و نعره‌زنان … ابر پهلوان آفرین برکنان[4]

رزم فروهِل با زنگله

چهارم فروهل بُد و زنگله … دو جنگی بکردار شیر یله[5]
به ایران نبرده بتیر و کمان … نبُد چون فروهل، دگر، بیگمان[6]

---

* – این شمار نیز نادرست است، و «دودیگر» باید.

۱ – برفتند، با بشد در رج پیشین یکی است.

۲ – **یک:** لت نخست سست است. **دو:** «نیزه» نیز به «عمود» برگشت!

● – در همهٔ نمونه‌ها؛ «همی گردِ کینه»، نمونهٔ س: یکی گرد کینه: چنین می‌نماید که این درست بوده باشد، زیرا کینه از پیش بوده‌است.

۳ – **یک:** دوباره نام گرازه را آوردن درست نیست. **دو:** کسیرا که استخوان‌هایش شکسته است چرا می‌باید دست بستن؟

۴ – لت دویم سست است.

۵ – کنش: «بُد» = بود برای دوکس نادرخور است.

۶ – **یک:** نبرده به تیر و کمان نادرست است: «تیراندازی چون او نبود. **دو:** فروهل کیست؟ که همین یکبار نام وی می‌آید، و دیگر هیچگاه در شاهنامه از وی یاد نشده‌است؟ **سه:** فروهل = فروگذار نامی ایرانی نیست. زنگله نیز چنین است و هیچگاه نامش نیامده‌است.

چو از دور ترک دژم را بدید — کمان را به زه کرد و اندر کشید[۱]
برآورد زان تیرهای خدنگ — گرفته کمان رفت پیشش به جنگ[۲]
ابر زنگله تیرباران گرفت — ز هر سو کمین سواران گرفت[۳]
خدنگی بران وی برآمد چو باد — که بگذشت، بر مرد و بر اسپ، شاد[۴]
بروی اندر آمد تکاور ز درد — جدا شد از او زنگله، روی زرد[۵]
نگون شد سر زنگله جان بداد — همانا که جز از روز بد را نزاد[۶]
فروهل فروجست و ببرید سر — برون کرد خفتان رومی ز بر[۷]
سرش را به فتراک زین بر ببست — بیامد گرفت اسپ او را به دست[۸]
ببالا برآمد بسان پلنگ — بخون غرقه گشته، بر و تیغ و چنگ
درفش خجسته برآورد راست — شده شادمان، یافته، هر چه خواست
خروشید زانپس که: «پیروز باد — سر خسروان، شاهِ فرخ نژاد»

رزم رهام گودرز
با
بارمان ویسه

به پنجم چو رهام گودرز بود — که با بارمانش نبرد آزمود[۹]
کمان برگرفتند و تیر خدنگ — برآمد خروش سواران جنگ
کمان‌ها همه پاک بر هم شکست — سوی نیزه بردند چون باد، دست
دو جنگیِ و هر دو دلیر و سوار — هشیوار و دیده بسی کارزار[۱۰]

---

۱ – تورانیان ترک نبوده‌اند.

۲ – سخن بی‌گزارش است. از آن تیرهای راست چگونه باشد؟ برای تیراندازی یک تیر بسنده است آنهم برای کسیکه در سخن پیشین از وی با پاژنام نبرده تیرانداز ایرانی یاد می‌شود.

۳ – دو سوار بیش نبودند. کمین سواران چه باشد؟

۴ – خدنگ، شاد نمی‌شود.

۵ – چون بر بنیاد رج پیشین، ران وی بر بر اسب دوخته شده‌بود چگونه از اسب جدا شد؟

۶ – **یک:** بدین زودی از یک تیر که بر ران کسی خورده باشد مرگ نمیرسد. **دو:** «نگون اندر آمد» نیز نادرست است: «نگون شد».

۷ – **یک:** فرو جَست نادرست است: «برجست». **دو:** ببرید سر نیز درست نیست: «سرش را» ایرانیان باستان، سخت، از تنِ درگذشته دوری میکردند، و نزدیک شدن بمرده را ناروا و دور از آیین میدانستند! **سه:** روم هنوز در جهان پدیدار نشده‌بود. **چهار:** خفتان رومی نیز نادرست است: «خفتان رومی او را». **پنج:** خفتان را از سر و گردن جدا می‌کنند، نه از تن.

۸ – **یک:** سر بریده را بر فتراک زین بستن همانست که ایرانیان از آن دوری میکردند. **دو:** اسب را بدست نمی‌گیرند، «لگام اسب را بدست میگیرند».

۹ – **یک:** به پنجم نادرست است. **دو:** «چو» نیز درست نیست.

۱۰ – این رج میان رج‌های پیشین و پسین جدایی می‌افکند.

بگشتند بسیار یک با دگر ‌ ‌ ‌ ‌ بپیچید رهّام پرخاشخر
یکی نیزه انداخت بر ران اوی ‌ ‌ ‌ ‌ کز اسپ اندر آمد ز بالا بروی
جدا شد ز باره هم آنگاه ترک ‌ ‌ ‌ ‌ ز اسپ اندر افتاد ترک سترک[1]
به پشت اندرش نیزه‌ای زد دگر ‌ ‌ ‌ ‌ سنان اندر آمد میان جگر
فرود آمد از باره کرد آفرین ‌ ‌ ‌ ‌ ز دادار بر بخت شاه زمین[2]
به کین سیاوش کشیدش نگون ‌ ‌ ‌ ‌ ز کینه بمالید بر روی خون[3]
به‌زین‌اندر آهخت و بستش چوسنگ ‌ ‌ ‌ ‌ سر آویخته پای‌ها زیر تنگ[4]
نشست از بر زین و اسپش کشان ‌ ‌ ‌ ‌ بیامد دوان تا به جای نشان[5]
ببالا برآمد شده شاد دل ‌ ‌ ‌ ‌ ز درد و غمان* گشته آزاد دل
به پیروزی شاه و تخت بلند ‌ ‌ ‌ ‌ بکام آمده زیر بخت بلند[6]
همی آفرین خواند سالار شاه ‌ ‌ ‌ ‌ ابر شاه کیخسرو و تاج و گاه[7]
که: پیروزگر شاه، پیروز باد ‌ ‌ ‌ ‌ همه روزگارانش نوروز باد[8]

رزم بیژن با رویین پیران

ششم بیژن گیو و رویین، دمان ‌ ‌ ‌ ‌ به زه برنهادند هر دو کمان[9]
چپ و راست گشتند، هر دو بهم ‌ ‌ ‌ ‌ چو شیر ژیان و چو پیل دژم[10]
به رومی عمود آنگهی پور گیو ‌ ‌ ‌ ‌ همی گشت با گرد رویین نیو[11]
بر آوردگه بر، بر او دست یافت ‌ ‌ ‌ ‌ زمین را بدرّید و اندر شتافت[12]
بزد بر سر و ترگ رویین، ستون ‌ ‌ ‌ ‌ فرو ریخت از ترگ او مغز و خون[13]

---

۱ – تورانیان ترک نبوده‌اند، و دو بار نام ترک را بردن در یک سخن نادرست است.

۲ – ازسوی خداوند نمی‌تواند آفرین بشاه خوانَد.

۳ – «کشیدش نگون» روشن نیست. لت دویم یاد کردن از «کینه» دو بار در سخن ناروا است، نیز نشان نمی‌دهد که خون چه‌کس بر روی چه‌کس مالیده شد!

۴ – «آهیختن» بیرون کشیدن است، و افزاینده همین اندازه زبان فارسی را نمیداند. لت دویُم پایان ندارد.

۵ – اگر بر زین نشست، چرا باید، «دوان» آمدن؟

* – **«ز درد و ز غم»** درست می‌نماید.

٦ – بکام آمده نادرست است «بکام رسید» «رسیده بکام». بخت بلند اگر بزیر آید، خود نشان از تیره‌بختی است.

۷ – **یک:** همی نادرست است. **دو:** سالار شاه کجا بود که آفرین خوانَد.

۸ – دو بار کاربرد پیروز در یک سخن!

۹ – کمان را پیش‌از نبرد بزه میکردند.

۱۰ – رزم آنان باگشتن بچپ‌وراست همراه بود، و تیراندازی، گشتن نمی‌خواهد.

۱۱ – عمود؟ روم؟ آنگهی؟ همی؟

۱۲ – اگر، او دست یافت، نزدیکِ وی بوده‌است، و بایسته نمیٔنمود که زمین را بدراند و پیش برود.

۱۳ – فردوسی هیچگاه بجای گرز «ستون» بکار نگرفته‌است که ترجمهٔ عمود تازی باشد، مگر در یکی از افزوده‌های پیشین که از ستون سیمین یاد کرده‌بودند.

به زین پلنگ اندرون جان بداد ز پیران ویسه بسی کرد یاد[1]
پس؛ از پشت باره در آمد نگون همه تن پر آهن دهن پر ز خون[2]
ز اسپ اندر آمد سبک بیژنا مر او را بکردار آهرمنا[3]
کمند اندر افکند و بر زین کشید نبُد کس که تیمار رویین کشید[4]
برفت از پیِ سود، مایه بباد هنوز از جوانیش نابوده شاد[5]
بر اسپش بکردار پیلی ببست گرفت آنگهی پالهنگش به دست[6]
عنان هیون تکاور بتافت اُزان جایگه، سوی بالا شتافت
بچنگ اندرون شیر پیکر درفش میان دیبه و رنگ خورده بنفش[7]
چنین است کار جهان فریب پس هر فرازی نهاده نشیب[8]
اُزان جایگه شد به جای نشان بنزدیک آن نامور سرکشان[9]
همی گفت: «پیروزگر باد، شاه همیشه سر پهلوان با کلاه[10]
جهان پیش شاه جهان بنده باد همیشه دل پهلوان باد شاد»[11]

رزم هجیر
با
سپهرُم

برون تاخت هفتم ز گردان، هجیر یکی نامداری سواری هژیر[12]
سپهرم ز خویشان افراسیاب یکی نامور بود با جاه و آب[13]

*

۱ – پس‌از جان دادن، یاد کردن از پیران نادرست است، زیرا که زخم اگر کارآی باشد بیدرنگ او را می‌کشد!
۲ – نگون را با «در آمد» نمیتوان آوردن: «نگون گشت».
۳ – بیژنا، آهرمنا!
۴ – **یک:** «مر او را کمند اندر افکند» آمیزه‌ای نادرست است. **دو:** «کشید» در پایان لت دویم نیز نادرست است: «کشد».
۵ – لت دویم را سستی همراه است، زیرا که بیگمان پیش‌از آهنگ جنگ از شادی نیز برخوردار بوده‌است.
٦ – **یک:** آنگهی. **دو:** پالهنگ به رویین بازمیگردد، نه به اسب. تافتن عنان = عنان برتافتن. بهنگام برگشتن یاگریز انجام می‌شود، و وی را نه رای گریز بود، میخواست بلشگرگاه رود.
۷ – رنگ خورده بنفش چه باشد؟
۸ – ایرانیان جهان را فریبکار نمی‌دانستند.
۹ – سرکشان در جای نشان، نبودند، در لشگرگاه بودند.
۱۰ – **یک:** «همی» گفت نادرست است. **دو:** لت دویم نیز سست است و سر پهلوان با خود، زیبنده‌تر می‌نماید.
۱۱ – دوباره‌گویی است.
۱۲ – مگر سپهرُم از گردان نبود که تنها از هجیر با پاژنام گرد یاد می‌شود افزاینده گردان را به جای ایران پیشنهاده است.
۱۳ – با رج پیشین پیوند ندارد: «هماورد او» «همنبرد او» «همرزم او».

ابا پور گودرز رزم آزمود　　که چون او به لشکر سواری نبود[1]
⇐ برفتند هردو بجای نبرد　　برآمد ز آوردگه، تیره گرد
بشمشیر هردو برآویختند　　همی زآهن، آتش فرو ریختند
هجیر دلاور بکردار شیر　　بروی سپهرم درآمد دلیر
بنام جهان‌آفرین کردگار　　به بخت جهاندار با شهریار[2]
یکی تیغ زد بر سر ترگ اوی　　که آمد هم‌اندرزمان مرگ اوی
در افتاد ز اسپش هم آنگه نگون　　به زاری و خواری دهن پر ز خون[3]
فرود آمد از باره فرخ هجیر　　مر او را ببست از بر زین چو شیر[4]
نشست از بر اسپ و آن اسپ اوی　　گرفته عنان و درآورده روی[5]
برآمد ببالا و کرد آفرین　　برآن اختر نیک و فرّخ زمین
همی زور و بخت ازجهاندار دید　　اُزان گردش بخت بیدار دید[6]

رزم زنگهٔ شاوران با اَخواست*

بهشتم ز گردان ناماوران　　بشد ساخته، زنگهٔ شاوران[7]
که همرزمش از بخت، اَخواست بود　　که از جنگ هرگز، نه برکاست بود[8]
گرفتند هر دو عمود گران　　چو اوخواست با زنگهٔ شاوران[9]
بگشتند ز اندازه بیرون، بجنگ　　ز بس کوفتن، گشت پیکار، تنگ[10]
فروماند اسپان جنگی ز تگ　　که گفتی به تنشان نجنبید رگ![11]

۱ – لت دویم نادرست است، زیرا که از او سواران برتر در سپاه ایران بودند.
۲ – لت دویم سست می‌نماید. نمونه‌های دیگر: به بختِ جهانجوی، نو شهریار... جهاندار ما شهریار، جهاندار نو شهریار، پسانگه بنام شه و شهریار، همه نادرخوراند.
۳ – همانگه در این رج با اندرزمان در رج پیش ناهمخوان است.
۴ – شیر؛ به «او» بازمیگردد که همانا سپهرم باشد.
۵ – آن اسپ نادرست است: «اسپ او» «درآورده روی» را نیز گزارش نیست.
۶ – زور و بخت را از جهاندار دید یا از گردش بخت بیدار.
* – اخواست؛ «ناخواست» و ناخواسته‌است، و هیچ ایرانی، یا تورانی، چنین نام را بر فرزند خویش نمی‌نهد.
۷ – «بهشتم» نادرست است. نیز «گردان» را «نام‌آور» می‌باید.
۸ – **یک:** اَخواست نیز نامی است که هیچگاه در شاهنامه از آن یاد نشده‌است، و پسان نیز در هیچیک از نبرده‌ها دیده نخواهد شد! **دو:** «هرگز» باکنش «بود» همراه نمی‌شود. هرگز در جنگ شکست «نخورده» بود.
۹ – **یک:** عمود بگفتار فردوسی راه ندارد. **دو:** «چو» در لت دویم نادرخور است.
۱۰ – از اندازه بیرون نادرست است: «بیش‌از اندازه».
۱۱ – **یک:** فروماند نادرست است «فروماندند». **دو:** گفتی! **سه:** نجنبید نادرست است: نمی جُنبد.

پیمان نبرد پهلوانان ۱۱۳

چو خورشید تابان ز گنبد بگشت / بکردار آهن، بتفسید دشت؛[1]
چنان تشنه گشتند کز جای خویش / نجنبید و ننهاد کس، پای، پیش[2]
زبان برگشادند یک با دگر / که اکنون ز گرمی بسوزد جگر[3]
بباید برآسود و دم بر زدن / پسانگه، سوی جنگ بازآمدن[4]
برفتند و اسپان جنگی بجای / فراز آوریدند و بستند پای[5]
به آسودگی باز برخاستند / به پیکار کینه بیاراستند[6]
بکردار آتش ز نیزه سوار / همی گشت بر مرکز کارزار[7]
بدانگه که زنگه بر او دست یافت / سنان سوی او کرد و اندر شتافت[8]
یکی نیزه زد بر کمرگاه اوی / کز اسپش نگون کرد و بر زد بروی[9]
چو رعد خروشان یکی ویله کرد / که گفتی بدرّید دشت نبرد[10]
فرود آمد از باره شد نزد اوی / بران خاک تفته کشیدش به روی[11]
مر او را به چاره ز روی زمین / نگون اندر افکند بر پشت زین[12]
نشست از بر اسپ و بالا گرفت / به ترکان چه آمد ز بخت ای شگفت[13]
بران کوه فرخ برآمد ز پست / یکی گرگ پیکر درفشی بدست[14]
بشد پیش یاران و کرد آفرین / ابر شاه و بر پهلوان زمین[15]

---

۱ – بکردار آهن بتفسید نادرست است زیرا که چون خورشید از گُنبد بگشت، دشت بکردارِ آهن «تفسیده» گشت!، زیرا که آهن خودبخود سرد است نه گرم.

۲ – **یک:** در آوردگاه کسی جایی برای خویش ندارد، و همواره آنان را چرخش و گردش بایسته است. **دو:** ننهاد «کس» نادرست است. **سه:** «نجنبیدند» و «ننهادند».

۳ – زبان برگشادن، دشنام دادن است. باز آنکه آنان بیکدیگر پیشنهاد کردند.

۴ – «دم بر زدن» را «(بر) آسود(ن)» باید، و دوباره‌گویی است. آسودن نیز با پیشوند «بر» نادرست است زیرا که بر جنبش بسوی بالا را میرساند: «بیاسودن».

۵ – **یک:** «برفتند» در لت نخست، با باز «آوریدند»، همخوان نیست. **دو:** بازآوریدن نیز نادرست است: «باز آوردند».

٦ – کینه آراستنی نیست، اما پیکار را توان آراستن.

۷ – **یک:** نیزه سوار چه باشد؟ **دو:** اگر نیزه از سوار جدا باشد، کدامیک از سواران بکردار آتش می‌گشت؟

۸ – چگونه پیش‌از «سوی او سنان کردن و شتافتن» بدو دست یافت؟ سنان را «راست» کردن باید، نه؛ کردن!

۹ – نیزه چون بکمرگاه هماورد بخورَد، بر پشت بزمینش می‌افکند!

۱۰ – سخن زیبا است، اما پیوسته بداستان است.

۱۱ – دنبالهٔ گفتار.

۱۲ – از روی زمین نمیتوان بر پشت اسپ افکندن، که بایستی او را ببالاکشند «اندر» افکند نیز نادرست است.

۱۳ – **یک:** بالاگرفت را روی نیست: «بسوی بالا رفت». **دو:** تورانیان ترک نبوده‌اند.

۱۴ – ز پست نادرست است: «از هامون» یا «از دشت».

۱۵ – پیوسته بگفتار.

رزم گرگین میلاد با اندریمان

برون رفت گرگین نهم کینه‌خواه	ابا اندریمان ز توران سپاه ۱
جهاندیده و کارکرده دو مرد	برفتند و جستند جای نبرد ۲
بنیزه بگشتند و بشکست پست	کمان برگرفتند هر دو، بدست ۳
ببارید تیر از کمان سران	به روی اندر آورده کرگ اسپران ۴
همی تیر بارید همچون تگرگ	بران اسپر کرگ ۵ و بر خود و ترگ
یکی تیر، گرگین بزد بر سپَرش	که با ترگ و با کرگ ۶ بر دوخت سَرش ۷
بلرزید بر زین ز سختی سوار	یکی تیر دیگر بزد نامدار ۸
هم آنگاه ترک اندر آمد نگون	ز چشمش برون آمد از درد خون ۹
فرود آمد از باره گرگین چو گرد	سرِ اندریمان ز تن دور کرد ۱۰
به فتراک بر بست و خود برنشست	نوند سوار نبرده به دست ۱۱
بران تند بالا برآمد دمان	همیدون ببازو، بزه بر، کمان ۱۲
به نیروی یزدان که او بد پناه	به پیروز بخت جهاندار شاه ۱۳
چو پیروز برگشت مرد از نبرد	درفش دل افروز بر پای کرد ۱۴

---

۱ - یک: شماره‌ها از سدیگر بدینسوی همه افزوده بودند، و برخی پهلوانان نیز نام آشنا نداشتند. **دو:** چنانکه دیگر هیچگاه، نام اندریمان در داستانها نمی‌آید.   **۲ -** «دو مرد» نادرخور است، زیرا که در رج پیشین از آندو یاد شده‌بود.

۳ - یک: بشکست پست کاستی دارد، نیزه‌هاشان شکست. **دو:** لت دویم نیز پیوند بایسته ندارد. «پس» کمان برگرفتند.

۴ - یک: آنان سران سپاه نبودند! **دو:** اسپر، هیچگاه بجای «سپر» نیامده‌است. **سه:** کرگ اسپر آمیزه‌ای نادرست: سپر کرگ (= کرگدن). **چهار:** یکبار دیگر نیز چنین گفتار آمده‌بود. آنانکه با دو دست تیراندازی میکردند، چگونه می‌توانستند که با دستی، سپر بر سر گیرند؟   **۵ -** همان سخن ناراست، باگفتاری نادرخور.

۶ - کرگ: کرگدن، سپر از پوست کرگدن سپر نیز هیچگاه بگونه «اسپر» نیامده‌است.

۷ - یک: سخن در لت دویم واژونه آمده‌است، «سپر را با سر بهم دوخت». **دو:** بر دوختن نیز نادرست است: «دوخت». اما چگونه نیزه‌ای که بر پوست کرگدن هماوردش می‌خورد، توانِ آنرا داشته باشد که آنرا سوراخ کرده، از کلاه‌خود او بگذرد، و سر و کلاه‌خود و سپر کرگدن را هر سه بهم بدوزد؟ این یک گزافه گویی بیمانند است! نیزه و تیر را توانِ گذر از پوست کرگدن نیست، تا آنجا که امروز نیز تیر (فشنگ) بر پوست آن جانور نمی‌رود و برای شکار آن، تیر را بدهان یا چشمان او می‌زنند!

۸ - یک: چون تیر با سپر، بر سر کسی بدوزد، جای لرزش او نیست که مرگش در دم فراز می‌آید. **دو:** و به تیر دیگرش نیز نیاز نیست.

۹ - یک: تورانیان ترک نبوده‌اند. **دو:** از درد، خون آمد؟ یا از زخم تیر؟   **۱۰ -** سر بریدن نادرخور در فرهنگ ایرانی.

۱۱ - از «سوار نبرده» پس از کشته شدنش یاد نشاید کردن.   **۱۲ -** دنبالهٔ گفتار.

۱۳ - سخن کمبود دارد! گرگین را نیز شایستی سخنی گفتن و آنرا بنیروی یزدان پیوند دادن.

۱۴ - درفش را بر پای کردن، کوبیدن دستهٔ درفش باشد بزمین، درفش سواران «برافراشته» می‌شود.

رزم بِرتَه با کهرُم

دهم، بِرته با کهرمِ تیغزن — دو خونیْ و هر دو سرِ انجمن [1]
همی آزمودند هرگونه جنگ — گرفتند پس تیغ هندی بچنگ [2]
درفش همایون به دست اندرون — تو گفتی بجنبد گه بیستون [3]
یکایک بپیچید ازو برته روی — یکی تیغ زد بر سر ترگ اوی [4]
که تا سینه، کهرم، بدو نیم گشت — ز دشمن دل برته بی‌بیم گشت [5]
فرود آمد از اسپ و او را ببست — بران زین توزیْ و خود برنشست [6]
برآمد ببالا چو شرزه پلنگ — خروشان یکی تیغ هندی بچنگ [7]
درفش همایون بدست اندرون — فکنده بران باره کهرم نگون [8]
همی گفت: «شاه است پیروزگر — همیشه کلاهش بخورشید بر» [9]

رزم گودرز کشواد، با پیران ویسه
و
کشته شدن پیران

چو از روز نُه ساعت اندر گذشت — ز ترکان نبُد کس بر آن پهن‌دشت [10]
روانها گسسته ز تنشان بتیغ — جهانرا تو گفتی نیامد دریغ [11]
کسی را کجا پروراند به ناز — برآید بر او روزگار دراز [12]
شبیخون کند گاه شادی بر اوی — همی خواری و سختی آرد به روی [13]

---

۱ – **یک:** نام برته و کهرم نیز همین یکبار در شاهنامه آمده‌است. **دو:** پهلوان را «خونی» نشاید نامیدن. خونیان، مردمکشان‌اند.
۲ – تیغ پس‌از نیزه کاربرد دارد، نه پس‌از هرگونه جنگ!
۳ – **یک:** چگونه شاید جنگیان را که بهنگام نبرد، درفشی نیز در دست داشته باشند؟ **دو:** تو گفتی... **سه:** درفش را بکوه همانند نشاید کردن.
۴ – چون برته روی برگرداند، چگونه از پشت سرِ خود تیغ بر ترگ دشمن زد؟
۵ – بدو نیم گشت نادرست است، زیرا که تا چیزی یا کسی بر دو پاره نشود نمیتوان از دو نیم شدن آن یاد کردن!: «تا سینهٔ کهرم را بدرید».
۶ – «آن» در لت دویم نادرخور است: «بر زین...».
۷ – **یک:** نویسندگان همواره از شیر شرزه یاد میکنند نه از پلنگ شرزه. **دو:** سوار پیروز را چرا بایستی تیغ در دست داشتن؟
۸ – **یک:** و در دست دیگرش درفش همایون باشد؟ **دو:** درفش همای از آنِ زنگه شاوران بوده‌است. **سه:** بر کدام باره؟ سخن را «را» باید: «کهرم را».
۹ – لت دویم پیوندِ درست ندارد: «کلاهش بخورشید رساد»... «کلاهش بر فراز باد»...
۱۰ – ترک!
۱۱ – **یک:** همهٔ آنان باشمشیر کشته نشده‌بودند. **دو:** تو گفتی.
۱۲ – دنبالهٔ گفتار.
۱۳ – «به روی» کاستی دارد: «بروی او».

ز بـــاد انــدر آرد دهـــدمان بـــه دم   هـــمی داد خـــوانـیم و پـــیدا ستم[1]
بـه تـورانـیان بـر، بُـد آن جـنگ، شوم   بآوردگـــه کـــردن آهـنگ، شــوم[2]
چـنان شـد کـه پـیران ز تـورانسپاه   ســواری نــدید انــدر آوردگـــاه
ســـپهدار ایـــران و تـــوران، دُژم   فـــراز آمـدند، انـدر آن کـین، بـهم
هـــمی بـــرنوشتند هـــر دو زمـین   هـــمه دل پـر از درد و سـر پـر ز کـین[3]
بـــه آوردگـــاهِ ســـواران ز گَـــرد   فـــروماند خـــورشیدِ روز نـــبرد
بـــتیغ و بـــخنجر بگـــرز و کـمند   ز هـــر گـــونه‌ای بـــرنهادند* بـند
فـــراز آمـــد آن گـــردش ایـزدی   از ایـــران بـــتوران رسـید آن بـــدی[4]
ابـــا خـــواستِ یـــزدانش چـاره نـماند   کـــجا کـــوشش و زور و بـــاره نـماند[5]
نگـــه کـــرد پـیران کـه هـنگام چیست   بـــدانست کـــان گـــردش ایـــزدیست[6]
ولیکـــن بـــه‌مردی هـــمی کـــرد کـار   بکـــوشید بـــا گـــردش روزگـــار[7]
ازانـــپس کـــمان بـــرگرفتند و تـــیر   دو ســـالار لشکـــر، دو هشـیار پـیر
یکـــی تـــیرباران بکـــردند ســـخت   چـــو بـــاد خـزان بـــرجـهد بـر درخت[8]
نگـــه کـــرد گـــودرز، تـــیری خـــدنگ   کـــه آهـــن نـــتابد مـــر او را نـــه سنگ
بـــه بـــرگستوان بـــر زد و، بـــردرید   تکـــاور بـــلرزید و دَم درکشـــید
بـــیفتاد و پـــیران درآمـــد بـــزیر   بـــغلتید زیـــرش ســـوار دلیـــر
بـــدانست کآمـــد زمـــانه فـــراز   اُ زان روزِ تـــیره، نـــیابد جـــواز!
ز نـــیروش، دو نـــیم شـــد دست راست   هـم آنگـه بگـردید و، بـرپای خـاست[9]
ز گـــودرز بگـــریخت و شـــد سوی کـوه   غـــمین شـد، ز درد انـدر آمـد سـتوه[10]

۱ – **یک:** سخن از او بود و به «ما» برگشت! **دو:** «همی داد خوانیم» نادرست است: «چنین کار را داد می‌خوانیم».

۲ – لت دویم را پیوند درست نیست! «آهنگِ آوردِشان شوم بود».

۳ – «همی بر نوشتند هردو زمین» با گفتار رج پیشین فراز آمدند، **همخوان** نیست.

* – «برنهادن» از دیدگاه دستورزبان فارسی نادرست است، زیراکه «ن» آغازین «نهادن» در پهلوی و اوستا «نی» بوده‌است که بگونهٔ پیشوند برای کنشی که روی بپایین دارد، کاربرد دارد، همچون نیهوفتن (= نهفتن) نیهاتن (= نهادن)، نی‌شستن (= نشستن)! و چون چنین است، پیشوند «بر» را که روی ببالا دارد، نشاید همراه آن آوردن... چنانکه کسی گوید «ببالا فروافتاد»! اما این رج در همهٔ نمونه‌ها چنین آمده‌است و اندیشه رهنمون می‌شود که سخن فردوسی چنین بوده‌است: **«ز هرگونه‌ای آزمودند، بند»** اما بتنهایی «بر آن بر، نهادند» پیمان بستند، درست است و نیز «به سر بر، نهادند» و نیز «بنه برنهادن» زیراکه بنه را بر پشت اشتران می‌نهادند.

۴ – تا پایان نبرد گودرز و پیران، نمیتوان چنین داوری کرد.

۵ – «خواستِ» آهنگ سخن را بر هم میریزد.

٦ – هنوز پیران راکوشش و زور و اسب هست!

۷ – «همی‌کرد» در لت نخست، با «بکوشید» در لت دویم **همخوان** نیست.

۸ – سخن وارونه است: «چون برگ درخت که باد خزان بر آن بوزد!»

۹ – دست پیران نیمه نشد، زیراکه در آینده خنجر بسوی گودرز می‌افکند!

۱۰ – «بگریخت و» آهنگ سخن را درهم میریزد! در لت دویم نیز «غمین شد ز» را پیوند «و» بایسته است که آن نیز آهنگ سخن را بهم میریزد.

رزم‌گودرز و پیران ۱۱۷

همی شد بدان کوهسر بر، دوان ـــ که زو بازگردد مگر پهلوان
نگه کرد گودرز و، بگریست زار ـــ بترسید از گردش روزگار
بدانست که‌ش نیست؛ با کس، وفا ـــ میان بسته دارد ز بهر جفا
فغان کرد ک:«ای نامور پهلوان ـــ چه؟ بودت که گشتی، پیاده، دوان
بکردار نخچیر، در پیش من! ـــ کجات؟ آن سپاه! ای سرِ انجمن!
نیامد ز لشگر ترا یار کس! ـــ اُز ایشان نبینمْتْ فریادرس [1]
کجات؟ آن همه زور و مردانگی ـــ سلیح و دل و گنج و فرزانگی
ستونِ گوان! پشتِ افراسیاب! ـــ کنون شاه را تیره گشت آفتاب!
زمانه ز تو پاک، برکاشت روی ـــ نه هنگام کین است، چاره بجوی [2]
چو کارت چنین گشت، زنهار، خواه ـــ بدان، تات، زنده برم نزد شاه
ببخشاید از دل همی بر تو بر ـــ که هستی جهان پهلوان سربسر» [3]

*

بدو گفت پیران که: «این خوَد مباد! ـــ بفرجام، بر من، چنین بد مباد!
که زین پس مرا زندگانی بود ـــ به زنهار رفتن گمانی بود [4]
خود اندر جهان مرگ را زاده‌ایم ـــ بدین کار گردن ترا داده‌ایم [5]
شنیده‌ستم این داستان از مهان ـــ که هرچند باشی به خرّم جهان
سرانجام مرگ است و زان چاره نیست ـــ به من بر بدین جای پیغاره نیست» [6]
همی گشت گودرز بر گرد کوه ـــ نبودش بدو راه و، آمد ستوه [7]
پیاده ببود و سپر برگرفت ـــ چو نخچیرگانان گُه اندر گرفت [8]
گرفته سپر پیش و ژوپین به دست ـــ به بالا نهاده سر از جای پست [9]
همی دید پیران مر او را ز دور ـــ بجست از برِ سنگ، سالار تور [10]
بینداخت خنجر بکردار تیر ـــ درآمد ببازویِ سالار پیر
چو گودرز شد خسته بر دست اوی ـــ ز کینه، بخشم اندر آورد روی
بینداخت ژوپین، بپیران رسید ـــ زره بر برش، سربسر، بردرید

---

۱ – پیمان بجنگ تن‌بتن بود، و نمی‌بایستی کسی بیاری وی می‌آمد!
۲ – لت دویم نادرست است، زیرا پیران که از گودرز میگریزد کین نمی‌ورزد!
۳ – **یک:** ببخشاید از دل نادرست است. **دو:** «تا» در آغاز این رج، آنرا به رج پیشین پیوند میداد. **سه:** پیران، پهلوان سراسر جهان نبود، این پاژنام تنها از آنِ رستم بود.
۴ – «گمانی» در لت دویم نادرخور است.
۵ – بدین کار گردن به جهان دادن، درست است نه به گودرز.
۶ – داستانی است که کهان نیز می‌دانند.
۷ – اگر گودرز را راه بکوه نبود، پیران چگونه بر آن بر شد؟
۸ – اینجا، راه بر گودرز باز شد!
۹ – دوبار از سپر نام بردن درست نیست.
۱۰ – سخن را پیوند درست، همراه نیست.

۱۱۸ کیخسرو

برآمدش خون جگر بر دهان ... روانش برآمد هم اندر زمان[1]
چو شیر ژیان اندر آمد بسر! ... بنالید با داورِ دادگر
بر آن کوهسر بر، زمانی تپید ... پس؛ از کین و آوردگه، آرمید!
زمانه بزهر آب داده است چنگ ... بدرّد دل شیر و چرم پلنگ[2]
چنین است خود، گردش روزگار ... نگیرد همی پند آموزگار[3]
چو گودرز، بر شد برآن کوهسار ... بدیدش بر آن گونه افکنده خوار
دریده دل و دست و بر خاک سر ... شکسته سلیح و گسسته کمر[4]
چنین گفت گودرز ک:«ای نرّه شیر ... سرِ پهلوانان و گُردِ دلیر
جهان چون من و چون تو بسیار دید ... نخواهد همی با کسی آرمید»
چو گودرز دیدش چنان مرده خوار ... به خاک و به خون بر، تپیده بزار[5]
فروبرد چنگال و خون برگرفت ... بخورد و بیالود روی ای شگفت[6]
ز خون سیاوش خروشید زار ... نیایش همی کرد بر کردگار[7]
ز هفتاد خون گرامی پسر ... بنالید با داور دادگر[8]
سرش را همی خواست از تن برید ... چنان بدکُنش خویشتن را ندید!
درفشی ببالینْش، بر پای کرد ... سرش را بدان سایه در، جای کرد
سوی لشکر خویش بنهاد روی ... چکان خون، ز بازوش، چون آب جوی
همه کینه‌جویان پرخاشجوی ... ز بالا بلشگر نهادند روی[9]
ابا کشتگان بسته بر پشت زین ... بر ایشان سرآورده پرخاش و کین[10]
چو با کینه‌جویان نبُد پهلوان ... خروشی برآمد ز پیر و جوان[11]
که گودرز بر دست پیران مگر! ... به پیری بخون، اندر آورد، سر[12]
همی زار بگریست لشکر همه ... ز نادیدن پهلوان رمه[13]

---

۱ – سخن درست، در رج پسین می‌آید. ۲ – چنگ را بزهر، آب نمی‌دهند، که تیغ و خنجر و ژوپین را...
۳ – کدام آموزگار از چرخ برتر؟!
۴ – دست او دریده نشده‌بود. کمروی نیز نگسسته‌بود و جنگ افزارش نیز شکسته نبود.
۵ – **یک:** پس‌از گفتار مهربانانه، دید که مرده‌است؟ **دو:** و پس‌از مرگ در خاک تپیده‌است؟
٦ – با چنان گفتار مهربانانه سزاوار است که افزایندگان، گودرز پهلوان را خونخوار بنمایانند؟
۷ – خروش و نیایش با دست خونین؟ در ایران باستان چون دست کسی بمرده می‌رسید می‌بایستی از یک هنگامِ «نه شبانروزه» پاکیزگی (که نُشوِه نام گرفت) بگذرد، تا بتواند، نیایش خداوند کند! ۸ – سخن سست است.
۹ – جُستن کدام کینه؟ همه که پیروز شده‌بودند. ۱۰ – چنین نبود و یکی دو جا در افزوده‌ها کشتگان را بسته نمایاندند.
۱۱ – باز سخن از کینه جویان می‌رود!
۱۲ – در لت نخست بر دست پیران آمده‌است، و در لت دویم کننده (فاعل) گودرز است. سر بخون اندر آوردن، خود چگونه است: «پیرانه سر، کشته شد». ۱۳ – سخن نادرست: «لشگریان زار می‌گریستند».

کشته شدن پیران ۱۱۹

درفشی پدید آمد از تیره گرد — گرازان و تازان از دشت نبرد[1]
برآمد ز لشکرگه آوای کوس — همی گرد بر آسمان داد بوس[2]
بزرگان بر پهلوان آمدند — پراز خنده و شادمان آمدند
چنین گفت لشکر مگر پهلوان — ازو باز گردید تیره‌روان[3]
که پیران یکی شیردل مرد بود — همه ساله جویای آورد بود[4]
چنین یاد کرد آن زمان پهلوان — سپرده بدو گوش پیر و جوان[5]
به انگشت بنمود جای نبرد — بگفت آنکه با او زمانه چه کرد[6]
به رهّام فرمود تا برنشست — به آوردن او میان را ببست[7]
بدو گفت: «او را به زین بر ببند — بیاور چنان تازنان بر نوند[8]
درفش و سلیحش چنان هم که هست — به درع و میانش مبر هیچ دست»[9]
بران گونه چون پهلوان کرد یاد — برون تاخت رهّام چون تندباد[10]
کشید از بر اسپ روشن تنش — به خون اندرون غرقه بُد جوشنش[11]
چنان هم ببستش به خمّ کمند — فرود آوریدش ز کوه بلند[12]
درفشش چو از جایگاه نشان — بدیدند گردان گردنکشان[13]
همه خواندند آفرین سربسر — اَبَر پهلوان زمین دربه‌در[14]
که: «ای نامور پشت ایران سپاه — پرستندهٔ تخت تو باد ماه[15]
فدای سپه کرده‌ای جان و تن — به پیروی زمان روزگار کهن»[16]
چنین گفت گودرز با مهتران — که: «چون رزم ما گشت زین سان گران[17]

---

۱ – پیوند باید: «درمیان‌گریستن... درفشی پدید آمد». ۲ – لشگریان ایستاده چگونه گَرد بر آسمان فرستادند؟
۳ – اکنونکه گودرز را می‌بینند چرا می‌بایستی چنین گفتار را بر زبان رانند. لشگر گفت نیز نادرست است: لشگریان گفتند.
۴ – این سخن را بگفتار پیشین پیوند نیست. ۵ – از «یادکرد» سخنی بمیان نیامد چه یادکرد؟
٦ – پس‌از سپرده گوش و بانگشت نمودن، سخن پیش می‌آید؟ نخست می‌بایستی داستان نبرد را گفتن و پس بانگشت جای آنرا نشان دادن!... و اگر گودرز می‌توانست با انگشت جای نبرد «آوردگاه» را نشان دهد، چگونه لشگریان ایران، ویرا که از آنجا می‌آمد، ندیده‌بودند؟ ۷ – پس‌از برنشستن، میان بستن درست نمی‌نماید.
۸ – «چنان تازنان»، درست نمی‌نماید.
۹ – لت دویم پیوند ندارد: «درفش و جنگ‌افزارش (را) همچنان که هست با او بیاورد...» چگونه شاید که پیکر او را بیاورند، و بمیان او دست نزنند؟ ۱۰ – رفتن را پهلوان یاد نکرده‌بود که چگونه باشد!
۱۱ – تنش بخون غرقه نبود؟ و تنها جوشنش خونین می‌نمود؟ ۱۲ – همچنان، بجای چنان هم.
۱۳ – رهام را که برای آوردن پیکر پیران رفته‌بود، درفش بردنش بچه کار می‌آمد؟
۱۴ – دربه‌در (باب‌به‌باب تازی، بخش‌به‌بخش) را چه روی باشد؟
۱۵ – چنین سخنان را اگر بشاهان می‌گفتند، گزافه‌ای سخت می‌نمود!
١٦ – لت دویم راگزارش نباشد، شاهنامه فلورانس چنین آورده‌است: به پیروزی و روزگار شکن... اگر روزگار شکن (=شکست) آید. پیروزی را نیز، روزگار باید! ۱۷ – زینسان گران نادرخور است: «که چون ما در رزم پیروز شدیم».

۱۲۰ کیخسرو

مرا در دل آید که افراسیاب ❊ سپه بگذراند بدین روی آب![1]
سپاه وی آسوده از رنج و تاب ❊ بمانده سپاهم چنین در شتاب[2]
ولیکن چنین دارم امید من ❊ که آید جهاندار خورشید من[3]
بیفروزد این رزمگه را به فر ❊ بیارد سپاهی به نو کینه‌ور[4]
یکی هوشمندی فرستاده‌ام ❊ بسی شاه را پندها داده‌ام[5]
که گر شاه ترکان بیارد سپاه ❊ نداریم پای اندرین کینه گاه[6]
گمانم چنان است کاو با سپاه ❊ به یاری بیاید بدین رزمگاه[7]
مر این کشتگان را بر این دشت کین ❊ چنین هم بدارید بر پشت زین[8]
کزین کشتگان جان ما بی‌غم است ❊ روان سیاوخش زین خرّم است[9]
اگر هم چنین نزد شاه آوریم ❊ شود شاد و زین، پایگاه آوریم[10]
که آشوب ترکان و ایرانیان ❊ ازین بد کجاکم شد اندر میان»[11]
همه یکسره خواندند آفرین ❊ که: «بی‌تو مبادا زمان و زمین[12]
همه سودمندی ز گفتار تست ❊ خور و ماه روشن به دیدار تست[13]
برفتند با کشتگان همچنان ❊ گروی زره را پیاده دوان[14]
چو نزدیک بنگاه و لشکر شدند ❊ پذیره‌ی سپهبد سپاه آمدند[15]
به پیش سپه بود گستهم شیر ❊ بیامد بر پهلوان دلیر[16]
زمین را ببوسید و کرد آفرین ❊ «سپاهت بی‌آزار» گفتا: «ببین[17]
چنان چون سپردی سپردم بهم» ❊ درین بود گودرز با گستهم[18]

---

۱ – مرا در دل آید نابجا است: «گمان می‌کنم».

۲ – لت دویم را پیوند درست با لت نخست نیست. و سپاه ایران نیز در جای خود بود و شتابی نداشت.

۳ – **یک:** لت دویم ناسزاوار است. **دو:** «اُمّید، من» را با «خورشیدِ من» پساوا نباشد.

۴ – بفرّ خویش باید. لت دویم نو کینه‌ور نیز نادرست است. **۵** – بسی – پندها نادرست است: پند داده‌ام.

۶ – افراسیاب ترک نبوده‌است. **۷** – پیشتر همین سخن را گفته‌بود.

۸ – آنجا که سخن می‌گفتند، دشت کین نبود، لشگرگاه ایران بود.

۹ – سخن نادرخور است. «کزین» در لت نخست با «زین» در لت دویم همخوان نیست.

۱۰ – **یک:** سخن کاستی دارد: «اگر این (کشتگان) را چنین...». **دو:** زین = از این در این رج نیز بدنبال زین و کزین رج پیشین آمده‌است و بازگویی است.

۱۱ – تورانیان ترک نبوده‌اند. **دو:** لت دویم را گزارش نیست. افزاینده خواسته‌است بگوید آشوب ازمیان ایرانیان.

۱۲ – دنباله سخن. **۱۳** – گزافه. **۱۴** – لت دویم پایان ندارد.

۱۵ – **یک:** «بنگاه» در شهر بود، نه در لشگرگاه. **دو:** مگر تاکنون در لشگرگاه نبوده‌اند؟! بارها از لشگر (=لشگریان)، سربسر چنین گفت لشگر... سخن رفته‌بود! و اگر آن پهلوانان در لشگرگاه نبودند، در کجا بودند؟ لت دویم نیز سخت نادرخور است: سپاهیان به پذیرهٔ سپهبد آمدند. **۱۶** – جایگاه گستهم در سخن نابجا است: «گستهم به پیش سپاه بود».

۱۷ – لت دویم نادرخور است: «بنگر که بر سپاهت آزار نرسیده‌است».

۱۸ – سخن، نادرست‌تر از آنست که گفتار خواهد، این سه رج در شاهنامه مسکو، و چند نمونهٔ دیگر آمده‌است (بنگرید به خالقی مطلق ←

که اندر زمان از لب دیده‌بان　　به گوش آمد از کوه ریبد فغان[1]

که از گرد شد دشت چون تیره شب　　شگفتی برآمد ز هر سو جلب

خروشیدن کوس با کرّنای　　بجنباند آن دشت گویی ز جای[2]

یکی تخت پیروزه بر پشت پیل　　درفشان بکردار دریای نیل[3]

هوا شد بسان پرند بنفش　　ز تابیدنِ کاویانی درفش[4]

درفشی به بالای سرو سهی　　پدید آمد از دور با فرّهی[5]

به گردش سواران جوشنوران　　زمین شد بنفش از کران تا کران[6]

پسِ هر درفشی درفشی بپای　　چه از اژدها و چه پیکر همای[7]

اگر همچنین تیزرانی کنند　　به یک روز دیگر بدین جا رسند[8]

ز کوه کنابد همان دیده‌بان　　بدید آن شگفتی و آمد دوان[9]

چنین گفت: «اگر چشم من تیره نیست　　وز اندوه دیدار من خیره نیست[10]

ز ترکان برآورد ایزد دمار　　همه رنجشان سربسر گشت خوار[11]

سپاه اندر آمد ز بالا به پست　　خروشان و هر یک درفشی به دست[12]

درفش سپهدار توران نگون　　همی بینم از پیش غرقه به خون[13]

همان دَه دلاور کز ایدر برفت　　ابا گرد پیران به آورد تفت[14]

همی بینم از دورشان سرنگون　　فکنده بر اسپان و تن پر ز خون[15]

دلیران ایران گرازان بهم　　رسیدند یکسر برِ گستهم[16]

← ۴-۱۳۴).

۱ - **یک:** فغان درست نیست: خروش. **دو:** خروش را از لب بر نمی‌آورند. لب بکار گفتار می‌آید.

۲ - لت دویم بی‌گزارش است.

۳ - تخت را بدریا مانند کردن، بریشخند مانَد.

۴ - **یک:** سه رج پیشتر زمین چون «تیره شب» شده‌بود، و اکنون به «پرند بنفش» گردید. **دو:** افزاینده فراموش کرده‌است که درفش کاویان همراه با سپاه بود نه همراه با شاه.

۵ - درفش را فرهی نیست. و بسان سرو نیز نیست.

۶ - **یک:** «سوارانِ جوشنور» درست است. **دو:** باز زمین بنفش شد!!

۷ - **یک:** درفشی بپای درست نیست: «درفشی دیگر پدیدار می‌شود». **دو:** چه از اژدها و چه پیکر همای نادرست است... افزاینده فراموش کرده‌بود که درفش همای ازآنِ زنگهٔ شاوران، و درفش اژدها ازآنِ رستم است.

۸ - پیشتر؛ از تیزرانی(؟) سخن نیامده بود که اکنون بگویند «اگر همچنین»! و تیزرانی، خود آمیزه‌ای نادرست است.

۹ - کوه کناوت جایگاه سپاه توران بود، و دیده‌بان تورانی داشت و آن دیده‌بان بکجا آمد؟

۱۰ - «اگر» با «نیست» همخوان نباشد. «اگر چشم من تیره (نباشد)».

۱۱ - لت دویم «خوار» را بجای «آسان» نیاورده است. رنجشان خوار گشت در زبان فارسی برابر است با «رنجشان آسان شد».

۱۲ - از بالا به پست چه باشد؟ سپاهیان در دشت می‌آیند، و اگر تپه‌ای ماهوری درمیان باشد که از بالا به پست روند، زود باشد که از پست نیز ببالا شوند!

۱۳ - افزاینده خواسته‌است بگوید که از هم اکنون (ازپیش) درفش سپهدار توران را سرنگون و غرقه بخون می‌بینم، و این درست نیست، زیرا که آنان را توان پاره کردن و ازمیان بردن هست، اما درفش را خون نیست که چون پاره شود خونین گردد.

۱۴ - دَه دلاور را «برفتند» باید.

۱۵ - دور نیستند! افزاینده آنانرا به سپاه ایران آورده‌است.

۱۶ - آنان بهمراه گودرز پیشتر بنزدیک گستهم آمده‌بودند.

۱۲۲ کیخسرو

اُزان سوی زیبد یکی تیره گرد — پدید آمد و دشت شد لاژورد[1]
میان سپه کاویانی درفش — به پیش اندرون تیغ‌های بنفش[2]
درفش شهنشاه با بوق و کوس — پدید آمد و شد زمین آبنوس[3]

*

⇐ برفتند لهّاک و فرشیدورد — بدان دیده‌گه بر، ز دشتِ نبرد
بدیدند کشته به دیدار خویش — سپهبد، برادر، جهاندار خویش[4]
ابا ده سوار از گزیده‌سران — ز ترکان دلیران جنگاوران[5]
برآن دیده بر، زار و جوشان شدند — ز خون برادر خروشان شدند
همی زار گفتند ک:«ای نرّه شیر — سپهدارِ پیران، سوار دلیر؛
چه بایست آن رادی و راستی؟ — چو رفتن ز گیتی چنین خواستی!
کنون کام دشمن برآمد همه — ببَد بر تو، گیتی؛ سرآمد همه
که؟ جوید کنون در جهان کین تو — که؟ گیرد کنون راه و آیین تو
ازین شهر توران و افراسیاب — بد آمد سرانجامت ای نیک یاب[6]
بباید بریدن سرِ خویش، پست! — بخون‌غرقه کردن بر و یال و دست»[7]
چو اندرز پیران نهادند پیش — نرفتند بر خیره گفتارِ خویش[8]
ز گودرز چون خواست پیران نبرد — چنین گفت با گُردِ فرشیدورد
که: «گر من شوم کشته بر کینه گاه — شما کس مباشید پیش سپاه
اگر کشته گردم برین دشت کین — شود تنگ بر نامداران زمین[9]
نه از تخمهٔ ویسه ماند کسی — که اندر سرش مغز باشد بسی[10]
که بر کینه گه چونکه ما را کُشند — چو سرهای ما سوی ایران کَشند[11]
ز گودرز، خواهد سپه، زینهار — شما خویشتن را مدارید خوار
همه راه سوی بیابان برید — مگر کز بدِ دشمنان جان برید»[12]
بلشکرگه خویش رفتند باز — همه دیده پر خون و دل پر گداز

---

۱ - هوا تیره می‌شود. ۲ - از کاویانی درفش نیز یاد شده‌بود.
۳ - درفش و بوق و کوس، زمین را برنگ آبنوس در نمی‌آوَرد.
۴ - **یک:** «دیدار» در زبان فارسی «چهره» باشد: «ببالا و دیدار، چون مادر است»، و افزاینده آنرا بجای «چشم» و «دیده» آورده‌است. **دو:** لت دویم نیز نادرخور است... پیران جهاندار نبود و سردار بود. ۵ - تورانیان ترک نبوده‌اند.
۶ - **یک:** توران نزدیک نیست که با «این» یاد کرده شود. **دو:** نیک‌یاب راگزارش نیست.
۷ - سر خویش را، کس نتواند برید. ۸ - اندرز پیران، نوشته نشده‌بود که آنرا پیش بنهند.
۹ - از کشته شدن در رج پیشین یاد شده‌بود. ۱۰ - پس همان لهاک و فرشیدورد از تخمهٔ کینند؟ لت دویم به ریشخند ماند!
۱۱ - «چو» در آغاز لت دویم نادرخور است. «کُشند» را نیز با «کَشند» پساوا نیست.
۱۲ - چون از دشمن زینهار بخواهند، «بدی دشمن» در این رج نابجا است.

بازگشتن تورانیان

بدانست لشگر سراسر همه که شد بی‌شبان آن گرازان رمه[1]
همه سربسر زار و گریان شدند چو بر آتش تیز بریان شدند
بنزدیک لهّاک و فرشیدورد برفتند با دل پراز بادِ سرد
که: «اکنون چه؟ سازیم زین رزمگاه چو شد پهلوان! پشت تورانسپاه!»
چنین گفت هرکس؛ که: «پیرانِ گُرد جزاز نام نیکو؛ ز گیهان نبرد
که را دل دهد نیز بستن کمر ز آهن کله برنهادن بسر»[2]
چنین گفت لهّاک و فرشیدورد که: «از خواست یزدان کرانه که کرد[3]
چنین راند بر سر؛ ورا، روزگار که بر کینه کشته شود زار و خوار
به شمشیر کرده جدا سر ز تن نیابد همی کشته گور و کفن[4]
به هر جای کشته کشان دشمنش پر از خون سر و درع و خسته تنش[5]
کنون بودنی بود و، پیران گذشت همه کار و کردار او باد گشت[6]
ستون سپه بود تا زنده بود به مهر سپه جانش آگنده بود[7]
سپه را ز دشمن نگهدار بود پسر با برادر برش خوار بود[8]
بدان گیتی افتاد نیک و بدش هماناکه نیک است با ایزدش[9]
بس از لشکر خویش تیمار خورد ز گودرز پیمان ستد در نبرد[10]
که: «گر من شوم کشته در کینه گاه نجویی تو کین زان سپس با سپاه[11]
گذرشان دهی تا به توران شوند کمین را نسازی بر ایشان کمند»[12]
ز پیمان نگردند ایرانیان ازین در، کنون نیست بیم زیان
سه کار است پیش آمده ناگزیر همه گوش دارید برنا و پیر[13]

---

۱ - «لشگر» در سخن افزاینده، همواره بجای «لشگریان» بکار رفته، و چون چنین است با «سراسر» و «همه» یک سخن سه بار گفته شد.
۲ - افزاینده خواسته‌است بگوید که ازین پس کسی جامهٔ رزم نخواهد پوشیدن!
۳ - **یک:** «گفتند» باید. **دو:** خواستِ آهنگ سخن را برهم میریزد. کرانه کردن نیز نادرست است، «کرانه جُستن».
۴ - افزاینده دروغگوی! ۵ - دروغ دوباره با سخنان پست.
۶ - کار و کردار هر دو یکی است. ۷ - دنبالهٔ گفتار. ۸ - لت دویم سست است.
۹ - **یک:** در گفتارِ درست شاهنامه، بجزاز نام نیک از جهان نبرد، و «بد» نکرد. **دو:** افزایندهٔ پریشان اندیشه، در لت دویم، «بد» را به نیک برگردانید. **سه:** ایزد، ازآنِ همه است نه تنها از آن پیران که با «ش» همراه شود.
۱۰ - افزاینده را رای بر آن بوده‌است که بگوید: «پیران (از بس) که تیمار لشگر خویش را می‌خورد...» و نتوانسته‌است سخن را سامان دهد!
۱۱ - «زان سپس» نادرخور است: «اگر من کشته شوم کین از سپاه (من) نجویی».
۱۲ - سخن پیران در نامه‌ایکه بگودرز نوشته‌بود، دوباره آمده‌است.
۱۳ - سه کار است پیش آمده نادرست است سه کار، پیشِ رو داریم! سخنان افزوده در ده رج، نه چنانست که پیران گفته‌بود!

اگر من بدست تو گردم تباه نجویید، کینه بتوران سپاه

و در نامهٔ پیشین پیران بگودرز نیز چنین آمده‌بود:

نیازاری ازین، سپاه مرا نسوزی بر و بوم و گاه مرا
گذرشان دهی تا بتوران شوند کمین را نسازی بر ایشان، کمند

اگرتان به زنهار باید شدن / کنونتان همی رای باید زدن
اُگر بازگشتن به خرگاه / سپردن به نیک و به بد راه خویش
اُگر جنگ را گرد کرده عنان / یکایک به خون آب داده سنان
گر ایدون کهتان دل گراید به جنگ / بدین رزمگه کرد باید درنگ
که پیران ز مهتر، سپه خواستهست / سپهبد یکی لشکر آراستهست
زمان تا زمان لشکر آید پدید / همی کینه زیشان بباید کشید
ز هرگونه رانیم یکسر سخن / جز از خواست یزدان نباشد ز بن
ور ایدون کهتان رای شهرست و گاه / هماناکه بر ما نگیرند راه
اُگرتان به زنهار شاه است رای / بباید بپیچید و رفتن ز جای
اُگرتان سوی شهر ایران هواست / دل هر کسی بر تنش پادشاست
زما دو برادر مدارید چشم / که هرگز نشوییم دل را ز خشم
کزین تخمهٔ ویسگان کس نبود / که بند کمر بر میانش نسود[1]
بر اندرز سالارْ پیران شویم / ز راه بیابان بتوران شویم
ار ایدونکه بر ما بگیرند راه / بکوشیم تا هستمان دستگاه»[2]
چو ترکان شنیدند زیشان سخن / یکی نیک پاسخ فکندند بن[3]
که: «سالار با ده یل نامدار / کشیدند کشته بران گونه خوار!![4]
اُزان روی کیخسرو آمد پدید / که یارد بدین رزمگاه آرمید[5]
نه اسپ و سلیح و نه پای و نه پر / نه گنج و نه سالار و نه نامور[6]
نه نیروی جنگ و نه راه گریز / چه با خویشتن کرد باید ستیز[7]
اگر بازگردیم، گودرز و شاه / پس ما برانند پیل و سپاه[8]
رهایی نیابیم یک تن به جان / نه خرگاه بینیم و نه دودمان[9]
به زنهار، بر ماکنون «آر» نیست / سپاه است بسیار و سالار نیست
ازان پس خود از شاه ترکان چه باک / چه افراسیاب و چه یک مشت خاک»[10]
چو لشکر چنین پاسخ آراستند / دو پرمایه از جای برخاستند

---

۱ – این دو رج نیز باژگونه سخن پسین است که بر اندرز سالارْ پیران شویم... بتوران شویم.
۲ – دنبالهٔ گفتار.
۳ – تورانیان ترک نبودهاند.
۴ – گفتار دروغ دوباره میآید.
۵ – چون گفته شد که «بتوران شویم» این سخنان «دو برابر» افزودهاست.
٦ – اسبان و جنگافزار و بنه و گنج، همه بر جای خود هست!
۷ – **یک:** چرا؟گریز آنان در زنهار ایرانیان بودند، و میتوانستند بتوران بروند. **دو:** لت دویم. «چرا» بجای «چه».
۸ – پیمان چنین نبودهاست.
۹ – چون بازگردند، خرگاه را نیز با خود میبرند، و دودمان نیز دیدنی نیست.
۱۰ – افراسیاب ترک نبودهاست.

بازگشتن تورانیان ۱۲۵

بدانست لهاک و فرشیدورد *** که‌شان نیست هنگامِ ننگ و نبرد[1]
همی راست گویند لشگر همه *** تبه گردد از بی‌شبانی رمه[2]
به پدرود کردن گرفتند ساز *** بیابان گرفتند و راه دراز
درفشی گرفته بدست اندرون *** پر از درد دل، دیدگان پر ز خون[3]
برفتند با نامور ده سوار *** دلیران و* شایستهٔ کارزار
به ره بر، از ایران سواران بُدند *** نگهبانِ آن نامداران بُدند
برانگیختند اسپ ترکان ز جای *** طلایه بیفشارد بر جای پای[4]
یکی ناسگالیده‌شان جنگ خاست *** که از خون؛ زمین گشت با لاله راست
از ایرانیان کشته شد هشت مرد *** دلیران و شیران روز نبرد[5]
اُزان جا برفتند هر دو دلیر *** براه بیابان بکردار شیر[6]
ز ترکان جز این دو سرافراز گرد *** ز دست طلایه دگر جان نبرد[7]

*

پس از دیده گه دیده‌بان کرد غَو *** که: «ای سرفرازان و گردان نو[8]
ازین لشگر ترک دو نامدار *** برون رفت با نامور ده سوار[9]
خبر شد بگودرز کز توریان *** یکی رزم برخاست، اندر میان
چنان با طلایه برآویختند *** که با خاک خون را برآمیختند[10]
تنی هشت کشتند از ایرانیان *** دو تن تیز رفتند، بسته میان●
چو بشنید گودرز گفت: «آن دو مرد *** جز از گردِ لهاک و فرشیدورد؛[11]
که رفتند با گردن افراختن *** شکسته نشدشان دل از تاختن[12]
گر ایشان از اینجا بتوران شوند *** برین لشگر آید همانا گزند![13]
هم اندر زمان گفت با سرکشان *** که: «ای نامداران دشمن‌کشان[14]

---

۱ – «بدانستند».   ۲ –لشگر همه را پیش‌ازاین شکافتم.   ۳ –درفش را چه کس بدست (اندرون؟) گرفت.
* – «و» افزوده می‌نماید: دلیرانِ شایستهٔ کارزار.   ۴ – ترک!
۵ – در گفتار آینده خواهیم دیدن که، از ایرانیان هشت مرد کشته می‌شود.   ٦ – پیشتر گفته شد که بیابان گرفتند...
۷ – ترکان!   ۸ – غَو را، بسوی سردار سپاه بر می‌آورند، نه گردانِ نو.
۹ – **یک:** از این لشگر نادرست است: «از لشگر...». **دو:** تورانیان ترک نبودند. **سه:** «برون رفتند».
۱۰ – دنبالهٔ گفتار افزوده: «خاک را بخون آمیختند».   ● – این رج، تنها؛ در شاهنامهٔ سپاهان آمده‌است.
۱۱ – سخن گودرز در این رج پایان ندارد. «جزاز... نیستند» اگرچه این رج به رج پسین پیوسته‌است، اما در آنجا نیز پایان نمی‌یابد.
۱۲ – شاهنامه فلورانس و سپاهان برفتند، مسکو، ق ۲ که رفتند، نرفتند. آ: برفتن ابا. و پیدا است که این رج تنها، با «نباشد» به رج پیشین پیوند می‌خورد زیرا که آغاز لت دویم آن «جزاز» بود. ازسویی «نباشد» برای دو تن بسنده نیست و «نباشند» درخور است. و دل آنان را می‌بایستی از شکست تورانیان در جنگ شکسته شدن، وگرنه سواران را هیچگاه دل از تاختن نمی‌شکند.
۱۳ – از دو سوار گزندی بایران نمی‌رسد!   ۱۴ – پهلوان را دشمن‌کش نامیدن درست نمی‌نماید.

که جوید کنون نام نزدیک شاه — بپوشد سرش را بِرومی کلاه؟»[1]

*

همه مانده بودند ایرانیان — شده سست و سوده ز آهن میان
ندادند پاسخ، جزاز گستهم — که بود اندر آورد، شیر دژم
بسالار گفت: «ای سرافرازِ شاه — چو رفتی بآوردِ تورانسپاه[2]
سپردی مرا کوس و پرده‌سرای — به پیش سپه بر، ببودن بپای[3]
دلیران همه نام جستند و ننگ — مرا بهره نآمد بهنگام جنگ[4]
کنون من بدین کار، نام، آورم — شوم‌شان یکایک بدام آورم»[5]
بخندید گودرز و زاو شاد شد — رخش تازه، و ز غم، دل آزاد شد
بدو گفت: «نیک اختری تو، ز هور — که شیری و بدخواه تو همچو گور
برو کآفریننده یار تو باد — چو لهاک سیسد شکار تو باد»[6]
بپوشید گستهم درع نبرد — ز گردان که را دید پدرود کرد[7]
برون رفت و از لشگر خویش تفت — به جنگ دو ترک سرافراز رفت[8]
همی گفت لشگر همه سربسر — که: گستهم را زین بد آید به سر[9]
یکی لشگر از نزد افراسیاب — همی رفت برسان کشتی برآب[10]
به یاری همه جنگجو آمدند — چو نزدیک دشت دغو آمدند[11]
خبر شد بدیشان که پیران گذشت — نبرد دلیران دگر گونه گشت[12]
همه بازگشتند یکسر ز راه — خروشان برفتند نزدیک شاه[13]
چو بشنید بیژن که گستهم رفت — ز لشکر، بآوردِ لهّاک، تفت
گمانی چنان برد بیژن که او — چو تنگ اندر آید به دشت دغو[14]

---

۱ – هنوز روم در جهان پدیدار نشده‌بود.

۲ – **یک:** پاژنام سرافرازِ شاه، سرافرازْ شاه، هیچیک سزاوار گودرز پهلوان نبود. بیشتر نمونه‌ها «سرافرازگاه» آمده‌است که آن نیز نادرست است. **دو:** گودرز نیز بآورد تورانسپاه نرفته‌بود که بنبرد بایران رفته‌بود.

۳ – سپاه را بدو سپرده‌بود نه کوس و پرده‌سرای را.

۴ – دلیران ایران هیچیک ننگ نجسته‌بودند، که همه با نام باز آمدند.

۵ – لت دویم بهمریخته است و چون آنان هشت کس از ایرانسپه راکشته بودند، بدام انداختنشان درست نمی‌نمود، و چنین هم نشد.

٦ – لهاک تنها نبود!   ۷ – در لشگرگاه، همه زره بر تن داشتند.   ۸ – **یک:** از لشگر ایران. **دو:** تورانیان ترک نبوده‌اند.

۹ – **یک:** لشگر نادرست است: «لشگریان» و گفت نیز همخوان نیست: «گفتند». **دو:** در «لشگریان، همه، سربسر» یک سخن، سه بار آمده‌است.   ۱۰ – رفت، در این رج...

۱۱ – با آمدند در این رج همخوان نیست. نام دشت دغو نیز همواره در افزوده‌ها آمده‌است.

۱۲ – **یک:** لت دویم روشن نیست. **دو:** دگرگونه چه باشد؟ اگر شکست است که می‌باید گفته شود: «دلیران توران شکست خوردند». لشگریان توران که بکشور خود بازمیگردند، خود بهتر آگاه هستند که پیران کشته شده و به سپاه توران شکست رسیده‌است.

۱۳ – بازگشتند یا برفتند؟   ۱۴ – گمانی برد نادرست است: «گمان برد».

نباید که لهاک و فرشیدورد برآرند ازو خاک روز نبرد؛[1]
نشست از بر دیزهٔ* راه‌جوی بنزدیک گودرز، بنهاد روی
چو چشمش بروی نیا برفتاد خروشید و چندی سخن کرد یاد:
«نه خوب آید ای پهلوان از خرد که هر نامداری که فرمان برد
مر او را بخیره بکشتن دهی بهانه بچرخ فلک برنهی
دو تن نامدارانِ تورانسپاه برفتند زین سان دلاور براه[2]
ز هومان و پیران دلاورترند به گوهر بزرگان آن کشورند[3]
کنون گستهم شد بجنگ دو تن؟ نباید که آید بر او بر، شکن!
همه کام ما بازگردد بدرد! چو کم گردد از لشکر؛ آن زادمرد»
چو بشنید گودرز گفتار اوی کشیدن بدان کار تیمار اوی[4]
پس اندیشه کرد اندران یک زمان هم آن بُد که می‌برد بیژن گمان[5]
بگُردان چنین گفت سالار شاه که: «هرکس که جوید همی نام و گاه
پسِ گستهم رفت باید دمان مر او را بُدن یار، با بدگمان!»
ندادند پاسخ کس از انجمن نه غم‌خواره بُد کس، نه آسوده تن[6]
بگودرز پس گفت بیژن، که: «کس جزاز من نباشدش فریادرس
که آید ز گردان بدین کار پیش به سیری نیامد کس از جان خویش[7]
مرا رفت باید که از کار اوی دلم پر ز درد است و پر آب، روی»
بدو گفت گودرز که:«ای شیرمرد! نه گرم آزموده ز گیتی نه سرد!
نبینی؟ که ماییم پیروزگر! بدین کار مشتاب تند، ای پسر!
بر ایشان بود گستهم چیره‌بخت وز ایشان ستاند سر و تاج و تخت[8]
بمان تا کنون ازپسِ گستهم سواری فرستم چو شیر دژم
که با او بُود یار، گاهِ نبرد سرِ دشمنان، اندر آرد بگرد»
بدو گفت بیژن که: «ای پهلوان خردمند و بیدار و روشنروان
کنون یار باید، که زنده‌است مرد! نه آنگه، کجا؛ زو برآرند گرد!

---

۱ – خاک روز نبرد نادرست است: «گرد ازوی برآرند».
* – دیزه: گونه‌ای اسب.
۲ – دو تن را «از» باید: «دو تن از نامداران».
۳ – پیوند «که» در آغاز بایسته است.
۴ – لت دویم را با لت نخست پیوند نیست.
۵ – «پس» در این رج با «چو» در رج پیشین همخوان نیست. لت دویم نیز سست است.
۶ – کس را «نداد» باید: «از انجمن کس پاسخ نداد».
۷ – نیامد در لت دویم نادرست است: «نیامده‌است». این نیز نادرست است: «سیر نشده‌است» زیرا سیری شدنی است، آمدنی نیست.
۸ – **یک:** «چیره» نه «چیره بخت». **دو:** آنانرا تاج و تخت نبود.

چو گستهم شد کشته در کارزار — سرآمد بر او روز و برگشت کار[1]
کجا سود دارد مر او را سپاه — کنون دار گر داشت خواهی نگاه[2]
بفرمای تا من بتیمار اوی — ببندم کمر، تنگ، بر کار اوی
ور ایدونکه گویی مرو من سرم — ببرّم بدین آبگون خنجرم[3]
که من زندگانی پس از مرگ اوی — نخواهم که باشد بهانه مجوی»[4]
بدو گفت گودرز: «بشتاب پیش — اگر نیست مهرِ تو، بر جانِ خویش!
نیابی همی سیری از کارزار — کمربند و بپسیچ و سر برمخار[5]
نسوزد همانا دلت بر پدر — که هزمان مر او را بسوزی جگر»[6]
چو بشنود بیژن فروبرد سر — زمین را ببوسید و آمد بدر[7]
«برآرم همی» گفت: «از کوه خاک — بدین جنگ جستن مرا زو چه باک»[8]
کمر بست و برساخت مر جنگ را — به زین اندرآورد شبرنگ را[9]
به گیو آگهی شد که: «بیژن چو گرد — کمر بست بر جنگ فرشیدورد[10]
پس گستهم تازنان شد به راه — به جنگ سواران توران سپاه»[11]
هم اندر زمان گیو برجست زود — نشست از برِ تازی اسپی چو دود[12]
بیامد به ره بر چو او را بدید — بتندی عنانش به یک سو کشید[13]
بدو گفت: «چندین زدم داستان — نخواهی همی بود همداستان[14]
که باشم به تو شادمان یک زمان — کجا رفت خواهی بدین سان دمان[15]
به هر کار درد دلم را مجوی — به پیران سر از من چه باید بگوی[16]
جز از تو به گیتیم فرزند نیست — روانم به درد تو خرسند نیست[17]

---

۱ – شد، نادرست است: «شود».
۲ – گودرز نگفته‌بود که سپاه می‌فرستم. گفته‌بود: «سواری فرستم چو شیر دژم».
۳ – کس توان بریدن سر خویش را ندارد.
۴ – نخواهم در لت دویم سخن را بپایان می‌رساند، اما زندگانی را «را» باید.
۵ – سخنان لت دویم را در رج پیشین گفته‌بود.
٦ – هزمان نادرست است. سخن نیز نادرست است، زیرا که در نبرد بیژن با هومان، گودرز؛ خود پشتیبان بیژن بود.
۷ – سر فرو برد؟ یا زمین را بوسید؟ گودرز نیز در کاخ خود نبود و در پرده‌سرای بود.
۸ – سخن سست و بی‌گزارش.
۹ – بر ساخت مر جنگ را درست نیست: «آمادهٔ جنگ شده»، با آنکه روشن نیست که جنگی پیش خواهد آمدن؟ یا نه!
۱۰ – گرد و خاک یکی است و چوگرد چه باشد؟
۱۱ – دنباله.
۱۲ – **یک:** «هم‌اندرزمان» و «زود» هردو، بند زمان (قید)اند و یکی از آندو بسنده است. **دو:** سخن چنان می‌نماید که اسپ، «دود» بوده‌است اگر از «دود» بیدرنگ و زود را خواهد گفتن بند زمان، از دو به سه می‌افزاید.
۱۳ – با دیدن، نمیتواند لگام اسبش را بیکسو کشیده باشد. بایستی بدو رسیده باشد، که در سخن نیامده‌است.
۱۴ – کدام داستان را زده‌بود؟
۱۵ – چنین سخن را «داستان» نشاید نامیدن
۱٦ – **یک:** گیو هنوز پیر نشده‌است. **دو:** بیژن را از گیو خواستی نبوده‌است که بگوید «چه بایدم»!
۱۷ – روان را «از» باید نه «به».

آمادگی بیژن برای یاری به گستهم ۱۲۹

بُدی ده شبان روز بر پشت زین — کشیده به دلخواه بر تیغ کین[۱]
بسودی به خفتان و خود اندرون — نخواهی همی سیر گشتن ز خون[۲]
چو نیکی‌دهش بخت پیروز داد — بباید نشستن بآرام و شاد[۳]
به پیش زمانه چه تازی سرت — بس ایمن شده‌ستی بدین خنجرت[۴]
کسی کاو بجوید سرانجام خویش — نیابد ز گیتی چنین کام خویش[۵]
تو چندین به گرد زمانه مپوی — که او خود سوی ما نهاده‌ست روی[۶]
ز بهر مرا زین سخن باز گرد — نشاید که داری دل من به درد»[۷]
بدو گفت بیژن که: «ای پر خرد — جزین بر تو، هر کس گمانی برد؛[۸]
که کار گذشته بیاری بیاد — نپیچی بخیره همی سر ز داد![۹]
بدان ای پدر؛ کین سخن داد نیست — مگر جنگ لاون ترا یاد نیست[۱۰]
که با من چه کرد اندرآن گستهم — غم و شادمانیش با من بهم[۱۱]
ور ایدون کجا گردش ایزدی — فراز آورد روزگار بدی[۱۲]
نبشته نگردد بپرهیز، باز — نباید کشید این سخن را دراز[۱۳]
ز پیکار، سر بسر مگردان که من — فدا کرده دارم بدین کار تن»[۱۴]
بدو گفت گیو: «ار نگردی تو باز — همان خوب‌تر کین نشیب و فراز[۱۵]
تو بی من نپویی بروز نبرد — منت یار باشم بهر کارکرد»[۱۶]
بدو گفت بیژن که: «این خود مباد — که از نامداران خسرونژاد[۱۷]
سه گُرد از پیِ بیم خورده، دو تور — بتازند پویان بدین راه دور[۱۸]
بجان و سرِ شاه روشنروان! — بجان نیا، نامور پهلوان![۱۹]

---

۱ - گفتار ناراست که رزم بیژن و هومان در یکروز بپایان رسید.

۲ - **یک:** بسودی نادرست است: «بسوده‌ای». **دو:** از خون نیز درست نیست: «از خونریختن».

۳ - بخت پیروز داد نیز نادرست است: «ترا بخت پیروز داده».

۴ - **یک:** چه تازی سرت نادرست است: «چرا خویش را به پیش زمانه (= اجل) می‌بری». **دو:** از خنجر جنگ‌افزارهای برتر نیز هست که سوار در جنگ آنها را بکار گیرد!

۵ - **یک:** افزاینده خواسته‌است بگوید: «کسیکه خود با پای خود بسوی مرگ میرود!». **دو:** چنین چگونه باشد چنین تاختن؟ رفتن؟...

۶ - لت نخست دوباره گویی لت نخست از رج پیشین است با سخنی سست‌تر!

۷ - از این سخن بازگردد؟ یا از جنگ؟

۸ - «گمانی» نادرست است.

۹ - که پیوندی درست میان دو رج نیست. «می‌باید...»

۱۰ - یاد کردن از جنگ لاون و پشن، همه در افزوده‌ها.

۱۱ - کنشِ بایسته ندارد!

۱۲ - روزگار بدی ناکارآمد است: «مرگ مرا فراز آورده».

۱۳ - دنبالهٔ گفتار.

۱۴ - «سر» نادرست است: «سر مرا».

۱۵ - «تو» در این رج،

۱۶ - با «تو» در این رج همخوان نیست.

۱۷ - بیژن و گیو خسرونژاد نبودند.

۱۸ - **یک:** دنبالهٔ همان سخن. **دو:** هنوز روشن نیست که راه دور است، یا نزدیک. «بدین» نیز نادرست است. زیرا که راه، شناخته‌شده نیست.

۱۹ - این سوگند،

نخواهم برین کار فرمانت کرد — که گویی مرا بازگرد از نبرد»[1]
چو بشنید گیو این سخن، بازگشت — بر او آفرین کرد و اندر گذشت[2]
که: «پیروز بادیّ و شاد آمدی — مبیناد چشم تو هرگز بدی»[3]
همی تاخت بیژن پسِ گستهم — که ناید بر او بر، ز توران ستم[4]

*

چو از رود، لهّاک و فرشیدورد — گذشتند پویان، بکردار گرد
به یک ساعت از هفت فرسنگ راه — برفتند ایمن ز ایران سپاه[5]
یکی بیشه دیدند و آب روان — بدو اندرون سایهٔ کاروان*
به بیشه درون مرغ و نخچیر و شیر — درخت از بر و سبزه و آب زیر
به نخچیر کردن فرود آمدند — اُزان تشنگی سوی رود آمدند
چو ز آب اندر آمد، ببایست نان — به اندوه و شادی، نبندد دهان[6]
بگشتند بر گرد آن مرغزار — فکندند بسیار مایه شکار[7]
برافروختند آتش و؛ زان، کباب — بخوردند و کردند سر سوی خواب
چو بُد روزگار دلیران دژم — کجا خواب سازد بر ایشان ستم[8]
فرو خفت لهّاک و فرشیدورد — بسر بر همی پاسبانیش کرد[9]
برآمد -چو شب تیره شد- ماهتاب — دو غمگین سر اندر نهاده بخواب
رسید اندرآن جایگه گستهم — که بودند یاران توران بهم
نوند اسپِ او، بوی اسپان شنید — خروشی برآورد و اندر دمید
سبک، اسپ لهّاک هم زین نشان — خروشی برآورد چون بیهشان
دمان؛ سوی لهّاک، فرشیدورد — بیامد، وز آن خواب بیدار کرد
بدو گفت: «برخیز زین خواب خوَش — به مردی، سر بخت خود را بکش[10]
که دانا زد این داستان بزرگ — که شیری که بگریزد از چنگ گرگ[11]

---

۱ - با این سخن نادرست است، زیراکه گیو اکنون نمی‌خواهد او را بازگرداندن که خود نیز آماده شده‌است؛ بهمراه بیژن برود!

۲ - پس‌از بازگشتن آفرین؟ ۳ - شاد آمدی نادرست است: «شاد بازآیی»، «بشادی بازآیی»...

۴ - همی‌تاخت نادرست است: «بتاخت». ۵ - هیچ باره را در جهان، توان درنوردیدن هفت فرسنگ در یک «تَسو» نیست!!

* - سایه‌گاهِ کاروانیان: کاروانسرا.

٦ - «زاب اندر آمد» نادرست است: نبندد دهان نیز درست نیست: «دهان بسته نمی‌شود».

۷ - دو رج پیش، از نخچیر سخن رفت.

۸ - لت دویم بی‌گزارش است، شاهنامه فلورانس چنین آورده‌است: بود روزگار... کجا چیره باشد بر ایشان ستم. این نیز درست نمی‌نماید زیراکه بر آن دو ستمی نرفته‌بود، که سپاهشان شکست خورده‌بود.

۹ - پاسبانیش کرد نادرست است: «پاسبانی می‌کرد»، «پاسبانی او را می‌کرد».

۱۰ - لت دویم راگزارش نیست، شاهنامه فلورانس «سر بخت بد را بکش» که آنرا نیز گزارشی نیست. ۱۱ - و داستان زدن!

نبرد گستهم با لهاک و فرشیدورد ۱۳۱

نباید که گرگ از پسش درکشد ... که او را همان بخت خود برکشد[1]
چه مایه بپویید و چندی شتافت ... کس از روز بد هم رهایی نیافت[2]
هلا زود بشتاب کآمد سپاه ... از ایران و بر ما گرفتند راه»[3]
نشستند بر باره هر دو سوار ... کشیدند پویان ازان مرغزار[4]
ز بیشه به بالا نهادند روی ... دو خونی دلاور دو پرخاشجوی[5]
به هامون کشیدند هر دو سوار ... پر اندیشه تا چون پسیچند کار[6]
پدید آمد از دور پس گستهم ... ندیدند با او سواری بهم
دلیران چو سر را برافراختند ... مر او را چو دیدند بشناختند[7]
گرفتند یک با دگر گفت‌وگوی ... که یک تن سوی ما نهاده‌ست روی
نیابد رهایی ز ما گستهم ... مگر بخت بد کرد خواهد ستم[8]
جز از گستَهَم نیست کآمد بجنگ ... درفش دلیران گرفته بچنگ[9]
گریزان بباید شد از پیش اوی ... مگر کاندر آرد بدین دشت روی
اُزان جا بهامون نهادند روی ... پس اندر، دمان، گستَهَم، کینه‌جوی[10]
بیامد چو نزدیک ایشان رسید ... چو شیر ژیان نعره‌ای برکشید
بر ایشان ببارید تیر خدنگ ... چو فرشیدورد اندر آمد بجنگ؛
یکی تیر زد بر سرش گستهم ... که با خون برآمیخت مغزش بهم
نگون گشت و هم در زمان جان بداد ... شد آن نامور گردِ ویسه‌نژاد
چو لهّاک روی برادر بدید؛ ... بدانست کز کارزار آرمید؛
بلرزید و از دردِ او، خیره شد ... جهان پیش چشم اندرش تیره شد
ز روشن روانش بسیری رسید ... کمان را بزه کرد و اندر کشید[11]
شدند آن زمان خسته، هردو سوار ... بشمشیر کردند، پس، کارزار

---

۱ – دنبالهٔ داستان، که گزارش نیز بر آن نتوان کردن. شاهنامه فلورانس: «که او را همان بخت بد، خود کُشد» و سخن سست است.
۲ – دنباله همان داستان. ۳ – دنبالهٔ گفتار.
۴ – بر باره را «(بر) نشستند» باید. و چون بر اسب سوار شدند، کنشِ پویان، نادرخور است. پویان = دوان کشیدند نیز نادرست است: «پویان برفتند». ۵ – آنان خونی (قاتل) نبودند، و پهلوانان تورانسپاه بودند.
٦ – افزاینده آنانرا «ببالا کشید» و اکنون بهامون!
۷ – سر را برافراختند نادرست است: «سر برافراختند»، در تاریکی شب چگونه ویرا شناختند؟
۸ – در این رج گستهم شناخته شده‌است.
۹ – **یک:** و در این رج گمان می‌برند که «جزاز گستهم نیست». **دو:** آمد نیز ناکارآمد است: «آمده‌است». این درفش که همواره ازسوی افزایندگان بجنگ پهلوانان می‌دهند، توانِ آنانرا در رزم میگیرد! ۱۰ – پس اندرا!
۱۱ – **یک:** کسی خود از جان سیر نمی‌شود. **دو:** کمان را پیش‌از جنگ بزه می‌کنند.

یکایک بر او گستهم دست یافت / ز کینه، چنان خسته، اندر شتافت*
بگردنش بر، زد یکی تیغ تیز / برآورد ناگاه، ز او؛ رستخیز
سرش زیر پای اندر آمد چو گوی؛ / که آید همی زخم چوگان براوی
چنین است کردار گردان‌سپهر / ببرّد ز پروردهٔ خویش مهر
چو سر جوییش، پای یابی نخست / اُگر پای جویی سرش پیش تست
به زین بر چنان خسته بُد گستهم / که بگسست خواهد تو گفتی ز هم[1]
بیامد خمیده بزین اندرون / همی راند اسپ و همی ریخت خون
وز آنجا سوی چشمه‌ساری رسید / هم آب روان دیدو هم سایه دید[2]
فرود آمد و اسپ را بر درخت / ببست و به آب اندر آمد ز بخت[3]
بخورد آب و بسیار کرد آفرین / ببستش تو گفتی سراسر زمین[4]
بپیچید و غلتید بر تیره خاک / سراسر همه تن بشمشیر، چاک
همی گفت ک:«ای روشن□ کردگار / پدید آر زان لشکر نامدار
به دلسوزگی بیژن گیو را / اُگرنه،دلاور، یکی نیو را
که گر مرده، گر زنده، زین جایگاه / بَرَد مر مرا، سوی ایرانسپاه
سرِ نامداران تورانسپاه / ببرد برد پیش بیدار شاه[5]
بدان، تا بداند که○ من جز بنام / نمردم بگیتی! همین است کام!»
همه شب بنالید تا روز، پاک / پراز درد، چون مارِ پیچان بخاک
چو گیتی ز خورشید شد روشنا / بیامد بدان جایگه بیژنا[6]
[همی گشت بر گردِ آن مرغزار● / که یابد نشانی ز گم بوده یار▣]

---

* – در همهٔ نمونه‌ها «ز کینه» آمده‌است، اما «بکینه» درست می‌نماید: آنچنان خسته، (مجروح) بکین و بجنگ شتافت.

۱ – پیشتر از خستگی (جراحت) گستهم سخن رفته‌بود. تو گویی!

۲ – گستهم سه رج پس‌تر از اسپ بخاک می‌افتد.

۳ – ...و از اسپ فرود می‌آید؟ بآب اندر آمد، غوته خوردن در آب است، نه خوردن آب (در رج پسین).

۴ – آفرین آفرین است و کم بسیار ندارد. یکباره چگونه بر زمین بسته شد؟

□ – «پاک پروردگار» درست می‌نماید.

۵ – چنین نبود و بیژن سر آنانرا نبرید.

○ – چون افزاینده در رج پیشین از «شاه» یاد کرد، در این رج نیز «بداند» آورد، باز آنکه سخن درست شاهنامه در رج دویم پیشین ایرانسپاه بود و در این رج نیز «بدانند» درست می‌نماید: «تا بدانند من...».

٦ – **یک:** در همهٔ نمونه‌ها اینجا یک رج افزوده‌اند: چو گیتی ز خورشید شد روشنا، بیامد بدان جایگه (سایه‌گه، پدید آمد آن جایگه...) بیژنا! بنداری نیز آورده‌است: «ولما أصبح، وصل بیژن الی ذلک المکان» چون بامداد شد، بیژن بدان جایگه رسید. این سخن افزوده می‌نماید. بویژه از گفتارِ لتِ نخست! **دو:** روشنا! بیژنا!

● – در اندیشهٔ من، جای بیژن در این رج است، چنین: «همی گشت بیژن در آن مرغزار» اما در همهٔ نمونه‌ها چنین آمده‌است. و چون چنین آمده، به رج افزودهٔ پیشین نیاز پیش می‌آید، که نام نادرستِ «بیژنا» را آورده‌است.

▣ – گستهم؛ گم نشده‌بود و بدنبال لهاک و فرشیدورد رفته‌بود.

پدید آمد از دور اسپ سمند ‌ ‌ ‌ بدان مرغزار اندرون چون نوند[1]
چمان و چران چون پلنگان به کام ‌ ‌ ‌ نگون گشته زین و گسسته لگام[2]
همه آلت زین بر او بر نگون ‌ ‌ ‌ رکیب و کمند و جنا پر ز خون[3]
چو بیژن بدید آن ازو رفت هوش ‌ ‌ ‌ برآورد چون شیر شرزه خروش[4]
همی گفت ک:«ای مهربان نیک یار ‌ ‌ ‌ کجایی فکنده درین مرغزار[5]
که پشتم شکستی و خستی دلم ‌ ‌ ‌ کنون جان شیرین ز تن بگسلم»[6]
[بشد بر پیِ اسپ، تا خانسار ‌ ‌ ‌ مر او را بدید اندر آن مرغزار○]
همه جوشن و ترگ پر خاک و خون ‌ ‌ ‌ فتاده بدان خستگی، سرنگون[7]
فروجست بیژن ز شبرنگ زود ‌ ‌ ‌ گرفتش به آغوش در تنگ زود[8]
برون کرد رومی قبا از برش ‌ ‌ ‌ برهنه شد از ترگ خسته سرش[9]
ز بس خون دویدن تنش بود زرد ‌ ‌ ‌ دلش پر ز تیمار و جان پر ز درد[10]
بر آن خستگی‌هاش بنهاد روی ‌ ‌ ‌ همی بود زاری‌کنان پیش اوی
همی گفت ک:«ای نیکدل یار من ‌ ‌ ‌ تو رفتی و، این بود؟ پیکار من!
شتاب اندرین، بیش بایست کرد ‌ ‌ ‌ که یارت همی بودمی در نبرد!□
مگر بودمی گاهِ سختیت یار ‌ ‌ ‌ چو با دشمنان ساختی کارزار[11]
کنون کام، دشمن، همه راست کرد! ‌ ‌ ‌ برآورد سر هرچه می‌خواست کرد»[12]

---

۱ - اسپی را که در مرغزار می چَرَد، نوند، نمی‌خوانند، که «نوند» اسپِ تازان است.

۲ - چگونه اسپ را به پلنگ، مانند توان کردن، آنهم بکام!؟ افزاینده چون اسپ بیژن را در داستان بیژن و منیژه چنین خوانده‌بود گمان برده‌است که این اسب نیز می‌باید چنان باشد، باز آنکه بر اسپ بیژن، چند روز زمان‌گذشته‌بود و وی در خوابیدن و غلت زدن، زین خویش را نگونسار کرده‌بود، و اسب گستهم از نیمه شب تا بامداد زمان‌گذشته‌است.

۳ - این سخن در رج پیشین آمده‌بود. «جنا» را ندانستم که چیست!

۴ - **یک:** «آن از او» نادرست است: «چون اسب را چنان دید». **دو:** هوش از بیژن نیز نرفت، زیرا که بدنبال گستهم می‌گشت.

۵ - مهربان نیک یار زیبا نیست. ‌ ‌ ‌ ٦ - خودکشی در نزد ایرانیان گناه بشمار می‌رفته‌است.

○ - خانسار؛ خانی‌سار؛ چشمه، خانی در زبان تهرانی باستان (خانی‌آباد...) در زبان پهلوی خانیک در کردی کانی و در اوستا: «خاء! چشمهٔ آب است. نام شهر خانسار نیز همین است: چشمه‌سار. در اندیشهٔ من این رج با رج هشتم پیشین، در شاهنامه یک رج بوده‌است، اینچنین:

«چو بیژن بیامد بدان مرغزار ‌ ‌ ‌ مر او را بدید، اندر آن خانسار»

۷ - سرنگون نیفتاده بود، و درباره خون در رج سیوم پسین سخن خواهد آمد.

۸ - بیژن را بدنبال پی اسپ گستهم، پیاده می‌باید بودن. نه آنکه سواره ببالین او رسد.

۹ - **یک:** روم در آنزمان در جهان پدیدار نشده‌بود. **دو:** کسیکه برای نبرد، بدنبال دو پهلوان می‌رود، قبا نمی‌پوشد!

۱۰ - **یک:** از رفتن خون، تن «درد» نمی‌شود که سپید می‌گردد. **دو:** جان نیز پر از درد نمی‌شود که تن را درد میگیرد.

□ -کنش در لت دویم با لت نخست همخوان نیست. در اندیشهٔ من گفتار فردوسی چنین بوده‌است:

شتاب اندرین، بیش بایستمی ‌ ‌ ‌ که در جنگ، یارت همی بودمی

۱۱ - **یک:** سخن لت نخست، در لت دویم از رج پیشین آمده‌است. **دو:** کارزار نیز ساختنی نیست کردنی است.

۱۲ - کام راست کردنی نیست، «یافتنی» است.

بگفت این سخن بیژن و، گستهم	بجنبید و برزد یکی تیزدم
به بیژن چنین گفت ک:«ای نیکخواه	مکن خویشتن، پیش من در، تباه
مرا دردِ تو بتّر از مرگِ من	بنه بر سرِ خسته بر، ترگِ من[1]
یکی چاره کن تا ازین جایگاه	توانی رسانیدنم نزد شاه
مرا؛ باد چندان همی روزگار	که بینم یکی چهرهٔ شهریار
ازانپس چو مرگ آیدم باک نیست	مرا خود نهالی* بجز خاک نیست
نمرده‌ست! هرکس که با کام خویش؛	بمیرد، بیابد سرانجام خویش![2]
دگر، آن دو بدخواه با ترس و باک	که بر دست من کرد یزدان هلاک؛
مگرشان به زین بر توانی کشید	اُگرنه سران‌شان ز تن‌ها برید[3]
سلیح و سر نامبردارشان	ببر تا بدانند پیکارشان[4]
کنی نزد شاه جهاندار یاد	که من، سر بخیره، ندادم بباد
پسودم بهر جای، با بخت، چنگ	گهِ نام جستن، نمردم به ننگ»!
به بیژن نمود آنزمان هردو تور	که بودند کشته، فکنده بدور
بگفت این و سستی گرفتش روان	همی بود بیژن بسر بر، نوان[5]
از آنجایگه اسپ او بیدرنگ	بیاورد و بگشاد از باره تنگ
نمد زین بزیر تنِ خفته مرد	بیفکند و نالید چندی بدرد
همه دامن قرطه° راکرد چاک	اَبَر خستگی‌هاش بربست پاک
اُزان جایگه سوی بالا دوان	بیامد ز غم تیره کرده روان[6]
سواران ترکان پراکنده دید	که آمد ز راه بیابان پدید[7]
ز بالا چو برق اندر آمد به شیب	دل از مردن گستهم با نهیب[8]
ازان بیم‌دیده سواران دو تن	به شمشیر کم کرد زان انجمن[9]
ز فتراک بگشاد زان پس کمند	ز ترکان یکی را به گردن فکند[10]

---

۱ – سه بار بکار بردن «من» در یک سخن آنرا سست می‌نماید.

* – نهالی: درگویش خراسان نثلی: تشک.

۲ – نمرده‌است با بمیرد در لت دویم همخوان نیست.

۳ – لت دویم ناهموار است: «سرشان را از تنشان ببر».

۴ – در چنین درد و پریشانی یاد کردن از زره و جنگ‌افزار آن دو کشته، از تنشان بیرون کشیدن، کارِ مردمکشان است.

۵ – نه چنین است، زیرا که بیژن، او را زنده بلشگرگاه ایران رساند.

○ – «قُرطه» تازی شدهٔ کُرته فارسی (کُرتک پهلوی =کت فرانسوی) است چنانکه پیش‌ازاین دیدیم در داستان بهرام و تژاو. بگونهٔ کرته آمده‌است، و پیدا است که نویسندگان، که در اینجا ازپیش خود، واژه را بگونهٔ تازی آن نوشته باشند!

٦ – خرد نمی‌پذیرد که بیژن یار نیمه جان خویش را رها کرده بدنبال کاری دیگر رود!

۷ – **یک:** تورانیان ترک نبوده‌اند. **دو:** سواران را «آمدند» بایسته است.

۸ – بشیب نادرست: «بپایین».

۹ – اگر دو تن از سواران راکم کرد (=کشت)،

۱۰ – پس چرا گردن یکی از آنان را بفتراک بست؟ تورانیان ترک نبوده‌اند.

۱۳۵
رسیدن بیژن ببالین گستهم

ز اسپ اندر آورد و زنهار داد ‌‌‌ بدان کار با خویشتن یار داد[1]
اُ ز آنجا بیامد بکردار گَرد ‌ دمان سوی لهّاک و فرشیدورد
بدید آن سرانِ سپه را نگون ‌ فکنده برآن خاک، غرقه بخون
بسرشان بر، اسپان جنگی بپای ‌ چراگاه سازید، جای چرای[2]
چو بیژن چنان دید کرد آفرین ‌ اَبَر گستهم؛ کاو سرآورد کین[3]
بفرمود تا ترک زنهارخواه ‌ به زین برکشید آن سران را ز راه[4]
ببستندشان دست و پای و میان ‌ کشیدند بر پشت زین کیان[5]
اُز آنجا سوی گستهم تازیان ‌ بیامد بسان پلنگ ژیان
فرود آمد از اسپ و او را چو باد ‌ بی‌آزار، نرم از برِ زین نهاد
بدان ترک فرمود تا برنشست ‌ به آغوش او اندر آورد دست[6]
سمند نوندش همی راند نرم ‌ بر او بر، همی آفرین خواند گرم□
مگر زنده او را برِ شهریار ‌ تواند رسانیدن از کارزار
همی‌راند بیژن پر از درد و غم ‌ روانش پر از انده گستهم[7]

*

چو از روز نه ساعت اندر گذشت ‌ خور از گنبدِ چرخِ گردان بگشت؛
جهانداز خسرو، بنزد سپاه ‌ بیامد، بدان دشت آوردگاه
پذیره شدندش سراسر، سران ‌ همه نامداران و جنگاوران
بر او خواندند آفرین بخردان ‌ که: «ای شهریار و سر موبدان»[8]
چنان هم همی بود بر اسپ شاه ‌ بدان، تا ببینند رویش سپاه[9]
بر ایشان همی خواند شاه آفرین ‌ که آباد بادا بگردان، زمین[10]
به آیین، پسِ پشت لشگر چو کوه ‌ همی رفت گودرز با آن گروه[11]
سر کشتگان را فکنده نگون ‌ سلیح و تن و جامه‌هاشان به خون[12]

---

۱ – ز اسب اندر آورد درست نیست: «از اسپ بزیر کشید». یار داد نیز نادرست است: «یار کرد».
۲ – چگونه است که اسپ گستهم با زین نگون در مرغزار می‌چرید، و اسپان آندو برفراز سرشان ایستاده‌بودند؟ و در لت دویم در چرا بودند! شاهنامه فلورانس چراگاه سازنده بسته سرای که آن نیز بی‌گزارش است.
۳ – سر آورد کین نادرست است: «در نبرد پیروز شد». ۴ – ترک!
۵ – **یک:** چون دست و پای گشتگان را بر دو سوی اسپ ببندند، میانشان بستن نمی‌باید، و خود، میان را نمی‌توان بر پشت اسب بستن. **دو:** زین کیان از کجا پیدا شد؟ ٦ – ترک!... در رج پیشین. □– آفرین می‌خواند.
۷ – دو رج پیشتر از راندن نرم سمند یاد شده‌بود. ۸ – تنها بخردان را نبایستی آفرین خواندن، که همگان چنین می‌کنند.
۹ – «هم همی» نادرست است. ۱۰ – آفرین شاه چند رج پس‌ازاین می‌آید.
۱۱ – **یک:** لشگر بجایی نمی‌رفت. **دو:** آیین چنان بود که سالارلشگر، پیش سپاه برود! **سه:** کوه به گودرز بازمیگردد نه بلشگر!
۱۲ – در بیشتر افزوده‌ها، تنها سرِ کشتگان را بفتراک بستند و آوردند، نه تن و جامهٔ آنانرا! و اکنون از تنِ آنان یاد می‌شود.

۱۳۶ کیخسرو

همان دَه مبارز کز آوردگاه — بیاورده بودند گُردان شاه[1]

پس لشگر اندر همی راندند — اَبَر شهریار آفرین خواندند[2]

چو گودرز نزدیک خسرو رسید — پیاده شد از دور، کاو را بدید[3]

ستایش کنان پهلوان سپاه — بیامد بغلتید در پیش شاه[4]

همه کشتگان را به خسرو نمود — بگفتش که همرزم هرکس که بود[5]

گروی زره را بیاورد گیو — دمان با سپهدار پیران نیو[6]

ز اسپ اندر آمد سبک شهریار — نیایش همی کرد بر کردگار[7]

ز یزدان سپاس و بدویم پناه — که او داد پیروزی و دستگاه[8]

⇐ **ز دادار بر پهلوان آفرین — همی خواند و بر لشکرش همچنین**

که: «ای نامداران فرخندهپی — شما آتش و، دشمنان، خشگ نی[9]

سپهدار گودرز با دودمان — ز بهرِ دلِ من، چو آتش، دمان[10]

همه جان و تنها فدا کردهاند — دم از شهر توران برآوردهاند[11]

کنون گنج و شاهی مرا با شماست — ندارم دریغ از شما دست راست»[12]

ازانپس بدان کشتگان بنگرید — چو روی سپهدار پیران بدید[13]

فرو ریخت آب از دو دیده بدرد — که کردار نیکش همی یاد کرد[14]

به پیرانش بر دل ازان سان بسوخت — تو گفتی به دلش آتشی برفروخت[15]

یکی داستان زد پس از مرگ اوی — به خون دو دیده بیالود روی[16]

که: بخت بد است اژدهای دژم — به دام آورد شیر شرزه به دم[17]

---

۱ - سخن سخت سست می‌نماید... بیاورده‌بودند در سخن فارسی همانند ندارد.

۲ - چه کسان بر شاه آفرین خواندند؟ کشتگان؟

۳ - چون افزایندگان گودرز را به پشت سپاه کشانده‌بودند، اکنون بنزد خسرو می‌رسد! باز آنکه سالارلشگر را می‌باید که پیش سپاه بپذیرهٔ شاه رود!

۴ - بر خاک غلتیدن کار کودکان است.

۵ - کشتگان که پیش‌ازآن بخسرو نموده شده‌بودند!

٦ - پیکر پیران را، گودرز بزیر سایهٔ درفش خود، خوابانده‌بود!

۷ - از اسب پیاده می‌شوند، اندر نمی‌آیند. همی نیز در لت دویم نادرست است.

۸ - مگر کیخسرو در میدان بوده‌است؟ که بی‌میانجیِ داستان، یا داستانسرا، سخنش را می‌شنویم!

۹ - لت دویم پیوند ندارد.

۱۰ - سخن پایان ندارد.

۱۱ - **یک:** اگر جان و «تن‌ها» فدا کرده‌اند چرا زنده‌اند؟ **دو:** آنان در رزمگاهی میان ریبد (= رِیوند) آتشکدهٔ برزین مهر و کناوت نُه فرسنگی خورروران در خاک ایران جنگ کرده‌بودند، نه در شهر توران!

۱۲ - **یک:** مرا با شما است، سست می‌نماید. **دو:** و لت دویم سست‌تر!

۱۳ - پیکر پیران بر فراز کوه، مانده‌بود.

۱۴ - **یک:** «دو دیده» سخن را سست میکند: «دیده»، «چشم». **دو:** لت دویم اندکی پریشان است: «که کردار نیک او را بیاد می‌آوَرد».

۱۵ - این سخن در رج پیشین بگونه‌ای دیگر آمده‌است.

۱٦ - **یک:** از مرگ پیران چندی گذشته‌بود. **دو:** اشگ، روی را نمی‌آلاید. آلودن را، آب پلید، یا هر پلید دیگر می‌باید.

۱۷ - کنش «است» در جای خود نیست: «که بختِ بد (چونان) اژدها دمان(ی) است، (که)».

رسیدن کیخسرو بسپاه ایران ۱۳۷

بـــه‌مردی نـــیابد کســـی زو رهـــا   چـنین آمـــد ایـــن تـیزچنگ اژدهـا[1]
کشـیدی هـــمه ســـاله تـیمار مـــن   مـــیان بسـته بـودی بـه پـیکار مـن[2]
ز خـــون ســیاوش پـــر از درد بـــود   بـــدانگـــه کســـی را نـــیازرد بـــود[3]
چـــنان مـــهربان بـــود و دژخـیم شـد   اُز او شـــهر ایـــران پـــر از بـیم شـد[4]
مـــر او را بـــبرد اهـــرمن دل ز جـــای   دگـــرگونه پـــیش انـــدر آورد پـــای[5]
فـــراوان هـــمی خـیره دادمش پـــند   نـــیامدش گـــفتار مـــن ســـودمند[6]
از افـــراســـیابش نـــبرگشت ســـر   کـــنون شـــهریارش چـنین داد بـــر[7]
مکـــافات او مـــا جـــز ان خـــواستیم   هـــمی گـــاه و دیـــهیمش آراســـتیم[8]
از انـــدیشهٔ مـــا ســـخن درگـــذشت   فـــلک بـــر ســـرش بـــر، دگـــرگونه گشت[9]
بـــدل بـــر، جـــفا کـــرد، بـــر جـــای مـــهر   بـــدین ســـر دگـــرگونه بـنمود چـهر[10]
کـــنون پـــند گـــودرز و فـــرمان مـــن   بـــیفکند و، گـــفتار و پـــیمان مـــن[11]
تـــبه کـــرد مـــهر دل پـــاک را   بـــه زهـــر انـــدر آمـیخت تـریاک را[12]
کـــه آمـــد بـــه جـنگ شـما بـــا سپاه   کـــه چـندان شـد از شـهر ایـران تـباه[13]
ز تـــوران پـــیچید و آمـــد دمـــان   کـــه ژوپـــین گـــودرز بـــودش زمـان[14]
پـســـر بـــا بـــرادر، کـــلاه و کـــمر   ســـلیح و ســـپاه و هـــمه بـــوم و بـر[15]
بـــداد از پـــی مـــهر افـــراسیاب   زمـــانه بـــر او کـــرد چـندین شـتاب[16]
بـــفرمود تـــا مشک و کـــافورِ نـــاب   بـــه انـــبر بـــرآمیخته بـــا گـــلاب[17]
تـــنش را بـــیالود زان ســـرسر   بکـــافور و مشکش بـــیاکـــند بـــر[18]
بـــه دیـبای رومـــی تـــن پـــاک اوی   بـــپوشید آن جـــان نـــاپاک اوی[19]

---

۱ – **یک:** پیوند «که» در آغاز رج باید. **دو:** «چنین (آمد) نیز نادرخور است.
۲ – **یک:** پس کیخسرو، داستان دروغین را برای پیرانِ مُرده می‌زده است! **دو:** «تیمار» کشیدنی نیست «بردنی» است.
۳ – **یک:** سخن از «تو»، به «او» گردانده شد. **دو:** «بدانگه» نادرخور است و «نیازرد بود» نادرست.
۴ – **یک:** پیران هیچگاه دژخیم نشد. **دو:** ایرانشهر همواره از افراسیاب بیم داشت، نه از پیران.
۵ – **یک:** پیروی از اهریمن! دور باد از روان پیران! **دو:** پای پیش اندر آوردن نادرست است: «پای پیش نهاد».
۶ – هیچگاه کیخسرو، پیران را پند نداده بود.
۷ – این بر، از افراسیاب بدو نرسیده‌بود که از کیخسرو بدو رسید!
۸ – **یک:** «دیهیم»، در آنزمان نبوده‌است. **دو:** هیچگاه پیشنهاد شاهی به پیران نداده بود.
۹ – **یک:** «سخن» درگذشت نادرست است. **دو:** رویداد یا داستان. **سه:** درگذشتن مردن است: «برگذشتن».
۱۰ – **یک:** بدل خود جفا کرد؟ **دو:** یا به کیخسرو و ایران؟ **سه:** بکدام سر؟
۱۱ – «کنون» نادرخور است. در جنگِ گذشته!
۱۲ – «مهر» را فراموش کردن شاید، و تبه کردن نشاید. تریاک، خود درمان زهر است و اگر بزهر خورده تریاک دهند، «تریاک بزهر آمیزند» کاری نیک کرده‌اند!
۱۳ – **یک:** جنگ شما نادرخور است: «بجنگ ما». **دو:** در آن جنگ از ایرانیان کسی کشته نشده‌بود.
۱۴ – از توران نپیچیده بود.
۱۵ – دنبالهٔ سخن.
۱۶ – «از پی» نادرست است: «در راهِ».
۱۷ – با چنین بویهای خوش،
۱۸ – **یک:** تن «آلوده» نمی‌شود که پاک میگردد. **دو:** دوباره کافور و مشک.
۱۹ – **یک:** روم پدیدار نشده‌بود، و پسان دیبا را نیز از ایران بروم می‌بردند! **دو:** جان را نمی‌توان با دیبای رومی پوشاندن. نمونه‌ها: خاکِ
←

یکی دخمه فرمود خسرو بمهر ــ برآورده سر تا بگردان سپهر[1]
نهاد اندرو تختهای گران ــ چنانچون بود درخورِ مهتران
نهادند مر پهلوان را بگاه ــ کمر بر میان و، بسر بر، کلاه[2]
چنین است کردار این پرفریب ــ چه مایه فرازست و چندی نشیب[3]
خردمند را دل ز کردار اوی ــ بماند همی خیره از کار اوی[4]
ازآن پس گروی زره را بدید ــ یکی باد سرد از جگر برکشید[5]
نگه کرد خسرو بدان زشتروی ــ چو دیوی به رخ بر، فروهشته موی[6]
همی گفت کای کردگار جهان ــ تو دانی همی آشکار و نهان[7]
همانا که کاووس بد کرده بود ــ بپاداش تا باز، کین آزمود[8]
که دیوی چنین بر سیاوش گماشت ــ ندانم جز این، کینه، بر دل چه داشت؟[9]
ولیکن به پیروزی یک خدای ــ جهاندار نیکیده و رهنمای[10]
که خون سیاوش ز افراسیاب ــ بخواهم، بدین کینه گیرم شتاب[11]
گروی زره را گره تا گره ــ بفرمود تا برکشیدند زه[12]
چو بندش جدا شد سراسر ز بند؛ ــ سرش را بریدند، چون گوسپند[13]

← ناپاک، جان ناپاک، بارای ناپاک، چشم برپاک (بنگرید به خالقی مطلق ۱۵۸-۴) هیچیک راگزارش نیست.

۱ – دخمه را در سنگ کوهها می‌کندند، و سر آن چون ساختمان نبود که بگردان سپهر رسد! – چرا تخت«ها»؟ تا آنجا که دخمه‌های گشوده شده نشان میدهند، پیکر را درمیان تابوتی سنگین که از همان تخته سنگ تراشیده می‌شد، می‌نهادند، نه بر تخت!

۲ – نه چنین بوده‌است.

۳ – ایرانیان جهان را فریبکار (پرفریب) نمی‌دانستند. به اندیشهٔ گودرز بهنگام گریز پیران، بازگردیم:

نگه کرد گودرز وبگریستٔ زار ــ بترسید از گردش روزگار
بدانست کش نیست باکس وفا ــ میان بسته دارد ز بهرِ جفا

که گودرز؛ خود، از «جفای» روزگار یاد کرد نه از فریب آن.

۴ – پیوسته به گفتار.

۵ – چون کشندهٔ پدر را بینند آه نمی‌کشند، که خشم میگیرند!

۶ – **یک:** بردن نام خسرو کاربرد ندارد: زیراکه همهٔ آن سخنان از خسرو بوده‌است. **دو:** گروی یکی از سرداران توران و آریایی بود، و نمیتوان او را زشتروی درشمار آوردن و پیش‌ازین و هیچگاه از او چنین، یاد نشده‌است!

۷ – همی‌گفت نادرست است.

۸ – در لت دویم «او» که باشد؟ کین آزمودن چگونه است؟

۹ – چه‌کس دیو را بر سیاوخش گماشت؟ یا برای کشتن سیاوخش؟ **دو:** و این چه‌کس است که این کینه را «در» دل داشت؟ گفتار پریشانتر از این نمی‌شود.

۱۰ – روی سخن با خداوند بود، و برگشت.

۱۱ – خون سیاوخش را از افراسیاب نمیتوانست گرفتن، که کینهٔ سیاوخش را از افراسیاب می‌توانست کشیدن.

۱۲ – **یک:** چون روی خسرو به گروی بوده‌است، دوباره نام بردن از او نادرست است: «بفرمود که او را». **دو:** چون گره ازگره کسی جدا کنند، تکه‌تکه می‌شود و از چند تکه‌پاره نمی‌توان «زه کشیدن»! زه کشیدن؛ پوست کسی را ازگوشت جدا کردن و باریک‌باریک بریدن و آنرا همچون نخ تابداده پیچاندن و تاب دادن است، تا یک «زه» از آن برآید!

۱۳ – **یک:** میان سر و تن نیز چند بند از ستون مهره‌ها است و آنها را (گره تاگره) می‌بایستی از هم جدا کنند، و یکباره نمی‌باید سرش از پیکر جدا شود! **دو:** چون بندها را از پای ببالا ازیکدیگر جدا کنند، بجزاز سر چیزی نمی‌ماند، که آنرا مانند سر گوسپند ببرند!

زینهارخواهی تورانیان ۱۳۹

بفرمود او را فکندند به آب ... بگفتا: چنین باید؛ افراسیاب[1]
بُد شاه چندی بدان رزمگاه ... بدان، تا کند ساز، کار سپاه
دهد پادشاهی که را درخورست ... کسی کز در خلعت و افسرست[2]
به گودرز داد آن زمان اصفهان ... کلاه بزرگی و تخت مهان[3]
به اندازه اندر خور کارشان ... بیاراست خلعت سزاوارشان[4]
از آنها که بودند مانده بجای ... که پیرانشان بُد، سر و کدخدای[5]
⇐ فرستاده آمد بنزدیک شاه ... خردمند مردی ز تورانسپاه
که: «ما شاه را بنده و چاکَریم ... زمین جز بفرمان او نسپَریم
کس از خواست یزدان نیابد رها ... اگر چه شود در دم اژدها[6]
جهاندار داند که ما خود که‌ایم ... میان تنگ بسته ز بهر چه‌ایم
نبُدمان بکار سیاوش گناه ... ببرد اهرمن، شاه* را، دل ز راه
که توران ز ایران همه پر غم است ... زن و کودک خرد در ماتم است[7]
نه بر آرزو کینه‌خواه آمدیم ... ز بهر بر و بوم و گاه آمدیم[8]
ازین جنگ ما را بد آمد به سر ... پسر بی پدر شد پدر بی‌پسر[9]
بجان، گر دهد شاهمان، زینهار ... ببندیم پیشش، میان، بنده‌وار[10]
بدین لشگر اندر بسی مهترست ... کجا بندگی شاه را درخورست[11]
گنهکار ماییم و، او پادشاست ... ازو هرچه آید بما بر، رواست
سران سربسر نزد شاه آوریم ... بسی پوزش اندر گناه آوریم[12]
گر از ما به دلش اندرون کین بود ... بریدن سر دشمن آیین بود[13]
ور ایدونکه بخشایش آرد رواست ... همان کرد باید که او را هواست»[14]
چو بشنید گفتارِ ایشان، بدرد! ... ببخشودشان شاهِ آزادمرد

---

۱ – ایرانیان هیچگاه مردار و نسا (=گوشت و پوست جدا شده از تن) در آب نمی‌افکندند، و چنین کار، یکی از بدترین گناهان در نزد آنان بود.

۲ – **یک:** پیوند «و» در آغاز این رج بایسته است. **دو:** افسر و پادشاهی هردو یکی است.

۳ – کلاه بزرگی و تخت مهان، تخت و تاج شاهی بوده‌است.

۴ – گودرز یک کس بود و کار(شان) با آن همخوان نیست.

۵ – **یک:** پیدا نیست که اینان چه کسان‌اند... و در رج پسین روشن می‌شود. **دو:** «که پیران سپهسالارشان بود».

٦ – خواستِ در رج نخست سخن را بدآهنگ میکند. رج دویم را پیوند درست با لت نخست نیست.

* – افراسیاب.

۷ – سخن نادرست است: «(همهٔ) تورانیان از ایران پر غم(اند)» در لت دویم نیز بجای است: «اند» باید.

۸ – بر این بنیاد؛ برای گرفتن بر و بوم و تخت ایران آمده‌بودند!

۹ – لت دویُم نادرست است، زیرا که همهٔ پدران بی‌پسر، و همهٔ پسران بی‌پدر نشده‌اند: «بسا پدر که بی‌پسر شد و...».

۱۰ – بنده‌وار.

۱۱ – بسی مهتر است، نادرست است «بسا مهتران‌اند» نیز لت دویم...

۱۲ – سران را «را» باید. اما سرانِ سپاه توران که همگی کشته شده‌اند، افزاینده خواسته‌است بگوید: «سرهای خود را...» در رج پسین سخن از بریدن سر می‌رود.

۱۳ – پس‌از خواستن زینهار، سخن از کین نمی‌رود.

۱۴ – دنبالهٔ گفتار.

بفرمود تا پیش او آمدند / بران آرزو چاره‌جو آمدند
همه برنهادند، سر بر زمین / پراز خون دل و لب پراز آفرین
سپهبد سوی آسمان کرد سر / که: «ای دادگر داور چاره‌گر[1]
همان لشگرست این که سر پر ز کین / همی خاک جستند از ایرانزمین[2]
چنین کردشان ایزد دادگر / نه رای و نه دانش نه پای و نه پر[3]
بدو دست یازم که او یاربس / ز گیتی نخواهیم فریادرس[4]
بدین داستان زد یکی نیک‌رای / که از کین به زین اندر آورد پای
که این باره، رخشنده تخت من است / کنون کار بیداربخت من است[5]
بدین کینه گر تخت و تاج آوریم / اُگر رسم تابوت و ساج آوریم[6]
اُگرنه به چنگ پلنگ اندرم / خور کرگسان است مغز سرم[7]
کنون بر شما، گشت، کردار بد / شناسد هر آن‌کس که دارد خرد[8]
نی‌ام من بخون شما شسته چنگ / نگیرم چنین کار، دشخوار و تنگ[9]
همه یکسره در پناه منید / اُگر چند بدخواه گاه منید
هرآن‌کس که خواهد نباشد رواست / بدین گفته افزایش آمد نه کاست[10]
هرآن‌کس که خواهد سوی شاه خویش / گذارد، نگیرم بر او راه، پیش[11]
ز کمّی و بیشّی و ز رنج و آز / به نیروی یزدان شدم بی‌نیاز»[12]
چو ترکان شنیدند گفتار شاه / ز سر برگرفتند یکسر کلاه[13]
به پیروزی شاه خستو شدند / پلنگان جنگی چو آهو شدند[14]
بفرمود شاه جهان تا سلیح / بیارند تیغ و سنان و رمیح[15]
ز برگستوان و ز رومی کلاه / یکی توده کردند نزدیک شاه[16]
به گرد اندرش سرخ و زرد و بنفش / زدند آن سرافراز ترکان درفش[17]

---

۱ - در این رج سخن با خداوند است، ۲ - نیز...،
۳ - و در این رج و رج پسین روی بخداوند ندارد. لت دویم نیز پریشان است، رای و دانش دو روزگارشکست کم نمی‌شود.
۴ - داستان زدن برای خداوند! ۵ - لت دویم پریشان است.
٦ - **یک:** دخمه بجای تابوت! **دو:** تابوت ساج چه باشد. **سه:** «رسم» در آیین سخن فردوسی نیست.
۷ - سخن نادرست است: بچنگ پلنگ «می‌افتم» و پلنگِ آزاده‌خوی را هیچگاه پروای مردارخواری نیست. کنش نیز نادرخور است و مغزم خوراک کرکسان «می‌شود». ۸ - روی سخن از خداوند به تورانیان برگشت. ۹ - دنبالهٔ گفتار.
۱۰ - «خواهد نباشد» نادرست است: «هر آنکس که خواهد که برود» لت دویم بی‌گزارش است.
۱۱ - لت نخست همانست که در رج پیشین آمده‌بود، در لت دویم «راه پیش» نیز درست نیست: «پیش راهش (را) نگیرم».
۱۲ - دنبالهٔ گفتار. ۱۳ - آنان ترک نبوده‌اند. ۱۴ - پیشتر خستو بودند که بزنهار خواهی آمدند!
۱۵ - چون سلیح گفته شود، همان تیغ و سنان را نیز دربرمیگیرد. «رمیح» نیز در گفتار فردوسی نیست و باز همان نیزه یا سنان است که دو بار از آن یاد می‌شود. ۱٦ - روم پدیدار نشده‌بود.
۱۷ - سخن درهم ریخته است: «تورانیان درفش‌های سرخ و زرد و بنفش را بر گردِ آن توده برافراشتند».

بخوردند سوگندهای گران — که: «تا زنده‌ایم از کران تا کران[1]
همه شاه را چاکر و بنده‌ایم — همه دل بمهر وی آکنده‌ایم»[2]
چو این کرده بودند بیدار شاه — ببخشید یکسر همه بر سپاه[3]
ز هم‌شان پس آنگه پراگنده کرد — همه بومش از مردم آکنده کرد[4]

اندر رسیدن بیژن و گستهم
به نزدیک
کیخسرو

ازانپس خروش آمد از دیده گاه — که: «گَردِ سواران برآمد ز راه
سه اسپ و سه کشته بر او بسته زار — همی بینم از دور با یک سوار»[5]
همه نامداران ایران‌سپاه — نهادند چشم از شگفتی براه
که تا کیست؟ از مرز تورانزمین — که، یارد؛ گذشتن بر این دشت کین!
هم اندر زمان بیژن آمد دمان — ببازو، بزه بر، فکنده کمان
بر اسپان چو لهّاک و فرشیدورد — فکنده نگونسار پر خون گرد[6]
بر اسپی دگر بر پر از درد و غم — به آغوش ترک اندرون گستهم[7]
چو بیژن بنزدیک خسرو رسید — سرِ تاج و تخت بلندش بدید
ببوسید و بر خاک بنهاد روی — بشد شاد خسرو، بدیدار اوی
بپرسید و گفتش که: «ای شیرمرد — کجا؟ رفته بودی ز دشت نبرد»
ز گستهم، بیژن؛ سخن یاد کرد — ز لهّاک و از گُردِ فرشیدورد
اُزان خسته و زاری گستهم — ز جنگ سواران و ز بیش و کم[8]
کنون آرزو گستهم را یکیست — که آن کار بر شاه دشوار نیست[9]
به دیدار شه آمده‌ستش هوا — اُزان پس اگر میرد او را روا»[10]

---

۱ – از کران تا کران را گزارش نیست. افزاینده را رای آن بوده‌است که بگوید: «همهٔ ماه»!

۲ – همه در آغاز این رج همان از کران تا کران رج پیشین است.

۳ – «چون چنین کردند» لت دویم: روشن نیست که آن جنگ‌افزارها را بکدام سپاه داده‌است.

۴ – سخن پریشان.

۵ – یک: از کجا زاری کشتگان را شنیدند؟ کشته را که زاری نیست. دو: «سه کشته» را بر «سه اسپ» «آنها» باید، نه «او».

٦ – چو... نادرست است.

۷ – ترک!

۸ – زاری را «خستگی» باید.

۹ – دنبالهٔ گفتار.

۱۰ – آمدستش هوا نادرست است «آرزوی دیدار شاه را دارد»، لت دویم نیز بی‌پیوند است: «او را روا باشد».

بفرمود پس شاه آزرمجوی — که بردند گستهم را پیش اوی
چنان تنگدل شد ازو شهریار — که از گریه مژگانش آمد ببار[1]
چنان بد زبس خستگی گستهم — که گفتی همی برنیایدْش دم[2]
یکی بویِ مهرِ شهنشاه یافت — بپیچید و دیده سوی او بتافت
ببارید از دیدگان آب مهر — سپهبد پراز آب و خون کرد چهر
بزرگان بر او زار و گریان شدند — چو بر آتش تیز بریان شدند
دریغ آمد او را سپهبد به مرگ — که سندان کین بد سرش زیر ترگ[3]
ز هوشنگ و تهمورس و جمشید — یکی مهره بُد خستگان را امید[4]
رسیده به میراث نزدیک شاه — به بازوش بر داشتی سال و ماه[5]
چو مهر دلش گستهم را بخواست — گشاد آن گرانمایه از دست راست[6]
اَبَر بازوی گستهم بر ببست — بمالید بر خستگی‌هاش دست[7]
پزشکان که از روم و ز هند و چین — چه از شهر یونان و ایران‌زمین[8]
به بالین گستهم‌شان برنشاند — ز هر گونه افسون بر او بر بخواند[9]
اُز آنجا بیامد بجای نماز — بسی با جهان‌آفرین گفت راز[10]
دو هفته برآمد برآن خسته مرد — سرآمد همه رنج و سختی و درد*
بر اسپش ببردند نزدیک شاه — چو شاه اندر او کرد لختی نگاه
به ایرانیان گفت ک:«ز کردگار؛ — بُوَد هرکسی شاد و به روزگار!
ولیکن شگفت است این کار من — بدین راستی برشده یار من[11]
به پیروزی، اندر غمِ گستهم — نکرد این دل شادمان را دژم»!○

---

۱ – لت دویم سست است، گریهٔ شاه در رج سیوم پس‌ازاین می‌آید.
۲ – خستگی را با «دم» پیوند نیست بسا کسان که خسته نیستند و دم در کشیده‌اند!
۳ – بمرگ نادرست است: «که بمیرد» لت دویم نیز بی‌گزارش است.
۴ – اگر چنین مهره‌ای بوده‌است، چرا تاکنون در شاهنامه از آن یاد نشده‌بود؟
۵ – رسیده بمیراث نادرست است: «میراث رسیده‌بوده»، نزدیک شاه نیز درست نیست: «بشاه».
۶ – لت نخست سست است. لت دویم «آن گرانمایه مهره را».   ۷ – مهره، کارساز بود؟ یا دست کیخسرو؟
۸ – روم، و یونان هنوز در جهان پدیدار نشده‌بودند. «پزشکان که» نیز نادرست است: «پزشکانِ روم و هند و...».
۹ – پس پزشکان چه خویشکاری داشتند؟ اگر افسون کیخسرو او را بهبودی می‌بخشید!
۱۰ – راز گفت؟ یا درخواست کرد؟
* – شاهنامه فلورانس: «بپیوست و برخاست آزار و درد». در نمونه‌ها، نُه گونه سخن آمده‌است (بنگرید به خالقی مطلق ۱۶۴–۴) که شاهنامه ق ۲: بپیوستگی رست از آزار و درد. شاهنامه‌های فلورانس و قاهرهٔ ۲، نمونهٔ درست‌تر را بدست داده‌اند، اما این دو نمونه را نیز پیوند درست با لت نخست باید! در اندیشهٔ من گفتار فردوسی چنین بوده‌است: **«که پیوست و برخاست آزار و درد»**.
۱۱ – سخن سست است و هیچ از آن بر نمی‌آید، و میان رج‌های پیشین و پسین نیز جدایی می‌افکند!
○ – در پیروزی لشکر ایران، غم کشته شدن گستهم مرا غمگین نکرد.

رسیدن بیژن و گستهم به سپاه ایران ۱۴۳

بخواند آن زمان بیژن گیو را — بدو داد دست گو نیو را[1]
که: «تو نیکبختی و یزدان شناس — مدار از تن خویش هرگز هراس[2]
همه مهر پروردگارست و بس — ندانم به گیتی جز او هیچکس[3]
که اویست جاوید و فریادرس — به سختی نگیرد جز او دست کس[4]
اگر زنده گردد تن مرده مرد — جهاندار گستهم را زنده کرد»[5]
بگستهم گفتا که: «تیماردار — چو بیژن نبیند کس از روزگار[6]
کزو رنج بر مهر بگزیده‌ای — ستایش بدین گونه بشنیده‌ای»[7]
به زیبد ببُد شاه یک هفته نیز — درم داد و دینار و هرگونه چیز[8]
فرستاد هر سو فرستادگان — به نزد بزرگان آزادگان[9]
چو از جنگ پیران شدی بی‌نیاز — یکی رزم کیخسرو اکنون بساز[10]

---

۱ - «آنزمان» نادرخور است: «پس بیژن گیو را بخواند»... پیشتر گیو نگهبان و پرستار او بود، و اکنون دست او را بدست بیژن «دادن» چگونه است؟ ۲ -هیچکس را از تن خویش هراس نیست «هراس» از دشمن است، یا از بیماری و مرگ.
۳ - میان دو لت پیوند نیست. ۴ - در بسا سختی‌ها، مردمان، دست یاری‌خواهان را میگیرند!
۵ - «اگر زنده گردد» نادرست است: «اگر گویند که مرده‌ای، زنده شده». ۶ - دنبالهٔ گفتار.
۷ - باز روی سخن با بیژن است، لت دویم. ۸ - یک هفته نیز نادرست است: یکهفتهٔ دیگر نیز.
۹ - سخن را پایان نیست. ۱۰ - «بی‌نیاز» نادرست است: «چون جنگ پیران بسر رسید...».

از اینجا نودوپنج رج، سخنان سست و بی‌پایهٔ مردانِ دروغ‌آزمای دستگاه غزنویان آغاز می‌شود که همه در ستایش محمود سبکتکین است، که گاه او را بپایهٔ خداوند نیز میرسانند «که شاه جهان از گمان برتر است»... و گاه سفلگی دریوزه‌گران درخواست درم ازبرای سرو آزاد خراسان، فردوسی ایران میکنند... و گاه ازبرای آنکه بسخن خویش توان بخشند سروده‌های فردوسی را بسخن خویش می‌افزایند... و چون دراین‌باره سخن بایسته در پیشگفتار آمده‌است گفتار را بس میدانم، تنها یک سخن می‌ماند! اکنون که خوانندهٔ آگاه، افزوده‌های افزایندگان را در شاهنامه خوانده و پی به سستی سخن و کژی اندیشهٔ افزایندگان برده‌است، با خواندن این سخنان، همانندی شگفت آنها را با افزوده‌های پیشین، روشن در می‌یابد.

جنگ بزرگ کیخسرو
با
افراسیاب

ز یزدان بران شاه باد آفرین — که نازد بدو تاج و تخت و نگین
که گنجش ز بخشش بنالد همی — بزرگی ز نامش ببالد همی
ز دریا به دریا سپاه وی است — جهان زیر فرّ کلاه وی است
خداوند نام و خداوند گنج — خداوند شمشیر و خفتان و رنج
ز گیتی به کان اندرون زر نماند — که منشور جود ورا برنخواند
به بزم اندرون گنج پیدا کند — چو رزم آیدش رنج پیدا کند
به بار آورد شاخ دین و خرد — گمانش به دانش خرد پرورد
به اندیشه از بی‌گزندان بود — همیشه پناهش به یزدان بود
چو او مرز گیرد به شمشیر تیز — برانگیزد اندر جهان رستخیز
ز دشمن ستاند ببخشد به دوست — خداوند پیروزگر یار اوست
بدان تیغ‌زن دست گوهرفشان — ز گیتی نجوید همی جز نشان

که در بزم درپاش خواند سپهر به رزم اندرون شیر خورشیدچهر
گواهی دهد بر زمین خاک و آب همان بر فلک چشمهٔ آفتاب
که چون او ندیده‌ست شاهی به جنگ نه در بخشش و کوشش و نام و ننگ
اگر مهر با کین برآمیزدی ستاره ز خشمش بپرهیزدی
تنش زورمندست و چندان سپاه که اندر میان باد را نیست راه
پس لشگرش هفتصد ژنده‌پیل خدای جهان یاور و جبریل
همی باژ خواهد ز هر مهتری ز هر نامداریّ و هر کشوری
اگر باژ ندهند کشور دهند همان گنج و هم تخت و افسر دهند
که یارد گذشتن ز پیمان اوی اُگر سرکشیدن ز فرمان اوی
که در بزم گیتی بدو روشن است به رزم اندرون کوه در جوشن است
ابوالقاسم آن شهریار دلیر کجا گور بستاند از چنگ شیر
جهاندار محمود کاندر نبرد سر سرکشان اندرآرد به گرد
جهان تا جهان باشد او شاه باد بلنداخترش افسر ماه باد
که آرایش چرخ گردنده اوست به بزم اندرون ابر بخشنده اوست
خرد هست و هم نیکنامی و داد جهان بی‌سرِ افسر او مباد
سپاه و دل و گنج و دستور هست همان رزم و بزم و می و سور هست
یکی فرش گسترده شد در جهان که هرگز نشانش نگردد نهان
کجا فرش را مسند و مرقد است نشستنگه فضل بن احمد است
که این گونه آرام شاهی بدوست خرد در سر نامداران نکوست
نبُد خسروان را چنو کدخدای به پرهیز دین و به رادیّ و رای
گشاده زبان و دل و پاک دست پرستندهٔ شاه یزدان‌پرست
ز دستور فرزانه و دادگر پراگنده رنج من آمد به بر
بپیوستم این نامهٔ باستان پسندیده از دفتر راستان
که تا روز پیری مرا بردهد بزرگیّ و دینار و افسر دهد
ندیدم جهاندار بخشنده‌ای به تخت کیان بر درخشنده‌ای
همی داشتم تا کی آید پدید جوادی که جودش نخواهد کلید
نگهبان دین و نگهبان تاج فروزندهٔ افسر و تختِ عاج
برزم دلیران توانا بود به چون و چرا نیز دانا بود
چنین سال بگذاشتم شست و پنج به درویشی و زندگانی به رنج
چو پنج از سر سال شستم نشست من اندر نشیب و سرم سوی پست

۱۴۶ نبرد بزرگ کیخسرو

رخ لاله گون گشت برسان کاه / چو کافور شد رنگ مشک سیاه
بدان گه که بُد سال پنجاه و هفت / نوان‌تر شدم چون جوانی برفت
فریدون بیداردل زنده شد / زمان و زمین پیش او بنده شد
به داد و به بخشش گرفت این جهان / سرش برتر آمد ز شاهنشهان
فروزان شد آثار تاریخ اوی / که جاوید بادا بن و بیخ اوی
ازان‌پس که گوشم شنید آن خروش / نهادم بران تیزآواز گوش
بپیوستم این نامه بر نام اوی / همه مهتری باد فرجام اوی
ازان‌پس تن جانور خاک راست / روان روان معدن پاک راست
همان نیز بخشندهٔ دادگر / کزوبست پیدا به گیتی هنر
که باشد به پیری مرا دستگیر / خداوند شمشیر و تاج و سریر
خداوند هند و خداوند چین / خداوند ایران و توران زمین
خداوند زیبای برترمنش / ازو دور پیغاره و سرزنش
بدرّد ز آواز او کوهِ سنگ / به دریا نهنگ و به خشکی پلنگ
چه دینار در پیش بزمش چه خاک / ز بخشش ندارد دلش هیچ باک
جهاندار محمود خورشیدفش / به رزم اندرون شیر شمشیرکش
مرا از جهان بی‌نیازی دهد / میان گوان سرفرازی دهد
که جاوید بادا سرِ تخت اوی / به کام دلش گردش بخت اوی
که داند ورا در جهان خود ستود / کسی که‌ش ستاید که یارد شنود
که شاه از گمان و توان برترست / چو بر تارک مشتری افسرست
یکی بندگی کردم ای شهریار / که ماند ز من در جهان یادگار
بناهای آباد گردد خراب / ز باران و زِ تابش آفتاب
پی افکندم از نظم کاخی بلند / که از باد و بارانش ناید گزند
برین نامه بر سال‌ها بگذرد / همی خواند آن کس که دارد خرد
کند آفرین بر جهاندار شاه / که بی او مبیناد کس پیشگاه
مر او را ستاینده کردار اوست / جهان سربسر زیر آثار اوست
چو مایه ندارم ثنای ورا / نیایش کنم خاک پای ورا
زمانه سراسر بدو زنده باد / خرد تخت او را فروزنده باد
دلش شادمانه چو خرّم بهار / همیشه برین گردش روزگار
ازو شادمانه دل انجمن / به هر کار پیروز و چیره‌سخن
همی تا بگردد فلک چرخ‌وار / بود اندرو مشتری را گذار

شهنشاه ما باد با جاه و ناز ** ازو دور چشم بدیْ و نیاز

*

کنون زین سپس نامهٔ باستان ** بپیوندم از گفتهٔ راستان
چو پیش آورم گردش روزگار ** نباید مرا پند آموزگار
چو پیکار کیخسرو آمد پدید ** ز من جادوی‌ها بباید شنید
بدین داستان دُر ببارم همی ** به سنگ اندرون لاله کارم همی
کنون خامه‌ای یافتم بیش ازان ** که مغز سخن یافتم پیش ازان
ایا آزمون را نهاده دو چشم ** گهی شادمانی گهی درد و خشم
شگفت اندرین گنبد لاژورد ** بماند چنین دل پر از داغ و درد
چنین بود تا بود دور زمان ** بنوّی تو اندر شگفتی ممان
یکی را همه بهره شهد است و قند ** تن آسانی و ناز و بخت بلند
یکی زو همه ساله با درد و رنج ** شده تنگدل در سرای سپنج
یکی را همه رفتن اندر نهیب ** گهی در فراز و گهی در نشیب
چنین پروراند همی روزگار ** فزون آمد از رنگِ گل رنجِ خار
هر آنگه که سال اندر آمد به شست ** بباید کشیدن ز بیشیت دست
ز هفتاد برنگذرد بس کسی ** ز دوران چرخ آزمودم بسی
اُگر بگذرد آن همه بتّریست ** بران زندگانی بباید گریست
اگر دام ماهی بُدی سال شست ** خردمند ازو یافتی راه جست
نیابیم بر چرخ گردنده راه ** نه بر کار دادار خورشید و ماه
جهاندار اگر چند کوشد به رنج ** بتازد به کین و بنازد به گنج
همش رفت باید به دیگر سرای ** بماند همه کوشش ایدر بجای
تو از کار کیخسرو اندازه گیر ** کهن گشته کار جهان تازه گیر
که کین پدر باز جست از نیا ** به شمشیر و هم چاره و کیمیا
نیا را بکشت و خود ایدر نماند ** جهان نیز منشور او را نخواند
چنین است رسم سرای سپنج ** بدان کوش تا دور مانی ز رنج

*

چو شد کار پیران ویسه بسر! ** بجنگ دگر شاه پیروزگر؛[1]
بیاراست از هر سویی مهتران ** برفتند با لشگری بیکران[2]

---

۱ - بر پایهٔ افزوده‌ها چندیست کار پیران ویسه بسر رسیده‌است، و کیخسرو در لشگرگاه بود و هنوز پای بجنگ پیش ننهاده‌بود.

۲ - **یک**: مهترانِ یادشده که بوده‌اند؟ **دو**: آن مهتران و یک لشگر رفته‌اند؟ پس‌از هر سویی در لت نخست چه گزارش دارد؟ آراستن
←

برآمد خروشیدن کرّنای — بهامون کشیدند پرده‌سرای[1]
به شهر اندرون جای خفتن نماند — به دشت اندرون راه رفتن نماند[2]
یکی تخت پیروزه بر پشت پیل — نهادند و شد روی گیتی چو نیل[3]
نشست از بر تخت با تاج، شاه — خروش آمد از دشت و از بارگاه[4]
چو بر پشت پیل آن شه نامور — زدی مهره در جام و بستی کمر[5]
نبودی به هر پادشاهی روا — نشستن مگر بر در پادشا[6]
ازان نامور خسرو سرکشان — چنین بود در پادشاهی نشان[7]
به مرزی که لشگر فرستاده بود — بسی پند و اندرزها داده بود[8]
چو لهراسپ و چون اشکش تیزچنگ — که از ژرف دریا ربودی نهنگ[9]
دگر نامور رستم پهلوان — پسندیده و راد و روشن روان
بفرمودشان بازگشتن به در — هر آن کس که بُد گرد و پرخاشخر[10]
در گنج بگشاد و روزی بداد — بسی از روان پدر کرد یاد[11]
سه تن را گزین کرد زان انجمن — سخنگو و روشن‌دل و تیغ‌زن[12]
چو رستم که بُد پهلوان بزرگ — چو گودرز بینادل آن پیر گرگ[13]
دگر پهلوان توس زرّینه کفش — کجا بود با کاویانی درفش[14]
به هر نامداریّ و خودکامه‌ای — نبشتند بر پهلوی نامه‌ای[15]

→ مهتران چگونه باشد؟

۱ – افزاینده فراموش کرده‌است که سپاهیان در بیابان بودند بهامون کشیدن پرده‌سرای، دوباره‌گویی است.

۲ – **یک:** آنان در شهر نبودند، و در لشگرگاه میزیستند! **دو:** خُفتن را با رَفتن پساوا نیست.

۳ – چون تخت بر پشت پیل نهند، چرا می‌باید گرد بر هوا بلند شود، و روی گیتی را «چو نیل» گرداند.

۴ – یادکردن از بارگاه را روی نیست زیرا که آنان در دشت بوده‌اند.

۵ – شاه، مهره، بر جام نمی‌زد، که خویشکاران چنان میکردند...

۶ – **یک:** شاهان استانها چگونه از زابل و سپاهان و ری و گرگان... آوای مهره و جام را می‌شنیدند؟ که بدرگاه آیند! **دو:** بهر پادشاهی نادرست است: «نبود بهیچ پادشاه».

۷ – **یک:** دوباره نام کیخسرو را بر آوردن، درست نمی‌نماید. **دو:** چه نشان بوده‌است؟

۸ – **یک:** «فرستاده بود» با «بود» رج پیشین همخوان نیست. **دو:** داده بود نیز نادرخور است «پند داد». **سه:** اندرز، در اَوستا هَن دَرِزَ، در پهلوی هَندرز، در فارسی اندرز (= وصیت تازی است) و اندرز دادنی نیست، کردنی است. **چهار:** «اندرز» یگانه است و نشاید آنرا با «ها» همراه کردن!

۹ – **یک:** چو، در آغاز سخن نادرست است. **دو:** ربودیِ یگانه به هردوی آنان بازمیگردد.

۱۰ – **یک:** این سخن را برای پیوند به رج پسین «را» می‌باید! **دو:** از سه‌کس نام برده شد که هر سه پهلوان و پسندیده و... بودند، پس «هر آنکس» در لت دویم کاربرد ندارد!

۱۱ – روزی سپاهیان را دادن، میزبانی و هزینه برای درگذشتگان نیست که در آن روان پدر را یاد کنند!

۱۲ – زان انجمن؛ (از آن) انجمن؛ لهراسب واشکش و رستم است.

۱۳ – افزایندهٔ خام گفتار گودرز، فرّ آزادگان (= ایرانیان) را پیر گرگ نامید.

۱۴ – و توس درمیان آنان نبود! و گودرز را با پاژنام گرگ خواندن نیز از شاهکارهای افزایندگان است!

۱۵ – **یک:** سخن نادرست است: «بهمهٔ نامداران نامه نوشتند». **دو:** اگر پهلوانی، در مرز ایران خودکامه می‌بود، فرمان کیخسرو راگردن

←

فرستادگان خواست از انجمن — زبان‌آور و بخرد و رای‌زن[۱]
که: پیروز کیخسرو از پشت پیل — بزد مهره و گشت گیتی چو نیل[۲]
مه آرام بادا شما را مه خواب — مگر ساختن رزم افراسیاب»[۳]
چو آن نامه برخواند هر مهتری — کجا بود در پادشاهی سری[۴]
ز گردان گیتی برآمد خروش — زمین همچو دریا برآمد به جوش[۵]
بزرگان هر کشوری با سپاه — نهادند سر سوی درگاه شاه
چو شد ساخته جنگ را لشگری — ز هر نامداری به هر کشوری[۶]
ازان‌پس بگردید گرد سپاه — بیاراست بر هر سویی رزمگاه[۷]
گزین کرد زان لشگر نامدار — سواران شمشیرزن سی هزار[۸]
که باشند با او به قلب اندرون — همه جنگ را دست شسته بخون[۹]
به یک دست مر توس را کرد جای — منوشان خوزان فرخنده رای[۱۰]
که بر کشور خوزیان بود شاه — بسی نامداران زرّین کلاه[۱۱]
دو تن نیز بودند هم‌رزم توز — دو شهزادهٔ گردِ لشگرفروز[۱۲]
یکی آنکه بر خوزیان شاه بود — که رزم با بخت همراه بود[۱۳]
دگر شاه کرمان که هنگام جنگ — نکردی به دل یاد رای درنگ[۱۴]
چو صیاع فرزانه شاه یمن — دگر شیردل ایرج پیلتن[۱۵]

→ نمی‌نهاد.

۱ – فرستادگان «خواست»، نادرست است: «فرستاد»!

۲ – پیوند این رج با رج پیشین نادرست است: «تا بگویند که کیخسرو...».

۳ – لت دویم را پیوند درست با لت نخست نیست: «رزم افراسیاب (را) (آماده شوید)».

۴ – سخن نادرست است: «چون مهتر(ان) نامه (را خواندند)».

۵ – دنبالهٔ گفتار.

۶ – سخن سخت پریشان است: «چون سپاهی با نامداران کشور ساخته شد».

۷ – «ازانپس» در این رج با «چو» در آغاز رج پیشین همخوان نیست و افزوده می‌نماید: چون سپاهی... شد، گردِ آن بگردید».

۸ – سواران نادرست است: «سی هزار سوار شمشیر زن».

۹ – لت دویم این رج می‌بایستی بدنبال لت دویم رج پیشین می‌آمد زیرا که ایستادنشان درمیانه سپاه (قلب) میان آن دو جدایی می‌افکند: «سواران شمشیر زن که دست را بخون شسته...».

۱۰ – **یک:** کرد جای نادرست است: «جای داد». **دو:** لت دویم را بهیچ روی با لت نخست پیوند نیست. **سه:** منوشان خوزان را کار چه بود؟

۱۱ – **یک:** پادشاه خوزستان زنگهٔ شاوران بود، و سپاهیان زیر فرمانِ او؛ از خوزستان تا کرخ و بغداد بودند... **دو:** منوشان (= مانوشان) نام کوه مانوش است، کوهی که پیرامون دماوند راگرفته‌است، و زادگاه منوچهر (در اوستا مانوش چیثرَ و در پهلوی، مانوش چیتْر) بود در نمونه‌های دیگر (بنگرید به خالقی مطلق ۱۷۸–۴) منوشان و خوزان آمده‌است که بر کشور پارس پادشا بودند!! دو پادشاه در یک کشور! **سه:** لت دویم را چه پیوند با لت نخست است؟

۱۲ – سخن را پایان نیست. شاهنامهٔ مسکو آورده‌است: چو گورانْ شه، آن گرد لشگرفروز، که در آن، «دو تنِ» لت نخست را، با «گوران شه» در لت دویم همخوانی نیست.

۱۳ – دوباره نام کشور خوزیان می‌آید بی‌آنکه از نام آن پهلوان یاد شود.

۱۴ – و نیز شاه کرمان...

۱۵ – **یک:** چو در آغاز نادرست است. **دو:** نمونه‌ها پریشان‌اند. صیّاع، سبّاع، سیّاخ، سبّاخ... که همه نام‌های ساختگی‌اند.

که بر شهر کابل بُد او پادشا — جهاندار و بیدار و فرمانروا[1]
هر آن کس که از تخمهٔ کیقباد — بزرگان با دانش و با نژاد
چو شماخ سوری شه سوریان — کجا رزم را بود بسته میان[2]
فروتر ازو گیوهٔ رزم‌زن — به هر کار پیروز و لشگرشکن[3]
که بر شهر داور بُد او پادشا — جهانگیر و فرزانه و پارسا[4]
هر آنکو بد از تخمهٔ کیقباد — بزرگان با دانش و با نژاد[5]
به دست چپ خویش بر پای کرد — دل افروز را لشگرآرای کرد[6]
بزرگان که از تخم پورسپ، تیغ — زدندی شب تیره در تیره میغ[7]
هر آن کس که بود او ز تخم زرسپ — پرستندهٔ فرخ آذرگشسپ[8]
دگر بیژن گیو و رهّام گرد — کجا شاه‌شان از بزرگان شمرد[9]
چو گرگین میلاد و گردان ری — برفتند یکسر به فرمان کی[10]
پس پشت او را نگه داشتند — همه نیزه از ابر بگذاشتند[11]
به رستم سپرد آن زمان میمنه — که بود او سپاهی‌شکن یک تنه؛[12]
هر آن کس که از زاولستان بدند — اُگر کهتر و خویش دستان بدند[13]

---

۱ – **یک:** کابل و کشمیر و دَنبُر همواره زیر فرمان رستم و زال بوده‌است، **دو:** شاه کابل را نمی‌توان جهاندار خواندن، زیرا که آن، پاژنام کیخسرو بود.

۲ – چو در آغاز سخن نادرست است، از کشور سوریان، نشانی در دست نیست، و چگونه شماخ نامی که سوری بوده از تخمهٔ کیقباد بود و ما او را نمی‌شناسیم؟

۳ – «گیوه» نیز از آن نام‌ها است به ریشخند مانَد... کدام ایرانی است که نام فرزند خویش را گیوه نهد؟

۴ –شهری بنام داور، در جهان شناخته نشد!

۵ – **یک:** «آن کاو» در لت نخست با «بزرگان» در لت دویُم همخوان نیست. **دو:** در جنگ دانش بکار نمی‌آید، جنگاوری شایسته‌است. **سه:** نژاد کیقباد، خود بزرگ بوده‌است، و «با نژاد» در پایان رج چنین می‌نماید که برخی از فرزندان قباد را، نژاد نبوده‌است!

۶ – از لت دویم چنین برمی‌آید که آنان پریچهره و زیباروی بوده‌اند، اما کیخسرو آنانرا درمیان سپاه بکار گرفت!!

۷ – **یک:** نام پورسپ شناخته نشد! نمونه‌های دیگر: ز تخم سیامک که، که از نوز و نورست و، که از تخم زراسب، ز تخم پشنگ آنک، ز تخم زرسپ آنک (بنگرید به خالقی مطلق ۱۷۸-۴)، که هیچیک درست نمی‌نماید. شاهنامه فلورانس: «بزرگان کجا از چپ‌وراست تیغ... زدندی» پیدا است که شمشیر را می‌باید از چپ‌وراست زدن، و چنین کار بسته به آن بزرگان! نیست! **دو:** شب تیره برای نشاندادن تیرگی بس است، و نیاز به تیره میغ، نیاز افزاینده است به پساوا.

۸ – **یک:** «او» ناکاربردست، زیرا که «آن» در آنکس آمده‌است. **دو:** زرسپ خراسانی، پسرِ داماد توس، را باآذرگشسب در آذربایجان پیوندی نبوده‌است.

۹ – در برابر آن گمنامان، تازه نام دو پهلوان نامدار می‌آید که که پیشتر بزرگ نبوده‌اند، و اکنون از بزرگانشان می‌شمارد!!

۱۰ – چو در آغاز سخن نادرست است.

۱۱ – هنوز نبرد آغاز نشده‌است، و نیاز به نگهداشتن پشت سپاه نیست، مگر آنکه گفته آید. پشتیبانی سپاهشان کرد.

۱۲ – **یک:** میمنه را در سخن فردوسی جای نیست. **دو:** لت دویم سخت نادرخور است. سپه شکن شایستی گفتن و سپاهی شکن نشاید.

۱۳ – «هر آنکس» را با «بُدند» همخوان نیست.

بدیشان سپرد آن زمان دست راست — همی نام و آرایش جنگ خواست[1]
سپاهی گزین کرد بر میسره — چو خورشید تابان ز برج بره[2]
سپهدار گودرز کشواد بود — هجیر و چو شیدوش و فرهاد بود[3]
بزرگان که از بردع و اردبیل — به پیش جهاندرا بودند خیل[4]
سپهدار گودرز را خواستند — چپ لشگرش را بیاراستند[5]
بفرمود تا پیش قلب سپاه — به پیلان جنگی ببستند راه[6]
نهادند صندوق بر پشت پیل — زمین شد بکردار دریای نیل[7]
هزار از دلیران روز نبرد — به صندوق بر ناوک انداز کرد[8]
نگهبان هر پیل سیسد سوار — همه جنگ‌جوی و همه نیزه‌دار[9]
ز بغداد، گردان جنگاوران — که بودند با زنگهٔ شاوران[10]
سپاهی گزیده ز گردان کرخ — بفرمود تا با کمان‌های چرخ[11]
پیاده ببودند بر پیش پیل — که گر کوه پیش آمدی بر دو میل[12]
دل سنگ بگذاشتندی به تیر — نبودی کس آن زخم را دستگیر[13]
پیاده پس پیل کرده بپای — ابا نه‌رشی نیزهٔ سرگرای[14]
سپرهای گیلی به پیش اندرون — همی از جگرشان بجوشید خون[15]
پیاده صفی از پس نیزه‌دار — سپردار با تیر جوشن گذار[16]

---

۱ – رستم با سپاه خویش که زابلیان و کابلیان بوده باشند در یک بال جای میگیرد، نه آنکه یاران و بستگان او را ببال راست فرستند، و افزاینده فراموش کرده‌بود که دست راست (میمنه) را برستم سپرده‌بود، و اینان در همان بال، زیر فرمان رستم‌اند. لت دویم را پیوند با لت نخست نیست.

۲ – باز افزاینده را فراموشی پیش آمد که دست چپ «میسره» را بدان گمنامان پیشین سپرده‌بود.

۳ – **یک:** «سپهدار» کاستی دارد: «سپهدارشان». **دو:** هجیر و دیگران چکاره بودند؟ «چو» شیدوش چه باشد؟ مگر آنکه آهنگ سخن را بسامان کند!

۴ – این سپاهیان را...

۵ – می‌بایستی فرمان کیخسرو را پذیرفتن، نه آنکه خود، خودسرانه، بنزد گودرز روند.

٦ – **یک:** لت دویم را در آغاز «را» باید، تا به لت نخست پیوسته شود. **دو:** ببستند، سخن را بپایان میرسانده و راه در پایان گفتار نابجا است.

۷ – با نهادن چنتوک (= صندوق) بر پشت پیل زمین چون رود نیل نمی‌شود.

۸ – «هزار از» نادرست است: «از دلیران، هزار کس (را)» ناوک‌انداز کرد نیز نادرخور است: «بصندوق‌ها در نشاند، تا در روز نبرد از آنجا تیراندازی کنند».

۹ – افزاینده، با شمار و آمار بیگانه بوده‌است، زیرا که هزار پیل، در سیسد سوار، سیسدهزار را، تنها برای نگهبانی پیلان گماشت، و با این سواران چند سدهزار سوار و پیادهٔ دیگر باید، تا آرایش میدانش بسامان رسد؟

۱۰ – «گردان» در این رج،

۱۱ – با گردان در این رج همخوان نیست.

۱۲ – **یک:** پیاده ببودند نادرست است: «پیاده (باشند)». **دو:** پس سیسد سوارِ نگهبان هر پیل کجا می‌ایستادند؟ **سه:** کوه را توان پیش آمدن نیست.

۱۳ – **یک:** سخن آشفته‌است: «تیر را از دل سنگ می‌گذراندند». **دو:** لت دویم بی‌پیوند، و بی‌گزارش است.

۱۴ – **یک:** پس سیسد سوار نگهبان را نه پیش، و نه پس پیل جای بود! **دو:** اگر هر رش نیم گز باشد، نیزهٔ آنان به چهار و نیم گز می‌رسد، و چنین نیزه، با تابی که برمیدارد بکار نبرد نمی‌آید! نیزه‌هاییکه در نگاره‌های باستانی دیده می‌شود، بیش‌از دو و نیم گز، درازا ندارند.

۱۵ – پیش «اندرون» نادرست است: «در دست داشتند».

۱٦ – نیزه‌داران، بهنگام کار، سپر در دست نمی‌توانستند گرفتن.

۱۵۲ نبرد بزرگ کیخسرو

پس پشت ایشان سواران جنگ ‌‌ ‌ پُر آکنده ترکش ز تیر خدنگ[1]
ز خاور سپاهی گزین کرد شاه ‌ ‌ سپردار با درع و رومی کلاه[2]
ز گردان گردنکشان سی هزار ‌ ‌ فریبرز را داد جنگی سوار[3]
ابا شاه شهر دهستان تخوار ‌ ‌ که جنگ بداندیش بودیش خوار[4]
ز بغداد و گردنفرازان کرخ ‌ ‌ بفرمود تا با کمان‌های چرخ[5]
به پیش اندرون تیرباران کنند ‌ ‌ هوا را چو ابر بهاران کنند
به دست فریبرز نستوه بود ‌ ‌ که نزدیک او لشگر انبوه بود[6]
بزرگان رزم آزموده سران ‌ ‌ ز دشت سواران نیزه‌وران[7]
سرِمایه و پیشروشان زهیر ‌ ‌ که آهو ربودی ز چنگال شیر[8]
بفرمود تا نزد نستوه شد ‌ ‌ چپ لشگر شاه چون کوه شد[9]
سپاهی بُد از روم و بربرستان ‌ ‌ گوی پیشرو نام لشگرستان[10]
سوار و پیاده بدی سی‌هزار ‌ ‌ برفتند با ساقهٔ شهریار[11]
دگر لشگری کز خراسان بدند ‌ ‌ جهانجوی و مردم‌شناسان بدند[12]
منوچهر آرش نگهدارشان ‌ ‌ گهِ نام جستن سپهدارشان[13]
دگر نامداری کروخان‌نژاد ‌ ‌ جهاندار و از تخمهٔ کیقباد[14]

---

۱ – «ز» در لت دویم ناهمخوان است «بتیر».

۲ – **یک:** خاور (= خوروَران: مغرب) سرزمین کردستان و لرستان و آذربایجان امروز بود که همواره سپهسالاری آنان را گودرز میکرد. **دو:** روم!

۳ – گردان گردنکشان نادرست است: «گردان گردنکش»، لت دویم سخن را بیشتر در هم میریزد: «سی هزار سوار، گردِ گردنکش بفریبرز داد».

۴ – تخوار شاه دَهیستان نبود، و جایگاه تخوار (در تاجیکستان و افغانستان امروز) هنوز با همین نام شناخته می‌شود. دَهیستان نیز کنار گذرگاه باستانی آمودریا، و نزدیک بگرگان بود، که از یکدیگر دویست فرسنگ بدوراند!

۵ – افزاینده را بهمین زودی فراموشی آمد که آنان را به پیش پیلان فرستاده‌بود.

۶ – این رج را با سخنان پیشین پیوندِ بایسته نیست، و پیش‌ازاین نیز از فریبرز نام برده شده‌بود.

۷ – سخن درهمریخته است، «سران» و «بزرگان» هردو یکی است: «از دشت نیزه‌وران بزرگان رزم آزموده (را)»...

۸ – «که» پیشروشان زهیر «بود».

۹ – **یک:** نستوه کیست که تاکنون نامی از او بمیان نیامده بود؟ **دو:** نزد نستوه شد نیز نادرست است: «شدند». **سه:** و افزاینده برای سدیگر بار چپ لشگر را بسرداری دیگر می‌سپرَد!

۱۰ – روم در آنزمان در جهان پدیدار نشده‌بود، و نام فارسیِ امروزی، نیز نداشتند!

۱۱ – **یک:** در لت نخست بُدی (= بودی) نادرست است: «(که) سی هزار بود(ند)». **دو:** ساقهٔ سپاه درست است نه ساقهٔ شهریار.

۱۲ – **یک:** افزاینده نمیداند که «توس» سپهسالار خراسان بود، و چون وی را جایی در سپاه بدهند، خراسانیان همراه او خواهند بود! **دو:** مردم‌شناسان را در سپاه چکار است؟ ازبرای پساوا!!!

۱۳ – منوچهر آرش نیز نامیست که برای نخستین بار شنیده می‌شود، و خراسانیان چنانکه گفته شد همواره با توس بودند.

۱۴ – **یک:** کروخان نامی ایرانی نیست. **دو:** آن نامدار از نژاد «کروخان» بود؟ یا از نژاد (تخمهٔ) کیقباد؟

رسیدن تورانیان بنزد افراسیاب ۱۵۳

کجا نام آن شاه پیروز بود سپهبددل و لشگرافروز بود[1]
شه غرچگان بود بر سان شیر کجا زنده‌پیل آوریدی به زیر[2]
به دست منوچهرشان جای کرد سر تخمه را لشگرآرای کرد[3]
بزرگان که از کوه قاف آمدند ابا نیزه و تیغ و لاف آمدند[4]
سپاهی ز تخم فریدون و جم پر از خون دل از تخمهٔ زادشم[5]
ازین دست شمشیرزن سی‌هزار جهاندار و ز تخمهٔ شهریار[6]
سپرد آن سپه گیو گودرز را بدو تازه شد دل همه مرز را[7]
به یاری به پشت سپهدار گیو برفتند گردان بیدار و نیو[8]
فرستاد بر میمنه ده‌هزار دلاور سواران خنجرگزار[9]
سپه ده‌هزار از دلیران گرد پس پشت گودرز کشواد برد[10]
دمادم بشد برتهٔ تیغ‌زن ابا کوهیار اندر آن انجمن[11]
به‌مردی شود جنگ را یار گیو سپاهی سرافراز و گردان نیو[12]
زواره بُد این جنگ را پیشرو سپاهی همه جنگ سازان نو[13]
به پیش اندرون قارن رزم‌زن سر نامداران آن انجمن[14]
بدان تا میان دو رویه سپاه بود گرد اسپ افکن و رزمخواه[15]
ازان پس به گستهم گژدهم گفت که: «با قارن رزم‌زن باش جفت»[16]
بفرمود تا اندمان پور توس بگردد به هر جای با پیل و کوس[17]
بدان، تا ببندد ز بیداد دست کسی را کجا نیست یزدان‌پرست[18]
نباشد کس از خوردنی بی‌نوا ستم نیز بر کس ندارد روا[19]

---

۱ – «سپهبد دل» آمیزه‌ای نادرست است. ۲ – غرچگان بتازگی در پهنهٔ خراسان بزرگ پیدا شده‌اند.
۳ – لت دویم را هیچ گزارش نیست.
۴ – آمدند نادرست است: «آمده‌بودند»، «لاف» را در نبرد، جای نیست! لاف در سخن است.
۵ – سپاهیان نامبرده، همه بجزاز چند گروه، همه از تخمهٔ فریدون و جمشید بودند. زادشم نیز از تخمهٔ فریدون و جم بود.
۶ – **یک:** از این دست، بی‌گزارش است. **دو:** سپاهیان را نشاید که جهاندار باشند! جهاندار؛ کیخسرو بوده‌است.
۷ – پیشتر از گیو، و خویشکاری وی یاد شده‌بود، و در این سخن دوباره نام گیو می‌آید!
۸ – «سپرد بگیو» در رج پیشین، با «برفتند پشت سپهدار گیو» همخوان نیست.
۹ – بار چهارم است که نام از میمنه می‌رود! ۱۰ – و از گودرز نیز دویُم بار یاد می‌شود.
۱۱ – یک سوار را (بنگرید به برته) یارای آن نیست که دمادم برود، کوهیار را نیز نمی‌شناسیم.
۱۲ – برته یک مرد بود، و با «سپاهی سرافراز» در این رج همخوانی ندارد.
۱۳ – پیش سپاه، یکهزار پیل گمارده بودند، پس زواره نمی‌توانست پیش سپاه بوده باشد.
۱۴ – دیگربار قارن را به پیش «اندرون» بردند! ۱۵ – قارن، یا زواره؟ ۱۶ – یا گستهم؟
۱۷ – توس را یک پور بود، زرسپ نام، که در جنگ فرود کشته شد، و «اندمان» نیز نامی شناخته شده و ایرانی نیست.
۱۸ – سخن سست.
۱۹ – **یک:** از خوردنی بی‌نوا نادرست است: «کسی بی خوراک نماند». **دو:** آنکس که «بینوا» است چگونه تواند، بدیگران ستم روا داشتن؟

جهان پر ز گردون بُد و گاومیش … ز بهر خورش را همی راند پیش[1]
بخواهد همی هرچه باید ز شاه … به هر کار باشد زبان سپاه
به هر سو طلایه پدیدار کرد … سر خفته از خواب بیدار کرد[2]
به هر سو برفتند کارآگهان … همی جست بیدار کار جهان[3]
کجا کوه بُد دیده‌بان داشتی … سپه را پراکنده نگذاشتی[4]
همه کوه و غار و بیابان و دشت … به هرسو همی گرد لشکر بگشت
عنان‌ها یک اندر دگر بافتند … همه جنگ را گردن افراختند[5]
ازیشان کسی را نبُد بیم و رنج … همی راند با خویشتن، شاه، گنج
برین‌گونه چون، شاه؛ لشکر بساخت … بگردون کلاه کیی برفراخت
دل مرد بدساز با نیک‌خوی … جز از جنگ جستن نکرد آرزوی[6]

*

سپهدار توران از آن سوی چاچ … نشسته بآرام، بر تختِ آچ
دوباره ز لشگر هزاران هزار … سپه بود با آلت کارزار[7]
نشسته همه خلّخ و سرکشان … همه سرفرازانِ گردنکشان[8]
به مرز کروشان زمین هرچه بود … ز برگ درخت و ز کشت و درود[9]
بخوردند یکسر همه بار و برگ … جهان را همی آرزو کرد مرگ[10]
سپهدار ترکان به بیکند بود … بسی گرد او خویش و پیوند بود[11]
همه نامداران ماچین و چین … نشسته به مرز کروشان زمین[12]

---

۱ – چه کس آن گردونه‌ها را پیش میراند؟ سخن بگونه‌ایست که کیخسرو چنان میکرد! باز آنکه خواست افزاینده چنان بوده‌است که بگوید اندمان گردونه‌ها را بپیش می‌برد! که، خویشکاری وی نگرش بکار سپاه شمرده شده‌بود.

۲ – لت دویم نادرخور است پیش‌آهنگان (طلایه) بیدار بودند، نه خفته که بیدارشان کنند!

۳ – دنبالهٔ گفتار.

۴ – دیده‌بان را با سپاه پراکنده پیوند نیست.

۵ – چون لگام اسبان رابیکدیگر ببندند، اسپان را یاری جنبش درست نیست و یکان‌یکان بر زمین می‌خورند. لگام اسپ بایستی در دست سوار باشد! بخوبی دیده می‌شود که این رج میان رج‌های پیشین و پسین جدایی افکنده‌است.

۶ – مرد بدساز، کیست؟ که با نیکخوی آرزوی جنگ دارد؟ سخن از این پست‌تر و سست‌تر نمی‌شود.

۷ – این شمار سپاه راکران نیست!! اگر «هزارهزار» می‌بود، شمار آن لشگر دومیلیون نفر می‌شد. اما چون هزاران‌هزار است بیشمار و چند میلیون می‌شوند، که سخت نادرخور است.

۸ – این رج را با رج پیشین پیوند درست نیست... خلّخ نام شهریست، و سرکشان را با آن چه پیوند می‌توان دادن مگر آنکه گفته آید: «همگان در خلّخ نشسته‌بودند».

۹ – **یک:** مرز کروشان زمین نادرست است یا «مرز کروشان» یا کروشان زمین، و چون چنین سخن از بنیاد نادرست است، پس شهریار مرز کروشان نیز دروغین است. **دو:** «برگ و کشت و درود» در این رج،

۱۰ – ...با «بار و برگ» در این رج ناهمخوان است. لت دویم نیز نادرخور است: «جهانیان از نبودن خوراک آرزوی مرگ میکردند».

۱۱ – افراسیاب سپهدار توران بود نه ترکان.

۱۲ – دوباره از نام ساختگی کروشان یاد می‌شود.

آمادگی نبرد افراسیاب

جهان پر ز خرگاه و پرده‌سرای   ز خیمه نبُد نیز بر دشت جای[1]
جهانجوی پر دانش افراسیاب   نشسته به کندز به خورد و به خواب[2]
نشست اندران مرز زان کرده بود   که کندز فریدون برآورده بود[3]
برآورده در کندز آتشکده   همه زند و استا به زر آزده[4]
ورا نام کندز بُدی پهلوی   اگر پهلوانی سخن بشنوی[5]
کنون نام کندز به بیکند گشت   زمانه پر از بند و ترفند گشت[6]
نبیره‌ی فریدون بد افراسیاب   ز کندز به رفتن نکردی شتاب[7]
خود و ویژگانش نشسته به دشت   سپهر از سپاهش همی خیره گشت[8]
ز دیبای چینی سراپرده بود   فراوان به پرده درون پرده بود[9]
به پرده درون خیمه‌های پلنگ   بر آیین سالار ترکان پشنگ[10]
نهاده به خیمه درون تخت زر   همه پیکر تخت یکسر گهر[11]
نشسته بر او شاه توران سپاه   به چنگ اندرون گرز و بر سر کلاه[12]
ز بیرون دهلیز پرده‌سرای   فراوان درفش بزرگان بپای[13]
زده بر در خیمهٔ هر کسی   که نزدیک او آب بودش بسی[14]
برادر بُد و چند جنگی پسر   ز خویشان شاه آنکه بُد نامور[15]

---

۱ – لت نخست را پایان نیست. در لت دویم نیز از خیمه بجای پرده یاد شده‌است که همان پرده‌سرایِ لت نخستین است.

۲ – **یک:** جهانجویِ «پر دانش» چگونه در کندز بخورد و خواب «نشسته» بود و آگاهی از خوردن برگ درخت سپاهیان نداشت. **دو:** سخن را پایان نیست.

۳ – **یک:** نشسته در رج پیشین با نشست در این رج همخوان نیست. **دو:** کندز را در رج پیشین با کندز در این رج همخوانی نیست. و نیز «مرز» در لت نخست، با برآوردن کندز!...

۴ – **یک:** اوستا، نامهٔ دینی ایرانیان زرتشتی بود، و بدانزمان هنوز زرتشت پدیدار نشده‌بود. **دو:** «استا» بجای «اوستا» همواره در سخنان افزوده می‌آید. آژدن، چیزی چون گوهر را در زر فرو کردن و نشاندن باشد، و چگونه اوستا را در زر توان آژدن؟

۵ – سیوم بار است که نام از کندز می‌رود. کندز بُدی پهلوی نادرست است: «بزبان پهلوی نام آنجا کندز بود». لت دویم نیز نادرخور است. چون (شنیدن) زبان را نیز در نام آن، کاربردی نیست، که در گفتار و زبان پهلوی چنین است.

۶ – دگرگون شدن زبان را چه پیوند با بند و ترفند است؟

۷ – پیدا است که افراسیاب از نوادگان فریدون است، و دوباره گفتن آن درست نیست اما آنرا به نرفتن از کندز چه پیوند باشد؟

۸ – خود و ویژگان سخنی نادرست است: «با ویژگان» در رج ششم پیش‌ازاین از نشستن به کندز یاد شده‌بود، و اینجا با سخن بی‌پیوند از نشست بدشت!

۹ – سخن بی‌پیوند است: «سراپردهٔ او از دیبای چین بود».

۱۰ – **یک:** درمیان سراپرده، خیمهٔ پلنگ را چه روی است؟ **دو:** افراسیاب، پور پشنگ، پور زادشم، پور تور، نوادهٔ فریدون، ترک نبوده‌است.

۱۱ – **یک:** «نهاده» بی‌پیوند است: «نهاده‌بودند». **دو:** پیکر تخت را نمیتوان از گوهر برآوردن! چون از تخت زر نام میرود، بیگمان پیکر آن نیز زرین تواند بودن!

۱۲ – دنبالهٔ گفتار.

۱۳ – «از» بیرون... نادرست است: «بیرون».

۱۴ – از این گفتارِ بیخردانه چه توان دریافتن؟

۱۵ – برادر بُد نادرست است: «برادر بدش»، لت دویم را با لت نخست پیوند درست نیست. چندین سخن ناهموارِ افزوده بشاهنامه، اینجا ←

⇐ همی خواست کآید به پشت سپاه   بنزدیک پیران، بدان رزمگاه
سحرگه سواری بیامد چو گرد   سخن‌های پیران همه یاد کرد[1]
همه خستگان ازپس یکدگر   رسیدند، گریان و خسته‌جگر
همی هرکسی یاد کرد آنچه دید   اُزان بَد، کز ایران، بدیشان رسید
ز پیران و لهّاک وُ فرشیدورد   اُزان نامدارانِ روزِ نبرد
کزیشان چه آمد بروی سپاه   چه زاری رسید اندر آن رزمگاه[2]
همان روز کیخسرو آنجا رسید   زمین کوه تا کوه لشگر کشید[3]
بزنهار شد لشکر ما، همه   هراسان شد از بی‌شبانی، رمه
چو بشنید شاه این سخن خیره گشت   سیه گشت و چشم و دلش تیره گشت[4]
خروشان فرود آمد از تخت آج   به پیش بزرگان بینداخت تاج[5]
خروشی ز لشکر برآمد بدرد   رخ نامداران شد از درد، زرد
ز بیگانه خیمه بپرداختند   ز خویشان یکی انجمن ساختند[6]
از آن درد بگریست افراسیاب   همی کند موی و همی ریخت آب
همی گفت، زار «ای جهانبین من   سوارِ سرافراز، رویین من!»[7]
جهانجوی لهّاک و فرشیدورد!   سواران و گردان روز نبرد![8]
ازین جنگ پور و برادر نماند   بزرگان و سالار و لشکر نماند*
بنالید و برزد یکی باد سرد   پس‌آنگه یکی سخت سوگند خوَرد
بیزدان که بیزارم از تخت و گاه   اگر نیز بیند، سرِ من کلاه
قبا، جوشن و، اسپ، تختِ من است   کله، خود و، نیزه، درختِ من است
ازین پس نخواهم چمید و چرید   اُ گر خویشتن تاج را پرورید[9]
مگر کینِ آن نامداران خویش   جهانجوی و خنجرگزاران خویش
بخواهم ز کیخسروِ شوم‌زاد   که تخم سیاوش بگیتی مباد!

→ خود را می‌نمایاند، زیرا هنوز آگاهی شکست تورانیان از ایرانیان بافراسیاب نرسیده‌است، و زمان درازی که سخنان یاد شده، بر خود گذرانده است، همه؛ در زمان کوتاهی روی نموده‌است که آگاهی بافراسیاب برسد.

۱ – سخن‌های پیران نادرست است: «داستان پیران را با گودرز و ایرانیان»، یاد کردن داستان، در گفتار درست فردوسی. در رج دوئِم آینده است.

۲ – از پیران و لهاک و فرشیدوردِ، بر سپاه توران ستمی نرسید... باز آنکه گفتار، چنین می‌نماید.

۳ – سخن افراینده نادرخور است، زیرا که کیخسرو در هنگام مرگ پیران بدانجا نرسیده‌بود.

۴ – سخن نادرخورا

۵ – چنین کار، سزاوار پادشاهان نیست.

٦ – چرا خیمه؟ افراسیاب در کندز بر تخت نشسته‌بود.

۷ – رویین، فرزند پیران بود، نه فرزند افراسیاب.

۸ – افراسیاب را شایسته‌است نخست از پیران و هومان یاد کند، نه از لهاک و فرشیدورد!

* – پیوند درست با رج پیشین ندارد اگر «کزین» بیاید، پیوند آشکار می‌شود.

۹ – چمید و چرید و پرورید در سخن فارسی، و گفتار فردوسی چمیدن و چریدن... می‌آید.

خروشان همی بود، زین گفت‌وگوی / ز کیخسرو آگاهی آمد بدوی
که: «لشکر بنزدیک جیهون رسید / همه روی کشور، سپه گسترید»
بدان درد و زاری سپه را بخواند / ز پیران فراوان سخن‌ها براند
ز خون برادرش فرشیدورد / ز رویین و لهّاک، شیرِ نبرد
کنون گاه کین است و خون ریختن / بشیر ژیان، اندرآویختن!
همم رنج و مهر است و هم درد و کین / از ایران و از شاه ایران‌زمین[۱]
بزرگان توران، بافراسیاب / بگفتند و، کردند مژگان پر آب
که: «ما سربسر مر ترا بنده‌ایم / بفرمان و رایت سرافکنده‌ایم
چو رویین و پیران ز مادر نزاد / چو فرشیدورد گرامی‌نژاد[۲]
ز خون گر در و کوه دریا شود / درازای ما همچو پهنا شود[۳]
یکی برنگردیم زین رزمگاه / اگر یار باشد خداوند ماه»[۴]
دل شاه توران ازآن تازه گشت / ازان کار بر دیگر اندازه گشت[۵]
درِ گنج بگشاد و روزی بداد / دلش پر ز کین و سرش پر ز باد
گله هرچه بودش بدشت و بکوه / ببخشید بر لشگرش همگروه[۶]
ز گردان شمشیرزن سی هزار / گزین کرد شاه ازدرِ کارزار[۷]
سوی بلخ بامی فرستادشان / بسی پند و اندرزها دادشان[۸]
که گستهم نوذر بُد آنجا بپای / سواران روشندل و رهنمای[۹]
گزین کرد دیگر سپه سی هزار / سواران گرد ازدر کارزار[۱۰]
به جیهون فرستاد تا بگذرند / به کشتی رخ آب را بسپَرند[۱۱]
بدان تا شب تیره بی‌ساختن / ز ایران نیاید یکی تاختن[۱۲]

۱ – چنین نبوده‌است. کسیکه در همین گفتار، کیخسرو را شوم زاد می‌نامد، مهر، بدو نمی‌تواند پیوستن. اما افزاینده را رای آن بوده که بگوید از درد مهری که بپیران و پهلوانان توران دارم...

۲ – «نزاد» نادرست است: «نزاده‌است». فرشیدورد نیز از همین نژاد بوده‌است.

۳ – «در» دربار است و آنرا با کوه همراه آوردن درست نمی‌نماید. لت دویم نیز سخت سست است.

۴ – زین رزمگاه نادرست است زیرا که هنوز رزمی پیش نیامده‌است که از آن، با «این» یاد شود. خداوند ماه نیز از گفتار فردوسی دور می‌نماید که همه جا خورشید و ماه را همراه آورده‌است.

۵ – «از آن» کمبود دارد، «از آن همرایی» یا «آمادگی...» لت دویم نادرست است «دیگر اندازه» را، شاید که کمتر دانستن، یا بیشتر!

٦ – روشن نیست که گلهٔ اسب (فسیله) بوده‌است، یا گوسپند؟

۷ – وابسته بگفتار پسین.

۸ – چگونه سی هزار سوار را بسوی بلخ فرستاد؟ که کیخسرو با سپاه ایران، در راه بوده‌است! «اندرز» یگانه است و نمیتوان «اندرزها» گفتن.

۹ – افزایندگان فراموش کرده‌اند که گستهم نیز در سپاه کیخسرو است.

۱۰ – دنبالهٔ گفتار.

۱۱ – «فرستاد» نادرست است: «فرستادشان». لت دویم نیز سخت کودکانه است: تاکنون کسی از رخِ آب سخن نگفته‌است.

۱۲ – سپاه ایران را چرا «ناساز» (بی‌ساختن) بدانروی جیهون رفتن؟ آنهم در شب تیره!

فـرستاد بـر هـر سـوی لشگـری — بسـی چـاره‌ها سـاخت از هـر دری[1]
چـنین بـود فـرمان یـزدان پـاک — کـه بـیدادگر شاه گـردد هـلاک[2]
شب تـیره بـنشست بـا بـخردان — جـهاندیده و رایـزن مـوبدان
ز هـر گـونه بـا او سـخن سـاختند — جـهان را چپ و راست انـداخـتند[3]
بـرآن بـر، نـهادند یکسـر کـه شاه — ز جـیهون، بـدانسـو گـذارَد سـپاه
قـراخـان کـه او بـود مـهتر پسر — بـفرمود تـا رفت پـیش پـدر[4]
پـدر بـود گـفتی بـه‌مردی بجای — بـه بـالا و دیـدار و فـرهنگ و رای[5]
ز چـندان سـپه نـیمه او را سـپرد — جـهاندیده و نـامداران گـرد[6]
بـفرمود تـا در بـخارا بـود — بـه پشت پـدر کـوه خـارا بـود[7]
دمـادم فـرستد سـلیح و سـپاه — خـورش را شـتر نگسـلاند ز راه[8]
سـپه را ز بـیکند بـیرون کشـید — دمـان تـا لب رود جـیهون کشـید[9]
سـپه بـود سـرتاسر رودبـار — بـیاورد کشـتیّ و زورق هـزار[10]
بـه یک هـفته بـر آب کشتی گـذشت — سپه بـود یکسـر هـمه کـوه و دشت[11]
بـه خـرطوم پـیلان و شـیران بـه دم — گـذرهای جـیهون پـر از بـاد و دم[12]
ز کشـتی هـمه آب شـد نـاپدید — بـیابان آمـوی لشگـری کشـید[13]
بـیامد پس لشگـر افـراسـیاب — بـر انـدیشهٔ رزم بگـذاشت آب[14]

۱ – هر سوی، کدام سو است؟ «ساخت» در لت دویم، آهنگ سخن را «ناساز» می‌کند. چاره را نیز نمیتوان «چاره‌ها» خواندن.

۲ – هلاک!

۳ – لت دویم راگزارش نیست.

۴ – **یک:** تاکنون نام قراخان همچون پسر بزرگتر افراسیاب نیامده‌است. و چنین نامها، پس‌از پیدایی ترکان درمیانهٔ آسیا و پس‌از اسلام بر فرزندان خود می‌نهادند، و افراسیاب آریایی بود و ترک نبود. **دو:** «او» نیز در لت نخست نابجا است.

۵ – همانندی وی را با پدر، زیاد یاد کرده‌اند.

۶ – چندان سپه نیمه نادرست است: «نیمی از سپاه بزرگ خود را» لت دویم نیز پیوند درست با لت نخست ندارد.

۷ – **یک:** بخارا از آن ایران بوده‌است و وی را چگونه بی‌گذر از سپاه ایران، توان رفتن بدان شهر بوده‌است؟ **دو:** افراسیاب در کنگدز (در این داستان بیکند) بوده‌است و خود پشت پسر بشمار می‌رفته‌است.

۸ – او برای افراسیاب جنگ‌افزار و سپاه بفرستد؟

۹ – دنبالهٔ گفتار.

۱۰ – «سپه بود» چه باشد؟ چون افراسیاب به آمودریا رسید، آنجا سپاه بود؟ اگر سپاهِ افراسیاب بود که می‌بایستی روشن شود: «سپاه او سرتاسر رودبار راگرفت» آنگاه گذرگاه آمو، پیش‌از آنکه بدنبال دگرگونیهای زمین، بسوی دریاچهٔ خوارزم (آرال) رود، از نزدیک شهر «چارجُوْ» (چهارجوی) بسوی دریای مازندران بوده‌است و این گذرگاه را نزدیک به یکهزار میل درازا بوده‌است، و چگونه سپاه افراسیاب سرتاسرِ آن رود بار بزرگ راگرفته‌بودند؟

۱۱ – **یک:** لت نخست ناگویا است: «در یک هفته سپاهیان با کشتی از رود بگذشتند» **دو:** لت دویم همانند رج پیشین!

۱۲ – بهتر است که دربارهٔ این سخن یاوه، سخن گفته نشود.

۱۳ – با کشتی‌ها از آب گذشته‌بودند... اکنون آب ناپدید شد؟ کشتی همان و رود همان بوده‌است، این سپاهیان‌اند که از بسیاری آب را ناپدید توانند کردن!

۱۴ – «بیامد» در لت نخست همان «بگذاشت آب» در لت دویم است.

پراگند هر سو هیونی دوان / یکی مرد هشیار روشن روان[۱]
«ببینید» گفت «از چپ و دست راست / که بالا و پهنای لشگر کجاست»[۲]
چو باز آمد از هر سوی رزمساز / چنین گفت با شاه گردنفراز[۳]
که «چندین سپه را برین دشت جنگ / علف باید و ساز و جای درنگ[۴]
ز یک سو به دریای گیلان رهست / چراگاه اسپان و جای نشست[۵]
بدین روی جیهون و آب روان / خورش آورد مرد روشن روان[۶]
میان اندرون ریگ و دشت فراخ / سراپرده و خیمه بر سوی کاخ»[۷]
دلش تازه برگشت زان آگهی / بیامد به درگاه شاهنشهی[۸]
سپهدار خود دیده بُد روزگار / نرفتی به گفتار آموزگار[۹]
بیاراست قلب و جناح سپاه / طلایه که دارد ز دشمن نگاه[۱۰]
همان ساقه و جایگاه بنه / همان میسره راست با میمنه[۱۱]
بیاراست لشگرگهی شاهوار / به قلب اندرون تیغ‌زن سی‌هزار[۱۲]
نگه کرد بر قلبگه جای خویش / سپهبد بد ولشگرآرای خویش[۱۳]
بفرمود تا پیش او شد پشنگ / که او داشتی چنگ و زور نهنگ[۱۴]
به لشگر چنو نامداری نبود / به هر کار چون او سواری نبود[۱۵]

---

۱ – «پراکنده نادرست است: «بهر سوی هیونی روان کرد». لت دویم را نیز پیوند با لت نخست نیست، اگر بنیاد را همین سخن بگیریم لت دویم چنین پیوند پیدا می‌کند: با هر شتری مردی هشیار و روشنروان!!، و با چنین داوری شتر، برتر از مرد هشیار درشمار است!!

۲ – چپ و دستِ راست نادرست است و همواره در افزوده‌ها آمده‌است. لت دویم شگفت‌تر از همه است، پهنای لشگر را خود دیده‌بود، اما بالای آن یا بلندی سپاه را از کجا توان دریافتن؟ مگر بلندای لشگر فزونتر از بالای یک مرد سوار بر اسب است؟

۳ – آنانکه برای آگاه شدن رفته‌بودند «مردان هشیار» بودند نه «رزمساز»! و چنین گفت در لت دویُم نیز نادرخور است: «چنین گفتند».

۴ – گیریم که لشگریان را ساز و برگ (برگ فارسی همان علف تازیست که افزایندگان آورده‌اند) نبود. جای که داشتند!

۵ – پس جای نشست پدیدار شد!

۶ – افزاینده گذرِ تازهٔ آمودریا را می‌گوید که آموی، را روبروی دریای گیلان می‌شناسد، باز آنکه آنجا که گفتار شاهنامه است آمو، میان گرگان و دهیستان و بیابان خوارزم بوده‌است.

۷ – **یک**: خیمه، همان سراپرده است. **دو**: درمیان ریگزار، کدام کاخ؟

۸ – **یک**: تازه برگشت نادرست است: «تازه گشت». **دو**: در بیابان «درگاه» نبود!

۹ – پس چرا در آغاز، باسران و بزرگان دربارهٔ رزم، رای زده‌بود؟

۱۰ – **یک**: جناح = بال نادرست است: «بالهای سپاه». **دو**: پیش‌آهنگان (طلایه) آراستنی نبوده‌است که آنان پیش سپاه میرفته‌اند، تا آگاهی بشاه رسانند.

۱۱ – لت دویم میسره و میمنه همان جناح (بال‌ها) است که پیشتر دربارهٔ آن سخن رفت. افزاینده نمی‌دانسته که بهنگام رودررویی دو سپاه بال راست یک سپاه روبروی بال چپ سپاه دشمن می‌ایستاد، و همچنین دو بال دیگر و میمنه را با میسره راست کردن بهنگام جنگ است، نه در راه و بیابان.

۱۲ – «بیاراست» دوباره می‌آید.

۱۳ – نگه کرد نادرست است جای خویش را درمیان (قلبگاه) سپاه برگزید.

۱۴ – نهنگ را چنگ نباشد. و پشنگ پدر افراسیاب بود که از جهان رفته‌بود!

۱۵ – دنباله

برانگیختی اسپ و، دُمّ پلنگ — گرفتی بکندی ز نیروی چنگ [1]
همان نیزهٔ آهنین داشتی — به آورد بر کوه بگذاشتی [2]
پشنگ است نامش پدر شیده خواند — که شیده به خورشید تابنده ماند [3]
ز گردان گردنکشان سدهزار — بدو داد شاه ازدر کارزار [4]
ز شیده یکی بود کهتر بسال — برادر بد او را و فرخ همال [5]
دلیری کجا، جهن بد نام اوی — پراکنده گرد جهان کام اوی [6]
همان میسره جهن را داد و گفت — که: «نیک‌اخترت باد هر جای، جفت [7]
که باشد نگهبان پشت پشنگ — نپیچد سر ار بارد از ابر سنگ» [8]
سپاهی به جنگی کهیلا سپرد — یکی تیزتر بود ایلای گرد [9]
نبیره جهاندار افراسیاب — که از پشت شیران ربودی کباب [10]
دو جنگی ز توران سواران بُدند — به دل یک به یک کوه‌ساران بدند [11]
سوی میمنه لشگری برگزید — که خورشید گشت از جهان ناپدید [12]
قراخان سالار چارم پسر — کمر بست و آمد به پیش پدر [13]
بدو داد ترک چگل سی‌هزار — سواران و شایستهٔ کارزار [14]
تتاری و غزّی و خلّخ سوار — همان سی‌هزار آزموده سوار [15]

---

۱ – لت دویم نادرخور است. دم پلنگ رامیگرفت، و «آنرا با» نیروی چنگ «از جای برمیکند».

۲ – «همان» نادرخور است. همگان را سرنیزهٔ آهنین بود... روشن نشد که جای پشنگ در لشگر، کجا است؟

۳ – کنش «است» سخت نادرخور است: «نامش پشنگ بود» و پدر وی را شیده میخواند». دراین‌باره در جای خود گفتار خواهد آمدن.

۴ – جایگاه یکسدهزار مرد نامبرده در کجای لشگر بود؟ «گردان گردنکش» می‌باید.

۵ – **یک:** سخن درهمریخته است: «فرزند دیگر افراسیاب که از شیده کهتر بود...». **دو:** همال پاژنام همسران است: در داستان بهرام گور و ماهیار گوهرفروش:

اگر دادخواهی مرا، خود؛ بکس — همالم گشسبِ سوار است و بس!

همسالان است، نه پاژنام برادر کوچکتر! **سه:** «بود» در لت نخست، با «بُد» در لت دویم همخوان نیست. ۶ – دنباله گفتار.

۷ – از بال چپ (میسره) پیشتر یاد شده‌بود. ۸ – روشن نشد که پشنگ در کجای لشگر می‌ایستد!

۹ – کهیلا نیز از نامهای تازه است که از آنپس نیز فراموش می‌شود، نیز «ایلا» شاهنامه فلورانس: یکی نیز بر برز ایلا سپرد، که آن نیز نادرست است.

۱۰ – مگر شیران جنگل را پیشتر کباب کرده‌بودند که وی از پشت آنان کباب می‌رباید؟ کودکانه‌تر از این سخن در جهان شنیده نشده‌است.

۱۱ – سخن بی‌پیوند نادرخور! شاهنامهٔ فلورانس: «هژبرِ دژ و نامداران بدند» که آن نیز نادرست است.

۱۲ – چند بار میمنه؟ برخی نمونه‌ها «میسره» آورده‌اند، که آن نیز نادرست است.

۱۳ – افزایندگان فراموش کرده‌اند که قراخان را بزرگترین پسرِ افراسیاب خوانده‌بودند که پیش‌ازاین از او یاد شده‌بود و نیمی از سپاه را بدو سپرده‌بودند! گذشته از آنکه هیچ پدر بر دو فرزند خویش یک نام نمی‌نهد، چون اینجا نخستین بار در همهٔ جهان است که چنین شده‌است چگونه است که پاژنام «سالار» را از پسر بزرگ خویش دریغ کُند، و به پسر چهارم خود دهد!!

۱۴ – تیره‌های ترک هنوز در پهنهٔ آسیای مرکزی پدیدار نشده‌بودند.

۱۵ – **یک:** نیز تاتاران و غزان! **دو:** چون از تتاری و غزّ(؟)ی سخن میرود، می‌باید که خلّخ نیز خلّخی خوانده شود.

که سالارشان بود پنجم پسر یکی نامور گرد پرخاشخر[1]
ورا خواندندی گو گردگیر که بر کوه بگذاشتی تیغ و تیر[2]
دمور و جرنجاش با او برفت به یاریْ جهن سرافراز تفت[3]
ز گردانِ جنگ‌آوران سی‌هزار برفتند با خنجر کارزار[4]
جهاندیده نستوه سالارشان پشنگ دلاور نگهدارشان[5]
همان سی هزار از یلان ترکمان برفتند با گرز و تیر و کمان[6]
سپهبد چو اغریرث جنگجوی که با خون یکی داشتی آب جوی[7]
اُزان نامور تیغ‌زن سی‌هزار گزین کرد شاه ازدرِ کارزار[8]
سپهبد چو گرسیوز پیلتن جهانجوی و سالار آن انجمن[9]
بدو داد پیلان و سالار گاه سر نامداران و پشت سپاه[10]
ازان پس گزید از یلان ده‌هزار که سیری نداند کس از کارزار[11]
بفرمود تا در میان دو صف به آوردگه بر لب آورده کف[12]
پراکنده بر لشگر اسپ افکنند دل و پشت ایرانیان بشکنند[13]
سوی باختر بود پشت سپاه شب آمد به پیلان ببستند راه[14]
چنین گفت سالار گیتی‌فروز که دارد سپه چشم بر نیمروز[15]

---

۱ – دنباله. ۲ – نامِ فارسی تازه در برابر نامهای دیگر چون...

۳ – **یک:** جَرَنجاش!؟ **دو:** دوکس را «رفتند» باید. جهن خود بیاری شیده رفته‌بود!

۴ – خنجر کارزار چه باشد؟ مگر خنجرِ دیگری هم بوده‌است. **دو:** خنجر را در نبردها کاربرد چندان نبوده‌است و شمشیر و تیر و گرز... برتر از آن بشمار میرفت. ۵ – از نستوه، و پشنگ پیش‌ازاین یاد شده‌بود، و خویشکاریشان نیز پدیدار بود.

٦ – **یک:** یلان ترکمان نادرست است: «یلانِ». **دو:** ترکمانان بهنگام محمود سبکتکین درمیانهٔ آسیا پدیدار شدند، و نرم‌نرم بسوی ایران آمدند، و سخت، درشت، و بد آهنگ به ایرانیان ستم کردند (داستان آنرا در تاریخ بیهقی بخوانید).

۷ – «چو» نابجا است «سپهبدشان» بایسته است. روانش شاد اغریرث نیکخوی که مهر ایران را در دل داشت، و افزایندگان او را بفرماندهی ترکمانان می‌گمارند!!! در لت دویم نیز: آب جوی «را» با خون «یکسان میدانست». برای کسیکه خون ریختن را گناه می‌دانست!! چشم بگشاییم که افزایندگان، با شاهنامه و اندیشهٔ فردوسی و اندیشهٔ نیاکان چه کرده‌اند؟

۸ – از آن نامور، نادرست است: «از آن ناموران» باری از کدام ناموران؟ چون «آن» می‌آید، خواننده باید، شناختن آنان!

۹ – باز «سپهبدشان» باید، «چو» گرسیوز نیز نادرست است.

۱۰ – دو رج پیش سی هزار سوار به گرسیوز داده بود، و بیدرنگ سواران جای خود را به پیلان دادند!

۱۱ – یلان را در لت دویم «ندانند» باید. ۱۲ – آن ده‌هزار کس درمیان دو صف، نخستین جانباختگان خواهند بودن!

۱۳ – دنباله. ۱۴ – میان دو لت پیوند نیست: «چون شب آمد».

۱۵ – «دارد سپه» نادرست است: «بسپاهیان فرمان داد» که چشم بسوی نیمروز «داشته باشند». افزایندگان پریشان اندیشه، و پریشان سخن نسنجیده‌اند که با این سخنان، شمار سپاهیان افراسیاب چند است، و برای آگاهی فرزندان فردوسی از ستمی که بشاهنامه رفته‌است، همه را یکجا می‌آورم:

سی هزار شمشیرزن بسوی بلخ بامی فرستاد برای جنگ با گستهم

سی هزار سوار گُرد بسوی «آمودریا» جیهون

←

*

چو آگاه شد شهریار جهان — ز گفتار بیدار کارآگهان[1]

ز ترکان و ز کار افراسیاب — که لشگرگه آورد زین روی آب[2]

سپاهی ز جیهون بدین سو کشید — که شد ریگ و سنگ از جهان ناپدید[3]

⇐ چو بشنید خسرو، یلان را بخواند — همه گفتنی پیش ایشان براند

سپاهی ز جنگ آوران برگزید — بزرگان ایران چنانچون سزید[4]

چشیده بسی از جهان شور و تلخ — بیاریْ گستهم نوذر ببلخ[5]

به اشکش بفرمود تا سوی زم — برد لشگر و پیل و گنج درم[6]

بدان، تا پس اندر، نیاید سپاه — کند رای شیران ایران تباه[7]

ازانپس یلان را همه برنشاند — بزد کوس رویین و لشگر براند[8]

همی رفت با رای و هوش و درنگ — که تیزی پشیمانی آرد بجنگ[9]

سپهدار چون در بیابان رسید — گرازیدن و ساز لشگر بدید[10]

→ سی هزار تیغزن: قلبگاه سپاه
یکسدهزار سپاهی به شیده
یکسدهزار: جهن (چون برادر شیده است)
سی‌هزار: کهیلا (اگر برابر با دیگرانش گیریم)
سی‌هزار: ایلا
سی‌هزار: قراخان سالار
سی‌هزار: گُرِ گردگیر (پنجم پسر)
سی‌هزار: نستوه
سی‌هزار: اغریرث
سی‌هزار: گرسیوز
ده‌هزار: میان دو صف
سیسدهزار: نگهبان پیلان

هفتسدوچهل‌هزار سوار، و چون در آغاز چنین آمد که نیمی از (چندان سپاه) را به قراخان نخستین داده بود، همهٔ سواران توران یک میلیون‌وچهارسدوهشتادهزار سوار درشمار می‌آیند که با یک‌میلیون‌ویکسدوهشتادهزار اسپ و یکهزار پیل و دست کم یکسدهزار شتر برای بنه و باز دست کم یکسدهزار مرد برای خویشکاریهای سپاه، از شمار گزاف آن که بگذریم، باید پرسیدن که برگ (=علف) چندان اسپ و پیل و شتر چگونه فراهم می‌شد! اگر، اینکار باگرد آوردن سپاه بر دست افزایندگان دربارهٔ سپاه ایران نیز بشود شماری نزدیک بسپاه توران پدیدار می‌شود که من آمار آنرا نگرفتم!

۱ – دنبالهٔ داستان.

۲ – تورانیان ترک نبوده‌اند. لشگرگه را بدینسوی نشاید آوردن، «لشگر را از آب گذر دادن» شاید!

۳ – در آرایش سپاه افراسیاب سپاهیان از جیهون گذشتند، اما «بدینسوی نکشیدند». چرا ریگ و سنگ؟ و خاک نه!

۴ – لت دویم را با لت نخست پیوند نیست.

۵ – دو رج را نیز پیوند بایسته نیست: برگزید و «فرستادشان» بسوی بلخ.

۶ – دنباله سخن.

۷ – سخن ازپس «اندر» نیست تورانیان از روبرو می‌آیند، «رای» نیز تباه شدنی نیست، «دگرگون شدنی است».

۸ – دنباله.

۹ – لت نخست گزارش داستان است، و لت دویم پند بخواننده است!

۱۰ – این رج را با رج پسین که گفتار شاهنامه است پیوند نیست. نا‌راستی دیگر از گفتار افزایندگان، اینجا پدیدار می‌شود، که چون
←

سپه را گذر سوی خوارزم بود / همه ریگ دشت از درِ رزم بود
بچپ بر، دهستان و بر راست؛ آب / میان ریگ و پیش اندر افراسیاب[1]
چو خورشید سر زد ز برج بره / بیاراست روی زمین یکسره[2]
سپهدار توران، سپه را بدید / بزد نای رویین و صف برکشید
جهان شد پر آوای بوق و سپاه / همه برنهادند ز آهن کلاه
چو خسرو بدید آن سپاه نیا / دل پادشا شد پر از کیمیا[3]
خود و رستم و توس و گودرز و گیو / ز لشگر بسی نامبردار نیو[4]
همی گشت بر گرد آن رزمگاه / بیابان نگه کرد و بی‌راه و راه[5]
که لشگر فزون بود زان کاو شمرد / همان زنده پیلان و مردان گرد[6]
بگردِ سپه بر، یکی کنده کرد / طلایه بهر سو پراکنده کرد[7]
شب آمد، بکنده در، افکند آب / بدان سو که بُد روی افراسیاب[8]
دو لشکر ستاده[*]، سه روز و سه شب / ازیشان یکی را نجنبید لب
تو گفتی که روی زمین آهن است / ز نیزه هوا، نیز، در جوش است[9]
ازینروی و زانروی بر پشت زین؛ / پیاده، به پیش اندرون، همچنین[10]
تو گفتی جهان کوه آهن شده‌ست / همان پوشش چرخ جوشن شده‌ست[11]
ستاره‌شمر پیش دو شهریار! / پر اندیشه و، زیج‌ها در کنار

← کیخسرو از آمودریا گذشته‌بود، پس سپاهیان توران از آن نگذشته و بخاک ایران نیامده بودند. «در بیابان رسید» نیز نادرست: «به بیابان رسید».

۱ – پیش اندر.

۲ – نوروز را گوید، و در چنان هنگام، سپاه را بسوی بیابان کشیدن روا نبود، زیرا تا روز شست‌وششم، «ششم خرداد ماه» که باران‌های تند می‌بارد، گذر از بیابان خوارزم بس دشوار بود «و هست» و بهمین روی است که در فرمان پشنگ بافراسیاب در جنگ با نوذر چنین آمده‌است:

چو از دامنِ ابر، چین، کم شود / بیابان ز باران پر از نم شود
جهان سربسر، سبز گردد ز خوید / سپه را سوی دشت آمل برید
دَهستان بکوبید، در زیر نعل / بتازید و از خون کنید، آب، لعل

۳ – **یک:** «آن» سپاه نادرست است: سپاهِ نیا. **دو:** پادشا در پایان لت دویم، با «خسرو» در آغاز همخوان نیست.

۴ – خود و رستم... نادرست است. لت دویم نیز پیوند درست با لت نخست ندارد.

۵ – برای چندان کس «بگشتند» درست است نه «همی گشت». و شایسته نمی‌نماید که پادشاه همچون نگهبانان بر گرد لشگر بگردد!

۶ – **یک:** پیشتر لشگر توران نشمرده‌بود که اکنون فزون شده باشد. **دو:** لت دویم را پیوند نیست.

۷ – کنده را یکروزه نمیتوان کندن! «پراکنده» را با «یکی کنده» پساوا نیست.

۸ – **یک:** سخن پیوند ندارد: «چون شب شد». **دو:** افزایندهٔ ناآگاه نمیداند که چون بر گرد سپاه کنده (= خندق) کَنَند، اگر بیکسوی آنها آبرا، راه دهند، همه سوی را میگیرد! **سه:** آب نیز افکندنی نیست. **چهار:** بدانسو که «سپاه افراسیاب» بود، نه «روی افراسیاب».

* – در همه نمونه‌ها: «چنین هم»، «ستاده» را از شاهنامه سپاهان برگرفتم.

۹ – تو گفتی...

۱۰ – **یک:** چون پیشتر، از دولشگر، یاد شده‌بود، «ازینروی و زانروی» در این رج دوباره گویی است. **دو:** چون نام از پیاده برده می‌شود می‌بایستی «پیادگان» گفتن. **سه:** پیش اندرون، نادرست است. **چهار:** چون همچنین برای پیادگان آید، آنانرا نیز بر پشت زین نشان میدهد.

۱۱ – تو گفتی... و این بار بجای روی زمین، جهان آمد... و پوشش چرخ در لت دویم.

همی بازجستند راز سپهر　　به صلاب تا برکه گردد به‌مهر[۱]
سپهر اندر آن جنگ نظّاره بود　　ستاره‌شمر سخت بیچاره بود[۲]
بروز چهارم، چو شد کار؛ تنگ　　به پیش پدر شد، دلاور پشنگ[○]
بدو گفت که:«ای کدخدای جهان　　سرافراز بر کهتران و مهان
به فرّ تو، زیر فلک شاه نیست　　ترا ماه و خورشید، بدخواه نیست
شود کوه آهن چو دریای آب　　اگر بشنود نام افراسیاب
زمین برنتابد سپاه ترا　　نه خورشید تابان، کلاه ترا
نیاید ز شاهان کسی پیش تو　　جزاین بی‌پدر، بدگهر، خویشِ تو
سیاوخش را چون پسر داشتی　　بر او رنج و مهر پدر داشتی
یکی باد ناخوش ز روی هوا　　بر او بر، گذشتن، نبودی روا
ازو سیر گشتی، چو کردی درست[●]　　که او تاج و تخت و سپاه تو جُست
گرو او را نکشتی جهاندار شاه　　بدو بازگشتی نگین و کلاه[۳]
کنون این که آمد به پیشت بجنگ　　نیابد بگیتی فراوان درنگ[۴]
هر آن‌کس که نیکی فرامش کند　　همی رای جان سیاوش کند[۵]
بپروردی این شوم ناباک را　　پدروار نسپردی‌اش خاک را[۶]
همی داشتی تا برآورد پر　　شد از مهر شاه از در تاج زر[۷]
ز توران چو مرغی به ایران پرید　　تو گفتی که هرگز نیا را ندید[۸]
ز خوبی نگه کن که پیران چه کرد　　بدان بیوفا، ناسزاوار مرد
همه مِهر پیران فراموش کرد　　پراز کینه سر؛ دل، پراز جوش کرد
همی بود خامش چو آمد به مشت　　چنان مهربان پهلوان را بکشت[۹]

---

۱ - صُلاب، تازی شده استرلاب (= ستاره‌یاب) فارسی که دربارهٔ آن پیشتر سخن رفت.

۲ - هنوز جنگ بهم نپیوسته‌بود که سپهر، نگران آن بوده باشد؛ لت دویم را پیوند درست با لت نخست نیست.

○ - در نمونه‌های ف، ل، ل ۳، س، و: این نام، بی نکته آمده‌است «سنگ» در ق، س ۲، لن، لن ۲، ق ۲، لی با یک نکته: «بشنگ» و در ل ۲، پ، ب با سه نکته «پشنگ» (بنگرید به خالقی مطلق ۱۹۳-۴) و گمان بر آنست که بدخوانی نویسندگان آمیختگی پدید آورده باشد، زیرا که پشنگ، پدر افراسیاب بوده‌است، و شیده: پسرِ وی، تا این داستان پشنگ نامیده نشده‌است! در اندیشهٔ من گفتار فردوسی چنین بوده‌است: **«بشد شیده، نزدیکِ پورِ پشنگ»**: (= افراسیاب). در این داستان چهار بار دیگر از شیده با نام پشنگ یاد شده‌است که همه از افزوده‌های شاهنامه است، و دیگر جایها همواره نام وی همان شیده است.

● - چون بر تو روشن شد که:...

۳ - نکشتی بجای نمی‌کشت آمده‌است.

۴ - لت نخست بی‌پیوند است.

۵ - سخن راگزارش نیست.

٦ - لت دویم ناهماهنگ است: بپروردی... پدوار، «نسپردیش خاک را» نادرست است: «او را بخاک نکردی» یا نسپردی.

۷ - همی داشتی را «او» یا «ش» باید.

۸ - تو گفتی... لت دویم: «نیا را ندیده‌است».

۹ - لت نخست را کاستی است: «چو آمد بمشتِ او» (اگر از سستی سخن درگذریم زیرا که همواره از بچنگ آمدن چیزی یا کسی یاد می‌شود اما «بمشت آمد» پیشینه در سخن فارسی ندارد).

۱۶۵ آمادگی شیده برای نبرد

از ایران کنون با سپاهی بجنگ … بیامد به پیش نیا، تیزچنگ!
نه دینار خواهد نه تخت و کلاه … نه اسپ و نه شمشیر و گنج و سپاه
ز خویشان، جزاز جان؛ نخواهد همی … سخن را ازین در،● نکاهد همی

*

پدر، شاه و، فرزانه‌تر پادشا است … بدین راست گفتار من بر، گوا است
از ایرانیان نیست چندین سَخُن … سپه را چنین دل شکسته مکن
بدیشان چه؟ باید ستاره‌شمر! … بشمشیر جویند، مردان هنر!
سواران که در میمنه با من‌اند … همه جنگ را یکدل و یک تن‌اند[1]
چو دستور باشد مرا پادشا … ازیشان نمانم کسی پارسا[2]
بدوزم سر و ترگ ایشان به تیر … نه اندیشم از کنده و آبگیر»[3]
چو بشنید افراسیاب این سخن … بدو گفت: «مشتاب و تندی مکن
سخن هرچه گفتی همه راست بود … جزاز راستی را نباید ستود
ولیکن تو دانی که پیران چه کرد … بگیتی همه راه نیکی سپَرد
نبُد در دلش کژّی و کاستی … نجستی بجز خوبی و راستی
همان پیل بُد روز جنگ او بزور … چو دریا دل و رخ چو تابنده هور[4]
برادرش هومان، پلنگ نبرد … چو لهاک جنگی و فرشیدورد[5]
برفتند از ایدر پر از جنگ و جوش؛ … من ایدر تُوان با غم و با خروش؛[6]
از آن، کاو؛ برین دشت کین کشته شد … زمین زیر او، چون گل آغشته شد
همه مرز توران شکسته دلند … ز تیمار، دل را همی بگسلند
نبینند جز مرگ پیران بخواب! … نخواند کسی نام افراسیاب[7]
بباشیم تا نامداران ما … مهان و ز لشگر سواران ما[8]

● – در: باب، فصل.
۱ – میمنه را در سخن فردوسی راه نیست.
۲ – لت دویم: پارسایان را با جنگ چه پیوند است؟ برداشت از این سخن آنست که از ایشان یکی را زنده نخواهم گذاشت، و بر این بنیاد، هرکس که در جهان، زنده هست «پارسا» است!
۳ – یک: کنده از افزوده‌ها بشمار رفت. دو: ترس از کنده را جای نیست، زیرا آنانکه کنده بر گرد خویش کنده‌اند، از سپاه دشمن می‌ترسند!
۴ – در لت نخست بُد (= بود) به خود پیران بازمیگردد، و در لت دویم به دل و رخ او و درست نیست.
۵ – پیوند درست میان لت دویم با لت نخستین نیست «چو» نیز نادرست است.
۶ – از ایدر (اینجا) نرفته‌بودند، زیرا که رزمگاه نزدیک خوارزم بر پای شده‌است، و آنان از تورانزمین رفته‌بودند لت دویم را نیز پیوند درست با لت نخست نیست.
۷ – لت نخست که ناپیدا است، و اگر لت دویم راست باشد، پس؛ آن انبوه سپاهیان چگونه بفرمان افراسیاب بمیدان جنگ آمدند.
۸ – لت دویم پیوند درست ندارد.

۱۶۶ نبرد بزرگ کیخسرو

ببینند ایرانیان را به چشم   ز دل کم شود سوک با درد و خشم[1]

هم ایرانیان نیز چندین سپاه   ببینند آیین تخت و کلاه[2]

دو لشگر برین گونه پر درد و خشم   ستاره به ما دارد از چرخ چشم[3]

به انبوه جُستن –نه‌نیکوست– جنگ   شکستی بُوَد، باد مانَد بچنگ!

مبارز پراکنده بیرون کنیم   ازیشان بیابان پراز خون کنیم»

چنین داد پاسخ که: «ای شهریار   چو زینگونه جویی همی کارزار

نخستین، ز لشکر، مبارز منم!   که بر شیر و بر پیل، اسپ افکنم

کسی را ندانم که روز نبرد   فشانَد بر اسپ من، از باد، گرد

مرا آرزو جنگ کیخسرَو است   که او در جهان شهریارِ نَو است

اگر جوید او بیگمان جنگ من   رهایی نیابد وی از چنگ من[4]

دل و پشت ایشان شکسته شود   برآن انجمن کار بسته شود[5]

اُگر دیگری پیشم آید بجنگ   به خاک اندر آرم سرش بی‌درنگ»[6]

بدو گفت ک:«ای کارنادیده مرد!   شهنشاه کی؟ جوید از تو نبرد!

اگر جویدی، همنبردش منم   تن و نام او زیر خاک افکنم[7]

گر او با من آید بآوردگاه   برآساید از جنگ، هردو سپاه»

بدو شیده گفت: «ای جهاندیده مرد   چشیده ز گیتی بسی گرم و سرد[8]

پسر پنج زنده‌ست پیشت بپای   نمانیم تا تو کنی، رزم، رای[9]

نه لشگر پسندد نه ایزدپرست   که تو جنگ او را کنی پیشدست»[10]

بدو گفت شاه: «ای پسندیده پور   که بادا بدِ روزگار، از تو دور!

---

۱ – نه چنین است که هرچه بیشتر بدشمنِ کشندهٔ خویشان بنگرند، خشمشان بیشتر می‌شود.

۲ – **یک:** در لت نخست سپاه «را» باید. **دو:** آیین تخت و کلاه در میدان جنگ «دیده نمی‌شود». شاهنامه فلورانس: ببینند و این تخت و گنج و سپاه... تخت و گنج را در میدان نبرد جای نیست.

۳ – سخن را پایان نیست.

۴ – «او» در لت نخست با «وی» در لت دویم همخوان نیست، و «بیگمان» در جای خویش نیست: اگر او جنگ (مرا) جوید، بیگمان...

۵ – پیوند درست میان این رج و رج پیشین دیده نمی‌شود. «(اگر) او رهایی نیابد... دل ایشان».

۶ – لت دویم: سرش «را».

۷ – **یک:** لت دویم را پیوند «که» یا «تا» باید. **دو:** تن را توان زیر خاک (کردن) و نام را نشاید!

۸ – دنبالهٔ سخن.

۹ – پسر پنج نادرست است «پنج پسر». زنده‌است نیز درست نیست «زنده‌اند» در لت نخست گوینده کسی نه از پسران افراسیاب است، و در لت دویم، با پسران هم سخن می‌شود.

۱۰ – ایزدپرست نادرست است، لشگر نیز: «نه لشگریان پسندند نه ایزد».

پیام افراسیاب
به نزد
کیخسرو

از ایدر برو تا میان سپاه ——— ازیشان یکی مرد دانا بخواه
بکیخسرو از من پیامی رسان ——— که: «گیتی دگر شد بآیین و سان؛
نبیره، که رزم آورَد با نیا ——— دلش پر ز کین باشد و کیمیا!
چنین بود رای جهان‌آفرین ——— که گردد جهان، پر ز پرخاش و کین
سیاوش نه بر بیگنه کشته شد ——— از آموزگاران سرش گشته شد[1]
گنه گر مرا بود، پیران چه؟ کرد ——— چه؟ رویین و لهّاک و فرشیدورد!
که بر پشت زمین‌شان ببایست بست ——— پر از خون بکردار پیلان مست[2]
گر ایدونکه گویی که تو بدتنی ——— بداندیش و زتخم اهریمنی[3]
به گوهر نگه کن به تخمه منی ——— نکوهش همی خویشتن را کنی[4]
تو این کین به گودرز و کاووس مان ——— که پیش من آرند لشگر دمان[5]
نه زان گفتم این، کز تو ترسان شدم ——— اُگر پیر گشتم، دگرسان شدم
همه ریگ و دریا مرا لشگرند ——— همه نره شیرانِ گنداورند[6]
هر آنگه که فرمان دهم کوه کنگ ——— چو دریا کنند ای پسر روز جنگ[7]
ولیکن همی ترسم از کردگار ——— ز خون ریختن، وز بدِ روزگار
که چندین سرِ نامور بیگناه ——— جدا گردد از تن، بدین رزمگاه
گر از پیش من برنگردی ز جنگ ——— نگردی هماناکه آیدت ننگ[8]
چو با من بسوگند پیمان کنی ——— بکوشی که پیمان من نشکنی؛
بدین کار باشم ترا رهنمای ——— که گنج و سپاهت بمانَد بجای
چو کار سیاوش فرامش کنی ——— نیا را بتوران برامِش کنی[9]

---

۱ - کُشته را با گَشته پساوا نیست.

۲ - بایست بست نادرست است: «می‌بایستی بستن» لت دویم را پیوندِ زیبنده نیست.

۳ - دو رج ناهمگون، زیرا که کیخسرو نگفته‌است که افراسیاب از تخمهٔ اهریمن است. برخی نمونه‌ها در رج نخست بجای گویی «گویم» آورده‌اند و در رج دویم منم و کنم... که باز زیبنده نمی‌نماید.

۴ - سخن در لت نخست سخت آشفته‌است: «بنگر که تو از تخمهٔ منی».

۵ - کاووس کجا است؟ کین پدر را، فرزند می‌باید کشیدن.

۶ - لت دویم پیوند درست با لت نخست ندارد.

۷ - کوه کنگ «راه... و در لت دویم «ای پسر» افزوده‌است.

۸ - دو بار «نگردی» در یک سخن نادرست است.

۹ - فرامُش را با رامِش پساوا نیست.

نبرد بزرگ کیخسرو ۱۶۸

بـرادر بــود جــهن و جـنگی پـشنگ	کــه در جـنگ دریـا کـند کـوه سـنگ ¹
۲۰۳۴۰ هـران بـوم و بـر، کـان؛ ز ایـران نـهی	بـه فـرمان، کـنم آن؛ ز تـرکان* تـهی
ز گـنج نـیاکان مـا هـرچه هـست	ز دیـنار و ز تـاج و تـخت و نـشت ²
ز اسـپ و سـلیح و ز بـیش و ز کــم	کــه مـیراث مـاند از نـیا زادشـم ³
ز گـنج بـزرگان و تـخت و کـلاه	ز چـیزی کـه بـاید ز بـهر سـپاه
فـرستم هـمه هـمچنین پـیش تـو	پـسر پـهلوان و پـدر خـویش تـو ⁴
۲۰۳۴۵ دو لشکر برآساید از رنجِ رزم	هـمه روزِ مـا بـازگردد بـبزم
ورایـدونکه جـان تـرا اهـرمن	بـپیچد هـمی، تـا بـپوشی کـفن؛
جـز از رزم کـردن، تـرا رای نـیست!	بـمغز تـو، پـندِ مـرا جـای نـیست؛
تـو از لشکر خـویش بـیرون خـرام	مـگر خـود بـرآیذت ازیـن کـار، کـام
بـگردیم هـردو بـه آوردگـاه	بـرآساید از جـنگ، چـندین سـپاه!
۲۰۳۵۰ چو من کشته گردم جهان پیش تست	سـپه بـندگان و پـسر خـویش تست ⁵
اگـر تـو شـوی کشـته بـر دسـت مـن	کسـی را نـیازارم از انـجمن ⁶
سـپاه تـو در زیـنهار مـنـاند	هـمه مـهترانـاند و یـار مـنـاند ⁷
اگـر زانـکه بـا مـن ایـدر بـجنگ؛	نـتابی تـو بـا کاردیـده نـهنگ؛
کـمر بسـته پـیش تـو آیـد پـلنگ	چـو جـنگ آوری او نـسازد درنـگ ⁸
۲۰۳۵۵ پـدر پـیر شـد پـایمردش جـوان	جـوانـی خـردمـند و روشـن روان ⁹
بـه آوردگـه بـا تـو جـنگ آورد	دلیـرست و جـنگ پـلنگ آورد ¹⁰
بـبینیم تـا بـر کـه گـردد سـپهر	کــه را بـرنهد بـر سـر از تـاج مـهر ¹¹

---

۱ - تاکنون جهن فرزند افراسیاب بود، و برادرِ که؟ در لت دویم کند نادرست است «کنند».

* - در همهٔ نمونه‌ها «ترکان» آمده‌است که نادرست است، اما سخن درست در رج ۲۰۴۱۵ بهنگام رایزنی کیخسرو با سرداران آمده‌است:

هرآن شهر کز مرز ایران نهی   همی کرد خواهد ز توران تهی

بر این بنیاد، سخن درست چنین می‌نماید:

برآن شهر، کز مرز ایران نهی   بفرمان کنم، آن؛ ز توران تهی

۲ - یک: «نیاکان‌مان» بجای «نیاکان ما». دو: «هر چه هست» نشاید، چون هیچ پادشاه را توان آن نیست که هرچه دارد بدیگری دهد. سه: نشت در لت دویم به تاج نیز بازمیگردد. چهار: باز هیچ پادشاه در جهان نیست که تاج خویش را بدشمن دهد، مگر آنکه شکست خورد، و تاج را از سرش برگیرند.   ۳ - «کم» چگونه باشد؟ در لت دویم نیز «مانده‌است» درست است.

۴ - لت دویم ناهمخوان است. چون پسرِ پهلوان نیز به «تو» بازمی‌گردد! کنش «است» نیز برای هردو، بایسته است.

۵ - لت دویم دوباره‌گویی همان سخن است.   ۶ - از کدام انجمن؟

۷ - نشاید که پادشاهی چون افراسیاب پهلوانان سپاه دشمن را «مهتر» خویش بخواند.

۸ - پلنگ که باشد؟ لت دویم نیز بی‌پیوند است.

۹ - یک: «پایمرد» نادرخور است، گزارش آنرا در پایمردی کن (= ایستادگی کن) در می‌یابیم. دو: «جوان در لت نخست و «جوانی» در لت دویم همخوان نیستند.   ۱۰ - دوباره نام پلنگ می‌آید.   ۱۱ - دنبالهٔ سخن.

ور ایدونکه با او نجویی نبرد   دگرگونه خواهی همی کار کرد؛[1]
بمان تا بیاساید امشب سپاه   چو بر سر نهد کوه، زرّین کلاه
ز لشکر گزینیم جنگاوران   سرافراز با گرزهای گران
زمین را ز خون رنگ دیبا کنیم   ز بالای بدخواه پهنا کنیم[2]
دوم روز هنگام بانگ خروس   ببندیم بر کوههٔ پیل کوس[3]
سران را بیاری برون آوریم   بجوی اندرون، آب و خون آوریم[4]
چو بدخواه، پیغام تو نشنود*   بپیچد، بدین گفته‌ها نگرود؛
بتنها تنِ خویش، از او رزم خواه!   بدیدار، دور؛ از میان سپاه»

*

پسر، آفرین کرد و آمد برون   پدر، دیده پر آب و دل پر ز خون
گزین کرد از موبدان چارمرد   چشیده بسی از جهان گرم و سرد
اُزان نامدارانِ لشگر هزار   خردمند و شایستهٔ کارزار[5]
بره، چون طلایه بدیدش ز دور   درفش و سنان سواران تور[6]
ز ترکان هر آن کس که بُد پیشرو   ز ناکاردیده جوانان نو[7]
به ره با طلایه برآویختند   به نام از پی شیده خون ریختند[8]
تنی چند از ایرانیان خسته شد   اُزان روی پیگار پیوسته شد[9]
هم اندر زمان شیده آنجا رسید   نگهبان ایرانیان را بدید[10]
دل شیده گشت اندر آن کار تنگ   همی بازخواند آن یلان را ز جنگ[11]
به ایرانیان گفت: «نزدیک شاه؛   سواری فرستید با رسم و راه[12]

۱ – دنباله گفتار.   ۲ – «کنیم» با «جنگاوران» در رج پیشین همخوان نیست: «کنند».
۳ – چون زمین برنگ دیبا شد، بر یک گروه شکست آمده‌است، و گروه برابر، پیروز است! پس، کوس و پیل در روز دویُم بکار نمی‌آید.
۴ – سخن نادرخور.   * – چون بدخواه؛ دشمن؛ کیخسرو، پیام ترا نپذیرد.
۵ – خردمندان همان موبدان‌اند، و لشگریان خردمند بکار جنگ نمی‌آیند، آنانرا زور و جنگاوری باید.
۶ – **یک:** «ره» در آغاز، و «دور» در پایان لت نخست هردو، بند (= قید مکان)اند، و در یک سخن دو «بند» نبایستی آوردن. **دو:** میدان جنگ میدان است و راه ندارد. **سه:** در لت نخست بدیدش (= بدید «او را») آمده‌است، و در لت دویُم درفش و سنان تورانیان را که همخوان نیستند.
۷ – **یک:** تورانیان ترک نبوده‌اند. **دو:** (با شگفتی هر چه بیشتر) دو رج پیش، آنانرا خردمند خوانده‌اند، و اینجا ناکاردیده!!
۸ – «بنام از پی شیده» نادرست است، «بنام شیده» یا «ازبرای شیده».
۹ – در لت نخست خسته شد، نادرست است: «خسته شدند» لت دویم: از آنروی «نیز».
۱۰ – مگر آنان همراه با شیده نبودند؟
۱۱ – **یک:** «شیده» در این رج با «شیده» در رج پیشین هردو در یک سخن آمده‌است و همخوان نیست: «دلش تنگ شد». **دو:** «همی» باز خواند نیز نادرخور است: «باز خواند».
۱۲ – **یک:** با رسم و راه نادرست است. **دو:** شیده را چکار که ایران، چه کس را می‌فرستند؟ آیا این سوارِ با رسم و راه، باید همانند ناکاردیدگان توران باشد؟

بگوید که روشندلی شیده نام / بشاه آوریده‌ست چندی پیام[1]
از افراسیاب آن سپهدار چین / پدر: مادرِ شاه ایران‌زمین»[2]

*

سواری دمان از طلایه برفت / برِ شاه ایران خرامید؛ تفت
که: «پیغمبرِ شاه تورانسپاه / گوی بَرمنش، با درفشی سیاه
همی شیده -گوید که- هستم بنام / کسی بایدم تا گزارم پیام
دل شاه شد زان سخن پر ز شرم / فروریخت از دیدگان آبِ گرم
چنین گفت ک:«این شیده خال من است / ببالا و مردی همال من است
نگه کرد گردنکشی زان میان؛ / نبُد پیش، جز، قارن کاویان!
بدو گفت: «رو پیش او شادکام / درودش دِه از ما و، بشنو پیام»
چو قارن بیامد ز پیش سپاه / بدید آن درفشان درفش سیاه[3]
چو آمد برِ شیده، دادش درود / ز شاه و ز ایرانیان برفزود
جوان نیز بگشاد، شیرین زبان / که بیداردل بود و روشنروان
بگفت آنچه بشنید ز افراسیاب / از آرام و از بزم و رزم و شتاب
چو بشنید قارن سخن‌های نغز / ازآن نامور بخرد پاک‌مغز[4]
بیامد برِ شاه ایران بگفت / که: «پیغام‌ها، با خِرد بود جفت!
چو بشنید خسرو ز قارن سخُن / بیاد آمدش گفته‌های کهن[5]
بخندید خسرو ز کارِ نیا / از آن جستنِ چاره و کیمیا
ازانپس چنین گفت ک:«افراسیاب / پشیمان شده‌ست از گذشتن ز آب
ورا چشم، پر آب و لب پر سَخُن / مرا دل، پراز دردهای کَهُن
بکوشد که تا دل بپیچانَدَم / به بیشیِ لشکر بترساندم
نداند که گردنده چرخ بلند / نگردد، ببایست، روزِ گزند!
کنون چارهٔ ما جز این نیست روی / که من دل پر از کین شوم پیش اوی[6]
بگَردم بآورد، با او بجنگ / بهنگام کوشش نسازم درنگ»
همه بخردان و ردان سپاه / به آواز گفتند ک:«این نیست راه!

---

۱ - «چندی» پیام نادرست است «پیام»! که در سخنِ درست آینده خواهد آمدن! آوریده نیز نادرست است: «آورده‌است».
۲ - افراسیاب، سپهدار چین نبود.
۳ - «چو» در آغاز این رج با «چو» در آغاز رج پسین همخوان نیست. درفش سیاه نیز درفشان نمی‌شود!
۴ - قارن که پیام افراسیاب را شنیده بود، از کجا دانست که آن نامور «بخرد» و «پاک مغز» نیز هست!
۵ - آن گفته‌های کهن چه بوده‌است که تاکنون از آن آگاهی نداریم.
۶ - لت نخست ناهماهنگ است: «اکنون چاره‌ای نداریم».

پیام افراسیاب به کیخسرو ۱۷۱

جهاندیده پر دانش افراسیاب / جزاز چاره جستن نبیند بخواب
نداند جزاز تُنبل و جادویی / فریب و بداندیشی و بدخویی
ز لشکر کنون شیده را برگزید / که آرد مگر بندِ بد را کلید
همی خواهد از شاه ایران نبرد / بدان تا کند روزِ ما را بدرد!
تو بر تیزی او دلیری مکن / از ایران و از تاج سیری مکن
اُگر شیده از شاه جوید نبرد / بآورد، گستاخ، با او مگرد!
بدست تو گر شیده گردد تباه / یکی نامور، کم شود زان سپاه
اُگر دور از ایدر، تو گردی هلاک / از ایران برآید یکی تیره خاک
یکی زنده از ما نماند بجای / نه شهر و بر و بوم ایران بپای![1]
کسی نیست ما را ز تخم کیان / که کین را ببندد کمر بر میان[2]
نیای تو پیری جهاندیده است / بتوران و چین در، پسندیده است؛
همی پوزش آرد بدین● بد که کرد! / ز بیچارگی جست خواهد، نبرد*
همی گوید اسپان و گنج درم / که بنهاد تور از پی زادشم[3]
همان تخت شاهی و تاج سران / کمرهای زرّین و گرز گران[4]
سپارد به گنج تو از گنج خویش / همی باز خرد بدین رنج خویش[5]
هران شهر کز مرز ایران نهی / همی کرد خواهد ز توران تهی
بایران خرامیم پیروز و شاد / ز کار گذشته نگیریم یاد»
بر این گفته بودند پیر و جوان / جز از نامور رستم پهلوان[6]
که رستم همی ز آشتی سربگاشت / ز درد سیاوش به دل کینه داشت[7]
همی لب بدندان بخایید شاه / همی کرد خیره، بدیشان نگاه
اُزان پس چنین گفت ک:«این نیست راه / بایران خرامیم ازین رزمگاه
کجا آن همه رسم و سوگند ما / همان بدره و گفته و پند ما[8]
چو بر تخت بر، زنده افراسیاب / بماند، جهان گردد از وی خراب

---

۱ – ترس از جان خود، از شیوهٔ سگالش بدور است! لت دویم را نیز پیوند درست نیست.

۲ – از تخم کیان کیخسرو است، که او را از نبرد (و کین کسی) باز میدارند!

● – در همهٔ نمونه‌ها «بدین» آمده‌است و، «بدان» درست می‌نماید، بدان بد که کرد: آن بدی که با سیاوخش کرد.

* – در لت نخست از پوزش سخن میرود، و در لت دویم از جنگ جُستن! و با بیچارگی، نبرد نشاید جُستن چنین می‌اندیشم که سخن درست چنین بوده‌است: **«ز بیچارگی جست خواهد ز درد!»**

۳ – «از پی» در لت دویم نادرست است: «ازبرای».

۴ – دنباله.

۵ – «خرّد» نادرست است.

٦ – هنوز رستم بلشگرگاه کیخسرو نیامده‌است.

۷ – «رستم» در لت نخست با «رستم» در رج پیشین همخوان نیست.

۸ – «رسم» نابجا است و بی‌گزارش در لت دویم نیز «بدره» با گفته و پند و سوگند همراهی ندارد. افزایندهٔ تنگ چشم را رای بر آن بوده‌است که بگوید، چرا سیم و زر از من گرفتید و بجنگ آمدید.

۱۷۲ نبرد بزرگ کیخسرو

بکاووس یکسر چه پوزش بریم؟ بدین دیدگان چون بدو بنگریم؟[۱]
شنیدی که بر ایرج نیکبخت چه آمد به تور از پی تاج و تخت[۲]
سیاوخش را نیز بر بی‌گناه بکشت از پی گنج و تخت و کلاه[۳]
فریبنده ترکی* ازآن انجمن بیامد خرامان بنزدیک من
گر از من؛ همی جست خواهد نبرد شما را چرا؟ شد چنین روی، زرد!
همی از شما، این شگفت آیدم! همان کین پیشین بیفزایدم
گمانی نبردم که ایرانیان گشایند جاوید زین کین میان[۴]
کسی را ندیدم ز ایران سپاه که افکنده بود اندرین رزمگاه[۵]
که از جنگ ایشان گرفتی شتاب به گفتِ فریبنده افراسیاب»[۶]
چو ایرانیان این سخن‌ها ز شاه شنیدند، پیچان شدند از گناه؛
گرفتند° پوزش که: «ما بنده‌ایم هم از مهربانی سرافکنده‌ایم
نخواهد شهنشاه، جز نام نیک اُگر کارها را، سرانجام نیک
ستوده جهاندار بر ترمنش نخواهد که بر ما بُود سرزنش؛
که گویند از ایران سواری نبود که یارست، با شیده رزم آزمود
که آمد سواری به دشت نبرد جز از شاه‌شان این دلیری نکرد[۷]
نخواهد مگر خسرو موبدان که بر ما بود ننگ تا جاودان[۸]
بدیشان چنین پاسخ آورد شاه که: «ای بخردانِ نُماینده راه
بدانید، کاین شیده روز نبرد پدر را ندارد بهامون، بمرد!
سلیحش پدر کرده از جادویی ز کژّی و بی‌راهی و بدخویی[۹]
نباشد سلیح شما کارگر بدان جوشن و خودِ پولاد، بر
همان اسپش از باد دارد نژاد به دل همچو شیر و به رفتن چو باد[۱۰]
کسی را که یزدان نداده‌ست فر نباشدش با جنگ او پای و پر[۱۱]

---

۱ – «یکسر» ناکارآمد است. ۲ – شنیدی نادرست است: «شنیده‌اید»... از پی در لت دویم نیز: «برای».
۳ – کشندهٔ سیاوخش با بکارگرفتن «نیز» به کشنده ایرج به تور برمیگردد!
* – در همهٔ نمونه‌ها «فریبنده ترکی» که درست نمی‌نماید، و در اندیشهٔ من «فریبنده مردی» درست می‌نماید.
۴ – «گمانی» نادرست است: «گمان».
۵ – هنوز جنگ آغاز نشده‌است که کنش «ندیدم» و «افکنده‌بود» که باهم همخوان نیز نیستند، بکارگرفته شود.
٦ – چه‌کس گرفت؟ روی سخن با پهلوانان است. آنان که شتاب نورزیده‌اند، و درنگ و آشتی را پذیرفته‌اند!
○ – «گرفتن»، بجای آغاز کردن می‌آید. ۷ – لت دویم پریشان، و بازگو کنندهٔ رج پیشین است.
۸ – کیخسرو خسرو موبدان نبود. ۹ – نام پدر می‌بایستی پیش‌از سلیح بیاید.
۱۰ – لت نخست نادرست، در پایان رج دوباره از باد یاد می‌شود.
۱۱ – با این سخن شیده نیز دارای فرّ است، و چنین باور در نزد ایرانیان نبوده‌است، و چند بار در زامیاد یشت اوستا سخن از این رفته‌است
←

آمادگی نبرد کیخسرو   ۱۷۳

همان با شما او نیاید بجنگ   ز فرّ و نژاد خود آیدْش ننگ [۱]
نبیره‌ی فریدون و پور قباد   دو جنگی بود یکدل و یک‌نهاد [۲]
بسوزم بر او، تیره جانِ پدزش   چو کاووس را سوخت جان، بر پسزش»
دلیران و شیران ایرانزمین   همه شاه را خواندند آفرین
بفرمود تا قارن نیکخواه   شود باز و پاسخ گزارَد ز شاه
که: «این کار ما دیر و دشخوار گشت   سخن‌ها ز اندازه اندر گذشت
هنر یافته مردِ سنگی، بجنگ   نجوید گهِ رزم چندین درنگ
کنون تا خداوند خورشید و ماه؛   که؟ را شاد دارد بدین رزمگاه؛
نخواهم ز تو اسپ و دینار گنج   که بر کس نماند سرای سپنج [۳]
به زور جهان‌آفرین کردگار   به دیهیم کاووس پروردگار [۴]
که چندان نمانم شما را زمان   که بر گل جهد تندباد خزان [۵]
بدان خواسته نیست ما را نیاز   که از جور و بیداد آمد فراز [۶]
که را، پشتگرمی بیزدان بود   همیشه دل و بختِ خندان بود! [۷]
بر و بوم گنج و سپاهت مرا است   همان تخت و زرّین کلاهت مراست [۸]
پشنگ آمد و خواست از من نبرد   زره‌دار با لشگر و دار و برد [۹]
سپیده‌دمان هست مهمان من   بخنجر ببیند سرافشان من [۱۰]
کسی را نخواهم ز ایران سپاه   که با او بگردد بآوردگاه [۱۱]
من و شیده و دشت و شمشیر تیز   برآرم بفرجام ازو رستخیز
گر ایدونکه پیروز گردم بجنگ   نسازم برین سان که گفتی؛ درنگ [۱۲]
مبارز خروشان کنیم از دو روی   ز خون دشت گردد پر از رنگ و بوی [۱۳]
ازانسپس یلان را همه همگروه   بجنگ اندر آریم برسان کوه [۱۴]

← که افراسیاب کوشید تا فرّ ایران را بدست آورد، و در اینکار پیروز نشد.   ۱ – همان در آغاز سخن نادرست.
۲ – اگر دو جنگی شیده و کیخسرواند، کنش بوَد ناهماهنگ است.   ۳ – سخن گسسته می‌شود.
۴ – هنوز دیهیم پدیدار نشده‌بود.
۵ – افزاینده که میدان جنگ را در نوروز آراسته بود، اکنون زمان پیروزی را به آغاز پاییز می‌کشانَد، باز آنکه در سخن درست شاهنامه چهار رج پیشتر سخن بگونه‌ای دیگر آمده‌است.   ۶ – دوباره سخن از خواسته‌ای میرود که در افزوده‌های پیشین یاد شده‌بود.
۷ – در لت دویم بجای بخت «بخشش».
۸ – افزایندهٔ یاوه‌سرا فراموش کرده‌است که دو رج پیش گفت: بدان خواسته نیست ما را نیاز!!
۹ – پشنگ نبود و «شیده» بود، اما چنانکه گفته شد در افزوده‌ها همواره بجای شیده از پشنگ یاد می‌شود.
۱۰ – دو رج پستر، سخن درست شاهنامه دراین‌باره آمده‌است!   ۱۱ – دنبالهٔ گفتار.
۱۲ – **یک**: اگر سخن از نبرد دو هماورد میرود، چرا بایستی از دو سوی، مبارز بیرون کنند؟ **دو**: رنگ و بوی ویژه گل و سبزه است نه خونریزی.   ۱۳ – در این رج از مبارز سخن میرود...
۱۴ – **یک**: ... و بیدرنگ در سخن از همهٔ سپاه! **دو**: بلندای دو گروه از بلندای یک مرد افزونتر نمی‌شود!

چو این گفته باشی به شیده بگوی — که ای کم خرد مهتر کامجوی[1]
نه تنها تو ایدر به کام آمدی — نه بر جستن ننگ و نام آمدی[2]
نه از بهر پیغام افراسیاب، — که کردار بد کرد بر تو شتاب[3]
جهاندارت انگیخت از انجمن — ستودانت ایدر بود هم کفن[4]
گزند آیدت زان سر بی‌گزند — که از تن بریدند چون سر گوسفند»[5]
بیامد دمان، قارن از نزد شاه — بنزدیکیِ آن درفش سیاه
سخن هرچه بشنید با او بگفت — نماند ایچ، نیک و بدر اندر نهفت
بشد شیده نزدیک افراسیاب — دلش چون بر آتش نهاده، کباب
ببُد شاه ترکان ز پاسخ دژم — غمی گشت و بر زد یکی تیزدم[6]
ازآن خواب کز روزگار دراز — بدید و ز هرکس همی داشت راز[7]
سرش گشت گردان و دل پرنهیب — بدانست کآمد بتنگی نشیب[8]
بدو گفت: «فردا بدین رزمگاه — ز افکنده، مردان نیابند راه»[9]
به شیده چنین گفت ک:«ز بامداد — مکن تا دو روز ای پسر جنگ یاد[10]
بدین رزم بشکست گویی دلم — بر آنم که دل را ز تن بگسلم»[11]
پسر گفت ک:«ای شاه ترکان و چین — دل خویش را بدمکن روز کین[12]
چو خورشید فردا برآرد درفش — درفشان کند روی چرخ بنفش[13]
من و خسرو و دشت آوردگاه — برانگیزم از شاه، گردِ سیاه»[14]

*

چو روشن شد آن چادر لاژورد — جهان شد بکردار یاقوت زرد

---

۱ – این دشنام نه بر آیین مردی و پذیرفتن فرستاده‌است، و نه بدنبال آن سخن که در شاهنامه آمده‌است:

دل شاه شد زان سخن پر ز شرم — فرو ریخت از دیدگان آب گرم
چنین گفت کاین شیده، خال منست — ببالا و مردی همال منست!

۲ – بکام آمدن راگزارش نیست. در لت دویم: «نه برای» بجای «نه بر».

۳ – تنها برای پیغام افراسیاب آمده‌بود. کردار بد چرا؟... اگر «بخت بد» باشد، سزاوارتر است... فرستاده، پیام می‌گزارد و چنین کار کردار بد بشمار نمی‌آید. ۴ – لت دویم را پیوند درست نیست: «(تا) ستودان و کفن اینجا (باشد)». ۵ – دنبالهٔ گفتار.

٦ – «ببُد» نادرست است «شد». غمی نیز نادرست است: «غمگین» یا «غمین» اما در همه نمونه‌ها چنین آمده‌است.

۷ – یک: «بدید» در لت دویم ناهماهنگ است: «دیده‌بود». دو: راز درمیان نبود، و آن خواب را برای همه باز گفته‌بود.

۸ – «سرش گشت گردان...» به آن خواب بازمیگردد، نه به پیام کیخسرو!

۹ – نه چنین است، زیرا که برای فردا پیمان نبرد دو هماورد است، نه همهٔ لشگریان.

۱۰ – «بشیده گفت» در این رج با «بدو گفت» در رج پیشین همخوان نیست!

۱۱ – هنوز رزم پیش نیامده‌است. دل را از تن نتوان گسلیدن! و سر را شاید! ۱۲ – افراسیاب ترک نبود، شاه چین نیز نبود.

۱۳ – دنبالهٔ گفتار. ۱۴ – «خسرو» در لت نخست، با «شاه» در لت دویم همخوان نیست.

نبرد شیده با کیخسرو ۱۷۵

نشست از بر اسپِ جنگی پشنگ   ز باد جوانی سرش پر ز جنگ[۱]
به جوشن بپوشید روشن برش   ز آهن کلاه کیان بر سرش[۲]
درفشش یکی ترک جنگی به چنگ   خرامان بیامد بسان پلنگ[۳]
چو آمد به نزدیک ایران سپاه   یکی نامداری بشد نزد شاه[۴]
که: آمد سواری میان دو صف   سرافراز و جوشان و تیغی بکف»[۵]
بخندید ازو شاه و جوشن بخواست   درفش بزرگی برآورد راست[۶]
یکی ترگ زرّین به سر برنهاد   درفشش به رهّام گودرز داد[۷]
همه لشگرش زار و گریان شدند   چو بر آتش تیز بریان شدند[۸]
خروشی برآمد که: «ای شهریار   به آهن تن خویش رنجه مدار
شهان را همه تخت بودی نشست   که؟ بر کین، کمر بر میان تو بست!
که جز خاک تیره نشستش مباد   به هیچ آرزو کام و دستش مباد»[۹]
سپهدار با جوشن و گرز و خود   بلشکر فرستاد چندی درود
که: «یک تن مجنید ازین رزمگاه   چپ و راست و قلب و جناح سپاه[۱۰]
نباید که جوید کسی جنگ و جوش   برهّام گودرز، دارید گوش![۱۱]
چو خورشید بر چرخ گردد بلند   ببینید تا بر که آید گزند
شما هیچ دل را مدارید تنگ   چنین است آغاز و فرجام جنگ
گهی بر فراز، و گهی در نشیب   گهی شاد مانَد، گهی بانهیب»[۱۲]
برانگیخت شبرنگِ بهزاد را   که دریافتی روزِ تگ، باد را
میان بسته با نیزه و خود و گبر   همی گرد اسپش برآمد به ابر[۱۳]
میان دو صف، شیده او را بدید   یکی بادِ سرد از جگر برکشید
بدو گفت: «پور سیاوخشِ رد؛   تویی؟ ای پسندیدهٔ پرخرد!

۱ – نام پشنگ بجای شیده آمده‌است.
۲ – **یک:** پس‌از سوار شدن، جوشن نمی‌پوشند. **دو:** شیده از نژاد کیان نبود.
۳ – تورانیان ترک نبوده‌اند.
۴ – پیش آهنگان سپه، نامدار نبوده‌اند.
۵ – هنوز نبرد آغاز نشده، تیغ در کف گرفتن نشاید.
٦ – «درفش بزرگی» چه بوده باشد؟
۷ – ترگ زرین در کارزار نا کارآمد است، و بمرگ تَرگدار یاری می‌رساند.
۸ – گریستن سپاهیان، درست نمی‌نماید. درست رج پسین است که خروش برآوردند.
۹ – لت نخست را پیوند با رج پیشین نیست. کام و دست نیز در لت دویم، نادرخور است.
۱۰ – «که» پیوند بجایی نیست، و لت دویم نیز آهنگ درست ندارد. و «جناح» را نیز در سخن فردوسی جای نیست... باری چپ‌وراست یادشده در این رج، همان «جناحین!»اند.
۱۱ – «جنگ جستن» شاید اما «جوش جستن» تاکنون شنیده نشده‌است. سپهسالار آنزمان نیز گودرز بوده‌است نه رهام گودرز!
۱۲ – در لت دویم، «شاد مانَد» و «با نهیب» بجنگ در رج پیشین بازمیگردد، و جنگ شاد «نمی‌ماند؟»
۱۳ – اسبش در لت دویم با شبرنگ بهزاد در رج پیشین همخوان نیست.

نبیره جهاندار تورانسپاه؛ / که ساید همی ترگ بر چرخ ماه![1]
جز آنی که بر تو گمانی برد / جهاندیده‌ای کاو خرد پرورد[2]
اگر مغز بودیت با خال خویش / نکردی چنین جنگ را دست پیش[3]
اگر جنگ جویی ز پیش سپاه / برو دور بگزین یکی رزمگاه[4]
کز ایران و توران نبینند کس / نخواهیم یارانِ فریادرس»[5]
چنین داد پاسخ بدو؛ شهریار / که: «ای شیر درنده در کارزار
منم داغدل، پور آن بیگناه / سیاوش! که شد کشته بر دست شاه
بدین دشت از ایران بکین آمدم / نه از بهر گاه و نگین آمدم
ز پیش پدر چون که برخاستی / ز لشکر نبرد مرا خواستی[6]
مرا خواستی کس نبودی روا / که پیشت فرستادمی ناسزا[7]
کنون آرزو کن یکی رزمگاه / بدیدار، دور از میان سپاه»
نهادند پیمان که از هردو روی / بیاری نیاید کسی کینه‌جوی
هم این‌ها که دارند با مادرفش / ز بد روی ایشان نگردد بنفش[8]
برفتند هردو ز لشکر بدور / چنانچون شود، مردِ شادان، بسور
بیابان که آن از در رزم بود / بدان جایگه مرز خوارزم بود[9]
رسیدند جایی که شیر و پلنگ / بدان شخ بی‌آب ننهاد چنگ[10]
نپرّید بر آسمانش عقاب / ازو بهره‌ای شخ و بهری سراب[11]
نهادند آوردگاهی بزرگ / دو اسپ و دو جنگی بسان دو گرگ
سواران چو شیرانِ هخته زهار / که باشند پر خشم روز شکار[12]

---

۱ – «نبیره جهاندرا» نادرست است و «نبیرهٔ جهاندار» نیز آهنگ سخن را بر هم میریزد.

۲ – «گمانی» نادرست است: «گمان».

۳ – نکردی در آغاز لت دویم نادرخور است: «نمی‌کردی» خود، از کیخسرو نبرد خواسته‌بود!

۴ – «برو» نادرست است: «برویم». ۵ – سخن با کمبود همراهست: «ما را نبینند».

۶ – چون درمیانهٔ سخن ناهموار است «چو برخاستی...» اما نبرد خواستن با کیخسرو بهنگام برخاستن روی نداد، و پیشنهاد نخستین او بود.

۷ – «مرا خواستی» دوباره‌گویی است. در لت دویُم نیز افزاینده با گفتار سست پهلوانان ایران را ناسزا می‌خواند!

۸ – «این‌ها» نادرست است، «درفشداران».

۹ – «بیابان که آن» نادرست است: «بیابانی که». «بدانجایگه» نیز افزوده بسخن است.

۱۰ – در لت دویم «ننهاد» نادرست است: «ننهاده‌بودند».

۱۱ – «نپرّید» نیز و «نپریده‌بود»، «یا نمی‌پرید». و چنین جای در همه جهان پیدا نمی‌شود... در آینده خواهیم دیدن که نه تنها شیر و پلنگ و شاهین را بر آن زمین گذر بود، که آنجا رهگذر مردمان نیز بوده‌است و مردی راهگذر سرانجام داستان جنگ شیده و کیخسرو را برای افراسیاب می‌برد.

۱۲ – شیرِ هخته زهار را، کس ندیده‌است اما افزاینده در لت پسین چگونگی آنرا نیز نموده‌است!!

بگشتند با نیزه‌های دراز ... چو خورشید تابنده گشت از فراز[1]
نماند ایچ بر نیزه‌هاشان سِنان ... پر از آب برگستوان و عنان[2]
به رومی عمود و به شمشیر و تیر ... بگشتند با یکدگر ناگزیر[3]
زمین شد ز گرد سواران سیاه ... نگشتند سیر اندر آوردگاه[4]
چو شیده دل و زور خسرو بدید ... ز مژگان سرشکش برخ برچکید[5]
بدانست کان فرّهٔ ایزدیست ... ازو بر تن خویش باید گریست[6]
همان اسپش از تشنگی شد غمی ... بنیروی مرد اندر آمد کمی[7]
چو درمانده شد با دل اندیشه کرد ... که: «گر شاه را گویم اندر نبرد:[8]
بیا تا به کُشتی پیاده شویم ... ز خوی هر دو آهار داده شویم[9]
پیاده نگردد که عار آیدش ... ز شاهی تن خویش خوار آیدش[10]
بدین چاره گر زو نیابم رها ... شدم بیگمان در دم اژدها»[11]
بدو گفت: «شاها بتیغ و سنان ... کند هرکسی جنگ و پیچد عنان
پیاده به آید که جوییم جنگ ... بکردار شیران بیازیم چنگ»
جهاندار خسرو هم اندر زمان ... بدانست اندیشهٔ بدگمان[12]
بدل گفت که: «این شیر با زور و چنگ ... نبیره‌ی فریدون و پور پشنگ[13]
گر آسوده گردد، تن، آسان کند ... بسی شیردل را هراسان کند[14]
اگر من پیاده نگردم بجنگ ... به ایرانیان‌بر کند جای تنگ»[15]

---

۱ – گردش با نیزه یک یا دو بار است، نه از بامداد تا پسین!

۲ – چوب نیزه‌ها را شاید شکستن، اما سنان آهنین چیزی نیست که نرم‌نرم از آن کم شود که بتوان گفتن «نماند ایچ». لت دویم، پایان ندارد... شاید که سنان (= سر نیزه) از آن جدا شده بیکسو افتد، و آن را نمی‌توان با «نماند ایچ...» نمودن.

۳ – عمود، آنهم از گونه رومی!... ناگزیر نیز نادرخور است.

۴ – **یک**: زمین از گرد سوار سیاه نمی‌شود، آسمان را نیز از گرد انبوه‌لشگر سیاه شدن نشاید. **دو**: لت دویم نیز نادرخور است از نبرد سیر نشدند، نه اندر آوردگاه.

۵ – سخن گزافه که یک پهلوان را نشاید در میدان نبرد چنان گریستن که‌سرشکش بر رخ فروچکد.

۶ – آن فرّهٔ ایزدیست به سرشک شیده بازمیگردد! اگر آسان‌گیریم و به زور خسرو بازگردانیم. نیز زور فرّه ایزدیست؟ نیز نادرست است: زور او از فرّه جداست و زور، ایزدی نیست و باکوشش و تلاش و ورزشِ مرد فراهم می‌شود.

۷ – اسپ غمی (= غمگین) نمی‌شود.

۸ – با دل اندیشه نادرست است. با خود اندیشید.

۹ – بکشتی پیاده شویم...: «برای کشتی».

۱۰ – مگر تا آنزمان خوی کرده نبودند؟... هم مرد، هم اسب!

۱۱ – لت دویم بی‌گزارش است.

۱۲ – هم‌اندرزمان نادرست است. لت دویم نیز پیوند درست ندارد: اندیشهٔ بدگمان (= دشمن) را دریافت.

۱۳ – دنبالهٔ گفتار.

۱۴ – «تن آسانی» از «تن آسایی» جدا است. تن را آسان داشتن: نیک خوردن، نیک پوشیدن و نیک زیستن است...

۱۵ – لت دویم را هیچ گزارش نیست.

بدو گفت رهّام که: «ای تاجور بدین کار ننگی مگردان گهر[1]
چو خسرو پیاده کند کارزار چه باید؟ برین دشت چندین سوار![2]
اگر پای بر خاک باید نهاد من از تخم کشواد دارم نژاد[3]
بمان تا شوم پیش او جنگساز نه شاهِ جهاندارِ گردنفراز»[4]
به رهّام گفت آن زمان شهریار که: «ای مهربان پهلوان سوار[5]
چو شیده دلاور ز تخم پشنگ چنان دان که با تو نیاید به جنگ[6]
ترا نیز با رزم او پای نیست به ترکان چنو لشگرآرای نیست[7]
یکی مرد جنگی فریدون‌نژاد که چون او دلاور ز مادر نزاد[8]
نباشد مرا ننگ، رفتن بجنگ پیاده بسازیم جنگ پلنگ»[9]
اُزان سو برِ شیده شد ترجمان که: «دوری گزین از بد بدگمان[10]
جز از بازگشتن ترا رای نیست که با جنگ خسرو ترا پای نیست[11]
بهنگام، کردن ز دشمن گریز به از کشتن و جستن رستخیز»
بدان نامور ترجمان شیده گفت که: «آورد مردان نشاید نهفت[12]
چنان دان که تا من ببستم کمر همی برفرازم به خورشید سر[13]
بدین زور و این فرّه و دستبر ندیدم به آوردگه نیز گرد[14]
ولیکن ستودان مرا، از گریز به آید چو گیرم به کاری ستیز[15]
هم از گردش چرخ برنگذرم اُگر دیدهٔ اژدها بسپرم[16]
گر ایدر مرا هوش بر دست اوست نه دشمن ز من بازداد نه دوست[17]
ندانم من این زور و مردی ز چیست بر این نامور، فرّه ایزدیست[18]
پیاده مگر دست یابم بدوی به پیگار خون اندرآرم به جوی»

---

۱ – افزاینده فراموش کرده‌بود که بر بنیاد سرودهٔ خودش، خسرو سپاه را برهام سپرده بمیدان آمده‌بود. ۲ – دنبالهٔ گفتار.
۳ – مگر فرزندان کشواد، همه «سواره نبوده‌اند! ۴ – جنگساز نادرست است: «جنگجو».
۵ – آنزمان، نابجا است پاسخ را درزمان (= بیدرنگ) میدهند. ۶ – چو شیده، نادرست است.
۷ – شیده ترک نبود. ۸ – رهام و همهٔ ایرانیان نیز فریدون نژاد بودند و هستند.
۹ – رفتن بجنگ نادرخور است زیرا که آنان پیشتر بجنگ رفته‌بودند. لت دویم بسازیم جنگ نیز نادرست است: «بجوییم جنگ».
۱۰ – ایرانیان و تورانیان را ترجمان بکار نمی‌آمد، زیرا همه از یک نژاد بودند و یک زبان داشتند.
۱۱ – ترجمان(؟) را چه جای آن باشد که به پهلوان تورانی و فرزند بزرگ افراسیاب فرمان بازگشتن از جنگ دهد!
۱۲ – ترجمان(؟) نامور نمی‌شود. ۱۳ – زمان کنش میان دو لت هماهنگ نیست: «تاکمر بسته‌ام».
۱۴ – در لت دویم «ندیدم» نادرخور است: «ندیده‌ام».
۱۵ – سخن در لت دویم با «به آید» پایان درست می‌پذیرد، اما چوگیرم بکاری ستیز آنرا در هم می‌شکند. «کاری» نادرست است.
۱۶ – سخن سخت درهم و بی‌گزارش است.
۱۷ – لت نخست درست است، اما لت دویم نادرست: «نه دشمن را توان آنست که...».
۱۸ – هنوز کشتی نگرفته‌اند. از کجا زور و مردی او را سنجیده‌است، دوباره از فرّه ایزدی بگونهٔ نادرخور یاد می‌شود.

⇐ بشیده چنین گفت شاه جهان / که: «ای نامدار از نژاد مهان
ز تخم کیان، بیگمان کس نبود / که هرگز پیاده نبرد آزمود!
ولیکن ترا گر چنین است کام / نپیچم ز رای تو هرگز لگام»
فرود آمد از اسپِ شبرنگ، شاه / ز سر برگرفت آن کیانی کلاه
به رهّام داد آن گرانمایه اسپ / پیاده بیامد چو آذرگشسپ [1]
پیاده چو از دور دیدش پشنگ / فرود آمد از باره جنگی پلنگ [2]
بهامون چو پیلان برآویختند / همی خاک با خون برآمیختند
چو شیده بدید آن بر و برز شاه / همان ایزدی فرّ و آن دستگاه
همی جَست* کآید مگر زو رها؛ / -که چون سر بشد، تن ندارد بها-
چو آگاه شد خسرو از رای اوی / ز زان زور و آن برز بالای اوی
گرفتش بچپ، گردن و راست، ران● / برآورد و زد بر زمین ناگهان
همه مهرهٔ پشت او همچو نی / بشد خرد و از تَنْش، بگسست پی
یکی تیغ تیز از میان برکشید / سراسر دل نامور بردرید [3]
بر او کرد جوشن همه چاکچاک / همی ریخت بر تارک از درد خاک [4]
برهّام گفت «این بدِ بدسگال / دلیر و سبکسر مرا بود خال [5]
پس از کشتنش مهربانی کنید / یکی دخمهٔ خسروانی کنید [6]
تنش را به مشک و ابیر و گلاب / بشویید و مغزش بکافور ناب [7]
به گردنش بر طوق مشکین نهید / کله بر سرش انبرآگین نهید» [8]
نگه کرد پس ترجمانش ز راه / بدید آن تن نامبردار شاه [9]

---

۱ – رهام در لشگرگاه بود.

۲ – هردو باهم سخن میگفتند، و از هم بدور نبودند. در لت دویم جنگی پلنگ افزوده‌است، و سخن با «فرود آمد از باره» بپایان میرسد.

* – در کُشتی: تن می‌زد، می جَست، فرار میکرد! کشتی‌گیران ناتوان، هنوز نیز در میدان کشتی چنین می‌کنند!

● – این فن را کشتی‌گیران امروز «چپ‌وراست» می‌خوانند.

۳ – **یک:** پس‌از کشته شدن هماورد، چنین کار از دژخیمان برمی‌آید. لت دویم از دیدگاه زبان نادرست است. دل چه باشد؟ اگر دل = قلب است نمی‌توان آنرا سراسر دریدن! و اگر شکم است چرا دل آید؟ **دو:** «نامور» به «دل» بازمیگردد! سخن درست چنین است: سراسر دل (شکم، یا پهلوی) (آن) نامور را در بر درید.

۴ – نخست می‌بایستی جوشنش را سراسر بردریدن، و از آنپس پهلو یا شکم ویرا، و چون جوشن او را چاکچاک کرد، پس؛ پیش‌ازآن، پهلوی او را نیز ندریده‌بود.

۵ – اینگونه داوری در افزوده‌ها، درست بازگونهٔ داوری پر از شرم نخستین است.

٦ – با چنان دژخیمی او را پاره پاره کرد با فرمان بمهربانی، همخوان نیست.

۷ – **یک:** دنبالهٔ همان گفتار. **دو:** مغز شستنی نیست.

۸ – دنباله.

۹ – دایی و خواهرزاده را ترجمان بکار نمی‌آید. افزایندگان این اندازه با خویش نیندیشیده بوده‌اند که هرآینه میان ایرانیان و تورانیان، ترجمان بایسته بود، کیخسرو را که تا آغاز جوانی در توران بسر برده‌بود بچنین ترجمه و ترجمان نیازی نبوده‌است!!!

نبرد بزرگ کیخسرو

۲۰۵۸۰	کـه بـا خـون از آن ریـگ بـرداشتـند	سـوی لشگــر شــاه بـگـذاشتـند¹
	بـیامد خروشـان بـه نـزدیـک شـاه	کــه: «ای نـامور دادگــر پیشگـاه²
	یکــی بنــده بــودم مــن او را نـوان	نــه جـنگی ســواریّ و نــه پهـلوان
	بـه مـن بـر ببخشای شاهـا بـه مهر	کـه از جـان تـو شـاد بـادا سپهر!»³
	بدو گفت شاه: «آنچه دیدی ز مـن	نیـا را بگــو انـدر آن انجمـن.»⁴
۲۰۵۸۵	زمیــن را ببـوسیـد و کـرد آفریـن	پسیجیـد ره ســوی ســالارِ چیـن
	اُزان دشت، کیخسروِ کینه‌جـوی	ســوی لشکـرِ خـویش، بـنهاد روی
	خروشـی بـرآمد از ایـرانسپـاه	کـه بخشایش آورد خـورشید و مـاه
	بیامد هـم آنگــاه گــودرز و گیو	چــو شیـدوش و رستـم چــو گرگین نیو⁵
	هـمه بـوسه دادنـد پیشش زمین	بســی شــاه را خـوانـدند آفریــن⁶

*

۲۰۵۹۰	اُزان روی، گـردان دو دیــده بـراه	کـه شیـده کسـی آیــد ز آوردگـاه⁷
	سواری همی شـد، بر آن ریگِ نـرم؛	برهنه سر و، دیــده پر خون گرم؛
	بیامـد بـنزدیــک افـراسـیـاب	دل از درد خستــه دو دیده پر آب
	برآورد پـوشیده راز از نهفـت	همه پیش سالارِ توران بگفـت
	جهـاندار گشت از جهـان نـاامیـد	بکـند آن چـو کافور؛ مــوی سپیــد
۲۰۵۹۵	بسـر بـر پـراکنـد ریگ روان	ز لشگر بـرفت آنکه بـد پهـلوان⁸
	رخ شـاه تـرکان هر آن کس که دیـد	بـر و جـامه و دل همه بـدریـد⁹
	چنین گفت بـا مـویه افراسیـاب	که: «زین پس نه آرام جویم نه خواب¹⁰
	مـرا انــدرین ســوگ یــاری کنید	همه تن به تن سـوکواری کنید¹¹
	نــه بیسند سرِ تیغ مـا را نیـام	نــه هـرگز بَـوَم زین سپس شـادکام¹²

---

۱ - یک: پیوند درست ندارد: «را که...»، دو: چه کس برداشت؟ همراه کیخسرو که کسی نبود!   ۲ - لت دویم‌ست است.
۳ - اگر کیخسرو را رای بر آن بود که ترجمان(؟!) را بکشد بیدرنگ پس از کشتن شیده چنین کار را میکرد، نه پس از زمان درازی که بگفتهٔ افزاینده، پیکر او را برداشته بلشگرگاه ایران بردند!
۴ - این سخن ناراست است، زیرا که در گفتار درست شاهنامه، کسی دیگر آگاهی به افراسیاب میرساند. و آن خود، نشان میدهد که میان آنان ترجمان نبوده‌است.   ۵ - گودرز و گیو را «بیامدند» بایسته است. چو در لت دویم نادرست است.
۶ - دنباله گفتار.   ۷ - سخن در لت نخست پایان ندارد: «دیده براه بودند».
۸ - خاک ریختن را شاید، ریگِ روان را چگونه ریخت؟ از کجا دانسته شد که، آن ریگ زیر پای «روان» است. لت دویم کنش نادرخور است: «برفتند».   ۹ - افراسیاب شاه توران بود، نه ترکان «بر» و «دل» هردو یک کاربرد دارند.
۱۰ - دنبالهٔ سخن.
۱۱ - سوگواری تن‌بتن نمی‌شود «همه سوگواری کنید»، و مگر می‌توان بزور فرمان سوگواری بسپاهیان دادن؟
۱۲ - در لت نخست از «ماه سخن میرود، و در لت دویم با بَوَم (= باشم) از من.

کشته شدن شیده ۱۸۱

ز مردم شمر ار ز دام و داده — دلی کاو نباشد به درد آزده[۱]
مبادا بدان دیده در آب و شرم — که از درد ما نیست پر خون گرم[۲]
ازان ماه‌دیدار و جنگی سوار — ازان سروبن بر لب جویبار»[۳]
همی ریخت از دیده خونین سرشک — ز دردی که درمان نداند پزشک
همه نامدارانِ پاسخگزار — زبان برگشادند بر شهریار[۴]
که «این؛ دادگر، بر تو آسان کناد — بداندیش را دل هراسان کناد[۵]
ز ما نیز یک تن نسازد درنگ — شب و روز بر درد و کین پشنگ[۶]
سپه را همه دل خروشان کنیم — بآوردگه بر، سر افشان کنیم[۷]
ز خسرو نبُد پیش ازین کینه چیز — کنون کینه بر کین بیفزود نیز»[۸]
سپه دل شکسته شد از بهر شاه — خروشان و جوشان همه رزمگاه!

*

چو خورشید برزد، سر از برجِ گاو — ز هامون برآمد خروش چکاو[۹]
تبیره برآمد ز هر دو سرای — همان نالهٔ بوق با کرنای[۱۰]
ز گردان شمشیرزن سی هزار — بیاورد، جَهن ازدرِ کارزار[۱۱]
چو خسرو برآن گونه بر، دیدشان — بفرمود تا قارن کاویان[۱۲]
ز قلب سپاه اندر آمد چو کوه — ازو گشت جهن دلاور ستوه[۱۳]
سوی راست گستهمِ نوذر چو گرد — بیامد دمان با درفش نبرد[۱۴]

---

۱ – سخن سخت بی‌بنیاد است. شاهنامهٔ فلورانس «باز دام و دده» که آن نیز بی‌گزارش است. برای دیدن نمونه‌ها (بنگرید به خالقی مطلق ۲۱٦-۴.)

۲ – سخن در دو لت، باژگونه است. مبادا آب = گریستن. کسیکه خون گرید!!

۳ – دنبالهٔ گفتار.

۴ – **یک:** همه نمی‌توانند پاسخگزار باشند، باز آنکه در چنین رویداد یکی از بزرگان ازسوی همگان سخن میگوید! **دو:** زبان برگشادن، دشنام دادن است!

۵ – سخن را در لت نخست، کمبود همراه است: «که این (درد را)».

٦ – دوباره نام شیده به پشنگ برگشت!

۷ – آنانکه سخن میگفتند «همه» بودند، پس چگونه «همه را دل خروشان» خواهند کردن!

۸ – اگر پیش‌ازآن کینه‌ای از کیخسرو نداشتند، چرا در لت دویم کینه بر کینه افزوده شود؟ همهٔ سخنانِ گذشته در گفتار درست شاهنامه در رج پسین می‌آید و نشان میدهد که افزاینده یا افزایندگان چه اندازه رنج بر روان خویش افزوده‌اند.

۹ – افزایندگان، آغاز نبرد را در آغاز فروردینماه آورده‌بودند (که خود نادرست است و در جای خود دربارهٔ آن سخن گفتم) پس چگونه هنوز یکهفته از آغاز لشگرآرایی بیش نگذشته است، به ماه اردیبهشت رسید؟ (خورشید در برج گاو = اردیبهشت ماه)

۱۰ – در لشگرگاه «سرای» بر پای نبود!

۱۱ – شمشیر زن در لت نخست همانست که در لت دویم، ازدرِ کارزار خوانده شده‌است، و یکی از آندو افزوده می‌نماید.

۱۲ – «بر کدام گونه بر»؟: «چون خسرو، جنبش سی هزار شمشیر زن را ازسوی سپاه توران دید».

۱۳ – «اندر آمدن» را برابر بجای «بیرون رفتن» آورده‌اند!! آنهم مانندهٔ کوه.

۱۴ – بادرفش نبرد نادرست است: «با جنگ‌افزار» باشمشیر... نیزه و هر چیز دیگر.

جهان شد ز گرد سواران بنفش　　زمین پر سپاه و هوا پر درفش[۱]
بجنبید خسرو ز قلب سپاه　　هم افراسیاب اندرآن رزمگاه[۲]
بپیوست جنگی کزآنسان، نشان　　ندادند گردان و گردنکشان[۳]
بکشتند چندان ز توران سپاه　　که دریای خون گشت آوردگاه[۴]
چنین بود تا آسمان تیره گشت　　همان چشم جنگاوران خیره گشت[۵]
چو پیروز شد قارن رزم‌زن　　به جهن دلیر، اندر آمد شکن؛[۶]
چو بر دامن کوه بنشست ماه　　یلان بازگشتند ز آوردگاه[۷]
ز ایرانیان شاد شد شهریار　　که چیره شدند اندران کارزار[۸]
همه شب همی جنگ را ساختند　　به خواب و به خوردن نپرداختند[۹]
چو برزد سر از چنگ خرچنگ هور　　جهان‌شدپر از جنگ و آهنگ و شور[۱۰]
سپاه دو کشور کشیدند صف　　همه جنگ را بر لب آورده کف[۱۱]
سپهدار ایران ز پشت سپاه　　بشد دور با کهتری نیکخواه
چو لختی بیامد پیاده ببود　　جهان‌آفرین را فراوان ستود[۱۲]
بمالید رخ را بران تیره خاک　　چنین گفت کای داور داد و پاک[۱۳]
تو دانی کزو من ستم دیده‌ام　　بسی روز بد را پسندیده‌ام[۱۴]
مکافات کن بدکنش را به خون　　تو باشی ستمدیده را رهنمون[۱۵]
اُزان جایگه با دلی پر ز غم　　پر از کین سر از تخمهٔ زادشم[۱۶]
بیامد خروشان به قلب سپاه　　به سر برنهاد آن خجسته کلاه[۱۷]

---

۱ – «زمین پر سپاه» سخت نادرخور است.

۲ – افزاینده را فراموش شد که قارن را از میانه (قلب) سپاه بیرون فرستاده‌بود! لت دویم نیز بی‌پیوند است.

۳ – «نشان ندادند»؟ یا «ندیده‌بودند»؟　　۴ – تورانیان کشته شدند، اما یک ایرانی را زخم و درد و مرگ پیش نیامد!؟

۵ – دنباله.

۶ – اگر قارن پیروز شد، پس گستهم و کیخسرو چکاره بودند؟ و اگر قارن در برابر جهن پیروز شد، پیدا است که شکست بر سپاه جهن می‌افتد و گفتار نابجا است.

۷ – افزاینده در دو رج پیش آسمان را تیره کرد، و اکنون ماه را بر دامن کوه می‌نشاند!... باز آنکه ماه از افراز کوه سر بدر می‌آوَرَد!

۸ – دنباله.　　۹ – لت دویم نادرخور است، زیرا که سپاهیان را پس‌از یکروز جنگ بخواب و خورد نیاز است.

۱۰ – افزایندهٔ نادان پس‌از یکروز، زمان را از اردیبهشت ماه، به تیر ماه بازگرداند!!　　۱۱ – دنباله.

۱۲ – پیاده ببود نادرست است: پیاده شد!

۱۳ – «آن» ناکارآمد است: «بر تیره خاک» و ایرانیان بهنگام نیایش روی به فروغ و روشنایی میکردند.

۱۴ – سخن نارسا است: «که از افراسیاب». لت دویم سخت نادرخور است: بسا روزگاران بد را که بر خود گذرانده‌ام».

۱۵ – «را» در لت نخست، با «را» در لت دویم همخوان نیست.

۱۶ – چرا با دل پر ز غم؟ نیایش یزدان به نیایش‌کننده نیرو می‌بخشد! بویژه آنکه در نبرد آنروز، افزاینده ایرانیان را پیروز کرده‌است، چنانکه یک تن از ایرانیان در آن نبرد کشته نشد!

۱۷ – **یک:** خروشان چرا؟ **دو:** در میدان جنگ کلاه خجسته (= تاج) برسر نمی‌نهند. باز آنکس را که خروشان است و دلی لبریز از غم

خـروش آمـد و نـالهٔ گـاودم دم نـای رویـین و رویینه‌خم
اُزان روی، لشگـر بکـردار کـوه بـرفتند جـوشان گـروهاگـروه[1]
سـپاهی بکـردار دریـای آب بـه قـلب انـدرون جـهن و افـراسیاب[2]
چـو هـر دو سپاه انـدر آمـد ز جـای تـو گـفتی کـه دارد در و دشت پـای[3]
سـیه شـد ز گـرد سـپاه آفـتاب ز پـیکان الـماس و پـرّ عـقاب[4]
ز بس نـالهٔ بـوق و گـرد سـپاه ز بـانگ سـواران در آن رزمگـاه؛[5]
هـمی آب گشت، آهـن و کـوه و سـنگ بـه دریـا نـهنگ و بـه هـامون پـلنگ[6]
زمـین پـر ز جـوش و هـوا پـر خـروش هـژبر ژیـان را بـدرّید گـوش[7]
جـهان سـربسر گـفتی از آهـن است اُگـر آسـمان بـر زمـین دشـمن است[8]
بـه هـر جـای بـر، تـوده چون کوه کوه ز گـردان ایـران و تـوران گـروه[9]
هـمه ریگِ ارمـان سـر و دست و پـای زمـین را هـمی دل بـرآمـد ز جـای[10]
هـمه بـوم، شـد زیـر نـیل انـدرون؛ چـو کـرپاسِ آهـار داده بـخون!
اُزانـپس دلـیران افـراسـیاب بـرفتند بـر سـان کشـتی بـر آب[11]
بـه صـندوق پـیلان نـهادند روی کـجا نـاوک‌انـداز بـود انـدر اوی
حـصاری بُـد از پـیل، پـیش سپاه بـرآورده، از قـلب و بـربسته راه[12]
ز صـندوق پـیلان بـبارید تـیر بـرآمـد خـروشیدن دار و گـیر[13]

← دارد، چگونه پروایی آنست که تاج بر سر نهد؟

۱ - باز لشگر بکردار کوه(؟) رفت!

۲ - افزاینده با خوانندگان بازی میکند!... هم اکنون از آن چون کوه یاد کرده‌بود، و بیدرنگ دریای آب شد!

۳ - اندر آمدن، بجای بیرون رفتن!! هردو سپاه را «آمدند» باید، نه «آمد». تو گفتی... در = دربار در دشت نبوده‌است.

۴ - پیکان الماس بسیاهی، نیرو نمی‌بخشد.

۵ - نالهٔ بوق و گرد سپاه باهم همخوان نیستند! «ز» در لت نخست نیز با «ز» در لت دویم ناهمخوان است.

۶ - بنگرید که از نالهٔ بوق و بانگ سواران و گرد سپاه... آهن و کوه و سنگ را، آب نشاید شدن! و بدنبال آن نیز نهنگ و پلنگ را.

۷ - نهنگ و پلنگ آب شدند، و شیر را تنها گوش درید؟

۸ - هم اکنون آب بود، و بآهن گردید. لت دویم نیز سخت نادرخور است، زیرا که آسمان را با زمینیان کاری نبود... اگر تگرگ و برف و تندر و آذرخش فرومی‌بارید شاید چنین گفتن!

۹ - «چون کوه» بس می‌نمود «کوه کوه» نادرست است. اما از کشتگان چون کوه یاد کردن نیز درست نمی‌نماید زیرا که در آن هنگامه کسی نیست که تن کشتگان را بر روی هم انبار کند، تا باندازهٔ کوه در آید!

۱۰ - تاکنون سخن از این نیامده بود که جنگ در سرزمین ارمان رخ داده‌است.

۱۱ - آنانکه چون کوه رفتند، و چون آب روان شدند، اکنون بر سان کشتی بر آب رفتند.

۱۲ - کدام دژ (= حصار) پیش سپاه بود، یا از قلب بر آورده‌بود؟ بر آورده را برای دیوار بکار میبرند که از زمین بر آورند، نه برای پیل که بر زمین راه می‌رود.

۱۳ - **یک:** بباربد نادرست است «می‌بارید». **دو:** با تیراندازی «دار و گیر» پیش نمی‌آید، زیرا که دار و گیر ویژه جنگ تن‌بتن است، و بانگ سپاهیان است که یکی میگوید: بگیر، و دیگری میگوید: بدار.

برفتند گردانِ نیزه‌وران — هم از قلب لشگر سپاهی گران[1]
نگه کرد افراسیاب از دو میل — بدان لشگر و جنگ و صندوق پیل[2]
همه زنده پیلان و لشگر براند — جهان تیره شد روشنایی نماند[3]
خروشید که «ای نامداران جنگ — چه دارید بر خویشتن، جای، تنگ[4]
ممانید بر پیش صندوق پیل — سپاه است بیکار بر چند میل[5]
سوی میمنه میسره برکشید — ز قلب و ز صندوق برتر کشید»[6]
بفرمود تا جهن رزم‌آزمای — رود با تگینان لشگر ز جای[7]
برد دو هزار آزموده سوار — همه نیزه‌دار ازدر کارزار[8]
بر میسره شیر جنگی طبرد — بشد تیز با نامداران گرد[9]
چو کیخسرو آن رزم ترکان بدید — که خورشید گشت از جهان ناپدید[10]
سوی آوه و سمگان کرد روی — که بودند شیران پرخاشجوی[11]
بفرمود تا بر سوی میسره — بتابند چون آفتاب از بره[12]
برفتند با نامور ده‌هزار — زره‌دار با گرزهٔ گاوسار[13]
به شماخ سوری بفرمود شاه — که «از نامداران ایران سپاه[14]
گزین کن ز جنگ‌آوران ده‌هزار — سواران گرد ازدر کارزار[15]
میان دو صف تیغها برکشید — مبینید کس را سر اندر کشید»[16]

---

۱ - «گردان نیزه‌ور» درست است. در لت دویم «هم» ناهمخوان است.

۲ - افراسیاب که درمیان سپاه بود، چگونه از دو میل نگاه کرد؟... افزاینده برای پیل پساوای میل را بایسته می‌دید.

۳ - پیشتر لشگر را رانده‌بود. چگونه شد که دوباره چنین کرد! سخن را «را» باید ژنده‌پیلان و لشگر «را».

۴ - خروش یک کس در سپاهی که یک میلیون و چهارسد و هشتاد هزار(!) مرد داشت بجایی نمی‌رسد، بویژه آنکه روبروی آنان نیز سپاه ایران پیکار میکردند!

۵ - «بر پیش» نادرست است: «پیش». و چرا می‌باید پیش صندوق‌هایی که از آن ناوک و تیر می‌آید، بیکار بمانند؟ لت دویم نیز بی‌پیوند است.

٦ - بال راست و بال چپ (میمنه و میسره) برتر از میانه (قلب) سپاه نمیتوانند بودن.

۷ - دنبالهٔ گفتار.

۸ - نیزه‌دار و ازدرِ کارزار هردو یکی است، نمیتوان نیزه‌داری را در گمان آوردن که شایستهٔ کارزار نباشد.

۹ - نام دروغین «طُبرُد» (و در نمونه‌های دیگر کبرُد، نبرد، طورد، طورک) که دیگر هیچگاه از او یاد نمی‌شود و پیش‌ازاین نیز ازوی یاد نشده‌بود... افزاینده فراموش کرده‌بود که در آرایش سپاه افراسیاب چهار بار (میسره) را به پهلوانان دیگر سپرده‌بود، و طبرد پنجمین آنان است!

۱۰ - تورانیان ترک نبوده‌اند. لت دویم پیوند درست با لت نخست ندارد: «که خورشید را از جهان ناپدید (کردند)».

۱۱ - آوه و سمگنان، و وسمگان، از نامهای دروغین‌اند و دیگر هیچگاه از آنان یاد نمی‌شود که برای سپاه ایران تراشیده.

۱۲ - یورش سپاهیان را بیکسوی که گرد بر آسمان می‌انگیزد، چگونه می‌توان بتابیدن خورشید در فروردینماه همانند کردن!

۱۳ - ده‌هزار سپاهی همگان «نامور» نتوانند بودن. سواران گردِ و ازدرِ کارزار هردو یکی است.

۱۴ - نام دروغین شمّاخ از افزودهٔ افزایندگان است. «از» در لت دویم این رج...

۱۵ - **یک:** با «ز» در لت نخست این رج ناهمخوان است. **دو:** جنگاور و سوار گرد، نیز یکی است.

۱٦ - لت دویم سخت ناهموار است.

دو لشگر بدین سان برآویختند چنان شد که گفتی برآمیختند[۱]
چکاچاک برخاست از هر دو روی ز پرخاش خون اندر آمد به جوی[۲]
چو برخاست گرد از چپ و دست راست جهاندار خفتان رومی بخواست[۳]
به یک سو کشیدند صندوق پیل جهان شد بکردار دریای نیل[۴]
بجنبید با رستم از قلبگاه منوشان خوزان لشگرپناه[۵]
برآمد خروشیدن بوق و کوس به یک دست خسرو سپهدار توس[۶]
بیاراسته کاویانی درفش همه پهلوانان زرّینه کفش[۷]
به درد دل از جای برخاستند چپ شاه لشگر بیاراستند[۸]
سوی راستش رستم کینه‌جوی زواره برادرش بنهاد روی[۹]
جهاندیده گودرز کشوادگان بزرگان بسیار و آزادگان[۱۰]
ببودند بر دست رستم بپای زرسپ و منوشان فرخنده‌رای[۱۱]
برآمد ز آوردگه گیر و دار ندیدند زان گونه کس کارزار[۱۲]
همه ریگ پر خسته و کشته بود کسی را کجا روز برگشته بود[۱۳]
ز بس کشته بر دشت آوردگاه همی راندند اسپ بر کشته‌راه[۱۴]
بیابان بکردار جیهون ز خون یکی بی سر و دیگری سرنگون[۱۵]
خروش سواران و اسپان ز دشت ز بانگ تبیره همی برگذشت

---

۱ - **یک:** برآویختند را کمبود همراه است بهم برآویختند... **دو:** گفتی!

۲ - تازه چکاچاک برخاست؟ پیش‌ازآن آوای شمشیرها چگونه بود؟

۳ - **یک:** چپ و دست راست، نادرخور است: «از چپ‌وراست». **دو:** روم در آنزمان در جهان پدیدار نبود.

۴ - صندوق پیل نادرخورست. پیلان صندوقدار را بیاد بیاورید که افزایندگان یکهزار پیل برای سپاه ایران فراهم کرده‌بودند!

۵ - رستم هنوز بسپاه ایران نپیوسته‌بود. منوشان و خوزان نیز از نامهای ساختگی افزایندگان است.

۶ - آیا بوق و کوس پیش‌ازاین خروش برنداشته‌بودند؟

۷ - سخن در لت نخست پایان ندارد، و لت دویم به رج پسین پیوسته‌است. درفش کاویان را با چه چیز آراستند؟؟!

۸ - مگر نشسته‌بودند که برخاستند؟

۹ - لت دویم را با لت نخست پیوند نیست.

۱۰ - افزاینده فراموش کرده‌است که گودرز را در کجای سپاه جای داده بود.

۱۱ - و از منوشان در چند رج پیش یاد کرده‌بود!

۱۲ - لت دویم نادرخور است: «ندیده‌بود، کس». افزاینده خواسته‌است که بگوید که هیچکس چنان کارزار را ندیده‌بود!

۱۳ - لت دویم را پیوند درست با لت نخست نیست: آن «کسان» که روزشان برگشته بود، خسته و کشته شدند. اما چرا همه بر روی ریگ کشته شدند؟ هیچکس بر روی خاک نمرد؟

۱۴ - «بس کشته»، با «پر کشته» در رج پسین، دوباره گویی است. لت دویم نیز آشفته‌است. «راه» چه باشد؟ دشت آوردگاه را راه نیست «بر کشته راه» نادرخورتر از آنست. افزاینده خواسته‌است بگوید که اگر کسی میخواست در آن دشت براهی برود، از روی کشتگان میرفت! اما خرد نمی‌پذیرد که در آن آشوب و غوغا کسی بخواهد براهی برود!!

۱۵ - لت نخست را پایان نیست و لت دویم از پیکر کشته شدگان سخن میگوید، باز آنکه سخن را می‌بایستی به خون و جیهون بازگرداند.

دل کوه گفتی بدرّد همی   زمین با سواران بپرّد همی[1]
سر بی‌تنان و تن بی‌سران   چرنگیدن گرزهای گران[2]
درخشیدن خنجر و تیغ تیز   همی جست خورشید راه گریز[3]
به دست منوچهر بر میمنه   کهیلا که سد شیر بُد یک تنه[4]
جرنجاش بر میسره شد تباه   به دست فریبرز کاووس شاه[5]
یکی باد از ایران سوی نیمروز   برآمد رخ هور گیتی فروز[6]
بپوشید و روی زمین تیره گشت   همی دیده از تیرگی خیره گشت[7]
بدان گه که شد چشمه سوی نشیب   دل شاه ترکان بجست از نهیب[8]
ز جوش سواران هر کشوری   ز هر مرز و هر بوم و هر مهتری[9]
سواران شمشیرزن سی هزار   گزیده سواران خنجرگزار[10]
دگرگونه جوشن دگرگون درفش   جهانی شده سرخ و زرد و بنفش[11]
نگه کرد گرسیوز از پشت شاه   به جنگ اندر آورد یکسر سپاه[12]
سپاهی فرستاد بر میمنه   گرانمایه و یک دل و یک تنه[13]
سوی میسره همچنین لشگری   پراکنده بر هر سوی مهتری[14]
سواران جنگاوران سی‌هزار   گزیده همه ازدر کارزار[15]
چو گرسیوز از پشت لشگر برفت   به پیش برادر خرامید و تفت[16]

---

۱ - گفتی... لت دویم. مگر سواران می‌پریدند که زمین نیز با آنان پرواز کند؟

۲ - **یک:** از تن بی‌سر در سه رج پیش یاد شده‌بود. **دو:** سخن پایان ندارد. لت دویم نیز بی‌پایان و بی‌پیوند است. تن بی‌سر و سر بی‌تن را با چرنگیدن گرز چه پیوند؟

۳ - پیوند ندارد. «از درخشیدن...» لت دویم گزافه نادرخور است.

۴ - **یک:** پیوند، میان دو لت نیست. **دو:** تاکنون هیچ پهلوان ایران (و توران) را با سد شیر برابر نکرده‌اند، ...گذشته از کهیلا که نامی ساختگی است!

۵ - جرنجاش دروغین، بر دستِ منوچهر و کهیلا تباه شد؟ یا بر دست فریبرز؟

٦ - سخن پیش و پیش گشته‌است: «یکی باد ازسوی نیمروز ایران». شاهنامه مسکو: «یکی باد و ابری سوی نیمروز» سخن را «از» بایسته است.

۷ - لت دویم «دیده» نادرست است: «چشم‌ها» «دیدگان».

۸ - **یک:** چشمه همواره یکسان میرود، و همواره نیز، روی به نشیب دارد! اما افزاینده خورشید را میگوید. **دو:** افراسیاب شاه ترکان نبوده‌است.

۹ - نام‌های یاد شده، پیوسته بهم‌اند، و بر این بنیاد می‌توان گفتن: «از جوش سواران هر مهتری» که نادرست است: «سواران هر مهتر».

۱۰ - «سواران» در این رج با «سواران» رج پیشین همخوان نیست، و نیز با سواران لت دویم.

۱۱ - درفش‌ها را شاید دگرگون دانستن. اما جوشنها همه یکسان بوده‌اند. جهانی نیز نادرست است: «جهان».

۱۲ - **یک:** مگر تاکنون سپاهیان بجنگ نیامده بودند؟ و افزاینده فراموش کرده‌است که بگرسیوز نگهبانی و سالارگاه، را داده بود، نه پشت سپاه!

۱۳ - بر میمنه نادرست است بسوی میمنه (بال راست).

۱۴ - لت نخست را پایان نیست. در لت دویم پراکنده نادرخور است: «پراکند» اما همه نمونه‌ها چنین‌اند، مگر شاهنامهٔ سپاهان. و سپاه را پراکندن به شکست آنان یاری می‌رساند سپاه را بایستی «همگروه بودن»!

۱۵ - **یک:** پیوند میان این رج و رج پیشین نیست. **دو:** جنگاوران نادرست است: «جنگاور». **سه:** سخن را پایان نیست.

١٦ - «چو» در این رج.

برادر چو روی برادر بدید … بنیرو شد و لشگر اندر کشید[1]
برآمد ز لشگر ده و دار و گیر … بپوشید روی هوا را به تیر[2]

*

چو خورشید را پشت باریک شد … ز دیدار شب روز تاریک شد[3]
فریبنده گرسیوز پهلوان … بیامد به پیش برادر نوان[4]
که «اکنون ز گردان که جوید نبرد … زمین پر ز خون آسمان پر ز گرد[5]
سپه بازکش چون شب آمد مکوش … که اکنون برآید ز ترکان خروش[6]
تو در جنگ باشی سپه در گریز … مکن با تن خویش چندین ستیز»[7]
دل شاه ترکان پر از خشم و جوش … ز تندی نبودش به گفتار گوش[8]
بر انگیخت اسپ از میان سپاه … بیامد دمان با درفش سیاه[9]
از ایرانیان چند نامی بکشت … چو خسرو بدید اندرآمد به پشت[10]
دو شاه دو کشور چنین کینه‌دار … برفتند با خوارمایه سوار[11]
ندیدند گرسیوز و جهن روی … که او پیش خسرو شود رزمجوی[12]
عنانش گرفتند و برتافتند … سوی ریگ آموی بشتافتند
چنو بازگشت استقیلا چو گرد … بیامد که با شاه جوید نبرد[13]
دمان شاه ایلا به پیش سپاه … یکی نیزه زد بر کمرگاه شاه[14]
نبُد کارگر نیزه بر جوشنش … نه ترس آمد اندر دل روشنش[15]

---

۱ - **یک:** با چو در این رج همخوان نیست. **دو:** مگر تاکنون لشگر توران کجا بود که اکنون آنرا: «اندر کشید»!؟...

۲ - **یک:** و تازه دار و گیر آغاز شد؟ **دو:** درمیانهٔ جنگ تن‌بتن تیراندازی نمی‌شد!

۳ - **یک:** خورشید را هیچگاه پشت باریک نشود!... اگر بهنگام فرو رفتن به پشت کوه نرم‌نرم باریکتر شود، باری، پشتِ آن چنانچون گذشته می‌ماند. **دو:** اگر شب آید، از روز، خود، نشانی نیست که توان گفتن: روز، تاریک شد!

۴ - در آیین سخنِ درست، نیست که برای یک کس دو گونِ رودررروی آورند، پهلوان (که برترین پاژنام بود) در برابر فریبنده که پست‌ترین نمادها است!

۵ - در شب نبرد نمی‌توان جستن! پیوند میان لت دویُم و لت نخست نیست.

۶ - **یک:** سپه بازکش نادرست است: «سپه را بازگردان». **دو:** تورانیان ترک نبوده‌اند.

۷ - سخن را پیوند نیست.

۸ - شاه ترکان!... «گوش نبود» نادرست است: «گوش نداد» گوش نکرد...

۹ - با درفش نمی‌توان جنگیدن.

۱۰ - در تاریکی شب از کجا دانسته شد که چند «نامی» کشته شده‌است؟ لت دویم را پیوند درست نیست: «به پشت او آمد» و نه اندر آمد... اندر آمدن را برای «اندر شدن بخانه، یا میدان و باغ بکار میبرند! و آن نیز از دیدگاه کسی است که خود درمیان خانه یا میدان و باغ بوده باشد! وگرنه همان اندر شدن است.

۱۱ - چنین کینه‌دار نادرست است، زیرا آنان راازپیش با یکدگر کینه بود. درمیان انبوه سپاه چگونه «خوارمایه سوار» برای خود برگزیدند؟

۱۲ - افزاینده، چنان کودکانه بمیدان نبرد نگریسته‌است که گمان بر آن داشته‌است که میدان، چونان خانه است که برادران و فرزندان، در آن، در کنار یکدیگرند، و گرسیوز و جهن بیدرنگ جنبش افراسیاب را می‌بینند! باز آنکه در رزمگاه، هر یک از پهلوانان در یکی از بالها یا ساقه و میانه و بنه‌اند، و گاه باشد که یکفرسنگ ازیکدیگر دور باشند... و بر این بنیاد نمیتوانند یال اسب افراسیاب را گرفته بگردانند!

۱۳ - استقیلا یک پهلوان ساختگی دیگر...

۱۴ - پیوند میان این رج با رج پیشین نیست.

۱۵ - دنبالهٔ گفتار.

چو خسرو دل و زور او را بدید — سبک تیغ تیز از میان برکشید[1]
بزد بر میانش به دو نیم کرد — دل برز ایلا پر از بیم کرد[2]
سبک برز ایلا چو آن زخم شاه — بدید آن دل و زور و آن دستگاه
به تاریکی اندر گریزان برفت — همی پوست بر تنش گفتی بکفت[3]
سپه چون بدیدند زو دستبرد — به آوردگه بر نماند ایچ گرد[4]
بر افراسیاب آن سخن مرگ بود — کجا پشت خود را بدیشان نمود[5]
ز تورانیان او چو آگاه شد — تو گفتی بر او روز کوتاه شد[6]
چو آوردگه خوار بگذاشتند — بفرمود تا بانگ برداشتند[7]
که: این شیرمردی ز رنگ شب است — مرا بازگشتن ز جنگ شب است[8]
گر ایدونکه امروز یکبار باد — ترا جست و شادی ترا درگشاد[9]
چو روشن کند روز روی زمین — درفش دل افروز ما را ببین[10]
همه روی ایران چو دریا کنیم — ز خورشید تابان ثریا کنیم[11]
دو شاه دو کشور چنان رزمساز — به لشگرگه خویش رفتند باز[12]
چو نیمی ز تیره شب اندر گذشت — سپهر از بر گویِ ساکن بگشت[13]
سپهدار ترکان بنه برنهاد — سپه را همه ترگ و جوشن بداد[14]
طلایه بفرمود تا ده‌هزار — بود ترک برگستوان‌ور سوار[15]
چنین گفت با لشگر افراسیاب — که «من چون گذر یابم از رود آب[16]
دمادم شما از پسم بگذرید — به جیهون و روز و شبان مشمرید»[17]
شب تیره با لشگر افراسیاب — گذر کرد از آموی و بگذاشت آب[18]
همه روی کشور به بیراه وراه — سراپرده و خیمه بُد، بی سپاه[19]

---

۱ - کدام دل و زور؟ که نیزهٔ او بر جوشنش کارگر نشد!

۲ - جنگاور را در میدان جنگ می‌بایستی همواره تیغ بر کف باشد، نه آنکه درمیانهٔ کار آنرا ازمیان برکشد!

۳ - گفتی! ۴ - در تاریکی شب چگونه دستبرد او را دیدند؟ ۵ - سخن سخت پریشان!

۶ - «او» را در آغاز سخن بایستی آوردن... تو گفتی!

۷ - لت نخست نادرست است چون از آوردگاه گریختند، یا برفتند! ۸ - سخن سست.

۹ - افراسیاب را که تاریکِ آموی گریزانده‌بودند، چگونه رودرروی کیخسرو با وی سخن می‌گوید؟ ۱۰ - دنبالهٔ گفتار.

۱۱ - چگونه با دریا شدنِ روی ایران، خورشید، ثریّا می‌شود؟ ۱۲ - افراسیاب راگریزانده‌بودند و رزمساز نبود.

۱۳ - سخن درلت دویم گزارش ندارد. گوی ساکن، چه باشد؟ اگر ماه بوده باشد، که گردان است، و اگر چرخ گردون است، که خود «سپهر» است.

۱۴ - **یک:** تورانیان ترک نبوده‌اند... **دو:** بنه بر نهادن آماده شدن برای گریختن است، و در چنان زمان ترگ و جوشن دادن روا نیست، سپاهیان در نبرد همه ترگ و جوشن بتن داشتند. ۱۵ - سخن سست است و تورانیان نیز ترک نبوده‌اند.

۱۶ - گفت بالشگر... نادرست است. فرمان داد که سپاهیان بگذرند. ۱۷ - دنبالهٔ گفتار. ۱۸ - سخن دوباره.

۱۹ - سراپرده و خیمه هردو یکی است.

گریختن تورانیان ۱۸۹

*

⇐ سپیده چو از کوهسر، بردمید　　طلایه، سپه را بهامون ندید؛
بیامد بمژده برِ شهریار　　که: «پرداخته شد شاه، زین کارزار؛
همه دشت خیمه‌ست و پرده‌سرای　　ز دشمن سواری نمانده بجای»؛[۱]
چو بشنید خسرو دوان شد به خاک　　نیایش‌کنان پیش یزدان پاک[۲]
همی گفت که: «ای روشن کردگار　　جهاندار و بیدار و پروردگار[۳]
تو دادی مرا فرّ و دیهیم و زور　　تو کردی دل و چشم بدخواه کور[۴]
ز گیتی ستمکاره را دور کن　　ز بیمش همه ساله رنجور کن»[۵]
چو خورشید زرّین سپر برگرفت　　شب آن شعر پیروزه بر سر گرفت[۶]
جهاندار بنشست بر تختِ آج　　بسر بر، نهاد آن دل‌افروز تاج
ستایش‌کنان پیش او شد سپاه　　که: «جاوید باد، این سزاوار گاه!
شد این لشگر از خواسته بی‌نیاز　　که از لشگر شاه چین ماند باز»[۷]
همی گفت هر کس که اینت فسوس　　که او رفت با لشگر و بوق و کوس[۸]
شب تیره از دشت پُرمایگان　　بشد نامداری چنین رایگان[۹]
بدیشان چنین گفت بیدار شاه　　که: «ای نامداران ایرانسپاه؛[۱۰]
چو دشمن بُود شاه را، کشته، به　　گر آواره، از جنگ برگشته، به![۱۱]
چو پیروزگر دادمان فرّهی　　بزرگی و دیهیم شاهنشهی[۱۲]
ز گیتی ستایش مر او را کنید　　شب آید نیایش مر او را کنید[۱۳]
که آن را که خواهد کند شوربخت　　یکی بی‌هنر برنشاند به تخت[۱۴]
ازین کوشش و پرسشت رای نیست　　که با داد او بنده را پای نیست[۱۵]

---

۱ - خیمه و پرده‌سرای یکیست.
۲ - **یک:** ایرانیان برای نماز بجایی ویژه نمی‌رفتند که با دویدن بخاک همراه باشد. **دو:** خدایرا همه جا می‌توان ستایش و نیایش کردن.
۳ - روشنِ کردگار نادرست است.
۴ - هنوز دیهیم در جهان پدیدار نشده‌بود.
۵ - لت دویم سست است از بیم کسی را رنجور کردن چگونه باشد؟
٦ - **یک:** آسمان را شاید سپر زرین (خورشید) برگرفتن اما خورشید را نشاید که خود را (سپرِ گرد) برگیرد. **دو:** چون خورشید برآید، شب پیدا نیست که «نخِ پیروزه رنگ» بر سر گیرد!
۷ - **یک:** دریوزه‌گری افزاینده که چشم سپاهیان را بخواستهٔ گریزندگان باز میکند! **دو:** میان لت دویم با لت نخست پیوند درست نیست. **سه:** افراسیاب نیز شاه توران بود نه شاه چین.
۸ - اینت نادرست است: «این ترا افسوس» بر تو ریشخند؟!
۹ - دشت پرمایگان شناخته نمی‌شود!
۱۰ - وابسته به رج پسین.
۱۱ - کُشته را باگَشته پساوا نیست.
۱۲ - دیهیم هنوز در جهان پدیدار نشده‌است.
۱۳ - ز گیتی در آغاز این رج گزارش ندارد. لت دویم نیز نادرست است زیرا که نیایش یزدان را هرگاه توان کردن.
۱۴ - ایرانیان باستان بدیها را از خواست یزدان نمی‌دانستند و پیش‌ازاین دراین‌باره سخن گفته‌ام.
۱۵ - لت نخست بی‌بنیاد و بی‌گزارش است. لت دویم نیز سست است! بنده را توان پایداری با داد یزدان نیست!؟

بباشیم بدین رزمگه پنج روز   ششم روز، هرمز و گیتی‌فروز[1]
برآید برانیم ز ایدر سپاه   که او کین فزای است و ما کینه‌خواه»[2]
بدان پنج روز اندران رزمگاه   همی کشته جستند ز ایران سپاه[3]
بشستند ایرانیان را ز گرد   سزاوار هر یک یکی دخمه کرد[4]

نامهٔ پیروزی کیخسرو به کاووس

بفرمود تا پیش او شد دبیر   بیاورد قرطاس و مشک و ابیر[5]
نبشتند نامه به کاووس شاه   چنانچون سزا بود زان رزمگاه
سرِ نامه کرد از نخست آفرین   ستایش سزای جهان‌آفرین[6]
دگر گفت: «شاه جهانبان من   پدروار لرزیده بر جان من[7]
بزرگیش با کوه پیوسته باد   دل بدسگالان او خسته باد
رسیدم ز ایران به ریگ فرب   سه جنگ گران کرده شد در سه شب[8]
شمار سواران افراسیاب   نبیند خردمند هرگز به خواب[9]
بریده چو سیسد سر نامدار   فرستادم اینک برِ شهریار[10]
برادر بد و خویش و پیوند اوی   گرامی بزرگان و فرزند اوی[11]
اُ زان نامداران بسته دوست   که سد شیر با جنگ هر یک یکیست[12]
همه رزم بر دشت خوارزم بود   ز چرخ آفرین بر چنان رزم بود[13]

---

۱ – «بباشیم» درست است، زیرا که در رج پسین نیز از «برانیم» سخن رفته‌است.
۲ – این رج را با رج پیشین پیوند درست نیست «چون آید» «چون هرمزد روز آید».
۳ – کشته‌ها را می‌باید یکروزه گردآوری کردن، وگرنه بوی مرده جهان را میگیرد.
۴ – در پایان نبرد دخمهٔ همگانی برای سپاهیان فراهم می‌کردند. و زمان، چندان نبود که ازبرای هر یک کشته دخمه‌ای سزاوار وی بسازند.
۵ – قرطاس، تازی شدهٔ کراسهٔ فارسی است و در زمان کیخسرو هنوز کراسه و کاغذ پدید نیامده‌است، و بر چرم و پارچهٔ ابریشمین می‌نوشتند.
٦ – نخست آفرین را با جهان‌آفرین پساوا نیست.
۷ – چون کاووس پیر، خود تاج شاهی را بر سر کیخسرو نهاد، دیگر نشاید او را شاه جهانبان نامیدن!
۸ – **یک:** پیشتر از بیابان خوارزم نام برده شده‌بود، نه ریگ فَرَب! **دو:** جنگ در سه روز پیوسته شد نه در سه شب!
۹ – شمار را نتوان دیدن که توان سنجیدن! وگرنه یک سپاه هر اندازه که بزرگ باشد، در دشت، بیک نگاه دیده می‌شود.
۱۰ – «چو سیسد سر» نادرست است.
۱۱ – در هنگام نبرد نام هیچیک از این نامبردگان نیامد!
۱۲ – سخن نادرست است، از کدام نامدارانِ بسته؟ اگر ازپیش بسته بوده‌اند. بستن از کیخسرو نیست لت دویم سخت ناهماهنگ و بی‌گزارش است... در جنگ با هر یک از آنان سد شیر، باندازهٔ یک شیر توان دارد! پس کم نیرویی از شیران است!!!
۱۳ – همه رزم نادرست است: «رزم» او نبرد را از دشت خوارزم به ریگ فرب برد، و باز بدشت خوارزم کشاند! لت دویم: بر کدام سوی رزمگاه آفرین بود؟ می‌باید روشن باشد.

برفت او و ما از پس اندر دمان   کشیدیم تا بر چه گردد زمان[1]
بر این رزمگاه آفرین باد گفت   همه ساله با اختر نیک جفت»[2]
نهادند بر نامه مُهری ز مشک   ازان‌پس گذر کرد بر ریگ خشک[3]

*

چو زانرویِ جیهون شد افراسیاب   چو باد دمان تیز بگذاشت آب[4]
به پیش سپاه قراخان رسید   همی گفت هرکس ز جنگ آنچه دید[5]
سپهدار ترکان چه مایه گریست   بران کس که از تخمهٔ او نزیست[6]
ز بهر گرانمایه فرزند خویش   بزرگان و خویشان و پیوند خویش[7]
خروشی برآمد تو گفتی که ابر   همی خون چکاند ز چشم هزبر[8]
همی بودش اندر بخارا درنگ   همی خواست کآیند شیران به جنگ[9]
ازان‌پس چو گشت انجمن آنچه ماند   بزرگان برترمنش را بخواند[10]
چو گشتند پرمایگان انجمن   ز لشگر هر آن کس که بُد رایزن[11]
زبان برگشادند بر شهریار   چو بیچاره شدشان دل از کارزار[12]
که: «از لشگر ما بزرگان که بود   گذشتند و زیشان دل ما شخود[13]
همانا که از سد نمانده‌ست بیست   بران رفتگان‌بر بباید گریست[14]
کنون ما دل از گنج و فرزند خویش   گسستیم چندی ز پیوند خویش[15]
بدان روی جیهون یکی رزمگاه   بکردیم زان‌پس که فرمود شاه[16]
ز بی‌دانشی آنچه آمد به‌روی   تو دانی که شاهیّ و ما چاره‌جوی[17]

---

۱ - **یک:** افزایندهٔ دروغ آزمای!... که هنوز در لشگرگاه نشسته‌اند؟! **دو:** چه چیز را کشیدیم؟

۲ - **یک:** در لت دویُم پیشین از چرخ آفرین بود، و اکنون از خود وی! گفت نیز نادرخور است. **دو:** چه‌کس با اختر نیک جفت باشد؟

۳ - ریگ فرب به دشت خوارزم و دشت خوارزم به ریگ خشک گردانده شد!

۴ - **یک:** سخن نادرست است: «چون افراسیاب از جیهون گذر کرده». **دو:** پس‌از گذشتن تیز از آب بگذشت؟!

۵ - قراخان که همراه وی بود، چگونه به پیش سپاه او رسید!

٦ - افراسیاب ترک نبود. لت دویم سست است بر آن کسان که از تخمهٔ او کشته شدند! اما در داستان نبرد بجزاز «شیده» کسی کشته نشده‌بود!

۷ - دنباله.

۸ - تو گفتی... از خروش چگونه ابر را توان آن باشد که از چشم تیر خون بچکاند؟!

۹ - **یک:** همی نادرست است: «در بخارا چندان درنگ کرد که». **دو:** کدام شیران؟ سپاهیان او که همه از جیهون با او گذشته‌بودند، و همراه او بودند!

۱۰ - سخن نادرست است: «از پس آنگه، از مرگ رستگان همه انجمن شدند».

۱۱ - باز سخن از انجمن میرود، و نابجا است.

۱۲ - زبان برگشادن، دشنام دادن است. لت دویم: دل بیچاره نمی‌شود، خودشان بیچاره شاید بودن.

۱۳ - هیچیک از بزرگان بجزاز شیده در جنگ کشته نشده‌بود.

۱۴ - در گزارش جنگ چنین نیامده بود!

۱۵ - چون «کنون» آمده‌است، کنش را «گسسته‌ایم» باید!

۱٦ - رزمگاه کردنی نیست... «رزم کردیم».

۱۷ - اگر بیدانشی بود ازسوی افراسیاب بود نه ازسوی آنان!

گر ایدونکه روشن بود رای شاه　　از ایدر به چاچ اندر آرد سپاه[1]
چو کیخسرو آید به کین خواستن　　بباید ترا لشگر آراستن[2]
چو شاه اندرین کار فرمان برد　　ز گلزریون نیز هم بگذرد[3]
بباشد بآرام ببهشت کنگ　　که هم جای جنگ است و جای درنگ[4]
بر این برنهادند یکسر سخن　　کسی رای دیگر نیفکند بن[5]
برفتند یکسر به گلزریون　　همه دیده پر آب و دل پر ز خون[6]
به گلزریون شاه توران سه روز　　ببود و برآسود با باز و یوز[7]
برفتند زان جایگه سوی کنگ　　به جایی نبودش فراوان درنگ
یکی جای بود آن بسان بهشت　　گلش مشک سارا بُد و زرّ خشت[8]
بدان جایگه شاد و خندان بخفت　　تو گفتی که با ایمنی گشت جفت[9]
سپه خواند از هر سوی بی‌کران　　بزرگان گردنکش و مهتران[10]
می و گلشن و بانگ چنگ و رباب　　گل و سنبل و رطل و افراسیاب[11]
همی بود تا بر چه گردد جهان　　بدین آشکارا چه دارد نهان[12]
چو کیخسرو آمد بدین روی آب　　ازو دور شد خورد و آرام و خواب[13]
سپه چون گذر کرد زان سوی رود　　فرستاد نزدِ بزرگان درود[14]
ک :«زین آمدن کس مدارید باک　　بخواهید ما را ز یزدان پاک.[15]

---

۱ – لت نخست نادرست است: «اگر رای شاه باشد...».　　۲ – دنباله.

۳ – گلزریون در نزدیکی چاچ نبوده‌است (و جایگاه آن، در داستان ایران گزارش می‌شود).

۴ – **یک:** ببهشت آهنگ سخن را پریشان می‌کند. **دو:** اگر بهشت است جای جنگ نتواند نام گلزریون را آوردن روا نیست.

۵ – این رج از فردوسی است، و از داستان فرود برگرفته شده‌است.

۶ – گلرزیون نام یک رود است، و جایی نیست که سپاه بدانجا رود!　　۷ – دو باره نام گلزریون را آوردن، روا نیست.

۸ – **یک:** پیشتر از آنکه آنجا بهشت است، یاد شده‌بود، و دوباره گزارش کردن آن درست نیست. **دو:** لت دویم را پیوند «که» باید. **سه:** گُل که برنگ سیاه «مشک» باشد بهیچ روی بکار نمی‌آید، و در آفرینش یزان نیز چنین گل پدیدار نشده‌است. **چهار:** زرِّ خشت نیز نادرست است. **پنج:** گل را چه پیوند با خشت باشد؟ **شش:** و چون نام از خشت میرود گمان را بسوی «گِل» آمیزهٔ خاک و آب می‌کشاند، و اگر چنین بوده باشد گل و خاک آنجا را سیاهرنگ می‌نمایند، و چنان جای سهمگین سراپا سیاهی چه جای زیستن است؟ **هفت:** اگر خاک و گلِ آنجا سیاهرنگ بوده باشد، خِشت آن نیز بایستی به همان رنگ باشد، زرّین!

۹ – غمِ مرگ فرزند را نشاید بدین زودی و چنان فراموش کردن که شاد و خندان بخسپند! تو گفتی...

۱۰ – لتِ دویم را پیوند «با» باید.

۱۱ – **یک:** رطل نام تازی پیمانه است و فردوسی هیچگاه از آن یاد نکرده‌است. **دو:** رطل را باید با می همراه کردن، نه دور از آن یاد کردن!　　۱۲ – بدین و بدان و برین هر سه گونه در نمونه‌ها نادرست است!

۱۳ – افزایندگان افراسیاب را بدانسوی آب فرستادند، تا کیخسرو را در خاک ایران نشان دهند، باز آنکه در سخن درست شاهنامه کیخسرو از آب گذشته در بیابان خوارزم روبروی سپاه افراسیاب ایستاد.

۱۴ – **یک:** و در این رج نیز سپاه ایران را اینسوی می‌نمایاند. **دو:** بزرگان همه با کیخسرو بودند.

۱۵ – آمدن و باک و «ما» را از خدا خواستن، باهم پیوند ندارند. در گفتار درست شاهنامهٔ فردوسی «خدا را بر کسی خواندن» می‌آید. در

←

گرانمایه گنجی به درویش داد کسی را کزو شاد بُد بیش داد[1]

⟸ اُزان جا بیامد سویِ شهر سُغد یکی نوجهان دید، رسته ز چُغد*

ببخشید گنجی بدان شهر نیز همی خواست کآباد گردد بچیز[2]

به هر منزلی زینهاری سوار همی آمدندی برِ شهریار[3]

ازآن پس چو آگاهی آمد بشاه ز کنگ و ز افراسیاب و سپاه

که آمد به نزدیک او گلگله ابا لشگری چون هژبر یله[4]

که از تخم تور است پر کین و درد بجوید همی روزگار نبرد[5]

فرستاد بهری ز گردان به چاچ که جوید همی تخت ترکان و تاج[6]

سپاهی به سوی بیابان سترگ فرستاد سالار ایشان طُورُگ[7]

پذیرفت زین هر یکی جنگِ شاه که بر نامداران ببندند راه[8]

جهاندار کیخسرو آن خوار داشت خرد را بر اندیشه سالار داشت[9]

سپاهی که از بردع و اردبیل بیامد بفرمود تا خیل خیل[10]

بیایند و بر پیش او بگذرند رد و موبد و مرزبان بشمرند[11]

برفتند و سالارشان گستهم که در جنگ شیران نبوید دژم[12]

همان گفت تا لشگر نیمروز برفتند با رستم نیوسوز[13]

← داستان بیژن و منیژه گفتار رستم بمنیژه:

بمن داد از اینگونه دستار خوان که: بر من، جهان‌آفرین را بخوان!

۱ – **یک**: لت نخست سست است... زیرا که هرچه را که در گنج باشد از تخت و کمر و کلاه... نشاید بدرویش دادن. **دو**: «بدرویشان داد». **سه**: پیدا است که آنان که ایرانی بودند، (و هستند) از رفتن سپاه توران، و آمدن سپاه ایران، همه شادمان بوده‌اند.

* –افراسیاب را خواهد گفتن! سغد (سمرقند، بخارا، تِرمِذ، چاچ) از آوازِ جغد رهایی یافته! افراسیاب سغد را وانهاده و رفته‌است. [جُغد در زبان پهلوی «وُهومنْ مورو» خوانده می‌شود که مرغ اندیشهٔ نیک بوده باشد. این پرنده نزد ایرانیان سخت گرامی بوده‌است اما در ویرانه میزیسته‌است و شهر رسته ز جغد «شهر آبادان» گزارش می‌شود.

۲ – داوری درباره گنج همانست.

۳ – سخن نادرست است... زیرا که در نوشتهٔ درست شاهنامه که ازپس خواهد آمدن، کیخسرو یکماه در سغد ایستاد، پس در راه نبود که در هر «منزل» سواران بزینهار وی آیند... باری افراسیاب سواران خویش را با خود برده‌بود.

۴ – **یک**: در گفتار پیشین چنین نیامده بود که لشگر یله بنزد افراسیاب رفته باشد. **دو**: «آمد» بنزدیک «او» نادرست است: «بنزدیک او رفت» گلگله نیز از آن نامهای دروغین ساختگی است. که هیچگاه نه پیش‌ازاین و نه ازاین‌پس بنام او بر نمی‌خوریم، و دور از خرد می‌نماید که کسی نام پسر خویش را «گُل» و گلگله نهد!

۵ – این گفتار را هیچ پیوند با داستان نیست!

٦ – چاچ (تاشکند امروز) شهری ایرانی بوده‌است، و کمان آن (چاچی کمان) در دست رستم و پهلوانان ایران! و چگونه آنان را ترک توان نامیدن!

۷ – سخن نادرست است: «سپاهی سترگ» با نام ساختگی طورگ!!

۸ – سخن پریشان و بی‌گزارش.

۹ – چه چیز را خوار داشت؟

۱۰ – کیخسرو با سپاه خود بدینسوی آمده‌بود، و اکنون گاهِ آمدن بخشی دیگر از سپاه نبود!

۱۱ – بیایند در آغاز این رج با بیامد در لت پیشین همخوان نیست. مگر همراه سپاه موبد و مرزبان نیز می آید که آنانرا بشمرند؟

۱۲ – در داستانهای پیشین سپاهیان بردع (ارّان =کشور آذربایجان شمالی) و اردبیل (آذربایجان) همواره همراه گودرز بوده‌اند، نه گستهم.

۱۳ – **یک**: همان گفت نادرست است. نمونه‌های س، و ق ۲ «همی‌گفت» که آن نیز درست نیست. **دو**: کجا رفتند؟

۱۹۴ نبرد بزرگ کیخسرو

بفرمود تا بر هیونان مست / نشینند و گیرند اسپان به دست [1]
به سُغد اندرون بود یک ماه، شاه / همه سُغد، شد؛ شاه را نیکخواه
سپه را درم داد و آسوده کرد / همی جُست، هنگامِ روزِ نبرد
هرآن‌کس که بود ازدرِ کارزاز؛ / بدانست نیرنگ* و بندِ حصار؛
بیاورد و با خویشتن یار کرد / سرِ بدکنش پر ز تیمار کرد
اُزان جایگه، گردن افراخته / کمربسته و جنگ را ساخته
ز سغد و کُشانی° سپه برگرفت / جهانی بدو، مانده اندر شگفت
خبر شد بتوران که آمد سپاه / جهانجوی، کیخسرو کینه‌خواه
همه سوی دژها نهادند روی / جهان شد پراز جنبش و گفت‌وگوی
به لشگر چنین گفت پس شهریار / که «امروز جز گونه شد کارزار [2]
ز ترکان هر آن کس که فرمان کند / دل از جنگ جستن پشیمان کند [3]
مسازید جنگ و مریزید خون / مباشید کس را به بد رهنمون [4]
اُگر جنگ جوید کسی با سپاه / دل کینه‌دارش نیاید براه؛
شما را حلال است خون ریختن / به هر جای تاراج و آویختن [5]
خروشی برآمد ز پیش سپاه / که هر کو ندارد بدل، کین شاه
بدو بر خورش‌ها مدارید تنگ / مدارید کین و مسازید جنگ» [6]
سواران به دزها نهادند روی / جهان شد پر از غلغل و گفت‌وگوی
ز ترکان کس از بیم افراسیاب / لب تشنه نگذاشتندی بر آب [7]
اُگر باز ماندی کسی زین سپاه / تن بی‌سرش یافتندی به راه [8]
دلیران به دژها نهادند روی / به هر دژ که بودی یک جنگجوی [9]
شدی بارهٔ دژ هم آنگاه پست / نماندی در و بام و جای نشست [10]

---

۱ –نادرست‌ترین کارا... سواری که لگام یک اسپ دیگر را در دست داشته باشد، بکار جنگ نمی‌آید!

* – «نی‌رنگ» (= طرح): نگاری باشد که کاریگران (معماران) پیش‌از ساختن، خانه یا دژ... بر زمین می‌کشند.

○ – «زکوشان» درست می‌نماید.

۲ – در آنروز کارزار پیش نیامده بود. و «جز گونه» در سخن پارسی نمونه ندارد!

۳ – تورانیان ترک نبوده‌اند.

۴ – این رج را با رج پیشین، پیوند درست نیست: «با وی جنگ میکند».

۵ – «بهر جای» نیز نادرخور است! اگر فرمان چنانست که با آنکسان که جنگ ایرانیان را میجویند. بجنگید، چگونه هر جای و همه جا را بتاراج فرمان می‌دهد!

٦ –لت دویم ناهموار است: «بر آنان کینه مدارید، و با آنان جنگ میکنید».

۷ – ترک! لت دویم! گویا چنان بوده‌است که هرکس که تشنه بوده‌است، از جویِ روان، آب می‌خورده است. که لب بر آب نمی‌گذاشتند! و اگر افزاینده را رای بر آن بوده‌است که بگوید کسی را پروای خوردن آب نبود که آن نیز نادرست است، و سخن نیز سخت سست می‌نماید.

۸ – چنین نبوده، و آن کسان که جنگ نمی‌کرده‌اند، در زینهار سپاه ایران بوده‌اند.

۹ – دو بار نام «دژ» را در یک رج آوردن درست نمی‌نماید. و در رج سیوم پیشین بجای دلیران سواران بدژها... آمده‌بود.

۱۰ – آیا درست می‌نماید که برای یک جنگجوی یک دژ را ویران کنند؟ مگر، یک جنگجوی را توان نبرد با یک سپاه بوده‌است؟

رفتن کیخسرو بسوی توران ۱۹۵

غلام و پرستنده و چارپای نماندی بد و نیک چیزی بجای[۱]
بر این گونه فرسنگ بر سد گذشت نه دز ماند آباد جایی نه دشت[۲]
چو آورد لشگر به گلزرّیون به هر سو بگردید با رهنمون[۳]
جهان دید بر سان باغ بهار در و دشت و کوه و زمین پر نگار[۴]
همه کوه نخچیر و هامون درخت جهان ازدرِ مردم نیکبخت[۵]
طلایه فرستاد و کارآگهان بدان تا نماند بدی در نهان[۶]
سراپردهٔ شهریار جهان کشیدند بر پیش آب روان[۷]
جهاندار بر تخت زرّین نشست ابا نامداران خسروپرست
شبی کرد جشنی که تا روز پاک همی مرده برخاست از تیره‌خاک[۸]
اُزان سو، به کنگ اندر، افراسیاب برخشنده روز و بهنگام خواب
همی گفت با هر که بُد کاردان بزرگان بیدار بسیاردان[۹]
که: اکنون که دشمن ببالین رسید به کنگ اندرون چون توان آرمید؟!
همه برگشادند گویا زبان که: اکنون که نزدیک شد بدگمان[۱۰]
جز از جنگ چیزی نبینیم راه زبونی‌نه‌خوب است و چندین سپاه.[۱۱]
بگفتند و از پیش برخاستند همه شب همی لشگر آراستند
سپیده دمان گاه بانگ خروس ز درگاه برخاست آوای کوس
سپاهی به هامون بیامد ز کنگ که بر مور و بر پشّه شد راه تنگ[۱۲]
چو آمد به نزدیک گلزرّیون زمین شد بسان گه بیستون[۱۳]
همی لشگر آمد سه روز و سه شب جهان شد پر آشوب جنگ و جلب[۱۴]

---

۱ - **یک:** سخن پیوند ندارد... نه غلام(؟)، نه پرستنده... **دو:** لت دویم سست‌تر است: «از بد و نیک چیزی بر جای نمی‌ماند»! بد را شاید تباه کردن، نیک را چرا؟

۲ - **یک:** لت نخست نادرست است: «سد فرسنگ گذشت». **دو:** سخن نادرست است زیرا که در همین افزوده‌ها فرمان چنان بود که اگر کسی با سپاه ایران جنگ نداشته باشد، بدو ستم نرسانند!

۳ - درباره گلزریون پیش‌ازاین سخن راندم... که آن رودی بوده‌است.

۴ - اندکی باید اندیشیدن! از آغاز امردادماه یکهفته نبرد، یکماه رسیدن تا سغد، یکماه ماندن در سغد و دو ماه نیز رفتن بسوی (گلزریون)! پس در این زمان - در نیمه‌های پاییز بگلزریون می‌رسند، که دشت و کوه را سرما میگیرد! چگونه جهان بسان باغ بهار می‌نمود!

۵ - همچنین.

۶ - پیش‌آهنگان (طلایه) را برای پژوهشِ کار سپاه دشمن می‌فرستند، نه برای آشکار کردن «بدی».

۷ - دنباله.

۸ - «شبی» نادرست است: «بشب» «روز پاک» چه باشد؟ لت دویم را پیوند «که» باید.

۹ - با هر که بدکاردان نادرست است: «با کاردانان» و چون چنین باشد بزرگان در لت دویم نیز «بزرگ» باید.

۱۰ - زبان برگشادن، دشنام دادن است.

۱۱ - چیزی نبینیم راه، نادرست است: «راهی نمانده‌است»، «راهی نمی‌بینیم».

۱۲ - این آرایش سپاه، بهنگام رسیدن کیخسرو به کنگ دیده نمی‌شود، و تنها جهن است که با ده سوار، پیام افراسیاب را برای کیخسرو می‌آورد.

۱۳ - چه‌کس آمد؟ چون کیخسرو آمده‌است می‌بایستی از او نام برده شود.

۱۴ - پس‌از «آمد» در رج پیشین «همی‌لشگر آمد» ناهمخوان است.

کشیدند بر هفت فرسنگ نخ — فزون گشت مردم ز مور و ملخ[1]
چهارم سپه برکشیدند صف — ز دریا برآمد به خورشید تف[2]
به قلب اندر افراسیاب و ردان — سواران گردنکش و بخردان[3]
سوی میمنه جهن افراسیاب — همی نیزه بگذاشت از آفتاب[4]
ز رُزین روی کیخسرو از قلبگاه — همی داشت چون کوه پشت سپاه[5]
چو گودرز و چون توس نوذرنژاد — منوشان خوزان پیروز و راد[6]
چو گرگین میلاد و رهام شیر — هجیر و چو شیدوش گرد دلیر[7]
فریبرز کاووس بر میمنه — سپاهی همه یک دل و یک تنه[8]
منوچهر بر میسره جای داشت — که باجنگ هر جنگی‌ای پای داشت[9]
به پشت سپه گیو گودرز بود — که پشت و نگهبان هر مرز بود[10]
زمین کان آهن شد از میخ نعل — همه آب دریا شد از خون لعل[11]
به سر بر ز گرد سپه ابر بست — تبیره دل سنگ خارا بخست[12]
زمین گشت چون چادر آبنوس — ستاره غمی شد ز آوای کوس[13]
زمین گشت جنبان چو ابر سیاه — تو گفتی همی برنتابد سپاه[14]

۱ – **یک:** بر سپاهی که در پرده‌سرای، و لشگرگاه است نخ نمی‌کشند!... و افزاینده ندانسته‌است که نخ کشیدن چیست! نخ کشیدن بهنگام آرایش سپاه در میدان است که ریسمانی را از دو سوی میگیرند، تا پیادگان با سواران پشت آن به «رده» بایستند. کاری که اکنون با خط کشی بر روی میدان میکنند. آنگاه سپاهی را که در یک نخ و یک رده در هفت فرسنگ بایستند، تاب ایستایی در برابر دشمن نمی‌ماند. زیرا که چون دشمن یورش آوَرَد، همواره یک کس در برابر خود می‌بیند و ازمیان برداشتن او آسان می‌نماید، و دیگران نمیتوانند از چند فرسنگ دورتر بیاری وی بیایند! سپاه را باید، در رده‌های فراوان، پشت سر هم ایستادن، تا در گروه یارای پایداری، و توان یورش‌شان باشد. **دو:** در لت دویم، «مردم» که باشد اگر همان سپاه است که در یک رده چون مور و ملخ نخواهند بود، و اگر دیگر کسان‌اند، مگر میدان نبرد، جای نگریستن است؟

۲ – **یک:** اینجا، روشن میشود که افزاینده نمیدانسته‌است که نخ کشیدن، همان صف کشیدن است! چهارم نیز نادرست است: «چهارم روز». ساده می‌بود که افزاینده بگوید «بروز چهارم کشیدند صف» اما آسان گرفتن جایی برای آرایش گفتارِ وی نمی‌گذارد! **دو:** در داستان نیامده بود که آنان کنار دریا بوده باشند... باری هنوز نبرد آغاز نشده‌است چرا می‌بایستی که تف بخورشید برآید؟

۳ – رد (= سرور و سالار)، گردنکش (پهلوان زورآور دور از خرد و بخرد را در کنار هم نشاید آوردن).

۴ – میمنه را در سخن فردوسی جای نیست... پس جای بال چپ (میسره) کجا است؟

۵ – قلبگاه (میانه سپاه) پشت سپاه نیست!

۶ – چو، همراه با نام نادرست است.

۷ – همچنین.

۸ – لت دویم را پیوند «با» می‌باید.

۹ – میسره!؟ لت دویم سخت سست است.

۱۰ – نگهبان هر مرز، همهٔ سرزمین‌ها؟... چنین نبود، و تنها در پشت سپاه بود.

۱۱ – هنوز نبرد آغاز نشده‌است که دریا خونین شود!

۱۲ – **یک:** ز گرد سپه ابر بست نادرست است: گرد سپاه همچون ابری بآسمان بر شد. **دو:** غمی نادرست است و ستاره هیچگاه غمگین نمی‌شود.

۱۳ – **یک:** زمین را چرا چون چادر شدن. آن هوا است که از گرد سیاه می‌نماید. **دو:** غمی نادرست است و ستاره هیچگاه غمگین نمی‌شود.

۱۴ – **یک:** باز زمین چون ابر، نمایانده می‌شود! **دو:** تو گفتی...

رفتن کیخسرو بسوی توران

همه دشت مغزِ سر و دست و پای — همانا نبد بر زمین نیز جای[1]
همی نعل اسپان سر کُشته خست — همه دشت بی تن سر و پای و دست[2]
خردمند مردم به یک سو شدند — دو لشگر برین کار خستو شدند[3]
که گر یک زمان نیز لشگر چنین — بماند برین دشت با درد و کین[4]
نماند یکی زین سواران بجای — همانا سپهر اندر آید ز پای[5]
ز بس چاکچاک تبرزین و خود — روانها همی داد تن را درود[6]
چو کیخسرو آن پیچش جنگ دید — جهان بر دل خویشتن تنگ دید[7]
بیامد به یک سو ز پشت سپاه — به پیش خداوند شد دادخواه[8]
که: «ای برتر از دانش پارسا — جهاندار و بر هر کسی پادشا[9]
اگر نیستم من ستم یافته — چو آهن به کوره درون تافته[10]
نخواهم که پیروز باشم به جنگ — نه بر دادگر بر کنم جای تنگ»[11]
بگفت این و بر خاک مالید روی — جهان پر شد از نالهٔ زار اوی[12]
همانگه برآمد یکی باد سخت — که بشکست شاداب شاخ درخت[13]
همی خاک برداشت از رزمگاه — بزد بر رخ شاه توران سپاه[14]
کسی کاو سر از جنگ برتافتی — چو افراسیاب آگهی یافتی
بریدی به خنجر سرش را ز تن — جز از خاک و ریگش نبودی کفن[15]

---

۱ – هنوز نبرد آغاز نشده‌است.

۲ – لت نخست را پایان نیست در لت دویم «بر زمین نیز» نادرست است: «سرزمین».

۳ – **یک:** مردم در زبان پهلوی و نیز فارسی یگانه (مفرد) است، و برابر با انسان (عربی) است، وکنش «شدند» با آن هماهنگ نیست. **دو:** این گروه مردمان خردمند، کجا بودند؟... اگر جنگاور بوده‌اند که خویشکاریشان جنگیدن بود و شایسته نمی‌نمود که از میدان بیکسو شوند، خستو شدند برابر (معترف شدند) است و بکارگرفتن آن نادرست است: «پیش‌بینی کردند».

۴ – **یک:** «یک زمان نیز» نیز نابجا است. **دو:** ماندن بر دشت که دردی نمی‌آورد! «کشتار» باید آوردن!

۵ – لت دویم را با لت نخست پیوند نیست.

۶ – آیا در آن نبرد هیچکس راشمشیر و گرز و کوپال نبود؟ و تنها تبرزین بود که بر خودها فرود می‌آمد!!

۷ – جهان بچشم تنگ می‌آید نه بر دل.

۸ – همواره در افزوده‌ها چنین می‌آید، اما این سخن با فرهنگ ایران راست نمی‌آید، زیرا بارها در پشت‌ها چنین آمده‌است که یک پادشاه یا سردار، در میدان جنگ بر روی زین اسپ، مهر را، یا بهرام را... برای پیروزی یاری میخوانَد!

۹ – پارسایان را دانش نیست.

۱۰ – ستم، یافتنی نیست دیدنی و کشیدنی است.

۱۱ – مگر مردم را توان آن هست که جای را بر خداوند تنگ سازد! پست‌تر از اندیشهٔ کسی که این سخن را گفته‌است، نیست!

۱۲ – نماز ایرانی روی بفروغ و روشنایی داشته‌است، نه بخاک. لت دویم گزافهٔ سخت، که نالهٔ یک‌کس را توان پر کردن جهان نیست.

۱۳ – شاخ درخت نادرخور است: «شاخه‌های درختان را».

۱۴ – چون خاک برداشته شود بر روی همهٔ سپاهیان توران میخورد، نه تنها بر روی افراسیاب.

۱۵ – **یک:** از سستی سخن که بگذریم، مگر افراسیاب بهمهٔ سپاهیان خویش نزدیک بود که چنین کند؟ سستی اندیشهٔ افزاینده، او را وامیدارد که از کشتن سپاهیان گریزنده با بریدن سر با خنجر یاد کند! آیا بهتر نمی‌بود که شمشیر بدست وی میداد تا زودتر گردن آنان را ببرد؟

←

چنین تا سپهر و زمین تار شد	فراوان ز ترکان گرفتار شد¹
برآمد شب و چادر مشک رنگ	بپوشید تا کس نیاید به جنگ²
سپه بازچیدند شاهان ز دشت	چو روی زمین ز آسمان تیره گشت³
همه دامن کوه تا پیش رود	سپه بود با جوشن و درع و خود⁴
برافروختند آتش از هر سوی	طلایه بیامد ز هر پهلوی⁵
همی جنگ را ساخت افراسیاب	همی بود تا چشمهٔ آفتاب⁶
برآید رخ کوه رخشان کند	زمین چون نگین بدخشان کند⁷
جهان‌آفرین را دگر بود رای	به هر کار با رای او نیست پای
شب تیره چون روی زنگی سیاه	کس آمد ز گستهم نوذر به شاه⁸
که: شاه جهان جاودان زنده باد	که ما بازگشتیم پیروز و شاد⁹
بدان نامداران افراسیاب	رسیدیم ناگه به هنگام خواب
از ایشان سواری طلایه نبود	کسی را ز اندیشه مایه نبود
چو بیدار گشتند زیشان سران	کشیدیم شمشیر و گرز گران¹⁰
چو شب روز شد جز قراخان نماند	ز مردان ایشان فراوان نماند¹¹
همه دشت زیشان سرون و سر است	زمین بستر و خاکشان چادر است¹²
به مژده ز رستم هم اندر زمان	هیونی بیامد سپیده دمان¹³
که ما در بیابان خبر یافتیم	بدان آگهی تیز بشتافتیم

۲۰۸۹۰

۲۰۸۹۵

۲۰۹۰۰

← دو: پریشانی اندیشهٔ وی او را بدان رهنمون می‌شود که افراسیاب خود بپیروزی سپاه ایران یاری رساند، و یاران خویش را با سر بریدن آنان ازمیان بردارد!! ۱ - یک: تورانیان ترک نبوده‌اند. دو: گرفتار شد نادرست است: «گرفتار شدند».
۲ - چادرِ مشک رنگ را که پوشید؟ زمین، یا آسمان؟... سخن، چادر مشک رنگ را به شب باز میگرداند، باز آنکه شب، خود سیاهرنگ است و بچادر مشکینش نیاز نیست.
۳ - یک: باز چیدن سخت نادرخور است: «سپاهیان پراکنده راگرد آوردند». دو: در لت دویم، دیگر بار سخن دربارهٔ شب است.
۴ - پیشتر از «رود» درمیانهٔ دو سپاه سخن نرفته‌بود.
۵ - «هر سویی» نادرست است: «هر سوی» در لت دویم «پهلو» را بجای کنار آورده‌اند که نادرست است.
۶ - جنگ را می‌ساخت نادرست است: آمادهٔ جنگ می‌شد.
۷ - یک: آفتاب تنها رخ کوه را رخشان نمی‌کند که زمین نیز از آن روشن می‌شود. دو: کوه در لت نخست و زمین در لت دویم «را» می‌باید.
۸ - لت نخست پیوند درست ندارد. «در» «در آن شب» تیره، «که» چون روی زنگی سیاه «بود».
۹ - از رفتن آنان آگاهی داده نشده از بازگشتشان آگاه می‌شویم.
۱۰ - یک: چگونه است که افراسیاب که همه شب را «جنگ می‌ساخت» بیدار نبود و نگهبان بیدار نداشت. دو: ایرانیان هیچگاه شبیخون نمی‌کردند، و آنرا گناه درشمار می‌آوردند.
۱۱ - در شب تیره، آگاهی از گستهم بشاه رسید و اکنون از پایان شب‌وروز سخن می‌رود!؟
۱۲ - سرون، «شاخ» باشد و چگونه تورانیان شاخ داشتند؟ نمونهٔ س ۲ و ل ۲ تن بی‌سر است.
۱۳ - دوباره روز به سپیده‌دم بازگشت!

شب و روز رستم یکی داشتی — چو تنها شدی راه بگذاشتی[1]
بدیشان رسیدیم هنگام روز — چو بر زد سر از چرخ گیتی‌فروز[2]
تهمتن کمان را به زه برنهاد — چو نزدیک شد ترگ بر سر نهاد[3]
نخستین که از کلک بگشاد شست — قراخان ز پیکان رستم بخست[4]
به توران زمین شد کنون کینه‌خواه — هماناکه آگاهی آید به شاه[5]
به شادی ز لشگر برآمد خروش — سپهدار ترکان همی داشت گوش[6]
هر آن‌کس که بودند خسروپرست — به شادی و رامش گشادند دست[7]
سواری بیامد هم اندر شتاب — خروشان به نزدیک افراسیاب
که از لشگر ما قراخان برست — رسیده‌ست نزدیک ما مرد شست[8]
سپاهی به توران نهادند روی — کز ایشان شود ناپدید آب جوی[9]
چنین گفت با رایزن شهریار — که «بیکار بخت اندر آمد به کار[10]
چو رستم بگیرد سر گاه ماه — به یکبارگی گم شود راه ما[11]
چو آتش بر ایشان شبیخون کنیم — ز خون روی کشور چو جیهون کنم[12]
چو کیخسرو آید ز لشگر دو بهر — نبیند مگر بام و دیوار و شهر»[13]
سراسر همه لشگر این دید رای — هم آن مرد فرزانه و رهنمای[14]
بنه هرچه بودش هم آنجا بماند — چو آتش ازان دشت لشگر براند[15]
همان گه طلایه بیامد ز دشت — که گرد سپاه از هوا برگذشت[16]

---

۱ – مژده ازسوی رستم آمده‌بود، و اینجا سخن را کسی دیگر دربارهٔ رستم میگوید! لت دویم بی‌گزارش است.

۲ – **یک:** سخن از «ما» میرود. **دو:** خورشید برمی‌آید، در پیامی که سپیده‌دمان رسیده‌بود.

۳ – دوباره گویندهٔ داستان کسی دیگر است.

۴ – کِلک، قلم و خامه است، نه تیر! درلت دویم نام رستم نادرخور است، چون پیدا است که آن تیر را رستم افکنده‌است.

۵ – با یک تیر، از سپاه توران گذشت، و بسرزمین توران رفت!!

۶ – ترکان!!

۷ – **یک:** لت نخست نادرخور است، زیرا که همهٔ سپاهیان ایران کیخسرو را دوست میداشتند. **دو:** بشادی دست گشادن چگونه باشد؟ **سه:** درمیان سپاه و انبوه اسپان و مردان و جنگ‌افزار، رامش چگونه شاید؟

۸ – آگاهی نادرخور است. نخست می‌بایستی گفتن که «رستم بسوی او تیر گشود، و او بجان رست».

۹ – مگر سپاهیان توران درمیانه نبودند؟ که همگان رفتن رستم را ببینند! لت دویم سست است.

۱۰ – بخت بیکار ما، کار آمد شد، وشکست می‌خوریم!!! (لت پسین)

۱۱ – راه تورانیان را ندانستم چیست که گم می‌شود.

۱۲ – افزایندهٔ سست رای... زمان را بروز میکشاند، و افراسیاب را در روز، بشبیخون رهنمون می‌شود.

۱۳ – روشن شد که شبیخون، هماناگریز است، اما چرا درگریز یک بهر از لشگریان را بر جای می‌نهند؟ لت دویم رانیز بالت نخست پیوند نیست... اگر چنین باشد که کسی دیده نشود پس آن یک بهر دیگر رانیز گریخته باید پنداشتن!

۱۴ – **یک:** سراسر، همه، لشگر نادرست است: «همه» این نادرست است: «چنین». دید نیز نادرست است: «دیدند». **دو:** آن مرد فرزانهٔ رهنمای، که بود؟

۱۵ – پس روشن شد که همهٔ لشگریان را (و نه دو بهر آنرا) گریزانده و با آنکه روز بوده‌است سپاهیان ایران، گریز آنان را ندیده‌اند!

۱۶ – و تنها پیش‌آهنگان (طلایه)... از لشگرگاه تهی مانده از مردان آگاه می‌شوند!

همه دشت خرگاه و خیمه‌ست بس	از ایشان به خیمه درون نیست کس
بدانست خسرو که سالار چین	چرا رفت بیگاه زان دشت کین[1]
ز گستهم و رستم خبر یافته‌ست	بدان آگهی تیز بشتافته‌ست[2]
نوندی برافکند هم در زمان	فرستاد نزدیک رستم دمان[3]
که: برگشت زین کینه افراسیاب	همانا به جنگ تو دارد شتاب[4]
سپه را بیارای و بیدار باش	برو خویشتن زو نگهدار باش.[5]
نوند جهاندیده شایسته بود	بدان راه بی‌راه بایسته بود[6]
همی رفت چون پیش رستم رسید	گو شیردل را میان بسته دید[7]
سپه گرزها برنهاده به دوش	یکایک نهاده به آواز گوش[8]
به رستم بگفت آنچه پیغام بود	که فرجام پیغامش آرام بود[9]
اُ زین روی کیخسرو کینه‌جوی	نشسته بآرام بی‌گفت‌وگوی[10]
همی کرد بخشش همه بر سپاه	سراپرده و خیمه و تاج و گاه[11]
از ایرانیان کشتگان را بجست	کفن کرد و ز خون و گِل‌شان بشست[12]
به رسم مهان کشته را دخمه کرد	چو برداشت زان خاک و خون نبرد[13]
بنه برنهاد و سپه برنشاند	دمان ازپس شاه ترکان براند[14]
چو نزدیک شهر آمد افراسیاب	بران بُد که رستم شود سیر خواب[15]
کنون من شبیخون کنم بر سرش	برآریم گرد از سر لشگرش[16]
به تاریکی اندر طلایه بدید	به شهر اندر آواز ایشان شنید[17]

---

۱ - افراسیاب سالار چین نبود. و «بیگاه» نزدیک بشام است رودرروی پگاه که بامداد باشد: در غم ما روزها بیگاه شد /روزها با سوزها همراه شد. باز آنکه آنان بگفته‌ای در شب، و بگفته‌ای در روز و بامداد گریخته‌بودند.

۲ - «بدان آگهی» نادرخور است.

۳ - «بر افکند» در لت نخست، همان «فرستاد» در لت دویم است.

۴ - اگر بجنگ رستم شتاب دارد، باری از کینه برنگشته‌است! لت دوئِم بازگونهٔ لت نخست است.

۵ - سپه را بیارای در لت نخست با «برو» در لت دویم همخوان نیست!

٦ - نوند، اسپ شتابان است... و سخن نادرخور.

۷ - لت نخست سست است: «شتابان برفت و برستم رسید».

۸ - سپه برنهاده، نادرست است برنهاده‌بودند. لت دویم: «گوش بفرمان بودند».

۹ - سخن سست است.

۱۰ - کینه‌جوی، در هنگام جنگ، چگونه بآرام تواند نشستن؟

۱۱ - **یک:** «همه» می‌باید در پایان سخنِ لت دویم بیاید. **دو:** سراپرده و خیمه، یکی است. **سه:** تاج و گاه نیز ویژهٔ پادشاهان بود، نه درخورِ بخشش بسپاهیان.

۱۲ - سخن بازگونه است: «ازمیان کشتگان ایرانیان را بجست».

۱۳ - دخمهٔ پس‌از جنگ همگانی بوده‌است، نه بآیین (رسم!) مهان. لت دویم «برداشت‌شان» باید. و پیدا است که چون از خون و گل شسته شدند و کفن بر آنان پوشانیدند، پیشتر برداشته شده‌بودند!

۱۴ - **یک:** سخن باکمبود همراه است. «پس‌از پرداختن بکارِ سپاه و کشتگان... بنه برنهاد». **دو:** افراسیاب شاه ترکان نبوده‌است.

۱۵ - لت دویم نادرخور است: «بر آن بد که رستم بخواب اندر است».

۱٦ - روز شد، رستم در روز بتوران رفت، و در روز افراسیاب را هوای شبیخون بر سر رستم است!

۱۷ - اما چون شبیخون درپیش بود، افزاینده؛ هوا را تاریک گردانید... بیاد بیاورید که چون فرستادهٔ کیخسرو بسپاه رستم رسید، همگان را

فروماند زان کار رستم شگفت   همی راند و اندیشه اندر گرفت[1]
همه کوفته لشگر و ریخته   به شیرین روان اندر آویخته[2]
به پیش اندرون رستم تیزچنگ   پس پشت شاه و سواران جنگ[3]
کسی را که نزدیک بد پیش خواند   وز ایشان فراوان سخن‌ها براند[4]
بپرسید که: «این را چه بینید روی؟»   چنین گفت با نامور چاره جوی[5]
که «در کنگ دژ آن همه گنج شاه   چه بایست اکنون همه رنج راه[6]
زمین هشت فرسنگ بالای اوی   هماناکه چار است پهنای اوی[7]
زن و کودک و گنج و چندان سپاه   بزرگیّ و فرمان و تخت و کلاه[8]
بران بارهٔ دز نپرّد عقاب   نبیند کسی آن بلندی به خواب[9]
خورش هست و ایوان و گنج و سپاه   ترا رنج، بدخواه را تاج و گاه[10]
همان بوم کاو را بهشت است نام   همه جای شادیّ و آرام و کام[11]
به هر گوشه‌ای چشمهٔ آبگیر   به بالا و پهنای پرتاب تیر[12]
همی موبد آورد از هند و روم   بهشتی برآورده آباد بوم[13]
همانا کزان باره فرسنگ بیست   ببینند آسان که بر دشت کیست[14]
ترا زین جهان بهره جنگ است و بس   به فرجام گیتی نماند به کس»[15]
چو بشنید گفتارها شهریار   خوش آمدش و ایمن شد از روزگار[16]

← گوش بفرمان رستم دید با گرزهای بر دوش نهاده، بیدار!

۱ – سخن نادرست است: «در شگفتی ماند...» اندیشه اندر گرفتن نادرست است: «می‌اندیشید».

۲ – لشگر، کوفته؛ تواند بودن اما «ریخته» را چگونه گزارش توان کردن؟ لت دویُم ما را رهنمون بدین می‌شود که برخی از آنان که «ریخته» بودند مردند، اما در مرگ، روان از تن پرواز می‌کند، نه آنکه تن بدان در آویزد!

۳ – ... چون به رج پسین می‌رسیم، روشن می‌شود که افراسیاب را گمان بر آن بوده‌است که لشگریان رستم کوفته و ریخته‌اند! اما نه چنان بود، و رستم را پیش سپاه بدید و کیخسرو را که به بخش کردن خواسته و بدخمه کردن مردگان پرداخته‌بود به پشت سپاه ایران رسانید!

۴ – در این رج کسی را، کیست؟   ۵ – و در این رج چه بینید روی (گروه)؟ و در پایان، چنین گفت (یگانه).

۶ – سخن پریشان و بی‌پیوند است: «با آنکه در کنگدژ شاه را چندان گنج هست، چرا می‌باید در رزم رنج راه را بر خود هموار کردن»!! فراموش نکنیم که افراسیاب آواز ایرانیان را از درون شهر شنیده بود.

۷ – روشن نیست که این اندازه‌ها کجا را خواهد گفتن؟ شهر را؟ یا گنج را؟ و مگر افراسیاب، خود، از آن آگاهی نداشت که کسی دیگر را می‌بایستی یادآور بودن؟   ۸ – دوباره از «گنج» و زن و کودک سخن میرود.

۹ – باز گفتار دربارهٔ چگونگی دژ افراسیاب برای آگاه شدن افراسیاب!

۱۰ – پیوند ندارد «در آنجا خورش هست...» لت دویم بی‌پیوندتر است.   ۱۱ – دنبالهٔ گفتار.

۱۲ – چشمه را با آبگیر یکی دانسته‌اند، آبگیر در زبان فارسی، «آپَ‌تانَ» در زبان اوستایی، «آپدان» در پهلوی، آبدان، و آبزن در زبان فارسی است که در زبان ارمنی بگونهٔ «آوازان» خوانده می‌شود، و حوض تازی شده آنست، و آن، خود؛ چشمه نیست. برخی نمونه‌ها چشمه و آبگیر آورده‌اند، اما بالای چشمه باندازهٔ یک تیر پرتاب!

۱۳ – **یک:** چه‌کس موبد از هند و روم آورده (بود)؟ بجزاز افراسیاب. **دو:** در آنزمان هنوز از روم، در جهان نشانه‌ای نبود.

۱۴ – سخن مست است، «از فراز آن باره» تا بیست فرسنگ رهگذران دیده (بگفتهٔ افزاینده شناخته) می‌شوند».

۱۵ – این سخن را با سخنان پیشین پیوند نیست!   ۱۶ – هنوز بدانجا نرفته‌است «ایمن» شد؟

بیامد به دلشاد ببهشت کنگ		ابا آلت لشگر و ساز جنگ[1]
همی گشت بر گرد آن شارستان		بَدَستی ندید اندرو خارستان[2]
یکی کاخ بودش سر اندر هوا		برآوردهٔ شاه فرمانروا[3]
به ایوان فرود آمد و بار داد		سپه را درم داد و دینار داد[4]
فرستاد بر هر سوی لشگری		نگهبان هر لشگری مهتری[5]
پیاده بران باره بر دیده‌بان		نگهبان به روز و به شب پاسبان[6]
رد و موبدش بود بر دست راست		نویسندهٔ نامه را پیش خواست[7]
یکی نامه نزدیک فغفور چین		نبشتند با سدهزار آفرین[8]
چنین گفت که:«ز گردش روزگار		نیامد مرا بهره جز کارزار[9]
بپروردم آن را که بایست کُشت		کنون شد ازو روزگارم درشت[10]
چو فغفور چین گر بیاید رواست		که بر مهر او بر روانم گواست[11]
اُگر خود نیاید فرستد سپاه		کزین سو خرامد همی کینه‌خواه»[12]
فرستاده از نزد افراسیاب		به چین اندر آمد به هنگام خواب[13]
سرافراز فغفور بنواختش		یکی خرّم ایوان بپرداختش[14]

*

اُزانسو به کنگ اندر، افراسیاب		نه آرام بودش نه خورد و نه‌خواب
بدیوار، ارّاده بر پای کرد		ببرج اندرون رزم را جای کرد[15]
بفرمود تا سنگ‌های گران		کشیدند بر باره افسونگران[16]
بسی کاردانان رومی بخواند		سپاهی به دیوار دز برنشاند[17]

---

۱ – و بهمین آسانی در گیرودار یورش ایرانیان (با دلِ شاد) به بهشت آمد!! «بدلشاد» نیز نادرست است، بِبِهشتِ کنگ نیز آهنگ سخن را در هم میریزد. ۲ – همی گشت نادرست است «بگرد شارسان گردید».

۳ – «شاه فرمانروا» که بوده‌است؟ اگر افراسیاب است که چنین نشاید گفتن.

۴ – ازپس چندان کوفتکی و رنجِ جنگ، بیدرنگ بار دادن نشاید، و درم دادن بسپاهیان پس‌از نبرد نیز نباید، زیرا که آنان پیش‌از نبرد درم گرفته‌اند!

۵ – کسیکه بدژ پناه برده، چگونه تواند که بهر سو لشگر فرستد، باز آنکه لشگریان ایران، که در شهر بودند، اینک در دشت ایستاده‌اند!

۶ – سخن بی‌پایان است.

۷ – «رد» همانا افراسیاب بوده‌است که نشاید که بر دست راست خودش بایستد یا بنشیند.

۸ – «نویسنده» در رج پیشین، با «نوشتند» در این رج همخوان نیست. ۹ – چنین گفت با نوشتند رج پیشین همخوان نیست.

۱۰ – سخن زیبا است اما پیوسته بگفتار است.

۱۱ – «چو» در آغاز همان «گر» درمیانهٔ سخن است، چون فغفور چین، اگر فغفور چین... .

۱۲ – سپاه کینه‌خواه را خرامیدن در کار نیست. ۱۳ – افزاینده هنگام خواب را برای پساوای سخن بایسته می‌دید.

۱۴ – دنبالهٔ سخن. ۱۵ – چگونه در اندرونِ برج، رزم را جای کرد؟! ۱۶ – دنباله.

۱۷ – **یک:** روم در پهنهٔ جهان پدیدار نشده‌بود. **دو:** بر دیوار دژ، سپاهیان را بر پای داشت (نه بر نشاند).

برآورد بیداردل جاثلیق　　بران باره عراده و منجنیق[1]
کمان‌های چرخ و سپرهای کرگ　　همه برج‌ها جوشن و خود و ترگ[2]
گروهی ز آهنگران رنجه کرد　　ز پولاد بر هر سوی پنجه کرد[3]
ببستند بر نیزه‌های دراز　　که هرکس که رفتی برِ دز فراز[4]
بدان چنگ تیز اندر آویختی　　اُگرنه ز دز زود بگریختی[5]
سپه را درم داد و آباد کرد　　بهر شهر، با هر کسی داد کرد[6]
همان خود و شمشیر و برگستوان　　سپرهای چینی و تیر و کمان[7]
ببخشید بر لشگرش بی‌شمار　　بویژه کسی کاو کند کارزار[8]
چو آسوده شد زین به شادی نشست　　خود و چنگسازان خسروپرست[9]
پریچهره هر روز سد چنگ‌زن　　شدندی به درگاه شاه انجمن[10]
شب و روز چون مجلس آراستی　　سرود از لب ترک و می‌خواستی[11]
همی داد هر روز گنجی به باد　　بر امروز و فردا نیامدش یاد[12]

رسیدن کیخسرو
به
بهشت کنگ

دو هفته بر این گونه شادان بزیست　　که داند که فردا دل افروز کیست[13]
سیوم هفته کیخسرو آمد به کنگ　　پر از خشم و کینه بسان پلنگ[14]

---

۱ – جاثلیق را که افزایندگان برای پساوای منجنیق در کار داشته‌اند، در آن زمان پدیدار نشده‌بود، زیرا که این واژه تازی شدهٔ کاتولیک است، که دو هزاره پس‌ازآن نام گرفت.　۲ – این رج را با رج‌های پیشین و پسین پیوند نیست.
۳ – آهنگر کارش آهنگری است، و از کار خود رنجه نمی‌شود. پنجه چه باشد که بر هر سوی (کردن) شاید؟
۴ – در این سخنان پنجه، با چنگ گزارش می‌شود... گزارشی که آنرا نه سر است و نه بُن!
۵ – روندگان را توان آن بود که از کنار پنجه (چنگ، چنگک) نروند تا بدان آویخته نشوند.
۶ – دیروز، سپه را درم داده بود، و یکروزه نمیتوان با همه کس داد ورزید (کرد؟)
۷ – همان در آغاز سخن نادرست است.
۸ – سپه را آباد کردن با چنین کارها می‌شود، و دوباره‌گویی است. لت دویم سخت نادرخور است. سپاهیان را همه می‌باید جنگیدن!
۹ – چنگساز درست نیست نوازندهٔ چنگ... باری رامشگران تنها چنگ‌نواز نبوده‌اند، و اگر از چنگ‌نواز یاد می‌شود، دیگران را نیز می‌باید یاد کردن، و چون چنین نباشد می‌باید با پاژنامِ همگانی رامشگران، یا رودنوازان از آنان یاد شود!
۱۰ – سخن آشفته‌است هر روز یکسد پریچهرهٔ چنگ‌زن...　۱۱ – تورانیان ترک نبوده‌اند.
۱۲ – نادرست است، چون رامشگران رادستمزد ازپیش پدیدار بود، و نمی‌بایستی برای کار آنان هر روز یک گنج بباد دادن.
۱۳ – لت نخست گزارش شاد بودن افراسیاب است و لت دویم پرسش است.　۱۴ – پر از خشم و کین در این رج...

۲۰۴ نبرد بزرگ کیخسرو

بـخندید و بـرگشت گـرد حـصار / بـماند اندر آن گـردش روزگـار[1]
چنین گـفت کـان کـاو چـنین باره کرد / نـه از بـهرِ پـیکارِ پـتیاره کـرد[2]
چـو خـون سـر شـاه ایـران بـریخت / بـما بـر، چـنین آتش کـین بـبیخت[3]
شگـفت آمـدش کـان چـنان جـای دیـد / سـپهری دلارای بـرپای دیـد[4]
بـه رستم چـنین گـفت ک :«ای پـهلوان / سـزد گـر بـبینی بـه روشـن‌روان
کـه بـا مـا جـهاندار یـزدان چـه کـرد / ز خـوبیّ و پـیروزی انـدر نـبرد[5]
بـدی را کـجا نـام بُـد بـر بـدی / بـه تـندیّ و کـژّی و نـابخردی[6]
گـریزان شـد از دست مـا بـر حـصار / بـرین سـان بـرآسود از روزگـار[7]
بَـدی کـاو بَـدان جـهان را سـر است / بـه پـیری رسـیده کـنون بـتّر است[8]
بـدین گـر نـدارم ز یـزدان سـپاس / مـبادا کـه شب زنـده مـانم سـه پـاس[9]
کـزوست پـیروزی و دسـتگاه / هـم او آفـرینندهٔ هـور و مـاه»
ز یکسـوی آن شـارستان کـوه بـود / ز پـیکارِ لشکـر بـی‌انـدوه بـود[10]
بـروی دگـر بـودش آب روان / کـه روشـن شـدی مـرد را زو روان[11]
⇐ کشـیدند بـر دشت پـرده‌سرای / بـه هـر سـویِ دژ، پـهلوانـی بـپای
زمـین هـفت فـرسنگ لشکـر گـرفت / ز لشکـر زمـین دست بـر سـر گـرفت[12]
سـراپـرده زد رسـتم از دست راست / ز شـاه جـهاندار لشکـر بـخواست[13]
بـه چپ بـر فـریبز کـاووس بـود / دل افـروز بـا بـوق و بـا کـوس بـود[14]
بـرفتند و بـردند پـرده‌سرای / سـیوم روی گـودرز بگـزید جـای[15]
شب آمـد بـرآمـد ز هـر سـو خـروش / تـو گـفتی جـهان را بـدرّید گـوش[16]

۱ - با بخندید در این رج همخوان نیست. ۲ - این سخن را با گفتار پیشین هیچ پیوند نیست.
۳ - «خونِ سر» نادرست است: خون سیاوخش را بریخت، و سیاوخش خود، شاه ایران نبوده‌است.
۴ - کیخسرو پیش‌از آن کاخ افراسیاب را در کودکی دیده‌بود و (نبایستش) شگفت‌زده شدن.
۵ - «پیروزی در نبرد» شاید اما خوبی در نبرد چه باشد. ۶ - بازی با واژه‌ها، اما ناخوشایند...
۷ - از دست گریزان شدن روا نیست «از ترس ما».
۸ - افزاینده را از بازی با واژه‌ها خوش آمد، و دیگر باره بدان دست می‌یازد!
۹ - چرا اکنون نه؟ و سه پاس از شب گذشته؟ ازبرای آنکه افزاینده به پساوای پاس نیاز داشته‌است.
۱۰ - بی‌اندوه بود، بکوه بازمیگردد، نه به شارسان.
۱۱ - پیوند درست میان لت نخست با لت دویم دیده نمی‌شود: «آبی (چنان خوش) روان بود که روشن...».
۱۲ - دوباره همان هفت فرسنگ، اما نخ در کار نیست، و سخن نیز سست است: «لشگریان ایران در هفت فرسنگ، جای گرفتند» زمین نیز هیچگاه نه تواند، و نه خواهد که دست بر سر گیرد!
۱۳ - سخن پریشان است. مگر سپاهیان سیستان با رستم نبودند؟
۱۴ - بوق و کوس در همه جای لشگر بود اما پساوی کاووس چنین افزود!
۱۵ - **یک:** چون لشگر بر هفت فرسنگ جای گرفت و سراپردهٔ رستم دست راست شاه و فریبرز در چپ شاه جای گرفت، تازه پرده‌سرای بردن، درست نمی‌نماید. **دو:** روی سیوم پس‌از دو سوی کجا باشد؟ ۱۶ - تو گفتی...

زمین را همی دل برآمد ز جای　　ز بس نالهٔ بوق و شیپور و نای[1]

پیام دادن افراسیاب
به
کیخسرو

چو خورشید، برداشت، از چرخ، زنگ　　بدرّید پیراهن مشک‌رنگ[2]
نشست از بر اسپ شبرنگ شاه　　بیامد بگردید گرد سپاه[3]
چنین گفت با رستم پیلتن　　که ای نامور مهتر انجمن[4]
چنین دارم امّید کافراسیاب　　نبیند جهان نیز هرگز به خواب[5]
اگر کشته گر زنده آید به دست　　ببیند سر تیغ یزدان‌پرست[6]
بر آنم که او را ز هر سو سپاه　　به یاری بیاید بدین رزمگاه[7]
بترسند و از ترس یاری کنند　　نه از کین و از کامکاری کنند[8]
بکوشیم تا پیش از آن کاو، سپاه　　بخواند، بر او بر، بگیریم راه[9]
همه بارهٔ دژ فرود آوریم　　همه سنگ و خاکش به رود آوریم[10]
سپه را کنون روز سختی گذشت　　همان رنجِ رزم اندر آرام گشت[11]
چو دشمن بدیوار گیرد پناه　　ز پیکار و کینش نترسد سپاه[12]
شکسته دل است او بدین شارستان　　کزین پس شود بیگمان خارستان[13]

---

۱ – دل زمین از جای بر نمی‌آید... که زمین را «دل» نیست.　　۲ – گفتار درست، در رج ۲۱۰۲۵ می‌آید.

۳ – نام آن اسپ، «شبرنگ بهزاد» بود، و اسپِ شبرنگ نادرست است. بیامد، نیز نادرست است. زیرا، آنکس که بر گردِ سپاه می‌گردد، هم بدینسوی هم بدانسوی میرود.

۴ – هر یک از سپاهبدان را شاید که رستم را مهتر انجمن خوانند، اما شاه چنین نمی‌گوید، زیرا که خود، مهتر انجمن است.

۵ – بخواب نبیند، اما به بیداری تواند دیدن! اندیشهٔ افزاینده بر آنست که افراسیاب خواهد مرد... اما برداشت سخن چنین نیست.

٦ – **یک:** افزاینده نیز میان بیم و امید است، چنان که... **دو:** اگر کشته بدست آید نیازمند بدیدن سر تیغ نخواهد بود. **سه:** تورانیان نیز کیش ایرانیان را داشتند که در آنزمان کیش مهر بود، و تیغ یزدانپرست، سخنی نا کارآمد است.

۷ – سخن را با گفتار پیشین پیوند نیست.

۸ – **یک:** همچنین پیوند درست دیده نمی‌شود. **دو:** کین و کامکاری را با یکدیگر پیوند نیست.

۹ – **یک:** این سخن رودرروی گفتار در ج پیشین می‌ایستد. آنجا گفته شد که از ترس (پیروزی ما) ویرا یاری خواهند کردن، و اینجا گفته می‌شود که وی سپاه را بیاری می‌خواند! **دو:** کدام راه؟ افراسیاب در کنگدژ است!

۱۰ – پس روشن گشت که راه را بر او گرفتن همانا ویران کردن دژِ او است.　　۱۱ – لت دویم را هیچ گزارش نتواند بودن!

۱۲ – «دیواره نادرست است زیرا که شاید دیواری باشد از دو سوی گشوده! پناه در دژ گرفتن باید.

۱۳ – گفتار افزاینده از شادمانی وی داستان میگوید.

چو گفتار کاووس یاد آوریم — روان را همه سوی داد آوریم[1]
کجا گفت کاین کین با دار و برد — نپوشد زمانه به زنگار و گرد[2]
پسر بر پسر بگذرانم به‌دست — چنین تا شود سال بر پنج شست[3]
بسان درختی بود تازه‌برگ — دل از کین شاهان نترسد ز مرگ[4]
پدر بگذرد کین بماند بجای — پسر باشد این درد را رهنمای»[5]
بزرگان بر او آفرین خواندند — ورا خسرو پاکدین خواندند[6]
که «کین پدر بر تو آید به سر — مبادی بجز شاد و پیروزگر»[7]
دگر روز چون خور برآمد ز راغ — نهاد از بر چرخ، زرّین چراغ
خروشی برآمد بلند از حصار — پر اندیشه شد زان سخن شهریار[8]
همانگه در دژ گشادند باز — برهنه شد آن روی پوشیده راز[9]
بیامد ز دژ، جَهن، با ده سوار — خردمند و با دانش و مایه‌دار
بشد پیش دهلیز پرده‌سرای — همی بود با نامداران بپای
ازانپس بیامد منوشان گرد — خرد یافته؛ جَهن را پیش برد[10]
خردمند چون پیش خسرو رسید — شد از آبِ دیده رخش ناپدید
بماند اندرو جهن جنگی شگفت — کلاه بزرگی ز سر برگرفت[11]
چو آمد بنزدیک تختش فراز — بر او آفرین کرد و بردش نماز
چنین گفت ک:«ای نامور شهریار — همیشه جهان را بشادی گذار
بر و بوم ما بر تو فرخنده باد — دل و چشم بدخواه تو کنده باد
همیشه بزی شاد و یزدان‌پرست — براری بر این بوم گسترده دست[12]
خجسته شدن باد و بازآمدن — به نیکی همی داستان‌ها زدن[13]

---

۱ – لت دویم، برگرفته از آن سخن افزوده‌است که افزایندگان برای گشودن دروازهٔ ستایش محمود گفته‌بودند:

یکی پند آن شاه، یاد آورم — زکژی روان، سوی داد آورم

۲ – دار و بَرد، نادرست است: دار و بُرد. لت نخست را در پایان، «را» باید.

۳ – پسر بر پسر «بگذارنم» نادرست است زیرا که کاووس یکایک فرزندان را نخواهد دیدن تا بر آنان نیز بگذراند: «پدر بر پسر» پنج شست نیز بجای سیسد نادرست است شاهنامه فلورانس، سه بار شست آورده‌است!

۴ – پیوند ندارد... افزاینده خواسته‌است بگوید که: «این کین» که همواره زنده خواهد ماند همچون درختی است که «همواره» برگ آن تازه است! لت دویم نیز سخت بی‌پیوند و بی‌گزارش است.

۵ – سخن نادرست دو رج پیش را اندکی آراست.

۶ – اگر این سخنان را کاووس گفته‌است، چرا آفرین بر کیخسرو خواندند!

۷ – «بر تو» نادرست است: «با تو».

۸ – زان سخن نادرست است، زیرا که خروش را نمی‌توان «سخن» نامیدن!

۹ – خروش را راز نیز نمی‌توان نامیدن.

۱۰ – «ازانپس» نادرخور است.

۱۱ – از جهن دوباره نام بردن بر آیین سخن فارسی نیست. و جهن را کلاه بزرگی بر سر نبوده‌است.

۱۲ – نیز دوباره، نام از بوم بردن!...

۱۳ – سخن سست است: «رفتنت خجسته باد و باز آمدنت» لت دویم نادرخور و بی‌پیوند است.

پیامی گزارم ز افراسیاب / اگر شاه را زان، نگیرد شتاب!»
چو از جهن، گفتار، بشنید شاه / بفرمود، زرّین، یکی زیرگاه؛
نهادند زیرِ خردمند مرد / نشست و پیام پدر یاد کرد
چنین گفت با شاه ک:«افراسیاب / نشسته‌ست پر درد و مژگان پر آب
نخستین، درودی رسانم بشاه / از آن داغدل، شاهِ تورانسپاه
که: «یزدان سپاس و بدویم پناه / که فرزند دیدم بدین پایگاه
که لشکر کشد شهریاری کند / به پیش سواران سواری کند[1]
ز راه پدر شاه تا کیقباد / ز مادر سوی تور دارد نژاد[2]
ز شاهانِ گیتی سرش برتر است / بچین، نام او تخت را افسر است[3]
به ابر اندرون تیز پرّان عقاب / نهنگ دلاور بدریای آب
همه پاسبانانِ تختِ وی‌اند / دد و دام، شادان، ببخت وی‌اند
بزرگان که با تاج و با زیورند / بروی زمین مر ترا* کهترند
شگفتی‌تر○ از کارِ دیو نژند / که هرگز نخواهد بما، جز گزند
بدان مهربانیّ و آن راستی / چرا؟ شد دل من سوی کاستی!
که بر دست من پورِ کاووس شاه / سیاوخشِ رد، کشته شد؛ بیگناه
جگرخسته‌ام، زین سخن؛ پر ز درد / نشسته بیکسو، ز خواب و ز خورد
نه من کشتم او را که ناپاک دیو / ببرد از دلم، ترسِ گیهان خدیو
زمانه● ورا بُد، بهانه، مرا / بچنگ اندرون شد فسانه، مرا
تو اکنون خردمندی و پادشا / پذیرندهٔ مردم پارسا
نگه کن که تا چند شهر فراخ / پراز باغ و ایوان و میدان و کاخ
شدست اندرین کینه جستن خراب / بهانه؛ سیاوخش و افراسیاب
همان کارزاری سواران جنگ / به تن همچو پیل و به زورِ نهنگ[4]
که جز کام شیران کفن‌شان نبود / سری نیز نزدیک تن‌شان نبود[5]
یکی منزل اندر بیابان نماند / بکشور، جزاز دشت ویران نماند
جزاز کینه و زخم شمشیر تیز / نماند ز ما، نام، تا رستخیز

---

۱ -لشگر کشیدن و شهریاری کردن، کار همهٔ شاهان بوده‌است، لت دویم نیز سست و کودکانه است.
۲ - راه پدر نادرست است! و بس می‌نمود که گفته شود «از سوی پدر». ۳ - پادشاهی کیخسرو را با چین پیوندی نبوده‌است.
* - در همهٔ نمونه‌ها چنین آمده‌است، و «**ورا**» درست است زیراکه پیش‌ازاین از کیخسرو با «او» یاد کرده‌بود.
○ - «شگفتی‌تر» نادرست است: چون این رج را با رج پسین پیوند است، «**شگفتی است**» باید. ● - زمانه: اجل.
۴ - سواران جنگ نادرست است: «سواران جنگاور» که با «کارزاری» یکی است، و دوبار نشاید آوردن!
۵ - لت دویم سخت نادرخور است! سخن چنان می‌نماید که اگر یک سر، از آن هر کس که بوده باشد کنار تن آنان می‌بود، زنده‌بودند.

۲۰۸ نبرد بزرگ کیخسرو

نباید جهان‌آفرین را پسند ‌‌ بفرجام، پیچان شویم از گزند؛
اُگر جنگ جویی همی بیگمان ‌‌ نیاساید از کین، دلت، یکزمان!
نگه کن بدین گردش روزگار ‌‌ جز او را مکن بر دل آموزگار؛
که ما در حصاریم و هامون ترا است ‌‌ دلی پر ز کین و پراز خون ترا است
همی کنگ خوانم بهشت من است ‌‌ برآوردهٔ بوم و کشت من است[1]
هم ایدر مرا گنج و ایدر سپاه ‌‌ هم ایدر نگین و هم ایدر کلاه
هم اینجام کِشت و هم اینجام خوَرد ‌‌ هم اینجام مردان روز نبرد
ترا گاه گرمیّ و خوَشّی گذشت ‌‌ گل و لاله و رنگ وشّی گذشت[2]
زمستان و سرما به پیش، اندر است ‌‌ که بر نیزه‌ها گردد افسرده□، دست
بدامن؛ چو ابر اندر افکند چین ‌‌ بر و بوم ما، سنگ، گردد زمین
ز هرسو که خوانم بیاید سپاه ‌‌ نتابی تو با گردش هور و ماه
ور ایدون گُمانی، که هر● کارزار ‌‌ ترا بردهد، گردش روزگار؛
از اندیشه، گردون همی بگذرد ‌‌ ز رنج تو، دیگر کسی برخورد
گر ایدونکه گویی که ترکان چین ‌‌ بگیرم زنم آسمان بر زمین[3]
به شمشیر بگذارم این انجمن ‌‌ به دست تو آیم گرفتار من[4]
مپندار کاین نَیز نابودنی‌ست ‌‌ نساید کسی کاو نفرسودنی‌ست[5]
نبیره‌ی سر خسروان زادشم ‌‌ ز پشت فریدون و از تخم جم[6]
مرا دانش ایزدی هست و فر ‌‌ همان یاورم ایزد دادگر
چو تنگ اندر آید بدِ روزگار ‌‌ نخواهد دلم پندِ آموزگار[7]
به فرمان یزدان بهنگام خواب ‌‌ شوم چون ستاره برِ آفتاب[8]
به دریای کیماک بر بگذرم ‌‌ سپارم ترا لشگر و کشورم[9]

---

۱ – سخن را پیوند درست نیست. ۲ – لت دویم نادرخور است. □ – افسردن: یخ زدن.

● – نمونه‌ها «هر» آورده‌اند اما پیدا است که «در» درست است. ۳ – سخن سخت بی‌پایه و سست است.

۴ – لت نخست، نادرست است، زیرا که شمشیر از تن مردمان میگذرد،... اگر خواهند لبهٔ شمشیر را گویند، می‌باید انجمن را از دمِ شمشیر گذراندن. لت نخست به کیخسرو بازمیگردد و لت دویم به افراسیاب!

۵ – سخن بسوی کیخسرو برگراید! لت دویم سخن باژگونه و سست.

۶ – سر خسروان، زادشم نبود، و فریدون بود... در لت دویم سخن آراسته شد.

۷ – نخواهد دلم، نادرست است «مرا پند آموزگار نباید».

۸ – چرا بهنگام خواب؟ ازبرای پساوای آفتاب! ستاره نیز با آفتاب دیده نمی‌شود. چنین سخنان یاوه ازبرای چیست؟ که اگر چنین دروغ‌ها، ویژهٔ شاهان بود، کیخسرو نیز که از دو سوی، از نژاد شاهان است، از آن آگهی میداشت و سخن گفتن از آن افزوده می‌نماید.

۹ – اگر داستان لت دویم براست باشد، نیمی از آنچه که کیخسرو می‌خواسته‌است، بدستش می آمد!

مرا کنگ دز باشد آرامگاه / نبیند مرا نیز شاه و سپاه[1]
چو آید مرا روز کین خواستن / ببین آن زمان لشگر آراستن[2]
بیایم بخواهم ز تو کین خویش / به هر جای پیدا کنم دین خویش[3]
اگر کینه از مغز بیرون کنی / بمِهر اندرین کشور افسون کنی[*]
گشایم در گنج تاج و کمر / همان تخت و دینار و جام گهر[4]
که تورِ فریدون به ایرج نداد / تو بردار و از کین مکن هیچ یاد[5]
اُگر چین و ماچین بگیری رواست / بدان رای ران دل همی، که‌ت هواست[6]
خراسان و مکران زمین پیش تست[7] / مرا شادکامی به، کم بیش تست[8]
به راهی که بگذشت کاووس شاه / فرستمت چندان که باید سپاه[9]
همه لشکرت را توانگر کنم / ترا تختِ زرّین و افسر کنم
هَمَت یار باشم به هر کارزار / به هر انجمن خوانَمَت شهریار
گر از پند من سر بپیچی همی / اُگر با نیاکین بپیچی همی[10]
چو زین بازگردی، بیارای جنگ / منم ساخته، جنگ را؛ چون پلنگ»

پاسخ کیخسرو
به
افراسیاب

چو از جهن پیغام بشنید شاه / همی کرد خندان بدو در نگاه[11]
بپاسخ چنین گفت ک:«ای رزمجوی / شنیدیم سرتاسر این گفت‌وگوی
نخست آنکه کردی مرا آفرین / همان باد بر تخت و تاج و نگین
درودی که دادی ز افراسیاب / بگفتی که او کرد مژگان پر آب[12]

---

۱ – پس چرا از دریای کیماک بگذرد، اگر آرامگاهش، کنگدزِ بی‌گزند بوده باشد!
۲ – ببین نادرست است: «خواهی دیدن!». ۳ – اگر چنین نیرو و توان در او هست چرا می‌بایدش گریختن؟
* – افسون: چاره: مهر را، چارهٔ کار در توران بدانی. ۴ – سخن بهتر در رج پنجم پس‌ازاین می‌آید.
۵ – ایرج را خواهش گنج و تاج نبود که تور، ویرا دهد، یا ندهد! ۶ – سخن از چین و ماچین درمیان نبود!
۷ – دربارهٔ خراسان و مکران بنگرید به داستان ایران، رویدادهای پایان هنگام کیخسرو
۸ – نمی‌توان شادکامی را هم به بیش و هم بکمِ کسی داشتن! ۹ – سخن را پیوند با داستان نیست.
۱۰ – «اگر» در این رج با «چو» در رج پسین همخوان نیست.
۱۱ – نگاه همراه با خنده، با آن سخنان که کیخسرو در پاسخ میگوید همخوان نیست. ۱۲ – پیوسته برج پسین.

شنیدم، همین باد بر تاج و تخت　　مبادم مگر شاد و پیروزبخت[1]
دویم آنکه گفتی؛ ز یزدان سپاس　　که بینم همی پورِ یزدان‌شناس؛
ز شاهان گیتی دل افروزتر　　پسندیده‌تر شاه و، پیروزتر!
مرا داد، یزدان، همه هرچه گفت　　که با آن هنرها، خرد باد جفت
ترا، چند خواهی، سخن چرب هست　　به دل نیستی پاک و یزدان‌پرست
کسی کاو بدانش توانگر بُوَد؛　　ز گفتار، کردار بهتر بُوَد
فریدون فرخ ستاره نگشت؛　　نه از خاک تیره همی برگذشت[2]
تو گویی که من برشوم بر سپهر　　بشستی بر این گونه از شرم چهر[3]
دلت، جادوی را؛ چو سرمایه گشت　　سخن بر زبانت چو پیرایه* گشت
زبان چرب و گویا و، دل؛ پر دروغ　　برِ مردِ دانا نگیرد فروغ●
پدرکشته را، شاهِ گیتی مخوان　　کنون کز سیاوش نماند استخوان!
همان مادرم را ز پرده براه؛　　کشیدی و گشتی چنین کینه‌خواه
مرا نوز نازاده از مادرم　　همی آتش افروختی بر سرم[4]
هرآنکس که او بُد بدرگاهِ تو　　بنفرید بر جانِ بیراه تو
که هرگز به گیتی کس آن بد نکرد　　ز شاهان و گردان و مردان مرد[5]
که بر انجمن‌بر زنی را کشان　　سپارد بزرگی بمردم کشان[6]
زننده همی تازیانه زند　　که تا دخترش بچه را بفکند[7]
خردمند پیران بدان جا رسید　　بدید آنکه هرگز ندید و شنید[8]
چنین بود فرمان یزدان که من　　سرافراز گردم به هر انجمن
گزند و بلای تو از من بگاشت　　که با من، زمانه؛ یکی راز داشت
ازانپس که گشتم ز مادر جدا　　چنانچون بُود بچه‌ای بینوا
به پیش شبانان فرستادیم　　به پروارِ شیرِ بُزان دادیم

۱ – همین باد بر تاج و تخت راگزارش نیست. درود بر تاج و تخت؟ یا مژگان پر آب بر آن باد؟

۲ – «همی» در لت دویم افزوده‌است.　　۳ – تو گویی در لت نخست با «بشستی» در لت دویم همخوان نیست: «بشویی».

* – در همهٔ نمونه‌ها پیرایه آمده‌است، اما درست نمی‌نماید. آرایش زیباتر کردن چیزی با افزون بر آن. پیرایش: زیباتر کردن چیزی با کاستن از آن و سخن درست «آرایه» است.　　● – «نگیری» درست‌تر می‌نماید.

۴ – **یک:** «مرا» در آغاز سخن با «م» در «سرم» پایان گفتار، همخوانی ندارد. **دو:** افراسیاب چنین نکرده‌بود.

۵ – **یک:** آن بد نکرد را کمبود همراه است: «چنان بد نکرد». **دو:** مردان مرد در لت دویم افزوده‌است.

۶ – «بر انجمن» نادرست است و در همهٔ نمونه‌ها چنین آمده‌است، مگر نمونه س، که بر آن انجمن آورده‌است، و آن نیز درست نیست. لت دویم: «بزرگی» با شاهان و گردنکشان...» همخوان نیست... افراسیاب نیز چنین نکرده‌بود.

۷ – **یک:** وفرنگیس را نزده‌بودند. **دو:** «که» در آغاز لت دویم با «که» در آغاز رج پیشین همخوان نیست.

۸ – **یک:** میان این رج و رج پیشین پیوند نیست. **دو:** «ندید» را «نشنیده باید... و سخن درست: «ندیده و نشنیده بود».

مرا دایه و پیشکاره شبان ... نه آرامِ روز و، نه خوابِ شبان[۱]
چنین بود، تا روز من برگذشت ... مرا اندر آورد پیران ز○ دشت
به پیش تو آورد و کردی نگاه ... که هستم؟ سزاوار تخت و کلاه؛
بسان● سیاوش سرم را ز تن؛ ... ببرّی و تن هم نیابد کفن!
زبان مرا پاک‌یزدان ببست ... همان خیره ماندم، بجایِ نشست
مرا بیدل و بیخرد یافتی ... بکردار بد تیز نشتافتی
سیاوش، نگه کن! که از راستی ... چه؟ کرد و چه دید از بد و کاستی!
ز گیتی بیامد ترا برگزید ... چنان کز ره نامداران سزید[۲]
ز بهر تو پرداخت آیین و گاه ... بیامد، ز گیتی ترا خواند شاه
وفا جست و بگذاشت آن انجمن ... بدان، تا نخوانیش پیمان‌شکن[۳]
چو دیدی بر و گُرده‌گاه* وَرا ... ببزرگیّ و گُردی و راهِ وَرا
بجنبیدت آن گوهر بد ز جای ... بیفکندی آن پاکدل را ز پای
سر تاجداری چنان ارجمند ... بریدی بسان سر گوسفند
ز گاه منوچهر تا این زمان ... نبودی مگر بدتن و بدگمان[۴]
ز تور اندر آمد زیان از نخست ... کجا با پدر دستِ بد را بشست[۵]
پسر بر پسر بگذرد همچنین ... نه راه بزرگی نه آیین دین[۶]
زدی گردن نوذر نامدار ... پدر شاه و زِ تخمهٔ شهریار[۷]

---

۱ – سخن بی‌پایان است.

○ – نمونه‌ها همه ز دشت آورده‌اند، اما پیدا است که پیران او را «از کوه» «بدشت» آورد، و بر این بنیاد «بدشت» درست است.

● – همهٔ نمونه‌ها چنین آورده‌اند، و پیوند درست میان این رج و رج پیشین نیست، در اندیشه من سخن فردوسی چنین بوده‌است:

«که همچون سیاوش سرم را ز تن».

۲ – این برگزیدن، پیش‌از رها کردن آیین و گاه نبود! و سزای راه نامداران نیز نبود، چنانکه از پایان کارِ وی پیدا است. گُردیه خواهر بهرام چوبین، چون بدو پند می‌دهد می‌گوید:

نگر؛ تا سیاوش ز افراسیاب ... چه بر، دید؟ جز تابش آفتاب!
همان نیز پور سپهبد (کیخسرو) چه کرد؟ ... از ایران و توران برآورد گرد!

۳ – **یک:** بگذاشت آن انجمن، همان پردخت آیین و گاه رج پیشین است. **دو:** کار سیاوخش ازبرای آن بود، که اندر فرمان یزدان نافرمانی نکرده باشد و سخن وی با بهرام و زنگهٔ شاوران چنین بود:

چنین داد پاسخ که فرمان شاه ... بر آنم که برتر ز خورشید و ماه
ولیکن بفرمان یزدان، دلیر ... نگردد همی، پشه تا پیل و شیر

* – میان، کمرگاه، جای گرده = کلیه.
۴ – نبودی در آغاز لت دویم نادرخور است: «نبوده‌ای».

۵ – سخن از تور درمیان نبود و کین افراسیاب کیخسرو را بتوران کشانده‌بود. و لت دویم نیز نادرخور است! دست بد را بشست با آنکه سست می‌نماید، شستن دست از بدی را میرساند!
۶ – لت دویم بی‌پیوند است.

۷ – لت دویم را با لت نخست، پیوندِ درست نیست.

برادرتْ، اغریرث نیکخوی   کجا نیکنامی بُدش آرزوی[۱]
بکشتی و تا بوده‌ای بدتنی   ببد گوهر از راه اهریمنی[۲]
کسی کز بدی‌هات گیرد شمار   فزون آید از گردش روزگار[۳]
نهالی به دوزخ فرستاده‌ای   نگویی که از مردمان زاده‌ای[۴]
دگر آنکه گفتی که دیو پلید   دل و رای من سوی زشتی کشید
همین گفت ضحاک و هم جمّشید   چو شدشان دل از نیکویی ناامید
که: ما را، دل، ابلیس بی‌راه کرد   ز هر نیکوی دست کوتاه کرد![۵]
نه برگشت ازیشان، بدِ روزگار   ز بدگوهر و، گفتِ آموزگار
کسی کاو نتابد سر از راستی؛   نبیند دلش کژّی و کاستی؛
به جنگ پشن نیز چندان سپاه   که پیران بکشت اندر آوردگاه[۶]
زمین گل شد از خون گودرزیان   نجویی جز از رنج و راه زیان
کنون آمدی با هزاران هزار   ز ترکان سوار ازدر کارزار[۷]
به آموی لشگر کشیدی بجنگ   وز ایشان به پیش من آمد پشنگ[۸]
فرستادی‌اش تا ببرد سرم   ازان پس تو ویران کنی کشورم[۹]
جهاندار یزدان مرا یار گشت   سرِ بخت دشمن نگونسار گشت[۱۰]
مرا گویی اکنون که: «از تختِ تو؛   دل‌افروز و، شادانم از بختِ تو!»
نگه کن که تا چون؟ بُوَد باورم   چو کردارهای تو یاد آورم!
ازین پس مرا جز بشمشیرِ تیز   نباشد سخن، با تو، تا رستخیز
بکوشم به نیروی گنج و سپاه   به نیک اختر و گردش هور و ماه[۱۱]
همان پیش یزدان بباشم بپای   نخواهم به گیتی جز او رهنمای
مگر کز بدان باغ بی‌خَو کنم   جهان را بداد و دهش نو کنم[۱۲]

---

۱ – **یک:** برادرت را «را» می‌باید، یا: «اغریرث نیکخوی را». **دو:** آرزوی نیکنامی نداشت، که «نیکنام بود».

۲ – «بد تنی» با «بوده‌ای» همخوان نیست؛ یا «بد تن بوده‌ای»، یا «تا بوده‌ای بد تن بوده‌ای» اما تن، آفریدهٔ یزدان است، و بد نمی‌شود، این روان و اندیشه است که در نزد برخی کسان ببدی میگراید.

۳ – گزافه است.

۴ – در اندیشه‌ای که دوزخ و بهشت را پس‌از رستاخیز می‌شمارد، تنها مردمان‌اند که ازبرای گناهان خویش بدوزخ می‌روند... باری اگر افراسیاب مردم زاده نبوده باشد، کیخسرو نوادهٔ او نیز چنین خواهد بودن.

۵ – همین سخن در دولت پیش آمده‌بود.

۶ – نام ساختگی پشن... سخن را پایان نباشد. این رج را نیز پیوند درست با رج پیشین نیست. لت دویم نیز با لت نخست چنین است.

۷ – **یک:** تورانیان ترک نبودند. **دو:** سپاهیان دروغین توران؛ در سخنان افزوده یک میلیون و چهارسد و هشتاد هزار مرد بودند، نه هزاران هزار! **سه:** آمدی نادرست است، چون اکنون کیخسرو خود در تورانزمین است و می‌بایستی گفتن برفتی...

۸ – لشگر کشیدی در این رج با آمدی (رفتی) در رج پیشین یکی است...

۹ – سخن سست است.

۱۰ – «مرا یار گشت» نادرست است: «مرا یاری کرد».

۱۱ – لت نخست که سخن از کوشیدن = جنگیدن می‌گوید، همانست که در رج پیشین از آن یاد شد.

۱۲ – از «بدان» سخن گفتن باکسیکه روی سخن بدو است، زیبنده نیست: «مگر کز تو...».

بداندیش را از میان برکنم   سر بدنشان را بی‌افسر کنم.[۱]
سخن هرچه گفتم، نیا را بگوی   که در جنگ چندین بهانه مجوی»
یکی تاج دادش زبرجدنگار   یکی توغ زرّین و دو گوشوار[۲]
همانگه بشد جهن پیش پدر   بگفت آن سخن‌ها همه دربدر
ز پاسخ برآشفت افراسیاب   دلش گشت پر درد و، سر پر شتاب
ببخشید گنج درم بر سپاه   همان ترگ و شمشیر و تخت و کلاه[۳]
شب تیره تا برزد از چرخ شید   بشد کوه چون پشت پیل سپید

شکست کنگدژ
و
گریختن افراسیاب

همی لشگر آراست افراسیاب   سواری ز ترکان، نپیمود خواب[۴]
چو از کنگ برخاست آوای کوس   زمین آهنین شد هوا آبنوس[۵]
سرِ موبدان، شاه نیکی گمان   نشست از برِ زین، سپیده‌دمان[۶]
بیامد بگردید، گردِ حصار   نگه کرد تا چون کند؟ کارزار![۷]
برستم بفرمود تا همچو کوه   بیارد بیکسوی دریا گروه[۸]
دگر سوش گستهم نوذر بپای   سدیگر چو گودرز فرخنده‌رای[۹]
به سوی چهارم شه نامدار   ابا کوس و پیلان و چندی سوار[۱۰]
سپه را همه، هرچه بایست، ساز   بکرد و، بیامد برِ دژ فراز
بلشگر بفرمود پس شهریار   یکی کنده کردن به گرد حصار[۱۱]

---

۱ – افزاینده دریافت که آن سخن نارسا است و چنین گفت! باز آنکه: «تو را» گفتن آسان‌تر می‌نمود.
۲ – دریوزه گری افزایندگان.
۳ – این بار چهارم است که گنج درم بسپاهیان می‌بخشد... اما تخت و کلاه ویژهٔ پادشاه است و بخشیدن به لشگریان را نشاید.
۴ – تورانیان ترک نبوده‌اند. سواری نیز نادرست است هیچیک از سواران توران.
۵ – هنوز سپاهیان از شهر بیرون نیامده‌اند چرا بایستی، آسمان آبنوس گردد؟
٦ – کیخسرو موبد موبدان نبود.   ۷ – یکبار بگرد دژ (حصار) گردیده‌بود.
۸ – سخن از دریا در آن سامان نرفته‌بود.
۹ – چون در رج پیشین برستم بفرمود، بگستهم نیز شایسته بود که «می‌فرمود»، یا آنکه «گستهم را بپای کرد»! چو گودرز نادرست است.
۱۰ – سوی چهارم... «خود با سپاهیان ایستاد».
۱۱ – حصارا هر دژ را خود، کنده در پیرامون هست، و نیاز بکندن آن بر دست سپاهیان دشمن نیست. افزاینده سخن را از شاهنامه
←

بـــدان کـــار هـــرکس کـه دانـا بُـدند *** بـه جـنگ دز انـدر تـوانـا بُـدند[1]
چــه از چـین و ز روم و ز هـندوان *** چـه رزم آزمـوده ز هـر سـو گـوان[2]
هــمه گــرد آن شــارستان چـون نـوند *** بگشـتند و جسـتند هـرگونه بـند[3]
دو نـیزه بـبالا یکـی کـنده کـرد *** سـپه را بگـردش، پـراکـنده کـرد[4]
بـــدان تــاشب تـیره بـی‌ساختن *** نـیارند تـرکان یکـی تـاختن[5]
دو ســد ســاخت عـرّاده بـر هـر دری *** دو ســد مــنجنیق از پس لشگـری[6]
دو ســد چـرخ بـر هـر دری بـا کـمان *** ز دیـوار دز چـون سـر بـدگمان؛[7]
پـدید آمـدی مـنجنیق از بـرش *** چــو ژاله هــمی کـوفتی بـر سـرش[8]
پس مـــنجنیق انـــدرون رومـیان *** ابـــا چـرخ‌ها تـنگ بسـته مـیان[9]
دو ســد پـیل فـرمود پس شـهریار *** کشـیدن ز هـر سـو بگـردِ حـصار[10]
⟸ یکـی کـنده‌ای زیـر بـاره درون *** بکـنند و نـهادند زیـرش سـتون
بُـد آن مـنکری بـاره مـانده بـپای *** بـدان نـیزه‌ها بـرگرفته ز جـای[11]
پس آلود بــر چـوب، نـفتِ سـیاه *** بـر ایـن گـونه بـر، بـود نـیرنگِ شاه[12]
بــه یک ســو بــر از مـنجنیق و ز تـیر *** رخ سـرکشان گشـته هـمچون زریـر[13]

→ برگرفته‌است آنجا که یک کنده زیر باره می‌کنند «یکی کنده‌ای زیر باره درون».

۱ - هرکس را بود، و بُد، شایسته‌است نه «بدند».

۲ - **یک:** هنوز در گسترهٔ جهان کشور روم پدیدار نشده‌بود. **دو:** لت دویم نیز بی‌پیوند است.

۳ - چون نوند، چون شتابان است و درست نیست.

۴ - پیشتر؛ از کنده سخن بمیان آمده‌بود. چنین کنده را که دو نیزه بالا گودی داشته باشد، و پیرامون شهری را بگیرد،... یکروزه نمیتوان کندن و بر آوردن. پیمایش درست نیز «دو نیزه بالا» است نه دو نیزه ببالا!

۵ - **یک:** تورانیان ترک نبوده‌اند. **دو:** مگر بی‌ساختن... می‌توان جنگ را آغاز کردن! شاید بودن که افزاینده خواسته‌است بگوید، مبادا تورانیان یورش آورند، و ایرانیان آمادهٔ جنگ نباشند!

۶ - «ساخت عرّاده» نادرست است. عرّاده نیز واژه‌ایست ایرانی و نمی‌باید آنرا بگونهٔ تازی نوشتن. گردونه در اوستا؛ بگونهٔ [illegible] «رَثَ» آمده‌است که با پیشوند «اَر» [illegible] که به پیش رفتن، و جنبش به پیش را میرساند، بگونهٔ آمیختهٔ [illegible] «اَرْرَثَ» در آمد که «گردونهٔ پیش تازنده» باشد، آنگاه واژه بگونهٔ اَرْرَتَ و «اَرَدَ» در آمد که در خراسان هنوز بدینگونه بر زبان میرود... این واژه را اکنون می‌باید بگونهٔ «ارّاده» نوشتن و خواندن! در لت دویم پسِ لشگری نادرست است «پس هر لشگر» اما مگر بیش‌از یک لشگر پیرامون دژ را گرفته‌بود؟

۷ - مگر آن کسان که از دیوار دژ بسپاه ایران می‌نگریستند، از دروازه‌ها چنین می‌کردند؟ آنان برای تیراندازی از کنگرهٔ باروی دژ سر بیرون می‌کشیدند، نه از دروازه.

۸ - کمان چرخ سر بدگمان را نشانه می‌گرفت؟ یا منجنیق؟ سخن نیز سخت سست است «منجنیق از برِ او (برش) پدید آمد» چگونه باشد؟ سخن بدین پایه یاوه را چه‌کس بشاهنامه کشانده است؟

۹ - **یک:** (پسِ) چیزی (اندرون) نادرست است. **دو:** کشور روم هنوز پدیدار نشده‌بود، چگونه «میان را با چرخ بسته‌بودند؟»

۱۰ - کشیدن، نادرست است: «بکشند» و پیل را چگونه می‌کشند؟ پیل را نیز «می‌رانند».

۱۱ - لت نخست سخن چنان بی‌مایه است که دربارهٔ آن سخن نشاید گفتن! لت دویم: کدام نیزه‌ها؟

۱۲ - کدام چوب؟ سخن از نفت و چوب، دو رج پستر می‌آید!

۱۳ - **یک:** منجنیق و تیر در هر چهارسو بود، نه یکسو!... **دو:** «به یکسو بر» نیز نادرست است. **سه:** رخ سرکشان که اینسوی آسوده بودند،

بزیراندرون* آتش و نفت و چوب	ز بر، گرزهای گران کوب‌کوب ○
به هر چارسو ساخت آن کارزار	چنان چون بود ساز جنگ حصار [1]
اُزان جایگه شهریار زمین	بیامد به پیش جهان‌آفرین [2]
ز لشگر بشد تا به جای نماز	ابا کردگار جهان گفت راز [3]
اَبَر خاک چون مار پیچان ز کین	همی خواند بر کردگار آفرین [4]
همی گفت «کام و بلندی ز تست	به هر سختی‌ای یارمندی ز تست [5]
اگر داد بینی همی رای من	مگردان ازین جایگه پای من [6]
نگون کن سر جادوان را ز تخت	مرا دار شادان‌دل و نیکبخت» [7]
چو برداشت از پیش یزدان سرش	به جوشن بپوشید روشن برش [8]
کمر بر میان بست و برجست زود	به جنگ اندر آمد بکردار دود [9]
بفرمود تا سخت بر هر دری	به جنگ اندر آید یکی لشگری [10]
بدان چوب و نفت آتش اندر زدند	ز برشان همی سنگ بر سر زدند [11]
ز بانگ کمان‌های چرخ و ز دود	شده روی خورشید تابان کبود [12]
ز اراده و منجنیق و ز گرد	زمین نیلگون شد هوا لاژورد [13]
خروشیدن پیل و بانگ سران	درخشیدن تیغ و گرز گران [14]
تو گفتی برآویخت با شید، ماه	ز باریدن تیر و گرد سیاه [15]

→ چرا تیره شود؟

* – نمونه‌ها همه بزیراندرون آورده‌اند اما پیدا است که زیر را اندرون نیست و سخن درست **«به کنده درون»** است.

○ – از نمونه‌ها چیزی بر نمی‌آید (خالقی مطلق ۲۵۳-۴). اندیشهٔ من چنین است: «ز بَر، گرزهای گران، باره‌کوب»! ابزاری که در جنگ‌ها بکار گرفته می‌شد، که سنگ‌های گران را با نیروی اهرم بر دیوار و برج‌های شهر می‌کوبیدند، و در پیشگفتار دربارهٔ آن سخن رفت.

۱ – پیشتر نبرد از یکسوی بود، و اکنون به هر چهار سوی کشیده شد.

۲ – باز شهریار را بنزد خداوندی که جای دارد کشاندند!!

۳ – نماز ایرانی همه جای رو بفروغ و روشنایی دارد، و جایگاه ویژه ندارد.

۴ – **یک:** ایرانیان بآسمان و فروغ می‌نگرند، و بر خاک نمی‌غلتند! **دو:** مگر راز و نیاز با خداوند، با کین همراه توانند شدن؟

۵ – کام از آن خداوند؟! **۶** – لت دویم روشن نیست!

۷ – یک کس بر تخت بود و آن افراسیاب بود، پس «جادوان» گفتن را روی نیست، در لت دویم «مرا دار» نیز نادرست است: «مرا شادان کن». **۸** – باز برای یزدان پیش‌وپس می‌انگارند!

۹ – برجستن نیز ویژهٔ پادشاهان نبوده‌است که آنانرا می‌بایستی در هر کار با آرامش پیش رفتن.

۱۰ – پیش هر دروازه، یک پهلوان را گمارده بود، و یاد کردن از یکی لشگر(ی) نادرست است.

۱۱ – یازده رج پیش در گفتار درستِ شاهنامه، از آتش سخن رفته‌بود، و در لت دویم «سنگ بر سر زدن» نه آنست که با دستگاه باره‌کوب از آن یاد شد. **۱۲** – بانگ کمان چرخ بانگ چگونه باشد؟

۱۳ – «گرد» را کنار اَراده و منجنیق نتوان یاد کردن؛ زیرا که گرد از آنها برمیخیزد.

۱۴ – سخن را پایان نیست.

۱۵ – تو گفتی... ماه و خورشید باهم و در کنار هم دیده نمی‌شوند. لت دویم، تیر را شاید باریدن، اما گَرد سیاه را نشاید... گرد بر آسمان خیزد.

ز نفتِ سیه چوب‌ها برفروخت / به فرمان یزدان چو هیزم بسوخت؛[1]
همه باره گفتی که* برداشت پای / بکردار کوه اندر آمد ز جای
اُزان باره چندی ز ترکان دلیر / نگون اندر آمد چو باران به زیر[2]
که آید به دام اندرون ناگهان / سرآرد بر او شوربختی جهان[3]
به پیروزی از لشگر شهریار / برآمد خروشیدن کارزار[4]
سوی رخنهٔ دژ نهادند روی / بیامد دمان رستم کینجوی

*

خبر شد به نزدیک افراسیاب / کجا بارهٔ شارستان شد خراب[5]
پس افراسیاب اندرآمد چو گرد / بجَهن و بگرسیوز آواز کرد[6]
که: با بارهٔ دژ شما را چکار؟ / سپه را ز شمشیر باید حصار![7]
ز بهر بر و بوم و پیوند خویش / همان از پی گنج و فرزند خویش[8]
ببندیم دامن یک اندر دگر / نمانیم بر دشمنان بوم و بر![9]
سپاهی ز ترکان گروهاگروه / بدان رخنه رفتند برسان کوه[10]
بکردار شیران برآویختند / خروش از دو رویه برانگیختند[11]
سواران ترکان بکردار بید / شده لرز لرزان و دل ناامید[12]
برستم بفرمود پس شهریار / پیاده هر آن کس که بُد نامدار[13]
به پیش اندر آید بدان رخنه گاه / همیدون پسِ نیزه‌ور، کینه‌خواه[14]
ابا ترکش و تیغ و تیر و تبر / سوار ایستاده پسِ نیزه‌ور[15]

---

۱ - **یک:** چند بار چوب‌ها آتش گرفتند؟ **دو:** در لت نخست «چوب‌ها» و در لت دوم «هیزم» با یکدیگر همخوان نیستند.

* - نمونه‌ها چنین‌اند سر باره، همه باره، نگون باره. و در اندیشهٔ من سخن فردوسی چنین بوده‌است: **«همه باره، یکباره»**.

۲ - **یک:** تورانیان، ترک نبوده‌اند. **دو:** «چند ترک» با لت دویم «اندر آمد» همخوان نیست. **سه:** «دلیر» چه باشد؟ فرو افتادن دلیر و نادلیر، نمی‌شناسد. **چهار:** فرو افتادن را نمیتوان با «اندر آمدن» همراه کردن. ۳ - این رج را با رج پیشین پیوند نیست.

۴ - خروش پیروزی برآمد؟ یا خروش کارزار؟ ۵ - آگاهی «بنزدیک افراسیاب»، درست نیست «به افراسیاب».

۶ - اندر آمد، چنین نشان میدهد که باندرون باره آمد، و باره ویران شد.

۷ - لت نخست سخن پس‌وپیش است: «شما را با بارهٔ دژ چکار». پادرزم و ایستادگی برای نگهبانی از دژ بود، نه از سپاه.

۸ - این رجِ درست از شاهنامه است، گفتار بزرگان توران بافراسیاب، و آمادگی نمودن برای جنگ با ایرانیان.

۹ - لت نخست: چون سپاهیان، دامن خویش رابیکدیگر بندند، توان جنبش و یورش ندارند. **دو:** آنان که در خاک تورانند، چگونه بوم و بر ایران را از جای توانند برداشتن؟

۱۰ - **یک:** تورانیان، ترک نبوده‌اند. **دو:** اندر شدنِ سپاهیان برخنه را چگونه توان به «کوه» همانند کردن؟

۱۱ - در این رج «شیر». ۱۲ - و در این رج لرزلرزان همچو بید!

۱۳ - کنش «بُد = بود» نادرست است: هر آنکس که هست». ۱۴ - پیادگان پیشتر از نیزه‌وران؟ یا پسِ نیزه‌ور؟

۱۵ - **یک:** سوار، پسِ نیزه‌ور؟ دو سوارِ ایستاده را چه سود باشد؟ مگر اسب را توان گذر از رخنه‌ایکه پدیدار شده‌است، هست؟ اسب را راه هموار باید... و درمیان تیر و تخته و آوار و آتش کارآیی نیست، که از آن می‌رَمَد!

سواران جنگی نگهدارشان / بدانگه که شد سخت پیکارشان؛[۱]
سوار و پیاده به هر سو گروه / به جنگ اندر آمد بکردار کوه[۲]
برخنه درآورد یکسر سپاه / چو شیر ژیان رستم کینه‌خواه؛[۳]
پیاده بیامد بکردار گرد / درفش سیه را نگونسار کرد[۴]
نشانِ سپهدار ایران بنفش / بران باره زد، شیرپیکر درفش،[۵]
بپیروزی شاه ایرانسپاه / برآمد خروشیدن از رزمگاه
فراوان ز توران سپه کشته شد / سر بخت تورانیان گشته شد[۶]
بدانگه کجا رزم‌شان شد درشت / دو تن رستم آورد ازیشان به مشت[۷]
چو گرسیوز و جهن رزم‌آزمای / که بُد تخت توران بدیشان بپای[۸]
برادر یکی بود و فرخ پسر / چنین آمد از شوربختی به سر[۹]
بدان شارستان اندر آمد سپاه / چنان داغ دل لشگری کینه‌خواه
به تاراج و کشتن نهادند روی / برآمد خروشیدن های هوی
زن و کودکان بانگ برداشتند / به ایرانیان جای بگذاشتند[۱۰]
چه مایه زن و کودک نارسید / که زیر پی پیل شد ناپدید[۱۱]
همه شهر توران گریزان چو باد / نیامد کسی را بر و بوم یاد
بشد بختِ گردان توران نگون / بزاری همه دیدگان پر ز خون[۱۲]
زن و گنج و فرزند گشته اسیر / ز گردون، روان خسته و تن، بتیر[۱۳]
به ایوان برآمد پس افراسیاب / پراز خون؛ دل از درد و، دیده پر آب
بدان باره برشد که بُد کاخ اوی / بیامد سوی شارسان کرد روی*

---

۱ - سواران جنگی نگهدار سواران ایستاده؟ لت دویم کنش شد نادرست است: «شود».
۲ - باز از سوار سخن می‌رود، و چنانکه گفته شد، در آن آشوب، اسب را کارآیی نیست.
۳ - همهٔ سپاهیان، چگونه از یک رخنه توانند بدرون رفتن؟
۴ - پیاده پیش‌ازین بکردار کوه آمده‌بود، و اکنون بکردار گَرد شد!
۵ - چه‌کس نشان سپهدار ایران را که بنفش بود بر باره زد؟ نشان ایران درفش کاویان بود!
۶ - کُشته را با گَشته پساوا نیست.
۷ - رزم، از آغاز (درشت؟) بود. لت دویم بمشت آوردن نیز نادرست است، زیرا در مشتِ بسته کسی را جای نیست. بچنگ آوردن است که می‌توان در چنگ، کسی را گرفتن!
۸ - چو گرسیوز نادرست است: «گرسیوز را».
۹ - سخن لت نخست نادرست است «که یکی از آنان برادر افراسیاب بود و دیگری پسرِ وی» لت دویم را نیز پیوند درست با لت نخست نیست.
۱۰ - لت دویم بی گزارش است. کجا گریختند که جای خویش را بایرانیان دادند؟
۱۱ - پیل چگونه از رخنهٔ پر آتش و سنگ و چوب بدرون دژ رفت؟
۱۲ - سخن را پایان نیست.
۱۳ - زن و فرزند را شاید «اسیر» شدن، اما گنج چگونه به بند کشیده می‌شود؟ لت دویم همگان را نشاید که تن بتیر، خسته باشد.
* - از فراز دیوار ارگ‌پت = ارگبَذ (که بزبان تازی رَبَذ خوانده شد) و کاخ شاه در آن بود، به بخش شارستان نگریست. بنداری: فصعد أفراسياب، فوق قصره، و أشرف على المدينة.

دو بهره ز جنگاوران کشته دید / دگر بهره، از جنگ برگشته دید[1]
خروش سواران و بانگ زنان / هم از پشت پیلان تبیره‌زنان[2]
همی پیل بر زندگان راندند / همی پشت‌شان بر زمین ماندند[3]
همه شارستان دود و فریاد دید / همان کشتن و غارت و باد دید[4]
یکی شاد و دیگر پر از رنج و درد / چنان چون بود رسم و راه نبرد[5]
چو افراسیاب آنچنان دید کار / چنان هول، برگشتنِ روزگار
نه پور و برادر نه بوم و نه بر / نه تاج و نه گنج و نه تخت و کمر[6]
همی گفت با دل پر از داغ و درد / که: چرخ فلک خیره با من چه کرد![7]
به دیده بدیدم همان روزگار / که آمد مرا کشتن و مرگ، خوار[8]
پراز درد از آن باره آمد فرود / همی داد تخت مهی را درود
همی گفت «کی بینمت نیز باز / ایا روزِ شادیّ و آرام و ناز»[9]
اُزان جایگه خیره ناپدید / تو گفتی چو مرغان همی برپرید[10]
در ایوان که در دژ برآورده بود / یکی راه، زیر زمین کرده بود[11]
ازآن نامداران دو سد برگزید / بدان راهِ بیراه شد ناپدید[12]
اُزان جای، راه بیابان گرفت / همه کشورش مانده اندر شگفت[13]
نشانی ندادش کس اندر جهان / بدان گونه آواره شد در نهان[14]

*

چو کیخسرو آمد در ایوان اوی / بپای اندر آورده کیوان اوی[15]
اَبَر تخت زرّینش بنشست شاه / بجُستنش، بر کرد هر سو سپاه[16]
فراوان بجُستند و، جایی؛ نشان / نیامد ز سالار گردنکشان
ز گرسیوز و جهن پرسید شاه / ز کار سپهدارِ تورانسپاه

---

۱ - جنگاوران را «راه» باید.
۲ - دوباره سخن از پیل می‌رود، و پیل رمنده را توان گذر از رخنه بشهر نبوده‌است.
۳ - پیل!... لت دویم راگزارش نیست و چنان نیست که اگر کسی بزیر پای پیل می‌رود، خود پشت را بر زمین نهد، تا پیل از روی او بگذرد!
۴ - شارسان را «راه» باید.
۵ - دیگر نادرست است «دیگری».
٦ - سخن را پایان نیست، و درست نیز نیست زیراکه او از فراز کاخ خویش بشارسان می‌نگرد، و هنوز تاج و تخت و کمرش بر جای بود.
۷ - «همی گفت» نادرست است: «بدل گفت».
۸ - همان روزگار نادرخور است: «چنان روزگار».
۹ - «همی گفت»!!
۱۰ - «خیره» (= بیهوده) نادرخور است.
۱۱ - لت نخست نادرست است.
۱۲ - در ایوان شاهی و مشکوی شاه دو سد نامدار چه میکردند؟
۱۳ - مگر کشور (مردمان توران) همگی گریز ویرا می‌دیدند!
۱۴ - سخنی اندکی سست است.
۱۵ - **یک:** آمد در ایوان نادرست است. **دو:** ایوان او ویران نشده‌بود!
٦۱ - بر کرد هر سو سپاه نادرست است: «برون کرد»، «فرستاد».

زینهار دادن کیخسرو ۲۱۹

که: «چون رفت؟ و آرامگاهش کجاست؟   نهان گشته ز ایدر، پناهش کجاست؟»
ز هرگونه گفتند و خسرو شنید   نیامد همی روشنایی پدید
به ایرانیان گفت: پیروزشاه   که: «دشمن که آواره گردد ز گاه
ز گیتی، بر او؛ نام و کام اندکیست   ورا مرگ با زندگانی یکیست»
ز لشگر گزین کرد پس بخردان   جهاندیده و رایزن موبدان[1]
بدیشان چنین گفت ک: «آباد بید   همیشه به هر کار با داد بید[2]
دز و گنج این ترک شوریده‌بخت   شما را سپردم بکوشید سخت[3]
نباید که بر کاخ افراسیاب   بتابد ز چرخ بلند آفتاب
هم آواز پوشیده‌رویان اوی   نخواهم که آید از ایوان بکوی»
نگهبان فرستاد سوی گله   که بودند گرد دز اندر یله[4]
ز خویشان او کس نیازرد شاه   چنان چون بود درخور پیشگاه[5]

*

چو زانگونه دیدند کردار اوی   سپه شد سراسر پراز گفت‌وگوی
که: «کیخسرو ایدر بدانسان شده‌است   که گویی سوی باب، مهمان شده‌است
همی یاد نایدش خون پدر   بریده بخنجر؛ ببیداد، سر
همان مادرش را که از تخت و گاه   ز پرده کشیدند، یکسو براه
شبان پروریده‌ست و، از گوسفند   مزیده‌ست شیر، این شه هوشمند
چرا چون پلنگان به چنگال تیز   نینگیزد از خان او رستخیز
فرود آوَرَد کاخ و ایوان اوی   برانگیزد آتش ز کیوان اوی»[6]
ز گفتار ایرانیان پس خبر   بکیخسرو آمد همه، دربه‌در*
فرستاد کس، بخردان را بخواند   بسی داستان پیش ایشان براند
که: «هر جای تندی نباید نمود   سرِ بی‌خرد را نشاید ستود
همان به که با کینه، داد آوریم   بکام اندرون، نام، یاد آوریم
که نیکی است اندر جهان یادگار   نماند بکس جاودان، روزگار
همین چرخ گردنده با هر کسی   تواند جفا گستریدن بسی»[7]

---

۱ - بداستان آینده پیوسته‌است.   ۲ - برَجِ آینده، پیوسته‌است.
۳ - افراسیاب ترک نبود... و اگر ترک می‌بود، چنین دشنام کیخسرو، بخودش باز می‌گشت.
۴ - یک: گله را «بود» باید. دو: چگونه گله (= فسیله‌ها) پیرامون دژ بودند، و ایرانیان پیش‌از فرو افتادن باره بدانها دست پیدا نکرده‌بودند؟   ۵ - فرمان درست دراین‌باره، پیشتر آمده‌بود.
۶ - کنش نادرست است: «چرا فرود نمی‌آورد»... و «بر نمی‌انگیزد...».   * - فصل به فصل.
۷ - «بسی» در پایان سخن افزوده‌است.

۲۲۰ نبرد بزرگ کیخسرو

ازانپس بفرمود شاه جهان / که آرند پوشیدگان را نهان
چو ایرانیان آگهی یافتند / پر از کین سوی کاخ بشتافتند[1]
بران گونه بردند گردان گمان / که خسرو سرآرد بر ایشان زمان[2]
به خواری همی بُردشان خواستند / به تاراج و کشتن بیاراستند[3]
ز ایوان بزاری برآمد خروش / که: «شاها! به بیداد، چندین مکوش
تو دانی که ما سخت بیچاره‌ایم / نه بر جای خواری و پیغاره‌ایم»[4]
برِ شاه شد مهتر بانوان / ابا دختران اندر آمد نوان[5]
پرستنده سد پیش هر دختری / ز یاقوت بر هر سری افسری[6]
چو خورشید تابان از ایشان گهر / به پیش اندر افکنده از شرم سر[7]
به‌یک دست مجمره یک دست جام / بر افروخته انبر و اود خام[8]
تو گفتی که کیوان ز چرخ برین / ستاره فشاند همی بر زمین[9]
مهِ بانوان شد بنزدیک تخت / ابر شهریار آفرین کرد سخت[10]
همه، پرورده بتان تراز / بر این گونه بردند پیشش نماز[11]
همه یکسره زار بگریستند / بدان شوربختی همی زیستند[12]
کسی کاو ندیده‌ست جز کام و ناز / بر او بر ببخشای روز نیاز[13]
همی خواندند آفرینی به‌درد / که «ای نیک دل خسرو رادمرد[14]
چه نیکو بُدی گر ز توران زمین / نبودی به دلْت اندرون درد و کین[15]
تو ایدر بجشن و خرام آمدی / ز شاهان درود و پیام آمدی[16]
بر این بوم بر نیست خود کدخدای / بتخت نیا اندرآورده پای[17]

---

۱ - چون فرمان، به آزرم و گرامیداشت مشکوی افراسیاب داده بود، چرا ایرانیان را می‌بایستی پر از کین بسوی کاخ روند... باری زنان و دختران را چه گناه دربارهٔ سیاوخش رخ داده بود که بدانان کین ورزند!

۲ - سخن واژگونه.

۳ - بردشان نادرست است «بُردنشان».

۴ - زنان که هنوز به پیشگاه کیخسرو نرسیده، چگونه با وی سخن میگویند؟ «بر جای خواری و پیغاره» نیز درست نیست.

۵ - برِ شاه شد، در لت نخست، با اندر آمد در لت دویم، هردو یکی است.

۶ - **یک:** «پرستنده سد» نادرست است: «یکسد پرستنده». **دو:** افسر را نتوان با یاقوت ساختن که زیورِ آن یاقوت تواند بودن.

۷ - پیوندی میان لت نخست با لت دویم نیست.

۸ - مگر اودِ پخته نیز در جهان هست؟ که آنان گونهٔ خامَش را برافروخته‌بودند! سخن را پایان نیست.

۹ - تو گفتی...

۱۰ - لت نخست، در این رج، با لت نخست رج پنجم پیش یکی است.

۱۱ - نشاید که همهٔ آنان، از شهر تراز بوده باشند.

۱۲ - زاربگریستند نادرست است و نشان از آن دارد که پیشتر نمی‌گریستند و یکباره‌بگریستند: «زار می‌گریستند» لت دویم نادرخور است زیرا «همی زیستند» به روزگار دراز می‌نگرد نه به دمی چند که،نزد کیخسرو رفته‌بودند.

۱۳ - این سخن را که گفت؟

۱۴ - پس‌از گفتار، آفرین خواندن؟

۱۵ - دنبالهٔ گفتار.

۱۶ - سخن بی‌گزارش است! دیگر نمونه‌ها «بتوران بجشن و» «تو ایدون» که باز گزارش بر آن نیست. و کیخسرو بجنگ آمده‌بود.

۱۷ - این سخن را نیز پایان نیست.

سیاوش نگشتی بخیره تباه — وُلیکن چنین گشت خورشیدوماه[1]
چنان کرد بدگوهر افراسیاب — که پیش تو پوزش نبیند به خواب[2]
بسی دادمش پند و سودی نداشت — بخیره همی سر ز پندم بگاشت[3]
گوای من است آفرینندهام — که بارید خون از دو بینندهام[4]
چو گرسیوز و جهن پیوند تو — که ساید دو پایش همی بند تو[5]
ز بهر سیاوش، که در خان من — چه تیمار بُد بر دل و جان من[6]
که افراسیاب آن بداندیش مرد — بسی پند بشنید و سودش نکرد[7]
بدان تا چنین روزش آید به سر — شود پادشاهیش زیر و زبر[8]
به تاراج داده کلاه و کمر — شده روز او تار و برگشته سر[9]
چنین زندگانی همی مرگ اوست — شگفت آنکه بر تن ندرّدش پوست[10]
کنون از درِ بیگناهان بما — نگه کن؛ برآیین شاهان بما[11]
همه پاک، پیوستهٔ خسرویم — جزاز نام او در جهان نشنویم ⇐
ببد کردنِ جادو افراسیاب — نگیرد بر این بیگناهان شتاب
به خواریّ و زخم و به خون ریختن — چه بر بی‌گنه خیره آویختن[12]
که از شهریاران سزاوار نیست — بریدن سری کان گنهکار نیست[13]
ترا شهریارا جز اینست جای — نماند کسی در سپنجی‌سرای[14]
هم آن کن که پرسد ز تو کردگار — نپیچی ازان شرم روز شمار»[15]
چو بشنید خسرو ببخشود سخت — بران خوبرویان برگشته بخت[16]
که پوشیده‌رویان ازان درد و داغ — شده لَعلِ رخسارشان چون چراغ[17]

---

۱ – سیاوخش را بگفتار و زنهار خواهی دختران چه پیوند! سخن نیز نادرست است: «کشته شدن سیاوخش بگردش ماه و خورشید پیوسته‌بوده».

۲ – گناه بسوی افراسیاب بدگوهر برگشت، پس کیخسرو را نیز گوهر بد است!! لت دویم نیز نادرخور و بی‌گزارش است.

۳ – این سخن ازسوی مِهِ بانوان افراسیاب گفته می‌شود، اما پیشتر گفتار همگان بود. «همه زار بگریستند» «خواندند آفرین بدرد»...

۴ – دنبالهٔ گفتار... چه‌کس باید؟

۵ – چو گرسیوز نادرست است. لت دویم از گفتار پشوتن در نبرد رستم و اسفندیار برگرفته شده‌است:

نه ساید، دو پای ورا بند تو — نه اندیشد از فرّ و اورند تو

٦ – سخن را پیوند نیست. ۷ – دوباره سخن از پند میرود!

۸ – سخن را پیوند درست نیست: «چون پند بشنید، چنین روزش پیش آمد». ۹ – دنباله.

۱۰ – چنین زندگانی درست نمی‌نماید، از آنجا که در آنهنگام هیچکس نمیداند، او زنده است یا مرده؟ ۱۱ – دنباله.

۱۲ – پیوند لت دویم با لت نخست درست نیست: «چه».

۱۳ – این پندها را بدانکس نمی‌دهند که خود گفته‌بود: «همان به که با کینه، داد آوریم». ۱۴ – دنبالهٔ پندها.

۱۵ – از آن شرم نادرست است: «از شرمِ آن».

١٦ – ببخشود «سخت» نادرست است بخشودن بخشودن است و سخت و نرم ندارد.

۱۷ – رخی که چون چراغ بدرخشد داستان از درد و داغ نمی‌گوید!

بپیچید دل، بخردان را ز درد ز فرزند و زن هر کسی یاد کرد[1]
همی خواندند آفرینی بزرگ سران سپه مهتران سترگ[2]
کز ایشان شه نامبردار، کین نخواهد ز بهر جهان‌آفرین[3]
چنین گفت کیخسرو هوشمند که: «هر چیز، کان، نیست ما را پسند
نیاریم کس را همان بد، بروی اُگر چند باشد، روان، کینه‌جوی
چو از کار آن نامدار بلند بر اندیشم ایمنم نیاید پسند[4]
که بد کرد با پرهنر مادرم کسی را همان بد به سر ناورم»[5]
بفرمودشان بازگشتن به جای چنان پاکزاده جهان کدخدای[6]
بدیشان چنین گفت که: «ایمن شوید ز گوینده گفتار بد مشنوید
کزین پس شما را ز من بیم نیست مرا بی‌وفایی و دژخیم نیست[7]
تن خویش را بد نخواهد کسی چو خواهد زمانش نباشد بسی[8]
بباشید ایمن به ایوان خویش به یزدان سپرده تن و جان خویش»[9]
به ایرانیان گفت: «پیروزبخت*؛ بما داد بوم و بر و تاج و تخت
همه شهر توران گرفته به دست به ایران شما را سرای و نشست[10]
ز دل‌ها همه کینه بیرون کنید بمِهر، اندرین کشور افسون کنید●
که از ما چنین دردشان در دل است ز خون ریختن گرد کشور گِل است[11]
همه گنج توران شما را دهم بران گنج دادن سپاسی نهم[12]
بکوشید و خوبی به کار آورید چو دیدند سرما بهار آورید[13]
ز خون ریختن، دست باید کشید سر بیگناهان نباید برید
نه مردی بُوَد خیره آشوفتن بزیر اندر آورده را، کوفتن
ز پوشیده‌رویان بپیچید روی هرآن‌کس که پوشیده دارد بکوی!

---

۱ – زنان در پیشگاه شاه بوده‌اند، بخردان کجا بودند که دلشان بپیچد؟
۲ – آفرین بزرگ نادرست است، پیشتر دربارهٔ آن سخن گفته‌ام... سترگ نیز!
۳ – کینه‌ای درمیان نبوده‌است.
۴ – نامدار بلند: افراسیاب، و کیخسرو که به کین‌کشی و کشتن او آمده‌است، او را نامدار بلند نمی‌خوانَد.
۵ – پیوند درست درمیان نیست «چون» با مادرم بد کرد...».
۶ – پیوند درست ندارد: «آن پاکزادهٔ جهان کدخدای بفرمودشان...».
۷ – «ایمن باشید» در رج پیشین، همین را گوید.
۸ – دنباله.
۹ – سدیگر بار از ایمن سخن میرود.
* – بختِ پیروز.
۱۰ – لت نخست پیوند درست ندارد... لت دویم را نیز پایان نیست.
● – چارهٔ کار را در این کشور با «مهر ورزیدن» بکنید.
۱۱ – رج پیشین سخن از کشور رفت، و اینجا از «ایشان» لت دویم نیز نادرخور می‌نماید.
۱۲ – لت دویم نادرست است: «و ازبرای آن از شما سپاس نیز دارم».
۱۳ – سخن سست!

ز چیز کسان سر بتابید نیز — که دشمن شود، دوست، از بهرِ چیز
نباید جهان‌آفرین را پسند — که جویند بر بیگناهان گزند
هر آن کس که جوید همی رای من — نباید که ویران کند جای من[1]
اُ دیگر که خوانند بیداد و شوم — که ویران کند مهتر آباد بوم»[2]
اُ زانپس به لشگر بفرمود شاه — گشادن در گنج توران سپاه[3]
جز از گنج ویژه رد افراسیاب — که کس را نبود اندران دست‌یاب[4]
ببخشید دیگر همه بر سپاه — چه گنج سلیح و چه تخت و کلاه[5]
ز هر سو پراکنده بی‌مر سپاه — ز ترکان بیامد به نزدیک شاه[6]
همی داد زنهار و بنواخت‌شان — بزودی همی کار برساخت‌شان[7]
سران را ز تورانزمین، بهر داد — بهر نامداری یکی شهر داد[8]
بهر کشوری هر که فرمان نبرد — ز دست دلیران او جان نبرد[9]
شدند آن زمان شاه را چاکران — چو پیوسته شد نامهٔ مهتران[10]
ز هر سو فرستادگان نزد شاه — یکایک سر اندر نهاده به راه[11]
ابا هدیه و نامهٔ مهتری — شده یک بیک شاه را چاکری[12]

پیروزی نامه نوشتن کیخسرو به کاووس

دبیر نوسنده را پیش خواند — سخن هرچه بایست با او براند[13]
سر نامه کرد آفرین از نخست — بدان کاو زمین از بدی‌ها بشست[14]

---

۱ – «رای» جُستنی نیست، رای، آهنگ (تصمیم) کسی است برای انجام کاری. و چه کس میخواسته‌است که جای او را ویران کند؟

۲ – سخن ناهموار است: «اگر مهتری بوم را ویران کند، ویرا بیداد و شوم خوانند».

۳ – در گنج را لشگر(یان) نمی‌گشایند که گنجور چنین میکند!

۴ – «اندر آن دستیاب» نادرست است: «دست کس بدان نمی‌رسید».

۵ – لت نخست نادرست است: «دیگر گنج‌ها را بسپاهیان بخشید» تخت و کلاه نیز ویژه پادشاه است و بسپاهیانش نمی‌دهند.

۶ – لت دویم «ترکان» را «بیامدند» باید، و آنان ازیُن ترک نبوده‌اند.

۷ – «همی داد»، با «بنواخت» همخوان نیست... لت دویم نیز نادرست است: «بر سرِ کارشان گمارد» یا «کار آنان را بسامان کرد».

۸ – لت دویم نیز همان سخن لت نخست را بازمیگوید.

۹ – همهٔ توران و تورانیان سر بر فرمان او نهاده‌بودند، و که بود که فرمان نبرده‌بود؟

۱۰ – پس‌ازکشته شدن «سخن لت دویم رج پیشین» چاکروی گردیدند!!... چاکران نیز نادرست است: «چاکر»... لت دویم را نیز پیوند با لت نخست نیست.

۱۱ – سر اندر نهاده نادرست است: «براه افتادند»، «گسیل گشتند».

۱۲ – لت دویم، رونوشت لت نخست رج دویم پیشین است!

۱۳ – سخت سست می‌نماید.

۱۴ – «سر نامه» و «از نخست» هردو یک سخن است.

چنان اختر خفته بیدار کرد — سر جادوان را نگونسار کرد[1]
توانایی و دانش و داد ازوست — بگیتی ستم‌یافته، شاد ازوست
دگر گفت کز بخت کاووس کی — بزرگ و جهاندیده و نیک‌پی
گشاده شد آن کنگ افراسیاب — سر بخت او اندر آمد بخواب[2]
به یک رزمگاه از نبرده سران — سرافراز با گرزهای گران[3]
همانا که افکنده شد سدهزار — به گلزریون در یکی کارزار[4]
اُزان پس برآمد یکی باد سخت — که برکند شاداب بیخ درخت[5]
به آب اندر افتاد چندی سپاه — که جُستند بر ما یکی دستگاه
اُزان جایگه رفت ببهشت کنگ — حصاری پر از مردم و جای تنگ[6]
به جنگ حصار اندرون سی هزار — همانا که شد کشته در کارزار
همان بد که بیدادگر بود مرد — ورا دانش و بخت یاری نکرد
همه روی کشور سپه گسترید — شده است او کنون از جهان ناپدید[7]
ازین پس فرستم بشاه آگهی — ز روزی که باشد مرا فرهی[8]

*

اُزان پس بیامد بشادی نشست — پریروی پیش اندرون می به دست[9]
ببُد، تا بهار، اندر آورد روی ⇐ — جهان شد بهشتی پراز رنگ و بوی
همه دشت چون پرنیان شد برنگ — هوا گشت برسان پشت پلنگ
گرازیدن گور و آهو بدشت — بدین گونه بر چند خوشی گذشت[10]
به نخجیر یوزان و پرنده باز — همه مشک بویان بتان تراز[11]
همه چارپایان بکردار گور — پراکنده و آکنده گردن بزور[12]
بگردن بکردار شیران نر — بسان گوزنان به گوش و به سر

۱ – خفته را «راه باید...
۲ – آن کنگ نادرست است: «کنگ».
۳ – «در یک رزم».
۴ – یکسدهزار از «سران نبردهٔ توران» گزافه‌ای سخت نادرست است، مگر یک کشور را چند سر و سردار هست که یکسدهزار تن از آنان در یک رزمگاه کشته شوند؟ لت دویم «یکی کارزار» اگر درست باشد همان «یک رزمگاه» رج پیشین است. گلزریون نیز رودیست که در داستان ایران، جایش نموده می‌شود.
۵ – **یک:** بر کند، نادرست است: «برمی‌کند». **دو:** چندی سپاه را «افتادند» باید. لت دویم یکی دستگاه نیز نادرست است: «دستگاه».
٦ – ببهشت گنگ، آهنگ سخن را در هم میریزد. لت دویم چنانکه افزایندگان خود گفته‌بودند جایی بس فراخ بوده‌است نه تنگ:

زمین، هشت فرسنگ، بالای اوی — همانا چهار است پهنای اوی
خورش هست و ایوان و گنج و سپاه — بزرگی و فرمان و تخت و کلاه...

۷ – سخن چنانست که سپاه او هنوز گسترده است.
۸ – فرهی را با روز و زمان پیوند نیست.
۹ – لت دویم نادرست است: پیش اندرون... پیوند می بدست نیز با پریروی و شادی آشکار نیست.
۱۰ – لت دویم بد آهنگ و نادرست است.
۱۱ – بتان تراز را چه پیوند، با نخجیر یوزان و بازان؟
۱۲ – و نیز چارپایان را؟ هیچگاه گردن بسان شیر نمی‌شود. و نیز هیچگاه سر چارپایان همانند گوزن نبوده‌است.

ز هر سو فرستاد کارآگهان　　همی جست بیدار کار جهان[1]
پس آگاهی آمد ز چین و ختن　　از افراسیاب و زان انجمن
که: «فغفور چین با وی انباز گشت　　همه روی کشور، پر آواز گشت
ز چین تا به گلزریون لشگر است　　بر ایشان چو خاقان چین سرور است[2]
نداند کسی راز آن خواسته　　پرستنده و اسپ آراسته[3]
که او را فرستاد خاقان چین　　به شاهی بر او خواندند آفرین[4]
همان گنج پیرانش آمد به دست　　شتروار دینار سدبار شست[5]
چو آن خواسته برگرفت از ختن　　سپاهی بیاورد لشگرشکن»[6]
چو زین‌گونه آگاهی آمد ز راه　　بنزدیک آن زینهاری سپاه*
همه بازگشتند ز ایرانیان　　ببستند خون ریختن را میان
چو برداشت افراسیاب از ختن　　یکی لشگری شد بر او انجمن
که گفتی زمین برنتابد همی　　ستاره شمارش نیابد همی[7]
ز چین، سوی کیخسرو آورد○ روی　　پراز درد، با لشکری کینه‌جوی
چو کیخسرو آگاه شد زان سپاه　　طلایه فرستاد چندی براه
بفرمود گودرز کشواد را　　سپهدار گرگین و فرهاد را[8]
که: «ایدر بباشید با داد و رای　　طلایه شب و روز کرده بپای»
به گودرز گفت «این سپاه تواند　　چو کار آید اندر پناه تواند[9]
ز ترکان هرآنگه که بینی یکی　　که یاد آرد از دشمنان اندکی[10]
هم اندر زمان زنده بر دار کن　　دو پایش ز بر سر نگونسار کن[11]
چو بی رنج باشد تو بی‌رنج باش　　نگهبان این لشگر و گنج باش»[12]

---

۱ – سخن را با رج پیشین پیوند نیست.　　۲ – چو خاقان در لت دویم نادرست است.
۳ – مگر با سپاهیان پرستنده و خواسته نیز همراه بود؟
۴ – دو رج پیش، خاقان سرور سپاهیان (و با سپاهیان) بود، و اینجا، خاقان برای افراسیاب خواسته و پرستنده فرستاده‌است... که باهم همخوان نیست.
۵ – **یک:** مگر گنج پیران در چین بوده‌است؟ **دو:** گزافه سخت‌تر از این نمی‌شود: ششهزار شتروار زر که اگر با سنجش امروزین، هر شتربار را دویست کیلو درشمار آوریم یک‌میلیون‌ودویست‌هزار کیلو زر... که در همهٔ جهان، چندین زر پدیدار نیست!
۶ – نخست خاقان به افراسیاب یاری داد، پسان گنج پیران بدست آمد، و اکنون آشکار شد که آن را از ختن یافته‌اند!
* – آن گروه از سپاهیان توران که بزنهار کیخسرو درآمده‌بودند.
۷ – زمین «آنرا» برنتابد. شمار را نیز نمی‌یابند؛ شمار میکنند.　　○ – «افراسیاب» را گوید.
۸ – فرمان بکدامیک بوده‌است.
۹ – **یک:** تنها فرمان گودرز را شد! **دو:** سپاه در پناه گودرز است یا گودرز در پناه سپاه.
۱۰ – تورانیان ترک نبوده‌اند... یاد آوردن اندک و بسیار ندارد.　　۱۱ – زنده بر دار(ش) کن...
۱۲ – سخن نادرست است: «اگر ازسوی او ترا رنجی نرسید، تو نیز او را رنج مرسان».

تبیره برآمد ز پرده‌سرای — خروشیدن زنگ و هندی‌درای
بدینسان سپاهی بیامد ز کنگ — که خورشید را آرزو کرد* جنگ
چو بیرون شد از شهر صف برکشید — بسوی ختن لشگر اندر کشید [1]
میان دو لشگر دو منزل بماند — جهاندار گردنکشان را بخواند
چنین گفت کـ :«امشب مخسپید هیچ — نه خوب آید آسایش اندر پسیچ» [2]
طلایه برافکند بر گرد دشت — همه شب همی گرد لشگر بگشت [3]
به یک هفته بودش هم آنجا درنگ — همی ساخت آرایش و ساز جنگ [4]
به هشتم بیامد طلایه ز راه — به خسرو خبر داد کآمد سپاه
سپه را بدان سان بیاراست شاه — که نظّاره گشتند خورشید و ماه [5]
چو افراسیاب آن سپه را بدید — بیامد برابر صفی برکشید
بفرزانگان° گفت کـ :«ین دشت رزم — به دل بر، مرا چون خرام است و بزم
مرا شاد بر گاه خواب آمدی — چو رزمم نبودی شتاب آمدی [6]
کنون مانده گشتم چنین در گریز — سری پر ز کینه دلی پر ستیز [7]
ندانم که از بخت کیخسروست — اُگر بر سرم روزگاری نوست
برآنم که با او شوم همنبرد — اگر کام یابم اگر مرگ و درد»
بدو گفت هرکس که فرزانه بود — گر از خویش بود ار ز بیگانه بود [8]
که «گر شاه را جست باید نبرد — چرا باید؟ این لشگر و دار و برد! [9]
همه چین و توران به پیش تواند — ز بیگانگان ار ز خویش تواند [10]

---

* - نمونه‌ها چنین‌اند، اما پیدا است که سخن چنین بوده‌است: «**آرزو خاست، جنگ**».

۱ - سخن لت نخست در رج پیشین آمده‌است.

۲ - چون «دو منزل» میان دو سپاه، جدایی باشد، دو روزه راه رفتن باید تا یکی از آن دو سپاه، بلشگر روبرو رسد، و فرمان به نخوابیدن برای چیست؟

۳ - «طلایه» گرد لشگر بگشت یا کیخسرو. سخن کیخسرو را نشان میدهد، و «گَردش برگِردِ سپاه»، کار سپهسالار نیست.

۴ - **یک:** بیک هفته درنگ درست نیست «یکهفته». **دو:** «ساخت» و «ساز» هردو یکی است، و نیز «آرایش» نیز همان است.

۵ - سپاه را در آن یکهفته «ساخته» بود!

○ - فرزانه در این گفتار؛ وزیر است که در داستان شترنج شاهنامه بهمین نام آمده‌است.

۶ - سخن سست افزاینده خواسته‌است بگوید که چون پیش‌ازاین روزگار را بشادی میگذراندم، همواره گرایش بخواب داشتم. اما، لت دویُم رودرروی لت نخست است.

۷ - کدام گریز؟ اکنون که به پیشواز دشمن سپاه آورده‌است. لت دویم نیز بی‌گزارش است.

۸ - هر کس که فرزانه بود، نادرست است: «فرزانگان» و فرزانگان را «گفت» نشاید: «گفتند» افزاینده فرزانهٔ پنج رج پیش را برابر با خردمند گرفته‌است و خردمندان را بسیار، درشمار آورده‌است در لت دویم بیگانگان را نزدیک وی چکار است؟

۹ - سخن در لت نخست پس‌وپیش است: «اگر شاه را، نبرد می‌باید جستن».

۱۰ - سخن نادرست است: «سپاه چین و توران». لت دویم: ز خویش نادرست است: «خویش تو» و اگر همه «خویشِ وی» هستند، نام بردن از بیگانگان را چه روی باشد؟

بازگشتن افراسیاب به نبرد ۲۲۷

فدای تو بادا همه جان ما / چنین بود تا بود پیمان ما[1]
اگر سد شود کشته گر سدهزار / تن خویش را خوارمایه مدار[2]
همه سربسر نیکخواه توایم / که زنده به فرّ کلاه توایم»[3]
اُزان پس برآمد ز لشگر خروش / زمین و زمان شد پر از جنگ و جوش
ستاره پدید آمد از تیره گرد / رخ زرد خورشید شد لاژورد[4]
سپهدار ترکان آن انجمن / گزین کرد کارآزموده دو تن[5]
پیامی فرستاد نزدیک شاه / که: «کردی فراوان پسِ پشت، راه*
همانا که فرسنگ ز ایران هزار / بود تا به کنگ اندر ای شهریار[6]
ز ریگ و بیابان و ز کوه و شخ / دو لشگر برین سان چو مور و ملخ[7]
زمین همچو دریا شد از خون کین / ز کنگ و ز چین تا به ایران‌زمین[8]
اگر خون آن کشتگان را ز خاک / به ژرفی برد رای یزدان پاک[9]
همانا چو دریای قلزم شود / دو لشگر به خون اندرون گم شود[10]
اگر گنج خواهی ز من گر سپاه / اُگر بوم توران و تخت و کلاه[11]
سپارم ترا من شوم ناپدید / جز از تیغ جان را ندارم کلید[12]
مکن گر ترا، من پدر مادرم / ز تخم فریدون افسونگرم[13]
ز کین پدر گر دلت خیره شد؛ / چنین؛ آب من پیش تو تیره شد؛
ازآن بَد، سیاوش گنهکار بود! / مرا دل پر از درد و تیمار بود[14]
دگر گردش اختران بلند / که هم با پناهند و هم با گزند[15]

---

۱ – همه جان ما نادرست است: «جان همهٔ ما». ۲ – شمار نادرست است «اگر سد تن کشته شود، گر هزار تن».
۳ – چنینیان را چرا بایستی زنده بفرّ (کلاه) افراسیاب بوده باشند. و کلاه را فرّ نیست!
۴ – دو رج آینده از افراسیاب پیام بکیخسرو فرستاده می‌شود... پس چگونه ابرِ رزم بر هوا برخاست؟
۵ – افراسیاب سپهدار ترکان نبود. * – از ایران بسیار دور شده‌ای.
٦ – سخن لت نخست، یا دور شدن از ایران، در لت دویم از رج پیشین بدرستی آمده‌است. و آنکس که برای نبرد با دیگری، روی در روی وی می‌ایستد او را «ای شهریار» نمی‌خواند. ۷ – سخن راگزارش نیست.
۸ – **یک:** هنوز که نبرد رخ نداده‌است! **دو:** خونِ کین نیز نادرست است. **سه:** چینیان نیز تا کنون در جنگ، انباز نبوده‌اند. و آنان از ایرانزمین بس دور بوده‌اند.
۹ – رای یزدان پاک آن خونها را «نمی‌برد»... آن خونها که بر زمین ریخته شده‌است... یکجا گرد آید، چون دریایی ژرف خواهد شدن.
۱۰ – دریای مدیترانه نیز با پاژنام بحر قُلزم از نامهای پس‌از اسلام است. ۱۱ – سخن را هیچ پیوند با گفتار پیشین نیست.
۱۲ – سپرده و گریخته است، و دوباره سپردن نشاید، و اگر چنین بود، چرا دوباره بایدش لشگر آراستن؟ لت دویم را نیز پیوند درست بالت نخست نیست.
۱۳ – چه نکند؟ می‌بایستی روشن شود که از جنگ روی بگردان، اما چنین نیست زیرا که بزودی سخن نبرد تن‌بتن می‌رود.
۱۴ – پیدا است که چنین نبوده‌است، و در توران بسا کسان، تا سالها پس‌از کشته شدن سیاوخش افراسیاب را یادآور می‌شدند که بدکرد و جنگ و خون و تباهی برای توران بار مغان آورد. لت دویم نیز داستانی نادرست است.
۱۵ – سخن را پیوند درست نیست چنین می‌نماید که گردش اختران گنهکار بودند!

مرا سال، بسیار، بر سر گذشت
که با نامداری نرفتم بدشت[1]

تو فرزندی و شاه ایران تویی
به رزم اندرون چنگ شیران تویی[2]

یکی رزمگاهی گزین دوردست
بدور از بزرگانِ خسروپرست

بگردیم هر دو به آوردگاه
به جایی کزو دور ماند سپاه[3]

اگر من شوم کشته بر دست تو؛
ز دریا نهنگ آورَد، شستِ تو؛

تو با خویش و پیوندِ مادر مکوش!
بپرهیز، وز کینه چندین مجوش

اُگر تو شوی کشته بر دست من
بزنهار یزدان کزان انجمن

نمانم که یک تن بپیچد ز درد
اُگر بیند از باد، خاک نبرد»

ز گوینده بشنید خسرو پیام
چنین گفت با پور دستان سام[4]

که «این ترک بدساز مردم فریب
نبیند همی از بلندی نشیب[5]

به چاره چنین از کف ما بجست
نماید که بر تخت ایران نشست[6]

ز آورد چندین بگوید همی
مگر دخمهٔ شیده جوید همی[7]

نبیره‌ی فریدون و پور پشنگ
به آورد با او مرا نیست ننگ»[8]

بدو گفت رستم که «ای شهریار
بدین در، مدار آتش اندر کنار[9]

که ننگ است بر شاه رفتن بجنگ
اُگر همنبرد تو باشد پشنگ[10]

دگر آنکه گوید که با لشگرم
مکن جنگ و با دوده و کشورم[11]

ز دریا به دریا ترا لشگر است
کجا،رایشان زین سخن دیگر است[12]

چو پیمان یزدان کنی با نیا
نشاید که در دل بود کیمیا[13]

---

۱ – بدشت نرفتن را روی نباشد، زیرا که بسا با نامداران بدشت رفته‌بود. افزاینده میخواسته‌است «دشت نبرد» را گفتن!

۲ – سخن نادرخور! کیخسرو نبیرهٔ افراسیاب بود نه فرزند او، و شاه ایران بودن و چنگ شیران بودن را چه پیوند، با پیوند خویشی آندو؟

۳ – لت دویم، در لت دویم از رج پیشین یاد کرده شده‌است.

۴ – پاسخ گوینده را می‌باید دادن، زیراسگالش با رستم دربارهٔ جنگ، و آینده نمی‌بایستی با بودن فرستادهٔ تورانی انجام گیرد!

۵ – **یک:** افراسیاب ترک نبوده‌است. **دو:** افراسیاب پس‌از شکست پیران و پهلوانان و شکست نخستین خود، در بلندی نبود، که نشیب را می‌بیند!

٦ – «چنین» نادرست است: «چنان» زیرا که چند ماه ازگریز نخستین افراسیاب گذشته است. لت دویم نیز بی‌پیوند و نادرخور است.

۷ – لت نخست را پیوند «که» باید. لت دویم نیز نادرخور است زیرا که پیکرِ پدر را در دخمهٔ پسر نمی‌نهند.

۸ – «نبیرهٔ» سخن را بد آهنگ میسازد. لت دویم درهم است و پیوند ندارد: «مرا نبرد با نبیرهٔ فریدون و پور پشنگ ننگ نیست».

۹ – بدین در (= فصل، باب) نادرست است، زیرا با آتش در کنار همراه است: اگر می‌بایستی از «در» سخن گفتن چنین می‌نمود: «از این در سخن مگوی».

۱۰ – پشنگ درگذشته است وکنشِ «باشد» را نمیتوان برای او آوردن: «اگر پشنگ نیز همنبرد تو می‌بود».

۱۱ – «گوید» نادرست است: «گفته‌است».

۱۲ – لت دویم را پیوند درست نیست: «شاید بودن که از این سخن رایی دیگر بن افکنده‌اند».

۱۳ – سخن در این رج سخت ناهماهنگ است. افزاینده را، رای بر آن بوده‌است که هرآینه در برابر خداوند با نیای خویش پیمان می‌بندی نبایستی که در آن پیمان کژّی و ناراستی پیدا شود.

به انبوه لشگر به جنگ اندر آر   سخن چند آلودهٔ نابکار»[1]
ز رستم چو بشنید خسرو سخن   یکی دیگر اندیشه افکند بن
به گوینده گفت: «آن بداندیش مرد   چنین با من آویخته در نبرد؛
فزون کرد ازین با سیاوش وفا   زبان پرفسون، دل پر از کیمیا[2]
سپهبد بکژی نگیرد فروغ   روان، تیره پُرتاب و، دل پر دروغ[3]
گرایدونکه رایش نبرد است و بس   جزاز من، نبرد ورا؛ هست کس
بانبوه لشکر در آرم بجنگ   بمانم بدو، روز، تاریک و تنگ
تهمتن بجای‌ست و گیو دلیر   که پیکار جویند با پیل و شیر[4]
اگر شاه با شاه جوید نبرد   چرا باید این دشت پر مرد کرد[5]
نباشد مرا با تو زین بیش جنگ   ببینی کنون روز تاریک و تنگ»[6]
فرستاده برگشت و آمد چو باد   شنیده سراسر بر او کرد یاد
پراز درد شد جان افراسیاب   نکرد ایچ بر جنگ جستن شتاب
سپه را بجنگ اندر آورد شاه   بجنبید ناچار دیگر سپاه
یکی بادرنگ و یکی با شتاب   زمین شد بکردار دریای آب[7]
ز باریدن تیر گفتی ز ابر   همی ژاله بارید بر خود و ببر[8]
ز شبگیر تا گشت خورشید کَنل   زمین پر ز خون بود در زیر نَعل[9]
سپه بازگشتند چون تیره گشت   که چشم سواران همی خیره گشت[10]
سپهدار با فر و نیرنگ و ساز   چو آمد به لشگرگه خویش باز[11]
چنین گفت با توس کـ:«امروز جنگ   نه بر آرزو کرد پور پشنگ
گمانم که امشب شبیخون کند   ز دل درد دیرینه بیرون کند»[12]
یکی کنده فرمود کردن به راه   بدانسو که بد شاه تورانسپاه[13]

---

۱ - لت دویم نارسا است. سخن؛ آلوده نبود، و نابکار نیز نبود، اما آیا چنین سخن شایسته هست؟ که نیای پادشاه ایران را نزد خودش آلوده و نابکار خوانند!

۲ - سخن بی‌پیوند است.

۳ - لت دویم را پیوند درست نیست.

۴ - تهمتن و گیو را «بر جای‌اند» باید.

۵ - لت دویم سست می‌نماید: «چرا چندین مرد جنگی در این دشت فراهم آوریده‌ایم؟»

۶ - اگر رای جنگش نیست. چرا در دشتِ نبرد رودرروی افراسیاب ایستاده‌است؟ باز، افزایندهٔ سست سخن، خواسته بگوید، این جنگ پایانی من با تست و در این نبرد شکست می‌خوری و کشته می‌شوی.

۷ - هردو سپاه جنبیده‌اند و درنگ درمیانه نیست.

۸ - گفتی... «ژاله بارد» درست است.

۹ - سخن سست است.

۱۰ - یک: سپه را «بازگشت» می‌باید. دو: «چون» در لت نخست با «که» در لت دویم هماهنگ نیست.

۱۱ - روشن نمی‌نماید که کدام سپهدار؟...

۱۲ - آغاز لت دویم را پیوند «تا» باید.

۱۳ - میان دو لشگر، راه نیست، دشت هموار است...

چنین گفت کـ :«آتش مَسوزید، کس — نباید که آید خروش جرس»[1]
ز لشگر سواران که بودند گُرد — گزین کرد شاه و به رستم سپرد[2]
دگر بهره بگزید ز ایرانیان — که بندند بر تاختن بر میان[3]
به توس سپهبد سپرد آن گروه — بفرمود تا رفت بر سوی کوه[4]
تهمتن سپه را به هامون کشید — سپهبد سوی کوه بیرون کشید
بفرمود تا دور بیرون شوند — چپ‌وراست هر دو به هامون شوند[5]
طلایه ندارند و شمع و چراغ — یکی‌سوی دشت و یکی سوی راغ[6]
بدان، تا اگر سازد افراسیاب — برایشان شبیخون به هنگام خواب[7]
گر آید سپاه، اندر آید زپس — بماند نباشدش فریادرس[8]
به ره کنده، پیش و پس اندر سپاه — پس کنده با لشگر و پیل، شاه[9]

شبیخون افراسیاب بر ایرانسپاه

سپهدار ترکان چو شب در شکست — میان با سپه تاختن را ببست[10]
ز لشگر جهاندیدگان را بخواند — ز کار گذشته فراوان براند[11]
چنین گفت کـ :«این شوم پر کیمیا — چنین خیره شد بر سپاه نیا[12]
کنون جمله ایرانیان خفته‌اند — همه لشگر ما بر آشفته‌اند[13]
کنون ما ز دل بیم بیرون کنیم — سحرگه بر ایشان شبیخون کنیم[14]

---

۱ -کس را، «مسوز» باید. زنگ نیز خروش ندارد، آوای زنگ است.
۲ - **یک:** لت نخست سست است: «سواران گرد را برستم سپرده». **دو:** چون سواران گرد با رستم همراه شد، دیگران از جنگاوری بهره نداشته‌اند، و درست نیست آنانرا بتوس سپردن! ۳ - **یک:** «دگر بهره» در این رج.
۴ - **یک:** با «آن گروه» در این رج همخوان نیست. **دو:** بر سویِ نادرست است: «بسوی».
۵ - **یک:** دور بیرون شوند، نادرست است. **دو:** یک گروه که بسوی کوه رفتند!!؟ پس چگونه چپ‌وراست هردو بهامون روند.
۶ - دوباره بخشی از سپاه بسوی راغ (= کوه) کشیده شدند.
۷ - **یک:** شبیخون، ساختنی نیست کردنی است، **دو:** «اگر».در این رج.
۸ - **یک:** با «گر» در این رج همخوان نیست. **دو:** دو سپاه را که ازپس افراسیاب می‌آیند «اندر آیند» باید. **سه:** آنانکه بدو سوی رفته‌بودند چرا ازپس آیند؟ **چهار:** چه کس بماند.
۹ -بدترین آرایش نبرد... چون پس کنده شاه بوده باشد، سپاهیان دیگر چگونه ازپس افراسیاب در آیند؟
۱۰ - ترکان! شب «شکست» را برای آغاز شب، چه روی باشد؟ در برخی نمونه‌ها «شب در گذشت» که آن نیز نادرست است.
۱۱ - پس‌از میان بستن، گاه سخن نباشد. با میان بستن یورش آغاز میگردد. ۱۲ - پر کیمیا نادرخور است.
۱۳ - **یک:** لت دویم را با لت نخست پیوندِ درست نیست. **دو:** کنون در این رج...
۱۴ - با «کنون» در این رج همساز نیست.

گر امشب بر ایشان بیاییم دست به بیشی اَبَر تخت باید نشست[1]
اُگر بخت‌مان برنگیرد فروغ همه چاره باد است و مردی دروغ»[2]
برین برنهادند و برخاستند ز بهر شبیخون بیاراستند[3]
ز لشگر گزین کرد پنجه هزار جهاندیده مردان خنجرگزار[4]
برفتند کارآگهان پیش شاه جهاندیده مردان با فرّ و جاه[5]
ز کارآگهان آنکه بد رهنمای بیامد به نزدیک پرده‌سرای[6]
به جایی غوِ پاسبانان ندید بجز آرمیده جهانی ندید[7]
طلایه نه و آتش و باد نه ز توران کسی را به دل یاد، نه[8]
چو آن دید برگشت و آمد دوان که زیشان کسی نیست روشن‌روان[9]
همه خفتگان سربسر مرده‌اند اُگرنه همه روز می خورده‌اند[10]
به جایی طلایه پدیدار نیست کس آن خفتگان را نگهدار نیست.[11]
چو افراسیاب این سخن‌ها شنود به دلش اندرون روشنایی فزود
سپه را فرستاد و خود برنشست میان یلان، تاختن را ببست[12]
برفتند گردان چو دریای آب گرفتند بر تاختن بر شتاب[13]
بران تاختن جنبش و ساز نه همان نالهٔ بوق و آواز نه[14]
چو رفتند نزدیک پرده‌سرای برآمد خروشیدن کرّنای[15]

---

۱ – **یک:** امشب؟ یا سحرگه؟ **دو:** لت دویم پریشان و بی‌گزارش است.
۲ – فروغ برگرفتنی نیست آنهم برای بخت! لت دویم نیز بی‌بنیاد است «چارهٔ» باد، و مردی ما دروغ است!!
۳ – پس‌از میان بستن، برخاستن، و آراسته شدن چگونه باشد؟
۴ – در شبیخون خنجر بکار نیاید و گرز و شمشیر باید.
۵ – کارآگاه (= جاسوس) مردان با فرّ و جاه نبوده‌اند.
٦ – بنزدیک کدام پرده‌سرای؟
۷ – **یک:** غَو = غریو پاسبانان، «دیدنی» نیست. **دو:** سپاهیان ایران و لشگرگاهشان، همهٔ جهان نبوده‌است...
۸ – **یک:** گیریم که پیش‌آهنگ (= طلایه) و آتش نبوده‌است، باد را چگونه در بند کشیده‌بودند! **دو:** از کجا، اندرون اندیشهٔ ایرانیان را می‌دانستند که از تورانیان یاد نمی‌کنند؟
۹ – چو آن دید، نادرست است، چون چنان دید... روشنروان زنده است، و «آنان همگی مرده‌اند» گزارش درست نبوده‌است.
۱۰ – افزاینده آن سخن را بگونه‌ای روشنتر می‌آورد. لت دویم نیز بی‌پیوند و نادرست است: «چنان می‌نماید که روز گذشته همگان میخواره و مست بوده‌اند». باز آنکه در گفتار افزوده همه روز جنگیده بودند.
۱۱ – سخن دوباره.
۱۲ – اگر خود بر نشست (= سوار بر اسب گردید)، پس همراه سپاه بوده‌است، و نمیتوان گفتن که «سپاه را فرستاد». لت دویم نیز سست است. نمونه‌ها «یلان»، «بایلان»... از آغاز میان را بسته‌بودند و این گفتار، دوباره آمده‌است.
۱۳ – لت دویم رودرروی لت نخست است، زیرا که اگر چون دریای آب برفتند، همگان باهم تاخته‌اند، پس شتاب بر که گرفتند؟
۱۴ – چگونه تاختن بی‌جنبش روی میدهد؟
۱۵ – **یک:** هنوز، از کنده نگذشته بنزدیک پرده‌سرای کیخسرو رسیدند؟ **دو:** روشن نیست که بوق و کرّنای ازسوی کدامیک از دو سپاه نواخته شد.

غو طبل بر کوههٔ زین بخاست / درفش سیه را برآورد راست[1]
ز لشگر هر آن کس که بد پیشرو / برانگیختند اسپ و برخاست غو[2]
به کنده درافتاد چندی سوار / بپیچید دیگر سر از کارزار[3]
ز یک دست رستم برآمد ز دشت / ز گرد سواران هوا تیره گشت[4]
ز دست دگر گیو و گودرز و توس / به پیش اندرون نالهٔ بوق و کوس[5]
شهنشاه با کاویانی درفش / هوا شد ز تیغ سواران بنفش[6]
برآمد ده و گیر و بر بند و کُش / نه با اسپ تاو و نه با مرد هش[7]
ازیشان ز سد نامور ده بماند / کسی را که ماند اختر بد براند[8]
چو آگاهی آمد ازان رزمگاه / چنان خسته بُد شاه توران سپاه[9]
که از خستگی جمله گریان شدند / ز درد دل شاه بریان شدند[10]
چنین گفت ک:«ز گردش آسمان / نیابد گذر، دانشی، بیگمان![11]
چو دشمن همی جان پسیچد نه چیز / بکوشیم ناچار یک دست نیز[12]
اگر سربسر تن به کشتن دهیم / اُگر ایرجی تاج بر سر نهیم»[13]

---

۱ - **یک:** تبل را غریو نیست، کوبه و بانگ است! بخاست نیز نادرست است: «برخاست» و چگونه آوای آن از (کوههٔ زین اسپان) برخاست؟ **دو:** چه کس درفش سیاه را راست کرد؟ آیا خرد می‌پذیرد که در یک شبیخون در شبی سیاه، درفش سیاه را نیز با خود ببرند... باری اگر ببرند، در همهٔ زمان جنبش و شبیخون بایستی افراشته باشد، نه بهنگام رسیدن بپرده‌سرای کیخسرو!

۲ - هر آنکس را «بر انگیخت» باید نه «برانگیختند»!... «غو» پیش‌ازآن برخاسته‌بود!

۳ - **یک:** پس‌از رسیدن بپرده‌سرای، بکنده رسیدند؟ چرا چندی سوار بکنده در افتند، بیگمان همهٔ پیشروان سپاه، بکنده فرو می‌افتند، و آن سپاهیان که پشت آنان می‌تاختند، روی اینان می‌ریزند، و تا در سیاهی شب آگاهی بفرماندهان سپاه رسد، تلی از اسپ و مرد خسته و شکسته پیش رویشان سر برمی‌افرازد، و دیگر سپاهیان نمی‌توانند رفتن، و در جای می‌ایستند و آشوب درمیان بر می‌خیزد! **دو:** بپیچید دیگر نادرست است: «دیگران سر از کارزار بپیچید(ند)». ۴ - آسمان شب را چگونه تیرگی گرفت؟

۵ - **یک:** پیشتر از گودرز یاد نشده‌بود. و بخشی از سپاهیان برستم و بخشی دیگر بگیو سپرده شده‌بود. **دو:** پیش اندرون نادرست است. **سه:** و سخن پایان ندارد. ۶ - شبانگاه، هوا چگونه بنفش دیده می‌شود؟

۷ - «ده و گیر» یا «گیرودار» را در سخن فارسی کاربُرد هست، اما «بر بند و کش» روایی ندارد! زیراکه گیرودار، همان بگیر و بدار است که گرفتن و نگهداشتن باشد، و «دار» (= بدار) با بستن می‌شود!... بر بند نیز نادرست است: «ببند». **دو:** سخن را در لت دویم پایان نیست.

۸ - **یک:** در تاریکی شب و غوغا و آشوبِ پیش‌آمده، چگونه ناموران را با بی‌نامان سنجیدند، و دانستند که از ناموران ده درسد بیشتر زنده بماندند! **دو:** بماند نیز نادرست است: «بماندند». **سه:** لت دویُم نادرخور است زیرا که چنین نشان میدهد که بد اختران نمردندند، و براندند!

۹ - خسته بُد، نادرست زیرا که خسته (= مجروح) است و وی ریشناک و خسته نشده‌بود، اما اگر وی «خسته شده‌بود» نشانهٔ آنست که در شبیخون همراه سپاهیان بوده‌است، و «آگاهی آمد» برای کسیکه خود در رزمگاه بوده‌است درست نیست.

۱۰ - لت نخست همگان را خسته نشان می‌دهد، و در لت دویم تنها از خستگی شاه است که آنان گریان و بریان می‌شوند!

۱۱ - **یک:** چه کس گفت؟ می‌باید که نام افراسیاب در آغاز سخن بیاید. **دو:** لت دویم، رودرروی سخن در رج پسین است که یورش دیگر بار را فرمان میدهد!

۱۲ - جان پسیچد، نادرست: پسیچیدن، آماده شدن برای انجام کاریست و جان پسیچید راگزارش نباشد. «نه چیز» نیز نادرست است. لت دویم نیز سخت سست است.

۱۳ - ایرجی تاج نیز نامی نادرخور است، زیراکه ایرج از تاج و از تخت گذشت و بنزد برادران رفت. افزاینده «تاج ایران» را خواهد گفتن.

برآمد خروش از دو پرده‌سرای — جهان پر شد از نالهٔ کرنای[1]
گرفتند ژوپین و خنجر بکف — کشیدند لشگر سه فرسنگ صف[2]
بکردار دریا شد آن رزمگاه — نه خورشید تابنده، روشن، نه ماه[3]
سپاه اندر آمد همی فوج فوج — برآنسان که برخیزد از باد، موج[4]
در و دشت گفتی همه خون شده‌ست — خورازچرخ گردنده بیرون شده‌ست[5]
کسی را نبُد بر تن خویش مهر — بقیر اندر اندود، گفتی، سپهر[6]
همان گه برآمد یکی تیز باد — که هرگز ندارد کسی آن به یاد[7]
⇐ **همی خاک برخاست از رزمگاه — بزد بر سر و چشم تورانسپاه**
ز سرها همی ترگ‌ها برگرفت — بماند اندران شاه ترکان شگفت[8]
همه دشت مغز سر و خون گرفت — دل سنگ رنگ تبر خون گرفت[9]
سواران توران که روز درنگ — زبون داشتندی شکار پلنگ[10]
ندیدند با چرخ روی نبرد — همی خاک برداشت از دشت مرد[11]
چو کیخسرو آن خاک و آن باد دید — دل و بخت ایرانیان شاد دید[12]
ابا رستم و گیو گودرز و توس — ز پشت سپاه اندر آورد کوس[13]
دهاده برآمد ز قلب سپاه — ز یک دست رستم ز یک دست شاه[14]
شد اندر هوا گرد بر سان میغ — چه میغی که باران او تیر و تیغ[15]
تلی کشته هر جای چون کوه کوه — زمین گشته از خون ایشان ستوه[16]

---

۱ - تورانیان که در پرده‌سرای نبودند، و کیخسرو نیز که با درفش کاویان در میدان بود.

۲ - **یک:** بهنگام یورش با ژوپین، خنجر را کاربرد نیست. **دو:** مگر روز هنگام بود که توانستند به رده (صف) بایستند! چون از سپاهیان افراسیاب نود درسد بمردند چگونه سه فرسنگ به رده ایستادند؟

۳ - «آن» در آن رزمگاه نابجا است شباهنگام خورشید در آسمان نیست که تیره شود.

۴ - «اندر آمد» نادرست است: «می‌آمدند». ۵ - گفتی... شبانگاه خورشید نمی‌تابد.

۶ - میان لت نخست و لت دویم پیوند دیده نمی‌شود. لت نخست سپاهیان را میگوید و لت دویم بآسمان می‌نگرد!

۷ - در لت دویم زمان‌کنش نادرخور است: «هرگز کس چنان باد را بیاد (نداشت)».

۸ - **یک:** ترگ‌ها برگرفت نادرست است: «ترگ‌ها را برمیگرفت». **دو:** ترگ با بند به گردن بسته می‌شود. و باد نمی‌تواند آنرا برگیرد!

۹ - **یک:** دشت مغز و سر و خون‌گرفت نادرست است: «همهٔ دشت پر از خون شده». **دو:** چگونه است که تنها مغز سر و خون بر دست ریزد، و دشت و پای و پیکر نریزد؟ **سه:** روی سنگ را، شاید رنگ خون‌گرفتن، اما دل سنگ را نشاید.

۱۰ - شکار، با درنگ همراه نیست، و شتابش باید.

۱۱ - خاک مرد(ان) را بر نمی‌داشت، باد چنین میکرد!

۱۲ - دل را شاید شاد بودن، اما بخت شادی و ناشادی ندارد.

۱۳ - کیخسرو... کوس آورد؟! آنان که پشت سپاه نبودند، و هر یکی یکسوی سپاه را داشتند! برای یورش بسپاه دشمن شمشیر را می‌باید کشیدن، نه کوس را آوردن! ۱۴ - پس گیو و گودرز و توس چکاره بود که بیکار ماندند؟

۱۵ - لت نخست دوباره گویی است لت دویم را پیوند درست نیست، و پایان ندارد.

۱۶ - چون کوه کوه نادرست است: «هر جای تن کشته چون کوه» لت دویم نادرخور!

هوا گشت چون چادر نیلگون — زمین شد بکردار دریای خون[1]
⟸ **ز تیر* آسمان شد، چو پرّ عقاب — نگه کرد، خیره‌سر افراسیاب**
بدید آن درفشان درفش بنفش — نهان کرد بر قلبگه بر، درفش[2]
سپه را رده برکشیده بماند — خود و نامداران توران براند[3]
ز خویشان شایسته مردی هزار — ببرد آنکه بود، ازدرِ کارزار
به بیراه راه بیابان گرفت — به رنجِ تن، از دشمنان جان گرفت[4]

*

ز لشگر نیا را همی جست شاه — بیامد دمان تا به قلب سپاه[5]
ز هر سوی پویید و چندی شتافت — نشان پی شاه توران نیافت[6]
سپه چون نگه کرد در قلبگاه — ندیدند جایی درفش سیاه[7]
ز شه خواستند آن زمان زینهار — فروریختند آلت کارزار[8]
چو خسرو چنان دید بنواختشان — ز لشگر جدا جایگه ساختشان[9]
بفرمود تا تخت زرّین نهند — به خیمه در آرایش چین نهند[10]
می آورد و رامشگران را بخواند — ز لشگر فراوان سران را بخواند[11]
شبی کرد جشنی که تا روز پاک — همی مرده برخاست از تیره‌خاک[12]
چو خورشید بر چرخ بنمود دست — شب تیره را رخ بناخن بخست؛[13]
شهنشاه ایران سر و تن بشست — یکی جایگاه پرستش بجست[14]

---

۱ – چند بار؟

* – در همه نمونه‌ها «تیر» آمده‌است، اما پیدا است که چون خاک رزمگاه بلند شده بر سر و چشم تورانیان میزد، آسمان از «گرد» چون پر عقاب، سیاه گردیده‌بود.

۲ – درفشان درفش بنفش نادرخور است درفش کاویان بنفش رنگ نبوده‌است.

۳ – در هنگامهٔ نبرد تن‌بتن سخن از «رده» نشایست گفتن زیرا که رده بهنگام ایستادن سپاهیان خود و نامداران نادرست است، سخن درست در رج پسین می‌آید.

۴ – لت دویم سست می‌نماید «از دشمنان جان گرفتن» آنانرا کشتن است، باز آنکه افراسیاب جان خویش را بدر برده‌بود!

۵ – نه رج پیش شاه با رستم درمیانه (قلب) سپاه بود، و اکنون دیگر بار بمیانه سپاه می‌رود!

٦ – پوییدن (= دویدن) با شتاب همراه است و نمیتوان آندو را جدا از یکدیگر یاد کردن و نشان پای افراسیاب را در آن دشت پر آشوب و جنگ و گریز، نمیتوان بر روی زمین دیدن!

۷ – «نگه کرد» در لت نخست با «ندیدند» در لت دویم همخوان نیست.

۸ – آنزمان نابجا است: «سپاهیان توران چون چنین دیدند، زینهار خواستند».

۹ – لت دویم جابجا است: «جدا از لشگر ایران آنان را جای داد».

۱۰ – خیمه را در سخن فردوسی جای نیست، و آرایش چین را در ایران...

۱۱ – پادشاه می‌آورد؟ سپهسالار را می‌باید که پس‌از پیروزی نخست بکار خستگان پرداختن، و تن کشتگان راگرد آوردن نه در آن دشت پر خون، درمیان کشتگان مِی نوشیدن و شاد بودن!

۱۲ – شبی نادرست است. «آنشب»! روز پاک نیز نادرخور است. لت دویم نیز سست می‌نماید.

۱۳ – چون خورشید بر آسمان پدیدار شود، جایی برای شب نمی‌ماند که با ناخن خورشید، خراش بر دارد!

۱۴ – برای ستایش و نیایش نیز جایگاه ویژه در کار نبود.

بازگشتن افراسیاب به نبرد ۲۳۵

کز ایرانیان کس مر او را ندید … نه دام و دد آواز او را شنید[1]
ز شبگیر تا ماه بر چرخ ساج … به سر برنهاد آن دل افروز تاج[2]
ستایش همی کرد بر کردگار … ازان شادمان گردش روزگار[3]
فراوان بمالید بر خاک روی … به رخ برنهاد از دو دیده دو جوی[4]
اُزان جای بیامد سوی تاج و تخت … خرامان و شاداندل و نیکبخت
از ایرانیان هر که افکنده بود … اگر کشته بودند اگر زنده بود[5]
ازان خاک آورد برداشتند … تن دشمنان خوار بگذاشتند[6]
همه رزمگه دخمه‌ها ساختند … ازآن کشتگان چون بپرداختند[7]
ز چیزی که بود اندران رزمگاه … ببخشید شاه جهان بر سپاه[8]
اُزان جا بشد شاه به بهشت کنگ … همه لشگر آباد با ساز جنگ[9]
چو آگاهی آمد به ماچین و چین … ز ترکان و ز شاه ایرانزمین[10]
بپیچید فغفور و خاقان به‌درد … ز تخت مهی هر کسی یاد کرد[11]
اُزان یاوری‌ها پشیمان شدند … پر اندیشه دل سوی درمان شدند[12]
همی گفت فغفور کافراسیاب … ازین پس نبیند بزرگی به خواب[13]
ز لشگر فرستادن و خواسته … شود کار ما بی‌گمان کاسته[14]
پشیمانی آمد همه بهر ما … کزین کار ویران شود شهر ما[15]
ز چین و ختن هدیه‌ها ساختند … بدان کار گنجی بپرداختند[16]

---

۱ – ندید نادرست است: «نمی‌دیدند»، دام و دد را در میدان نبرد چه جای بوده‌است که آواز او را بشنوند، یا نشنوند!

۲ – ماه را بهنگام برآمدن، تاج بر سر نیست آن خورشید است که پیش‌از برآمدن، پنجهٔ زرین یا تاج زرین می‌نماید.

۳ – دنباله.

۴ – **یک:** ایرانیان رخ را در نماز بر خاک نمی‌مالیدند. **دو:** در رج پیشین از شادمانی سخن رفت، و اکنون از گریستن!؟

۵ – «افکنده‌بود» با «کشته‌بودند»، و با «زنده‌بود» همخوان نیستند.

٦ – نه چنین است که پس‌از هر جنگ همهٔ مردگان را دخمه همگانی می‌نهادند تا بیماری واگیردار پدیدار نشود (بنگرید به بخش بهداشت همگانی، در «حقوق جهان در ایران باستان» از نگارنده).

۷ – همه رزمگه نادرست است: «دخمه ساختند».

۸ – **یک:** چون «ز چیزی» آمده‌است نشان از آن میدهد که کیخسرو بخشی از آنرا برای خویش برداشته و بخشی را بسپاهیان داده است. **دو:** ز چیزی نیز نادرست است. «از آن خواسته که در لشگرگاه برجای مانده‌بود».

۹ – **یک:** ببهشت گنگ سخن را بد آهنگ می‌کند. **دو:** لت دویم بی‌پایان است.

۱۰ – آگاهی آمد، نادرست است: «آگاهی بشد»، «آگاهی برفت».

۱۱ – **یک:** فغفور و خاقان را «بپیچیدند» باید. **دو:** روشن نیست که از تخت مهیِ چه‌کس یاد کردند؟ اگر چه افزاینده را رای آن بوده‌است که از تخت افراسیاب یاد کند.

۱۲ – باز روشن نیست که یاوری را به چه‌کس کرده‌بودند.

۱۳ – همی گفت، نادرست است: «گفت» «چنین گفت».

۱۴ – کار کاسته شدن را چه روی باشد؟ نه چنین است و شاید که کار (= جنگ) بزرگی درپیش باشد!

۱۵ – کزین کار نیز نادرست است: «از این پیشامد». یا: «از شکست افراسیاب».

١٦ – ختن وابسته بچین نبود، و شهر پیران بود.

فرستاده‌ای نیک‌دل را بخواند — سخن‌های شایسته چندی براند[1]
یکی مرد بُد نیک‌دل نیک‌خواه — فرستاد فغفور نزدیک شاه[2]
طرایف به چین اندرون آنچه بود — ز دینار و ز گوهر ناپسود[3]
به پوزش فرستاد نزدیک شاه — فرستادگان برگرفتند راه[4]
بزرگان چین بی‌درنگ آمدند — به یک هفته از چین به کنگ آمدند[5]
جهاندار پیروز بنواخت‌شان — چنان چون ببایست بنشاخت‌شان
بپذرفت چیزی که آورده بود — طرایف بُد و بدره و پرده بود[6]
فرستاده را گفت که: «او را بگوی — که خیره، برِ ما مبر آب روی[7]
نباید که نزد تو افراسیاب — بیاید شب تیره هنگام خواب»[8]
فرستاده برگشت و آمد چو باد — به فغفور یکسر پیامش بداد
چو بشنید فغفور هنگام خواب — فرستاد کس نزد افراسیاب[9]
که: از مرز چین و ختن دور باش — ز بد کردن خویش رنجور باش[10]
هر آن‌کس که او گم کند راه خویش — بد آید بداندیش را کار پیش[11]

---

۱ - بخواند، نادرست است بخواندند و براندند.
۲ - لت نخست را میان نیکدل و نیکخواه پیوند (و) باید. لت دویم را نیز پیوند درست با لت نخست نیست: «او را فرستاد».
۳ - طرایف را در گفتار فردوسی راه نیست. گوهر ناپسود بی‌ارزش است، گوهری که پس‌از تراش خوردن از سنگ بیرون آید، ارزش پیدا می‌کند.
۴ - **یک:** به پوزش نیز نادرست است: «برای پوزش». **دو:** دو رج پیش، از یک فرستادهٔ نیکدل نام رفته‌بود، و اینجا از فرستادگان سخن میرود!
۵ - آنکس که زمین پیمایی (جغرافی) میداند، میداند که از چین تا بالای دریاچه ایسیکول، که جایگاهی نزدیک به پایتخت افراسیاب بوده‌است (بنگرید به مرزهای ایران و توران بر بنیاد شاهنامهٔ فردوسی حسین شهیدی مازندرانی (بیژن) بنیاد نیشابور) چه اندازه بوده‌است، و نمیتوان آنرا با اسپ و اشتر، بیک هفته پیمودن و بکنگ رسیدن!
۶ - **یک:** دوباره فرستادگان، «فرستاده» شد، چنانکه با «آورد» بود، از وی یاد می‌شود. **دو:** چهار رج پیش «دینار و گوهر ناپسود» بود، و اینجا بدره و پرده شد.
۷ - از «او را بگوی» که را خواهد گفتن! افزاینده می‌بایستی چنین آوَرَد که: «کیخسرو بفرستادهٔ فغفور گفت که او را بگوی» یا «کیخسرو فرستاده را گفت که فغفور را بگوی».
۸ - نباید را بایستی بافراسیاب گفتن، نه به فغفور! و هنگام خواب، نیز تنهای پساوای افراسیاب است!
۹ - باز بهنگام «خواب» فغفور فرستاده بنزدِ هماوایش «افراسیاب» می‌رود!! ۱۰ - سخن در لت دویم سست و نادرست است.
۱۱ - لت نخست را با لت دویم پیوند نیست، و سخن نیز درهم و بی‌گزارش است.

گذشتن افراسیاب
بر
آبِ زره

چو بشنید افراسیاب این سخن ‌ ‌ ‌ پشیمان شد از کرده‌های کهن
بیفکند نام و غم جان گرفت ‌ ‌ ‌ به بی‌راه راه بیابان گرفت[۱]
چو با درد و با رنج و غم دید روز ‌ ‌ ‌ بیامد دمان تا به کوه اسپروز[۲]
ز بدخواه روز و شب اندیشه کرد ‌ ‌ ‌ شب و روز را دل یکی بیشه کرد[۳]
⇐ بیامد چنین تا به آب زره ‌ ‌ ‌ میان سوده از رنج و، بند گره
چو نزدیک آن ژرف دریا رسید ‌ ‌ ‌ مر آن را میان و کرانه ندید
بدو گفت ملاح ک:«ای شهریار ‌ ‌ ‌ بدین ژرف دریا نیابی گذار[۴]
مرا سالیان هست هفتاد و هشت ‌ ‌ ‌ ندیدم که کشتی بر او برگذشت»[۵]
بدو گفت پرمایه افراسیاب ‌ ‌ ‌ که «فرخ کسی کاو بمیرد در آب
مرا چون به شمشیر دشمن نکشت ‌ ‌ ‌ چنان‌چون نکشتش نگیرد به مشت»[۶]
بفرمود تا مهتران هرکسی ‌ ‌ ‌ به آب اندر آرند کشتی بسی
سوی کنگ‌دز بادبان برکشید ‌ ‌ ‌ به نیک و بدی‌ها سر اندر کشید[۷]
چو آن جا شد ایمن بخفت و بخورد ‌ ‌ ‌ بر آسود از روزگار نبرد[۸]
چنین گفت ک:«ایدر بباشیم شاد ‌ ‌ ‌ ز کار گذشته نگیریم یاد
چو روشن شود تیره‌گون اخترم ‌ ‌ ‌ بکَشتی بر آب زره بگذرم
ز دشمن بخواهم همان کین خویش ‌ ‌ ‌ درفشان کنم راه و آیین خویش»

۱ – غم گرفتنی نیست خوردنی است، و افراسیاب پیشتر در افزوده‌ها، براه بیابان گریخته‌بود.

۲ – در افزوده‌های هنگام هفتخوان نشانِ کوه اسپروز در گیلان داده می‌شد و اینجا که افراسیاب بسوی آب زره می‌رود. نزدیک بدریای فراخکرد (= اقیانوس آرام) نشان داده می‌شود (دراین‌باره بنگرید به داستان ایران بر بنیاد گفتارهای ایرانی، نوشتهٔ من).

۳ – اندیشه کرد نادرست است: «اندیشه میکرد»، «می‌اندیشید». لت دویم پریشان است.

۴ – ملّاح را بسخن فردوسی، گذر نیست.

۵ – سالیان نادرست است، ندیدم نیز نادرست است: «ندیده‌ام» بر گذشت نیز نادرخور است: «برگذشته باشد».

۶ – لت دویم پریشان و بی‌گزارش است. شاهنامه فلورانس: «جهان چو نگینش» آن نیز درست نیست، زیرا که نگین، در مشت جای نمیگیرد!

۷ – از دریای فراخکرد (اقیانوس آرام) چگونه میتوان دلِ خشکی را شکافتن، و بتوران و کنگدز رفتن؟ بجایی که اکنون در دست کیخسرو است!

۸ – اما افزاینده ویرا بتوران رساند، و بدو خواب و خور و آسایش بخشید.

۲۳۸ نبرد بزرگ کیخسرو

*

چو کیخسرو آگاه شد زین سَخُن   که کار نو آورد، مردِ کَهُن؛
برستم چنین گفت ک: «افراسیاب   سوی کنگ‌دژ شد ز دریای آب[1]
به کردار کرد آنچه با ما بگفت   که ما را سپهر بلند است جفت[2]
بکشتی بر آب زره، برگذشت   همه رنج ما سربسر باد گشت[3]
مرا با نیا جز به خنجر سخن   نباشد، نگردانم این کین، کهن[4]
به نیروی یزدان پیروزگر   ببندم به کین سیاوش کمر[5]
همه چین و ماچین سپه گسترم   به دریای کیماک بر بگذرم[6]
چو گردد مرا راست ماچین و چین   بخواهیم یاری ز مکران زمین[7]
به آب زره بگذرانم سپاه   اگر چرخِ گردان بود نیکخواه[8]
اگر چند جایی درنگ آیدم   مگر مرد خونی به چنگ آیدم[9]
شما رنج بسیار برداشتید   بر و بوم آباد بگذاشتید[10]
هم این رنج بر خویشتن برنهید   ازآن به که گیتی بدشمن دهید[11]
بماند ز ما نام تا رستخیز   به پیروزی و دشمن اندر گریز»[12]
شدند اندران پهلوانان دژم   دهان پر ز باد، ابروان پر ز خم[13]
که دریای با موج و چندین سپاه   سر و کار با باد و شش ماه راه[14]
که داند؟ که بیرون، که آید ز آب؟   بد آمد سپه را ز افراسیاب[15]
چو خشکی بود ما بجنگ اندریم   بدریا بکام نهنگ اندریم[16]

---

۱ – و کیخسرو نیز در سخن افزوده گزارش آنرا برستم میدهد!

۲ – به آن گفتار افزوده بازمیگردد که افراسیاب گفته‌بود چون ستاره از دریای کیماک میگذرم...

۳ – دو رج پیش‌از گذشتن افراسیاب و رفتن بکنگدژ سخن رفت، و اینجا افزاینده‌ای دیگر او را از آب زره می‌گذرانَد.

۴ – **یک:** افزایندگان افراسیاب را باشمشیر کیخسرو کشتند! **دو:** از کین نیز زمانی دراز گذشته و کهن شده‌بود.

۵ – تاکنون همهٔ جنگ‌ها برای کین سیاوش بوده‌است، و تازه کمر بستن، نادرست می‌نماید.

٦ – **یک:** سخن در لت نخست باکمبود همراه است. «بر همهٔ چین...». **دو:** کنار چین و ماچین از بودن دریایی بنام کیمال، یا کیماک آگاهی نداریم... دریایی که کنار چین گسترده شده‌است، همان آب زره یا دریای فراخکرد است.

۷ – **یک:** پس‌از گذر بدریای کیماک دوباره بچین بازگشتن روا نیست! **دو:** «گردد مرا» در لت نخست، با «بخواهیم یاری» در لت دویم همخوان نیست.

۸ – «چو» در رج پیشین، با «اگر» در این رج همخوان نیست... زیراکه «اگر» در این رج سخنان پیشین را ناروا میکند.

۹ – سخن سخت مست است.

۱۰ – روی سخن با یک‌کس بود، و اکنون با «شما» شد!

۱۱ – لت دویم نادرست است، زیراکه آنان جهان را از دشمن ستانده‌اند، و نداده‌اند.

۱۲ – پیوند درست میان این رج و رج پیشین نیست.

۱۳ – «اندر آن» نادرخور است: «از آن سخن».

۱۴ – پیوند «که» در آغاز این رج نادرخور است... لت دویم، روشن نیست چند ماه راه در پیش است، و نمیتوان آن را شش ماه راه درشمار آوردن!

۱۵ – سخن باکاربرد سه باره «که» سنگین شده‌است. لت دویم از افراسیاب بد آمد، یا از فرمان کیخسرو؟

١٦ – لت نخست نادرست است: «در خشکی از جنگ سر نمی‌تابیم» و لت دویم نیز نادرخور است: «در دریا شاید بودن که بکام نهنگان

همی گفت هر گونه‌ای هر کسی — بدان گه که گفتارها شد بسی؛[1]
چنین گفت رستم که «ای مهتران — جهاندیده و رنج برده سران[2]
نباید که این رنج بی‌بر شود — به ناز و تن‌آسانی اندر شود[3]
دودیگر که این شاه پیروزگر — بیابد همی ز اختر نیک، بر![4]
ز ایران برفتیم تا پیش کنگ — ندیدیم جز جنگِ یازان بجنگ[5]
ز کاری که سازد، همی برخورد — بدین آمد و هم بدین بگذرد»[6]
چو بشنید لشگر ز رستم سخن — یکی پاسخ نو فکندند بن[7]
که «ما سربسر شاه را بنده‌ایم — ابا بندگی دوست‌دارنده‌ایم[8]
بخشکی و بر آب، فرمان وراست — همه کهترانیم و پیمان وراست»[9]
ازآن شاد شد شاه و بنواختشان — یکایک باندازه بنشاختشان[10]
در گنج‌های نیا برگشاد — ز پیوند و مهرش نکرد ایچ یاد[11]
ز دینار و دیبای گوهرنگار — هیونان شایسته کردند بار[12]
هم ایدون ز گنج درم سدهزار — ببردند با آلت کارزار[13]
ز گاوان گردون‌کشان ده‌هزار — ببردند تا خود کی آید به کار[14]
هیونان ز گنج درم ده‌هزار — بسی بار کردند از بهرِ کار[15]

← رویم».

۱ – همی گفت نادرست است: «بگفتند...» در لت دویم «بسی» نادرخور است: «چون گفتارها بسیار شد».

۲ – دنبالهٔ گفتار.

۳ – لت دویم، دنبالهٔ درست لت نخست نیست... «با ناز و تن‌آسانی، برِ رنج‌های پیشین ازمیان برود!»

۴ – دنبالهٔ گفتار.

۵ – پیوندی میان این رج با رج پیشین، و نیز میانِ دو لت در همین رج دیده نمی‌شود.

٦ – دوباره روی سخن بکیخسرو بازگشت لت دویم بی‌پیوند: «کسیکه تاکنون پیروز بوده‌است، پس‌ازاین نیز با پیروزی همراه است».

۷ – لشگر نادرخور است: «چون سپاهیان، یا لشگریان از رستم سخن بشنیدند». لت دویم پاسخ «بن فکندنی» نیست. «پاسخی دیگر دادند». «بگونه‌ای دیگر پاسخ دادند».

۸ – پیوند خوشاهنگ میان لت دویم و لت نخست دیده نمی‌شود، زیرا که «دوست‌دارندگی» شاید که بخود آنان، ویژه باشد نه بکیخسرو!

۹ – دنبالهٔ گفتار.

۱۰ – **یک:** پهلوانان با رستم سخن می‌گفتند، و شاه به پیش آمد! **دو:** روشن است که در انجمن شاه هر یک از سرداران در پایگاه خویش می‌نشیند، و نابجا نشستن در سپاه، روا نیست!

۱۱ – افزاینده فراموش کرده‌است که ایرانیان در میدان جنگ بودند، و بپایتخت باز نگشته‌اند، تا کیخسرو بتواند گنج‌های نیا را بگشاید. شاهنامهٔ سپاهان ۱۴۳ رج از این افزوده‌ها را ندارد.

۱۲ – هیون شایسته، چگونه هیونی تواند بودن، هیونان را پیوند «را» نیز باید.

۱۳ – **یک:** برای راهی چنان دور، درم را بار کردن نشاید... دینار را فرستادن باید... **دو:** درم را با جنگ‌افزار بار کردند؟ سدهزار گنج درم بار کردند؟ یا سدهزار درم؟

۱۴ – گاوان گردون کشان نادرست است: «گاوان گردونکش» لت دویم سخت کودکانه است... کی (آید) را نمیتوان برای گاو(ان) بکار بردن! افزاینده را رای بر آن بوده‌است تا بگوید که آن گنج و درم را بر گردونه‌ها بار کردند، گاوان گردونه کش آنها را براه بردند...

۱۵ – ده‌هزار هیون، گنج درم بردند؟!! افزاینده دو رج پیش‌از یکسدهزار درم یاد کرده‌بود، و اینجا از ده‌هزار درم!، و هیچ شمار بر نگرفته‌است که با هر اشتر چند درم بار کرده‌اند؟ اگر یکسدهزار درم را درشمار آوریم به هر هیون ده درم می‌رسد! و آیا شایسته‌است که یک ←

بفرمود زان پس به هنگام خواب — که پوشیده‌رویان افراسیاب[1]
ز خویشان و پیوند چندان که هست — اگر دختران‌اند اگر زیردست[2]
همه در عماری به راه آورند — ز ایوان به میدان شاه آورند[3]
دو از نامداران گردنکشان — که بودند هر یک به مردی نشان[4]
چو جهن و چو گرسیوز ارجمند — به مهد اندرون پای کرده به بند[5]
همه خویش و پیوند افراسیاب — ز تیمارشان دیده کرده پر آب[6]
نواها که از شهرها یادگار — گروگان ستد ترک چینی هزار[7]
سپرد آن زمان گیو را شهریار — گزین کرد ز ایرانیان ده‌هزار[8]
بدو گفت کـ:«ای مرد فرخنده پی — برو با سپه پیش کاووس کی»[9]
بفرمود تا پیش او شد دبیر — بیاورد قرطاس و چینی حریر[10]
یکی نامه از قیر و مشک و گلاب — بفرمود در کار افراسیاب[11]

نامهٔ شـاه به کاووس

چو شد خامه از مشک و از قیر تر — نخست آفرین کرد بر دادگر[12]
که دارنده و بر سر آرنده اوست — زمین و زمان را نگارنده اوست[13]
همو آفرینندهٔ پیل و مور — ز خاشاک تا آب دریای شور[14]

← شتر را با ده درم بار، براه دراز برند؟ **دو:** اگر درم را بر اشتران بار کردند، پس گردونه‌ها و گاوان را به چه کار برند. **سه:** چون شمار اشتر و شمار درم روشن است، «بسی بار کردند» را چه جای گفتار است؟ افزایندگان خشک مغز با شاهنامهٔ ما اینچنین بازی کرده‌اند!!

۱ – سخن را در پایان (را) بکار است.

۲ –کنش «هست» نادرخور است: «چندانکه بودند» لت دویم کنش زمان روان نابجا است: «اگر دختران بودند...».

۳ – «همه را» در آغاز سخن باید.

۴ – «دو از» نادرست است: «دو تن از» گردنکشان نیز نادرخور است: «نامداران گردنکش». ۵ – «چو» نادرست است.

۶ –کنش «کرده» در لت دویم با «همه» در لت نخست همخوان نیست: «کرده‌بودند».

۷ – **یک:** نوا (= گروگان) یا یادگار؟ **دو:** چینیان ترک نبوده‌اند.

۸ –کنش نادرخور است... «آن کاروان را بگیو بسپرد». لت دویم نیز بی‌پیوند است. بایستی روشن شود که ده‌هزار ایرانی را برای همراهی گیو و کاروان برگزید.

۹ – افزاینده در این رج «برو با سپه» را آورده‌است، اما آن نیز درست نیست زیرا که می‌بایستی گفتن: «با این سپه برو».

۱۰ – پس‌از فرمان رفتن، نامه نوشتن درست نمی‌نماید. لت دویم قرطاس (کراسه = کاغذ) آورد؟ یا حریر چینی؟

۱۱ –هیچکس را در هیچ جای و زمان چنین اندیشه‌ای پدید نیامده‌است که با قیر، نامه بنویسد!!

۱۲ – اما افزاینده هنوز بر روی قیر، پای می‌فشارد!

۱۳ – **یک:** بر سر آرنده را روی نباشد! **دو:** زمین را نگارنده است، اما فرمان را چگونه می‌نگارند؟

۱۴ – افزاینده، «آب شور» را برای پساوای «مور» در کار بوده‌است! سخن نیز پایان ندارد «آفریننده پیل و مور (است)».

همه با توانایی او یکیست   خداوندِ هست و خداوندِ نیست[1]
کسی را که او پرورانْد به مهر   بر آن کس نگردد به تندی سپهر[2]
ازو باد بر شاه ایران درود   کزو خیزد آرام را تار و پود[3]
رسیدم بدان دز که افراسیاب   همی داشت از بهر آرام و خواب[4]
بدو اندرون بود تخت و کلاه   بزرگیّ و دیهیم و گنج و سپاه[5]
چهل روزمان جنگ پیوسته گشت   هر آن کس که برگشت تن خسته گشت[6]
بگوید کنون گیو یک یک به شاه   سخن هرچه رفت اندرین رزمگاه[7]
چو در پیش یزدان گشایی دو لب   نیایش کن از بهر من روز و شب[8]
کشیدیم لشگر به ماچین و چین   وز آن روی رانم به مکران زمین[9]
اُ زان پس بر آب زره بگذرم   اگر پاک یزدان بود یاورم[10]

*

ز پیش شهنشاه برگشت گیو   ابا لشگری گشن و مردان نیو[11]
چو باد هوا گشت و ببرید راه   بیامد به نزدیک کاووس شاه[12]
پس آگاهی آمد به کاووس کی   ازان پهلوان زادهٔ نیک‌پی[13]
پذیرفته فرستاد چندی سپاه   گرانمایگان برگرفتند راه[14]
چو آمد بر شهر گیو دلیر   سپاهی ز گردان چو یک دشت شیر[15]

---

۱ - **یک:** این رج را نیز پیوند درست با رج پیشین نیست. آفرینش پیل و مور و خاشاک و آب دریای شور، و همه... **دو:** اینجا سخن می‌شکند... آفرینندگی؟ یا توانایی؟ **سه:** خداوند نیست را چگونه توان اندیشیدن؟

۲ - در اندیشهٔ ایرانیان باستان خداوند بهمهٔ آفریدگان خویش مهر داشته‌است و این مهر، ویژهٔ یک کس نبوده‌است... مگر آنکه مردمان با کارهاییکه میکنند، سرنوشت خویش را دگرگون می‌سازند، و روزگار بر آنان تلخ می‌شود.

۳ - **یک:** شاه ایران در آن زمان کیخسرو بوده‌است. **دو:** لت دویم را نیز بهیچ روی گزارش نتوان کردن.

۴ - افزاینده را فراموشی پیش آمد که یکبار دیگر از کنگدژ نامه برای کاووس فرستاده‌است، و دوباره‌گفتنش در کار نیست.

۵ - در آن در تخت و کلاه بود، اما «بزرگی» را چگونه در آن جای دادن؟ دیهیم نیز هنوز در جهان پدیدار نشده‌بود.

۶ - در داستان پیشین از چهل روز جنگ یاد نشده‌بود که با دو روز، کار نبرد بپایان رسید...!

۷ - در رزمگاه سخن نمی‌رود، که جنگ می‌کنند.

۸ - این گفتار را با گفتار فردوسی در داستان بیژن و منیژه بسنجید، تا روشن شود سخن افزایندگان تا چه اندازه از گفتار فردوسی بدور بوده‌است:

بمن داد از اینگونه دستارِ خوان   که بر من، جهان‌آفرین را بخوان

۹ - هنوزلشگر بسوی ماچین و چین نرفته‌است. «کشیدیم» درلت نخست با «رانم» درلت دویم همخوان نیست.

۱۰ - دنبالهٔ گفتار.   ۱۱ - برگشت نادرخور است: «براه افتاد».

۱۲ - ده‌هزار سپاهی را بهمراه کاروان زنان و دختران را نمیتوان چونان باد هوا از توران بایران بردن!

۱۳ - رج پیشین «بیامد»... و در این رج «پس آگاهی آمد» ناهمخوان‌اند.   ۱۴ - همچنان.

۱۵ - «آمد برِ شهر» نادرست است: «چون بشهر رسید». لت دویم را پیوندِ «با» باید.

چو گیو اندر آمد به نزدیک شاه / زمین را ببوسید بر پیش گاه[1]
ورا دید کاووس بر پای جست / بخندید و بسترد رویش به دست[2]
بپرسیدش از شهریار و سپاه / ز گردنده خورشید و تابنده ماه[3]
بگفت آن کجا دید گیو سترگ / ز گردان و ز شهریار بزرگ[4]
جوان شد ز گفتار او مرد پیر / پس آن نامه بنهاد پیش دبیر[5]
چو آن نامه بر شاه ایران بخواند / همه انجمن در شگفتی بماند[6]
همه شاد گشتند و خرّم شدند / ز شادی دو دیده پر از نم شدند[7]
همه چیز دادند درویش را / بنفریده کردند بدکیش را[8]
فرود آمد از تختَ کاووس شاه / ز سر برگرفت آن کیانی کلاه[9]
بیامد بغلتید بر تیره خاک / نیایش‌کنان پیش یزدان پاک[10]
اُزان جایگه شد به جای نشست / به گرد دز آیین شادی ببست[11]
همی گفت با شاه گیو آنچه دید / سخن کز لب شاه ایران شنید[12]
می آورد و رامشگران را بخواند / وز ایران نبرده سران را بخواند[13]
ز هر گونه‌ای گفت و پاسخ شنید / چنین تا شب تیره اندر چمید[14]
برفتند با شمع یازان ز پیش / دلی شاد و خرّم به ایوان خویش[15]
چو برزد خور از چرخ رخشان سنان / بپیچید شب گرد کرده عنان[16]
تبیره برآمد ز درگاه شاه / برفتند گردان بدان بارگاه[17]

---

۱ - «چو» در آغاز رج پیشین با «چو» در آغاز این رج ناهمخوان است. ۲ - بر پای جستن درخور شاهان نبوده‌است.

۳ - لت دویم را چه پیوند با کار سپاه؟ ۴ - سترگ: لجوج بود و بی‌آزرم و شرم «لغت فرس، اسدی توسی».

۵ - دنبالهٔ سخن. ٦ - در شگفتی «بماندند».

۷ - «گشتند» را با «شدند» همخوانی نیست، و یکی از این دوکنش برای گفتار بسنده است.

۸ - **یک:** پیش‌از بیرون رفتن از کاخ چگونه بدرویش چیز دادند؟ **دو:** بنفریده کردند نادرست است: «نفرین کردند» یا «بنفریدند» **سه:** کیش افراسیاب باکیش ایرانیان یکی بوده‌است و همگان کیش مهر را داشته‌اند.

۹ - کاووس، کلاه کیانی را به کیخسرو داده، و خود از تخت بزیر آمده برکرسی نشسته‌بود.

۱۰ - ایرانیان در نیایش خویش بر خاک نمی‌غلتیده‌اند.

۱۱ - **یک:** کاووس، خود چنین کرد؟ **دو:** او در «دژ» جای داشت؟ یا در کاخ شاهی؟ گیو بشهر اندر شده‌بود نه به «دژ».

۱۲ - **یک:** گیو یکبار سخن از رزمگاه گفته‌بود: «بگفت آن کجا دید، گیو سترگ». **دو:** لت دویم را پیوند درست با لت نخست نیست.

۱۳ - سران نبرده همگان بجنگ رفته‌بودند!

۱۴ - **یک:** در انجمن می و رامش چه جای گفت‌وگوی است؟ **دو:** اندر چمید نیز نادرست است: «بپایان رسید».

۱۵ - یازان ز پیش را روی نباشد! شاهنامه فلورانس شمع‌داران آورده‌است، و پیدا است که چراغ را براه می‌برده‌اند، نه شمع را که هر دم خاموش می‌شود. و چونِ شب چمیده (رفته) باشد، روز شده و نیاز بشمع و چراغ نیست. لت دویم را پیوند «با» باید.

۱٦ - پیش‌از دیده شدن سنان رخشانِ خورشید، شب با سپیده، عنان راگرد کرده و رفته‌بود!

۱۷ - گُردان همگی در میدان نبرد بوده‌اند.

جهاندار پس گیو را پیش خواند … بران نامور تخت شاهی نشاند[1]
بفرمود تا خواسته پیش برد … همان نامور سرفرازان گرد[2]
همان بی‌گنه روی‌پوشیدگان … پس پرده اندر ستمدیدگان[3]
همان جهن و گرسیوز بندسای … که او برد پای سیاوش ز جای[4]
چو گرسیوز بدکنش را بدید … بر او کرد نفرین که نفرین سزید[5]
همان جهن را پای کرده به بند … ببردند نزدیک تخت بلند[6]
بدان دختران رد افراسیاب … نگه کرد کاووس مژگان پر آب[7]
پس پردهٔ شاه‌شان جای کرد … همان گه پرستنده بر پای کرد[8]
اسیران و آن کس که بود از نوا … بیاراست مر هر یکی را جدا[9]
یکی را نگهبان یکی را به بند … ببردند از پیش شاه بلند[10]
ازان پس همه خواسته هرچه بود … ز دینار و ز گوهر ناپسود[11]
به ارزانیان داد تا آفرین … بخوانند بر شاه ایران‌زمین[12]
دگر بردگان مهتران را سپرد … به ایوان ببرد از بزرگان و خرد[13]
بیاراستند از در جهن جای … خورش با پرستنده و رهنمای[14]
به دز بر یکی جای تاریک بود … ز دل دور یا دخمه نزدیک بود[15]
به گرسیوز آمد چنان جای بهر … چنین است کردار گردنده دهر[16]

---

۱ – گیو را بر تخت شاهی نشاندن، روی ندارد! افزاینده خواسته‌است بگوید «گیو را برِ تخت شاهی نشاند».

۲ – پس‌از نشستن خواسته را پیش بردن نشاید. لت دویم را نیز پیوند درست نیست.

۳ – چرا روی پوشیدگان را پسِ پرده، ستم رسیده باشد؟ مشکوی شاه همواره پر از شادی و رامش بوده‌است.

۴ – لت نخست را «را» باید... و لت دویم سست و بی‌گزارش است.

۵ – دوباره نفرین در یک لت ناهموار است.

۶ – چند بار جهن را بردند؟

۷ – چرا مژگان پر آب؟

۸ – **یک:** «همان گه» نشاید، زیرا تا آنان در مشکوی شاه جای گیرند زمان میگذرد. **دو:** لت دویم کمبود دارد. پرستنده (پیش آنان) بر پای کرد.

۹ – آن‌کس برای نوا (= گروگان) نادرست است: «آن کسان» زیرا شمار نواها بگفتهٔ افزاینده هزارکس بوده‌است. **دو:** اسیران را چرا و چگونه آراستند؟

۱۰ – سخن سخت سست و بی‌گزارش است.

۱۱ – «همه» با «هر چه» ناهمخوان است... دوباره از گوهر ناپسود (سنگ کان) یاد می‌شود! افزایندگان این واژهٔ نادرخور را از یک گفتار فردوسی برگرفته‌اند، و نابجا بکار برده‌اند. در داستان مادر سیاوخش و کاووس آنجا که می‌فرماید:

دگر، ایزدی، هرچه بایست، بود … یکی گوهر سرخ بُد، ناپسود

افزایندگان ندانسته‌اند که فردوسی ناپسود، یا دست نخورده را تنها دربارهٔ آن گوهر ایزدی که دختران دارند، بکار برده‌است، و بیش‌از یکسد بار بجای گوهر تراشیدهٔ کان بکار گرفته‌اند!

۱۲ – دنبالهٔ گفتار.

۱۳ – **یک:** برده بهمراه کاروان نبود. **دو:** بمهتران سپرد؟ یا بایوان برد؟ «بزرگان» را نیز «خُردان» باید، یا «بزرگ و خرد».

۱۴ – لت دویم بی‌پیوند است. و خورش و پرستنده به پیوندِ «بیاراستند»، بازمیگردد.

۱۵ – باز سخن از دژ می‌رود. لت دویم بی‌گزارش است. چگونه چیزی از دل دور تواند بودن و بدخمه نزدیک بودن؟ نمونه‌های دیگر «با رنج» «بر دخمه» «با چشم» هیچیک درست نمی‌نماید (خالقی مطلق ۲۸۸–۴).

۱۶ – بهر، آمدنی نیست، و سخن باژگونه است. «چنان جای را بگرسیوز دادند» یا «گرسیوز را بدانجای بردند».

خنک آن کسی کاو بود پادشا — کفی راد دارد دلی پارسا[1]
بداند که گیتی بر او بگذرد — نگردد به گرد در بی‌خرد[2]
خسرد چون شود از کهترِ کام و رشگ — چنان هم که دیوانه خواهد پزشک[3]
ازان پس کزیشان بپردخت شاه — ز بیگانه مردم تهی کرد گاه[4]
نویسنده آهنگ قرطاس کرد — سرِ خامه بر سان الماس کرد[5]
نبشتند نامه به هر کشوری — به هر نامداریّ و هر مهتری[6]
که: شد ترک و چین شاه را یکسره — به آبشخور آمد پلنگ و بره.[7]
درم دادو دینار درویش را — پراکنده و مردم خویش را[8]
به دو هفته در پیش درگاه شاه — از انبوه بخشش ندیدند راه[9]
سیوم هفته بر جایگه مهی — نشست اندر آرام با فرّهی[10]
ز بس نالهٔ نای و بانگ سرود — همی داد گل جام می را درود[11]
به یک هفته از کاخ کاووس کی — همی موج برخاست از جام می[12]
سر ماه نو خلعت گیو ساخت — همی زرّ و پیروزه اندر نشاخت[13]
تبق‌های زرّین و پیروزه‌جام — کمرهای زرین و زرّین ستام[14]
پرستار با توغ و با گوشوار — همان یاره و تاج گوهرنگار[15]
همان جامهٔ تخت و افکندنی — ز رنگ و ز بو و پراکندنی[16]
فرستاد تا گیو را خواندند — بر اورنگ زرّینش بنشاندند[17]

---

۱ - کنش «دارد» در لت دویم نادرست است. ۲ - نیز بداند در این رج... پادشاه را بگردِ درِ کسی گردیدن، نشاید.

۳ - «کام» را با «رشگ» نمی‌توان آوردن! زیرا که کام و کامخواهی نیرویی یزدانی است که در همهٔ زندگان هست، و بی آن زندگی را رنگ نیست! این رشگ است که درشمار پنج دیو بزرگ دشمن آرامش و زندگی مردمان است: «نیاز، آز، رشگ، کین، خشم». لت دویم نیز بی‌پیوند و بی‌گزارش است.

۴ - آن کارها نیز در انجمن بیگانگان روی نتمود... که همگان همان گُردان و یاران یاد شده بوده‌اند.

۵ - **یک:** کاربرد قرطاس تازی بجای کراسهٔ و کاغذ فارسی... (که در آنزمان هنوز در جهان پدیدار نشده‌بود). **دو:** برای نوشتن، سرِ خامه در درون نیپیکدان (= نفایه دان؛ دوات) سیاه می‌شود، نه همانند الماس! ۶ - دنبالهٔ گفتار...

۷ - کیخسرو در نامهٔ خویش از آهنگِ رفتن بچین یاد کرده‌بود، نه ازگرفتن چین.

۸ - لت دویم بی‌پیوند است و خویشان شاه، هیچگاه درویش نبوده‌اند. ۹ - سخن سست.

۱۰ - «در جایگاه مهی»؟ یا «اندر آرام»؟ ۱۱ - این رج را با رج پیشین پیوند نیست، و لت دویم نیز بی‌گزارش است.

۱۲ - دوباره سخن از جام میرود! کاخ کاووس نیز در این رج با «جایگاه مهی» و «اندر آرام»، همخوان نیست.

۱۳ - زر و پیروزه را در چه چیز نشانید؟... باری پیروزه را توان در زر و سیم نشانیدن (آژدن)، اما زر را نمیتوان در چیزی نشاندن!

۱۴ - **یک:** جام را نمیتوان از فیروزه بر آوردن! **دو:** برای یک‌کس چندکمر نمی‌آورند!

۱۵ - لت دویم را با لت نخست پیوند درست نیست.

۱۶ - جامهٔ تخت چه باشد؟ لت دویم «ز» نادرخور است... و پراکندنی چیست؟

۱۷ - پهلوان را بر تخت زرین نمی‌نشاندند!

ببردند خلعت به نزدیک اوی   بمالید گیو اندران تخت روی[1]
اُ زان پس بیامد خرامان دبیر   بیاورد قرطاس و مشک و ابیر[2]
نبشتند نامه که: از کردگار   بدادیم و خشنود از روزگار[3]
که فرزند ما گشت پیروزبخت   سزای مهی از در تاج و تخت[4]
بدی را که گیتی همی تنگ داشت   جهان را پر از غارت و جنگ داشت[5]
ز دست تو آواره شد در جهان   نگویند نامش جز اندر نهان[6]
همه ساله تا بود خونریز بود   به بدنامی و زشتی آویز بود[7]
بزد گردن نوذر تاجدار   ز شاهان و از باستان یادگار[8]
برادرکش و بدتن و شاه کش   بداندیش و بدراه و آشفته‌هش[9]
پی او ممان تا نهد بر زمین   به توران و مکران و دریای چین[10]
جهان را مگر زو رهایی بود   سر بی‌بهایش بهایی بود[11]
اگر داور دادگر یک خدای   همی بود خواهد ترا رهنمای[12]
که گیتی بشویی ز رنج بدان   ز گفتار و کردار نابخردان[13]
به داد جهان‌آفرین شاد باش   جهان را یکی تازه بنیاد باش[14]
مگر باز بینم ترا شادمان   پر از درد گردد دل بدگمان
اُ زین پس جز از پیش یزدان پاک   نباشم کزوست امید و باک[15]
بدان تا تو پیروز باشی و شاد   سرت سبز باد و دلت پر ز داد[16]
جهان‌آفرین رهنمای تو باد   همیشه سر تخت جای تو باد.
نهادند بر نامه بر مهر شاه   بر ایوان شه گیو بگزید راه[17]

---

۱ - بنگرید که افزاینده چگونه با شاهنامه و اندیشهٔ خوانندگان بازی کرده‌است! «خلعت» برای گیو بردند، و او روی خویش به تخت مالید!

۲ - باز سخن از قرطاس میرود!

۳ - از کردگار بداد بودن چگونه باشد؟

۴ - پیش‌ازآن پادشاه شده، و تازه «از درِ تاج و تخت» شد؟

۵ - یادکردن از افراسیاب با بدی (یک بد) نادرست است. گیتی را نیز «را» باید.

۶ - دو رج پیش روی سخن با خداوند بود که از «فرزند ما» در آن یاد شد، و اکنون سخن از خدا به «تو» (= کیخسرو) گردید!... و

۷ - ...هنوز هم نام وی نابود نشده‌است! لت دویم سخنی زشت است. شاهنامهٔ فلورانس: «خوی نامبردار پالیز بود» که آن نیز نادرست است، زیرا که سبزهٔ هرز خَوْ است، و در این سخن با «ی» می‌باید «خُویِ» خوانده شود که نابجا است! برای دیدن دیگر نمونه‌ها بنگرید به (خالقی مطلق ۲۸۸-۴.)

۸ - تاجدار را «را» باید.

۹ - سخن زیبا است اما پیوسته بداستان است.

۱۰ - **یک:** سخن نادرست است: «ممان تا پی بر زمین نهد» و چگونه چنین تواند شدن؟ **دو:** پی بر مکران و توران بر زمین نهادن شاید، اما بر دریای چین نشاید.

۱۱ - لت دویم نادرخور است.

۱۲ - همی بود نابجا است: «ترا رهنمای (باشد)».

۱۳ - با «اگر» رج پیشین، سخن در این رج بی‌پایان می‌ماند.

۱۴ - دنبالهٔ سخن.

۱۵ - جهان‌آفرین را پیشگاه نیست که کاووس پیش او باشد! لت دویم: امید «بدو» است، نه «از او».

۱۶ - سخن در رج پیشین پایان یافته بود و بدین رج پیوند ندارد.

۱۷ - برگرفته از شاهنامه است.

به ره بر نبودش به جایی درنگ / به نزدیک کیخسرو آمد به کنگ[1]
بر او آفرین کرد و نامه بداد / پیام نیا پیش او کرد یاد[2]
ز گفتار او شاد شد شهریار / می آورد و رامشگر و میگسار
همی خورد پیروز و شادان سه روز / چهارم چو بفروخت گیتی‌فروز
سپه را همه ترگ و جوشن بداد / پیام نیا پیش‌شان کرد یاد[3]
مر آن را به گستهم نوذر سپرد / یکی لشگری نامبردار و گرد[4]
ز کنگ گزین راه چین برگرفت / جهان را به شمشیر در بر گرفت[5]
نبد روز بیکار و تیره شبان / طلایه به روز و به شب پاسبان[6]
بدین گونه تا شارستان پدر / همی رفت گریان و پرکینه سر[7]
همی گرد باغ سیاوش بگشت / به جایی که بنهاد خونریز تشت[8]
همی گفت ک:«ز داور یک خدای / بخواهم که باشد مرا رهنمای[9]
مگر زین نشان خون افراسیاب / هم ایدر بریزم بکردار آب»[10]
اُزان جایگه شد سوی تخت باز / همی گفت با داور پاک راز[11]
⇐ ز لشکر فرستادگان برگزید / که گویند و دانند، گفت و شنید
فرستاد نزدیک خاقان چین / به فغفور و سالارِ مُکران زمین
که: «گر دادگیرید و فرمان کنید / ز کردارِ بد، دل پشیمان کنید
خورش‌ها فرستید نزد سپاه / ببینید ناچار، ما را براه!
کسی کاو بتابد ز فرمان من / اُگر دور باشد ز پیمان من[12]
برآراست باید، سپه را برزم! / هرآنکس که بگریزد از راه بزم*

---

۱ - کیخسرو را آهنگ چین و مکران و آب زره بود، و رفتن گیو از توران به آذربایجان امروز و بازگشت او، با کاروانی که بهنگام آمدن بهمراه داشت بیش‌از یکسال زمان می‌خواست، و چگونه گیو بکنگ، نزدیک کیخسرو آمد؟

۲ - کاووس پیامی بگیو نگفته‌بود!

۳ - سپاهیان را پیش‌از جنبش از ایران ترگ و جوشن داده بود! دوباره از پیام «نداده» یاد می‌شود.

۴ - چه چیز را بگستهم سپرد؟ شاهنامهٔ فلورانس آورده‌است: «جهانی بگستهم...» و آن نیز نادرست است... زیرا که «آن» در لت دویم خویش را نشان میدهد که لشگر است... امالشگر نه نامبردار می‌شود، و نه گُرد!

۵ - راه «برگرفتنی» نیست: پیمودنی است. لت دویم نادرخور و بی‌گزارش است!

۶ - لت دویم را پیوند نیست.

۷ - بسوی چین براه افتاده بود نه بسوی سیاوخشکردا

۸ - **یک:** «همی» نادرخور است. **دو:** تشت را در باغ ننهادند، که بروی تخته سنگی زیر آفتاب سوزان نهادند.

۹ - بخواهم نادرست است میخواهم... «از خدا می‌خواهم».

۱۰ - خون بکردار آب! افزاینده را پساوی افراسیاب در کار بوده‌است.

۱۱ - در راه بودند، و کاخ و تخت نبود که سوی تخت باز آید!

۱۲ - «کسی کو» در آغاز این رج با «هرانکس که» در رج پسین همخوان نیست.

* - در همهٔ نمونه‌ها چنین آمده‌است اما در اندیشه من بایستی لت دویم در آغاز بیاید:

هرآنکس‌که بگریزد از راه بزم / برآراست باید، سپه را برزم

فـرستاده آمـد بـهر کشوری — بـهر جـا کـه بُـد نـامور مـهتری[1]
غـمی گشت فـغفور و خـاقان چـین — بـزرگان هـر کشوری هـمچنین[2]
فـرستاده را، چـند؛ گـفتند گـرم — سـخن‌های شـیرین بآواز نـرم
کـه: «مـا شـاه را سـربسر کـهتریم — زمـین جـز بـفرمان او نسپَریم
گـذرها، کـه راه دلیـران بُـده‌است — ببینیم، تـا چـند؟ ویـران شـده‌است!
کـنیم ازسر● آبـاد و، بـا خـوردنی — بـیاییم و آریـم، آوردنـی»
هـمی گـفت هـرکس کـه بـودش خـرد — کـه گـر بـی‌زبان او بـما بگـذرد؛[3]
بـه درویش بـخشیم بسـیار چـیز — نـثار و خـورش‌ها بسـازیم نـیز[4]
فـرستاده را بـی‌کران هـدیه داد — بـیامد بـه درگـاه خشنود و شـاد[5]

*

دگـر نـامور چـون بـه مُکران رسید — دل شـاه مکـران، دگـرگونه دیـد
بـرِ تـخت او رفت و نـامه بـداد — بگـفت از پـیام، آنـچه بـودش بـیاد!
سـبکسر، فـرستاده را خـوار کـرد! — دل انـجمن، پـر ز تـیمار کـرد
بـدو گـفت: «بـا شـاه ایـران بگـوی — کـه نـادیده، بـر مـا، فـزونی مجوی!
زمـانه هـمه زیـرِ تـختِ مـن است — جـهان، روشـن از فـرّ بـختِ مـن است
چـو خـورشید، تـابان شـود بـر سـپهر — نخستین، بـر ایـن بـوم تـابد، بـه مـهر!
هـمم دانش و گـنج آبـاد هست — بـزرگیّ و مـردیّ و نـیروی دست
گـر از مـن هـمی راه جـوید رواست — کـه هـر جـانور بـر زمـین پـادشاست[6]
نـبندیم اگـر بگـذری بـر تـو راه — زیـانی مکـن بـر گـذر بـا سـپاه[7]
ور ایـدونکه بـا لشگـر آیـی بـه شـهر — بـرین پـادشاهی تـرا نـیست بـهر[8]
نـمانم کـه بـر بـومِ مـن بگـذری — اُ زیـن مـرز، جـایی بـه پـی بسپَری
نـمانم کـه مـانی تـو پـیروزگر — اُ گـر یـابی از اخـتر نـیک بـر»[9]
بـرایـنگونه چـون شـاه پـاسخ شـنید — ازآن جـایگه لشگـر انـدر کشـید

---

۱ – فرستاده بسوی چین و فغفور و مکران رفته‌بود، نه بهر کشوری! ۲ – «غمی (غمین) گشتند» باید.

● – ازسر: دوباره. ۳ – لت نخست نادرخور است: «خردمندان گفتند».

۴ – بدرویش نادرست است: «بدرویشان» مگر همراه سپاه کیخسرو درویشان نیز بودند که بخشش به آنان نیز بشود؟ در لت دویم نیز «نثار، با خورش(ها)» همخوان نیست.

۵ – این سخن به خردمندان (هرکس که بودش خرد) بازمیگردد، و هدیه (داد)» با آن همخوان نیست: «هدیه دادند».

۶ – این سخن، رودرروی سخنان پیشین و نیز دو رج پسین است. ۷ – و نیز لت نخست!... لت دویم ناهنجار است.

۸ – پیام کیخسرو، چنان نبود، که بهری از پادشاهی مُکران را خواهد، راه برای گذر میخواست!

۹ – کیخسرو را آهنگ نبرد نبود، و میخواست از راه مکران بدریای زره رود!

۲۴۸ نبرد بزرگ کیخسرو

بیامد گرازان به سوی ختن جهاندار با نامدار انجمن[1]
برفتند فغفور و خاقان چین بر شاه با پوزش و آفرین
سه منزل ز چین پیش شاه آمدند خود و نامداران به راه آمدند[2]
پُل و راه، آباد کرده چو دست در و دشت، چون جایگاه نشست
همه بوم و بر، پوشش و خوردنی از آرایشِ بزم و گستردنی
چو نزدیک شاه اندر آمد سپاه ببستند آذین به بیراه و راه[3]
بدیوار دیبا برآویختند زبر زیفران و درم ریختند[4]
چو با شاه فغفور گستاخ شد به پیش اندر آمد سوی کاخ شد[5]
بدو گفت «ماه شاه را کهتریم اگر کهتری را خود اندرخوریم[6]
جهانی به بخت تو آباد گشت دل دوستداران تو شاد گشت[7]
گر ایوان ما درخور شاه نیست گمانم که هم بتّر از راه نیست»[8]
به کاخ اندر آمد سرافراز شاه نشست از بر نامور پیشگاه
ز دینار چینی ز بهر نثار بیاورد فغفور چین سدهزار[9]
همی بود بر پیش او بر بپای ابا مرزبانان فرخنده‌رای[10]
به چین اندرون بود خسرو سه ماه ابا نامداران ایران سپاه[11]
پرستنده فغفور هر بامداد همی نو به نو شاه را هدیه داد[12]
چهارم ز چین شاه ایران براند به مکران شد و رستم آنجا بماند[13]
بیامد، چو نزدیک مکران رسید ز لشکر جهاندیده‌ای برگزید
برِ شاه مکران فرستاد و گفت که: «با شهریاران، خرد باد جفت
خورش ساز، راهِ سپاه مرا بخوبی بیارای، راه* مرا

۱ – ختن پسِ پشتِ سپاه ایران بود!
۲ – افزاینده خواسته‌است بگوید که خاقان و فغفور، کیخسرو را (سه منزل) پیش‌از رسیدن بچین پذیره شدند!!
۳ – نزدیک کدام شاه، خاقان که بپذیره کیخسرو رفته‌بود، و نیز اگر شاه کیخسرو است که سپاه‌بنزدیکش نیامد، زیرا که او خود، با سپاه می‌آمد!
۴ – زیفران ریختنِ نابجا، که همواره در افزوده‌ها از آن یاد می‌شود.
۵ – کسیکه همچون رهنمای، پیشِ کیخسرو می‌رفت، با او گستاخ نمی‌توانست بودن!
۶ – درمیانهٔ راه با او سخن گفت؟ او که پیش میرفت نمی‌توانست با کیخسرو سخن گوید.
۷ – جهانی که با ویرانی‌ها در نبرد همراه بود چگونه آباد شد؟ این سخن گُردیه خواهر بهرام چوبین را بیاد آوریم که گفت:

نگر تا سیاوش ز افراسیاب چه بر دید؟ جز تابش آفتاب!
همان نیز پور سپهبد (کیخسرو) چه کرد از ایران و توران، برآورد گرد!

۸ – دنبالهٔ گفتار. ۹ – دنباله سخن. ۱۰ – «بر پیش» نادرست است: «پیش».
۱۱ – اگر با نامداران بماند، سپاهیان را چه کرد؟ ۱۲ – هدیه داد، نادرست است: «هدیه میداد».
۱۳ – چهارم ز چین کمبود دارد. «ماه چهارم» لت دویم نیز با رج پسین همخوان نیست، «زیرا که بسوی مکران رفت» نه «بمکران شد».
* – بایستی «گاه» باشد، زیرا که پیشتر، از «راه» سخن رفته بود.

نگه کن که ما از کجا رفته‌ایم / نه مستیم و بیراه و نه خفته‌ایم[1]
جهان روشن از تاج و بخت من است / سر مهتران زیر تخت من است[2]
برند آنگهی دست چیز کسان / مگر من نباشم به هر کس رسان[3]
علف چون نیابند جنگ آورند / جهان بر بداندیش تنگ آورند[4]
ورایدونکه گفتار من نشنوی / بخون فراوان کس اندر شوی
همه شهر مکران تو ویران کنی / چوبی کینه، آهنگ شیران کنی![5]»
فرستاده آمد پیامش بداد / نبد بر دلش جای پیغام و داد
سرِ بیخرد زان سخن خیره شد / بجوشید و مغزش ازآن تیره شد
پراکنده لشکر همه گرد کرد / بیاراست بر دشت، جای نبرد
فرستاده را گفت: «برگرد و رو / بنزدیک آن بدگمان بازشو
بگویش که: از گردش تیره‌روز / تو گشتی چنین شاد و گیتی‌فروز!
ببینی، چو آیی، ز ما دستبرد! / بدانی که مردان کدامند و گُرد»!

رزم کیخسرو با شاه مکران
و
گذشتن بر آب زره

فرستادهٔ شاه چون بازگشت / همه شهر مکران پرآواز گشت
زمین، کوه تا کوه، لشکر گرفت / همه تیر و مکران، سپه برگرفت
بیاورد پیلان جنگی دوست / تو گفتی که اندر زمین جای نیست[6]
از آواز اسپان و جوش سپاه / همی ماه بر چرخ گم کرد راه
تو گفتی برآمد زمین به آسمان / اُگر گشت خورشید اندر نهان[7]
طلایه بیامد بنزدیک شاه / که مکران، سیه شد ز گرد سپاه

۱ – نگه کن نادرخور است، زیرا وی را توان آن نیست که بداستان جنبش و جنگ سپاه ایران بنگرد، مگر آنکه برایش باز گویند. از کجا رفته‌ایم نیز نادرست است: «از کجا آمده‌ایم» لت دویم سخت سست و بیراه است.

۲ – در این رج پاسخ شاه مکران با اندکی دگرگونی از زبان کیخسرو آمده‌است (رج ۲۱۷۶۲).

۳ – سخن ناهموار و بی‌گزارش است.

۴ – دنباله سخن.

۵ – یک: «تو» در لت نخست نابجا است، زیرا که روی سخن با او بوده‌است! دو: او، آهنگ نبرده نکرده‌است که کار کیخسرو نبرد پیش می‌آوَرَد.

۶ – شمارش درست نیست: «دویست پیل جنگی». تو گفتی...

۷ – تو گفتی... زمین بآسمان آهنگ سخن را می‌شکند، مگر آنکه نادرستش بخوانیم. اندر نهان نیز نادرست است: «خورشید نهان گشت».

همه روی کشور درفش است و پیل … ببیند کنون شهریار از دو میل[1]
بفرمود تا برکشیدند صف … گرفتند گوپال و خنجر بکف[2]
ز مکران طلایه بیامد بدشت … همه شب همی گرد لشگر بگشت[3]
نگهبان لشگر از ایران تخوار … که بودی بنزدیک او رزم خوار[4]
بیامد بر آویخت با او بهم … چو پیل سرافراز و شیر دژم[5]
بزد تیغ و او را به دو نیم کرد … دل شاه مکران پر از بیم کرد[6]
دو لشگر بران گونه صف برکشید … که از گرد شد آسمان ناپدید[7]
سپاه اندر آمد دو رویه چو کوه … رده برکشیدند، هردو گروه
به قلب اندر آمد سپهدار توس … جهان شد پر از نالهٔ بوق و کوس[8]
به پیش اندرون کاویانی درفش … پس پشت گردان زرّینه کفش[9]
هوا، پُر ز پیکان شد و پرّ و تیر … جهان شد بکردار دریای قیر
به قلب اندرون، شاه مکران بخَست … ز زان خستگی جان او هم نرست
یکی گفت: شاها سرش را بُریم … بدو گفت شاه: اندرو ننگریم[10]
سر شهریاران نبرّد ز تن … مگر نیز از تخمهٔ اهرمن[11]
برهنه نباید که گردد تنش … بران هم نشان خسته در جوشنش[12]
یکی دخمه سازید و مشک و گلاب … چنان چون بود شاه را جای خواب[13]
بپوشید رویش به دیبای چین … که مرگ بزرگان بود همچنین[14]
وز آن انجمن کشته شد ده‌هزار … سواران و گردان خنجرگزار

---

۱ – لت دویم نادرخور است، زیرا، پیش‌آهنگان از راه دور لشگریان مکران را دیده آگاهی رسانده‌اند، و کیخسرو نمی‌تواند آن سپاه را ببیند.

۲ – برای آمادگی رزم، خنجر بکف نمی‌گیرند!

۳ – ز مکران را «نیز» باید.

۴ – «تخوار» را با «رزم خوار» پساوا نیست.

۵ – با چه کس بر آویخت؟ اگر با پیشاهنگان سپاه مکران جنگیده است «او» ناکارآمد است: «با ایشان». و دو گروه پیش‌آهنگ که از دور یکدیگر را می‌بینند، هیچگاه باهم نمی‌جنگند!

۶ – باز سخن از «او» میرود... پیش‌آهنگان، دور از سپاه‌اند، و چنان نیست که «او»؟ کشته شود، و شاه مکران کشته شدن «او» را ببیند و بیمگین شود.

۷ – رده کشیدن در رج پسین می‌آید. بر کشید نیز نادرست است: «برکشیدند».

۸ – سپهدار همواره درمیان سپاه هست و جایی دیگر نیست که «بقلب اندر آید»... کوس را ناله نیست، بانگ است.

۹ – «پیش اندرون» نادرست است: «پیش سپاه»... و درفش را ازبرای آنکه بدست دشمنان نیفتد، همواره پشت سپاه بر می‌افراشتند.

۱۰ – چون شاه، درمیانهٔ سپاه از تیر دشمن خسته گردد... کنار شاه روبرو نیست که او را ببینند و «یکی»؟ بگوید سرش را بریم! لت دویم نیز با سستی همراه است. بُریم را نیز با ننگَریم پساوا نیست.

۱۱ – **یک**: لت دویم نادرست است: «مگر آنکس که از... باشد». **دو**: و مگر اهرمن را نژاد و تخمه و زن و فرزند هست؟

۱۲ – اگر چنانکه در رج پسین می‌آید ویرا شستند و در دخمه نهادند، پس می‌بایستی برای شستن، برهنه‌اش کنند!

۱۳ – دخمه ساختنی است، اما مشک و گلاب چنین نیست.

۱۴ – مرگ بزرگان نادرست است: «بدخمه نهادن بزرگان می‌باید چنین باشد».

نبرد کیخسرو با شاه مکران ۲۵۱

هزار و سد و چل گرفتار شد ... سر زندگان پر ز تیمار شد[1]
ببردند پیلان و آن خواسته ... سراپرده و گاه آراسته[2]
بزرگان ایران توانگر شدند ... بسی نیز با تخت و افسر شدند[3]
ازان‌پس دلیران پرخاشجوی ... به تاراج مکران نهادند روی
خروش زنان خاست، از دشت و شهر ... همه شهر مکران پراز رنج گشت
به درهای شهر آتش اندر زدند ... همی آسمان بر زمین‌بر زدند[4]
بخستند زیشان فراوان به تیر ... زن و کودک خرد کردند اسیر[5]
چو کم شد ازان انجمن خشم شاه ... بفرمود تا بازگردد سپاه[6]
بفرمود تا اشکش تیزهوش ... بیارامد از غارت و جنگ و جوش[7]
کسی را نماند که زشتی کند ... اُگر با نژندی درشتی کند[8]
ازآن شهر هرکس که بُد پارسا ... به پوزش بیامد برِ پادشا
که ما بیگناهیم و بیچاره‌ایم ... همیشه برنج از ستمکاره‌ایم
گرایدونکه بیند، سرِ بیگناه ... ببخشد، سزاوار باشد ز شاه!
ازیشان چو بشنید فرخنده شاه ... بفرمود تا بانگ زد بر سپاه[9]
خروشی برآمد ز پرده‌سرای ... که: «ای پهلوانان فرخنده‌رای
ازین پس، گر آید ز جایی خروش ... ز بیداد و از غارت و جنگ و جوش
ستمکارگان را کنم بر دو نیم؛ ... کسی کاو ندارد ز دادار بیم!

*

جهاندار سالی بمکران بماند ... ز هرجای کَشتی‌گران را بخواند
چو آمد بهار و زمین گشت سبز ... همه کوه، پر لاله و دشت، سبز[10]
چراگاه اسپان و جای شکار ... بیاراست باغ از گل و میوه‌دار[11]
به اشکش بفرمود تا با سپاه ... به مکران بباشد یکی چندگاه[12]

---

۱ – پس‌از شمار بایستی «کس» یا «مرد» یا «سپاهی»... بیاید.
۲ – کدام خواسته؟
۳ – شاه بمیدان نبرد، تخت و افسر نمی‌برد! اما از لت دویم پیدا است که بسیار تخت و افسر در میدان جنگ بوده‌است که بسی از ایرانیان بدان دست یافتند!
۴ – لت دویم را «راه» باید: «آسمان راه».
۵ – کودک خرد را چرا بایستی اسیر کردن؟
٦ – خشم شاه با شاه مکران بود، نه با مردمان.
۷ – اگر تنها اشکش غارت می‌کرد، می‌بایستی پیش‌ازاین نامش آمده باشد!
۸ – کسی را نماند (نگذارد) نادرست است در چنین رویداد فرمان شاه، با خروش بسپاهیان میرسید که در رج پنجم پس‌ازاین، از آن یاد شده‌است.
۹ – چه‌کس بانگ زد؟ این سخن بگونهٔ درست در رج پسین می‌آید!
۱۰ – پس یکسال بدرازا نکشید. لت دویم نیز بی‌پیوند است.
۱۱ – هردو لت بی‌پایان و بی‌پیوند است.
۱۲ – دیگر بار، نام اشکش می‌آید، باز آنکه گودرز سپهسالار، همراه کیخسرو بوده‌است، و فرمان وی می‌بایستی بگودرز رسد، نه به اشکش... «یکی چند گاه» نیز نادرست است: «چند گاه» که باز روشن نمی‌نماید چه زمان را خواهد گفتن!

نجوید جز از خوبی و راستی — نیارد به کار اندرون کاستی[1]
اُزان شهر راه بیابان گرفت — همه رنجها بر دل آسان گرفت[2]
چنان شد بفرمان یزدان پاک — که اندر بیابان ندیدند خاک[3]
هوا پر ز ابر و زمین پر ز خوید — جهانی پر از لاله و شنبلید
خورشهای مردم ببردند پیش — بگردون و، زیر اندرون گاومیش[4]
بدشت اندرون سبزه و جای خواب — هوا پر ز ابر و زمین پر ز آب[5]
چو آمد بنزدیک آب زره — گشادند گردان میان از گره[6]
همه کارسازانِ دریا، براه — ز چین و ز مکران همی برد شاه[7]
بخشکی بکرد آنچه بایست کرد — چو کشتی بآب اندر افکند مرد؛
بفرمود تا توشه برداشتند — بیک ساله ره، راه بگذاشتند[8]
جهاندار نیک اختر و راهجوی — برفت از لب آب با آب روی[9]
بران بندگی بر نیایش گرفت — جهانآفرین را ستایش گرفت[10]
همی خواست از کردگار بلند — کز آبش به خشکی برد بیگزند[11]
همان ساز جنگ و سپاه ورا — بزرگان ایران و گاه ورا[12]
همی گفت کـ:«ای کردگار جهان — شناسندهٔ آشکار و نهان[13]
نگهدار خشکیّ و دریا تویی — خدای ثری و ثریا تویی
نگهدار، جان و سپاه مرا — همان تخت و گنج و کلاه مرا»
پر آشوب، دریا ازآن گونه بود — کزان کس نرفتی بدل ناشخود![14]
به شش ماه، کشتی؛ برفتی بر آب — کزو ساختی هرکسی جایِ خواب!
بهفتم چو نیمی گذشتی ز سال — شدی کژّ و بیراه، باد شمال
سر بادبان تیز برکاشتی — چو برق درخشنده بگماشتی[15]

---

۱ – پیوسته برج پیشین است.

۲ – آنجا را بیابان (بیابان خوارزم) نیست، و چون خواهند با کشتی بر آب روند، بدریا بار میروند.

۳ – پس بیابان نبودهاست.

۴ – گاومیش، زیرِ گردونه نیست، و جلو گردونه، آنرا میکشد. «زیر اندرون» نیز نادرست است.

۵ – دوباره از سبزه و آب سخن میرود!

۶ – **یک:** گره را ازمیان میگشایند، نه میان را از گره. **دو:** پس‌از جنگی که ایرانیان در آن پیروز شدند، چه نیاز به گره بر زره بودهاست؟

۷ – پیشتر از کِشتی گران نام برده شد و کارسازان دریا نادرست است همی برد نیز نابجا است، زیرا که دریا بار در کنارهٔ کشور بود، و همه‌چیزنیز در کنار هم دسترس بود.

۸ – در آغاز جنبش نمی‌توان از گذاشتن یکسالهٔ راه «گذر کردن» سخن گفتن.

۹ – جهاندار بتنهایی نرفت، و سپاه ایران همراه وی بود.

۱۰ – بکدام بندگی؟ نیایش به بندگی؟

۱۱ – همی خواست نادرست است. از خداوند خواست.

۱۲ – دنبالهٔ گفتار.

۱۳ – این سخن رودرروی گفتار در رج پسین ایستادهاست.

۱۴ – سه رج دوباره گویی سخنان پیشین‌اِ و ثری و ثریا نیز در آسمان سخن فردوسی جایی ندارد.

گذشتن کیخسرو بر آب زره

براهی کشیدیش موج مدد — که ملاح خواندش فمّ‌الاسد[1]
چنان خواست یزدان که باد هوا — نشد کژ با اختر پادشا[2]
شگفت اندران آب مانده سپاه — نمودی به انگشت هر یک بشاه[3]
به آب اندرون شیر دیدند و گاو — همی داشتی گاو با شیر تاو[4]
همان مردم و مویها چون کمند — همه تن پر از پشم چون گوسفند[5]
گروهی سران چون سر گاومیش — دودست از پس پشت و دو پای پیش[6]
یکی سر چو ماهی و تن چون نهنگ — یکی پای چون گور و تن چون پلنگ[7]
نمودی همی این بدان آن بدین — به دادار بر خواندند آفرین[8]
به بخشایش کردگار سپهر — هوا شد خوش و باد ننمود چهر
گذشتند بر آب، بر هفت ماه — که بادی نکرد اندر ایشان نگاه[9]
چو خسرو ز دریا به خشکی رسید — نگه کرد هامون جهان را بدید
بیامد به پیش جهان‌آفرین — بمالید بر خاک رخ بر زمین[10]
برآورد کشتی و زورق، از آب — شتاب آمدش، بود جای شتاب
بیابانش پیش آمد و ریگ و دشت — تن‌آسان بر ریگِ روان برگذشت
همه شهرها دید برسان چین — زبان‌ها بکردار مکران زمین
بدان شهرها در، بیاسود شاه — خورش خواست، چندی؛ ز بهر سپاه
سپرد آن زمین گیو را شهریار — بدو گفت «برخوردی از روزگار[11]
درشتی مکن با گنهکار نیز — که بیرنج شد مردم، از گنج و چیز[12]
ازین پس ندارم کسی را به کس — پرستش کنم پیش فریادرس»[13]

---

۱ – **یک:** چگونه موج مدد (یاری) بود که سر بادبانها را برمی‌گرداند... **دو:** کشیدیش نیز نادرست است. کشاندش. **سه:** فمّ‌الاسد یک پاژنام تازی برای گردابهایی است که در دهانه آمودریا و سیردریا، در دریای خوارزم و برخی دریاها پدیدار می‌شود، که از دریای فراخکرت هزاران فرسنگ بدور است!

۲ – «با ستارهٔ پادشاه کژ نشده» را روی نیست، و پیش‌ازاین در گفتار درست شاهنامه از کژ و بیراه شدن باد شمال سخن رفته‌است.

۳ – ماند، نادرست است مانده‌بودند! ۴ – سخنان ناراست! ۵ – و گزافه.

۶ – دو دست از پشت، نه بر آیین آفرینش یزدان است.

۷ – سر ماهی و نهنگ هردو یکسان است، چنین جانور که آمیزهٔ گور و پلنگ باشد، درمیان آب چگونه می‌زیَد؟

۸ – نمودی همی (= همی نمودی) نادرست است و با خواندند در لت دویم همخوان نیست. این دروغ‌های بزرگ را افزایندگان بگفتار راست کسی افزوده‌اند که راسترین سخن را در گفتار آینده آورده‌است که چون از کشتی‌ها پیاده شدند، شهرها را بر سان چین و زبانها را بکردار مکران دیدند!

۹ – باد بکسی نمی‌نگرد... و این آرامش یادشده در سخن افزوده رودرروی رج دویم پس‌ازاین می‌ایستد. پیشتر نیز از هفت ماه، یاد شده‌بود. ۱۰ – پیش خداوند نمی‌توان رفتن!

۱۱ – **یک:** «آن زمین را بگیو». **دو:** «بر خور از روزگار».

۱۲ – «گنهکاران» درست است. لت دویم را نیز پیوند درست با لت نخست نیست. افزاینده خواسته‌است بگوید: اکنون که مردم (ما) با دسترسی به گنج و چیز، رنج نمی‌کشند... تو با گنهکاران درشتی مکن!!؟ ۱۳ – پیش‌ازآن نیز کسی را بکس نمی‌شمرد!

۲۵۴
نبرد بزرگ کیخسرو

ز لشگر یکی نامور برگزید — که گفتار هرکس بداند شنید
فرستاد نزدیک شاهان پیام — که: «هر کس که او جوید آرام و کام
بیایند خرّم بدین بارگاه» — برفتند یکسر بفرمان شاه
یکی سر نپیچید زان مهتران — بدرگاه رفتند چون کهتران
چو دیدار بُد، شاه بنواختشان — به خورشید گردن برافراختشان
پس از کنگ‌دز بازجست آگهی — ز افراسیاب و ز تخت مهی[1]
چنین گفت گوینده‌ای زان گروه — که: «ایدرنه آب است پیشت نه کوه[2]
اگر بشمری سربسر نیک و بد — فزون نیست تا کنگ فرسنگ سد[3]
کنون تا برآمد ز دریای آب — به کنگ است با مردم افراسیاب»[4]
ازان آگهی شاد شد شهریار — شد آن رنج‌ها بردلش نیز خوار[5]
در آن مرزها خلعت آراستند — پس اسپ جهاندیدگان خواستند[6]
بفرمود تا بازگشتند شاه — سوی کنگ دز رفت با آن سپاه[7]
بران سو که پور سیاوش براند — ز بیداد مردم فراوان نماند[8]
سپه را بیاراست و روزی بداد — ز یزدان نیکی‌دهش کرد یاد[9]
همی گفت «هرکس که جوید بدی — بپیچد ز پادافره ایزدی[10]
نباید که باشید یک تن به شهر — گر از رنج یابد پی مور بهر»[11]
جهانجوی چون کنگ دز را بدید — شد از آب دیده رخش ناپدید[12]
پیاده شد از اسپ و رخ بر زمین — همی کرد بر کردگار آفرین[13]
همی گفت که: «ای داور دادو پاک — یکی بنده‌ام دل پر از ترس و باک[14]

---

۱ – وابسته به رج پسین. ۲ – در جهان چنین جای نمیتوان یافتن...
۳ – ...که در یکسد فرسنگ راه، نه آب باشد، و نه کوه! فرسنگ سد نیز نادرست است سد فرسنگ! سنجیدن نیک و بد زمین و راه چگونه نیک و بد توان بودن؟ و از دریا بار زمینهای چین یا مالزی و دیگر کشورها، تا کنگدژ دو هزار فرسنگ بیشتر راه است.
۴ – اکنون؟ یا از آن هنگام که از دریا بر آمده‌است؟
۵ – بایستی شاد شود، یا خشمناک گردد، از آنکه دوباره افراسیاب بکنگدژ بازگشته‌است.
۶ – «خلعت» برای که، و اسپ کدام جهاندیدگان را در کشورِ دورشهریک (=غریب)! [واژه دورشتریک در نوشته‌های پهلوی آمده و یکبار نیز در شاهنامه در داستان اردشیر و فرزند اردوان بکار رفته‌است!]
۷ – شاه می‌باید در آغاز سخن آید. از کجا بازگشتند؟ آنان که همه با هم بودند!
۸ – از بیداد چه‌کس مردم گریختند؟ از بیداد کیخسرو؟!
۹ – پس‌از رفتن، درمیانهٔ راه جای آراستن سپاه و روزی دادن نیست. لت نخست نیز بدآهنگ است.
۱۰ – سپاه کیخسرو از بیداد بسوی داد و نیکی بازگشت؟
۱۱ – کدام شهر؟ اگر شهرهای میان راه را گوید، باید روشن شود!
۱۲ – از اینجا افزاینده‌ای دیگر داد سخن داده‌است، و کنگدژ را که پایتخت افراسیاب بوده‌است بجای سیاوخشکرد، ساختهٔ سیاوخش می‌پندارد؟ ۱۳ – رخ بر زمین نمی‌توان آفرین بر خداوند خواندن! ۱۴ – دنبالهٔ گفتار.

۲۵۵ پند ایرانیان به کیخسرو

که این بارهٔ شارسان پدر / بدیدم برآورده از ماه سر[1]
سیاوش که از فرّ یزدان پاک / چنین باره‌ای برکشید از مغاک[2]
ستمگر بُد آن کاو به بد آخت دست / دل هرکس از کشتن او بخست»[3]
بران باره بگریست یکسر سپاه / ز خون سیاوش که بد بی‌گناه[4]
به دست بداندیش بر کشته شد / چنین تخم کین در جهان کِشته شد[5]
پس آگاهی آمد به افراسیاب / که شاه جهاندار بگذاشت آب[6]
شنیده همی داشت اندر نهفت / بیامد شب تیره باکس نگفت[7]
جهاندیدگان را هم آنجا بماند / دلی پر ز تیمار تنها براند[8]

*

چو کیخسرو آمد به کنگ اندرون / سری پر ز تیمار دل پر ز خون[9]
بدید آن دل افروز باغ بهشت / ثمرهای او چون چراغ بهشت[10]
به هر گوشه‌ای چشمه و گلستان / زمین سنبل و شاخ بلبلستان[11]
همی گفت هرکس که: اینت نهاد / هم ایدر بباشیم تا مرگ شاد.
اُزان پس بفرمود بیدار شاه / طلب کردن شاه توران سپاه[12]
بجستند بر دشت و باغ و سرای / گرفتند بر هر سوی رهنمای[13]
همی رفت جوینده چون بیهشان / مگر زو بیابند جایی نشان[14]
چو بر جستنش تیز بشتافتند / فراوان زکس های او یافتند[15]
بکشتند بسیارکس بی‌گناه / نشانی نیامد ز بیداد شاه[16]

---

۱ - اما افزاینده ترس و باک را در جان کیخسرو، از دیدن شارسان پدر(؟) پدیدار کرد!

۲ - چرا از مغاک؟ سرزمین سرسبزی بود که سیاوش آنرا برای ساختن سیاوشکرد برگزید!

۳ - او (سیاوش) در لت دویم به آنکه بدی کرد (افراسیاب) بازمیگردد.

۴ - بگریستند شاید. لت دویم از خون سیاوش، یا از کشته شدن سیاوش؟

۵ - این رج را با رج پیشین پیوند درست نیست. کِشته را با کُشته پساوا نباشد!

۶ - بگفتهٔ افزاینده سد فرسنگ در بیابان راه پیموده‌اند، و گذر از آب درمیان نبوده، زیرا که آن بیابان بی‌کوه و آب بوده‌است.

۷ - شب تیره کجا بیامد؟ کجا بود که آمد؟ ۸ - لت دویم را در آغاز «با» باید!

۹ - کیخسرو دوباره بکنگ‌دژ می‌آید!!

۱۰ - **یک:** و دوباره آن باغ بهشت را می‌بیند! **دو:** ثمر در گفتار فردوسی نیست و ثمرهای «او» نیز نادرست است: میوه‌های «آن».

۱۱ - زمین، سنبل نمی‌شود زمین پر از سنبل، اما آن نیز نادرست است که در باغ تنها سنبل نمی‌کارند!

۱۲ - از آنپس نادرست است. ۱۳ - بر دشت جستن نادرست است: «دشت (را) جستند».

۱۴ - جوینده نادرخور است: «جویندگان» میرفت نیز نابجا: «می‌رفتند». چرا جویندگان چون بیهشان روند، جوینده را باید آگاه و هشیار بودن!

۱۵ - **یک:** تیز شتافتن بیافتنِ «کس‌های او» یاری نمی‌کند! جست‌وجو کردن و نیک نگریستن در کار باید! **دو:** افزایندگان که همهٔ زنان و دختران و مشکو و شاهزادگان افراسیاب را بمیدان فرستاده‌بودند، پس این «کس‌ها» کیانند؟ که جویندگان آنانرا یافتند؟

۱۶ - مگر کیخسرو فرمان نداده بود که بدی مکنید، تا از پادافره ایزدی نپیچید!!

۲۵۶ نبرد بزرگ کیخسرو

همی بود در کنگ دز شهریار … یکی سال با رامش و میگسار[۱]
جهان چون بهشتی دلاویز بود … پر از گلشن و باغ و پالیز بود
به رفتن همی شاه را دل نداد … همی بود در کنگ پیروز و شاد[۲]
⇐ همه پهلوانان ایرانسپاه … برفتند یکسر، بنزدیک شاه
که: «گر شاه را دل نجنبد ز جای … سوی شهر ایران نیایدْش رای؛
مبادا نیای تو افراسیاب … گذارد بمکران، ز دریای آب!*
چنان پیر، بر گاه، کاووس شاه … نه اورنگ و فرّ و نه گنج و سپاه[۳]
گر او سوی ایران شود پر ز کین … که؟ باشد نگهبان ایران‌زمین!
گر او باز، با تخت و افسر شود … همه رنج ما پاک بی‌بر شود»
ازانپس به ایرانیان شاه گفت … که: «این پند با سودمندی‌ست جفت»
ازان شارسان پس مهان را بخواند … اُزان رنج بردن فراوان براند[۴]
ازیشان کسی را که شایسته‌تر … گرامی‌تر از شهر و بایسته‌تر[۵]
تنش را به خلعت بیاراستند … ز دز بارهٔ مرزبان خواستند[۶]
چنین گفت کـ :«ایدر به شادی بمان … ز دل برکن اندیشهٔ بدگمان»[۷]
ببخشید چندان که بُد خواسته … ز اسپان و ز گنج آراسته[۸]
همه شهر زیشان توانگر شدند … چه با یاره و تخت و افسر شدند[۹]
بدانگه که بیدار گردد خروس؛ … ز درگاه برخاست آوای کوس
سپاهی شتابنده و راهجوی … بسوی بیابان نهادند روی
همه نامداران هر کشوری … برفتند هر جا که بُد مهتری[۱۰]
خورش‌ها ببردند نزدیک شاه … که بود از در شهریار و سپاه[۱۱]
به راهی که لشگر همی برگذشت … در و دشت یکسر چو بازار گشت[۱۲]

---

۱ – همی بود نادرست است: «بماند». ۲ – لت نخست نادرست است. «شاه برفتن از کنگدژ آماده نمی‌شد».
* – برابر با شاهنامهٔ سپاهان است. بیشتر نمونه‌ها بداندیش افراسیاب آورده‌اند، و پیدا است که بزرگان ایران پدربزرگ کیخسرو را پیش وی، بداندیش نمی‌توانستند خواندن. لت دویم را نیز «گذشته است زانسو بدریای آب» آورده‌اند، و بر آنان روشن نیست که چنین شده باشد! ۳ – این رج میان رج‌های پیشین و پسین جدایی می‌افکند.
۴ – کدام مهان را بخواند، «همهٔ پهلوانان ایرانسپاه برای گفتن چنین سخن بنزد وی رفته‌بودند. لت دویم بی‌گزارش است.
۵ – بایستی روشن شود که شایسته‌ترین کس، که بوده‌است... ٦ – که او را مرزبانی توران داد!
۷ – سخن در لت دویم ناسزاوار است، مرزبان ایرانی در توران را می‌بایستی همواره آژیر بودن، و اندیشه در بدگمان (افراسیاب) بستن، نه اندیشهٔ دشمن را از دل دور کردن! ۸ – پخش خواسته.
۹ – چنانکه همهٔ مردمان یک شهر به تخت و تاج شاهی رسیدند!!!
۱۰ – راه بیابان خوارزم، که نزدیکترین راه از توران بایران بود نامدار و کشور و مهتر نداشت.
۱۱ – که خورش بنزدیک شاه برند! لت دویم نیز بی‌گزارش است.
۱۲ – **یک:** برگذشت نادرست است می‌گذشت. **دو:** و در لت دویم نیز «بازار» گشوده می‌شود. **سه:** «برگذشت» را با «بازار گشت» پساوا
ـــ

به کوه و بیابان و جای نشست — کسی را نبد دل که نگشاد دست[1]
بزرگان ابا هدیه و با نثار — پذیره شدندی بر شهریار[2]
چو خلعت فراز آمدیشان ز گنج — نهشتی که باو برفتی به رنج[3]
پذیره شدش گیو با لشگری — أزان شهر هرکس که بُد مهتری
چو دید آن سر و فرّه سرفراز — پیاده شد و برد پیشش نماز[4]
جهاندار بسیار بنواختشان — به رسم کیان جایگه ساختشان[5]
چو خسرو به نزدیک کشتی رسید — فرود آمد و بادبان برکشید[6]
دو هفته بران روی دریا بماند — ز گفتار با گیو چندی براند[7]
چنین گفت «هر کاو ندیده‌ست کنگ — نباید که خواهد به گیتی درنگ»[8]
بفرمود تا کار برساختند — چو زورق به آب اندر انداختند[9]
همان راه دریا به یک ساله راه — چنان تیز شد بساد در هفت ماه[10]
که آن شاه و لشگر بدین سو گذشت — که از بادِ کژ آستی‌تر نگشت[11]
سپهدار لشگر به خشکی کشید — ببستند کشتی و هامون بدید[12]
خورش کرد و پوشش هم آنجا یله — به ملاح و آن کس که کردی خله[13]
بفرمود دینار و خلعت ز گنج — ز گیتی کسی را که بردند رنج[14]
أزان آب راه بیابان گرفت — جهانی ازو مانده اندر شگفت[15]
چو آگاه شد اشکش آمد به راه — ابا لشگری ساخته پیش شاه[16]
پیاده شد از اسپ و روی زمین — ببوسید و بر شاه کرد آفرین
همه تیر و مکران بیاراستند — ز هر جای رامشگران خواستند[17]

← نیست. **چهار**: بیابان خوارزم را شهر و روستایی نیست که مردمان آن بر سر راه سپاهیان بازار گشایند!

۱ - سخن بی‌گزارش است.

۲ - در لت دویم شدندی نادرست است: «پذیره می‌شدند».

۳ - سخن سست‌تر از رج پیشین است و گزارش ندارد.

۴ - در این رج «دید» و «پیاده شد»...

۵ - و در این رج «بنواختشان» و «ساخت‌شان».

٦ - کیخسرو از کنگدژ بسوی بیابان کشید، و آهنگ ایران را دارد، اما افزاینده ویرا کنار یک دریای دیگر برده‌است!

۷ - و دو هفته روی دریا ماند، تا با گیو سخن گوید، باز آنکه بر روی زمین نیز می‌توانست سگالش کردن!

۸ - دو هفته درنگ برای گفتن یک سخن!!

۹ - کشتی‌ها در آب بودند!

۱۰ - سست‌تر از این گفتار، دیده نمی‌شود، افزاینده خواسته‌است بگوید که بادِ تیز کشتیها را یاری کرد که راه یکساله را در هفت ماه پیمودند!

۱۱ - بکدام سو گذشتند؟ لت دویم باژگونهٔ رج پیشین است، آنجا باد یاوری میکرد، و اینجا باد «کژ» خوانده می‌شود. و هیچگاه از باد، آستین تر نمی‌شود.

۱۲ - سخن سست.

۱۳ - خله، پاروی کشتیرانی است و افزاینده سست گفتار خواسته‌است بگوید که به پاروزنان و ناخدای کشتی خورش و پوشش داد!!

۱۴ - سخن بی‌پیوند است.

۱۵ - دوباره براه بیابان «گرفت»!

١٦ - دنبالهٔ سخن.

۱۷ - دیگر بار کیخسرو را بمکران فرستادند!!

همه راه و بی‌راه آوای رود / تو گفتی هوا تار شد رود پود[1]
به دیوار دیبا برآویختند / درم با شکر زیر پی ریختند[2]
به مکران هر آن کس که بُد مهتری / اُ گر نامداریّ و گنداوری[3]
برفتند با هدیه و با نثار / به نزدیک پیروزگر شهریار
اُزان مرز چندان که بُد خواسته / فراز آورید اشکش آراسته[4]
ز اشکش پذیرفت شاه آنچه دید / اُزان نامداران یکی برگزید[5]
ورا کرد مهتر به مکران زمین / بسی خلعتش داد و کرد آفرین[6]
چو آمد ز مکران و توران به چین / خود و سرفرازان ایران‌زمین[7]
پذیره شدش رستم زال سام / سپاهی گشاده دل و شادکام[8]
چو از دور کیخسرو آمد پدید / سوار سرافراز چترش کشید[9]
پیاده شد از باره بردش نماز / گرفتش به بر شاه گردنفراز[10]
بگفت آن شگفتی که دید اندر آب / ز گم بودن جادو افراسیاب[11]
به چین نیز مهمان رستم بماند / به یک هفته از چین به ماچین براند[12]
همی رفت سوی سیاووش کرد / به ماه سفندارمذ روز ارد[13]
چو آمد بدان شارسان پدر / دو رخساره پرآب و خسته جگر[14]
به جایی که گرسیوز بدنشان / گروی بنفرین مردم کشان[15]

۱ - لت دویم همانندی زشت... هوا تار شد تاریکی را نشان می‌دهد، و آمیختن آوای رود با هوا با چنین همانندی زیبا نیست. افزاینده خواسته‌است که بگوید که آوای رود، در هوا چون تار و پود شد.

۲ - شکر زیر پای ریختن با آیین ایرانی همخوانی ندارد.

۳ - دنباله گفتار.

۴ - همه خواسته یک کشور را برای کیخسرو آوردن به تاراج می‌ماند!

۵ - آنچه دید نادرخور است: آنچه را که آورد!

۶ - آن فرمانروای مکران را نام چه بود؟ اگر اشکش بنیکی فرمان رانده‌بود چرا کس دیگر را بجای وی برگزید؟

۷ - از مکران نخست گذر بچین است نه بتوران... فراموش نکنیم که کیخسرو چندی در کنگدژ (توران) زیسته بود، و اکنون پس‌از چند بار گذر از دریا به بیابان و از بیابان بدریا، و بمکران، بسوی توران میرود!

۸ - لت دویم را «با» در آغاز باید.

۹ - لت دویم راگزارش نیست. افزاینده خواسته‌است که بگوید رستم چتر او را می‌کشید! اما رستم هنوز بشاه نرسیده‌است. اگر کشندهٔ چتر کسی دیگر بوده‌است می‌بایستی گفتن «سواری سرافراز چترش را (می) کشید».

۱۰ - افزاینده نگفته‌است که کیخسرو نیز پیاده شد، تا بتواند او را در بر گیرد! و از روی اسپ نشاید پیاده را برگرفتن.

۱۱ - لت نخست: «آن شگفتی‌ها را که در دریا دیده‌بود» لت دویم را نیز پیوند درست با لت نخست نیست.

۱۲ - بماند در لت نخست، درست است، یا برفت در لت دویم؟ افزاینده را بایستی چنین گفتن که: «در چین یکهفته مهمان رستم بود، و پس‌ازآن آهنگ رفتن کرد!»

۱۳ - افزایندگان کی‌خسرو را باز برای دیگر بار بسوی سیاوخشکردش فرستادند. افزاینده گرچه لت دویم را برای پساوا برگزیده است اما این لت از فردوسی است در پایان یافتن شاهنامه:

سر آمد کنون قصهٔ یزدگرد / بماه سپندارمز، روز ارد

۱۴ - دوباره رخسارگان پر آب.

۱۵ - «بجایی که» در این رج...

پند ایرانیان به کیخسرو

سر شاه ایران بریدند خوار … بیامد بدان جایگه شهریار [1]
همی ریخت بر سر ازان تیره‌خاک … همی کرد روی و برِ خویش چاک [2]
بمالید رستم بران خاک روی … بنفرید بر جان ناکس گروی [3]
همی گفت کیخسرو «ای شهریار … مرا ماندی در جهان یادگار [4]
نمانم ز کین تو مانیده چیز … به رنج اندرم تا جهان است نیز [5]
بپرداختم تخت افراسیاب … ازین پس نه آرام جویم نه خواب [6]
بر امّید آن که‌ش به چنگ آورم … جهان پیش او تار و تنگ آورم» [7]
ازان پس بدان گنج بنهاد سر … که مادر بدو یاد کرد از پدر [8]
در گنج بگشاد و روزی بداد … دو هفته دران شارسان بود شاد [9]
به رستم دو سد بدره دینار داد … همان گیو را چیز بسیار داد [10]
چو بشنید گستهم نوذر که شاه … بدان شارستان پدر کرد راه [11]
پذیره شدش با سپاهی گران … ز ایران بزرگانِ گنداوران [12]
چو از دور دید افسر و تاج شاه … پیاده فراوان بپیمود راه [13]
همه یکسره خواندند آفرین … بران دادگر شهریار زمین [14]
به گستهم فرمود تا برنشست … همه راه شادان و دستش به دست [15]
کشیدند زان روی به بهشت کنگ … سپه را به نزدیک شاه آب و رنگ [16]
وفا چون درختی بود میوه‌دار … همی هر زمانی نو آید به بار [17]
نیاسود یک تن ز خورد و شکار … همان یک سواره همان شهریار [18]
ز ترکان هر آن کس که بد سرفراز … شدند از نوازش همه بی‌نیاز [19]

---

۱ – با «بدان جایگه» در این رج همخوان نیست. **دو:** گرسیوز در بریدن سر سیاوخش همکار وی نبود. گروی و دمور چنان کردند.
۲ – سیاوخش را روی تخته سنگ سر بریدند، نه روی خاک! ۳ – برای رستم «نیز» در کار است.
۴ – لت دویم بد آهنگ است. ۵ – «مانیده چیز» سخت نادرخور است. ۶ – دنبالهٔ گفتار.
۷ – لت دویم نادرست است: «جهان را بر او تار و تنگ کنم».
۸ – بنهاد سر نادرست است: «روی کرد»، «روی نهاد» لت دویم کنش نادرست است که مادر از آن یاد کرده‌بود.
۹ – چند بار روزی بداد؟... نه با آن اشگ و درد جگر، و نه بدین شادمانی! ۱۰ – دنباله گفتار.
۱۱ – لت دویم نادرخور است: «بسوی شادمان پدر رفت».
۱۲ – لت دویم بزرگانِ گندآوران نادرست است: «بزرگان گندآور».
۱۳ – **یک:** افسر و تاج یکی است. **دو:** فراوان بپیمود نادرست است: «راهی دراز را...». ۱۴ – دنبالهٔ گفتار.
۱۵ – دستش بدست نادرست است: «دستش را بدست داشت»، اما در هنگام سواری نمیتوان چنین کردن!
۱۶ – به بهشت، آهنگ سخن را درهم میریزد! لت دویم را پایان نیست. ۱۷ – سخن را چه پیوند با «وفا» است؟
۱۸ – نیاسود یکتن نادرست است: «هیچکس نیاسود». لت دویم چگونه می‌توان یکسواره را با شهر بار یکسان درشمار آوردن؟
۱۹ – تورانیان ترک نبوده‌اند. لت دویم نوازش را پایان نیست و بی‌نیازی از آن پیش نمی‌آید.

به رخشنده روز و به هنگام خواب — همی آگهی جست ز افراسیاب[1]
ازیشان کسی زو نشانی نداد — نکردند ازو در جهان نیز یاد[2]
جهاندار یک شب سر و تن بشست — بشد دور با دفتر زند و اُست[3]
همه شب به پیش جهان‌آفرین — همی بود گریان و سر بر زمین[4]
همی گفت کین بندهٔ ناتوان — همیشه پر از درد دارد روان[5]
جهان کوه و ریگ و بیابان و آب — نبیند نشانی ز افراسیاب[6]
همی گفت که: «ای داور دادگر — تو دادی مرا نازش و زور و فر[7]
که او راه تو دادگر نسپرد — کسی را ز گیتی به کس نشمرد[8]
تو دانی که او نیست بر داد و راه — بسی ریخت خون سر بی‌گناه[9]
مگر باشدم دادگر یک خدای — به نزدیک آن بدکنش رهنمای[10]
وگر نیز من ناسزا بنده‌ام — پرستندهٔ آفریننده‌ام[11]
به گیتی ازو نام و آواز نیست — ز من راز باشد ز تو راز نیست[12]
اگر زو تو خشنودی ای دادگر — مرا بازگردان ز پیکار سر[13]
بکش در دل این آتش کین من — به آیین خویش آور آیین من»[14]
ز جای نیایش بیامد به تخت — جوان سرافراز و پیروزبخت[15]
همی بود یک سال در حصن کنگ — برآسود از جنبش و ساز جنگ[16]

---

۱ – سخن با گفتار پیشین پیوند ندارد.

۲ – لت دویم نادرست است، زیرا که چون روز و شب در جست‌وجوی او بودند، پس همواره یادش میکرده‌اند.

۳ – اوستا و زند، هنوز در جهان پدیدار نشده‌بود.

۴ – ایرانیان بهنگام نماز و نیایش نمی‌گریستند، و سر بر زمین نمی‌نهادند.

۵ – شش رج پیش‌از «خورد و شکار» کیخسرو یاد شده‌بود، پس چگونه (همواره) روانش پر از درد بوده‌است؟

۶ – سخن سست است! مگر کوه و ریگ و بیابان (و آب!) چشم دارند که نشان از افراسیاب «بینند!».

۷ – «همی گفت» در این رج، «همی گفت» دو رج پیش ناهمخوان است.

۸ – **یک:** سخن چنین می‌نماید: ای خداوند، مرا زور و فرّ دادی، که او (افراسیاب) راه ترا، نسپرد! و چنین سخن را چه پایه است که بشاهنامه اندر شود؟ **دو:** تو دادگر نیز نادرست است. تو؛ خداوندِ دادگرا

۹ – لت دویم: «بسی ریخته» باید.

۱۰ – **یک:** این رج را برج پیشین پیوند نیست، و نمیتوان با «مگر» آنرا آغاز کردن. **دو:** خداوند در رج سخنان پیشین «تو» نامیده می‌شد، و اینجا «یک خدای»!... لت دویم نیز سخت ناهماهنگ است! نیایش‌کنندگان از خدا می‌خواهند که آنانرا بسوی نیکی و راستی و پاکی رهنمای باشد، نه بسوی یک بدکنش! درست آن بود که گفته شود: تا بیاری تو بدو دست یابم!

۱۱ – «نیز» را بایستی پس‌از من آوردن: «من نیز»... و آن نیز نادرست است... زیرا که پیشتر از وی می‌بایستی کسی یا کسانی بندهٔ ناسزا بشمار رفته باشند، تا بتوان «من نیز» آوردن. نمونه‌های دیگر نیز ره بجایی نمی‌برند. مسکو: «تو دانی که من خود سراینده‌ام»!!

۱۲ – لت دویم بی‌پیوند است: «اگر، این، برای من راز باشد، در نزد تو راز نیست». دوباره خدا به «تو» بازمیگردد!

۱۳ – «از پیکار سر» نادرست است: «دلم را از کین پاک کن».

۱۴ – **یک:** افزاینده خود دریافت... **دو:** هیچکس را در جهان آیینی، چون آیین خداوند نیست.

۱۵ – دنبالهٔ گفتار.

۱۶ – افزایندگان فراموش کرده‌اند که چند بار کیخسرو را از کنگ به سیاوشکرد و از سیاوشکرد به مکران و دریا و ریگ و آب کشانده‌اند،

←

چو بودن به کنگ اندرون شد دراز بـه دیـدار کـاووسش آمـد نـیاز[1]
بـه گستهم نـوذر سـپرد آن زمـین ز قـچغار تـا پـیش دریـای چـین[2]
بـی‌انـدزاه لشگـر بـه گستهم داد بـدو گـفت «بیداردل بـاش و شـاد[3]
بـه چـین و بـه مکـران زمـین دست یـاز بـه هـر سـو فـرستاده و نـامه سـاز[4]
هـمی جـوی ز افـراسـیاب آگـهی مگـر زو شـود روی گـیتی تـهی»[5]
اُزان جـایگه خـواسـته هـرچـه بـود ز دیـنار و ز گـوهر نـاپسود
ز مشک و پـرستار و زرّیـن‌ستام هـمان جـامه و اسپ و تـخت و غـلام
ز گستردنی‌ها و آلات چـین ز چـیزی کـه خـیزد ز مکـران زمـین
ز گـاوان گـردونکشان چـل هـزار هـمی رانـد پـیش انـدرون شـهریار[6]
هـمی گـفت هـرگز کـسی پـیش ازیـن نـدید و نـبد خـواسـته بـیش ازیـن[7]
سپه بـود چـندان کـه بـر کـوه و دشت هـمی ده شب و روز لشگـر گـذشت[8]
چـو دم‌دار بـرداشـتی، پـیشرو بـه مـنزل رسـیدی هـمی نـو بـه نـو[9]
بـیامد بـرآن هـمنشان تـا بـچاچ بـیاویخت تـاج از بـرِ تـخت آج[10]
بسغد انـدرون بـود، یک هـفته شـاه هـمه سـغد شـد شـاه را نـیکخواه[11]
اُزان جـا بـه شـهر بـخارا رسـید ز لشگـر هـوا را هـمی کس نـدید[12]
بـخورد و بـیاسود و یک هـفته بـود دوم هـفته بـا جـامهٔ نـاپسود[13]
بـیامد خـروشان بـه آتشکـده -غـمی بـود زان اژدهـای شـده-[14]

→ و نیز فراموش کرده‌اند که بزرگان ایران از کیخسرو خواستند که بایران بازگردد... پس این یکسال درنگ در کنگ را چگونه میتوان گزارش کردن؟

۱ – «بودن» نادرست است. «ایستادن» یا «نشستن»، یا «درنگ».

۲ – «آن زمین» نادرست است: «آن کشور را». قجغار نیز نادرست است: قجغارباشی.

۳ – بی‌اندازه‌لشگر، نادرخور است: «سپاهی» «سپاهی آراسته» «سپاهی جنگاور».

۴ – لت نخست را بر آیند؛ چیست؟ بچین و مکران یورش بَرَد؟ یا بهنگام سختی از آنان یاری جوید؟

۵ – جستنِ افراسیاب درست است اما آگهی جستن در زبان فارسی پیشینه ندارد.

۶ – دریوزه‌گری افزایندگان... که پایان ندارد، و می‌بایستی با چهل‌هزار گردونه(؟) بایران برده شود.

۷ – ندید نادرست است ندیده‌است، و نبوده‌است.

۸ – با چنین سپاهی بتوران نرفته‌بود... و با آنکه سرداران خود برای نگهبانی کشورهای یادشده «سپاه» داده بود، این انبوه سپاهیان از کجا پدیدار شدند؟

۹ – سخن بی‌گزارش است.

۱۰ – تخت آج کیخسرو در پایتخت بوده‌است.

۱۱ – **یک**: بود، سخن را ناهموار می‌کند: «یک هفته در سغد بماند». **دو**: سُغدیان(سمرقند و بخارای امروز) ازپیش دوستدار کیخسرو و ایرانی بوده‌اند!

۱۲ – بخارا نیز از سرزمین سُغد است. لت دویم،لشگر، زمین را می‌پوشاند، نه هوا را!

۱۳ – «بود» در این رج نیز ناهموار است. لت دویم با جامهٔ ناپسود را هیچ گزارش نیست مگر آنکه افزاینده را برای واژهٔ «بود» نادرخور، در لت نخست، پساوا بایسته می‌نمود.

۱۴ – «آتشکَده» را با «شُده» پساوا نیست. نمونه‌های دیگر «غمین بود، زان روزهای شده» چرا می‌بایستی از زمانی که برای او همراه با پیروزی بوده‌است غمگین بوده باشد.

که تور فریدون برآورده بود   بدو اندرون کاخها کرده بود[1]
بگسترد بر موبدان سیم و زر   بر آتش پراکند چندی گهر[2]

بازگشتن کیخسرو
از
توران به ایران

ازانجایگه سر برفتن نهاد   همی رفت با کام دل شاه شاد[3]
بجیهون گذر کرد بر سوی بلخ   چشیده زگیتی بسی شور و تلخ
به بلخ اندرون بود یک ماه شاه   سر ماه بر بلخ بگزید راه[4]
به هر شهر در نامور مهتری   بماندی سرافراز با لشگری[5]
ببستند آذین به بی‌راه و راه   به جایی که بگذشت شاه و سپاه[6]
همه بومِ کشور بیاراستند   می و رود و رامشگران خواستند
درم ریختند از بر و زیفران   چه دینار و مشک از کران تا کران[7]
ازانسو براه نشابور، شاه   بیاورد پیلان و گنج و سپاه[8]

---

۱ – **یک:** افزایندهٔ سست سخن بخارا را بتور بخشید، باز آنکه سمرقند و بخارا و چاچ از آن ایرج بود. **دو:** در آتشکده، کاخ ساخته‌بود؟ نشاید، در بخارا چنین کرده‌بود؟ سخن سخت گسسته می‌نماید.

۲ – **یک:** سیم و زر را بر موبدان یا هرکس دیگر نمیتوان گستردن! بخشیدن شاید. **دو:** گوهر را نیزکس بر آتش نپراکنده است که بوی خوش بر آتش می‌پراکنند!

۳ – سخن لت دویم رودرروی آن گریستن‌ها و مویه‌ها است که از آن یاد شد!

۴ – «بود» همانست که درباره‌اش سخن گفتم.

۵ – لت نخست را با لت دویم پیوند درست نیست در لت نخست نامور مهتری، بمرزبان شهرها بازمیگردد، در لت دویم؛ ماندن در شهر به کیخسرو نادرست است.

۶ – افزاینده میخواسته‌است بگوید که مهتران شهرها، در گذرگاه شاه و سپاه آذین می‌بستند، و نتوانسته‌است که سخن را نیک بیاراید!

۷ – زیفران ریختن را هیچ سود نباشد و پیش‌ازاین دربارهٔ چنین کار سخن گفته شده‌است. لت دویم نیز سست است، و روشن نمی‌نماید که مشک و دینار و درم و زیفران را بکجا میریختند! ریختند نیز کنش نادرست است زیرا که چون سپاه (می)بگذشت، ریختن را نیز (می)ریختند بایست.

۸ – **یک:** چنین نیست و از بلخ نمیتوان براه نشابور رفتن، مگر آنکه نخست به هری (هرات)، پسانگاه به توس، و آنگاه به (راه) نیشابور رسیدن. **دو:** نیشابور بزبان پهلوی «نیوشاپوهر» نامی تازه است که در زمان شاپور ساسانی بر شهر باستانی «ریوند» نهادند، و از آنجا که نیشابوریان پارتی بودند و نمی‌خواستند که نام شاپور ساسانی بر شهرشان نهاده شود، پاژنام «اَپَرشَتْر» (=ابرشهر فارسی) را برای شهر خود برگزیدند، تا هم ساسانیان را گمان افتد، که شهر شاپور، شهر بلند پایگاه است، و هم نیشابوریان، با چنین پاژنام، یادی از نام باستانی آن کرده باشند. چون ساسانیان برفتند، این انگیزش ازمیان برخاست، و نرم‌نرم نشابور نیز جان خود راگشود... و بر این بنیاد اگر کیخسرو بدانشهر رفته‌بود، می‌بایستی از نام باستانی آن (ریوند) یاد می‌شد که چنین نیست.

به شهر اندرون هر که درویش بود / اُگر سازش از کوشش خویش بود[1]
درم داد هر هر یکی را ز گنج / پراکنده شد بدره پنجاه و پنج[2]
سر هفته را کرد آهنگ ری / سوی پارس نزدیک کاووس کی[3]
دو هفته به ری نیز بخشید و خورد / سیوم هفته آهنگ بغداد کرد[4]
هیونان فرستاد چندی ز ری / به نزدیک کاووس فرخنده‌پی[5]
دل پیر، زان آگهی تازه شد / تو گفتی که بر دیگر اندازه شد[6]
به ایوان‌ها تخت زرّین نهاد / به خانه در، آرایش چین نهاد[7]
ببستند آذین به شهر و براه / همه برزن و کوی و بازارگاه
پذیره شدندش همه مهتران / بزرگان هر شهر و گنداوران
همه راه و بی‌راه گنبد زده / جهان شد چو دیبا به زر آزده[8]
همه مشک با گوهر آمیختند / ز گنبد به سرها فرو ریختند[9]
چو بیرون شد از شهر کاووس کی / ابا نامداران فرخنده‌پی[10]
نیا را چو دید از کران شاه نو / برانگیخت آن بارهٔ تندرو[11]
بر او بر نیا برگرفت آفرین / ستایش سزای جهان‌آفرین[12]
همی گفت «بی تو مبادا جهان / مه تخت بزرگی مه تاج مهان[13]
که خورشید چون تو ندیده‌ست شاه / نه جوشن نه اسب و نه تخت و کلاه[14]

---

۱ - **یک:** بکدام شهر؟ می‌بایستی گفتن در شهرهای میان راه. **دو:** کسیکه باکوشش خویش زندگی میکند، چه نیاز بدهش دیگران دارد؟

۲ - شیوهٔ شمارش نادرست است پنجاه‌وپنج بدره. ۳ - ری از پارس سدها فرسنگ بدور است.

۴ - روشن شد که افزاینده را گمان بر آن بوده‌است که بغداد در پارس است.

۵ - چرا چند هیون (نه هیونان) فرستد، از آنجاکه با یک فرستاده نیز می‌توانست آگاهی رسیدن خود را بدهد!

۶ - تو گفتی...

۷ - چرا در خانهٔ ایرانی آرایش چینی؟ چنین کار از خرد بدور است،... شاید که درمیان ابزارها یک یا چند ابزار چینی نیز بوده باشد، اما آرایش چینی برای همهٔ خانه نادرست می‌نماید... جاده‌ای که آنرا «جادهٔ ابریشم» می‌نامند، هنوز میان چین و ایران کشیده نشده‌بود. آن جاده بهنگام اشکانیان ساخته شد!

۸ - **یک:** گیریم که بر سر راه «گنبد» زده باشند. در بیراهه‌ها چرا؟ **دو:** زر را شاید که بر روی دیبا بدوزند، اما دیبا را نمیتوان درمیان زر، آژدن.

۹ - ریختن مشک نادرست است، «به سرها» نیز نادرخور است «بر سر سپاهیان، فرو (می) ریختند».

۱۰ - نامداران فرخنده پی، همگان ازپیش همراه کیخسرو بوده‌اند.

۱۱ - چو در آغاز رج پیشین با «چو» در این رج همخوان نیست.

۱۲ - آفرین برگرفتنی نیست، خواندنی است و «نیا» در آغاز رج پیشین با «نیا» در این رج... شاهنامهٔ فلورانس بجای این رج چنین آورده‌است:

همی هر دوان، زار بگریستند / چو یکچند بی‌آرزو زیستند
همی آفرین کرد کاووس کی / بر آن شاه نیک اخترِ نیک پی

۱۳ - همی گفت نادرست است، زیراکه یکبار گفته شده‌است.

۱۴ - جوشن و اسب و تخت و کلاه به خورشید بازمیگردد نه به کیخسرو!

ز جمشید تا به آفریدون رسید   سپهر و زمین چون تو شاهی ندید[۱]
نه زین سان کسی رنج برد از مهان   نه دید آشکارا نهان جهان
روشن جهان بر تو فرخنده باد   دل و جان بدخواه تو کنده باد[۲]
سیاوش گرش روز باز آمدی   به فرّ تو او را نیاز آمدی[۳]
بدو گفت شاه «این ز بخت تو بود   برومند شاخ درخت تو بود»[۴]
زبرجد بیاورد و یاقوت و زر   همی ریخت بر تارک شاه بر[۵]
بدین گونه تا تخت گوهرنگار   بشد پایه‌ها ناپدید از نثار[۶]
بفرمود پس کانجمن را بخوان   به ایوان دیگر بیارای خوان[۷]
⇐ **نشستند در گلشن زرنگار   بزرگان پرمایه با شهریار**
همی گفت شاه آن شگفتی که دید   به دریا در از نامداران شنید[۸]
ز دریا و از کنگدژ یاد کرد   لب نامداران پر از باد کرد[۹]
ازان خرمی دشت و آن شهر و راغ   ثمرها و پالیزها چون چراغ[۱۰]
بدو ماند کاووس کی در شگفت   ز کردارش اندازه‌ها برگرفت[۱۱]
بدو گفت «روز نو و ماه نو   چو گفتارهای نو و شاه نو[۱۲]
نه کس چون تو اندر جهان شاه دید   نه این داستان گوش هرکس شنید[۱۳]
کنون تا بدین اختری نو کنیم   به مردی همه یاد خسرو کنیم»[۱۴]
بیاراست آن گلشن زرنگار   همی آورد یاقوت لب میگسار[۱۵]

---

۱ – آفریدون، تازی شدهٔ فریدون است و به گفتار فردوسی اندر نمی‌شود. از جمشید تا فریدون پیوستهٔ گذشته است. بایستی گفتن از هنگام جمشید، تا کنون!

۲ – سخن در لت نخست بس زیبا می‌نماید، که برگرفته از شاهنامه است اما در لت دویم جانِ کسی کنده نمی‌شود!

۳ – «او» در لت دویم نادرخور است: «بفرّ تواش».

۴ – این ز بخت تو بود، پیروزی کیخسرو را بازمیگوید، و لت دویم خود کیخسرو را!

۵ – چنین کار، نه در خور شاه بود، که بر سرش زر و یاقوت ریزند...

۶ – تخت ناپدید شد، یا پایه‌های تخت؟

۷ – چنین کار را نیز می‌بایستی کاووس بانجام رساند، نه کیخسرو.

۸ – شگفتی‌ها دروغین دریا...! لت دویم نیز پیوند درست ندارد.

۹ – دوباره از دریا یاد کردن شیوهٔ سخن فردوسی نیست لت دویم سخت ناپسند است، زیرا که شاید بودن که کسی از شنیدن داستانی باد بر لب آورد، اما نشاید که دیگر کس لب او را پر باد کند.

۱۰ – «خرمی دشت» نادرست است. دشت خرم... و کدام دشت؟ و ثمر(؟) پالیز چگونه همانند چراغ شاید شدن؟

۱۱ – دنبالهٔ گفتار.

۱۲ – از روز نو و ماه نو نام بردن چه پیوند با گفتار دارد؟ کیخسرو نیز شاه نو نبوده‌است و از سالها پیش پادشاهی ایران کرده‌بود.

۱۳ – لت دویم سست است.

۱۴ – **یک:** اختری نو کردن در زبان فارسی پیشینه ندارد. **دو:** یاد خسرو کردن بهنگامی است که او خود در انجمن نباشد!

۱۵ – هشت رج پیش‌از گلشن زرنگار سخن رفت.

بیک هفته ز ایوان کاووس کی — همی موج برخاست از جام می [1]
بهشتم در گنج بگشاد شاه — همی ساخت آن رنج را پایگاه [2]
بزرگان که بودند با او بهم — برزم و ببزم و بشادیّ و غم [3]
باندازه‌شان خلعت آراستند — ز گنج آنچه پرمایه‌تر خواستند [4]
برفتند هرکس سوی کشوری — سرافراز با نامور لشگری [5]
بپرداخت ازان پس بکارِ سپاه — درم داد یک ساله از گنج شاه [6]
ازان پس نشستند بی انجمن — نیا و جهانجوی با رایزن [7]
چنین گفت خسرو بکاووس شاه — «جز از کردگار از که جوییم راه؟» [8]
بیابان و یک ساله دریا و کوه — برفتیم با داغ دل یک گروه [9]
به هامون و کوه و به دریای آب — نشانی ندیدیم ز افراسیاب [10]
گر او یک زمان اندر آید به کنگ — سپاه آرد از هر سویی بی‌درنگ [11]
همه رنج و سختی به پیش اندرست — اگر چندمان دادگر یاورست» [12]
نیا چون شنید از نبیره سخن — یکی بند پیرانه افکند بن [13]
بدو گفت «ما همچنین بر دو اسپ — بتازیم تا خان آذرگشسپ [14]
سر و تن بشوییم با پا و دست — چنان چون بود مرد یزدان‌پرست [15]
ابا باژ با کردگار جهان — بزمزم کنیم آفرین مهان [16]
بباشیم در پیش آتش بپای — مگر پاک یزدان بود رهنمای [17]
به جایی که او دارد آرامگاه — نماید نمایندهٔ داد و راه» [18]

---

۱ – در لت دویم برخاست نادرست است: بر می‌خاست. ۲ – لت دویم را هیچ گزارش نیست.

۳ – دنباله گفتار. ۴ – اگر لت‌ها پس‌وپیش می‌بودند، سخن را پایان بود، اما بدینگونه سخن پایان ندارد.

۵ – سوی کشوری نادرست است سوی مرز و شهرِ خویش. ۶ – دنبالهٔ گفتار.

۷ – بی‌انجمن؟ یا با رایزن؟ ۸ – لت دویم نادرخور است.

۹ – **یک:** افزایندگان فراموش کردند که چند سال کیخسرو و سپاه ایران را در دریا و بیابان و کنگدژ و مکران و دریا سرگردان کرده‌اند، و تنها از یکسال آن یاد میکنند... دریا و کوه یکساله را نیز ندانستم چگونه بوده‌است. **دو:** چرا داغدل؟ همه از پیروزیهای پی‌درپی شاد بوده‌اند. ۱۰ – دنبالهٔ گفتار.

۱۱ – افزاینده کنگ رابگستهم سپرده‌بود، و افراسیاب نمی‌توانست بدان «اندر آید» مگر آنکه با جنگ آنرا بگشاید.

۱۲ – اگر چندمان نادرست است: «اگرچه یاور ما...». ۱۳ – دنبالهٔ گفتار.

۱۴ – «همچنین» چگونه باشد؟

۱۵ – چون سر و تن شسته شود پا و دست نیز با آنست، و دوباره‌گویی کودکانه است لت دویم چنانچون مرد یزدانپرست «میکند» یا «میشوید»، نه «بوَد»!

۱۶ – **یک:** با باژ (با) کردگار آفرین (کردن) نادرست است: «بر کردگار آفرین خواندن». **دو:** آفرین مهان را چه جدایی از آفرین کهان است، همگان خداوند را یکسان می‌ستایند. «باژ» آفرینی است که بهنگام خوردن زیر لب می‌خوانده‌اند، و نمیتوان «با باژ» «زمزم» خواندن!

۱۷ – «پاک یزدان» در این رج با...

۱۸ – «نمایندهٔ داد و راه» در این رج همخوان نیستند. و هیچگاه از خداوند، با چنین نام یا پاژنام یاد نشده‌است.

برین‌باژ گشتند هر دو یکی / نگردید یک تن ز راه اندکی[1]
نشستند با باژ هر دو بر اسپ / دمان تا در خان آذرگشسپ[2]
پر از بیم دل یک به یک پر امید / برفتند با جامه‌های سپید[3]
چو آتش بدیدند گریان شدند / چو بر آتش تیز بریان شدند[4]
بدان جایگه زار و گریان دو شاه / ببودند با درد و فریادخواه[5]
جهان‌آفرین را همی خواندند / بدان موبدان گوهر افشاندند[6]
چو خسرو به آب مژه رخ بشست / برافشاند دینار بر زند و اُست[7]
به یک هفته بر پیش یزدان بدند / مپندار کآتش‌پرستان بدند[8]
که آتش بدان گاه محراب بود / پرستنده را دیده پر آب بود[9]
اگر چند اندیشه گردد دراز / هم از پاک یزدان نه‌ای بی‌نیاز[10]
به یک ماه در آذرابادگان / ببودند شاهان و آزادگان[11]

*

ازانپس چنان بُد که افراسیاب / همی گشت هرجای بی‌خورد و خواب[12]

---

۱ - **یک:** بر این باژ نادرست است، چون «باژ» یگانه است و این و آن نمی‌پذیرد، **دو:** هردو یکی نیز درست نیست «همرای شدند». **سه:** «یکتن»، با گروه درشمار می‌آید، نه درمیانهٔ دو تن! **چهار:** نگردید از راه اندکی نیز نادرست: «هیچیک از راه باز نگشتند».

۲ - **یک:** اینجا روشن می‌شود که افزایندگان نمی‌دانسته‌اند که باژ چیست، و شاید آنرا برسم (= شاخه‌های گیاه سبز که بهنگام باژ خواندن، در دست میگرفته‌اند) پنداشته‌اند! میتوان پی بردن که چنین برداشت با خواندن سرودهٔ فردوسی: «گرفتند پس، باژ، برسم بدست»: «باژ را آغاز کردند، با برسم در دست» و افزاینده را گمان بدانسو کشیده شده‌است که باژ نیز در دست گرفتنی است.

۳ - «پر از بیم» را نشاید «پر امید» خواندن مگر آنکه گفته شود: «با دلی پر از امید و بیم»، یک بیک نیز گزارشی ندارد.

۴ - چو آتش بدیدند نادرست است، «چون آتش (را) بدیدند» یا چون چشمشان بر آتش افتاد...

۵ - **یک:** دوباره از گریان سخن میرود. **دو:** کدام درد؟... افراسیاب را شکست داده از خانه و کشورش گریزانده آوارهٔ جهانش کرده‌اند چرا بایستی درد نیز برگریه و زاری و سوزش آنان افزوده گردد؟ فریادخواه نیز «یاری‌خواه» است، و آنان در همه کارهای یادشده از یاری خداوند برخوردار بوده‌اند.

۶ - پیوند میان لت نخست این رج با سخنان پیشین نیست و همی خواند نیز نادرست است: «بخواندند» لت دویم برکدام موبدان، نامی از آنان نیامده‌است که اکنون با «آن» ایشان را بشناسیم. می‌بایستی بگویند: «بر موبدان آتشکده گوهر افشاندند» اما اگر افزایندگان را اندک خویشکاری یا نگرش در کار می‌بود می‌توانستند گفتن: «اَبَر موبدان گوهر افشاندند».

۷ - **یک:** سخن چنانست که کار کیخسرو گریستن بوده‌است، و چون چنان کار بانجام رسید... باز آنکه کار آنان نیایش بوده است. **دو:** اوستا و زند، در آنزمان پدید نیامده بود وکیش ایرانیان کیش مهری بود، و دینار بر روی اوستا ریختن در هیچیک از نوشته‌های کهن نیامده‌است.

۸ - «بر پیش» نادرست است: «در پیش» نیز، خداوند را جایگاه نیست که کسی پیش او باشد. لت دویم پیوند درست با لت نخست ندارد.

۹ - و ایرانیان بهنگام نیایش نمی‌گریستند.

۱۰ - روی گفتار به «تو» برگشت، و افزاینده خواسته‌است بگوید «هر چند که بیندیشی... از یزدان بی‌نیاز نیستی» اما سخن وی بدانگونه در آمد که خواندیم.

۱۱ - سه رج پیش‌از یکهفته سخن رفت و اینجا از یک ماه!... افزاینده آگاه نبوده‌است که پایتخت کیخسرو، کنار دریاچه چیچَست (اورمیه امروز) و آذربایجان کنونی بوده‌است. لت دویم نیز نادرست است زیرا که در داستان افزوده چنین آمده‌بود که آن دو، دو اسپ (بر) نشستند، و بی‌همراه، بآتشکدهٔ آذرگشسب رفتند. پس آزادگان بهمراه آنان نبودند.

۱۲ - ازانپس، نادرست است، زیرا که پیش‌ازآن، از آنزمان که گریخته‌بود، می‌باید چنین گذرانده باشد. نه پس‌از نیایش کیخسرو و

۲۶۷ بازگشتن کیخسرو به ایران

نه ایمن به جان و نه تن سودمند — هراسان همیشه ز بیم گزند [1]
همی از جهان جایگاهی بجست — که باشد به جان ایمن و تندرست [2]
بنزدیک بِردَع یکی غار بود — سر کوه غار از جهان ناپسود [3]
ندید از برش جای پرواز باز — نه زیرش پی شیر و آنِ گراز [4]
خورش برد و ز بیم جان جای ساخت — به غار اندرون جای بالای ساخت [5]
ز هر شهر دور و به نزدیک آب — که خوانی ورا هنگ افراسیاب [6]
همی بود چندی به هنگ اندرون — ز کرده پشیمان و دل پر ز خون [7]
چو خونریز گردد سر سرفراز — به تخت کیان بر نماند دراز [8]

*

یکی مرد نیک اندران روزگار — ز تخم فریدون آموزگار [9]
پرستار با فرّ و برز کیان — به هر کار، با شاه، بسته میان [10]
پرستشگهش کوه بودی همه — ز شادی شده دور و دور از رمه [11]

← کاووس.

۱ – «نه تن سودمند» را روی نباشد و گزارش ندارد. سخن نیز بی‌پایان است.

۲ – **یک:** بجست نادرست است: «می‌جست». **دو:** «جان» یا «تن»؟

۳ – بردع، پایتخت ارّان (که بیگمان نام آن در زبان باستان «بِرتَه» بوده‌است و پسان معرب گردید) نزدیک «باکو»ی امروزین بوده‌است و چون افزاینده را از دانش زمین هیچ آگاهی نبوده‌است، ندانسته‌است که یک مرد سرگشته، که با کشتی بآب زره (اقیانوس آرام) گریخته‌بود، چگونه پیاده وگریزان، چندین راه دراز، چند هزار فرسنگی را پیمود، و در غاری پناه‌گرفت که نزدیک پایتخت کیخسرو باشد، و هر دم بیم آن میرفت که او را ببینند و بگیرند! لت دویم نیز سخت ناهموار است... اگر افزاینده کمی می‌اندیشید... می‌بایستی بگوید که «کوهی بلند نزدیک بردع بود که سر بآسمان داشت و غاری در آن کوه بود که...».

۴ – مگر باز، پس‌از پرواز از خود نشان در آسمان می‌نهد که جای آن را توان دیدن؟ زیر آن کوه را چه ویژگی بوده‌است که شیر و گراز و دیگر جانداران را توان پای نهادن بر آن نبوده‌است؟

۵ – **یک:** باری بجایی که شیر و گراز را پروای رفتن نبود، چگونه یک پیادهٔ سرگردان دست یافت؟ خورش برد نیز نادرست است: «بدانجا خورش برد» غار نیز ساختهٔ خدایی است و او را نمی‌بایستی جای ساختن مگر آنکه گفته شود، «در گوشه‌ای از آن جایی برای زیستن خویش آراست. **دو:** جای بالای ساخت نیز نادرست است: «جایی برای اسب خویش بپیراست».

٦ – **یک:** سخن سست است: «از شهر دور». **دو:** چه‌کس خوانَد؟ سخن نادرست است: «که آنرا هنگ افراسیاب خوانند»، اما چگونه این نام بر غاری نهاده شد که هزاران فرسنگ دور از پایتخت افراسیاب بوده‌است... مگر آنکه گفته شود که «پس‌از وی، نام آنرا هنگ افراسیاب نهادند».

۷ – افزاینده «هنگ» را بجای «غار» از اندیشهٔ خویش بر آورده‌است. زیرا که گفته‌است «هنگ اندرون» (= درون هنگ = غار).

۸ – افراسیاب از خاندان زنجیرهٔ کیان نبود. زنجیرهٔ کیان با کیقباد در ایران آغاز شد.

۹ – فریدون آموزگار را نمی‌شناسیم، اگر فریدون، سرِ پادشاهان آریایی پس‌از ضحاک را میگوید هیچکس و هیچ نوشته، او را آموزگار نخوانده است. باری همهٔ ایرانیان و تورانیان باستان از نژاد وی بودند.

۱۰ – **یک:** پرستار «با فرّ و برز» نمی‌شود و «فرّ» را بشاهان وابسته دانسته‌اند. **دو:** اگر چنین بود که او بیش‌از همه پهلوانان، در کارها با شاه میان می‌بست، چرا تاکنون نامی از او در شاهنامه نیامده‌است؟

۱۱ – **یک:** چون در همه کار در کنار شاه بوده‌است، نمی‌توانسته است بکوهی رود که دور از «هر شهر» سر بر آسمان برافراشته بود! **دو:** لت دویم: دوری از شادی، در اندیشهٔ ایرانیان «گناه» بشمار شمار میرفت: «اگر شادی و خوشی گیتی ندارد، و بیم و سخن دروغ نیز با اوست،
←

کـجا نـام آن نـامور هـوم بـود — پـرستنده دور از بـر و بـوم بـود[1]
یکـی کـاخ بـود انـدران بـرز کـوه — بـدو سـخت نـزدیک و دور از گـروه[2]
پـرستشگهی کـرده پشـمینه‌پوش — ز کـافش یکـی نـاله آمد بـه گـوش[3]
کـه «شـاها! سـرا! نـامور مـهترا! — بـزرگا! و بـر داوران داورا![4]
هـمه تـرک و چـین زیر فـرمان تـو — رسـیده بـه هـر جـای پیمان تـو[5]
یکـی غـار داری بـرهنه بـه چـنگ — کـجات آن سرِ تـاج و مـردانِ جـنگ[6]
کـجات آن هـمه زور و مـردانگـی — دلیـری و نـیروی و فـرزانگـی[7]
کـجات آن بـزرگی و تـخت و کـلاه — کـجات آن بـر و بـوم و چـندان سپاه
کـه اکـنون بـدین تـنگ غـار انـدری — گـریزان بـه سـنگین حـصار انـدری»[8]
بـه تـرکی چـو ایـن نـاله بشـنید هـوم — پـرستش رهـا کـرد و بگـذاشت بـوم[9]
چنین گـفت: کـه :«این نـاله هـنگام خـواب — نـباشد مگـر ز آنِ افـراسـیاب»[10]
چـو انـدیشه شد بـر دلش بـر درست — درِ غـار تـاریک چـندی بـجست[11]
ز کـوه انـدر آمـد بـه هـنگام خـواب — بـدید آن در هـنگ افـراسیاب[12]
بـیامد بکـردار شـیر ژیـان — ز پشـمینه بگشـاد گـردی مـیان[13]

← «چنین زندگی» از مرگ بدتر دانسته شده‌است». (مینوی خرد، ترجمه احمد تفضّلی، انتشارات توس، رویهٔ ۲۹) و نیز: «... تا او را از نابودی و گناهِ ناشادی کم باشد. (گزیده‌های زادسپرم، ترجمه محمدتقی راشد محصل: موسسه مطالعات و تحقیقات فرهنگی، رویهٔ ۵)

۱ – **یک:** هوم نام گیاهی نامبردار است که افشرهٔ آن را برای درمان برخی بیماریها بکار می‌برده‌اند، و هیچ مرد را در فرهنگ ایران باستان، چنین نام نبوده‌است. **دو:** «هُوْم» را با «بوم» پساوا نیست.

۲ – بر بالای آن کوه که بگفتهٔ افزاینده «سر کوهِ غار، از جهان ناپسوده، بود چگونه کاخ بر آورده‌بودند؟ شاهنامه فلورانس «کاف» آورده‌است و برخی نمونه‌ها «غار» اما بگفتهٔ افزاینده در آنجا، یک غار بوده‌است، و از غاری دیگری سخن نرفته‌بود که اینک آنرا کاف (= شکاف = لِشکفت لری و شِکِفتِ یزدی = غار) بدانیم! زیرا که بر فراز کوه، غار نیست، و کاخ ساخته می‌شود. لت دویم کاخ یا غار، بدو سخت نزدیک بود، یا او بکاخ و غار سخت نزدیک بود!!!... باری چگونه کسی که در هر کار با شاه میان می‌بندند، سخت نزدیک بکاخ بوده‌است؟

۳ – «پرستشگهی کرده» نابجا است، زیرا که پیشتر از پرستشگه سخن رفته‌بود! لت دویم، چگونه آن مرد، از افراز بُرز کوهی که دست بدان نرسیده‌بود (ناپسود!) آوای ناله‌ایرا از غارِ پایین کوه شنید؟

۴ – «داور داوران» خداوند است، نه افراسیاب.

۵ – در داستان گذشته دیدیم که چین را پادشاهی جداگانه بوده‌است و تورانیان نیز ترک نبوده‌اند.

۶ – غار برهنه چه باشد، مگر غارهای دیگر را جامه باشد؟ لت دویم نیز درهم و بی‌گزارش است.

۷ – دنبالهٔ گفتار.

۸ – در سخن پیشین چنین آمده‌بود که افراسیاب غار بچنگ دارد(؟) و اینجا «درمیان غار» که باهم ناهمخوان‌اند.

۹ – **یک:** افراسیاب ترک نبوده‌است، و هوم فریدون نژاد، از کجا زبان ترکی میدانست؟ **دو:** هُوْم را با بوم پساوا نیست. **سه:** بگذاشت بوم نیز نادرست است پرستشگه(؟) او بر فراز کوه بود نه در «بوم».

۱۰ – دنبالهٔ گفتار.

۱۱ – در غار که تاریک نبود، اندرون غار تاریک بود چندی بجُست نیز نادرست است: «را بجست».

۱۲ – اندر آمد نادرست است بپایین آمد... و چگونه پیش‌از پایین آمدن درِ غار را «چندی بجست»؟ در لت دویم نیز «آن» نادرست است درِ هنگ را (اگر بتوان هنگ را درست دانستن!)

۱۳ – **یک:** گُردی میان نادرست است: «کمرِ پهلوانی» زیرا که میان، بخشی از تن است نمی‌توان آنرا گشودن! **دو:** پرستندهٔ پشمینه‌پوش را «کمر پهلوانی» بچه کار آید؟

بازگشتن کیخسرو به ایران

کمندی که بر جای زنّار داشت	کجا در پناه جهاندار داشت [1]
به هنگ اندرون شد گرفت آن به دست	چو نزدیک شد بازوی او ببست [2]
همی رفت و او راپس اندر کشان	همی تاخت با رنج چون بیهشان [3]

*

شگفت ار بمانی بدین در رواست	هرآن‌کس که او بر جهان پادشاست [4]
جز از نیکنامی نباید گزید	بباید چمید و بباید چرید [5]
ز گیتی یکی غار بگزید راست	چه دانست کان غار هنگ بلاست [6]
چو آن شاه را هوم بازو ببست	همی بردش از جایگاه نشست [7]
بدو گفت ک: «ای مرد باهوش و باک	پرستار داونده یزدان پاک [8]
چه خواهی ز من؟ من کی‌ام در جهان؟	نشسته بدین غار با اندهان!» [9]
بدو گفت هوم «این نه آرام تست	جهانی سراسر پر از نام تست [10]
ز شاهان گیتی برادر که کشت	که شد نیز با پاک‌یزدان درشت [11]
چو اغریرث و نوذر نامدار	سیاوش که بُد در جهان یادگار؟ [12]
تو خون سر بی‌گناهان مریز	نه اندر بن غار بی‌بن گریز» [13]

---

۱ - **یک:** زنار، میان‌بند، یاکمرِ عیسویان بوده‌است. میان‌بند ایرانیان را «کُشتی» می‌خوانند که در زبان فارسی «کشتی» و در زبان پهلوی «کُستیک» و در زبان اوستایی اَیْویا اَنگْهَن خوانده می‌شده‌است، و برخی نویسندگان پس‌از اسلام آنرا با میان‌بند عیسویان، یگانه پنداشته و از زنّار برای ایرانیان نیز یاد کرده‌اند، اما این نادرستی نمی‌بایستی که گفتار شاهنامه را نیز در برگیرد! **دو:** لت دویم، بدینگونه، سخت نادرخور است.

۲ - «آن بدست» نادرست است: «آنرا بدست گرفت» لت دویم را یک کودک تواند گفتن، زیرا که بازوی جنگاوری را که: «شود کوه آهن چو دریای آب / اگر بشنود نام افراسیاب»! یک پیر سست، بدین آسانی نمی‌تواند بستن!

۳ - گیریم که بازوی او را بسته باشد... مگر می‌شود پهلوانی چون افراسیاب را بدنبال خود کشیدن! لت دویم را پیوند درست با لت نخست نیست... افزاینده خواسته‌است بگوید که افراسیاب، چون بیهشان؛ ازپس آن پیر می‌دوید!!

۴ - لت دویم را با لت نخست پیوند نیست.

۵ - نباید گزید نادرست است: «نبایدش گزیدن» لت دویم نیز نادرخور است.

٦ - چه کس غار را بگزید؟ بایستی گفته شود افراسیاب چنان کرد.

۷ - جایگاه نشست کدام بوده‌است؟: «گوشه‌ای از غار»!

۸ - هوش را با باک چه پیوند است؟ شاهنامهٔ قاهره با ترس و باک آورده‌است، و چرا یک نیایشگر یزدان را، ترس در دل داشتن؟ لت دویم «پرستنده» به «پرستار» دگرگون شد، که هزار فرسنگ بدور از اندیشهٔ ایرانی است.

۹ - لت دویم را با لت نخست پیوند درست نیست.

۱۰ - «این نه آرام تست» نادرست است: «اینجا آرامگاه تو نیست».

۱۱ - «برادر که کشت» کمبود دارد: «برادر را که کشت»... «که بود که برادر را کشت».

۱۲ - با آوردن «چو» در آغاز این رج، نوذر و سیاوخش نیز برادر افراسیاب درشماراند!

۱۳ - **یک:** لت نخست نادرست است، زیرا که خون در زمان گذشته ریخته شده‌است، و نمیتوان اکنون فرمان دادن که چنین مکن. **دو:** پیوند درست میان لت دویم و لت نخست نیست: «نه خون بیگناهان ریز، و نه بغار بی‌بن گریز». **سه:** غارِ بی‌بُن در جهان پیدا نمی‌شود، از آنجا که هر غار را پایانی است، اما اگر چنین نیز بوده باشد؛ «بنِ غار بی‌بُن» را چگونه توان گزارش کردن؟

بدو گفت کـ: «اندر جهان بی‌گناه   که را دانی ای مرد با دستگاه[1]
چنین راند بر سر سپهر بلند   که آید ز من درد و رنج و گزند
ز فرمان یزدان کسی نگذرد   اُگر دیدهٔ اژدها بسپرد[2]
ببخشای بر من که بیچاره‌ام   اُگر چند بر خود ستمکاره‌ام[3]
نبیره‌ی فریدون فرخ منم   ز بند کمندت همی بگسلم[4]
کجا برد خواهی مرا بسته خوار   نترسی ز یزدان به روز شمار»[5]
بدو گفت هوم «ای بد بدگمان   همانا فراوان نماندت زمان[6]
سخن هات چون گلستان نو است   ترا هوش بر دست کیخسرو است»[7]
بپیچید دل هوم را زان گزند   بر او سست کرد آن کیانی کمند[8]
بدانست کان مرد پرهیزگار   ببخشود بر نالهٔ شهریار[9]
بپیچید و زو خویشتن درکشید   به دریا درون جست و شد ناپدید[10]

*

چنان بُد که گودرز کشوادگان   همی رفت با گیو و آزادگان[11]
گرازان و پویان به نزدیک شاه   به دریا درون کرد چندی نگاه[12]
به چشم آمدش هوم با آن کمند   نوان بر لب آب بر مستمند[13]
همان گونهٔ آب را تیره دید   پرستنده را دیدگان خیره دید[14]
به دل گفت کاین مرد پرهیزگار   ز دریای خُنجست گیرد شکار[15]

---

۱ – مرد پیری را که بجای کشتی کمندی در از بر میان بسته‌است، دستگاه! نیست که چنین گویندش!
۲ – هیچکس از «دیدهٔ اژدها» سخن نگفته‌است که از «دم اژدها» نشان داده‌اند.
۳ – لت دویم، آغازِ درست ندارد: «که خود بر خود ستم کرده‌ام».   ۴ – چنین کار را از آغار نمی‌توانست کرد؟
۵ – کنش نادرست بکار گرفته شده‌است: «بکجا می‌بری‌ام؟» «مرا کجا میبری؟».
٦ – نماندت در لت دویم نادرخور است فراوان زمان نیز نادرست: «زمان بسیارت نمانده‌است».
۷ – چه کس تاکنون خواهش و زاری را به گلستان آنهم «نو» همانند کرده‌است. لت دویم را نیز پیوند با لت نخست نیست... «اما بدانکه هوش (مرگ) تو...».   ۸ – کدام گزند؟ زنّار به کمند، و کمند به کیانی کمند دگرگون گشت!!
۹ – چه کس بدانست؟ بایستی نام افراسیاب را در آغاز آوردن: «افراسیاب بدانست که»... سخن گسسته است. افراسیاب بدانست که هوم بر «نالهٔ شهریار» بخشوده است!! «نامهٔ شهریار» نیز برای پساوای پرهیز آمده‌است: «نالهٔ او».
۱۰ – از آغاز تاکنون نامی از دریا، در کنار آن کوه و غار بره نشده‌بود.   ۱۱ – دنبالهٔ گفتار.
۱۲ – گرازان که با آهستگی و سنگینی براه رفتن است، با پویان ناهماهنگ است... در این رج گودرز «بدریا درون» می‌نگرد...
۱۳ – و در این رج هوم را «بر لب آب» می‌بیند! «بچشم آمدن» نیز در زبان فارسی کاربرد ندارد.
۱۴ – چنانکه «گونهٔ آب»!
۱۵ – در شاهنامه مسکو و قاهره خُنجست، نمونه‌های دیگز؛ حیحسب، بیخشت، بنچشت، پنچشت (بنگرید به خالقی مطلق ۳۱۷–۴) پیدا است که چون نویسندگان با نام این دریا آشنا نبوده‌اند، این گونه‌های فراوان نادرست را آورده‌اند، و خالقی مطلق آنرا (به تصحیح قیاسی) چیچست آورده‌است که نام باستانی دریاچهٔ «اورمیهٔ» امروز است، و باز، پیدا است کسیکه این بخش را بشاهنامه افزوده‌است، از دریای

←

بخشگی مگر دمّ ماهی گرفت — به دیدار ازو مانده اندر شگفت[1]
بدو گفت ک:«ای مرد پرهیزگار — نهانی چه داری بکن آشکار[2]
ازین آب دریا چه جویی همی — مگر تیره تن را بشویی همی؟»[3]
بدو گفت هوم «ای سرافراز مرد — نگه کن یکی اندرین کارکرد[4]
یکی جای دارم بدین تیغ کوه — پرستشگه بنده دور از گروه[5]
شب تیره بر پیش یزدان بُدم — همه شب ز یزدان‌پرستان بُدم[6]
بدانگه که خیزد ز مرغان خروش — یکی نالهٔ زارم آمد به گوش[7]
همان گه گمان برد روشن‌دلم — که من بیخ کین از جهان بگسلم[8]
بدین گونه آواز هنگام خواب — نباشد مگر زانِ افراسیاب[9]
به جستن گرفتم همه کوه و غار — بدیدم در هنگ آن سوگوار[10]

*

دو دستش به زنّار بستم چو سنگ — بدان سان که خونریز بودش دوچنگ[11]
ز کوه اندرآوردمش تازنان — خروشان و نوحه‌زنان چون زنان[12]
ز بس ناله و بانگ و سوگند اوی — یکی سست کردم همی بند اوی[13]
بدین جایگه در ز چنگم بجست — دل و جانم از رستن او بخست[14]
بدین آب خُنجست پنهان شده‌ست — بگفتم ترا راست چونان که هست»[15]

← چیچست، و نزدیکی آن بپایتخت کیخسرو آگاهی داشته، اما این نیز درست نمی‌نماید زیرا که از غار (هنگ!) افراسیاب، نزدیک بر ته (بردع) یاد کرده‌است که بس دور از دریای چیچست بوده‌است.

۱ – و باشندگان نزدیک بدان دریا (که گودرز پهلوان نیز از آنان بود) مهمتر از هرکس میدانستند که در آن دریای شور، ماهی نمی‌زید... و چون چنین است نمی‌توانست چنین بیندیشد!

۲ – دنبالهٔ گفتار.

۳ –گذشته از سخن سست بویژه در لت دویم، این گفتار، در برابر اندیشهٔ پیشین ایستاده‌است.

۴ – واژهٔ «کارکرد» در این سخن کاربردِ درست ندارد: «رویداد».

۵ – این تیغ کوه نادرست است زیرا که برابرِ داستانِ یاد شده، کوه از دریای چیچست بس بدور بوده‌است.

٦ – بر پیش نادرست است: «پیش»، در اندیشهٔ ایرانیان خداوند را پیشگاه نیست که کسی «بر پیش» او باشد! لت دویم سخت نادرخور است.

۷ – لت نخست از فردوسی است «بدانگه که خیزد خروش خروس» اما افزاینده آوای را بهمهٔ مرغان گسترش داده‌است و آن، زمانی است که هوا از سپیده روشن می‌شود، و نمیتوان از شبش شمردن!

۸ – با شنیدن ناله چگونه پی برد که او افراسیاب است؟ مگر آنکه همهٔ سخنان را شنوده باشد، و آنرا یک نالهٔ زار نمیتوان نامیدن.

۹ – در این رج سپیده‌دم، بهنگام خواب گردید.

۱۰ – جستن «گرفتنی» نیست.

۱۱ – افزاینده خواسته‌است بگوید، دو دست ویرا چنان سخت بستم که از چنگش خون بدر آمد، باز آنکه در داستان پیشین چنین نیامده‌است چو نزدیک شد، بازوی او ببست!

۱۲ – **یک**: از کوه؟ یا از غار؟ خروشان و نوحه‌زنان به خودِ هوم بازمیگردد.

۱۳ –گفتاری که افزاینده ازسوی افراسیاب بشاهنامه اندرکرده‌است چنین نبوده‌است: «نبیره فریدون فرخ منم».

۱۴ – دنبالهٔ گفتار.

۱۵ – چنانکه هست نادرخور است «چنانکه بود» «چنانکه روی نمود» «چنانکه روی داده بود».

۲۷۲ نبرد بزرگ کیخسرو

چو گودرز بشنید این داستان به یاد آمدش گفتهٔ راستان[1]
از آنجا بشد سوی آتشکده چنان چون بود مردم دل‌شده[2]
نخستین بر آتش ستایش گرفت جهان‌آفرین را نیایش گرفت[3]
بپردخت و بگشاد راز از نهفت همان دیده با شهریاران بگفت[4]
همان‌گه نشستند شاهان بر اسپ برفتند ز ایوان آذرگشسپ[5]
پر اندیشه شد زان سخن شهریار بیامد به نزدیک پرهیزگار[6]
چو هوم آن سر تاج شاهان بدید بر ایشان به داد آفرین گسترید[7]
همه شهریاران بر او آفرین همی خواندند از جهان‌آفرین[8]
چنین گفت با هوم کاووس شاه «به یزدان سپاس و بدویم پناه[9]
که دیدم رخ مرد یزدان‌پرست توانا و با دانش و زور دست»[10]
چنین داد پاسخ پرستنده هوم که «آباد بادا به داد تو بوم[11]
بدین شاه نو، روز فرخنده باد دل بدسگالان او کنده باد[12]
پرستنده بودم بدین کوهسار که بگذشت بر کنگ دز شهریار[13]
همی خواستم تا جهان‌آفرین بدو دارد آباد روی زمین[14]
چو بازآمد او شاد و خندان شدم نیایش‌کنان پیش یزدان شدم[15]
سروش خجسته شبی ناگهان بکرد آشکارا، به من بر، نهان[16]

---

۱ - گفتهٔ راستان چه بوده‌است؟ ۲ - سخن نادرخور است.

۳ - نخستین (نخست) نیایش بیزدان می‌کنند، زیرا که آغاز هر آفرین و ستایش، با ستودن یزدان آغاز میگردد.

۴ - مگر شاهان آنجا بودند؟ که گودرز راز را بر ایشان گشود!

۵ - در سخنان افزودهٔ رج‌های ۴ و ۲۲۱۰۳ چنین آمده‌بود:

بیک ماه در آذر آبادگان ببودند شاهان و آزادگان
ازآنپس چنان بد که افراسیاب همی گشت هر جای، بی‌خورد و خواب

و بر پایهٔ سخن یاد شده، کیخسرو از آتشکدهٔ آذرگشسب رفته بوده‌است و نشاید گفتن: «برفتند، ز ایوان آذرگشسب».

۶ - سخن باکنش برفتند، بپایان رسید، و پر اندیشه شد را پیوند با آن سخن نیست مگر آنکه پیشتر پر اندیشه شده باشد، و پسان بر اسپ نشینند و روند!

۷ - همهٔ این کارها در یک سرزمین گسترده، از تکاب امروز تا جایگاه آتشکدهٔ آذرگشسب، تا دریاچه چیچست و برتَه (بردع) چنان انجام میگیرد که گویی در یک برزن میان دو یا چند کوچه رفت‌وآمد میکرده‌اند!

۸ - همی خواندند نادرست است: «خواندند آفرین».

۹ - سخن را کسی میگوید که پیش‌ازآن در آتشکدهٔ آذرگشسب بوده‌است، که برترین موبدان ایران در آنجای خویشکاری داشته‌اند! و نمیتوان پذیرفتن که با آن گروه از موبدان، کاووس از دیدار یک مرد یزدانپرست چنین شادی و سرفرازی نشان دهد.

۱۰ - گرد پشمینه‌پوش پیر، با زورِ دست نامیده می‌شود.

۱۱ - **یک**: سدیگر بار هُوْم را با بوم هماوا آورده‌اند. **دو**: چون پادشاه کشور کیخسرو است، چرا می‌باید با «دادِ» کاووس کشور آباد گردد؟ ۱۲ - گفتار چنان است که گویی دربارهٔ کودکی نورسیده سخن می‌گویند. ۱۳ - دنبالهٔ گفتار.

۱۴ - از پیش‌از خداوند می‌خواسته‌است که با داد کیخسرو زمین آباد باشد، و در سه رج پیش‌از آبادی زمین با داد کاووس سخن گفته‌بود!

۱۵ - باز از «پیش یزدان» سخن میرود. ۱۶ - در داستان از سروش سخنی نرفته‌بود.

ازین غار بی‌بن برآمد خروش شنیدم نهادم به آواز گوش[1]
کسی زار بگریست بر تخت آج چه بر کشور و لشگر و تیغ و تاج[2]
ز تیغ آمدم سوی آن غار تنگ کمندی که زنّار بودم به چنگ[3]
بدیدم سر و گوش افراسیاب در او ساخته جای آرام و خواب[4]
به بند کمندش ببستم چو سنگ کشیدمش بیچاره زان جای تنگ[5]
به خواهش بدو سست کردم کمند چو آمد برِ آب بگشاد بند[6]
به آب اندرست این زمان ناپدید پی او ز گیتی بباید برید[7]
ورا گر به بر بازگیرد سپهر بجنبد به گرسیوزش خون و مهر[8]
چو فرمان دهد شهریار بلند برادرش را پای کرده به بند[9]
بیارند بر کتف او خام گاو بدوزند تا گم کند زور و تاو[10]
چو آواز او یابد افراسیاب همانا برآید ز دریای آب،[11]
بفرمود تا روزبانان در برفتند با تیغ و گیلی سپر[12]
ببردند گرسیوز شوم را که آشوب از او بُد بر و بوم را[13]
به دژخیم فرمود تا برکشید ز رخ پردهٔ شرم را بردرید[14]
همی دوخت بر کتف او خام گاو چنین تا نماندش به تن هیچ تاو[15]

---

۱ – پس اکنون نزدیک بردع هستند، باز آنکه در همان روز کنار دریای چیچست بوده‌اند! و نیز آتشکدهٔ آذرگشسب بوده‌اند!

۲ – یک: لت نخست چنانست که افراسیاب را «بر تخت آج نشسته» دیده‌است. دو: بگریست نادرست است می‌گریست. سه: «چه» در آغاز لت دویم نادرخور است.

۳ – یک: توان گفتن «تیغ کوه» و نتوان افراز کوه را، تنها «تیغ» نامیدن. دو: افزایندگان، کُشتیِ مرد را «زنار» نامیدند، و از آن کمند ساختند! درازای کُشتی چندان است که دو بار با چهار گره پیرامونِ میان بسته می‌شود و چندان نیست که از آن کمندی برآید.

۴ – سر و گوش را دیدن کار نخجیرگران است که جانوری به پشت سنگ خزیده را تنها «سر و گوش» بینند، و سزاوار یک مرد پهلوان بلند بالا چون افراسیاب نیست که از او چنان یاد کنند! ۵ – لت دویم را پیوند بایسته نیست.

۶ – افراسیاب خواهش نکرده‌بود! ۷ – مگر آن مرد پیر کیست که فرمان کشتن افراسیاب را بشاه ایران میدهد!

۸ – باز گرفتن، دوباره کاری را انجام دادن است، و مگر پیش‌ازآن، سپهر، افراسیاب را به «بر» گرفته‌بود که اکنون بازش گیرد؟ لت دویم را هیچ پیوند و گزارش نیست. پیدا است که برادر را ببرادر مهر باشد، اما جنبیدن خون چگونه است؟ ۹ – دنبالهٔ گفتار.

۱۰ – اگر خام گاو، چرم گاو باشد. افزاینده کاربرد آنرا دربارهٔ بندیان نمی‌دانسته‌است و داستان چنین است که آنکس را که میخواسته‌اند رنج فراوان دهند، درمیان پوست گاو یا خری که بتازگی کشته بودند، می‌کردند، و چون آن چرم، خام بود و کارِ پوست پیرایی بر آن نکرده‌بودند، کم کم خشک می‌شد و پیکر آن زندانی تیره روز را در خودمیگرفت، و خشکی آن بجایی میرسید که همچون چوب، راست بود و پیکر آن شکنجه شونده را سخت می‌فشرد، چنانکه از هیچ سوی کوچکترین جنبش نمی‌توانست کردن! و چندان بر او روزگار میگذشت که توان داشت، تا آنکه در اندرون آن زندان سخت جان می‌سپرد!! چنین بود داستان چرم خام، اما چنان نبوده‌است که چرم خام را بر شانهٔ کسی بدوزند! ۱۱ – آواز، «یافتنی» نیست، «شنیدنی» است.

۱۲ – داستان چنان‌گذشت که کیخسرو و کاووس و گودرز بسوی هوم رفته‌اند و روزبانانِ در (= دربار) با آنان همراه نبوده‌اند. دو: چرا روزبانان برای یک زندانی در بند، با تیغ و سپر گیلی بروند؟ ۱۳ – دنبالهٔ گفتار. ۱۴ – چه چیز را برکشید؟

۱۵ – یک: «همی دوخت» نادرست است: «بدوخت» یا «بر دوخت». دو: لت دویم چنان می‌نماید که کارِ دوختن چندان بدرازا کشید، تا «تابِ» گرسیوز راگرفت، باز آنکه دوختن یکبار است و در یک زمانِ بایسته، بپایان میرسد!

۲۷۴ نبرد بزرگ کیخسرو

بر او پوست بدرید و زنهار خواست جهان‌آفرین را همی یار خواست[1]
چو بشنید آوازش افراسیاب پر از درد گریان برآمد ز آب[2]
به دریا همی کرد پای آشناه بیامد به جایی که بُد پایگاه[3]
ز خشکی چو بانگ برادر شنید بر او بتّر آمد ز مرگ آنچه دید[4]
چو گرسیوز او را بدید اندر آب دو دیده پر از خون و دل پرشتاب[5]
فغان کرد که: «ای شهریار جهان سر نامداران و تاج مهان[6]
کجات آن همه رسم و آیین و گاه کجات آن سر تاج و چندان سپاه[7]
کجات آن همه دانش و زور دست کجات آن بزرگان خسروپرست[8]
کجات آن به رزم اندرون فرّ و نام کجات آن به بزم اندرون کام و جام
که اکنون به دریا نیاز آمدت چنین اختر دیرساز آمدت؟»[9]
چو بشنید بگریست افراسیاب همی ریخت خونین سرشک اندر آب[10]
چنین داد پاسخ که «گرد جهان بگشتم همی آشکار و نهان[11]
کزین بخشش بد مگر بگذرم ز بد بتّر آمد کنون بر سرم[12]
مرا زندگانی کنون خوار گشت روانم پر از درد و تیمار گشت[13]
نبیره‌ی فریدون و پور پشنگ بر آویخته سر به کام نهنگ[14]
همی پوست درّند بر وی به چرم کسی را نبینم به چشم آب شرم»[15]
زبان دو مهتر پر از گفت‌وگوی روان پرستنده پر جست‌وجوی[16]
چو یزدان‌پرستنده او را بدید چنان نوحهٔ زار ایشان شنید[17]
ز راه جزیره برآمد یکی چو دیدش مر او را ز دور اندکی[18]

---

۱ – یک: با دوختن پوست، دریده نمی‌شود. دو: کسیکه جهان‌آفرین را یار خواهد، از شکنجه‌گران زنهار نمی‌خواهد.
۲ – چگونه در اندیشهٔ افزاینده گنجیده‌است، که کسی را یکشبانروز زیر آب نگاه بدارد، بی‌آنکه خفه شود؟!!، چگونه خوانندگان شاهنامه چند سد سال است که این داستان را می‌خوانند و باور می‌کنند؟
۳ – یک: «پای آشناه» در هیچ گفتار و نوشتار فارسی نیامده‌است، زیرا که در شنا، دست، برترین خویشکاری (= وظیفه) را دارد! دو: پایگاه کجا بود؟ همگان کنار دریا بوده‌اند!
۴ – بانگ را پیشتر شنیده بود.
۵ – از دریا بخشگی و بپایگاه(؟) رسیده‌بود، و اکنون اندر آب نمایانده می‌شود!
۶ – دنبالهٔ گفتار.
۷ – یک: رسم، در آیین نگارش فردوسی راه ندارد. دو: «آنهمه تخت» نیز نادرست است زیرا که هر پادشاه بیش‌از یک تخت ندارد.
۸ – دنبالهٔ گفتار.
۹ – «اختر دیر ساز» چگونه شاید بودن؟
۱۰ – یک: پیشتر چشمانش خونین بود! دو: دیگر بار افراسیاب را در آب نشان می‌دهند.
۱۱ – لت نخست را پایان «را» باید.
۱۲ – بخشش نادرست است: «بخت».
۱۳ – نه چنین می‌بایستی گفتن: «مرا مرگ خوار (= آسان) گشت.
۱۴ – لت دویم راگزارش نیست.
۱۵ – یک: باز سخن از دریدن پوست با چرم میرود. دو: اشگ نشان شرم نیست... شرم از نگاه دیده می‌شود.
۱۶ – سخن در هردو لت بی‌پایان است.
۱۷ – در لت نخست از «او» یاد می‌شود، و در لت دویم، از «ایشان».
۱۸ – یک: کدام جزیره؟ تاکنون از جزیره نام برده نشده‌بود. دو: «بر آمد یکی» چگونه باشد؟ و نیز «ز دور اندکی» چگونه دیده باشد.

گشاد آن کیانی کمند از میان — دوتاهی بیامد چو شیر ژیان[1]
بینداخت آن گرد کرده کمند — سر شهریار اندر آمد به بند[2]
به خشکی کشیدش ز دریای آب — بشد توش و هوش از رد افراسیاب[3]
گرفته ورا مرد دین‌دار دست — به خواری ز دریا کشید و ببست[4]
سپردش بدیشان و خود بازگشت — تو گفتی که با باد انباز گشت[5]
بیامد جهاندار با تیغ تیز — سری پر ز کینه دلی پر ستیز[6]
چنین گفت بی‌دولت افراسیاب — که:این روز را دیده بودم به خواب[7]
سپهر بلند ار فراوان کشید! — همان پردهٔ رازها بردرید.[8]
به آواز گفت «ای بدِ کینه‌جوی — چرا کشت خواهی نیا را؟ بگوی»[9]
چنین داد پاسخ که «ای بدکنش — سزاوار پیغاره و سرزنش
ز جان برادرت گویم نخست — که هرگز بلای مهان را نجست[10]
دگر نوذر آن نامور شهریار — که از تخم ایرج بُد او یادگار[11]
زدی گردنش را به شمشیر تیز — برانگیختی از جهان رستخیز[12]
سه دیگر سیاوش که چون او سوار — نبیند کسی از مهان یادگار[13]
بریدی سرش چون سر گوسفند — همی برگذشتی ز چرخ بلند[14]
بکردار بد تیز بشتافتی — مکافات آن بد کنون یافتی»[15]
بدو گفت «شاها ببود آنچه بود — کنون داستانم بباید شنود[16]
بمان، تا مگر مادرت را رخان — ببینم، پس این داستانها بخوان[17]

---

۱ – تاکنون زنار و کشتی و کمند بود، و اکنون از کمند کیانی نام می‌رود!! شیر ژیان «دو تا» و خمیده نمی‌رود!

۲ – دنبالهٔ گفتار.

۳ – **یک:** هوش از وی برفت اما توش (= توشه، که همراه با توان می‌آید) چگونه رفت؟ **دو:** باری دو پادشاه گردنفراز و یک پهلوان نام‌آور بزرگ آنجا باشند، و پیری پشمینه‌پوش افراسیاب را ببند افکند؟

۴ – **یک:** در رج پیشین باکمندش از آب کشید، و در این رج دست او راگرفت و کشید. **دو:** همگان دیندار بوده‌اند نه تنها آن پیر! پیشتر سر شهریار به بند افتاده بود و بستن دوباره‌اش چه باشد؟

۵ – **یک:** ایشان، کیانند؟ بایستی نام بردن که افراسیاب را بکیخسرو کاووس و گودرز سپرد. **دو:** سخن در لت دویم پایان شایسته ندارد: با باد انباز گشت «و برفت».

۶ – لت دویم را در آغاز «با» باید.

۷ – بی‌دولت را چه گزارش باشد؟ برخی نمونه‌ها «بی‌دانش» آورده‌اند که آن نیز درست نمی‌نماید.

۸ – سپهر بلند چه راکشید؟

۹ – دنبالهٔ گفتار.

۱۰ – «کشتن برادرت» باید نه «جان برادرت». نجست در پایان لت دویم نیز نابجا است. بلا برای دیگران جستنی نیست خواستنی است.

۱۱ – لت نخست را در پایان «را» باید. و در لت دویم «او» نادرخور است.

۱۲ – دنبالهٔ گفتار.

۱۳ – زمان کنش «نبیند» نادرست است: «دیده نشده‌است».

۱۴ – «سرش را». لت دویم را پیوند با لت نخست نیست.

۱۵ – هنوز نیز افراسیاب، پادافره نیافته است.

۱۶ – افراسیاب که در گفتار پیشین گفته‌بود «ای بدِ کینه‌جوی» چگونه اکنون می‌گوید شاها!

۱۷ – مادرت را رخان نادرست است: «بمان تا یکبار روی مادرت را ببینم»... افزاینده اگر اندکی نگرش میداشت، می‌توانست سرودن: ←

بدو گفت «گر خواستی مادرم   چرا آتش افروختی بر سرم[1]
پدر بی‌گنه بود و من در نهان   چه رفت از گزند تو اندر جهان[2]
سر شهریاری ربودی که تاج   بدو زار گریان شد و تخت آج[3]
کنون روز پادافره ایزدی‌ست   مکافات بد را ز یزدان بدی‌ست»[4]
به شمشیر هندی بزد گردنش   به خاک اندر افکند نازک‌تنش[5]
ز خون لشل شد ریش و موی سپید   برادرش گشت از جهان ناامید[6]
تهی ماند زو گاه شاهنشهی   سرآمد بر او روزگار مهی[7]
ز کردار بد بر تنش بد رسید   مجو ای پسر بند بد را کلید[8]
چو جویی بدانی که از کار بد   به فرجام بر بدکنش بد رسد[9]
سپهبد که با فرّ یزدان بود   همه خشم او بند و زندان بود[10]
چو خونریز گردد بماند نژند   مکافات یابد ز چرخ بلند[11]
چنین گفت موبد به بهرام تیز   که: خون سر بی‌گناهان مریز[12]
چو خواهی که تاج تو ماند بجای   مبادی جز آهسته و پاک‌رای[13]
نگه کن که خود تاج با سر چه گفت   که با مغزت ای سر خرد باد جفت[14]
به گرسیوز آمد ز کار نیا   دو رخ زرد و یک دل پر از کیمیا[15]
کشیدندش از پیش دژخیم زار   به بند گران و به بد روزگار[16]
ابا روزبانان مردم‌کشان   چنان چون بود مردم بدنشان[17]

← «بمان تا ببینم رخ مادرت».

۱ - افراسیاب، آتش که بر سر سیاوخش بر نیفروخته‌بود.

۲ - می‌باید روشن گفته شود که «من در شکم مادر بودم» «من در نهان» نارسا است.

۳ - چند رج پیش‌از بریدن سر سیاوخش همچون سر گوسپند یاد شده‌بود.

۴ - خداوند، بدی بر کس نمی‌خواهد! بدی را هر کس برای خود پیش می‌آورد. و کشته شدن افراسیاب بر دست کیخسرو را نمی‌توان (مکافات) یا پادافرهِ یزدان بشمار آوردن. در رج سیوم پس‌ازاین سخن درست دربارهٔ بد کردن و بد دیدن می‌آید.

۵ - خداوندا! پیش نیاید که فرزندان اینچنین برابرِ پدران ایستند!

۶ - لت نخست را در پایان «او» می‌باید.

۷ - لت نخست نادرخور است، زیرا که افراسیاب را، دیگر گاه (تخت) شاهنشهی نبود که از وی تهی ماند!

۸ - آن سخن درست در لت نخست آمده‌است، و بند دویم، باژگونه می‌نماید، زیرا که کلیدِ بندِ بد، آنرا می‌گشاید، و سخت نیک است.

۹ - سخنی که در لت نخست از رج پیشین بگونه‌ای بس زیبا آمده‌بود، اینجا بگونه‌ای کودکانه گزارش می‌شود.

۱۰ - سخت نادرخور و باژگونه است! آنکس که با فر یزدان فرمان راند، بر کسان خشم نمی‌گیرد و نیازش به بند و زندان نیست.

۱۱ - بسا خونریزان جهان که تا پایان زمانِ خویش خون ریختند و نژند نشدند!

۱۲ - کدام موبد؟ بهرام تیز که بوده‌است؟

۱۳ - رویداد جهان را، تاج همهٔ خونریزان جهان بر جای می‌ماند، و خودشان میروند.

۱۴ - سخن نادرخورِ بیهوده که تاج با سر سخن نمی‌گوید و بیشتر تاجداران جهان نیز از ستم و خونریزی بدور نبوده‌اند.

۱۵ - «یک دل» در لت دویم نادرخور است: «با دلی».

۱۶ - بد روزگار نادرخور است، با آنکه سخن در این رج زیبا می‌نماید.

۱۷ - مردمکشان نادرست است: «روزبانان مردم کش».

چو در پیش کیخسرو آمد به‌درد / ببارید خون بر رخ لاژورد [1]
شهنشاه ایران زبان برگشاد / اُزان تشت و خنجر بسی کرد یاد [2]
ز تور فریدون و سلم سترگ / ز ایرج که بُد پادشاه بزرگ [3]
به دژخیم فرمود تا تیغ تیز / کشید و بیامد دلی پر ستیز [4]
میان سپهبد به دو نیم کرد / سپه را همه دل پر از بیم کرد [5]
بهم برفکندندشان همچو کوه / ز هر سو به دور ایستاده گروه [6]
ز یزدان چو شاه آرزوها بیافت / ز دریا سوی خان آذر شتافت [7]
بسی زر بر آتش برافشاندند / به زمزم همی آفرین خواندند [8]
ببودند یک روز و یک شب بپای / به پیش جهانداور رهنمای [9]
چو گنجور کیخسرو آمد زرسپ / ببخشید گنجی به آذرگشسپ [10]
بران موبدان خلعت افکند نیز / درم داد و دینار و بسیار چیز [11]
به شهر اندرون هر که درویش بود / اُگر خوردش از کوشش خویش بود
بران نیز گنجی پراکنده کرد / جهانی به داد و دهش بنده کرد [12]
ازان پس به تخت کیان برنشست / در بار بگشاد و بگشاد دست [13]
نبشتند نامه به هر کشوری / به هر نامداریّ و هر مهتری
ز خاور بشد نامه تا باختر / به جایی که بُد مهتری با گهر [14]
که: روی زمین از بد اژدها / به شمشیر کیخسرو آمد رها [15]
به نیروی یزدان پیروزگر / نیاسود و نگشاد هرگز کمر [16]

---

۱ - گفتار زیبا است اما پیوسته بداستان است.
۲ - دنبالهٔ گفتار.
۳ - ایرج پادشاه بزرگ نبود، وی بهنگام شاهی پدر، کشته شد.
۴ - بیامد «با» دلی پرستیز.
۵ - هیچیک از سپاهیان در آنجا نبوده‌اند که دلشان پر بیم شود، باری اگر سپاهیان ایران در آن هنگام در میدان می‌بودند، دلشان پر بیم نمی‌شد زیرا که مرگ دشمنشان را می‌دیدند!
۶ - لت نخست را بدینگونه که هست گزارشی نیست، مگر آنکه افزاینده خواسته‌است بگوید که دو نیمهٔ پیکر گرسیوز را روی هم انداختند. لت دویم نیز بر پایهٔ همین افزوده‌ها نادرخور است، زیرا که بیش‌از سه‌کس و دژخیمانی که گرسیوز را کشته بود آنجا نبوده‌اند.
۷ - آرزو یافتنی نیست. بآرزو رسیدن شاید.
۸ - **یک:** زر بر آتش افشاندن کاری نادرست است زیرا که چون آب شود، آتش را خاموش میکند، بر آتش همواره، بوی خوش میریخته‌اند، چنانکه امروز نیز در همه جای ایران فرهنگی میریزند! **دو:** زمزم همان واژِ خوردن است که پیش‌ازاین درباره‌اش سخن رفت، و آفرین گونه‌های دیگر دارد.
۹ - خداوند را جایی ویژه نیست که آنان (به) پیشش ایستند!
۱۰ - لت نخست نادرست است زیرا که نام زرسپ می‌بایستی در آغاز سخن بیاید!
۱۱ - خلعت نیز «افکندنی» نیست «پوشاندنی» است.
۱۲ - بر آن، ناروا است: «بر آنان».
۱۳ - دنبالهٔ گفتار.
۱۴ - پیدا است که افزاینده نمی‌دانسته‌است که در زبان فارسی، باختر همان «شمال» تازی است، و نیز خاور (مغرب تازیست) در لت دویم «بجایی» نادرخور است: «بهر جای».
۱۵ - رها «آمدنی» نیست، «شدنی» است.
۱۶ - چه‌کس نگشاد؟ و نیاسود؟

روان سیاووش را زنده کرد / جهان را به داد و دهش بنده کرد[1]
همی چیز بخشید درویش را / پرستنده و مردم خویش را.[2]
ازان پس چنین گفت شاه جهان / که «ای نامداران فرخ مهان[3]
زن و کودک از شهر بیرون برید / خورش‌ها سوی دشت و هامون برید»[4]
بپردخت زآنپس برامش، نهاد / برفتند گردان خسرونژاد[5]
هر آن کس که بود از نژاد زرسپ / بیامد به ایوان آذرگشسپ[6]
چهل روز با شاه کاووس کی / همی بود با رامش و رود و می[7]
چو رخشنده شد بر فلک ماه نو / ز زر افسری بر سر شاه نو[8]
بزرگان سوی پارس کردند روی / بنرآسوده از رزم و ز گفت‌وگوی[9]
به هر شهر کاندر شدندی ز راه / شدی انجمن مرد بر پیشگاه[10]
گشادی سر بدره‌ها شهریار / توانگر شدی مرد پرهیزگار[11]

سپری شدن روزگار کاووس

چو با ایمنی گشت کاووس جفت / همه راز دل پیش یزدان بگفت[12]
چنین گفت ک:«ای برتر از روزگار / تو باشی به هر نیکی آموزگار[13]
ز تو یافتم فرّ و اورند و بخت / بزرگیّ و دیهیم و هم تاج و تخت[14]
تو کردی کسی را چو من بهره‌مند / ز گنج و ز تخت و ز نام بلند[15]
ز تو خواستم تا یکی کینه‌ور / به کین سیاوش ببندد کمر[16]

---

۱ - روان «زنده کردنی» نیست، «شاد شدنی» است. ۲ - دوباره...
۳ - سخن در لت دویم درهم است.
۴ - چرا تنها فرزندان زرسپ (در رج پسین) آمدند، و دیگر بزرگان ایران در آن بزم نبودند؟ ۵ - سخن درهم است.
٦ - چرا تنها فرزندان زرسپ آمدند، و دیگر بزرگان ایران در آن بزم نبودند؟
۷ - مگر ایوان آذرگشسب جای رامش و رود و مَی بوده‌است؟
۸ - **یک**: پس‌از شمار چهل‌روزه، سخن از ماهِ سی روزه گفتن ناهمخوان است. **دو**: کیخسرو شاه نو نبود که سالها پیش تاج بر سر نهاده‌بود و چند بار سپاه بتوران فرستاده و شکست و پیروزی آزموده‌بود.
۹ - پارس نخستین همانا در جایگاه امروزین آذربایجان بوده‌است و گروهی از پارسیان سده‌ها پس‌ازآن بسوی سرزمین‌های امروزی پارس کوچ کردند، این سرگذشت را در داستان ایران بر بنیاد گفتارهای ایرانی، دفتر دویم بخوانید.
۱۰ - شدی انجمن مرد نادرست است: «مردان انجمن میکردند».
۱۱ - پس انجمن مردان در پیشگاه شاه، ازبرای دریوزه‌گری بوده‌است! ۱۲ - «بگفت» در این رج...
۱۳ - باگفت در این رج همخوان نیست. ۱۴ - دیهیم در آنزمان پدیدار نشده‌بود.
۱۵ - لت نخست سست است: کسی را چون من؟: «مرا بهره‌مند». ۱٦ - دنبالهٔ گفتار.

نبیره بدیدم جهانبین خویش — به فرهنگ و تدبیر و آیین خویش[1]
جهانجوی با فرّ و برز و خرد — ز شاهان پیشینگان بگذرد[2]
چو سالَم سه پنجاه بر سر گذشت — سر موی مشکین چو کافور گشت[3]
همان سرو یازنده شد چون کمان — ندارم گران گر سرآید زمان»[4]

*

بسی برنیامد برین روزگار — کزو ماند نام از جهان یادگار[5]
جهاندار کیخسرو آمد ز گاه — نشست از بر تیره خاک سیاه[6]
از ایرانیان هر که بُد نامجوی — پیاده برفتند بی‌رنگ و بوی[7]
همه جامه‌هاشان کبود و سیاه — دو هفته ببودند با سوک شاه[8]
ز بهر ستودانش کاخی بلند — بکردند بالای او ده کمند[9]
ببردند پس نامداران شاه — دبیقی و دیبای رومی سیاه[10]
بر او تافته اود و کافور و مشک — تنش را بدو در بکردند خشک[11]
نهادند زیر اندرش تخت آج — به سر بر ز کافور و ز مشک تاج[12]
چو برگشت کیخسرو از پیش تخت — در خوابگه را ببستند سخت[13]
کسی نیز کاووس کی را ندید — ز کین و ز آوردگاه آرمید[14]

---

۱ - لت نخست پیوند درست ندارد: «نبیره‌ام را دیدم».

۲ - لت دویم را پیوند باید. شاهان پیشینگان نیز نادرست: «شاهان پیشین».

۳ - شمارش نادرست است «چون سه پنجاه بر سرم گذشت» لت دویم چون موی سپید گردد، همه سپید می‌شود، نه سرِ آن!

۴ - **یک:** سروِ یازنده هیچگاه در سخن فارسی دیده نشده‌است: «سرو، روان است». **دو:** لت دویم نیز بی‌گزارش است... افزاینده خواسته‌است بگوید: اگر مرگ من فرا رسد، بر من گران نیست!

۵ - لت نخست از فردوسی است در پادشاهی نوذر:

بسی بر نیامد بر این روزگار — که بیدادگر شد سرِ شهریار

۶ - این رج بچند گونه آمده‌است، این سخن که از شاهنامه فلورانس برگرفته شده‌است. شاه را بر خاک سیاه می‌نشاند، باز آنکه در رج پسین

۷ - ایرانیان را روان «برفتند» نشان میدهد که همه رفتند تا

۸ - **یک:** نمونه دیگر در لت دویُم؛ نشست از برِ زیرگه با سپاه! کیخسرو را از تخت به زیرگه (=کرسی) فرود می‌آورد، «با سپاه» که چنین نیز نمی‌شود زیرا که همهٔ سپاهیان آن پایگاه را نداشته‌اند که با کیخسرو بر روی کرسی نشینند! **دو:** ایرانیان را در سوگواری جامه سپید بوده‌است، و هیچگاه جامهٔ سیاه نمی‌پوشیدند از آنجا که جامهٔ سیاه و درفش سیاه ویژهٔ تورانیان بوده‌است، پس‌از اسلام نیز چون جامهٔ سیاه ویژهٔ عباسیان بود همان آیین و شیوه را پاسبانی کردند!

۹ - **یک:** ستودان کاخ نبوده‌است، و آنرا در تخته سنگ‌های کوهستانها می‌کنده‌اند. **دو:** اگر هر کمند را بیست گز نیز بگیریم، بالای آن کاخ به دویست گز می‌رسد که گزافه‌ای سخت است.

۱۰ - لت دویم دبیقی(؟) و دیبای رومی سیاه (یا کلاه) هردو نادرست است، زیرا که روم هنوز در پهنهٔ جهان پدیدار نشده‌بود!

۱۱ - کافور و مشک و اود را چگونه بر آن دیبای رومی تابیدند؟ لت دویم نیز نادرست است: «تنش را با آن خشک کردند».

۱۲ - تاج از مشک، گیسوان دختران بود: «یکی ایزدی بر سر از مشک، تاج» تاج شاهان را پس‌از درگذشتن بر سر آنان می‌نهادند.

۱۳ - دنبالهٔ گفتار.

۱۴ - لت نخست نادرست است: «از آن پس کسی کاووس را ندید».

۲۸۰ پایان کار کیخسرو

چنین است رسم سرای سپنج   نمانی در او جاودانه مرنج[1]
نه دانا گذر یابد از چنگ مرگ   نه جنگ آوران زیر خفتان و ترگ[2]
اگر شاه باشیٔ و گر زردهشت   نهالی ز خاک است و بالین ز خشت[3]
چنان دان که گیتی ترا دشمن است   زمین بستر و گوهر پیراهن است[4]

ناامید شدن کیخسرو از پادشاهی

چهل روز سوک نیا داشت شاه   ز شادی شده دور و ز تاج و گاه[5]
⇐ پسانگه نشست از بر تخت آج   بسر بر، نهاد آن دل افروز تاج
سپاه انجمن شد بدرگاه شاه   ردان و بزرگان زرّین کلاه
بشاهی بر او آفرین خواندند   برآن تاج بر، گوهر افشاندند
یکی سور بُد در جهان سربسر   –چو بر تخت بنشست پیروزگر؛–
برین گونه تا سالیان گشت شست   جهان شد همه شاه را زیردست[6]
پر اندیشه شد مایه‌ور جان شاه   ازآن رفتن کار و آن دستگاه:[7]
همی گفت «ویران و آباد بوم   ز چین و ز هند و ز توران و روم[8]
هم از خاوران تا درِ باختر   ز کوه و بیابان و ز خشک و تر[9]

---

۱ – «مرنج» را در پایان لت دویم پیوند باید... «از بیوفایی او مرنج»، یا «ازگردش کار مرنج».

۲ – «چنگ مرگ» را می‌بایستی به جنگاوران نیز پیوند داد... یا آنکه جنگاوران را با پیوندی دیگر به خفتان و ترگ بپیوندند. نه دانا(یان) را «نه جنگاوران که بر سر خود و ترگ دارند!».

۳ – سنجش نادرستی است، زیرا که در برابر «شاه» می‌بایستی «پیامبر» آوردن، نه زرتشت را، لت دویم نیز نهالی (تشک) پیوند ندارد: «نهالیِ تو از خاک، و بالین از خشت خواهد بودن».

۴ – ایرانیان باستان نه بر این باور بودند، آنان زمین «گیتی استوار پاک» می‌خواندند: «گَیتیاوْ اَستَ وَیتیش اَشَهه» لت دویم نیز پیوند درست ندارد: «زمین بستر تو و گور، پیراهن تُست».

۵ – چهل‌روزه سوگ داشتن، به زمان پس‌از اسلام پیوند دارد، و ایرانیان باستان پس‌از درگذشت؛ شب سیوم را با نام «سدوش» با یاد در گذشته آیین و جشن «اوستاخوانی» برگزار می‌کردند، و روز چهارم آیین «پُرسه» و روز سی‌ام «آیین سیروزه» داشتند، و شمار روز چهلم چنانکه گفته شد ازسوی ایرانیان مسلمان شد، پذیرفته شد. لت دویم نیز سست است.

٦ – «سالیان» نادرست است، سخن نیز نادرست است: «بر اینگونه تا شست سالگی».

۷ – رفتن کدام کار؟ دستگاه را چگونه توان رفتن است؟ .

۸ – همی گفت نادرست است. کنش در رج پیشین «شد» بود، و اینجا نیز می‌بایستی «گفت» بیاید! باری کیخسرو به توران و چین رفته‌بود، اما به هند و روم نرفت.

۹ – چهار سوی بزبان فارسی چنین نبوده‌است، و در زمان فردوسی نیز همچون زبان پهلوی، خراسان (= خورآیان، مشرق)، و خورروران

ناامید شدن کیخسرو از پادشاهی

سراسر ز بدخواه کردم تهی ‌‌‌‌‌‌ مرا گشت فرمان و گاه مهی[1]
جهان از بداندیش بی‌بیم گشت ‌‌‌‌‌‌ فراوان مرا، روز، بر سر گذشت[2]
ز یزدان همه آرزو یافتم ‌‌‌‌‌‌ اُگر دل همه سوی کین تافتم؛[3]
روانم نباید که آرد منی ‌‌‌‌‌‌ بداندیشی و کیش اهریمنی[4]
شوم همچو ضحاک تازی و جم ‌‌‌‌‌‌ که با سلم و تور اندر آیم به زم[5]
به یک سو چو کاووس دارم نیا ‌‌‌‌‌‌ دگر سو چو توران پر از کیمیا[6]
چو کاووس و چون جادو افراسیاب ‌‌‌‌‌‌ که جز روی کژّی ندیدی به خواب[7]
بیزدان شوم یک زمان ناسپاس ‌‌‌‌‌‌ بروشن روان، اندر آرم هراس[8]
ز من بگسلد فرّه ایزدی ‌‌‌‌‌‌ گرایم بکژّی و راه بدی
از آن پس بران تیرگی بگذرم ‌‌‌‌‌‌ به خاک اندر آید سر افسرم[9]
بگیتی بماند ز من نام بد ‌‌‌‌‌‌ همان پیش یزدان سرانجام بد[10]
تبه گرددم چهر و رنگ رخان ‌‌‌‌‌‌ بریزد به خاک اندرون استخوان[11]
هنر گم شود ناسپاسی بجای ‌‌‌‌‌‌ روان تیره گردد به دیگر سرای[12]
گرفته کسی تاج و تخت مرا ‌‌‌‌‌‌ به پای اندر آورده بخت مرا[13]
ز من نام ماند بدی یادگار ‌‌‌‌‌‌ گل رنج‌های کهن گشته خار[14]
من اکنون چو کین پدر خواستم ‌‌‌‌‌‌ جهانی به خوبی بیاراستم[15]
بکشتم کسی را که بایست کشت ‌‌‌‌‌‌ که بُد کژّ و با راه یزدان درشت[16]
به آباد و ویران درختی نماند ‌‌‌‌‌‌ که منشور تخت مرا برنخواند[17]

← (= خاوران، مغرب) و اپاختر (= باختر، شمال) خوانده می‌شد تا آنجا که رودکی نیز در ستایش خورشید و جنبش و روش آن، فرموده است:

از خورآسان سر زند، تاووس وش ‌‌‌‌‌‌ سویْ خاور می‌خرامد شاد و کش!

۱ – سرزمین‌های یادشده می‌بایستی، پیوند «را» باشد، تا بدین رج بپیوندد! ‌‌‌ ۲ – دنبالهٔ گفتار.
۳ – همه آرزو نادرست است و آرزو یافتنی نیست بآرزو رسیدن شاید. لت دویم نیز نادرخور است.
۴ – «منی» آوردنی نیست «کردنی» است. ‌‌‌ ۵ – لت دویم بی‌گزارش است.
۶ – «چو» در هردو لت نادرخور است: «از یکسو کاووس نیای من است» چو توران نیز نادرست: «و از یکسو افراسیاب».
۷ – افزاینده دریافت که نادرست گفته‌است، و خواسته‌است که سخن را بیاراید، اما چو، و چون در لت نخست نادرخور است.
۸ – دنبالهٔ گفتار.
۹ – افزاینده خواسته‌است بگوید که، در چنان زمان، که گرایش بکژّی و بدی کرده باشم، بمیرم و از جهان بروم!
۱۰ – دنبالهٔ گفتار. ‌‌‌ ۱۱ – بیگمان پس‌از مرگ رنگ رخان میرود. لت دویم را پیوند نیست: «استخوانم».
۱۲ – و نیز پس‌از مرگ، هنر نیز همانند همهٔ تواناییهای دیگر ازمیان میرود. ناسپاسی بجای را «ماند» باید! در لت دویم نیز «روانم».
۱۳ – بجای گرفته: «بگیرد». لت دویم: چون کسی بمیرد خودبخود در جهان بخت (= قسمت) ندارد.
۱۴ – در لت نخست، سخن درهم است: «ز من نام بد مانَد» در لت دویم نیز «گشته» ناهمخوان است: «گردد».
۱۵ – دنبالهٔ گفتار. ‌‌‌ ۱۶ – باکسی (یا خداوند) می‌توان درشت بودن، نه «با راه».
۱۷ – درخت، منشور تخت را نمی‌خواند!... و منشور تخت را خواندن سخنی نادرست است! برخی از نمونه‌ها «منشور تیغ» آورده‌اند، و
←

بزرگان گیتی مرا کهترند — اُگر چند با گنج و با افسرند [1]
سپاسم ز یزدان که او داد فر — همان گردش اختر و پای و پر [2]
کنون آن به آید که من راه جوی — شوم پیش یزدان پر از آب روی [3]
مگر هم بدین خوبی اندر نهان — پرستندهٔ کردگار جهان [4]
روانم بدان جای نیکان برد — که این تاج و تخت مهی بگذرد [5]
نیابد کسی زین فزون کام و نام — بزرگیّ و خوبیّ و آرام و جام [6]
رسیدیم و دیدیم راز جهان — بد و نیک هم آشکار و نهان [7]
کشاورز دیدیم گر تاجور — سرانجام بر مرگ باشد گذر» [8]
⟸ **بسالار نوبت بفرمود شاه — که: «هرکس که آید بدین بارگاه**
ورا بازگردان به نیکو سخن — همه مردمی جوی و تندی مکن!»
ببست آن در بارگاه کیان — خروشان بیامد گشاده میان [9]
ز بهر پرستش سر و تن بشست — به شمع خرد راه یزدان بجست [10]
بپوشید پس جامهٔ نوسپید — نیایش‌کنان رفت دل پر امید [11]
بیامد خرامان بجای نماز — همی گفت با داور پاک راز
همی گفت ک:«ای برتر از جان پاک — برآرندهٔ آتش از تیره‌خاک [12]
مرا بین و چندی خرد ده مرا! — هم اندیشهٔ نیک و بد ده مرا [13]
بگردان ز جانم بد روزگار — همان چارهٔ دیو آموزگار [14]

→ چون چنین باشد، همهٔ درختان جهان را می‌بایستی با تیغ کیخسرو؛ بریده و سرنگون درشمار آوریم.

۱ – بزرگان جهان می‌بایستی با تخت و افسر بوده باشند، و «اگر چند» نادرخور است: «بزرگان با تخت و افسر جهان...».

۲ – «فرّ و پای» را از آن مردمان درشمار توان آوردن، اما «گردش اختر» و «پر» از آن آسمان و مرغان است.

۳ – چرا باگریستن؟ اگر کارهای او بفرمان یزدان بوده‌است، او را می‌بایستی با رویی برافروخته و خندان بجهان مینو خرامیدن.

۴ – چنانکه در این رج آمده‌است که او خود را در آنزمان «نیکو» می‌دانسته نه «بد».

۵ – لت دویم را پیوند درست باگفتار پیشین نیست. ٦ – دنبالهٔ گفتار. ۷ – بکجا رسیدیم؟

۸ – تنها کشاورزان را نمیتوان با تاجوران سنجیدن که همهٔ گروههای مردمان را نیز در این سنجش می‌بایستی آوردن.

۹ – **یک:** در رج پیشین فرمان بسالار بار داد، و اینجا خود، در بارگاه را می‌بندد! لت دویم نیز نادرخور است، زیرا آنکس را که به چنان پایگاه اندیشه رسیده باشد، خروشیدن پیش نمی‌آید که با روانی آرام به نیایش می‌پردازد. **دو:** گشاده میان نیز نادرخور است، که بهنگام نیایش می‌باید میان‌بند (کشتی) بر میان داشتن. ۱۰ – مگر راه خداوند تاریک بوده‌است که آنرا شمع باید؟

۱۱ – جامهٔ نوسپید نادرخور است.

۱۲ – **یک:** چون در رج پیشین گفت راز آمده‌است، «همی‌گفت» در این رج نادرخور است. **دو:** ایرانیان چهار گوهر را جدا از یکدیگر می‌شمردند، و در این اندیشه، آتش از خاک بر نیامده‌است.

۱۳ – **یک:** گفتار درهم و آشفته: کسیکه در رج پیش با شمع خرد راه یزدان را جسته‌بود، چگونه اکنون درخواست (چندی) خرد میکند؟ خرد را که نمی‌توان کشیدن و کم و بسیار کردن! **دو:** درخواست اندیشهٔ بد کردن از خداوند را چه روی باشد؟

۱۴ – در چنان روزگار و با نیرو و فرمان که کیخسرو داشته‌است و بر همهٔ دشمنان پیروز شده، چه بدی در جانش روان بوده‌است که از ←

نا‌امید شدن کیخسرو از پادشاهی ۲۸۳

بدان تا چو کاووس و ضحاک و جم … نگیرد هوا بر روانم ستم[1]
چو بر من بپوشد در راستی … بنیرو شود کژّی و کاستی[2]
بگردان ز من دیو را دستگاه … بدان تا ندارد روانم تباه[3]
نگه دار بر من همین راه و سان … روانم بدان جای نیکان رسان»[4]
شب و روز، یک هفته بر پای بود … تن آنجا و جانش دگر جای بود
سرِ هفته را گشت خسرو نوان … بجای پرستش نماندش توان[5]
به هشتم ز جای پرستش برفت … برِ تخت شاهی خرامید و تفت[6]
همه پهلوانان ایرانسپاه … شگفتی فرومانده از کار شاه[7]
ازان نامداران روز نبرد … همی هر کسی دیگر اندیشه کرد[8]
چو بر تخت شد نامور شهریار … بیامد بدرگاه، سالار بار
بفرمود تا پرده برداشتند … سپه را ز درگاه، بگذاشتند
برفتند با دستِ کرده بکَش … بزرگان پیل‌افکنِ شیرفش
چو توس و چو گودرز و گیو دلیر … چو گرگین و بیژن چو رهّام شیر[9]
چو دیدند بردند پیشش نماز … ازانپس همه برگشادند راز
که: «شاها، دلیرا، گوا، داورا! … جهاندار و بر مهتران مهترا!
چو تو، شاه، ننشست بر تخت آج … فروغ از تو گیرد همی مُهر و تاج
فرازندهٔ نیزه و تیغ و اسپ … فروزندهٔ فرخ آذرگشسپ
نترسی ز رنج و نتازی بگنج … بگیتی ز گنجت فزون است رنج[10]
همه پهلوانان، ترا بنده‌ایم … سراسر بدیدار تو زنده‌ایم
همه دشمنان را سپردی بخاک … نماندت بگیتی ز کس بیم و باک
بهر کشوری، لشگر و گنج تست … بجایی که پی برنهی، رنج تست
ندانیم کاندیشهٔ شهریار … چرا؟ تیره گشت اندرین روزگار!

← خداوند می‌خواهد که آنرا از وی بگرداند؟ لت دویم نیز سخت نادرخور است، زیرا که اگر دیو، آموزگارِ وی می‌بود می‌بایستی به کژّی و نابخردیش ره می‌نمود، باز آنکه او با آرامش اندیشه و جان و روان با خداوند، راز میگوید!

۱ – پیوند درست در سخن نیست... و «هوا» گرفتنی نیست، «چیره شونده» است.

۲ – چه کس بپوشد؟ اگر «هوا» را خواهد گفتن که کار هوا، در رج پیشین پایان رسیده‌بود.

۳ – پیشتر از دیو سخن رفته‌بود، و این بار نیز سخن نادرست است: «دستگاهِ دیو» چه باشد، که آنرا خدا بگرداند؟ در لت دویم نیز «ندارد» نادرخور است: «نکند».

۴ – «سان» سخت نادرخور است و نیز با رسان در لت دویم پساوا ندارد.

۵ – او که با سخنان افزایندگان همواره نوان (نالان) بوده‌است!!

۶ – پیوسته بگفتار.

۷ – سخن در لت دویم نارسا است «(در) شگفتی فرو مانده (بودند)».

۸ – چرا (از) آن نامداران؟ «آن نامداران» و کنش نیز «می‌اندیشید» باید!

۹ – چو، نادرخور است.

۱۰ – سخن درست از گنج و رنج، در سه رج پس‌ازاین آمده‌است.

ترا زین جهان، روزِ برخوردن است / نه هنگام تیمار و پژمردن است
گر از ما بچیزی بیازرد شاه / کز آزار او هست ما را گناه؛
بگوید بما تادلش خوش کنیم / پر از خون دل و رخ بر آتش کنیم[1]
اُگر دشمنی دارد اندر نهان / بگوید بما، شهریار جهان
همه تاجداران که بودند شاه / بدین داشتند ارج گنج و سپاه[2]
که گر سر ستانند اُگر سر دهند / چو ترگ دلیران به سر برنهند[3]
نهانی که دارد بگوید به ما / همان چارهٔ آن بجوید ز ما،[4]
چنین داد پاسخ، گرانمایه شاه / که: «ای پهلوانان با دستگاه
بگیتی ز دشمن مرا نیست رنج / نشد نیز جایی، پراکنده؛ گنج
نه آزار دارم ز کار سپاه / نه اندر شما هست، کس را گناه
ز دشمن چو کین پدر خواستم / بداد و بدین گیتی آراستم[5]
بگیتی پی خاک تیره نماند / که مُهر نگین مرا برنخواند[6]
شما تیغها در نیام آورید / می سرخ و سیمینه جام آورید[7]
بجای چرنگ کمان، نای و چنگ / بسازید با باده و بوی و رنگ[8]
به یک هفته من پیش یزدان بپای / ببودم به اندیشه و پاک‌رای[9]
یکی آرزو دارم اندر نهان / همی خواهم از کردگار جهان
بگویم گشاده؛ چو پاسخ دهد / بپاسخ مرا، روز فرّخ نهد*
شما پیش یزدان نیایش کنید / بر این کام و شادی، ستایش کنید[10]
که او داد بر نیک و بد دستگاه / ستایش مر او را که بنمود راه[11]

---

۱ – این رج میان اگر رج پیشین و اُگر رج پسین جدایی می‌افکند!

۲ – سخن نادرست است زیرا که، تاجداران شاه بوده‌اند، و کسی ازمیان آنان «ناشاه»! نبوده‌است! در لت دویم نیز روشن نیست که «بدین داشتند» را چه روی باشد. آیا «با دین» ارج گنج و سپاه را داشته‌اند. که جز این است. زیرا که بسا از پادشاهان را دین نبوده‌است، یا اگر بوده‌است بر آیینی دیگر بوده‌اند با اندیشهٔ ایرانی همخوان نبوده... اگر بدین یا باین بوده باشد، سخن را بی‌گزارش کند.

۳ – روشن شد که نه به دین بوده‌است و نه بدین، که سخن از کشتار و خونریزی است!

۴ – سه رج پیش سخن از «نهان» رفت.

۵ – کیخسرو دین تازه نیاورده بود.

٦ – **یک:** گیتی در این رج با گیتی در رج پیشین همخوانِ نیست. **دو:** خاک را پای نیست، (بی‌خاک) که مهر نگین کسی را بخواند.

۷ – تیغ‌ها در نیام بود که پیش کیخسرو رفتند.

۸ – **یک:** چرنگ کمان نادرست است چرنگیدن، آنهم برای برخوردِ گرز و شمشیر به برگستوان است نه برای کمان! لت دویم سخن را سست‌تر می‌کند، زیرا که «بسازید» به چرنگ کمان نیز بازمیگردد، و چرنگ (کمان) ساختنی نیست. **دو:** و چون بسازید نای و چنگ باشد، باده و بوی و رنگ را آنان نمی‌توانند ساختن!

۹ – بیک هفته نادرست است: «یکهفته» آن یکهفته با نیایش و راز همراه بود، نه با اندیشه و پاکرای!

* – چون خداوند، پاسخ مرا بدهد، و با آن پاسخ، روزم فرخنده شود، آن آرزو را آشکار می‌کنم و با شما درمیان می‌نهم.

۱۰ – یزدان را پیشگاه نیست.

۱۱ – بر بد، دستگاه دادن چگونه باشد؟

ازان پس به من شادمانی کنید　　ز بدها روان بی‌گمانی کنید[۱]
بدانید کین چرخ ناپایدار　　نداند همی کهتر از شهریار[۲]
همی بدرَوَد پیر و برنا بهم　　ازو داد بینیم و زو هم ستم»[۳]
همه پهلوانان ز نزدیک شاه　　برون آمدند، از غمان، جان تباه
بسالار بار آن زمان گفت شاه　　که: «بنشین پسِ پردهٔ بارگاه
کسی را، مده بار، در پیش من　　ز بیگانه و مردم خویش من»
بیامد به جای پرستش به شب　　به دادار دارنده بگشاد لب[۴]
همی گفت که: «ای برتر از برتری　　فزایندهٔ پاکی و مهتری[۵]
تو باشی به مینو مرا رهنمای　　مگر بگذرم زین سپنجی‌سرای[۶]
نکردی دلم هیچ نایافته　　روان جای روشن‌دلان تافته»[۷]
چو یک هفته بگذشت ننمود روی　　برآمد یکی غلغل و گفت‌وگوی
همه پهلوانان شدند انجمن　　بزرگان فرزانه و رایزن
چو گودرز و چون توس نوذرنژاد　　سخن رفت چندی ز بیداد و داد[۸]
ز کردار شاهان برترمنش　　ز یزدان‌پرستان و ز بدکنش[۹]
همه داستان‌ها زدند از مهان　　بزرگان و فرزانگان جهان[۱۰]
پدر گیو را گفت که: «ای نیکبخت　　همیشه پرستندهٔ تاج و تخت[۱۱]
از ایران بسی رنج برداشتی　　بر و بوم و پیوند بگذاشتی[۱۲]
به پیش آمد اکنون یکی تیره کار　　که آن را نشاید که داریم خوار[۱۳]

---

۱ – **یک:** لت نخست را هیچ روی نباشد، بمن شادکامی کنید، در زبان فارسی کاربرد نداشته‌است. **دو:** بیگمانی کنید نیز همچنین. **سه:** دو رج پیش‌از شادی با زیباترین واژه‌ها و پیوند یاد شده‌بود.

۲ – پس‌از شادمانی، این گفتارلبریز از اندوه را چه جای گفتن است؟

۳ – دنبالهٔ گفتار.

۴ – **یک:** در سخن درست فردوسی از «نماز» یاد شده‌بود. **دو:** لت دویم نیز نادرخور است: «بدادار لب گشادن» چه باشد؟ بجز هرزه‌درایی.

۵ – همی گفت نادرست است. برتر از برتری نیز نادرست است زیرا که خداوند در اندیشهٔ مردمان برتر از همه‌چیز است، و خود از برتری برخوردار است فزایندهٔ مهتری نیز ناروا است زیرا که در آفرینش یزدان بسا چیزها و جانداران و کسان، از مهتری برخوردار نیستند!

۶ – تو باشی نیز نابجا است: «تو هستی».

۷ – لت نخست را سخن پریشان است، افزاینده خواسته‌است بگوید: «هر چه را که میخواستم بمن دادی» لت دویم بی‌گزارش است.

۸ – چو... نادرست است.

۹ – **یک:** بر منشی در اندیشهٔ ایرانیان ناشایست بوده‌است. برابر آن، ایرمنشی؛ فرواندیشی؛ در اندیشه خود را فروتن از دیگران انگاشتن، شایسته می‌نمود. **دو:** یزدان‌پرستان را «بدکنشان» می‌باید نه بدکنش!

۱۰ – دو رج پیش در همین زمینه سخن رفت، و دوباره‌گویی است.

۱۱ – پدر گیو را گفت، نادرست است، دگرگونه آن درست می‌نماید گودرز، فرزند را گفت.

۱۲ – از ایران نادرست است برای ایران... رنج برداشتی نیز، نابجا است: «رنج برداشته‌ای» «رنج بر خود همواره کرده‌ای».

۱۳ – کار را همواره «خوار» و «دشخوار» (= دشوار) می‌خوانند، و هیچگاه تیره کار، در سخن نیامده‌است، و افزاینده در پایان لت دویم

←

بباید شدن سوی زاولستان — سواری فرستی به کاولستان![1]
به زاول به رستم بگویی که شاه — ز یزدان بپیچید و گم کرد راه[2]
درِ بار بر نامداران ببست — هماناکه با دیو دارد نشست![3]
بسی پوزش و خواهش اراستیم — همی زان سخن کام او خواستیم
فراوان شنید ایچ پاسخ نداد — دلش خیره بینیم و سر پر ز باد[4]
بترسیم کاو همچو کاووس شاه — شود کژ و دیوش بپیچد ز راه[5]
شما پهلوانید و داناترید — به هر بودنی بر تواناترید[6]
کنون هر که او هست پاکیزه‌رای — ز قنوج و ز دنبر و مرغ و مای[7]
ستاره‌شناسان کاولستان — همه پاک‌رایان زاولستان[8]
بیارید زین در یکی انجمن — به ایران خرامید با خویشتن[9]
شد این پادشاهی پر از گفت‌وگوی — چو پوشید خسرو ز ما رای و روی[10]
فکندیم هرگونه رایی ز بن — ز دستان گشاید همی این سخن»[11]

*

سخن‌های گودرز بشنید گیو — ز لشکر گزین کرد مردان نیو[12]
برآشفت و اندیشه اندر گرفت — ز ایران ره سیستان برگرفت[13]
چو نزدیک دستان و رستم رسید — بگفت آن شگفتی که دید و شنید[14]

→ بدان بازگشته‌است.

۱ – در لت نخست به گیو فرمان رفتن بزابل را می‌دهد، برای آگاه کردن رستم، اما در لت دویم، گیو می‌باید سواری بکابل فرستد، برای آگاه کردن رستم باز آنکه رستم در زابل بوده‌است!

۲ – و افزاینده خود در این رج بزابل بازمیگردد!

۳ – دنبالهٔ گفتار.

۴ – لت نخست راکمبود همراهست: «فراوان سخن شنید و هیچ پاسخ نداد» اما چنین نیز نبوده‌است زیرا که وی بنامداران ایران پاسخ داده بود:

یکی آرزو دارم اندر نهان — همی خواهم از کردگار جهان
بگویم گشاده، چو پاسخ دهد — بپاسخ مرا، روز، فرخ نهد!

۵ – «شود کژ» در آغاز لت دویم نادرخور است: «بکژی گراید».

۶ – بودنی در زبان فارسی «تقدیر» تازی است و چون بودنی آید، هیچکس را توان ایستادن در برابر آن نیست!

۷ – «پاکیزه رای» در این رج...

۸ – با «پاک رای» در این رج همخوان نیست.

۹ – «زین در» نابجا است. «در» در زبان فارسی (باب، یا فصل) تازی است و در این (باب) تنها می‌توان سخن گفتن، نه انجمن آوردن! لت دویم نیز نادرست است زیراکه چون انجمن بهمراه رستم بدربار آید، رستم نیز همراه آنان خواهد بودن، و «با خویشتن»، او را از انجمن جدا میکند!

۱۰ – دنبالهٔ گفتار.

۱۱ – لت نخست نادرخور است، و چنان می‌نماید که رای همچون درختی است که آنرا (از) بن کنده و افکنده باشند! در لت دویم سخن از دستان می‌رود، باز آنکه در سخنان یادشده از او نامی برده نشده‌است.

۱۲ – گیو، پهلوان لرستان را، برای رفتن بنزد رستم دستان مردان پهلوان را برگزینند؟

۱۳ – برای راهی شدن بسیستان، برآشفتن بایسته نیست! و سیستان را از ایران جدایی نبود و نیست.

۱۴ – دنبالهٔ گفتار.

غمین گشت پس، نامور زال و، گفت — که «گشتیم با رنج بسیار جفت»
برستم چنین گفت ک:«ز بخردان — ستاره‌شناسان و هم موبدان
ز زاول بخوان و ز کاول بخواه — بدان تا بیایند با ما به راه»[1]
شدند انجمن موبدان و ردان — ستاره‌شناسان و هم بخردان[2]
همه سوی دستان نهادند روی — ز زابل به ایران نهادند روی

*

جهاندار بر پای بُد هفت روز — بهشتم، چو بفروخت گیتی‌فروز
ز در، پرده برداشت سالارِ بار — نشست از برِ تختِ زر، شهریار
همه پهلوانان ابا موبدان — برفتند، نزدیکِ شاه جهان
فراوان ببودند پیشش بپای — بزرگان با دانش و رهنمای[3]
جهاندار چون دید بنواخت‌شان — به رسم کیان پایگه ساخت‌شان[4]
ازآن نامداران خسروپرست — کس از پای ننشست و نگشاد دست[5]
گشادند لب؛ ک:«ای سپهر روان — جهاندارِ با داد و روشنروان!
توانایی و فرّ شاهی تراست — ز خورشید تا پشت ماهی تراست
همه بودنی‌ها بروشنروان — بدانی، بدانش بگردان؛ زَوان!
همه بندگانیم در پیش شاه — چه؟ کردیم و بر ما چرا؟ بست راه
اگر غم ز دریاست خشکی کنیم — همه چادر خاک مشکی کنیم[6]
اُگر کوه باشد ز بن برکنیم — به خنجر دل دشمنان بشکنیم[7]
اُگر چارهٔ این برآید به گنج — نبیند ز گنج درم نیز رنج[8]
همه پاسبانان گنج توایم — پر از درد و گریان ز رنج توایم»
چنین داد پاسخ جهاندار، باز — که: «از پهلوانان نی‌ام بی‌نیاز
ولیکن ندارم همی دل برنج — ز نیروی دست و ز مردان و گنج[9]
نه از کشوری دشمن آمد پدید — که تیمارِ آن بد، بباید کشید
یکی آرزو خواست روشن دلم — همی بر دل آن آرزو نگسلم

---

۱ – بخوان و «بخواه» را باهم در سخن بکارگرفتن، نشاید!
۲ – دنبالهٔ گفتار.
۳ – لت دویم، دوباره گویی لت نخست از رجِ پیشین است.
۴ – چون دید، نادرست است: «چون دیدشان، «چون آنان را بدید» در لت دویم، «رسم» در آیین سخن فردوسی نمی‌گنجد.
۵ – از پای ننشستن نادرخور بکار رفته‌است زیراکه آن، دنبال کاری راگرفتن و کوشیدن است، نه نشستن بر روی کرسی.
۶ – لت نخست نادرست است... «آنرا خشک گردانیم» لت دویم درهم و بی‌گزارش است.
۷ – این رج را نیز پیوند درست با رج پیشین نیست: «اُگر (از) کوه باشد» لت دویم را نیز با لت نخست پیوند نیست.
۸ – لت دویم بی‌پیوند است. افزاینده دارای بر آن بوده‌است که بگوید: «رنج مدار که گنج فراهم می‌کنیم».
۹ – پیوند «ولیکن» نادرخور است: «از پهلوانان بی‌نیاز نیم (و) دل را برنج ندارم».

بدان آرزو دارم اکنون امید شب تیره تا گاهِ روز سپید
چو یابم، بگویم همه رازِ خویش برآرم نهان‌کرده آوازِ خویش
شما باز گردید پیروز و شاد بد اندیشه، بر دل مدارید یاد*»
همه پهلوانانِ آزادمرد بر او خواندند آفرینی بدرد[۱]
چو ایشان برفتند پیروز شاه بفرمود تا پردهٔ بارگاه
فروهشت و بنشست گریان بدرد همی بود پیچان و رخ لاژورد
جهاندار شد پیش برترخدای همی خواست تا باشدش رهنمای[۲]
همی گفت کـ:«ای کردگار سپهر فروزندهٔ نیکی و داد و مهر[۳]
ازین شهریاری مرا سودنیست گر از من خداوند خشنود نیست[۴]
ز من نیکوی گر پذیرفت و زشت نشستن مرا جای ده در بهشت»[۵]
چنین پنج هفته خروشان بپای همی بود بر پیش کیهان خدای[۶]

*

شب تیره از رنج نغنود شاه بدانگه که برزد سر از برج ماه[۷]
بخفت او و روشن‌روانش نخفت که اندر جهان با خرد بود جفت
چنان دید در خواب، کاو را بگوش نهفته، بگفتی، خجسته سروش
که: «ای شاه نیک اختر و نیکبخت پسودی بسی یاره و تاج و تخت
اگر زین جهان تیز بشتافتی° کنون آنچه جستی همه یافتی
به همسایگی داور پاک جای بیابی بدین تیرگی در مپای[۸]
چو بخشی به ارزانیان بخش گنج کسی را سپار این سرای سپنج[۹]
توانگر شوی چونکه درویش را کنی شاد و هم مردم خویش را[۱۰]

---

* – اندیشهٔ بد، بر دل مرانید. ۱ – بهنگام رفتن آفرین نمی‌خوانند، بدرود می‌گویند!
۲ – خداوند را پیشگاه نیست که بدانجا روند! لت دویم نیز سست می‌نماید.
۳ – **یک:** همی گفت نادرست است: «چنین گفت». **دو:** فروزنده مهر توان گفتن اما فروزنده نیکی و داد نشاید گفتن.
۴ – اگر خداوند از وی خشنود نبود، چرا بر همه کام پیروزش کرد؟ ۵ – سخن درهم و پریشان است.
۶ – کس را پنج هفته یارای بر پای ایستادن نیست، و خدایرا نیز پیشگاه نباشد،... اما افزایندگان این پنج هفته را بدانروی آورده‌اند، تا گیو را که در سخن افزوده بسیستان فرستاده‌اند، با رستم و زال بازگردانند و ناآگاه از آنکه گذر از پایتخت کیخسرو (آذربایجان امروز) تا سیستان، و بازگشتن از آن نیاز به‌شش ماه راه دارد، نه به پنج هفته!! و زال و رستم بی‌آنکه کسی بدنبالشان رود، خود بسوی پایتخت براه افتاده بودند. ۷ – ماه از برج خورشید، سر نمی‌زند.
° – در همه نمونه‌ها چنین است: در اندیشهٔ من چنین درست می‌نماید: «اگر در جهان...» زیرا که هنوز کیخسرو نمرده‌است که «از جهان»، تیز شتافته باشد! ۸ – این سخن زشت‌ترین گفتار در اندیشهٔ ایرانی است که کسی را همسایهٔ خدا، خوانند!!!
۹ – بی‌پیشینهٔ بخشش، نمی‌توان در سخن «چو» آوردن!... «مال خویش را بدیگران بخش، و (چون) خواهی بخشیدن...».
۱۰ – در رج پیشین از بخشش به ارزانیان (مستحقان) رفت، و در پایان این رج از «مردم خویش» سخن می‌رود که ناهمخوان است، زیرا که خویشان کیخسرو همگان توانگر بوده‌اند.

آمدن زال و رستم بدیدار کیخسرو ۲۸۹

کسی گردد ایمن ز چنگ بلا   که یابد رها زین دم اژدها[1]
هر آن کس که از بهر تو رنج برد   چنان دان که آن از پی گنج برد[2]
چو بخشی به ارزانیان بخش چیز   که ایدر نمانی تو بسیار نیز[3]
سر تخت را پادشاهی گزین   که ایمن بود مور از او بر زمین[4]
چو گیتی بببخشی میاسای هیچ   که آمد ترا روزگار بسیچ.[5]
چو بیدار شد رنجدیده ز خواب   ز خوی دید جای پرستش پر آب[6]
همی بود گریان و رخ بر زمین   همی خواند بر کردگار آفرین[7]
همی گفت «گر تیز بشتافتم   ز یزدان همه کام دل یافتم»[8]
بیامد بر تخت شاهی نشست   یکی جامهٔ ناپسوده بدست؛[9]
بپوشید و بنشست بر تخت آج   جهاندار بی‌باره و گرز و تاج[10]

*

سر هفته را زال و رستم بهم   رسیدند بی‌کام و دل پر ز غم
چو ایرانیان آگهی یافتند   همه داغدل، پیش بشتافتند
چو رستم پدید آمد و زال زر   همان موبدان فراوان هنر[11]
هر آن کس که بود از نژاد زرسپ   پذیره شدن را بیاراست اسپ[12]
همان توس با کاویانی درفش   همه نامداران زرّینه کفش[13]
چو گودرز پیش تهمتن رسید   سرشک از مژگان برخ برچکید[14]
سپاهی همی رفت رخساره زرد   ز خسرو همه دل پر از داغ و درد[15]

---

۱ – این سخن را پیوند با سخنان پیشین نیست. لت دویم دم کدام اژدها را گوید. یابد رها نیز نادرست است: «یابد رهایی».

۲ – چنین نیست و بسیار نماوران ایرانی برای فرمانبری از کیخسرو، جان شیرین خویش را بدادند و، گنج را برای جهانیان وانهادند!

۳ – سخن دوباره!!   ۴ – لت دویم سخت نادرخور است، زیرا که پادشاه را توانِ نگاهبانی از موران نیست!

۵ – این سخنان درهم در گفتار درست فردوسی، پیش‌ازاین آمده‌بود: «اگر در جهان تیز بشتافتی /کنون آنچه جُستی، همه یافتی».

٦ – در این رج جای پرستش از خوی (عرق تن) کیخسرو پر آب نموده شد...

۷ – و در این رج از اشکِ او.   ۸ – دوباره گویی سخن فردوسی که از آن یاد شد!

۹ – جامهٔ دست نخورده، چگونه باشد؟

۱۰ – جامه بدستش بود که «بیامد و بر تخت نشست»، و اکنون آنرا می‌پوشد، و دوباره بر تخت می‌نشیند؟

۱۱ – **یک**: دو رج پیش در گفتار درست فردوسی، رستم و زال فرا رسیدند، و اینجا از دور پدیدار می‌شوند! **دو**: کنش لت نخست را «پدید آمدند» باید. **سه**: فراوان هنر، گفتاری نادرست است: «هنرمند».

۱۲ – باز برای پساوی اسب در لت دویم از نژاد زرسپ یاد می‌شود، باز آنکه زرسپ، فرزند توس خراسانی بود، و فرزندان وی در پایتخت نبوده‌اند. در لت دویم، با آنکه رستم و زال بپایتخت رسیده‌اند، اینان برای پذیره، اسپ می‌آرایند!

۱۳ – توس نیز در پایتخت نبوده‌است و در سخنان پیشین هر آنجای که از باریابی سخن میرود، از «پهلوانان» یاد می‌شود، نه از توس، نه از زرسپ، و نه از هیچ پهلوان دیگر!   ۱۴ – دنبالهٔ گفتار.

۱۵ – سپاه بکجا میرفت! سخن درست نیست زیرا که در سخن درست فردوسی رستم و زال به پایتخت کیخسرو رسیده‌بودند!

۲۹۰ پایان کار کیخسرو

بگفتند با زال و رستم که «شاه / به گفتار ابلیس گم کرد راه[1]
همه بارگاهش سیاه است و بس / شب و روز او را ندیده‌ست کس[2]
ازین هفته تا آن، در بارگاه / گشایند و پوییم و یابیم راه[3]
جز آن است کیخسرو ای پهلوان / که دیدی تو شاداب و روشن‌روان[4]
شده کوژ بالای سرو سهی / گرفته گل‌سرخ رنگ بهی[5]
ندانم چه چشم بد آمد بر اوی / چرا پژمرید آن چو گلبرگ روی[6]
مگر تیره شد بخت ایرانیان / اُگر شاه را ز اختر آمد زیان»[7]
بدیشان چنین گفت زال دلیر / که «باشد، که شاه آمد از گاه، سیر[8]
درستیّ و هم دردمندی بود / گهی خوشّی و گه نژندی بود[9]
شما دل مدارید چندین بغم / که از غم شود جان خرّم دژم[10]
بکوشیم و بسیار پندش دهیم / به پند اختر سودمندش دهیم»[11]
اُزان پس هر آن کس که آمد به راه / برفتند پویان سوی بارگاه[12]
هم آنگه ز در پرده برداشتند / بر اندازه‌شان شاد بگذاشتند[13]
چو دستان و چون رستم پیلتن / چو توس و چو گودرز و آن انجمن[14]
چو گرگین و چون بیژن و گستهم / هرآنکس که رفتند گردان بهم
⇐ **شهنشاه چون روی ایشان بدید / به پرده در، آوای رستم شنید**
پر اندیشه از تخت، بر پای خاست / چنان پشت خمّیده را کرد راست
ز دانندگان هر که بد زاولی / ز قنوج و ز دنبر و کاولی[15]
یکایک بپرسید و بنواخت‌شان / به رسم مهی پایگه ساخت‌شان[16]

---

۱ - آنجا که گودرز پهلوان خووران و کردستان، و توس پهلوان خراسان و سپهسالار ایران باشند، بر سپاهیان نیست که از کردار اهریمن شاه یاد کنند!

۲ - پیش‌ازاین از بارگاه سیاه کیخسرو یادی بمیان نیامده بود. لت دویم نیز نادرست است زیرا که او سه بار ایرانیان را بار داده بود.

۳ - از این هفته تا آن، بی‌پایان است... و نیز ببارگاه نشایستی با پویه، اندر شدن.

۴ - لت دویم را کمبود است: «که تو دیده‌بودیش».

۵ - پیش‌ازاین از کوژ بودن کیخسرو سخن نرفته‌بود.

۶ - رج پیشین از «گل سرخ» یاد شد، و اکنون از «گلبرگ» که ناهمخوان است. باری روی مردان را نشاید بگلبرگ همانند کردن که روی چون گلبرگ از آن دخترکان است.

۷ - دنبالهٔ گفتار.

۸ - سیر، با آمد همراه نمی‌شود: «سیر شد» «بسیری رسید».

۹ - سخن سست که پیوند برج پیشین نیز ندارد.

۱۰ - دنبالهٔ سخن.

۱۱ - پند دادن با کوشیدن (= جنگیدن) همراه نیست و نیز تاکنون در سخن فارسی از «اختر سودمند» یاد نشده‌است.

۱۲ - اگرچه رستم و زال پیش‌ازاین بپایتخت رسیده‌بودند، اما سخن نیز نادرست است: «از آنپس همگی...».

۱۳ - رستم و زال بیکام و پر ز غم، و پهلوانان ایران همه' اندوهگین و کیخسرو دردمند، چه جای «شاد گذراندن پهلوانان، از پرده به پیشگاه کیخسرو است»؟

۱۴ - چو... نادرست است.

۱۵ - «زاولی و کاولی» را «قنوچی و دنبری» باید!

۱۶ - چگونه کسی را که پشت خمیده را راست می‌کند، پروای آنست که «برسم» مهی یکایک را پایگاه «سازد(؟)»

همان نیز ز ایرانیان هر که بود به اندازه‌شان پایگه برفزود[۱]
بر او آفرین کرد، بسیار؛ زال که: «شادان بَوی تا بَوَد ماه و سال
ز گاه منوچهر تا کیقباد ازان نامداران که داریم یاد[۲]
همان زو طهماسپ و کاووس کی بزرگان و شاهان فرخنده‌پی[۳]
سیاوش مرا خود چو فرزند بود که با فرّ و با برز و اورند بود[۴]
ندیدم کسی را بدین بخردی بدین برز و این فرّهِ ایزدی[۵]
به پیروزی و مردی و مهر و رای که شاهیت بادا همیشه بجای
چه مهتر که پای ترا خاک نیست چه زهر آنکه نام تو تریاک نیست[۶]
یکی ناسزا آگهی یافتم بدان آگهی تیز بشتافتم
ستاره‌شناسان و گنداوران ز هر کشوی آنکه دیدم سران[۷]
ز قنوج و ز دنبر و مرغ و مای برفتند با زیج هندی ز جای[۸]
بدان تا بجویند راز سپهر کز ایران چرا پاک ببرید مهر
از ایران° کس آمد، که پیروز شاه بفرمود تا پردهٔ بارگاه؛
نه بردارد از پیش، سالارِ بار بپوشد ز ما چهرهٔ شهریار!
من از درد ایرانیان چون عقاب همی تاختم همچو کشتی بر آب[۹]
بدان تا بپرسم ز شاه جهان ز چیزی که دارد همی در نهان[۱۰]
به سه چیز، هر کار، نیکو شود همان تخت شاهی بی‌آهو شود[۱۱]
بگنج و برنج و بمردان مرد بجز این نشاید همی کارکرد[۱۲]
چهارم به یزدان ستایش کنیم شب و روز او را نیایش کنیم[۱۳]

---

۱ – باز کابلیان و زابلیان را از ایران جدا می‌کنند! و پایگاه را فزودن، فرمان بفرمانروایی شهری یا استانی بزرگتر است، و در آن روزگارِ پر از غم چنین نشایستی کردن!

۲ – در لت نخست (از) «زمان» یاد میشود، و در لت دویم (از آن) «کسان» که همخوان نیستند.

۳ – سخن بد آهنگ است، و «کاووس کی» میان زمان منوچهر و کیقباد نمی‌زیست.

۴ – این رج را با دو رج پیشین پیوند نیست.

۵ – دنبالهٔ سخن.

٦ – «چه مهتر که» نادرخور است: «کدام مهتر است که» و نیز «کدام زهر است که» نام تو تریاک نیست نیز نادرست است: «نام تو (اش) تریاک نیست».

۷ – آنکه دیدم سران نادرخور است: «از سران، آنانکه دیدمشان».

۸ – چون در رج پیشین از «هر کشور» یاد شد، نام بردن دوباره از این شهرها نادرخور است. لت دویم کجا برفتند؟

○ – ایرانیان.

۹ – **یک**: شاهین نمی‌تازد که پرواز میکند. **دو**: همی تاختم نیز نادرست است بتاختم... **سه**: اگر «چون (عقاب)» آمد، «چون کشتی» نادرخور می‌نماید.

۱۰ – سخن از «چیز» در نهان گفتن سخت ناسزاوار است، و افزاینده را چندان نگرش نبوده‌است که بسراید «ز دردی که...» اما در همه نمونه‌ها چنین آمده‌است.

۱۱ – چون در این رج از «سه چیز» سخن رفته‌است...

۱۲ – در این رج «این» (در لت دویم) نادرخور است.

۱۳ – افزاینده را با خوانندگان سرِ بازیست، زیرا که چون بچهار چیز کارِ جهان بسامان می‌شود، چرا در همان سخن نخستین از آن یاد ←

که اوست فریادرس بنده را	همو بازدارد گراینده را[1]
به درویش بخشیم بسیار چیز	اگر چند چیز ارجمند است نیز[2]
بدان تا روان تو روشن کند	خرد پیش مغز تو جوشن کند،[3]
چو بشنید خسرو ز دستان سخن	یکی دانشی پاسخ افکند بن[4]
بدو گفت ک:«ای پیر پاکیزه مغز	همه رای و گفتارهای تو نغز
ز گاه منوچهر تا این زمان	نیی جز بی‌آزار و نیکی‌گمان
همان نامور رستم پیلتن	ستونِ کیان، نازش انجمن
سیاووش را پرورانده اوست	بدو نیکوی‌ها رساننده اوست[5]
سپاهی که دیدند گوپال او	سر ترگ و برز و فر و یال او[6]
بسی جنگ ناکرده بگریختند	همه دشت تیر و کمان ریختند[7]
به پیش نیاکانِ من کینه‌خواه	چو دستورِ فرّخ، نماینده راه
اگر نام و رنج تو گیرم به یاد	بماند سخن تازه تا سد نژاد[8]
ز گفتار چرب ار پژوهش بود	ترا این ستایش نکوهش بود[9]
دگر هرچه پرسیدی از کار من	ز نادادن بار و آزار من
بیزدان یکی آرزو داشتم	جهان را همه خوار بگذاشتم
کنون پنج هفته‌ست تا من بپای	همی خواهم از داور رهنمای[10]
که بخشد گذشته گناه مرا	درخشان کند تیره گاه مرا
برد مر مرا زین سرای سپنج	نماند ز من، در جهان، درد و رنج
نماند کزین راستی بگذرم	چو شاهان پیشین بپیچد سرم[11]
کنون یافتم، هرچه جستم، ز کام	بباید پسیچید، کآمد خرام*

← نکرد؟ ۱ –گراینده را از چه چیز باز میدارد؟

۲ – درویش نادرست است: «درویشان». چیز را چه ارجمندی باشد؟ چیز را شاید کاه بودن و سنگ بودن، و شاید زر و گوهر بودن!

۳ – درویش را چگونه توان آن هست؛ روان کسی را روشن کردن؟ خرد در مغز است و با مغز است، نه پیشِ مغز!

۴ – سخنانی که کیخسرو در پاسخ دستان میگوید، سخنان دانشی نیست، و از یک «آرزو» یاد میکند!

۵ –کنش «است» در این رج نادرخور است: پرورانده او «بود».

٦ – **یک**: یکباره از سیاوخش به سپاه می‌پردازد و درست نیست و پیوندی بایسته است: «در نبردها نیز...». **دو**: کنش آن نیز نادرخور است، «لشگریانی که (می)دیدند». سه: «فَرّ» بدینگونه نادرست است. و اگر بگونهٔ درست «فَرّ» خوانده شود، آهنگ سخن را درهم میریزد.

۷ – سخن سست است.

۸ – رنج را بیاد گرفتن نادرست است: «رنج‌های ترا بیاد آورم» باری سخن از رنج گفتن شاید، اما نامی را که میدانند، چگونه بیاد آورند؟ لت دویم سخت بی‌پیوند است.

۹ – در نمونه‌ها گوناگون آمده‌است، اما هیچیک ره بجایی نمی‌برند.

۱۰ – در رج پیشین کنش «داشتم» آمد، و اینجا «همی خواهم» که هماهنگ نیست.

۱۱ – نماند در این رج با نماند در رج پیشین همخوان نیست.

* – خرام: فراخواننده به بزم و سور (کارت دعوت بگفتار امروز).

سحرگه مرا چشم بغنود؛ دوش ز یزدان بیامد خجسته سروش
که بر ساز، کآمد گهِ رفتنت سرآمد نژندی و ناخفتنت
کنون بارگاه من آمد بسر غمِ لشگر و تاج و تخت و کمر»
غمین شد، دل، ایرانیان را ز شاه همه خیره گشتند و گم کرده راه●
چو بشنید زال این سخن بردمید یکی باد سرد از جگر برکشید[1]
به ایرانیان گفت که: «این رای نیست خرد را به مغز اندرش جای نیست[2]
که تا من ببستم کمر بر میان پرستنده‌ام پیش تخت کیان[3]
ز شاهان ندیدم کسی کاین بگفت چو او گفت ما را نباید نهفت[4]
نباید بدین بود همداستان که او هیچ راند چنین داستان[5]
مگر دیو با او همآواز گشت که از راه یزدان سرش بازگشت[6]
فریدون و هوشنگ یزدان‌پرست نبردند هرگز بدین کار دست[7]
بگویم بدو من همه راستی گر آید به جان اندرون کاستی»[8]
چنین یافت پاسخ ز ایرانیان که: «زین سان سخن کس نگفت از کیان[9]
همه با توایم آنچه گویی به شاه مبادا که او گم کند رسم و راه»[10]

پند دادن زالِ سام
کیخسرو را

شنید این سخن زال بر پای خاست چنین گفت که: «ای خسروِ داد و راست
ز پیر جهاندیده بشنو سَخُن چو کژ آوَرَد رای، پاسخ مکن

● - گم کرده راه، راگزارشی بس شگفت است که در داستان ایران می‌آید.
۱ - «بر دمیدن» با «باد سرد از جگر بر کشیدن» یکی است.
۲ - پیش شاه، نشاید چنین درشت گفتن، سخنان درست زال در آینده می‌آید که با پوزش همراه است.
۳ - زال پیشتر از کیقباد (پیشتر از کیان) نیز کمربستهٔ شاهان بوده‌است.
۴ - «کاین بگفت» نادرخور است: «چنین گوید» لت دویم نیز بی‌گزارش است.
۵ - «هیچ رانَد» نادرست است. «که او چنین، داستان راند».
۶ - دنبالهٔ سخن.
۷ - کیخسرو بکاری دست نبرده‌است.
۸ - لت دویم نادرخور است، و سراینده خواسته‌است بگوید: «من راست بدو می‌گویم، اگرچه بر جان من گزند آوَرَد».
۹ - لت دویم نگفت نادرست است: «نگفته‌است».
۱۰ - با توایم نادرست است «با تو همراییم». «رسم» را در آیین سخن فردوسی راه نیست.

که گفتار تلخ است، با راستی	ببندد بتلخی، درِ کاستی *
نشاید که آزار گیری ز من	بَر این راستی، پیش این انجمن
بشوران زمین زادی از مادرت	همانجا بُد آرام و آبشخورت [1]
ز یک سو نبیره، رد افراسیاب	که جز جادوی را ندیدی بخواب [2]
[چو کاووس دژخیم، دیگر نیا○؛	پر آژنگ رخ، دل پراز کیمیا؛]
ز خاور ورا بود تا باختر	بزرگیّ و شاهیّ و تاج و کمر [3]
[همی خواست کز آسمان بگذرد	همه گردش اختران بشمرد]
بدان بر، بسی پندها دادمش	همین تلخ گفتار بگشادمش
بسی پند بشنید و سودش نکرد	ازو بازگشتم پراز داغ و درد
چو بر شد● نگون اندر آمد بخاک	ببخشود بر جانْش یزدان پاک
بیامد، بیزدان شده ناسپاس!	سری پر ز گرد و دلی پر هراس
تو رفتی و شمشیرزن سدهزار	زره‌دار با گرزهٔ گاوسار [4]
چو شیر ژیان ساختی رزم را	بیاراستی دشت خوارزم را [5]
ز پیش سپه تیز رفتی بجنگ	پیاده شدی پس بجنگ پشنگ [6]
گر او را بُدی بر تو بر، دست‌یاب	به ایران کشیدی رد افراسیاب [7]
زن و کودک خرد ایرانیان	ببردی. به کین کس نبستی میان [8]
ترا ایزد از دست او رسته کرد	ببخشود و رای تو پیوسته کرد [9]

---

* - گفتارِ راست تلخ است، اما همین تلخی جلوگیری از کاستی می‌کند.

۱ - یک: این سخن را چه رویِ گفتن است. پیدا است که چنین بوده‌است. دو: «همانجا بود» بی‌پایان است، زیرا که پس‌از چند سال بایران آمد، و از این در، سخن ناتمام است.

۲ - «نبیره»، سخن را بی‌پیوند می‌سازد، و «نبیرهٔ» سخن را بدآهنگ میکند.

○ - افزایندگان ازبرای آنکه افراسیاب را بکاووس پیوند دهند، و کیخسرو را از دو سوی بدگوهر نشان دهند، در این رج دست برده‌اند! «چو کاووس» را روی گفتن نیست و همه جا دیدیم که نام را با چو نمی‌توان آوردن. اما در این رج «چو» کاربرد درست خود را داشته‌است... چون کاووس... خواست که چنان کند! و آن کار که کاووس کرد که پهلوانان را بگفتار تلخ واداشت، پرواز بآسمان بود. که در رج دویُم پس‌ازاین آمده‌است. اما لت دویُم آن گفتار نیز درست نمی‌نماید، زیرا که گردش اختران شمردنی نیست، و دیدنی است و اگر آنرا بهمین روی افزوده بدانیم، لت نخستِ این رج، با لت نخست آن یک سخن را میگوید، با زدودن یک واژه از آن و دیگر کردن آن:

چو؛ کاووس دژخیم «اندک خرد» همی خواست کز آسمان بگذرد؛

با این سخن زال «چون کاووس خواست چنان کند... بسی پندش دادم».

۳ - خاور را روبروی باختر آوردن، در گفتار فردوسی نیست زیرا چنانکه پیشتر گفته شد، خاور (خوروَران پهلوی: غرب) است و باختر (اپاختر پهلوی: شمال) است، و روبروی هم نیستند!

● - چون به هوا رفت.

۴ - لت نخست نادرست است: «با یکسدهزار شمشیر زن برفتی».

۵ - رزم «ساختنی» نیست «آراستنی» است.

۶ - افزایندگان همواره از پشنگ که پدر افراسیاب بود بجام شیده فرزندش یاد میکنند!

۷ - سخن ناهموار است: «اگر او بر تو دست می‌یافت».

۸ - چرا کسی بکین میان نمی‌بست؟ پس پهلوانان ایران کجا بودند؟

۹ - رسته کرد نادرخور است: «رهانید».

بکشتی کسی را که زو بُد هراس   به دادار دارنده بُد ناسپاس[1]
چو گفتم که هنگام آرام بود   گه بخشش و پوشش و جام بود[2]
به ایران، کنون؛ کار دشوارتر   فزون‌تر بَدی، دل پرآزارتر[*]
که تو برنوشتی رهِ ایزدی   بکژّی گذشتی و راهِ بدی
ازین بد نباشد تنت سودمند   نیاید جهان‌آفرین را پسند[3]
گر این باشد ای شاه سامان تو   نگردد کسی گرد پیمان تو[4]
پشیمانی آید ترا زین سَخُن   بر اندیش و فرمان دیوان مکن[5]
اُگر نیز جویی چنین کار دیو   ببرد ز تو فرّ گیهان‌خدیو[6]
بمانی پر از درد و دل پر گناه   نخوانند ازین پس ترا نیز شاه[7]
بیزدان پناه و بیزدان گرای   که اویست بر نیکوی رهنمای
گر این پند من یک بیک نشنوی   به اهریمن بدکنش، بگروی؛
بمانَدْث درد و نماندْث بخت   نه اورنگِ شاهی، نه تاج و نه تخت
خرد باد جان ترا رهنمای   بپاکی بماناد مغزت بجای»

*

سخن‌های دستان چو آمد به بن   یلان برگشادند یکسر سخُن
که: «ما هم برآنیم کاین پیر گفت   نباید درِ راستی را نهفت»
چو کیخسرو آن گفتِ ایشان شنید   زمانی بیاسود و دم در کشید[8]
پر اندیشه، گفت: «ای جهاندیده زال   بمردی بی‌اندازه پیموده سال
اگر سردگویمْث در انجمن   جهاندار نپسندد این بد ز من
دگر آنکه رستم شود دردمند   ز دردِ وی آید بر ایران گزند
دگر آنکه گر بشمری رنج اوی   همانا فزون آید از گنج اوی[9]
سپر کرد پیشم تن خویش را   نبُد خواب و خوردن بداندیش را[10]

---

۱ – لت دویم را پیوند «و» باید!

* – بدی در هنگام تو بیشتر شد.

۲ – «چو گفتم... بود» نادرست است: «چون هنگام آرام رسید».

۳ – لت نخست نادرست است: «ازین بدی سودی بتو نمی‌رسد».

۴ – «سامان» در این سخن نادرخور است و آنکس که می‌خواهد بمیرد، بدنبال پیمان گرفتن از مردمان نیست!

۵ – زین سخن، نادرست است: «از این اندیشه» لت دویم فرمان مکن نیز نادرخور است: «فرمان مبر».

٦ – «کار دیو» نیز نابجا است: «اگر پیروی از دیوان کنی».

۷ – او را که پروای زیستن نیست، چه پروای شاه بودن است؟

۸ – گفت ایشان نادرست است: «گفتار ایشان» در لت دویم نیز آسودن و دم در کشیدن یکی است.

۹ – دگر آنکه در رج پیشین آمده‌بود. در سخن درست، اینجا «دیگر» بایستی آوردن.

۱۰ – رستم، چه هنگام تن خویش را سپر کیخسرو کرده‌بود؟ لت دویم را نیز با لت نخست پیوند نیست.

همان پاسخت را بخوبی کنیم / دلش را بگفتار تو نشکنیم»*
چنین گفت زانپس به آوازِ سخت / که: «ای سرفرازانِ پیروزبخت
سخن‌های دستان شنیدم همه / که بیدار، بگشاد؛ پیش رمه
بدارنده یزدان گیهان‌خدیو / که من دورم از راه و فرمان دیو
بیزدان گراید همی جان من / که این دیدم؛ از رنج، درمان من!
بدید آن جهان را دل روشنم / خرد شد ز بدهای او جوشنم،[1]
به زال آنگهی گفت «تندی مکن / بر اندازه باید که رانی سخن[2]
نخست آنکه گفتی ز توران نژاد / خردمند و بیدار هرگز نزاد
جهاندار پور سیاوش منم / ز تخم کیان راد و باهش منم
نبیره‌ی جهاندار کاووس کی / دل افروز و بادانش و نیک‌پی
به مادر هم از تخم افراسیاب / که با خشم او گم شدی خورد و خواب
نبیره‌ی فریدون و پور پشنگ / ازین گوهران چنین نیست ننگ
که شیران ایران به دریای آب / نشستی تن از بیم افراسیاب
دگر آنکه کاووس صندوق ساخت / سر از پادشاهی همی برفراخت
چنان دان که اندر فزونی منش / نسازند بر پادشا سرزنش
کنون من چو کین پدر خواستم / جهان را به پیروزی آراستم؛
بکشتم کسی را کزو بود کین / وز او جور و بیداد بُد بر زمین
بگیتی مرا نیز کاری نماند / ز بدگوهران یادگاری نماند
هر آن گه اندیشه گردد دراز / ز شادیّ و از دولت دیرباز
چو کاووس و جمشید باشم به راه / چو ایشان ز من گم شود پایگاه
چو ضحاک ناپاک و تور دلیر / که از جور ایشان جهان گشت سیر
بترسم که چون روز نخ برکشد / چو ایشان مرا سوی دوزخ کشد
دگر آنکه گفتی که با شیده جنگ / بیاراستی چون دلاور پلنگ
ازان بُد کز ایران ندیدم سوار / نه اسپ افکنی در کارزار

* - دل رستم را. بنداری: ولا أکسر قلبه. در خالقی مطلق: «دلت» آمده‌است، «دلت را بگفتار تو نشکنیم» و پیدا است که دل رستم را نمی‌خواهد شکستن.

۱ - «بدهای او» در لت دویم، آن جهان به جهان مینوی بازمیگردد: و آیا جهان مینوی را «بدی» هست!

۲ - «آنگهی» نادرست است. ازاین‌پس، سی و شش رج سخنان تند می‌آید که با آن گفتار پیشین «همان پاسخت را بخوبی کنم»، راست نمی‌آید، و پاسخ‌ها نیز پاسخ بهمان افزوده‌های پیشین است و از آنجا که روشن است که پاسخ به افزوده‌ها، خود افزوده‌های پیشین است و او آنجا که روشن است که پاسخ به افزوده‌ها، خود افزوده بشمار میرود و نیز پوزش زال پیش‌ازآن پاسخ‌ها نیز افزوده‌است، از گزارش این سخنان چشم می‌پوشم، و از خوانندهٔ آگاه خواهش میکنم که خود بخواند و داوری کند!
افزایندگان درمیانهٔ سی و شش رج، دو رج از گفتار بهم پیوستهٔ کیخسرو را نیز آورده‌اند.

آمدن زال و رستم بدیدار کیخسرو ۲۹۷

که تنها بر او به جنگ آمدی چو رفتی به رزمش درنگ آمدی
کسی را کجا فرّ یزدان نبود اُگر اختر نیک خندان نبود
همه خاک بودی به جنگ پشنگ از ایران بدین سان شدم تیزچنگ
بدین پنج هفته که من روز و شب همی به آفرین برگشادم دو لب
بدان تا جهاندار یزدان پاک رهاند مرا زین غم تیره‌خاک
شدم سیر ازین لشگر و تاج و تخت سبکبار گشتیم و بستیم رخت!
تو ای پیرِ بیدار، دستانِ سام مرا دیو، گویی که بنهاد دام
بتاریّ و کژّی بگشتم ز راه روان گشته بی‌مایه و دل تباه
ندانم که پادافره ایزدی کجا یابی و روزگار بدی»!
چو دستان شنید این سخن خیره گشت جهان پیش چشمش همه تیره گشت
خروشان شد از شاه و بر پای جست چنین گفت ک:«ای شاه یزدانپرست
ز من بود تیزیّ و نابخردی تویی پاک و فرزانه و ایزدی
سزد گر ببخشی گناه مرا اگر دیو گم کرد راه مرا
مرا سالیان شد فزون از شمار کمر بسته‌ام پیش هر شهریار
ز شاهان ندیدم که زین‌گونه، راه بجستی ز دادار خورشید و ماه
که ما را جدایی نبود آرزوی ازین دادگر خسرو نیکخوی»
سخن‌های دستان چو بشنید شاه پسند آمدش پوزش نیکخواه
بیازید و بگرفت دستش بدست برِ خویش بردش بجای نشست
بدانست کاو این سخن جز بمهر نپیمود با شاه خورشیدچهر

*

چنین گفت پس شاه، با زال زر که:«اکنون ببندید یکسر کمر
تو و رستم و توس و گودرز و گیو دگر هر که او نامدار است و نیو[1]
سراپرده از شهر بیرون برید درفش همایون، بهامون برید
ز خرگاه و ز خیمه چندانکه هست بسازید بر دشت جای نشست[2]
درفش بزرگان و پیل و سپاه بسازید روشن یکی رزمگاه»[3]
چنان کرد رستم که خسرو بگفت ببردند پرده‌سرای از نهفت[4]
به هامون کشیدند ایرانیان بفرمان ببستند یکسر میان

۱ - لت دویم سخن نادرخور است، و این رج میان رج‌های پیشین و پسین جدایی می‌افکند.
۲ - این رج دوباره‌گویی رج پیشین است. ۳ - ایرانیان را با که رزم پیوسته‌است که رزمگاه بسازند؟
۴ - لت دویم دوباره‌گویی لت نخست است.

سپید و سیاه و بنفش و کبود ‌ ‌ ‌ زمین کوه تا کوه پر خیمه بود[1]
میان اندرون کاویانی درفش ‌ ‌ ‌ جهان زو شده سرخ و زرد و بنفش[2]
سراپردهٔ زال نزدیک شاه ‌ ‌ ‌ برافراخته زو درفش سیاه[3]
به دست چپش رستم پهلوان ‌ ‌ ‌ ز کابل بزرگان روشن‌روان[4]
به پیش اندرون توس و گودرز و گیو ‌ ‌ ‌ چو رهّام و شاپور و گرگین نیو[5]
پس پشت او بیژن و گستهم ‌ ‌ ‌ بزرگان که بودند با او بهم[6]

پدرود کردن کیخسرو ایرانیان را

شهنشاه بر تخت زرّین نشست ‌ ‌ ‌ یکی گرزهٔ گاوپیکر بدست
بیک دست او زال و رستم بهم ‌ ‌ ‌ چو پیل سرافراز و شیر دژم[7]
بدست دگر توس و گودرز و گیو ‌ ‌ ‌ دگر بیژن گرد و رهّام نیو[8]
نهاده همه، چهر؛ بر چشم شاه ‌ ‌ ‌ بدان تا چه گوید ز کار سپاه
به آواز گفت آن زمان شهریار ‌ ‌ ‌ که: «ای نامدارانِ بروزگار
هرآنکس که دارید رای و خرد ‌ ‌ ‌ بدانید کاین نیک و بد، بگذرد
همه رفتنی‌ایم و گیتی سپنج ‌ ‌ ‌ چرا باید این درد و اندوه و رنج
ز هر دست چیزی فراز آوریم ‌ ‌ ‌ به دشمن بمانیم و خود بگذریم[9]
کنون گاو بختم به چرم اندر است ‌ ‌ ‌ که پاداش و پادافره دیگر است[10]
بترسید یکسر ز یزدان پاک ‌ ‌ ‌ مباشید ایمن بدین تیره خاک[11]

---

۱ – خیمه!... افزاینده را می‌بایستی که لت نخست را با لت دویُم بُردن.
۲ – میان و اندرون هردو یکی است و جهان از یک درفش چند رنگ نمی‌شود!
۳ – **یک:** سخن پایان ندارد. **دو:** ایرانیان را درفش سیاه نبوده‌است و رنگ سیاه، ویژهٔ تورانیان بود!
۴ – چون سخن از دست چپ میرود، می‌بایستی در رج پیشین روشن می‌شد که زال سوی راستِ شاه بوده‌است.
۵ – «پیش اندرون» نادرست است. «چو» در لت دویم نادرخور است.
۶ – با او نادرست است: «با ایشان».
۷ – در این رج، از یکدست شاه در این رج سخن میرود.
۸ – و از دو دست دیگر او در این رج!!
۹ – **یک:** لت نخست سست است. چیز (یگانه) را نمیتوان با هر دست (گروه) همراه کنیم. **دو:** چرا بدشمن؟ بسا کسا که مال خویش را برای دوستان می‌نهد!
۱۰ – لت دویم را با لت نخست پیوند نیست، و لت نخست نیز یک داستان کهن است که دگرگونش کرده‌اند: «کنون گاو پیسه بچرم اندر است» و «گاو بخت» یا «گاوِ رنج» را نیز گزارش نیست. در برخی نمونه‌ها «گاوِ آن زیر چرم اندرست» که آن را نیز گزارش نمیتوان کردن!
۱۱ – دنبالهٔ گفتار.

پدرود کردن کیخسرو ایرانیان را ۲۹۹

که این روز بر ما همی بگذرد زمانه دم هر کسی بشمرد[1]
ز هوشنگ و جمشید و کاووس شاه که بودند با فرّ و تخت و کلاه[2]
جز از نام ایشان بگیتی نماند کسی نامهٔ رفتگان برنخواند[3]
از ایشان بسی ناسپاسان بُدند بفرجام، زان بد، هراسان بُدند[4]
چو ایشان، همی من یکی بنده‌ام اُگر چند با رنج کوشنده‌ام[5]
بکوشیدم و رنج بردم بسی ندیدم که ایدر بمانَد کسی
کنون جان و دل، زین سرای سپنج بکندم، سرآوردم این درد و رنج
کنون آنچه جستم همه یافتم ز تخت کیی روی برتافتم[6]
هر آن کس که در پیش من برد رنج ببخشم بدو هرچه خواهد ز گنج[7]
ز کردار هر کس که دارم سپاس بگویم به یزدان نیکی‌شناس[8]
به ایرانیان بخشم این خواسته سلیح و در گنج آراسته[9]
هر آن کس که هست از شما مهتری ببخشم به هر مهتری کشوری[10]
همان بدره و برده و چارپای بر اندیشم آرم شمارش بجای[11]
ببخشم که من راه را ساختم اُ زین تیرگی دل بپرداختم[12]
شما دستِ شادی به خوردن برید به یک هفته ایدر چمید و چرید[13]
بخواهم که تا زین سرای سپنج گذر یابم و دور مانم ز رنج»[14]

---

۱ – «این روز» نادرست است: «روز بر ما میگذرد». این رج برگرفته از یک گفتار فردوسی است:

سرانجام هر زنده، مردن بُوَد خود این زندگی، دم شمردن بُوَد

۲ – چون در آغاز سخن «از» بیاید، سخن را بایستی چنان دنبال کردن که برآیندی پدید آید، و چنین بر آیند، در رج‌های پسین دیده نمی‌شود.

۳ – **یک**: «ایشان» در این رج نادرخور است، زیرا که هنوز سخن رج پیشین بپایان نرسیده‌است که در رج پسین! «ایشان» از ایشان یاد شود. **دو**: اگر کسی نامهٔ رفتگان را نخوانده است، پس نام ایشان چگونه بکیخسرو رسید؟

۴ – هوشنگ ناسپاس نبوده و هراسان نیز نشده‌است.

۵ – در سه رج ایشان آمده‌است که سخن را سست می‌کند، و در این رج «همی» نادرخور است و «نیز» باید. «من نیز یکی...» زمانِ کنش در لت دویم نادرخور است زیرا که چندیست که گوشه‌ای گرفته و نمی‌کوشد!

۶ – «کنون» در آغاز این رج، «کنون» در آغاز رج پیشین همخوان نیست.

۷ – برد رنج نادرست است: «رنج برده‌است»... اگر بنیاد بر «هر چه خواهد» باشد، زود باشد که گنج تهی شود و بدیگران نرسد!

۸ – پس‌از گنج نام بردن از یزدان درست نمی‌نماید، بویژه که در رج پسین، باز، از خواسته سخن میرود!

۹ – درِگنج را چگونه خواهد بخشیدن؟

۱۰ – دو بار از «مهتری» نام بردن در یک رج، نشاید!... باری مهتران هر یک مرزبان بخشی از ایران بوده‌اند.

۱۱ – باز سخن به خواسته و مال برمیگردد! لت دویم را نیز گزارش نیست... بر اندیشم «بترسم» است و با ترس شمار بجای آوردن چگونه باشد، و «شمارش» نیز به برده و بدره و چارپای بازمیگردد، و اگر سخن درست می‌بود، آن نیز می‌بایستی «شمارشان» بوده باشد!

۱۲ – باز از ببخشم سخن میرود، که درست نیست.

۱۳ – با چنین سخنان چه جای شادی و خوردن است؟ و دستِ شادی چگونه است؟

۱۴ – پس‌از فرمان دادن بشادی سخن از جدایی خوشایند نیست!

چو کیخسرو این پندها را بگفت   بماندند گردان ایران شگفت[1]
یکی گفت کـ «این شاه دیوانه شد   خرد با دلش سخت بیگانه شد[2]
ندانم بر او بر چه خواهد رسید   کجا خواهد این تاج و تخت آرمید»[3]
برفتند یکسر گروها گروه   همه دشت لشکر بُد و راغ و کوه[4]
غوِ نای و آوای مستان ز دشت   تو گفتی همی از هوا برگذشت[5]
ببودند یک هفته زین‌گونه شاد   کسی را نیامد غم و رنج یاد[6]

بخش کردن گنج و ولایت‌ها به ایرانیان

به هشتم نشست از برِ گاه شاه   ابی یاره و گرز و زرّین کلاه[7]
چو تنگ آمدش گاه رفتن فراز   یکی گنج را درگشادند باز[8]
چو بگشاد آن گنج آباد را   وصی کرد گودرز کشواد را[9]
بدو گفت: «بنگر به کار جهان   چه در آشکار و چه اندر نهان[10]
که هر گنج را روزی آکندنی‌ست   به‌سختی و روزی پراکندنی‌ست[11]
نگه کن رباطی که ویران بود   یکی کان به نزدیک ایران بود[12]
دگر آبگیری که باشد خراب   از ایران و ز رنج افراسیاب[13]

۱ – **یک**: سخنان یادشده «پند» نبود. **دو**: «گُفت» را با «شگِفت»، پساوا نباشد... در برخی نمونه‌ها: پندها برگرفت، آمده‌است، و پند، برگرفتنی نیست «دادنی» است.
۲ – «یکی» که بوده‌است؟
۳ – تاج و تخت را آرمیدن و کشیدن نباشد.
۴ – آنان که همه در دشت بودند، بکجا رفتند. به دشت! و «راغ» و «کوه» نیز هردو یکی است.
۵ – تو گفتی...
۶ – باز، چگونه ازپسِ آن گفتارِ رنج آلود می‌توانستند شاد بودن؟
۷ – دنباله گفتار.
۸ – **یک**: چون گاهِ رفتن «تنگ فراز» آید، نشان از آنست که بیدرنگ می‌میرد، اما چنین نیست بسا سخنان افزودهٔ دیگر می‌آید که نشان از مرگ ندارد، باری مرگ کیخسرو را نیز کسی ندیده‌است و آن زمانِ تنگ راکس نسنجیده‌است. **دو**: «چو» در آغاز این رج، با «چو» در آغاز رج پیشین همخوان نیست. لت دویم در گشادند، باز درست نیست. یا: «درِ گنج را گشادند»، یا «در گنج را باز کردند»!
۹ – **یک**: «گنج» را «آباد» بودن نشاید «گنج پر گوهر»، «گنج بزرگ»، «گنج شگفت...». **دو**: «آن» گنج کدام گنج بوده‌است؟ **سه**: وصی در سخن فردوسی نمی‌آید، و فردوسی همه جا اندرز را بجای (وصیت) بکار گرفته‌است.
۱۰ – کار نهان را چگونه بایستی نگریستن؟
۱۱ – آکندنی و پراکندنی در این سخن نادرست است در برخی نمونه‌ها: «روزِ آکندن است» در برابر روزی پراکندن است که در آن نیز «روز» با «روزی» هماهنگ نیست اگر نخستین را نیز «روزی» درشمار آوریم سخن بدینسان آراسته می‌شود:
که هر گنج را، روزی آکندن است   بسختی و، روزی پراکندن است
آنگاه می‌باید اندیشیدن که آیا گنج‌های شاهان بیک روز فراهم می‌آید؟ نه!
۱۲ – لت دویم سخت سست است.
۱۳ – آبگیر «خراب» نمی‌شود. آن کاریز، یا چشمه است که خشک می‌شود و آبگیر را خشک می‌گرداند.

پدرود کردن کیخسرو ایرانیان را ۳۰۱

دگر کودکانی که بی‌مادرند زنانی که بی‌شوی و بی‌چادرند[۱]
دگر آنکه‌ش آید به چیزی نیاز ز هر کس همی دارد آن رنج راز[۲]
بر ایشان در گنج بسته مدار ببخش و بترس از بد روزگار[۳]
دگر گنج که‌ش نام بادآورست پر از افسر و زیور و گوهرست[۴]
نگه کن به شهری که ویران شده‌ست کنام پلنگان و شیران شده‌ست[۵]
دگر هر کجا رسمِ آتشکده‌ست که بی‌هیربد جای ویران شده‌ست[۶]
سدیگر کسی کاو ز تن بازماند به روز جوانی درم برفشاند[۷]
دگر چاهساری که بی‌آب گشت فراوان بر او سالیان برگذشت[۸]
بدین گنج بادآور آباد کن درم خوار کن مرگ را یاد کن»[۹]
دگر گنج که‌ش خواندندی اَروس که آکند کاووس در شهر توس[۱۰]
به گودرز فرمود کان را ببخش به زال و به گیو و خداوند رخش[۱۱]
همه جامه‌های تنش برشمرد نگه کرد یکسر به رستم سپرد[۱۲]
همان یاره و توغ گنداوران همان جوشن و گرزهای گران[۱۳]
ز اسپان به جایی که بودش یله به توس سپهبد سپردش گله[۱۴]

---

۱ - بی‌چادر را برای نیاز پساوا آورده‌اند، وگرنه می‌بایستی گفتن بی‌پوشش یا تنگدست‌اند.

۲ - میان لت دویم با لت نخست پیوند «و» باید! آن رنج راز نیز گویا نیست: «و رنج نیاز خویش را با کسی نمی‌گویند».

۳ - بترس را در لت دویم با بخشش، پیوند نیست.

۴ - **یک:** «گنج باد آورد» نام گنجی بوده‌است، که از کشتیهای سرگردان دزدان دریایی، در زمان خسرو پرویز بدریا بار ایران رسید، و بار بد نیز آهنگی بهمین نام برای آن بساخت. **دو:** لت دویم را پیوند «که» در آغاز باید. کنش «است» نیز برای گنجی که ازمیان رفته شایسته نیست: «بود».

۵ - دنبالهٔ گفتار.

۶ - «رسم آتشکده» چه باشد؟ لت دویم نیز ناهموار است: «ویران شده و هیربد در آن نیست»... اما هیربد را باآتشکده کار نباشد، زیرا که در زنجیرهٔ موبدان «هیربد» کار آموزش را داشته‌است.

۷ - لت نخست را هیچ گزارش نیست «ز تن باز ماندن» چگونه باشد؟

۸ - افزاینده‌ازپس چند رج بیاد چاه و کاریز افتاد... لت دویم نیز نادرخور است، زیرا که چاه بی‌آب را چه سالها برگذشته باشد، چه همان سال خشگ شده باشد، می‌توان بآب رساند.

۹ - گنج باد آور... و در لت دویم نیز از ترس مرگ میگوید که نادرخور است.

۱۰ - از گنج‌های زمان ساسانیان است، و کاووس در شهر قزوین می‌نشست و اگر گنجی نهاده‌بود، پیرامون قزوین می‌بایستی، نه در شهری دور همچون توس، اما افزاینده، توس را برای پساوای اَروس آورده‌است.

۱۱ - اینجا بنگرید که گنجی راکه افزاینده جای آنرا در توس نشان می‌دهد به زال و رستم سیستانی و گیو لرستانی می‌بخشد... تا بتوس، چه بخشد؟

۱۲ - **یک:** کسی که پشت خمیده را راست کرده‌بود، چگونه جامه‌های از تن خویش را تواند شمردن؟ سخن را نیز پیوند «را» باید «جامه‌های تنش را». **دو:** جامه‌های هیچکس در جهان با تن رستم راست در نمی‌آید، و از چنان جامه‌ها را برای رستم چه سود؟ که همچون دریوزه‌گران بدو بخشند! **سه:** نگه‌کرد در لت دویم چنین میگوید که به پهلوانان‌سرتاسر نگریست و چون‌چشمش برستم افتاد، بوی داد، و این گونهٔ بدترِ بخشش است.

۱۳ - توغ گندآوران چه باشد؟ توغ را که گونه‌ای آرایش جامه است به گندآوری چه پیوند.

۱۴ - **یک:** اگر اسپان «یله» (= رها) بودند، چگونه گله شدند؟ **دو:** بجایی را هیچ روی نیست، یا سراسر کشور است، یا در یکی از استانها، یا در پایتخت!... و این بود بخشش توس.

۳۰۲ پایان کار کیخسرو

همه باغ و گلشن به گودرز داد / به گیتی ز مرزی که آمدش یاد[1]
سلیح تنش هرچه در گنج بود / که او را بدان خواسته رنج بود[2]
سپردند یکسر به گیو دلیر / بدانگه که خسرو شد از گنج سیر[3]
از ایوان و خرگاه و پرده‌سرای / همان خیمه و آخورِ چارپای[4]
فریبرز کاووس را داد شاه / بسی جوشن و ترگ و رومی کلاه[5]
یکی توغ روشن‌تر از مشتری / ز یاقوت رخشان دو انگشتری[6]
نبشته بر او نام شاه جهان / که اندر جهان آن نبودی نهان[7]
به بیژن چنین گفت که: «این یادگار / همی دار و جز تخم نیکی مکار»[8]
به ایرانیان گفت «هنگام من / فراز آمد و تازه شد کام من[9]
بخواهید چیزی که باید ز من / که آمد پراکندن انجمن»[10]
همه مهتران زار و گریان شدند / ز درد شهنشاه بریان شدند[11]
همی گفت هر کس که: ای شهریار / که را مانی این تاج را یادگار؟[12]
چو بشنید دستان خسروپرست / زمین را ببوسید و بر پای جست[13]
چنین گفت که: «ای شهریار جهان / سزد کارزوها ندارم نهان[14]
تو دانی که رستم به ایران چه کرد / به رزم و به بزم و به ننگ و نبرد[15]

---

۱ - «باغ و گلشن (خود را) به...» لت دویم نیز بی‌پیوند است.

۲ - پیشتر جنگ‌افزار و جوشن را برستم داده بود! لت دویم نادرخور است، زیرا که همهٔ آن خواسته را در «همان گاه» می‌بخشید، نه، «بدانگه که خسرو...» در رج پسین.

۳ - چون نیک بنگریم «خسرو» نیز در این لت، نادرخور است، زیرا که همهٔ این کارها را خسرو میکرد و دوباره‌گویی سخن را پریشان میکند.

۴ - **یک:** «از» در آغاز سخن نادرست است زیرا که چنین می‌نماید که بخشی (از) از آنها را بفریبرز داده بود، باز آنکه همه را داد. **دو:** خیمه همان پرده‌سرای است و آخور چارپای، بدیوار تکیه دارد، چگونه آنرا توان بخشیدن؟

۵ - **یک:** بسی در لت دویم، با «همان» در لت دویم در رج پیشین همخوان نیست. **دو:** روم نیز هنوز در جهان پدیدار نشده‌بود.

۶ - توغ خویش را پیشتر برستم داده بود... و اگر این توغ برتر از آنست نمیتوانسته یا نمی‌بایستی آنرا برابر رستم به بیژن دهد! مشتری بجای ستارهٔ اورمزد، در آسمان سخن فردوسی دیده نمی‌شود.

۷ - **یک:** «بر او» کدام باشد، اگر بر انگشتری نوشته‌است که می‌بایستی (بر آنها) آید، زیرا که دو انگشتری بوده‌است، و اگر بر توغ نوشته شده‌بود، اینجا روشن نمی‌سازد! **دو:** لت دویم نیز نادرخور است.

۸ - دنبالهٔ سخن.

۹ - چون مرگ فرا رسد، سخن از تازه شدن کام نشاید گفتن.

۱۰ - که آمد در لت دویم کمبود دارد: «که (گاهِ) پراکندن انجمن (پیش) آمد».

۱۱ - چگونه شد که هیچیک را، چون گدایان، بهنگام گرفتن، گریان ننموده‌اند، و چون بخشش پایان پذیرفت آغاز بگریستن کردند!

۱۲ - و ازین پس گونه‌ای دیگر گریستن بفراموشی سپرده می‌شود!

۱۳ - بر پای جستن در پیشگاه شاه، نه درخور پهلوان بزرگی چون دستان بوده‌است.

۱۴ - کارزوها نادرخور است: «آرزوی خود را».

۱۵ - **یک:** چه کرد نیز نارسا است: «چه کرده‌است». **دو:** در بزم و ننگ چه شاید کردن، و چرا باید از آن یاد کردن؟

چو کاووس کی شد به مازندران — رهی دور و فرسنگ‌های گران[1]
چو دیوان ببستند کاووس را — چو گودرز گردنکش و توس را[2]
تهمتن چو بشنید تنها برفت — به مازندران روی بنهاد تفت[3]
بیابان و تاریکی و دیو و شیر — همان جادوی و اژدها دلیر[4]
بدان رنج و تیمار ببرید راه — به مازندران شد به نزدیک شاه[5]
بدرّید پهلوی دیو سپید — جگرگاه کولاد غندی و بید[6]
سر سنجه را ناگه از تن بکند — خروشش برآمد به ابر بلند[7]
چو سهراب، فرزند کاندر جهان — کسی را نبود از کهان و مهان[8]
بکشت از پی کین کاووس شاه — ز دردش بگرید همی سال و ماه[9]
اُزان پس کجا رزم کاموس کرد — به‌مردی به ابر اندر آورد گرد[10]
ز کردار او چند رانم سخن — که هم داستان‌ها نیاید به بن[11]
اگر شاه سیر آمد از تاج و گاه — چه ماند بدین شیردل نیکخواه»[12]
چنین داد پاسخ که «کردار اوی — به نزدیک ما رنج و تیمار اوی[13]
که داند مگر کردگار سپهر — نمایندهٔ کام و آرام و مهر[14]
سخن‌های او نیست اندر نهفت — نداند کس او را به آفاق جفت»[15]
بفرمود تا رفت پیشش دبیر — بیاورد قرطاس و مشک و ابیر[16]
نبشتند عهدی ز شاه زمین — سرافراز کیخسرو پاک دین[17]
ز بهر سپهبد گو پیلتن — ستوده به‌مردی به هر انجمن

---

۱ – لت دویم را با لت نخست پیوند درست نیست: «بدان راه دور». این سخن از سخنان افزودهٔ اولاد در داستان هفتخوان برگرفته شده‌است:

ز بز گوش، تا شهر مازندران — رهی زشت و فرسنگهای گران

۲ – چو گودرز، نادرست است. دو بار «چو» در این رج با «چو» در آغاز رج پیشین همخوان نیست... ۳ – با «چو» در این رج

۴ – این رج را پیوند با رج پیشین ندارد. ۵ – دنبالهٔ گفتار. ٦ – تنها پهلوی دیو سپید دریده شد، نه دیگران.

۷ – لت نخست کودکانه است، و لت دویم را پیوند درست با لت نخست نیست.

۸ – چو سهراب فرزند، پس‌وپیش است: چو سهراب، فرزندی در جهان نبود.

۹ – **یک**: کاووس را بسهراب کین نبود، سهراب خود برای نبرد با ایران آمده‌بود. **دو**: لت دویم. ز دردش بگرید... بسهراب بازمیگردد، نه برستم! ۱۰ – «کجا» در لت نخست نادرخور است و سخن را پرسشی میکند: «از آنپس برزم کاموس پرداخت».

۱۱ – لت دویم نادرخور است: «داستان پهلوانی او را پایان نیست».

۱۲ – شیر دل، نیکخواه ناهمگن است: «شیردلِ نیکخواه» که آهنگ سخن را در هم میریزد!

۱۳ – پایان لت نخست را «راه باید. نیز لت دویم.

۱۴ – نه چنین است. ایرانیان همه میدانستند، و هنوز میدانند.

۱۵ – بیدرنگ افزاینده از گفتار پیشین بازمیگردد... اما «سخن‌ها» نادرست است: «داستان وی را».

۱٦ – سخن از قرطاس میرود که تازی شدهٔ کراسه و کاغذ است. ۱۷ – دنبالهٔ سخن.

که او باشد اندر جهان پیشرو   جهاندار بیدار و سالار و گو[1]
هم او را بود کشور نیمروز   سپهدار پیروز لشکرفروز[2]
نهادند بر عهد بر مُهر زر   بر آیین کیخسرو دادگر[3]
بدو داد منشور و کرد آفرین   که آباد بادا به رستم زمین[4]
مهانی که با زال سام سوار   برفتند با زیج‌ها بر کنار[5]
ببخشیدشان خلعت و سیم و زر   یکی جام مر هر یکی را گهر[6]
جهاندیده گودرز بر پای خاست   بیاراست با شاه گفتار راست[7]
چنین گفت ک:«ای شاه پیروزبخت   ندیدیم چون تو خداوند تخت[8]
ز گاه منوچهر تا کیقباد   ز کاووس تا گاه فرخ نژاد[9]
به پیش بزرگان کمر بسته‌ام   بی‌آزار یک روز ننشسته‌ام[10]
نبیره پسر بود هفتاد و هشت   کنون ماند هشت و دگر برگذشت[11]
همان گیو بیداردل هفت سال   به توران زمین بود بی‌خورد و هال[12]
به دشت اندرون گور بُد خوردنش   هم از چرم نخچیر پیراهنش[13]
به ایران رسید آنچه بد شاه دید   که تیمار او گیو چندی کشید[14]
جهاندار سیر آمد از تاج و گاه   همو چشم دارد به نیکی ز شاه»[15]
چنین داد پاسخ که «بیش است ازین   که بر گیو بادا هزار آفرین[16]
خداوند گیتی ورا یار باد   دل بدسگالانش پر خار باد[17]
کم و بیش ما پاک بر دست تست   که روشن‌روان بادی و تندرست»[18]

---

۱ – جهاندار پاژنام پادشاه است نه پهلوان.

۲ – لت دویم نادرخور است، زیرا که شاید بودن او را در آینده، در نبردی پیروزی نباشد، و ازپیش نمیتوان فرمان پیروز بودن او را نوشتن! ۳ – مُهر شاهان زرین نبود و بر انگشتری آنان کنده می‌شد! ۴ – دنبالهٔ سخن.

۵ – **یک:** برفتند در لت دویم درست نیست: «رفته‌بودند»، زیج‌ها بر کنار نیز نادرست است، زیرا که بهنگام راه‌پیمایی از سیستان تا پایتخت نمی‌توانسته‌اند زیج را در کنار بگیرند! **دو:** آن «مهان» را که افزاینده از دنبر و مای و زابل و کابل بپایتخت فرستاده و رنج راه را بر آنان افزوده‌بود، در انجمن شاه، چه کردند؟ و خویشکاریشان چه بود؟ ۶ – لت دویم را پیوند درست نیست «با» یکی جام.

۷ – بیاراست در آغاز لت دویم نابجا است، و گفتار راست نیز نسنجیده، زیرا که در پیشگاه شاه سخن جز براست نمی‌توانستند گفتن!

۸ – لت دویم پیوند درست ندارد: «که» ندیده‌ایم.

۹ – گاه فرخ‌نژاد نیست، اما افزاینده را رای آن بوده‌است که بگوید: «از (گاه) کاووس تا گاهِ (تو که) فرخ نژاد(ی)».

۱۰ – لت دویم نادرخور است زیرا که بسا در جشن‌های با می و رامشگر و شادی گذرانده‌اند، همه با هم!

۱۱ – **یک:** پیش‌ازاین از هفتاد پور یاد شده‌بود. **دو:** کنش نیز نادرخور آمده‌است: «نبیره پسر بود (مرا)» لت دویم سخت ناهنجار است «(از آنان) هشت (کس بر جای) مانده(اند)، و دیگر(ان) درگذشته(اند)» خوانندهٔ آگاه! خود بسنجد! ۱۲ – دنبالهٔ گفتار.

۱۳ – بدشت اندرون نادرست است زیرا که ویرا بر کوه و دره نیز گذر بوده‌است.

۱۴ – سخن نادرخور است: «آنچه را که بر سر گیو رفته‌بود، شاه، از آن آگاهست». گیو در لت دویم، به گیو در لت نخست بازمیگردد، نه بشاه! ۱۵ – لت نخست را نیز در آغاز «اکنون که» باید. ۱۶ – دنبالهٔ سخن.

۱۷ – دل پر خار را تاکنون نشنیده‌ایم. ۱۸ – این رج را با رج‌های پیشین و پسین پیوند نیست.

پدرود کردن کیخسرو ایرانیان را ۳۰۵

بفرمود تا عهد قم و اصفهان / نهادِ بزرگان و جای مهان[1]
نویسد ز مشک و ز انبر دبیر / یکی نامه از پادشا بر حریر[2]
یکی مهر زرّین بر او برنهاد / بران نامه شاه آفرین کرد یاد[3]
که یزدان ز گودرز خشنود باد / دل بدسگالانش پر دود باد[4]
به ایرانیان گفت «گیو دلیر / مباداکه آید ز کردار سیر[5]
بدانید کاو یادگار من است / به نزد شما زینهار من است[6]
مر او را همه پاک فرمان برید / ز گفتار گودرز بر مگذرید»[7]
ز گودرزیان هر که بد پیشرو / یکی آفرینی بگسترد نو[8]
چو گودرز بنشست برخاست توس / بشد پیش خسرو زمین داد بوس[9]
بدو گفت «شاها انوشه بَدی / همیشه ز تو دور دست بَدی[10]
منم زین بزرگان فریدون‌نژاد / ز نااماوران تا بیامد قباد[11]
کمر بسته‌ام پیش ایرانیان / که نگشادم از بند هرگز میان[12]
به کوه هماون ز جوشن تنم / بخست و همان بود پیراهنم[13]
به کین سیاوش بران رزمگاه / بدم هر شبی پاسبان سپاه[14]
به لاون سپه را نکردم رها / همی بودم اندر دم اژدها[15]
به مازندران بسته کاووس بود / دگر بند بر گردن توس بود[16]
نکردم سپه را به جایی یله / نه از من کسی کرد هرگز گله[17]

---

۱ - لت نخست بدآهنگ است و اصفهان همواره در سخن فردوسی بگونهٔ درستِ «سپاهان» آمده‌است. پاژنام لت دویم، همواره برای آذربایجان بکار رفته‌است:

چنین تا درِ آذرآبادگان / نهاد بزرگان و جای مهان

۲ - **یک:** این رج را در آغاز «را» باید... عهد قم و اصفهان «را» نویسد. **دو:** و نیز نام پادشا پیش‌از نام شهرها قم و سپاهان...

۳ - مهر پادشاه زرین نبود چنانکه گذشت و بر نامه آفرین نمی‌خوانند، که آن آفرین را بر گودرز، یا گیو می‌بایستی خواندن.

۴ - دنبالهٔ گفتار ۵ - سیر «آمدنی» نیست «شدنی» است.

۶ - پهلوان بزرگی چون گیو را نمی‌توان بزینهار دادن. زینهار از آن شکست‌خوردگان و زنان و کودکان است، نه گیو دلیر!

۷ - مگر گیو را جانشین خویش کرد، که همه فرمان او را ببرند؟ افزاینده خود در لت دویم گفتار دگرگون آورده‌است.

۸ - سخن نارسا است: افزاینده خواسته‌است بگوید که: «کیخسرو بر گودرزیان آفرین خواند». ۹ - دنبالهٔ داستان.

۱۰ - «بَدی» گفتاری نادرست است: «بادی». کدام دست بدی از او دور باد که میخواهد بمیرد!

۱۱ - همهٔ آنان فریدون نژاد بوده‌اند، لت دویم پس‌وپیش است: از آنهنگام که قباد بیامد، من کمر بسته‌ام...

۱۲ - بسته‌ام را در لت دویم «نگشاده‌ام» باید. ۱۳ - همهٔ ایرانیان در آن جنگ ستم کشیدند، و توس تنها نبود.

۱۴ - هر شبی نادرست است، «همه شبها».

۱۵ - نام از نبرد دروغین لاون میرود. در لت دویم نیز «همی بودم» نادرست است: «بماندم».

۱۶ - بند بر گردن همه پهلوانان یاد شده‌بود.

۱۷ - **یک:** مگر یک سپهدار را شاید، سپاه را رها کردن؟ **دو:** رویداد را، کیخسرو، خود؛ از توس گله داشت!

کنون شاه سیر آمد از تاج و گنج — همی بگذرد زین سرای سپنج[۱]

چه فرمایدم چیست نیروی من — تو دانی هنرها و آهوی من»[۲]

چنین داد پاسخ بدو شهریار — که «بیش است رنج تو از روزگار[۳]

همی باش با کاویانی درفش — تو باشی سپهدار زرّینه کفش[۴]

بدین مرز گیتی خراسان تراست — ازین نامداران تن‌آسان تراست»[۵]

نبشتند عهدی بران هم نشان — به پیش بزرگان و گردنکشان[۶]

نهادند بر عهده بر مُهر زر — یکی توغ زرّین و زرّین کمر[۷]

بدو داد و کردش بسی آفرین — که «از تو مبادا دلی پر ز کین»[۸]

ولیعهد کردن کیخسرو لهراسپ را

ز کار بزرگان چو پردخته شد — شهنشاه زان رنجها رخته شد[۹]

ازان مهتران نام لهراسپ ماند — که از دفتر شاه کس برنخواند[۱۰]

به بیژن بفرمود تا با کلاه — بیاورد لهراسپ را نزد شاه[۱۱]

چو دیدش جهاندار بر پای جست — بر او آفرین کرد و بگشاد دست[۱۲]

فرود آمد از نامور تخت آج — ز سر برگرفت آن دل‌افروز تاج[۱۳]

به لهراسپ بسپرد و کرد آفرین — همه پادشاهیِ ایران‌زمین[۱۴]

همی کرد پدرود آن تخت آج — بر او آفرین کرد و بر تخت و تاج[۱۵]

---

۱ – سخن در لت نخست با کمبود همراه است: «اکنون (که) شاه از تاج و گنج سیر شده‌است»... «سیر» نیز با «شدن» همراه است نه با «آمدن».

۲ – چیست نیروی من نادرخور است. «چه باید بکنم؟»، «چه فرمان بر من است»...

۳ – دنبالهٔ گفتار.

۴ – کیخسرو بس پیشتر از آنزمان، درفش کاویان را از توس باز پس گرفته‌بود!

۵ – بدین مرز گیتی نادرست است: «در مرز ایران» لت دویم نیز نادرخور است: «تن آسانی ترا است».

۶ – دنبالهٔ سخن.

۷ – باز از مُهر زرین یاد می‌شود!

۸ – دنبالهٔ گفتار.

۹ – در لت دویُم؛ رخته، در شاهنامه‌های گوناگون، بگونهٔ سخته، خسته، رسته، و دخته، سخت آمده‌است (بنگرید به خالقی مطلق ۳۵۸-۴) که هیچیک از آنها درست نمی‌نماید.

۱۰ – از آن مهتران، نام بیژن نیز مانده‌بود چنانکه فریبرز و گستهم و گرگین و زنگه شاوران و...

۱۱ – **یک:** همهٔ ایرانیان تا هنگام جنگ جهانی دویُم، کلاه بر سر داشته‌اند، و «با کلاه بیاورد» سخنی افزوده‌است. **دو:** بیژن جوان که بود؟ که آنرا که پس‌از کیخسرو شاه می‌شد، بنزد او آوَرَد؟ چنین کار با سردار انجمن مهیستان بود!

۱۲ – بر پای جستن درخور شاهنشاهی چون کیخسرو بوده‌است! بگشاد دست را چه گزارش است؟

۱۳ – چون بر پای جسته‌بود، پا بر زمین داشته، پس پیشتر از تخت فرود آمده‌بود!

۱۴ – لت دویم بی‌پیوند است.

۱۵ – همی کرد، نادرست است: «آن تخت آج را پدرود کرد».

که «این تاج نو بر تو فرخنده باد ‌ ‌ ‌ جهان سربسر پیش تو بنده باد[1]
سپردم به تو شاهی و تاج و گنج ‌ ‌ ‌ ازان‌پس که دیدم بسی درد و رنج[2]
مگردان زبان زین سپس جز به داد ‌ ‌ ‌ که از داد باشی تو پیروز و شاد[3]
مکن دیو را آشنا با روان ‌ ‌ ‌ چو خواهی که بختت بماند جوان[4]
خردمند باش و بی‌آزار باش ‌ ‌ ‌ همیشه زوان را نگهدار باش»[5]
به ایرانیان گفت که: «ز بخت اوی ‌ ‌ ‌ بباشید شادان دل از تخت اوی»[6]
شگفت اندرو مانده ایرانیان ‌ ‌ ‌ برآشفته هر یک چو شیر ژیان[7]
همی هر کسی در شگفتی بماند ‌ ‌ ‌ که لهراسپ را شاه بایست خواند[8]
ازان انجمن زال بر پای خاست ‌ ‌ ‌ بگفت آنچه بودش به دل رای راست[9]
چنین گفت که: «ای شهریار بلند ‌ ‌ ‌ سزد گر کنی خاک را ارجمند[10]
سر بخت آن کس پر از خاک باد ‌ ‌ ‌ روان ورا خاک تریاک باد[11]
که لهراسپ را شاه خواند به داد ‌ ‌ ‌ ز بیداد هرگز نگیریم یاد[12]
به ایران چو آمد به نزد زرسپ ‌ ‌ ‌ فرومایه‌ای دیدمش بر یک اسپ[13]
به جنگ الانان فرستادی‌اش ‌ ‌ ‌ سپاه و درفش و کمر دادی‌اش[14]
ز چندین بزرگان خسرونژاد ‌ ‌ ‌ نیامد کسی بر دل شاه یاد[15]
نژادش ندانم ندیدم هنر ‌ ‌ ‌ ازین‌گونه نشنیده‌ام تاجور»[16]
خروشی برآمد ز ایرانیان ‌ ‌ ‌ که: «زین پس نبندیم شاها میان[17]
نجوییم کس نام در کارزار ‌ ‌ ‌ چو لهراسپ را برکشد روزگار»[18]

---

۱ – تاج کیخسرو، نو نبوده‌است. ۲ – گنج را پیش‌ازآن بدیگران بخشیده‌بود.
۳ – داد، با زبان نیست بکردار است!
۴ – سخن کودکانه است، مگر کسی بوده‌است که دیو را بیاورد، و با روان خویش آشنا کند؟ ۵ – سخن زیبا است.
٦ – از بخت او؟ یا از تخت او؟ ۷ – کنش درست نیست: «مانده‌بودند»: «برآشفته‌بودند».
۸ – از شگفتی در رج پیشین یاد شده‌بود. ۹ – «رای راست» در پایان لت دویم، نابجا است: «بگفت آنچه بودش بدل».
۱۰ – دنبالهٔ گفتار.
۱۱ – بخت پر از خاک نمی‌شود، و روان را خاک تریاک نمی‌شود. تن را شاید درگذشتن و بخاک رفتن، اما روان را نشاید!
۱۲ – اگر نتوان لهراسب را شاه خواندن، «به داد» در پایان لت نخست نابجا است، و اگر بداد است پس می‌بایستی او را شاه خواندن.
۱۳ – این زرسپ کیست که هرگاه پساوای اسپ بایسته می‌شود، از او نام می‌برند؟... اگر بسپاه اندر شده باشد، می‌بایستی نزد توس، یا گودرز رفته باشد نه زرسپ فرزند توس، یا این زرسپ ساختگی!
۱۴ – جنگ الانان از افزوده‌ها بود و این نیز بدان بازمیگردد. ۱۵ – دنبالهٔ گفتار.
۱٦ – چنین سخن را نشاید گفتن، زیرا که نژاد ایرانیان همه روشن بود، تا آنجا که امروز در نزد بختیاریان که سازمان ایل و تَش و مال... آنان کمابیش بهمریخته است، هنوز نژاد همگان باز شناخته می‌شود... پس چگونه در ایران باستان با آن سازمان استوار دوده‌ها نژاد کسی شناخته نمی‌شد؟ ندیدم هنر نیز نادرست است: «هنرش را ندیده‌ام»، و این درست نیست، زیرا که در همان افزوده‌ها از پیروزی لهراسب بر الانیان سخن رفته‌بود. ۱۷ – دنبالهٔ سخن.
۱۸ – نجوییم کس نادرست است «از ما هیچکس نام نمی‌جوید»، یا «نخواهد جستن» لت دویم نیز بی‌پیوند است. برخی شاهنامه‌ها «چو
←

چـو بشـنید خسـرو ز دسـتان سـخن — بـدو گـفت «مشـتاب و تـندی مکـن[۱]
کـه هـر کس کـه بـیداد گـوید هـمی — بـجز دود ز آتش نـجوید هـمی[۲]
کـه نـپسندد از مـا بـدی کـردگار — بـپیچد بـر، از گـردش روزگـار[۳]
کـه یـزدان کسـی را کـند نـیکبخت — سـزاوار شـاهیّ و زیـبای تـخت[۴]
جـهان‌آفرین بـرزُوانـم گـواست — که گشت این سخن‌ها به لهراسپ راست[۵]
خـرد دارد و فـرّ و شـرم و نـژاد — بـود راد و پـیروز و از داد شـاد[۶]
نـبیره‌ی جـهاندار هـوشنگ هست — خـردمند و بـینادل و پـاک‌دست[۷]
پـی جـادوان بگسـلاند ز خـاک — پـدید آورد راه یـزدان پـاک[۸]
زمـانه جـوان گـردد از پـند اوی — بـدین هـم بـود پـاک فـرزند اوی[۹]
بـه شـاهی بـر او آفـرین گسـترید — اُ زیـن پـند و انـدرز مـن مگـذرید[۱۰]
هـر آن کس کـز انـدرز مـن درگـذشت — هـمه رنـج او پـیش مـن بـاد گشت[۱۱]
چـنین هـم بـه یـزدان بـود نـاسپاس — بـه دلش انـدر آیـد ز هر سو هراس»[۱۲]
چـو بشـنید زال ایـن سـخن‌های پـاک — بـیازید انگشت و بـرزد بـه خـاک[۱۳]
بـیالود لب را بـه خـاک سـیاه — بـه آواز لهـراسپ را خـوانـد شـاه[۱۴]
بـه شـاه جـهان گـفت «خـرّم بـدی — هـمیشه ز تـو دور دست بـدی[۱۵]
کـه دانسـت جـز شـاه پـیروز و راد — کـه لهـراسپ دارد ز شـاهان نـژاد[۱۶]
چـو سـوگند خـوردم بـه خـاک سیاه — لب آلوده شـد مشـمر آن از گـناه»[۱۷]
بـه ایـرانـیان گـفت پـیروز شـاه — کـه «پـدرود بـاد ایـن دل‌افـروز گـاه[۱۸]

→ لهراسب را کی کند شهریار» که سست‌تر است. ۱ - دنبالهٔ گفتار.

۲ - لت نخست را کمبود همراه است: «که هر کس که سخن بر بیداد میراند».

۳ - «که» در آغاز این رج با «که» در آغاز رج پیشین همخوان نیست. «بپیچد بر» در لت دویم نیز گزارش ندارد.

۴ - باز این «که» افزوده و بی‌پیوند است. سخن را نیز پایان نیست.

۵ - لت دویم نادرخور است این سخنان بلهراسب راست گشت به رج‌های پیشین می‌پیوندد که از بیداد و بدی سخن رفته‌بود زیرا که میان این رج با رج پیشین پیوند درست نیست!

۶ - اما افزاینده رج پیشین را بدین رج می‌گرداند!

۷ - **یک:** «هست» در پایان لت نخست سخن را بدآهنگ می‌کند. **دو:** از خردِ وی در رج پیشین یاد شده‌بود.

۸ - این گفتار در پادشاهی لهراسب براستی نپیوست!

۹ - پند را توانِ جوان کردن زمانه نیست.

۱۰ - دنبالهٔ سخن!

۱۱ - کنش نادرخور است: «هر آنکس که... در گذرد» در لت دویم «... باد می‌شود».

۱۲ - دنبالهٔ سخن.

۱۳ - خاک را در این رج.

۱۴ - با خاک در این رج همخوان نیست، و نیز خاک سیاهرنگ نباشد!

۱۵ - بَدی نادرست است: «بادی»... شاهی که آرزوی مرگ دارد، و بزودی از جهان میرود چگونه دست بدی از او دور باشد؟

۱۶ - که دانست نادرست است: «که می‌دانست».

۱۷ - اگر با خاک سوگند خوردن روا بوده‌است، چرا آن، لب را آلوده کند؟ «مشمَر آن از گناه» نیز سخنی سست است.

۱۸ - دنبالهٔ گفتار است.

چو من بگذرم زین فرومایه خاک   شما را بخواهم ز یزدان پاک»[1]

به پدرود کردن رخ هر کسی   ببوسید با آب مژگان بسی[2]

یلان را همه پاک در بر گرفت   بزاری خروشیدن اندر گرفت[3]

همی گفت «کاجی من این انجمن   توانستمی برد با خویشتن»[4]

خروشی برآمد ز ایران سپاه   که خورشید بر چرخ گم کرد راه[5]

پس پرده‌ها کودک خرد و زن   به کوی و به بازار شد انجمن[6]

خروشیدن ناله و آه خاست   به هر برزنی ماتم شاه خاست[7]

به ایرانیان آن زمان گفت شاه   که «فردا شما را همین است راه[8]

هر آن کس که دارید نام و نژاد   به دادار خورشید باشید شاد[9]

من اکنون روان را همی پرورم   که بر نیکنامی مگر بگذرم[10]

نبستم دل اندر سپنجی‌سرای   بدان تا سروش آمدم رهنمای»[11]

بگفت این و ز پایگه اسپ خواست   ز لشکرگه آواز فریاد خاست[12]

بیامد به ایوان شاهی دژم   به آزادسرو، اندر آورده خم[13]

کنیزک بدش چار چون آفتاب   ندیدی کسی چهر ایشان بخواب[14]

ز پرده بتان را بر خویش خواند   همه راز دل پیش ایشان براند[15]

که «رفتیم اینک ز جای سپنج   شما دل مدارید با درد و رنج[16]

---

۱ - ایرانیان سپندارمذ زمین را بس بزرگ می‌شمردند، و خاک را که یکی از چهار گوهر سازندهٔ جهان بود، فرومایه نمی‌خواندند.

۲ - با آب مژگان بوسیدن نشاید... «رخ همگان را بوسید و میگریست».

۳ - **یک:** پس‌از بوسیدن یکایک، دوباره همهٔ یلان را در برگرفتن نشاید. **دو:** آنکس را که خود، با آرزو از جهان می‌رود، چرا خروش زار برآید؟ «خروش» نیز «اندر گرفتنی» نیست.

۴ - «کاجی» نادرست «کاج کی» (=کاج که) «کاشکی» پایان لت نخست را نیز «را» باید.

۵ - دنبالهٔ گفتار.

۶ - **یک:** اگر پس پرده بودند چگونه از بازار نام میرود؟ **دو:** کنش لت دویم نیز نادرست است «شدند انجمن». شاهنامه فلورانس «ببازار بر، انجمن» آورده‌است که آن نیز کنش بایسته ندارد.

۷ - خروشیدن «ناله» نادرست است، و از آن نادرست‌تر خروشیدن «آه» است.

۸ - آنزمان نادرخور است. لت دویم شما را «نیز» باید!

۹ - دادار خورشید، نادرخور است: «دادار گیهان».

۱۰ - روان بهنگام زندگی با دانش پرورده می‌شود:

چنان دان هر آنکس که دارد خرد   بدانش، روانرا همی پروردا

و بگاهِ مردن دیگر پرورش روان نشاید!

۱۱ - نه چنین است و «بکندم دل» درست است.

۱۲ - از پایگاه اسپ خواستن نشاید. اسپ را از آخور یااسپریس، می‌خواهند! لت دویم «آواز فریاد» نیز نادرست است.

۱۳ - اگر خود بآرزوی خویش و با خرامِ سروش از جهان خواهد رفتن دژم بودنش نشاید!

۱۴ - شیوهٔ شمارش نادرست است: «چار کنیزک بدش» ندیدی نیز نادرخور است. اگر از شرم و آزرم باشد. می‌باید چنین گفتن: «که کس چهر ایشان را ندیده‌بود». و اگر از زیبایی و درخشندگی چهر ایشان باشد، چنین: «که چنان روی و موی راکس بخواب ندیده‌بود».

۱۵ - دنبالهٔ گفتار.

۱۶ - رفتیم نادرخور است: «می‌رویم».

نبینید جاوید زین پس مرا / کزین خاک بیدادگر بس مرا[1]
سوی داور پاک خواهم شدن / نبینم همی راه باز آمدن»
بشد هوش زان چار خورشیدچهر / خروشان شدند از غم و درد و مهر[2]
شخودند روی و بکندند موی / گسستند پیرایه و رنگ و بوی[3]
ازان پس هر آن کس که آمد بهوش / چنین گفت با ناله و با خروش[4]
که «ما را ببر زین سرای سپنج / رها کن تو ما را ازین درد و رنج»[5]
بدیشان چنین گفت پرمایه شاه / ک :«زین پس شما را همین است راه[6]
کجا خواهران جهاندار جم / کجا تاجداران با باد و دم[7]
کجا مادرم دخت افراسیاب / که بگذشت زان سان به دریای آب[8]
کجا دختر تور ماه‌آفرید / که چون او کس اندر زمانه ندید
همه خاک دارند بالین و خشت / ندانم به دوزخ در اند ار بهشت[9]
مجویید ازین رفتن، آزار من / که آسان شود راه دشوار من!»
خروشید و لهراسپ را پیش خواند / ازیشان فراوان سخن‌ها براند[10]
به لهراسپ گفت «این بتان من‌اند / فروزندهٔ پاک‌جان من‌اند[11]
برین هم نشست اندرین هم سرای / همی دارشان تا تو باشی بجای[12]
نباید که یزدان چو خواندت پیش / روان شرم دارد ز کردار خویش[13]
چو بینی مرا با سیاوش بهم / ز شرم دو خسرو بمانی دژم»[14]

۱ – لت دویم نادرخور است: «که زیستن در جهان یا بر روی خاک ما را بس» و ایرانیان هیچگاه خاک و سپندارمذ زمین را بیدادگر نمی‌خواندند! ۲ – دنبالهٔ سخن. ۳ – پیرایه راگسستن شاید، اما بوی را چگونه گسستند؟

۴ – سخن راکمبود است: «از آنان هر که آمد بهوش».

۵ – «ببر» در لت نخست با «رها کن» در لت دویم همخوان نیست زیرا که بردن و رها کردن دو گفتارِ رودرروی است، اگرچه افزاینده را رای بر آن بوده‌است که بگوید: «ما را از غم دوری خویش برهان». ٦ – دنبالهٔ گفتار.

۷ – «کجا» راکنش باید. «کجا رفتند؟» «کجا شدند؟». هر جاندار را در جهان باد و دم هست.

۸ – مگر گذشتن از آب (آمودریا) چه بوده‌است که آنرا با دریغ همراه کردن شاید!

۹ – این پیدا است که ایرانیان تن را از آن جهان میدانستند، نه از خاک و خشت! و روان را از جهان مینو! چنانکه در پند کاووس برستم بهنگام مردنِ سهراب چنین آمده‌است:

نبینی همی رفته را، باز جای / روانش کهن شد بدیگر سرای

ازسویی شایسته نمی‌نماید که کیخسرو راگمان بدانجا رهنمون شود که مادر خویش را دوزخی درشمار آوَرَد.

۱۰ – کیخسرو، بتنهایی بایوان شاهی رفته‌بود، نه بالهراسپ.

۱۱ – «این» در آغاز لت نخست نادرخور است: «اینان». **دو:** پس‌از رفتن چه جای فروزش جان او خواهد بودن.

۱۲ – لت نخست بی‌پیوند است گمان میرود که افزایندهٔ نخستین «بر این همنشان» گفته باشد و نویسندگان آنرا هم نشست نوشته‌اند.

۱۳ – **یک:** «خوانَدَت پیش» باکمبود همراهست: «به پیش خود خواندت». **دو:** روان شرم دارد نیز: «روان (تو) شرم داشته باشد».

۱۴ – آیا کیخسرو از تخت شاهی سیر شده، گمان میبرد که در «مینو» نیز خسرو بوده باشد؟ از شرم نیز دوباره یاد شده‌است.

رفتن پهلوانان با کیخسرو ۳۱۱

پذیرفت لهراسپ زو هرچه گفت / که: با دیده‌شان دارم اندر نهفت.[1]
اُزان جایگه تنگ بسته میان / بگردید برگرد ایرانیان
که:«ز ایدر به ایوان خرامید زود / مدارید در دل مرا جز درود*
مباشید گستاخ با این جهان / که او بتّری دارد اندر نهان[2]
مباشید جاوید جز راد و شاد / ز من جز بنیکی مگیرید یاد[3]
همه شاد و خرم به ایوان شوید / چو رفتن بود شاد و خندان شوید»[4]
همه نامداران ایران سپاه / نهادند سر بر زمین پیش شاه[5]
که «ما پند او را بکردار جان / بداریم تا جان بود جاودان»[6]
به لهراسپ فرمود تا بازگشت / بدو گفت «روز من اندر گذشت[7]
تو رو تخت شاهی بآیین بدار / به گیتی جز از تخم نیکی مکار[8]
هر آنگه که باشی تن‌آسان ز رنج / ننازی به تاج و ننازی به گنج
چنان دان که رفتنت نزدیک شد / به یزدان ترا راه باریک شد[9]
همه داد جوی و همه داد کن / ز گیتی تن مهتر آزاد کن»[10]
فرود آمد از باره لهراسپ زود / زمین را ببوسید و شادی نمود[11]
بدو گفت خسرو که «پدرود باش / به داد اندرون تار گر پود باش»[12]
برفتند با او ز ایران، سران / بزرگان بیدار و گنداوران
چو دستان و رستم چو گودرز و گیو / دگر بیژن گیو و گستهم نیو[13]
به هفتم فریبرز کاووس بود / به هشتم کجا نامور توس بود[14]
همی رفت لشکر گروهاگروه / ز هامون بشد تا سر تیغ کوه[15]

---

۱ - هر چه گفت نادرخور است: «پذیرفت لهراسب و گفت که...». «با دیده‌شان» را نیز گزارش نیست: «آنان را با چشمانشان؟» یا «آنانرا با چشمانم؟»

* -بنگریم که هنوز ایرانیان در همان دشت، برگرد کیخسرواند، و او ایرانیان را فرمان برفتن به ایوان (خانه) می‌دهد و هیچیک از سخنان و داستانهای یادشده از شاهنامه نیست.

۲ -ایرانیان از جهان با خوارداشت یاد نمی‌کرده‌اند.

۳ - دنبالهٔ گفتار.

۴ - دوباره سخن از ایوان گفتن نادرست است.

۵ - سخن نادرست نیست. اما پیوسته به رج پسین است.

٦ - جان جاودان نیست. «پند او» نیز نادرخور است: «پند تراه.

۷ - چند بار میگویید؟!

۸ - دنبالهٔ گفتار.

۹ - زمان‌کنش برای آینده نزدیک «شده» و باریک «شده» نیست. و «راه باریک شده» راگزارش نیست.

۱۰ - داد کن نادرست است: «دادگر باش» لت دویم نیز پیوند درست ندارد.

۱۱ -لهراسب که در مشکوی شاه بود!... از رفتن شاه شادی نمود!

۱۲ -لت دویم سخت ناهموار است که؛ یا می‌بایستی تار باشد یا پود! و از هر دوان نتوان نام بردن.

۱۳ - چو... نادرست است.

۱۴ - چون رج پیش افزوده بود. هفتمین و هشتمین آنان نیز چنین درشمار میروند.

۱۵ - گروهاگروه... را در لت دویم «بشدند» باید.

۳۱۲ پایان کار کیخسرو

ببودند، یک هفته دم بر زدند   یکی بر لب خشک نم برزدند[1]
خروشان و جوشان ز کردار شاه   کسی را نبود اندر آن رنج، راه
همی‌گفت هر موبدی در نهفت   کزین‌سان همی‌درجهان کس نگفت[2]
چو خورشید برزد سر از تیره کوه   بیامد به پیشش ز هر سو گروه[3]
زن و مرد ایرانیان سدهزار   خروشان برفتند با شهریار[4]
همه کوه پر ناله و با خروش   همی سنگ خارا برآمد به جوش[5]
همی‌گفت هر کس که: شاها چه بود   که‌روشن دلت شد پر از داغ و دود؟[6]
گر از لشکر آزار داری همی   مرین تاج را خوار داری همی[7]
بگوی و تو از گاه ایران مرو   جهان کهن را مکن شاه نو[8]
همه خاک باشیم اسپ ترا   پرستنده آذرگشسپ ترا[9]
کجا شد ترا دانش و رای و هوش   که نزد فریدون نیامد سروش[10]
همه پیش یزدان ستایش کنیم   به آتشکده در نیایش کنیم[11]
مگر پاک یزدانت بخشد به ما   دل موبدان بر درخشد به ما[12]
شهنشاه زان کار خیره بماند   ازان انجمن موبدان را بخواند[13]
چنین گفت ک:«ایدر همه نیکویست   بر این نیکویی‌ها نباید گریست[14]
ز یزدان شناسید یکسر سپاس   مباشید جز پاک یزدان‌شناس[15]
که گرد آمدن زود باشد بهم   مباشید زین رفتن من دژم»[16]
بدان مهتران گفت: «زین کوهسار   همه بازگردید بی‌شهریار!

۱ – هنوز یکروز نگذشته است، یکهفته دم بر زدند؟!

۲ – «همی» در یک سخن ناهموار است. کس نگفت نیز نادرخور است: «چنین داستان روی نداده‌است».

۳ – وی فرمان داده بود که ایرانیان بایوان خویش روند، بجز چندی از سران که همراه وی رفتند، پس چگونه از هر سو گروه به پیشش «بیامد»؟

۴ – **یک:** چون گروه را شاید ده‌کس و یکسدکس دانستن، پس افزایندگان شمار آنانرا به یکسدهزارکس بالا بردند. **دو:** در رج پیشین «بیامد» و در این رج «برفتند» همخوان نیست.   ۵ – و خروش در رج پیشین با خروش در این رج!

۶ – دل کیخسرو پر از داغ نشده‌بود، و نیز پر از دود... او را خرام از سروش آمده‌بود!

۷ – چنین پرسش را روی نیست، زیرا که کیخسرو داستان را بایرانیان گفته‌بود.

۸ – «تو» را در لت نخست کاربرد نیست، زیرا که روی سخن ایرانیان با کیخسرو بوده‌است!

۹ – خاک اسپ بودن را چه روی است: «خاک پای توایم».   ۱۰ – ایرانیان پادشاه خود را خوار نمی‌کردند!

۱۱ – یزدان را پیشگاه نیست.

۱۲ – سخن ناهموار است و افزاینده خواسته‌است بگوید: «مگر آنکه یزدان پاک ترا بما بخشد» در لت دویم «(بر) درخشیدن» نیز نادرست است: «درخشیدن». و دل موبدان چگونه بر مردمان بدرخشد؟.   ۱۳ – دنبالهٔ گفتار.

۱۴ – ایدر «اینجا» است و افزاینده را رای آن بوده‌است که «در جهان مینو همه نیکویی است» اما، نتوانسته‌است، و بجای آنجا، یا دیگر سرای، یا جهان مینو، «ایدر» آورده‌است.   ۱۵ – سپاس شناختنی نیست داشتنی و پذیرفتنی است.

۱۶ – گرد آمدن نادرست است: «گرد آمدنمان».

که راهی درازست و بی‌آب و سخت … نباشد گیاه و نه برگ درخت[1]
ز با من شدن راه کوته کنید … روان را سوی روشنی ره کنید[2]
بر این ریگ، برنگذرد هر کسی … مگر فرّه و برز دارد بسی»[3]
سه مرد گرانمایه و سرفراز … شنیدند گفتار و گشتند باز[4]
چو دستان و رستم چو گودرز پیر … جهانجوی و بیننده و یادگیر[5]
نگشتند زو باز پس توس و گیو … همان بیژن و هم فریبرز نیو*
برفتند یک روز و یک شب بهم … شدند از بیابان و خشکی دژم
به ره بر، یکی چشمه آمد پدید … جهانجوی کیخسرو آنجا رسید
بدان آب روشن فرود آمدند … بخوردند چیزی و دم برزدند
بدان مرزبانان چنین گفت شاه … که «امشب نرانیم زین جایگاه[6]
بجوییم کار گذشته بسی … کزین پس نبینند ما را کسی[7]
چو خورشید تابان برآرد درفش … چو زرّآب گردد زمین بنفش[8]
مرا روزگار جدایی بود … مگر با سروش آشنایی بود[9]
ازین رای گر تاب گیرد دلم … دل تیره گشته ز تن بگسلم»[10]
چو بهری ز تیره شب اندر چمید … کی نامور پیش چشمه رسید[11]
بران آب روشن سر و تن بشست … همی خواند اندر نهان زند و اُست[12]

---

۱ – راه چنین نبود که در این گفتار افزوده آمده‌است، و در آینده خواهیم دیدن که چشمه بر سر راهشان بود.

۲ – لت نخست سخت نادرست است و نیاز به گزارش ندارد. از سخن لت دویم چنین برمی‌آید که هر کس که بازگردد روانش را بسوی روشنی (ره؟ می‌کند؟)، پس کیخسرو روان را بسوی تیرگی می‌برد!

۳ – کدام ریگ؟ آنان بگفتهٔ افزایندگان بر فراز کوه بوده‌اند. لت دویم «فرّ» و برز را کم و بسیار نیست.

۴ – سخن درست است اما پیوسته به رج پسین است.

۵ – چو... نادرست است.

* – این گفتار در شاهنامه خالقی مطلق چنین آمده‌است:

نگشتند از او باز، چون توس و گیو … فریبرز و بیژن، چو گستهم نیو

و در شاهنامه‌های دیگر: ل، ق: همان بیژن و هم فریبرز. س، ل ۲، لن، ق ۲، و، لن ۲، ب: فریبرز با بیژن گُرد. ل: فریبرز و گستهم و فرهاد. سخن در همهٔ نمونه‌ها ناهماهنگ است، و از بررسی همهٔ آنها چنین برمی‌آید، که نام «گستهم» نیز درمیان بوده‌است که اکنون در برخی شاهنامه‌ها نیست، پژوهش‌های من نیز که در «داستان ایران» خواهد آمدن، همین را میرساند، و بر بنیاد همهٔ این گفتارها، سخن درست چنین می‌نماید.

نگشتند از او بیژن و توس و گیو … همان گستَهم با فریبرز نیو

۶ – نرانیم در لت دویم نادرست است، زیرا در سخن درست فردوسی، کیخسرو به آنان بدرود میگوید، و فرمان بازگشتشان می‌دهد!

۷ – سخن در لت نخست بی‌گزارش است، و در لت دویم کنش نبینند کسی نادرست است: «نبیند کسی».

۸ – لت دویم بد آهنگ است.

۹ – افزایندگان را از این جدایی چند بار می‌باید یاد کردن؟ لت دویم نیز نادرست است زیرا «مگر» سخن را باژگونه میسازد!

۱۰ – «اگر تاب گیرد دلم» نادرست است: «اگر روی برتابم»... لت دویم نیز سست است.

۱۱ – شب را چمیدن نیست، و پیشتر بچشمه رسیده‌بودند.

۱۲ – هنوز زرتشت پدید نیامده بود که بتوان از اوستا و زند، با آوایی نادرست سخن بمیان آوردن!

۳۱۴ پایان کار کیخسرو

چنین گفت با نامور بخردان — که: «باشید پدرود! تا جاودان
کنون چون برآرد سنان؛ آفتاب — نبینید دیگر مرا، جز بخواب!
شما بازگردید زین ریگِ خشک — مپایید، اگر بارد از ابر، مشک
ز کوه اندر آید یکی باد سخت — کجا بشکند شاخ و برگ درخت
ببارد بسی برف، ز ابر سیاه — شما سوی ایران نیابید راه»
سر مهتران زان سخن شد گران — بخفتند؛ با درد، گنداوران

*

چو از کوه، خورشید سر برکشید — ز چشم مهان، شاه، شد ناپدید
برفتند زان جایگه، شاهجوی — بریگِ بیابان نهادند روی
ز خسرو ندیدند جایی نشان — ز ره بازگشتند چون بیهشان[1]
همه تنگدل گشته و تافته — سپَرده زمین، شاه نایافته؛
خروشان بدان چشمه بازآمدند — پراز غم دل و، با گداز آمدند
بران آب هر کس که آمد فرود — همی داد شاه جهان را درود[2]
فریبرز گفت آنچه خسرو بگفت — که با جان پاکش خرد باد جفت[3]
چو آسوده باشیم و چیزی خوریم — یکٔ امشب ازین چشمه برنگذریم[4]
زمین گرم و نرم است و روشن هوا — بدین رنجگی نیست رفتن روا[5]
بران چشمه یکسر فرود آمدند — ز خسرو بسی داستانها زدند[6]
که: چونین شگفتی نبیند کسی — اُگر در زمانه بماند بسی[7]
کزین رفتن شاه، ما دیده‌ایم — ز گردنکشان نیز نشنیده‌ایم[8]
دریغ آن بلند اختر و رای او — بزرگیّ و دیدار و بالای او[9]
خردمند ازین کار خندان شود — که زنده کسی پیش یزدان شود[10]
که داند بگیتی که او را چه بود — چه گوییم و گوش که یارد شنود[11]
بدان نامداران چنین گفت گیو — که «هرگز چنین نشنود گوش نیو[12]

---

۱ – «بازگشتند» در لت دویم، در سخن درست شاهنامه در رج‌های پسین می‌آید.
۲ – هر کس که آمد فرود، نادرست است زیرا که همه باهم باز آمدند!
۳ – دنبالهٔ گفتار.
۴ – خسرو نگفته‌بود چیزی خورید! و نیز از یکٔ امشب سخنی نرفته‌بود!
۵ – زمین را نرم خواندن در کوهستان چگونه شاید؟
٦ – **یکٔ:** پنج رج پیش‌از «باز آمدن بدان چشمه» سخن رفته‌بود. **دو:** بسی داستانها نادرست است: «بسی داستان».
۷ – «در زمانه»، کسی نمی‌ماند، در جهان می‌مانند.
۸ – چندان شگفت نیست، زیرا که هر کس را شاید، از جایی رفتن، و باز نیامدن!
۹ – دنبالهٔ گفتار.
۱۰ – آن هنگام را جای خنده نبود... و در «داستان ایران» خواهیم دیدن که آن رویداد سهمگین چه بر سر ایرانیان آورد!
۱۱ – لت دویم سست است.
۱۲ – دوباره از «شنیدن گوش» یاد می‌شود. «گوش نیو» نیز نادرست است، زیرا گوش گوش است، و گوشِ نیو را از دیگر گوشها، جدایی

مردن پهلوانان زیر برف ۳۱۵

به مردیّ و بخشش به داد و هنر / به دیدار و بالا و فرّ و گهر [1]
به رزم اندرون پیل بُد با سپاه / به بزم اندرون ماه بُد با کلاه»
وز آن پس بخوردند چیزی که بود / ز خوردن سوی خواب رفتند زود [2]
همانگه برآمد یکی باد و ابر / هوا گشت برسان چشم هژبر
چو برف از زمین بادبان برکشید / نبُد نیزهٔ نامداران پدید
یکایک به برف اندرون ماندند / ندانم بدان جای چون ماندند [3]
زمانی تپیدند در زیر برف / یکی چاه شد کنده هر جای ژرف [4]
نماند ایچ کس را از ایشان توان / برآمد بفرجام، شیرین‌روان [5]

*

اُزانروی رستم برآن کوهسار / ابا زال و گودرز و چندی سوار
برآن کوه بودند گردان سه روز / چهارم چو بفروخت گیتی‌فروز [6]
بگفتند ک:«این کار شد با درنگ / چنین، چند باشیم؟ بر کوه و سنگ [7]
اگر شاه شد از جهان ناپدید / چو باد هوا از میان بردمید [8]
دگر نامداران کجا رفته‌اند / مگر پند خسرو نپذرفته‌اند [9]
ببودند یک هفته بر پشت کوه / سر هفته گشتند یکسر ستوه
بریشان همه زار و گریان شدند / بران آتش از درد بریان شدند [10]
همی کند گودرز کشواد موی / همی ریخت آب و همی خست روی [11]
همی گفت گودرز ک:«این کس ندید / که از تخم کاووس بر من رسید [12]
نبیره پسر داشتم لشکری / جهاندار و بر هر سری افسری [13]

→ نیست. ۱ – دنبالهٔ گفتار.

۲ – **یک:** افزایندگانِ پست نهاد، که در چنانِ روزگار سخت از خوردن سخن میرانند! **دو:** سوی آب نیز نرفتند زیرا که کنار چشمه بودند... ز خوردن نیز نادرست است... زیرا که چنین می‌نماید از جایی بجایی دیگر رفته‌اند! برخی نمونه‌ها سوی خواب رفتند، و داوری همان است. چون کسی بسوی خواب نمی‌رود، و «می‌خوابد».

۳ – یکایک نادرخور است زیرا که همه باهم بوده‌اند. لت دویم نیز گفت‌وگوی با خواننده است.

۴ – «یک چاه» در «هر جای» نشاید.

۵ – چون برف، چندان باشد که از نیزهٔ پهلوانان بگذرد... پیدا است که آنان زیر برف بمردند، و پس‌از مرگ، از «ماندنِ توان» نمی‌توان سخن گفتن!

٦ – چهار رج پس‌ازاین، از «یک هفته» سخن میرود.

۷ – اگر چنین باشد، چرا چهار روز دیگر در جای بماندند؟

۸ – ازمیان بردمید را برای مرگ، گزارش نیست.

۹ – نپذیرفته‌بودند، و رفتنشان را با خسرو دیده‌بودند!

۱۰ – بر ایشان؟ یا بر آن آتش؟

۱۱ – کارهای مادربزرگان برای پهلوانی بزرگ چون گودرز کشوادگان!؟

۱۲ – همی گفت گودرز در این رج با همی کند گودرز، در رج پیشین همخوان نیست.

۱۳ – **یک:** جهاندار پادشاه بود. **دو:** بر هر سر افسر نبوده‌اند... اگر گوینده‌ای این سخن را برای شاه می‌سرود، شایستی باور کردن!

به کین سیاوش همه کشته شد — همه دوده زیر و زبر گشته شد[1]
کنون دیگر از چشم شد ناپدید — که دید این شگفتی که بر من رسید»[2]
سخن‌های دیرینه دستان بگفت — که: «با دادِ یزدان، خرد؛ باد جفت
چو از برف پیدا شود راه شاه — مگر بازگردند و یابند راه[3]
نشاید بدین کوهسر بر، بُدَن — خورش نیست، ز ایدر بباید شدن
پیاده فرستیم چندی براه — بیابند روزی نشان سپاه»
برفتند زان کوه، گریان؛ بدرد! — همی هرکسی از کسی یاد کرد
ز فرزند و خویشان و ز دوستان — وز آن شاه چون سرو در بوستان[4]
جهان را چنین است آیین و دین — نماندست همواره در به گزین[5]
یکی را ز خاک سیه برکشد — یکی را ز تخت کیان درکشد[6]
نه زین شاد باشد نه زان دردمند — چنین است رسم سرای گزند[7]
کجا آن یلان و کیان جهان — از اندیشه دل دور کن تا توان[8]

*

چو لهراسپ آگه شد از کار شاه — ز لشکر که بودند با او به راه[9]
نشست از بر تخت با تاج زر — برفتند گردان زرّین‌کمر[10]
به آواز گفت «ای سران سپاه — شنیده همه پند و اندرز شاه[11]
هر آن کس که از تخت من نیست شاد — ندارد همی پند شاهان به یاد[12]
مرا هرچه فرمود و گفت آن کنم — بکوشم به نیکی و فرمان کنم[13]
شما نیز از اندرز او دست باز — مدارید و ز من مدارید راز[14]

---

۱ – **یک:** کنش نادرست: «کشته شدند» باید. **دو:** کُشته را باگَشته پساوا نباشد.

۲ – سست‌ترین سخن! افزاینده خواسته‌است بگوید که اکنون «یک فرزند» دیگرم» نیز ناپدید شد، اما درست ننگریسته‌است، زیرا که بیژن نیز همراه پهلوان بود، پس دو فرزند گودرز ناپدید شدند!

۳ – از برف، راه شاه پیدا نمی‌شود و پس‌از آب شدن برف چنین شاید شدن.

۴ – چون «خویشان و دوستان» آید، فرزند را نیز «فرزندان» باید.

۵ – **یک:** جهان را «دین» نیست. **دو:** لت دویم نیز بی‌گزارش است. افزاینده خواسته‌است بگوید: «جهان... همواره نیکان و گزیدگان را پایدار نمی‌ماند»!

۶ – درکشد در پایان لت دویم نادرست است: «فرو کشد».

۷ – لت نخست برگرفته از سخنان فردوسی است:

نه با آنَش مهر و، نه با اینَش کین — ندانیم راز جهان‌آفرین

۸ – تا توان، در پایان لت دویم نادرخور است: «تا توانی».

۹ – لت دویم سست و بی‌گزارش است. افزاینده خواسته‌است بگوید: «از لشگریان که همراه شاه بودند، آگاهی رسید...».

۱۰ – دنبالهٔ گفتار.

۱۱ – شنیده در آغاز لت دویم نادرخور است: «شنیدید».

۱۲ – اگر همه شنیده باشند، پس بیاد نیز دارند.

۱۳ – فرمود و گفت نادرست است.

۱۴ – «دست باز مدارید» نادرست است: سر مپیچید!

گنهکار باشد به یزدان کسی — که اندرز شاهان نخواند بسی[1]
بد و نیک ازین هرچه دارید یاد — سراسر بمن بر، بباید گشاد»[2]
چنین داد پاسخ ورا پور سام — که «خسرو ترا شاه برده‌ست نام[3]
پذیرفته‌ام پند و اندرز او — نیابد گذر پای از مرز او[4]
تو شاهی و ما یکسره کهتریم — ز رای و ز فرمان او نگذریم[5]
من و رستم زابلی هر که هست — ز مهر تو برنگسلانیم دست[6]
هر آن کس که او نه برین ره بود — ز نیکی ورا دست کوته بود»[7]
چو لهراسپ گفتار دستان شنید — بدو آفرین کرد و دم درکشید[8]
چنین گفت ک:«از داور راستی — شما را مبادا کم و کاستی[9]
که یزدان شما را بدان آفرید — که روی بدی‌ها شود ناپدید
جهاندار نیک اختر و شادروز — شما را سپرد آن زمان نیمروز
کنون پادشاهی جز آن هرچه هست — بگیرید چندانکه باید به دست
مرا با شما گنج بخشیده نیست — تن و دوده و پادشاهی یکیست»
به گودرز گفت «آنچه داری نهان — بگوی از دل ای پهلوان جهان»
بدو گفت گودرز «من یک تنم — چو بی گیو و رهّام و بی‌بیژنم
برآنم سراسر که دستان بگفت — جز این من ندارم سخن درنهفت
چنانم که با شاه گفتم نخست — بدین مایه نشکست عهد درست
تو شاهی و ما سرسر کهتریم — ز پیمان و فرمان تو نگذریم»
همه مهتران خواندند آفرین — بفرمان نهادند سر بر زمین
ز گفتار ایشان دلش تازه گشت — ببالید و بر دیگر اندازه گشت
بران نامداران گرفت آفرین — که «آباد بادا به گردان زمین»

---

۱ – چنین نیست و همگان را توان خواندن نبوده‌است! افزاینده نمی‌دانسته‌است که هر کس که پیش‌از مرگ، اندرز میکند، آنچه را که در اندرز آمده‌است «اندرز فرمان» می‌خوانند، و آنکس که انجامِ یک، یا چند بخش یا همهٔ اندرز را می‌پذیرد، اگر آنرا بخوبی بانجام نرساند، گناهکار شناخته می‌شود، وگناهش نیز بنام «گناه اندرز فرمان» خوانده می‌شود.

۲ – سخن سست! چرا می‌باید که بدی‌ها را بدو «بگشایند؟»

۳ – چند رج پیشتر داستان از آن میگوید که زال تا یکهفته برکوهسر، نشسته‌بود، و نمیتوانست در بارگاه بوده باشد!

۴ – سخن سست آشکار لت دویم را چه گزارش است؟

۵ – دنبالهٔ گفتار.

۶ – هر که هست را پیوند به «من و رستم زابلی نیست... و آیا تاکنون کسی بوده‌است که فرزند را بنام شهرش بخواند؟ لت دویم: مهر از کسی گسلانیدن روا است، و دست نگسلانیدن از مهر در سخن، ناروا است.

۷ – آهنگ گفتار بآیین نیست. لت دویم نیز نادرخور است، زیرا که در جهان بسیار کسان بوده‌اند که نیک بوده‌اند و لهراسپ را نمی‌شناخته‌اند.

۸ – در این رج دم درکشید = خاموش گشت...

۹ – و در این رج گفت! سخن را نیز گزارش نیست. سخنان چنان بدآهنگ و کودکانه است که افزوده بودن آن بشاهنامه روشن می‌نماید و تا پایان این بخش، بیست رج راگزارش نمی‌کنم.

پایان کار کیخسرو

گزیدن یکی روز فرخنده‌تر	که تا برنهد تاج شاهی به سر
چنان چون فریدون فرخ‌نژاد	بر این مهرگان تاج بر سر نهاد
بدان مهرگان گزین او ز مهر	کزان راستی رفت مهر سپهر
بپیراست ایوان کیخسروی	بپیراست دیوان او از نوی
چنین است گیتی فراز و نشیب	یکی آورد دیگری را نهیب
ازین کار خسرو به بیرون شدیم	سوی کار لهراسپ بازآمدیم
به پیروزی شهریار بلند	کزوست امید نیک و گزند
به نیکی رساند دل دوستان	گزند آید از وی به ناراستان

۲۲۹۹۵

۲۳۰۰۰

پادشاهی لهراسپ

چو لهراسپ برتخت بنشست، شاد   به شاهنشهی تاج بر سر نهاد؛
جهان‌آفرین را ستایش گرفت   نیایش ورا در فزایش گرفت
چنین گفت ک:«ز داور داد و پاک   بر امّید باشید و با ترس و باک
نگارندهٔ چرخ گردنده اوست   فزایندهٔ فرّهٔ بنده اوست[1]
چو دریا و کوه و زمین آفرید   بلندآسمان از برش برکشید[2]
یکی تیزگردان و دیگر بجای   به جنبش ندادش نگارنده پای[3]
چو موی از بر گوی و ما در میان   به رنج تن و آز و سود و زیان[4]
تو شادان‌دل و مرگ چنگال تیز   نشسته چو شیر ژیان پر ستیز[5]
ز آز و فزونی به یک سو شویم   به نادانیِ خویش خستو شویم[6]
ازین تاج شاهیّ و تخت بلند   نجویم جزاز داد و آرام و پند
مگر بهره‌مان زین سرای سپنج   نیاید همی کین و نفرین و رنج[7]
من از پند کیخسرو افزون کنم   ز دل کینه و آز بیرون کنم[8]
بسازید و، از داد باشید شاد   تن‌آسان و، از کین مگیرید یاد
مهانِ جهان، آفرین خواندند   ورا شهریار زمین خواندند
گرانمایه لهراسپ آرام یافت   خرد مایه و کام پدرام یافت[9]
ازانپس فرستاد کس‌ها به روم   به هند و به چین و به آباد بوم[10]

---

۱ – **یک:** ایرانیان، مردم را آفریدهٔ خداوند درشمار می‌آوردند، نه «بنده» او. **دو:** فرّ نیز یک چگونگی ویژه است و کاهش و افزایش نمی‌یابد.

۲ –آفرینش یزدان نیز در فرهنگ ایرانی از آسمان آغاز می‌شود... نه از دریا و کوه و زمین!

۳ – در برابر «یکی»، «دیگری» باید، نه «دیگر»! لت دویم نیز سست می‌نماید: «برای جنبش...».

۴ – **یک:** لت نخست را هیچ گزارش نیست. **دو:** هرآینه ازبرای آز و زیان، رنج درشمار آوردن توان، اما سود را همراه رنج نشاید کردن.

۵ – **یک:** افزاینده؛ بیدرنگ از رنج، بشادی گرایید. **دو:** شیر ژیان پرستیز، را خیز برداشتن باید، نه نشستن!

٦ – دوباره از آز یاد می‌شود، و نادانی را پیوند با فزونی و آز نیست که بسا نادانان جهان، با آز و فزون‌خواهی می‌زیند، و شادکام نیز هستند.

۷ – رج پیشین لهراسب، گوینده بود، و در این رج از بهره(مان) یاد می‌شود که نشانه از آنست که چندکس سخن می‌گویند،

۸ – و در این رج باز به «من» بازگشت. کیخسرو از کینه و آز سخن نگفته‌بود.

۹ –لهراسب، پیش‌ازآن با ناآرامی سخن نگفته‌بود. لت دویم را نیز پیوند درست نیست.

۱۰ – **یک:** «کس‌ها» نادرست است: «کسان». **دو:** اگر به هند و چین و روم فرستاد، به آباد بوم نشاید زیرا که آباد بوم، پاژنام ایران بوده‌است.

ز هر مرز هر کس که دانا بُدند / به پیمانش اندر توانا بُدند[1]
ز هر کشوری برگرفتند راه / برفتند پویان به نزدیک شاه[2]
ز دانش چشیدند هر شور و تلخ / ببودند با کام چندی به بلخ[3]
یکی شارسانی برآورد شاه / پر از برزن و کوی و بازارگاه[4]
به هر برزنی جشنگاهی سده / همه گرد بر گردش آتشکده[5]
یکی آذری ساخت برزین به نام / که با فرخی بود و با برز و کام[6]

*

دو فرزند بودش بکردار ماه / سزاوار شاهیِ و تخت و کلاه[7]
یکی نام گشتاسپ و دیگر زریر / که زیر آوریدی سر نرّه شیر[8]
گذشته به هر دانشی از پدر / ز لشگر بمردی برآورده سر[9]
دو شاه سرافراز و دو نیک‌پی / نبیره‌ی جهاندار کاووس کی[10]
بدیشان بُدی جان لهراسپ شاد / وز ایشان نکردی ز گشتاسپ یاد[11]
که گشتاسپ را سر پر از باد بود / اُزان کار لهراسپ ناشاد بود[12]
چنین تا برآمد بر این روزگار / پر از درد گشتاسپ از شهریار[13]

---

۱ – «هر کس» را «بُد» شایسته‌است، نه «بُدند». لت دویم را نیز هیچ پیوند با گفتار نیست، کدام پیمان میان آنان رفته‌بود که بدان «توانا» باشند؟

۲ – «ز هر کشوری» در این رج با «ز هر مرز» در رج پیشین همخوان نیست.

۳ – **یک**: دانایان پس‌از (برگرفتن راه) شوری و تلخی از دانش چشیدند! سخن سخت ناسازگار است، زیرا که در اندیشهٔ ایرانی و گفتار فردوسی دانش همواره ستایش شده‌است، باری هر شیرینی که در زندگانی مردمان پدید می‌آید، از دانش است. **دو**: کام چگونه با تلخی و شوری همراه می‌شود؟ با کام نیز نشاید «بودن» که کامروا بودن درست است.

۴ – «شاه» در پایان لت نخست نابجا است زیرا که ازپیش همهٔ کارها بفرمان او انجام میگرفت. لت دویم نیز نادرخور است، زیرا که ناگفته پیدا است که هر شهر را «برزن و کوی و بازار» باید و بی آن‌ها نمیتوان نام شهر بر آن نهادن!

۵ – «جشنگاهی سده» نادرست است، زیرا در ایران باستان جشن سده را در همهٔ خانه‌ها میگرفتند، و نیاز بجشنگاه در هر برزن نبوده‌است، اما پیدا است که سه کاخ در ایران باستان برای سه جشن بزرگ ایرانی نوروز، سده، و مهرگان بوده‌است که میتوان داوری کرد که کاخ نوروز در نیمروزان بوده‌است که در زمان داریوش به تخت جمشید کنونی آورده شد و آیین بار و رفتار فرستادگان کشورها همه نشان از آن میدهد که آن فرستادگان برای جشن نوروز پیشکش می‌برند... استاد روانشاد، یحیی ذکاء نخستین بار این پیشنهاد را کرد: «برگزیدن نیمروزان برای برگزاری جشن نوروز، بدانروی بوده‌است که گلهای بهاری در آن مرز بهنگام نوروز می‌شکفند، و اگر در جایی چون خوارزم چنان جشنگاه را می‌ساختند، تا اردیبهشت نیز گل نمی‌شکفت...» اندیشه، بدان رهنمون می‌شود که کاخ مهرگان را در خراسان برپای کرده‌بودند، زیرا که پرتو مهر از آن مرز بایرانزمین می‌تابد... و چون چنین باشد، بناچار کاخ سده در خووران بوده‌است.

۶ – «آذر» ساختنی نیست، آن؛ آتشکده است که ساخته می‌شود، بُرزین نیز نادرست است، که آتشکده «بُرزین مهر» برفراز کوه ریوند نیشابور ساخته شده بوده‌است، و «آذر» را «بُرز» و «کام» نتواند بودن!

۷ – سخن، آراسته است، اما به رج پسین پیوسته‌است...

۸ – «یکی» را «دیگری» باید، نه «دیگر» لت دویم. لت دویم را نیز پیوند بایسته نیست.

۹ – کنشِ «گذشته» و «سر بر آورده» به یک کس بازمی‌گردد، باز آنکه آنان دو فرزند بوده‌اند.

۱۰ – در این رج دو (شاه) می‌شوند، اما از نبیرگان کاووس شمرده می‌شوند، و پیشتر آنان فرزندان لهراسب بودند.

۱۱ – لت دویم را پیوند درست با لت نخست نیست: «با مهری که بدیشان داشت، از گشتاسپ یاد نمی‌کرد».

۱۲ – پیوند «که» در آغاز این رج نادرخور است: «بدینروی»...

۱۳ – لت دویم را پایان نیست.

بر تخت نشستن لهراسپ ۳۲۱

چنان بُد که در پارس یک روز تخت / نهادند زیر گل‌افشان درخت[1]
بفرمود لهراسپ تا مهتران / برفتند چندی ز لشگر سران[2]
به خوان بر یکی جام مَی خواستند / دل شاه گیتی بیاراستند[3]
چو گشتاسپ مَی خورد برپای خاست / چنین گفت ک:«ای شاه با داد و راست[4]
به شاهی نشست تو فرخنده باد / همان جاودان نام تو زنده باد[5]
ترا داد یزدان کلاه و کمر / دگر شاه کیخسرو دادگر[6]
کنون من یکی بنده‌ام بر درت / پرستندهٔ اختر و افسرت[7]
ندارم کسی را ز مردان به‌مرد / گر آیند پیشم به روز نبرد[8]
مگر رستم زال سام سوار / که با او نسازد کسی کارزار[9]
چو کیخسرو از تو پر اندیشه گشت / ترا داد تخت و خود اندر گذشت[10]
گر ایدونکه هستم ز ارزانیان / مرا نام بر تاج و تخت کیان[11]
بَوَم همچنین پیش تو بنده‌وار / همی باشم و خوانمت شهریار»[12]
به گشتاسپ گفت «ای پسر گوش‌دار / که تندی نه خوب آید از شهریار[13]
چو اندرز کیخسرو آرم به یاد / تو بشنو نگر سر نپیچی ز داد[14]
مرا گفت: بیدادگر شهریار / یکی خار باشد به باغ بهار[15]
که چون آب یابد بنیرو شود / همه باغ ازو پر ز آهو شود[16]
جوانی هنوز این بلندی مجوی / سخن را بسنج و به اندازه گوی»[17]

---

۱ - پایتخت لهراسب در بلخ بود، و در همان شهر نیز بر دست هیونان کشته شد و از وی در هیچ نوشتهٔ باستانی، در پارس نشان نداریم.
۲ - چون در لت نخست، نام از مهتران می‌رود، «چندی» در لت دویم با آن ناهمخوان است، زیرا که «مهتران» همهٔ سران لشگر را دربرمیگیرد.
۳ - با یک جام می، دل کسی آراسته نمی‌شود و جامهای پیاپی باید.
۴ - یک جام می به لهراسپ داده بودند، نه به گشتاسپ!
۵ - نشست بشاهی نادرست است: «نشستن بر تخت شاهی» همان در آغاز لت دویم نیز نادرخور است.
۶ - لهراسب پس‌از کیخسرو بر تخت نشسته‌بود نه پیش‌از وی!
۷ - پرستندهٔ شاه، شاید بودن و پرستندهٔ اختر و افسر نشاید بودن.
۸ - پیوند درست میان این رج با رج پیشین نیست، و لت دویم نیز پیوند میان این رج و رج پسین را می‌گسلد.
۹ - کارزار نیز «ساختنی» نیست.
۱۰ - کیخسرو هیچگاه از لهراسب «پر اندیشه» نشده‌بود.
۱۱ - هیچ پیوند میان لت نخست و لت دویم نیست و لت دویم راگزارش نیز نیست.
۱۲ - در زمان باستان همگان، خویش را بنده شاهنشاه می‌شمردند. «بَوَم» در لت نخست، با «همی باشم» در لت دویم همخوان نیست.
۱۳ - گشتاسب هنوز شهریار نشده‌است.
۱۴ - «تو» در آغاز لت دویم با «ای پسر» در رج پیشین همخوان نیست. بشنو نیز با نگر...
۱۵ - وابسته بسخن پسین است.
۱۶ - «یافتن آب» برای خار نادرست است: «اگر آنرا آب دهند»، باری خار ریشه در ژرفای زمین دارد و نیازش بآب نیست. در برخی نمونه‌ها بجای خار «خَوی» آورده‌اند، و خوی (=سبزهٔ هرز) «یکی» نیست که‌سرتاسر همهٔ باغها را می‌پوشاند، و زیانی نیز از او بدرختان نمی‌رسد. زیان خوی در پالیز وکشتزار، به تره‌ها و بوته‌ها می‌رسد.
۱۷ - سخن کمبود دارد: «تو هنوز جوانی».

چو گشتاسپ بشنید شد پر ز درد   بیامد ز پیش پدر گونه زرد[1]
همی گفت «بیگانگان را نواز   چنین باش و با زاده هرگز مساز»[2]
ز لشگر ورا بود سیسد سوار   همه گرد و شایستهٔ کارزار[3]
فرود آمد و کهتران را بخواند   همه رازها پیش ایشان براند[4]
که «امشب همه ساز رفتن کنید   دل و دیده زین بارگه برکنید»[5]
یکی گفت از ایشان که «راهت کجاست   چو برداری آرامگاهت کجاست؟»[6]
چنین داد پاسخ که «در هندوان   مرا شاد دارند و روشن‌روان[7]
یکی نامه دارم من از شاه هند   نوشته ز مشک سیه بر پرند[8]
که: گر زی من آیی ترا کهترم   ز فرمان و رای تو برنگذرم»[9]
چو شب تیره شد با سپه برنشست   همی رفت جوشان و گرزی به دست[10]
به شبگیر لهراسپ آگاه شد   غمین گشت و شادیش کوتاه شد[11]
ز لشگر جهاندیدگان را بخواند   همه بودنی پیش ایشان براند[12]
«ببینید» گفت «این که گشتاسپ کرد   دلم کرد پر درد و سر پر ز گرد[13]
بپروردمش تا برآورد یال   شد اندر جهان نامور بی‌همال[14]

---

۱ – **یک:** کسی از سخن پر ز درد نمی‌شود که «دل» از گفتارِ سخت و تند پر درد یا پر اندوه می‌گردد. **دو:** گونه زرد نیز نادرست است: «با رخ زرد».

۲ – **یک:** چون ازپیشِ پدر بیرون رفته‌است نشاید «همی گفت» آوردن، مگر آنکه «در دل می‌گفت»، «با خویش می‌گفت» آید. **دو:** هیچگاه در گفتار فارسی، بجای فرزند، «زاده» نیامده‌است.

۳ – دنبالهٔ گفتار.

۴ – **یک:** چون در رج پیشین از سه سد سوار زیر فرمانِ او یاد شده‌است، اینجا نیز می‌بایستی «ایشان» را بخواند، نه «کهتران» را. **دو:** رازی بدیشان نگفته‌بود.

۵ – «ساز رفتن کنید» نیز روی بسپاهیان دارد، باز آنکه گشتاسپ خود نیز می‌خواهد که از دربار لهراسب برود. افزاینده چنان سخن را خوارگرفته‌است که نیندیشیده‌است، جنبش سه سد سوار، که همگان خانه و کاشانه و زن و فرزند دارند، در یک شب نشاید. باری آنانکه زیر فرمان گشتاسپ بوده‌اند، همگان نیز درلشگر لهراسبشان پایگاه و مزد بوده‌است و نمیتوانسته‌اند بی‌فرمان و دستوری وی از پایتخت بجنبند! و بیرون رفتن سه سد سوار از شهر بی‌نگرش نگاهبانان و کوی‌بانان و دروازه‌بان نشاید، و دروازه‌بان بی‌فرمان لهراسب دروازه را نگشاید، و دَهها اگر و مگر و شاید و باید از این دست...

٦ – راه نیز «برداشتنی» نیست.

۷ – در هندوان نیز نادرست است: «در هندوستان».

۸ – **یک:** «هِند» را با «پَرَند» پساوا نیست. **دو:** نوشته «ز» نیز نادرست است: «با مشک سیه بر پرند».

۹ – چگونه پادشاه کشور پهناوری چون هندوستان خویش راکهتر جوانی چون گشتاسپ می‌خواند؟

۱۰ – همان داوری دربارهٔ رفتن... و سوار را بهنگام رفتن، گرز نشاید بدست گرفتن. گرز در میدان جنگ بکار می‌آید.

۱۱ – دنبالهٔ گفتار.

۱۲ – بودنی برابر با «تقدیر» است و رفتن گشتاسب را نمیتوان «بودنی» خواندن: «داستان رفتن او را بدیشان گفت».

۱۳ – ببینید در آغاز لت نخست نابجا است، مگر آنکه گوینده بگوید «ببینید درمان اینکار چیست».

۱۴ – **یک:** این سخن را دربارهٔ فرزند نشاید گفتن... اگر گشتاسپ فرزند دیگری بود از پرورشش می‌توانست یاد کردن. **دو:** نامور بی‌همال نیز نادرست است: نامور «و» بی‌همال.

بدان گه که گفتم که آمد به بار   ز باغ من آواره شد نامدار[1]
بگفت و بر اندیشه بر بود دیر   بفرمود تا پیش او شد زریر[2]
بدو گفت «بگزین ز لشگر هزار   سواران گرد ازدر کارزار[3]
برو تیز بر سوی هندوستان   مبادا بر و بوم جادوستان»[4]
سوی روم، گستهم نوذر برفت   سوی چین گرازه گرازید و تفت[5]

*

همی رفت گشتاسپ پر تاب و خشم   دلی پر ز کین و پر از آب چشم[6]
همی تاخت تا پیش کابل رسید   درخت و گل و سبزه و آب دید[7]
بدان جای خرم فرود آمدند   ببودند یک روز و دم بر زدند[8]
همه کوهسارانش نخچیر بود   به جوی آب‌ها چون می و شیر بود[9]
شب تیره مَی خواست از میگسار   ببردند شمع از بر جویبار[10]
چو بفروخت از کوه گیتی‌فروز   برفتند ازان بیشه با باز و یوز[11]
همی تاخت اسپ از پی او زریر   زمانی به جایی نیاسود دیر[12]
چو آواز اسپان برآمد ز راه   برفتند گردان ز نخچیرگاه[13]
چو بنهاد گشتاسپ گوش اندران   چنین گفت با نامور مهتران[14]
که «این جز به آواز اسپ زریر   نماند که اوراست آواز شیر[15]

---

۱ – یک: اگر «بیار» آمده باشد، «گفتم» نادرخور است... گفتم پیش‌ازآن سزاوار می‌نمود... .

۲ – پادشاه را چون دشواری پیش آید، آنرا در انجمن مهیستان و بزرگان کشور هر یک پاسخی میدهند، تا رای بر یک گفتار، راست شود و چارهٔ آن کار را بکنند... اگر لهراسپ از آنان راه چاره را نپرسید، چرا داستان را با آنان درمیان نهاد؟ زریر نیز بیگمان با دیگران در همان انجمن بوده‌است و پیش خود خواندنِ او نادرست است.

۳ – هزار سواران نادرست است: «هزار سوار».

۴ – در این داستان افزودهٔ کودکانه، لهراسب نمی‌دانست یا بدو نگفتند که گشتاسپ بکدام سوی رفته‌بود. لت دویم نیز با لت نخست پیوند درست ندارد.

۵ – گستهم نوذر در ریزش برف با پهلوانان دیگر از جهان رفته‌بود، همچنین در زمان لهراسب گرازه نیز زنده نبود... پس‌از بازگرداندن گشتاسب نیز، از بازگشتن آن دو پهلوان و سپاهیانشان در افزوده‌ها، یاد نشده‌است.

٦ – لت دویم را پیوند بایسته نیست...: «(با) دلی»... اما گشتاسپ را چه کین با پدر بود؟ شاید گفتن با دلی رنجیده»، با دلی دردمند، گله‌مند...

۷ – همی تاخت در این رج با همی رفت در رج پیشین همخوان نیست. پیش کابل نیز نادرست است: «تا بکابل رسید» یا «بنزدیک کابل رسید».

۸ – سخن از شاهنامه برگرفته شده.

۹ – کوهسار نخچیر بود نادرست است. کوهستان کابل پر از نخچیر بود... آب‌ها نیز نادرست است: «آب» «آب جویباران...».

۱۰ – شمع را بایستی نخست بجویبار برند، نه پس‌از می خواستن... شمع را نیز «از بر جویبار» نتوان بردن: «کنار جویباران...».

۱۱ – پیشتر از درخت و گل و سبزه یاد شده‌بود نه از «بیشه».

۱۲ – دنبالهٔ گفتار.

۱۳ – گردان از نخچیرگاه بکجا رفتند؟

۱۴ – گوش را نمیتوان اندر آواز نهادن!: «چون آواز آنان را شنید» یا «بگوشش رسید!».

۱۵ – چگونه می‌توانست آواز اسب زریر را ازمیان آواز یکهزار اسپ، بشناسد؟ آوای اسپ نیز در جهان یگانه است، و آواز هیچ جانوار همانند آن نیست... آوای ببرو پلنگ و گراز را میتوان بآوای شیر همانند کردن، اما شیههٔ اسب را نمیتوان.

به تنها نیامد گر او آمده‌ست   که با لشگری جنگجو آمده‌ست»[1]
هنوز اندرین بُد که گردی بنفش   پدید آمد و پیل‌پیکر درفش[2]
زریر سپهبد به پیش سپاه   چو باد دمان اندر آمد ز راه[3]
چو گشتاسپ را دید گریان برفت   پیاده بدو روی بنهاد و تفت[4]
جهان‌آفرین را ستایش گرفت   به پیش برادر نیایش گرفت[5]
گرفتند مر یکدگر را کنار   نشستند شادان در آن مرغزار[6]
ز لشگر هر آن کس که بُد پیشرو   ورا خواندی شاه گشتاسپ گو[7]
بخواندند و نزدیک بنشاندند   ز هر جایگاهی سخن راندند[8]
چنین گفت زیشان یکی نامور   به گشتاسپ ک: «ای گرد زرّین‌کمر[9]
ستاره‌شناسان ایران گروه   هر آن کس که دانیم دانش‌پژوه[10]
به اخترت گویند کیخسروی   به شاهی به تخت مهی برشوی[11]
کنون افسر شاه هندوستان   بپوشی نباشیم همداستان[12]
از ایشان کسی نیست یزدان‌پرست   یکی هم ندارند با شاه دست[13]
نگر تا پسند آید اندر خرد   کجا رای را شاه فرمان برد[14]

---

۱ – افزاینده نشان داد، که در اندیشهٔ یکهزار اسپ دیگر همراه زریر نبوده‌است، و بگشتاسپ «گمان» می‌دهد که زریر تنها نیامده. «آمد» نیز در لت نخست، با «آمده‌است» در لت دویم همخوان نیست.

۲ – گرد بنفش(؟) یا گرد سپاه بسا زودتر از آوای آن از دشت بر میخیزد. بسا دیده شده‌است که یکشبانروز، پیشتر از رسیدن سپاه، گرد آنرا دیده‌اند. درفش پیل پیکر نیز ازآنِ «توس» سپاهبد بود که او نیز بهمراه پهلوانان زیر برف جان بداد!

۳ – بکجا «اندر آمد» آنان در کوه و دشت بودند.

۴ – پیاده شدن بآزرم برادر بزرگتر، باید پیش‌از رفتن بسوی او باشد.

۵ – از «نیایش به پیش برادر» چه را خواهد گفتن؟ آیا برادر را نیایش کرد؟ که «به پیش» نمی‌خواهد و ایرانیان بجزاز خداوند نیایش بکس و چیز دیگر نمی‌کردند، و اگر نیایش خداوند را میگوید که همان ستایش لت نخست است و دوباره‌گویی است.

۶ – هنوز اشکگ‌های زریر خشک نشده‌است که از شادمانی آنان یاد می‌شود.

۷ – لت دویم، بدآهنگ است.

۸ – که را خواندند؟ چه‌کس خواند؟ و نزدیک چه‌کس نشاندند؟ سخن دربارهٔ جایگاه نیز نادرست است: «ز هر در سخن راندند».

۹ – زریر را می‌بایستی سخن آغاز کردن، نه کسی دیگر!

۱۰ – ستاره‌شناسان ایران گروه نادرخور است: «اخترمارانِ ایران» لت دویم را نیز پیوند با لت نخست نیست. بجزاز پیوند، می‌بایستی برابر ستاره‌شناسان، «دانش‌پژوهان» آید.

۱۱ – **یک:** به اختر کسی نمیتوان گفتن که کیست و چیست، بخود آن‌کس توان گفتن، که بختت همچون کیخسرو است. **دو:** کیخسروی نیز نادرست است: «چون کیخسروی» لت دویم نیز نادرخور و سست می‌نماید.

۱۲ – کنون پیوندی نادرخور است. «اگر بخواهی که...» افسر نیز پوشیدنی نیست، «بر سر نهادنی» است.

۱۳ – لت دویم بی‌پیوند و بی‌گزارش است.

۱۴ – لت نخست بی‌پیوند است، پسند اندر خرد نمی‌آید... از روی خرد، توان پسندیدن؟ لت دویم نیز باژگونه لت دویم رج پیش‌ازاین است زیرا که اگر افسر هندوستان بگشتاسپ رسد، فرمانبردارِ «رای» نخواهد بود که رای فرمانبردارِ وی خواهد بود.

بر تخت نشستن لهراسپ ۳۲۵

ترا از پدر سرسر نیکویست   ندانم که آزردن از بهر چیست»[۱]
بدو گفت گشتاسپ ک :«ای نامجوی   ندارم به پیش پدر آبروی[۲]
به کاووسیان خواهد او نیکوی   بزرگیّ و هم افسر خسروی[۳]
اگر تاج ایران سپارد به من   پرستش کنم چون بتان را شمن[۴]
اُگر نه نباشم به درگاه اوی   ندارم دل روشن از ماه اوی[۵]
به جایی شوم کم نیابند نیز   به لهراسپ مانم همه مرز و چیز»[۶]
بگفت این و برگشت زان مرغزار   بیامد برِ نامور شهریار[۷]
چو بشنید لهراسپ با مهتران   پذیره شدش با سپاهی گران[۸]
جهانجوی روی پدر دید باز   فرود آمد از باره بردش نماز[۹]
ورا تنگ لهراسپ در بر گرفت   بدان پوزش آرایش اندر گرفت[۱۰]
که «تاج تو تاج سرِ ماه باد   ز تو دیو را دست کوتاه باد[۱۱]
که هرگز نیاموزدت راه بد   چو شد تور بد بر در شاه بد[۱۲]
ز شاهی مرا نام تاج است و تخت   ترا مهر فرمان و پیمان و بخت»[۱۳]
ورا گفت گشتاسپ ک :«ای شهریار   منم بر درت بر یکی پیشکار[۱۴]
اگر کم کنی جاه فرمان کنم   به پیمان روان را گروگان کنم»[۱۵]
بزرگان برفتند با او به راه   گرازان و پویان به ایوان شاه[۱۶]
بیاراست ایوان گوهرنگار   نهادند خوان و می خوشگوار[۱۷]

---

۱ -لت نخست بی‌پیوند است و لت دویم نیز روشن نمی‌کند که آزردن کیست و از کیست؟
۲ -لت دویم پیوند شایسته ندارد: «که: ندارم»، یا «چون ندارم».
۳ -نیکویی، با خسروی پساوا ندارد. بکاووسیان نیز نادرست است: «برای کاووسیان».
۴ -در لت دویم روشن نیست که گشتاسپ چه کس راپرستش می‌کند!«پرستش او را کنم».
۵ -لت دویم راگزارش نیست.   ٦ -نیز در پایان لت نخست نادرخور است.
۷ -بدین زودی برگشتن را روی نیست... نخست می‌بایستی زریر ورا دلگرم بگشتاسپ کند. پسان، از نخجیرگاه بازگردند. یکهزار سوار تازه‌رسیده را نیز نمیتوان بیدرنگ بازگرداندن!   ۸ -با مهتران؟ یا با سپاهی گران؟
۹ -پیوند درست در لت نخست نیست: «جهانجوی، (چون) روی پدر را بدید».
۱۰ -بکدام پوزش؟ هنوز که پوزش نکرده‌است، آرایش چه را اندر گرفت؟
۱۱ -ماه راسر نیست و تاج نیز نیست! افزاینده می‌توانست گفتن: «که تاجِ تو برتر از چرخ ماه باد» سخن لت دویم که کار گشتاسپ را پیروی از دیو می‌خواند، نه بر آیین پوزش است و نه همخوان با لت نخست!
۱۲ -لت دویم بس سست و بی‌پیوند است: چنانکه تور، با فریدون بدی کرد!... «راهِ بد»، نیز با «شاهْ بد» پساوا ندارد.
۱۳ -نام تاج و تخت نادرست است. تخت و تاج شاهی بنام منست، و مُهرِ شاهی و پیمان (و فرمان) ترا است.
۱۴ -دنبالهٔ گفتار.   ۱۵ -«کم کنی جاهِ که را؟: اگر پایگاه مرا فرو کشی».
۱٦ -اگر گرازان رفتند، چگونه پویان (= دوان) میرفتند؟
۱۷ -ایرانیان هیچگاه می را بهنگام خوراک نمی‌خوردند.

یکی جشن کردند کز چرخ ماه ستاره ببارید بر جشنگاه[1]
چنان بد ز مستی که هر مهتری برفتند بر سر ز زر افسری[2]
بکاووسیان بود، لهراسپ؛ شاد ⇐ همیشه ز کیخسروش بود یاد
همی ریخت، زان درد، گشتاسپ، خون همی گفت هرگونه با رهنمون
همی گفت «هرچند کوشم به رای نیارم همی چارهٔ این بجای[3]
اگر با سواران شوم مهتری فرستد پسم نیز با لشگری[4]
به چاره ز ره بازگرداندم بسی خواهش و پندها راندم[5]
چو تنها شوم ننگ دارم همی ز لهراسپ دل تنگ دارم همی[6]
دل او به کاووسیان است شاد نیابد گذر مهر او با نژاد[7]
چو یک تن بود کم کند خواستار چه داند که من چون شدم شهریار»[8]

*

شب تیره شبدیز لهراسپی بیاورد، با زین گشتاسپی
بپوشید زربفت رومی‌قبای ز تاج اندر آویخت پرّ همای[9]
ز دینار و از گوهر شاهوار بیاورد چندان که بودش بکار
از ایران سوی روم بنهاد روی به دل، گاهجوی و، روان راهجوی
پدر چون ز گشتاسپ آگاه شد بپیچید و شادیش کوتاه شد
اُزانپس همه بخردان را بخواند ز گشتاسپ چندی سخن‌ها براند
بدیشان چنین گفت کـ:«این شیرمرد سرِ تاجدار اندر آرد بگرد!
چه؟ بینید و این را چه؟ درمان کنیم نشاید که این بر دل آسان کنیم»!
چنین گفت موبد که: «ای نیکبخت گرامی، بمردان بود، تاج و تخت

---

۱ – چرخ ماه را «ستاره» نیست که بر جشنگاه (فرو) بارد، و چرخ ستارگان (ستاره پایه) از چرخ ماه (ماه پایه) جدا است.

۲ – سخن پریشان است! مستی بر سر آنان افسر زر نهاده‌بود؟ افسر زر ویژه پادشاهان بوده‌است.

۳ – همی گفت در آغاز این رج با همی گفت در رج پیشین همخوان نیست. در لت دویُم اگر «نیارم» از کنش یارستن (= جرأت کردن) برآمده باشد که سخن را بر هم میریزد، و اگر «نیاورم» بوده باشد که کاربردی کوتاه شده و نادرست از کنش آوردن است.

۴ – سخن سست است. ۵ – خواهش با پند(ها) همخوان نیست.

۶ – ننگ دارم ناشایست است... اگر بتنها روم بر من ننگ خواهد بودن. لت دویم سخن بگونه‌ایست که اگر برود دلش برای لهراسب تنگ می‌شود، باز آنکه وی از لهراسب دلتنگ بوده‌است.

۷ – لت نخست دوباره‌گویی رج ششم پیش‌ازاین است، و لت دویم نیز بی‌پیوند و بی‌گزارش است. افزاینده را رای بر آن بوده‌است که بگوید به هم‌نژادان خود (بهتر است که «فرزندان» بوده باشد) مهر ندارد.

۸ – کنش «بوَد» در لت نخست بکسی دیگر بازمیگردد، باز آنکه می‌بایستی گفتن «چو تنها (رَوَم)»، و خواستار بودن راکم و بسیار نیست، یا خواستار می‌شود، یا نمی‌شود.

۹ – یک: یا قبای زربفت، یا قبای رومی! دو: پر را بر بالای تاج بر می‌افرازند، و نمی‌آویزند «اندر آویختن» نیز نادرست است، گشتاسب را تاج نبوده‌است که پرّ همای بر آن افرازد. و همای پرنده‌ای افسانه‌ایست که هیچکس آنرا ندیده‌است، تا پرِ آنرا داشته باشد.

داستان افزوده رفتن گشتاسپ به روم ۳۲۷

چو گشتاسپ فرزند کس را نبود / نه هرگز کس از نامداران شنود[1]
ز هر سو بباید فرستاد کس / دلاور بزرگان فریادرس[2]
گر او باز گردد تو زُفتی مکن / هنر جوی و با آز جُفتی مکن
که تاج کیان چون تو بیند بسی / نماند همی مهر او بر کسی
بگشتاسپ دِه، زین جهان، کشوری / بنه بر سرش نامدار افسری
جز از پهلوان رستم نامدار / به گیتی نبینیم چون او سوار[3]
به بالا و دیدار و فرهنگ و هوش / چنو نامور نیز نشنید گوش»[4]
فرستاد لهراسپ، چندی مهان / به جُستن گرفتند گردِ جهان[○]
برفتند و نومید بازآمدند / که با اختر دیرساز آمدند[5]
نکوهش ازآن، بهرِ لهراسپ بود / غم و رنجِ تن، بهرِ گشتاسپ بود[6]

*

چو گشتاسپ نزدیک دریا رسید / پیاده شد و باژخواهش بدید[7]
یکی پیرسر بود هیشوی نام / جوانمرد و بیدار و با رای و کام[8]
بر او آفرین کرد گشتاسپ و گفت / که «با جان پاکت خرد باد جفت[9]
از ایران یکی نامدارم دبیر! / خردمند و روشندل و یادگیر[10]
بکِشتی بر این آب اگر بگذرم / سپاسی نهی جاودان بر سرم»[11]
چنین گفت «شایسته‌ای تاج را / اُیا جوشن و تیغ و تاراج را[12]
کنون راز بگشای و با من بگو / ازین سان به دریا گذشتن مجوی[13]
مرا هدیه باید اگر گفت راست / ترا رای و راه دبیری کجاست»[14]

---

۱ – سخن در لت نخست پریشان است... و افزاینده با اندکی نگرش می‌توانست آوردن: که کس را چو گشتاسپ فرزند نیست! «کس» در لت دویم با «کس» در لت نخست همخوان نیست... و باکس در این رج کس بدنبال کس فرستادن را دلاوری در کار نیست.

۲ – لهراسپ پیر را هنگام هنر جستن گذشته‌است.

۳ – سخن با رج پیشین پیوند ندارد: (که) جزاز...

۴ – بالا و دیدار را گوش نمی‌شنود، که چشم می‌بیند!

○ – رج درستِ پسین ۲۳۸۳۳ است.

۵ – «اختر دیرساز» راگزارش نیست.

٦ – چرا نکوهش؟ اگر لهراسپ فرزندان شاهان پیشین راگرامی میداشته‌است، کاری درخور آفرین کرده‌است، نه درخور نکوهش!

۷ – باژخواه پس‌از پیاده شدن گشتاسپ او را بدید؟ از دور و سوار بر اسب بهتر دیده می‌شد.

۸ – نام نه ایرانی است و نه رومی.

۹ – لت نخست بدآهنگ است.

۱۰ – هیشوی از وی نام و نشانش را نپرسیده‌بود، و دبیر نیز سوار بر اسپ رزم نمی‌شود، و تاج با پرّ همای بر سر نمی‌نهند!

۱۱ – لت نخست درهمریخته است: «اگر مرا از این آب بگذرانی...».

۱۲ – گشتاسپ خود بر بنیاد سخنان افزوده تاج بر سر داشت و سخن باژخواه نادرست است در لت دویم جوشن و تیغ با تاراج هماهنگ نیست. افزاینده می‌خواسته‌است بگوید که یا شاه هستی و یا پهلوان.

۱۳ – «راز» در این رج...

۱۴ – همان پاره (= رشوه) خواستن و پول گرفتن است. اگر گفت راست نیز نادرست است: «اگر راست خواهی»، و دبیری نیز راه ندارد و رای نیز دیدنی نیست.

ز هیشوی بشنید گشتاسپ گفت — که «از تو مرا نیست چیزی نهفت[1]
ز من هرچه خواهی ندارم دریغ — ازین افسر و مُهر و دینار و تیغ»[2]
ز دینار، لختی به هیشوی داد — ازآن هدیه شد، مردِ گیرنده شاد[3]
ز کشتی سبک بادبان برکشید — جهانجوی را سوی قیصر کشید[4]
یکی شارستان بُد به روم اندرون — سه فرسنگ پهنای شهرش فزون[5]
برآوردهٔ سلم جای بزرگ — نشستنگه قیصران سترگ[6]
چو گشتاسپ آمد بدان شارستان — همی جست جای یکی کارستان[7]
همی گشت یک هفته بر گرد روم — همی کار جست اندر آباد بوم[8]
چو چیزی که بودش بخورد و بداد — همی رفت ناشاد و دل پر ز باد[9]
چو در شهر آباد چندی بگشت — ز ایوان به دیوان قیصر گذشت[10]
به اسقف چنین گفت ک:«ای دستگیر — ز ایران یکی نامجویم دبیر[11]
بدین کار باشم ترا یارمند — ز دیوان کنم هرچه آید پسند»[12]
دبیران که بودند در بارگاه — همی کرد هر یک به دیگر نگاه[13]
کزین کلک پولاد گریان شود — همان روی قرطاس بریان شود[14]

---

۱ – لت نخست بدآهنگ است و لت دویم ناهنجار: «چیزی از تو پنهان نمی‌کنم».
۲ – مُهر گشتاسپ بکار باژخواه نمی‌آید، و داستان درست نمی‌نماید که بکسی افسر و تیغ را پیشنهاد کردن،
۳ – و لختی دینار بدو دادن!
۴ – **یک:** بادبان را از کشتی بر نمی‌کشند، که می‌گشایند، تا باد در آن پیچد و کشتی براه افتد. **دو:** از اینسوی رود بدانسوی رود، یا دریایی چون «بغاز بسفر» که راه رفتن از ایران به روم است. **سه:** رفتن، گشتاسپ را بسوی قیصر «نمی‌کشد». **سه:** کشید نیز نادرخور است: «برد».
۵ – لت دویم را پیوند «که» و کنش «بود» بایسته‌است (که) پهنای آن بیش‌از سه فرسنگ (بود)... اما آن کدام شهر در جهان باستان بوده‌است که پهنای آن دوازده میل (= ۱۸ کیلومتر) بوده‌است!! تا پنج سده پیش در اروپا شهری که یکدهم چنین شهر پهنا و درازا داشته باشد، نبود...
٦ – جای بزرگ نادرخور است، زیرا که از بزرگی آن در رج پیشین سخن رفته‌بود.
۷ – جای کارستان را جستن درست نیست، زیرا که اگر کارستان را بجای کارخانه گیریم، جای کارخانه‌ها پنهان نبوده‌است که آنرا بجویند.
۸ – برگرد روم می‌گشت، یا برگرد آن شهر؟ یا برگرد آباد بوم؟ همی کار جست نیز نادرست است: «همی جست کار»... و این داستان ازبُن نادرست است زیرا کسیکه دینار و گوهر شاهوار و تاج... چندانکه بکارش بود، با خود داشت نمی‌بایستی بدنبال کار بگردد، بس بود که باغی و خانه‌ای، با یکی از آن گوهرها می‌خرید و آرام می‌زیست!
۹ – سخن در لت نخست ناهموار است: «چون دینار و گوهرش بپایان رسید» اما چندان گوهر و دینار، چگونه در یکهفته (رج پیشین) بپایان می‌رسد؟ دل نیز پر ز باد نمی‌شود، «لب را پر ز باد گفتن شاید!
۱۰ – از کدام ایوان (= کاخ)؟ دیوان قیصر نیز نادرست است، زیرا که کارگزاران شاهان را هر یک «دیوانی» جداگانه بوده‌است، و شاه، خود، دیوان نداشته‌است.
۱۱ – هنوز کیش عیسی در جهان پدید نیامده بود تا «اسقف» پدیدار شود، و در گفتار درست فردوسی، بهنگام ساسانیان همه جا «سکوبا» بکار می‌رود، نه اسقف.
۱۲ – لت دویم پریشان و بی‌گزارش است.
۱۳ – «دبیران» را در لت دویم «کردند» باید... هر یک بدیگر نیز نادرست است: «هر یک بدیگری».
۱۴ – **یک:** سخن در لت نخست کمبود دارد. «کزین دست» یا «کزین مرد». **دو:** قرطاس تازی شدهٔ «کراسه» است که امروز کاغذش

یکی باره باید به زیرش بلند به بازو کمان و به زین بر کمند[1]
به آواز گفتند «ما را دبیر زبان است پیش آمدن ناگزیر»[2]
چو بشنید گشتاسپ دل پر ز درد ز دیوان بیامد دو رخساره زرد[3]
یکی باد سرد از جگر برکشید به نزدیک چوپان قیصر رسید[4]
جوانمرد را نام بستاو بود دلیر و هشیوار و با تاو بود[5]
به نزدیک بستاو چون شد فراز بر او آفرین کرد و بردش نماز[6]
نگه کرد چوپان و بنواختش به نزدیکی خویش بنشاختش[7]
«چه مردی؟» بدو گفت «با من بگوی که هم شاه شاخی و هم نامجوی»[8]
چنین داد پاسخ که «ای نامدار یکی کره‌تازم دلیر و سوار[9]
مرا گر نوازی به کار آیمت به رنج و به بد نیز یار آیمت»[10]
بدو گفت بستاو «زین در بگرد تو ایدر غریبی و بی‌پایمرد[11]
بیابان و دریا و اسپان یله به ناآشنا چون سپارم گله»[12]
چو بشنید گشتاسپ غمگین برفت ره ساربانان قیصر گرفت[13]
یکی آفرین کرد بر ساربان که «پیروز بادیّ و روشنروان»[14]
خردمند چون روی گشتاسپ دید پذیره شد و جایگاهش گزید[15]
سبک باز گسترد گستردنی بیاورد چیزی که بُد خوردنی[16]
چنین گفت گشتاسپ با ساروان که «ای مرد بیدار و روشنروان[17]
مرا دِه یکی کاروان شتر چو رای آیدت مزد ماهم ببر»[18]
بدو ساربان گفت کای شیرمرد نزیبد ترا هرگز این کار کرد[19]

→ می‌نامیم و بدانهنگام هنوز کراسه در جهان پدیدار نشده‌بود.

۱ - دنبالهٔ گفتار.

۲ - لت دویم راگزارش و پیوند نیست.

۳ - دل پر ز درد نادرست است: «(با) دلی لبریز از درد» ز دیوان بیامد نیز نادرست است: «از دیوان بدر شد».

۴ - افزایندهٔ خام‌گوی، با یک آه... یا یکدم گشتاسپ را از کاخ شاهی بنزد چوپان در بیابان رساند.

۵ - چوپان را «دلیر و هشیوار» نشاید بودن... و با تاو نیز گزارش ندارد.

۶ - پادافره آنکس که با رنجش از کاخ شاهی پدر بدر می‌رود، و از ایران و سرزمین نیاکان بمرز بیگانگان می‌رود همین است که بیک چوپان نماز بَرَد!!

۷ - دنبالهٔ گفتار.

۸ - شاه شاخ را هیچ گزارش نیست، و از روی کسیکه بدو نماز برده‌است نمیتوان دریافتن که نامجوی است!

۹ - و نیز چوپان را نشاید نامدار خواندن.

۱۰ - «به رنج و به بد نیز» نادرست است: «به رنج و سختی».

۱۱ - دنباله سخن.

۱۲ - اسپ یله را بکسی نمیتوان سپردن!

۱۳ - «برَفت» را با «گرِفت» پساوا نیست.

۱۴ - آرزوی پیروزی و روشنروانی برای کسی، «آفرین» بشمار نمی‌آید.

۱۵ - جایگاهش گزید نادرست است. جایی برای وی بپیراست.

۱۶ - باز گسترد نیز نادرست است: «بگسترد».

۱۷ - دنبالهٔ گفتار.

۱۸ - لت دویم سخن نادرخور است.

۱۹ - کارکرد پایان لت دویم ناهمگن است: «کار، کردن».

به چیزی که ماراست چون سر کنی   به آید گر آهنگ قیصر کنی[1]
ترا بی‌نیازی دهد زین سخن   جز آهنگ درگاه قیصر مکن[2]
اُگر گم شدت راه دارم هیون   پسندیده و مردم رهنمون[3]
بر او آفرین کرد و برگشت زوی   پر از غم سوی شهر بنهاد روی[4]
شد آن دردها بر دلش بر، گران   بیامد ببازارِ آهنگران[5]
یکی نامور بود بوراب نام   پسندیده آهنگری شادکام[6]
ورا یار و شاگرد بُد سی و پنج   ز پتک و ز آهن رسیده به رنج[7]
به دکّانش بنشست گشتاسپ دیر   شد آن پیشه‌کار از نشستنش سیر[8]
بدو گفت آهنگر «ای نیکخوی   چه داری بدکّان ما آرزوی؟»[9]
چنین داد پاسخ که «ای نیکبخت   نپیچم سر از پتک و از کارِ سخت[10]
مرا گر بداریم یاری کنم   بر این پتک و سندان سواری کنم»[11]
چو بشنید بوراب زو داستان   بیاریّ او گشت همداستان[12]
گرانمایه گویی به آتش بتافت   چو شد تافته سوی سندان شتافت[13]
بگشتاسپ دادند پتکی گران   بر او انجمن گشته آهنگران[14]
بزد پتک و بشکست سندان و گوی   ازو گشت بازار پر گفت‌وگوی[15]
بترسید بوراب و گفت «ای جوان   بزخمِ تو آهن ندارد توان![16]
نه پتک و نه آتش نه سندان نه دم»   چو بشنید گشتاسپ زان شد دژم[17]

۱ - میان لت نخست با لت دویم پیوند نیست. چون گفتار لت نخست بپایان رسد، دنبالهٔ درست آن چنین است «که ما آنرا از تو دریغ نداریم». نمونه‌ها گوناگون‌اند: در لت نخست: «بس گر کنی»، «گر بر کنی»: «چون سر کنی» «بچیزی توان گویمت گر کنی». در لت دوم «و زین باره»، «ازین باره»، «کزین باره»، «وزان باره»، و «و زین جای»... «به آید که آهنگ قیصر کنی» و همان به که آهنگ قیصر کنی» (خالقی مطلق ۱٦-۵) ازهیچیک گزارشی درست بر نمی‌آید.   ۲ - از «سخن» بی‌نیازی دادن چگونه باشد؟

۳ - گم شدت راه نادرست است: «اگر نشانی درگاه قیصر را نمی‌دانی».   ۴ - دنبالهٔ گفتار.

۵ - لت نخست نادرست است: «شد آن دردها» را روی نیست زیرا که دردی درمیان نبوده‌است: «از آن رویدادها دلش گران شد».

٦ - دنبالهٔ گفتار.   ۷ - چنان آهنگر، با چنان دستگاه و چندان شاگرد، نشاید که به رنج رسیده باشد!

۸ - چگونه است که گشتاسپ به چوپان و شتربان نماز برد و آفرین خواند، اما به چنین دکان بی‌نماز و آفرین اندر شد و بنشست؟ از نشستن کسی بر دکان نیز دکاندار سیر نمی‌شود که «بتنگ می‌آید».   ۹ - دنبالهٔ گفتار.   ۱۰ - دنباله...

۱۱ - «مراگر بداریم» نادرست است: «مراگر بداری» لت دویم نیز نادرست است! گیریم که بر سندان، سواری کردن شاید! بر پتک سواری کردن چگونه باشد؟   ۱۲ - گشتاسب داستان نگفته‌بود، برای کار، خواهش کرده‌بود.   ۱۳ - دنبالهٔ گفتار.

۱۴ - لت دویم را پایان نیست.

۱۵ - افزاینده، یکبار نیز کارگاه آهنگری را ندیده‌است، زیرا که گوی تفته را چون با پتک بکوبند، پهن می‌شود، و هیچگاه نمی‌شکند!... دیگر آنکه در شاهنامه شنیده نشده‌است که رستم نیز سندان آهنین را که چند برابر گرز است بتواند شکستن!... باری، اگر بر آهن فشاری بس سهمگین فرود آید آنرا خم می‌کند، و نمی‌شکند!   ۱٦ - همان سخن...

۱۷ - لت نخست راگزارش نیست، پتک که در دست گشتاسب بود خم برنداشته‌بود چرا پتک؟ چرا آتش، چرا دَم (دستگاه دمیدن‌بآتش)!

بیـنداخت پـتـک و بشـد گـرسنه … نـه روی خـورش بـد نـه جـای بـنه[1]
نـمانَد بکس روز سـختی نـه رنـج … نـه آسـانی و شـادمانی نـه گـنج[2]
بـد و نـیـک بـر مـا هـمی بگـذرد … نـباشد دژم هـر کـه دارد خـرد[3]

*

هـمی بـود گشـتاسپ دل مسـتمند … خـروشان و جـوشان ز چـرخ بـلند[4]
نـیامد ز گـیتیش جـز زهـر بـهر … یکـی روسـتا دیـد نـزدیک شـهر[5]
درخت و گـل و آب‌هـای روان … نشسـتنگهِ شـاد مـردِ جـوان[6]
درخـتی گشـن‌سایه بـر پـیش آب … نـهان گشـته زو چشـمهٔ آفـتاب[7]
بـران سـایه بـنشست مـرد جـوان … پـر از درد پـیچان و تـیره روان[8]
هـمی گـفت کـ:«ای داور کـردگار … غـم آمـد مـرا بـهره زیـن روزگـار[9]
نـبینم هـمی اخـتر خـویش بـد … نـدانـم چـرا بـر سـرم بـد رسـد»[10]
یکـی نـامور زان پسـندیده دِه … گـذر کـرد بـر وی کـه او بـود مـه[11]
ورا دیـد بـا دیـدگان پـر ز خـون … بـه زیـر زنـخ دست کـرده سـتون[12]
بـدو گـفت کـ:«ای پـاک مـرد جـوان … چـرایـی پـر از درد و تـیره‌روان[13]
اگـر آیـدت رایِ ایـوانِ مـن … بـوی شـاد، یکـچند، مـهمان مـن[14]
مگـر کـین غـمان بـر دلت کـم شـود … سـرِ تـیز مـژگانت بـی نـم شـود»[15]
بـدو گـفت گشـتاسپ کـ:«ای نـامجوی … نـژاد تـو از کـیست بـا مـن بگـوی»[16]
چـنین داد پـاسخ ورا کـدخدای … کـ:«زین پرسش اکنون ترا چیست رای؟»[17]

---

۱ – روی خورش را چه گزارش است؟ جای بنه را چگونه توان گزاردن؟ او که خانه‌ای نداشت بیگمان جای بنه نیز نداشت.

۲ – دنبالهٔ گفتار. ۳ – گفتار از گشتاسب، بسوی «ما» روی کرد!

۴ – دل هیچگاه مستمند نمی‌شود، دردمند می‌شود... مردم مستمند می‌شوند.

۵ – «ش» پسوند گیتی نابجا است، این «ش» می‌باشد بدنبال «نیامد» بیاید «نیامدش».

۶ – این رج را با رج پیشین پیوند نیست... و نیز کنش بایسته ندارد.

۷ – درخت «گشن شاخ» است نه گشن سایه، زیرا که شاید بودن که از یک درخت خُرد نیز سایهٔ بی‌آفتاب فراهم آید... گفتار را نیز در این رج پایان نیست.

۸ – بر آن سایه نادرست است: «زیر سایهٔ درخت نشست» لت دویم نیز پیوند درست ندارد! «پر از درد (و) پیچان و تیره روان».

۹ – دنبالهٔ گفتار. ۱۰ – مگر کسی را توان آن هست که اختر (= اقبال) خویش را ببیند؟

۱۱ – «که او بود مِه» در پایان لت دویم نادرخور است... «یکی نامور که مهتر ده بود... بر وی گذر کرد».

۱۲ – دیدگان پر ز خون نادرست است. «با چشم پر خون»، «با دیدهٔ خونین».

۱۳ – پاکمرد جوان نادرست است. شاید گفتن که: «ای جوانمرد».

۱۴ – کنش «آید» در لت نخست نابجا است: «اگر آهنگ ایوان من کنی»، و «اگر رای آمدن بایوان من باشدت».

۱۵ – مگر، پیوند درست میان این رج با رج پیشین نیست: «بود که»، «باشد که».

۱۶ – نژاد تو از کیست نادرست است: «از کدام نژادی»... «نژاد از که داری». ۱۷ – اکنون در لت دویم نادرخور است.

من از تخم شاه آفریدون گرد — کزان تخمه کس در جهان نیست خرد[1]
چو بشنید گشتاسپ برداشت پای — همی رفت با نامور کدخدای[2]
چو آن مهتر آمد سوی خان خویش — بمهمان بیاراست ایوان خویش[3]
بسان برادر همی داشتش — زمانی بناکام نگذاشتش[4]
زمانه برین نیز چندی بگشت — برین کار بر ماه‌ها برگذشت[5]

داستان کتایون با گشتاسپ

چنان بود قیصر بدانگه، به رای — که چون دختر او رسیدی بجای[6]
چو گشتی بلنداختر و جفتجوی — بدیدی که آمدش هنگام شوی[7]
یکی گرد کردی بکاخ، انجمن — بزرگان فرزانه و رایزن[8]
هر آن کس که بودی مر او را همال — ازان نامداران برآورده یال[9]
ز کاخ پدر، دختر ماهروی — بگشتی بدان انجمن، جفتجوی[10]
پرستنده بودی به گرد اندرش — ز مردم نبودی پدید افسرش[11]
پس پردهٔ قیصر آن روزگار — سه بُد دختر اندر جهان نامدار[12]
به بالا و دیدار و آهستگی — به بایستگی هم به شایستگی[13]
یکی بود مهتر، کتایون بنام — خردمند و روشندل و شادکام[14]
کتایون چنان دید یک شب بخواب — که روشن شدی کشور از آفتاب[15]

---

۱ – آفریدون گونهٔ تازی شدهٔ نام فریدون است که بگفتار فردوسی ره نمی‌یابد. لت دویم نیز نادرست است، از آنجا که همهٔ ایرانیان (و رومیان و تورانیان) از نژاد فریدون‌اند، و همهٔ آنها را نمی‌توان بزرگ درشمار آوردن!

۲ – «برداشت» درلت نخست با «همی‌رفت» درلت دویم همخوان نیست، و درسرتاسر نوشته‌های فارسی برداشتن پای، بجای رفتن دیده نشده‌است.

۳ – «آن» درلت نخست نابجا است زیرا که دنبالهٔ همان داستان است و پیدا است که همو بوده‌است.

۴ – «همی داشت» درلت نخست، با «نگذاشت» درلت دویم همخوان نیست.

۵ – لت دویم سست است.

۶ – لت نخست درهمریخته است: «بدانگه رای قیصر بر آن بود».

۷ – «چو» در آغاز این رج با «چون» درلت دویم از رج پیشین همخوان نیست. «بدیدی» در آغاز لت دویم نیز ناهماهنگ است، زیرا که به قیصر بازمیگردد. باز آنکه درلت نخست سخن دربارهٔ اختر است.

۸ – پیوند درست، میان لت دویم، با لت نخست نیست، «(از) بزرگان...».

۹ – این رج میان رج‌های پیشین و پسین جدایی می‌افکند.

۱۰ – انجمن (در) کاخ پدر بود، و دختر را نمی‌بایستی (از) کاخ پدر بانجمن رفتن.

۱۱ – سخن درلت دویم چنان است که از انبوه (پرستندگان) دختر دیده نمی‌شد، باز آنکه درلت نخست از (پرستنده) و بودی که کنش یگانه است نام برده شده.

۱۲ – «بُد» درلت دویم، برای «سه دختر» نابجا است: «بودند».

۱۳ – لت دویم سست می‌نماید.

۱۴ – کتایون بنام نادرست است: «کتایون نام» یا «بنامِ کتایون».

۱۵ – «کتایون» در این رج با کتایون رج پیشین همخوانی ندارد: «او» یا «آن دختر»...

یکی انجمن مرد پیدا شدی — از انبوه مردم ثریا شدی[1]

سر انجمن بود بیگانه‌ای — غریبی دل‌آزار و فرزانه‌ای[2]

به بالای سرو و به دیدار ماه — نشستنش چون بر سر گاه شاه[3]

یکی دستهٔ گل کتایون بدوی — بدادیّ و زو بستدی رنگ و بوی[4]

یکی انجمن کرد قیصر بزرگ — هر آن کس که بودند گرد و سترگ[5]

بشبگیر، چون بردمید آفتاب — سر نامداران برآمد ز خواب[6]

بدان انجمن شاد بنشاندند — وز آنپس پسرپچهره را خواندند[7]

کتایون بشد با پرستار شست — یکی دسته گل هر یکی را به دست[8]

همی گشت چندان که‌ش آمد ستوه — پسندش نیامد کسی زان گروه[9]

از ایوان سوی پرده بنهاد روی — خرامان و پویان و دل جفتجوی[10]

هم آنگه زمین گشت چون پرّ زاغ — چنین تا سر از کوه برزد چراغ[11]

بفرمود قیصر که از کهتران — به روم اندرون مایه‌ور مهتران[12]

بیارند یکسر بکاخ بلند — بدان تا که باشد بخوبی پسند[13]

چو آگاهی آمد به هر مهتری — به هر نامداریّ و گندآوری[14]

خردمند مهتر، بگشتاسپ گفت — که «چندین چه باشی تو اندر نهفت[15]

برو تا مگر تاج و گاه مهی — ببینی دلت گردد از غم تهی»[16]

---

۱ – یکی انجمن مرد نادرست است: «انجمنی از مردان»، چه کس ثریا شد؟ انجمن؟ یا انبوه مردم؟ «ثریا» را در آسمان سخن فردوسی جای نیست، و خود چگونه شاید که یک انجمن ثریا شود؟

۲ – افزاینده خواسته‌است بگوید که آن مرد ناآشنا، آزرده‌دل بود، اما «دلازار» بکار برده‌است!!

۳ – لت نخست از آن فردوسی است، درستایش زن مسیحی انوشیروان

بر اینسان زنی داشت، پرمایه شاه — ببالای سرو و بدیدار ماه

«نشستش» نادرخور است: «نشستنش».

۴ – **یک**: بکار بردن نام «کتایون» که خود خواب می‌دید، در گفتار نادرخور است. **دو**: همچنین «بدادی» زیرا که این کنش برای سیوم کس یگانه (=سوم شخص مفرد) است، باز آنکه کتایون خود، دستهٔ گل را می‌داد! **سه**: روشن نیست که کتایون چگونه «رنگ و بوی» را از آن مرد میگرفت!

۵ – پیوند لت دویم فروافتاده‌است: «از گردان...» سترگ نیز درخور خواستاران دختر قیصر نبوده‌است.

۶ – نخست انجمن کردند، و آنگاه از خواب برخاستند؟

۷ – بدان انجمن را «شان» باید «بدان انجمنشان» یا «بنشاندشان».

۸ – پرستار شست نادرست است: «شست پرستار».

۹ – «همی گشت» با «چندان» همخوان نیست...: «چندان بگشت تا...».

۱۰ – «خرامان» پویان (= دوان) نمی‌شود، و اگر دلش جفت‌جوی بود، چرا بپرده اندر شد؟

۱۱ – یکباره روز، شب نمی‌شود، و نرم‌نرم بسیاهی می‌گراید... باری شب شدنِ روز را نشاید بدنبال رفتن دختری بپرده، آوردن که باژگونهٔ آن درست است: «چون شب گشت، دختر بپرده اندر شد».

۱۲ – کهتران؟ یا مهتران؟ چند رج پیش‌از گُردان و ستُرگان یاد شده‌بود.

۱۳ – چون (از) کهتران و مهتران یاد شد، پیدا است که گروهی از آنان را برگزیده بودند، و «یکسر» در این رج با آن همخوان نیست.

۱۴ – و در این رج به هر مهتری (همهٔ مهتران) بازگشت.

۱۵ – دنبالهٔ گفتار.

۱۶ – در آن انجمن تاج و گاه مهی را بتماشا ننهاده‌بودند، که دختر قیصر، درمیان روان می‌گشت.

چو بشنید گشتاسپ با او برفت
به ایوان قیصر خرامید، تفت[1]

به پیغوله‌ای شد فرود از مهان
پر از درد بنشست خسته نهان[2]

برفتند بیداردل بندگان
کتایون و گلرخ پرستندگان[3]

همی گشت بر گرد ایوان خویش
پسش بخردان و پرستار، پیش[4]

چو از دور گشتاسپ را دید گفت
که «آن خواب سر برکشید از نهفت»[5]

بدان مایه‌ور نامدار افسرش
همآنگه بیاراست خرم، سرش[6]

چو دستور آموزگار آن بدید
هم اندر زمان پیش قیصر دوید[7]

که «مردی گزین کرد از انجمن
به بالای سرو سهی در چمن[8]

به رخ چون گلستان و با یال و کفت
که هر کش ببیند بماند شگفت[9]

بد آنست کاو را ندانیم کیست
تو گویی همه فرّهٔ ایزدیست»[10]

چنین داد پاسخ که «دختر مباد
که از پرده عیب آورد بر نژاد[11]

اگر من سپارم بدو دخترم
به ننگ از کیان پست گردد سرم[12]

هم او را و آن را که او برگزید
به کاخ اندرون سر بباید برید»[13]

شُقُف گفت که: «این نیست کاری گران
که پیش از تو بودند چندی سران[14]

تو با دخترت گفتی انباز جوی
نگفتی که میری سرافراز جوی[15]

کنون جست آن را که آمدش خوش
تو از راه یزدان سرت را مکش[16]

چنین بود رسم نیاکان تو
سرافراز و دین‌دار و پاکان تو[17]

---

۱ – دنبالهٔ گفتار. ۲ – مگر در ایوان (= کاخ) قیصر «پیغوله» پیدا می‌شد؟

۳ – کتایون درشمار بندگان نبود و بندگان و پرستندگان یک گروه بودند.

۴ – انجمن در ایوان قیصر برگزار شده‌بود نه در ایوان دختر. و پیشتر دربارهٔ بخردان که ازپس دختر روان بودند سخنی نیامده بود: «پرستنده بودی بگرد اندرش». ۵ – دنبالهٔ گفتار.

۶ – سخن سست است و دختر قیصر پیشتر، سر را برهنه نکرده‌بود که اکنون با افسرش آنرا بپوشد.

۷ – پیشتر از دستور آموزگار سخنی بمیان نیامده بود، و دختر قیصر درمیان پرستندگان خویش مردان را می‌دید.

۸ – هنوز گزینشی رخ نداده‌است و تنها یکدیگر را دیده‌اند. ۹ – لت دویم سست است.

۱۰ – مگر آنان انبوه مردمان راکه بکاخ آمده‌بودند، یکایک می‌شناختند؟ تن و پیکر نیز فرّهٔ ایزدی نتوانست بودن. که فرّ ایزدی از گفتار و کردار نمایان می‌شود.

۱۱ – چرا دامادی که ببالای سرو سهی است و رخی چون بهار دارد، و بر و یالش نیرومند است و فر ایزدی بر چهرش هویدا است. عیب بر نژاد قیصر آوَرَد؟

۱۲ – لت دویم این رج از گفتار افزودهٔ افراسیاب است بمنیژه:

بننگ از کیان پست کردی سرم
بخاک اندر انداختی افسرم

۱۳ – فرمان گزافه.

۱۴ – دستور آموزگار به شُقُف بازگردید... و هنوز در آنزمان کیش عیسی در جهان پدیدار نشده‌بود، تا سکوبا، بتازی اسقف [و در افزوده‌های شاهنامه «شُقُف»] پدید آمده باشد! ۱۵ – سخن همانست، که آنمرد از همگان سرافرازتر نیز بوده‌است.

۱۶ – لت دویم سست‌تر از لت نخست است. ۱۷ – رسم را در آیین سخن فردوسی، راه نیست.

به آیین این شد پی افکنده روم ‌‌ تو راهی مگیر اندر آباد بوم[1]
همایون نباشد چنین خود مگوی ‌‌ به راهی که هرگز نرفتی مپوی»[2]

*

چو بشنید قیصر بران برنهاد ‌‌ که دختِ گرامی به گشتاسپ داد[3]
بدو گفت «با او برو همچنین ‌‌ نیابی ز من گنج و تاج و نگین»[4]
چو گشتاسپ آن دید خیره بماند ‌‌ جهان‌آفرین را فراوان بخواند[5]
چنین گفت با دختر سرفراز ‌‌ که «ای پرورده بنام و بناز[6]
ز چندین سر و افسر نامدار ‌‌ چرا کرد رایت مرا خواستار؟[7]
غریبی همی برگزینی که گنج ‌‌ نیابیْ و با او بمانی به رنج![8]
ازین سرفرازان همالی بجوی ‌‌ که باشدت نزد پدرت آبروی»[9]
کتایون بدو گفت ک:«ای خوش‌گمان ‌‌ مشو تیز با گردش آسمان[10]
چو من با تو خرسند باشم ببخت ‌‌ تو افسر چرا جویی و تاج و تخت»[11]
برفتند ز ایوان قیصر بدرد ‌‌ کتایون و گشتاسپ با بادِ سرد[12]
چنین گفت با شوی و زن کدخدای ‌‌ که «خرسند باشید و فرخنده رای»[13]
سرایی بپرداخت مهتر بدِه ‌‌ خورش‌ها و گستردنی هرچه به[14]
چو آن دید گشتاسپ کرد آفرین ‌‌ بران نامور مهتر پاک‌دین[15]
کتایون بی‌اندازه پیرایه داشت ‌‌ ز یاقوت و هر گوهری مایه داشت[16]

---

۱ – لت نخست پریشان و درهم است: «بدین آیین، روم را پی افکنده‌اند» لت دویم نیز نادرخور است: «راهی دیگر مگزین».

۲ – گفتار، همایون نتواند شد.

۳ – برنهادن (= قرار گذاشتن) نادرست است، زیرا که بر بنیاد این داستان افزوده، چنین آیین، ازپیش «برنهاده» شده‌بود. «داد» در پایان لت دویم نادرخور است: «دهد».

۴ – بدو گفت به دستور آموزگار یا سقف برمیگردد، چون پیشتر با او سخن میگفت.

۵ – لت نخست نادرست است: «چو گشتاسپ دختر را بدید...».

۶ – «بنام و بناز» نادرست است. افزاینده شایستی گفتن «بکام و بناز» اما همهٔ نمونه‌ها چنین‌اند مگر نمونه «و» که با رام و ناز آورده‌است.

۷ – لت دویم نادرست است: «چرا رای مرا کردی».

۸ – دنباله سخن.

۹ – دنبالهٔ گفتار.

۱۰ – خوش گمان را گزارش نیست و در سخنی فارسی پیشینه ندارد.

۱۱ – گشتاسب برای خود افسر و تاج و تخت نمی‌خواست، که برای دختر قیصر خواسته‌بود.

۱۲ – دنبالهٔ گفتار.

۱۳ – دنباله...

۱۴ – «مهتر» در این رج همان کدخدای است و دوباره گویی است. سرای را توان از کسان، یا چیزها پرداختن اما خورش و گستردنی را نتوان... «خورش‌ها» نادرخور است: «خورش گستردنی» سخن نیز بی‌پایان است.

۱۵ – چو آن دید کمبود دارد: «چون چنان دید».

۱۶ – پیرایه نادرست است: «آرایه»، زیرا که پیراستن زیباتر کردن چیزی یا کسی است با کم کردن از آن، و آراستن زیباتر کردن است، با افزودن بدان... و اگر کتایون را «بی‌اندازه» گوهر با خود داشت، چرا از ایوان قیصر «بدرد» بیرون رفتند؟ «یاقوت و هر گوهر» نیز نادرخور است، چون «هر گوهر» بیاید، یاقوت را نیز دربرمیگیرد.

۳۳۶ لهراسپ

یکی گوهری از میان برگزید — که چشم خردمند زان سان ندید[1]
ببردند نزدیک گوهرشناس — پذیرفت ز اندازه بیرون سپاس[2]
بها داد یاقوت را شش هزار — ز دینار و گنج از در شهریار[3]
خریدند چیزی که بایسته بود — بدان روز بَد نیز شایسته بود[4]
ازان سان که آمد همی زیستند — گهی شادمان گاه بگریستند[5]
همه کار گشتاسپ نخچیر بود — همه ساله با ترکش و تیر بود[6]
چنان بد که روزی ز نخچیرگاه — مر اورا به هیشوی بر، بود راه[7]
ز هر گونه‌ای چند نخچیر داشت — همی رفت و ترکش پر از تیر داشت[8]
همه هرچه بود از بزرگان و خرد — هم از راه نزدیک هیشوی برد[9]
چو هیشو بدیدش بیامد دوان — پذیره شدش شاد و روشنروان[10]
به زیرش بگسترد گستردنی — بیاورد چیزی که بُد خوردنی[11]
برآسود گشتاسپ و چیزی بخورد — بیامد به نزد کتایون چو گرد[12]
چو گشتاسپ هیشوی را دوست کرد — به دانش ورا چون تن و پوست کرد[13]
چو رفتی به نخچیر آهو ز شهر — به ره بر، به هیشوی دادی دو بهر[14]

---

۱ – زانسان ندید، نادرست است: «زانسان ندیده‌بود» خردمند نیز نادرخور است: «خردمندان» باری خردمندان را بگوهر چه پیوند است: «چشم گوهر فروشان».
۲ – نزدیک گوهرفروشش می‌بایستی بردن! سپاس از اندازه بیرون نیز نادرخور است: فراوان سپاس، و سپاس نیز «پذیرفتنی» نیست، «گفتنی» است.
۳ – از دینار وگنج نادرست است: «ششهزار دینار»، ششهزار دینار است، و «از درِ شهریار» و «از درِ درویش» بودنِ آن یگانه است!
۴ – «خریدند چیزی» نادرخور است. هر آن چیز را که «می‌بایست» یا میخواستند، خریدند، «نیز» در لت دویم افزوده‌است و لت دویم نیز بی‌پیوند می‌نماید... باری اگر برای «روز بد» چیزی خریدند که شایستهٔ آن بود، آن چیز را بهای ششهزار دیناری بایسته نمی‌نمود.
۵ – لت نخست بی‌پیوند است، افزاینده خواسته‌است بگوید که با پیشامدهای روزگار می‌ساختند و می‌زیستند لت دویم نیز ناهماهنگ است، زیراکه همسنگ «شادمان»، «غمگین» است نه بگریستند. اما چرا آنان را می‌بایستی گریستن، زن و مردی که یکدیگر را دوست می‌داشتند، و خانه و زندگی و ششهزار دینار [در شمار امروز –سال ۱۳۸۵ خیامی–شش هزار سکهٔ زر پیرامون ده میلیارد تومان است!] چندان گوهر داشتند، روزگار را جزاز شادمانه نبایستی می‌گذراندند.
٦ – همه ساله نادرست است: «همواره».
۷ – هیشوی، سرِ مرز ایران و روم می‌زیست، و اینان نزدیک پایتخت روم خانه داشتند. چگونه سواری نخچیرگر، در یک روز چندان راه دور را تواند پیمودن که بر سرِ راه گذرش بر هیشوی افتد؟
۸ – یک: یک سوار، با یک اسپ نمی‌تواند از هرگونه چند نخچیر با خویش ببرد! یک سوار، یک یا دو آهو، یا چند پرنده را تواند بردن! دو: چون از هرگونه «چند نخچیر داشت، پیدا است که بسوی هر یک از آنان دست کم یک تیر افکنده بوده‌است، و چون تیرها را بسوی نخچیران افکنده باشد، ترکش وی پر تیر نتواند بود!
۹ – همسنگ «خرد»، «بزرگ» است نه بزرگان... و بزرگان تنها برای مردمان بزرگ کاربرد دارد نه برای جانوران کشته شده!
۱۰ – دنبالهٔ گفتار.
۱۱ – دنباله.
۱۲ – کسیکه می‌آساید و می‌خورد... نمیتواند «چون گرد» بنزدیک کتایون آید.
۱۳ – سخن در لت نخست ناهموار است زیراکه آنان پیش‌ازاین نیز بایکدیگر دوست شده بودند، و اکنون می‌بایستی گفتن چون گشتاسب دوستی هیشوی را بخود برانگیخت. لت دویم را نیز گزارش نیست... دانش را بدوستی چه پیوندها و آن دو را بتن و پوست؟!...
۱۴ – «چو» در آغاز این رج با «چو» در آغاز رج پیشین همخوان نیست... در لت دویم؛ دو بهر از چند بهر؟

دگـر بـهرهٔ مـهتر دِه بـدی — هـر آن کس کزان روستا مـه بـدی[1]
چـنان شد کـه گشتاسپ بـا کـدخدای — یکـی شـد بـه خـورد و بـه آرام و رای[2]

*

یکـی رومـی‌ای بـود مـیرین بنام — سـرافـراز و بـا رای و بـا گـنج و کـام[3]
فـرستاد نـزدیک قـیصر پـیام — کـه «مـن سـرفرازم بگـنج و بـنام[4]
بـه مـن دِه دلارام دخـترت را — بـه من تـازه کـن نـام و افسـرت را»[5]
چـنین گـفت قـیصر که «من زین سپس — نـجویم بـدین روی پـیوند کس[6]
کـتایون و آن مـرد نـاسرفراز — مـرا داشـتند از چـنان کـار بـاز[7]
کـنون هـر کـه جـویند خـویشیِ مـن — اُگـر سـر فـرازد بـه بیشیِ مـن[8]
یکـی کـار بـایدش کـردن بـزرگ — کـه خـوانـندش ایـدر بـزرگان سـترگ[9]
چـنو در جـهان نـامداری بـود — مـرا بـر زمـین نـیز یـاری بـود[10]
شـود تـا سـر بـیشهٔ فـاسقون — بشـوید دل و دست و مـغزش بـه خـون[11]
یکـی گـرگ بـیند بکـردار نـیل — تـن اژدهـا دارد و زور پـیل[12]
شـرو دارد و نـیشتر چـون گـراز — نـیارد شـدن پـیل پـیشش فـراز[13]

---

۱ – «دگر» نیز نادرخور است، «دیگر بهره را»، پس اگر همه را به این و آن میداد، خود چه بهره از نخچیر می‌برد؟ و مهتر ده نیز از آغاز همین کس بوده‌است، و دیگران را «مه» نشاید نامیدن، چون یک دِه را یک کدخدا است، و بس!

۲ – «یکی شد» در آغاز لت دویم سخت نادرخور است: «یگانه گشت» اما در خوردن شاید یگانه بودن و در «رای» نشاید، و در «آرام» که بدور از اندیشه است زیرا که آرام گشتاسب با کتایون بوده‌است.

۳ – میرین بنام، نادرست است: «بنام میرین»، یا «میرین نام».

۴ – دنبالهٔ گفتار.

۵ – خواستار دختر را نشاید که با چنان سخنان که در لت دویم آمده‌است، پدر زن را خوار داشتن!

٦ – رویداد را، میرین بدان روی که کتایون شوی برگزید، پیش نیامده‌است و بتنهایی خواستار دختر دویم قیصر شده‌است.

۷ – **یک**: آن مرد که بگفتهٔ «دستورِ آموزگار» ناسرفراز نبود:

که مردی گزین کرد از انجمن — ببالای سرو سهی در چمن!
برُخ چون گلستان و با یال و کِفت — ...

دو: «چنان کار» در این رج با «بدین روی» در رج پیشین ناهمخوان است... «آن»، «این».

۸ – هر که جویند، نادرست است: «هر که جوید» داماد را نیز از خسور (پدر زن) سر بر تر افراشتن روا نیست.

۹ – لت دویم درهم است، و «ایدر» را کاربرد درست نیست، زیرا که کار بزرگ را همه‌جا و همه کس می‌ستاید.

۱۰ – سخن چنین نشان میدهد که «نامدار» ازپیش نامدار بوده‌است، نه با انجام کاری بزرگ – یاری بود در لت دویم نیز نادرخور است: «یار باشد».

۱۱ – رج پیشین میان «هر که جوید» با این رج جدایی می‌افکند.

۱۲ – **یک**: همانندی نادرخور که گرگ را نمیتوان به نیل همانند کردن، نمونه‌های لن، لن ۲: «یکی اژدها زور و همرنگ نیل» که نادرست‌تر از نمونهٔ نخستین است. **دو**: باری، اژدها را زور از پیل بیشتر است، و هیچکس چیزی نیرومندتر را، بزور آوری بچیزی کم زورتر از آن، همانند نکرده‌است.

۱۳ – «شرو» شاخ است، اما «نیشتر» ابزار آهنین است که پزشکان پیشین آنرا برای شکافتن پوست یا دُمل چرکین بکار می‌بردند... افزاینده را رای بر آن بوده‌است که بگوید «نیش»، یا «دندان نیش»! اما گراز، با «پوزهٔ سخت خویش» زمین را می‌کاود، نه با دندان خویش!

بران بیشه برنگذرد نرّه شیر / نه پیل و نه خونریز مرد دلیر[1]
هر آن کس که بر وی بدرّید پوست / مرا باشد او یار و داماد و دوست»[2]
چنین گفت میرین «برین زاد بوم / جهان‌آفرین تا پی افکند روم[3]
نیاکان ما جز به گرز گران / نکردند پیکار با مهتران[4]
کنون قیصر از من بجوید همی / سخن با من از کینه گوید همی[5]
من این چاره اکنون بجای آورم / ز هرگونه پاکیزه رای آورم»[6]
چو آمد به ایوان پسندیده مرد / ز هرگونه اندیشه‌ها یاد کرد[7]
نوشته بیاورد و بنهاد پیش / همان اختر و طالع سال خویش[8]
چنان دید کاندر فلان روزگار / از ایران بیاید یکی نامدار[9]
به دستش برآید سه کار گران / کزان باز گویند رومی‌سران[10]
یکی آنکه داماد قیصر شود / همان بر سر قیصر افسر شود[11]
پدید آید از روی کشور دو دد / که هرکس رسد از بد دد به بد[12]
شود هر دو بر دست او بر هلاک / ز هر زورمندی نیایدش باک[13]
ز کار کتایون خود آگاه بود / که با نیو گشتاسپ همراه بود[14]
ز هیشوی و آن مهتر نامجوی / که هر سه به روی اندر آرند روی[15]
بیامد به نزدیک هیشوی تفت / سراسر بگفت آن سخن‌ها که رفت[16]

---

۱ – «بر نگذرد» نادرست است: «نتواند گذشتن». از پیل در رج پیشین نیز یاد شده‌بود، و مرد دلیر، را خونریز نامیدن نادرست است، زیرا که خونریز، پاژنام کسی است که بی‌بهانه خون می‌ریزد.

۲ – «آن»کس در رج نخست با «او» در رج دویم همخوان نیست.

۳ – جهان‌آفرین «روم» را پی نیفکنده است، و روم از آنگاه روم شد که بخشی از آریاییان بدان سرزمین رفتند.

۴ – پیکار را تنها گرز بکار نمی‌آید و تیغ و خنجر و کمند و نیزه و خود و جوشن... در کارِ رزم بایسته است.

۵ – قیصر چه را از او می‌جوید؟ افزاینده خواسته‌است بگوید: «کاری را که تاکنون قیصر از من می‌خواهد...» و رویداد را، آن کار، با گرز برمی‌آید!

۶ – دنبالهٔ گفتار. ۷ – هر گونه اندیشه(ها) نادرخور است.

۸ – این چنین نوشته و (طالع!) و اختر و فال را برای هیچکس سراغ نداریم، و باری اگر میرین را چنین نوشته و اختر بوده‌است، از آغاز آنرا داشته‌است، و اکنون آنرا نبایستی پیش آوردن و خواندن!

۹ – «فلان روزگار» نادرست است: «در چنین روزگار» «این روزگار».

۱۰ – لت دویم نادرخور است: «که سران روم از آن یاد خواهند کردن». ۱۱ – همان در لت دویم نادرخور است.

۱۲ – **یک:** «از روی کشور» نیز نادرست است: «در کشور». **دو:** لت دویم سخت پریشان است، و «هر کس» نیز در آن ناهمگن، زیرا که هر کس که بر کُنام آن دو دَد بگذرد از آنها «بد(ی)» می‌بیند، نه هر کس از رومیان (بنگرید به رومیان).

۱۳ – «شود» در آغاز سخن نادرست است: «شوند» لت دویّم نیز ناهموار است «از هیچ زورمندش باک نیست».

۱۴ – چه‌کس آگاه بود؟ می‌بایستی از میرین در آغاز سخن یاد شود، نام گشتاسپ را نیز در روم نمی‌دانستند!

۱۵ – هر سه روی به روی (اندر) نمی‌آوردند، که هیشوی کنار دریا بود و گشتاسپ بدیدار وی می‌رفت.

۱۶ – «سراسر آن سخنها» در گفتار قیصر نبوده‌است تنها پیروزی بر آن رد را خواسته‌بود!

داستان افزوده رفتن گشتاسپ به روم ۳۳۹

أ زان اختر فیلسوفان روم — شگفتی که آید بدان مرز و بوم[1]
بدو گفت هیشوی ک: «امروز شاد — برِ ما همی باش با مهر و داد[2]
که این مرد کز وی تو دادی نشان — یکی نامداری‌ست از سرکشان[3]
به نخچیر دارد همی روی و رای — نیندیشد از تخت خاورخدای[4]
یکی دی نیامد به نزدیک من — که خرّم شدی جان تاریک من[5]
بیاید هم اکنون ز نخچیرگاه — به ما بر بود بی‌گمانیش راه»[6]
می و رود آورد با بوی و رنگ — نشستند با جام زرین به چنگ[7]
هم آنگه که شد جام می بر چهار — پدید آمد از دشت گرد سوار[8]
چو هیشوی و میرین بدیدند گرد — پذیره شدندش به دشت نبرد[9]
چو میرین بدیدش به هیشوی گفت — که «این را به گیتی کسی نیست جفت[10]
بدین شاخ و این یال و این دستبرد — ز تخمی بود نامبردار و گرد[11]
هنرها ز دیدا او بگذرد — همان شرم و آزادگی و خرد»[12]
چو گشتاسپ تنگ آمد این هر دو مرد — پیاده ببودند ز اسپ نبرد[13]
نشستی نو آراست بر پیش آب — یکی خوان نو ساخت اندر شتاب[14]
می آورد با میگساران نو — نشستی نوآیین و یاران نو[15]
چو رخ لئل گشت از می لئل‌فام — به گشتاسپ هیشوی گفت «ای همام[16]

---

۱ – هنوز «فلسفه» یونانی در جهان پدیدار نشده‌بود که بتوان از فیلسوفان روم یاد کردن!

۲ – دنبالهٔ گفتار.

۳ – نامدار و سرکش را...

۴ – کار، نخچیر نباشد... چنین کس را «نخچیرگر» می‌نامند.

۵ – در لت دویم «شدی» نادرست است: «خرم شود»، «خرم کند» و شگفتا که افزاینده هر یک از این‌ها را بکار می‌برد آهنگ سخن بر هم نمی‌ریخت و گفتارش نیز بدآهنگ نمی‌شد.

٦ – «گمانی» نادرست است.

۷ – می‌و بوی را آورد، سخنی نیست «رود» را که می‌نواخت؟ که آندو دو کس بودند و خنیاگر همراه آنان نبود، «رنگ» را چگونه آورد؟ اگر از گل سخن میگوید که بهتر بود گل می‌آورد، تا رنگ و در چنین سخن همان گل است که «بوی» می‌پراکند، و دوباره گویی آن نادرست می‌نماید.

۸ – سخن مست‌تر از لت نخست گفته نشده‌است.

۹ – **یک**: پدید آمد (= پت دیت پهلوی = به دید فارسی) در رج پیشین همان «بدیدند» در این رج است و سخن دو بار گفته شده‌است. **دو**: آنجا دشت نبرد نبود و جای می و آرام بود.

۱۰ – بایستی روشن شود که میرین (گشتاسپ) را دید.

۱۱ – سواری که از راه دور فرا می‌رسد، یال و شاخش را می‌توان دیدی، اما دستبردش را چگونه دید؟ دستبرد بهنگام جنگ دیده می‌شود.

۱۲ – همچنین هنرها و شرم و آزادگی و خرد او، با یک دیدار دریافته نمی‌شود.

۱۳ – این هردو مرد ناشایسته‌است، زیرا که پیشتر، از آنان یاد می‌شود، و پیدا است که چون بر سر «خوانِ می» بوده‌اند می‌باید که پیاده باشند، و گفتن بکار نیست.

۱۴ – «نشستنگاه» آنان همان بوده‌است که ازپیش بوده، و خوان (=میز) را نمی‌توان بدان زودی ساختن! خوان را «آراستن» شاید.

۱۵ – تاکنون از «میگسار» (= ساقی) سخنی بمیان نیامده بود، باری برای سه کس یک میگسار بسنده می‌نماید، و میگسار میگسار است و نو و کهنه ندارد. افزاینده را رای بر آن بوده‌است که بگوید میگسار جوان!... بنگرید بداستان هفتخوان رستم

که در دشتِ مازندران، یافت خوان — می و رود، با میگسار جوان

۱٦ – رخِ چه کس؟ افزاینده را می‌بایستی گفتن که «چون رخ (گشتاسپ) لئل (فام) گشت».

مرا در جهان دوست خوانی همی / جز از من کسی را ندانی همی[1]
کنون سوی من کرد میرین پناه / یکی نامدار است با دستگاه[2]
دبیرست و با دانش و ارجمند / بگیرد شمار سپهر بلند[3]
سخن گوید از فیلسوفان روم / ز آباد و ویران هر مرز و بوم[4]
هم از گوهر سلم دارد نژاد / پدر بر پدر نام دارد به یاد
به نزدیک اوست شمشیر سلم / که بودی همه ساله در زیر سلم[5]
سواری‌ست گردافکن و شیرگیر / عقاب اندر آرد ز گردون به تیر[6]
برین نیز خواهد که بیشی کند / چو با قیصر روم خویشی کند[7]
به قیصر سخن گفت و پاسخ شنید / ز پاسخ همانا دلش بردمید[8]
که او گفت: در بیشهٔ فاسقون / یکی گرگ باشد بسان هیون[9]
اگر کشته آید به دست تو گرگ / تو باشی به روم ایرمانی بزرگ[10]
جهاندار باشی و داماد من / زمانه به‌خوبی دهد داد من[11]
کنون گر تو این را کنی دست پیش / منت بنده‌ام وین سرافراز خویش»[12]
بدو گفت گشتاسپ ک: «آری رواست / چه گویند و این بیشه اکنون کجاست[13]
چگونه ددی باشد اندر جهان / که ترسند ازو کهتران و مهان»[14]
چنین گفت هیشوی ک: «این پیر گرگ / همی برتر است از هیونی سترگ[15]

---

۱ – سخن سخت سست است. ۲ – پناه «کردنی» نیست «آوردنی» است.
۳ – اگر او شمار چرخ بلند را خود میگیرد، چرا فال و اختر خود را از نوشتهٔ دیگران خواند؟
۴ – چنین گفتار، با آنچه که در آغاز دربارهٔ میرین آمد، همخوان نیست:
یکی رومی‌ای بود میرین بنام / سرافراز و با رای و با گنج و کام!
۵ – **یک:** و اگر وی از ردهٔ دبیران بوده‌است، شمشیر سلم چگونه بدو رسید؟ شمشیر سلم را می‌بایستی از پدر به پسر، تا بقیصر رسد، نه بیک مرد دبیر! **دو:** شمشیر را چگونه در زیر سلم» جای بود؟
۶ – مرد فیلسوف و دبیر به سوار گردافکن و شیرگیر بازگشت! ۷ – «چو» در آغاز لت دویم نادرخور است.
۸ – زمانِ کنش نادرست است: با قیصر سخن «گفته‌است».
۹ – **یک:** چون «پاسخ شنید» در رج پیشین آمد، «که او گفت» در این رج نادرخور است. **دو:** سخن قیصر دربارهٔ آن گرگ چنین بود:
یکی گرگ بیند بکردار نیل / تن اژدها دارد و زور پیل
و یادی از همانندی وی با «هیون» نشده‌بود.
۱۰ – در لت نخست «آن گرگ» باید، و در لت دویم روشن نیست که «ایرمان» چیست، اگرچه در همهٔ فرهنگ‌ها، زیر این واژه همین گفتار افزودهٔ بشاهنامه را آورده‌اند. ۱۱ – جهاندار، شاه است، نه داماد او.
۱۲ – سخن لت نخست درهمریخته است: «اکنون اگر تو (بدین کار) دست پیش (بری)».
۱۳ – آری رواست، بسنده نیست: «آری چنین می‌کنم!» چه گویند نیز نادرخور است، و این بیشه نادرست است «آن بیشه» و اکنون از همه نادرست‌تر زیراکه آن بیشه از آغاز بوده‌است، و اکنون و دیروز و فردا را یاد کردن، روا نیست. ۱۴ – سخن سست.
۱۵ – از «دد» چون جوان باشد می‌ترسند، و چون پیر شود هراسی از او نیست! و در گفتارهای پیشین از پیری وی یاد نشده‌بود. افزاینده که پیشتر از آن بسان هیون یاد کرده‌بود: اینجا برتر از هیونش می‌خواند.

دو دندان او چون دو دندان پیل   دو چشمش طبرخون و چرمش چو نیل[۱]
شروهاش چون آبنوسی فرسپ   چو خشم آورد بگذرد بر دو اسپ[۲]
از ایدر بسی نامور قیصران   برفتند با گرزهای گران[۳]
ازان بیشه ناکام بازآمدند   پر از ننگ و تن پرگداز آمدند»[۴]
بدو گفت گشتاسپ ک:«ان تیغ سلم   بیارید و اسپی سرافراز گرم[۵]
همی اژدها خوانم این را نه گرگ   تو گرگی مدان از هیونی بزرگ»[۶]
چو بشنید میرین، ازان جا برفت   سوی خانهٔ خویش تازید و تفت[۷]
ز آخر گزین کرد اسپی سیاه   گرانمایه خفتان و رومی کلاه[۸]
همان مایه‌ور تیغ الماس‌گون   که سلم آب دادش به زهر و به خون[۹]
بسی هدیه بگزید با آن ز گنج   ز یاقوت و گوهر همه پنج پنج[۱۰]
چو خورشید پیراهن قیرگون   بدرّید و آمد ز پرده برون[۱۱]
جهانجوی میرین ز ایوان برفت   بیامد به نزدیک هیشوی تفت[۱۲]
ز نخچیر گشتاسپ زان سو کشید   نگه کرد هیشوی و او را بدید[۱۳]
ازان اسپ و شمشیر خیره شدند   چو نزدیک‌تر شد پذیره شدند[۱۴]

---

۱ – پیشتر از شاخ او یاد شده‌بود و «نیشتر» وی، و اکنون روشن می‌شود که اندیشهٔ افزاینده، از آوردن نیشتر، همین نیش و دندان بوده‌است، اما در گذشته «نیشتر» وی باندازهٔ گراز بود، و اکنون باندازه دندان پیل شد!!

۲ – پس، چون افزاینده شاخ‌های وی را بیاد آورد، بشاخ او بازمیگردد که هر یک از آنها را چون فرسپی (فرسپ = تیرِ بزرگ ساختمانها که تیرهای دیگر را بر روی آن کار میگذارند) آبنوسی (سیاهرنگ) می‌نمایاند و فراموش کرده‌بود که خود آورده‌بود: «سرو دارد و نیشتر، چون گراز»!

۳ – **یک**: از ایدر نادرخور است، زیرا که قیصران از کناره دریا بجنگِ وی نمی‌رفتند، که از پایتخت خویش براه می‌افتادند. **دو**: در گفتارهای پیشین هیچ یادی از نبرد کسی با آن گرگ نشده‌بود.

۴ – اگر هیچیک از قیصران در نبرد با گرگ کامیاب نشده‌بودند، ننگ ازبرای چه؟

۵ – تیغ سلم را «را» باید و اسب سرافراز، چگونه «گرم» باشد؟ و سلم را با گرم پساوا نیست.

۶ – **یک**: همی در آغاز سخن نادرست: «آن دو (که چنین از وی یاد میکنی) اژدها (است) نه گرگ». **دو**: لت نخست نیز آشفته‌است و «تو» در آغاز آن نادرخور: «گرگ از هیون بزرگ(تر نیست).

۷ – «برفت» در لت نخست، همان «تاخت و نه تازید» در رج دوم است.

۸ – سخن چنین می‌نماید که خفتان و رومی کلاه را نیز از آخور اسپان برگزید.

۹ – بیگمان سلم چنین کار را نکرده‌بود، و اگر داستان راست می‌بود آهنگران آنرا برای سلم ساخته بوده‌اند نه خود سلم. «آب دادش» نیز نادرست «آب داده بودش»، وشمشیر را بخون و زهر آب نمی‌دهند! پس‌از آنکه‌شمشیر؛ آبداده شود، می‌توان بر روی آن زهر مالیدن که با اندک خراش بر پیکر هماورد، جانش با زهر تباه گردد.

۱۰ – یاقوت، خود گونه‌ای گوهر است و نمیتوان «از یاقوت و گوهر» یاد کردن، و افزاینده سست‌اندیش پنج پنج را برای پساوای گنج آورده‌است!

۱۱ – دنبالهٔ گفتار.

۱۲ – برفت و بیامد در این رج با یکدگر همخوان نیستند.

۱۳ – سخن از هیشوی بود، و بگشتاسپ بازگشت... و در لت دویم تنها هیشوی نیست که او را می‌بیند که میرین را نیز توان دیدن وی بوده‌است.

۱۴ – در رج پیشین میرین و هیشوی باهم بودند، و در این رج هیشوی و گشتاسپ باهم، از دیدن اسپ وشمشیر خیره می‌شوند... باری

←

۳۴۲ لهراسپ

چو گشتاسپ آن هدیه‌ها بنگرید　　همان اسپ و تیغ از میان برگزید[1]
دگر چیز بخشید هیشوی را　　بیاراست جان جهانجوی را[2]
بپوشید گشتاسپ خفتان چو گرد　　به زیر اندر آورد اسپ نبرد[3]
به زه بر کمان و به بازو کمند　　سواری سرافراز و اسپی بلند[4]
همی رفت هیشوی با او به راه　　جهانجوی میرین فریادخواه[5]
چنین تا لب بیشهٔ فاسقون　　برفتند پیچان و دل پر ز خون[6]

*

چو نزدیک شد بیشه و جای گرگ　　بپیچید میرین و مرد سترگ[7]
به گشتاسپ بنمود به انگشت راست　　که آن اژدها را نشیمن کجاست[8]
وزو بازگشتند هر دو به درد　　پر از خون دل و دیده پر آب زرد[9]
چنین گفت هیشوی ک:«این سرفراز　　دلیر است و دانا و هم رزمساز[10]
بترسم بر او بر ز چنگال گرگ　　که گردد تباه این جوان سترگ»[11]
چو گشتاسپ نزدیک آن بیشه شد　　دل رزمسازش پر اندیشه شد[12]
فرود آمد از بارهٔ سرفراز　　به پیش جهاندار و بردش نماز[13]
همی گفت «ایا پاک پروردگار　　فروزندهٔ گردش روزگار[14]

← سواران همواره خود بر برترین اسب خویش بر می‌نشستند و اگر میرین را چنان اسپی بوده‌است که گشتاسپ از دیدن آن (خیره) می‌شود، چرا تاکنون، خود سوار بر آن نشده‌بود؟!

۱ - آن هدیه‌ها را «را» باید و اسپ و تیغ درمیان هدیه‌ها نبودند که ازمیان آنها برگزیده شوند!

۲ - دگر چیز را نیز روی نباشد...: «گوهرها را» و هیشوی دریابان باژخواه، جهانجوی نبود! جهانجوی پاژنام پادشاهان است که بکشور خویش خرسند نیستند، و همواره در پی بدست آوردن سرزمین‌های دیگراند.

۳ - سخن از برگزیدن خفتان ازسوی گشتاسپ نیامده بود...

۴ - کمند را بفتراک زین می‌بندند... سخن در لت دویم نیز بی‌پیوند و نادرخور است.

۵ - همی رفت نادرست است: «برفت» و لت دویم را نیز پیوند «با» یا «و» بایسته است.

۶ - بیشه را «لب» نیست: «کنار بیشه» و در بیابانی که هیچ دشمن و دد نیست از چه چیز پیچان و دل پر ز خون بودند؟

۷ - **یک:** بیشه نزدیک نمی‌شود. که آنان به بیشه و جای گرگ نزدیک شدند. **دو:** در لت دویم، گیریم که میرین سترگ (لجوج و بی‌آزرم و شرم) بوده‌است هیشوی باژخواه را چرا سترگ نامیدن؟

۸ - بانگشت سخن راست می‌کند و کدام انگشت از انگشتان دست راست؟ پیدا است که کسی چون چیزی را می‌نماید انگشت نخستینِ دست راست را برابر آن میگیرد، اما سخن در این رج کمبود دارد.

۹ - چرا دل پر از خون؟ چرا دیدهٔ گریان، گیریم که گشتاسپ در نبرد خواهد مرد، آنان که جان بدر برده‌اند!

۱۰ - دنبالهٔ گفتار.

۱۱ - **یک:** پیشتر از شاخ و دندان گرگ سخن رفته‌بود، نه از چنگال او. **دو:** لت دویم را پیوند بایسته با لت نخست نیست.

۱۲ - «دل» رزمساز نیست! رزم را با دست و بازو و پیکر و نیروی تن می‌کنند!

۱۳ - جاندار را جای نیست که به پیش وی نماز برند.

۱۴ - همی گفت نادرست است چنین گفت، گردش روزگار گذر روزها و شب‌ها است، و نه افروزش آنها!

تو باشی بدین بد مرا دستگیر　　ببخشای بر جان لهراسپ پیر[1]
که گر بر من این اژدهای بزرگ　　که خوانَد ورا ناخردمند گرگ[2]
شود پادشا، چون پدر بشنود　　خروشان شود زان سپس نغنود[3]
بمانَد پر از درد چو بیهشان　　به هر کس خروشان و جویا نشان[4]
اگر من شوم زین بدِ دد ستوه　　بپوشم سر از شرم پیش گروه»[5]
بگفت این و بر بارگی برنشست　　خروشان و جوشان و تیغی به دست[6]
کمانی به زه بر به بازو درون　　همی رفت بیداردل پر ز خون[7]
ز ره چون به تنگ اندر آمد سوار　　بغرّید بر سان ابر بهار[8]
چو گرگ از در بیشه او را بدید　　خروشی به ابر سیه برکشید[9]
همی کند روی زمین را به چنگ　　نه بر گونهٔ شیر و چنگ پلنگ[10]
چو گشتاسپ آن اژدها را بدید　　کمان را به زه کرد و اندر کشید[11]
چو باد از برش تیرباران گرفت　　کمان را چو ابر بهاران گرفت[12]
دد از تیر گشتاسپی خسته شد　　دلیریش با درد پیوسته شد[13]
بیاسود و برخاست از جای گرگ　　بیامد بسان هیون سترگ[14]
سرو چون گوزنان به پیش اندرون　　تن از زخم پر درد و دل پر زخون[15]

---

۱ - «تو باشی» نادرخور است. مرا بدین کار، یاور (باش)... چگونه گشتاسپِ (باکین) ازپیش پدر رفته، اینجا بیاد او می‌افتد؟

۲ - دنبالهٔ گفتار.

۳ - اگر اژدها گشتاسپ را از پای درآوَرَد خود بر او «پیروز» می‌شود، نه «پادشاه»!

۴ - جویندهٔ نشان را (از) هرکس شاید، نه (به) هرکس.

۵ - **یک:** دوباره همان سخن است و از پیروزی گرگ و دد و اژدها سخن میرود. **دو:** اگر بستوه آید، کشته می‌شود، و دیگر در جهان نخواهد بود که رخ را (نه سر را) از مردمان بپوشاند! هیچیک از سخنان یادشده را، نشان از نماد بخداوند نیست.

٦ - دنبالهٔ گفتار.

۷ - بازو را «اندرون» نیست که کمان را در آن نهند، و پهلوانی را که به نبرد می‌رود، شایسته نیست که با دل پر ز خون برود!

۸ - درگفتار پیشین کننده (فاعل) گشتاسپ بود، و اینجا نام سوار در پایان سخن می‌آید!

۹ - بیشه را «در» نباشد، و خروش را به ابر سیه نشاید رساندن، آن گَرد است که از جنبش سپاه به ابر سیه می‌رسد.

۱۰ - «همی کند» نادرست، زیرا که نشانهٔ پیوستگی آن کار است، و گرگ اژدها را می‌بایستی با همنبرد جنگیدن، نه از آغاز تا پایان (همی) زمین را بچنگ کندن! و شیر زمین را بچنگ می‌کند، نیز شیر را، با «چنگ پلنگ» نمیتوان همراه آوردن، یا شیر و پلنگ یا چنگ شیر «چنگ پلنگ».

۱۱ - کمان را پیش‌از جنگ «بزه» می‌کنند!

۱۲ - تیر باران را به «باد» همانند نمی‌توان کردن، زیرا که باد را جنبشی پیوسته‌است، و تیرباران ناپیوسته‌است... اما افزاینده در لت دویم، از گفتارهای فردوسی، سخن را می‌آراید و دگرگون می‌کند.

۱۳ - تیر گشتاسپ در روم ساخته و پرداخته شده‌بود، و نمیتوان آنرا «تیر گشتاسپی» خواندن، مگر آنکه گفته آید: «از تیر گشتاسپ» در لت دویم... کدام دلیری؟ ددی که در نبرد با دشمن، تنها زمین را بچنگ بکند، چه دلیری از خود نشان داده‌است؟

۱۴ - **یک:** «بیاسود» سخت نادرخور است زیرا که بیدرنگ با «برخاست» همراه شده‌است. **دو:** دوباره گرگ (و نه اژدها) بسان هیونی سترگ نمایانده شد!

۱۵ - پیشتر سرو (شاخ) وی بدندان گراز همانند شده‌بود، پسان، آنرا به ابر سیاه مانّنده کردند، و اکنون بشاخ گوزنان می‌مانَد!؟! پیش ←

چو نزدیک اسپ اندرآمد ز راه ——— سرونی بزد بر سرین سیاه[1]
که از خایه تا ناف او بردرید ——— جهانجوی تیغ از میان برکشید[2]
پیاده بزد بر میان سرش ——— به دو نیم شد پشت و یال و برش[3]
بیامد به پیش خداوند دد ——— خداوند هر دانش و نیک و بد[4]
همی آفرین خواند بر کردگار ——— که «ای آفریننده روزگار[5]
تویی راه گم کرده را رهنمای ——— تویی برتر و دادگر یک‌خدای[6]
همه کام و پیروزی از کام تست ——— همه فرّ و دانایی از نام تست»[7]
چو برگشت از جایگاه نماز ——— بکند آن دو دندان که بودش دراز[8]
اُزان بیشه تنها سر اندر کشید ——— همی رفت تا پیش دریا رسید[9]
برِ آب هیشوی و میرین به درد ——— نشسته زبان‌ها پر از یاد کرد[10]
سخن‌شان ز گشتاسپ بود و ز گرگ ——— که: زارا سوار دلیر و سترگ[11]
که اکنون به رزمی بزرگ اندر است ——— دریده به چنگال گرگ اندر است[12]
چو گشتاسپ آمد پیاده پدید ——— پر از خون و رخ چون گل شنبلید[13]
چو دیدندش از جای برخاستند ——— به‌زاری خروشیدن آراستند[14]
به‌زاری گرفتندش اندر کنار ——— رخان زرد و مژگان چو ابر بهار[15]

← اندرون نادرست است. زیرا که «پیش» را «اندرون» نیست، و «زخم» در زبان فارسی (ضربه) است و پر از زخم (پر ضربه) را هیچ گزارش نیست مگر آنکه افزاینده زخم را در زبان فارسی نو بجای ریش (= جراحت) گرفته باشد!

۱ – چون شاخ به سرین (کپل) اسپ خورد...

۲ – در سرین فرو میرود، و نشاید که از سرون، تا ناف اسپ را از بیرون بدرّد! و آن چگونه جنگاوری است، که تازه شمشیر ازمیان بر می‌کشد؟

۳ – **یک:** در رج پیشین می‌بایستی از پیاده شدن گشتاسب سخن رفته باشد، که اینجا او را پیاده نشان می‌دهد. **دو:** شمشیر را بر (سر) گرگ زد... و (پشت و یال و برِ او) بر دو نیم شد؟

۴ – **یک:** تاکنون هیچکس در همهٔ جهان از خداوند با پاژنام «خداوندِ دد» یاد نکرده‌است. و این سخن یکی از زشت‌ترین ریشخندهای افزایندگان است بیادگار نیاکان! **دو:** خداوندِ بد را چه گزارش است؟

۵ – پیشتر دربارهٔ اینکه ایرانیان روزگار (= زمان) را خودآفریده می‌دانستند، سخن رفت.

۶ – دنبالهٔ گفتار.

۷ – خداوند را، جزاز گردش و روشِ بآیین، برای جهانیان نیست، اما مردمان خود با کارهای خویش گردش روزگار را تلخ، بکام خویش می‌سازند.

۸ – لت دویم سخت نادرخور است: «دندانهای دراز او را برکند».

۹ – از بیشه بیرون رفتن را نمیتوان سر اندر (= اندرون) کشیدن، خواند!

۱۰ – سخن را در این رج پایان نیست.

۱۱ – آنان از کجا آگاه شده‌بودند که گرگ بر گشتاسپ پیروز شده‌است؟

۱۲ – اگر بر بنیاد لت نخست، گشتاسپ با گرد نبرد می‌آزماید، چرا در لت دویم کار را با شکست گشتاسپ پایان یافته می‌خواند؟

۱۳ – پهلوان پیروز را چرا رخ برنگ شنبلید بوده باشد؟

۱۴ – «دیدند» در این رج با پدید (= پت دید) در رج پیشین ناهمخوان است. آنان که پیشتر با زاری گشتاسپ را یاد می‌کردند، چرا بایستی اکنون که او را پیروز می‌بینند، خروش بیارایند(؟) مگر خروش آراستنی است؟

۱۵ – هنوز که سخن از زاری و گریستن می‌رود!!

که «چون بود با گرگ پیکار تو　　دل ما پر از خون بُد از کار تو»[1]
بدو گفت گشتاسپ کـ:«ای نیک‌رای　　به روم اندرون نیست بیم از خدای[2]
بران سان یکی اژدهای دلیر　　به کشور بمانند تا سال دیر[3]
برآید جهانی شود زو هلاک　　چه قیصر مر او را چه یک مشت خاک[4]
به شمشیر سلمش زدم به دو نیم　　سرآمد شما را همه ترس و بیم[5]
شوید آن شگفتی ببینید گرم　　کزان بیش‌ترکس ندیده‌ست چرم[6]
یکی زنده‌پیل است گویی به پوست　　همه بیشه بالا و پهنای اوست»[7]
بدان بیشه رفتند هر دو دوان　　ز گفتار او شاد و روشنروان[8]
بدیدند گرگی به بالای پیل　　به چنگال شیران و همرنگ نیل[9]
بدو کرده زخمی ز سر تا به پای　　دو شیر است گویی فتاده به جای[10]
چو دیدند کردند زو آفرین　　بران فرمند آفتاب زمین[11]
دلی شاد زان بیشه باز آمدند　　برِ شیر جنگی فراز آمدند[12]
بسی هدیه آورد میرین برش　　بران سان که بُد مرد را درخورش[13]
بجز دیگر اسپی نپذرفت زوی　　اُزانجا سوی خانه بنهاد روی[14]
چو آمد ز دریا به آرام خویش　　کتایون بینادلش رفت پیش[15]

۱ – سخن را پیوند درست با رج پیشین نیست آنان می‌بایستی از گشتاسب «بپرسند که...».

۲ – **یک:** دو کس از گشتاسپ می‌پرسند، و پاسخ یکتن از آنان را میدهد! **دو:** و پیش‌ازاین، در سخنان افزوده، از بی‌دینی آنان سخن نرفته‌بود.

۳ – لت نخست را در پایان «را» باید، در لت دویم «تا سال دیر» نادرست است: «بسیار سال»...

۴ – پیشتر از اینکه، یک جهان مردم بر چنگ آن گرگ کشته شده باشند، سخن نرفته‌بود. لت دویم را نیز گزارشی نیست.

۵ – باشمشیر او را بر دو نیم کرده‌بود، نه تنها (زده) بود «زدم بر دو نیم» نادرست است.

٦ – دیدن گرم چگونه بوده باشد؟ در لت دویم از چرم او یاد می‌شود، باز آنکه پیکر و اندام او را بایستی گفتن. زیرا که چرم او را از پیکرش جدا نکرده‌بود! باری در بازار چرم فروشان سدها برابر آن، چرم بوده‌است.

۷ – **یک:** افزاینده خود پی برد که او را از چرم جدا نکرده‌است، پس باندام پیل مانند او درمیان پوست یاد می‌کند! **دو:** اگر باندازه یک زنده‌پیل بوده‌است، پس نمیتوانسته‌است همهٔ بیشه را با بالا و پهنای او بپوشاند!

۸ – چون نیشتر(؟) یا دندانهای گرگ را با خود آوزده‌بود، آنان چرا می‌بایستی به بیشه بروند؟ افزاینده بیشهٔ فاسقون و دریای مرزی ایران و روم و پایتخت قیصر را بگونه‌ای کنار هم آورده‌است که «دوان» می‌توان از یکی از آنها بدیگری رفتن.

۹ – گرگ، پیشتر ببالای هیون بود، پس برتر از هیون شد، آنگاه اژدهای بزرگ و اکنون باندازهٔ پیل نمایانده می‌شود...

۱۰ – و اکنون باندازهٔ دو شیر گردید! «زخم» نیز کردنی نیست، زدنی است.

۱۱ – «کردند از او آفرین» را نیز هیچ گزارش نیست و چنانکه لت دویم را... اگرچه روشن نیست که از «فرّمند» که را خواهد گفتن، اما واژهٔ درست فرهمند است نه فرّمند.

۱۲ – **یک:** دلی شاد، دلِ یک کس را بازمیگوید، باز آنکه آنان دوکس بوده‌اند. **دو:** «دلی شاد» نیز نادرست است: «با دل شاد».

۱۳ – سخن در لت نخست آشفته‌است: «میرین بسی هدیه برای گشتاسپ آورد» اما از کجا؟ آنانکه در کنار دریا و خانهٔ هیشوی بودند، میرین برای پیشکش آوردن می‌بایستی بخانهٔ خویش رود و باز آید! لت دویم نیز کودکانه است: «که سزاوار وی باشد».

۱۴ – درمیان پیکشی‌ها سخن از اسپ نرفته‌بود... ازسویی گشتاسپ، خود، اسپ داشت، و با اسپِ میرین بجنگ گرگ رفته‌بود.

۱۵ – لت دویم درهمریخته است: کتایون (بینادل) به پیشش رفت.

بدو گفت «جوشن کجا یافتی — کز ایدر به نخچیر بشتافتی؟»[1]
چنین داد پاسخ که «از شهر من — بیامد یکی نامور انجمن[2]
مرا هدیه این جوشن و تیغ و خود — بدادند و چندی ز خویشان درود»[3]
کتایون مَی آورد همچون گلاب — همی خورد با شوی تا گاهِ خواب[4]
بخفتند شادانْ دو اخترگرای — جوانمرد هزمان بجستی ز جای[5]
بدیدی به خواب اندرون رزم گرگ — بکردار نرّ اژدهای سترگ[6]
کتایون بدو گفت «امشب چه بود — که هزمان بترسی چنین ناپسود؟»[7]
چنین داد پاسخ که «من تخت خویش — بدیدم به خواب اختر و بخت خویش»[8]
کتایون بدانست کاو را نژاد — ز شاهی بود یک‌دل و یک‌نهاد[9]
بزرگ است و با او نگوید همی — ز قیصر بلندی نجوید همی[10]
بدو گفت گشتاسپ ک :«ای ماهروی — سمن‌خدّ و سیمین‌بر و مشکبوی[11]
بیارای تا ما به ایران شویم — از ایدر به جای دلیران شویم[12]
ببینی بر و بوم فرخنده را — همان شاه با داد و بخشنده را»[13]
کتایون بدو گفت «خیره مگوی — به تیزی چنین راه رفتن مجوی[14]
چو ز ایدر به رفتن نهی روی را — هماواز کن پیش هیشوی را[15]

---

۱ - سخن سخت درهم است!

۲ - یکی نامور انجمن نادرست است: «انجمنی از ناموران» زیرا که یک انجمن را سراپا نامور نمی‌توان خواندن.

۳ - از سستی سخن در لت نخست گذشته در لت دویم گفتار درست چنین توانستی بودن: «درودِ چندی از خویشان».

۴ - سخن برداشتی کودکانه از آن گفتار فردوسی است که فرمود:

چنین دید گوینده، یک شب بخواب — که یک جام می داشتی چون گلاب

لت دویم نیز گفتاری سست است، می‌خوردند، باهم می‌خوردند، بروی هم می‌خوردند. چند جام می‌پیمودند...

۵ - **یک:** اخترگرای را برای زن و شوی چه گزارش است؟ کسیکه به ستاره گرایش دارد؟ **دو:** در لت دویم «هزمان» بجای هر زمان نادرست است، و این گونه از واژه در افزوده‌ها چند بار آمده‌است. **سه:** چگونه کسی که شب از اندیشهٔ نبرد روز پیشین از خواب بر می‌جست، بهنگام خفتن شادان دل خوابیده بود؟ ۶ - «بکردار نر اژدهای سترگ»، بگشتاسپ بازمی‌گردد!!

۷ - اگر کتایون در همان شب چنین سخن را گفت، «چه بود» نابکار است: «چیست»، «ترا چه می‌شود؟»! هزمان نیز دوباره می‌آید «ناپسود» نیز سخت نادرخور است و گزارشی ندارد.

۸ - لت دویم را پیوند «را» در آغاز باید، و اختر و بخت، نیز بچشم دیده نمی‌شود.

۹ - گیریم که کتایون دانست نژاد شوهرش بپادشاهان میرسد. اما یکدل و یک نهادی آنانرا از کجا دریافت؟ و چگونه از پاسخ دروغین گشتاسپ، چنان اندریافتِ بلند، در وی پدید آمد؟ ۱۰ - این رج را با رج پیشین پیوندِ سزاوار نیست...

۱۱ - خدّ (= خطِ رُخ؛ ابروان دختر) بگونهٔ یاسمن نتواند بودن.

۱۲ - چه چیز را بیاراید؟ برای جنبش، آمادگی بکار آید، نه آرایش!

۱۳ - این، همان شاه بود که باکین و درد از وی گریخته‌بود!

۱۴ - راهِ رفتن پیدا است و جُستن نمی‌خواهد: «بتیزی اندیشهٔ رفتن مکن».

۱۵ - برفتن نهی روی را نادرست: «روی براه نهی» لت دویم نیز «پیش(تر)، یا پیش (از آن) هیشوی را (آگاه) کن».

مگر بگذراند به کشتی ترا — جهان تازه شد چون گذشتی ترا[1]
من ایدر بمانم به رنج دراز — ندانم که کی بینمت نیز باز»[2]
به نارفته در خانه گریان شدند — بران آتش درد بریان شدند[3]
چو از چرخ بفروخت گردنده شید — جوانان بیداردل پر امید[4]
ازان خانهٔ بزم برخاستند — ز هر گونه‌ای گفتن آراستند[5]
که تا چون شود بر سر ما سپهر — به تندی گذارد جهان گر به مهر[6]

*

اُزان روی چون باد میرین برفت — به نزدیک قیصر خرامید و تفت[7]
چنین گفت ک:«ای نامدار بزرگ — به پایان رسید آن زیان‌های گرگ[8]
همه بیشه سر تا به سر اژدهاست — تو نیز ار شگفتی ببینی رواست[9]
بیامد دمان کرد آهنگ من — یکی خنجری یافت از چنگ من[10]
ز سر تا میانش به دو نیم شد — دل دیو زان زخم پر بیم شد»[11]
ببالید قیصر ز گفتار اوی — بر افروخت پژمرده رخسار اوی[12]
بفرمود تا گاو گردون برند — سراپرده از شهر بیرون برند[13]
یکی بزمگاهی بیاراستند — می و رود رامشگران خواستند[14]
ببردند گاوان گردون‌کشان — بدان بیشه کز گرگ بودی نشان[15]
برفتند و دیدند پیلی ژیان — به خنجر بریده ز سرتا میان[16]

---

۱ - پیدا است که هیشوی که گشتاسپ را از بی‌آگاهی پیشین، سوی ایران بخاک روم رسانده‌بود، در بازگشت نیز چنین خواهد کرد. لت دویم را پیوند درست با لت نخست نیست، و زمان کنش نیز نادرخور است: «چون بگذری».

۲ - چون گشتاسپ خود می‌خواهد که کتایون را بهمراه ببرد، چرا کتایون را می‌باید با رنج دراز، در روم ماندن؟

۳ - بنارفته نادرست است: «هنوز نرفته».

۴ - چگونه آن دو جوان که در رج پیش‌از درد می‌سوختند، و می‌گریستند، در این رج، پر امید خوانده می‌شوند؟

۵ - کدام خانهٔ بزم؟ آنان در خانهٔ خویش خفته بودند، و گفتن را چگونه آراستند؟

۶ - سپهر بر سر مردمان «نمی‌شود»، «میگردد» یا «می‌چرخد»، و جهان نیز نمی‌گذارد، که «می‌گذرد».

۷ - دنبالهٔ گفتار.

۸ - شاه را شاید یکی از گردان کشور را نامدار خواندن، و بازگونهٔ آن نشاید.

۹ - «همه»، با «سر تاسر» همخوان نیست، و چگونه پیکرِ گرگی که باندازه هیون، و بلندتر از آن، پسان باندازه پیلی می‌نمود، سرتاسر بیشه را پر کرده‌بود؟

۱۰ - یکی خنجری یافت، نادرست است: «خنجری بدو زدم» با خنجر من روبرو شد...

۱۱ - و چگونه با یک زخم خنجر چنان گرگ بر دو نیمه می‌شود؟ و پس‌از مردن، دل را نشاید پر بیم شدن!

۱۲ - بالیدن، بزرگ شدن است و برای یک مرد نمی‌توان آنرا بکار بردن، و پیش‌ازآن، از رخسار پژمردهٔ قیصر سخن نرفته‌بود.

۱۳ - چون گردونه برند (نه گاوِ گردون) آن گرگ را می‌توانند بکاخ قیصر آورند، و بایسته نیست که برای دیدن پیکر گرگ سراپردهٔ شاهی را به بیابان کشانند.

۱۴ - دنبالهٔ گفتار.

۱۵ - پیشتر سخن از گاو گردون رفت، و اکنون از گاوان گردونکشان! و گاوان گردون کش درست است لت دویم نیز نادرخور است؛ «بیشهٔ فاسقون»، «بیشهٔ گرگ».

۱۶ - پیشتر از دو نیمه شدن گرگ با زخم شمشیر سخن رفته‌بود، و اکنون از بریده شدنِ از سر تا میانِ آن، سخن می‌رود،... سر را با خنجر ←

چو بیرون کشیدندش از مرغزار / به گاوان گردون‌کش تاودار[1]
جهانی نظاره بران پیر گرگ / چه گرگ آن ژیان نرّه شیر سترگ[2]
چو قیصر بدید آن تن پیل مست / ز شادی بسی دست بر زد به دست[3]
همان روز قیصر شُقُف را بخواند / به ایوان و دختر به میرین رساند[4]
نوشتند نامه به هر کشوری / سکوبا و بطریق و هر مهتری[5]
که میرینِ شیر آن سرافراز روم / ز گرگ دلاور تهی کرد بوم[6]

*

ز میرین یکی بود کهتر به سال / ز گردان رومی برآورده یال[7]
گوی برمنش نام او اهرنا / ز تخم بزرگان رویین‌تنا[8]
فرستاد نزدیک قیصر پیام / که: دانی که ما را نژاد است و نام[9]
ز میرین به هر گوهری بگذرم / به تیغ و به گنج درم برترم[10]
به من ده کنون دختر کهترت / به من تازه کن لشگر و افسرت[11]
چنین داد پاسخ که: پیمان من / شنیدی مگر با جهانبان من[12]
که داماد نگزیند این دخترم / ز راه نیاکان خود بگذرم[13]
چو میرین یکی کار بایدت کرد / ازان پس تو باشی ورا همنبرد[14]
به کوه سقیلا یکی اژدهاست / که کشور همه پاک ازو در بلاست[15]

→ چگونه توان بدو نیمه بریدن؟

۱ - گاوان گردونکشان، بگونهٔ درست گردونکش در آمد، اما «تاودار» بدان افزوده گشت که نادرست است: «نیرومند».

۲ - پیل، به «شیر ژیان» گردید، با؛ نادرخورترین واژه‌ها!

۳ - و بیدرنگ بگونه پیل برگشت... و گرگ یا پیل کشتهٔ بر دو نیم شده را چگونه توان «مست» نامیدن؟

۴ - پیش‌از عیسی، از شُقُف (= سکوبا) نام و نشان نبوده‌است. لت دویم نیز نارسا است: «دفتر را بمیرین داد».

۵ - دوباره سخن از سکوبا و بطریق می‌رود... «به سکوبایان و بطریقان و مهتران».

۶ - دنبالهٔ گفتار.

۷ - دنباله...

۸ - **یک:** اَهرَن را نشاید اهرنا آوردن. **دو:** در افسانه‌های اروپایی تنها آشیل بوده‌است که رویین‌تن شمرده می‌شود، و نشاید که از «بزرگان» رویین‌تن سخن آوردن.

۹ - سخنی که در لت دویم آمده‌است، ازسوی یک مهتر به کهتر است.

۱۰ - به هر گوهری نادرست است: به گوهر (= نژاد) بگذرم نیز نادرخور است: «برترم» اما پساوا در لت دویم نادرست می‌شود، و آن یک را بایستی «بگذرم» آوردن که آن نیز نادرست است.

۱۱ - باز، سخن ازسوی یک کهتر به مهتر نیست، و بگونهٔ فرمان است.

۱۲ - شنیدی نادرست است «شنیده‌ای» و چون با «مگر» همراه است می‌باید «مگر نشنیده‌ای» بیاید، و چنان پیمان را خداوند نبسته‌بود که خود چنین اندیشیده‌بود. جهانبان من نیز نادرخور است: «خدلوند».

۱۳ - تنها این دختر نبود که دختر پیشین را نیز چنین به میرین داده بود، راه نیاکان قیصر نیز چنین نبوده‌است زیراکه او خود چنین کرده‌بود:
چنان بود قیصر «بدانگه» به رای / که چون دختر او...

۱۴ - همنبرد دخترش شود؟! یا همنبرد میرین؟ هیچیک درست نیست.

۱۵ - «همه» و «پاک» در یک سخن نادرست است.

۳۴۹ داستان افزوده رفتن گشتاسپ به روم

اگر کم کنی اژدها را ز روم ‌‌ سپارم ترا دختر و گنج و بوم[1]
که همتای آن گرگ شیراوژن است ‌‌ دمش زهر و او دام آهرمن است[2]
چنین داد پاسخ که: فرمان کنم ‌‌ بدین آرزو جان گروگان کنم[3]
ز نزدیک قیصر بیامد برون ‌‌ دلش زان سخن کفته، جان پر ز خون[4]
به یاران چنین گفت که: «ان زخم گرگ ‌‌ نبد جز به شمشیر مردی سترگ[5]
ز میرین کی آید چنین کارکرد ‌‌ نداند همی قیصر از مرد مرد[6]
شوم زو بپرسم بگوید مگر ‌‌ سخن با من آن بد تنِ چاره گر»[7]
بشد تا به ایوان میرین چو گرد ‌‌ پرستنده‌ای رفت و آواز کرد[8]
نشستنگهی داشت میرین که ماه ‌‌ به گردون ندارد چنان جایگاه[9]
جهانجوی با کبر گنداوری ‌‌ یکی افسری بر سرش قیصری[10]
پرستنده گفت: اهرن پیلتن ‌‌ بیامد بهدر با یکی انجمن[11]
نشستنگهی ساخت شایسته‌تر ‌‌ برفت آنکه بودند بایسته‌تر[12]
به ایوان میرین نماندند کس ‌‌ دو مهتر نشستند بر تخت بس[13]
چو میرین بدیدش به بر درگرفت ‌‌ بپرسیدن مهتر اندر گرفت[14]
بدو گفت اهرن که «با من بگوی ‌‌ ز هر چه‌ت بپرسم بهانه مجوی[15]
مرا آرزو دختر قیصر است ‌‌ کجا روم را سربسر افسر است[16]

---

۱ – **یک**: کم کردن اژدها سخت نادرست است «اژدها را ازمیان برداری»، «اژدها را بکشی». **دو**: گنج و بوم را دادن، سپردن پادشاهی را بدو میرساند، و چنین نبود.

۲ – لت دویم رج پیشین میان این رج و لت نخست رج پیشین جدایی می‌افکند. لت دویم این رج نیز سخت نادرخور و پریشان است.

۳ – سخن زیبا است اما وابسته بداستان است.

۴ – کسیکه بیدرنگ پاسخ می‌دهد که بدین آرزو جان گروگان کنم، نمی‌تواند بیدرنگ دل کوبیده(؟) و جان پر خون(؟) داشته باشد.

۵ – سخن بی‌پیوند است: «زخمی که بر گرگ فرود آمد». «بشمشیر» در لت دویم نیز نادرست است: «از شمشیر».

۶ – کنش را زمانِ درست نیست: «بر نمی‌آمد». اگر هردو مرد باشند، که دانستن و شناختن در کار نیست: «مرد را از نامرد».

۷ – سخن سخت سست است.

۸ – لت دویم نادرخور است. «آواز کرد» را چه روی گفتن باشد: «پرستنده‌ای رفت و آگاه کرد».

۹ – ماه را بر گردون جایگاهی نیست، زیرا که همواره در گردش است، این سخن را کودکان توانند گفت.

۱۰ – در نشستنگه میان کاخ از کبر و گندآوری سخن راندن را، روی نیست. افسر قیصر نیز ازآنِ قیصر بوده‌است نه داماد او!

۱۱ – پرستنده که ازپیش «آواز کرده» بود!

۱۲ – چگونه شاید که نشستنگهی را که ماه ندارد، شایسته‌تر کردن؟ لت دویم را هیچ گزارش نیست. افزاینده را رای بر آن بوده‌است که بگوید مردان بایسته را به نشستنگه فراخواند، و آنان برفتند، نه «برفت»...

۱۳ – اما افزاینده دریافت که کنش برفت نادرخور بوده‌است، پس آنان را از ایوان بیبرون فرستاد، اما چرا بایسته‌تران را بیرون کرد؟ برای پساوای سخن سست! نماندندکس نیز نادرست است: «کس نماند».

۱۴ – اهرن از میرین خردتر بوده‌است نه مهتر! پرسیدن، پرسیدن است، و با «اندر گرفت» همراه نتواند شد.

۱۵ – لت دویم را پیشتر می‌بایستی گفتن: «آنچه را که می‌پرسم، با من بگوی».

۱۶ – لت دویم نادرخور است و ناشایسته. زیرا کسی که برای خواهشی نزد میرین آمده‌است نمی‌باید چنین گوید که دختر سیوم از زن تو

←

۳۵۰ لهراسپ

بگفتیم و پاسخ چنین داد باز — که در کوه با اژدها رزم ساز[1]
اگر بازگویی تو آن کار گرگ — بَوی مر مرا رهنمای بزرگ»[2]
چو بشنید میرین ز اهرن سخن — بپژمرد و اندیشه افکند بن[3]
که گر کار آن نامدار جهان — به اهرن بگویم نماند نهان[4]
سر مایهٔ مردمی راستی‌ست — ز تاری و کژّی بباید گریست[5]
بگویم مگر کان نبرده سوار — نهد اژدها را سر اندر کنار[6]
چو اهرن بُوَد مر مرا یار و پشت — ندارد مگر باد دشمن به مشت[7]
برآریم گرد از سر آن سوار — نهان ماند این کار یک روزگار[8]
به اهرن چنین گفت ک«ز کار گرگ — بگویم چو سوگند یابم بزرگ[9]
که این کار هرگز به روز و به شب — نگویی نداری گشاده دو لب»[10]
بخورد اهرن آن سخت سوگند اوی — بپذرفت سرتاسر آن بند اوی[11]
چو قرطاس را جامهٔ خامه کرد — به هیشوی میرین یکی نامه کرد[12]
که: اهرن که دارد ز قیصر نژاد — جهانجوی با گنج و با تخت و داد[13]
بخواهد ز قیصر همی دختری — که مانده‌ست از دختران کهتری[14]
همی اژدها دام اهرن کند — بکوشد کزان بدنشان تن کند[15]
بیامد به نزدیک من چارجوی — گذشته سخن‌ها گشادم بدوی[16]

→ برتر است و چون افسری بر سر همگان است. ۱ - بگفتیم نادرست است: آرزو را با قیصر درمیان نهادم.

۲ - کار گرگ باز گفتن ندارد «اگر بگویی که گرگ چگونه کشته شد!» «اگر داستان گرگ را برای من بگویی» لت دویم نیز سست است.

۳ - اندیش بُن افکندن... ۴ - چنین نباشد که از ترس یاد کند!

۵ - سخن زیبا است اما پیوند درست با رج پیشین ندارد... «باز اندیشید که سرمایهٔ...».

۶ - سر را به کنار نهادن، کشته شدن را نمی‌رساند، که خفتن در کنار کسی را می‌نماید. کنار را نیز «اندر» نیست.

۷ - آنانرا دشمنی نبوده‌است... که اکنون هم پشتی او را چارهٔ کار بشمار می آوَرَد.

۸ - از «آن سوار» که را خواهد گفتن؟ گشتاسپ را؟ کسیکه در اندیشهٔ خویش سرِ مایهٔ مردمی را راستی می‌شمارد بیدرنگ می‌خواهد بیاری اهرن رهایی بخش خویش را ازمیان بردارد؟ گرد را نیز از میدان، یا از خان و مان کس توان برانگیختن، نه از سرِ او.

۹ - لت دویم نادرخور است: «چون از تو بسوگند گران زینهار یابم».

۱۰ - این کار نادرخور است: «این داستان را» سخن چنین می‌نماید که اهرن را می‌بایستی داستان را به «روز» و به «شب» نگوید، نه «بمردمان»!

۱۱ - سوگند اوی نادرست است سوگند سختی را که گفت بخورد... سرتاسر بند نیز نادرخور است. بندِ او تنها یک چیز بود که با کسی آنرا باز نگوید!

۱۲ - سخن نادرست، زیرا که خامه (= قلم) را درمیان قرطاس (= کراسه: کاغذ) نمی‌پیچانند.

۱۳ - پیشتر از نژاد قیصری اهرن سخنی بمیان نیامده بود.

۱۴ - دختری، نادرست است: «دخترش» لت دویم نیز ناسزاوار است.

۱۵ - سخن سخت ناسزاوار است: «کشتن اژدها را از اهرن خواسته‌است» در لت دویم بدنشان که را خواهد گفتن؟ «تن کردن» چگونه باشد؟

۱۶ - دنبالهٔ گفتار.

ازان گرگ و آن رزم دیده سوار — بگفتم همه هرچه آمد به کار[1]
چنان هم که کار مرا کرد خوب — کند بی‌گمان کار این مرد خوب[2]
دو تن را بدین مرز مهتر کند — چو خورشید را بر سر افسر کند[3]
بیامد دوان اهرن چاره‌جوی — به نزدیک هیشوی بنهاد روی[4]
چو اهرن به نزدیک دریا رسید — جهانجوی هیشوی پیشش دوید[5]
ازو بستد آن نامهٔ دلپسند — بر او آفرین کرد و بگشاد بند[6]
بدو گفت هیشوی ک:«ای رادمرد — بیاید کنون او بکردار گرد[7]
یکی نامداری غریب و جوان — فدی کرد بر پیش میرین روان[8]
کنون چون کند رزم نرّ اژدها — به چاره نیابد مگر زو رها[9]
مرا گفتن و کار بر دست اوست — سخن گفتن نیک هرجا نکوست[10]
تو امشب بدین میزبان رای کن — بنه شمع و دریا دل‌آرای کن[11]
که فردا بیاید گو نامجوی — بگویم بدو هرچه گویی بگوی»[12]
به شمع آب دریا بیاراستند — خورش‌ها بخوردند و مَی خواستند[13]
چنین تا سپیده ز یاقوت زرد — بزد شید بر شیشهٔ لاژورد[14]
پدید آمد از دشت گرد سوار — ز دورش بدید اهرن نامدار[15]
یکی تیز بگشاد هیشوی لب — که «شادان بَدی نامور روز و شب[16]
نگه کن بدین مرد قیصرنژاد — که گردون گردان بدو گشت شاد[17]

---

۱ – لت دویم این رج دوباره‌گویی لت دویم رج پیشین است با گفتاری سست‌تر.
۲ – کار را خوب کردن نادرست است: «گره کار مرا گشود»، «کار را بر من آسان کرد»... لت دویم سست است.
۳ – کدام دو تن را؟ افزاینده خواسته‌است بگوید اهرن، که هیشوی و آن سوار را در روم مهتری خواهد بخشید.
۴ – نخست بیامد، پسانگاه روی نهاد؟ روی را نیز بنزدیک نمی‌نهند، «براه می‌نهند».
۵ – چرا دوید؟ ازبرای پساوا!
۶ – نامهٔ میرین «دلپسند» نبود، که انجام کاری سخت را از او خواسته‌بود.
۷ – لت دویم را پیوند درست نیست: «آن سوار، بزودی می آید».
۸ – گشتاسب که کشته نشده‌بود که روان خود را (فدی؟) میرین کرده باشد، باری اگر کسی بمیرد تن او بیجان می‌شود، و روانش بر جای می‌ماند.
۹ – سخن درست نیست افزاینده را رای بر آن بوده‌است که بگوید ندانم در جنگ اژدها کشته می‌شود، یا نه؟
۱۰ – مرا (گفتن) را کار (کردن) باید، «از من گفتن و از او رزم کردن» لت دویم نیز با لت نخست پیوند ندارد.
۱۱ – یک: پیشتر گفته‌بود اکنون چون گرد می‌آید، و در این رج آمدن را او بفردا می‌افکند! دو: میهمان را باید (شمع نهادن)، یا میزبان را؟ «دریا دلارای کن» را چه گزارش است. از دیدن دریا دل را بیاراید؟ که در شبی که در آن چراغ بایسته است، و ماه در آسمان نیست، دریا دیده نمی‌شود.
۱۲ – آن مرد نامجوی نبوده‌است که با نخچیر روزگار میگذراند!
۱۳ – آب دریا را چگونه با شمع آراستند؟ خورش‌ها نیز نادرست است، و فردوسی همواره از «خوردن نان» یاد می‌کند.
۱۴ – بهنگام سپیده‌دم، فروغ زرین خورشید (یاقوت زرد)، دیده نمی‌شود. بلکه آسمان ازسوی خراسان، سپید می‌گردد و آسمان بدان بزرگی را به «شیشه» همانند کردن، کار افزایندگان سست سخن است.
۱۵ – اهرن که او را نمی‌شناخت او را بدید...
۱۶ – و هیشوی تیز بگشاد لب؟ شادان بَدی نیز نادرست است: «بادی»، و آن سوار نامور نبود.
۱۷ – لت دویم گزافه‌ای سخت است.

هم از تخمهٔ قیصران است نیز — هم‌ش فرّ و نام و هم‌ش گنج و چیز[1]
به دامادی قیصر آمدش رای — همی خواهد اندر سخن رهنمای[2]
چنو نیست مر قیصران را همال — جوانی‌ست با فرّ و با برز و یال[3]
ازو خواست یکبار و پاسخ شنید — کنون چارهٔ دیگر آمد پدید[4]
همی گویدش اژدهاگیر باش — گر از خویشی قیصر آژیر باش[5]
به پیش گرانمایگان روز و شب — بجز نام میرین نرانند به لب[6]
هر آن‌کس که باشند زیبای بخت — بخواهد که ماند بدو تاج و تخت[7]
یکی برز کوه است از ایدر نه دور — همه جای خوردن گه کام و سور[8]
یکی اژدها بر سر تیغ کوه — شده مردم روم زو در ستوه[9]
همی ز آسمان کرکس اندر کشد — ز دریا نهنگ دژم برکشد[10]
همی دود زهرش بسوزد زمین — نخوانند برین مرز و بوم آفرین[11]
گر آن کشته آید به دست تو بر — شگفتی شوی در جهان سربسر[12]
ازو یاورت پاک‌یزدان بُوَد — به کام تو خورشید گردان بُوَد[13]
بدین زور و بالا و این دستبرد — ندانیم همتای تو هیچ گرد»[14]

---

۱ – دوباره سخن پیشین را گفتن در لت دویم؛ رومیان هیچگاه از «فرّ» خویش یاد نکرده‌اند، تنها یکبار افلاتون می‌گوید که «ایرانیان از نژاد خدایان‌اند!!» سخن نیز پایان ندارد.

۲ – در سخن رهنمای نمی‌خواهد. می‌خواهد که گشتاسپ را بجنگ اژدها فرستد!

۳ – سخن در لت نخست چنان می‌نماید که او نیز یکی از قیصران است و چنان نبوده‌است، و دوباره از فرّ او یاد می‌شود.

۴ – از او چه خواست؟ و پاسخ چه بود؟ لت دویم با آغازگرِ «کنون» پیوند داستان را از رج نخست که پاسخ قیصر بوده باشد می‌بُرد، و نیز میان این رج و رج پسین جدایی می‌افکند.

۵ – لت نخست سخت نادرخور است: «از وی کشتن اژدها را خواسته‌است» لت دویم ناسزاوارتر زیرا که آژیر و هژیر، هوشیار و آگاه است، و در این سخن بجای «دوری کردن» آمده‌است.

۶ – گرانمایگان را شاید که روزها نزد قیصر باشند، اما شبها قیصر در مشکوی خویش با زنان و دختران بوده‌است.

۷ – **یک:** هرانکس را «باشد» باید. زیبای بخت نیز نادرخور است، زیرا که بخت (=قسمت) ازپیش بخشیده شده‌است، و بسا نازیبندگان جهان که از بخت خوش برخوردارند. **دو:** اگر روز و شب نام میرین را بر لب می‌راند، پس همو را برای تاج و تخت آینده برگزیده است، و هرانکس نادرخور است.

۸ – چگونه شاید که جای خوردن و کام و سور،

۹ – جایگاه اژدها بوده باشد؟ و مردم (در) ستوه نمی‌شوند، که «ستوه شده‌اند».

۱۰ – که‌کس اندر (= اندرون) کشد نادرست است، و از دریا نهنگ را بکجا بر می‌کشد؟ این رج برداشت از آن سخن سام است که:

نهنگ دژم برکشیدی ز آب — همان از هوا تیز پران عقاب

۱۱ – دودِ زهر بآسمان میرود نه بزمین، و اژدها را کار آفرین خواندن نیست و لت دویم نیز برداشتی از گفتار سام است بهنگام زادن کودک سپید موی:

از این ننگ بگذارم ایرانزمین — نخوانم بر این مرز و بوم آفرین

۱۲ – گر آن نادرست است: «گر آن اژدها» لت دویم نیز سست است.

۱۳ – ازو یاورت نادرست است: «در نبرد با او»، و خورشید، گردان است هم برای بی‌کامان و هم برای کامیاران.

۱۴ – دنبالهٔ سخن.

بدو گفت «رو خنجری کن دراز ··· ازو دسته بالاش چو پنج یاز[1]
ز هر سوش برسان دندان مار ··· سنانی بر او بسته برسان خار[2]
همه آب داده به زهر و به خون ··· به تیزی چو الماس و رنگ آبگون[3]
یکی باره و کبر و برگستوان ··· پرندآور و جامهٔ هندوان[4]
به فرمان یزدان پیروزبخت ··· نگون اندر آویزمش بر درخت»[5]

*

بشد اهرن و هرچه گشتاسپ خواست ··· بیاورد چون کارها گشت راست[6]
ز دریا به زین اندر آورد پای ··· برفتند یارانش با او ز جای[7]
چو هیشوی کوه سقیلا بدید ··· به انگشت بنمود و دم درکشید[8]
خود و اهرن از جای گشتند باز ··· چو خورشید بر زد سنان از فراز[9]
جهانجوی بر پیش آن کوه بود ··· که آرام آن مار نستوه بود[10]
چو آن اژدها بُرز او را بدید ··· به دَم سوی خویشش همی درکشید[11]
چو از پیش زین اندر آویخت ترگ ··· بر او تیر بارید همچون تگرگ[12]
چو تنگ اندر آمد بران اژدها ··· همی جُست مرد جوان زو رها[13]

---

۱ - خنجری کن نادرست است خنجری بساز، و «دسته بالا» چه باشد دستهٔ آن پنج یاز باشد؟ یا تیغه‌اش «یاز» چگونه اندازه‌ایست که ما آنرا نمی‌شناسیم؟ «یاز» از یاختن می‌آید و در سخن فردوسی چنین آمده‌است:

اگر چند باشد شبی، دیر یاز ··· برو، تیرگی هم نماند دراز

و شب دیریاز شبی است که دیر بروشنایی بامدادمیرسد، و یاز را در این گفتار بهیچ روی نمیتوان گزارش کردن. گیریم که یاز، اندازه است... اگر پنج یاز درازای آن باشد، از شمشیر بلندتر می‌شود و خنجرش نمیتوان نامیدن!

۲ - «سنان» یا سرِ نیزه را چگونه بر خنجر ببندند؟ باری اگر سنان است، دندان مار چه باشد؟ دندان مار، بس خُرد است، و ترس از آن، ازبرای زهری است که از آن می‌تراود، نه خودِ دندان.

۳ - باز از آب دادن بزهر و بخون یاد می‌شود که نادرست است، و رنگ الماس خود آبگون است.

۴ - پرندآور، پاژنام شمشیر تیز است، و اگر وی خنجری پنج یاز سفارش داده بود، بشمشیرش نیاز نبود جامهٔ هندوان را نیز هیچ گزارش نیست، مگر برای نیاز پساوا.

۵ - اژدها را چگونه توان از درخت آویختن؟! یاوه‌تر از این سخنان در جهان سروده شده‌است؟ در سخنان آینده نیز از چنین کار، یاد نشده‌است، و افزاینده برای سخن خویش نیز ارزشی نمی‌شناخته است آنرا در آینده بکار نبرد! اینجا نیز بندِ سخن او پساوای پیروز بخت بوده‌است.

۶ - با «بیاورد» در آغاز لت دویم همهٔ کارها بانجام رسیده‌است، و «چون کارها گشت راست» دوباره گویی است.

۷ - از دریا؟ یا از دریاکنار؟... «ز جای» نیز افزوده‌است: «یارانش با اُو برفتند».

۸ - بانگشت (آز) بنمود، دم درکشیدن نیز نابجا است.

۹ - خود و اهرن نادرست است: «با اهرن».

۱۰ - جهانجوی را می‌بایستی بسوی کوه رفتن نه بر پیش = اَبَر پیش؛ بالایِ پیش(؟) آن (بودن)!

۱۱ - «او را بدید» بس می‌نماید بُرز او را بدید نادرست است در لت دویم «همی» نادرست است زیرا که زمانی دراز را می‌نماید.

۱۲ - مگر دیوانه بود که در چنان هنگامه نبرد ترگ خویش را برگیرد و به پیش زین آویزد؟... او که در رج پیشین با دم اژدها، بکام اژدها کشیده شده‌بود، چگونه است هنوز سوار بر اسب نمایانده می‌شود؟

۱۳ - تنگ اندر آمد بر اژدها، سخنی نادرست است: «چون نزدیک اژدها رسید»، «مرد جوان» در لت دویم نابجا است، زیرا که پیش‌ازآن نیز سخن از گشتاسپ بود.

۳۵۴ لهراسپ

سبک خنجر اندر دهانش نهاد ز دادار نیکی‌دهش کرد یاد[1]
بزد تیز دندان بدان خنجرش همه تیغ‌ها شد به کام اندرش[2]
به زهر و به خون کوه یکسر بشست همی ریخت زو زهر تا گشت سست[3]
به شمشیر برد آن زمان دست شیر بزد بر سر اژدهای دلیر[4]
همی ریخت مغزش بران سنگ سخت ز باره درآمد گو نیکبخت[5]
بکند از دهانش دو دندان نخست پس آنگه بیامد سر و تن بشست[6]
خروشان بغلتید بر خاک بر به پیش خداوند پیروزگر[7]
کجا داد آن دستگاه بزرگ بران گرگ و آن اژدهای سترگ[8]
همی گفت «لهراسپ و فرخ زریر شدند از تن و جان گشتاسپ سیر[9]
به روشن روان و دل و زور و تاب همانا نبینند ما را به خواب[10]
بجز رنج و سختی نبینم ز دهر پراکنده بر جای تریاک زهر[11]
مگر زندگانی دهد کردگار که بینم یکی روی آن شهریار[12]
دگر چهر فرخ برادر زریر بگویم که گشتم من از تاج سیر[13]
بگویم که بر من چه آمد ز تخت همی تخت جستم که گم گشت بخت»[14]

---

۱ – خنجر را در دهان (نهادن) نیز از آن ریشخندهای شگفت است... و پس‌از نهادن خنجر در دهان از دادار یاد کرد؟... پیش‌ازآن می‌بایستی چنین کار را کردن.

۲ – کنندهٔ کار (فاعل) گشتاسپ بود، و بیدرنگ به اژدها برگشت! پیشتر از تیغ در ساختِ خنجر سخن نرفته‌بود که آنجا از سنان باندازهٔ دندان مار یاد شده‌بود.

۳ – چگونه کوه را یکسر بشست. سخن درست آنستکه از او زهر و خون (بر کوه) بریخت. در لت دویم تنها از زهر یاد شده‌است، و چنین می‌نماید که از ریختن زهر سستی بدو راه یافت. باز آنکه از رفتن خون چنین می‌شود.

۴ – دست شیر سخن را سست کرده‌است.

۵ – همی ریخت نادرست است. بریخت... اما مغز چون خون نیست که بریزد. از باره در آمد نیز نادرست است: «از اسپ پیاده شد».

۶ – مگر اژدها پیل بوده‌است که تنها دو دندان داشته باشد؟

۷ – خداوند را پیشگاه نیست که بر آن بر خاک غلتند! آیین نیایش وستایش یزدان نیز در نزد ایرانیان غلتیدن بر روی خاک نبوده‌است، و در هیچ کیش و آیین دیگر نیز چنین دیده نشده‌است.

۸ – دستگاه بزرگ، از ساختمان و شهر و دربار نشان دارد: «پیروزی بزرگ».

۹ – سخن در هردو لت بدآهنگ است، و افزاینده خواسته‌است بگوید که لهراسپ و زریر از جان گشتاسب «ناامید» شدند...

۱۰ – دنبالهٔ همان گفتار است که پس‌ازاین مرا در خواب نیز با روان ریش و نیرو و تاب نخواهند دید... اما پس‌از پیروز شدن چه جای این سخنان است.

۱۱ – پس‌از پیروزی بر اژدها و گرگ، و یاد کردن و سپاس از خداوند که دستگاه بزرگ؟! بدو داده شده‌است، چه جای گله و مویه است؟

۱۲ – خود با درد و کین از وی گریخته‌بود!

۱۳ – پیوند درست میان لت نخست با لت دویم نیست: «زریر را ببینیم و بگویم...».

۱۴ – یک: بگویم در این رج با بگویم در رج پیشین همخوان نیست. دو: در گمنامی با دختر قیصر جفت شده‌است، و بر دو نیروی بزرگ دشمن کام پیروز شده‌است! بخت، برتر از این چیست؟

پر از آب رخ بارگی بر نشست همان خنجر آب داده به دست[1]
چو نزدیک هیشوی و اهرن رسید همه یاد کرد آن شگفتی که دید[2]
به اهرن چنین گفت کـ:«ان اژدها بدین خنجر تیز شد بی‌بها[3]
شما از دم اژدهای بزرگ پر از بیم بودید و از کار گرگ[4]
مرا کارزار دلاور سران سرافراز با گرزهای گران[5]
بسی بتر آید ز جنگ نهنگ که از ژرف دریا برآید به جنگ[6]
چنین اژدها من بسی دیده‌ام که از رزم او سر نپیچیده‌ام»[7]
شنیدند هیشوی و اهرن سخن ازان نو به گفتار دانش کهن[8]
چو آواز او آن دو گردنفراز شنیدند و بردند پیشش نماز[9]
به گشتاسپ گفتند کـ:«ای نره شیر که چون تو نزاید ز مادر دلیر»[10]
بیاورد اهرن بسی خواسته گرانمایه اسپان آراسته[11]
یکی تیغ برداشت و اسبی سمند کمانی و سه چوبه تیر و کمند[12]
به هیشوی داد آن دگر هرچه بود ز دینار و ز جامهٔ ناپسود[13]
چنین گفت گشتاسپ با سرکشان کـ:«زین کس نباید که یابد نشان[14]
نه از من که نر اژدها دیده‌ام گر آواز آن گرگ بشنیده‌ام»
اُزان جایگه شاد و خرم برفت به سوی کتابون خرامید و تفت[15]
بشد اهرن و گاو گردون ببرد تن اژدها کهتران را سپرد[16]

---

۱ – سخن نادرست است، با رخی پر از اشک... بارگی بر نشست نیز همچنین: «بر بارگی بر نشست».
۲ –شگفتی ندیده‌بود که نبرد کرده‌بود.
۳ – در رج پیشین روی سخن به هردو بود، و اینجا به اهرن بازگشت! بدین خنجر تیز نیز از پریشان اندیشهٔ افزاینده داستان میگوید زیرا که وی فراموش کرده‌بود که اژدها:

بزد تیز دندان بدان خنجرش همه تیغ‌ها شد بکام اندرش!

۴ – دنبالهٔ گفتار. ۵ – کارزار سران دلاور...
۶ –بدتر آید؟ چگونه باشد؟ نبرد با مردان دلاور سخت‌تر از نبرد با اژدها است؟ باری، او در آنروز با اژدها جنگیده بود نه با نهنگ!
۷ – «بسی» در لت نخست را، با «او» در لت دویم هماهنگی نیست.
۸ –لت دویم چنین می‌نماید که گشتاسپ چون کودکان تازه لب بسخن گفتن گشوده است.
۹ – تازه آوردش را شنیدند؟ افزاینده خواسته‌است بگوید که چون گفتار او بپایان رسید...
۱۰ – سخن را در این رج پایان نیست. ۱۱ –اهرن بیدرنگ از کجا بسی خواسته و اسپان آراسته آورد؟
۱۲ –لت نخست بدآهنگ است. لت دویم نیز نادرخور! مگر خود؛ کمان نداشت که یک کمان از آنمیان بردارد؟ آنگاه چرا سه چوبه تیر؟ مگر کار او شکار نبود؟ پس تیر هر چه بیشتر برایش بهتر می‌نمود.
۱۳ – آن دگر هر چه بود نادرست است: دیگر چیزها را به هیشوی داد.
۱۴ – دو رج بهم پیوستهٔ از هم گسسته! افزاینده خواسته‌است بگود که ازاین‌پس بکسی نگویید که من اژدها یا گرگ را کشته‌ام.
۱۵ – دنبالهٔ گفتار. ۱۶ – گاو گردون را خود برد، و تن اژدها را به کهتران سپرد؟...

که: این را به درگاه قیصر برید / به پیش بزرگان لشکر برید[1]
خود از پیش گاوان و گردون برفت / به نزدیک قیصر خرامید و تفت[2]
به روم اندرون آگهی یافتند / جهاندیدگان پیش بشتافتند[3]
چو گاو اندر آمد به هامون ز کوه / خروشی بد اندر میان گروه[4]
ازان زخم و آن اژدهای دژم / گزان بود بر گاو گردون ستم[5]
همی آمد از چرخ بانگ چکاو / تو گفتی ندارد تن گاو تاو[6]
هر آن کس که آن زخم شمشیر دید / خروشیدن گاو گردون شنید[7]
همی گفت کاین خنجر اهرن است / اُگر زخم شیراوژن آهرمن است[8]
همان گاه قیصر ز ایوان براند / بزرگان و فرزانگان را بخواند[9]
بران اژدها بر یکی جشن کرد / ز شبگیر تا شد جهان لاژورد[10]
چو خورشید بنهاد بر چرخ تاج / بکردار زرآب شد روی آج[11]
فرستاد قیصر شُقُف را بخواند / بپرسید و بر تخت زرّین نشاند[12]
ز بطریق و ز جاثلیقان شهر / هر آن کس که‌ش از مردمی بود بهر[13]
به پیش سکوبا شدند انجمن / جهاندیده با قیصر و رایزن[14]
به اهرن سپردند پس دخترش / به دستوری مهربان مادرش[15]
ز ایوان چو مردم پراکنده شد / دل نامور زان سخن زنده شد[16]

---

۱ – پس کهتران تن اژدها را با چه بردند؟

۲ – افزاینده دریافت که نادرست گفته‌است، خواست در این گفتار سخن را بیاراید.

۳ – دنبالهٔ گفتار.

۴ – گاو؟ یا گردونه؟ لت دویم نیز نادرست است چون مردمان در شهر بودند، نه در کوه! و «خروشی بُد» نیز نادرخور است: «خروش برخاست از...».

۵ – ستم گاو گردون به زخمِ گشتاسپ بازمیگردد. باز آنکه او ازگرانی پیکر اژدها ستم می‌دید.

۶ – نالهٔ چرخ گردونه را به آوای پرستو همانند کردن نیز ازکژاندیشی افزاینده داستان می‌گوید.

۷ – زخم (= ضربهٔ) شمشیر دیده نمی‌شد، ریش و خون تن اژدها دیده می‌شد، و گاو نیز هیچگاه ازگرانی بار نمی‌خروشد، که همواره، آرام گردونه را می‌کشد!

۸ – خون و دریدگی تن را نتوان به خنجر همانند کردن، از اهریمن نیز تاکنون کسی با پاژنام شیر اوژن یاد نکرده‌است.

۹ – فرمان اهرن آن بود که کهتران گردونه را بایوان قیصر برند، نه آنکه قیصر، برای دیدار آن، اسب براند!

۱۰ – بر آن اژدها بر جشن کردن با روی پیکر او جشن کردن است؟

۱۱ – خورشید، چون بر چرخ تاج گذارد، نیمروزان است، باز آنکه افزاینده بامدادان را می‌گوید... لت دویم نیز ناهمگن است، زیرا که واژهٔ آمیختهٔ «زرآب» در سخن فارسی پیشینه ندارد، وگر بخواهیم روشن شدن آسمان راگوییم نبایستی از چرخ با پاژنام آج یادکردن، زیرا که آج سپید رنگ است و آسمان بیرنگ.

۱۲ – هنوزکیش عیسی در جهان پدیدار نشده‌بود که شُقُف (= سکوبا) پدید آید.

۱۳ – و بطریق و جاثلیق (=کاتولیک) در جهان پیدا شود.:. بهرِ مردمی، سرو تن و پیکر و جان و توان و گفتار است که در همهٔ مردمان هست، و ویژه بیک گروه نمی‌شود.

۱۴ – «سقف» به «سکوبا» گردید، ازبرای آهنگ سخن.

۱۵ – «سپردند»، یا «سپرد»؟

۱۶ – مردم نادرست است «مردمان» و پراکنده شدند. کدام نامور است که از وی یاد می‌شود؟

چنین گفت که: «امروز روز من است   بلندآسمان دلفروز من است[1]
که کس چون دو داماد من در جهان   نبینند بیش از کهان و مهان»[2]
نوشتند نامه به هر مهتری   کجا داشتی تخت گر افسری[3]
که: نر اژدها با سرافراز گرگ   تبه شد به دست دو مرد سترگ[4]

*

یکی منظری پیش ایوان خویش   برآورده چون تخت رخشان خویش[5]
به میدان شدندی دو داماد اوی   بیاراستندی دل شاد اوی[6]
به تیر و به چوگان و زخم سنان   به هر دانشی گرد کرده عنان[7]
همی تاختندی چپ و دست راست   که گفتی سواری بدیشان سزاست[8]
چنین تا برآمد بر این روزگار   بیامد کتایون آموزگار[9]
به گشتاسپ گفت «ای نشسته دژم   چه داری ز اندیشه دل را به غم[10]
به روم از بزرگان دو مهتر بدند   که با تاج و با گنج و افسر بدند[11]
یکی آنکه نرّ اژدها را بکشت   فراوان بلا دید و ننمود پشت[12]
دگر آنکه بر گرگ بدرید پوست   همه روم یکسر پر آواز اوست[13]
به میدان قیصر به ننگ و نبرد   همی بآسمان اندر آرند گرد[14]
نظاره شو آنجاکه قیصر بُوَد   مگر بر دلت رنج کمتر بُوَد»[15]
بدو گفت گشتاسپ که: «ای خوبچهر   ز قیصر مرا کی بُوَد داد و مهر[16]
ترا با من از شهر بیرون کند   چو بیند مرا مردمی چون کند[17]
ولیکن ترا گر چنین است رای   نپیچم ز رای تو ای رهنمای»[18]

---

۱ – قیصر است... اما بس بود که افزاینده اندکی بیندیشد و لت دویم رج پیشین را چنین بسراید: «دل قیصر از آن سخن زنده شد».
۲ – در لت نخست «چون» با «بیش» در لت دویم همخوان نیست: «در جهان کسی چون دو داماد من نیست».
۳ – کسی را که تخت باشد، افسر نیز هست.   ۴ – در لت دویم «تبه شدند» باید.
۵ – «منظر» را در گفتار فردوسی راه نیست، و چگونه منظر (= دریچه) مانند تخت بر آورده شده‌بود.
۶ – روشن شد که خواست افزاینده از منظر، میدان بوده‌است که در زبان فارسی پیشینه ندارد.
۷ – تیر و چوگان و سنان، درشمار دانش نیست، درشمار هنر است.
۸ – چپ و دست راست نادرست است «چپ‌وراست» یا «دست چپ و دست راست».
۹ – تاکنون از کتایون با پاژنام آموزگار یاد نشده‌بود.
۱۰ – پیشتر از نخچیر و گردش گشتاسپ یاد شده‌بود و از اینکه روزگار را بایکدیگر بشادی می‌گذرانند.
۱۱ – دنبالهٔ گفتار.   ۱۲ – بکشت و بدید نادرخورند، کشته است، دیده‌است.
۱۳ – همچنین دریده است.   ۱۴ – بازی چوگان را نه نبرد توان خواندن، و نه ننگ!
۱۵ – بس بود که گفته شود بمیدان رو، قیصر بود نیز نادرست آنجا که قیصر نشسته است.
۱۶ – لت دویم نادرخور است: «از قیصر داد و مهر ندیده‌ام».
۱۷ – بیرون کند، نادرست است: «بیرون کرده» لت دویم نیز نادرخور است: «(دربارهٔ) من مردمی چون کند».
۱۸ – سخن زیبا است اما پیوسته بداستان است.

۳۵۸ لهراسپ

بفرمود تا بر نهادند زین — به اسپی که اندر نوردد زمین[1]
بیامد به میدان قیصر رسید — همی بود تا زخم چوگان بدید[2]
از ایشان یکی گوی و چوگان بخواست — میان سواران برافکند راست[3]
برانگیخت آن بارگی را ز جای — یلان را همه کُند شد دست و پای[4]
به میدان کسی نیز گویی ندید — شد از زخم او در جهان ناپدید[5]
سواران کجا گوی او یافتند — به چوگان زدن نیز نشتافتند[6]
شدند آن زمان رومیان زرد روی — همه پاک با غلغل و گفت‌وگوی[7]
کمان برگرفتند و تیر خدنگ — برفتند چندی سواران جنگ[8]
چو آن دید گشتاسپ برخاست و گفت — که «اکنون هنرها نشاید نهفت»[9]
بیفکند چوگان کمان برگرفت — زه و توز ازو دست بر سر گرفت[10]
نگه کرد قیصر بدان سرفراز — بدان چنگ و یال و رکیب دراز[11]
بپرسید و گفت «این سوار از کجاست — که چندین بپیچد چپ و دست راست[12]
سرافراز گردان بسی دیده‌ام — سواری بدین گونه نشنیده‌ام[13]
بخوانید تا زو بپرسم که کیست — فرشته‌ست گر همچو ما آدمی‌ست»[14]
بخواندند گشتاسپ را پیش اوی — بپیچید جان بداندیش اوی[15]
به گشتاسپ گفت «ای نبرده سوار — سر سرکشان افسر کارزار[16]
چه نامی؟ به من گوی شهر و نژاد» — ورا زین سخن هیچ پاسخ نداد[17]
چنین گفت ک :«ان خوار بیگانه مرد — که از شهر قیصر ورا دور کرد[18]

---

۱ – به چه کس فرمان داد که بر اسب زین برنهند؟ گشتاسپ را پرستار و پرستنده نبود و خود «یک سواره» بود.

۲ – «بیامد بمیدان» کمبود دارد. یا «بیامد بمیدان قیصر» یا «بیامد تا بمیدان قیصر رسید».

۳ – از چه کسان؟ مگر کسی بیرون از گروه، میتواند سر خود بمیدان برود؟ چه چیز را راست میان سواران (بر) افکند؟

۴ – کدام بارگی را؟ (آن) نادرخور است. ۵ – نخست می‌بایستی از گوی زدنِ وی سخن رود، پس‌از ناپدید شدن گوی!

٦ – لت نخست درهمریخته است. اگر کسی گوی را ندید، چگونه (سواران) آنرا یافتند؟

۷ – «آن زمان» نادرخور است. در لت دویم، «همه» و «پاک» ناهمخوان‌اند.

۸ – «چندی سواران» نادرست است: «چند سوار»، و آنان بجنگ نمی‌رفتند که میدان، میدانِ بازی بود.

۹ – گشتاسپ که سوار بر اسپ بود از کجا برخاست؟

۱۰ – چوگان و کمان را هردو «را» باید در لت دویم ناآگاهی افزاینده از ابزارهای جنگ، وی را بدان ره نموده‌است که گمان برد کمان را از چوب توز می‌سازند، باز آنکه چوب توز چوبی است سبک که برگه برگه می‌شود، و تیردان و کمان‌دان را از آن می‌سازند، دیگر آنکه کمانی که آن یک پهلوان است، چرا از زور بازوی او (دست بر سر گیرد؟) ۱۱ – دنبالهٔ گفتار.

۱۲ – چپ و دست راست، کاربرد نادرستِ همیشگی افزایندگان! ۱۳ – دنبالهٔ سخن.

۱۴ – بخوانید نادرست است: «بخوانیدش»... فرشته راهیچکس در میدان نبرد و با چنگ و یال و رکیب دراز در گمان نیاورده است.

۱۵ – جان بداندیش بگشتاسپ بازمیگردد. ٦۱ – افسر کارزار راگزارشی نیست.

۱۷ – «چه نامی» نادرست است: «چه نام داری». بمن گوی شهر و نژاد نیز نادرخور است. از کدام شهر و نژادی؟ در لت دویم، اگر هیچ پاسخ نداد... ۱۸ – پس این سخن چیست؟

چو داماد گشتم ز شهرم براند — کس از دفترش نام من برنخواند[1]
ز قیصر ستم بر کتایون رسید — که مردی غریب از میان برگزید[2]
نرفت اندرین جز به آیین شهر — ازان راستی خواری آمدش بهر[3]
به بیشه درون آن زیانکار گرگ — به کوه بزرگ اژدهای سترگ[4]
سران‌شان به زخم من آمد به پای — بدان کار هیشوی بُد رهنمای[5]
که دندان‌هاشان به خان من است — همان زخم خنجر نشان من است[6]
ز هیشوی قیصر بپرسد سخن — نوست این نگشته‌ست باری کهن»[7]
چو هیشوی شد پیش و دندان ببرد — گذشته سخن‌ها بر او برشمرد[8]
به پوزش بیاراست قیصر زبان — بدو گفت «بیداد رفت ای جوان[9]
کنون آن گرامی کتایون کجاست — مرا گر ستمگاره خواند رواست»[10]
ز میرین و اهرن برآشفت و گفت — که «هرگز نماند سخن در نهفت»[11]
همان گه نشست از برِ بادپای — به پوزش بیامد برِ پاک‌رای[12]
بسی آفرین کرد فرزند را — مر آن پاکدامن خردمند را[13]
بدو گفت قیصر که «ای ماهروی — گزیدی تو اندرخور خویش شوی[14]
همه دوده را سر برافراختی — بر این نیکبختی که تو ساختی»[15]
«بپرسَش» بدو گفت «ز انباز خویش — مگر بر تو پیدا کند راز خویش[16]
که آرام و شهر و نژادش کجاست — بگوید مگر مر ترا گفتِ راست»[17]
چنین داد پاسخ که «پرسیدمش — نه بر دامن راستی دیدمش[18]
نگوید همی پیش من راز خویش — نهان دارد از هر کس آواز خویش[19]

---

۱ - چو داماد گشتم نادرست است، «چو داماد او گشتم». ۲ - دنبالهٔ گفتار.

۳ - «اندر این» نادرخور است: «کار من بآیینِ شهر (روم) بود».

۴ - گشتاسپ که خود به اهرن و میرین گفته‌بود اینکار را فراموش کنید و بکس نگویید، خود چرا پردهٔ راز آنان را نزد قیصر می‌درد؟

۵ - دنبالهٔ گفتار.

۶ - پیوند «که» در آغاز این رج نادرخور است... پس روشن شد که آن گشتاسپ پرداختهٔ افزاینده از آغاز، ره بدروغ و پنهان کاری برده‌است، و هرچه گفته و کرده‌است کژّه و ناراست بوده‌است!

۷ - لت نخست درهمریخته است، «قیصر از هیشوی این داستان را بپرسد».

۸ - دندان‌ها نزد هیشوی نبود اما سخن چنانست که هیشوی دندانها را ببرد! ۹ - لت دویم: «(بر تو) بیداد رفت».

۱۰ - آن گرامی کتایون نادرست است: کتایون کجا است؟ ۱۱ - دنبالهٔ گفتار.

۱۲ - افزایندهٔ خام گفتار قیصر را بر اسب می‌نشاند تا بپوزش نزد فرزند خود برود! و روشن نکرده‌است که پاکرای کیست؟

۱۳ - سخن سست است. ۱۴ - دنبالهٔ گفتار. ۱۵ - لت دویم نادرخور است.

۱۶ - دنباله. ۱۷ - «گفت» در لت دویم افزوده‌است «مگر با تو راست گوید».

۱۸ - پرسیدمش در لت نخست نادرست است: «پرسیده‌ام». دامن راستی در لت دویم نیز از «بر آورده»های افزایندگان است.

۱۹ - دنبالهٔ گفتار.

گمانش که هست از نژاد بزرگ که پرخاشجوی‌ست و گرد و سترگ[1]
ز هر چه‌ش بپرسم نگوید تمام فرخ‌زاد گوید که هستم به نام»[2]
اُزان جایگه سوی ایوان گذشت سپهر اندرین نیز چندی بگشت[3]
چو گشتاسپ برخاست از بامداد سر پر خرد سوی قیصر نهاد[4]
چو قیصر ورا دید خامش بماند بدان نامور پیشگاهش نشاند[5]
کمر خواست از گنج و انگشتری یکی نامور افسری مهتری[6]
ببوسید و پس بر سر او نهاد ز کار گذشته بسی کرد یاد[7]
چنین گفت با هر که بُد یادگیر که «بیدار باشید برنا و پیر[8]
فرخ‌زاد را جمله فرمان برید ز گفتار و کردار او مگذرید»[9]
ازان آگهی شد به هر کشوری به هر پادشاهیْ و هر مهتری[10]

*

به قیصر خزر بود نزدیک‌تر وز ایشان بُدش روز تاریک‌تر[11]
به مرز خزر مهتر الیاس بود که پور جهاندار مهراس بود[12]
به الیاس، قیصر، یکی نامه کرد تو گفتی که خون بر سر خامه کرد[13]
که: چندین به افسوس خوردی خزر کنون روز آسایش آمد به سر[14]

---

۱ – لت نخست نادرست است: گمان (می‌برد) که نژاده است.

۲ – لت نخست بی‌پیوند: «از او هر چه پرسم» نگوید تمام نیز نادرخور است: پاسخ درست نمی‌دهد.

۳ – کارِ سپهر گردیدن است بر سر همه کس و همه‌چیز، و «اندرین» چنین می‌نماید که سپهر، تنها بر سرِ این داستان گشته‌است.

۴ – روشن شد که سپهر، بیش‌از یک شب نگشته‌است، و «چندی» در رج پیشین نابجا بوده‌است.

۵ – خامش بماند در این رج،

٦ – با خواستن کمر و انگشتری و تاج در این رج همخوان نیست، «افسر» را نیز نتوان «نامدار» خواندن.

۷ – ببوسید تنها به افسر باز نمی‌گردد که کمر و انگشتری را نیز دربرمیگیرد و کمر را نمیتوان بر سر نهادن! بوسیدن تاج و بر سر دیگری نهادن، یکبار در شاهنامه آمده‌است، و آن هنگامیست که کیخسرو بشاهی ایران برگزیده می‌شود، آنگاه کاووس تاج خویش را می‌بوسد و بر سر کیخسرو می‌نهد.

ببوسید و بر سرْش بنهاد تاج بکوهی شد، از مایه و تختِ آج

با چنین کار کاووس خود را فروتر از کیخسرو نشان داد، باز آنکه قیصر همان قیصر است و گشتاسپ داماد او است و پایگاهی فروتر از قیصر دارد!

۸ – «هر که بد یادگیر» سخنی سخت کودکانه است.

۹ – لت نخست بدآهنگ است، و برای فرمانبری از کسی، بس است که از گفتارِ وی نگذرند، وگرنه کردار هرکس بخودِ او وابسته است.

۱۰ – هر کشوری نادرست است: «بهمهٔ کشورها».

۱۱ – خزران بدان هنگام بالاتر از دهیستان، در جلگه‌های دست راست دریای مازندران میزیستند! و به روم نزدیک نبوده‌اند.

۱۲ – و خزران از نژاد سامی نبوده‌اند که نام الیاس بر خود نهند. درباره خزرانی که پس‌از اسلام، بکیش موسی پیوستند بنگرید به پژوهش ژرف آرتور کستلر در دفتری بنام «خزران» و نیز نامهٔ گرامی تاریخ آتورپاتکان، اقرار علی اف، ترجمهٔ شادمان یوسف، بنیاد نیشابور، نشر بلخ، ۱۳۷۸.

۱۳ – **یک**: نامه «کردنی» نیست «نوشتنی» و «فرستادنی» است: «یکی نامه فرسود، قیصر بدو». **دو**: تو گفتی در لت دویم! **سه**: و خون بر سر خامه کردن چگونه باشد؟

۱۴ – پادشاه خزران، خزر را خورد؟! این سخن را چه گزارش باشد؟

اگر ساو و باژ است و گنج گران   گروگان ازان مرز چندی سران[1]
اُگرنه فرخ‌زاد چون پیل مست   بباید کند کشورت را چو دست[2]
چو الیاس برخواند آن نامه را   به زهرآب در زد سر خامه را[3]
چنین داد پاسخ که: چندین هنر   نبودی به روم اندرون سربسر[4]
اگر من نخواهم همی باژ روم   شما شاد باشید زان مرز و بوم[5]
چنین دل گرفتید از یک سوار   که نزد شما یافت او زینهار[6]
چنان دان که او دام آهرمن است   اُگر کوه آهن همان یک تن است[7]
تو او را بدین جنگ رنجه مکن   که من بین درازی نمانم سخُن[8]
سخن چون به میرین و اهرن رسید   ز الیاس و آن دام کاو گسترید[9]
فرستاد میرین به قیصر پیام   که: این اژدها نیست کاید به دام[10]
نه گرگ است کز چاره بی‌جان شود   ز آلودن زهر پیچان شود[11]
چو الیاس در جنگ خشم آوَرَد   جهانجوی را خون به چشم آوَرَد[12]
نگه کن کنون کاین سرافراز مرد   ازو چند پیچد به دشت نبرد[13]
غمین گشت قیصر ز گفتارشان   چو بشنید زان گونه بازارشان[14]
فرخ‌زاد را گفت «پرمایه‌ای   همی روم را همچو پیرایه‌ای[15]
چنان دان که الیاس شیراوژن است   چو اسپ افکند پیل رویین‌تن است[16]

---

۱ – سخن را در این رج پایان نیست! افزاینده خواسته‌است بگوید، یا باژ و ساو و گنج، و چند تن از سران خزر را بروم فرست... یا.

۲ – فرخزاد... کشور را چگونه «چون دست» شاید کردن؟ افزاینده را رای بر این بوده‌است که بگوید کشورت را چون کف دست خواهد کرد!

۳ – «زهر آب» در زبان همان (ادرار) در زبان تازیست، و افزاینده می‌خواسته‌است بگوید به زهر، اما نتوانسته‌است.

۴ – چندین هنر نادرست است: «چنین هنر» بروم اندرون، نیز نادرخور است «در کشور روم»، «در کشور شما» «در مرز روم» سربسر نیز ناهنجار است: «درسرتاسر روم».

۵ – نخواهم نادرست است: «تاکنون که از شما باژ نخواسته‌ام» در لت دویم نیز بجای زان مرز و بوم. «در کشور خود» «در مرز خویش».

٦ – سخن سخت سست است: از یک سوار چنان پشتگرم شدید... یا گستاخ شدید، زینهار نیز در کار نبوده‌است.

۷ – این رج آشفتهٔ از یک گفتار فردوسی در داستان هفتخوان رستم از زبان اولاد برگرفته شده‌است:

تو تنها تنی و اگر زاهنی   بسایی بسوهان اهریمنی

۸ – افزاینده از بین درازی «بدین درازی» خواسته‌است گفتن، که نادرست است. در نمونه‌های ق ۲: بر، لی: با، ق: که با این... که همه نادرستند.

۹ – الیاس دام نگسترده است.

۱۰ – در رج پیش‌از میرین و اهرن سخن رفت، و در این رج از میرین!

۱۱ – زهر، را نیالوده‌بود که شمشیر را بزهر آلوده بود.

۱۲ – جهانجوی کیست؟ اگر گشتاسپ است که از کشور خویش بیرون آمده و تاکنون بکنجی نشسته‌بود.

۱۳ – از او چند پیچد نادرست است. چگونه بر خویش خواهد پیچید.

۱۴ – آن گونه بازارشان چه بوده‌است، که شنیده نیز می‌شد!

۱۵ – آغاز سخن با «پُرمایه‌ای» نادرست است: «تو مردی پرمایه هستی و در کشور روم...» افزاینده نمی‌دانسته‌است که بپیرایه، بایستی زدوده شود، و آن آرایه است که کشور روم بدان آرایش میگیرد!

١٦ – اسپ افکندن اسپ را زدن و بر زمین افکندن است، و افزاینده خواسته‌است بگوید که چون سوار بر اسب شود... و پیل رویین تن را

←

اگـر تـاب داری بـه جـنگش بگـوی — اُ گـرنـه مـبر انـدرین آب روی [1]
اگـر جـنگ او را نـداری تـو پـای — بسـازیم بـا او یکـی خـوب رای [2]
بـه خـوبی ز ره بـازگردانـمش — سـخن بـا هـزینه بـرافشـانمش» [3]
بدو گفت گشتاسپ ک :«ین جستوجوی — چرا باید و چیست ایـن گفتوگوی [4]
چـو من باره انـدر جـهانم بـه خـاک — نـدارم ز مـرز خـزر هـیچ بـاک [5]
اُ لیکـن نـباید کـه روز نـبرد — ز مـیرین و اهـرن بـود یـادکرد [6]
کـه ایشـان بـه رزم انـدر از دشـمنی — بـر آرنـد کـژّی و آهـرمنی [7]
چـو لشگـر بـیاید ز مـرز خـزر — نگـهبان مـن بـاش بـا یک پسر [8]
بـه نـیروی پـیروزگر یکخـدای — چـو مـن بـا سپاه انـدر آیـم ز جـای [9]
نـه الیاس مـانم نـه بـا او سپاه — نـه چـندان بـزرگیّ و تـخت و کـلاه [10]
کـمربند گـیرمش و ز پشت زیـن — بـه ابـر انـدر آرم زنـم بـر زمـین» [11]
دگـر روز چـون بـردمید آفـتاب — چـو زرّیـنسپر مـینمود انـدر آب [12]
ز سـوی خـزر نـای رویـین بـخاست — همـی گـرد بـر شـد سـوی چرخ راست [13]
سـرافـراز قـیصر بـه گشـتاسپ گـفت — کـه «اکـنون جـدا کـن سپاه از نـهفت» [14]
بگـفت ایـن و لشگـر بـه بـیرون کشید — گـوان و یـلان را بـه هـامون کشید [15]

→ نیازی باسپ نیست.

۱ – «مبر اندرین» در لت دویم نادرخور است: «اندرین جنگ» «در جنگ با او آبروی خویش را مبر».

۲ – پای داشتن در این رج دوباره‌گویی تاب داشتن در رج پیشین است. و با او نمیتوان رای خوب ساختن، می‌توان از درِ آشتی در آمد و او را بازگرداندن.

۳ – اگر هزینه را توان افشاندن، سخن را نمیتوان.

۴ – جست‌وجویی در کار نبود. که قیصر از او پژوهش میکند، یا می‌پرسد!

۵ – اسب را بخاک اندر (اندرون) = «اسب را باندرون خاک» نمی‌توان جهانیدن!

۶ – افزاینده خواسته‌است بگوید که میرین و اهرن در این نبرد، همراه نباشند.

۷ – از دشمنی نبود، از رشک بود که اهریمنِ انگیزانندهٔ آن نیز، خودِ او بوده‌است.

۸ – لت دویم راگزارش نیست چگونه با یک پسر، نگهبان او در میدان جنگ تواند بودن؟

۹ – با سپاه ز جای اندر (= اندرون) آمدن را چه گزارش است.

۱۰ – نه با او سپاه نادرست است: «نه سپاه او راه». در لت دویم «چندان» به تخت و کلاه نیز پیوسته‌است و چندان تخت و کلاه نبود که الیاس را یک تخت و یک تاج بوده‌است.

۱۱ – ازپس آنکه او را و سپاه او را ازمیان برده‌بود، اکنون هنگام گرفتن کمر (نه کمربند) او میرسد! بابر اندر (اندرون) آرم راکسی تواند گفتن که خود درمیان ابر بوده باشد، تا بتواند دیگری به ابر اندرون آورد.

۱۲ – لت دویم سخت نادرخور است، و سپاهیان همواره بگاه سپیده‌دم آماده نبرد می‌شدند، نه پس‌از برآمدن آفتاب.

۱۳ – نای رویین بخاست سخن از آن میگوید که یک نای رویین از جای برخاست!! همواره از نالهٔ نای، یا دمیدن در نای سخن میرود. همی بر شد در لت دویم نیز نادرست است. گَرد بر آسمان بر شد.

۱۴ – «جدا کن سپاه از نهفت» نیز سخت نادرخور است. افزاینده بیاد نبرد گودرز و پیران در نبرد پهلوانان افتاده‌است که هر یک بکوهی پشت کرده‌بودند، و سپاه را بدشت نمی‌کشاندند...

۱۵ – روشن شد که قیصر، سپاهیان را بدشت نبرد کشانید،

همی گشت با گرزهٔ گاوسار   چو سرو بلند از بر کوهسار[1]
همی جست بر دشت جای نبرد   ز هامون به ابر اندر آورد گرد[2]
چو الیاس دید آن بر و یال اوی   چنان گردش چنگ و گوپال اوی[3]
سواری فرستاد نزدیک اوی   که بفریبد آن رای تاریک اوی[4]
بیامد بدو گفت که: «ای سرفراز   ز قیصر بدین گونه سر کم فراز[5]
گزین لشگر اکنون سوارش تویی   بهارش تویی نامدارش تویی[6]
به یک سو گرای از میان دو صف   چه داری چنین بر لب آورده کف[7]
که الیاس شیر است روز نبرد   پذیره درآید سبک‌تر ز گرد[8]
اگر هدیه خواهی ورا گنج هست   مسای از پی چیز با رنج دست[9]
ز گیتی گزین کن یکی بهره‌ای   تو باشی بران بهره در شهره‌ای[10]
همت یار باشم همت کهترم   که هرگز ز پیمان تو نگذرم»[11]
بدو گفت گشتاسپ که: «این سرد گشت   سخن‌ها ز اندازه اندر گذشت[12]
تو کردی بدین داوری دست پیش   کنون بازگشتی ز گفتار خویش[13]
سخن گفتن اکنون نیاید به کار   گه جنگ و آویزش کارزار»[14]
فرستاده برگشت و آمد چو باد   همی کرد پاسخ به الیاس یاد[15]

*

۱ - اما خواستِ افزاینده، گشتاسپ بوده‌است.   ۲ - همی جست نادرست است جای نبرد همان دشت بوده‌است.
۳ - هنوز نبرد آغاز نشده گردش چنگ او را چگونه دید؟ کوپال را نیز گردش نیست که آنرا بسوی دشمن پرت می‌کنند (می‌کوبند).
۴ - چرا پهلوانِ افزایندگان را رای تاریک بوده باشد؟
۵ - از قیصر سر افراختن آنهم «کم» چگونه باشد افزاینده خواسته‌است بگوید به پشتیبانی قیصر استوار مباش و سر بر میفراز!
۶ - سخن نادرست است زیرا که همهٔ سواران لشگر سواران قیصر بوده‌اند! افزاینده در سرودن(؟) این رج بیاد آن سخن فردوسی در داستان بیژن و منیژه بوده‌است.

بهارش تویی غمگسارش تو باش   بدین تنگ زندان، زوارش تو باش

۷ - در هنگامهٔ روز نبرد چه جای سخن گفتن یک کس با سردار دشمن است، هر کس که بدو نزدیک شود کشته می‌شود. فرستاده را پیش از جنبش سپاه توان گسیل کردن.   ۸ - «گرد» را، خود، جنبش نیست و آن باد است که گرد را بجنبش در می‌آورد.
۹ - لت دویم سخت نادرخور است: دست را با رنج مسای!!؟
۱۰ - «بهره» را با «شهره» پساوا نیست... و اگر او بگوشه‌ای از جهان رود...
۱۱ - چگونه الیاس یار و کهتر وی تواند بود؟ پیوند «که» در آغاز لت دویم نابجا است.
۱۲ - خنک‌تر از این گفتار، در هیچ نوشته‌ای دیده نشده‌است.
۱۳ - دست پیش کردی نادرست است، پیشدستی کردی، و وی چنین نکرده‌بود که در آغاز قیصر بدو نامه نوشته و باژ و ساو خواسته‌بود.
۱۴ - «اکنون» در لت نخست با «گه» در لت دویم همخوان نیست.
۱۵ - برگشت با آمد، همخوان نیست، و همی کرد در لت دویم. پاسخ از یاد کردن نیز نادرست است. «پاسخ او را بگفت»، «پاسخ را بگزارد».

چو خورشید شد بر سر کوه زرد نماند آن زمان روزگار نبرد[1]
شب آمد یکی پردهٔ آبنوس بپوشید بر چهرهٔ سندروس[2]
چو خورشید ازان کوشش آگاه شد ز برج کمان بر سرِ گاه شد[3]
ببُد چشمهٔ روز چون سندروس ز هر سو برآمد دم نای و کوس[4]
چکاچاک برخاست از هر دو روی ز خون شد همه رزمگه جوی جوی[5]
بیامد سبک قیصر از میمنه دود داماد را کرد پیش بنه[6]
ابر میسره پور قیصر سقیل ابر میمنه قیصر و کوس و پیل[7]
دهاده برآمد ز هر دو سپاه تو گفتی برآویخت با شید ماه[8]
بجنبید گشتاسپ از پیش صف یکی باره زیر اژدهایی به کف[9]
چنین گفت الیاس با انجمن که «قیصر همی باژ خواهد ز من[10]
چو بر در چنین اژدها باشدش ازیرا منش با بها باشدش»[11]
چو گشتاسپ الیاس را دید گفت که «اکنون هنرها نباید نهفت»[12]
برانگیختند اسپ هر دو سوار ابا نیزه و تیر جوشن گذار[13]
ازان لشگر الیاس بگشاد شست که گشتاسپ را برکند کار پست[14]
بزد نیزه گشتاسپ بر جوشنش بخست آن زمان کارزاری تنش[15]
بیفکندش از باره بر سان مست بیازید و بگرفت دستش به دست[16]

---

۱ – هنوز جنگ رخ نداده خورشید را زرد کردند! خورشید بهنگام فرو نشستن خونین می‌شود نه زرد. آن زمان نیز نادرست است: چون خورشید فرو نشست، دست از نبرد باز کشیدند. ۲ – آبنوس و سندروس هردو تیره رنگ‌اند.

۳ – با چنین داوری، نبرد در آذرماه روی داده‌است که در سرزمین سرد اروپا، چنین کار ناشدنی است، و اگر رای افزاینده بر آن بوده‌است که بگوید خورشید از برج کمان، ببرجی دیگر رفت، آنگاه زمان نبرد در پایان آذر ماه و آغاز دیماه خواه بود!

۴ – **یک**: با «نشستن خورشید، بر سر گاه» روز روشن می‌شود نه برنگ سندروس. **دو**: نای را «دم» هست و کوس را نیست!

۵ – سخن در لت دویم نادرخور است.

۶ – پیش بُنه کردسست‌ترین سخن است. نگهبان بنه کرد... مگر گشتاسب با قیصر بر ننهاده‌بود که میرین و اهرن در رزم همراه نباشند!

۷ – سقیل نیز نامی است که بجز همین گفتار هیچگاه شنیده نشده‌است، و قیصر که در سخن پیشین از میمنه آمده‌بود، پس چگونه هنوز در میمنه است؟ ۸ – تو گفتی... ماه تنها در روزهای بیست و نهم و سی‌ام بخورشید نزدیک است، که دیده نمی‌شود.

۹ – لت دویم سست است، مگر شاید که سرداری در جنگ بر اسب سوار نباشد؟

۱۰ – در هیاهوی میدان جنگ کدام انجمن بود که الیاس در آن سخن گفت؟ رج پیش سخن از جنبش گشتاسپ رفت و بیدرنگ به انجمن و گفتار الیاس رسید! ۱۱ – سخن سست: «بدینروی منش بلند دارد». ۱۲ – دنبالهٔ گفتار.

۱۳ – نیزه و تیر هردو باهم در نبرد بکار نمی‌آیند.

۱۴ – از آن لشگر نادرخور است: «ازمیان لشگر خویش» لت دویم نُماد درست ندانستن زبان، در افزایندگان است! بر کردن و پست کردن، با یک جنبش درست نیست یا کار او را بر کند(؟) برفراز کشد، یا پست کُند!

۱۵ – آن زمان نادرست است چون نیزه بر جوشن وی خورد، زمان همان زمان است. کارزاری تن نیز آمیزه‌ای ناهموار است: «تنِ نیرومندش» «پیکر زورمندش».

۱۶ – افزاینده نمی‌دانسته‌است که چون کسی با نیز خسته شود، و از اسپ بر زمین افکنده شود، استخوانهایش می‌شکند، و چنان نیست که سوار روبرو بتواند دست او را بگیرد.

ز پیش سواران کشانش ببرد … بیاورد و نزدیک قیصر سپرد[1]
بیاورد لشگر به پیش سپاه … بکردار باد اندر آمد ز راه[2]
ازیشان چه مایه گرفت و بکشت … بکشتند مر هر که آمد به مشت[3]
چو رومی پس اندر هماواز شد … چو گشتاسپ زان جایگه باز شد[4]
برِ قیصر آمد سپه تاخته … به پیروزی و گردن افراخته[5]
ز لشگر چو قیصر بدیدش به راه … ز شادی پذیره شدش با سپاه[6]
سر و چشم آن نامور بوس داد … جهان‌آفرین را همی کرد یاد[7]
ازان جایگه بازگشتند شاد … سپهبد کلاه کیان برنهاد[8]
همه روم با هدیه و با نثار … برفتند شادان برِ نامدار[9]
بر این نیز بگذشت چندی سپهر … به دل در همی داشت و ننمود چهر[10]
به گشتاسپ گفت آن زمان جنگجوی … که «تا زنده‌ای زین جهان بهرجوی[11]
بر اندیش با این سخن با خرد … که اندیشه اندر سخن به خورد[12]
به ایران فرستم فرستاده‌ای … جهاندیده و پاک و آزاده‌ای[13]
به لهراسپ گویم که نیم جهان … تو داری به آرام و گنج مهان[14]
اگر باژ بفرستی از مرز خویش … ببینی سرمایهٔ ارز خویش[15]

---

۱ – **یک:** و نیز نمی‌دانسته‌است که سوار نمی‌تواند دست کسی را گرفته بتازد! ببرد. **دو:** نیز در لت نخست با بیاورد در لت دویم همخوان نیست.

۲ – چگونه گشتاسب که الیاس را می‌کشید و می‌برد، بیدرنگ لشگر را به پیش سپاه آورد لشگر و سپاه هردو یکی است و افزاینده را رای بر آن بوده‌است که لشگریان روم را بپذیره سپاهیان خزر برد اما سپاهیانی که سردار خویش را از دست دهند، راه گریز پیش میگیرند و بر جای نمی‌مانند تا لشگریان دشمن به پیشِ آنان آیند!

۳ – **یک:** میدان جنگ جای گرفتنِ دشمنان نیست و آوردگاهِ زخم شمشیر و کشتن دشمنان است. **دو:** لت دویم نیز سخت کودکانه است. بکشت در لت نخستین با بکشتند در لت دویم ناهمخوان است، و مگر کسی بمشتِ دیگری می‌آید که بکشندش؟

۴ – هماواز را در میدان جنگ گزارش نیست... چو در آغاز لت دویم با چو در آغاز لت نخست همخوان نیست گشتاسب از کدام جایگه باز شد؟ (گردید)

۵ – سپه تاختن کاری نباشد، پیروز شدن باید، و افزاینده پیروزی را در گفتار لت دویم می‌آورد بگونه‌ای نادرخور: «به پیروزی و سرافرازی».

٦ – **یک:** گشتاسپ از راه نمی‌آمد که از میدان جنگ باز می‌گشت. **دو:** میدان جنگ را «راه» نیست. **سه:** «ز لشگر» نیز در آغاز سخن نادرست است «در لشگرگاه». **چهار:** قیصر با کدام سپاه بپذیرهٔ گشتاسپ رفت، سپاهیان که همراه گشتاسپ (تاخته) بودند!

۷ – کدام نامور؟ آنانکه نام وی را نمیدانستند. سخن نیز درهمریخته است: «بر سر و چشم او بوسه زد».

۸ – رومیان را کلاه کیانی نبوده‌است. ۹ – دنبالهٔ گفتار. ۱۰ – در لت دویم «به دل در چه را (همی) داشت»؟

۱۱ – گشتاسب در نبرد پیشین جنگ جسته‌بود نه قیصر، که از او با پاژنام جنگجوی یاد شود.

۱۲ – لت نخست درهمریخته و نادرست است: «(دربارهٔ این) سخن، با خرد خویش (سگالش کن)» لت دویم نیز چنین است: «سخن نیک با اندیشه همراه است». ۱۳ – دنباله سخن.

۱۴ – اگر نیمی از جهان از آن لهراسب است قیصر را چگونه پروای نبرد با او هست؟

۱۵ – باید روشن شود که باژ را (بروم) بفرستند.

بر ایشان سپاهی فرستم ز روم   که از نیل پیدا نبینند بوم»[1]
چنین داد پاسخ که «این رای تست   زمانه به زیر کف پای تست»[2]
یکی نامور بود قالوس نام   خردمند و بادانش و رای و کام[3]
بخواند آن خردمند را نامدار   که:«از ایدر برو تا در شهریار[4]
بگویش که: گر باژ ایران دهی   به فرمان گرایی و گردن نهی[5]
به ایران بماند به تو تاج و تخت   جهاندار باشیّ و پیروزبخت[6]
اُ گرنه مرا با سپاهی گران   هم از روم و ز دشت نیزه‌وران[7]
نگه کن که برخیزد از دشت عو   فرخ‌زاد پیر و پیروزشان پیشرو[8]
همه بوم‌تان پاک ویران کنم   ز ایران به شمشیر بیران کنم»[9]
فرستاده آمد بکردار باد   سرش پر خرد بُد دلش پر ز داد[10]
چو آمد به نزدیک شاه بزرگ   بدید آن در و بارگاه بزرگ[11]
چو آگاهی آمد به سالار بار   خرامان بیامد برِ شهریار[12]
که «پیر جهاندیده‌ای بر در است   همانا فرستادهٔ قیصر است[13]
سوار است با او بسی نیزه‌دار   همی راه جوید برِ شهریار»[14]
چو بشنید بنشست بر تخت آج   به سر برنهاد آن دل افروز تاج[15]
بزرگان ایران همه پیش تخت   نشستند شادان‌دل و نیکبخت[16]
بفرمود تا پرده برداشتند   فرستاده را شاد بگذاشتند[17]
چو آمد به نزدیک تختش فراز   بر او آفرین کرد و بردش نماز[18]

---

۱ – **یک:** این رج را در آغاز «وگرنه» باید. **دو:** بر ایشان نیز نادرست: «بسوی شما»، «بسوی ایران».

۲ – این رای تست نادرخور است: «رای رای تست»، و زمانه هیچگاه بزیر کف پای کسی نیست آن زمین یا جهان است که زیر پای است، و زیر پای همگان است، نه تنها زیر کف پای قیصر!

۳ – قالوس نیز از آن نامها است که دیگر هیچگاه نامش در هیچ نوشته نیامده‌است.

۴ – دنبالهٔ گفتار.

۵ – همچنین

۶ – چگونه «جهاندار» باژگزار کسی دیگر می‌شود؟

۷ – لت دویم را کمبود است (هم) از روم نادرست است زیرا که او قیصر روم است و پیدا است که با سپاه روم بنبرد می‌رود... دشت نیزه‌وران (تازیکستان) نیز هزار فرسنگ از روم بدور است.

۸ – پیوند میان این رج با رج پیشین نیست... «وگرنه مرا... با سپاه روم خواهی دید» و چون درمیان سپاه، قیصر را ببینند، فرخزاد چگونه پیشرو آنان است.

۹ – اگر ویران کردن است بیران کردن چگونه باشد؟ دیگر نمونه‌ها: نیران، تیران، دا، بیرون، بر آن. بکام دلیران و شیران، کنام پلنگان و شیران، بشمشیرتان پاک بیجان، بر و بوستان کام شیران، که هیچیک درست نیست (خالقی مطلق ۵۹-۵).

۱۰ – دلش پر ز داد نمیتوانست بودن، زیرا که برای زورگویی بکشوری میرود که هیچشان با آنان کار نیست.

۱۱ – نخست بنزدیک شاه بزرگ می‌آید.

۱۲ – پسانگاه سالار بار، آگاه می‌شود؟

۱۳ – دنبالهٔ گفتار.

۱۴ – مگر شایستی که کسی از روم تا ایران پیاده آمده باشد؟

۱۵ – برگرفته از شاهنامه است.

۱۶ – در دربار شاهان، همه نمی‌نشسته‌اند که برخی ایستاده‌بودند.

۱۷ – برگرفته از شاهنامه.

۱۸ – همچنین.

پیام گرانمایه قیصر بداد — چنان چون بباید به آیین و داد[1]
غمین شد ز گفتار او شهریار — برآشفت با گردش روزگار[2]
گرانمایه جایی بیاراستند — فرستاده را شاد بنشاستند[3]
فرستاد زربفت گستردنی — ز پوشیدنی و هم از خوردنی[4]
بران گونه بنواخت او را به بزم — تو گفتی که نشنید پیغام رزم[5]
شب آمد پر اندیشه پیچان بخفت — تو گفتی که با درد و غم بود جفت[6]
چو خورشید بر تخت زرّین نشست — شب تیره رخسار خود را ببست[7]
بفرمود تا رفت پیشش زریر — سخن گفت هرگونه با شاه دیر[8]
به شبگیر قالوس شد بارخواه — ورا راه دادند نزدیک شاه[9]
ز بیگانه ایوان بپرداختند — فرستاده را پیش بنشاختند[10]
بدو گفت لهراسپ ک:«ای پر خرد — مباداکه جان جز خرد پرورد[11]
بپرسم ترا راست پاسخ گزار — اگر بخردی کام کژّی مخار[12]
نبود این هنرها به روم اندرون — بُدی قیصر از پیش شاهان زبون[13]
کنون او به هر کشوری باژخواه — فرستاد و بر ماه بنهاد گاه[14]
چو الیاس را کاو به مرز خزر — گوی بود با فرّ و پرخاشخر[15]
بگیرد ببندد همی با سپاه — بدین باژخواهش که بنمود راه؟»[16]
فرستاده گفت «ای سخنگوی شاه — به مرز خزر من شدم باژخواه[17]
به پیغمبری رنج بردم بسی — نپرسید زین باره هرگز کسی[18]

۱ - فرستادهٔ خردمند را بایسته است که نخست بگوید که پیامی از قیصر دارم، اگر شاه فرمان دهد، تا پیام را بگزارم... نه آنکه بی‌خردانه با گفتار درشت سخن را بیاغازد.
۲ - غمین شد، یا برآشفت؟
۳ - بنشاستند، بجای بنشاندند پیشینه در زبان فارسی ندارد. این گونه کنش در زبان پهلوی روان بود «نی شهیست» (نشاند) اما در زبان فارسی روان نشد.
۴ - زربفت به خوردنی نیز پیوند می‌خورد.
۵ - تازه بجایگاه خود رفته‌اند، چگونه از بزم سخن میرود؟
۶ - سخن را پیوند «چون» باید: «چون شب آمد...» تو گفتی...
۷ - خورشید را تخت زرین نیست، که خود زرین است، و لت دویم نیز سخت کودکانه است.
۸ - «هر گونه»، با «دیر» همخوان نیست، یا «گفتاری دراز» یا «هر گونه سخن».
۹ - فرستاده را پروای آن نیست که خود بار بخواهد، می‌باید چندان درنگ کند، تا او را بار دهند.
۱۰ - دنباله گفتار.
۱۱ - در لت دویم «جان تو» باید.
۱۲ - سخن را کمبود است: «آنچه را که از تو می‌پرسم» چون فرمان بپاسخ گویی داد. «اگر بخردی» در لت دویم نادرخور است.
۱۳ - لت دویم نادرست است: قیصر در برابر شاهان (ایران) زبون بود.
۱۴ - لهراسب را از کجا آگاهی رسید که قیصر از خزران نیز باز خواسته‌است.
۱۵ - چو الیاس نادرست است.
۱۶ - ایرانیان فرّ را از آنِ ایران می‌دانستند!
۱۷ - سخنگویی پاژنامی بلند نیست که شاه را بدان خوانند. هرکس در جهان سخنگوی است: «ای شاه بزرگ» «ای خردمند شاه»...
۱۸ - رنج بردم نادرخور است: «رنج برده‌ام» در لت دویم هیچکس دراین‌باره، که چرا قیصر از ایران باژ می‌خواهد، از وی

←

ولیکن مرا شاه زان سان نواخت	که گردن به کژی نباید فراخت[1]
سواری به نزدیک او آمده‌ست	که از بیشه‌ها شیر گیرد به دست[2]
به مردان بخندد همی روز رزم	هم از جامهٔ می به هنگام بزم[3]
به بزم و به رزم و به روز شکار	جهانبین ندیده‌ست چون او سوار[4]
بدو داد پرمایه‌تر دخترش	که بودی گرامی‌تر از افسرش[5]
نشانی شده‌ست او به روم اندرون	چو نرّاژدها شد به چنگش زبون[6]
یکی گرگ بُد همچو پیلی به دشت	که قیصر نیارست زان سو گذشت[7]
بیفکند و دندان او را بکند	وز او کشور روم شد بی‌گزند»[8]
بدو گفت لهراسپ ک: «ای راستگوی	که را ماند این مرد پرخاشجوی؟»[9]
چنین داد پاسخ که «باری نخست	به چهره زریر است گویی درست[10]
به بالا و دیدار و فرهنگ و رای	زریر دلیر است گویی بجای»[11]
چو بشنید لهراسپ بگشاد چهر	بران مرد رومی بگسترد مهر[12]
فراوان ورا بَرده و بدره داد	ز درگاه برگشت پیروز و شاد[13]
بدو گفت ک: «اکنون به قیصر بگوی	که من با سپاه آمدم جنگجوی»[14]

*

پر اندیشه بنشست لهراسپ دیر	بفرمود تا پیش او شد زریر[15]
بدو گفت ک: «این جز برادرت نیست	بدین چاره بشتاب و ایدر مه‌ایست[16]

→ نپرسیده‌بوده‌است! **۱** – نواخت نیز نادرست است نواخته است در لت دویم گردنِ کژ افراشته نشاید بودن.

۲ – **یک:** هیچگاه پیرِ خردمندِ فرستاده، راز کشور و پادشاه خویش را با پادشاه بیگانه درمیان نمی‌نهد! **دو:** بیشه‌ها نادرست است «بیشه»... **سه:** و چنین نبود که نبرد او با گرگ و اژدها باشمشیر و خنجر سناندار و بزهر آب داده، همراه با تیر و کمان بود.

۳ – لت دویم سخت نادرخور است.

۴ – جهان‌بین را پاژنام برای چشم آورده‌است، که نادرست است، و تنها یکبار در سخنان افزوده بشاهنامه، در گفتار سرو، شاهِ یمن آمده‌است:

همی گفت اگر پیش بالین من	نبیند سه ماه، این جهان‌بین من؛
مرا روزِ روشن بُوَد تیره شب	بباید گشادن بپاسخ دو لب!

۵ – پرمایه‌تر دختر نادرست است: دختر بزرگش را. **٦** – دنبالهٔ گفتار.

۷ – **یک:** گرگِ نامبرده در دشت نبود و در بیشهٔ فاسقون بود! **دو:** در لت دویم، مردمان؟ یا قیصر؟

۸ – بیفکند نادرخور است: «بیفکند او راه». **۹** – لهراسب از کجا میداند که فرستاده، راست گفته‌است!

۱۰ – باری نخست را چه جای گفتن است؟ **۱۱** – دنبالهٔ سخن. **۱۲** – دنباله.

۱۳ – کننده (فاعل) در لت نخست لهراسپ است و در لت دویم بفرستاده برمیگردد!

۱۴ – پس‌از برگشتن از درگاه لهراسب با وی سخن میگوید؟

۱۵ – چون فرستادهٔ کشور دیگر را بار دهند. بزرگان کشور (از آنمیان زریر) را می‌باید در بارگاه بودن! افزاینده خود در رج ۲۳۷٦۵ گفته‌بود: «ز بیگانه ایوان، بپرداختند» و زریر، پسر لهراسب، بیگانه نبود که پس از بدره و برده دادن به فرستاده، وی را پیش خود بخواند!

۱٦ – دنبالهٔ گفتار.

داستان افزوده رفتن گشتاسپ به روم ۳۶۹

درنگ آوری کار گردد تباه — میاسا و اسپ درنگی مخواه[1]
ببر تخت و بالا و زرّینه کفش — همان تاج با کاویانی درفش[2]
من این پادشاهی مر او را دهم — بر این بر سرش بر سپاسی نهم[3]
تو ز ایدر برو تا حلب کینه‌جوی — سپه را جز از جنگ چیزی مگوی»[4]
زریر ستوده به لهراسپ گفت — که «این راز بیرون کشیم از نهفت[5]
گر اوست و فرمانبرِ مهتر است — ورا هر که مهتر بود کهتر است»[6]
بگفت این و برساخت در حال کار — گزیده یکی لشگری نامدار[7]
نبیره‌ی بزرگان و آزادگان — ز کاووس و گودرز کشوادگان[8]
ز تخم زرسپ آنکه بودند نیز — چو بهرام شیراوژن و ریونیز[9]
همی رفت هر مهتری با دو اسپ — فروزان بکردار آذرگشسپ[10]
نیاسود کس تا به مرز حلب — جهان شد پر از جنگ و جوش و شغب[11]
درفش همایون برافراختند — سراپرده و خیمه‌ها ساختند[12]
زریر سپهبد سپه را بماند — به بهرام گردنکش و خود براند[13]
بسان کسی کاو پیامی برد — اُگر نزد شاهی خرامی برد[14]
ازان ویژگان پنج تن را ببرد — که بودند با مغز و هشیار و گرد[15]

---

۱ – سخن را پیوند «اگر» باید. چگونه شاید فرزند شاه اسب درنگی(؟) (= تنبل) را سوار شود.

۲ – **یک:** چگونه می‌توان تخت شاهی را که در کاخ استوار است از یک کشور بکشوری دیگر بردن؟ و نیز، چگونه درفش کاویان را که نشان ایران است از کشور بیرون فرستادن. **دو:** مگر لهراسب می‌خواهد درفش داری را بگشتاسپ بدهد؟

۳ – «بر این» در لت دویم نادرخور است: «بدینکار».

۴ – گشتاسپ در روم بود، نه «حلب» لت دویم نیز نادرخور است. مگر سپاهیان که برای جنگ با سپاه روم می‌روند، به چیزی جزاز جنگ می‌اندیشند؟

۵ – سخنان پسین زریر نشان نمی‌دهد که راز را آشکار کردن باید.

۶ – سخن بی‌بنیاد!

۷ – **یک:** «در حال کار» چه باشد؟ **دو:** لت دویم نیز نادرست است: «برگزیده»، اما سوارانِ یک لشگر، همگی نامدار نتوانند بود.

۸ – **یک:** نبیرگان شاید... **دو:** «از» در آغاز سخن نادرخور است.

۹ – **یک:** آنکه بودند نیز... نادرست است: «از فرزندان زرسپ»... **دو:** و بهرام فرزند گودرز بود که در نبرد با تژاو کشته شد. **سه:** ریونیز نیز از نژاد زرسپ نبود که داماد توس، و شوهر خواهر زرسپ بود. **چهار:** ریونیز را نیز، با «بودند نیز» پساوا نیست.

۱۰ – آنان «فرستاده» نبودند که با دو اسب براه افتند! چون همهٔ سپاهیان باهم میروند، پس مهتران را نیز می‌باید بهمراه سپاه بودن، و یک اسپ برایشان بسنده بود.

۱۱ – حلب (هلب، و هلبچه) واژه‌های ایرانی‌اند، و می‌بایستی با «هـ» نوشته شوند. در زمان باستان از شهرهای ایران بود و نه خود مرز داشت و نه از آن روم بود.

۱۲ – **یک:** درفش همای بهمراه نداشتند. درفش کاویان را برده‌بودند. **دو:** سراپرده و خیمه هردو یکی است و خیمه را در گفتار فردوسی جای نیست، و سراپرده‌ها پیش‌از جنبش سپاه ساخته شده‌بودند. افزاینده می‌خواهد از آراستن لشگرگاه سخن گوید.

۱۳ – دنبالهٔ سخن.

۱۴ – سخن از خرام (فراخواندن بمهمانی) درمیان نبود! دو سپاه برای جنگ رودررروی هم ایستاده‌بودند... و «خرام» بردنی نیست. «خرام» پاژنام کسی است که برای آوردن مهمان بسوی او می‌رود.

۱۵ – **یک:** پس‌از سپردن سپاه ببهرام و راندن بسوی سپاه دشمن پنج تن را با خود می‌بَرَد؟ **دو:** «با مغز» نیز سخنی سخت نادرست است زیرا

←

۳۷۰ لهراسپ

چو نزدیک درگاه قیصر رسید　　به درگاه سالار بارش بدید[1]
به در بر همه فرش دیبا کشید　　بیامد به قیصر بگفت آنچه دید[2]
به کاخ اندرون بود قیصر دژم　　چو قالوس و گشتاسپ با او بهم[3]
بدو آگهی داد سالار بار　　که: آمد به درگه زریر سوار[4]
چو قیصر شنید این سخن بار داد　　ازان آمدن گشت گشتاسپ شاد[5]
زریر اندر آمد چو سرو بلند　　نشست از بر تخت آن ارجمند[6]
ز قیصر بپرسید و پوزش گرفت　　همان رومیان را فروزش گرفت[7]
بدو گفت قیصر «فرخ‌زاد را　　نپرسی نداری به دل داد را»[8]
به قیصر چنین گفت فرخ زریر　　که «این بنده از بندگی گشت سیر[9]
گریزان بیامد ز درگاه شاه　　کنون یافت ایدر چنین پایگاه»[10]
چو گشتاسپ بشنید پاسخ نداد　　تو گفتی ز ایران نیامدش یاد[11]
چو قیصر شنید این سخن زان جوان　　پر اندیشه شد مرد روشنروان[12]
که شاید بُدن این سخن کاو بگفت　　جز از راستی نیست اندر نهفت[13]
به قیصر ز لهراسپ پیغام داد　　که: گر دادگر سر نپیچد ز داد[14]
ازین پس نشستم به روم است و بس　　به ایران نمانیم بسیار کس[15]
تو ز ایدر برو گو بیارای جنگ　　سخن چون شنیدی نباید درنگ[16]
نه ایران خزر گشت و الیاس من　　که سر برکشیدی از آن انجمن[17]

→ که هر جاندار را مغز هست.

۱ - آنان در میدان جنگ بودند، و مگر درگاه قیصر کنارِ میدان نبرد در شهر هلب بوده‌است؟

۲ - رومیان، «فرش» نداشته‌اند، و هرودوت این سخن را گفته‌است.

۳ - یک: هنوز قیصر «دستوری» (= اجازه) پذیرش فرستاده را نداده، سالار بار از چه رو، برای او، فرش دیبا کشید؟ دو: چو قالوس... نادرست است. ۴ - دوباره آگهی رساند؟ ۵ - این سخن نادرست است، چون قیصر آگاه شد.

۶ - چون فرستاده از کشور دیگری می‌آید در آغاز نماز می‌برد و آفرین میگوید، پسانگاه بفرمان شاه زیرگاه برای او می‌نهند، و آنگاه فرمان به نشستن وی میدهند.

۷ - یک: کهتر را نباید از مهتر پرسیدن (= احوالپرسی کردن). آن مهتر است که از فرستاده می‌پرسد و او پاسخ میدهد! دو: پوزش نیز گرفتنی نیست خواستنی است لت دویم را هیچ گزارش نیست. ۸ - افزاینده بر نادانی خویش، پای می‌فشارد...

۹ - زریر که برای دلجویی گشتاسپ آمده‌بود چگونه او را نزد قیصر خوار میکند؟ ۱۰ - دنبالهٔ همان گفتار.

۱۱ - دنباله.

۱۲ - یک: در لت نخست «سخن» را «را» باید. دو: در لت دویم، مرد روشنروان نادرخور است زیرا که پیشتر از وی با نام قیصر یاد شده‌بود. ۱۳ - زریر سخن را آشکارا گفت، نه در نهفت. ۱۴ - دنبالهٔ گفتار.

۱۵ - چند رج سخنان پریشان ناشایست... افزاینده خواسته‌است بگوید که لهراسب آهنگ روم کرده‌است، و بسی از ایرانیان را بروم خواهم آورد.

۱۶ - «تو ز ایدر [زیدر] برو گو»سست‌ترین سخن است به چه‌کس گوید؟ باید روشن شود که پیام رو بقیصر دارد.

۱۷ - نه ایران خزر گشت نادرست است: «ایران، مرز خزر نیست» و من الیاس نیستم. لت دویم نیز سست است.

چنین داد پاسخ که «من جنگ را / بیازم همی هر سوی چنگ را[۱]
تو اکنون فرستاده‌ای باز گرد / بسازیم ناچار جای نبرد»[۲]
ز قیصر چو بشنید فرخ زریر / غمین شد ز پاسخ فروماند دیر[۳]

*

چو برخاست قیصر به گشتاسپ گفت / که «پاسخ چرا ماندی در نهفت»[۴]
بدو گفت گشتاسپ من پیش ازین / ببودم بر شاه ایرانزمین[۵]
همه لشگر شاه و آن انجمن / همه آگه‌اند از هنرهای من[۶]
همان به که من سوی ایشان شوم / بگویم همه گفته‌ها بشنوم[۷]
برآرم ازیشان همه کام تو / درفشان کنم در جهان نام تو»[۸]
بدو گفت قیصر «تو داناتری / بر این آرزو بر تواناتری»[۹]
چو بشنید گشتاسپ گفتار اوی / نشست از بر بارهٔ راه‌جوی[۱۰]
بیامد به جای نشستِ زریر / به سر افسر و بادپایی به زیر[۱۱]
⇐ چو لشگر بدیدند گشتاسپ را / سرافرازتر پورِ لهراسپ را
پیاده همه پیش اوی آمدند / پراز درد و پر آب‌روی آمدند
همه، پاک؛ بردند پیشش نماز / که کوتاه شد رنج‌های دراز
همان گه چو آمد به پیشش زریر / پیاده ببود و شد از رزم سیر[۱۲]
گرامیش را تنگ در بر گرفت / چو بگشاد لب پرسش اندر گرفت[۱۳]
نشستند بر تخت با مهتران / بزرگان ایران و گنداوران[۱۴]

---

۱ – دنباله.

۲ – یک: تو اکنون نادرخور است. دو: در لت دویم «ناچار» نابجا است، زیرا که او خود آغازگرِ نبرد بوده‌است.

۳ – چرا غمین شد؟ خود با پرخاش آمادگی جنگ نموده‌بود، و پاسخ همان است که میخواست.

۴ – لت دویم نادرخور است: «چرا پاسخ ندادی».

۵ – «ببودم» نادرست است بوده‌ام.

٦ – «همه» در آغاز لت نخست با «همه» در آغاز لت دویم همخوان نیست.

۷ – «همه» در لت دویم نادرخور است: «بگویم و گفته‌های ایشان را بشنوم».

۸ – سخن زیبا است اما وابسته بداستان است.

۹ – «داناتری» را جای گفتن نیست.

۱۰ – دنبالهٔ گفتار.

۱۱ – جای نشست زریر نادرست: «بلشگرگاه زریر» یا «بپرده‌سرای زریر».

۱۲ – یک: «چو» با «همانگه» ناهمخوان است، یا «همانگه»، یا «چو». دو: لت دویم سخت نادرخور است. گشتاسب بسوی زریر و به «جای نشست زریر» آمده‌است، و زریر در پرده‌سرای خود «پیاده ببود»؟ سه: اما افزاینده نادرستی سخن را بسویی دیگر کشانده است، و می‌خواهد بگوید «چون زریر، گشتاسپ را بدید پیاده شد»! «شد از رزم سیر» را چه جای گفتن است؟ هنوز که آنان رزم را آغاز نکرده بودند!

۱۳ – یک: گرامیش را نادرست است «گشتاسپ را» «برادر را» لت دویم نیز بازی کودکانه با واژه‌ها است. دو: «چو بگشاد لب» را جای نیست، پرسش را نیز اندر (اندرون) نمی‌گیرند! «می پرسند».

۱۴ – مگر همهٔ بزرگان ایران در لشگرگاه بودند؟ افزاینده دو سه کس را با نامهای ساختگی نام برده‌بود: «بهرام و ریونیز» نیز نبیرگان گودرز و کاووس نبودند.

۳۷۲ لهراسپ

زریر خجسته بگشتاسپ گفت / که: «بادی همه‌ساله با بخت جفت
پدر پیرسر شد، تو بینا دلی / نگر تا ز تاج کیی نگسلی
بپیری ورا بخت خندان شده‌ست / پرستندهٔ پاک‌یزدان شده‌ست
فرستاد نزدیک تو، تاج و گنج / سزد گر نداری کنون، دل برنج!
چنین گفت ک:«ایران سراسر ترا است / سرِ تاج با تختِ کشور ترا است
ز گیتی یکی کنج ما را بس است / که تخت مهی را جز از من کس است»[1]
برادر بیاورد پرمایه تاج / همان یاره و توغ و هم تخت آج[2]
چو گشتاسپ تخت پدر دید، شاد؛ / نشست از برش تاج بر سر نهاد[3]
نبیره‌ی جهانجوی کاووس کی / ز گودرزیان هر که بُد نیک‌پی[4]
چو بهرام و چون ساوه و ریونیز / کسی کاو سرافراز بودند نیز
به شاهی بر او آفرین خواندند / ورا شهریار زمین خواندند[5]
ببودند بر پای بسته کمر / هر آن‌کس که بودند پرخاشخر[6]
چو گشتاسپ دید آن دلارای کام / فرستاد نزدیک قیصر پیام[7]
ک:«ز ایران همه کام تو راست گشت / سخن‌ها ز اندازه اندر گذشت[8]
همی چشم دارد زریر و سپاه / که آیی خرامان بدین رزمگاه[9]
همه سربسر با تو پیمان کنند / روان را به مهرت گروگان کنند[10]
گرت رنج ناید خرامی به دشت / که کار زمانه به کام تو گشت[11]
فرستاده چون نزد قیصر رسید / به دشت آمد و ساز لشگر بدید[12]
چو گشتاسپ را دید بر تخت آج / نهاده به سر بر ز پیروزه تاج[13]
بیامد ورا تنگ در بر گرفت / سخن‌های دیرینه اندر گرفت[14]
بدانست قیصر که گشتاسپ اوست / فروزندهٔ جان لهراسپ اوست[15]

۱ - دوباره از تخت یاد می‌شود.
۲ - گیریم که تاج و یاره را آورد، تخت را چگونه تواند آوردن؟
۳ - باز سخن از تخت می‌رود!
۴ - همان نامهای پیشین می‌آید و افزون بر آن از «ساوه» یاد می‌شود... ساوه شاه پادشاه ترکان بود که بهنگام پیروز ساسانی برای نبرد بایران آمد و بر دست بهرام چوبینه پهلوان ایرانی شکست خورد!
۵ - سخن از شاهنامه برگرفته شده‌است.
۶ - «ببودند» در لت نخست با «بودند» در لت دویم ناهمخوان است.
۷ - کام دلارای نمی‌شود، و دیدنی نیز نیست.
۸ - اگر کام او راست گشته‌است، سخن پایان رسیده‌است!
۹ - چشم دارد نادرست است چشم دارند. رزمگاه نیز نادرست: «لشگرگاه».
۱۰ - سخن را در آغاز پیوند «تا» باید.
۱۱ - «خرامی» نادرست است: «بخرام».
۱۲ - در لت نخست سخن از فرستاده‌است، و در لت دویم از قیصر...
۱۳ - که بیدرنگ بگشتاسپ رسید.
۱۴ - سخن‌های دیرینه را اندر (= اندرون) نمی‌گیرند. سخن میگویند، اما آنانکه همانروز باهم بوده‌اند چگونه سخنان دیرینه را (اندر گرفتند)؟
۱۵ - پس‌از در برگرفتن، و سخنان دیرینه را باز گفتن، دانست که او گشتاسپ است؟

داستان افزوده رفتن گشتاسپ به روم ۳۷۳

فراوانش بستود و بردش نماز ... اُزانجا سوی تخت رفتند باز[1]
ازان کردهٔ خویش پوزش گرفت ... بپیچید زان روزگار شگفت[2]
بپذرفت گفتار او شهریار ... سرش را گرفت آنگهی بر کنار[3]
بدو گفت «چون تیره گردد هوا ... فروزیدن شمع باشد روا[4]
برِ ما فرست آنکه ما را گزید ... که او درد و رنج فراوان کشید»[5]
بشد قیصر و رنج و تشویر برد ... بسی نیز بر خوی بد برشمرد[6]
به سوی کتایون فرستاد گنج ... یکی افسر و سرخ یاقوت پنج[7]
غلام و پرستار رومی هزار ... یکی توغ پر گوهر شاهوار[8]
ز دینار رومی شتروار پنج ... یکی فیلسوفی نگهبان گنج[9]
سلیح و درم داد لشگرش را ... همان نامداران کشورش را[10]
هر آن کس که بود او ز تخم بزرگ ... اُگر تیغزن نامداری سترگ[11]
بیاراست خلعت سزاوارشان ... بر افروخت پژمرده بازارشان[12]
از اسپان تازیّ و برگستوان ... ز خفتان و ز جامهٔ هندوان[13]
ز دیبا و دینار و تاج و نگین ... ز تخت و ز هرگونه دیبای چین[14]
فرستاده نزدیک گشتاسپ برد ... یکایک به گنجور او برشمرد[15]
ابا این بسی آفرین گسترید ... بران کاو زمان و زمین آفرید[16]
کتایون چو آمد به نزدیک شاه ... عو کوس برخاست از بارگاه[17]

---

۱ – و باز، ازپسِ تنگ در گرفتن نماز بدو برد؟
۲ – در لت دویم بپیچید نادرست است، زیرا که این کنش درخورِ آن هنگام شادمانی نیست.
۳ – پوزش او را پذیرفت نه گفتار او را، آنگهی نادرست است، و سر در کنار گرفتن، برفراز تخت نمی‌شود.
۴ – دنبالهٔ گفتار.
۵ – کتایون در میدان جنگ نبوده‌است که همان شب بنزد گشتاسبش فرستند!
٦ – چرا در هنگام شادی رنج بَرَد؟ در لت دویم، بر خوی بدِ چه کس برشمرد (دشنام داد).
۷ – و در میدان جنگ چگونه گنج بسوی کتایون فرستاد. شمار لت دویم نادرخور است. پنج سرخ یاقوت، اما چرا پنج یاقوت؟ ازبرای آنکه افزاینده را پساوای گنج بایسته می‌نمود.
۸ – افزاینده غلام و پرستار را نیز درشمار گنج آورده‌است. توغ را نیز همراه با افسر یاد کردن، شاید، نه پس‌از غلام و پرستار.
۹ – هنوز واژهٔ فیلسوف بر زبانها روان نبود. واژهٔ فیلسوف راسقراط پیشنهاد کرد «فیلوسوفی» (= دوستدار دانش).
۱۰ – به‌لشگر کتایون جنگ‌افزار و درم داد؟ سخن چنین نشان می‌دهد، اما ازاین‌پس سخن از لشگریان گشتاسپ می‌رود.
۱۱ – (آن) کس با (او) در این رج همخوان نیست... سترگ!
۱۲ – چرا بازار پژمرده؟ سپاهیان ایران شاهجوی آمده‌اند، و او را یافته‌اند، و جنگ ناکرده پیروز شده‌اند چرا پژمرده باشند؟ بازار پژمرد نیز آمیزه‌ای نادرست است.
۱۳ – اسپ تازی... و جامهٔ هندوان در این رج.
۱۴ – دیبای چین در این رج.
۱۵ – یا نزدیک گشتاسپ، یا نزدیک گنجور... برشمردن نیز دشنام دادن است.
١٦ – چون «ابا این» در سخن رود، آفرین نیز می‌باید روی بگشتاسپ داشته باشد، نه روی بخداوند!
۱۷ – کوس را درمیان بارگاه نمی‌نواخته‌اند... جای نواختن کوس، دشت بوده‌است که بانگ بلند آن گوش را آزار نرساند.

سپه سوی ایران به رفتن گرفت — هوا گرد اسپان نهفتن گرفت[1]
چو قیصر دو منزل بیامد به راه — عنان تکاور بپیچید شاه[2]
به سوگند ازان مرز برگاشتش — به خواهش سوی روم بگذاشتش[3]
اُزان جایگه شد سوی روم باز — چو گشتاسپ شد سوی راه دراز[4]
همی راند تا سوی ایران رسید — به نزد دلیران و شیران رسید[5]
چو بشنید لهراسپ کامد زریر — برادرش گشتاسپ آن نره شیر[6]
پذیره شدش با همه مهتران — بزرگان ایران و نامآوران[7]
چو دید او پسر را به بر درگرفت — ز جور فلک دست بر سر گرفت[8]
فرود آمد از باره گشتاسپ زود — بدو آفرین کرد و زاری نمود[9]
⇐ ز ره چون به ایوان شاهی شدند؛ — چو خورشید در برج ماهی شدند*
بدو گفت لهراسپ که: «از من مبین — چنین بود رای جهانآفرین[10]
نوشته چنین بُد مگر بر سرت — که پردخت ماند ز تو کشورت»[11]
بدو شادمان گشت لهراسپ شاه — مر او را نشاند از برِ تخت و گاه
ببوسید و تاجش بسر بر، نهاد — همی آفرین کرد با تاج یاد
بدو گفت گشتاسپ که: «ای شهریار — ابی تو مبیناد کس روزگار[12]
چو مهتر کنی من ترا کهترم — بکوشم که گرد ترا نسپرم[13]
همه نیک بادا سرانجام تو — مباداکه باشیم بی‌نام تو[14]
که گیتی نماند همی بر کسی — چو ماند به تن رنج ماند بسی[15]

---

۱ – برفتن گرفت آمیزه‌ای نادرخور است و نادرخورتر سخن لت دویم است زیرا که گرد اسپان در آسمان آشکار می‌شود، نه پنهان.
۲ – در لت نخست را «با او براه» باید! و لگام اسپ را پیچاندن ازسوی گشتاسب چه روی دارد؟ پیچیدن لگام بازگشتن را میرساند.
۳ – از آن مرز نادرست است همچنین سوی رومبگذاشتش: «از راه بازش گرداند».
۴ – دنبالهٔ گفتار.
۵ – سوی ایران را همی راندت نشاید، زیرا از بر مرز که روی برفتن بایران کنند، سوی ایران است، و دلیران و شیران ایران با سپاه زریر و گشتاسپ همراهند.
٦ – لت دویم را پیوند بایسته نیست... «بهمراه برادر...».
۷ – لت دویم را نیز پیوند «و» باید.
۸ – **یک**: لت نخست را «ش» در پایان باید: «ببر درگرفتش». **دو**: و بهنگام شادی، از «جور فلک» یاد کردن سخت نادرخور است، آنهم با «دست بر سر گرفتن».
۹ – پس‌از دربرگرفتن... از باره فرود آمد؟ زاری نمودن بهنگام شادی چگونه باید؟
* – خورشید، در برج ماه اسفند، که روی بفراز و نوروز دارد.
۱۰ – چه چیز را از لهراسب نبیند. گشتاسپ خود بکین و درد، از وی جدا شده و اکنون با مهر و نیاز، او را بازگردانده‌اند.
۱۱ – لت دویم نادرخور است و پیوند با رج درستِ پسین ندارد.
۱۲ – سخن درست است اما پیوسته برج نادرست آینده است.
۱۳ – **یک**: روشن نیست که چو مهتر کنی روی بکه دارد! **دو**: و در لت دویم نیز سخن ناهموار است.
۱۴ – «بی‌نام» نادرست است: «بی تو».
۱۵ – در لت نخست گیتی برابر (بر کسی) نمی‌ماند، و در لت دویم می‌ماند... و افزاینده را رای بر آن بوده‌است که اگر کسی در جهان بسیار

چـنین است گـیهان نـاپایدار　　بـر او تـخم بـد تـا تـوانـی مـکار[1]

*

هـمی خـواهـم از دادگـر یک‌خـدای　　کـه چـندان بـمانم بـه گـیتی بـجای

کـه ایـن نـامهٔ شـهریاران پـیش　　بـپیوندم از خـوب گـفتار خـویش

اُزان پس تـن بـی‌هنر خـاک را است　　سخن‌گوی جان مـعدن پـاک را است●

← بماند، تنش از بیماری و پیری رنج می‌برد.

۱ - بر گشتاسپ نیست که پدر پیر خویش را پند دهد! برای لهراسب که آهنگ گوشه‌نشینی دارد، چه جای پندی اینچنین است که تخم بدی مکار.

● -لت دویم در نمونه ل سخنگوی و جان؛ در ق ۲، آ روان آمده‌است پیدا است که پچین‌برداران که از فرهنگ باستانی دور شده‌اند در آن بگونه‌ای دست برده‌اند که خود از آن خشنود باشند. چون در لت نخست روشن شد؛ تن پس‌از درگذشت، بی‌هنر می‌شود و بسوی خاک میگراید، لت دویم را می‌بایستی دربارهٔ «روان» سرودن، و ازآنجاکه «روانِ روان» نیز نادرخور است بیگمان می‌بایستی آنرا «روان و توان» دانستن که بجهان مینو می‌پیوندد، و از آنجا که نویسندگان «مینو» را «بهشت» با کاربرد امروزینش پنداشته‌اند، از «عدن» تازی معدن برآورده‌اند، و بجای آن نهاده‌اند!

با این گفتار، سخن را بدینگونه آراستم:

اُزانپس تنِ بی‌هنر، خاک رااست　　روان و توان، مینوی پاک رااست!

پادشاهی گشتاسپ

*

به خواب دیدن فردوسی دقیقی را

چنان دید گوینده یک شب بخواب — که یک جامِ مَی داشتی چون گلاب
دقیقی ز جایی پدید آمدی — برآن جام می داستان‌ها زدی
بفردوسی آواز دادی که: «می — مخور جز بر آیین کاووس کی
که شاهی ز گیتی گزیدی که بخت — بدو نازد و لشگر و تاج و تخت[1]
شهنشاه محمود گیرنده شهر — ز شادی به هرکس رسانیده بهر
از امروز تا سال هشتاد و پنج — بکاهدش رنج و نکاهدش گنج
ازین پس به چین اندر آرد سپاه — همه مهتران برگشایند راه
نبایدش گفتن کسی را درشت — همه تاج شاهانش آمد به مشت
بدین نامه گر چند بشتافتی — کنون هرچه جستی، همه یافتی
ازین‌باره من پیش گفتم سخُن — اگر بازیابی، بخیلی مکن[2]
گرفتم بگوینده بر، آفرین — که پیوند را، راه داد اندرین*
اگرچه نگفتست جز اندکی — ز رزم و ز بزم از هزاران یکی

---

۱ - «جز بر آیین کاووس می منوش» را رمزی در پی است، و آن چنانست که دقیقی (و فردوسی که ازسوی وی سخن میگوید) بجزاز آیین کیانیان آیین نمی‌شناسند، و کسی را بجزاز شاهان کیانی شاه نمی‌نامند... آنگاه چگونه شاید که پس‌از چنین گفتار، سخن از محمود تاتارنژاد آید و وی را با پاژنام «شهنشاه» ستایش کنند؟! پنج رج سخنان یاوهٔ افزایندگان را که همه دروغ است، گزارش نمی‌کنم.

۲ - بیشتر شاهنامه‌ها این رج را بهمین گونه آورده‌اند، درِ شاهنامه قاهره چنین است: «سخن را نیامد سراسر به بن» که پریشان است و نادرست، بنداری نیز آورده‌است: «فلا تبخل عليّ و اكتب فانظمتهُ من قصة كشتاسب و أرجاسب»: «بُخل بمن مورز و بنویس آنچه را که در داستان گشتاسب و ارجاسب سرودم».

ازاین‌پس سه رج از گفتار دربارهٔ دقیقی را که افزایندگان بجایی دیگر بنام «بازگشت فردوسی بسخن خود» آورده‌اند تا یکبار دیگر محمود نامبرده را بستایند، بدنبال این گفتار آوردم، که بیکدیگر پیوسته‌شان می‌بینم، و نشاید که این سه رج پس‌از پایان گفتار دقیقی آید، زیراکه ستایش دقیقی است ازسوی فردوسی.

* - آفرین گرفتنی نیست، روشن است که پچین برداران، بر بنیاد گفتارهای افزوده چنین نوشته‌اند. در اندیشهٔ من لت نخست چنین بوده‌است: «بخواندم بگوینده بر...».

هـمو بـود، گـوینده را، راهـبر   کـه شـاهی نشـانید بـر گـاه بـر
ز گشـتاسپ و ارجـاسپ بـیتی هـزار   بگـفتم سـرآمـد مـرا روزگـار[1]
گـر آن مـایه نـزد شـهنشه رسـد   روان مـن از خـاک بـر مـه رسـد[2]
کنون مـن بگـویم سخن؛ کـاو بگـفت   مـنم زنـده، او گشـته بـا خـاک جـفت

گفتار دقیقی

چـو گشـتاسپ را داد لهـراسپ تـخت   فـرود آمـد از تـخت و بـربست رخت
بـه بـلخ گـزین شـد، بـدان نـوبهار   کـه یـزدان‌پـرستان بـدان روزگـار؛
مـر آن جـای را داشـتندی چـنان   کـه مـر، مکّـه را تـازیان، ایـن زمـان
بـدان خـانه شـد شاه یزدان‌پرست   فـرود آمـد از جـایگاه نشست
بـبست آن درِ آفـرین‌خانه را   نـماند انـدر آن خـانه، بـیگانه را
بـپوشید جـامه‌ی پـرستش، پـلاس   -خـرد را بـدانگونه بـاید سپاس-
بـیفکند یـاره، فـروهشت مـوی   سـوی داور داوران کـرد روی
هـمی بـود سی سـال پـیشش بپای   بـرایـنسان پـرستید؛ بـاید، خـدای
نـیایش هـمی کـرد خـورشید را   چـنانچون کـه بُـد راه، جـمشید را
چـو گشـتاسپ بـرشد، بـتختِ پـدر   کـه هـم فـرّ او داشت و بـخت پـدر
بسـر بـرنهاد آن پـدر داده تـاج   کـه زیـبنده بـاشد بـر آزاده تـاج[3]
«مـنم» گـفت: «یـزدان پـرستنده شاه   مـرا ایـزد پـاک داد ایـن کـلاه
بـدان داد مـا را کـلاه بـزرگ   کـه بیرون کـنیم از رَمِ میش، گـرگ[*]
سـوی راه یـزدان بـیازیم چـنگ   بـر آزاده، گـیتی نـداریم تـنگ
چـو آیـین شـاهان بـجای آوریـم   بَـدان را بـدینِ خـدای آوریـم»
یکـی داد گسـترد کـز داد اوی   ابـا گـرگ، مـیش آب خـوردی، بجـوی

---

۱ - **یک**: لت نخست بدآهنگ است، و در افزوده‌های آغاز شاهنامه نیز آمده‌بود. **دو**: شمار رج‌هایی که بنام دقیقی آمده‌است، با افزوده‌ها یکهزار و بیست و هشت رج است، و چون هم در این رج دهم در پیشگفتار سخن چنین می‌آید «بیتی هزار» نمی‌باید یک رج نیز افزون بر آن بوده باشد! اما اگر افزوده‌ها را از آن بپیراییم ششسد، تا هفتسد رج می‌شود که نادرستی این گفتار را آشکار میکند، و نشان میدهد که سروده‌های پس‌ازآن نیز، تا داستان رستم و اسفندیار از دقیقی است.

۲ - محمود، «شاه» نیز خوانده نمی‌شد، چه رسد بشاهنشاه!

۳ - سخن سست است.

* - در برخی از نمونه‌ها: «که بیرون کنیم از رمه شیر و گرگ» آمده‌است. اما گفتار بالا درست‌تر می‌نماید زیراکه گرگ را از رمهٔ گوسفند جداکردن باید.

پس آن دختر نامور قیصرا / که ناهید بُد نام آن دخترا[1]
ز ناهیدش آمد؛ گرانمایه شاه / دو فرزندش مانند خورشید و ماه
یکی نامور فرّخ اسفندیار / شهِ کارزاری، نبرده‌سوار
پشوتن دگر، گُردِ شمشیرزن / شهِ نامبردار لشگرشکن
چو گیتی بر آن شاهِ نو راست شد / فریدونِ دیگر همی خواست شد
گَزیتش بدادند شاهان، همه / نشستش دل نیکخواهان همه●
مگر شاه ارجاسپِ توران‌خدای / که دیوان بدندی به پیشش بپای!
گزیتش نپذرفت و نشنید پند / اگر پند نشنید، ازو دید بند[2]
وز او بستدی نیز هر سال باژ / چرا داد باید به همال باژ[3]

*

چو یکچند سالان برآمد برین / درختی پدید آمد اندر زمین[4]
در ایوانِ گشتاسپ، بر سوی کاخ / درختی گَشَن بود، بسیار شاخ
همه برگ وی پند و بارش خرد / کسی کاو؛ خرد پرورد کی مُرَد
خجسته‌پی و نام او زردهشت / که اهریمن بدکنش را بکشت
به شاه جهان گفت: «پیغمبرم / سوی تو، خرد، رهنمون آورم
جهان‌آفرین گفت بپذیر دین / نگه کن بر این آسمان و زمین
که بی خاک و آبش برآورده‌ام / نگه کن بدو تاش چون کرده‌ام[5]
نگر تا؛ تواند چنین کرد کس / مگر من که هستم جهاندار و بس
گرایدونکه دانی که من کردم این / مرا خواند باید جهان‌آفرین
ز گوینده بپذیر بهدینِ اوی / بیاموز ازو راه و آیین اوی
نگر تا چه گوید بران کار کن / خرد برگزین این جهان خوار کن[6]
بیاموز آیین و دینِ بهی / که بی‌دین نه‌خوب باشد مهی»[7]
چو بشنید ازو شاه، بهدینِ او / پذیرفت ازو راه و آیین او
نبرده برادرش فرّخ زریر / کجا زنده‌پیل آوریدی بزیر[8]

---

۱ - قیصرا و دخترا نادرست است، و دختر قیصر را در افزوده‌های پیشین، نام؛ کتایون بود.
● -گَزیت، باج، باجِ سرانه، که تازی شدهٔ آن جزیه است.
۲ - لت دویم پریشان و بی‌گزارش است، و تا آنزمان نیز بند بر پای ارجاسپ ننهاده‌بودند!
۳ - ازسویی بند بر پای او می‌نهند، و ازسویی هر سال باژ از او می‌ستانند! لت دویم نیز سست است.
۴ - یک: سالان نادرست است! سالها! دو: سخن از درخت نیز در رج پسین می‌آید.
۵ - آسمان را شاید بی‌خاک و بی‌آب برآوردن، اما زمین نشاید، افزون بر آنکه زمین برآورده نیز نیست.
٦ - جهان در اندیشهٔ زرتشت خوار نیست.
۷ - از آموختن دین دو رج پیش، یاد شده‌بود.
۸ - این رج برج پسین پیوسته است.

پذیرفتن گشتاسپ کیش زرتشت را ۳۷۹

ز شاهانشهِ پیر گشته به بلخ　　جهان بر دل ریش او گشته تلخ[۱]
شده زار و بیمار و بیهوش و توش　　به نزدیک او زهر مانند نوش[۲]
سران و بزرگان و هر مهتران　　پزشکان دانا و نام‌آوران[۳]
بران جادوی چاره‌ها ساختند　　نه سود آمد از هرچه انداختند[۴]
پس این زردهشت پیمبرش گفت　　که: «زو دین ایزد نشاید نهفت[۵]
که چون دین پذیرد ز روز نخست　　شود رسته از درد و گردد درست»[۶]
شهنشاه و زین پس زریر سوار　　همه دین‌پذیرنده از شهریار[۷]
همه سوی شاه زمین آمدند　　ببستند کُشتی به دین آمدند
پدید آمد آن فرّهٔ ایزدی　　برفت از دل بدسگالان بدی
پر از نور مینو ببد دخمه‌ها　　وز آلودگی پاک شد تخمه‌ها[۸]
پس آزاده گشتاسپ برشد به گاه　　فرستاد هرسو به کشور سپاه
پراکند اندر جهان موبدان　　نهاد از بر آذران گنبدان
نخست آذر مهربرزین نهاد　　به کشمر نگر تا چه آیین نهاد
یکی سرو آزاده بود از بهشت　　به پیش درِ آذر آن را بکشت
نبشته برِ زادسرو سهی　　که پذرفت گشتاسپ دین بهی
گوا کرد مر سرو آزاد را　　چنین گستراند خرد داد را[۹]
چو چندی برآمد بر این سالیان　　مران سرو استبر گشتش میان[۱۰]
چنان گشت آزادسرو بلند　　که بر گرد او برنگشتی کمند
چو بسیاربر گشت و بسیارشاخ　　بکرد از بر او یکی خوب کاخ
چهل رش به بالا و پهنا چهل　　نکرد از بنه اندرو آب و گل
دو ایوان برآورد از زرّ پاک　　زمینش ز سیم و ز انبرش خاک
بر او بر نگارید جمشید را　　پرستندهٔ ماه و خورشید را

---

۱ - شاهانشه برای آهنگ سخن آمده‌است، و پیوند زریر نیز با او روشن نیست.
۲ - سخن در لت دویم باژگونه است: «نوش در نزد او، زهر شده‌بود». ۳ - هر مهتران نادرست است.
۴ - کدام جادوی؟ «پیر گشته سست» می‌شود و سستی او، کار جادو نیست.
۵ - این زردهشت پیمبرش نادرست است. اگر او بر دین زرتشت نیست چگونه از پیمبر(ش) نام توان بردن.
۶ - سخن بیمایه که بسیار کسانند، بی‌دین و بی‌آیین و تندرست و بیدردند.
۷ - افزاینده می‌خواسته‌است بگوید که «پس‌ازآن (سخنِ زرتشت) دین وی را پذیرفتند؟!
۸ - دخمه‌ها را چه پیوند به (نورِ) مینو؟ و نژاد مردمان، با اندیشهٔ آنان دگرگون نمی‌شود.
۹ - سرو را چگونه توان گواهِ کاری کردن؟ لت دویم هیچ پیوند بکار گشتاسب و زرتشت ندارد و گزارشی نیز بر آن نیست.
۱۰ - یک: سالیان نادرست است، دو: ستبر در هیچ نوشتهٔ فارسی بگونه «استبر» نیامده‌است. سه: سخن نیز در لت دویم پریشان و درهمریخته است: «چون چند سال بگذشت، سرو ستبر گردید».

فریدونش را نیز با گاوسار — بفرمود کردن بر آنجا نگار
همه مهتران را بر آنجا نگاشت — نگر تا چنان کامگاری که؟ داشت
چو نیکو شد آن نامور کاخ زر — به دیوارها برنشانده گهر
به گِردش یکی باره کرد آهنین — نشست اندرو کرد شاه زمین
فرستاد هرسو به کشور پیام — که: «چون سرو کشمر، بگیتی کدام؟
ز مینو فرستاد زی من خدای — مرا گفت زین جا بمینو گرای[1]
کنون هر که این پند من بشنوید — پیاده سوی سرو کشمر روید[2]
بگیرید پند ار دهد زردهشت — به سوی بت چین بدارید پشت[3]
به پیروزی شاهِ ایرانیان — ببندید کُشتی همه بر میان[4]
به آیین پیشینیان منگرید — بدین سایهٔ سروبن بگذرید[5]
سوی گنبد آذر آرید روی — بفرمان پیغمبر راستگوی[6]
پراکند، فرمانش اندر جهان — سوی نامداران و سوی مهان[7]
همه نامداران بفرمان اوی — سوی سرو کشمر نهادند روی
پرستشکده گشت زان سان که پشت — ببست اندرو دیو را زردهشت[8]
بهشتیش خوان ار ندانی همی — چرا سرو کشمرش خوانی همی[9]
چراکه‌ش نخوانی نهال بهشت — که شاه کیانش به کشمر بکشت[10]

*

چو چندی برآمد بر این روزگار — خجسته ببود اختر شهریار[11]
به شاه کیان گفت زردشت پیر — که «در دین ما این نباشد هژیر[12]

---

۱ – در سخنان پیشین سخن از این نرفته‌بود که سرو را خداوند از مینو برای او فرستاده‌است.

۲ – این سخن «پند» نیست فرمان است.

۳ – پند گشتاسپ یا پند زرتشت؟ ایرانیان را هیچگاه، روی بسوی بت چین نبوده‌است که اکنون بدان پشت کنند!

۴ – پیشتر نیز از بستن کشتی سخن رفته‌بود.

۵ – ایرانیان هیچگاه به آیین پیشنیان خویش پشت نکردند، و از آنان، نام «پوریوت‌کیشان» یاد می‌کردند، و اندرز آنان را بکار می‌بستند، و هنوز نیز درمیان نوشته‌های پهلوی اندرزی بنام اندرز پوریوتکیشان در دست است، در نامهٔ «مینوی خرد» نیز از کارهای نیک آنان بزمان خود، باگرامیداشت، یاد شده‌است.

۶ – آتشکده نیز از یادگارهای باستانی ایران پیش‌از زرتشت است، چنانکه هنوز، زرتشتیان کرمان، آتشکده را «درِ مهر» می‌نامند، و زرتشتیان یزد «برِ مهر» و زرتشتیان خراسان یک پشت پیش، آنرا «مِهرَ وا» می‌خواندند، و این خود نشان میدهد که آتشکده، ازکیش پیش‌از زرتشت (مهر) بر جای مانده‌است.

۷ – پراکند، نارسا است: «پراکنده شد».

۸ – سخن سخت سست است، اما هیچکس تاکنون از «بستن پشتِ کسی» یاد نکرده‌است. دست، یا پای کسی را توان بستن اما پشت را نتوان بستن!

۹ – پس بهشت خواندن آن سرو از نادانی است؟!!

۱۰ – افزاینده پی برد که سخن راکاستی همراه است، و خواست آنرا با این سخن ناراست‌تر بیاراید!

۱۱ – اختر را «روشن» توان گفتن و «خجسته» نتوان نامیدن.

۱۲ – هژیر؛ آژیر؛ هوشیار است و «در دین ما این نباشد هوشیار» را هیچ گزارش نیست.

آگاهی ارجاسپ از دگرگون شدن کیش ایرانیان ۳۸۱

که تو باز بدهی به سالار چین / نه اندر خور دین ما باشد این[1]
نباشم برین نیز همداستان / که شاهان ما در گه باستان[2]
به ترکان نداد ایچ کس باژ و ساو / بر این روزگار گذشته بتاو»[3]
پذیرفت گشتاسپ گفتا که «نیز / نفرمایمش دادن این بار چیز»[4]
پس آگاه شد نرّه دیوی ازین / هم اندر زمان شد سوی شاه چین
بدو گفت ک :«ای شهریار جهان / جهان یکسره پیش تو چون کهان
به‌جای آوریدند فرمان تو / نتابد کسی سر ز پیمان تو
مگر پور لهراسپ گشتاسپ شاه / که آرد همی سوی ترکان[○] سپاه
بکرد آشکارا همی دشمنی / ابا تو چنو کرد یارد منی»
چو ارجاسپ بشنید گفتار دیو / فرودآمد از گاهِ گیهان‌خدیو
از اندوه او سست و بیمار شد / دل و جان او پر ز تیمار شد
تگینان لشگرش را پیش خواند / شنیده سخن پیش ایشان براند
«بدانید» گفتا: «کز ایرانزمین / بشد فرّه و دانش و پاکدین*
یکی جادو آمد به دین‌آوری / به ایران، بدعویّ پیغمبری
همی گوید از آسمان آمدم / ز نزد خدای جهان آمدم
خداوند را دیدم اندر بهشت / من این زند و استا همه زو نوشت[5]
به دوزخ درون دیدم آهرمنا / نیارستمش گشت پیرامنا[6]
گروگر فرستادم از بهر دین / بیارای گفتا به دانش زمین[7]
سر نامداران ایرانسپاه / گرانمایه فرزند لهراسپ شاه
که گشتاسپ خوانندش ایرانیان / ببست او یکی کُشتی‌ای بر میان
برادرش نیز آن سوار دلیر / سپهدار ایران که نامش زریر
همه پیش آن دین‌پژوه آمدند / ازآن پیر جادو ستوه آمدند
گرفتند ازو سربسر دین اوی / جهان شد پراز راه و آیین اوی

---

۱ - **یک:** «باژ بدهی» سخن را بدآهنگ میکند. **دو:** «این» در پایان لت دویم، دوباره‌گویی لت نخست است. **سه:** و سخن در لت دویم نیز دوباره‌گویی لت دویم از رج پیشین است.

۲ - نیز سخن از گفتارهای پیشین می‌آید.

۳ - روزگار گذشته را (بر آن) باید نه (برای) «بتاو» نیز سخت نادرخور است: «به پیشینیان بنگر که باژ بتوران نمی‌دادند!».

۴ - سخن چندان سست و نادرخور است که به گفتار نمی‌ارزد.

○ - نام از ترکان می‌رود، اما در گفتار دقیقی است.

* - کیش مهری: کیش گذشتهٔ ایران و همهٔ آریاییان جهان.

۵ - زرتشت را چنین سخن نبوده‌است. لت دویم نیز درهمریخته است... «زند» که گزارش اوستا است بهنگام روایی زبان پهلوی بدبیرهٔ پهلوی نوشته شده و در زمان زرتشت نبوده‌است. زو نوشت نیز نادرست است: «از گفتار او نوشتم».

۶ - آهرمنا، پیرامنا... بر پایهٔ باورهای روان زمان باستان اهریمن در پایان کار جهان به بند کشیده می‌شود.

۷ - «گروگر» را در نیافتم که چیست؟ اگر گروْ (= ودیعه) را گوید، گرو را بکسی میدهند، نه «گروگر» را.

نشست او به ایران به پیغمبری / بکاری چنان یافه و سرسری
یکی نامه باید نوشتن کنون / سوی آن زده سر ز فرمان برون
ببایدش دادن بسی خواسته / که نیکو بود داده ناخواسته
مر او را بگویی کزین راه زشت / بگرد و بترس از خدای بهشت
مر آن پیر ناپاک را دور کن / بر آیین ما بر یکی سور کن
گرایدونکه نپذیرد از ما سخن / کند رویِ تازه بما بر، کهن
سپاه پراکنده باز آوریم / یکی خوب لشگر فراز آوریم
به ایران شویم ازپسِ کار اوی / نترسیم از آزار و پیکار اوی
برانیمش از پیش و خوارش کنیم / ببندیم و زنده، بدارش کنیم»[1]

*

بر این ایستادند گُردان چین / دو تن نیز کردند زیشان گزین
یکی نام او بیدرفش بزرگ / گوی پیر و جادو، ستنبه، سترگ
دگر جادویی، نامِ او نامخواست / که هرگز دلش جز تباهی نخواست
یکی نامه بنوشت خوب و هژیر / سوی نامور خسرو دین‌پذیر
نوشتش: «بنام خدای جهان / شناسندهٔ آشکار و نهان
نوشتم یکی نامه ای شهریار / چنان چون بد اندر خور روزگار[2]
سوی گُرد گشتاسپ شاه زمین / سزاوارِ گاهِ کیان بافرین
گزین و مهین پور لهراسپ شاه / خداوندِ جیش و نگهدارِ گاه
ز ارجاسپ سالار گُردان چین / سوار جهاندیده، گُرد زمین
نوشت اندران نامهٔ خسروی / نکو آفرینی خط یبغوی[3]
که: ای نامور شهریار جهان / فروزندهٔ تاج شاهنشهان
سرت سبز باد و تن و جان درست / مبادت کیانی کمرگاه سست
شنیدم که راهی گرفتی تباه / مرا روز روشن بکردی سیاه
بیامد یکی پیرِ مهترفریب / ترا دل پراز بیم کرد و نهیب
سخن گفتش از دوزخ و از بهشت / به دلت اندرون هیچ شادی نهشت[4]
تو او را پذیرفتی و دینش را / بیاراستی راه و آیینش را

۱ - اگر وی را برانند چگونه بر دارش می‌کشند؟ ۲ - از نوشتن در رج پیشین یاد شده‌بود.
۳ - برای سیّم بار از نوشتن یاد می‌شود. لت دویم نیز بی‌پیوند است «بخط یبغوی».
۴ - سخن گفتش نادرست است: «سخن گفت» لت دویم نیز سخت نادرخور است، زیرا که پیام زرتشت همواره بر شادی مردمان استوار است.

برافکندی آیین شاهان خویش — بزرگان گیتی که بودند پیش
رها کردی آن پهلوی‌کیش* را — چرا ننگریدی پس و پیش را
تو فرزند آنی که فرخنده شاه — بدو داد تاج از میان سپاه°
ورا برگزید از گزینان خویش — ز جمشیدیان مر ترا داشت پیش
برآن‌سان که کیخسرو کینه‌جوی؛ — ترا، بیش بود از کیان آبروی
بزرگیّ و شاهیّ و فرخندگی — توانایی و فرّ و زیبندگی
درفشان و پیلان آراسته — بسی لشگر و گنج و بس خواسته
همی بودت ای مهتر شهریار — همه مهتران مر ترا دوستدار
همی تافتی بر جهان یکسره — چو اردی‌بهشت آفتاب از بره[1]
ز گیتی ترا برگزیده خدای — مهانت همه پیش بوده بپای[2]
نکردی خدای جهان را سپاس — نبودی بدین ره ورا حق‌شناس[3]
ازانپس که ایزد ترا شاه کرد — یکی پیر جادوت، بیراه کرد
چو آگاهی تو سوی من رسید — بروزِ سپیدم، ستاره بدید
نوشتم یکی نامهٔ دوست‌وار — که هم دوست بودیم و هم نیک یار
چو نامه بخوانی سر و تن بشوی — فریبنده را نیز منمای روی
مر آن بند را از میان باز کن — بشادی میِ روشن آغاز کن
گر ایدونکه بپذیری از من تو پند — ز ترکان ترا نیز ناید زند[4]
زمین کشانی و ترکان چین — ترا باشد این همچو ایرانزمین[5]
بتو بخشم این بی‌کران گنج‌ها — که آورده‌ام گرد با رنج‌ها
نکو رنگ اسپانِ با سیم و زر — به استام‌ها در نشانده گهر
غلامان فرستمت با خواسته — نگاران با جعد آراسته
ورایدونکه نپذیری این پند من — ببینی گران آهنین بند من
بیایم پسِ نامه، تا چند گاه — کنم کشورت را سراسر تباه!
سپاهی بیارم ز ترکان چین — که بنگاه‌شان برنتابد زمین[6]

* -کیش ایران باستان؛ کیش مهر. ° -لهراسب را گوید که بر بنیاد افزوده‌ها از کیخسرو تاج گرفت.
۱ - آفتاب در ماه اردیبهشت از برج بره نمی‌تابد... از برج گاو برمی‌آید.
۲ - یک: اگر خدا او را برگزیده است پس پیامبر بچه کارش می‌آید؟ دو: مهانت. سخن را بکسانی مهتر از گشتاسپ می‌پیوندد و در آنزمان بزرگتر از گشتاسپ، کس نبوده‌است: «مهتران ایران پیش تو بر پای‌اند». ۳ - این سخن باژگونهٔ سخنان پیشین است.
۴ - ارجاسپ هیونان خدای، هیون بوده‌است نه ترک! هیونان پس‌از تورانیان سرزمین‌های آسیای مرکزی را در دست داشتند و آریایی بوده‌اند. ۵ - این درمیان سخن در لت دویم گفتار را از هم می‌گسلاند. ۶ - هیونان ترک نبوده‌اند.

بینبارم این رود جیهون به مَشک	به مشک آب دریا کنم پاک خشک[۱]
بسوزم نگاریده کاخ ترا	ز بن برکنم بیخ و شاخ ترا
زمین را سراسر بسوزم همه	کِتِفتان به ناوک بدوزم همه[۲]
ز ایرانیان هرچه مرد است پیر	که‌شان بنده کردن نباشد هژیر
ازیشان نیابی فزونی بها	کنم‌شان همه سر ز گردن جدا
زن و کودکانشان بیارم ز پیش	کنم‌شان همه، بندهٔ شهر خویش
زمین‌شان همه پاک ویران کنم	درختانش از بیخ و بن برکنم
بگفتم همه گفتنی سربسر	تو ژرف اندرین پندنامه نگر
بپیچید و نامه، بکردش نشان○	بدادش بدان هردو گردنکشان
بفرمودشان گفت «بخرد بوید	به ایوان او با هم اندر شوید
چو او را ببینید بر تخت و گاه	کنید آن زمان خویشتن را دو تاه
بر آیین شاهان نمازش برید	بر تاج و بر تخت او مگذرید
چو هر دو نشینید در پیش اوی	سوی تاج تابنده‌ش آرید روی
گزارید پیغام فرخش را	ازو گوش دارید پاسخش را
چو پاسخ ازو سربسر بشنوید	زمین را ببوسید و بیرون شوید»
چو از پیش او کینه‌ور بیدرفش	سوی بلخ بامی کشیدش درفش
ابا یار خود خیره‌سر نامخواست	که او بفکند آن نکو راه راست
چو از شهر توران به بلخ آمدند	بدل با سخنهای تلخ آمدند
پیاده برفتند تا پیش اوی	بران آستانه نهادند روی
چو رویش بدیدند بر گاه بر	چو خورشید و تیر از بر ماه بر
نیایش نمودند چون بندگان	به پیش گزین شاه فرخندگان
بدادندش آن نامهٔ خسروی	نوشته در او بر خط یبغوی□
چو شاه جهان نامه را باز کرد	برآشفت و پیچیدن آغاز کرد
بخواند آن زمان پیر جاماسپ را	کجا راهبر بود گشتاسپ را
گزینان ایران و اسپهبدان	گوان جهاندیده و موبدان

۱ - **یک:** افزاینده را گمان بر آن بوده‌است که آب آمودریا را می‌توان با «مَشک» خشک کردن، که اندیشه‌ای سخت کودکانه است. **دو:** مَشک را نیز با خُشک پساوا نیست.

۲- افزایندگان که همواره «کِفت» را بجای کتف می‌آوردند، آنرا در این سخن بر بنیادِ نیازِ آهنگ سخن، به کِتِف گرداندند.

○- بپیچید، بجای «اندر نوشت» در گفتار فردوسی و «کردش نشان» بجای «به مُهر اندر آورد».

□ - هیونان از کیش پهلوی ایرانیان (=کیش مهر) یاد می‌کنند، و چنین می‌نماید که اینجا نیز خط پهلوی بوده است، و پسان به خط یبغوی گردانده شده است.

بخواند آن همه آذران پیش خویش — بیاورد استا و بنهاد پیش[1]
پیمبرش را خواند و موبدش را — زریر گزیده سپهبدش را[2]
زریر سپهبد برادرش بود — که سالار گردان لشگرش بود[3]
جهان پهلوان بود آن روزگار — که کودک بد اسفندیارِ سوار[4]
پناه سپه بود و پشت سپاه — سپهدار لشگر نگهدار گاه[5]
جهان از بدی ویژه او داشتی — به رزم اندرون نیزه او داشتی[6]
جهانجوی گفتا بفرّخ زریر — بفرخنده جاماسپ و پور دلیر
که: «ارجاسپ سالار ترکان چین — یکی نامه کرده‌ست زی من چنین»
بدیشان نمود آن سخن‌های زشت — که نزدیک او شاه ترکان نوشت[7]
«چه؟ بینید» گفتا «بدین اندرون! — چه؟ گویید کاین را، سرانجام چون؟
که ناخوش بود دوستی با کسی — که مایه ندارد ز دانش بسی[8]
من از تخمهٔ ایرج پاکزاد — وی از تخمهٔ تور جادونژاد[9]
چگونه بود در میان آشتی — ولیکن مرا بود پنداشتی[10]
کسی که‌ش بود نام و ماند بسی — سخن گفت بایدش با هر کسی»[11]

---

۱ - بهنگام رای زدن دربارهٔ نامه چرا بایستی «استا» (= اوستا؟) را به پیش نهند؟ اوستا، نامیست که بهنگام بلاش اشکانی (گردآورنده دفترهای برجای مانده از آتش سوزان اسکندر) بر دفترهای باستانی نهادند، و پیشینهٔ کهنتر ندارد.

۲ - چون پیامبر(ش؟) را بخواند، با موبدش چکار بود؟ لت دویم نیز سست است.

۳ - دوباره دربارهٔ زریر سخن میرود.

۴ - در این روزگار نیز بر بنیاد «یادگار زریران» سپاهپت ایران بشمار میرفت.

۵ - چند باره‌گویی.

۶ - در رزم تنها، نیزه بکار نمی‌رود، و جنگ‌افزارهای دیگر باید.

۷ - گفتار ارجاسب همه زشت نبود.

۸ - مگر میان ایشان دوستی بود؟

۹ - سخن پایان ندارد و تور نیز فرزند فریدون بود و «جادونژاد» نبود.

۱۰ - سخن در لت دویم بی‌گزارش است.

۱۱ - و این رج را نه با داستان پیوند است، و نه با گفتار پیشین.

از اینجا بر افزوده‌های گفتار دقیقی گزارش نمی‌نویسم، و تنها، با دبیرهٔ نازکتر یا نشانه پرسش، نشان می‌دهم که چرا آن گفتار را نباید از دقیقی ندانستن. اگر چه گفتار دقیقی را استواری سخن فردوسی نیست، و گاهگاه در گفتارِ وی نکته‌ها پیدا می‌شود که در گفتار فردوسی از افزوده‌ها بشمار میرود!

همان چون بگفت این سخن شهریار / زریر سپهدار و اسفندیار
کشیدند شمشیر و گفتند «اگر / کسی باشد اندر جهان سربسر
که نپسندد او را به دین‌آوری / سر اندر نیارد به‌فرمانبری
نیاید به درگاه فرخنده شاه / نبندد میان پیش رخشنده گاه
نگیرد ازو راه و دینِ بهی / مرین دینِ به را نباشد رهی
به شمشیر جان از تنش برکنیم / سرش را به دار برین برکُنیم»
سپهدار ایران که نامش زریر / نبرده دلیری چو درّنده شیر
به شاه جهان گفت آزاده‌وار / که: «دستور باشد مرا شهریار
که پاسخ کنم جادو ارجاسپ را» / پسند آمد این، شاه گشتاسپ را
بدو گفت «برخیز و پاسخ کنش / نکال تگینان خلّخ کنش(؟؟)»
زریر گرانمایه و اسفندیار / چو جاماسپ دستور ناباک‌دار
ز پیشش برفتند هر سه بهم / شده سر پر از کین و دلها دژم
نوشتند نامه به ارجاسپ، زشت / هم اندرخورِ آن، کجا؛ کاو نوشت
زریر سپهبد گرفتش به دست / چنان هم گشاده ببردش نبست
سوی شاه برد و بر او بر بخواند / جهانجوی گشتاسپ خیره بماند
ز دانا سپهبد زریر سوار / ز جاماسپ و ز فرخ اسفندیار
ببست و نوشت اندرو نام خویش / فرستادگان را همه خواند پیش
«بگیرید» گفت «این و زی او برید / نگر زین سپس راه را نسپرید(؟؟)
که گر نیستی اندر استا و زند / فرستاده را زینهار از گزند
ازین خواب بیدارتان کردمی / همان زنده بر دارتان کردمی
چنین تا بدانستی آن کرگسار / که گردن نیازد ابا شهریار»
بینداخت نامه بگفتا «روید / مر این را سوی ترک جادو برید
بگویید هوشت فراز آمده‌ست / به خون و به خاکت نیاز آمده‌ست

زده باد گردنت خسته میان   به خاک اندرون ریخته استخوان
در این ماه ار ایدونکه خواهد خدای   بپوشم به رزم آهنینه قبای
به توران زمین اندرآرم سپاه   کنم کشور کرگساران تباه»

*

سخن چون به سر برد شاه زمین   سیه پیل را خواند و کرد آفرین(؟؟)
سپردش بدو گفت «بردارشان   از ایران به آن مرز بگذارشان»
فرستادگان سپهدار چین   ز پیش جهانجوی شاه زمین
برفتند هر دو شده خاکسار   جهاندارشان رانده و کرده خوار
از ایران فرّخ به خلّخ شدند   ولیکن به خلّخ نه فرّخ شدند
چو از دور دیدند ایوان شاه   زده بر سر او درفش سیاه
فرود آمدند از چمنده ستور   شکسته دل و چشم‌ها گشته کور
پیاده برفتند تا پیش اوی   سیه‌شان شده جامه و زرد روی
بدادندش آن نامهٔ شهریار   سر آهنگ مردان نیزه گزار
دبیرش مرآن نامه را برگشاد   بخواندش بران شاه جادونژاد
نوشته دران نامهٔ شهریار   ز گردان و مردان نیزه گزار
پُسِ* شاه لهراسپ، گشتاسپ شاه   نگهبان گیتی سزاوار گاه
فرسته فرستاد زی او خدای   همه مهتران پیش او بر بپای(؟)
زی ارجاسپ ترک آن پلید سترگ   کجا پیکرش پیکر پیر گرگ(؟)
زده سر ز آیین و دین بهی   گزیده ره کوری و ابلهی
رسید آن نوشته فرومایه‌وار   که بنوشته بودی سوی شهریار
شنیدیم و دید آن سخن‌ها کجا   نبودی تو مر گفتنش را سزا
نه پوشیدنیْ و نه بنمودنی   نه افکندنیْ و نه بپسودنی(؟؟)
چنان گفته بودی که من تا دو ماه   سوی کشور خرّم آرم سپاه
نه دو ماه باید ز تو نی چهار   کجا من بیایم چو شیر شکار
تو بر خویشتن بر میفزای رنج   که ما برگشادیم درهای گنج
بیارم ز گردان هزاران هزار   همه کاردیده همه نیزه‌دار
همه ایرجی‌زاده و پهلوی   نه افراسیابی و نه یبغوی
همه شاه‌چهر و همه ماهروی   همه سرو بالا همه راستگوی

* - پُس: پسر. در اوستا [illegible] پوثرَ در پهلوی [illegible] پوس. در سروده‌های «شمس پُسِ ناصر» همواره بهمین گونه آمده است، و در زبان امروز آذربایجان نیز اگر بخواهند «پسر» فارسی را بکار گیرند «پوسَر» میگویند.

۳۸۸ گشتاسپ

همه ازدر پادشاهی و گاه   همه ازدر گنج و گاه و کلاه
جهان‌شان بفرسوده با رنج و ناز   همه شیرگیر و همه سرفراز
همه نیزه‌داران شمشیرزن   همه باره‌انگیز و لشگرشکن
چو دانند کم کوس بر پیل بست   سم اسپ ایشان کند کوه پست
ازیشان دو گرد گزیده سوار   زریر سپهدار و اسفندیار
چو ایشان بپوشند ز آهن قبای   به خورشید و ماه اندر آرند پای(؟!)
چو بر گردن آرند رخشنده گرز   همی تابد از گرزشان فرّ و برز(؟!)
چو ایشان بباشند پیش سپاه   ترا کرد باید بدیشان نگاه
به خورشید مانند با تاج و تخت   همی تابد از نیزه‌شان فرّ و بخت
چنینم گوانند و اسپهبدان   گزین و پسندیدهٔ موبدان
تو سیحون‌مینبار و جیهون به مشک   که‌مارا چه‌جیهون چه‌سیحون چه‌خشک
چنان بردوانند باره بر آب   که تاری شود چشمهٔ آفتاب(؟)
بروز نبرد ار بخواهد خدای   به رزم اندر، آرم سرت زیر پای
چو سالار، زین‌گونه نامه بخواند   فرود آمد از گاه و خیره بماند
سپهبدش را گفت: «فردا پگاه   بخوان از همه پادشاهی سپاه»
تگینان لشگرش ترکان چین   برفتند هر سو به توران زمین
بدو باز خواندند لشگرش را   سر مرزداران کشورش را
برادر بُد او را دو اهریمنان   یکی کَهرُم و دیگری اندیان
بفرمودشان تا نبرده سوار   گزیدند گردان لشگر هزار
بدادندشان کوس و پیل و درفش   بیاراسته زرد و سرخ و بنفش
بدیشان ببخشید سیسدهزار   گوان گزیده نبرده سوار
در گنج بگشاد و روزی بداد   بزد نای رویین، بنه برنهاد
بخواند آن زمان مر برادرش را   بدو داد یک دست لشگرش را
به اندیدمان[1] داد دست دگر   خود اندر میان رفت با یک پسر
یکی ترک بُد نام او کرگسار   گذشته بر او بر بسی روزگار
سپه را بدو داد اسپهبدی   تو گفتی نداند همی جز بدی(؟)
چو غارتگری داد بر بیدرفش   بدادش یکی پیل پیکر درفش
یکی بود نامش خشاش دلیر   پذیره نرفتی ورا نرّه شیر
سپه دیده‌بان کردش و پیشرو   کشیدش درفش و بشد پیش گو

1 - برخی نمونه‌ها «اندر یُمان» که آن نیز نادرست است.

دگر ترک بُد نام او هوش‌دیو   پیامش فرستاد ترکان‌خدیو
«نگه‌دار» گفتا «تو پشت سپاه   گر از ما کسی بازگردد به راه
هم آنجا که بینی مر او را بکش   نگر تا بدانجا نجنبدت هش»
بران سان همی رفت به آیین خشم   پر از خون شده دل، پر از آب چشم
همی کرد غارت همی سوخت کاخ   درختان همی کند از بیخ و شاخ
درآورد لشگر به ایرانزمین   همه خیره و دل پُرآگنده کین

*

چو آگاهی آمد، بگشتاسپ شاه   که سالار چین جملگی با سپاه
بیاراسته آمد از جای خویش   خشاش یلش را فرستاد پیش
چو بشنید کاو رفت با لشگرش   که ویران کند آن نکو کشورش
سپهبدش را گفت «فردا پگاه   بیارای پیل و بیاور سپاه»
سوی مرزدارانش نامه نوشت   که: «خاقان ره رادمردی بِهِشت»
بیایید یکسر بدرگاهِ من   که بر مرز بگذشت بدخواهِ من
چو نامه سوی رادمردان رسید   که آمد جهانجوی دشمن پدید
سپاهی بیامد به درگاه شاه   که چندان نبد بر زمین بر، گیاه
ز بهر جهانگیر شاه کیان   ببستند گردان گیتی میان
به درگاه خسرو نهادند روی   همه مرزداران بفرمان اوی
بر این برنیامد بسی روزگار   که گُردان گزیده هزاران هزار
فراز آمده بود مر شاه را   کیِ نامدار و نکوخواه را
بلشگرگه آمد سپه را بدید   که شایسته بد رزم را برگزید
ازان شادمان گشت فرخنده شاه   دلش خیره آمد ز بی‌مر سپاه
دگر روز گشتاسپ با موبدان   ردان و بزرگان اسپهبدان
گشاد آن در گنج پر کرده جم   سپه را بداد او دو ساله درم
چو روزی ببخشید و جوشن بداد   بزد نای و کوس و، بنه برنهاد
بفرمود بردن ز پیش سپاه   درفش همایون فرخنده شاه
سوی رزم ارجاسپ لشگر کشید   سپاهی که هرگز چنان، کس ندید
ز تاریکی و گرد پای سپاه   کسی روز روشن ندید ایچ راه(؟!)
ز بس بانگ اسپان و از بس خروش   همی نالهٔ کوس نشنید گوش
درفش فراوان برافراشته   همه نیزه‌ها ز ابر بگذاشته
چو رُسته درخت از بر کوهسار   چو بیشه‌ی نیستان بگاه بهار

ازینسان همی رفت گشتاسپ شاه   ز کشور به کشور همی شد سپاه
چو از بلخ بامی به جیهون رسید   سپهدار، لشگر، فرود آورید
بشد شهریار از میان سپاه   فرود آمد از باره، برشد به گاه
بخواند او گرانمایه جاماسپ را   کجا رهنمون بود گشتاسپ را
سر موبدان بود و شاه ردان   چراغ بزرگان و اسپهبدان
چنان پاک تن بود و تابنده جان   که بودی بر او آشکارا نهان
ستاره‌شناس و گرانمایه بود   همان او به دانش گران‌پایه بود
بپرسید ازو شاه و گفتا «خدای   ترا دینِ به داد و پاکیزه‌رای
چو تو نیست اندر جهان هیچکس   جهاندار، دانش ترا داد و بس(؟)
ببایدت کردن ز اختر شمار   بگویی همی مر مرا روی کار
که چون باشد آغاز و فرجام جنگ   که را بیشتر باشد اینجا درنگ»
نیامد خوش آن، پیرِ جاماسپ را   بروی دژم گفت گشتاسپ را
که: «می‌خواستم کایزد دادگر   ندادی مرا این خرد وین هنر
مرا گر نبودی خرد، شهریار؛   نکردی ز من بودنی خواستار
نگویم من این، ور بگویم بشاه   کند مر مرا شاهِ شاهان، تباه
مگر با من از داد پیمان کند   که نه خود کند بد، نه فرمان کند»
جهانجوی گفتا: «بنام خدای   به دین و پیام‌آورِ پاکرای
بجان زریر آن نبرده سوار   بجان گرانمایه اسفندیار
که هرگز بروی تو من بد کنم   نه فرمان دهم بد، نه خود من کنم
تو هرچ اندرین کار دانی بگوی   که تو چاره‌دانی و من چاره‌جوی»
خردمند گفت: «ای گرانمایه شاه   همیشه بتو تازه بادا کلاه
ز بنده میازار و بگذار خشم   خنک آن کسی کاو نبیند بچشم
بدان ای نبرده کیِ نامجوی   چو در رزم، روی اندر آری بروی
بدان که کجا بانگ و ویله کنند   تو گویی همی کوه را برکنند
به پیش اندر آیند مردان مرد؛   هوا تیره گردد ز گرد نبرد
جهان را ببینی بگشته کبود   زمین پر ز آتش هوا پر ز دود
اُزان زخم آن گرزهای گران   چُنان پتک و پولاد آهنگران
به گوش اندر آید ترنگاترنگ   هوا پر شده نژهٔ بور و خنگ
شکسته شود چرخ گردونها   زمین سرخ گردد ازان خونها
تو گویی هوا ابر دارد همی   اُزان ابر الماس بارد همی

نبرد هیونان با ایرانیان
۳۹۱

بسی بی‌پدر گشته بینی، پسر / بسی بی‌پسر گشته بینی پدر(۱)
نخستین کس آن نامدار اردشیر / پُسِ شهریار آن نبرده دلیر
به پیش افکنَد اسپ تازان خویش / بخاک افکنَد هرکه آیدش پیش
پیاده کند ترک چندان سوار / کز اختر نباشد مر آن را شمار
ولیکن سرانجام کشته شود / نکو نامش اندر نوشته شود
دریغ آن چنان مرد نام‌آورا / ابا رادمردان همه سرورا
پس آزاده شیدسپ، فرزند شاه / بمیدان کند تیز، اسپِ سیاه
بسی رنج بیند برزم اندرون / شه خسروان را بگویم که چون
درفش فروزندهٔ کاویان / بیفکنده باشند ایرانیان
گرامی بگیرد بدندان، درفش / بدندان، بدارد درفش بنفش
به یک دست شمشیر و دیگر کلاه / به دندان درفش فریدون شاه
برینسان همی افکند دشمنان / همی برکَنَد جان اهریمنان
سرانجام در جنگ کشته شود / نکونامش اندر نوشته شود
پس آزاده بستور، پورِ زریر / به پیش افکند اسپ چون نرّه شیر
بسی دشمنان را کند ناپدید / شگفتی‌تر از کار او کس ندید
چو آید سرانجام پیروز باز / ابر دشمنان دست کرده دراز؛
بیاید پس آن برگزیده سوار / پُس شهریار جهان نامدار
ز اهریمنان بفکند شست گُرد / نماید یکی پهلوی دستبرد
سرانجام ترکان به تیرش زنند / تن پیلوارش به خاک افکنند
بیاید پس آن نرّه شیر دلیر / سوار دلاور که نامش زریر
به پیش اندر آید گرفته کمند / نشسته بر اسفندیاری سمند
ابا جوشن زر، درخشان چو ماه / بدو اندرون خیره گشته سپاه
بگیرد ز گردان لشگر هزار / ببندد فرستد برِ شهریار
به هر سو کجا بنهد آن شاه روی / همی رانَد از خونِ بدخواه، جوی
نداستد کس آن پهلوان شاه را(؟) / ستوه آورد شاه خرگاه را(؟!)
پس افکنده بیند بزرگ اردشیر / سیه گشته رخسار و تن چون زریر
بگرید بر او زار و گردد نژند / برانگیزد اسفندیاری سمند
بخاقان نهد روی پر خشم و تیز / تو گویی ندیده‌ست هرگز گریز
چو اندر میان بیند ارجاسپ را / ستایش کند شاه گشتاسپ را
صف دشمنان سربسر بر دَرَد / ز گیتی سوی هیچکس ننگرد

همی خواند او زند زردشت را(؟) … به یزدان نهاده کسی پشت را
سرانجام گردد بر او تیره، بخت … بریده کندش آن نکو تاج و تخت
بیاید بَرَش بیدرفش بزرگ … بتن ژنده‌پیل و به دِیزه سترگ
نیارد شدن پیش گُردِ گزین … نشیند براه وی اندر کمین
بباستد برآن راه، چون پیلِ مست … یکی تیغ زهرآب داده بدست
چو شاه جهان بازگردد ز رزم … گرفته جهان را و کشته گرزم(؟؟)
بیندازد آن ترک تیری بر اوی … نیارد شدن آشکارا به روی
پس‌از دست آن بیدرفش پلید … شود شاه آزادگان، ناپدید
به ترکان برد باره و زین اوی … بخواهد پسرت آن زمان کین اوی
پس آن لشگر نامدار بزرگ … به دشمن درافتد چو شیر سترگ
همی برزنند این بر آن، آن بر این … ز خون یلان سرخ گردد زمین
یلان را بباشد همه روی، زرد … چو لرزه برافتد بمردان مرد؛
برآید بخورشید گرد سپاه … نبیند کس از گرد تاریک، راه
فروغ سر نیزه و تیر و تیغ … بتابد چنانچون ستاره ز میغ
اُزان زخم مردان کجا می‌زنند … و بر یکدگر بر همی افکنند
همه خسته و کشته بر یکدگر … پسر بر پدر بر، پدر بر پسر(؟)
اُزان ناله و زاریِ خستگان … به بد اندر آیند نابستگان
شود کشته چندان ز هر سو سپاه … که از خونشان پر شود رزمگاه
پس آن بیدرفش پلید و سترگ … به پیش اندر آید چو ارغنده گرگ
همان تیغ زهرآب داده بدست … همی تازد او باره چون پیل مست
بدست وی اندر، فراوان سپاه … تبه گردد از برگزینان شاه
بیاید پس آن فرّخ اسفندیار … سپاه از پس پشت و یزدانش یار
اَبَر بیدرفش افکند اسپ تیز … بر و جامه پُر خون و دل پرستیز
مر او را یکی تیغ هندی زند … ز زین نیمهٔ تنش زیر افکند
بگیرد پس آن آهنین گرز را … بتاباند آن فرّه و برز را
به یک حمله از جایشان بگسلد … چو بگسستشان بر زمین کی هلد(؟؟)
به نوک سر نیزه‌شان برچِنَد … کندشان تبه پاک و بپراگند(؟)
گریزد سرانجام سالارِ چین … از اسفندیار آن گوِ بافرین
بتوران نهد روی، بگریخته … شکسته سپهر نیزه‌ها ریخته
بیابان گذارد به اندک سپاه … شود شاه پیروز و دشمن تباه

بدان ای گزیده شه خسروان … که من هرچه گفتم نباشد جز آن
نباشد ازین یک سخن بیش و کم … تو زین پس مکن روی بر من دژم
که من آنچه گفتم نگفتم مگر … به فرمانت ای شاه پیروزگر
اُزان کم بپرسید فرخنده شاه … ازین ژرف دریا و تاریک راه
ندیدم که بر شاه بنهفتمی … اُگرنه من این راز کی گفتمی»
چو شاه جهاندار بشنید راز … بر آن گوشهٔ تخت خسپید باز
ز دستش بیفتاد زرّینه گرز … تو گفتی برفتش همی فرّ و برز
بروی اندر افتاد و بیهوش گشت … نگفتش سخن نیز و خاموش گشت
چو باهوش آمد جهان‌شهریار … فرود آمد از تخت و بگریست زار
«چه باید مرا»، گفت: «شاهیّ و گاه … که روزم همی گشت خواهد سیاه
که آنان که بر من گرامی‌ترند … گزین سپاه‌اند و نامی‌ترند
همی رفت خواهند از پیش من … ز بُن برکنند این دل ریش من»
به جاماسپ گفت: «ار چنین است کار … بهنگام رفتن سوی کارزار
نخوانم نبرده برادرم را … نسوزم دل پیر مادرم را
نفرمایمش نیز رفتن به رزم … سپه را سپارم بفرّخ گرزم
کیان‌زادگان و جوانان من … که هریک چنان‌اند چون جان من
بخوانم همه سربسر پیش خویش … زره‌شان نپوشم، نشانم به پیش
چگونه رسد نوک تیر خدنگ … بر این آسمان برشده کوه سنگ»(؟!)
خردمند گفتا بشاه زمین … که: «ای نیکخو مهتر بافرین
گر ایشان نباشند پیش سپاه … نهاده بسر بر زآهن کلاه
که؟ یارد شدن پیش گُردانِ چین … که؟ باز آورد فَرّهِ پاک دین
تو زین خاک برخیز و برشو بگاه … مکن فَرّهِ پادشاهی تباه
که داد خدای‌است و زین چاره نیست … خداوند گیتی ستمکاره نیست
ز اندوه خوردن نباشدت سود … کجا بودنی بود و شد کار بود(؟)
مکن دلت را بیشتر زین نژند … به داد خدای جهان کن بسند»
بدادش بسی پند و بشنید شاه … چو خورشیدگون گشت برشد به گاه
نشست از برِ گاه و بنهاد دل … به رزم جهانجوی شاه چگل
از اندیشهٔ دل نیامدش خواب(؟) … به رزم و به بزمش گرفته شتاب

رزم ارجاسب
با
گشتاسپ

چو جاماسپ گفت این، سپیده دمید(؟) | فروغ ستاره بشد ناپدید
سپه را بهامون فرود آورید | بزد کوس بر پیل و لشگر کشید
اُزانجا خرامید تا رزمگاه | فرود آورید آن گزیده سپاه
به گاهی که باد سپیده‌دمان | به کاخ آرد از باغ بوی گلان
فرستاده بُد هر سویی دیده‌بان | چنانچون بود رسم آزادگان
بیامد سواری و گفتا به شاه | که: «شاها بنزدیکی آمد سپاه
سپاهی‌ست ای شهریار زمین | که هرگز چنان نامد از ترک و چین
به نزدیکی ما فرود آمدند | به کوه و در و دشت خیمه زدند(؟)
سپهدارشان دیده‌بان برگزید | فرستاد و دیده به دیده رسید»(؟)
پس آزاده گشتاسپ شاه دلیر | سپهبدش را خواند فرخ زریر
درفشی بدو داد و گفتا «بتاز | بیارای پیلان و لشگر بساز»
سپهبد بشد لشگرش راست کرد | همی رزم سالارچین خواست کرد
بدادش جهاندار پنجه هزار | سوار گزیده به اسفندیار
بدو داد یک دست زان لشگرش | که شیری دلش بود و پیلی برش(؟!)
دگر دست لشگرش را همچنان | برآراست از شیردل سرکشان
به گرد گرامی سپرد آن سپاه | که شیر جهان بود و همتای شاه
پس پشت لشگر به بستور داد | چراغ سپهدار خسرونژاد
چو لشگر بیاراست برشد بکوه | غمین گشته از رنج و گشته ستوه
نشست از بر خوب تابنده گاه | همی کرد زانجا به لشگر نگاه
پس ارجاسپ شاه دلیران چنین | بیاراست لشگرش را همچنین
جدا کرد از خلّخی سی‌هزار | جهان‌آزموده نبرده‌سوار
فرستادشان سوی آن بیدرفش | که کوس مهین داشت و رنگین درفش
بدو داد یک دست زان لشگرش | که شیر ژیان نامدی همبرش
دگر دست را داد بر کرگسار | سواران شایسته چون سدهزار
میانگاه لشگرش را همچنین | سپاهی بیاراست خوب و گزین
بدادش بدان جادوی خویش‌کام | کجا نامخواست و هزارانش نام

خود و سدهزاران سواران گرد / نموده همه در جهان دستبرد
نگاهش همی داشت پشت سپاه / همی کرد هر سوی لشگر نگاه
پسر داشتی یک گرانمایه مرد / جهاندیده و دیده هر گرم و سرد
سواری جهاندیده نامش کهرم[1] / رسیده بسی بر سرش سرد و گرم
مرآن پور خود را سپهدار کرد / بران لشگر گشن سالار کرد

*

چو اندر گذشت آن شب و گشت روز / بتابید خورشید گیهان‌فروز
بزین برنشستند هردو سپاه / همی دید زان کوه گشتاسپ شاه
چو از کوه دید آن شه بافرین / کجا برنشستند گردان به زین
سیه‌رنگ بهزاد را پیش خواست / تو گفتی که بیستون است راست
بر او بر فکندند برگستوان / بر او بر نشست آن شه خسروان
چو هردو برابر فرود آمدند / اَبَر پیل بر، نای رویین زدند
یکی رزمگاهی بیاراستند / یلان همنبردان همی خواستند
بکردند یک تیرباران نخست / بسان تگرگ بهاران درست
بشد آفتاب از جهان ناپدید / چه داند کسی کان شگفتی ندید
بپوشیده شد چشمهٔ آفتاب / ز پیکان‌هاشان درفشان چو آب
تو گفتی جهان ابر دارد همی / اُزان ابر الماس بارد همی
اُزان گرزداران و نیزه‌وران / همی تاختند آن بر این، این بر آن
هوازی جهان بود شبگون شده / زمین سربسر، پاک گلگون شده
بیامد نخست آن سوار هژیر / پُسِ شهریارِ جهان، اردشیر
بآوردگه رفت نیزه بدست / تو گفتی مگر توسِ اِسپهبَد است
برینسان همی گشت پیش سپاه / نبود آگه از بخش خورشید و ماه
بیامد یکی ناوکش بر میان / گذارنده شد بر سلیحِ کیان
ز بور اندر افتاد خسرو نگون / تن پاکش آلوده شد پر ز خون
دریغ آن نکورویِ همرنگ ماه / که بازش ندید آن خردمند شاه
بیامد برِ شاه شیر اورمزد[2] / کجا زو گرفتی شهنشاه پزد
ز پیش اندر آمد به دشت اندرا / به زهرآب داده یکی خنجرا
خروشی برآورد برسان شیر / که آورد خواهد ژیان گور زیر

---

۱ - افزاینده، ازبرای فراهم کردن پساوا؛ کَهرُم را بگونهٔ کَهَرْمْ در آورده‌است.

۲ - در نمونه‌ها گوناگون است (خالقی مطلق ۱۲۲-۵).

ابر کین آن شاهزاده سوار / بکشت از سواران دشمن هزار
به هنگامهٔ بازگشتن ز جنگ / که روی زمین گشته بد لاله رنگ
بیامد یکی تیرش اندر قفا / شد آن خسرو شاهزاده فنا
بیامد پسش باز شیدُسپ شاه / که مانندهٔ شاه بد همچو ماه
یکی دیزه‌ای برنشسته چو نیل / بتگ همچو آهو به تن همچو پیل
بآوردگه گشت و نیزه بگاشت / چو لختی بگردید نیزه بداشت
«کدام است» گفتا «کهرم سترگ / کجا پیکرش پیکر پیر گرگ؟»
بیامد یکی دیو گفتا «منم / که با گرسنه‌شیر دندان زنم»
به نیزه بگشتند هر دو چو باد / بزد ترک را نیزهٔ شاهزاد
ز باره درآورد و ببرید سر[1] / به خاک اندر افکند زرّین‌کمر
همی گشت بر پیش گردان چنین / بسان یکی کوه بر پشت زین
همانا چنو نیز دیده ندید / ز خوبی کجا بود چشمش رسید(؟)
یکی ترک تیری بر او برگماشت / ز پشتش سر تیر بیرون گذاشت[2]
دریغ آن شه پرورده به ناز / بشد روی او باب نادیده باز
بیامد سرِ سرورانِ سپاه / پسُ تهمِ جاماسپ، دستورِ شاه
نبرده سواری گرامی‌ش نام / بمانندهٔ پور دستان سام
یکی چرمه‌ای برنشسته سمند / یکی گام‌زن بارهٔ بی‌گزند(؟)
چماننده چرمه، نونده جوان / یکی کوه‌پاره‌ست گویی روان
به پیش صف چینیان ایستاد / خداوند بهزاد را کرد یاد(؟)
«کدام است» گفت «از شما شیردل / که آید سوی نیزهٔ جان‌گسل
کجا باشد آن جادوی خویش کام / کجا خواست‌نام و هزارانش نام»[3]
برفت آن زمان پیش او نامخواست / تو گفتی کُهِ آهنین است راست
بگشتند هردو سوار هژیر / بگرز و بنیزه بشمشیر و تیر
گرامی، گوی بود با زور شیر / نتابید با او سوار دلیر
گرفت از گرامی، نبرده، گریغ / گرامی کفش بود بزّنده تیغ
گرامی خرامید با خشم تیز / دل از کینهٔ کشتگان پرستیز
میان صف دشمن اندرفتاد / پس از دامن کوه برخاست باد
سپاه از دو رو برهم آویختند / اُگَرد از دو لشکر برانگیختند

---

۱ - افزایندهٔ وِل‌انگار یکدم با خویش نیندیشید که کهرم کشته شدهٔ وی در نبردهای آینده زنده می‌شود!

۲ - خالقی مطلق، یکی ترک تیری بر او بر گشاد. ۳ - افزاینده را رای بر آن بوده‌است که «نامخواست هزاران» را گوید.

بدان شورش اندر میان سپاه   ازان زخم گردان و گردِ سیاه
بیفتاد از دست ایرانیان   درفش فروزندهٔ کاویان
گرامی بدید آن درفشِ چو نیل   که افکنده بودند از پشت پیل
فرود آمد و برگرفت آن ز خاک   بیفشاند از خاک و بسترد پاک
چو او را بدیدند گردان چنین   که آن نیزهٔ نامدار گزین
ازآن خاک برداشت و بسترد و برد   به گِردش گرفتند مردانِ گُرد
ز هر سو به گردش همی تاختند   به شمشیر دستش بینداختند
درفش فریدون به دندان گرفت   همی زد به یک دست گرز، ای شگفت
سرانجامِ کارش بکشتند زار   بران گرم خاکش فکندند خوار
دریغ آن نبردهسوار هژیر   که بازش ندید آن خردمند پیر
بیامد هم آنگاه بستور شیر   نبرده کیانزاده پور زریر
بکشت او ازان دشمنان بیشمار   که آویخت اندر بد روزگار
سرانجام برگشت پیروز و شاد   به پیش پدر باز شد بیستاد
بیامد، پس آن برگزیده سوار   پتِش شهریار جهان نیوزار
به زیر اندرون تیزرو شولکی   که نبود چنان از هزاران یکی
بیامد بدان تیره آوردگاه   به آواز گفت «ای گزیده سپاه
کدام است مرد از شما نامدار   جهاندیده و گرد و نیزه گزار
که پیش من آید نیزه به دست   که پیشتان، مردِ مرد آمدهست»
سواران چنین پیش او تاختند   مر افکندنش را همی ساختند
سوار جهانجوی مرد دلیر   چو پیل دژآگاه و چون نره شیر
همی گشت بر گرد مردان چنین   تو گفتی همی برنوردد زمین
بکشت از گوان جهان شست مرد   دران تاختنها به گرز نبرد
سرانجامش آمد یکی تیر چرخ   چنان آمد و بودش از چرخ برخ
بیفتاد زان شولک خوبرنگ   بمرد و نرست اینت فرجام جنگ
دریغ آن سوار گرانمایه نیز   که افکنده شد رایگان بر نه چیز(؟!)
که همچون پدر بود و همتای اوی   دریغ آن نکوروی و بالای اوی
چو کشته شد آن نامبرده سوار   ز گُردان به گردش هزاران هزار
به هر گوشهای بر هم آویختند   ز روی زمین گرد انگیختند
برآمد بر این رزم کردن دو هفت   گزیشان سواری زمانی نخفت
زمینها پر از کشته و خسته شد   سراپردهها نیز بربسته شد

درخت و گیا شد همه لاله‌گون / بدشت و بیابان همی رفت خون
چنان بُد ز بس کشته آن رزمگاه / که بر روی نشایست رفتن سپاه

*

دو هفته برآمد برین کارزار / که هزمان همی تیزتر گشت کار
به پیش اندر آمد نبرده زریر / سمندی بزرگ اندر آورده زیر
بلشکرگهِ دشمن اندر فتاد / چو اندر گیا آتش و تیز باد
همی کشت زیشان همی خوابنید / مر او را نیاستاد هر که‌ش بدید
چو ارجاسپ دانست کان پور شاه / سپه را همی کرد خواهد تباه
بدان لشکر خویش آواز داد / که: «چونین؟ همی داد خواهید داد
دو هفته برآمد برین بر، درنگ / نبینم همی رویِ فرجامِ جنگ
بکردند گردان گشتاسپ شاه / بسی نامداران لشکر تباه
کنون اندر آمد میانه زریر / چو گرگِ دُژآگاه و شیر دلیر
بکشت او همه پاک‌مردان من / سرافراز گردان و شیرانِ من
یکی چاره باید سگالیدنا / اگرنه ره ترک مالیدنا
که این گر بماند زمانی چنین / نه ایتاش ماند نه خَلّخ نه چین
کدام؟ است مرد از شما نامخواه! / که آید پدید از میان سپاه
یکی ترگ‌داری خرامد به پیش / خنیده کند در جهان نامِ خویش
هرآن کز میان، باره انگیزَنَد / بگرداندش پشت و بگریزَنَد
مر او را دهم دختر خویش را / سپارم بدو لشکرِ خویش را»
سپاهش ندادند پاسخْش باز / بترسیده بُد لشکر سرفراز
چو شیر اندر افتاد و چون پیل مست / همی کُشت زیشان همی کرد پست
همی کوفت‌شان هر سویی زیر پای / سپهدار ایران فرخنده‌رای
چو ارجاسپ دید آنچنان، خیره شد / که روز سپیدش، شبِ تیره شد
دگر باره گفت: «ای بزرگان من / تگینان لشکر گزینان من
ببینید خویشان و پیوستگان / ببینید نالیدن خستگان
ازآن زخم آن پهلو آتشی / که سامیش گرز است و تیر آرشی
که گفتی بسوزد همی لشکرم / کنون برفروزد همی کشورم
کدام؟ است مرد از شما چیره‌دست / که بیرون شود پیش این پیل مست
هر آن کاو بدان گردکش یازدا / مر او را از آن باره بندازدا
چو بخشیدمش، بیش بسپارمش / کلاه از بر چرخ بگذارمش»

کشته شدن زریر ۳۹۹

همیدون نداد ایچ‌کس پاسخش
بشد خیره و زردگون شد رخش

سه بار این سخن را بریشان براند
چو پاسخ نیامدش خامش بماند

بیامد، پس آن بیدرفش سترگ
پلید و بد و جادوی پیر گرگ

به ارجاسپ گفت: «ای بلند آفتاب
به زور و بتن همچو افراسیاب

به پیش تو آوردم این جان خویش
سپر کردم این جان شیرینت پیش

شوم پیش آن پیل آشفته مست
گرایدونکه یابم بران پیل دست

به خاک افکنم تنش ای شهریار
مگر بردهد گردش روزگار»

ازو شاد شد شاه و کرد آفرین
بدادش بدو بارهٔ خویش و زین

بدو داد ژوپین زهرآبدار
که از آهنین کوه کردی گذار

چو شد جادوی زشت ناپاک تن
بنزد زریر آن سر انجمن

چو از دور دیدش برآورد خشم
پراز خاک روی و پراز خون دو چشم

به دست اندرون گرز چون سام یل
به‌پیش‌اندرون کشته چون کوه تل

نیارست رفتنش بر پیش روی
ز پنهان همی تاخت بر گرد اوی

بینداخت ژوپین زهرآبدار
ز پنهان بران شاهزاده سوار

گذاره شد از خسروی جوشنش
به خون غرقه شد شهریاری تنش

ز باره درافتاد پس شهریار
دریغ آن نکو شاهزاده سوار

فرود آمد آن بیدرفش پلید
سلیحش همه پاک بیرون کشید

سوی شاه چین برد اسپ و کمرش
درفش سیه افسر پرگهرش

سپاهش همه بانگ برداشتند
همی نعره از ابر بگذاشتند

چو گشتاسپ از کوه‌سر بنگرید
مر او را بدان رزمگه بر ندید

«گمانی برم» گفت: «کان گِرد ماه
که روشن بدی زو همه رزمگاه

نبرده برادرم فرّخ زریر
که شیر ژیان آوریدی بزیر؛

فکنده‌ست بر باره از تاختن
بماندند گردان ز انداختن

نیاید همی بانگ شهزادگان
مگر کشته شد شاه آزادگان!

هیونی بتازید تا رزمگاه
بنزدیکی آن درفش سیاه

ببینید کان شیر من چون شده‌ست
که‌م از درد او، دل پراز خون شده‌ست»

بدین اندرون بود شاه جهان
که آمد یکی خون ز دیده چکان

بشاه جهان گفت: «ماه ترا
نگهدار تاج و سپاه ترا؛

جهان‌پهلوان آن زریر سوار
سواران ترکان بکشتند زار

سر جادوان جهان بیدرفش
مر او را بیفکند و برد آن درفش»

۴۰۰ گشتاسپ

چو آگاهیِ کشتنِ او رسید / به شاه جهانجوی و، مرگش بدید
همه جامه تا پای بدرید پاک / بران خسروی تاج پاشید خاک
چنین گفت گشتاسپ که:«ای شهریار / چراغ دلت را بکشتند زار»
ز پس گفت داننده جاماسپ را / «چه؟ گویم کنون شاه لهراسپ را
چگونه؟ فرستم فرسته به در! / چه؟ گویم بدان پیرگشته پدر!
چه؟ گویم چه؟ کردم نگار ترا! / که برد آن نبرده‌سوار ترا؟
دریغ آن گوِ شاهزاده دریغ / چو تابنده ماه اندرون شد بمیغ
بیارید گلگونِ لهراسپی / نهید از برش زینِ گشتاسپی»
بیاراست مر جستن کینش را / بورزیدن دین و آیینش را
جهاندیده دستور گفتا «به‌پای / به کینه شدن مر ترا نیست رای»
به فرمان دستور دانای راز / فرود آمد از باره بنشست باز
به لشکر بگفتا: «کدام است شیر / که باز آوَرَد کین فرّخ زریر
که؟ پیش افکنَد باره بر کین اوی! / که؟ بازآورد باره و زین اوی
پذیرفتم اندر خدای جهان / پذیرفتن راستان و مهان
که هر کز میانه نهد پیش پای / مر او را دهم دخترم را همای»
نجنبید زیشان کس از جای خویش / ز لشکر نیاورد کس پای پیش
پس آگاهی آمد باسفندیار / که:«کشته شد آن شاه نیزه‌گزار
پدرت از غم او بکاهد همی / کنون کین او جُست خواهد همی
همی گوید آن کس کجا کین اوی / بخواهد نهد پیش دشمنش روی
مر او را دهم دخترم را همای / اُکرد ایزدش را بر این بر گوای
کسی نامور دست بر دست زد / بنالید ازان روزگاران بد
همه ساله زین روز ترسیدمی / چو او را به رزم اندرون دیدمی
دریغا سوارا گوا مهترا / که بختش جدا کرد تاج از سرا
که؟ کشت آن سیه‌پیل نستوه را! / که؟ کند از زمین آهنین‌کوه را!
درفش و سرِ لشکر و جای خویش / برادرش را داد و خود رفت پیش
به قلب اندر آمد بجای زریر / به صف اندر استاد چون نرّه شیر
به پیش اندر آمد میان را ببست / گرفت آن درفش همایون بدست
برادرش بد پنج دانسته راه / همه ازدر تاج و همتای شاه
همه ایستادند در پیش اوی / که لشگر شکستن بدی کیش اوی(؟)
به آزادگان گفت پیش سپاه / که:«ای نامداران و گردان شاه

نگر تا چه گویم یکی بشنوید   به دین خدای جهان بگروید
نگر تا نترسید از مرگ و چیز   که کس بی‌زمانه نمرده‌ست نیز
که‌را کشت خواهد همی روزگار؛   چه نیکوتر از مرگ در کارزار!
بدانید یکسر که روزی‌ست این   که کافر پدید آید از پاک‌دین
شما از پس پشت‌ها منگرید   مجویید فریاد و سر مشمرید(؟!)
نگر تا نبینید بگریختن   نگر تا نترسید ز آویختن
سر نیزه‌ها را به رزم افکنید   زمانی بکوشید و مردی کنید،
بدین اندرون بود اسفندیار   که بانگ پدرش آمد از کوهسار
که: «ای نامداران و گردان من   همه مر مرا چون تن و جان من
مترسید از نیزه و گرز و تیغ   که از بخش‌مان نیست روی گریغ
به دین خدا، ای گو اسفندیار   بجان زریر آن نبرده‌سوار
که آمد فرود او کنون در بهشت   که من سوی لهراسپ نامه نوشت(؟!)
پذیرفتم اندرز آن شاه پیر   که گر بخت نیکم بُوَد دستگیر؛
که چون باز گردم ازین رزمگاه   به اسفندیارم دهم تاج و گاه
جهان را بدست وی اندر نهم   ورا خسروی‌تاج بر سر نهم
چنان چون پدر داد شاهی مرا   دهم همچنان پادشاهی ورا»

*

چو اسفندیار آن گو تهمتن   خداوند اورنگ با سهم و تن
ازآن کوه بشنید بانگ پدر   به‌زاری به پیش اندر افکند سر
خرامید، نیزه بچنگ اندرون   ز پیش پدر سرفکنده نگون
یکی دیزه‌ای برنشسته بلند   بسان یکی دیو جسته ز بند
بدان لشکر دشمن اندر فتاد   چنانچون درافتد به گلبرگ باد
همی‌کُشت ازیشان و سر می‌برید   ز بیمش همی مُرد هر کَش بدید
چو بستور پور زریر سوار   ز خیمه خرامید زی اسپ‌دار
یکی اسپ آسودهٔ تیزرو   جهنده یکی بور آکنده‌خو
طلب کرد از اسپ‌دار پدر   نهاد از برِ او یکی زین زر
بیاراست و برگستوان برفکند   بفتراک، بربست پیچان کمند
بپوشید جوشن بر او برنشست   بمیدان خرامید نیزه بدست
ازین سان خرامید تا رزمگاه   سوی باب کشته بپیمود راه
همی تاخت آن بارهٔ تیزگرد   همی آخت کینه همی کشت مرد

۴۰۲ گشتاسپ

از آزادگان هر که دیدی به راه	بپرسیدی از نامدار سپاه(؟)
«کجا اوفتاده‌ست؟» گفتی «زریر	پدرم آن نبرده‌سوار دلیر»
یکی مرد بُد نام او اردشیر	سواری گرانمایه، گردی دلیر
بپرسید ازو راه، فرزندِ خرد	سوی بابکش راه بنمود گرد
«فکنده‌ست» گفتا «میان سپاه	بنزدیکی آن درفش سیاه
برو زود کانجا فتاده‌ست اوی	مگر تا ببینیش یکبار روی»
پس آن شاهزاده برانگیخت بور	همی گُشت گرد و همی کرد شور
بدان تاختن تا بر او رسید	چو او را بدان خاک کشته بدید
بدیدش مر او را چو نزدیک شد	جهان فروزانش تاریک شد
برفتش دل و هوش و از پشت زین	فکند از برش خویشتن بر زمین
همی گفت که: «ای ماه تابان من	چراغ دل و دیده و جان من
بدان رنج و سختی بپروردی‌ام	کنون چون برفتی به که اسپردی‌ام
ترا تا سپه داد لهراسپ شاه	اُ گشتاسپ را داد تخت و کلاه
همی لشکر و کشور آراستی	همی رزم را بآرزو خواستی
کنون کت بگیتی برافراخت نام	شدی کشته و نارسیده بکام
شوم زی برادرت فرخنده شاه	فرود آی گویمش از خواب‌گاه
که از تو نه این بُد سزاوار اوی(؟!)	برو کینش از دشمنان باز جوی»
زمانی برین سان همی بود دیر	پس آن باره را اندرآورد زیر
همی رفت با بانگ تا نزد شاه	که بنشسته بود از بر رزمگاه
شه خسروان گفت که: «ای جان باب	چرا کردی این دیدگان پر ز آب»
کیان‌زاده گفت «ای جهانگیر شاه	نبینی که بابم شد اکنون تباه»
پس آنگاه گفت: «ای جهانگیر شاه	برو کینهٔ باب من بازخواه
بمانده‌ست بابم بران خاک خشک؛	سیه‌ریش او پرورید به مشک!»
چو از پور بشنید شاه این سخن	سیاهش ببُد روزِ روشن، ز بن
جهان بر جهانجوی تاریک شد	تن پیل‌واریش باریک شد
«بیارید» گفتا: «سیاه مرا	نبردی قبا و کلاه مرا
که امروز من از پی کین اوی	برانم ازین دشمنان خون به جوی
یکی آتش انگیزم اندر جهان	کز آنجا بکیوان رسد دود آن»
چو گردان بدیدند کز رزمگاه	ازآن تیره آوردگاه سپاه(؟)
که خسرو بسیچید آراستن	همی رفت خواهد به کین خواستن

کشته شدن بیدرفش ۴۰۳

«نباشیم» گفتند «همداستان / که شاهنشه آن کدخدای جهان
به رزم اندر آید بکین خواستن / چرا باید این لشگر آراستن»(؟)
گرانمایه دستور گفتش بشاه / : «نبایدت رفتن بدان رزمگاه
به بستور ده باره‌ای برنشست / مر او را سوی رزم دشمن فرست
که او آورَد باز کین پدر / ازان کِه‌ش تو بازآوری خوب‌تر»

*

بدو داد پس، شاه، بهزاد را / سیه‌جوشن و خود پولاد را
پس شاهِ کشته میان را ببست / سیه‌رنگ بهزاد را برنشست
خرامید تا رزمگاه سپاه / نشسته بران خوب‌رنگ سیاه
به پیش صف دشمنان ایستاد / همی برکشید از جگر سرد باد
«منم» گفت: «بستور پور زریر / پذیره نیاید مرا نرّه شیر
کجا باشد آن جادوی بیدرفش / که برده‌ست آن کاویانی درفش»
چو پاسخ ندادند آزاد را / برانگیخت شبرنگ بهزاد را
بکُشت از تگینان لشکر بسی / پذیره نیامد مر او را کسی
اُزان سوی دیگر گو اسفندیار / همی کشت‌شان بیمر و بیشمار
چو سالار چین دید بستور را / کیان‌زاده آن پهلوان پور را
بلشکر بگفت: «این که؟ شاید بُدن / کزین‌سان همی نیزه داند زدن!
بکشت از تگینان من بیشمار / مگر گشت؟ زنده، زریر سوار(!)
که نزد من آمد زریر از نخست / برین سان همی تاخت باره درست
کجا رفت آن بیدرفش گزین / هم‌اکنون سوی منش خوانید، هین!»
بخواندند و آمد دمان بیدرفش / گرفته بدست آن درفش بنفش
نشسته بران بارهٔ خسروی / بپوشیده آن جوشن پهلوی
خرامید تا پیش لشگر ز شاه / نگهبان مرز و نگهبان گاه
گرفته همان تیغ زهرآبدار / که افکنده بد آن زریر سوار
بگشتند هر دو به ژوپین و تیر / سر جادوان ترک و پور زریر
پس آگاه کردند، زان کارزار / پُس شاه را فرّخ اسفندیار
همی تاختش تا بدیشان رسید / سر جادوان چون مر او را بدید
برافکند اسپ از میان نبرد / بدانست کِه‌ش بر سر افتاد مرد(؟)
بینداخت آن زهرخورده بر اوی / مگر کِه‌ش کند زشت، رخشنده روی
نیامد بر او تیغ زهرآبدار / گرفتش همان تیغ، شاه، استوار

زدش پهلوانی یکی بر جگر   چنان کز دگر سو برون کرد سر
ز باره نگون اندر افتاد و مرد   بدید از کیان‌زادگان دستبرد
فرود آمد از باره اسفندیار   سلیح زریر آن گزیده سوار
ازآن جادوی پیر بیرون کشید   سرش را ز گردن همانگه برید
نکورنگ باره‌ی زریر و درفش   ببرد و سر بی‌هنر بیدرفش
سپاه کیان بانگ برداشتند   همی نئره از ابر بگذاشتند
که:«پیروز شد شاه و دشمن فکند   بشد باز و آورد اسپ سمند»
شد آن شاهزاده سوار دلیر   سوی شاه برد آن سمند زریر
سر پیر جادوش بنهاد پیش   کشنده بکشت اینت آیین و کیش(؟!)

*

چو باز آورید آن گرانمایه، کین   بر اسپ زریری برافکند زین
خرامید تازان به آوردگاه   به سه بهره کرد آن کیانی سپاه
ازآن سه یکی را به بستور داد   یل لشکرافروز فرّخ‌نژاد
دگر بهره را بر برادر سپرد   بزرگان ایران و مردان گرد
سیوم بهره را سوی خود بازداشت   که چون ابر غرّنده آواز داشت
چو بستور فرخنده و پاک‌تن   چو نوش آذر آن شمشیرزن
بهم ایستادند از پیش اوی   که لشگر شکستن بدی کیش اوی
همیدون ببستند پیمان بر این   که گر تیغ دشمن بدرّد زمین
نگردیم یک تن ازین جنگ باز   نداریم زین دشمنان چنگ باز
بر اسپان بکردند تنگ استوار   برفتند یکدل سوی کارزار
چو ایشان فکندند اسپ از میان   گوان و جوانان ایرانیان
همه یکسر از جای برخاستند   جهان را به جوشن بیاراستند(؟!)
از ایشان بکشتند چندان سپاه   کزان تنگ شد جای آوردگاه
چنان خون همی‌رفت بر کوه و دشت   کزان آسیاها به خون بر بگشت
چو ارجاسپ آن دید کامدش پیش   ابا نامداران و مردان خویش
گو گردکُش نیزه اندر نهاد   بدان گردگیران یبغونژاد
همی دوخت‌شان سینه‌ها باز پشت   چنان تا همه سرکشان را بکشت
چو دانست خاقان که ماندند○ بس   نیارد شدن پیش او هیچکس
سپه جنب‌جنبان شد و کار گشت   همی بود تا روز اندر گذشت

○ – ماندن؛ خسته شدن بزبان امروز.

همان‌گاه اندر گریغ اوفتاد　　بشد، رویش اندر بیابان نهاد
پس اندر نهادند ایرانیان　　بدان بی‌مره لشگر چینیان
بکشتند زیشان به هر سو بسی　　نبخشودشان ای شگفتی کسی(۱۹)

*

چو ترکان بدیدند کارجاسپ رفت　　همی آید از هر سویی تیغ؛ تفت
همه سرکشان‌شان پیاده شدند　　به پیش گو اسفندیار آمدند
کمان‌های چاچی بینداختند　　قبای نبردی برون آختند
به زاریش گفتند: «گر شهریار　　دهد بندگان را به جان زینهار
به دین اندر آییم و خواهش کنیم　　همه آذران را نیایش کنیم»
از ایشان چو بشنید اسفندیار　　به جان و به تن دادشان زینهار
بدان لشکر گشن آواز داد　　گو نامبردار فرّخ‌نژاد
که: «ای نامداران ایرانیان　　بگردید زین لشکر چینیان
کنون کاین سپاه عدو گشت پست　　ازین سهم و کشتن بدارید دست
که بس زاروارند و بیچاره‌وار　　دهید این سران را به جان زینهار
بدارید دست از گرفتن کنون　　مبندید کس را مریزید خون
متازید و این کشتگان مَسپَرید　　بگردید و این خستگان بشمَرید
مگیریدشان بهرِ جان زریر　　بر اسپان جنگی مپایید دیر»
چو لشکر شنیدند آواز اوی　　شدند از بر خستگان بآرزوی
به لشکرگه خود فرود آمدند　　به پیروز گشتن تبیره زدند
همه شب نخفتند زان خرّمی　　که پیروزی‌ای بودشان رستمی
چو اندر شکست آن شب تیره‌گون　　به دشت و بیابان فروخورد خون
کی نامور با سران سپاه　　بیامد به دیدار آن رزمگاه
همی گرد آن کشتگان بر بگشت　　که را دید بگریست و اندر گذشت
برادرش را دید کشته بزار　　به آوردگاهی برافکنده خوار
چو او را چنان زار و کشته بدید　　همه جامهٔ خسروی بردرید
فرود آمد از شولک خوب‌رنگ　　به ریش خود اندر زده هر دو چنگ
همی گفت که:«ای شاه گردان بلخ　　همه زندگانیِ ما کرده تلخ
دریغا سوارا شها خسروا　　نبرده دلیرا گزیده گوا
ستون منا پردهٔ کشورا　　چراغ جهان، افسر لشکرا»
فراز آمد و برگرفتش ز خاک　　به دست خودش روی بسترد پاک

به تابوت زرّینش اندر نهاد / تو گفتی زریر از بنه خود نزاد
کیان زادگان و جوانان خویش / به تابوت‌ها در نهادند پیش
بفرمود تا کشتگان بشمرند / کسی‌را که خسته‌ست بیرون برند
بگردید بر گرد آن رزمگاه / به کوه و بیابان و بر دشت و راه
از ایرانیان کشته بد سی هزار / ازآن هفتسد سرکش و نامدار
هزار و چل از نامور خسته بود / که از پای پیلان بدر جسته بود
أزان دیگران کشته بُد سدهزار / هزار و سد و شست و سه نامدار(؟!)
ز خسته بدی سه هزار و دویست / بر این جای بر تا توانی مایست(؟!)

اندر بازگشت گشتاسپ
به
ایران‌زمین

کی نامبردار فرخنده شاه / سوی گاه باز آمد از رزمگاه
به بستور گفتا که: «فردا پگاه / سوی کشور نامور کش سپاه»
بیامد سپهبد هم از بامداد / بزد کوس و آنگه بنه برنهاد
به ایران‌زمین بازکردند روی / همه چیره‌دل گشته و جنگجوی
همه خستگان را ببردند نیز / نماندند از خواسته نیز چیز
به ایران‌زمین باز بردندشان / به دانا پزشکان سپردندشان
چو شاه جهاندار شد باز جای / به پور مهین داد فرّخ همای
سپه را به بستور فرخنده داد / عجم را چنین بود آیین و داد
بدادش از آزادگان ده‌هزار / سواران جنگی و نیزه گزار
بفرمود و گفت «ای گو رزمساز / یکی بر پی شاه توران بتاز
به ایتاش و خلُخستان برگذر / بکُش هر که یابی به کین پدر»
ز هر چیز بایست بردش به کار / بدادش همه بی‌مر و بی‌شمار
هم آنگاه بستور برد آن سپاه / أ شاه جهان از بر تخت و گاه
نشست و کیی‌تاج بر سر نهاد / سپه را همه یکسره بار داد
درِ گنج بگشاد و از خواسته / سپه را همه کرد آراسته
سران را همه شهرها داد نیز / کسی را نماند ایچ ناداده چیز

که را پادشاهی سزا بد بداد	که را پایه بایست پایه نهاد
چو اندرخور کارشان داد ساز	سوی خانه‌هاشان فرستاد باز
خرامید بر گاه و باره ببست	به کاخ شهنشاهی اندر نشست
بفرمود تا آذر افروختند	بر او اود و انبر همی سوختند
زمینش بکردند از زرّ پاک	همه هیزمش اود و انبرش خاک
همه کارها را باندام کرد	پسش خان گشتاسپان نام کرد*
بفرمود تا بر در گنبدش	بدادند جاماسپ را موبدش
سوی مرزدارانش نامه نوشت	که: ما را خداوند یافه نهشت
شبان شده تیره‌مان روز کرد	کیان را به هر جای پیروز کرد
بنفرین شد ارجاسپ ناآفرین	چنین است کار جهان‌آفرین
چو پیروزی شاه‌تان بشنوید	گزیتی به آذرپرستان دهید
چو آگاه شد قیصر آن شاه روم	که فرخ شد آن شاه و ارجاسپ شوم
فرسته فرستاد با خواسته	غلامان و اسپان آراسته
شه بت‌پرستان و رایان هند	گَزیتش بدادند و شاهان سند

*

کی نامبردار زان روزگار	نشست از بَرِ گاه آن شهریار
گزینان لشکرش را بار داد	بزرگان و شاهان مهترنژاد
ز پیش اندر آمد گو اسفندیار	به دست اندرون گرزهٔ گاوسار
نهاده به سر بر کیانی کلاه	به زیر کلاهش همی تافت ماه
بیاستاد در پیش او شیرفش	سرافکنده و دست کرده به کش
چو شاه جهان روی او را بدید	ز جان و جهانش به دل برگزید
بدو گفت شاه: «ای یل اسفندیار	همی آرزو بایدت؟ کارزار!»
یل تیغ‌زن گفت: «فرمان تراست	که تو شهریاریّ و گیهان تراست»
کی نامور تاج زرّینش داد	در گنج‌ها را بر او برگشاد
همه کار ایران مر او را سپرد	که او را بدی پهلوی دستبرد
درفشی بدو داد و گنج و سپاه	«هنوزت نبُد» گفت «هنگام گاه»
«برو» گفت «و پا را به زین اندر آر	همه کشورت را به دین اندر آر»
بشد تیغ‌زن گردکش پور شاه	بگردید بر کشورش با سپاه
به روم و به هندوستان برگذشت	ز دریا و تاریکی اندر گذشت

* - در نامه‌های باستان از این جای با نامِ «پشت ویشتاسپان» یاد شده‌است.

شه روم و هندوستان و یمن / همه نامه کردند بر تهمتن
اُز او دین‌گزارش همی خواستند / مر این دینِ به را بیاراستند
گزارش همی کرد اسفندیار / به فرمان یزدان همی بست کار
چو آگه شدند از نکودین اوی / گرفتند آن راه و آیین اوی
بتان از سر کوه می‌سوختند / به جای‌بت آذر برافروختند
همه نامه کردند زی شهریار / که «ما دین گرفتیم ز اسفندیار
ببستیم کُشتی و بگرفت باژ / کنونت نشاید ز ما خواست باژ
که ما راست گشتیم و ایزدپرست / کنون زند و استا سوی ما فرست»
چو شه نامهٔ شهریاران بخواند / نشست از برِ گاه و یاران بخواند
فرستاد زندی به هر کشوری / به هر نامداریّ و هر مهتری
بفرمود تا نامور پهلوان / همی گشت هر سو به گرد جهان
به هر جا که آن شاه بنهاد روی / بیامد پذیره کسی پیش اوی
همه کس مر او را به فرمان شدند / بَدان در جهان پاک پنهان شدند
چو گیتی همه راست شد بر پدرش / گشاد از میان باز زرّین‌کمرش
به شادی نشست از برِ تخت و گاه / بیاسود یکچند گه با سپاه
برادرش را خواند فرشیدورد / سپاهی برون کرد مردان مرد
بدو داد و دینار دادش بسی / خراسان بدو داد و کردش گُسی
چو یکچند گاهی برآمد بر این / جهان پاک گشته بر آن پاک‌دین
فرسته فرستاد سوی پدر / که: «ای نامور شاه پیروزگر
جهان ویژه کردم به دین خدای / به کشور برافکنده سایه‌ی همای
کسی را بنیز از کسی بیم نه / به گیتی کسی بی‌زر و سیم نه
فروزنده گیتی بسان بهشت / جهان گشته آباد و هر جای کشت
سواران جهان را همی داشتند / چو برزیگران تخم می‌کاشتند
بدین سان ببوده سراسر جهان / به گیتی شده گم بد بدگمان»

اندر بدگفتن گرزم

اسفندیار را

یکی روز بنشست کی شهریار / به رامش بخورد او می خوشگوار
یکی سرکشی بود نامش گرزم / گوی نامجو، آزموده به رزم
به دل کین همی داشت ز اسفندیار / ندانم چه؟ شان بود از آغاز کار
به هر جای کآواز او آمدی / ازو زشت گفتی و طعنه زدی
نشسته بُد او پیش فرخنده شاه / رخ از درد زرد و دل از کین تباه
فراز آمد از شاهزاده سخن / نگر تا چه بَدآهو افکند بن
ز ناگه یکی دست بر دست زد / «چو دشمن بود» گفت: «فرزند بد؛
فرازش نباید کشیدن به پیش / چنین گفت آن موبد راست کیش
که: چون پور با سهم و مهتر شود / ازو باب را روز بتّر شود
رهی، کز خداوند سر برکشید / از اندازه‌اش سر بباید برید
چو از رازدار این شنیدم نخست / نیامد مرا این گمانی درست»
جهانجوی گفت: «این سخن چیست؟ باز / خداوند این راز که؟ وین چه؟ راز»
کیان شاه را گفت ک:«ای راستگوی / که این راز گفتن کنون نیست روی»
سر شهریاران تهی کرد جای / فریبنده را گفت: «نزد من آی
بگوی این همه سربسر پیش من / نهان چیست؟ زان اژدها کیش من»
گرزم بدآهوش گفت: «از خرد / نباید جز آن چیز کاندر خورد
مرا شاه کرد از جهان بی‌نیاز / سزد گر بدارم بد از شاه باز
ندارم من از شاه خود باز پند / أگرچه مر او را نیاید پسند
که گر راز گویمش و او نشنود / به از راز کردنش پنهان بود(؟!)
بدان ای شهنشاه کاسفندیار / پسیچد همی رزم را روی کار
بسی لشگر آمد به نزدیک اوی / جهانی سوی او نهاده‌ست روی
برآنست اکنون که بندد ترا / به شاهی همی بدپسندد ترا
ترا گر به دست آورید و ببست / کند مر جهان را همه زیردست
تو دانی که آنست اسفندیار / که او را به رزم اندرون نیست یار
چنو حلقه کرد آن کمند بتاب / پذیره نیارد شدن آفتاب

کـنون از شـنیده بگـفتمت راست   تو به دان کنون رای و فرمان تراست»
چـو بـا شاه ایران گرزم این براند   گـو نـامبردار خـیره بـماند
چنین گفت هرگز که دید این شگفت   دژم گشت و از پـور کـینه گـرفت
نـخورد ایچ مَـی نیز و رامش نکرد   ابـی بزم بنشست با باد سرد
از اندیشگان نامد آن شبش خواب   ز اسفندیارش گرفته شتاب
چو از کوهساران سپیده دمید   فروغ ستاره ببُد ناپدید
بخواند آن جهاندیده جاماسپ را   که دستورِ مِه بود گشتاسپ را
بدو گفت: «شو پیش اسفندیار   بخوان و مر او را به ره باش یار
بگویش که: برخیز و نزد من آی   چو نامه بخوانی به ره بر مپای
که کاری بزرگ است پیش اندرا   تو پایی همی این همه کشورا
یکی کار اکنون همی بایدا   که بی تو چنین کار برنایدا»
نوشته نوشتش یکی استوار   که: «ای نامور فرّخ اسفندیار
فرستادم این پیر جاماسپ را   که دستور بد شاه لهراسپ را
چو او را ببینی میان را ببند   ابا او بیا بر ستور نوند
اگر خفته‌ای زود برجه بپای   اُگر خود بپایی زمانی مپای»
خردمند، شد؛ نامهٔ شاه بُرد   به تازنده، کوه و بیابان سپَرد

*

بدان روزگار اندر اسفندیار   به دشت اندرون بُد ز بهر شکار
ازان دشت آواز کردش کسی   که: «جاماسپ را کرد خسرو گسی»
چو آن بانگ بشنید آمد شگفت   بپیچید و خندیدن اندر گرفت
پسر بود او را گزیده چهار   همه رزم‌جوی و همه نیزه‌دار
یکی نام بهمن دوم مهرنوش   سیوم نام او بُد دل‌افروز توش
چهارم بدش نام نوشاذرا   نهادی کجا گنبد آذرا(؟)
به شاه جهان گفت بهمن پسر   که «تا جاودان سبز بادات سر
یکی ژرف خنده بخندید شاه   نیابم همی اندرین هیچ راه»
بدو گفت «پورا بدین روزگار   کس آید مرا از در شهریار
که آواز بشنیدم از ناگهان   بترسم که از گفتهٔ بی‌رهان
ز من خسرو آزار دارد همی   دلش از رهی بار دارد همی»
گرانمایه فرزند گفتا «چرا   چه کردی تو با خسرو کشورا»
سر شهریارانش(؟) گفت «ای پسر   ندانم گناهی به جای پدر

بدگویی گرزم از اسفندیار ۴۱۱

مگر آنکه تا دین بیاموختم همی در جهان آتش افروختم
جهان ویژه کردم به برنده تیغ چرا دارد از من دل شاه میغ؟
همانا دلش دیو بفریفته‌ست که بر کُشتن من بیاشیفته‌ست»
همی تا بدین اندرون بود شاه پدید آمد از دور گرد سیاه
چراغ جهان بود دستور شاه فرستادهٔ شاه زی پور شاه
چو از دور دیدش ز کهسار گرد بدانست کامد فرستاده مرد
پذیره شدش گرد فرزند شاه همی بود تا او بیامد ز راه(؟!)
ز باره‌ی چمنده فرود آمدند گو و پیر هر دو پیاده شدند
بپرسید ازو فرخ اسفندیار که: «چون؟ است شاه آن گو نامدار»
خردمند گفتا: «درست است و شاد» برش را ببوسید و نامه بداد
درست از همه کارش آگاه کرد که مر شاه را دیو بی‌راه کرد
خردمند را گفتش اسفندیار : «چه؟ بینی مرا، اندرین رویِ کار!
گر ایدونکه با تو بیایم بدر نه نیکو کند کار با من پدر
ور ایدونکه نایم به فرمانبری برون کرده باشم سر از کهتری
یکی چاره ساز ای خردمند پیر نباید چنین ماند بر خیره خیر»
خردمند گفت: «ای شه پهلوان به دانندگی پیر و بختت جوان
تو دانی که خشم پدر بر پسر به از جور مهتر پسر بر پدر
بیابدت رفتن چنین است روی که هرچ او کند پادشاه است اوی»
بر این‌بر نهادند و گشتند باز فرستاده و پورخسرونیاز
یکی جای خوبش فرود آورید به کف برگرفتند هر دو نبید
به پیشش همی اود می‌سوختند تو گفتی همی آتش افروختند
دگر روز بنشست بر تخت خویش ز لشگر بیامد فراوان به پیش
همه لشگرش را به بهمن سپرد اُ زانجا خرامید با چند گرد
بیامد به درگاه آزاده شاه کمربسته و برنهاده کلاه

اندر بند کردن گشتاسپ اسفندیار را

چو آگاه شد شاه کامد پسر کلاه کیان برنهاده به سر

گشتاسپ
۴۱۲

مهان و کهان را همه خواند پیش / همه زند و استا به نزدیک خویش
همه موبدان را به کرسی نشاند / پس آن خسرو تیغزن را بخواند
بیامد گو و دست کرده به کش / به پیش پدر شد پرستارفش
شه خسروان گفت با موبدان / بدان رادمردان و اسپهبدان

۲۴۸۳۵ «چه گویید» گفتا: «که آزاده‌اید / به سختی همه پرورش داده‌اید
به گیتی کسی را که باشد پسر / بدو شاد باشد دل تاجور
به هنگام شیرش به دایه دهد / یکی تاج زرّینش بر سر نهد
همی داردش تا شود چیره‌دست / بیاموزدش خوردن و برنشست
بسی رنج بیند گرانمایه مرد / سواری کندش آزموده نبرد

۲۴۸۴۰ چو آزاده را ره به مردی رسد / چنانچون مر آزادگان را سزد
مر او را بجوید چو جویندگان / ورا بیش گویند گویندگان
سواری شود نیک و پیروز رزم / سر انجمن‌ها به رزم و به بزم
چو نیرو کند با سر یال و شاخ / پدر پیر گشته نشسته به کاخ
جهان را کند یکسره زو تهی / نباشد سزاوار تخت مهی(۱۹)

۲۴۸۴۵ ندارد پدر جز یکی نام تخت / نشسته در ایوان نگهبان رخت
پسر را جهان و درفش و سپاه / پدر را یکی تاج زرّین و گاه
نباشد بران پور همداستان / پسندند؟ گردان چنین داستان!
ز بهر یکی تاج و افسر پسر / تن باب را دور خواهد ز سر!
کند با سپاهش پس آهنگ اوی / نهاده دلش نیز بر جنگ اوی

۲۴۸۵۰ چه گوید پیران که با این پسر / چه نیکو بود کار کردن پدر
گزینانش گفتند ک: «ای شهریار / نیاید خود این هرگز اندر شمار
پدر زنده و پور جویای گاه / ازین خامتر نیز کاری مخواه»
جهاندار گفتا که: «اینک پسر / که آهنگ دارد به جای پدر
ولیکن من او را به چوبی زنم / که گیرند عبرت همه برزنم

۲۴۸۵۵ ببندم چنانش سزاوار پس / به بندی که کس را نبسته‌ست کس،
پسر گفت ک: «ای شاه آزاده‌خوی / مرا مرگ تو کی بُود آرزوی
ندانم گناهی من ای شهریار / که کردستم اندر همه روزگار
به جان تو ای شاه گر بند به دل / گمان برده‌ام پس سرم برگسل
ولیکن تو شاهی و فرمان تراست / ترا ام من و بند و زندان تراست

۲۴۸۶۰ کنون بند فرما وگر خواه کش / مرا دل درست است و آهسته هش»

بند کردن گشتاسپ اسفندیار را ۴۱۳

سر خسروان گفت: «بند آورید / مر او را ببندید و زین مگذرید»
به پیش آوریدند آهنگران / غل و بند و زنجیرهای گران
دران انجمن کس به خواهش زبان / نجنباند بر شهریار جهان
ببستند او را سر و دست و پای / به پیش جهاندار گیهان‌خدای
چنانش ببستند پای استوار / که هر کهش همی دید بگریست زار
چو کردند زنجیر در گردنش / بفرمود بسته به‌در بردنش
«بیارید» گفتا «یکی پیل نر / دونده پرنده چو مرغی به‌پر»
فراز آوریدند پیلی چو نیل / مر او را ببستند بر پشت پیل
چو بردندش از پیش فرّخ پدر / دو دیده پر از آب و خسته جگر
فرستاده سوی دژِ گنبدان / گرفته پس و پیش اسپهبدان(؟!)
پر از درد بردند بر کوهسار(؟) / ستون آوریدند ز آهن چهار
بکرده ستون‌ها بزرگ آهنین / سر اندر هوا و بن اندر زمین(!)
مر او را برآنجا ببستند سخت / ز تختش بیفکند و برگشت بخت
نگهبان او کرد پس چندمرد / گو پهلوان زاده با داغ و درد
بدان تنگی اندر همی زیستی / زمان تا زمان زار بگریستی

*

نیامد بسی روزگاران بر اوی / که خسرو سوی سیستان کرد روی
که آنجا کند زند و استا روا / کند موبدان را بدان جاگوا
چو آنجا رسید آن گرانمایه شاه / پذیره شدش پهلوان سپاه
شه نیمروز آنکه رستمش نام* / سوار جهاندیده همتای سام
ابا پیر دستان که بودش پدر / ابا مهتران و گزینان در
به شادی پذیره شدندش به راه / ازو شادمان گشت فرخنده شاه
به زاولش بردند مهمان خویش / همه بنده‌وار ایستادند پیش
وزو زند و گشتی(؟) بیاموختند / ببستند و آذر برافروختند
برآمد بر این میهمانی دو سال / همی خورد گشتاسپ با پور زال
به هر جا کجا شهریاران بدند / ازان کار گشتاسپ آگه شدند
که او مر سر پهلوان را ببست / تن پیلوارش به آهن بخست
به زاولستان شد به پیغمبری / که نفرین کند بر بت آزری
بگشتند یکسر ز فرمان شاه / بهم بر شکستند پیمان شاه

* – چون دقیقی داستان را پیش‌از سرگذشت رستم سروده است، از رستم چنین نام میبرد.

چو آگاهی آمد به بهمن که شاه ... ببسته‌ست آن شیر را بی‌گناه
نبرده گزینان اسفندیار ... ازانجا برفتند تیماردار
همی داشتند از سپه دست باز ... پس، اندر گرفتند راه دراز
به پیش گو اسفندیار آمدند ... کیان زادگان شیروار آمدند
پدر را به رامش همی داشتند ... به زندانش تنها بنگذاشتند

اندر تاخت آوردن ارجاسپ به ایرانزمین

پس آگاهی آمد به سالار چین ... که: «شاه از گمان اندر آمد به کین
برآشفت خسرو به اسفندیار ... به زندان و بندش فرستاد خوار
خود از بلخ زی زاولستان کشید ... بمهمانی پور دستان کشید
به زاول نشسته‌ست مهمان زال ... برین روزگاران برآمد دو سال
به بلخ اندرون است لهراسپ شاه ... نمانده‌ست از ایرانیان و سپاه
مگر هفتسد مرد آتش‌پرست ... همه پیش آذر برآورده دست(؟)
جز ایشان به بلخ اندرون نیست کس ... از آهنگ داران همین‌اند، بس
مگر پاسبانان کاخ همای ... هلا زود برخیز و چندین مپای»
مهان را همه خواند شاه چگل ... ابر جنگ گشتاسپ‌شان داد دل
«بدانید» گفتا «که گشتاسپ شاه ... سوی سیستان رفت خود با سپاه
به زاول نشسته‌ست با لشگرش ... سواری نه اندر همه کشورش
کنون است هنگام کین خواستن ... بباید پسیچید و آراستن
پسرش آن گرانمایه اسفندیار ... به بند گران اندر است استوار
کدام است مردی پژوهنده‌راز ... که پیماید این ژرف راه دراز
نراند به راه ایچ و بی‌ره رود ... ز ایران هراسان و آگه رود»
یکی جادوی بود نامش ستوه ... گذارنده‌راه و نهفته‌پژوه
«منم» گفت «آهسته و نامجوی ... چه باید، ترا؟ هرچه باید بگوی»
شه چینش گفتا «به ایران خرام ... نگهبان آتش ببین تا کدام»
پژوهندهٔ راز پیمود راه ... به بلخ گزین شد که بُد گاه شاه

ندید اندرو شاه گشتاسپ را　　پرستنده‌ای دید و لهراسپ را[۱]
بشد همچنان پیش خاقان بگفت　　به رخ پیش اوبر زمین را برُفت
چو ارجاسپ آگاه شد شاد گشت　　از اندوه دیرینه آزاد گشت
سران را همه خواند و گفتا: «روید　　سپاه پراکنده گرد آورید»
برفتند گردان لشگر همه　　به کوه و بیابان و جای رمه
بدو باز خواندند لشگرش را　　گزیده سواران کشورش را

افزودن سخن از زبان فردوسی در میان گفتار دقیقی!

چو این نامه افتاد در دست من　　به ماهی گراینده شد شست من[۲]
نگه کردم این نظم سست آمدم　　بسی بیت ناتندرست آمدم
من این زان بگفتم که تا شهریار　　بداند سخن گفتن نابکار
دو گوهر بُد این با دو گوهرفروش　　کنون شاه دارد به گفتار گوش
سخن چون بدین گونه بایدت گفت　　مگو و مکن طبع با رنج جفت
چو بند روان بینی و رنج تن　　به کانی که گوهر نیابی مکن[۳]
چو طبعی نباشد چو آب روان　　مبر سوی این نامهٔ خسروان
دهن گر بماند ز خوردن تهی　　ازان به که ناساز خوانی نهی
یکی نامه بود از گه باستان　　سخن‌های آن برمنش راستان
چو جامی گهر بود و منثور بود　　طبایع ز پیوند او دور بود
گذشته بر او سالیان شش هزار　　گر ایدونکه پرسش نماید شمار
نبردی به پیوند او کس گمان　　پر اندیشه گشت این دل شادمان
گرفتم به گوینده‌بر آفرین　　که پیوند را راه داد اندرین*
اگرچه نپیوست جز اندکی　　ز رزم و ز بزم از هزاران یکی

۱ - افزایندگان پیش‌ازاین از هفتسد مردآتش‌پرست یاد کرده‌بودند، و اینجا از یک پرستنده!
۲ - سروده‌های دقیقی پیش‌از آغاز بکار فردوسی در دست همگان، و از آنمیان فردوسی بوده‌است، که خود در آغاز شاهنامه از آن یاد میکند.
۳ - اگر «کان» باشد که گوهر در آن هست، و میان لت نخست و لت دویم پیوند نیست روان را بند نیست و بی‌رنجِ تن نیز گوهر فراچنگ نمی‌آید.
* - سه رج از گفتار فردوسی است در آغاز کار دقیقی که بدینجا کشانده شده است تا پس‌از این گفتار بتوانند ستایش محمود را درمیانهٔ گفتار دقیقی نیز بگنجانند! و در رج نخست چنانکه پیش‌ازاین گذشت، «بخواندم بگوینده بر...» درست است.

همو بود گوینده را راهبر — که بنشاند شاهی اَبَر گاه بر
همی یافت از مهتران ارج و گنج — ز خوی بد خویش بودی به رنج
ستایندهٔ شهریاران بدی — به کاخ افسر نامداران بدی
به شهر اندرون گشته گشتی سخن — ازو نو شدی روزگار کهن
من این نامه فرخ گرفتم به فال — بسی رنج بردم به بسیار سال
ندیدم سرافراز بخشنده‌ای — به گاه کیان بر درخشنده‌ای
مرا این سخن بر دل آسان نبود — بجز خامشی هیچ درمان نبود
نشستنگه مردم نیکبخت — یکی باغ دیدم سراسر درخت
به جایی نبُد هیچ پیدا درش — بجز نام شاهی نبُد افسرش
که گر درخور باغ بایستمی — اگر نیک بودی بشایستمی(؟!)
سخن را چو بگذاشتم سال بیست — بدان تا سزاوار این رنج کیست
ابوالقاسم آن شهریار جهان — کزو تازه شد تاج شاهنشهان
جهاندار محمود با فرّ و جود — که او را کند ماه و کیوان سجود(؟!)
سر نامه را نام او تاج گشت — به فرّش دل تیره چون آج گشت
به بخش و به داد و به رای و هنر — نبُد تاج را زو سزاوارتر
بیامد نشست از برِ تخت داد — جهاندار چون او ندارد به یاد(؟!)
ز شاهان پیشی همی بگذرد — نفس داستان را همی نشمرد
چه دینار بر چشم او بر چه خاک — به رزم و به بزم اندرش نیست باک
گه بزم زرّ و گه رزم تیغ — ز خواهنده هرگز ندارد دریغ

رزم کهرم
با
لهراسپ

کنون رزم ارجاسپ را نو کنیم — به طبع روان باغ بی‌خو کنیم
بفرمود تا کهرم تیغ‌زن — بُوَد پیش سالار آن انجمن
که ارجاسپ را بود مهتر پسر — به خورشید تابان برآورده سر
بدو گفت: «بگزین ز لشکر سوار — ز گردان شایسته، مردی هزار
از ایدر برو تازنان تا به بلخ — که از بلخ شد روز ما تار و تلخ

کشته شدن لهراسپ ۴۱۷

نگر تا که را یابی از دشمنان   از آتش‌پرستان و اهریمنان
سران‌شان ببر خانه‌هاشان بسوز   بر ایشان شب آور به رخشنده روز
از ایوان گشتاسپ باید که دود   زبانه برآرد به چرخ کبود
اگر بند بر پای اسفندیار   بیابی سرآور بر او روزگار
هم آنگه سرش را ز تن باز کن   اُز این رویِ گیتی پر آواز کن
همه شهر ایران به کام تو گشت   تو تیغی و دشمن نیام تو گشت
من اکنون ز خلّخ به اندک زمان   بیایم دمادم چو باد دمان
بخوانم سپاه پراکنده را   برافشانم این گنج آکنده را»
بدو گفت کهرم که: «فرمان کنم   ز فرمان تو رامش جان کنم»
چو خورشید تیغ از میان برکشید   سپاه شب تیره شد ناپدید؛
بیاورد کهرم ز توران سپاه   جهان گشت چون روی زنگی سیاه
چو آمد بران مرز بگشاد دست   کسی را که بد پیش آذرپرست
چو ترکان رسیدند نزدیک بلخ   گشاده زبان را به گفتار تلخ
ز کهرم چو لهراسپ آگاه شد   غمین گشت و با رنج همراه شد
به یزدان چنین گفت کـ:«ای کردگار   تویی برتر از گردش روزگار
توانا و دانا و پاینده‌ای   خداوند خورشید تابنده‌ای
نگه‌دار دین و تن و هوش من   همان نیروی جان و گر توش من
که من بنده بر دست ایشان تباه   نگردم تویی پشت و فریادخواه»
به بلخ اندرون نامداری نبود   اُزان گرزداران سواری نبود
بیامد ز بازار، مردی هزار   چنان چون بُوَد ازدرِ کارزار
چو توران سپاه اندر آمد به تنگ   بپوشید لهراسپ خفتان جنگ
ز جای پرستش به آوردگاه   بیامد به سر بر کیانی کلاه
به پیری بغرّید چون پیل مست   یکی گرزهٔ گاوپیکر به دست
به هر حمله‌ای جادوی زان سران   سپردی زمین را به گرز گران
همی گفت هر کس که: «این نامدار   نباشد جز از گرد اسفندیار!
به هر سو که باره برانگیختی   همی خاک با خون برآمیختی
هر آن کس که آواز او یافتی   به تنش اندرون زهره بشکافتی
به ترکان چنین گفت کهرم که «چنگ   میازید با او یکایک به جنگ
بکوشید و اندر میانش آورید   خروش هژبر ژیان آورید»
برآمد چکاچاک و زخم تبر   خروش سواران پرخاشخر

چو لهراسپ اندر میانه بماند
به بیچارگی نام یزدان بخواند

ز پیری و از تابش آفتاب
غمین گشت و بخت‌اندر آمد به خواب

جهاندیده از تیر ترکان بخست
نگونسار شد مرد یزدان‌پرست

به خاک اندر آمد سر تاجدار
بر او انجمن شد فراوان سوار

بکردند چاک آن بر و جوشنش
به شمشیر شد پاره پاره تنش

همی نوسواریش پنداشتند
چو خود از سر شاه برداشتند،

پدید آمد آن همچو کافور موی؛
بسان گل سرخ بودش دو روی

بماندند یکسر ازو در شگفت
که این پیر شمشیر چون برگرفت

کزین گونه اسفندیار آمدی
سپه را بر این دشت کار آمدی

بدین اندکی ما چرا آمدیم
همی بی‌گله در چرا آمدیم(؟!)

بیاران چنین گفت کهرم که «کار
همین بودمان رنج در کارزار

که این نامور شاه لهراسپ است
که پورش جهاندار گشتاسپ است

جهاندار با فرّ یزدان بود
همه کار او رزم و میدان بود

جز این نیز کاین خود پرستنده بود
دل از تاج و ز تخت برکنده بود

کنون پشت گشتاسپ زو شد تهی
بپیچد ز دیهیم شاهنشهی»

ازانجا به بلخ اندر آمد سپاه
جهان شد ز تاراج و کشتن سیاه

نهادند سر سوی آتشکده
بدان کاخ و ایوان زرآزده

همه زند و استش همی سوختند
چه پرمایه‌تر بود برتوختند

از ایرانیان بود هشتاد مرد
زبان‌شان ز یزدان پر از یاد کرد

همه پیش آتش بکشتندشان
ره بندگی برنوشتندشان

ز خونشان بمرد آتش زردهشت
ندانم جزا جایشان جز بهشت

*

زنی بود گشتاسپ را هوشمند
خردمند و دانا و رایش بلند

ز آخُر چمان باره‌ای برنشست
بکردار ترکان میان را ببست

از ایوان ره سیستان برگرفت
ازآن کارها مانده اندر شگفت

نخستین ز منزل چو برداشتی
دو روزه بیک روز بگذاشتی

چنین تا بنزدیک گشتاسپ شد
به آگاهیِ درد لهراسپ شد

بدو گفت: «چندین چرا ماندی
خود از بلخ بامی چرا راندی

سپاهی ز توران بیامد به بلخ
که شد مردم بلخ را روز تلخ

همه بلخ پر غارت و کشتن است
از ایدر ترا روی برگشتن است»

بدوگفت گشتاسپ ک:«این غم چراست؟ به یک تاختن درد و ماتم چراست؟
چو من با سپاه اندر آیم ز جای همه‌کشور چین ندارند پای»
چنین پاسخ آورد ک:«این خود مگوی که کاری بزرگ آمده‌ستت به روی
شهنشاه لهراسپ را پیش بلخ بکشتند و شد بلخ را روز، تلخ
همان دختران را ببردند اسیر چنین کار دشوار، آسان مگیر
اگر نیستی جز شکست همای خردمند را دل نرفتی ز جای
اُزانجا به نوش‌آذر اندر شدند رد و هیربد را بهم برزدند
ز خونشان فروزنده آذر بمرد چنین کار را خوار نتوان شمرد
دگر دختر شاه به‌آفرید که باد هوا هرگز او را ندید
به خواری ورا زار برداشتند بر او یاره و تاج نگذاشتند»
چو بشنید گشتاسپ شد پر ز درد ز مژگان ببارید خوناب زرد
بزرگان ایرانیان را بخواند شنیده سخن پیش ایشان براند
نویسندهٔ نامه را خواند شاه بینداخت تاج و بپردخت گاه
سواران، پراکند بر هر سوی فرستاد نامه به هر پهلوی
که: «یک تن سر از گِل مشوویید پاک مدارید باک از بلند و مغاک»
ببردند نامه به هر کشوری کجا بود در پادشاهی سری(؟!)
چو آگاه گشتند یکسر سپاه برفتند با گرز و رومی کلاه
همه یکسره پیش شاه آمدند بدان نامور بارگاه آمدند
چو گشتاسپ دید آن سپه بر درش سواران جنگاور از کشورش
درم داد و از سیستان برگرفت سوی بلخ بامی ره اندر گرفت
چو بشنید ارجاسپ کآمد سپاه جهاندار گشتاسپ با تاج و گاه
ز دریا به دریا سپه گسترید که جایی کسی روی هامون ندید
دو لشکر چو تنگ اندر آمد به گرد زمین شد سیاه و هوا لاژورد
چو هر دو سپه برکشیدند صف همه نیزه و تیغ و ژوپین به کف
ابر میمنه شاه فرشیدورد که با شیر دژنده جستی نبرد
ابر میسره گرد بستور بود که شاه و گهِ رزم چون کوه بود
جهاندار گشتاسپ در قلبگاه همی کرد هر سو به لشکر نگاه
اُزان روی، کندر ابر میمنه بیامد پس پشت او با بنه(؟!!!)
سوی میسره کهرم تیغ‌زن به قلب اندر ارجاسپ با انجمن
برآمد ز هر دو سپه بانگ کوس زمین آهنین شد هوا آبنوس

تو گفتی که گردون بپرد همی؟ / زمین از گرانی بدرّد همی(؟!)
ز آواز اسپان و زخم تبر / همی کوه خارا برآورد پر
همه دشت سر بود بی‌تن بخاک / سر گرزداران همه چاکچاک
درفشیدن تیغ و باران تیر / خروش یلان بود با دار و گیر
ستاره همی جست راه گریغ / سپه را همی نامدی جان دریغ؟
سر نیزه و گرز خم داده بود / همه دشت پرکشته افتاده بود
بسی کوفته زیر باره درون / کفن سینهٔ شیر و تابوت خون؟
تن بی‌سران و سر بی‌تنان / سواران چو پیلان کفک‌افکنان
پدر را نبُد بر پسر جای مهر / همی گشت زین‌گونه گردان سپهر
چو بگذشت زین‌سان سه روز و سه شب / ز بس بانگ اسپان و جنگ و جلب
سراسر چنان گشت آوردگاه / که از جوش خون لئل شد روی ماه
ابا کهرم تیغ‌زن در نبرد / بر آویخت ناگاه فرشیدورد
ز کهرم مرآن شاه تن‌خسته شد / به جان گرچه از دست او رسته شد(؟)
از ایران سواران پرخاشجوی / چنان خسته بردند از پیش اوی...
فراوان ز ایرانیان کشته شد / ز خون یلان کشور آغشته شد
پسر بود گشتاسپ را سی و هشت / دلیران کوه و سواران دشت
بکشتند یکسر بر آن رزمگاه / به یکبارگی تیره شد بخت شاه

*

سرانجام گشتاسپ بنمود پشت / بدان گه که شد روزگارش درشت
پس اندر دو منزل همی تاختند / مر او را گرفتن همی ساختند
یکی کوه پیش آمدش پر گیا / بدو اندرون چشمه و آسیا
که بر گرد آن کوه یک راه بود / اُزان راه گشتاسپ آگاه بود
جهاندار گشتاسپ و یکسر سپاه / سوی کوه رفتند ز آوردگاه
چو ارجاسپ با لشکر آنجا رسید / بگردید و بر کوه راهی ندید
گرفتند گرد اندرش چارسوی / چو بیچاره شد شاه آزاده‌خوی
ازان کوهسار آتش افروختند / بدان خاره بر، خار می‌سوختند
همی کُشت هر مهتری بارگی / نهادند دل را ببیچارگی
چو لشکر چنان گردشان برگرفت / کی خوش‌منش دست بر سر گرفت
جهاندیده جاماسپ را پیش خواند / ز اختر فراوان سخن‌ها براند
بدو گفت که:«ز گردش آسمان / بگوی آنچه دانی و پنهان ممان

آمادگی گشتاسپ برای نبرد ۴۲۱

که؟ باشد بدین بد مرا دستگیر ببایدت گفتن همه ناگزیر
چو بشنید جاماسپ برپای خاست بدو گفت ک:«ای خسرو داد و راست
اگر شاه گفتار من بشنود بدین گردش اختران بگرود
بگویم بدو هرچه دانم درست ز من راستی جوی شاها نخست»
بدو گفت شاه: «آنچه دانی بگوی که هم راستگوییّ و هم راه‌جوی»
بدو گفت جاماسپ ک:«ای شهریار سخن بشنو از من یکی هوش‌دار
تو دانی که فرزندت اسفندیار همی بند ساید به بدروزگار
اگر شاه بگشاید او را ز بند؛ نمانَد بدین کوهساران نژند!
بدو گفت گشتاسپ ک:«ای راستگوی که هم راز جویی و هم راهجوی
به جاماسپ گفت: «ای خردمند مرد مرا بود ازآن کار دل پر ز درد
که او را ببستم بدان بزمگاه به گفتار بدخواه و او بیگناه
هم آنگاه من، زان پشیمان شدم دلم خسته بُد سوی درمان شدم
گر او را ببینم بدین رزمگاه بدو بخشم این تاج و تخت و سپاه
که؟ یارد شدن پیش آن ارجمند رهاند مرآن بیگنه را ز بند»
بدو گفت جاماسپ ک:«ای شهریار منم رفتنی کاین سخن نیست خوار»
بجاماسپ، شاه جهاندار گفت که: «با تو همیشه خرد باد جفت
برو، وز منش ده فراوان درود شب تیره، ناگاه، بگذر ز رود
بگویش که: «آن کس که بیداد کرد بشد زین جهان با دلی پر ز درد
اُگر من برفتم به گفتِ کسی که بهره نبودش ز دانش بسی
چو بیداد کردم بپیچم همی بپاداش، نیکی، بسیچم همی
کنون گر بیایی دل از کینه پاک سر دشمنان اندر آری بخاک!
اُگرنه شد این پادشاهیّ و تخت ز بن برکنند این کیانی‌درخت
چو آیی سپارم ترا تاج و گنج ز چیزی که من گِرد کردم به رنج
بدین گفته یزدان گوای من است اُ جاماسپ کاو رهنمای من است»
بپوشید جاماسپ توری قبای فرود آمد از کوه بی‌رهنمای
بسر برنهاده کلاه دو پر بر آیین ترکان ببسته کمر
یکی اسپ ترکی بیاورد پیش ابر اسپ آلت ز اندازه بیش
نشست از بر باره و آمد به زیر که بُد مرد شایسته بر سان شیر
هر آن کس که او را بدیدی به راه بپرسیدی او را ز توران سپاه
به آواز ترکی سخن راندی بگفتی بدان کس که او خواندی(؟)

۴۲۲ گشتاسپ

ندانستی او را کسی حال و کار / بگفتی به ترکی سخن هوشیار
همی راند باره بکردار باد / چنین تا بیامد بر شاه‌زاد
خردیافته چون بیامد به دشت / شب تیره، از لشکر اندر گذشت
چو آمد به نزد دژِ گنبدان / رهانید خود را ز دست بدان؛

*

یکی مایه‌ور پور اسفندیار / که نوش آذرش خواندی شهریار
بر آن بام دژ بود و چشمش براه / بدان؛ تا کی آید از ایران سپاه(؟)
پدر را بگوید چو بیند کسی / به بالای دز در نماند بسی(؟)
چو جاماسپ را دید پویان به راه / به سر بر یکی نغز توری‌کلاه
چنین گفت کامد ز توران سوار / بپویم بگویم به اسفندیار
فرود آمد از بارهٔ دژ دوان / چنین گفت ک:«ای نامور پهلوان
سواری همی بینم از دیده گاه / کلاهی بسر برنهاده سیاه
شوم باز بینم که گشتاسپی‌ست[1] / اُگر کینه‌جوی است و ارجاسپی‌ست
اگر ترک باشد ببرم سرش / به خاک افکنم ناپسوده برش»
چنین گفت پرمایه اسفندیار / که «راه گذر کی بود بی‌سوار
همانا کز ایران یکی لشکری / سوی ما بیامد به پیغمبری
کلاهی به سر برنهاده دو بر / ز بیم سواران پرخاشخر»(؟!)
چو بشنید نوش‌آذر از پهلوان / بیامد بران بارهٔ دز دوان
چو جاماسپ تنگ اندر آمد ز راه / هم از باره دانست فرزند شاه
بیامد به نزدیک فرخ پدر / که «فرخنده جاماسپ آمد به در»
بفرمود تا در گشادند باز / درآمد خردمند و بردش نماز
بدادش درود پدر سربسر / پیامی که آورده بُد دربه‌در
چنین پاسخ آورد اسفندیار / که: «ای از خرد در جهان یادگار
خردمند و گنداور و سرفراز / چرا بسته را برد باید نماز
کسی را که بر دست و پای آهن است / نه مردم نژاد است کاهریمن است؛
درود شهنشاه ایران دهی؟ / ز دانش ندارد دلت آگهی!
درودم ز ارجاسپ آمد کنون / کز ایران همی دست شوید بخون
مرا بند کردند بر بیگناه / همانا گرزم است فرزند شاه!
چنین بود پاداش، رنج مرا / به آهن بیاراست گنج مرا

۱ - ایرانیان هیچگاه جامه یا کلاه سیاه بکار نمی‌بردند.

بند برداشتن از اسفندیار ۴۲۳

کنون همچنین بسته باید تنم   به یزدان گوای من است، آهنم
که بر من ز گشتاسپ بیداد بود   ز گفت گرزم اهرمن شاد بود
مبادا که این بد فرامش کنم   روان را به گفتار بیهش کنم»
بدو گفت جاماسپ ک:«ای راستگوی   جهانگیر و گنداور و نیکخوی
دلت گر چنین از پدر سیر گشت   اُگر بخت این پادشا پیر گشت
چو لهراسپ شاه آن پرستنده مرد   که ترکان بکشتندش اندر نبرد
همان هیربد پیر یزدان‌پرست   که بودند با زند و استا به دست
بکشتند هشتاد از موبدان   پرستنده و پاک‌دل بخردان
ز خونشان به نوش‌آذر آذر بمرد   چنین بدکنش خوار نتوان شمرد
ز بهر نیا دل پر از درد کن   برآشوب و رخسارگان زرد کن
ز کین یا ز دین گر نجنبی ز جای   نباشی پسندیدهٔ رهنمای»
چنین داد پاسخ که «ای نیکنام   بلند اختر و گُرد و جوینده کام
بر اندیش کان پیر لهراسپ را   پرستنده و باب گشتاسپ را
پسر به که جوید همی کین اوی[1]   که تخت پدر داشت و آیین اوی»
بدو گفت «ار ایدونکه کین نیا   نجویی نداری به دل کیمیا
همای خردمند و به‌آفرید   که خورشید، دیدار ایشان ندید؛
به توران اسیرند پر داغ و درد   پیاده دوان اند و رخساره زرد
چنین داد پاسخ که روزی همای؛   ز من کرد یاد اندرین تنگ‌جای؟
اُگر نیز پرمایه به‌آفرید   که گفتی مرا در جهان خود ندید!»(؟!)
بدو گفت جاماسپ ک:«ای پهلوان   پدرت از جهان تیره دارد روان
به کوه اندر است این زمان با سران   دو دیده پر از آب و لب ناچران
سپاهی ز توران به گرد اندرش   همانا نبینی سر و افسرش
نباید پسند جهان‌آفرین   که تو دل بپیچی ز مهر و ز دین
برادر که بد مر ترا سی و هشت   ازان پنج ماند و دگر درگذشت»
چنین پاسخ آوردش اسفندیار   که «چندین برادر بُدم نامدار[2]
همه شاد با رامش و من به بند   نکردند یاد از منِ مستمند
اگر من کنون کین بسیچم چه سود   کز ایشان برآورد بدخواه دود»[3]
چو جاماسپ زین‌گونه پاسخ شنود   دلش گشت از درد پر داغ و دود

---

۱ - بهتر است که پسرش گشتاسب کین لهراسپ را بخواهد.
۲ - بُدم = بود مرا، را «چندان» باید.
۳ - پس جای گله از آنان نمی‌ماند!

همی بود بر پای و دل پر ز خشم[1] — به زاری همی راند آب از دو چشم
بدو گفت ک:«ای پهلوان جهان — اگر تیره گردد دلت با روان
چه گویی کنون کار فرشیدورد — که بود از تو همواره با داغ و درد
به هر سو که بودی به رزم و به بزم — پر از درد و نفرین بُدی بر گرزم
پر از زخم[2] شمشیر دیدم تنش — دریده بر و مغفر و جوشنش
همی زار می بگسلد جان اوی — ببخشای بر چشم گریان اوی»
چو آواز دادش ز فرشیدورد — دلش گشت پر خون و جان پر ز درد
چو باز آمدش دل به جاماسپ گفت — که «این بد چرا داشتی در نهفت؟
بفرمای کاهنگران آورند — چو سوهان و پتک[3] گران آورند»
بیاورد جاماسپ آهنگران — چو سندان پولاد و پتک گران
بسودند زنجیر و مسمار و غل — همان بند رومی بکردار پل
چو شد دیر بر سودن بستگی — بُد تنگ‌دل بسته از خستگی
به آهنگران گفت ک:«ای شوربخت[4] — ببندی و بسته ندانی گسخت»
همی گفت «من بند آن شهریار — نکردم به پیش خردمند خوار»
بپیچید تن را و بر پای جست — غمین شد به پابند و یازید دست؛
بیاهیخت پای و بپیچید دست — همه بند و زنجیر بر هم شکست
چو بگسست زنجیر بی‌توش گشت — بیفتاد از درد و بیهوش گشت
ستاره‌شمر کان شگفتی بدید — برآن نامدار آفرین گسترید
چو آمد بهوش آن گو زورمند — همی پیش بنهاد زنجیر و بند
چنین گفت ک:«این هدیه‌های گرزم — منش پست بادش به بزم و به رزم»[5]
بگرمابه شد با تن دردمند — ز زنجیر فرسوده و مستمند
چو آمد بدر پس گو نامدار — رخش بود همچون گل اندر بهار
یکی جوشن خسروانی بخواست — همان جامهٔ پهلوانی بخواست
بفرمود کان بارهٔ گام زن — بیارید و آن ترگ و شمشیر من
چو چشمش بران تیزرو برفتاد — ز یزدان نیکی‌دهش کرد یاد
همی گفت: گر من گنه کرده‌ام — ازین سان به بند اندر آزرده‌ام
چه کرد این چمان بارهٔ بربری — چه بایست کردن بدین لاغری[6]

---

۱ - پر داغ؟ یا یا پر دود یا پر خشم؟
۲ - زخم در زمان دقیقی «ضربه» بود نه ریش و پارگی تن.
۳ - پتک بکار بستنِ زنجیر می‌آید نه گشادن.
۴ - آهنگران را «شوربختان» باید.
۵ - گرزم بدانهنگام مرده بود.
۶ - بارهٔ تیزرو چگونه لاغر می‌شود؟ و بارهٔ بربری چگونه اسبی بوده‌است؟

بشویید و او را بی‌آهو کنید / به خوردن تنش را بنیرو کنید[1]
فرستاد کس نزد آهنگران / هر آن کس که استاد بود اندران
برفتند و چندی زره خواستند / سلیحش یکایک بپیراستند
چو شب شد چو اهریمن کینه‌خواه / خروش جرس* خاست از بارگاه
بران بارهٔ پهلوی برنشست / یکی تیغ هندی گرفته به دست
چو نوش آذر و بهمن و مهرنوش / برفتند یکسر پر از جنگ و جوش
ورا راهبر، پیش، جاماسپ بود / که دستورِ فرخنده گشتاسپ بود
ازآن بارهٔ دژ چو بیرون شدند / سواران جنگی به هامون شدند
سپهبد سوی آسمان کرد روی / چنین گفت ک:«ای داور راستگوی
تویی آفریننده و کامکار / فروزندهٔ جان اسفندیار
تو دانی که از خون فرشیدورد / دلم گشت پر درد و رخساره زرد
گر ایدونکه پیروز گردم بجنگ / کنم روی گیتی بر ارجاسپ تنگ
بخواهم ازو کین لهراسپ شاه / همان کین چندان سر بیگناه
برادر جهانبین من سی و هشت؟! / که از خونشان لعل شد خاک دشت
پذیرفتم از داور دادگر / که کینه نگیرم ز بند پدر
به گیتی سد آتشکده نو کنم / جهان از ستمکاره بی‌خو کنم
نبیند کسی پای من بر بساط / مگر در بیابان کنم سد رباط
به شخّی که کرکس بر او نگذرد / بدو گور و نخچیر پی نسپرد
کنم چاه آب اندرو سدهزار؟! / توانگر کنم مردم خویشکار
همه بی‌رهان را به دین آورم / سر جادوان بر زمین آورم»
بگفت این و برکاشت اسپ نبرد / بیامد بنزدیک فرشیدورد
ورا از بر جامه‌بر، خفته دید / تن خسته در جامه بنهفته دید
ز دیده ببارید چندان سرشک / که با درد او آشنا شد پزشک؟!
بدو گفت ک:«ای شاه پرخاشجوی / ترا این گزند از که؟ آمد بروی
کزو کین تو بازخواهم به جنگ! / اگر شیر جنگی بود، گر پلنگ»
چنین داد پاسخ که: «ای پهلوان / ز گشتاسپم من خلیده روان
اگر پای تو او نکردی به بند / ز توران بما نامدی این گزند
همان شاه لهراسپ با پیرسر / همه بلخ ازو گشت زیر و زبر؟!
ز گفت گرزم آنچه بر ما رسید / نه دیده‌ست هرگز کسی نه شنید

1 - بیک روز نیرومندش کنند؟

* - زنگ را خروش نیست که بانگ است.

به درد من اکنون تو خرسند باش / بگیتی درخت برومند باش
که من رفتنی‌ام به دیگرسرای / تو باید که مانی همیشه بجای
چو رفتم ز گیتی مرا یاد دار / به بخشش روان مرا شاد دار
تو پدرود باش ای جهان پهلوان / که جاوید بادیّ و روشن‌روان»
بگفت این و رخسارگان کرد زرد / شد آن نامور شاه فرشیدورد
بزد دست بر جامه اسفندیار / همه پرنیان بر تنش گشت خار
همی گفت ک:«ای پاک برترخدای / به نیکی تو باشی مرا رهنمای
که پیش آورم کین فرشیدورد / برانگیزم از رود و از کوه، گرد
بریزم ز تن، خون ارجاسپ را! / شکیبا کنم جان لهراسپ را!»
برادرش را مرده بر زین نهاد / دلی پر ز کینه لبی‌پر ز باد
ز هامون بیامد به کوه بلند / برادرش بسته بر اسپ سمند
همی گفت ک:«اکنون چه؟ سازم ترا! / یکی دخمه چون؟ برفرازم ترا!
نه چیز است با من نه سیم و نه زر / نه خشت و نه آب و نه دیوارگر»
به زیر درختی که بُد سایه دار / نهادش بدان جایگه، نامدار
برآهیخت خفتان جنگ از تنش / کفن کرد دستار و پیراهنش
اُزانجا بیامد بدان جایگاه / کجا، شاه گشتاسپ گم کرد راه
بسی مرد ز ایرانیان کشته دید / شده خاک و ریگ از جهان ناپدید
همی زار بگریست بر کشتگان / برآن داغدل، روز بر گشتگان
بجایی کجا کرده بودند رزم / بچشم آمدش کشته، روی گرزم
بنزدیک او اسپش افکنده بود / بر او خاک چندی پراکنده بود
چنین گفت با کشته اسفندیار / که: «ای مرد نادان بد روزگار
نگه کن که دانای ایران چه گفت / بدانگه که بگشاد راز از نهفت
که: دشمن که دانا بُوَد، به ز دوست / ابا دشمن و دوست دانش نکوست
براندیشد آن کس که دانا بُوَد / بکاری که بر وی توانا بُوَد
ز چیزی که باشد بر آن، ناتوان / به جستنش، رنجه ندارد روان!
از ایران همی جای من خواستی / درافکندی اندر جهان کاستی
ببردی ازین پادشاهی فروغ / همی چاره جستی به گفتِ دروغ
بدین رزم، خونی که شد ریخته / تو باشی بدان گیتی آویخته»
اُزان دشت گریان سر اندر کشید / به انبوه گردان ترکان رسید
سپه دید بر هفت فرسنگ دشت / کز ایشان همی آسمان تیره گشت

یکی کنده کرده بگِرد اندرون[1] ز پهنای پرتاب تیری فزون
ز کنده به سد چاره اندر گذشت عنان را نهاده بران سوی دشت
طلایه ز ترکان چو هشتاد مرد همی گشت بر گرد دشت نبرد
بر آهیخت شمشیر و اندر نهاد همی کرد از رزم گشتاسپ یاد
بیفکند زیشان فراوان براه اُزان جایگه رفت نزدیک شاه

رسیدن اسفندیار
به نزد
گشتاسپ

برآمد بران تند بالا فراز چو روی پدر دید، بردش نماز
پدر داغ‌دل بود، بر پای جست ببوسید و بستَرد رویش بدست
بدو گفت: «یزدان سپاس ای جوان که دیدم ترا شاد و روشنروان
ز من، در دل، آزار و تندی مدار بکین خواستن هیچ کندی مدار
گرزم آن بداندیشِ بدخواه مرد دل من ز فرزند خود تیره کرد
بد آید بمردم ز کردار بد بد آمد برو بر، هم از کار بد
پذیرفتم از کردگار جهان شناسندهٔ آشکار و نهان
که چون من شوم شاد و پیروزبخت سپارم ترا کشور و تاج و تخت
پرستشگهی، بس کنم زین جهان سپارم ترا تاج و تخت مهان»
چنین پاسخش داد اسفندیار که: «خشنود بادا ز من شهریار
مرا آن بُوَد تخت و تاج و سپاه که خشنود باشد جهاندار شاه
جهاندار داند که بر دشت رزم چو من دیدم افکنده روی گرزم
بدان مرد بدگوی، گریان شدم ز درد دل شاه بریان شدم
کنون آنچه بَد بود از ما گذشت غم رفته نزدیک ما باد گشت
ازین پس چو من تیغ را برکشم اُ زین کوه‌پایه سر اندر کشم
نه ارجاسپ مانم نه خاقان چین نه کهرم نه خلّخ نه تورانزمین»

*

چو لشکر بدانست کاسفندیار ز بند گران رست و بدروزگار

1 - سپاه پیروز را چه نیاز به کنده بر آوردن؟

برفتند یکسر گروها گروه / به پیش جهاندار بر تیغ کوه
بزرگان فرزانه و خویش اوی / نهادند سر بر زمین پیش اوی
چنین گفت نیک اختر اسفندیار / که: «ای نامداران خنجرگزار
همه تیغ زهر آبگون برکَشید / بکین اندر درآیید و دشمن کُشید»*
بزرگان بر او خواندند آفرین / که: «ما را تویی افسر و تیغ کین
همه پیش تو جان گروگان کنیم / بدیدار تو رامش جان کنیم»
همه شب همی لشکر آراستند / همی جوشن و تیغ پیراستند
پدر نیز با فرّخ اسفندیار / همی راز گفت از بدِ روزگار
ز خون جوانان پرخاشجوی / برخ برنهاده ز دیده، دو جوی
که بودند کشته بران رزمگاه / به سر بر ز خون و ز آهن کلاه

آگاه شدن ارجاسب
از
آمدن اسفندیار

همان شب خبر نزد ارجاسپ شد / که فرزند نزدیک گشتاسپ شد
به ره بر فراوان طلایه بکشت / کسی کاو نشد کشته بنمود پشت
غمین گشت و پرمایگان را بخواند / بسی پیش کهرم سخن‌ها براند
که: «ما را جز این بود، در جنگ، رای / بدانگه که لشکر بیامد ز جای
همی گفتم آن دیو را گر به بند / بیابیم گیتی شود بی‌گزند
بگیرم سر گاه ایران‌زمین / به هر مرز بر ما کنند آفرین
کنون چون گشاده شد آن دیوزاد / به جنگ است ما را غم و سرد باد
ز ترکان کسی نیست همتای اوی / که گیرد به رزم اندرون جای اوی
کنون با دل شاد و پیروزبخت / بتوران خرامیم با تاج و تخت»
بفرمود تا هرچه بُد خواسته / ز گنج و ز اسپان آراسته
ز چیزی که از بلخ بامی ببرد / بیاورد یکسر به کهرم سپرد
ز کهرمش کهتر، پسر بد، چهار / بنه برنهادند و شد پیش بار
برفتند بر هر سوی سد هیون / نشسته بر او نیز سد رهنمون

* ـ کَشید را با کُشید پساوا نیست اما این گفتار دقیقی است نه فردوسی.

بازآمدن اسفندیار ۴۲۹

دلش بود پر بیم و سر پرشتاب　　ازو دور بُد خورد و آرام و خواب
یکی نامور، اسم او کرگسار　　ز لشکر بیامد بر شهریار
بدو گفت که: «ای شاه ترکان چین　　به یک تن مزن خویشتن بر زمین
سپاهی همه خسته و کوفته　　گریزان و بخت اندر آشوفته
پسر کوفته سوخته شهریار　　به یاری که آمد جز اسفندیار؟
هماورد او گر بیاید منم　　تن مرد جنگی به خاک افکنم
سپه را همی دل شکسته کنی　　بگفتار، بی‌جنگ، خسته کنی»
چو ارجاسپ بشنید گفتار اوی　　بدید آن دل و رای هشیار اوی
بدو گفت که: «ای شیر پرخاشخر　　ترا هست نام و نژاد و هنر
گر این را که گفتی بجای آوری　　هنر بر زبان رهنمای آوری
ز تورانزمین تا به دریای چین　　ترا بخشم و بوم ایرانزمین
سپهبد تو باشی به هر کشورم　　ز فرمان تو یک زمان نگذرم»
هم اندر زمان لشکر او را سپرد　　کسانی که بودند هشیار و گرد
همه شب همی خلعت آراستند　　ز در بارهٔ پهلوان خواستند
چو خورشید زرّین سپر برگرفت　　شب تیره زو دست بر سر گرفت
بینداخت پیراهن مشک رنگ　　چو یاقوت شد مهر چهرش به رنگ(؟!)
ز کوه اندر آمد سپاه بزرگ　　جهانگیر اسفندیار سترگ
چو لشکر بیاراست اسفندیار　　جهان شد بکردار دریای قار
بشد گرد بستور پور زریر　　که بگذاشتی بیشه زو نرّه شیر
بیاراست بر میمنه جای خویش　　سپهبد بُد و لشکرآرای خویش(؟!)
چو گردوی جنگی سوی میسره　　بیامد چو خور پیش برج بره
به پیش سپاه آمد اسفندیار　　به زین اندرون گرزهٔ گاوسار
به قلب اندرون شاه گشتاسپ بود　　روانش پر از کین لهراسپ بود
أ زان روی، ارجاسپ صف برکشید　　ستاره همی روی دریا ندید
ز بس نیزه و تیغ‌های بنفش　　هوا گشته پر پرنیانی درفش
بشد قلب ارجاسپ چون آبنوس(؟)　　سوی راستش کهرم و بوق و کوس
سوی میسره فام شاه چگل　　که در جنگ زو خواستی شیر دل
برآمد ز هر دو سپه گیر و دار　　به پیش اندر آمد گو اسفندیار
چو ارجاسپ دید آن سپاه گران　　گزیده سواران نیزه‌وران
بیامد یکی تندبالا گزید　　ز هر سو بلشکر همی بنگرید

ازانپس بفرمود تا ساروان   هیون آورد پیش ده کاروان
چنین گفت با نامداران به راز   که «این کار گردد به ما بر دراز
نباید پدیدار پیروزی‌ای   نکو رفتنی گر دل افروزی‌ای(؟!)
خود و ویژگان بر هیونان مست   بسازیم بآهستگی راه جَست»
چو اسفندیار از میان دو صف   چو پیل ژیان بر لب آورده کف
همی گشت برسان گردان‌سپهر   بچنگ اندرون، گرزهٔ گاوچهر
تو گفتی همه دشت بالای اوست   روانش همی درنگنجد به پوست
خروش آمد و نالهٔ کرنای   برفتند گردان لشکر ز جای
تو گفتی ز خون، بوم، دریا شده‌ست   ز خنجر هوا چون ثریا شده‌ست
گران شد رکیب یل اسفندیار   بغرید با گرزهٔ گاوسار
بیفشارد بر گرز پولاد مشت   ز قلب سپه گرد سیسد بکشت
چنین گفت کـ:«ز کین فرشیدورد   ز دریا برانگیزم امروز گرد»
ازانپس سوی میمنه حمله برد   عنان بارهٔ تیزتگ را سپرد
سد و شست گرد از دلیران بکشت   چو کهرم چنان دید بنمود پشت
چنین گفت کـ:«این کین خون نیاست   کزو شاه را دل پر از کیمیاست»
عنان را بپیچید بر میسره   زمین شد چو دریای خون یکسره
بکشت از دلیران سد و شست و پنج   همه نامداران با تاج و گنج(؟!)
چنین گفت کـ:«این کین آن سی‌وهشت   گرامی برادر که اندر گذشت»
چو ارجاسپ آن دید با کرگسار   چنین گفت کـ:«ز لشکر بیشمار
همه کشته شد هر که جنگی بُدند   به پیش صف اندر درنگی بُدند
ندانم تو خامش چرا مانده‌ای   چنین داستان‌ها چرا رانده‌ای»
ز گفتار او تیز شد کرگسار   بیامد به پیش صف کارزار
گرفته کمان کیانی به چنگ   یکی تیر پولاد پیکان خدنگ
چو نزدیک شد راند اندر کمان   بزد بر بر و سینهٔ پهلوان
ز زین اندر آویخت اسفندیار   بدان تا گمانی برد کرگسار
که آن تیر بگذشت برجوشنش   بخست آن کیانی برِ روشنش
یکی تیغ الماس‌گون برکشید   همی خواست از تن سرش را برید
بترسید اسفندیار اِز گزند   ز فتراک بگشاد پیچان کمند
بترسید بنام جهان‌آفرین کردگار   بینداخت بر گردن کرگسار
به بند اندر آمد سر و گردنش   به خاک اندر افکند لرزان تنش

۴۳۱ نبرد اسفندیار و پیروز شدن وی

دودست از پس پشت بستش چو سنگ — گره زد به گردن برش پالهنگ
به لشکرگه آوردش از پیش صف — کشان و ز خون بر لب آورده کف
فرستاد بدخواه را نزد شاه — بدست همایون زرّین‌کلاه(؟!)
چنین گفت ک:«ای را به پرده‌سرای — ببند و به کشتن مکن هیچ رای
کنون تا که را بر دهد کردگار — که پیروز گردد ازین کارزار»
اُزان جایگه شد بآوردگاه — به جنگ اندر آورد یکسر سپاه
برانگیختند آتش کارزار — هوا تیره‌گون شد ز گرد سوار
چو ارجاسپ پیکار زان گونه دید — ز غم سست گشت و دلش بردمید
بجنگاوران گفت «کهرم کجاست؟ — درفشش نه پیداست بر دست راست؟
همان تیغ‌زن کندر شیرگیر — که بگذاشتی نیزه بر کوه و تیر»
به ارجاسپ گفتند ک:«اسفندیار — به رزم اندرون بود با کرگسار
ز تیغ دلیران هوا شد بنفش — نه پیداست آن گرگ‌پیکر درفش»

گریختن ارجاسپ
از
اسفندیار

غمین شد دل ارجاسپ را زان شگفت — هیون خواست و راه بیابان گرفت
خود و ویژگان بر هیونان مست — برفتند و اسپان گرفته به دست(؟!)
سپه را بران رزمگه بر، بماند — ابا مهتران سوی خلّخ براند
خروشی برآمد ز اسفندیار — بتوفید ز آواز او کوه و غار
بایرانیان گفت «شمشیر جنگ — مدارید، خیره، گرفته بچنگ
نیام از دل و خون دشمن کنید — ز تورانیان کوه قارن کنید»
بیفشارد ران لشکر کینه‌خواه — سپاه اندر آمد به پیش سپاه[1]
بخون غرق شد خاک و سنگ و گیا — بگشتی به خون گر بُدی آسیا
همه دشت پا و بر و پشت بود — بریده سر و تیغ در مشت بود(؟)
سواران جنگی همی تاختند — به کالا گرفتن نپرداختند
چو ترکان شنیدند کارجاسپ رفت — همی پوست‌شان بر تن از غم بکفت

۱ - سپاه هیونان گریختند و به پیش سپاه نیامدند.

۴۳۲ گشتاسپ

کسی را که بُد باره بگریختند   دگر تیغ و جوشن فروریختند
بزنهار اسفندیار آمدند   همه دیده چون جویبار آمدند
بر ایشان ببخشود زورآزمای   ازانپس نیفکند کس را ز پای
ز خون نیا دل بی‌آزار کرد   سری را بر ایشان نگهدار کرد
خود و لشکر آمد به نزدیک شاه   پر از خون بر و تیغ و رومی کلاه
ز خون در کَفَش خنجر افسرده بود   بر و کتفش از جوشن آزرده بود
بشستند شمشیر و چنگش به شیر(؟)   کشیدند بیرون ز خفتانش تیر؟
به آب اندر آمد سر و تن بشست   جهانجوی، شادان‌دل و تن‌درست
یکی جامهٔ سوگواران بخواست   بیامد(؟!) برِ داور داد و راست
نیایش همی کرد خود با پدر   بران آفرینندهٔ دادگر
یکی هفته بر پیش یزدان پاک   همی بود گشتاسپ با درد و باک
به هشتم به جا آمد اسفندیار   بیامد به درگاه او کرگسار
ز شیرین‌روان دل شده ناامید   تن از بیم لرزان چو از باد بید
بدو گفت «شاها تو از خون من   ستایش نیابی به هر انجمن
یکی بنده باشم به پیشت بپای   همیشه بنیکی ترا رهنمای
به هر بد که آید زبونی کنم   به رویین‌دزت رهنمونی کنم»
بفرمود تا بند بر دست و پای   ببردند بازش به پرده‌سرای
بلشکرگه آمد که ارجاسپ بود   که ریزندهٔ خون لهراسپ بود
ببخشید زان رزمگه خواسته   سوار و پیاده شد آراسته
سران و اسیران که آورده بود   بکشت آن کزو لشکر آزرده بود(؟!)

*

ازانپس بیامد به پرده‌سرای   ز هر گونه انداخت با شاه رای
ز لهراسپ، و ز کین فرشیدورد   ازآن نامداران روز نبرد
بدو گفت گشتاسپ ک: «ای زورمند   تو شادانی و خواهرانت به بند
خنک آنکه بر کینه‌گه کشته شد   نه در چنگ توران سرش گشته شد
چو بر تخت بینند ما را نشست   چه گوید کسی کاو بود زیر دست
بگریم برین ننگ تا زنده‌ام   بمغز اندرون آتش افکنده‌ام
پذیرفتم از کردگار بلند   که گر تو بتوران شوی بی‌گزند
بمردی شوی در دم اژدها   کنی خواهران را بتوران رها
سپارم ترا تاج شاهنشهی   همان گنج بی‌رنج و تخت مهی

مرا جایگاه پرستش بس است / نه فرزند من نزد دیگر کس است»(؟!)
چنین پاسخ آورد اسفندیار / که «بی‌تو مبیناد کس روزگار
به پیش پدر من یکی بنده‌ام / روان را بفرمانش آکنده‌ام
فدای تو دارم تن و جان خویش / نخواهم سرِ تخت و فرمان خویش
شوم باز خواهم ز ارجاسپ کین / نمانم بر و بوم تورانزمین[1]
به تخت آورم خواهران را ز بند / به بخت جهاندار شاه بلند»[2]
بر او آفرین کرد گشتاسپ و گفت / که «با تو روان و خرد باد جفت
به رفتنْت یزدان پناه تو باد / به بازآمدن تخت، گاه تو باد»
بخواند آن زمان لشکر از هر سوی / بجایی که بُد موبدی گر؛ گَوی(؟)
ازیشان گزیده ده و دو هزار / سواران مردافکن و کینه‌دار
بر ایشان ببخشید گنج درم / نکرد ایچ کس را به بخشش دژم(؟!)
ببخشید گنجی بر اسفندیار / یکی تاج پر گوهر شاهوار
خروشی برآمد ز درگاه شاه / شد از گرد خورشید تابان سیاه
ز ایوان بدشت آمد اسفندیار / سپاهی گزید ازدر کارزار

هفتخوان اسفندیار، از افزوده‌های شاهنامه است، زیرا که همهٔ داستان؛ برداشتی از هفتخوان رستم است، با رویدادهای شگفتِ روی‌درروی، که هر یک از آنها، دیگری را دروغ می‌نماید، و آغازگر آن نیز رج نخست آنست که «کنون» و «زین سپس» را با هم نشاید آوردن، و در لت دویم نیز «سخن‌ها» نادرست است زیرا که «سخن» همواره، در گروه، سخنان می‌شود، و «سخن جوان» را نیز در زبان فارسی کاربرد نیست، و با چنین سرآغاز پریشان و سست، بیست‌وچهار رج در ستایش محمود آورده‌اند.

داستان هفت خان اسفندیار

کنون زین سپس هفت خان آورم / سخن‌های نغز و جوان آورم
اگر بخت یکباره یاری کند / بر او طبع من کامگاری کند

1 - ارجاسب در خاک ایران است. 2 - خواهران در بند نیستند.

بگویم به تأیید محمود شاه / بدان فرّ و آن خسروانی‌کلاه
که شاه جهان جاودان زنده باد / بزرگان گیتی ورا بنده باد
چو خورشید بر چرخ بنمود چهر / بیاراست روی زمین را به مهر
به برج حمل(؟) تاج بر سر نهاد / ازو خاور و باختر(؟) گشت شاد
پر از غلغل و رعد شد کوهسار / پر از نرگس و لاله شد جویبار
ز لاله فریب و ز نرگس نهیب / ز سنبل عتاب و ز گلنار زیب
پر آتش دل ابر و پر آب چشم / خروش مغانی و پر تاب خشم
چو آتش نماید بپالاید آب / ز آواز او سر برآید ز خواب
چو بیدار گردی جهان را ببین / که دیباست گر نقش مانی به چین
چو رخشنده گردد جهان ز آفتاب / رخ نرگس و لاله بینی پر آب
بخندد بدو گوید ای شوخ چشم / به عشق تو گریان نه از درد و خشم
نخندد زمین تا نگرید هوا / هوا را نخوانم کف پادشا(؟!)
که باران او در بهاران بود / نه چون همّت شهریاران بود
به خورشید ماند همی دستِ شاه / چو اندر حمل برفراز کلاه
اگر گنج پیش آید از خاکِ خشک / اُگر آب دریا و گر درّ و مشک
ندارد همی روشنایش باز / ز درویش و ز شاه گردنفراز
کف شاه ابوالقاسم آن پادشا / چنین است با پاک و ناپارسا
دریغش نیاید ز بخشیدن ایچ / نه آرام گیرد به روز بسیچ
چو جنگ آیدش پیش جنگ آورد / سر شهریاران به چنگ آورد
بدان کس که گردن نهد گنج خویش / ببخشد نیندیشد از رنج خویش
جهان را جهاندار محمود باد / ازو بخشش و داد موجود باد
ز روین‌دز اکنون جهاندیده پیر / نگر تا چه گوید ازو یاد گیر

*

سخنگوی دهقان چو بنهاد خوان / یکی داستان راند از هفت خان[1]
ز روین‌دژ و کار اسفندیار / ز راه وز آموزش کرگسار[2]
چنین گفت: کاو چون بیامد به بلخ / زبان و روان پر ز گفتار تلخ[3]

---

۱ - **یک:** «هاد خوان» را با «هفت خوان» پساوا نیست. **دو:** سخنگوی دهقان را، خویشکاری؛ نهادن خوان نیست. **سه:** داستان هفتخوان را «راندن» نادرست است. **چهار:** یکی داستان از هفتخوان نیز، نادرخور است زیرا که داستان خود یکی است، و نشاید یکی (از) آنرا بازگفتن.
۲ - کرگسار را نیز که یکی از پهلوانان داستان افزودهٔ هفتخوان اسفندیار است. «آموزش» نبوده‌است، که راهنمای اسفندیار بود.
۳ - «او» در این رج به کرگسار بازمی‌گردد، باز آنکه افزاینده، اسفندیار را خواسته‌است گفتن.

داستان افزوده هفتخوان اسفندیار ۴۳۵

همی راند تا پیشش آمد دو راه ... سراپرده و خیمه زد با سپاه [1]
بفرمود تا خوان بیاراستند ... می و رود و رامشگران خواستند [2]
برفتند گردان لشگر همه ... نشستند بر خوان شاه رمه [3]
یکی جام زرّین بکف برگرفت ... ز گشتاسپ، آنگه سخن درگرفت [4]
اُزان پس بفرمود تا کرگسار ... شود داغ‌دل پیش اسفندیار [5]
بفرمود تا جام زرّین چهار ... دمادم ببستند بر کرگسار [6]
ازانپس بدو گفت که: «ای تیره‌بخت ... رسانم ترا من بتاج و بتخت [7]
گر ایدونکه هرچه‌ت بپرسم، تو راست ... بگویی، همه شهر توران تراست؟ [8]
چو پیروز گردم سپارم ترا ... بخورشید تابان برآرم ترا [9]
نیازارم آن را که پیوند تست ... هم آن راکه پیوند فرزند تست [10]
اُگر هیچ گردی بگرد دروغ ... نگیرد برِ من دروغت فروغ [11]
میانت بخنجر کنم بر دو نیم ... دل انجمن گردد از تو به بیم» [12]
چنین داد پاسخ ورا کرگسار ... که «ای نامور فرخ اسفندیار [13]
ز من نشنود شاه جز گفتِ راست ... تو آن کن که از پادشاهی سزاست» [14]
بدو گفت «رویین دژ اکنون کجاست ... که آن مرز از این بوم ایران جداست [15]
بدو چند راه است و فرسنگ چند ... کدام است بی‌بیم و گر با گزند [16]
سپه چند باشد همیشه در اوی؟ ... ز بالای دژ هرچه دانی بگوی» [17]

---

۱ – «پیشش آمد» در این رج با «بیامد» در رج پیشین همخوان نیست.
۲ – ایرانیان هیچگاه می را بهمراه خوراک نمی‌نوشیدند. ۳ – اسفندیار، شاه نبود.
۴ – **یک:** «آنگه» در لت دویم نادرخور است. **دو:** سخن نیز (درگرفتنی) نیست (گفتنی) است.
۵ – «شود» (= برود) در لت دویم نادرخور است: کرگسار را بیاورند.
۶ – **یک:** شمارش نادرست است: «چهار جام زرین». **دو:** اما چرا بایستی بیک دشمن بسته‌است، با جام زرین می بدهند؟ **سه:** چهار جام زرین بر او بستن راگزارش نیست... «جامی». ۷ – لت دویم را پیوند درست با لت نخست نیست.
۸ – ...پس‌ازاین رج آوردن.
۹ – چه چیز را سپارم؟ اگر شهر توران است که پیوند میان سخن دیده نمی‌شود. و نیز دوباره‌گویی است.
۱۰ – پیوند او، از پیوند فرزندش جدا نیست. ۱۱ – لت دویم میان لت نخست با لت نخست از رج پسین جدایی می‌افکند.
۱۲ – باز، پیوند درست میان رج پیشین و این رج دیده نمی‌شود. ۱۳ – دنبالهٔ گفتار
۱۴ – اسفندیار شاه نبوده‌است.
۱۵ – **یک:** بندِ زمانِ (اکنون) ناشایسته است، زیراکه چنین می‌نماید که شاید بودن که رویین‌دژ، در زمانی دیگر، در جایی دیگر بوده باشد!! **دو:** این بوم ایران نادرخور است: «از بوم ایران».
۱۶ – **یک:** بدو (= به او) نادرخور است: «بند راه دارد». **دو:** «چند فرسنگ است». **سه:** «گر» بجای «یا» و «و» نمی‌باید: «کدام راه پربیم است، وکدام پرگزند».
۱۷ – **یک:** «او» برای دژ نادرخور است «در آن». **دو:** بالای دژ را اندازه یکی است، و نشاید «هرچه دانی» دربارهٔ آن بکار بردن.

چنین داد پاسخ ورا کرگسار — که «ای نامور فرخ اسفندیار[1]
سه راه است ز ایدر بدان شارستان — که ارجاسپ خوانَدش پیکارستان[2]
یکی در سه ماه و یکی در دو ماه — سپه را همی راند باید، براه[3]
گیا هست و آبشخور چارپای — فرود آمدن را نیابی تو جای[4]
سدیگر ببرد بیک هفته راه — به هشتم به رویین‌دژ آید سپاه[5]
پر از شیر و گرگ است و پر اژدها — که از چنگ‌شان کس نیابد رها[6]
فریب زن جادو و گرگ و شیر — فزون است از اژدهای دلیر[7]
یکی را ز دریا برآرد به ماه(؟!) — یکی را نگون اندر آرد به چاه(؟!)[8]
بیابان و سیمرغ و سرمای سخت — که چون باد خیزد بدرّد درخت[9]
ازانپس چو رویین‌دز آید پدید — نه دژ دید ازان سان کسی نه شنید[10]
سر باره برتر ز ابر سیاه — بدو در فراوان سلیح و سپاه[11]
بگِرد اندرش رود و آب روان — که از دیدنش خیره گردد روان[12]
به کشتی بر او بگذرد شهریار — چو آید به هامون ز بهر شکار[13]
به سد سال گر ماند اندر حصار — ز هامون نبایدش چیزی بکار[14]
هم اندر دزش کشتمند و گیا — درخت برومند و هم آسیا»[15]
چو اسفندیار آن سخن‌ها شنید — زمانی بپیچید و دم درکشید
بدو گفت «ما را جز این راه نیست — بگیتی، به از راه کوتاه نیست»[16]
چنین گفت با نامور، کرگسار — که: «بر هفت خان هرگز ای شهریار[17]

---

۱ – افزاینده، نخواسته‌است که رنج سرودن یک رج دیگر را بر خود هموار کند، و بی‌کم و کاست، همان سخن را که در رج پنجم پیشین گفته‌بود، دوباره آورد!

۲ – دژ را نشاید پیکارستان (= جنگستان) خواندن!

۳ – «راه» پایان این رج با «راه» آغازین رج پیشین همخوانی نیست.

۴ – اگر در آن دو راه گیاه و آبشخور و چارپای است، بهترین راه برای فرود آمدن و دَم برزدن خواهد بود.

۵ – **یک:** «راه» را خود، نشاید، خویش را «بریدن». **دو:** سخن از «راه» بود نه از «آمدن سپاه»!

٦ – سخن افزاینده خود چنین است که در آن راه دو شیر و دو گرگ و یک اژدها بوده‌است، و نشاید که از آن با «پر از شیر و گرگست و پر اژدها» یاد کردن.

۷ – و دوباره نشاید که از گرگ و شیر یاد کردن.

۸ – چه چیز «یکی را برآرد ز دریا بماه»؟ سخن به «راه» بازمی‌گردد! زیرا که گفتار دربارهٔ راه بود، و راه چنین توان نیست!

۹ – از باد، درخت بر خود نم دَرَد، که «می‌شکند».

۱۰ – میان کنش «آید پدید [زمان آینده] در لت نخست، با دید و شنید [زمان گذشته] در لت دویم همخوانی نیست.

۱۱ – سخن در هردو لت، بی‌پایان است.

۱۲ – رود را نشاید که گردِ یک باره روان باشد، از آنجا که آب از بلندی، روی به نشیب دارد.

۱۳ – پیوند درست میان این رج با رج پیشین نیست.

۱۴ – به سد سال نادرست است: «سد سال».

۱۵ – **یک:** خرد پذیرا نیست که اندرون یک دژ تنگ کشتزار نیز باشد! **دو:** «ازش» نیز نادرخور است.

۱٦ – چنین سخنان، دربارهٔ راه نرفت، و دربارهٔ دژ بود.

۱۷ – وابسته برج پسین.

بزور و به آواز نگذشت کس مگر کز تن خویش کردەست بس»[1]

بدو نامور گفت «گر با منی ببینی دل و زور آهرمنی[2]

به پیشم چه گویی چه آید نخست که باید ز پیکار او راه جست»[3]

چنین داد پاسخ ورا کرگسار که «ای نامور فرخ اسفندیار[4]

نخستین به پیش تو آید دو گرگ نر و ماده هر یک چو پیلی سترگ[5]

دو دندان بکردار پیل ژیان بر و کتف فربیْ و لاغر میان[6]

بسان گوزنان به سر بر، سروی همی رزم شیران کند آرزوی»[7]

بفرمود تا همچنانش به بند بخرگاه بردند ناسودمند[8]

بیاراست خرم یکی بزمگاه به سر بر نظاره بران جشنگاه[9]

خان نخست و کشتن اسفندیار گرگان را

چو خورشید بنمود تاج از فراز هوا با زمین نیز بگشاد راز[10]

ز درگاه برخاست آوای کوس زمین آهنین شد سپهر آبنوس[11]

سوی هفت خان رخ به توران نهاد همی رفت با لشگر آباد و شاد[12]

چو از راه نزدیک منزل رسید ز لشگر یکی نامور برگزید[13]

پشوتن یکی مرد بیدار بود سپه را ز دشمن نگهدار بود[14]

---

۱ - سخن پریشان است و بی‌پیوند و گزارش.

۲ - **یک:** برگرفته از گفتار رستم و اولاد است. در داستان هفتخوان:

نتابی، تو تنها، و اگر ز آهنی بسایی بسوهان اهریمنی

نپیچید رستم ز گفتار اوی بدو گفت اگر با منی، راه جوی!

دو: آیا می‌توان سنجیدن که اسفندیار خویش را اهریمن خوانَد؟

۳ - به پیشم چه گویی را روی نیست.

۴ - پیوسته بگفتار

۵ -کنش «آید» برای دو گرگ نادرخور است.

٦ - روشن نیست که هر یک از آنان را دو دندان است؟ یا هردو دو دندان دارند؟... باری اگر هر یک از آنان را نیز دو دندان باشد، برای دریدن کارساز نیست و می‌بایستی چهار دندانِ رودرروی داشته باشند!

۷ - «گوزنان» را در لت نخست با «کند» در لت دویم همخوان نیست.

۸ - ناسودمند را در لت دویم، گزارش نیست.

۹ - **یک:** بزم را پیشتر آراسته بودند که در آن چهار جام زرین نیز به کرگسار دادند! **دو:** در لت دویم، چه چیز، بر سر آن بزمگاه (نظاره) بود؟

۱۰ - هوا همواره بر روی زمین چون باد می‌وزد، و رازی میان آندو نیست که گشوده شود.

۱۱ - پیشتر از همراهی لشگریان با اسفندیار یاد نشده‌بود که اکنون از جنبش آنان زمین آهنین شود...

۱۲ -لشگر آباد راگزارش نیست.

۱۳ - **یک:** چرا (از راه؟) آنان (در) راه می‌رفتند. **دو:** «یکی نامور» در لت دویم...

۱۴ - **یک:** ...با «پشوتن»، در این رج همخوان نیست. اگر پشوتن را بسرپرستی لشگریان برمی‌گزینند. از همان آغاز می‌بایستی نام او را

←

بدو گفت «لشگر به آیین بدار / که من پیچم از گفتهٔ کرگسار[1]
منم پیشرو گر به من بد رسد / بدین کهتران بد نیاید، سزد»[2]
بیامد بپوشید خفتان جنگ / ببست از بر پشت شبرنگ تنگ[3]
سپهبد چو آمد به نزدیک گرگ / بیفشارد ران همچو پیل سترگ[4]
بدیدند گرگان بر و یال اوی / میان و یلی چنگ و کوپال اوی[5]
ز هامون سوی او نهادند روی / دو پیل سرافراز، دو جنگجوی[6]
کمان را به زه کرد مرد دلیر / بغرّید بر سان غرّنده شیر[7]
بر اهریمنان تیر باران گرفت / به‌تندی کمین سواران گرفت[8]
ز پیکان پولاد گشتند سست / نیامد یکی پیش او تن‌درست[9]
نگه کرد روشن‌دل اسفندیار / بدید آنک دد سست برگشت و خوار[10]
یکی تیغ زهرآبگون برکشید / عنان را گران کرد و سر درکشید[11]
سراسر به شمشیرشان کرد چاک / گِل انگیخت از خون ایشان ز خاک[12]
فرود آمد از نامور بارگی / به یزدان نمود او ز بیچارگی[13]
سلیح و تن از خون ایشان بشست / بران خارستان پاک‌جایی بجست[14]
پُر آژنگ رخ سوی خورشید کرد / دلی پر ز درد و سری پر ز گرد[15]

→ آوردن. **دو:** پشوتن برادر اسفندیار، و وزیر وی، کسی ناشناس نبود، که اینجا با نام «یکی مرد بیدار» یاد کنند! **سه:** در راه هفتخوان دشمنی برای سپاه اسفندیار نبود، که پشوتن سپاه را از او نگهدار باشد! **چهار:** این رج میان گفتار در رج‌های پیشین و پسین جدایی می‌افکند.

۱ – لت دویم راگزارش نیست. **۲** – سخن سست می‌نماید.

۳ – **یک:** بکجا بیامد؟... آنان در راه بودند، و روی بسوی توران نهاده‌بودند. **دو:** تنگ را بر پشت اسپ نمی‌بندند، که زیر شکم اسپ می‌بندند.

۴ – **یک:** نام بردن از سپهبد نادرخور است، زیرا که پیشتر نیز سخن از اسفندیار رفته‌بود. **دو:** بنزدیک گرگ؟ یا بنزدیک گرگان؟ آمد؟ یا رفت؟

۵ – گرگان او را از کجا؛ توان بازشناختن میان یلی، و چنگ و کوپال او را بود؟ گرگ، تنها یک دشمن را، رودرروی خود می‌بیند.

٦ – دنبالهٔ گفتار... **۷** – همچنین...

۸ – **یک:** آن دو، گرگ بودند، نه اهریمن! **دو:** لت دویم را هیچ گزارش نیست، زیرا که آن دو که رودرروی اسفندیار بودند، سوار نبودند، و گرگ بودند.

۹ – **یک:** این رج را با سخن پیشین پیوند درست نیست، و می‌بایستی گفتن که: «آن دو گرگ... از...». **دو:** لت دویم نیز به ریشخند ماننده است. **۱۰** – **یک:** «دد» نادرخور است: «ددان». **دو:** ددان، را «برگشتند» باید.

۱۱ – **یک:** تیغ زهر آبگون نادرست است: «تیغ آبگونِ بزهر آلوده». **دو:** سخن چنین می‌نماید که اسفندیار را چندشمشیر بوده‌است که ازمیان آنها یکی را که زهرآلوده بوده‌است برکشید! **سه:** عنان راگران کردن، ایستادن است، باز آنکه در رج پیشین آنان سست برگشته بودند، پس عنان راگران کردن نشایست، و عنان را سبک کردن بایست! **چهار:** سر درکشید راگزارش نیست.

۱۲ – درلت دویم؛ از خون ایشان؟ یا از خاک؟ **۱۳** –لت دویم را هیچ گزارش نیست.

۱۴ – در آن خارستان، آب از کجا یافت و جنگ‌افزار و تن خویش را با آن بشوید؟

۱۵ – **یک:** بهنگام پیروزی چرا روی پر آژنگ؟ و چرا دلی پر ز درد؟ **دو:** مگر در گفتار پیشین تن خویش را نشسته بود؟ پس چرا بایستی که سرش پر از گرد باشد؟

همی گفت که: «ای داور دادگر — تو دادی مرا هوش و زور و هنر[1]
تو کردی تن گرگ را خاک جای — تو باشی به هر نیک و بد رهنمای»[2]
چو آمد سپاه و پشوتن فراز — بدیدند یل را به جای نماز[3]
بماندند زان کار گردان شگفت — سپه یکسر اندیشه اندر گرفت[4]
که این گرگ خوانیم گر پیل مست — که جاوید باد این دل و تیغ و دست[5]
که بی فرّه اورنگ شاهی مباد — بزرگیّ و رسم سپاهی مباد[6]
برفتند گردان فرخنده‌رای — برابر کشیدند پرده‌سرای[7]
غم آمد همه بهرهٔ کرگسار — ز گرگان جنگی و اسفندیار[8]
یکی خوان زرّین بیاراستند — خورش‌ها بخوردند و می خواستند[9]
بفرمود تا بسته را پیش اوی — ببردند لرزان و پر آب روی[10]
سه جام می‌اش داد و پرسش گرفت — که «اکنون چه گویی چه بینم شگفت؟»[11]
چنین گفت با نامور، کرگسار — که «ای نامور شیردل شهریار[12]
دگر منزلت شیری آید به جنگ — که با جنگ او برنتابد نهنگ[13]
عقاب دلاور بران راه شیر — نپرّد اگر چند باشد دلیر»[14]
بخندید روشن‌دل اسفندیار — بدو گفت که: «ای ترک ناسازگار[15]
ببینی تو فردا که با نرّه شیر — چگونه شوم من به جنگش دلیر»[16]

---

۱ – «همی گفت» نادرست است: «چنین گفت».

۲ – **یک:** یک گرگ نبود: «گرگان را». **دو:** کسی گرگان را بزیر خاک نکرده‌بود، که از جای آنان زیر خاک، یاد شود. **سه:** در اندیشهٔ ایرانی، خداوند همواره رهنمای نیکی‌ها است.

۳ – **یک:** «آمد» در لت نخست با «بدیدند» در لت دویم همخوان نیست. **دو:** نمازِ ایرانی را جایگاه ویژه نیست.

۴ – **یک:** «گردان» در لت نخست، با «سپه» در لت دویم ناسازگار است. **دو:** لت نخست را پیوند «در» باید: «از آن کار (در) شگفتی شدند». **سه:** اندیشه، اندر (= اندرون) گرفتنی نیست.

۵ – **یک:** پیوند «را» در لت نخست باید: «که این را...». **دو:** اما آنان دو گرگ بوده‌اند، نه یکی. **سه:** «که» در لت نخست را با «که» در لت دویم همخوانی نیست.

۶ – **یک:** اسفندیار هنوز بشاهی نرسیده‌است. **دو:** «فرّ» ویژهٔ خودِ شاه است، نه از آنِ «تخت».

۷ – **یک:** اگر برابر، پرده‌سرای کشیدند، پس برفتند، نادرخور است. **دو:** برپای کردن پرده‌سرای، با پیشکارانِ سپه‌کش است، نه با گردان.

۸ – «غم آمد» نادرست است: «غمگین شد»، یا «بهرهٔ کرگسار، از آن کار، غم بود».

۹ – «خورش‌ها بخوردند، نادرخور است: «خورش خوردند».

۱۰ – چرا لرزان و گریان؟ اسفندیار با او پیمان بسته‌بود که چون درستی از وی بیند پادشاهی توران را بدو می‌بخشد.

۱۱ – چرا در پرسش پیشین چهار جام می بدو دادند، و اکنون سه جام می‌دهند؟

۱۲ – وابسته بگفتار

۱۳ – نادرست است، زیرا که یک شیر نیست که دو شیر خواهند بود.

۱۴ – بر راه شیر، نپرّد، یا بر سر شیر؟ **دو:** «دلاور» در لت نخست، همان «دلیر» لت دویم است.

۱۵ – هیونان «ترک» نبوده‌اند.

۱۶ – «من» در لت دویم نادرخور است، زیرا که گوینده، خود، اسفندیار است.

خان دویم و کشتن اسفندیار شیران را

چو تاریک شد شب بفرمود شاه — ازان جایگه برگرفتن سپاه[۱]
شب تیره لشگر همی راندند — بر او بر همی آفرین خواندند[۲]
چو خورشید زان چادر لاژورد — یکی معجری زد ز دیبای زرد[۳]
سپهبد به جای دلیران رسید — به هامون و پرخاش شیران رسید[۴]
پشوتن بفرمود تا رفت پیش — ورا پندها داد ز اندازه بیش[۵]
بدو گفت ک:«این لشگر سرفراز — سپردم ترا من شدم رزمساز»[۶]
بیامد چو با شیر نزدیک شد — جهان بر دل شیر تاریک شد[۷]
یکی بود نرّ و دگر ماده شیر — برفتند پرخاشجوی و دلیر[۸]
چو نر اندر آمد یکی تیغ زد — ببُد ریگ زیرش برنگِ بسد[۹]
ز سر تا میانش به دو نیم گشت — دل شیر ماده پر از بیم گشت[۱۰]
چو جفتش برآشفت و آمد فراز — یکی تیغ زد بر سرش رزمساز[۱۱]
به ریگ اندر افکند غلتان سرش — ز خون لئل شد دست و جنگی برش[۱۲]
به آب اندر آمد سر و تن بشست — نگهدار جز پاک یزدان نجست[۱۳]
چنین گفت ک:«ای داور داد و پاک — به دستم ددان را تو کردی هلاک»[۱۴]
هم اندر زمان لشگر آنجا رسید — پشوتن سر و یال شیران بدید[۱۵]

---

۱ - «شب» تاریک (نمی‌شود)، که خود تاریک است.
۲ -لشگر نادرست است، «لشگریان»... و چگونه در تاریکی راه و پستی و بلندی بیابان، همهٔ آنان بر اسفندیار آفرین می‌خواندند.
۳ - «معجر» را در گفتار فردوسی جای نیست. ۴ - بجای دلیران رسید، یا بنزد شیران؟
۵ - سخن باژگونه است: «پشوتن را پیش خواند». ۶ -لت نخست را پیوند «را» باید.
۷ - سخن نادرست... از آنجا که با نزدیک شدن بشیر، [شیران] بی‌آنکه نبردی آغاز شود، جهان را تاریک نمی‌کند.
۸ - **یک:** سخن سست است، و پیدا است که از دو شیر، یکی نر است و دیگری ماده. **دو:** در لت دویم، همان شیر [شیران] که جهان بر دلش تاریک شده‌بود، بیدرنگ پرخاشجوی و دلیر شدند.
۹ - **یک:** اندر آمد نادرست است، زیرا که بیابان را (اندرون) نیست. **دو:** سخن چنان می‌نماید که شیر، تیغ‌زده است. **سه:** لت دویم نیز سست می‌نماید، و نشان نمی‌دهد که ریگ از خون شیر، بسدّین شده است.
۱۰ - **یک:** لت نخست می‌باید پیش‌از لت دویم از رج پیشین بیاید. شیر بر دو نیم شد، و «خاک، از خون وی بسدّین گشت». **دو:** دل شیر ماده پر بیم شد... ۱۱ - ...یا برآشفت؟
۱۲ - **یک:** چون تیغ را بر سر جانوری بزنند، سرش شکافته می‌شود... برای غلتان شدن سر بر زمین، می‌باید شمشیر را بر گردن وی فرود آورند! **دو:** چرا بایستی دست و برش، خونین شود که او هر بار، با یک زخم روزگار آن دو شیر را بپایان رسانده‌بود.
۱۳ -لت دویم سخت هرزه است... و چنین می‌نماید که او بدنبال خداوند گشت، و او را جُست (= پیدا کرد).
۱۴ - پیوسته بگفتار ۱۵ -لشگر رسید، و پشوتن بدید...

داستان افزوده هفتخوان اسفندیار ۴۴۱

بر اسفندیار آفرین خواندند / ورا نامدار زمین خواندند[1]
ازانجا بیامد کی رهنمای / به نزدیک خرگاه و پرده‌سرای[2]
نهادند خوان و خورش‌های نغز / بیاورد سالار پاکیزه‌مغز[3]

*

بفرمود تا پیش او کرگسار / بیامد بداندیش و بدروزگار[4]
سه جام می لَعل فامش بداد / چو اهریمن از جام می گشت شاد[5]
بدو گفت که: «ای مرد بدبخت خوار / که فردا چه پیش آورد روزگار؟»[6]
بدو گفت که: «ای شاه برترمنش / ز تو دور بادا بد بدکنش[7]
چو آتش به پیکار بشتافتی / چنین بر بلاها گذر یافتی[8]
ندانی که فردا چه آیدت پیش / ببخشای بر بخت بیدار خویش[9]
از ایدر چو فردا به منزل رسیم / یکی کار پیش است با ترس و بیم[10]
یکی اژدها پیشت آید دژم / که ماهی برآرد ز دریا به دم[11]
همی آتش افروزد از کام اوی / یکی کوه خاراست اندام اوی[12]
ازین راه گر بازگردی رواست / روانت برین پند من بر گواست[13]
دریغت نیاید همی خویشتن / سپاهی شده زین نشان انجمن»[14]
چنین داد پاسخ که «ای بدنشان / به بندت همی برد خواهم کشان[15]
ببینی که این تیز چنگ اژدها / ز شمشیر تیزم نیابد رها»[16]
بفرمود تا درگران آورند / سزاوار چوب گران آورند[17]
یکی نغز گردون چوبین بساخت / به گرد اندرش تیغ‌ها درنشاخت[18]
به سر بر یکی گرد صندوق نغز / بیاراست آن درگر پاک‌مغز[19]

---

۱ – یک: پشوتن بدید را با «خواندند» در این رج همخوانی نیست. دو: نامدار زمین نیز نادرخور است: «نامدار جهان» شایستی گفتن.
۲ – یک: اسفندیار هنوز بشاهی نرسیده‌بود، و نشایستی از وی با پاژنام «کی» یاد کردن. دو: رهنمای اسفندیار در چنین هفتخوان «کرگسار» بوده‌است، نه خودِ وی.
۳ – سالار پاکیزه مغز پاژنام اسفندیار تواند بودن، و او «خوالیگر» نبوده که خورش‌ها را بیاورد!
۴ – چرا بداندیش؟
۵ – مگر مردمان از نوشیدن می شاد نمی‌شوند؟
۶ – که در لت نخستین (کای) با که در لت دویم همخوان نیست.
۷ – «مَنش» را با «کُنش» پساوا نیست.
۸ – وابسته بگفتار
۹ – همچنین
۱۰ – یک: «منزل» بجای خوان! دو: «از ایدر» سخنی ناکارآمد است. و همان بس است که از دمیدن روز سیوم یاد شود.
۱۱ – دنبالهٔ گفتار
۱۲ – سخن از افزوده‌های داستان اسکندر برگرفته شده است.
۱۳ – در لت دویم کنش «است» نادرخور است: «گوا» باشد.
۱۴ – لت نخست را پیوند «از» باید، و نیز در لت دویم...
۱۵ – چرا کشان برندش، او که بفرمان اسفندیار به هر جای می‌رود!
۱۶ – لت نخست را پیوند «نیز» باید...: «آن اژدها نیز».
۱۷ – چوب سزاوار، یا گران؟
۱۸ – وابسته بگفتار
۱۹ – یک: بسر بر، نادرست است: «بر فراز آن». دو: «در گر»، صندوق گرد را با چوب نتواند ساختن.

به صندوق در، مرد دیهیم جوی — دو اسپ گرانمایه بست اندر اوی[1]
نشست آزمون را به صندوق شاه — زمانی همی راند اسپان به راه[2]
زره‌دار با خنجر کابلی — به سر برنهاده کلاه یلی[3]
چو شد جنگ آن اژدها ساخته(؟!) — جهانجوی زین رنج پرداخته[4]
جهان گشت چون روی زنگی سیاه — ز برج حمل تاج بنمود ماه[5]

خان سیوم و کشتن اسفندیار اژدها را

نشست از بر شولک اسفندیار — برفت از پسش لشگر نامدار[6]
دگر روز چون گشت روشن جهان — درفش شب تیره شد در نهان[7]
پشوتن بیامد سوی نامجوی — پسر با برادر همی پیش اوی[8]
بپوشید خفتان جهاندار گرد — سپه را به فرخ پشوتن سپرد[9]
بیاورد گردون و صندوق، شیر — نشست اندر او شهریار دلیر[10]
دو اسپ گرانمایه بسته بر اوی — سوی اژدها تیز بنهاد روی[11]
ز دور اژدها بانگ گردون شنید — خرامیدن اسپ جنگی بدید[12]
ز جای اندر آمد چو کوه سیاه — تو گفتی که تاریک شد چرخ ماه[13]

---

۱ – «در گران» به «آن درگر» گردید! ۲ – دنبالهٔ گفتار ۳ – «کابلی» را با یَلی پساوا نیست.

۴ – **یک:** هنوز بجنگ نرفته، جنگ او ساخته شد؟ **دو:** «آن» در لت نخست، با «این» در لت دویم همخوان نیست.

۵ – **یک:** برج حمل بجای برج بره. **دو:** ماه از برج‌های خورشید سر بر نمی‌زند، و برج‌ها، ویژهٔ برآمدن خورشید اند که در هر ماه با یکی از آنان؛ همزمان برمی‌آید، و از آنمیان در ماه فروردین همراه با برج بره.

پس خورشید در بیست‌وچهار پاس شبانروزه، در هر «دو پاس» از یکی از رج‌ها می‌گذرد، تا پس‌از بیست‌وچهار پاس، دوازده برج را بپیماید، و باز همزمان با برج بره، ازسوی خراسان برآید و بر این بنیاد در ماه فروردین، (که شبانروز برابر است) چون خورشید بشامگاه رسد، به برج ترازو می‌رسد، و چنانکه از گفتار برمی‌آید، ماه، تاج نموده پس ماه شب چهاردهم خواهد بودن، و در چنان هنگام، هم ازسوی ماه، هم ازسوی خورشیدِ فرورفته، زمین و آسمان «سیمگون» است، و نشاید گفتن «جهان گشت چون روی زنگی سیاه».

۶ – اسپ اسفندیار سیاهرنگ بوده‌است نه «شولک».

۷ – پس یاد کردن از شب سیاهرنگ برای چه بود؟ اگر بدین آسانی دوباره بروز می‌رسند!

۸ – سخن در لت دویم پریشان است، و نشان نمی‌دهد که سپر کیست؟ و برادر کیست؟

۹ – اسفندیار هنوز جهاندار نبود.

۱۰ – **یک:** سخن سست است زیرا که شیر گردونه را می‌آورد، و اسفندیار در آن می‌نشیند پس شیر کیست؟ **دو:** اگر «شیر» در لت نخست اسفندیار است، پس «شهریار دلیر» لت دویم با آن ناهمخوان می‌نماید.

۱۱ – «بر اوی» را با «د، روی» در بنهاد روی، پساوا نیست.

۱۲ – **یک:** تاختن اسپان را نشاید با خرامیدن، یاد کردن. **دو:** دو اسپ بوده‌اند.

۱۳ – **یک:** از جای بیرون آمد، یا اندر (= اندرون) آمد؟ **دو:** تو گفتی... **سه:** اگر از جنبش اژدها هوا تاریک شود، هوای پیرامون چنین

←

دو چشمش چو دو چشمه تابان ز خون — همی آتش آمد ز کامش برون[1]
چو اسفندیار آن شگفتی بدید — به یزدان پناهید و دم درکشید[2]
همی جُست اسپ از گزندش رها — به دم درکشید اسپ را اژدها[3]
دهن باز کرده چو کوهی سیاه — همی کرد غرّان بدو در نگاه[4]
فرو برد اسپان و گردون به دم — به صندوق در گشت جنگی دژم[5]
به کامش چو تیغ اندر آمد بماند — چو دریای خون از دهان برفشاند[6]
نه بیرون توانست کردن ز کام — چو شمشیر بُد تیغ و کامش نیام(؟)[7]
ز گردون و آن تیغ‌ها شد غمی — به زور اندر آورد لختی کمی[8]
برآمد ز صندوق مرد دلیر — یکی تیز شمشیر در چنگ شیر[9]
به شمشیر مغزش همی کرد چاک — همی دود زهرش برآمد ز خاک[10]
ازان دود و آن زهر بیهوش گشت — بیفتاد و بی‌مغز و بی‌توش گشت[11]
پشوتن بیامد هم اندر زمان — به نزدیک آن نامدار جهان[12]
جهانجوی چون چشم را باز کرد — به گردان گردنکش آواز کرد[13]
که «بیهوش گشتم من از دود زهر — ز زخمش نیامد مرا هیچ بهر»[14]
ازان خاک برخاست شد سوی آب — چو مردی که بیهوش گردد به خواب[15]
ز گنجور خود جامهٔ نو بجست — به آب اندر آمد سر و تن بشست[16]

← می‌شود، نه تنها هوای چرخ ماه! ۱ – دنبالهٔ گفتار ۲ – همچنین

۳ – **یک:** «اسپ» را در لت نخست با «اسپ» در لت دویم همخوانی نیست. **دو:** هنوز اسب در دم (=نفس) اژدها کشیده نشده، چگونه از گزند او رهایی می‌جست؟ **سه:** گردونه را «دو اسپ» بود، و اینجا از یک اسپ سخن می‌رود! ۴ – کوه سیاه دهان ندارد.

۵ – **یک:** پیشتر، چنین کار را کرده‌بود، اما افزاینده دریافت که بایستی از اسپان یاد کند، و نادرستی سخن پیشین را درست کرد. **دو:** اما باز نتوانست سخن را چنانکه باید بیاراید زیرا که چنتوک نیز برفراز گردونه بود.

٦ – لت دویم بی‌پیوند است. ۷ – همچنین لت دویم بی‌گزارش است.

۸ – **یک:** لت دویم به زور اندر (= اندرون) آورد، کمی... سخن سخت پریشان است، افزاینده خواسته‌است بگوید که فشار را کم کرد. **دو:** زور نیز چیز نیست که از لختی از آن شاید نام بردن.

۹ – «مرد دلیر» در لت نخست، با «شیر» در لت دویم همخوان نیست.

۱۰ – **یک:** «همی کرد» نادرخور است: «بکرد». **دو:** اسفندیار مغز او را چاک کرد، و دود، از خاک برآمد؟

۱۱ – **یک:** چه کس گشت؟ روشن نیست. **دو:** افزاینده، اسفندیار را خواسته‌است گفتن. اما مگر شاید که کسی بی‌مغز شود؟ **سه:** یاد کردن از توش (= توشه: خوراک) در چنان هیاهو و هنگامه سخت نادرخور است... اما از آنجا که در گفتار فارسی توش با توان، همراه است، افزاینده چون خواست بگوید که ناتوان گشت، توش را بجای توان؛ گرفت، و او را «بی‌توش» خواند! ۱۲ – وابسته بگفتار

۱۳ – کسی را که پس‌از بیهوشی چشم را می‌گشاید توان آن نیست که با آواز بلند [چنانکه بگوش سپاهیان رسد] سخن گفتن!

۱۴ – ستایش بی‌جا از خود، زیرا که خویش را در چنتوک پنهان کرده‌بود، و پیدا است که زخم (= ضربه) اژدها به تخته‌های چنتوک رسیده‌بود، نه به اسفندیار.

۱۵ – **یک:** سخن در لت نخست بدآهنگ است. **دو:** اسفندیار در چنتوک بود نه در خاک. **سه:** لت دویم نیز نادرخور است.

۱٦ – بجست نیز در لت نخست نادرخور است: بخواست.

بیامد به پیش خداوند پاک / همی گشت پیچان و گریان به خاک[1]
همی گفت کـ:«این اژدها را که کشت / مگر آنکه بودش جهاندار پشت»[2]
سپاهش همه خواندند آفرین / همه پیش دادار سر بر زمین[3]
نهادند و گفتند با کردگار / تویی پاک و بی‌عیب و پروردگار؟![4]

خان چهارم و کشتن اسفندیار زن جادو را

ازان کار پر درد شد کرگسار / کجا زنده شد مرده اسفندیار[5]
سراپرده زد بر لب آب شاه / همه خیمه‌ها گردش اندر سپاه[6]
می و رود بر خوان و می خواره خواست / به یاد جهاندار بر پای خاست[7]
بفرمود تا داغ دل کرگسار / بیامد نوان پیش اسفندیار[8]
می خسروانی سه جامش بداد / بخندید و زان اژدها کرد یاد[9]
بدو گفت کـ:«ای بدتن بی‌بها / ببین این دم‌آهنج نرّ اژدها[10]
ازین پس به منزل چه پیش آیدم / کجا رنج و تیمار بیش آیدم؟»[11]
بدو گفت کـ:«ای شاه پیروزگر / همی یابی از اختر نیک بر[12]
تو فردا چو در منزل آیی فرود / به پیشت زن جادو آرد درود[13]
که دیده‌ست زین پیش لشگر بسی / نکرده‌ست پیچان روان از کسی[14]
چو خواهد بیابان چو دریا کند / به بالای خورشید پهنا کند[15]
ورا غول خوانند شاهان به نام / به روز جوانی مرو پیش دام[16]

---

۱ - یک: خداوند را «پیشگاه» نیست که بدانجا روند. دو: و نیایش ایرانی با پیچیدن در خاک و گریستن همراه نبوده‌است.

۲ - گفتار باژگونه است: «به پشتیبانی خداوند، اژدها را توانستم کشتن».

۳ - در آیین ایرانی سرزمین نهادن (پیش دادار) روا نبوده‌است، باری دادار را پیشگاه نمی‌شناخته‌اند.

۴ - همهٔ سپاهیان یکسان با خداوند سخن گفتند؟!

۵ - کرگسار را چرا از پیروزی اسفندیار پر درد شدن؟ که بدنبال همهٔ پیروزی‌های او پادشاهی توران بدو می‌رسید!

۶ - خیمه را در گفتار فردوسی جای نیست. ۷ - سخن سخت پریشان و بی‌پیوند است.

۸ - باز همان داوری دربارهٔ کرگسار. ۹ - دنباله سخن. ۱۰ - لت دویم را پیوند «را» باید.

۱۱ - لت دویم راگزارش نیست. ۱۲ - آرزو در لت دویم، با «همی یابی» نادرخور است: «از اختر نیک بر یابی».

۱۳ - داستان در این بخش، سخت سست می‌نماید، زیرا که «داستان زن جادو» در هفتخوان رستم، چنان بود که اگر رستم یاد از خداوند نمی‌کرد، فریب ویرا می‌خورد، و کار در هفتخوان دگرگون می‌گشت، و رستم با یاد کردن از یزدان پی به نیرنگ زن جادو برد، اما در این داستان، چون ازپیش بدانند که خان پسین جایگاه جادو است، از آغاز بدام و نیرنگ وی نشاید افتادن! ۱۴ - سخن سست است.

۱۵ - لت دویم بی‌گزارش است. ۱۶ - زن جادو هیچگاه غول خوانده نشده است.

بـــه پـــیروزی اژدهـــا بـــاز گـــرد نــبـاید کـــه نـــام انـــدر آری بـــه گـــرد»[1]
جـــهانجوی گـــفت «ای بـــد شـــوخ‌روی ز مـــن هـــرچـــه بـــینی تـــو فـــردا بگـــوی[2]
کـــه مـــن بـــا زن جـــادوان آن کـــنم کـــه پشت و دل جـــادوان بشکـــنم[3]
بـــه پـــیروزی دادگـــر یـــک خـــدای ســـر جـــادوان انـــدر آرم بـــه پـــای»[4]
چـــو پـــیراهـــن زرد پـــوشید روز ســـوی بـــاختر گشت گـــیتی‌فروز[5]
ســـپه بـــرگرفت و بـــنه بـــرنهاد ز یـــزدان نـــیکی‌دهش کـــرد یـــاد[6]
شب تـــیره لشکـــر هـــمی رانـــد شـــاه چـــو خـــورشید بـــفروخت زرّیـــن‌کلاه[7]
چـــو یـــاقوت شـــد روی بـــرج بـــره بـــخندید روی زمـــین یکـــسره[8]
ســـپه را هـــمه بـــر پشـــوتن ســـپرد یکـــی جـــام زرّیـــن پـــر از مـــی بـــبرد[9]
یکـــی ســـاخته نـــیز تـــنبور خـــواست هـــمی رزم پـــیش آمـــدش ســـور خـــواست[10]
یکـــی بـــیشه‌ای دیـــد هـــمچون بـــهشت کـــه گـــفتی ســـپهر انـــدر او لاله کشت[11]
نـــدید از درخت انـــدر او آفـــتاب بـــه هـــر جـــای بـــر چشـــمه‌ای چـــون گـــلاب[12]

---

۱ - لت نخست بی‌پیوند است: «اکنونکه بر اژدها پیروز گشتی».
۲ - شوخ روی کسی است که روی خویش را نشسته باشد، و افزاینده آنرا بجای «شوخ چشم» آورده‌است!
آوای شوخ در «شوخ چشم» نیز دیگر است و شوخ در «شوخ روی» دیگر!
نخستین شُوخ šūx خوانده می‌شود، و پسین شُوخ šōx
همچنانکه: شیر درّنده šēr، و شیر خوراکی šīr
سیر از خوراک sēr، و سیر گیاهی sir
ریش موی چهره rēš، و ریش (جراحت) rīš
این آواها اگرچه در تهران همسان بر زبان می‌رود، اما از کردستان تا خراسان و بلوچستان همه جا بگونهٔ درست، کاربرد دارد، و بر این بنیاد شوخ‌روی šōxrūy کسی که چهره‌ای شوخگِن، پلید، و چرکین دارد. اما شوخ‌چشم šūxčašm آنست که نگاه گستاخ داشته باشد، یا دلیرانه بنگرد، زیرا که شوخی šūxī در زبان فارسی، دلیری است:
«گروهی از ایشان بحصار التجا کردند، مُقدّمی از ایشان بَر بُرجی از قلعت بود، و بسیار شوخی میکرد، و مسلمانان را بدرد میداشت» تاریخ بیهقی، دکتر علی اکبر فیاض، دانشگاه فردوسی مشهد، چاپ دویم، رویهٔ ۱۳۶.
وکسیرا که با کسی دیگر چندان دوستی باشد که با وی دلیر و گستاخ باشد، با وی «شوخی» نیز هست، اما اگر کسی با همگان بدلیری نگاه کند، او را «شوخ‌چشم» می‌خوانند که همواره نگاهی گستاخ دارد! و بر این بنیاد، شُوخ‌روی šūxrūy نتوان گفتن، و شُوْخ‌روی šōxrūy شاید گفتن، بکسیکه رویی پلید و چرکین دارد!
۳ - «زن جادو» به «زن جادوان» گردید!
۴ - خوان پسین خوان نبرد با زن جادو بود، نه با جادوان (در لت دویم).
۵ - **یک:** سخنی باژگونه است، روز را همواره پیراهن زرین هست. **دو:** افزاینده باختر (= اپاختر) را بجای خوروَران گرفته‌است.
۶ - برگرفته از شاهنامه است.
۷ - «چو» در آغاز لت دویم،
۸ - با «چو» آغازین این رج همخوان نیست.
۹ - **یک:** «بر پشوتن» نادرست است «به پشوتن». **دو:** سپه را همه نیز نادرست است، یا «سپاه را» یا «همهٔ سپاهیان را».
۱۰ - افزاینده، آنچه را که دستمایهٔ فریب زن جادو در هفتخوان رستم بود، بخود اسفندیار می‌بخشد!
۱۱ - سپهر بر زمین لاله نمی‌کارد، که لاله خود از زمین میروید!
۱۲ - لت نخست سست است. **یک:** «از فراوانی درخت». **دو:** اندرو نیز نادرست: «در آن بیشه». **سه:** اگر بیشه‌ای چنان انبوه باشد که آفتاب بر زمینش نتابد، زمین آن را نیز سبزه و گل نیست. باز آنکه افزاینده از آن همچون لاله‌زار، یاد کرده‌بود.

فرود آمد از بارگی چون سزید ز بیشه لب چشمه‌ای برگزید[1]
یکی جام زرّین به کف برنهاد چو دانست کز می دلش گشت شاد[2]
همان گاه تنبور را برگرفت سرایدن و ناله اندر گرفت[3]
همی گفت «بداختر اسفندیار که هرگز نبیند می و میگسار[4]
نبیند جز از شیر و نرّ اژدها ز چنگ بلاها نیابد رها[5]
نیابد همی زین جهان بهره‌ای به دیدار فرّخ پریچهره‌ای[6]
بیابم ز یزدان همی کام دل مرا گر دهد چهره‌ای دلگسل[7]
به بالا چو سرو و چو خورشید روی فروهشته از مشک تا پای موی»[8]
زن جادو آواز اسفندیار چو بشنید شد چون گل اندر بهار[9]
چنین گفت ک: «آمد هژبری به دام ابا چامه و رود، پر کرده جام[10]
پُرآژنگ رویی بی‌آیین و زشت بدان تیرگی جادوی‌ها نوشت[11]
بسان یکی ترک شد خوبروی چو دیبای چینی رخ، از مشک موی[12]
بیامد به نزدیک اسفندیار نشست از بر سبزه و جویبار[13]
جهانجوی چون روی او را بدید سرود و می و رود برتر کشید[14]
چنین گفت ک: «ای دادگر یک خدای به کوه و بیابان تویی رهنمای[15]

---

۱ – «چون سزید» گفتن را روی نباشد، چون پیاده شدن، پیاده شدن است. ۲ – و چو دانست در لت دویم نادرخور است!

۳ – تنبور را «ببر» درگرفت باید. لت دویم نیز سخت نادرخور است، زیرا که همه جا از «نالهٔ نی» یاد شده است، نه از «نالهٔ تنبور»، یا «نالهٔ خوانند».

۴ – لت دویم برگرفته از هفتخوان رستم:

می و جام و بویاگُل و مرغزار نکرده است بخشش ورا، کردگار

۵ – باز برگرفته از:

همه جنگ با شیر و نر اژدها ز دشت و بیابان نیابد رها

۶ – بهره را (از) دیدار باید نه «به دیدار».

۷ – افزاینده فراموش کرده‌است که هنوز زن جادو نیامده است، نبایستی نام یزدان را بر زبان اسفندیار روان کردن!

۸ – برگرفته از شاهنامه است دربارهٔ مریم، زن انوشیروان:

برخ چون بهار و ببالا بلند فروهشته تا پای، مشکین کمند
ببالای سرو و بدیدار ماه ....

۹ – دنبالهٔ داستان. ۱۰ – اسفندیار با خود جام پر کرده نیاورده بود.

۱۱ – این سخنان، بایستی در آغاز... بدانهنگام که از زن جادو نام برده شد، بیاید.

۱۲ – **یک:** بدانهنگام هنوز «ترکان» در آسیای میانه پدیدار نشده‌بودند. **دو:** در لت دویم. «از» مشک با «چو» دیبا همخوان نیست.

۱۳ – از بر سبزه توان نشستن، و از بر جویبار، نه!

۱۴ – آنکس که سرود می‌خواند، و رود می‌نوازد، نمی‌تواند می را نیز (برتر) کشد!

۱۵ – سخن را سستی نیست، اما افزاینده فراموش کرده‌است که زن جادو را بایستی با شنیدن نام خداوند، روی؛ دگرگون گردد.

بجستم هم اکنون پریچهره‌ای — به تن شهره‌ای زو مرا بهره‌ای[1]
بداد آفرینندهٔ داد و راد — مرا پاک جام و پرستنده داد»[2]
یکی جام پر بادهٔ مشکبوی — بدو داد تا لَعل گرددش روی[3]
یکی نغز پولاد زنجیر داشت — نهان کرده از جادو آژیر داشت[4]
به بازوش در بسته بُد زردهشت — که گشتاسپ آورده بود از بهشت[5]
بدان آهن از جان اسفندیار — نبردی گمانی به بدروزگار(؟!)[6]
بینداخت زنجیر در گردنش — بران سان که نیرو ببرد از تنش[7]
زن جادو از خویشتن شیر کرد — جهانجوی آهنگ شمشیر کرد[8]
بدو گفت «بر من نیاری گزند — اگر آهنین کوه گردی بلند[9]
بیارای زان سان که هستی رخت — به شمشیر یازم کنون پاسخت»[10]
به زنجیر شد گنده پیری تباه — سر و موی چون برف و رنگی سیاه[11]
یکی تیز خنجر بزد بر سرش — مباداکه بینی سرش گر برش[12]
چو جادو بمرد آسمان تیره گشت — بران سان که چشم اندران خیره گشت[13]
یکی باد و گردی برآمد سیاه — بپوشید دیدار خورشید و ماه[14]
به بالا برآمد جهانجوی مرد — چو رعد خروشان یکی نعره کرد[15]
پشوتن بیامد همی با سپاه — چنین گفت کـ:«ای نامبردار شاه[16]

---

۱ – **یک:** «بتن شهره» را هیچ گزارش نیست. **دو:** «چِهره» را با «بَهره» پساوا نیست.

۲ – **یک:** اسفندیار با خداوند سخن می‌گفت... و پایان سخن دگرگون گشت، و «خداوند بداد» آمد. **دو:** زن جادو با «جام می» پیش نیامده بود،

۳ – **یک:** و بیدرنگ اسفندیار که با خویش «می» نیاورده بود جام «می» به زن جادو داد!! **دو:** زن جادو بـا آرایش پیشین، خـود؛ سرخروی بود، و برای سروخرویی نیازی بجام می نداشت.

۴ – **یک:** سخن در لت نخست پریشان است: «یکی زنجیر نغز پولادین داشت». **دو:** آژیر، هشیار؛ (ژیرکردی)، (آجیر خراسانی)، برابر با «زرنگ» و «زیرک» است، و سخن در این رج؛ آژیر را به زنجیر باز می‌گرداند.

۵ – سخن دروغ یاوه...

٦ – سخن سست‌تر!

۷ – **یک:** زنجیری را که «ببازوش در بسته‌بود» چگونه بیدرنگ از بازو گشود، و از زیر جامه بدر کرد، و بر گردن زن جادو انداخت بی‌آنکه او، از چنین کارها آگاه شود؟! **دو:** لت دویم نیز نادرخور است.

۸ – اگر نیرو، از تن زن جادو رفته‌بود، چگونه از خویشتن شیر کرد [خویش را بگونهٔ شیری بیاراست]؟

۹ – لت نخست، درست نیست: «بر من گزند نتوانی آوردن».

۱۰ – لت دویم بی‌پیوند است: «دست بشمشیر یازم، و پاسخت را می‌دهم».

۱۱ – «رنگی» در لت دویم نادرخور است: سر و موی چون برف، و رخ چون قیر».

۱۲ – بیدرنگ «شمشیر» «خنجر» شد.

۱۳ – لت دویم نادرخور است چشم اندران (= اندرون آن؛ اندرون آسمان) راگزارش نیست.

۱۴ – **یک:** آسمان پیشتر تیره شده‌بود، و نیاز بگرد و باد نبود، تا دیدار خورشید و ماه را (بپوشاند). **دو:** خورشید و ماه هردو در آسمان نبوده‌اند [بنگرید به گزارش برآمدن ماه از برج بره در خان سیوم].

۱۵ – ببالا برآمد، بر فراز کوه شدن را میرساند، «بباره برنشست».

۱٦ – بیامد همی نادرست است.

نه با زخم تو پای دارد نهنگ   نه ترک و نه جادو نه شیر و پلنگ[1]
به گیتی بماناد یل سرفراز   جهان را به مهر تو بادا نیاز»[2]
یکی آتش از تارک کرگسار   برآمد ز پیکار اسفندیار[3]

*

جهانجوی پیش جهان‌آفرین   بمالید چندی رخ اندر زمین[4]
بدان بیشه اندر سراپرده زد   نهادند خوانی چنان چون سزد[5]
به دژخیم فرمود پس شهریار   که آرند بدبخت را بسته خوار[6]
ببردند پیش یل اسفندیار   چو دیدار او دید پس شهریار[7]
سه جام می خسروانیش داد   ببُد کرگسار از می لَعل شاد[8]
بدو گفت ک:«ای ترک برگشته‌بخت   سر پیر جادو ببین از درخت[9]
که گفتی که لشگر به دریا برد   سر خویش را بر ثریا برد[10]
دگر منزل اکنون چه بینم شگفت   کزین جادو اندازه باید گرفت»[11]
چنین داد پاسخ ورا کرگسار   که «ای پیل جنگی گه کارزار[12]
بدین منزلت کار دشوارتر   گر اینده‌تر باش و بیدارتر[13]
یکی کوه بینی سر اندر هوا   بر او بر یکی مرغ فرمانروا[14]
که سیمرغ گوید ورا کارجوی   چو پرنده کوهی‌ست پیکارجوی[15]
اگر پیل بیند برآرد به ابر   ز دریا نهنگ و ز خشکی هژبر[16]
نبیند ز برداشتن هیچ رنج   تو او را چو گرگ و چو جادو مسنج[17]
دو بچه‌ست با او به بالای او   همان رای پیوسته با رای او[18]

---

۱ – ترکان هنوز در پهنهٔ آسیای میانین پدیدار نشده‌بودند.

۲ – سخن از تو، به «یل» در لت نخست، و به «تو» در لت دویم بازگشت!   ۳ – سخن نادرستی که چند بار آمده‌است.

۴ – رخ را اندر (= اندرون) زمین نشاید مالیدن، باری ایرانیان برای نماز رخ بر زمین نمی‌نهادند... و در اندیشهٔ ایرانی خداوند را پیشگاه نبود!

۵ – **یک:** باز زدن(؟) سراپرده بدست اسفندیار انجام می‌گیرد. **دو:** در لت دویم «سزد» نیز نادرخور است: «چنانچون سزید».

۶ – «دژخیم» را باکنش «آرند» هماوایی نیست.

۷ – لت دویم نادرخور است، و روشن نمی‌نماید که چه‌کس دیدارِ چه‌کس را دید.   ۸ – دنبالهٔ گفتار

۹ – **یک:** بدانهنگام هنوز ترکان بآسیای میانه ره نگشوده بودند. **دو:** پیش‌تر، از اینکه سر زن جادو را بر درخت [و نه از درخت] آویزان کرده باشند سخن نرفته‌بود... و داستان چنان بود که «یکی تیز خنجر بزد بر سرش».

۱۰ – کرگسار چنین سخنان نگفته‌بود.   ۱۱ – دنبالهٔ گفتار   ۱۲ – همچنین

۱۳ – در لت نخست پایانوند «است» باید.   ۱۴ – وابسته بگفتار

۱۵ – «کارجوی» کیست که از وی یاد می‌شود؟ مگر آنکهٔ پساوایی برای پیکارجوی باشد!

۱۶ – **یک:** لت نخست را پیوند «او را» باید. اگر پیل بیند، (او را) به ابر برآرد. **دو:** لت دویم را نیز پیوند بایسته نیست. از دریا نهنگ (را)، و از خشکی هژبر (را).   ۱۷ – پیوند درست با سخن پیشین ندارد...: «از برداشتن نهنگ و هژبر و پیل رنج بدو نمی‌رسد».

۱۸ – *هیچگاه نشاید که بچه باندازهٔ مادر باشد، مگر آنکه کلان شود... آنگاه شاید که از مادر نیز برتر شود، اما چون نام بچه می‌آید،*

چو او بر هوا رفت و گسترد پر　　ندارد زمین هوش و خورشید فر(؟!)[1]
اگر باز گردی بود سودمند　　نیازی به سیمرغ و کوه بلند»[2]
سپهبد بخندید و گفت «ای شگفت　　به پیکان بدوزم من او را دو کفت[3]
ببرّم به شمشیر هندی برش　　به خاک اندر آرم ز بالا سرش»[4]

خان پنجم و کشتن اسفندیار سیمرغ را

چو خورشید تابنده بنمود پشت　　دل خاور از پشت او شد درشت[5]
سر جنگجویان سپه برگرفت　　سخن‌های سیمرغ در سر گرفت(؟)[6]
همه شب همی راند با خود گروه　　چو خورشید تابان برآمد ز کوه[7]
چراغ زمان و زمین تازه کرد　　در و دشت بر دیگر اندازه کرد[8]
همان اسپ و گردون و صندوق برد　　سپه را به سالار لشگر سپرد[9]
همی رفت چون باد فرمانروا　　یکی کوه دیدش سر اندر هوا[10]
بران سایه بر اسپ و گردون بداشت　　روان را به اندیشه اندرگماشت[11]
همی آفرین خواند بر یک خدای　　که گیتی به فرمان او شد به پای[12]
چو سیمرغ از دور صندوق دید　　پسش لشگر و نالهٔ بوق دید[13]
ز کوه اندر آمد چو ابری سیاه　　نه خورشید بُد نیز روشن نه ماه[14]

← داوری همانست.

۱ - **یک:** «رفت» در لت نخستین نادرست است: «برود». **دو:** نه از هوش زمین سخن رفته‌است، و نه از فر خورشید.

۲ - **یک:** «بود سودمند» نادرخور است: «سود می‌بری». **دو:** لت دویم را نیز پیوند بایسته با لت نخست نیست.

۳ - **یک:** افزایندگان همواره برای پساوای شگفت، کتف را به «کِفت» برگردانده‌اند. **دو:** کتف (= شانه) یکی است و دو تا نیست.

۴ - لت دویم سخت سست می‌نماید.

۵ - افزاینده، خاور را بجای خراسان (=مشرق) آورده‌است.

۶ - **یک:** لت نخست را پیوند «را» باید. **دو:** و لت دویم را گزارش نیست.

۷ - (خود) با گروه نادرست است، و روشن نمیکند که کنش «راند» برای یک کس باشد، یا «رانند» برای گروه.

۸ - **یک:** خورشید، خود چراغ جهان است، و نشاید که چراغ زمان! را تازه گرداند. **دو:** با خورشید در و دشت روشن می‌شود، و اندازه‌اش دگرگون نمیشود.

۹ - لت نخست را پیوند «را» باید.

۱۰ - **یک:** باد فرمانروا(؟) یا چون باد، فرمانروا؟ اگر چنین باشد و از فرمانروا، اسفندیار را خواهد گفتن. **دو:** کنش دیدش نیز نادرخور است: «دید».

۱۱ - **یک:** «بر سایه» نادرخور است «در سایه». **دو:** کدام سایه؟ بایستی روشن شود که در سایهٔ کوه، یا درخت.

۱۲ - گفتارِ لت دویم آفرین بر خداوند نیست.

۱۳ - «نالهٔ بوق» (دیدنی) نیست، (شنیدنی) است.

۱۴ - **یک:** اندر (= اندرون) آمد، نادرست است: «فرود آمد». **دو:** «نیز» پس‌از خورشید نابجا است: «نه خورشید روشن بود، نه ماه». **سه:** این لت را پیوند درست با لت نخست نیست بایستی سخن چنین می‌بود، از سایهٔ بالهای او خورشید و ماه ناپدید شد. **چهار:** افزاینده خورشید و ماه را باهم آورده‌است.

بدان بُد که گردون بگیرد به چنگ — بران سان که نخچیر گیرد پلنگ(؟)[1]
بران تیغ‌ها زد دو پا و دو پر — نماند ایچ سیمرغ را زیب و فر[2]
به چنگ و به منقار چندی تپید — چو تنگ اندر آمد فروآرمید[3]
چو دیدند سیمرغ را بچگان — خروشان و خون از دو دیده چکان[4]
چنان بردمیدند ازان جایگاه — که از سهم‌شان دیده گم کرد راه[5]
چو سیمرغ زان تیغ‌ها گشت سست — به خوناب صندوق و گردون بشست[6]
ز صندوق بیرون شد اسفندیار — بغرّید با آلت کارزار[7]
زره در بر و تیغ هندی به چنگ — چه زور آورد مرغ پیش نهنگ(؟!)[8]
همی زد بر او تیغ تا پاره گشت — چنان چاره گر مرغ بیچاره گشت[9]
بیامد به پیش خداوند ماه — که او داد بر هر ددی دستگاه(؟!)[10]
چنین گفت ک:«ای داور دادگر — خداوند پاکی و زور و هنر[11]
تو بردی پی جادوان را ز جای — تو بودی بدین نیکی‌ام رهنمای»[12]
هم آنگه خروش آمد از کرنای — پشوتن بیاورد پرده‌سرای[13]
سلیح برادر سپاه و پدر — بزرگان ایران و تاج و کمر[14]
ازان کشته کس روی هامون ندید — جز اندام جنگاور و خون ندید[15]
زمین کوه تا کوه پر پرّ بود — ز پرّش همه دشت پر فرّ بود(؟)[16]

---

۱ - پلنگ با چنگ خویش نخچیر نمی‌گیرد که با دندانهای خود چنین میکند.

۲ - **یک:** بر دو پر نادرخور است: دو بال! اما مرغ نخچیر را با بال خویش نمی‌گیرد که با چنگ خود چنین می‌کند. **دو:** زیب (= زیور، زیبایی) با چنین کار، ازمیان نمی‌رود، و «فرّ» نیز ویژهٔ مرغان نبوده‌است.

۳ - **یک:** تپیدن با همهٔ تن است، نه (به) چنگ و (به) منقار! **دو:** چه چیز تنگ اندر آمد؟ افزاینده خواسته‌است بگوید که چون مرگش فراز رسید، فروآرمید. ۴ - لت دویم به سیمرغ بازمیگردد، باز آنکه در مرگ او، از خروش و چشم خون چکان یاد نشده‌بود.

۵ - **یک:** از کدام جایگاه؟ بایستی روشن شود، «از کنام خویش». **دو:** دیده را چگونه شاید، راه را گم کردن؟ **سه:** کدام راه؟ اسفندیار زیر سایهٔ کوه ایستاده‌بود.

۶ - **یک:** سیمرغ دوباره سست می‌شود، باز آنکه در گفتار پیشین مرده بود. **دو:** لت دویم را نیز پیوند «را» باید اما چنین نشد، زیرا که سیمرغ خویش را بچنگ و منقار به تیغ‌ها زده‌بود و فروتپید و فرومرد، پس جای آن نبود که چنتوک و گردونه را با خون خود [و نه خوناب!] بشوید. ۷ - چه جای عرش است ازسوی کسیکه تاکنون در میان چنتوک پنهان بود!

۸ - مرغ مرده را زور نبود که بیاورد!؟

۹ - **یک:** دوباره سیمرغ پاره می‌شود... **دو:** سیمرغ بچگان که بردمیده بودند، چه شدند؟ **سه:** اگر اینان سیمرغ بچگان بودند. کنش «گشت» برای هردوان درست نمی‌نماید...: «گشتند».

۱۰ - خداوند را پیشگاه نیست. لت دویم نیز سخت نادرخور است. ۱۱ - خداوند پاکی!... خداوند پاک بهتر می‌نماید.

۱۲ - پای را از جای بردن چه گزارش است؟ باری آنان مرغ بودند، و با بال خویش پرواز می‌کردند.

۱۳ - پشوتن پرده‌سرای را آورد؟ یا سپاه را؟

۱۴ - **یک:** برادر (اسفندیار) غرق در آهن و جنگ‌افزار خویش بود. **دو:** اسفندیار هنوز پادشاه نبود که تاجش باشد.

۱۵ - باز سه کشته، به یک کشته [سیمرغ] گردید. لت دویم نیز سست است.

۱۶ - در لت نخست؛ سخن بدآهنگ و گزافهٔ سخت، و در لت دویم گفتار ناهموار نادرست که پر را «فرّ» نیست.

بـدیدند پـرخـون تـن شـاه را　　کـجا خـیره کـردی بـه رخ مـاه را»[۱]
هـمی آفـرین خـوانـدندش سران　　سـواران جـنگی و گـنداوران[۲]
شـنید آن سـخن در زمـان کـرگسار　　کـه پـیروز شـد نـامور شـهریار[۳]
تـنش گشت لرزان و رخسـاره زرد　　هـمی رفت پـویان و دل پـر ز درد[۴]
سـراپـرده زد شـهریار جـوان　　بـه گـردش دلیـران روشـن‌روان[۵]
زمـین را بـه دیـبا بـیاراسـتند　　نشسـتند بـرخـوان و مـی خـواستند[۶]

❋

ازان‌پس بـفرمود تـا کـرگسار　　بـیامد بـرِ نـامور شـهریار[۷]
بـدادش سـه جـام دمـادم نـبید　　مـی سرخ و جام از گـل شـنبلید(؟!)[۸]
بـدو گـفت ک:«ای بـدتن بـدنهان　　نگـه کـن بـدین کـردگار جهان[۹]
نـه سیمرغ پیدا نـه شیر و نـه گـرگ　　نـه آن تـیز چـنگ اژدهـای بـزرگ[۱۰]
بـه مـنزل کـه انگیزد ایـن بـار شـور　　بـود آب و جـای گـیای سـتور؟»[۱۱]
بـه آواز گـفت آن زمـان کـرگسار　　کـه «ای نـامور فـرخ اسـفندیار[۱۲]
اگـر بـازگردی نـباشد شگـفت　　ز بـخت تـو انـدازه باید گـرفت[۱۳]
تـرا یـار بـود ایـزد ای نـیکبخت　　بـه بـار آمـد آن خسروانی درخت(؟!)[۱۴]
یکـی کـار پیش است فـردا کـه مـرد　　نـیندیشد از روزگـار نـبرد[۱۵]
نـه گـرز و کـمان یـادت آیـد نـه تیغ　　بـبندد ره جـنگ و راه گـریغ[۱۶]
بـه بـالای یک نـیزه بـرف آیـدت　　بـدو روز شادی شگـرف آیـدت(؟)[۱۷]
بـمانی تـو بـا لشگـر نـامدار　　بـه بـرف انـدر ای فـرخ اسـفندیار[۱۸]
اگـر بـازگردی نـباشد شگـفت　　ز گـفتار مـن کـین نـباید گـرفت[۱۹]

۱ - **یک:** شاه در اندرون چنتوک، خونین نشده‌بود. **دو:** لت دویم نیز سست است.　　۲ - سران؟ یا سواران؟
۳ - وابسته بگفتار　　۴ - بند بر پای، کجا میرفت؟
۵ - بر پای کردن [و نه زدن] سراپرده کارسپهکش بوده‌است، نه کار شهریار!
۶ - می پیش‌از خوراک بآیین نبوده‌است.　　۷ - وابسته بسخن پسین.
۸ - لت دویم را هیچ گزارش نیست، و افزاینده با واژه‌ها بازی کرده‌است.
۹ - (این) کردگار نادرخور است، چون با چنین یادکرد از خداوند می‌توان (آن) کردگار نیز گفتن.
۱۰ - سخن راکنش «استن باید: «نه سیمرغ پیدا است...».
۱۱ - **یک:** بمنزل نادرست است: «در خوان پسین». **دو:** افزاینده؛ خود اسفندیار را آگاه کرده‌است که آب و گیاه در خوان پسین نیست!
۱۲ - گفتاری که هر بار بازگو می‌شود.　　۱۳ - لت دویم بازگونهٔ لت نخست است.
۱۴ - کدام درخت خسروانی ببار آمده‌است.　　۱۵ - وابسته بگفتار
۱۶ - در لت دویم، چه‌کس، یا چه چیز راه جنگ و گریز را می‌بندد؟
۱۷ - **یک:** برف آیدت [برف آید ترا] نادرخور است، زیراکه اگر برف آید بر سر همگان می‌ریزد. **دو:** لت دویم سخت نادرخور است.
۱۸ - دنبالهٔ گفتار　　۱۹ - سخن پیشین بگونه‌ای دیگر آراسته شد!

همی ویـژه در خـون لشگـر شـوی — بـه تـنـدی و بـدرایـی و بـدخوی [1]
مـرا ایـن درست است کـز بـاد سـخت — بـریزد بـران مـرز بـار درخت(!!) [2]
ازان پس کـه انـدر بـیابان رسـی — یکـی مـنزل آیـد بـه فـرسنگ سـی [3]
هـمه ریگ تـفته‌ست گـر خـاک و شـخ — بـر او نگـذرد مـرغ و مـور و مـلخ [4]
نـبینی بـه جـایی یکـی قـطره آب — زمـینش هـمی جـوشد از آفـتاب [5]
نـه بـر خـاک او شـیر یـابد گـذر — نـه انـدر هـوا کـرکس تـیزپر [6]
نـه بـر شـخ و ریگش بـروید گـیا — زمـینش روان ریگ چـون تـوتیا(؟!) [7]
بـرانـی بـر ایـن گـونه فـرسنگ چـل — نـه بـا اسپ تـاو و نـه بـا مـرد دل(!) [8]
و زانـجا بـه رویـین‌دز آیـد سـپاه — بـبینی یکـی مـایه‌ور جـایگاه [9]
زمـینش بـه کـام و نـیاز انـدر است — اُگـر بـاره بـا مَـه بـه راز انـدر است [10]
بشـد بـامش از ابـر بـارنده تـر — کـه بُـد بـامش از ابـر پـرنده‌تر(؟) [11]
ز بـیرون نـیابد خـورش چـارپای — ز لشگـر نـماند سـواری بـجای؟ [12]
از ایـران و تـوران اگـر سـدهزار — بـیایند گـردان خـنجرگزار [13]
نشـینند سـدسال گـرد انـدرش — هـمی تـیرباران کـنند از بـرش [14]

---

۱ - **یک:** «شَوی» را با «خویی» پساوا نیست. کرگسار پای دربند را یارای آن نیست که با اسفندیار چنین با پرخاش سخن گوید.

۲ - بار درخت ریختن از باد، چندان سهمگین نیست که یک پهلوان را از آن شایستی ترساندن.

۳ - **یک:** سخن سست است، و نشان نمی‌دهد که «منزل» سی فرسنگ است، یا تا رسیدن بدان سی فرسنگ راه بایستی پیمودن. **دو:** افزایندهٔ نادان، چنان گفتار را خوار میگیرد، که گویی با اندیشهٔ خوانندگان بازی میکند.

هر فرسنگ در زمان ما شش کیلومتر [= ۶۰۰۰ متر] است فرسنگ باستانی؛ شش میل بوده‌است، و از آنجا که هر میل باستانی ۱۵۰۰ گز درشمار میرفت یک فرسنگ ۹۰۰۰ گز [کمی بیشتر از ۱/۵ برابر فرسنگ امروزین] بوده‌است، و چون سی فرسنگ راه برای رسیدن بدان خوان، درشمار آوریم ۲۷۰۰۰۰ گز، نزدیک به ۳۰۰۰۰۰ متر یا سیسد کیلومتر امروزی است، آنگاه با کدام اسپ، میتوان چنین راه دراز را در یک نیمهٔ روز پیمودن؟ [بزودی از نیمهٔ دیگر آن سخن می‌رود]

۴ - **یک:** ریگ تفته، با برف بالای یک نیزه همخوان نیست. **دو:** لت دویم گزافه است، زیرا که مور و ملخ را همه جا، توان رفتن هست.

۵ - زمین با آب را نتوان «جوشان» خواندن که آن «تفته» است.

۶ - سخن برگرفته از رج دویم پیشین است بگونه‌ای دیگر.

۷ - لت دویم سخت پریشان و نادرخور است. مگر توتیای چشم از ریگ روانِ بیابان است.

۸ - **یک:** پس به سی فرسنگ یادشده چهل فرسنگ باستانی دیگر نیز افزوده شد. چنانکه در آنروز می‌بایستی نزدیک به هفتصد کیلومتر امروزی راه بروند! **دو:** لت دویم بی‌پایان است.

۹ - کدام سپاه برویین دز می‌آید؟... اگر سپاه اسفندیار را گوید که بایستی «میرسد» یا «می‌رود» بیاید!

۱۰ - نه کام، و نه نیاز را با زمین پیوند است، و نه بارهٔ بدان بلندی که بماه‌میرسد(!) را با چنان زمین نیازمند.

۱۱ - در لت نخست، کنش «بشد» نادرخور است، «بام آن دژ از ابر بارنده‌تر است!» اما مگر بام را چه ویژگی است که بارنده است؟ **دو:** و در لت دویم، کنش بُد (= بود). **سه:** دوبار نام «بام» را در یک سخن آوردن آنرا سست می‌نماید.

۱۲ - **یک:** افزاینده با این گفتار سست خواسته‌است بگوید که چارپایان اندرونِ دژ را نیاز به خورش بیرون دژ نیست. **دو:** لت دویم را گزارش نیست.

۱۳ - از ایران شاید، اما مگر تورانیان را نیز با خود، سرِ جنگ است که به پروار (= محاصرهٔ) دژ خویش روند!

۱۴ - همچنان

فراوان همان است و کمتر همان(؟) / چو حلقه‌ست بر در بد بدگمان»(؟!) [1]
چو ایرانیان این بد از کرگسار / شنیدند و گشتند با درد یار [2]
بگفتند ک:«ای شاه آزاد مرد / به گرد بلا تا توانی مگرد [3]
اگر کرگسار این سخن‌ها که گفت / چنین است این خود نمانَد نهفت [4]
بدین جایگه مرگ را آمدیم / نه فرسودن ترگ را آمدیم(؟!) [5]
چنین راه دشوار بگذاشتی / بلای دد و دام برداشتی [6]
کس از نامداران و شاهان گرد / چنین رنج‌ها برنیارد شمرد [7]
که پیش تو آمد بدین هفت خان / برین بر جهان‌آفرین را بخوان [8]
چو پیروزگر بازگردی به راه / به دل شاد و خرّم شوی نزد شاه [9]
به راهی دگر گر شوی کینه‌ساز / همه شهر توران برندت نماز [10]
بدین سان که گوید همی کرگسار / تن خویش را خوارمایه مدار [11]
ازان پس که پیروز گشتیم و شاد / نباید سر خویش دادن به باد» [12]
چو بشنید این گونه زیشان سخن / شد آن تازه‌رویش ز گردان کهن [13]
«شما» گفت «از ایران به پند آمدید / نه از بهر نام بلند آمدید [14]
کجا آن همه خلعت و پند شاه / کمرهای زرّین و تخت و کلاه [15]
کجا آن همه عهد و سوگند و بند / به یزدان و آن اختر سودمند [16]
که اکنون چنین سست شد پای‌تان / به ره بر پراکنده شد رای‌تان [17]
شما بازگردید پیروز و شاد / مرا کام جز رزم جستن مباد [18]
به گفتار این دیو ناسازگار / چنین سرکشیدید از کارزار [19]

---

۱ – سخن سخت سست است، و افزاینده خواسته‌است بگوید که یکسد سال تیرباران بر آن دژ، چون زدنِ کوبه بر درِ آن است!

۲ – سخن نابهنجار است این بد از کرگسار!... در لت دویم نیز «و» نادرخور است. ۳ – دنبالهٔ گفتار

۴ – سه بار واژهٔ «این» در یک گفتار [این سخن‌ها، چنین = چون این، این خود] آنرا سست می‌نماید.

۵ – اگر ترگ آهنین بفرساید، سر را نیزفرسایش است، و سپاهی که پای بر رکاب می‌نهد، خود به پذیرهٔ مرگ می‌رود.

۶ – بلا (برداشتنی) نیست (کشیدنی) است. ۷ – برشمردن؛ دشنام دادن است.

۸ – هنوز، بخوان ششم و هفتم گام ننهاده است نشاید از (این) هفتخوان یاد کردن.

۹ – چون بازگردد، پیروز نخواهد بودن!

۱۰ – **یک:** افزاینده خود دریافت که پیروزی آن نیست، پس او را برمی‌انگیزند، تا از راهی دیگر برود. **دو:** چگونه شاید که سرداری بجنگ مردمان رود، و آنان بر وی نماز برند! ۱۱ – دوباره‌گویی ۱۲ – هنوز پیروز نشده‌اند.

۱۳ – روی تازه (جوان)، بدین زودی پیر (کهن) نمی‌شود. ۱۴ – دنبالهٔ گفتار

۱۵ – **یک:** پس شاه نیز آنان را پند داده بود! **دو:** گاه زرین ویژه پادشاهان بوده‌است نه از آن سپاهیان.

۱۶ – لت دویم نادرخور است. ۱۷ – «رای» آهنگ کاری را کردن است، و در راه پراکنده نمی‌شود.

۱۸ – سخن زیبا است اما پیوسته بداستان است. ۱۹ – اگر کرگسار دیو ناسازگار است، چرا از وی رهنمایی می‌جوید!

از ایران نخواهم بدین رزم کس — پسر با برادر مرا یار بس[1]
جهاندار پیروز یار من است — سر اختر اندر کنار من است[2]
به مردی نباید کسی همرهم — اگر جان ستانم اُگر جان دهم[3]
به دشمن نمایم هنر هرچه هست — ز مردیّ و پیروزی و زور دست[4]
بباید هم بی‌گمان آگهی — ازین نامور فرّ شاهنشهی[5]
که با دز چه کردم به دستان و زور — به نام خداوند کیوان و هور»[6]
چو ایرانیان برگشادند چشم — بدیدند چهر ورا پر ز خشم[7]
برفتند پوزش‌کنان نزد شاه — که «گر شاه بیند ببخشد گناه[8]
فدای تو بادا تن و جان ما — برین بود تا بود پیمان ما[9]
ز بهر تن شاه غمخواره‌ایم — نه از کوشش و جنگ بیچاره‌ایم[10]
ز ما تا بُوَد زنده یک نامدار — نپیچیم یک تن سر از کارزار»[11]
سپهبد چو بشنید زیشان سخن — بپیچید زان گفته‌های کهن[12]
به ایرانیان آفرین کرد و گفت — که «هرگز نمانَد هنر در نهفت[13]
گر ایدونکه گردیم پیروزگر — ز رنج گذشته بیابیم بر[14]
نگردد فرامش به دل رنجتان — نماند تهی بی‌گمان گنجتان»[15]
همی رای زد تا جهان شد خنک — برفت از بر کوه باد سبک؟![16]
برآمد ز درگاه شیپور و نای — سپه برگرفتند یکسر ز جای[17]
بکردار آتش همی راندند — جهان‌آفرین را بسی خواندند[18]

---

۱ – لت دویم سست می‌نماید: «پسر و برادرم». ۲ – اختر را «سر» نیست که در کنار کسی باشد.
۳ – لت نخست دوباره‌گویی سخنان پیش است، و لت دویم نیز سست می‌نماید. ۴ – دنباله گفتار!
۵ – لت دویم نادرست است، زیرا که اسفندیار خود را فرّ نامورِ شاهنشهی نامیده است، و چنین نیست.
۶ – دستان و نیرنگ بستن را سربلندی نیست. ۷ – مگر پیشتر چشم را بسته‌بودند؟
۸ – آنان جایی دیگر نبودند که اکنون «بردند». ۹ – دنبالهٔ گفتار
۱۰ – غمخواره‌ایم نادرخور است: «غم ما از سختی و دردِ تست».
۱۱ – «یک نامدار» در لت نخست با «یک تن» در لت دویم همخوان نیست.
۱۲ – **یک**: «زان» در لت دویم نادرخور است: «از گفته‌ها». **دو**: گفته‌ها نیز کهن نبود که در همان زمان بر زبانش رفته‌بود.
۱۳ – دنبالهٔ گفتار. ۱۴ – سخن زیبا است اما پیوسته بداستان است.
۱۵ – سخن را پیوند درست نیست: «رنج شما نزد من فراموش نمی‌شود» لت دویم نیز باژگونه است: «بپاداش از من گنج می‌یابید».
۱۶ – رای زدن آنان با گفتار پسین اسفندیار بپایان رسیده‌بود. لت دویم نیز سست است.
۱۷ – **یک**: آوای شیپور و نای برآمد، نه شیپور و نای! **دو**: برگرفتند از جای راگزارش نیست.
۱۸ – «همی راندند» را در لت نخست با «خواندند» در لت دویم سازگاری نیست.

خان ششم گذشتن اسفندیار از برف

سپیده چو از کوه سر برکشید   شب آن چادر شعر در سر کشید [۱]
چو خورشید تابان نهان کرد روی   همی رفت خون در پس پشت اوی [۲]
به منزل رسید آن سپاه گران   همه گرزداران نیزه‌وران [۳]
بهاری یکی خوش‌منش روز بود   دل‌افروز با گیتی‌افروز بود(؟!) [۴]
سراپرده و خیمه فرمود کی   بیاراست خوان و بیاورد می [۵]
هم اندر زمان تندبادی ز کوه   برآمد که شد نامور زان ستوه [۶]
جهان سربسر گشت چون پرّ زاغ   ندانست کس باز هامون ز راغ [۷]
ببارید از ابر تاریک برف   زمینی پر از برف و بادی شگرف [۸]
سه روز و سه شب هم بدان‌سان به دشت   دم باد ز اندازه اندر گذشت [۹]
هوا پود گشت ابر چون تاره شد   سپهبد ازانکار بیچاره شد [۱۰]
به آواز پیش پشوتن بگفت   که «این کار ما گشت با درد جفت [۱۱]
بمردی شدم در دم اژدها   کنون زور کردن نیارد بها [۱۲]
همه پیش یزدان نیایش کنید   بخوانید و او را ستایش کنید [۱۳]
مگر کاین بلاها ز ما بگذرد   کزین پس کسی‌مان به کس نشمرد» [۱۴]
پشوتن بیامد به پیش خدای   که او بود بر نیکوی رهنمای [۱۵]
نیایش ز اندازه بگذاشتند   همه در زمان دست برداشتند [۱۶]
همانگه بیامد یکی باد خوش   ببرد ابر و روی هوا گشت کش [۱۷]

---

۱ - سخن بازگونه است، که چون شب چادر بسر کشد، هوا تاریک می‌شود.

۲ - تاج سرخرنگ خورشید را به خون، در رویدادهای سخت و سوگهای بزرگ شاید همانند کردن، نه در چنان پیروزی‌ها.

۳ - لت دویم نادرخور و ناپیوسته‌است.

۴ - «روز» را نشاید «یک بهار» خواندن، ومنش نیز برابر با «اندیشه» است، و روز را نیک‌اندیش نشاید نامیدن.

۵ - **یک:** سراپرده و خیمه هردو یکی است. **دو:** در ایران باستان خوراک و می باهم نبایستی.

۶ - چه بهار خوش‌منشی؟!!   ۷ - با یک تندباد، جهان چون پرّ زاغ سیاهرنگ نمی‌شود.

۸ - **یک:** باد آمده‌بود، نه ابر! **دو:** لت دویم نیز بی‌پیوند است «زمین پر از برف شد». **سه:** از باد پیشتر سخن رفته‌بود.

۹ - در رج پیشین سخن از برف رفته‌بود، و در این رج تنها از باد یاد می‌شود.

۱۰ - «تار» را هیچگاه نشاید «تاره» خواندن مگر انکه افزاینده را برای بیچاره، نیاز به پساوا باشد.

۱۱ - «بآواز» را چه گزارش است؟ همچنین پیش پشوتن؟: «با پشوتن گفت».   ۱۲ - لت دویم سست است.

۱۳ - یزدان را پیشگاه نیست.   ۱۴ - در لت دویم کسی‌مان نادرست است: «کسی ما را».

۱۵ - از این‌شگفت‌تر سخن شنیده نشده است، و چنین می‌نماید که خداوند نیز چون یکی از آن سپاهیان در جایی ایستاده بوده‌است!! **دو:** لت دویم نیز نادرخور است، زیراکه خداوند همواره بر نیکوی رهنمای «هست»! نه تنها در آنزمان!

۱۶ - **یک:** تنها پشوتن به پیش خدا(؟) رفته‌بود، پس کنش بگذاشتند نادرخور است. **دو:** پس‌از نیایش بی‌اندازه دست برداشتند؟ دست بکجا برداشتند؟   ۱۷ - «در زمان» در رج پیشین، با همانگه در این رج همخوان نیست.

چو ایرانیان را دل آمد بجای   ببودند بر پیش یزدان بپای [1]
سراپرده و خیمه‌ها گشته تر   ز سرما کسی را نبُد پای و پر [2]
همانجا ببودند گردان سه روز   چهارم چو بفروخت گیتی‌فروز [3]
سپهبد گرانمایگان را بخواند   بسی داستان‌های نیکو براند [4]
چنین گفت کـ:«ایدر بمانید بار   مدارید جز آلت کارزار [5]
هر آن کس که هستید سرهنگ‌فش   که باشد ورا باره سد بارکش [6]
به پنجاه آب و خورش برنهید   دگر آلت گسترش برنهید [7]
فزونی هم ایدر بمانید بار   مگر آنچه باید بدان کارزار [8]
به نیروی یزدان بیابیم دست   بدان بدکنش مردم بت‌پرست [9]
چو نومید گردد ز یزدان کسی   از او نیکبختی نیاید بسی(؟!) [10]
ازان در یکایک توانگر شوید   همه پاک با گنج و افسر شوید» [11]
چو خور چادر زرد بر سر کشید   ببُد باختر چون گل شنبلید [12]
بنه برنهادند گردان همه   برفتند با شهریار رمه [13]
چو بگذشت از تیره شب یک زمان   خروش کلنگ آمد از آسمان [14]
برآشفت ز آوازش اسفندیار   پیامی فرستاد زی کرگسار [15]
که «گفتی بدین منزلت آب نیست   همان جای آرامش و خواب نیست [16]
کنون ز آسمان خاست بانگ کلنگ   دل ما چرا کردی از آب تنگ» [17]
چنین داد پاسخ کـ:«ز ایدر ستور   نیابد مگر چشمهٔ آب شور [18]

---

۱ - هنوز [بر پیش یزدان]اند.

۲ - **یک:** سراپرده و خیمه یکی است. **دو:** اگر دل ایرانیان در رج پیشین بجای [باز جای] آمده‌بود چگونه پای و پرشان نبود؟

۳ - گردان؟ یا سپاهیان؟

۴ - دنبالهٔ گفتار

۵ - سپاهیان خود، هیچیک بار با خود نداشتند... که بار را سپهکشان، و بنه می‌آورد!

۶ - **یک:** سخن سخت سست و بیمایه است. سرهنگ، سرهنگ (سرآهنگ) است و سرهنگ‌فش نادرست است. **دو:** بیدرنگ پس‌از فرمان به بار را در همانجای ماندن (گذاشتن)، فرمان...

۷ - ...به بار کشیدن می‌دهد. آلت گسترش را هیچ روی نباشد، مگر آنکه افزایندهٔ خام‌گفتار آنرا برای پساوای «خورش» بایسته می‌دید.

۸ - دوباره از ماندن (گذاشتن) بارهای فزودنی(؟) یاد می‌شود.

۹ - دنبالهٔ گفتار

۱۰ - سخن سست و بی‌مایه!

۱۱ - **یک:** از کدام در؟ **دو:** سپاهیان را افسر نشاید.

۱۲ - **یک:** خورشید، خود زرین است و نیازش بچادر نیست. **دو:** افزاینده باختر (= اپاختر؛ شمال) را بجای خورووران (مغرب) گرفته‌است.

۱۳ - بنه را گردان، بر نمی‌نهند (بار نمی‌کنند) که آن؛ کارِ بنه‌داران و سپهکشان است.

۱۴ - شبانگاه تیره و بانگ کلنگ؟

۱۵ - در گفتار آینده روشن می‌شود که نه تنها جای برآشفتن نیست، که جای شادمانی است.

۱۶ - دنبالهٔ گفتار.

۱۷ - ...از برای آنکه بانگ کلنگ نشان از آب می‌دهد. لت دویم نیز بی‌پیوند است.

۱۸ - ستوران آب چشمهٔ شور را می‌نوشند، و نشانی از آن در میان نیست.

داستان افزوده هفتخوان اسفندیار ۴۵۷

دگر چشمهٔ آب یابی چو زهر — کزان آب مرغ و ددان راست بهر»[1]
چنین گفت سالار که:«ز کرگسار — یکی راهبر ساختم کینه‌دار»[2]
ز گفتار او تیز لشگر براند — جهاندار نیکی‌دهش را بخواند[3]

*

چو یک پاس بگذشت از تیره‌شب — به پیش اندر آمد خروش جلب[4]
بخندید بر بارگی شاه نو — ز دمّ سپه رفت تا پیشرو[5]
سپهدار چون پیش لشگر کشید — یکی ژرف دریای بی‌بن بدید[6]
هیونی که بود اندران کاروان — کجا پیشرو داشتی ساروان[7]
همی پیشرو غرقه گشت اندر آب — سپهبد بزد چنگ هم در شتاب[8]
گرفتش دو ران برکشیدش ز گل — بترسید بدخواه ترک چگل[9]
بفرمود تا کرگسار نژند — شود داغ دل پیش با پای بند[10]
بدو گفت که:«ای ریمن کرگسار — گرفتار بر دست اسفندیار[11]
نگفتی که ایدر نیابی تو آب — بسوزد ترا تابش آفتاب[12]
چرا کردی ای بدتن از آب خاک — سپه را همه کرده بودی هلاک»(؟!)[13]
چنین داد پاسخ که «مرگ سپاه — مرا روشنایی‌ست چون هور و ماه[14]
چه بینم همی از تو جز پای بند — چه خواهم ترا جز بلا و گزند»[15]
سپهبد بخندید و بگشاد چشم — فروماند زان ترک و نفزود خشم[16]
بدو گفت که:«ای کم‌خرد کرگسار — چو پیروز گردم من از کارزار[17]

---

۱ – آب زهرآگین را، چگونه مرغان و ددان می‌نوشند؟
۲ – سخن را روی بهیچ در نیست.
۳ – و آن سخن را با تیز راندن‌لشگر پیوند نیست.
۴ – پیش را، اندر (= اندرون) نیست.
۵ – سخن در لت دویم سخت نادرخور است: «ازپس سپاه، به پیش تاخت».
۶ – **یک:** چه را پیش‌لشگر کشید؟ افزاینده را رای بر آن بوده‌است که بگوید «پیش لشگر رسید» و شگفتا که اگر چنین می‌گفت؛ آوا، و آهنگ سخن نیز پریشان نمی‌شد، اما افزایندگان را نه برای گفتار خویش ارزشی بوده‌است، نه برای اندیشهٔ خوانندگان. **دو:** دریای بی‌بُن در جهان نیست.
۷ – **یک:** اندر کدام کاروان؟: «هیونی که پیشرو لشگر بود». **دو:** لت دویم را نیز پیوند بایسته نیست: «ساروان، او را پیشرو کرده‌بود».
۸ – **یک:** «پیشرو» در این رج با پیشرو در رج پیشین همخوان نیست. **دو:** غرقه شدن را نشاید با «همی» همراه کردن، زیرا که غرقه شدن، یکباره است.
۹ – **یک:** شتر در آب غرقه شد، و سپهبد او را از گِل بیرون کشید؟ **دو:** در آن میانه، ترک چگل از کجا پیدا شد؟
۱۰ – چرا کرگسار، نژند خوانده می‌شود؟
۱۱ – ریمنِ کرگسار نشاید گفتن: «ای کرگسارِ ریمن».
۱۲ – لت نخست را پیوند «مگر» باید.
۱۳ – **یک:** سخن ناهموار است. «چرا بجای آب، از خاک یاد کردی؟» **دو:** لت دویم را نیز پیوند بایسته با لت نخست نیست: «با چنین دروغ...».
۱۴ – **یک:** مرگ سپاه نادرخور است: «کشته شدن سپاهیان تو». **دو:** لت دویم نیز بی‌پیوند و سست است.
۱۵ – دنبالهٔ گفتار
۱۶ – هیونان ترک نبوده‌اند.
۱۷ – من از کارزار نادرست است: «در کارزار».

به رویین‌دزت بر سپهبد کنم — مباداکه هرگز به تو بد کنم[1]
همه پادشاهی سراسر تراست — چو با ما کنی در سخن راه راست[2]
نیازارم آن را که فرزند تست — هم آن را که از دوده پیوند تست»[3]
چو بشنید گفتار او کرگسار — پر امّید شد جانش از شهریار[4]
ز گفتار او ماند اندر شگفت — زمین را ببوسید و پوزش گرفت[5]
بدو گفت شاه «آنچه گفتی گذشت — ز گفتار خامت نگشت آب دشت(؟!)[6]
گذرگاه این آب دریا کجاست — بباید نمودن به ما راه راست»[7]
بدو گفت «با آهن از آبگیر — نیابد گذر پرّ و پیکان تیر»(؟!)[8]
تهمتن فروماند اندر شگفت — هم اندر زمان بند از او برگرفت[9]
به دریای آب اندرون کرگسار — بیامد هیونی گرفته مهار[10]
سپهبد بفرمود تا مشک آب — بریزند در آب و در ماهتاب؟![11]
به دریا سبکبار شد بارگی — سپاه اندر آمد به یکبارگی؟[12]
چو آمد به خشکی سپاه و بنه — ببُد میسره راست با میمنه؟[13]
به نزدیک رویین‌دژ آمد سپاه — چنان شد که فرسنگ ده ماند راه[14]
سر جنگجویان به خوردن نشست — پرستنده شد جام باده به دست[15]
بفرمود تا جوشن و خود و گبر — ببردند با تیغ پیش هژبر[16]
گشاده بفرمود تا کرگسار — بیامد به پیش یل اسفندیار[17]

---

۱ – «مبادا» در لت دویم پیوند درستی با لت نخست نیست...: «نشاید که».
۲ – لت دویم درهمریخته و نادرست است.
۳ – «دوده پیوند» در لت دویم نادرست است: «دوده و پیوند».
۴ – دنبالهٔ گفتار
۵ – «گفتار» در این رج با «گفتار» در رج پیشین همخوان نیست.
۶ – لت دویم سخت نادرخور و بی‌گزارش است.
۷ – «دریای ژرف بی‌بن» را گذرگاه نشاید!
۸ – **یک:** سخن بی‌پیوند است. افزاینده خواسته‌است بگوید. بند بر پای چگونه از آبگیر بگذرم. **دو:** دریا؛ به «آبگیر» گردید.
۹ – تهمتن پاژنام رستم بوده‌است.
۱۰ – بیامد، یا برفت؟ فرورفت، بگذشت.
۱۱ – به سخن دیوانگان مانَد!
۱۲ – **یک:** بارگی (=اسب) چگونه بدریا شد (=رفت)، و سپاه چگونه به دریا اندر (= اندرون) آمد؟ **دو:** «شد» در لت نخست با «آمدن در لت دویم همخوان نیست.
۱۳ – **یک:** و «آمد» درلت پیشین با «آمد» در این لت رودرروی هم‌اند. **دو:** افزاینده از دیگر سخنان افزوده خوانده است که «میمنه» را با «میسره» [بال راست سپاه را با بال چپ] راست میکنند، اما نمیدانسته‌است که بال راست این سپاه با بال چپ سپاه دشمن بهنگام نبرد، راست و رودررو می‌شده است، نه آنکه بال راست یک سپاه، با بال چپ خود راست شود! **سه:** بآیین گفتار افزایندگان، میمَنه را با بُنه پساوا گرفته‌اند.
۱۴ – فرسنگ ده، نادرست است: «ده فرسنگ».
۱۵ – ایرانیان هیچگاه می را همزمان با خوراک نمی‌خوردند.
۱۶ – سپهسالار، هیچگاه بی‌شمشیر نبوده‌است، تا آنکه در نگاره‌ها دیده می‌شود که شاهان، در بزم‌ها نیز شمشیر بر کمر دارند.
۱۷ – لت نخست باژگون است و اسفندیار در لت دویم نادرخور است: «بفرمود تا کرگسار را بی‌بند بنزدش آورند».

داستان افزوده هفتخوان اسفندیار ۴۵۹

بدو گفت ک: «اکنون گذشتی ز بد / ز تو خوبی و راست گفتن سزد[1]
چو از تن ببرّم سر ارجاسپ را / درخشان کنم جان لهراسپ را[2]
چو کهرم که از خون فرشیدورد / دل لشگری کرد پر خون و درد[3]
دگر اندریمان که پیروز گشت / بگشت از دلیران ما سی و هشت(؟!)[4]
سران‌شان ببرّم به کین نیا / پدید آرم از هر دری کیمیا[5]
همه گورشان کام(؟) شیران کنم / به کام دلیران ایران کنم[6]
سراسر بدوزم جگرشان به تیر[7] / بیارم زن و کودکان‌شان اسیر
ترا شاد خوانیم ازین گر دژم / بگوی آنچه داری به دل بیش و کم»[8]
دل کرگسار اندران تنگ شد / روان و زبانش پر آژنگ شد[9]
بدو گفت «تا چند گویی چنین / که بر تو مبادا به داد آفرین[10]
همه اختر بد به جان تو باد / بریده به خنجر میان تو باد[11]
به خاک اندر افکنده پر خون تنت / زمین بستر و گرد پیراهنت»[12]
ز گفتار او تیز شد نامدار / برآشفت با تنگ‌دل کرگسار[13]
یکی تیغ هندی بزد بر سرش / ز تارک به دو نیم شد تا برش[14]
به دریا فکندش هم اندر زمان[15] / خور ماهیان شد تن بدگمان
اُزان جایگه باره را برنشست / به تندی میان یلی را ببست[16]
به بالا[17] برآمد به دژ بنگرید / یکی ساده دژ آهنین باره دید
سه فرسنگ بالا[18] و پهنا چهل / به جایی ندید اندر او آب و گل
به پهنای دیوار او بر سوار / برفتی برابر بر او بر چهار[19]

---

۱ - سخن اسفندیار چنین باید «اکنون (که) از بد گذشته‌ای».
۲ - باز، سخن باژگونه است: «چون سر ارجاسپ را از تن ببرّم». ۳ - «چو» آغازین، سخن را در رج پایان نمی‌رساند.
۴ - **یک:** چنین شمار، درخور یک نبرد نیست که گاه در میدان جنگ ده‌ها هزارکس می‌میرند. **دو:** شیوهٔ شمارش نیز باژگونه است: «سی و هشت تن از دلیران». ۵ - لت دویم بی‌گزارش است.
۶ - **یک:** شیر هیچگاه جاندار مرده را نمی‌خورد! **دو:** لت نادرخور دویم کام شیر و کام ایرانیان را یکی می‌نماید.
۷ - پس‌از بگور کردنِ آنان؟ ۸ - لت نخست بی‌پیوند است: «اگر چنان کنم، شادمان می‌شوی»؟
۹ - اندر آن، نادرخور است: «از آن سخن». ۱۰ - سخن زیبا است اما وابسته بگفتار است.
۱۱ - اختر بد «بجان» نادرست است: «اختر بد بهرهٔ تو باد». ۱۲ - لت دویم بی‌گزارش است.
۱۳ - دنبالهٔ گفتار ۱۴ - یکی تیغ هندی نادرست است: «یکی تیغ زد».
۱۵ - ایرانیان هیچگاه ریم و خون و نسا (مرده) را در آب نمی‌افکندند، و اناهیتا را نمی‌آزردند.
۱۶ - میان را پیش‌از برنشستن بباره می‌بستند.
۱۷ - **یک:** کدام بالا؟ آنان از رودگذشته در دشت بودند. **دو:** دژ و باره هردو یکی است.
۱۸ - **یک:** افزاینده «درازا» را «بالا» پنداشته‌است. **دو:** در لت نخست «چهل» چیست؟ چهل فرسنگ! که گزافه‌ای سخت است. **سه:** چگونه دژی که سه فرسنگ (درازا) دارد پهنایش چهل فرسنگ است؟
۱۹ - **یک:** دیوار او نادرست است دیوار آن. **دو:** «بر او» در لت دویم نادرخور و دوباره‌گویی است. **سه:** اسفندیار از پایین دژ، چگونه

←

چو اسفندیار آن شگفتی بدید — یکی باد سرد از جگر برکشید[1]
چنین گفت ک :«این را نشاید ستد — بد آمد به روی من از راه بد[2]
دریغ این همه رنج پیکار ما — پشیمانی آمد همه کار ما»(؟!)[3]
به گرد بیابان همه بنگرید — دو ترک اندران دشت پوینده دید[4]
همی رفت پیش اندرون چارسگ — سگانی که گیرند آهو به تگ[5]
ز بالا فرود آمد اسفندیار — به چنگ اندرون نیزهٔ کارزار[6]
بپرسید و گفت «این دژ نامدار — چه جای است و چند است بر وی سوار؟[7]
ز ارجاسپ چندی سخن راندند — همه دفتر دژ بر او خواندند[8]
که «بالا و پهنای دژ را ببین — دری سوی ایران دگر سوی چین[9]
بدو اندرون تیغ‌زن سی هزار — سواران گردنکش و نامدار[10]
همه پیش ارجاسپ چون بنده‌اند — به فرمان و رایش سرافکنده‌اند[11]
خورش هست چندانکه اندازه نیست — به خوشه درون بار اگر تازه نیست(؟!)[12]
اگر در ببندد به ده سال شاه — خورش هست چندان که باید سپاه[13]
وگر خواهد از چین و ماچین سوار — بیاید برش نامور سدهزار[14]
نیازش نیاید به چیزی زکس — خورش هست و مردان فریادرس»[15]
چو گفتند او تیغ هندی به مشت — دو گردنکش ساده‌دل را بکشت(؟؟)[16]

*

---

۱ – دنبالهٔ گفتار ← بالای دیوار را دید؟

۲ – گرفتن دژ را به راهی که از آن گذشته‌بودند، چه پیوند؟

۳ – **یک:** دریغ را «آنهمه» باید. **دو:** لت دویم بی‌پیوند است.

۴ – هیونان، ترک نبوده‌اند.

۵ – **یک:** پیش را اندرون نیست. **دو:** برای چهار سگ، «همی رفتند» باید. **سه:** سگانی که با آن دو مرد براه می‌رفتند. دویدن خویش را بنمایش نگذاشته بودند، تا دربارهٔ آن داوری شود. **چهار:** سخن را نیز پیوند نیست: «سگانی که توان آنرا داشتند که آهو را بگیرند».

۶ – دنبالهٔ گفتار

۷ – **یک:** چگونه «دژ نامدار» است که او نامش را می‌پرسد؟ **دو:** سواران نیز «اندر دژ»اند، به «بروی».

۸ – دفتر دژ چگونه دفتریست؟ و آن دفتر در دست گذرندگان بیابان چه میکرد؟

۹ – **یک:** روشن شد که خواندن دفتر، نشان دادن آن و نگریستن آن بوده‌است! **دو:** بالا (درازا)ی دژ پیش‌ازاین سه فرسنگ بود، نه چند هزار فرسنگ! **سه:** لت دویم بی‌پایان است.

۱۰ – **یک:** شمارش باژگونه است: «سی هزار تیغزن». **دو:** همهٔ سواران یک شهر، یا کشور، یا سپاه؛ «نامدار» نیستند.

۱۱ – دنبالهٔ گفتار

۱۲ – **یک:** لت نخست بی‌پیوند است: «در دژ چندان خورش هست که اندازهٔ آن پدیدار نیست». **دو:** افزایندهٔ خام‌گون، خواسته‌است بگوید «در هنگام گندم درو» خورش بیشتر می‌شود»، یا «چندان خورش در زمانی است که گندم تازه درو نشده باشد».

۱۳ – افزاینده سخن سست خویش را اندکی آراست.

۱۴ – **یک:** چون یک دروازهٔ دژ بسوی ایران، و دیگری بسوی چین است، پس ارجاسب همچنانکه دشمن ایران بوده‌است، دشمن چین نیز بشمار میرفته. **دو:** همهٔ سواران، «نامور» نیستند.

۱۵ – دوباره گویی...

۱۶ – چنین نامردی از پهلوان ایرانی شایسته نمی‌نماید.

اُز انـــجا بـــیامد بـــه پـــردهسرای   ز بـــیگانه پـــردخت کـــردند جـــای[1]
پشـــوتن بشـــد نـــزد اســـفندیار   ســـخن رفت هـــرگونه از کـــارزار[2]
بـدو گـفت جـنگی «چنین دژ به جنگ   بـــه ســـال فـراوان نـیاید بـه چـنگ[3]
مگـــر خـــوار گـــیرم تـــن خـــویش را   یکـــی چـاره ســـازم بـــداندیش را[4]
تـــو ایـــدر شب و روز بـــیدار بـــاش   ســـپه را ز دشـــمن نگـــهدار بـــاش[5]
تـــن آنگـــه شـــود بـــیگمان ارجـــمند   ســـزاوار شـــاهیّ و تـــخت بـــلند
کـــز انـــبوه دشـمن نـترسد بـه جـنگ   بـه کـوه از پـلنگ و بـه آب از نـهنگ
بـــه جـایی فـریب و بـه جـایی نـهیب   گـــهی فـــرّ و زیب و گـــهی در نشیب[6]
چـــو بـــازارگـــانی بـــدین دژ شـــوم   نگـــویم کـــه شـــیر جـــهان پـــهلوم[7]
فـــراز آورم چـــاره از هـــر دری   بـــخوانـــم ز هـــر دانشـــی دفـــتری؟!؟[8]
تـــو بـــیدیدهبان و طـــلایه مـــباش   ز هـــر دانشـــی سستمـــایه مـــباش[9]
اگـــر دیـــدهبان دود بـــیند بـــه روز   شب آتش چـــو خـــورشید گـــیتیفروز[10]
چـــنین دان کـــه آن کـــارکرد مـــن است   نـــه از چـــارهٔ هـــمنبرد مـــن است[11]
ســـپه را بـــیارای و ز ایـــدر بـــران   زرهدار بـــا خـــود و گـــرز گـــران[12]
درفش مـــن از دور بـــر پـــای کـــن   سپه را بـه قـلب انـدرون جـای کـن(؟!!)[13]
بـــران تـــیز بـــا گـــرزهٔ گـــاوسار   چـــنان کـــن کـــه خـــوانـندت اســـفندیار[14]
اُزان جـــایگه ســـاربان را بـــخوانـــد   بـــه پـــیش پشوتن بـــه زانـو نشـاند[15]
بـــدو گـــفت «ســـد بـــارکش سرخ مـــوی   بـــیاور ســـرافـــراز بـــا رنگ و بـــوی

---

۱ – چون بیگانگان رفتند...   ۲ – ...پشوتن نزد اسفندیار بودهاست، و «آمد» بایسته نیست.

۳ – بدو گفت، بسنده است، زیرا که نشان میدهند اسفندیار بدو گفتهاست، و افزودن «جنگی» سخن را سست میکند.

۴ – لت دویم نادرخور است: «تا آنکه باره و دژ را بچنگ آورم».   ۵ – سه رج دنبالهٔ گفتار

۶ – «فرّ و زیب» را با «در نشیب» رویارویی نیست.

۷ – لت دویم سخت سست و کودکانه است، و پیدا است که کسی که چون بازرگانان بدژی میرود نام خویش را پنهان میدارد.

۸ – **یک:** «چاره» «چیز» نیست که از هر سوی؛ فرازش آورند. **دو:** لت دویم سستتر از لت نخست است، که در جنگ و فریب خواندن دانشها سودمند نتواند بودن.

۹ – لت نخست دوبارهگویی «تو ایدر شبوروز بیدار باش» است، ولت دویم، سستتر از لت دویم رج پیشین است.

۱۰ – دود را از کجا بیند؟ بایستی روشن شود که «از فراز بارو!»

۱۱ – پیدا است که دژدار، خود بر بام دژ خویش آتش نمیافروزد.

۱۲ – **یک:** «زیدر بران» نادرخور است زیرا که روشن نمیکند که بکدام سوی براند: «بسوی دژ بران». **دو:** لت دویم را نیز پیوند بایسته با لت نخست نیست.

۱۳ – **یک:** بر پای کن، نادرست است، «برافراز»، «بر پای دار». **دو:** لت دویم نیز سخت سست است، و گزارشی بر آن نیست... افزاینده خواستهاست بگوید، درفش مرا در «قلب سپاه» جای بده و برافراز!   ۱۴ – پیشتر از گرز گران سخن رفتهبود.

۱۵ – **یک:** چرا بزانو نشاندن؟ آنهم پیش پشوتن! باز آنکه خود بساربان فرمان آوردن شتران را میدهد. **دو:** شتر خود سرافراز هست، اما «بوی» برای او، کاربرد ندارد.

ازو ده شتر بار دینار کن / دگر پنج دیبای چین بار کن[1]
دگر پنج هر گونه‌ای گوهران / یکی تخت زرّین و تاج سران»[2]
بیاورد صندوق هشتاد جفت / همه بند صندوق‌ها در نهفت[3]
سد و شست مرد از یلان برگزید / کز ایشان نهانش نیاید پدید[4]
تنی بیست از نامداران خویش / سرافراز و خنجرگزاران خویش[5]
بفرمود تا بر سر کاروان / بوند آن گرانمایگان ساروان؟![6]
به پای اندرون کفش و در تن گلیم / به بار اندرون گوهر و زرّ و سیم[7]

خان هفتم رفتن اسفندیار برویین دژ

سپهبد به دژ روی بنهاد و تفت / بکردار بازارگانان برفت[8]
همی راند با نامور کاروان / یلان سرافراز چون ساروان[9]
چو نزدیک دژ شد برفت او ز پیش / بدید آن دل و رای هشیار خویش؟![10]
چو بانگ درای آمد از کاروان / همی رفت پیش اندرون ساروان[11]
به دژ نامداران خبر یافتند / فراوان بگفتند و بشتافتند[12]
که آمد یکی مرد بازارگان / درمگان فروشد به دینارگان(؟!)[13]
بزرگان دژ پیش‌باز آمدند / خریدار و گردنفراز آمدند[14]

---

۱ - **یک:** از او نادرست است: «از آنان». **دو:** باز از آن شمارهای نادرخور که با ده شتروار دینار، کشوری را شایست خریدن!! **سه:** ایرانیان چگونه دیبای چین با خود داشتند؟ **چهار:** دگر پنج نیز نادرست است.

۲ - **یک:** همچنین... **دو:** بازرگان را به تاج زرین سران کشورها چکار؟

۳ - **یک:** چه‌کس بیاورد؟ اسفندیار! **دو:** بند (= قفل) هر چیز، بیرون آنست، نه در نهفت!

۴ - لت دویم راگزارش نیست. ۵ - وابسته برج پسین ۶ - «آن» در لت دویم نادرخور است.

۷ - پای را «اندرون» نیست... مگر ساربانان، یا سواران بی‌کفش میرفته‌اند، که ویژه ازکنش آن بیست‌کس یاد شود؟ این چه بازرگان است که تنها دینار وگوهر و تخت و افسر دارد؟ ۸ - وابسته بداستان

۹ - **یک:** «روی نهاد» در لت نخست رج پیشین و «برفت» در لت دویم، با «همی راند» در این رج هر سه یکی است. **دو:** کاروان ناشناخته را نشاید نامور خواندن. **سه:** لت دویم پیوند درست با لت نخست ندارد.

۱۰ - **یک:** «او» نادرخور است. **دو:** و لت دویم نسنجیده و سست و بی‌گزارش است.

۱۱ - **یک:** بانگ درای کاروان از راه بس دور، شنیده می‌شود. **دو:** رفتن ساروان به آوای بانگ پیوسته‌است، باز آنکه رفتن، بی‌بانگ درای نیز شاید. **سه:** ساروانان نیز بیست و یک‌کس (با ساربان نخستین) بوده‌اند، و «همی رفت» برای آنان نادرخور است: «همی رفتند».

۱۲ - لت دویم راگزارش نیست.

۱۳ - **یک:** نادرست‌ترین داوری، سست‌ترین داوری. بازرگانی که درم را ببهای دینار می‌فروشد! **دو:** آنان با شنیدن بانگ درای، از کجا دانستند که بازرگان چنین است و چنان! ۱۴ - **یک:** در لت نخست پیشواز «او» باید. **دو:** و برای خرید، گردنفرازی نشاید!

بپرسید هر یک ز سالار بار   که: «زین بارها چیست کآید به کار؟»[1]
چنین داد پاسخ که «باری نخست   تن شاه باید که بینم درست[2]
توانایی خویش پیدا کنم   چو فرمان دهد دیده دریا کنم»(؟)[3]
شتربار بنهاد و خود رفت پیش   که تا چون کند تیز بازار خویش[4]
یکی تاس پرگوهر شاهوار   ز دینار چندی ز بهر نثار[5]
که برتافتش ساعد و آستین(؟!)   یکی اسپ و دو جامه دیبای چین[6]
بران تاس پوشیده تایی حریر   حریر از بر و زیر مشک و ابیر[7]
به نزدیک ارجاسپ شد چاره‌جوی   به دیبا بیاراسته رنگ و بوی[8]

---

۱ – «سالار بار» راگزارش نیست.   ۲ – وابسته بگفتار

۳ – **یک:** پیوند درست میان این رج با رج پیشین نیست: «تا». **دو:** چرا بایستی گریستن؟

۴ – شتربار بنهاد، نادرست است «بار اشتران» را، از آنجا که شتربار (= شتروار) اندازه باری است که بر یک شتر می‌نهند همانند «خروار» سوار؛ این واژه در اوستا و فارسی باستان «اَسَ بارَ» بوده‌است که در پهلوی؛ اسوبار و آنگاه با دگرگون شدن «ب» به «و» «اسوار» و در فارسی «سوار» می‌شود. سوار، بارِ اسب است، و از آنجا که اسپ باری بجز از مردمان را بر پشت خویش نمی‌پذیرد، بارِ اسپ؛ سوار خوانده می‌شود.

همانند این واژه در زبان فارسی باز هم هست:

شتروار؛ باری که باندازه‌کشش یک شتر باشد

خروار؛ باری باندازه توان یک خر

پیلوار؛ باری که یک پیل توان کشیدن آنرا دارد

گوشوار؛ بار گوش

انگشتوار؛ (=انگشتر) بار انگشت

دستوار؛ بار دست (= عصا)

کولوار؛ باری باندازه‌ایکه بر کول بنندند

تاجوار؛ گوهری با ارزش که بار بر تاج می‌شود

شاهوار؛ جامه‌ای با ارزش که بار بر تنِ شاه می‌شود

مردوار؛ بار غمی که تنها مردان آنرا توانند کشید

سوگوار؛ بار، بر سوز و درد، کسیکه با از دست دادن فرزند، بر روی توده‌ای از آتش نشسته باشد [سوگ، از ریشهٔ سوچ اوستایی =سوز]

دیوانه‌وار؛ اندیشه‌های درهم بار بر روان و مغز یک دیوانه

استوار؛ بار، بر اُست (= استخوان): کسیکه استوار، و باربر استخوانهای خود است، و بچیزی بیرون از خود وابسته نیست.

امیدوار؛ کسیکه بر بارهٔ امید، سوار است.

[فرهنگستان‌های سه گانهٔ ما، ناآگاه از این ریشه، «وار» را همانند خوانده‌اند، و از آن، واره را نیز برآورده جشنواره و سالواره... برآورده‌اند]

و بر این بنیاد «شتربار بنهاد» نادرست است.

۵ – **یک:** افزاینده بجای تاس می‌توانست از جام نام بَرَد. **دو:** لت دویم را پیوند درست با لت نخست نیست: «و چندی دینار».

۶ – لت نخست راگزارش نیست. این رج میان گفتار در رج‌های پیشین و پسین جدایی می‌افکند.

۷ – آن تاس پر گوهر شاهوار بود! تاس پرگوهر را چرا با دیبا بپوشند، و چگونه گوهر، مشک و ابیر شد؟

۸ – چه‌کس بدیبا رنگ و بوی آراسته(؟)

چو دیدش فروریخت دینار و گفت — که «با شهریاران خرد باد جفت[1]
یکی مردمَ ای شاه بازارگان — پدر ترک و مادر ز آزادگان[2]
ز توران بخرّم به ایران برم — اُگر سوی دشت دلیران برم(؟!)[3]
یکی کاروانی شتر با من است — ز پوشیدنی جامه‌های نشست[4]
هم از گوهر و افسر و رنگ و بوی — فروشنده‌ام هم خریدارجوی[5]
به بیرون دژ کاله بگذاشتم — جهان در پناه تو پنداشتم[6]
اگر شاه بیند که این کاروان — به دروازهٔ دژ کشد ساروان[7]
به بخت تو از هر بد ایمن شوم — بدین سایهٔ مهر تو بغنوم»[8]
چنین داد پاسخ که «دل شاد دار — ز هر بد تن خویش آزاد دار[9]
نیازاردت کس به توران‌زمین — همان گر گرایی به ماچین و چین»[10]
بفرمود پس تا سرای فراخ — به دژ بر یکی کلبه در پیش کاخ[11]
به رویین دژ اندر مر او را دهند — همه بارش از دشت بر سر نهند؟[12]
بسازد بدان کلبه بازارگاه — همی داردش ایمن اندر پناه[13]
برفتند و صندوق‌ها را به پشت — کشیدند و ماهار اشتر به مشت[14]
یکی مرد بخرد بپرسید و گفت — که «صندوق را چیست اندر نهفت؟»[15]
کِشنده بدو گفت «ما هوش خویش — نهادیم ناچار بر دوش خویش»؟[16]
یکی کلبه برساخت اسفندیار — بیاراست همچون گل اندر بهار[17]

---

۱ – **یک:** سخن ناهموار است. دینار را بزیر پای ارجاسپ ریخت. **دو:** لت دویم از شاهنامه برگرفته شده است اما در اینجا خوارداشت ارجاسب است، زیرا که برای او خرد، آرزو میکند.

۲ – **یک:** سخن درهمریخته است. **دو:** هنوز بدانزمان، ترکان در آسیای میانه پدیدار نشده‌بودند.

۳ – بخرّم نادرست است. لت دویم نیز بی‌پیوند است. افزاینده را رای بر آن بوده‌است که از دشت نیزه‌وران یاد کند.

۴ – در آغاز بارکردن اشتران از پوشیدنی و جامهٔ نشست، **۵** – ...و رنگ و بوی، سخن نرفته‌بود.

٦ – کاله بجای کالا! **۷** – پیوند درست ندارد: «اگر شاه بیند، ساروان کاروان را بدرون دژ کشد».

۸ – روی سخن از او [شاه بیند] به تو، بازگشت. **۹** – دنبالهٔ گفتار

۱۰ – ارجاسپ از چه رو، استوار بر اینست که در چین نیز آزار نمی‌بیند؟ **۱۱** – سرای؟ یا کلبه؟

۱۲ – لت دویم را هیچ گزارش نیست.

۱۳ – **یک:** کلبه، خود بازارگاه و دکان است. **دو:** در لت دویم، چه‌کس داردش؟

۱۴ – **یک:** چون چنتوک‌ها را با شتر آسانتر توان کشیدن، چرا آنها را به پشت کشیدند؟ **دو:** در لت دویم ماهار بجای «مهار» آمده‌است که نادرست است. **سه:** مهار هر اشتر به پشت پالان اشتر پیشین بسته‌است، و بر این بنیاد. یک ساروان [= نگهبانِ سرِ اشتر پیشرو] افسار [= آپَسارَ – چیزی که سر (شتر) را به پیش می‌برد] نخستین اشتر را بدست دارد، و ۹ شتر پسین بدنبال او، در یک زنجیره براه می‌افتند.

۱۵ – **یک:** بپرسید و گفت! **دو:** صندوق نادرست است: «صندوق‌ها».

۱٦ – **یک:** کشنده نادرست است: «کشندگان». **دو:** کشندگان که بودند؟ **سه:** سخن نیز بی‌گزارش است.

۱۷ – بر ساختن نادرست است آراست... و شگفتا که افزاینده می‌توانست «آراست» را بکار بَرَد، بی‌آنکه آهنگ سخن را بر هم ریزد.

ز هر سو فراوان خریدار خاست ... بران کلبه بر تیز بازار خاست[1]
ببود آن شب و بامداد پگاه ... ز ایوان دوان شد به نزدیک شاه[2]
ز دینار و ز مشک و دیبا سه تخت ... همی برد پیش اندرون نیکبخت[3]
بیامد ببوسید روی زمین ... بر ارجاسپ چندی بکرد آفرین[4]
چنین گفت که «این مایه‌ور کاروان ... همی راندم تیز با ساروان[5]
بدو اندرون یاره و افسر است ... که شاه سرافراز را درخور است[6]
بگوید به گنجور تا خواسته ... ببیند همه کلبه آراسته[7]
اگر هیچ شایسته بیند به گنج ... بیارد همانا ندارد به رنج[8]
پذیرفتن از شهریار زمین ... ز بازارگان پوزش و آفرین»[9]
بخندید ارجاسپ و بنواختش ... گرانمایه‌تر پایگه ساختش[10]
«چه نامی؟» بدو گفت «خرّاد نام ... جهانجوی با رادی و شادکام»[11]
به خرّاد گفت «ای رد زادمرد ... برنجی همی گرد پوزش مگرد[12]
ز دربان نباید ترا بارخواست ... به نزد من آی آنگهی که‌ت هواست»[13]
ازان پس بپرسیدش از رنج راه ... ز ایران و توران و کار سپاه[14]
چنین داد پاسخ که «من ماه پنج ... کشیدم به راه اندرون درد و رنج»[15]
بدو گفت «از کار اسفندیار ... به ایران خبر بود و ز کرگسار؟»[16]
چنین داد پاسخ که «ای نیکخوی ... سخن راند زین هر کسی به آرزوی[17]

---

۱ – لت دویم سخن نابجا است زیرا که در لت نخست همان سخن گذشت. ۲ – از ایوان؟ از کلبهٔ خودش؟

۳ – **یک:** چون از سه تخت (= تخته) دیبا نام می‌رود، دینار و مشک نیز بایستی سه تخته باشند، که نادرست است. **دو:** همی برد، نادرست است: ببرد. **سه:** پیش را «اندرون» نیست. **چهار:** نیکبخت را چه رویِ گفتن باشد؟ ۴ – دنبالهٔ گفتار

۵ – **یک:** لت نخست را پایان‌وند «را» باید. **دو:** بیگمان کاروان را، ساروان میراند، نه کاروانسالار.

۶ – در گفتار نخست از «یاره» سخن نرفته‌بود.

۷ – **یک:** سخن بی‌پیوند است: «خواسته را». **دو:** لت دویم را نیز پیشوند درست با لت نخست نیست.

۸ – **یک:** «هیچ» در لت نخست نادرخور است: «هرچه را که شایسته بیند». **دو:** لت دویم نیز بی‌پیوند است.

۹ – سخن زیبا است اما پیوسته بگفتار است.

۱۰ – **یک:** لت نخست بدآهنگ است. **دو:** پایگه ساختن آن بود که کسی را از خویشکاری (= وظیفه) که دارد، برتر کشند. چنانکه مرزبان شهری را بمرزبانی شهری بزرگتر برگمارند، پس چنین سخن دربارهٔ بازرگان درست نمی‌نماید.

۱۱ – **یک:** سخن سست است: «چه نام داری؟» پاسخ داد «خرّاد». **دو:** یک بازرگان را شایسته نیست که خویش را «جهانجوی و با راد و شادکام» بخواند. **سه:** با رادی نیز نادرست است: «راد».

۱۲ – **یک:** بازرگان را نشاید رد (= سرور، سالار، بزرگ) خواندن. **دو:** لت دویم را گزارش نیست.

۱۳ – آنگهی در لت دویم نادرست است «هرگاه»، «هر آنگاه». ۱۴ – پرسیدن از رنج راه را، روز نخست بایستی.

۱۵ – شمارش باژگونه است: پنج ماه. ۱۶ – دنبالهٔ گفتار

۱۷ – در لت دویم افزاینده خواسته‌است بگوید که هر کس بگونه‌ای دربارهٔ اسفندیار سخن میگوید.

یکی گفت کاسفندیار از پدر   پر آزار گشت و بپیچید سر [1]
دگر گفت کاو از دژ گنبدان   سپه برد و شد بر ره هفت خان [2]
که رزم آزماید به توران زمین   بخواهد به‌مردی ز ارجاسپ کین» [3]
بخندید ارجاسپ گفت «این سخن   نگوید جهاندیده مرد کهن [4]
اگر کرکس آید سوی هفت خان   مرا اهرمن خوان و مردم مخوان»(؟!) [5]
چو بشنید جنگی زمین بوسه داد   بیامد ز ایوان ارجاسپ شاد [6]
در کلبه را نامور باز کرد   ز بازارگان دژ پر آواز کرد [7]
همی بود چندی خرید و فروخت   همی هر کسی چشم خود را بدوخت؟! [8]
ز دینارگان یک درم؟ بستدی   همی این بر آن آن بر این بر زدی(؟!) [9]

آمدن خواهران، نزد اسفندیار

چو خورشید تابان ز گنبد بگشت   خریدار بازار او درگذشت [10]
دو خواهرش رفتند ز ایوان به کوی   غریوان و برکفتها بر، سبوی [11]
به نزدیک اسفندیار آمدند   دو دیده تر و خاکسار آمدند [12]
چو اسفندیار آن شگفتی بدید   دو رخ کرد از خواهران ناپدید [13]
شد از کار ایشان دلش پر ز بیم   بپوشید رخ را به زیر گلیم [14]
برفتند هر دو به نزدیک اوی   ز خون برنهاده به رخ بر، دو جوی [15]

---

۱ – یکی گفت نادرخور است: «برخی گویند». ۲ – دگر گفت همچنین؛ «برخی دیگر».
۳ – گفتار زیبا است، اما پیوسته بداستان است. ۴ – سخن در لت نخست بدآهنگ است.
۵ – مگر ارجاسپ در هفتخوان بوده‌است که جلو پروازکرکس را در آنجا بگیرد!
۶ – جنگی پاژنامی نادرخور است، و زمین بوسه داد نیز نادرست: «بر زمین بوسه زد».
۷ – **یک:** «نامور» نیز همچون جنگی پیشین نادرخور است. **دو:** بازرگان، خود با اسفندیار بود، نه‌کس دیگر.
۸ – خرید و فروخت، نه! «خرید و فروش» لت دویم نیز بی‌گزارش است... ۹ – ...همچنانکه این رج!
۱۰ – **یک:** لت نخست از شاهنامه است، و نشان ازگذشتن خورشید از نیمروز میدهد؛ خورشید، از فراز گنبد آسمان بسوی خوروَران روی نهاد، اما افزاینده را گمان بر آن بوده‌است که چنین گاه، گاهِ شام است، و با سخنی سخت سست، خواسته‌است بگوید، خریداران، بخانه‌های خود رفتند! **دو:** درگذشتن نیز در زبان فارسی «مردن» است و خریدار(ان) بازار او نمرده بود(ند).
۱۱ – **یک:** روشن نمی‌نماید که آنان خواهران اسفندیار اند. **دو:** افزایندگان سست گفتار، آنجاکه پساوا نیز وادارشان نمیکند که «کتف» را «کفت» بیاورند، باز چنین می‌کنند. **سه:** هرآینه ارجاسب دختران گشتاسب را ببند کشیده باشد. آنان را برای کامیابی به مشکوی خویش می‌برد، نه برای آبکشی!! ۱۲ – چون سبوی بر دوش داشته باشند، نشاید که «خاکسار» بوده باشند.
۱۳ – دو رخ نادرست است: «رخ»، «روی» اما مردان را چگونه شاید که رخ خویش را پنهان (نه ناپدید) کنند؟
۱۴ – افزاینده خود دریافت که سخن نابجا گفته‌است، خواست که با این گفتار، آن نادرستی را بپوشاند، وبدتر کرد!
۱۵ – از گریان بودن آنان، پیشتر سخن رفت.

داستان افزوده هفتخوان اسفندیار ۴۶۷

به خواهش گرفتند بیچارگان / بران نامور مرد بازارگان [1]
بدو گفت خواهر که «ای ساروان / نخست از کجا راندی کاروان؟ [2]
که روز و شبان بر تو فرخنده باد / همه مهتران پیش تو بنده باد [3]
ز ایران و گشتاسپ و اسفندیار / چه آگاهی است ای گو نامدار [4]
بدین سان دو دخت یکی پادشا / اسیریم در دست ناپارسا [5]
برهنه سر و پای و دوش آبکش / پدر شادمان روز و شب خفته خوش [6]
برهنه دوان بر سر انجمن / خنک آنکه پوشد تنش را کفن [7]
بگرییم چندی به خونین سرشک / تو باشی بدین درد ما را پزشک [8]
گر آگاهی‌ات هست از شهر ما / برین بوم تریاک شد زهر ما!؟ [9]
یکی بانگ برزد به زیر گلیم / که لرزان شدند آن دو دختر ز بیم [10]
که «اسفندیار از بنه خود مباد / نه آن کس به گیتی کزو کرد یاد [11]
ز گشتاسپ آن مرد بیدادگر / مبیناد چون او کلاه و کمر [12]
نبینید کایدر فروشنده‌ام / ز بهر خور خویش کوشنده‌ام [13]
چو آواز بشنید فرخ همای / بدانست و آمد دلش باز جای [14]
چو خواهر بدانست آواز اوی / بپوشید بر خویشتن راز اوی [15]
چنان داغ‌دل پیش او در بماند / سرشک از دو دیده به رخ برفشاند [16]
همه جامه چاک و دو پایش به خاک / از ارجاسپ جانش پر از بیم و باک [17]

---

۱ - به خواهش گرفتن، در زبان فارسی پیشینه ندارد.

۲ - **یک:** دو خواهر بودند، و به یک خواهر گردید. **دو:** سخن، در لت دویم نیز نادرست است.

۳ -کنش بنده باد، برای «مهتران» نادرخور است.

۴ - **یک:** لت نخست بدآهنگ است. **دو:** پیوند «تو» باید: «چه آگاهی استت» بگفتار منیژه با رستم بنگرید:

چه آگاهی استت ز گردان شاه؟ / ز توس و ز گودرز و ایران سپاه

۵ - «یکی پادشا» سخن را ناهموار میکند: «دو دختر شاه».

۶ - آبکشی کارِ «دوش» نیست که کارِ خود آبکش است. چنانکه اگر کسی نانوا باشد، نمیگوید دستم نانوا است!

۷ -لت دویم سست می‌نماید. ۸ - سخن پریشان است.

۹ - سخن دربارهٔ آگاهی کمی آرایش یافت.

۱۰ - **یک:** افزاینده خواسته‌است که داستان بانگ زدن رستم بر منیژه را بدینجا کشانَد، اما آن بانگ از ترس آن بود که مبادا آن دختر، منیژه نباشد، و آگاهی به افراسیاب برَد، اما اسفندیار که خواهران را می‌شناسد، چرا بایستی بر آنان بانگ زند؟ **دو:** بانگ از زیر گلیم، چگونه باشد؟ ۱۱ -کرد یاد در لت دویم نادرخور است: «یاد کند».

۱۲ - «ز» آغازین، سخن را در هردو لت، بر هم میریزد.

۱۳ - درست همان سخنان رستم است به منیژه، با گفتاری نادرخور. ۱۴ - آواز «او را» باید.

۱۵ - «چو» آغاز این رج، با «چو» در آغاز رج پیشین همخوان نیست.

۱۶ - پیوند درست میان لت دویم با لت نخست نیست.

۱۷ - **یک:** همه جامه نادرست است، یا «جامه» یا «همهٔ جامه‌هایش». **دو:** دو پایش بخاک نیز نادرخور است: «با پای برهنه».

۴۶۸ گشتاسپ

بدانست جنگاور پاک‌رای — که او را همی باز داند همای[1]
سبک روی بگشاد و دیده پر آب — پر از خون دل و چهره چون آفتاب[2]
ز کار جهان ماند اندر شگفت — دژم گشت و لب را به دندان گرفت[3]
بدیشان چنین گفت کـ :«این روز چند — بدارید هر دو لبان را به بند[4]
من ایدر نه از بهر جنگ آمدم — به رنج از پی نام و ننگ آمدم[5]
کسی را که دختر بود آبکش — پسر در غم و باب در خواب خوش[6]
پدر آسمان باد و مادر زمین — نخوانم برین روزگار آفرین»(؟!)
پس از کلبه برخاست مرد جوان — به نزدیک ارجاسپ آمد دوان[7]
بدو گفت کـ :«ای شاه فرخنده باش — جهاندار تا جاودان زنده باش[8]
یکی ژرف دریا در این راه بود — که بازارگان زان نه آگاه بود[9]
ز دریا برآمد یکی کژ باد — که ملاح گفت آن ندارم به یاد[10]
به کشتی همه زار و گریان شدیم — ز جان و تن خویش بریان شدیم[11]
پذیرفتم از دادگر یک خدای — که گر یابم از بیم دریا رهای[12]
یکی بزم سازم به هر کشوری — که باشد بران کشور اندر سری[13]
به خواهنده بخشم کم و بیش را — گرامی کنم مرد درویش را[14]
کنون شاه ما را گرامی کند — بدین خواهش امروز نامی کند[15]
ز لشکر سرافراز گردان که‌اند — به نزدیک شاه جهان ارجمند[16]
چنین ساخته‌ستم که مهمان کنم — أ زین خواهش آرایش جان کنم»[17]

---

۱ – باز داند در لت دویم نادرخور است: «باز دانسته‌است».
۲ – کسی را که دل خونین و دیدهٔ پر آب از غم خواهران دارد، چرا بایستی چنان بر آنان بانگ زدن؟ ۳ – سخن بی‌پیوند است.
۴ – روز چند نادرست است: «چند روز».
۵ – **یک:** برگرفته از گفتار رستم است باسفندیار:

من امروز، نز بهر جنگ آمدم — پَیِ پوزش و نام‌وننگ آمدم

دو: پس اگر برای جنگ نیامده است، جنگ‌های پسین، چرا رخ داد؟ ۶ – دو رج بهمریخته
۷ – با چنان گفتارهای سخت، بی‌آنکه دلداری بخواهران دهد، روان از کلبه بیرون رفتن؟
۸ – لت دویم بهمریخته است. ۹ – در این راه نادرست است: «در راهی که از آن گذشتیم...».
۱۰ – کژّ باد سخنی نادرست است، و لت دویم نیز نادرخور: «کشتیبان چنان باد را بیاد نداشت».
۱۱ – بریان شدیم در لت دویم نابجا است: «نالمید شدیم». ۱۲ – از بیم دریا، یا از باد دریا؟
۱۳ – سخن سخت درهمریخته و نابسامان است. ۱۴ – کم و بیش را، نادرست است: «بخواهندگان چیز بخشم».
۱۵ – دنبالهٔ گفتار
۱۶ – **یک:** سخن در لت نخست نادرست است: «آنانکه سرافراز و گردلشگر اند»، یا «بزرگان و سرفرازان لشگر را». **دو:** لت دویم را نیز پیوند درست با لت نخست نیست.
۱۷ – **یک:** «زلشگر» در لت پیش، با «چنین ساختستم» در این رج همخوان نیست. **دو:** سخن برگرفته از گفتار رستم است در داستان رستم و
←

چو ارجاسپ بشنید زان شاد شد سر مرد نادان پر از باد شد[1]
بفرمود کان کاو گرامی‌ترست اُز این لشگر امروز نامی‌ترست[2]
به ایوان خرّاد مهمان شوند اُگر مَی بود پاک مستان شوند[3]
بدو گفت «شاها ردا بخردا جهاندار و بر موبدان موبدا[4]
مرا خانه تنگ است و کاخ بلند برین بارهٔ دژ شویم ارجمند[5]
درِ مهر ماه آمد آتش کنم دل نامداران به می خوش کنم»[6]
بدو گفت «زان راه رو کت هواست به کاخ اندرون میزبان پادشاست»[7]
بیامد دمان پهلوان شادکام فراوان برآورد هیزم به بام[8]
بکشتند اسپان و چندی بره کشیدند بر بام دژ یکسره[9]
ز هیزم که بر بارهٔ دژ کشید شد از دود روی هوا ناپدید[10]
می آورد چون هرچه بُد خورده شد!! گسارندهٔ می ورا برده شد؟![11]
همه نامداران برفتند مست ز مستی یکی شاخ نرگس به دست[12]

*

شب آمد یکی آتشی برفروخت که تفّش همی آسمان را بسوخت[13]
چو از دیده گه دیده‌بان بنگرید به شب آتش و روز پر دود دید[14]
ز جایی که بُد شادمان بازگشت تو گفتی که با باد همباز گشت[15]

← اسفندیار:

ز من هرچه خواهی تو: فرمان کنم ز دیدارت آرامش جان کنم

۱ – «زان» در لت نخست نادرخور است: چو ارجاسب.

۲ – با چنین سخن، تنها یک کس، که از همه گرامی تر بوده‌است بمهمانی فراخوانده می‌شود!

۳ – لت دویم را پیوند و گفتار درست نیست. ۴ – دنبالهٔ گفتار

۵ – کاخ بلند چه باشد؟ اسفندیار را در رویین دژ، کاخ نبود.

۶ – هیچگاه در زبان فارسی از «درِ مهرماه» سخن نرفته‌است. آتش کنم را نیز پیوند با گفتار نیست.

۷ – اسفندیار خواهش کرده‌بود که بر بام دژ مهمانی بگیرد، نه در کاخ.

۸ – اسفندیار، خود هیزم ببام برد؟ یا بدان بیست مرد همراه چنین فرمان داد؟ سخن با «پهلوان آمد» به خود اسفندیار بازمیگردد.

۹ – اسپان و چندی بره ناهمخوان است: «چند اسب و چند بره».

۱۰ – باز، از کشیدن هیزم بر دست اسفندیار یاد می‌شود.

۱۱ – **یک:** سخن سست است. **دو:** گسارندهٔ می چه کس را برده شد؟ اسفندیار را، یا مَی‌نوشان را؟ سخن را گزارش نیست.

۱۲ – **یک:** شاخ نرگس را از مستی نشاید بدست گرفتن؟ نرگس در درِ مهرماه(!) نمی‌رسد، که در اسفندماه و نوروز می‌رویدا **دو:** این رج از داستان زال در مهمانی منوچهر برگرفته شده است:

برفتند، گُردان همه، شاد و مست گرفته یکی دستهٔ گل بدست

۱۳ – لت دویم؛ گزافهٔ سخت.

۱۴ – در شب آتش برافروخت، پس روزی را که گذشته است چگونه پر دود دید.

۱۵ – «ز جایی که بد» نادرخور است: «از دیدگاه».

چو از راه نزد پشوتن رسید — بگفت آنچه از آتش و دود دید[1]
پشوتن چنین گفت که: «از پیل و شیر — به تُنبل فزون است مرد دلیر[2]
که چشم بدان از تنش دور باد — همه روزگاران او سور باد»[3]
برزد نای رویین و روینه‌خم — برآمد ز در نالهٔ گاودم[4]
ز هامون سوی دژ بیامد سپاه — شد از گرد خورشید تابان سیاه[5]
همه زیر خفتان و خود اندرون — همی از جگرشان بجوشید خون[6]
به دژ چون خبر شد که آمد سپاه — جهان نیست پیدا ز گرد سیاه[7]
همه دژ پر از نام اسفندیار — درخت بلا حنظل آورد بار؟![8]
بپوشید ارجاسپ خفتان جنگ — بمالید بر چنگ بسیار چنگ[9]
بفرمود تا کهرم شیرگیر — برد لشکر و کوس و شمشیر و تیر[10]
به ترخان چنین گفت که: «ای سرفراز — برو تیز با لشکری رزمساز[11]
ببر نامداران دژ ده‌هزار — همه رزمجویان خنجرگزار[12]
نگه کن که این جنگجویان کی‌اند — اُز این تاختن ساختن بر چی‌اند»[13]
سرافراز ترخان بیامد دوان — بدین روی دژ با یکی ترجمان[14]
سپه دید با جوشن و ساز جنگ — درفشی سیه پیکر او پلنگ[15]

---

۱ - دوباره از دودِ (روز) یاد می‌شود که نادرست بود.

۲ - پیل و شیر را آشنایی به تنبل (طلسم، جادو) نیست.

۳ - **یک:** «که» آغازین این رج با که (کز) در رج پیشین همخوان نیست. **دو:** پیدا است که جنگاوران، گاه در رزم بوده‌اند و گاه در بزم، هرآینه کسی که همواره روزگار خویش را در بزم بگذراند، پهلوان نیست، و زود باشد که شکست بر وَی رسد.
چنین اندیشه را «گیو» بهنگام جُستن کیخسرو کرده‌بود:

کنون گر برزم‌اند، یاران من — ببزم اندرون غمگساران من
یکی نامجوی، یکی شادروز — مرا، بخت؛ بر گنبد افشاند، گُوز

۴ - آنان در کاخ نبوده‌اند که نالهٔ گاودم از «در» برآید.

۵ - افزاینده فراموش کرده‌است که اسفندیار آتش را بهنگام شب روشن کرده بود، و بدانهنگام خورشید در آسمان نبود.

۶ - زیر خفتان؟ یا اندرونِ خود؟ خود را بر روی سر می‌نهند، و کسی به اندرون آن نمی‌رود!

۷ - شبانه، گردِ سیاه دیده نمی‌شود.

۸ - **یک:** «دژ» در این رج با «دژ» در رج پیشین همخوان نیست. **دو:** لت نخست را پایان نیست.

۹ - لت دویم سخت سست است، و افزاینده را رای بر آن بوده‌است که بگوید، ارجاسب دست بدست مالید... از آنجا که بهنگام پشیمانی، پشت دست را با دست می‌مالند، نه آنکه چنگ را بر چنگ بمالند.

۱۰ - لشگر را کجا بَرَد؟ آنان در اندرون دژ هستند!

۱۱ - ترخان کسی است که در بزم شاهان، بی‌دستوری و آگاهی پیشین، اندر می‌شد، و او را برزم کار نبود.

۱۲ - **یک:** شیوهٔ شمارش نادرست است: «ده‌هزار از نامدارانِ دژ». **دو:** رزمجویان را نبایستی تنها «خنجرگزار» بودن. که آنان همهٔ ابزارهای جنگ را بکار می‌توانستند بردن.

۱۳ - لت دویم سخت نادرخور است.

۱۴ - «بدین روی دژ» راگزارش نباشد: «ترخان به بیرون دژ آمد».

۱۵ - ایرانیان هیچگاه درفش سیاه نداشتند،... که جامهٔ سیاه نیز نمی‌پوشیدند.

سپه کش پشوتن به قلب اندرون[1] سپاهی همه دست شسته به خون
به چنگ اندرون گرز اسفندیار[2] به زیر اندرون بارهٔ نامدار
جز اسفندیار تهم را نماند کس او را بجز شاه ایران نخواند[3]
سپه میسره میمنه برکشید(؟!) چنان شد که کس روز روشن ندید[4]
ز زخم سنان‌های الماس‌گون تو گفتی همی بارد از ابر خون[5]
به جنگ اندر آمد سپاه از دو روی[6] هر آن کس که بُد گرد و پرخاشجوی
بشد پیش نوش‌آذر تیغ‌زن همی جست پرخاش زان انجمن[7]
بیامد سرافراز ترخان برش که از تن به خاک اندر آرد سرش[8]
چو نوش‌آذر او را به هامون بدید بزد دست و تیغ از میان برکشید[9]
کمرگاه ترخان به دو نیم کرد دل کهرم از درد پر بیم کرد[10]
چنان هم به قلب سپه حمله برد بزرگش یکی بود با مرد خرد[11]
بران سان دو لشگر بهم برشکست[12] که از تیر بر سرکشان ابربست(؟!)
سرافراز کهرم سوی دژ برفت گریزان و لشگر همی راند و تفت[13]
چنین گفت کهرم به پیش پدر که «ای نامور شاه خورشیدفر[14]
از ایران سپاهی بیامد بزرگ به پیش اندرون نامداری سترگ[15]
سرافراز اسفندیار است و بس بدین دژ نیاید جز او هیچ کس[16]

---

۱ - افزاینده را آگاهی از خویشکاری «سپه کش» نبوده‌است که ویرا در «قلب سپاه» جای داد...

۲ - **یک:** ...وگرز اسفندیار را نیز در دست وی نهاد. **دو:** زیر را «اندرون» نیست.

۳ - «نماند» نادرخور است «نمی‌ماند»، و در لت دویم نیز «نمی‌خواند».

۴ - **یک:** افزایندهٔ نادان که (میمنه و میسره) بال راست و چپ سپاه در دشت، گزارش دارد، آنهم روبروی سپاه دشمن، نه برای جنگی که در پریوار (محاصرهٔ) دژ است. **دو:** افزاینده فراموش کرده‌است که نبرد در شب روی داد...

۵ - **یک:** ...و در شب درخشش سنان دیده نمی‌شود. **دو:** تو گفتی... **سه:** از زخم (= ضربهٔ سنان) که بر روی و دوش و سر و کتف می‌آید، چگونه از ابر خون می‌بارید؟

۶ - **یک:** چرا بایستی سپاه ارجاسپ که در رویین دژ بودند بپذیرهٔ سپاه دشمن روند؟ **دو:** لت دویم را پیوند درست نیست.

۷ - از کدام انجمن، سپاهیان ارجاسپ در دژ بودند!

۸ - باز از ترخانِ روزِ بزم در هنگامهٔ رزم، یاد می‌شود.

۹ - نبرد پیرامون دیوار دژ است، نه در هامون!

۱۰ - **یک:** کمرگاه به دو نیم نمی‌شود که اگر چنان زخم به میانِ کسی زده شود پیکرش بر دو نیم می‌شود. **دو:** دلِ کهرم را «را» باید.

۱۱ - بقلب کدام سپه؟ سپاهیان ارجاسپ اندرون دژ بودند.

۱۲ - چرا بایستی لشگر خود را نیز بهم برشکند؟ و پس‌از برشکستن تیرباران؟ تیرباران پیش‌از رسیدنِ دو سپاه بیکدیگر، از راه دور، روی میدهد.

۱۳ - سرداری که، گریزان برود، نمیتواند لشگر خویش را براند!

۱۴ - در زمانِ «لشگر همی راندن» نمیتواند، با پدر خویش گفت‌وگوی کند.

۱۵ - **یک:** پس‌از آنهمه هیاهو و جنگ، تازه آگاهی بارجاسپ میرسد؟ **دو:** پیش را اندرون نیست.

۱۶ - هنوز که آن لشگریان باندرون دژ نیامده بودند.

همان نیزهٔ جنگ دارد به چنگ — که در گنبدان دژ تو دیدی به جنگ؟![1]
غمین شد دل ارجاسپ را زان سخن — که نو شد دگر باره کین کهن[2]
به ترکان همه گفت «بیرون شوید — ز دژ یکسره سوی هامون شوید[3]
همه لشگر اندر میان آورید — خروش هژبر ژیان آورید[4]
یکی زنده زیشان ممانید نیز — کسی نام ایشان مخوانید نیز»(؟!)[5]
همه لشگر از دژ به راه آمدند — جگرخسته و کینه‌خواه آمدند[6]

*

چو تاریک‌تر شد شب اسفندیار — بپوشید نوجامهٔ کارزار[7]
سرِ بند صندوق‌ها برگشاد — یکی تا بدان بستگان جست باد(؟!!)[8]
کباب و مَی آورد و نوشیدنی — همان جامهٔ رزم و پوشیدنی[9]
چو نان خورده شد هر یکی را سه جام — بدادند و گشتند زان شادکام[10]
چنین گفت ک:«امشب شبی پر بلاست — اگر نام گیریم ز ایدر سزاست(؟)[11]
بکوشید و پیکار مردان کنید — پناه از بلاها به یزدان کنید»[12]
ازان پس یلان را به سه بهر کرد — هر آن کس که جستند ننگ و نبرد[13]
یکی بهره زیشان میان حصار — که سازند با هر کسی کارزار[14]
دگر بهره تا بر در دژ شوند — ز پیکار و خون ریختن نغنوند[15]
سیوم بهره را گفت از سرکشان — که «باید که یابید زیشان نشان[16]
که بودند با ما ز می دوش مست — سران‌شان به خنجر ببرّید پست»[17]

---

۱ - پیشتر گرز اسفندیار را در کف او نهاده‌بودند! باری پشوتن با وی نبرد نکرده‌بود که وی را ببینند! و مگر نیزه را می‌توان بازشناختن؟

۲ - دنبالهٔ گفتار

۳ - هیونان، ترک نبوده‌اند. لت دویم دوباره‌گویی «بیرون شوید» لت نخست است.

۴ - کدام لشگر را در میان آورند؟ لت دویم نیز نادرخور است.

۵ - **یک:** «نیز» پایانی لت نخست نادرخور است. **دو:** لت دویم، ناشایست است!! از آنجا که نام هیچیک از آنان را نمی‌دانند، تا نامشان را بخوانند، یا نخوانند.

٦ - «براه آمدند»؟ یا «بهامون شدند»؟

۷ - نو جامهٔ کارزار راگزارش نیست.

۸ - لت دویم سخت نادرخور است، چون «باد جستن» راگزارش دیگر است.

۹ - مگر آنان برهنه بوده‌اند که پوشیدنی بر ایشان بیاورد.

۱۰ - **یک:** در رج پیشین اسفندیار «آورد»، و در این رج دیگران (بدادند). **دو:** پیش‌از آغاز نبردی سهمگین شایسته نمی‌نماید که کسی سپاهیان خویش راست کند.

۱۱ - لت دویم سخت نادرخور است. افزاینده را رای بر آن بوده‌است که بگوید اگر در نبردی که در پیش داریم پیروزشویم و نامِمان بلند شود...

۱۲ - پیکار مردان نادرست است: «مردانه پیکار کنید». **دو:** در جنگِ رویاروی، «بلا» پیش نمی‌آید.

۱۳ - **یک:** پیوند بایسته میان لت دویم با لت نخست نیست. **دو:** هر آنکس را نیز «جست» باید، نه جستند.

۱۴ - دژ و رویین دژ به «حصار» برگشت.

۱۵ - «دگر بهره تا» نادرست است: «دیگر بهره «را» بفرمود تا...».

۱٦ - «از» در لت نخست با «که» در آغاز لت دویم بایستی باهم آیند «کز سرکشان».

۱۷ - **یک:** این است شیوهٔ مهمان‌نوازی ایرانی؟ **دو:** هنوز بامداد نشده است که از «دوش» یاد شود.

خود و بیست مرد از دلیران گرد[1] بشد تیز و دیگر بدیشان(؟) سپرد
به درگاه ارجاسپ آمد دلیر زره‌دار و غران بکردار شیر[2]
چو زخم خروش آمد از در سرای دوان پیش آزادگان شد همای[3]
ابا خواهر خویش به‌آفرید به خونِ مژه کرده رخ ناپدید[4]
چو آمد به تنگ اندر اسفندیار دو پوشیده را دید چون نوبهار[5]
چنین گفت با خواهران شیرمرد که:«از ایدر بپویید برسان گرد[6]
بدانجا که بازارگاه من است بسی زرّ و سیم است و گاه من است(؟)[7]
مباشید با من بدین رزمگاه اگر سر دهم گر ستانم کلاه»[8]
بیامد یکی تیغ هندی به مشت کسی را که دید از دلیران بکشت[9]
همه بارگاهش چنان شد که راه نبود اندران نامور بارگاه(؟)[10]
زبس خسته و کشته و کوفته زمین همچو دریای آشوفته[11]
چو ارجاسپ از خواب بیدار شد ز غلغل دلش پر ز تیمار شد[12]
بجوشید ارجاسپ از جایگاه بپوشید خفتان و رومی‌کلاه[13]
به دست اندرش خنجر آبگون دهن پر ز آواز و دل پر ز خون[14]
بجست از در کاخش اسفندیار[15] به دست اندرش تیغ زهرآبدار
بدو گفت که:«از مرد بازارگان بیابی کنون تیغ و دینارگان[16]
یکی هدیه آرمت[17] لهراسپی نهاده بر او مهر گشتاسپی»
برآویخت ارجاسپ و اسفندیار از اندازه بگذشت‌شان کارزار[18]

---

۱ - یک: سه بهره کرد، و چار بهره شمرد! دو: «بدیشان» در لت دویم، که را خواهد نمودن؟ ۲ - وابسته بگفتار

۳ - افزاینده آوای کوبهٔ در را خروش، و زخم خروش خوانده است، و دختر شاه گشتاسپ را که به آبکشی کشیده‌بود، اکنون بدربانی کشاند... افزایندهٔ خام خرد، چندان آگاهی از شیوهٔ زندگانی پادشاهان نداشته‌است که کاخ شاه را دربانان و سپاهیان نگهبانی می‌کنند، نه یک پرستارِ زن!

۴ - در آغاز پیروزی چرا بایستی از دیده خون ریختن؟

۵ - یک: اسفندیار بر اسب سوار نبود که بتنگ بیاید. دو: پوشیده، نادرخور است. پوشیده‌روی. سه: آن خواهران که با پای برهنه، بر دوش سبوی آب می‌کشیدند. چگونه «چون نوبهار» بودند؟ آنهم در تاریکی شب! ۶ - دنبالهٔ گفتار

۷ - اسفندیار، تخت بهمراه خویش نیاورده بود. ۸ - لت دویم را پیوند «که» باید: «که یا سر دهم یا ستانم کلاه».

۹ - «کسی را» در لت دویم نادرخور است: «هرکس را که دید».

۱۰ - دوبار «بارگاه» بکار بردن در یک سخن، آنرا سست می‌نماید. ۱۱ - سخن را پایان نیست.

۱۲ - یک: چه هنگام خفتن بود؟... هنوز اسفندیار بمهمانان شام میدهد! دو: آیا می‌توان باور کردن که در چنان هنگامهٔ جنگ که پیش‌ازاین یاد شد، پادشاه کشوری، در کاخ خویش آسوده بخوابد؟

۱۳ - بجوشید از جایگاه، نادرست است. جوشیدن شاید بی‌جنبش نیز روی دهد، زیرا که وابسته به دل و روان و اندیشه است، افزاینده بجای «برجست» بجوشید آورده‌است.

۱۴ - یک: با خنجر بجنگ نمی‌روند... که خنجر را، برای پایان کار، کاربرد بوده‌است. دو: آواز نیز نادرخور است: «خروش».

۱۵ - اسفندیار که کاخ ارجاسپ را پر از کشته و خسته و کوفته کرده‌بود، هنوز کنارِ درگاه کاخ است. ۱۶ - دنبالهٔ گفتار

۱۷ - آوردمت، نه آرمت. ۱۸ - برآویخت نادرخور است: «برآویختند».

پیاپی بسی تیغ و خنجر زدند[1] — گهی بر میان گاه بر سر زدند
به زخم اندر ارجاسپ را کرد سست — ندیدند(؟) بر تنش جایی درست[2]
ز پای اندر آمد تنِ پیلوار — جدا کردش از تن سر اسفندیار[3]
چو شد کشته ارجاسپ آزردهجان — خروشی برآمد ز کاخ زنان(؟)[4]
چنین است کردار گردنده دهر — گهی نوش یابیم از او گاه زهر[5]
چه بندی دل اندر سرای سپنج — چو دانی که ایدر نمانی مرنج
بپردخت ز ارجاسپ اسفندیار — به کیوان برآورد ز ایوان دمار[6]
بفرمود تا شمع بفروختند — به هر سوی ایوان همی سوختند[7]
شبستان او را به خادم سپرد — ازان جایگه رشته تایی نبرد[8]
در گنج دینار او مهر کرد — به ایوان نبودش کسی همنبرد[9]
بیامد سوی آخُر و برنشست — یکی تیغ هندی گرفته به دست[10]
ازان تازی اسپان کهش آمد گزین — بفرمود تا برنهادند زین[11]
برفتند زانجا سد و شست مرد — گزیده سواران روز نبرد[12]
همان خواهران را بر اسپان نشاند — ز درگاه ارجاسپ لشگر براند[13]
وز ایرانیان نامور مرد چند — به دژ ماند با ساوهٔ ارجمند(؟)[14]
«چو من» گفت «ز ایدر به بیرون شوم — خود و نامداران به هامون شوم[15]
به ترکان در دژ ببندید سخت — مگر یار باشد مرا نیکبخت[16]

---

۱ – افزاینده نمی‌دانسته‌است که ارجاسب خنجر بدست را یارای رویارویی با اسفندیار شمشیر بدست نیست!

۲ – چه کسان ندیدند؟ آندو بتنهایی رودرروی یکدیگر داشتند.

۳ – **یک:** تن پیلوار نادرخور است: «تن پیلوارش». **دو:** لت دویم نیز پریشان و بی‌پیوند است.

۴ – **یک:** چون کسی کشته شود، نشاید از جانِ آزرده‌اش یاد کردن. **دو:** نبرد آندو در کنار دروازهٔ کاخ روی داده بود، و چگونه بیدرنگ زنان در کاخ خویش از آن آگاه شدند؟ **سه:** با «خروشی بر آمد» در آغاز لت دویم، سخن بپایان نمی‌رسد. «خروشی برآمد... که چنان شد، که...».

۵ – دو رج پندهای همیشگی

٦ – جانور را «دمار» هست اما کاخ «دمار» ندارد! «دمار» پوستی نازک است که روی گوشت راسته (پشت مازهٔ) گوسفند است، و برای کباب کردن راسته؛ بایستی با کارد آن پوست را از گوشت جدا سازند، که کاری دشوار است.

۷ – دنباله گفتار.

۸ – **یک:** خادم را در گفتار فردوسی جای نیست. **دو:** لت دویم نیز نادرخور است. «رشته تایی» چه باشد؟: «یک رشته نخ».

۹ – چنین کارها، در آن هنگامهٔ نبرد که پس‌ازآن نیز بسختی دنبال می‌شود، با خرد همراه نیست.

۱۰ – برنشست؟ «بر اسب خود برنشست».

۱۱ – در رج پیشین بر اسب برنشسته بود، و اینجا تازه زین بر اسپِ گزین می‌نهند!

۱۲ – اسفندیار بیست مرد را با خود همراه کرده‌بود!!

۱۳ – همهٔ مردانی را که اسفندیار با خود آورده‌بود یکسد مرد بودند بیست مرد بگونهٔ ساروان، و هشتاد مرد در چنتوک‌ها. پس‌ازآن نیز آنان را به چهار بخش کرده‌بود پس این یکسدوشست مرد، از کجا پدیدار شدند!؟

۱۴ – ساوه که بوده‌است؟ که تاکنون نام او را نشنیده‌ایم.

۱۵ – سخن درهمریخته است.

١٦ – **یک:** هیونان «ترک» نبوده‌اند. **دو:** مگر دژداران ارجاسپ کجا بودند که اسفندیار نگهبانی از دروازه را به «مرد چند» (= چند مرد) می‌سپارد!

هر آن گه که آید گمانتان که من … رسیدم بدان پاک‌رای انجمن[1]
غو دیده‌بان باید از دیده گاه … کانوشه سر تاج گشتاسپ شاه[2]
چو انبوه گردد به دژ بر سپاه … گریزان و برگشته از رزمگاه[3]
به پیروزی از بارهٔ کاخ پاس … بدارید از پاک یزدان سپاس(؟)[4]
سر شاه ترکان ازان دیده گاه … بینداخت باید به پیش سپاه»[5]
بیامد ز دژ با سد و شست مرد … خروشان و جوشان به دشت نبرد[6]
چو نزد سپاه پشوتن رسید … بر او نامدار آفرین گسترید[7]
سپاهش همه مانده زو در شگفت … که مرد جوان آن دلیری گرفت[8]

*

چو ماه از بر تخت سیمین نشست … سه پاس از شب تیره اندر گذشت[9]
همی پاسبان برخروشید سخت … که: گشتاسپ شاه است و پیروزبخت[10]
چو ترکان شنیدند زان سان خروش … نهادند یکسر به آواز گوش[11]
دل کهرم از پاسبان خیره شد … روانش ز آواز او تیره شد[12]
چو بشنید با اندریمان بگفت … که «تیره شب آواز نتوان نهفت[13]
چه گویی که امشب چه شاید بُدن … بباید همی داستان‌ها زدن(؟)[14]
که یارد گشادن بدین سان دو لب … به بالین شاهی درین تیره شب[15]
بباید فرستاد تا هر که هست … سران‌شان به خنجر ببرّند پست[16]
چه بازی کند پاسبان روز جنگ … بر این نامداران شود کار تنگ(؟)[17]
اُگر دشمن ما بود خانگی … بجوید همی روز بیگانگی[18]

---

۱ – پاک‌رای انجمن راگزارش نیست: «لشگر ایران».

۲ – **یک**: کدام دیدگاه، آنان چند مرد هستند که دروازه را نگهبان‌اند!... دیدگاه برفراز کوههای بلند بوده‌است. **دو**: در دیدگاه، مردان تیزنگر آمد و شد کاروان‌ها و سپاهیان را پاس میدارند، و کارشان چنین نبوده‌است که برای تاج گشتاسب غریو برآورند.

۳ – سخن، سخت نادرخور است. اسفندیار بدان چند مرد گفته‌بود که دربارهٔ دژ را بروی ترکان(!) ببندید، پس اکنون چگونه از باز آمدن آنان سخن میرود؟

۴ – سپاس را بیش‌از هرکس اسفندیار بایستی داشتن، نه چند مرد نگهبان دروازه.

۵ – و چنین کار، با سپاس رج پیشین همخوان نیست.

۶ – دوباره از سدوشست مرد یاد می‌شود، باز آنکه چند مرد از آنان را به نگهبانی دژ گمارده بود.

۷ – روشن نیست که چه‌کس آفرین بر دیگر گسترید! آفرین نیز (گستردنی) نیست (خواندنی) است.

۸ – دنباله سخن.

۹ – ماه، خود سیمین است، و تخت ندارد.

۱۰ – پیوند «همی» نادرخور است: «از پاسبانان خروش برآمد».

۱۱ – پس‌از شنیدن، گوش نهادند؟

۱۲ – دل هیچگاه خیره نمی‌شود. خیره شدن ازآنِ «چشم»، یا «سر» است.

۱۳ – سخن راگزارش نیست.

۱۴ – دو بار «چه» در یک گفتار، آنرا سست میکند.

۱۵ – «غریو» دیده‌بان، را آوایی ازمیان دو لب، نشاید خواندن، که چنان کار با خروش انجام می‌پذیرد.

۱۶ – هر که هست را با «سرانشان، ببرّند» همخوان نیست: «هر که هست، سرش را ببرند».

۱۷ – **یک**: روز نبود، و نیمه شبان بود. **دو**: میان لت دویم نیز با لت نخست پیوند بایسته نیست.

۱۸ – لت دویم راگزارش نیست.

۴۷۶ گشتاسپ

به آواز بد گفتن و فال بد — بگوییم مغزش به کوپال بد»[1]
بدین گونه آواز پیوسته شد — دل کهرم از پاسبان خسته شد[2]
زبس نتره از هر سوی زین نشان — پر آواز شد گوش گردنکشان[3]
سپه گفت ک:«آواز بسیار گشت — از اندازهٔ پاسبان برگذشت[4]
کنون دشمن از خانه بیرون کنیم — ازان پس برین چاره افسون کنیم»[5]
دل کهرم از پاسبان تنگ شد[6] — بپیچید و رویش پر آژنگ شد
به لشگر چنین گفت ک:«ز خواب شاه — دل من پر از رنج شد جان تباه[7]
کنون بی‌گمان باز باید شدن — ندانم کزین پس چه شاید بُدن»[8]
بزرگان چنین روی برکاشتند — به شب دشت پیکار بگذاشتند[9]
پس اندر همی آمد اسفندیار — زره‌دار با گرزهٔ گاوسار[10]

*

چو کهرم بر بارهٔ دژ رسید — پس لشگر ایرانیان را بدید[11]
چنین گفت ک:«اکنون بجز رزم کار — چه مانده‌ست با گرد اسفندیار[12]
همه تیغ‌ها برکشیم از نیام — به خنجر فرستاد باید پیام»[13]
به چهره چو تاب اندر آورد بخت — بران نامداران ببُد کار سخت[14]
دو لشگر بران سان برآشوفتند — همی بر سر یکدگر کوفتند[15]
چنین تا برآمد سپیده دمان — بزرگان چین را سرآمد زمان[16]
برفتند مردان اسفندیار — بران نامور بارهٔ شهریار[17]
برنده سر شاه ارجاسپ را — جهاندار و خون‌ریز لهراسپ را[18]

---

۱ – کوپال بد و خوب ندارد. ۲ – لت نخست را پیوند «چون» در آغاز باید.

۳ – آنان چند مرد در کنار دروازه، بیش نبودند، و نشایستی، از هر سوی نترهٔ آنان بگوش رسد.

۴ – سپاه چگونه گفت؟: «سپاهیان گفتند». ۵ – در لت نخست پیوند «باید» شاید: «اکنون باید دشمن را...».

٦ – افزاینده نخست روان او را از آواز تیره کرده‌بود، پسان دل او را خسته بود، و اکنون دلش را تنگ و رویش را پر آژنگ کرد، و در رج آینده دل او را پر از رنج جان وی را تباه میکند.

۷ – در سیاهی شب، کهرم چگونه توانست با همهٔ لشگریان سخن گفتن؟ ۸ – بکجا باز باید شدن؟

۹ – افزایندهٔ خام گفتار میدان نبرد را بیابان پنداشه است! چگونه شاید که در آن هنگامهٔ دار و کوب و تیغ و خنجر، کهرم بدین آسانی با لشگریان خویش سخن گوید، و بآنان فرمان دهد که بازگردند؟... و هیچ نیندیشیده است که دشمنان نیز که رودرروی آنان‌اند با ایشان بدژ اندرون می‌آیند! ۱۰ – افزاینده؛ پیشتر تیغ هندی بچنگ وی داده بود.

۱۱ – **یک:** برِ باره نادرست است: «ببارهٔ دژ». **دو:** پس لشگر نه که «پیشِ لشگریان خود ایرانیان را بدید».

۱۲ – کهرم از کجا می‌دانست که هماوردش اسفندیار است؟ که دیده‌بانان نام گشتاسپ را می‌بردند!

۱۳ – شمشیر برکشند و با خنجر پیام فرستند؟ ۱۴ – دنبالهٔ گفتار

۱۵ – لت دویم را پیوند بایسته نیست، و میان این رج با رج پسین جدایی می‌افکند. ۱٦ – دنباله سخن.

۱۷ – لت دویم نادرخور است بر بام رویین دژ. ۱۸ – لت دویم پیوند درست ندارد.

به پیش سپاه اندر انداختند ز پیکار ترکان بپرداختند[1]
خروشی برآمد ز توران سپاه ز سر برگرفتند گردان کلاه[2]
دو فرزند ارجاسپ گریان شدند چو بر آتش تیز بریان شدند[3]
بدانست لشگر که آن کار کیست وزان رزم بد بر که باید گریست[4]
بگفتند «رادا دلیرا سرا سپهدار شیراوژنا مهترا[5]
که کشتت که بر دشت کین کشته باد(؟) بر او جاودان روز برگشته باد[6]
سپردن که را باید اکنون بنه[7] درفش که داریم بر میمنه
چو ارجاسپ پردخته شد قلبگاه مبادا کلاه و مبادا سپاه[8]
سپه را به مرگ آمد اکنون نیاز ز خلّخ پر از درد شد تا طراز»[9]
ازان پس همه پیش مرگ آمدند زره دار با گرز و ترگ آمدند[10]
ده و دار برخاست از رزمگاه هوا شد بکردار ابر سیاه[11]
به هر جای بر تودهای کشته بود کسی را کجا روز برگشته بود[12]
همه دشت بی‌تن سر و یال بود به جای دگر گرز و گوپال بود[13]
ز خون بر در دژ همی موج خاست که دانست دست چپ از دست راست[14]
چو اسفندیار اندر آمد ز جای سپهدار کهرم بیفشارد پای[15]
دو جنگی بران سان برآویختند که گفتی بهم‌شان برآمیختند[16]
تهمتن کمربند کهرم گرفت مر او را ازان پشت زین برگرفت[17]
برآوردش از جای و زد بر زمین همه لشگرش خواندند آفرین[18]
دو دستش ببستند و بردند خوار[19] پراکنده شد لشگر نامدار

۱ – هیونان ترک نبوده‌اند... ۲ – ...نیز در این رج تورانی گشتند.
۳ – لت دویم از شاهنامه برگرفته شده است.
۴ – «آن» در لت نخست، با «آن» در لت دویم همخوان نیست، و «رزمِ بد» نیز نادرخور است. ۵ – دنبالهٔ گفتار
۶ – سخن ناهموار است: «آنکس که ترا کشت».
۷ – بنه هیونان در میدان جنگ نبود. آنان در دژ انبار داشتند! بُنه و میمنه را نیز پساوا نیست.
۸ – قلبگاه در رج نخستین پیوند با سخن ندارد. ۹ – سخن در لت نخست نابهنجار است.
۱۰ – پیش مرگ آمدن را روی نیست: «دل بمرگ نهادند». ۱۱ – شبانه، چگونه و با که جنگ کردند؟
۱۲ – پیوند درست میان لت دویم با لت نخست نیست.
۱۳ – **یک:** چگونه شاید که سر و یال آنان در دشت ریخته باشد، و «تن» درمیانه نباشد؟ **دو:** گرز و کوپال‌ها را چه‌کس در گوشه‌ای دیگر گرد آورد؟ ۱۴ – لت دویم بی‌پیوند است.
۱۵ – اسفندیار، اندر (= اندرون) ز جای آمد راگزارش نیست. ۱۶ – سخن را پیوند «با یکدیگر» باید.
۱۷ – **یک:** تهمتن، پاژنام رستم است. **دو:** «کمر» همان میان‌بند است، و دوباره آوردن بند، چنین می‌نماید: «میان‌بند بند». **سه:** از آن پشت زین نیز نادرخور است: «از پشت زین».
۱۸ – **یک:** از جای نیز نادرخور است: «از پشت زین». **دو:** نیمه شبان، لشگریان چگونه آن نبرد را می‌دیدند.
۱۹ – چون سواری را از روی اسپ بر زمین کوبند، مهرهٔ کمر وی می‌شکند و می‌میرد و نیاز به بستن دست وی نیست.

همی گرز بارید همچون تگرگ[1] زمین پر ز ترگ و هوا پر ز مرگ
سر از تیغ پرّان چو برگ از درخت[2] یکی ریخت خون و یکی یافت تخت
همی موج زد خون بران رزمگاه سری زیر نعل و سری با کلاه[3]
نداند کسی آرزوی جهان نخواهد گشادن به ما بر نهان[4]
کسی که‌ش سزاوار بد بارگی گریزان همی راند یکبارگی
هر آن کس که شد در دم اژدها بکوشید و هم زو نیامد رها
ز ترکان چینی فراوان نماند اگر ماند کس نام ایشان نخواند[5]
همه ترگ و جوشن فروریختند هم از دیده‌ها خون برآمیختند[6]
دوان پیش اسفندیار آمدند همه دیده چون جویبار آمدند[7]
سپهدار خونریز و بیداد بود سپاهش به بیداد او شاد بود[8]
کسی را نداد از یلان زینهار بکشتند زان خستگان بی‌شمار[9]
به توران‌زمین شهریاری نماند ز ترکان چین نامداری نماند[10]
سراپرده و خیمه برداشتند بدان خستگان جای بگذاشتند(؟)[11]
بران روی دژ بر ستاره برزد(؟) چو پیدا شد از هر دری نیک و بد(؟)[12]
برزد بر در دژ و دار بلند فروهشت از دار پیچان کمند[13]
سر اندریمان نگونسار کرد برادرش؟ را نیز بر دار کرد[14]
سپاهی برون کرد بر هر سوی به جایی که آمد نشان گوی[15]
بفرمود تا آتش اندر زدند همه شهر توران بهم برزدند[16]
به جایی دگر نامداری نماند به چین و به توران سواری نماند[17]

---

۱ – پس‌از پراکنده شدن لشگر گرز بارید؟ لت دویم نیز سخت نادرخور است.
۲ – **یک:** برگ از درخت نمی‌پرد که از آن فرو میریزد. **دو:** رویداد را، آنکه خون میریزد، همو تخت می‌یابد!
۳ – دوباره‌گویی رج پیشین است.
۴ – سه رج پندهای همیشگی
۵ – **یک:** هیونان، ترک نبودند. **دو:** لت دویم را نیز گزارش نیست، و چنین می‌نماید که آنانکه کشته شدند، نامشان نیز خوانده شده است.
۶ – خون از دیده ریختنی و پالودنی است و برآمیختنی نیست.
۷ – نیز این سخن در رج همان را میگوید.
۸ – دو رج
۹ – اما اسفندیار که پیش‌ازاین زینهاریان را ببخشود، اینجا بیدادگر خوانده می‌شود!!
۱۰ – آنجا کشور هیونان بود، و نیز آنان ترک نبودند.
۱۱ – هیونان در دژ بودند، نه در سراپرده (خیمه)
۱۲ – سخن را هیچ گزارش نیست.
۱۳ – چه‌کس بزد؟ اسفندیار؟ گفتار فردوسی در این زمینه چنین است:

بفرمای داری زدن، پیش در که باشد بر او بر، ز هر سو گذر!
نگونبخت را، زنده بر دار کن ....!

از داستان بیژن و منیژه

۱۴ – برادر اندریمان که بود؟
۱۵ – سوی را با «گو» پساوا نیست.
۱۶ – **یک:** شهر، همهٔ کشور نیست. **دو:** آنان نیز بدانزمان تورانی خوانده نمی‌شدند و «هیون» بودند.
۱۷ – باز سخن از چین و توران می‌رود.

داستان افزوده هفتخوان اسفندیار ۴۷۹

تو گفتی که ابری برآمد سیاه   ببارید آتش بران رزمگاه[1]
جهانجوی چون کار زان گونه دید   سران را بیاورد و می درکشید(؟!!)[2]

*

دبیر جهاندیده را پیش خواند   ازان چاره و جنگ چندی براند[3]
بر تخت بنشست فرخ دبیر   قلم خواست و قرطاس و مشک و ابیر[4]
نخستین که نوک قلم شد سیاه   گرفت آفرین بر خداوند ماه[5]
خداوند کیوان و ناهید و هور   خداوند پیل و خداوند مور[6]
خداوند پیروزی و فرهی   خداوند دیهیم شاهنشهی
خداوند جان و خداوند رای   خداوند نیکی‌ده و رهنمای
از او جاودان کام گشتاسپ شاد   به مینو همه یاد لهراسپ باد[7]
رسیدم به راهی به تورانزمین   که هرگز نخوانم بر او آفرین(؟)
اگر برگشایم سراسر سخن   سر مرد نو گردد از غم کهن(؟)
چو دستور باشد مرا شهریار   بخوانم بر او نامهٔ کارزار
به دیدار او شاد و خرم شوم   ازین رنج دیرینه بی‌غم شوم
اُزان چاره هایی که من ساختم   که تا دل ز کینه بپرداختم
به رویین‌دژ ارجاسپ و کهرم نماند   جز از مویه و درد و ماتم نماند
کسی را ندادم به جان زینهار   گیا در بیابان سرآورد بار
همی مغز مردم خورد شیر و گرگ   جز از دل نجوید پلنگ سترگ(؟)
فلک روشن از تاج گشتاسپ باد   زمین گلشن شاه لهراسپ باد

*

چو بر نامه بر مُهر اسفندیار   نهادند و جستند چندی سوار
هیونان کفک‌افکن و تیزرو   به ایران فرستاد سالار نو[8]
بماند از پی پاسخ نامه را   بکشت آتش مرد بدکامه را[9]
بسی برنیامد که پاسخ رسید   یکی نامه بُد بند بد را کلید(؟)[10]

---

۱ - تو گفتی... پس‌از خاموش شدن جنگ، آتش بارید؟
۲ - زان گونه نادرست است «بدانگونه»، اما چون خود، فرمان بدان کارها داده بود، «چون دید» راگفتن نشاید. **دو:** لت دویم سخت سست است.   ۳ - لت دویم را پیوند درست نیست.
۴ - **یک:** پس‌از پیش خواندن دبیر و سخن گفتن اسفندیار و دبیر بنشست؟ **دو:** لت دویم بدآهنگ است.
۵ - آفرین (گرفتنی) نیست، (خواندنی) است.   ۶ - دوازده رج گفتار دربارهٔ آن نبرد افزوده که با سخنان سست نیز همراه است.
۷ - یاد کردن از درگذشتگان را، در جهان می‌باید، نه در مینو!
۸ - برای فرستادن یک نامه چند سوار و چند هیون نمی‌فرستند.   ۹ - لت دویم راگزارش نیست.
۱۰ - همچنین لت دویم را در این رج

سر پاسخ نامه بود از نخست — که پاینده باد آنکه نیکی بجست[1]
خردیافته مرد یزدان‌شناس — به نیکی ز یزدان شناسد سپاس[2]
دگر گفت کز دادگر یک خدای — بخواهیم کاو باشدت رهنمای[3]
درختی بکشتم به باغ بهشت(؟) — کزان بارورتر فریدون نکشت(؟!)[4]
برش سرخ یاقوت و زر آمده‌ست — همه برگ او زیب و فرّ آمده‌ست[5]
بماناد تا جاودان این درخت — ترا باد شاداندل و نیک‌بخت[6]
یکی آنکه گفتی که کین نیا — بجستم پر از چاره و کیمیا[7]
دگر آنکه گفتی ز خون ریختن — به تنها به رزم اندر آویختن[8]
تن شهریاران گرامی بود — که از کوشش سخت نامی بود[9]
نگهدار تن باش و آنِ خرد — که جان را به دانش خرد پرورد[10]
سدیگر که گفتی به جان زینهار — ندادم کسی را ز چندان سوار[11]
همیشه دلت مهربان باد و گرم — پر از شرم جان، لب پر آوای نرم[12]
مبادا ترا پیشه خون ریختن — نه بی‌کینه با مهتر آویختن[13]
به کین برادرت بد سی و هشت — از اندازه خون ریختن درگذشت[14]
اُ دیگر کزان پیرگشته نیا — ز دل دور کرده بد و کیمیا(؟!)[15]
چو خون ریختندش تو خون ریختی[16] — چو شیران جنگی برآویختی
همیشه بَوی شاد و بهروزگار — روان را خرد بادت آموزگار[17]
نیاز است ما را به دیدار تو — بدان پرخرد جان بیدار تو[18]
چو نامه بخوانی بُنه برنشان[19] — بدین بارگاه آی با سرکشان

---

۱ - **یک:** سر پاسخ نامه بود نادرخور است. **دو:** نیکی جوینده و بدخواه هیچیک پاینده نمی‌مانند.
۲ - برگرفته از افزوده‌های شاهنامه است، از داستان اسکندر.
۳ - دگر گفت نادرخور است، چون این سخنان در نامه نوشته شده است.
۴ - سخن راگزارش نیست.
۵ - افزایندهٔ دریوزه‌گر. «بر» (میوه) را پست‌تر از برگ نشان داده‌است، از آنجا که در اندیشهٔ او زر و یاقوت برترین چیزها است.
۶ - این درخت کیست؟ اگر اسفندیار است... «ترا باد» لت دویم نادرخور می‌نماید.
۷ - لت دویم را پیوند درست نیست: «با چاره و کیمیا».
۸ - اسفندیار بتنهایی نجنگیده بود.
۹ - لت دویم را با لت نخست پیوند نیست، و خون ریختن شهریاران از دیدگاه افزاینده نیک می‌نموده‌است.
۱۰ - خرد را به نگهبانی نیاز نیست و سخن درهمِ لت دویم برداشتی آشفته از آن گفتار فردوسی است که:
«چنان دان هر آنکس که دارد خرد — بدانش روان را همی پرورد!».
۱۱ - چنین کار نه درخور آزادگان ایرانی است، که در آیین ایران هر کس زینهار خواهد بیدرنگ بایستی بوی زینهار دادن...
۱۲ - ...و همین سخن، رودرروی گفتار پیشین ایستاده‌است که مرد شرمگین و نرم آواز، «زینهارخوار» نشاید بودن.
۱۳ - این سخن نیز درست، بازگونهٔ رج چهارم پیشین است. .
۱۴ - شمارش بازگونه است: «بکین سی و هشت برادرت».
۱۵ - لت دویم راگزارش نیست.
۱۶ - و دیگر بار خون ریختن را می‌ستاید!
۱۷ - لت دویم درهمریخته است: «روانت را خرد باد آموزگار».
۱۸ - «جان» دیده نمی‌شود.
۱۹ - بنه را بر نمی‌نشانند: «بر می‌نهند».

هیون تکاور ز در بازگشت / همه شهر ایران پرآواز گشت[1]
سوار هیونان چو باز آمدند / به نزد تهمتن فراز آمدند[2]
چو آن نامه برخواند اسفندیار / ببخشید دینار و برساخت کار[3]
جز از گنج ارجاسپ چیزی نماند / همه گنج خویشان او برفشاند[4]
سپاهش همه زو توانگر شدند / از اندازهٔ کار برتر شدند[5]
شتر بود و اسپان به دشت و به کوه[6] / به داغ سپهدار توران گروه
هیون خواست از هر دری ده‌هزار / پراکنده از دشت و ز کوهسار[7]
همه گنج ارجاسپ در باز کرد[8] / به کپّان درم سختن آغاز کرد
هزار اشتر از گنج دینار شاه[9] / چو سیسد ز دیبا و تخت و کلاه
سد از مشک و ز انبر و گوهران / سد از تاج(؟) و ز نامدار افسران[10]
از افکندنی‌های دیبا هزار / بفرمود تا برنهادند بار[11]
چو سیسد شتر جامهٔ چینیان / ز منسوج و زربفت و ز پرنیان[12]
عماری بسیچید و دیبا جلیل / کنیزک ببردند چینی دو خیل(؟)[13]
به رخ چون بهار و به بالا چو سرو / میان‌ها چو غرو و به رفتن تذرو[14]
ابا خواهران یل اسفندیار / برفتند بت‌روی سد نامدار[15]
ز پوشیده‌رویان ارجاسپ پنج / ببردند با مویه و درد و رنج[16]
دو خواهر دو دختر یکی مادرش / پر از درد و با سوک و خسته برش[17]

---

۱ – چند هیون نامه را آورده‌بودند، و اکنون یک هیون بازمی‌گردد...

۲ – **یک:** افزاینده با این سخن سست، گفتار خود را می‌آراید. **دو:** تهمتن پاژنام رستم جهان پهلوان است.

۳ – دنبالهٔ گفتار ۴ – لت دویم را پیوند «را» باید. ۵ – لت دویم را گزارش نیست.

۶ – **یک:** «اسبان» را «شتران» باید. **دو:** ارجاسپ «هیونان خدای» خوانده می‌شد، و تورانی نبود.

۷ – «از هر دری» نادرست است و گزارش ندارد.

۸ – در باز کرد نادرست است: «در گنج ارجاسب را بگشود» اما سه رج پیش گفته شد که بدان دست نبرد.

۹ – ده‌هزار هیون به هزار گردید.

۱۰ – سخن سخت نادرخور است از مشک و از انبر و از تاج... مگر چند تاج در کاخ ارجاسپ بوده‌است که یکسد شتر تاج بار کنند؟!

۱۱ – گزافه‌های سخت ۱۲ – «چو» در آغاز سخن نادرخور است.

۱۳ – کنیزکان چینی در کشور هیونان؟...

۱۴ – **یک:** آنهم ببالای سرو؟ همهٔ جهانیان میدانند که چینیان را بالای بلند نیست. **دو:** چون رخ و بالا یاد شده‌بود، اینجا نیز می‌بایستی از «میان» سخن رود.

۱۵ – **یک:** بت را در زبان فارسی کاربرد هست و «بت روی» تاکنون شنیده نشده، و کنیزکان همراه آنان را نشاید نامدار نامیدن. **دو:** پس کنیزکان چینی را برای چه بسیج کردند؟

۱۶ – **یک:** شمارش باژگون است: «پنج تن از پوشیده‌رویان ارجاسپ». **دو:** گفتار لت دویم چنین می‌نماید که بردگان آنان مویه می‌کردند و درد و رنج می‌کشیدند.

۱۷ – مادر پیر ارجاسب به چه کار آنان می‌خورد؟ و چرا «بر» آن پیر زن را خستند؟

چو آتش به رویین‌دز اندر فکند / زبانه برآمد به چرخ بلند[1]
همه بارهٔ شهر زد بر زمین / برآورد گرد از بر و بوم چین[2]
سه پور جوان را سپهدار گفت / «پراکنده باشید با گنج جفت[3]
به راه ار کسی سر بپیچد ز داد / سران‌شان به خنجر ببرّید شاد[4]
شما راه سوی بیابان برید / سنان‌ها چو خورشید تابان برید[5]
سوی هفت‌خان من به نخچیر شیر / بیایم شما ره مپویید دیر[6]
نخستین بگیرم سر راه را / ببینم شما را سر ماه را»[7]
سوی هفت‌خان آمد اسفندیار / به نخچیر با لشگری نامدار[8]
چو نزدیک آن جای سرما رسید / همه خواسته گرد بر جای دید[9]
هوا خوشگوار[10] و زمین پرنگار / تو گفتی به تیر اندر آمد بهار
اُزان جایگه خواسته برگرفت / همی ماند از کار اختر شگفت[11]
چو نزدیکی شهر ایران رسید / به جای دلیران و شیران رسید[12]
دو هفته همی بود با یوز و باز / غمی بود از رنج و راه دراز(؟)[13]
سه فرزند پرمایه را چشم داشت / ز دیر آمدن‌شان به دل خشم داشت[14]
به نزد پدر چون بیامد پسر / بخندید با هر یکی تاجور[15]
که «راهی درشت این که من کوفتم / ز دیر آمدن‌تان برآشوفتم»[16]
زمین بوسه دادند هر سه پسر / که «چون تو که باشد به گیتی پدر»[17]
اُزان جایگه سوی ایران کشید / همه گنج سوی دلیران کشید[18]
همه شهر ایران بیاراستند / می و رود و رامشگران خواستند[19]

---

۱ - دنبالهٔ گفتار ۲ - رویین‌دژ در کشور چین نبوده‌است.

۳ - چگونه پراکنده و جفت باشند؟ اگر جفت با گنج راگوید، برده هزار اشتر بارکش گنج را بار کرده‌اند، باز آن سه‌کس را توان آن نیست که جفت ده‌هزار اشتر باشند! ۴ - آموزش خونریزی بفرزند دادن، و از خونریختن شاد بودن!!

۵ - دنبالهٔ گفتار

۶ - **یک:** چگونه خرد می‌پذیرد، از آن گذرِ هفتخوان سهمگین، برای شادی و شکار بازگشتن؟ **دو:** در آن جایگاه، تنها دو شیر بوده‌اند که پیش‌ازاین بر دست اسفندیار کشته شده‌بودند. ۷ - سخن را هیچ گزارش نیست.

۸ - گفتار اسفندیار چنان می‌نمود که بتنهایی یا با چندکس بشکار شیر می‌رود، نه بالشگری که همه نیز نامدار باشند!

۹ - **یک:** جای سرما نادرخور است: «آن جای که سرما بر آنان تاخت»، یا «پیش آمد». **دو:** کدام خواسته را بر جای دید؟

۱۰ - خوشگوار، را دربارهٔ آب و خوراکی توان گفتن، آنجا که نیک گوارش باشد؛ نیک بگوارد (= هضم شود) اما هیچکس هوا را خوشگوار نانامیده است. ۱۱ - لت دویم نیز سست است: «بماند». ۱۲ - دنبالهٔ گفتار

۱۳ - کسی را که با یوز و باز بشکار می‌پردازد غمگین [وز غمی] نشاید خواندن.

۱۴ - چرا خشم؟ آنان می‌بایستی راهی دراز را بپیمایند، تا بدانجا رسند. ۱۵ - سخن نادرخور است: «پسران چون بیامدند».

۱۶ - لت نخست درهمریخته است. ۱۷ - دنبالهٔ گفتار ۱۸ - لت دویم سست و بی‌پیوند است.

۱۹ - چه‌کس شهر ایران را بیاراست؟

ز دیوارها جامه آویختند ‌ ‌ زبر مشک و شکر همی بیختند[1]
هوا پر ز آوای رامشگران ‌ ‌ زمین پر سواران نیزه‌وران[2]
⇐ چو گشتاسپ بشنید رامش گزید ‌ ‌ به آواز او، جام مَی درکشید*
ز لشگر بفرمود تا هر که بود ‌ ‌ ز کشور کسی کاو بزرگی نمود[3]
همه بادرفش و تبیره شدند(؟!) ‌ ‌ بزرگان لشگر پذیره شدند[4]
پدر رفت با نامور بخردان ‌ ‌ بزرگان فرزانه و موبدان
بیامد به پیش پسر تازه‌روی ‌ ‌ همه شهر ایران پر از گفت‌وگوی
چو روی پدر دید، شاه جوان ‌ ‌ دلش گشت شادان و روشن‌روان
برانگیخت از جای شبرنگ را ‌ ‌ فروزندهٔ آتش جنگ را[5]
بیامد پدر را ببر درگرفت ‌ ‌ پدر ماند از کار او در شگفت[6]
بسی خواند بر فرّ او آفرین ‌ ‌ که بی تو مبادا زمان و زمین
اُزانجا به ایوان شاه آمدند ‌ ‌ جهانی ورا نیکخواه آمدند
بیاراست گشتاسپ ایوان و تخت ‌ ‌ دلش گشت خرّم بدان نیکبخت
به ایوان‌ها در، نهادند خوان ‌ ‌ بسالار گفتاردان را بخوان
بیامد ز هر گنبدی میگسار ‌ ‌ بنزدیک آن نامور شهریار[7]
می خسروانی به جام بلور ‌ ‌ گسارنده مَی داد رخشان چو هور[8]
همه چهرهٔ دوستان برفروز؟! ‌ ‌ دل دشمنان را به آتش بسوز(؟)
پسر خورد با شرم یاد پدر ‌ ‌ پدر همچنان نیز یاد پسر
بپرسید گشتاسپ از هفت خان ‌ ‌ پدر را پسر گفت بادی جوان
سخن‌های دیرینه یاد آوریم ‌ ‌ به گفتار لب را به داد آوریم
چو فردا به هشیاری آن بشنوی ‌ ‌ به پیروزی دادگر بگروی»
برفتند هر کس که بُد، گشته مست؛ ‌ ‌ یکی ماهرخ دست ایشان بدست
سرآمد کنون قصهٔ هفت خان ‌ ‌ به نام جهان‌داور این را بخوان
که او داد بر نیک و بد دستگاه ‌ ‌ خداوند خورشید و تابنده ماه

۱ – مشک و شکر ریختن را بارها بررسیده‌ایم. ۲ – «پر زِ» (= پر از) در لت نخست را پر از سواران باید.

* – از اینجا پس‌از ۸۲۷ رج افزوده بداستان گشتاسپ و یاری اسفندیار، در یورش ارجاسب باز می‌گردیم.

۳ – سخن در لت دویم ناهموار است. ۴ – و نیز این رج...

۵ – در چنین زمان، پسر را می‌باید پیاده شدن، و نه برانگیختن اسپ.

۶ – ...نیز در برگرفتن ویژهٔ بزرگتران است، و فرزند را نشاید پیش‌تر از پدر، او را در برگرفتن.

۷ – سخن راگزارش نیست، میگسار از گنبد آمدن را چه روی باشد؟

۸ – گسارنده نادرخور است: «گسارندگان»... و «مَی داد» نیز نادرست است زیرا که «گساریدنِ می همان دادن می‌است. پس‌ازاین نه رج گفتارهای سست آمده‌است که بگزارش آن نمی‌پردازم.

اگر شاه پیروز بپسندد این   نهادیم بر چرخ گردنده زین

داستان رستم و اسفندیار

کنون خورد باید می خوشگوار   که می بوی مشک آید از جویبار
هوا پر خروش و زمین پر ز جوش   خنک آنکه دل شاد دارد به نوش [1]
درم دارد و نقل و جام نبید   سر گوسفندی تواند برید [2]
مرا نیست، فرخ مر آن را که هست   ببخشای بر مردم تنگدست [3]
همه بوستان زیر برگ گل است   همه کوه پر لاله و سنبل است [4]
بپالیز بلبل بنالد همی   گل از نالهٔ او ببالد همی [5]
چو از ابر بینم همی باد و نم   ندانم که نرگس چرا شد دژم [6]
شب تیره بلبل نخسپد همی   گل از باد و باران بجنبد همی [7]
بخندد همی بلبل از هر دوان   چو بر گل نشیند گشاید زبان [8]
ندانم که عاشق گل آمد گر ابر   چو از ابر بینم خروش هژبر! [9]
بدرّد همی باد پیراهنش   درفشان شود آتش اندر تنش [10]
سرشگ هوا بر زمین شد گوا   بنزدیک خورشید فرمانروا [11]
که داند که بلبل چه گوید همی   بزیر گل اندر چه موید همی [12]
نگه کن سحرگاه تا بشنوی   ز بلبل سخن گفتن پهلوی
همی نالد از مرگ اسفندیار   ندارد بجز ناله زو یادگار

۱ – لت نخست بی‌پایان است، و لت دویم دوباره‌گویی لت نخست از رج پیشین است.

۲ – این رج بازگونهٔ رج نخستین که در آنجا فرمان بخوردن می خوشگوار می‌دهد، و چون چنین فرمان میدهد بیگمان، می در خانه دارد.

۳ – چه کس بر مردم تنگدست ببخشاید؟

۴ – سخن زیبا و پیوسته بداستان است.

۵ – بلبل در «پالیز» (=کشتزار) نمی‌نالد که در باغ و بوستان میخواند.

۶ – از ابر باد برنمی‌خیزد، که باد، ابر را می جنباند.

۷ – سخن دربارهٔ بلبل می‌بایستی که همراه با سخن پیشین دنبال شود، و در لت دویم می‌بایستی که جنبش گل به بیداری بلبل پیوند خورد، نه از باد و باران!

۸ – سخن رج پیشین از «بلبل» و «گل» بود، و چگونه بلبل (از) هر دوان می‌خندد؟ و بلبل هیچگاه بر روی گل نمی‌نشیند!

۹ – پیش‌ازاین سخن از دلدادگی در میان نبود که اکنون دربارهٔ آن سخن رود! عاشق نیز «آمدنی» نیست «شدنی» است.

۱۰ – سخن زیبا است اما پیوسته بگفتار است.

۱۱ – گواهی دادن (بنزدیک) خورشید، ازبرای چیست؟

۱۲ – دوباره سخن از ابر به بلبل بازگشت!

چو آواز رستم شب تیره ابر — بدرّد دل و گوش غرّان هژبر[1]

آغاز داستان

ز موبد شنیدم یکی داستان — که برخواند از گفتهٔ باستان*

*

که چون مست بازآمد اسفندیار — دژم گشته از خانهٔ شهریار[2]
کتایون قیصر که بُد مادرش — گرفته شب و روز اندر برش[3]
چو از خواب بیدار شد نیمه شب — یکی جام می جُست و بگشاد لب[4]
چنین گفت با مادر اسفندیار — که: «با من همی بد کند شهریار
مرا گفت چون کینِ لهراسپ شاه؛ — بخواهی بمَردی ز ارجاسپ شاه؛
همان خواهران را بیاری ز بند؛ — کنی نام ما را بگیتی بلند؛[5]
جهان از بدان پاک بی خَوْ کنی؛ — بکوشیّ و آرایشی نو کنی؛
همه پادشاهیّ و لشگر ترا است! — همان گنج با تخت و افسر ترا است!
کنون چون برآرد سپهر، آفتاب — سر شاه، بیدار گردد ز خواب
بگویم بدر، آن سخن‌ها که گفت — ز من راستی را نشاید نهفت
اُگر هیچ تاب اندر آرد بچهر — بیزدان که بر پای دارد سپهر؛
که بیکام او تاج بر سر نهم — همه کشور ایرانیان را دهم»
ترا بانوی شهر ایران کنم — به زور و به دل جنگ شیران کنم»[6]
غمین شد ز گفتار او مادرش — همه پرنیان، خار شد بر برش
بدانست کان تاج و تخت و سپاه — نبخشد ورا نامبردار شاه

---

۱ – سخن بی پیوند است.

* – در نمونه‌های ک، ل ۲، ب: «موبد»، در ل ۳ «دهقان» و در دیگر نمونه‌ها «بلبل» آمده‌است و چنین پیدا است که افزایندگان سخن بلبل پیشین را دوباره آورده‌اند، و گروهی نیز بلبل را همان «گوسان» دانسته‌اند، بی‌آنکه هیچ نشان باستانی برای این همانندی آورده باشند!

۲ – «اسفندیار» در این رج با اسفندیار در رج سیوم پسین همخوان نیست.

۳ – داستان کتایون افزوده بشاهنامه است، و سخن نیز در این رج نابسامان است، چگونه مادری فرزند پهلوان خویش را روز و شب دربرمیگیرد؟

۴ – افزاینده، از آیین می نوشی و مستی نیز ناآگاه بوده‌است... مستان را نیمه شب آب باید نه «می»! سخن از سعدی است:
مستِ می، بیدار گردد نیم شب — مست ساقی، صبح محشر، بامداد

۵ – خواهران اسفندیار در بند نبودند، و داستان آنان از افزوده‌های شاهنامه است.

۶ – زن گشتاسپ اکنون نیز بانوی شهر ایران هست! و کشورداری همه جنگ با شیر نیست.

بدو گفت کـ:«ای رنج‌دیده پسر ز گیتی چه جوید؟ دلِ تاجور!
مگر، گنج و فرمان و رای و سپاه تو داری، بر این بر، فزونی مخواه
یکی تاج دارد بسر بر، پدر تو داری همه لشگر و بوم و بر
چو او بگذرد تاج و تختش ترا است بزرگیّ و شاهیّ و بختش ترا است
چه نیکوتر از نرّه شیر ژیان به پیش پدر بر، کمر بر میان!»
چنین گفت با مادر اسفندیار که: «نیکو زد این داستان، هوشیار
که: پیش زنان، راز؛ هرگز مگوی چو گویی، سخن باز یابی بکوی
بکاری مکن نیز فرمانِ زن که هرگز نبینی زنی رایزن»
پرآژنگ و اندوه شد مادرش ز گفته، پشیمانی آمد برش

*

نشد پیش گشتاسپ اسفندیار همی بود با رامش و میگسار
دو روز و دو شب بادهٔ خام خورَد برِ ماهرویان، دل آرام کرد
سیوم روز، گشتاسپ؛ آگاه شد که فرزند، جویندهٔ گاه شد!
همی بر دل اندیشه بفزایدش همان تاج و تخت آزرو آیدش
بخواند* آن زمان شاه، جاماسپ را کجا، رهنمون بود، لهراسپ را
برفتند با زیج‌ها بر کنار بپرسید شاه از گو اسفندیار[1]
که: «او را بُوَد؟ زندگانی دراز! نشیند؟ بشادی و آرام و ناز!
بسر برنهد؟ تاج شاهنشهی! بر او پای دارد؟ بهی و مهی!»

*

چو بشنید، دانای ایران سَخُن نگه کرد بر زیج‌های کهن
ز دانش، بُروها پر از تاب کرد ز تیمار، مژگان پر از آب کرد
همی گفت: «بدروز و بداخترم بد از دانش آید همی بر سرم
مرا کاشکی پیش فرخ زریر زمانه فکندی بچنگال شیر[2]
اُگر خود نکِشتی پدر مر مرا نرفتی به جاماسپ بد اخترا[3]
ورا هم ندیدی به خاک اندرون بران سان فکنده پی‌اش پر ز خون[4]

---

* - در نمونه‌ها بخواند آمده‌است، اما «بگفت» درست می‌نماید، زیرا سخن چنین می‌نماید که جاماسب نزد گشتاسپ بوده‌است... اگر بخواند بیاوریم، پس‌ازآن «بدو گفت» باید و در سخن پسین چنین نیامده است.

۱ - برفتند نادرست است: «برفت».

۲ - چنگال شیر ازبرای پساوای «زریر» آمده‌است وگرنه سخن درست چنین می‌نماید که: «کاش پیش‌از زریر می مردم».

۳ - فرزند کاشتن سخنی سست می‌نماید. لت دویم را نیز نمونه‌های گوناگون است، و از هیچیک گزارشی بر نمی‌آید.

۴ - افزاینده را رای بر آن بوده‌است که بگوید: «ورا (زریر را) بخاک اندر نمی‌دیدمی» در لت دویم پای پر ز خون نیز سخنی نادرست

شاهی خواستن اسفندیار از گشتاسپ ۴۸۷

چو اسفندیاری که از چنگ اوی　　بدرّد دل شیر ز آهنگ اوی[1]
ز دشمن جهان سربسر پاک کرد　　به رزم اندرون نیستش همنبرد[2]
جهان از بداندیش بی‌بیم کرد　　تن اژدها را به دو نیم کرد[3]
ازین○ پس غم او بباید کشید　　بسی شور و تلخی بباید چشید»
بدو گفت شاه: «ای پسندیده مرد　　سخن گوی و، از راه دانش مگرد
هلا زود بشتاب و با من بگوی　　کزین پرسشم تلخی آمد بروی[4]
گر او چون زریر سپهبد بود　　مرا زیستن زین سپس بد بود[5]
ورا در جهان، هوش؛ بر دست کیست؟　　کزان درد، ما را بباید گریست»
بدو گفت جاماسپ ک :«ای شهریار　　بمن بر، بگردد بدِ روزگار!
ورا هوش در زاولستان بُوَد　　بدست یلِ پورِ دستان بُوَد»
بجاماسپ گفت آنزمان شهریار　　که: «این کار را خوارمایه مدار!
که گر من سرِ تاج شاهنشهی　　سپارم بدو تاج و تخت مهی
نبیند بر و بوم زاولستان؛　　نداند کس او را بکاولستان؛
شود ایمن؟ از گردش روزگار!　　بُوَد؟ اختر نیکش آموزگار!»
چنین داد پاسخ ستاره‌شمر　　که: «بر چرخ گردان نیابی گذر
ازین برشده تیزچنگ اژدها　　به مردی و دانش که آمد رها[6]
بباشد همه بودنی بیگمان　　نجُسته‌ست از او، مردِ دانا؛ زمان»
دل شاه زان بد، پر اندیشه شد　　روانش از اندیشه چون بیشه شد[7]
پر اندیشه از گردش روزگار　　همی بر بدی بودش آموزگار[8]

*

چو برگشت شب، گرد کرده عنان　　برآورد خورشید، رخشان سنان؛
نشست از برِ تخت زر شهریار　　بشد پیش او فرّخ اسفندیار
همی بود پیشش پرستارفش　　پر اندیشه و، دست کرده بکش
چو در پیش او انجمن شد سپاه　　ز ناماوران و ز گُردانِ شاه

← می‌نماید.　　۱ - «از چنگ» او، یا «از آهنگ او»؟　　۲ - دنبالهٔ گفتار از هم گسیخت.

۳ - همچنین...　　○ - درست چنین می‌باید بود: «کزین پس...» زیرا که با این «که» سخن به رج پیشین پیوند می‌خورد.

۴ - زود بشتاب نادرست است... یا زود بگوی، یا بشتاب و بگوی. در لت دویم از پرسش خودش تلخی نیامد، که از گفتار جاماسب تلخی برمی‌آید.　　۵ - سخن درهمریخته است افزاینده می‌خواسته‌است بگوید: «اگر او نیز همچون زریر کشته خواهد شد».

۶ - ایرانیان آسمان راستایش می‌کرده‌اند و دشنامش نمی‌داده‌اند... و رها نیز آمدنی نیست «شدنی» است.

۷ - گشتاسپ آن «بد» را بآرزو میخواسته است!　　۸ - لت نخست دوباره گویی است.

همه موبدان پیش او بر رده   ز اسپهبدان پیش او صف زده[1]

پس اسفندیار آن یل پیلتن   برآورد از درد آنگه سخن[2]

بدو گفت: «شاها انوشه بَدی   تویی بر زمین فرّهٔ ایزدی

سرِ داد و مهر از تو پیدا شده‌است   همان تاج و تخت از تو زیبا شده‌است

ترا ای پدر، من یکی بنده‌ام   همیشه به رای تو پوینده‌ام

تو دانی که ارجاسپ از بهر دین   بیامد چنان، با سواران چین[3]

بخوردم من آن سخت سوگندها   بپذرفتم آن ایزدی پندها[4]

که هرکس که آرد به دین در، شکست   دلش تاب گیرد شود بت‌پرست[5]

میانش به خنجر کنم بر دو نیم   نباشد مرا از کسی ترس و بیم[6]

ازان پس که ارجاسپ آمد به جنگ   نبرگشتم از جنگِ دشتی پلنگ؛

مرا خوار کردی به گفتِ گُرَزْم   چو جام کیی خواستی روز بزم

ببستی تن من به بند گران   بزنجیر و مسمار آهنگران

سوی گنبدان دژ فرستادی‌ام   ز خواری به بدکارگان دادی‌ام

به زاول شدی بلخ بگذاشتی   همه رزم را بزم پنداشتی

ندیدی همی تیغ ارجاسپ را   فکندی بخون پیر لهراسپ را

چو جاماسپ آمد مرا بسته دید   اُزان بستگی‌ها تنم خسته دید

مرا پادشاهی پذیرفت و تخت   بران نیز چندی بکوشید سخت[7]

بدو گفتم این بندهای گران   بزنجیر و مسمار آهنگران

بمانم، چنین هم؛ به فرمان شاه   نخواهم سپاه و نخواهم کلاه

بیزدان نمایم بروزِ شمار   بنالم ز بدگوی، با کردگار[8]

دگر گفت کز خون چندان سران   سرافراز با گرزهای گران

بران رزمگه خسته تن‌ها به تیر   همان خواهرانت ببرده اسیر

دگر گرد آزاده فرشیدورد   فکنده‌ست خسته به دست نبرد

ز ترکان گریزان شده شهریار   همی پیچد از بند اسفندیار

نسوزد دلت بر چنین کارها   بدین درد و تیمار و آزارها

---

۱ - دوباره‌گویی رج پیشین است، باگفتاری سست.

۲ - نام بردن از اسفندیار نادرخور است زیرا که پیشتر نام او آمده‌بود... «پیش او فرخ اسفندیار».

۳ - ارجاسب با هیونان آمده بود نه با سپاه چین.   ۴ - کدام سوگندها؟ و کدام پندها؟

۵ - اگر ایرانیان ازکیش زرتشت برمی‌گشتند، کیش پیشینیان «کیش مهر» بود، نه بت‌پرستی.

۶ - لت دویم را با لت نخست پیوند درست نیست.   ۷ - جاماسب چنین سخن نگفته‌بود.

۸ - در بنداری نیامده است.

شاهی خواستن اسفندیار از گشتاسپ ۴۸۹

سخن‌ها جز این نیز بسیار گفت / که گفتار، با درد و غم بود، جفت
غل و بند، بر هم شکستم همه / دوان آمدم نزد شاه رمه
از ایشان بکشتم فزون از شمار / ز کردار من شاد شد شهریار
گر از هفت خان برشمارم سخن / هماناکه هرگز نیاید به بن[۱]
ز تن باز کردم سر، ارجاسپ را / برافراختم نام گشتاسپ را[۲]
زن و کودکان‌شان بدین بارگاه / بیاوردم آن گنج و تخت و کلاه[۳]
همه نیکوی‌ها بکردی به گنج / مرا مایه خون آمد و درد و رنج[۴]
زبس بند و سوگند و پیمان تو / همی نگذرم من ز فرمان تو[۵]
همی گفتی: ار باز بینم ترا / ز روشن‌روان، برگزینم ترا
سپارم ترا افسر و تختِ آج / که هستی بمردی، سزاوار تاج
مرا از بزرگان همی شرم خاست / که گویند، گنج و سپاهت کجاست؟!
بهانه کنون چیست؟ من بر چی‌ام؟ / پر از رنج، پویان ز بهر کی‌ام»؟
شهان گفتهٔ خود بجای آورند / ز عهد و ز پیمان خود نگذرند[۶]
پسر را بنه تاج اکنون به سر / چنانچون نهادت بسر بر، پدر

*

بفرزند پاسخ چنین داد شاه / که: «از راستی بگذری، نیست راه
ازین بیش کردی که گفتی تو، کار / که یار تو بادا جهان کردگار
نبینم همی دشمنی در جهان / نه در آشکارا نه اندر نهان[۷]
که نام تو یابد نه پیچان شود / چه پیچان همانا که بی‌جان شود[۸]
بگیتی نداری کسی را همال / مگر پر هنر نامور پور زال
که او راست، تا هست؛ زاولستان / همان بُست و غزنین و کاولستان
بمردی همی زآسمان بگذرد / بگیتی کسی را بکس نشمرد
کجا پیش کاووس کی بنده بود؛ / ز کیخسرو اندر جهان زنده بود؛
بشاهی ز گشتاسپ نارد سخن! / که: او تاج نو دارد و من کهن!
به گیتی مرا نیست کس همنبرد / ز رومیّ و توریّ و آزادمرد[۹]

۱ – سخن سست است. **۲** – از داستان افزوده سخن میرود.

۳ – در داستان افزوده نیز از کودکان نام نبرده‌بود و سخن دربارهٔ دو دختر و دو خواهر و مادر ارجاسب رفت! در لت دویم نیز «آن» گنج نادرست است. **۴** – بگنج نیکویی کردن چگونه باشد؟ **۵** – سخن روشن نیست.

۶ – این دو رج در شاهنامهٔ سپاهان و نیز شاهنامهٔ خالقی مطلق نیست و درست نیز چنین می‌نماید که سخن باپرسش اسفندیار بپایان میرسد.

۷ – دشمن آشکار است و دشمن نهان راگزارش نیست.

۸ – نام یافتنی نیست: «نامت را بشنود» لت دویم نیز سخت سست می‌نماید. **۹** – روم هنوز در گسترهٔ جهان پدیدار نشده‌بود.

سوی سیستان رفت باید کنون   بکار آوری زور و بند و فسون
برهنه کنی تیغ و کوپال را   به بند آوری رستم زال را
زواره فرامرز را همچنین   نمانی که کس برنشیند بزین[1]
بدادار گیتی که او داد زور   فروزندهٔ اختر و ماه و هور؛
که چون این سخن‌ها بجای آوری   ز من نشنوی زان سپس داوری!
سپارم بتو تاج و تخت و کلاه   نشانمْتْ با تاج بر پیشگاه»

*

چنین پاسخش داد اسفندیار   که: «ای پرهنر، نامور شهریار
همی دور مانی ز رسم* کهن   براندازه باید که رانی سخن
تو با شاه چین جنگ جوی و نبرد   ازآن نامداران برانگیز، گرد
چه جویی نبرد یکی مرد پیر   که کاووس خواندی ورا شیرگیر
ز گاه منوچهر تا کیقباد   دل شهریاران بدو بود شاد
همی خواندندش خداوند رخش   جهانگیر و شیراوژن و تاجبخش
نه او در جهان نامداری نَو است   بزرگ است و با عهدِ کیخسرَو است
اگر عهدِ شاهان نباشد درست   نباید؛ ز گشتاسپ، منشور جست»
چنین داد پاسخ باسفندیار   که: «ای شیردل پهلوِ نامدار
هر آنکس که از راه یزدان بگشت   همان عهد او گشت چون باد دشت
همانا شنیدی که کاووس شاه   به فرمان ابلیس گم کرد راه[2]
همی بآسمان شد به پرّ عقاب   بزاری بساری فتاد اندر آب[3]
ز هاماوران دیوزادی ببرد   شبستان شاهی مر او را سپرد[4]
سیاوش به آزار او کشته شد   همه دوده زیر و زبر گشته شد[5]
کسی کاو ز عهد جهاندار گشت   به گرد در او نشاید گذشت[6]
اگر تخت خواهی ز من با کلاه   ره سیستان گیر و برکش سپاه
چو آنجا رسی، دست رستم ببند   بیارش، ببازو؛ فکنده کمند
زواره، فرامرز و دستان سام   نباید که سازند پیش تو دام

---

۱ – درباره زواره و فرامرز، و دستان سام، داوری گفتار آینده، دگرگونه است.
* – «راهِ» کهن درست می‌نماید، و در رج شماره ۲۶۴۰۹ دوباره این گفتار می‌آید.
۲ – پیوند با گفتار پیشین ندارد.   ۳ – کاووس در آمل چارجوی نزدیک آمودریا بزمین افتاد.
۴ – سودابه نیز دیوزاد نبود.
۵ – یک: روشن نمی‌نماید که سیاوخش (از) آزار چه کس کشته شد، کاووس؟ سودابه؟ دو: بجز از سیاوخش کسی کشته نشد، و دودمان کاووس نیز برجای بود. سه: کُشته را با گَشته پساوا نیست.   ۶ – سخن سست.

پیاده دوانش بدین بارگاه — بیاور کشان تا ببیند سپاه[1]
ازآن پس نپیچد سر از ما کسی — اگر کام اگر گنج یابد بسی»[2]
سپهبد بُروها پر از تاب کرد — بشاه جهان گفت «زین بازگرد[3]
ترا نیست دستان و رستم بکار — همی راه جویی ز اسفندیار[4]
دریغ آیدت تخت شاهی همی — مرا از جهان دور خواهی همی[5]
ترا باد این تخت و تاج کیان — مرا گوشه‌ای بس بُوَد زین جهان[6]
ولیکن ترا من یکی بنده‌ام — بفرمان و رایت سرافکنده‌ام»[7]
بدو گفت گشتاسپ «تندی مکن — بلندی بیابی نژندی مکن[8]
ز لشگر گزین کن فراوان سوار — جهاندیدگان؛ ازدرِ کارزار
سلیح و سپاه و درم پیش تست — نژندی بجان بداندیش تست
چه؟ باید مرا، بی تو گنج و سپاه — همان تخت شاهیّ و زرّین کلاه»
چنین داد پاسخ یل اسفندیار — که: «لشگر نیاید مرا، خود؛ بکار
گر ایدونکه آید زمانم فراز — به لشگر، ندارد جهاندار؛ باز»
به ایوان خویش اندر آمد دژم — لبی پر ز باد و دلی پر زغم
کتایون چو بشنید شد پر ز خشم — به پیش پسر شد پر از آب چشم*
چنین گفت با فرّخ اسفندیار — که: «ای از کیان جهان یادگار
ز بهمن شنیدم که از گلِستان — همی رفت خواهی بزاولستان
ببندی همی رستم زال را؛ — خداوند شمشیر و کوپال را!
ز گیتی همی پند مادر نیوش — ببد تیز مشتاب و چندین مکوش![9]

---

۱ - «دَوانش» در لت نخست با «بیاور» در لت دویم همخوان نیست.
۲ - سخن را با رج پیشین پیوند نیست، و لت دویم نیز با لت نخست پیوستگی نمی‌نماید!
۳ - لت دویم با رج پسین همخوان نیست. ۴ - گشتاسپ از بندِ «زال» سخنی بمیان نیاورده بود.
۵ - از جهان دور خواستن نادرست است: «مرا در جهان کشته خواهی همی».
۶ - «ترا باد» آزرو برای آینده است، باز آنکه گشتاسپ بر تخت شاهی نشسته بود.
۷ - بیدرنگ بازگشتن از سخنان تند پیشین، و نمایش بندگی و فرمانبرداری درست نمی‌نماید.
۸ - تُندی را با نژَندی پساوا نیست، و سخن نیز بی‌پیوند است.
* - چون روشن شد که داستان روم و کتایون افزوده بشاهنامه است، در این رج نیز نام او درست نمی‌نماید، و می‌توان گمان بردن که نویسندگان پسین بانگرش بداستان گشتاسپ و کتایون نام او را چنین آورده‌اند... از آنجا که بهنگام کشته شدن اسفندیار نیز نامی از کتایون در میان نیست، و تنها خواهران وی با پدر سخن میگویند، و داد می‌خواهند! و در رج ۲۳۹۳۲ اسفندیار و پشوتن از زنی بنام ناهید زاده شدند. بر این بنیاد چنین می‌نماید که گفتار فردوسی در آغاز چنین بوده‌است: «چو مادرْش بشنید شد پر ز خشم». در رج ۲۳۹۳۲ از گفتار دقیقی؛ از مادر اسفندیار و پشوتن با نام ناهید یاد می‌شود.
۹ - «ز گیتی همی» در لت نخست نادرخور است، و «چندین» نیز در لت دویم! زیرا که او هنوز بکوشش نیاغازیده است تا «چندین(ش) را بشمرند».

سواری که باشد بنیروی پیل ... ز خون راند اندر زمین رود نیل[1]
بدرّد جگرگاه دیو سپید ... ز شمشیر او گم کند راه، شید[2]
همان ماه هاماوران را بکشت ... نیارست گفتن کس او را درشت[3]
همانا چو سهراب دیگر سوار ... نبوده‌ست جنگی گه کارزار[4]
به چنگ پدر در به هنگام جنگ ... به آوردگه کشته بی‌درنگ[5]
به کین سیاوش ز افراسیاب ... ز خون کرد گیتی چو دریای آب[6]
مده از پی تاج، سر را به باد ... که با تاج، شاهی ز مادر نزاد[○]
که نفرین برین تخت و این تاج، باد ... برین کشتن و شور و تاراج باد
پدر پیرسر گشت و برنا تویی ... به زور و به مردی توانا تویی[7]
سپه یکسره بر تو دارند چشم ... میفکن تن اندر بلاها، بخشم
جز از سیستان در جهان جای هست ... دلیری مکن، تیز منمای دست
مرا خاکسار دو گیتی مکن ... ازین مهربان مام، بشنو سخن!»
چنین پاسخش داد اسفندیار ... که: «ای مهربان، این سخن یاد دار
همان است رستم که دانی همی! ... هنرهاش را گر بخوانی همی؛
نکوکارتر زو بایران کسی؛ ... نیابی، اُگر چند پویی بسی!
چنو را، ببستن نباشد روا! ... چنین بد، نه خوب آید از پادشا!
ولیکن نباید شکستن دلم ... که چون بشکنی دل ز جان بگسلم[8]
چگونه؟ کَشم سر، ز فرمان شاه! ... چگونه گذارم؟ چنین پیشگاه![9]
مرا گر بزاول سرآید زمان ... بدان سو کشد اخترم بیگمان[10]
چو رستم بیاید بفرمان، ز بُن ... ز من نشنود سرد، هرگز سخن»

*

ببارید خون از مژه مادرش ... همه پاک برکند موی از سرش
بدو گفت که: «ای ژنده‌پیل ژیان ... همی خوارگیری، ز نیرو؛ روان

۱ – این رج و رج پسین باکنش زمانِ روان (حال) آمده‌است و پیوند با رجهای پسین ندارد.
۲ – دریدن جگر دیو سپید نیز درگذشته روی نموده‌است، و «بدرّد» در آن نادرخور است.
۳ – این رج نیز بی‌پیوند با رج پیشین است.
۴ – سخن چنین می‌نماید که یک سوار، سودابه بوده‌است و دیگر سوار سهراسب است!
۵ – سهراب بیدرنگ کشته نشد، و نبرد او با رستم در دو روز روی داد. ۶ – از افراسیاب؟ یا از خون؟
○ – در همهٔ نمونه‌ها، این رج پس‌از «که نفرین...» آمده‌است و پیدا است که چنین درست است.
۷ – برنا، کودک پنج تا ده ساله را خوانند! ۸ – لت دویم درهمریخته است.
۹ – لت نخست را پیوند با سخنان پیشین نیست، و لت دویم راگزارش نیست.
۱۰ – در لت دویم «کشد» کمبود دارد: «کشانَدَم» این دو رج در شاهنامهٔ سپاهان نیست.

بسنده نباشی تو با پیلتن — از ایدر مرو بی یکی انجمن[1]
مبر پیشِ پیل ژیان، هوشِ* خویش — نهاده، بدین‌گونه؛ بر دوش خویش!
اُگر، زین نشان؛ رای تو رفتن است — همه کام بدگوهر اهریمن است؛
بدوزخ مبر کودکان را بپای — که دانا، نخوانند ترا؛ پاکرای»
بمادر چنین گفت پس جنگجوی — که: «نابردن کودکان نیست روی
چو اندر پسِ پرده باشد جوان — بماند منش پست و تیره‌روان
بهر رزمگه باید او را نگاه — بدارد به هر زخم گوپال شاه[2]
مرا لشگری خود نباید به کار — جز از خویش و پیوند و چندی سوار»[3]
ز پیش پسر مادر مهربان — بیامد پر از درد و تیره‌روان[4]
همه شب ز مهر پسر مادرش — ز دیده همی ریخت خون بر برش[5]

رفتن اسفندیار
به
سیستان

بشبگیر، هنگام بانگ خروس — ز درگاه برخاست آوای کوس
چو پیلی به اسپ اندرآورد پای — بیاورد چون باد، لشگر ز جای
همی رفت تا پیشش آمد دو راه — فرو ماند بر جای پیل و سپاه[6]
دژ گنبدان بود راهش یکی — دگر سوی زاول کشید اندکی[7]
شتر آنکه در پیش بودش بخفت — تو گفتی که گشته‌ست با خاک جفت[8]
همی چوب زد بر سرش ساروان — ز رفتن بماند آن زمان کاروان[9]
جهانجوی را آن بد آمد به فال — بفرمود کش سر ببرند و یال[10]

---

۱ – لت دویم باژگونهٔ لت نخست و دیگر سخنان او است و چنین می‌نماید چون با پیلتن بسنده نیستی گروهی را با خویش ببر تا پیروز شوی.
* – هوش: مرگ، در اوستا: اَئوشَ [illegible].
۲ – سخن سخت سست و بی‌گزارش است.
۳ – خود را نیز جدا از خویش (جز از خویش) درشمار آورد! جُز در زبان پهلوی «یویت» خوانده می‌شود که با پسوند کننده (فاعل)ساز اک، «یویتاک» می‌شود، و این واژه، نرم‌نرم بگونهٔ «جدا» در زبان فارسی در آمد، و هردو یکی استند!
۴ – کجا بیامد؟... برفت!
۵ – «مادرش» در این رج افزوده‌است، و پیدا است که همان مادر است.
۶ – اسفندیار، با خویش «سپاه» نرانده‌بود.
۷ – هردو لت در این گفتار بی‌پیوند و نادرخور است: یکی از آن دو بسوی دژ گنبدان، و دیگری بسوی زابل ره می‌گشود... می‌پیوست... میرفت!
۸ – «شتر آنکه» نادرست است: «شتر پیشرو».
۹ – لت دویم بی‌پیوند است...: «و شتر از جای نجبید».
۱۰ – برای کشتن شتر سر او را نمی‌برند که خنجر را به غدّه‌ای زیر گردن او فرو می‌برند، و چندان ازوی خون میریزد تا بمیرد... باری اگر
←

بدان تا بدو بازگردد بدی   نباشد بجز فرّهٔ ایزدی[1]
بریدند پرخاشجویان سرش   بدو بازگشت آن زمان اخترش[2]
غمین گشت زان اشتر اسفندیار   گرفت آن زمان اختر شوم خوار[3]
چنین گفت کـ:«ان‌کِس که پیروز گشت   سر بخت او گیتی‌افروز گشت
بد و نیک، هر دو ز یزدان بُوَد   لبِ مرد باید که خندان بُوَد»[4]
اُ زانجا بیامد سوی هیرمند   همی بود ترسان ز بیم گزند
بر آیین ببستند پرده‌سرای   بزرگان لشگر گزیدند جای
شراعی بزد زود و بنهاد تخت   بران تخت برشد گو نیکبخت[5]
مَی آورد و رامشگران را بخواند   بسی زرّ و گوهر بر ایشان فشاند[6]
برامش دل خویشتن شاد کرد   لب رادمردان پر از یاد کرد[7]
چو گل بشکفید از می سالخورد   رخ نامداران و شاه نبرد[8]
بیاران چنین گفت کـ:«ز رای شاه   بپیچیدم و دور گشتم ز راه
مرا گفت بر کار رستم پسیچ   ز بند و ز خواری میاسای هیچ
نکردم، نرفتم، به رای پدر   که این شیردل مردِ پرخاشخر؛
بسی رنج دارد، به جای سران   جهان راست کرده بگرز گران
همه شهر ایران بدو زنده‌اند   اگر شهریاراند و گر بنده‌اند
فرستاده باید یکی تیزویر   سخنگوی و داننده و یادگیر
سواری که باشد ورا فرّ و زیب   نگیرد ورا رستم اندر فریب
گر ایدونکه آید به نزدیک ما   درفشان کند رای تاریک ما
بخوبی دهد؛ دست، بند مرا   بدانش ببندد گزند مرا
نخواهم من او را بجز نیکوی   اگر دور دارد سر از بدخوی»
پشوتن بدو گفت کـ:«این است راه   برین باش و آزرم مردان بخواه»

*

بفرمود تا بهمن آمد به پیش   ورا پندها داد ز اندازه بیش

→ سرش را بریدند، یالش را چگونه از تن جدا کردند!

۱ – لت دویم را هیچ گزارش نیست.

۲ – در پایان پرخاشجویان همان کار را که نمی‌بایستی، کردند... اما از کجا پیدا که (اختر شتر؟!) بدو بازگشت؟

۳ – اگر اختر شوم را خوار گرفت، پس چرا می‌بایدش غمگین شدن؟

۴ – ایرانیان رویدادهای بد را از خداوند نمی‌دانستند، و «خندان بودن» در لت دویم با «ترسان بودن» در رج پسین همخوان نیست.

۵ – شراع در پهنهٔ گفتار فردوسی برافراشته نمی‌شود.

٦ – خرد نمی‌پذیرد که بیدرنگ پس‌از بستن پرده‌سرای می‌نوشی آغاز گردد... لت دویم نیز ناهموار است، زیرا که خنیاگرانِ همراه وی، خویشکارانِ وی بوده‌اند، و نمی‌بایستی بسی زر و گوهر بر آنان افشاندن!

۷ – پیوسته بسخن افزودهٔ پیشین است.

۸ – «شاه نبرد» در پایان لت دویم نادرخور است.

رفتن اسفندیار به سیستان ۴۹۵

بدو گفت که: «اسپ سیه برنشین / بیارای تن را بدیبای چین
بنه بر سرت افسر خسروی / نگارش همه گوهر پهلوی
بر آن سان که هر کس که بیند ترا / ز گردنکشان برگزیند ترا[1]
بداند که هستی تو خسرونژاد / کند آفریننده را بر تو یاد[2]
ببر پنج بالای زرّین‌ستام / سرافراز ده موبد نیکنام[3]
هم از راه، تا خان رستم بران / مکن کار، بر خویشتن بر، گران
درودش ده از ما و خوبی نمای / بیارای گفتار و چربی فزای
بگویش که: هر کس که گردد بلند / جهاندار و از هر بدی بی‌گزند
ز دادار باید، که دارد سپاس / که اویست؛ جاوید، نیکی‌شناس
چو باشد فزایندهٔ نیکویی / بپرهیزد از آز و از بدخویی؛
بیفزایدش کامکاری و گنج / بُوَد شادمان در سرای سپنج
چو دوری گزیند ز کردار زشت / بیابد بدان گیتی اندر بهشت[4]
بد و نیک بر ما همی بگذرد / چنین داند آن کس که دارد خرد
سرانجام بستر بود تیره‌خاک / بپرّد روان سوی یزدان پاک
بگیتی هر آن کس که نیکی شناخت / بکوشید و با شهریاران بساخت
همان بر که کاری همان بدروی / سخن هرچه گویی همان بشنوی[5]
کنون از تو اندازه گیریم راست / -نه باید؛ بر این، بر فزود و، نه؛ کاست-
که بگذاشتی سالیان○، بیشمار / بگیتی بدیدی بسی شهریار
اگر بازجویی ز راه خرد / بدانی که چونین نه اندر خورد؛
که چندین بزرگیّ و گنج و سپاه / گرانمایه اسپان و تخت و کلاه
همه از نیاکان من یافتی / چو در بندگی تیز بشتافتی
چه مایه جهان داشت لهراسپ شاه / نکردی گذر سوی آن بارگاه
چو او شهر ایران بگشتاسپ داد / نیامد ترا، هیچ زان تخت؛ یاد
سوی او یکی نامه ننوشته‌ای / از آرایش بندگی گشته‌ای

---

۱ - سخن نابجا است، زیرا که «گردنکش» را با آرایش جامه و کلاه بر نمی‌گزینند، که زور و بازو و تنِ تهم، مایهٔ گزینش او است.

۲ - این رج را پیوند بایسته «و» با رج پیشین نیست، و خسرونژاد، را شاید که گردنکش نباشد!

۳ - پنج اسپ را برای چه می‌باید بردن؟ برای برنشستن ده موبد؟ از چنین موبدان و اسپان در دیدار بهمن و رستم یاد نشده است.

۴ - شایستهٔ رستم نمی‌نماید که از کردار او با زشتی یاد شود، و بهشت نیز در اندیشهٔ ایرانی «مینوی» بوده‌است، و این جهان و آن جهان را گیتی و مینو می‌خواندند.

۵ - «بر» (= میوه) را نمی‌کارند که «تخم» را می‌کارند، و در گفت‌وگو میان دو کس، سخنی که گفته می‌شود همان را نمی‌شنود که پاسخ آنرا می‌شنود!

○ - سالها درست می‌نماید.

نرفتی بدرگاهِ او بنده‌وار / نخوانی بگیتی، کسی شهریار[1]
ز هوشنگ و جمّ و فریدون گرد / که از تخم ضحّاک، شاهی ببرد[2]
همی رو چنین تا سر کیقباد / که تاج فریدون بسر برنهاد[3]
چو گشتاسپ شه، نیست یک نامدار / برزم و ببزم و به رای و شکار
پذیرفت، پاکیزه دین بهی / نهان گشت گمراهی و بی‌رهی
چو خورشید شد راهِ کیهان‌خدیو / نهان شد بدآموزی و راهِ دیو
اُزان پس که ارجاسپ آمد بجنگ / سپه، چون پلنگان و، مهتر، نهنگ؛
ندانست کس لشگرش را شمار؛ / پذیره شدش نامور شهریار
یکی گورستان کرد بر دشت کین / که پیدا نبُد پهن روی زمین
هماناکه تا رستخیز این سَخُن / میان بزرگان نگردد کهن
کنون خاور اوراست تا باختر / همی بشکنند پشت شیران نر[4]
ز توران زمین تا دِرِ هند و روم / جهان شد مر او را چو یک مهره موم[5]
ز دشتِ سواران نیزه‌گزار / بدرگاه اویند چندی سوار[6]
فرستندش از مرزها باژ و ساو / که با جنگ او نیست‌شان زور و تاو[7]
ازآن گفتم این، با تو ای پهلوان / که او، از تو؛ آزرده دارد روان
نرفتی بدان نامور بارگاه / نکردی بدان نامداران نگاه
کرانی گرفتستی اندر جهان / که داری همی خویشتن را نهان
فرامش ترا، مهتران، چون کنند؟ / مگر مغز و دل پاک بیرون کنند![8]
همیشه، همه، نیکوی خواستی / بفرمان شاهان بیاراستی
اگر برشمارد کسی رنج تو / بگیتی فزون آید از گنج تو
ز شاهان، کسی بر چنین داستان / ز بنده، نبودند؛ همداستان
مرا گفت رستم ز بس خواسته / هم از کشور و گنج آراسته
بزاول نشسته‌ست و گشته‌ست مست / نگیرد کس از مست چیزی بدست
برآشفت یک روز و سوگند خورد / بروز سپید و شب لاژوَرد
که او را بجز بسته در بارگاه / نبیند کسی، زین گزیده سپاه

۱ - بنده‌وار! ۲ - این رج پیوسته برج پسین است...
۳ - و کیقباد، تاج فریدون را بر سر ننهاد و «همی رو تا سر کیقباد» نیز سست‌ترین سخن است.
۴ - خاور و باختر در سخن فردوسی و در فرهنگ ایران رودرروی هم نیستند! و لت دویم را نیز با لت نخست پیوند نیست.
۵ - (درِ) هند، در کنار روم نیست که روبروی هم‌اند.
۶ - «چندی سوار» را ارزش آن نیست که همراه با هند و روم و توران، برابر آیند!
۷ - از مرزها، یا از همهٔ کشورها؟ ۸ - لت دویم نابهنجار است.

کنون من ز ایران بدین آمدم   نبد شاه دستور تا دم زدم[1]
بپرهیز و پیچان شو از خشم اوی   ندیدی که خشم آورد چشم اوی[2]
چو اینجا بیایی و فرمان کنی   روان را بپوزش گروگان کنی
بخورشید و، روشن روانِ زریر   بجان پدر، آن جهاندار شیر
که من، زین، پشیمان کنم شاه را   برافروزم این اختر و ماه را
پشوتن بر این بر، گوای من است   روان و خرد رهنمای من است*
که من؛ زین که گفتم، نجویم فروغ   نگردم بهر کار، گردِ دروغ
همی جُستم از تو من آرامِ شاه   ولیکن همی از تو دیدم گناه[3]
پدر شهریار است و من کهترم   ز فرمان او یکزمان نگذرم
همه دوده اکنون بباید نشست   زدن رای و سودن بدین کار دست[4]
زواره، فرامرز و دستان سام   جهاندیده رودابهٔ نیکنام[5]
همه پند من یک بیک بشنوید   بدین خوب گفتار من بگروید[6]
نباید که این خانه ویران شود   به کام دلیران ایران شود[7]
چو بسته ترا نزد شاه آورم   بدو بر، فراوان گناه آورم
اُ زانپس بباشم به پیشش بپای   ز خشم و ز کین، آرمش؛ باز جای
نمانم که بادی بتو بروَزَد   برآنسان که از گوهر من سزد»

رفتن بهمن
به نزد
رستم

سخن‌های آن نامور پیشگاه   چو بشنید بهمن بیامد براه[8]
بپوشید زربفت شاهنشهی   بسر برنهاد آن کلاه مهی[9]

۱ - لت دویم بی‌گزارش و درهمریخته است.   ۲ - نیز لت دویم این رج!

* - در همهٔ نمونه‌ها این رج پیش‌از رج پسین آمده‌است، اما پیدا است که با چنین آرایش سخن پیوند می‌پذیرد.

۳ - آرام شاه نادرست است: «آرامش» و آرامش جستنی نیست. در لت دویم نیز «همی» نادرخور است.

۴ - روشن نیست که کدام دوده را میگوید، و چنین کار نیز با پساوایی و دست بهم ساییدن بفرجام نیک نمی‌رسد.

۵ - اکنون روشن شد که «همه دوده» (= دودمان) تنها چهارکس را دربرمیگیرد.   ۶ - دنبالهٔ سخن.

۷ - چون خانهٔ رستم ویران شود، چگونه چنین رویداد، بکام ایرانیان خواهد بودن؟   ۸ - پیوسته برج پسین.

۹ - بهمن بدانهنگام شاهنشاه نبود، و زربفت را نیز در انجمن سور و رامش می‌پوشند، نه بهنگام سواری. در لت دویم نیز «آن» نادرخور است.

خرامان بیامد ز پرده سرای   درفشی درفشان پس او بپای[1]
جهانجوی بگذشت بر هیرمند   جوانی سرافراز و اسپی بلند
هم اندر زمان دیده‌بانش بدید   سوی زاولستان فغان برکشید
که: «آمد نبرده سواری دلیر   به هزّای زرّین، سیاهی بزیر*
پسِ پشت او خوارمایه سوار   تن‌آسان گذشت از لب جویبار»
هم اندر زمان زال زر برنشست   کمندی بفتراک و گرزی بدست
بیامد؛ ز دیده، مر او را بدید   یکی باد سرد از جگر برکشید
چنین گفت کـ :«ین نامور، پهلَو است   سرافراز با جامهٔ خسرَو است
ز لهراسپ دارد همانا نژاد   پیِ او بر این بوم فرخنده باد»
ز دیده بیامد بدرگاه رفت   زمانی به اندیشه بر زین بکفت[2]
هم اندر زمان بهمن آمد پدید   ازو رایت خسروی گسترید[3]
ندانست مرد جوان زال را   بیفراخت آن خسروی یال را
چو نزدیک‌تر گشت آواز داد   بدو گفت کـ :«ای مرد دهقان نژاد
سرِ انجمن، پور دستان کجاست؟   -که دارد زمانه بدو پشت راست!-
که آمد بزاول؛ گو اسفندیار   سراپرده زد بر لبِ رودبار»
بدو گفت زال: «ای پسر، کام جوی   فرود آی و مَی خواه و آرام جوی
کنون رستم آید ز نخچیرگاه   زواره فرامرز و چندی سپاه
تو با این سواران بباش ارجمند   بیارای دل را، به بگماز؛ چند»
چنین داد پاسخ که: «اسفندیار   نفرمود ما را، مَی و میگسار
گزین کن یکی مرد جوینده راه   که با من بیاید به نخچیرگاه»
بدو گفت دستان که: «نام تو چیست؟   همی بگذری تیز، کام تو چیست؟
برآنم که تو خویش لهراسپی   گر از تخمهٔ شاه گشتاسپی»[4]
چنین داد پاسخ که: «من بهمنم   ز پشت جهاندار رویین‌تنم»
چو بشنید گفتار آن سرفراز   فرود آمد از باره بردش نماز

---

۱ – سوار را خرامان آمدن نشاید!

* – **یک:** هزّا؛ آوای زینت‌های همراه با زین اسب بهنگام رفتن است که بانگی خوش از آنها برمیخیزد. **دو:** هزّا؛ هرای؛ نثره، بانگ و غریو بلند.

۲ – سخنان پسین نشان میدهد که بهمن در همانجای به زال رسید، خرد نیز نمی‌پذیرد که میزبان بی‌پذیرهٔ مهمان، خود بازگردد و بایوان رود! در لت دویُم نیز بر زین می‌توان نشستن و نه کوفتن!

۳ – پیش‌ازآن بهمن پدیدار شده‌بود. رایت را نیز در گفتار فردوسی راه نیست لت دویم بی‌گزارش و بی‌پیوند است.

۴ – هر دو یک سخن است.

پیام بردن بهمن نزد رستم

بخندید بهمن پیاده ببود / بپرسیدش و گفتِ بهمن شنود
بسی خواهشش کرد کـ:«ایدر بایست / چنین؛ تیز رفتن، ترا روی نیست»
بدو گفت: «فرمان اسفندیار / نشاید گرفتن چنین سست و خوار»
گزین کرد مردی که دانست راه / فرستاد با او به نخچیرگاه
همی رفت پیش اندرون رهنمون / جهاندیده‌ای نام او شیرخون[1]
به انگشت بنمود نخچیرگاه / هم اندر زمان بازگشت او ز راه[2]

*

یکی کوه بُد پیش مرد جوان / برانگیخت آن باره را پهلوان[3]
نگه کرد بهمن به نخچیرگاه / بدید آن برِ پهلوان سپاه
درختی گرفته به چنگ اندرون / برِ او نشسته بسی رهنمون[4]
یکی نرّه گوری زده بر درخت / نهاده؛ بر خویش، کوپال و رخت
یکی جام پر می به دست دگر / پرستنده برپای پیشش پسر[5]
همی گشت رخش اندرآن مرغزار / درخت و گیا بود و هم جویبار
بدل گفت بهمن که: «این رستم است / اُیا آفتاب سپیده‌دم است
بگیتی کسی مرد ازین‌سان ندید / نه از نامداران پیشین شنید
بترسم که با او یل اسفندیار / نتابد، بپیچد؛ سر از کارزار!
من این را به یک سنگ بی‌جان کنم / دل زال و رودابه پیچان کنم[6]
یکی سنگ زان کوه خارا بکند / فروهشت، از کوهسار بلند[7]
ز نخچیرگاهش زواره بدید / خروشیدن سنگ خارا شنید[8]
خروشید کـ:«ای مهتر نامدار / یکی سنگ غلتان شد از کوهسار!»[9]
نه جنبید رستم، نه بنهاد گور / زواره همی کرد زان گونه، شور[10]

---

۱ – پیش اندرون نادرست است. افزاینده را برای پساوای اندرون نام ساختگی «شیر خون» بایسته نمود!

۲ – رهنمای را نشاید از نیمهٔ راه بازگشتن!

۳ – یک: یک مرد جوان نبود و چند سوار همراه وی بودند. دو: کوه پیش او بود، یا او بکوهی رسید؟ در لت دویم «آن» نابجای است: «بارهٔ خویش راه».

۴ – چنگ اندرون نادرست است: بچنگ. در لت دویم؛ در زابلستان چه کسان رهنمون رستم توانند بود، که او خود زابلی بوده‌است.

۵ – ایرانیان هیچگاه با خوراک می نمی‌خورده‌اند، آنهم اینچنین آزمندانه!

۶ – «این را» نادرست است، و در لت دویم نیز زال و رودابه را «را» باید.

۷ – یک: سنگ خارا را از کوه بر می‌کنند، نه سنگ را از کوه خارا. دو: فروهشت نیز نادرست است «بغلتاند»، یا «فرو افکند»... سه: از کوهسار بلند نیز بر بنیاد سخن افزاینده، نادرست است، زیرا که پیشتر چنین آمده‌بود که یکی کوه پیش بهمن بود!

۸ – بیگمان کار نخچیر بپایان رسیده‌بود که رستم گور را کباب کرده‌بود، و اگر چنین بود، زواره را نیز کنار رستم باید بودن!

۹ – دنبالهٔ گفتار. ۱۰ – لت دویم نادرست است. شور نیز «کردنی» نیست «برآوردنی» است.

همی بود تا سنگ نزدیک شد　　ز گردش بَرِ کوه تاریک شد[1]
بزد پاشنه سنگ بنداخت دور　　زواره بر او آفرین کرد و پور[2]
غمین شد دل بهمنِ از کار اوی　　چو دید آن بزرگیّ و کردار اوی[3]
همی گفت: گر فرّخ اسفندیار　　کند با چنین نامور کارزار[4]
تن خویش در جنگ رسوا کند　　همان به که با او مدارا کند[5]
ور ایدونکه با وی برآید بجنگ　　همه شهر ایران بگیرد به چنگ[6]
نشست از برِ بارهٔ بادپای　　پر اندیشه از کوه شد باز جای[7]
بگفت آن شگفتی به موبد که دید　　اُزان راه آسان سر اندر کشید[8]
چو آمد بنزدیک نخچیرگاه　　هم آنگه تهمتن بدیدش براه
بموبد چنین گفت که: «این مرد کیست؟　　من ایدون گمانم که گشتاسپی‌ست»[9]
پذیره شدش با زواره بهم　　به نخچیرگه هر که بُد بیش و کم[10]
پیاده شد از باره بهمن چو دود　　بپرسیدش و نیکویی‌ها فزود
بدو گفت رستم که: «تا نام خویش　　نگویی نیابی ز من کام خویش»
بدو گفت: «من پور اسفندیار　　سر راستان بهمن نامدار»
ورا پهلوان زود در بر گرفت　　ز دیر آمدن پوزش اندر گرفت
برفتند هر دو بجای نشست　　خود و نامداران خسروپرست[11]
چو بنشست بهمن بدادش درود　　ز شاه و ز ایرانیان برفزود
ازانپس چنین گفت که: «اسفندیار　　چو آتش برفت از در شهریار
سراپرده زد بر لب هیرمند　　بفرمان فرخنده شاه بلند
پیامی رسانم ز اسفندیار　　اگر بشنود پهلوان سوار!»
چنین گفت رستم که: «فرمان شاه　　بر آنم که برتر ز خورشید و ماه[12]

---

۱ – «همی بود» نادرست است. «در جای خویش نشسته‌بود».
۲ – سنگ نیز در دست رستم نبود، که آنرا بیندازد! «بزد پاشنه، سنگ را دور کرد» در لت دویم، «پور» پسر کیست؟
۳ – «کار» در لت نخست با «کردار» در لت دویم یکیست.
۴ – «همی گفت» نادرست است: «بدل گفت».
۵ – تن «رسوا» نمی‌شود بخاک افکنده می‌شود.
۶ – در رج پیشین سخن از جنگ رفته‌بود، و وریداونکه با وی برآید بجنگ دوباره‌گویی است.
۷ – بهمن سوار بر اسب بود، اما افزاینده برای آنکه سنگ را بر دست وی بغلتاند، او را پیاده‌کرد.
۸ – پیشتر سخن از موبدی که همراه بهمن بوده باشد، نیامده‌بود. و اگر موبدی نیز همراه وی می‌بود، او نیز غلتیدن سنگ و دور کردن آنرا بچشم دیده‌بود.
۹ – نیز... رستم را نیز برای رفتن به نخچیرگاه موبد در کار نبود.
۱۰ – بیش و کم چگونه باشد؟ همه، هرکس که با رستم بود! نمونه‌ها نیز همه (کمابیش) چنین‌اند!
۱۱ – خود و نامداران نادرست است.
۱۲ – این گفتار از داستان سیاوخش برگرفته شده است، از گفتار وی در پاسخ بهرام زنگهٔ شاوران:

←

پاسخ رستم ۵۰۱

خوریم آنچه داریم چیزی نخست پس آنگه جهان زیر فرمان تست»[1]
بگسترد بر سفره بر نان نرم یکی گور بریان بیاورد گرم[2]
چو دستارخوان پیش بهمن نهاد گذشته سخن‌ها بر او کرد یاد[3]
برادرش را نیز با او نشاند اُزان نامداران کسی را نخواند[4]
دگر گور بنهاد در پیش خویش که هر بار گوری بُدی خوردنیش[5]
نمک بر پراکند و ببرید و خوَرد نظاره بر او بر، سرافراز مرد[6]
همی خورد بهمن ز گور اندکی نبُد خوردنش زانِ او ده یکی[7]
بخندید رستم بدو گفت «شاه ز بهر خورش دارد این پیشگاه[8]
خورش چون بدین گونه داری به خوان چرا رفتی اندر دم هفت خان[9]
چگونه زدی نیزه در کارزار چو خوردن چنین داری ای شهریار»[10]
بدو گفت بهمن که «خسرونژاد سخن‌گوی و بسیارخواره مباد[11]
خورش کم بُوَد کوشش و جنگ بیش به کف برنهیم آن زمان جان خویش»[12]
بخندید رستم بآواز گفت که «مردی نشاید ز مردان نهفت»[13]
یکی جام زرّین پر از باده کرد اُز او یاد مردان آزاد کرد[14]
دگر جام بر دست بهمن نهاد که «برگیر ازآن کس که خواهی تو یاد»[15]

→ چنین داد، پاسخ که فرمان شاه بر آنم که برتر ز خورشید و ماه
ولیکن بفرمان یزدان، دلیر نباشد همی پشّه تا پیل و شیر!

۱ – «داریم چیزی» نادرست است. لت دویم نیز نادرخور است زیرا که جهان زیر فرمان بهمن نبود!

۲ – مگر رستم خوالیگر است که نان نرم بر دستارخوان (=سفره) بگسترد؟ و مگر یک گورخر را که اندکی از اسب خردتر است می‌توان بر دستارخوان نهاد؟

۳ – **یک:** دستارخوان را پیشتر گسترده‌بودند. **دو:** در لت دویم کدام سخنان گذشته؟ هنوز که میان آنان سخن نرفته‌بود!! و اگر افزاینده خواسته‌است که از داستانهای گذشتهٔ ایران و رستم یاد کند. که از آن داستان درازآهنگ، بهنگام گستردن دستارخوان نمی‌توان یاد کردن.

۴ – لت دویم کدام نامداران‌اند؟ در دشت نخچیر چند پیشکار برای انجام کارها توانند بود، و رستم با نامداران به نخچیر نرفته‌بود.

۵ – افزاینده دستارخوان راگسترده‌تر ازپیش کرد و گوری دیگر نیز بر آن نهاد... لت دویم نیز بی‌پیوند است.

۶ – این چه سخن سست است؟ مگر نمک پراکندن و بریدن‌گوشت را چه ارزش است که داستان آن در شاهنامه بیاید؟

۷ – همی خورد اندکی نادرست است: «اندکی بخورد»، لت دویم نیز سست و بی‌پیوند است.

۸ – رستم بخندید، و شاه بدو گفت؟ بهمن که شاه نبود! لت دویم را نیز هیچ پیوند و گزارش نیست.

۹ – اندر دم هفتخوان نادرست است: «بر هفت خوان گذشتی»، اما گذشتن بر هفت خوان را چه پیوند با خوان و خورش؟ درگفتار افزودهٔ هفتخوان اسفندیار، سخنی از بهمن در میان نبود.

۱۰ – «زدی» نیز نادرست است «زنی»، و خوردن نیز «داشتنی» نیست.

۱۱ – سخن زیبا است اما پیوسته بداستان است.

۱۲ – سخن زیبای پیشین را با یک گفتار سست همراه کرد.

۱۳ – مگر گفتن را، «بی‌آواز» نیز می‌توان؟

۱۴ – ایرانیان هیچگاه بهنگام خوردن نان، می نمی‌نوشیده‌اند... آیین می نوشی در ایران باستان نیز چنان بوده‌است که نخستین جام را همواره بیاد شاهنشاه می‌خورده‌اند، چه در پیشگاه شاه بوده باشند، چه در جایی دیگر.

۱۵ – ناآگاهی افزاینده از آیین باده‌نوشی ایرانیان...

بترسید بهمن ز جام نبید   زواره نخستین دمی درکشید[1]
بدو گفت ک:«ای بچهٔ شهریار   به تو شاد بادا می و میگسار»[2]
ازو بستد آن جام بهمن بچنگ   دل آزار کرده بدان می درنگ[3]
همی ماند از رستم اندر شگفت   ازان خوردن و یال و بازوی و کفت[4]
نشستند بر باره هر دو سوار   همی راند بهمن برِ نامدار
بدادش یکایک درود و پیام   از اسفندیار آن یل نیکنام

پاسخ پیام اسفندیار
از سوی
رستم

چو بشنید رستم ز بهمن سخن   پراندیشه شد مغزِ مردِ کهن
چنین گفت ک:«آری شنیدم پیام   دلم شد بدیدار تو شادکام
ز من پاسخ این بر باسفندیار   که: ای شیردل مهتر نامدار
هر آن کس که دارد روانش خرد   سر مایهٔ کارها بنگرد
چو مردیّ و پیروزی و خواسته   ورا باشد و گنج آراسته[5]
بزرگیّ و گردیّ و نام بلند   بنزد گرانمایگان ارجمند[6]
بگیتی بر آنسان که اکنون تویی   نباید که دارد سرت بدخویی[7]
بباشیم بر داد و یزدان‌پرست   نگیریم دست بدی را بدست[8]
سخن هرچ؛ برگفتنش، روی نیست   درختی بود کش بر و بوی نیست

۱ - مگر از (جام) می نیز ترسیدن شاید؟ افزاینده را رای بر آن بوده‌است که بگوید بهمن از آن ترسید که مبادا به می زهر آمیخته باشند... و زواره پیش‌از او برای آرامش وی اندکی از آن جام را نوشید... اما این نیز گفتاری نادرخور است، زیرا که رستم پیش‌ازآن جام خود جامی از همان می نوشیده‌بود و نیاز بآزمایش دوباره‌اش نبود.

۲ - «بچهٔ شهریار» پاژنامی سخت سست است ازبرای بهمن که بدانهنگام مردی بود که سخت‌ترین پیام را ازسوی پدر برای رستم جهان پهلوان می‌برد!

۳ - جام که بگفتهٔ خودِ افزاینده در دست زواره بود، نه رستم!... و مگر جام را می‌توان بی‌چنگ گرفتن؟ که از آن نام می‌رود؟ لت دویم نیز بی‌پیوند و بی‌گزارش است.

۴ - «همی ماند» نادرست است: «بمانده‌بود».

۵ - این سخن را پیوند بگفتار پیشین نیست، زیرا که رج پیشین سخن از خردمندی رفت و گفتار نیز بپایان رسید... و بسا کسانکه خواسته و پیروزی و مردی دارند، و از خرد بی‌بهره‌اند.

۶ - دنبالهٔ همان گفتار بی‌پیوند است، و سخن نیز بپایان نمی‌رسد.

۷ - «تو» در لت نخست را «داری» در لت دویم باید، «دارد» به سر بازمیگردد، و سخن در لت نخست دربارهٔ اسفندیار است.

۸ - دست بدی را بدست گرفتن نشاید.

پاسخ رستم

اگر جان تو بسپرد راه آز	شود کارِ بی‌سود، بر تو دراز!
چو مهتر سراید، سخن، سخته به	ز گفتارِ بدکام، پردخته به!
ز گفتارت آنگه بُدی بنده شاد	که گفتی که چون تو ز مادر نزاد¹
به مردیّ و گردیّ و رای و خرد	همی بر نیاکان خود بگذرد²

۲۶۶۶۵
پدید است نامت به هندوستان	بروم و بچین و بجادوستان³
ازان پندها داشتم من سپاس	نیایش کنم روز و شب در سپاس⁴
ز یزدان همی آرزو خواستم	که اکنون بدو دل بیاراستم:
که بینم پسندیده چهر ترا	بزرگیّ و گردیّ و مهر ترا*
نشینیم با یکدگر شادکام	بیاد شهنشاه گیریم جام

۲۶۶۷۰
کنون آنچه جستم همه یافتم	بخواهشگری نیز بشتافتم
به پیش تو آیم کنون بی‌سپاه	ز تو بشنوم هرچه فرمود شاه
بیارم برت عهد شاهان داد	ز کیخسرو آغاز تا کیقباد⁵
کنون شهریارا تو در کار من	نگه کن بکردار و آزار من⁶
گر آن نیکوی‌ها که من کرده‌ام	همان رنج‌هایی که من برده‌ام⁷

۲۶۶۷۵
پرستیدن شهریاران همان	از امروز تا روز پیشی زمان⁸
چو پاداش آن رنج، بند آیدم	که از شاه ایران گزند آیدم⁹
همان به که گیتی نبیند کسی	چو بیند، بدو در، نماند بسی¹⁰
بیایم بگویم همه راز خویش	ز گیتی برافرازم آواز خویش¹¹
ببازو ببندم یکی پالهنگ	بیاویز پایم به چرم پلنگ¹²

۲۶۶۸۰
| ازان سان که من گردن ژنده‌پیل | ببستم فکنده به دریای نیل¹³ |
| چو از من گناهی بیاید پدید | ازان پس سرِ من بباید برید¹⁴ |

---

۱ - «که گفتی»، در لت دویم ناهماهنگ است: «اگر گفته‌بودی». ۲ - چه کس، بر نیاکان خود می‌گذرد؟
۳ - اسفندیار را بهندوستان گذر نبوده‌است و نیز بروم و چین و جادوستان(؟) نرفته‌بود که ویرا بشناسند.
۴ - از کدام پندها، اسفندیار که برستم پند نداده بود، نیایش بخدای است، نه باسفندیار.
* - در همهٔ نمونه‌ها «که بینم» آمده‌است، و دوباره آوردن «که» پس از «که» در گفتار پیوسته درست نیست، و چنین می‌نماید که سخن فردوسی چنین بوده‌است: آرزو خواستم... ببینم. ۵ - شاهان داد، نادرست است شاهان دادگر، و از کیخسرو نیز آغاز نمی‌شود.
۶ - کار و کردار یکی است، و چه آزار از رستم پدیدار شده است؟
۷ - نیکویی به چه کس؟ گردام را با بُردهام پساوا نیست. ۸ - امروز که او از درگاه شاهان بدور است!
۹ - «که» در آغاز لت دویم نادرخور است. ۱۰ - آن پاداش بد ویژهٔ رستم است نه همه‌کس.
۱۱ - رستم را هیچ راز در میان نبوده‌است، و ایرانیان از پیوند زال و رودابه تا پایان مرگ رستم همه جا با او بوده‌اند... تا خوابگاه رستم و تهمینه هیچ پرده‌ای میان او و ایرانیان نبوده‌است. ۱۲ - پالهنگ را بر سر می‌بندند، نه بر بازو! لت دویم نیز نادرخور است.
۱۳ - پیل را گردن نیست... و رستم نیز هیچگاه ازسوی خوروران تا رود نیل نرفته‌است.
۱۴ - این رج را با رج پیشین هیچ پیوند نیست.

سخن‌های ناخوش ز من دور دار   بـبدها، دلِ دیو، رنجور دار!
مگوی آنچه هرگز نگفته‌ست کس   بمردی مکن باد را در قفس!
بزرگان بـه آتش نیابند راه   ز دریـا گـذر نیست بی آشناه[1]
همان تابش مهر نتوان نهفت   نـه روبـه تـوان کرد با شیر جفت[2]
تو بر راه من بر، ستیزه مریز   کـه من خود یکی مایه‌ام در ستیز[3]
ندیده‌ست کس بند بر پای من   نه بگرفت پیل ژیان جای من!
تو آن کن که از پادشاهان سزاست   مگرد از پی آنکه آن نارواست[4]
بمردی ز دل دور کن خشم و کین   جهان را بچشم جوانی مبین[5]
بدل خرّمی دار و بگذر ز رود   ترا باد، از پاک یزدان؛ درود
گرامی کن ایوان ما را بسور   مباش از پرستندهٔ خویش دور
چنانچون بُدم کهتر کیقباد   کنون از تو دارم دل و مغز، شاد
چو آیی بایوان من با سپاه   هم ایدر بشادی بباشی دو ماه
برآساید از رنج، مرد و ستور   دل دشمنان گردد از رشک، کور
همه دشت، نخچیر و مرغ اندر آب   اگر دیر مانی بگیرد شتاب[6]
ببینم ز تو زور مردان جنگ   بشمشیر شیر افکنی گر پلنگ؟[7]
چو خواهی که لشگر بایران بری   بنزدیک شاه دلیران بری[8]
گشایم در گنج‌های کهن   که ایدر فکندم بشمشیر، بُن[9]
به پیش تو آرم همه هرچه هست   کجا گرد کردم به نیروی دست[10]
بخواه آنچه خواهی و دیگر ببخش   مکن بر دل ما چنین روز، دخش[11]
درم ده سپه را و تندی مکن   چو خوبی بیابی نژندی مکن[12]
چو هنگام رفتن فراز آیدت   بدیدار خسرو نیاز آیدت

---

۱ – نه بزرگان، که خردسالان را نیز توان گذر بر آتش نیست. در لت دویم «گذر نیست» نادرست است: «گذر نتوان کرد».
۲ – دنبالهٔ گفتار.   ۳ – ستیزه، ریختنی نیست «کردنی» است.   ۴ – «آن که آن» در لت دویم نادرست است.
۵ – اسفندیار را با رستم خشم و کین نبود، و لت دویم نیز از داستان فرانک و فریدون برگرفته شده است:
جز اینست آیین پیوند و کین   جهانرا بچشم جوانی مبین
٦ – لت دویم راگزارش نیست.   ۷ – مزدان جنگ نادرست است: «مردان جنگی».
۸ – **یک**: اسفندیار بالشگر نیامده بود که لشگر بایران بَرَد. **دو**: مگر زابل از خاک ایران نبود؟
۹ – فکندم در لت دویم نادرخور است: «فکنده‌ام» در این رج گنج‌ها باشمشیر بن افکنده شده‌اند...
۱۰ – و در این رج با نیروی است!
۱۱ – بخواه نادرست است: «بر گیر» روز رادخش کردن نیست... «دخش» فروش نخستین بامدادین بازرگانان است که امروز بگونهٔ «دشت» درآمده‌است و سنجش دو واژه نشان می‌دهد که در آغاز «دَخَشْت» بوده‌است.
۱۲ – تُندی را با «نَژَندی» پساوا نیست.

عنان از عنانت نپیچم براه / خرامان بیایم بنزدیک شاه
بپوزش کنم نرم، خشمِ ورا / ببوسم سر و پای و چشم ورا
بپرسم ز بیدار شاه بلند / که پایم چرا؟ کرد باید به بند
همه هرچه گفتم ترا، یاد دار / بگو پیش پرمایه اسفندیار»

*

ز رستم چو بشنید بهمن برفت / روان گشت با موبد پاک تفت[1]
تهمتن زمانی به ره در، بماند / زواره؛ فرامرز؛ را پیش خواند
که:«ز ایدر بنزدیک دستان شوید / بنزد مهِ کابلستان شوید
بگویید که:«اسفندیار آمده‌ست / جهان را یکی خواستار آمده‌ست
بایوان درون، تخت زرّین نهید / بر او جامهٔ خسروآیین نهید
چنان هم که هنگام کاووس شاه / ازان نیز، پرمایه‌تر پایگاه[2]
بسازید چیزی که باید، خورش / خورش‌های خوب از پی پرورش[3]
که نزدیک ما پور شاه آمده‌ست / پر از کینه و رزمخواه آمده‌ست[4]
گوی نامدار است و شاهی دلیر / نیندیشد از جنگ یک دشت شیر[5]
شوم پیش او، گر پذیرد نوید / بنیکی بُوَد هر کسی را امید
اگر نیکوی بینم اندر سرش / ز یاقوت و زر آورم افسرش[6]
ندارم ازو گنج گوهر دریغ / نه برگستوان و نه گوپال و تیغ[7]
اُگر بازگرداندم ناامید / نباشد مرا روز با او سپید[8]
تو دانی که آن تابداده کمند / سرِ ژنده‌پیل اندر آرد به بند»[9]
زواره بدو گفت «مندیش ازین / نجوید کسی رزم، که‌ش، نیست کین[10]
ندانم بگیتی چو اسفندیار / برای و بمردی، یکی نامدار[11]

---

۱ - بهمن با خوارمایه سوار آمده‌بود نه با موبد.
۲ - کاووس هیچگاه بمهمانی رستم نرفته‌بود، پرمایه‌تر پایگاه را نیز گزارش نباشد!
۳ - خورش بایسته (که باید) همانست که می‌پزند، و خورش‌های خوب در لت دویم نادرخور می‌نماید.
۴ - سخن در رج چهارم پیشین بگونهٔ درست آمده‌بود: بگویید کاسفندیار آمده‌است.
۵ - پیوند درست میان این رج و رج پیشین نیست.
۶ - نیکویی را اندر سر نمی‌بینند، که از گفتار و کردار پیدا می‌شود. لت دویم نیز نادرخور است.
۷ - زر و گوهر و دریوزه‌گری افزایندگان.
۸ - روز خود سپید است. چه در جنگ، چه در آشتی.
۹ - **یک:** سر پیل به بند نمی‌آید، زیرا که پیل را گردن نیست و این سخن را چه روی گفتن باشد؟ **دو:** آن تابداده کمند نیز نادرخور است. زیرا که کمند رستم بفتراک رخش بسته‌است و «این» می‌باید.
۱۰ - مندیش نادرست است: «میندیش».
۱۱ - رای و مردی اسفندیار را به نبرد او چه پیوند؟

نـــباید ز مـــردِ خـــرد کـــار بـــد نـــدید او ز مـــا هـــیچ کـــردار بـــد»[1]
زواره بـــیامد بـــنزدیک زال اُ زان روی، رسـتم؛ بـرافـراخـت یـال
بـیامد دمـان، تـا لب هـیرمند سـرش تـیزگشته ز بـیم گـزند
عـنان را گـران کـرد بـر پـیش رود هـمی بـود تـا بـهمن آرد درود
چـو بـهمن بـیامد بـه پـرده‌سرای هـمی بـود پـیش پـدر بـر، بـپای
بـپرسید ازو فـرّخ اسـفندیار؛ کـه پـاسخ چـه؟ کـرد آن یـل نـامدار!»
چـو بشـنید بـنشست پـیش پـدر بگـفت آنـچه بشـنیده بُـد، دربـدر
نـخستین درودش ز رسـتم بـداد پس آنگـاه گـفتار او کـرد یـاد[2]
هـمه دیـده، نـزدِ پـدر بـازگفت هـمان نـیز نـادیده انـدر نـهفت[3]
بـدو گـفت «چـون رسـتم پـیلتن نـبیند کسـی نـیز در انـجمن[4]
دل شـیر دارد تـن ژنـده‌پیل نـهنگان بـرآرد ز دریـای نـیل[5]
بـیامد کـنون تـا لب هـیرمند ابـی جـوشن و خـود و گـرز و کـمند
بـدیدار شـاه آمـده‌ستش نـیاز نـدانـم چـه؟ دارد هـمی بـا تـو راز»
ز بـهمن بـرآشـفت اسـفندیار ورا بـر سـر انـجمن کـرد خـوار[6]
بـدو گـفت کـ:«ز مـردم سـرفراز نـزیبد کـه بـا زن نشـیند بـراز[7]
اُگـر کـودکان را بکـاری بـزرگ فـرستی نـباشد دلیـر و سـترگ[8]
تـو گـردنکشان را کـجا دیـده‌ای کـه آواز روبـاه نشـنیده‌ای[9]
کـه رسـتم هـمی پـیل جـنگی کـنی دل نـامور انـجمن بشـکنی»[10]
چـنین گـفت پس بـا پشـوتن بـراز کـه «ایـن شـیر رزم‌آور جـنگساز؛[11]
جـوانـی هـمی سـازد از خـویشتن ز سـالش هـمانا نـیامد شکـن؟»[12]

---

۱ – **یک:** «مرد خرد» نادرست است: «مردِ بخرد» یا «خردمند مرد». **دو:** پیوند درست نیز میان لت دویم با لت نخست نیست: «ندیده است».

۲ – دربه‌در (=بخش‌به‌بخش) سخنان رستم را باسفندیار گفته‌بود، و دیگر جای برای درود، و یاد کردن گفتار او نمی‌ماند.

۳ – همه دیده نادرست است: «هر آنچه را که دیده‌بود»... نادیده‌ها و نهفته‌ها را چگونه بازگفت؟

۴ – نبیند نادرخور است: «ندیده است».

۵ – بهمن رستم را کنار دریای نیل ندیده‌بود که چنین داوری کند!

۶ – پاسخ گفتار رج پیشین، خوار کردن بهمن بر سر انجمن نیست!

۷ – چه‌کس «با زن براز نشست» اگر بهمن را خواهد گفتن که رازی در میان نبود و وی پیام رستم را بدو داده‌بود.

۸ – «کودکان» را در لت نخست، «نباشند» در لت دویم بایسته است.

۹ – چرا؟ اگر چنین است او را بکاری چنان بزرگ فرستاد.

۱۰ – دل نامور انجمن نادرست است: «دل این انجمنیان نامور را».

۱۱ – **یک:** چرا به راز؟ **دو:** «این» در لت دویم نادرخور است.

۱۲ – سخن درهم‌ریخته است.

پوزش بردن رستم
بر
اسفندیار

بفرمود کاسپ سیه زین کنند ببالای او زین زرّین کنند[1]
پس از لشگر نامور سدسوار برفتند با فرخ اسفندیار[2]
بیامد دمان، تا لب هیرمند بفتراک بر، گرد کرده؛ کمند
ازین سو، خروشی برآورد؛ رخش اُزان روی، اسپ یل تاجبخش
چنین تا رسیدند نزدیک آب بدیدار، هر دو گرفته شتاب[3]
تهمتن ز خشک اندر آمد برود پیاده شد و داد یل را درود:
پس از آفرین گفت ک:«ز یک خدای همی خواستم تا بود رهنمای[4]
که با نامداران بدین جایگاه چنین تندرست آمدی با سپاه[5]
نشینیم یک جای و پاسخ دهیم همی در سخن رای فرخ نهیم[6]
چنان دان که یزدان، گوای من است خرد، زین سخن، رهنمای من است
که من زین سخن‌ها نجویم فروغ نگردم به هر کار گرد دروغ[7]
که روی سیاوخش گر دیدمی بدین تازه‌رویی نگردیدمی[8]
نمانی همی جز سیاوخش را مر آن تاجدار جهانبخش را[9]
خُنُک شاه، کاو، چون تو دارد پسر ببالا و فرّت بنازد پدر
خنک شهر ایران که تخت ترا پرستند و، بیداربخت ترا
دژم گردد آن کس که با تو نبرد بجوید سرش اندر آید به گرد[10]
همه دشمنان از تو پر بیم باد دل بدسگالان به دو نیم باد[11]

---

۱ - زین زرین بر بالای زین چگونه باشد؟
۲ - اسفندیار لشگر بهمراه خویش نبرده‌بود که ازمیان آن یکسد سوار را برگزیند!
۳ - رستم پیش‌ازآن نزدیک آب رسیده و ایستاده‌بود.
۴ - خداوند، همواره رهنمای است، و نیاز به خواستن «خواهش» ندارد.
۵ - خداوند رهنمای رستم باشد، تا اسفندیار بدین جایگاه تندرست آید؟
۶ - رای در سخن نهادن نادرست است! «رای» آهنگ انجام کاری را کردن است.
۷ - هنوز که سخنی نگفته‌است که دروغ باشد، یا نباشد.
۸ - سخن نادرست است، زیرا که رستم و اسفندیار نیز، هردو سوگوار سیاوخش پاک بوده‌اند، و در رج پسین باژگونهٔ این گفتار می‌آید که در آن رستم در دیدار اسفندیار از همانندی که با سیاوخش دارد یاد می‌کند.
۹ - گفتار زیبا است، اما سیاوخش جهانبخش نبود.
۱۰ - دژم گردد؟ یا بمیرد؟
۱۱ - کنش «باد» برای یک کس است نه برای «دشمنان» در لت دویم «دل بدسگالانِ چه کس».

۵۰۸ گشتاسپ

همه ساله بخت تو پیروز باد شبان سیه، بر تو چون روز باد»

*

چو بشنید گفتارش اسفندیار فرود آمد از بارهٔ نامدار
گو پیلتن را ببر درگرفت فراوان بر او آفرین برگرفت؛
که: «یزدان سپاس ای جهان‌پهلوان که دیدم ترا شاد و روشنروان
سزاوار باشد ستودن ترا یلان جهان خاک بودن ترا[1]
خنک آنکه چون تو پسر باشدش یکی شاخ بیند که بر باشدش[2]
خنک آنکه او را بود چون تو؛ پشت بُوَد ایمن از روزگار درشت[3]
خنک زال کَش بگذرد روزگار بگیتی بماند ترا یادگار[4]
بدیدم ترا یادم آمد زریر سپهدار اسپ‌افکن و نرّه شیر»[5]
بدو گفت رستم که: «ای پهلوان جهاندار و بیدار و روشنروان
یکی آرزو دارم از شهریار که باشم بران آرزو کامکار
خرامان بیایی سوی خان من بدیدار، روشن کنی؛ جان من
سزای تو گر نیست، چیزی که هست؛ بکوشیم و با آن پساییم دست»
چنین پاسخ آورد، اسفندیار که: «ای از یلان جهان یادگار
هر آن کس کجا، چون تو باشد بنام همه شهر ایران بدو شادکام؛
نشاید گذر کردن از رای اوی گذشت* از بر و بوم و از جای اوی
ولیکن ز فرمان شاه جهان نپیچم روان آشکار و نهان
بزابل نفرمود، ما را؛ درنگ نه با نامداران این بوم، جنگ
تو آن کن که بریابی از روزگار بر آن رو که فرمان دهد شهریار
تو خود، بند بر پای نه، بیدرنگ نباشد ز بند شهنشاه ننگ
ترا چون برم بسته نزدیک شاه سراسر بدو بازگردد گناه
اُ زین بستگی من جگرخسته‌ام به پیش تو اندر کمر بسته‌ام[6]
نمانم که تا شب بمانی ببند اُگر بر تو آید ز چیزی گزند●

1 – لت دویم را پیوند درست نیست. ۲ – پاژنام «پسر» برای پهلوان پیر، درست نمی‌نماید.
۳ – **یک:** گفتار رج پسین است. **دو:** لت دویم را پیوند بایسته، با لت نخست نیست.
۴ – یاد از مرگ پدر کردن، درست نمی‌نماید. ۵ – افزاینده پهلوان بزرگتر را به پهلوانی خردتر همانند می‌کند!
* – نمونه‌ها «گذشت» آورده‌اند که درست نمی‌نماید و «گذر» می‌باید.
٦ – هنوز بستگی پیش نیامده است. و کمر را نزد شاه می‌بندند، نه در نزد رستم، که خود خویش را «پرستندهٔ اسفندیار» نامیده بود.
● – اُگر: یا آنکه.

نخواندن اسفندیار رستم را ۵۰۹

همه از من انگار ای پهلوان   بدی ناید از شاه روشن‌روان[1]
ازانپس چو من تاج بر سر نهم   جهان را بدست تو اندر نهم
نه نزدیک دادار باشد گناه   نه شرم آیدم نیز از روی شاه
چو تو بازگردی بزاولستان   بهنگام بشکوفه و گلستان
ز من نیز یابی بسی خواسته   که گردد بر و بومت آراسته»
بدو گفت رستم که: «ای نامدار   همی جُستم از داور کردگار
که خرّم کنم دل بدیدار تو   شوم شادمانه ز گفتارِ تو
دو گردنفرازیم پیر و جوان   خردمند و بیدار و روشنروان
بترسم که چشم بد آید همی   سر از خواب خوش برگراید همی[2]
همی یابد اندر میان، دیو راه   دلت کژ کند از پی تاج و گاه[3]
یکی ننگ باشد مرا، زین سخن   که تا جاودان، آن نگردد کهن
که چون تو سپهبد، گزیده سری؛   سرافراز شیری و نام‌آوری؛
نیایی زمانی سوی خان من   نباشی بدین مرز، مهمان من!
گر این تیزی از مغز بیرون کنی   بکوشی و بر دیو، افسون کنی
ز من هرچه خواهی تو، فرمان کنم   بدیدار تو رامش جان کنم
مگر بند! کز بند «آر»ی بُوَد   شکستی بُوَد زشت کاری بُوَد
نبیند مرا زنده با بند، کس   که روشن، روانم، برین است؛ بس!
ز تو پیش بودند گنداوران   نکردند پایم بنه بند گران،[4]
بپاسخ چنین گفت اسفندیار   که: «ای در جهان، از گوان، یادگار
همه راست گفتی، نگفتی دروغ   بکژّی نگیرند مردان فروغ
ولیکن پشوتن شناسدکه شاه   چه فرمود تا من برفتم براه
گر اکنون بیایم سوی خان تو   بَوَم شاد و پیروز مهمان تو؛
چو گردن بپیچی ز فرمان شاه   مرا تابش روز؛ گردد سیاه
دگر آنکه گر با تو جنگ آورم   بپرخاش خوی پلنگ آورم؛
فرامش کنم مِهرِ نان و نمک   به من بر، دگرگونه گردد فلک
اُگر سر بپیچم ز فرمان شاه   بدان گیتی آتش بود جایگاه[5]

---

۱ – سخن سست است، اسفندیار خود در آغاز فرمان گشتاسپ را نادرخور شمرده‌بود:
چه جویی نبرد یکی مرد پیر   که کاووس خواندن ورا شیرگیر!
۲ – چشم بد «آمدنی» نیست «زدنی» است لت دویم نیز بی‌پیوند و بی‌گزارش است.
۳ – دنبالهٔ همان سخن.
۴ – پیش‌از او کسی را پروای بند کردن رستم نبوده‌است... این نخستین بار است.
۵ – لت دویم بی‌پیوند است: «جایگاه اندر آتش بود».

ترا آرزو گر چنین آمده‌ست؟ —یک امروز با مَی پساییم دست—
که؟ داند که فردا چه شاید بُدَن! بدین، داستانی، نباید زدن»
بدو گفت رستم که: «ایدون کنم شوم جامهٔ راه بیرون کنم
که یک هفته نخچیر کردم همی بجای بره گور خوردم همی [1]
بهنگام خوردن مرا بازخوان چو با دودهٔ خود نشینی، به «خوان»
ازآن جایگه رخش را برنشست دل خسته را اندر اندیشه بست
بیامد دمان تا بایوان رسید رخ زال سام نریمان بدید
بدو گفت ک:«ای مهتر نامدار رسیدم بنزدیک اسفندیار
سواریش دیدم چو سرو سهی خردمند و با زیب و با فرّهی
تو گفتی که شاه آفریدون گرد بزرگی و دانایی او را سپرد [2]
بدیدن فزون آمد از آگهی همی تافت زو فرّ شاهنشهی»

نخواندن اسفندیار، رستم را به میهمانی

چو رستم برفت از لب هیرمند پر اندیشه شد نامدار بلند
پشوتن که بُد شاه را رهنمای بیامد هم آنگه بپرده‌سرای
چنین گفت با او یل اسفندیار که: «کاری گرفتیم دشخوار، خوار
بایوان رستم مرا کار نیست ورا نزد من، راهِ دیدار نیست
همان گر نیاید، نخوانمْش نیز! گر از ما یکی را پُر آید قفیز؛ *
دل زنده، از کشته بریان شود پس از آشناییش گریان شود» ●
پشوتن بدو گفت ک:«ای نامدار برادر، که؟ یابد چو اسفندیار
بیزدان که دیدم شما را نخست که یک نامور، با دگر؛ کین نجست
دلم گشت زان کار چون نوبهار هم از رستم و هم ز اسفندیار
چو در کارتان باز کردم نگاه ببندد همی بر خرد، دیو، راه

---

۱ - چه پیوند با می خوردن؟ «یک هفته در نخچیرگاه بوده‌ام».
۲ - تو گفتی در این سخن نابجا نیست زیرا که روی بزال دارد. اما «آفریدون» در آن نادرست است و «سپرد» در لت دویم: «سپرده است».
* - اگر یکی از ما، در نبرد کشته شود... ● - آنکس را که زنده می‌ماند، دل بر آنکس که کشته شده است می‌سوزد.

تو آگاهی از کار دین و خرد   روانت همیشه خرد پرورد
بپرهیز و با جان ستیزه مکن   نیوشنده باش از برادر، سخن
شنیدم همه هرچه رستم بگفت   سخن‌هاش با مردمی بود جفت
نه ساید دو پای ورا بند تو   نه اندیشد از فرّ و اورند تو
سوار جهان، پورِ دستان سام   ببازی سر اندر نیارد بدام
چنو پهلوانی ز گردنکشان   نداده‌ست دانا به گیتی نشان[1]
چگونه توان کرد پایش به بند   مگوی آنکه هرگز نیاید پسند[2]
سخن‌های ناخوب و نادلپذیر   سزد گر نگوید یل شیرگیر
بترسم که این کار گردد دراز   بزشتی میان دو گردنفراز
بزرگیّ و، شاهی و، داناتری   بمردیّ و گردی تواناتری
یکی، بزم جوید، یکی، رزم و کین!   نگه کن که تا کیست؟ با آفرین!»
چنین داد پاسخ ورا نامدار   که: «گر من بپیچم سر از شهریار؛
بدین گیتی اندر نکوهش بُوَد   همان پیش یزدان پژوهش بُوَد
دو گیتی برستم نخواهم فروخت   کسی چشم‌دین را به سوزن ندوخت»[3]
بدو گفت: «هرچیز کآمد ز پند؛   تن پاک و جان ترا سودمند؛
همه گفتم، اکنون بهی برگزین   دل شهریاران نیازد بکین!»
سپهبد ز خوالیگران خواست خوان   کسی را نفرمود؛ کاو را بخوان!
چو نان خورده شد جام می برگرفت   ز رویین‌دژ آنگه سخن درگرفت[4]
ازان مردیِ خود همی یاد کرد   بیاد شهنشاه جامی بخورد[5]
همی بود رستم بایوان خویش   ز خوردن نگه داشت پیمان خویش
چو چندی برآمد نیامد کسی   نگه کرد رستم به ره بر بسی[6]
چو هنگام نان خوردن اندر گذشت   ز مغز دلیر، آب برتر گذشت
بخندید و گفت «ای برادر تو خوان   بیارای و آزادگان را بخوان[7]
گر این است آیین اسفندیار   تو آیین این نامور، باد دار»[8]

۱ - دانا در لت دویم نادرست است: «دانایان نشان نداده‌اند».
۲ - دوباره‌گویی سخن پیشین است: «نساید دو پای ورا بند تو».
۳ - دین را چشم نباشد که با سوزن توانندش دوختن!
۴ - سخن «درگرفتنی» نیست.
۵ - چنین کارها نه بر آیین می نوشی ایرانیان بوده‌است (که در نبرد هفت پهلوان آنرا نموده‌ام).
٦ - «چو» در آغاز این رج با «چو» در آغاز رج پسین که سخن فردوسی است همخوان نیست.
۷ - برادر رستم آرایندهٔ خوان نبود که چنین کار را خوالیگران می‌کردند.
۸ - لت دویم سست است «باد دار» در سخن فارسی پیشینه ندارد.

بفرمود تا رخش را زین کنند / همان زین به آرایش چین کنند[1]
«شوم باز گویم به اسفندیار / کجا، کار ما را گرفته‌ست خوار»[2]

*

نشست از بر رخش، بر سان پیل / خروشیدن اسب؛ شد، بر دو میل
بیامد دمان تا بنزدیک آب / سپه را بدیدار او بُد شتاب
هر آنکس که از لشگر او را بدید / دلش مهر و پیوند او برگزید
همی گفت هر کس که: «این نامدار / نمانَد بکس، جز بسام سوار
بر این کوههٔ زین کُه آهن است / همان رخش گویی که آهرمن است[3]
اگر همنبردش بُوَد ژنده‌پیل / برافشانَد از تارکِ پیل، نیل
کسی مرد ازین سان بگیتی ندید / نه از نامداران پیشین شنید[4]
خرد نیست، اندر سر شهریار / که جوید، از این نامور؛ کارزار
بر اینسان همی از پی تاج و گاه / به کشتن دهد نامداری چو ماه[5]
به پیری سوی گنج یازان‌تر است / به شهر و به دیهیم نازان‌تر است[6]
همی آمد از دور رستم چو شیر / به زیر اندرون اژدهای دلیر[7]
چو آمد بنزدیک اسفندیار / هم آنگه پذیره شدش نامدار
بدو گفت رستم که: «ای پهلوان / نوآیین و نوشاخ و فرّخ جوان
خرامی نیرزید؟ مهمان تو! / چنین بود؟ تا بود پیمان تو*!
سخن هرچه گویم همه یادگیر / مشو تیز با پیر، بر خیرخیر[8]
همی خویشتن را بزرگ آیدت / اُزاین نامداران سترگ آیدت[9]
همانا بمَردی سبک داری‌ام؟ / به رای و بدانش تُنُک داری‌ام؟
بگیتی چنان دان که رستم منم / فروزندهٔ تخم نیرم منم

---

۱ – چرا رخش ایران را بآیین چینیان زین کنند؟ ۲ – روی سخن با کیست؟
۳ – رخش را به اهریمن همانند کردن؟! سخت نادرست است.
۴ – ندید و نشنید نادرست است: «ندیده است» «نشنیده است».
۵ – کدام نامدار ماه کشته می‌شود؟ رستم، یا اسفندیار روشن نیست.
۶ – روی سخن با اسفندیار بود، و اسفندیار را هنوز پیری نرسیده‌بود، و دیهیم نیز هنوز در جهان پدیدار نشده‌بود.
۷ – رستم بنزدیک رسیده‌بود که سواران اسفندیار بدو مهر می‌ورزیدند.
* – در آیین ایران چون می‌خواستند کسی را مهمان کنند، نخست کسی را بسوی او می‌فرستادند، و نوید می‌دادند، که فراخوانی مهمان یا دعوت بوده باشد! پسانگاه بهنگام برگزاری مهمانی کسی دیگر، یا همان نوید دهنده را بسوی خانهٔ مهمان می‌فرستادند، تا اورا بخانهٔ میزبان همراهی کند. این کس را «خرام» یا خرام‌دهنده می‌خواندند.
۸ – همه یادگیر نادرست است: «همه را بیاد بسپار» در لت دویم... اسفندیار با رستم پیر، تیز نشده‌بود.
۹ – سخن نادرست است. خویشتن را بزرگ می‌بینی، یا درشمار می‌آوری. لت دویم نابهنجار است.

بخاید ز من چنگ، دیو سپید / دلِ جادوان را کنم ناامید[1]
بزرگان که دیدند ببر مرا / همان رخش غرّان، هژبر مرا[2]
چو کاموس جنگی چو خاقان چین / سواران جنگیّ و مردان کین[3]
که از پشت زین‌شان به خمّ کمند / ربودم، سر و پای کردم به بند[4]
نگهدار شاهان ایران منم / بهر جای، پشتِ دلیران منم
از این خواهش من مشو بدگمان / مدان خویشتن برتر از آسمان
من از بهر این فرّ و اورند تو / بجویم همی رای و پیوند تو
نخواهم که چون تو یکی شهریار / تبه دارد از چنگ من، روزگار
که من سام یل را بخوانم دلیر / کزو بیشه بگذاشتی نرّه شیر[5]
بگیتی منم زو کنون یادگار / ایا شاهزاده یل اسفندیار![6]
بسی پهلوان جهان بوده‌ام / سخن‌ها ز هرگونه بشنوده‌ام[7]
سپاسم ز یزدان که بگذشت سال / بدیدم یکی شاه فرّخ همال[8]
که کین خواهد از مرد ناپاک دین / جهانی بر او بر کنند آفرین[9]
تویی نامور پرهنر شهریار / به جنگ اندرون افسر کارزار»[10]

نکوهش کردن اسفندیار رستم را

بخندید از رستم اسفندیار / بدو گفت که:«ای پور سام سوار
شدی تنگدل چون نیامد خرام! / نجستم همی زین سخن، کام و نام!

---

۱ – «بخاید» نادرست است: «بخایید» از آنجا که نبرد رستم با دیو سپید در زمانِ گذشته رخ داده بود نیز در لت دویم، زمانِ روان است و جادوان هفت‌خوان در زمان گذشته از وی ناامید شده‌بودند.

۲ – شیهۀ اسپ را در زبان فارسی هیچگاه با «غرش» نیاورده‌اند، و سخن نیز پایان ندارد.   ۳ – چو...

۴ – پای را شاید به بند کشیدن و سر را نشاید.   ۵ – سام یل درگذشته است و «بخوانم دلیر» با او هماهنگ نیست.

٦ – رستم در گفتاری بس دلپذیر از این داستان یاد کرده‌بود: «فروزندۀ تخم نیرم منم».

۷ – لت دویم را با لت نخست پیوند نیست.

۸ – «شاه فرخ همال» راگزارش نباشد. اگر گوییم «شاه فرخ» را «همال» خویش دیدم که آن نیز نادرست است زیرا که رستم پیرو اسفندیار جوان بوده‌است و نشایستی وی را همال خویش خواند.

۹ – مرد ناپاکدین که باشد؟ ارجاسب هیونان خدای بر کیش باستانی آریاییان «کیش مهر» بود، و کیش مهر پس‌از زرتشت نیز در نزد ایرانیان گرامی بوده و هست، و نماد آن «مهر یشت» است که هنوز بر جای است و بسا از آیین‌های آن هنوز روان است، و همین بس که زرتشتیان یزد هنوز آتشکده را «بَرِمهر» می‌خوانند، و زرتشتیان کرمان «درِمهر».

۱۰ – «افسر کارزار» راگزارش نیست.

۵۱۴ گشتاسپ

چنین گرم بُد روز و راه دراز — نکردم ترا رنجه، تندی مساز
همی گفتم از بامداد پگاه — بپوزش بسازم سوی داد راه
بدیدار دستان شوم شادمان — بتو، شاد دارم روان؛ یکزمان
کنون تو، بدین، رنج برداشتی — بدشت آمدی خانه بگذاشتی
بآرام بنشین و بردار جام — ز تندی و تیزی مبر هیچ نام»
به دست چپ خویش بر جای کرد — ز رستم همی مجلس آرای کرد[1]
جهاندیده گفت «این نه جای من است — بجایی نشینم که رای من است»[2]
به بهمن بفرمود ک:«از دست راست — نشستی بیارای ازان کش سزاست»[3]
چنین گفت با شاهزاده بخشم — که «آیین من بین و بگشای چشم[4]
هنر بین و این نامور گوهرم — که از تخمهٔ سام گنداورم[5]
هنر باید از مرد و فرّ و نژاد — کفی راد دارد دلی پر ز داد[6]
سزاوار من گر ترا نیست جای — مرا هست پیروزی و هوش و رای»[7]
ازان پس بفرمود فرزند شاه — که کرسیِ زرّین نهد پیش‌گاه[8]
بدان تا گو نامور پهلوان — نشیند بَرِ شهریار جوان[9]
چو رستم بران کرسیِ زر نشست — پر از خشم و بویا ترنجی بدست؛[10]
چنین گفت با رستم اسفندیار — که:«ای نیکدل، مهترِ نامدار
من ایدون شنیدستم از بخردان — بزرگان و بیداردل موبدان
که دستانِ بدگوهرِ دیوزاد — بگیتی فزون زین ندارد نژاد؛
فراوان ز سامش، نهان داشتند — همی رستخیز جهان داشتند
تنش تیره بُد موی و رویش سپید — چو دیدش، دل سام شد ناامید!

---

۱ – «بر جای کرد» نادرست است، و لت دویم را هیچ گزارش نیست. ۲ – دنبالهٔ سخن.
۳ – مگر بهمن پیشکار بوده‌است که کرسی برای نشستن رستم بیاراید؟ آراستن نیز درست نمی‌نماید، زیرا که کرسی را می‌پیرایند (گرد از آن می‌زدایند) وگرنه هرکرسی آرایش ویژهٔ خویش را دارد و دگرگون نمی‌شود.
۴ – چه کس بخشم گفت؟ روال سخن چنین می‌نماید که بهمن گفته باشد، اما افزاینده ازسوی رستم، چنین گفته‌است. آیین نیز دیدنی نیست. ۵ – چند بار از سام یاد می‌شود؟
٦ – «دارد» درلت دویم نادرخور است، زیرا که «باید» درلت نخست بسنده می‌نماید... «کفی راد و دلی پر ز داد... باید».
۷ – پیروزی را با هوش و رای، و این هر سه را با جای نشستن چه پیوند است؟
۸ – چه کس فرمود؟ فرزند شاه؟ کدام شاه؟ اسفندیار شاه نبود... نهد پیشگاه درلت دویم نیز نادرخور است: «پیشِ گاهِ اسفندیار»، و اگر چنین باشد، کرسی رستم نزدیک بدرگاه و دهلیز پرده‌سرای جای میگیرد که از دست راست پایین‌تر است!
۹ – در چنان جایگاه رستم «برِ» اسفندیار جای نمی‌گرفت.
۱۰ – **یک:** ترنج را چه‌کس برستم داده بود؟ آنانکه هنوز بایکدیگر سخن می‌گفتند و رستم از اسفندیار گلایه داشت! **دو:** مگر درآفرینش ایزد، ترنج بی‌بوی نیز هست، که از «ترنج بویا» سخن رود؟ و ترنج را چه ارزش و پایگاه است که بگفتار شاهنامه اندر شود؟ مگر برای هوسرانی در گفتار افزایندگان سست اندیشه، که ازبرای فراهم کردن پساوا برای «نشست» آنرا بشاهنامه ما افزوده‌اند.

گفت‌وگوی اسفندیار و رستم

بفرمود تا پیش دریا برند … مگر مرغ و ماهی ورا بشکرند
بیامد بگسترد، سیمرغ، پر … ندید اندر او، هیچ آیین و فر
ببردش بجایی که بودش کنام … ز دستان، مر او را خورش بود؛ کام
اگرچند سیمرغ ناهار بود … تن زال پیش اندرش خوار بود[1]
بینداختش پس به پیش کنام … بدیدار او کس نبُد شادکام[2]
همی خورد افکنده مردار اوی … ز جامه برهنه تن خوار اوی[3]
چو افکند سیمرغ؛ بر زال، مهر … بر او گشت، زینگونه، چندی سپهر؛
ازآن پس که مردار چندی چشید … برهنه سوی سیستانش کشید[4]
پذیرفت سامش ز بی‌بچگی … ز نادانی و پیری و غَرچگی!
خجسته بزرگان و شاهان من … نیای من و نیکخواهان من[5]
ورا: برکشیدند و دادند چیز … فراوان بر این سال بگذشت نیز[6]
یکی سرو بُد ناپسوده سرش … چو با شاخ شد رستم آمد برش[7]
ز مردی و بالا و دیدار اوی … بگردون برآمد چنین کار اوی[8]
بر این گونه ناپارسایی گرفت … ببالید و پس پادشایی گرفت»[9]

*

بدو گفت رستم که: «آرام گیر … چه گویی سخن‌های نادلپذیر
دلت بیش کژّی بپالد همی … روانت ز دیوان بنالد همی[10]
تو آن گوی کز پادشاهان سزاست … نگوید سخن، پادشا، جز که راست
جهاندار داند که دستان سام … بزرگ است و با دانش و نیکنام
همان سام پور نریمان بُده‌ست … نریمان گرد از کریمان بُده‌ست[11]
بزرگ است و گرشاسپ بودش پدر … به گیتی بدی خسرو تاجور[12]

---

۱ - اگرچند، نادرخور است: «اگرچه». ۲ - به پیش کنام نبرده‌بود که بکنام خویشش برد.
۳ - «اوی» در پایان سخن نابجا است.
۴ - مردار نچشید که می‌خورد، و سیمرغ زال را بسوی سیستان نبرد که سام برای بردنش بنزدیک کوه رفت.
۵ - آنان که مرده‌اند، چگونه توانند که نیکخواه اسفندیار بوده باشند؟ ۶ - و آنانکه زال را برکشیدند نیاکان اسفندیار نبودند.
۷ - سرِ ناپسوده چگونه سری باشد؟ ۸ - دنبالهٔ سخن.
۹ - رستم را چه ناپارسایی بوده‌است؟ «پادشایی» نیز نادرست است.
۱۰ - کژی پالودنی نیست، کژی، چگونگی چیزی است که کژ است. در لت دویم، اگر روان کسی از دیو (که نماد بدی است) بنالد، کار بد نکرده‌است.
۱۱ - «بده است» نادرست است: «بود» یا «هست» کریمان در لت دویم نیز ازبرای فراهم کردن پساوا پدیدار شده است.
۱۲ - بزرگ است نادرست است بزرگ بود لت دویم نیز سست است.

۵۱۶ گشتاسپ

همانا شنیده‌ستی آواز سام   نبد در زمانه چنو نیکنام[1]
بکشتش به توس اندرون اژدها   که از چنگ او کس نیابد رها[2]
بدریا نهنگ و بخشکی پلنگ   وراکس ندیدی گریزان ز جنگ[3]
به دریا سر ماهیان برفروخت   هم اندر هوا پرّ کرکس بسوخت[4]
همی پیل را درکشیدی به دم   دل خرّم از یاد او شد دژم[5]
اُ دیگر یکی دیو بد بدگمان   تنش بر زمین و سرش بآسمان[6]
که دریای چین تا میانش بدی   ز تابیدن خور زیانش بدی[7]
همی ماهی از آب برداشتی   سر از گنبد ماه بگذاشتی[8]
به خورشید ماهیش بریان شدی   ازو چرخ گردنده گریان شدی[9]
دو پتیاره زین‌گونه پیچان شدند   ز تیغ یلی هر دو بی‌جان شدند[10]
همان مادرم دختِ مهراب بود   کزاو کشور سند شاداب بود[11]
که ضحّاک بودیش پنجم پدر   ز شاهان گیتی برآورده سر[12]
نژادی از این نامورتر کراست؟   خردمند گردن نپیچد ز راست
دگر آنکه اندر جهان سربسر   یلان را ز من جست باید هنر[13]
همان عهد کاووس دارم درست   که بر من بهانه نیارند جُست[14]
همان عهد کیخسرو دادگر   که چون او نبست از کیان، کس، کمر[15]
زمین را سراسر همه گشته‌ام   بسی شاه بیدادگر کشته‌ام[16]
چو من برگذشتم ز جیهون بر آب   ز توران بچین رفت افراسیاب[17]

---

۱ – همانا شنیدستی... نادرخور است: «نشنیده‌ای...» و آوازِ سام درگذشته بگوش نمی‌رسد، و افزاینده خواسته‌است پر «آوازه» گوید.

۲ – بکشتش نادرست است: «بکشت» و «بتوس اندرون» نیز نابجا است، زیرا که از اژدهای سام در «رود کَشَف» آگاهی داریم، نه درمیانهٔ شهر توس.

۳ – لت دویم را با لت نخست پیوند نیست.

۴ – دنباله سخن.

۵ – لت دویم بی‌پیوند است.

٦ – بدگمان = دشمن پاژنام درخورنده‌ای برای دیو نیست و چون تن را «بر» زمین گوییم. سر را نیز «بر» آسمان باید گفتن.

۷ – دنبالهٔ داستان.

۸ – دوباره‌گویی رج‌های پیشین...

۹ – همچنین...

۱۰ – باید روشن شود که آن دو پتیاره (= مخالف) بر دست سام کشته شدند، و چنین نمی‌نماید... در لت دویم بیجان شدن آنان به تیغ بازمی‌گردد.

۱۱ – مهراب پادشاه کابل بود نه سند.

۱۲ – بودیش پنجم پدر نادرست است: «پشت پنجم او ضحاک بود».

۱۳ – سخن دربارهٔ پهلوان رستم در چند رج آینده می‌آید.

۱۴ – عهد کاووس را با نژاد و پهلوانی پیوند نیست.

۱۵ – همچنین عهد کیخسرو... این سخنان در گفتار راست شاهنامه ازسوی اسفندیار بگشتاسپ گفته شده‌بود:

نه او در جهان، نامداری نو است   بزرگ است و با عهد کیخسرو است
اگر عهد شاهان نباشد درست   نباید ز گشتاسپ منشور جُست

۱٦ – «سراسر» و «همه» یک سخن است و باهم گرد نمی‌شوند. «گشته» را نیز با «کُشته» پساوا نیست.

۱۷ – برگذشتم نادرست است بگذشتم... وگذشت را یا از «جیهون» باید یادآور شدن یا از «آب».

ز کاووس در جنگ مازندران   به تنها برفتم بگرز گران[1]
نه ارژنگ ماندم نه دیو سپید   نه سنجه نه اولاد غندی نه بید[2]
همان، از پیِ شاه، فرزند را   بکشتم دلیر خردمند را[3]
که گُردی چو سهراب هرگز نبود   به زور و به مردیّ و رزم آزمود[4]
ز پانسد همانا فزون است سال   که تا من جدا گشتم از پشت زال[5]
همان، پهلوان بودم اندر جهان   یکی بود با آشکارم، نهان
بسان فریدون فرخ‌نژاد   که تاج بزرگی بسر برنهاد[6]
ز تخت اندر آورد ضحّاک را   سپرد آن سرِ تاج او خاک را[7]
دگر سام، کاو بود ما را نیا   ببرد از جهان تُنبَل و کیمیا[8]
سدیگر که چون من ببستم کمر   تن‌آسان شد اندر جهان تاجور[9]
بدان خرّمی، روز هرگز نبود   پیِ مرد بیراه بر دژ نبود*
که من بودم اندر جهان کامران   مرا بود شمشیر و گرز گران
بدان گفتم این، تا بدانی همه   تو شاهیّ و گردنکشان چون رمه
تو اندر زمانه رسیده نوی   اگرچند با فرّ کیخسروی[10]
تن خویش بینی همی در جهان   نه‌ای آگه از کارهای نهان!
چو بسیار شد گفته‌ها مَی خوریم   به می، جامِ اندوه را بشکریم»

پاسخ اسفندیار رستم را

ز رستم چو اسفندیار این شنید   بخندید و شادان دلش بردمید
بدو گفت: «کاین رنج و کردار تو   شنیدم همه درد و تیمار تو

---

۱ - «ز کاووس» چیزی را روشن نمی‌کند! در برخی نمونه‌ها «چو کاووس» که هم چنین است.   ۲ - دنبالهٔ گفتار.

۳ - دلیر و خردمند را می‌باید همراه فرزند آوردن.

۴ - پیوند «که» در آغاز این رج نادرخور است. همچنین «رزم آزمود»! در کنار زور و مردی... «رزم آزمودگی» باید.

۵ - سخن را پیوند درست نیست: «از آن هنگام که من از پشت زال...»

۶ - رستم بسان فریدون نبود... اما افزاینده را رای آنست.که در سخنان افزودهٔ پسین سام را با او همانند کند.

۷ - از تخت بزیر آورد، «نه اندر آورد»، و فریدون ضحاک را نکشت که در دماوندکوهش بیند کشید.

۸ - چون سخن با «دگر» آغاز می‌شود، فریدون را نیز «نخست» بایسته می‌نماید که چنین نیست.

۹ - کدام تاجور؟... بایستی گفتن «تاجوران»!   * - پای اسفندیار هنوز بدژ گنبدان نرسیده‌بود.

۱۰ - اسفندیار از دودمان کیخسرو نبود.

کنون کارهایی که من کرده‌ام: — ز گردنکشان سر برآورده‌ام؛[1]
نخستین، کمر بستم از بهر دین — تهی کردم از بت‌پرستان زمین[2]
کس از جنگجویان گیتی ندید — که از کشتگان خاک شد ناپدید[3]
نژاد من از تخم گشتاسپ است — که گشتاسپ از تخم لهراسپ است[4]
که لهراسپ بُد پور اَرْوَند شاه — که او را بُدی از مهان تاج و گاه[5]
هم اَرْوَند از گوهر کی‌پشین — که کردی پدر بر پشین آفرین[6]
پشین بود از تخمهٔ کیقباد — خردمند شاهی دلش پر ز داد[7]
همی رو چنین تا فریدون شاه — که شاه جهان بود و زیبای گاه[8]
همان مادرم دختر قیصر است — کجا بر سر رومیان افسر است[9]
همان قیصر از سلم دارد نژاد — ز تخم فریدون با فرّ و داد[10]
همان سلم پور فریدون گرد — که از خسروان نام شاهی ببرد[11]
بگویم من و کس نگوید که نیست — که بیراه بسیار و راه اندکیست[12]
تو آنی که پیش نیاکان من — بزرگان بیدار و پاکان من[13]
پرستنده بودید همی با نیا — نجویم همی زین سخن کیمیا[14]
بزرگی ز شاهان من یافتی — چو در بندگی تیز بشتافتی[15]
بمان تا بگویم همه، هرچه هست — یکی گر دروغ است بنمای دست!
که تا شاه، گشتاسپ را داد تخت — میان بسته دارم بمردیّ و بخت
هرآنکس که رفت از پی دین بچین؟ — بکردند زان پس بر او آفرین![16]

---

۱ – سخن باید چنین آغاز شود: «کنون بشنو...».

۲ – چنین نکرده‌بود و تنها نبرد او با ارجاسب بود که او نیز بت‌پرست درشمار نمی‌آمد.

۳ – «ندید» در لت نخست نادرخور است: «ندیده است». «شد» نیز در لت دویم نابجا است «شود».

۴ – دنبالهٔ سخن.

۵ – پادشاهی بنام اروند شاه را نمی‌شناسیم.

٦ – لت نخست را پایان نیست و لت دویم نیز نادرخور است، و افزاینده خواسته‌است بگوید که پدر کی‌پشین بر وی آفرین می‌خواند... و نتوانسته‌است نام او را در این رج بیاورد.

۷ – در این رج از او یاد کرد، و کی‌پشین شاه نبود.

۸ – همی رو نادرست است: «پدر بر پدر».

۹ – داستان کتایون دختر قیصر افزوده بشاهنامه است.

۱۰ – دنبالهٔ سخن.

۱۱ – دوباره‌گویی رج پیشین.

۱۲ – سخن سخت مست است و چیزی را نمی‌نمایاند! در لت دویم «راه اندکیست» نادرخور است؛ زیرا که در گفتار پیشینیان، از «راستی» راه یاد شده نه از اندکی آن: [illegible] اَاوُ پَنتاوْ یُوْ اَشَهِ راه یکی است و آن راستی است.

۱۳ – چون افزاینده برای اسفندیار اینچنین زنجیرهٔ نژادی فراهم آورد، اکنون رستم را پرستندهٔ آنان خواند، اما آیین فروتنی ایرانی برستم فرمان داده بود که باسفندیار در دیدار آغازین چنین گوید:

گرامی کن ایوان ما را بسور — مباش از پرستندهٔ خویش دور

۱۴ – دنبالهٔ همان سخن.

۱۵ – دنبالهٔ سخن.

۱٦ – چه کسان ازبرای دین بچین رفتند؟ «از پی» نیز نادرست است: «ازبرای».

ازآن‌پس که ما را بگفتِ گرزم ببستم پدر دور کردم ز بزم[1]
به لهراسپ از بند من بد رسید شد از ترک روی زمین ناپدید[2]
بیاورد جاماسپ آهنگران که ما را گشاید ز بند گران[3]
همان کار آهنگران دیر بود مرا دل بر آهنگِ شمشیر بود[4]
دلم تنگ شد بانگشان برزدم تن از دست آهنگران بستدم؟[5]
برافراختم سر ز جای نشست غل و بند بر هم شکستم بدست![6]
گریزان شد ارجاسپ از پیش من برآن سان یکی نامدار انجمن
به مردی ببستم کمر بر میان همی رفتم ازپس چو شیر ژیان[7]
شنیدی که در هفت خان پیش من چه آمد ز شیران و زِ اهرمن[8]
بچاره برویین‌دژ اندر شدم جهانی برآن گونه بر هم زدم[9]
بجُستم همه کین ایرانیان بخون بزرگان، ببستم میان
بتوران و چین آنچه من کرده‌ام همان رنج و سختی که من برده‌ام[10]
همانا ندیده‌ست گور از پلنگ نه از شست ملاّح کام نهنگ[11]
ز هنگام تورِ فریدونِ گُرد کس اندر جهان نام این دژ نبرد[12]
یکی تیره دژ بر سر کوه بود که از برتری دور از انبوه بود[13]
چو رفتم همه بت‌پرستان بدند سراسیمه برسان مستان بدند[14]
بمردی من آن باره را بستدم بتان را همه بر زمین برزدم[15]
برافروختم آتش زردهشت که با مجمر آورده بود از بهشت[16]

---

۱ – «ما را» در لت نخست، «ببست» در لت دویم باید.

۲ – هیونان ترک نبودند، و آنان نیز تا بلخ رفته‌بودند، نه روی زمین... در این رج «من».

۳ – و در این رج «ما»!

۴ – بازگشت که من (مرا).

۵ – تن را چگونه از دست آهنگران بسته؟ مگر آنان اسفندیار را گرفته‌بودند؟ «آهنگران را دور راندم».

٦ – سخن افزوده در آن بخش نه چنین بود:

بپیچید تن را و بر پای جست غمین شد به پا بند یازید دست
بیامیخت پای و بپیچید دست همه بند و زنجیر بر هم شکست

۷ – همی رفتم در آغاز لت دویم نادرست است: «برفتم».

۸ – در هفت خانِ افزودهٔ اسفندیار نبردی با اهرمن روی نداد.

۹ – داستان رویین‌دژ نیز افزوده بود.

۱۰ – **یک:** اسفندیار بچین نرفته‌بود. **دو:** بُرده‌ام را با کَرده‌ام پساوا نیست.

۱۱ – سخن؛ روشن نمی‌نماید که اسفندیار پلنگ بوده‌است، یا گور؟ لت دویم نیز برای پساوا ساخته شده است.

۱۲ – آن دژ که بگفتهٔ افزاینده ساختهٔ تور بوده‌است، با چنان گفتارهای شگفت دربارهٔ ساختمان آن چرا بایستی گمنام مانده باشد؟

۱۳ – **یک:** بر بنیاد افزوده‌ها در کار آن دژ خشت و سنگ بکار نرفته‌بود و با روی بر آورده‌بودندش، و چنین دژ را نشاید «تیره» بودن. **دو:** لت دویم نیز نادرخور است، زیرا افزایندگان آنرا پایتخت ارجاسب شمرده‌بودند با بسیار مرد و اسپ و چارپای...

۱۴ – هیونان بت‌پرست نبوده‌اند.

۱۵ – چنین بت‌شکنی در نوشته‌های افزایندگان دیده نشد!

۱٦ – افزایندگان آتش بدژ اندر زدند و دیوار دژ را فرو انداختند، و جایی در آن ننهادند که آتش زرتشت را (که از بهشت آورده‌بود؟!)

←

به پیروزی دادگر یک خدای   به ایران چنان آمدم باز جای[۱]
که ما را بهر جای دشمن نماند   به بت خانه‌ها در برهمن نماند[۲]
به تنها تن خویش جستم نبرد   بپرخاش، تیمارِ من کس نخوَرد
سخن‌ها کنون گشت بر ما دراز   اگر تشنه‌ای؟ جام می بر فراز»

پاسخ
رستم
به اسفندیار

چنین گفت رستم باسفندیار   که: «کردار مانَد ز ما یادگار
کنون داد ده باش و بشنو سَخُن   ازین نامبردار مرد کَهُن
اگر من نرفتی به مازندران   به گردن برآورده گرز گران[*]
کجا بسته بد گیو و کاووس و توس   همی کرد، گردون، برایشان فسوس؛
بکندم دل و مغز دیو سپید   که؟ را بد ببازوی خویش این امید!
سرِ جادوان را بکندم ز تن   ستودان ندیدند و گور و کفن
ز بند گران بردمش سوی تخت   شد ایران بدو شاد و او نیکبخت
مرا یار، در هفت خان؛ رخش بود   همان گرز و تیغ جهانبخش بود
اُ زان پس که شد سوی هاماوران   ببستند پایش به بند گران
ببردم ز ایرانیان لشگری   به جایی که بُد مهتری گر سری[۳]
بکشتم به جنگ اندرون شاهشان   تهی کردم آن نامور گاه‌شان[۴]
جهاندار کاووسِ کی بسته بود   ز رنج و ز تیمار دل خسته بود[۵]
بیاوردم از بند کاووس را   همان گیو و گودرز و هم توس را
به ایران بُد افراسیاب آن زمان   جهان پر ز درد از بد بدگمان
به ایران کشیدم ز هاماوران   خود و شاه با لشگری بی‌کران[۶]
شب تیره تنها برفتم ز پیش   همه نام جستم نه آرام خویش

→ آنجا برافروزند.   ۱ - سخن زیبا است اما پیوسته بداستان است.

۲ - «بهرجای» نادرست است: «بهیچ جای» در لت دویم از برهمن نام برده می‌شود، و برهمنان در هندوستان بودند و نه در میان هیونان.

* - کنش نادرست آمده‌است، و در همهٔ نمونه‌ها چنین است. شاید که سخن فردوسی چنین بوده‌است: «من ار می‌نرفتم بمازندران».

۳ - لت دویم بی‌پیوند است.   ۴ - گاه آنان تهی نمی‌ماند، و گاه همواره گاه است.

۵ - سه رج پیش‌از بستن پای کاووس سخن رفته‌بود.   ٦ - خود و شاه و... نادرست است.

چو دید آن درفش من افراسیاب ... همان بانگ رخشم شنید، از شتاب؛
بپرداخت ایران و، شد سوی چین ... جهان شد پر از داد و پر آفرین
گر از یال کاووس خون آمدی ... ز پشتش سیاوخش چون؟ آمدی
اُ ز او شاه کیخسرو پاک و راد؛ ... که لهراسپ را تاج بر سر نهاد!
پدرم آن دلیر گرانمایه مرد ... ز ننگ اندران انجمن خاک خورد[1]
که لهراسپ را شاه بایست خواند ... ازو در جهان نام چندین نماند[2]
چه نازی بدین تاجِ گشتاسپی ... بدین تازه آیین لهراسپی
که گوید برو دست رستم ببند! ... نبندد مرا دست چرخ بلند![3]
که گر چرخ گوید مرا کاین نیوش ... به گرز گرانش بمالم دو گوش[4]
من از کودکی تا شده‌ستم کهُن ... بدینگونه از کس نبردم سخُن!
مرا خواری از پوزش و خواهش است ... اُ ز این نرم گفتن مرا کاهش است»
ز تیزیش خندان شد اسفندیار ... بیازید و دستش گرفت استوار
بدو گفت ک:«ای رستم پیلتن ... چنانی که بشنیدم از انجمن
ستبر است بازوت چون ران شیر ... بر و یال چون اژدهای دلیر[5]
میان تنگ و باریک همچون پلنگ ... بویژه کجا گرز گیرد به چنگ»[6]
بیفشارد چنگش میان سخن ... ز برنا بخندید مرد کهن[7]
ز ناخن فروریختش آب زرد ... همانا نجنبید زان درد مرد[8]
گرفت آن زمان دست مهتر به دست ... چنین گفت ک:«ای شاه یزدان‌پرست[9]
خنک شاه گشتاسپ آن نامدار ... کجا پور دارد چو اسفندیار[10]
خنک آنک چون تو پسر زاید او ... همی فرّ گیتی بیفزاید او»[11]
همی گفت و چنگش به چنگ اندرون ... همی داشت تا چهر او شد چو خون[12]

---

۱ - نگرش بر افزوده‌های پایان هنگام کیخسرو دارد.
۲ - همچنین.
۳ - سخن زیبا است، و ایرانیان همگی آنرا از گفتار فردوسی می‌شمرند، و از بر می‌خوانند، اما در همهٔ نمونه‌ها کنش «گوید» آمده‌است که درست نمی‌نماید زیرا که فرمان گشتاسپ در زمان گذشته بوده‌است و بر این بنیاد «که گفتت» درست می‌نماید.
۴ - و لت نخست نادرست می‌نماید «مرا این بشنو» راگزارش نیست و لت دویم گزافه‌ای بزرگ است.
۵ - بر و یال را باید چون «بر و یال» اژدها نامیدن نه اژدها!
٦ - باز... همچون میان پلنگ و پلنگ را هرگز کسی ندیده است که گرز بچنگ گیرد!
۷ - برنا کودک پنج تا ده ساله است، و چگونه مرد کهن، رستم بخندید؟
۸ - که آب زرد از ناخنانش فرو ریخت!
۹ - افزایندگان همه جا از اسفندیار و بهمن، شاه پرداخته‌اند.
۱۰ - «آن» در لت نخست نابجا است.
۱۱ - و نیز «او» در پایان لت نخست... «همی» نیز در آغاز لت دویم پیوندی درست نیست.
۱۲ - چنگ را بچنگ اندرون داشتن که رخ را خونین نمی‌کند، می‌بایستی از فشردن چنگ او یاد کردن... اما افزاینده چندان‌سست‌اندیش و اندک خرد بوده‌است که نمی‌دانسته‌است که آنکس را که پیشتر، از فشارِ دستِ دیگر کس، آب زرد (خونابه) از ناخنان فرو ریخته باشد، دیگر توانِ فشردنِ چنگ او نیست!!

همان ناخنش پر ز خوناب کرد ‌‌ ‌‌ سپهبد بُروها پر از تاب کرد [1]
بخندید از او فرخِ اسفندیار ‌‌ ‌‌ چنین گفت ک :«ای رستم نامدار [2]
تو امروز مَی خور که فردا برزم ‌‌ ‌‌ بپیچی و یادت نیاید ز بزم
چو من زین زرّین نهم بر سیاه ‌‌ ‌‌ بسر برنهم خسروانی کلاه [3]
بنیزه ز اسپت نهم بر زمین ‌‌ ‌‌ ازآن پس نه پرخاش جویم نه کین
دو دستت ببندم برم نزد شاه ‌‌ ‌‌ بگویم که: من زو؛ ندیدم گناه!
بباشم به پیشش بخواهشگری ‌‌ ‌‌ بسازم ز هرگونه‌ای داوری
رهانم ترا از غم و درد و رنج ‌‌ ‌‌ بیابی پس از رنج، خوبی و گنج»
بخندید رستم ز اسفندیار ‌‌ ‌‌ بدو گفت: «سیر آیی از کارزار!
کجا دیده‌ای رزم جنگاوران ‌‌ ‌‌ کجا یافتی بادِ گرز گران [4]
اگر بر جز این روی گردد سپهر ‌‌ ‌‌ بپوشد میان دو تن روی مهر [5]
بجای می سرخ کین آوریم ‌‌ ‌‌ کمان و کمند و کمین آوریم [6]
غوِ کوس خواهیم ز آوای رود ‌‌ ‌‌ به تیغ و بگوپال باشد درود [7]
ببینی تو ای فرخ اسفندیار ‌‌ ‌‌ گراییدن و گردش کارزار [8]
چو فردا بیایی بدشت نبرد ‌‌ ‌‌ بآورد، مرد اندر آید؛ بمرد
ز باره بآغوش بردارمت ‌‌ ‌‌ ز میدان بنزدیک زال آرمت
نشانمت بر نامور تختِ آج ‌‌ ‌‌ نهم بر سرت بر، دل افروز تاج
کجا یافته‌ستم من از کیقباد ‌‌ ‌‌ -بمینو همی جان او باد شاد- [9]
گشایم در گنج و هر خواسته ‌‌ ‌‌ نهم پیش تو یکسر آراسته [10]
دهم بی‌نیازی سپاه ترا ‌‌ ‌‌ بچرخ اندر آرم کلاه ترا
ازآن پس بیایم بنزدیک شاه ‌‌ ‌‌ گرازان و خندان و خرّم براه
بمردی ترا تاج بر سر نهم ‌‌ ‌‌ سپاسی بگشتاسپ، زین، برنهم
ازآن پس ببندم کمر؛ بر میان ‌‌ ‌‌ چنان چون ببستم به پیش کیان!

---

۱ - سخن پیشین... ابروان اسفندیار از درد دست و ناخن خونین پر از تاب می‌شود... ۲ - اما می‌خندد؟!

۳ - زین زرین نشاید. زین را از چوب و چرم باید بر آوردن! و نیز در جنگ، خود بسر باید داشتن نه کلاه خسروانی!

۴ - لت نخست نادرست است، زیرا که اسفندیار جنگ‌های فراوان کرده‌بود، و در لت دویم نیز سخن نادرخور است، زیرا که بادِ گرز، یافتنی نیست. ۵ - سخن سست و بی‌پیوند و بی‌گزارش است.

۶ - هنوز سخن از می و میگسار است و بجنگ نپیوسته‌اند، تا پس‌ازآن می سرخ بنوشند! و پسان کین آورند.

۷ - از آوای رود هیچگاه بانگ کوس بلند نمی‌شود... افزاینده را رای بر آن بوده‌است که بجای آوای رود، بانگ (نه غو) کوس را پیش آوریم، در لت دویم نیز «باشد» نادرخور است. ۸ - دنبالهٔ گفتار.

۹ - برای این گفتار، در رج پیشین سخن چنین بایسته بود: نشانمت بر (آن) نامور تخت آج.

۱۰ - هر خواسته نیز نارسا است... خواسته را برای همه‌چیز از مال و دارایی و گوهر و زر، کارآیی هست.

همه روی پالیز بی‌خَو کنم / زشادی تن خویش را نُو کنم[1]
چو تو شاه باشی و من پهلوان / کسی را بتن در، نماند روان»[2]

*

چنین پاسخ آوردش اسفندیار / که: «گفتار؛ چندین، نیاید بکار
شکم گرسنه روز نیمی گذشت / ز گفتار پیکار بسیار گشت[3]
بیارید چیزی که دارید و خوان / کسی را که بسیار گوید مخوان»[4]
چو بنهاد رستم بخوردن گرفت / بماند اندران خوردن اندر شگفت[5]
یل اسفندیار و گوان یکسره / ز هر سو نهادند پیشش بره[6]
بفرمود مهتر؛ که: «جام آورید / بدو در، میِ لَعل‌فام آورید
ببینیم تا رستم اکنون ز مَی / چه؟ گوید چه؟ آرد ز کاووس کی!»
بیاورد یک جام می میگسار / که کشتی بکردی بر او بر گذار[7]
به یاد شهنشاه رستم بخَورد / برآورد ازان چشمهٔ زرد گرد[8]
یکی جام را کودک میگسار / بیاورد پر بادهٔ شاهوار[9]
چنین گفت پس با پشوتن به راز / که «بر خوان نیاید به آبت نیاز؟[10]
چرا آب بر جام می بفگنی؟ / که تیزِ نبیندِ کهن بشکنی!»[11]
پشوتن چنین گفت با میگسار / که: «بی آب جامی پر از می بیار»[12]
مَی آورد و رامشگران را بخواند / ز رستم همی در شگفتی بماند[13]
چو هنگامهٔ رفتن آمد فراز / ز می لَعل شد رستم سرفراز:
چنین گفت با او یل اسفندیار / که: «شادان بَوی تا بُوَد روزگار
می و هرچه خوردی ترا نوش باد / روان دلاور، پر از توش باد»
بدو گفت رستم که: «ای نامدار / همیشه خرد بادت آموزگار

---

۱ - روی پالیز را، یا کشور را؟ لت دویم نیز نادرخور می‌نماید.

۲ - مگر شاه و پهلوان ازبرای «مردن مردمان»اند؟

۳ - شکم گرسنه درست نیست زیرا که اسفندیار برای رستم «خرام» نفرستاد و خود، بر خوان نشست.

۴ - سخن در لت نخست نادرست است، و در لت دویم نابجا.

۵ - چه چیز را بنهاد؟ چه‌کس بنهاد؟ اسفندیار؟ چه‌کس از آن خوردن در شگفت شد؟

۶ - سخن بی‌پایان است و اسفندیار را نشاید که چون خوالیگران؛ بره پیش رستم نهند، رستم نیز در ایوان خود خوراک خورده‌بود.

۷ - گزافه از این برتر، وسست‌تر نشاید.

۸ - گیریم که می زرد بوده‌است (در آینده نشان داده می‌شود که چنین نیست)... پس‌از خوردن آن چگونه گرد از جام برمیخیزد؟

۹ - اگر چنین است جام پیشین را مِی شاهوار نبوده‌است!

۱۰ - سخن در لت دویم که به آب نیاز نداری...

۱۱ - باگفتار در این رج ناهمخوان است، زیرا که در این رج می‌گوید چرا آب، با می؛ می‌آمیزی... در این سخن روشن می‌شود که «می» در خوان اسفندیار می بیرنگ (می پخته = اَرَک؛ عرق) بوده‌است نه می زرد (=شراب زرد، شراب انگور زرد).

۱۲ - دنبالهٔ همان گفتار.

۱۳ - تازه می‌آوردند؟ و رامشگران را بخواندند؟ چه‌کس از رستم در شگفتی بماند؟

هر آن می که با تو خورم نوش گشت   روان خردمند را توش گشت[1]
گر این کینه از مغز بیرون کنی   بزرگیّ و دانش، برافزون کنی
ز دشت اندر آیی سوی خان من   بَوی شاد، یکچند، مهمان من
سخن هرچه گفتم، بجای آورم   خرد پیش تو رهنمای آورم
بیاسای چندی و، بد را مکوش   سوی مردمی یاز و، باز آر؛ هوش»
چنین گفت با او یل اسفندیار   که: «تخمی که هرگز نروید مکار
تو فردا ببینی ز مردان هنر   چو من تاختن را ببندم کمر
تن خویش را نیز مستای هیچ   بایوان شو و کار فردا پسیچ
ببینی که من در صف کارزار   چنانم چو با باده و میگسار
چو از شهر زاول به ایران شوم   بنزدیک شاه دلیران شوم
هنر بیش بینی ز گفتار من   مجوی اندرین کار تیمار من»

*

دل رستم از غم پر اندیشه شد   جهان پیش او چون یکی بیشه شد
که: «گر من دهم دست، بندِ ورا   اُگر سرفرازم گزندِ ورا
دو کار است هر دو بنفرین و بد   گزاینده رسمی نوآیین و بد*
هم از بند او بد شود نامِ من   -بد آمد ز گشتاسپ فرجامِ من-[2]
بِگِردِ جهان هر که رانَد سخن   نکوهیدن من نگردد کهن
که رستم ز دست جوانی نَرَست   بزاول شد و دست او را ببست
همان نام من، بازگردد بننگ   نمانَد ز من در جهان بوی و رنگ
اُگر کشته آید بدشت نبرد   شود نزد شاهان مرا، روی؛ زرد
که او شهریاری جوان را بکشت   بدان، کاو؛ سخن گفت با او درشت
بر این بر، پس از مرگ نفرین بود   همان نام من پیرِ بی‌دین بود
اُگر من شوم کشته بر دست اوی   نمانَد بزاولستان رنگ و بوی
شکسته شود نام دستانِ سام   ز زابل نگیرد کسی نیز نام
ولیکن همی خوب گفتار من   ازین پس بگویند بر انجمن[3]
چنین گفت پس با سرافراز مرد   که: «اندیشه، روی مرا زرد کرد

---

1 - «با تو خورم» نادرست است: «با تو خوردم» و سخن در این رج دوباره‌گویی گفتار اسفندیار است.

* - **یک:** «رسم» را در گفتار فردوسی راه نیست، و از کاری که هنوز پیش نیامده است، نشاید بنام رسم یاد کردن. **دو:** چنین می‌اندیشم که گفتار فردوسی بدینگونه بوده است:

دو راه است هر دو بنفرین و بد   گزاینده‌کاری نوآیین و بد

2 - لت نخست دوباره‌گویی است.   3 - بر انجمن نادرست است: «در انجمن‌ها».

که چندین بگویی تو از کار بند / مرا بند و رای تو آید گزند
مگر کآسمانی سخن دیگر است / که چرخ روان از گمان برتر است
همه پند دیوان پذیری همی / ز دانش، سخن؛ برنگیری همی
ترا سال برنامد و روزگار / ندانی فریبِ بدِ شهریار
تو برنا دلیٖ و ندیده جهان / جهانبان بمرگ تو کوشد نهان[1]
گر ایدونکه گشتاسپ از روی بخت / نیابد همی سیری از تاج و تخت[2]
بِگِردِ جهان بردوانَد ترا / بهر سختی‌ای پروراند ترا
بروی زمین یکسر اندیشه کرد / خرد چون تبر هوش چون بیشه کرد[3]
که تا کیست؟ اندر جهان نامدار / کجا سر نپیچاند از کارزار
کزان نامور بر تو آید گزند / بماند بدو تاج و تخت بلند!
که شاید که بر تاج نفرین کنیم / اُ زین داستان خاک بالین کنیم[4]
همی جان من در نکوهش نهی / چرا؟ دل، نه اندر پژوهش نهی!
بتن رنج کاری تو بر دست خویش / جز از بدگمانی نیایدت پیش[5]
مکن شهریارا جوانی مکن / چنین بر بلا، کامرانی مکن
دل ما مکن شهریارا نژند / میاور بجان خود و من گزند[6]
ز یزدان و از روی من شرم دار / مخور بر تن خویشتن زینهار
ترا بی‌نیازی‌ست از جنگ من / اُ ز این کوشش و رای و آهنگ من
زمانه همی تاخت با سپاه / که بر دست من گشت خواهی تباه[7]
بماند بگیتی ز من نام بد / بگشتاسپ بادا سرانجام بد!»[8]
چو بشنید گردنکش اسفندیار / بدو گفت ک:«ای رستم نامدار
به دانای پیشین نگر تا چه گفت / بدانگه که جان با خرد کرد جفت
که پیر فریبنده کانا بود / اُگر چند پیروز و دانا بود
تو چندین همی بر من افسون کنی / که تا چنبر از یال بیرون کنی

---

۱ - برنا کودک پنج تا ده ساله است و «برنا دل» در سخن فارسی پیشینه ندارد.
۲ - از روی بخت نیز گزارش ندارد. ۳ - سخن سخت بی‌پیوند و بی‌گزارش است.
۴ - سخن مادر اسفندیار در لت نخست می‌آید:
که نفرین بر این تخت و این تاج باد / بر این کشتن و شور و تاراج باد
و لت دویم را هیچ گزارش و پیوند نیست.
۵ - رنج را بر تن توان هموار کردن، و کاشتن نتوان، لت دویم را نیز پیوند با لت نخست نیست.
۶ - در لت نخست «دل ما» نادرخور است، و در لت دویم، «خود و من».
۷ - اسفندیار با سپاه بسیستان نرفته‌بود. در لت دویم نیز گشت خواهی تباه نادرست است: «تباه شوی».
۸ - «بماند» پیوند درست با لت پیشین ندارد... «که ماند» اما «که» در این رج با که در رج پیشین همخوان نیست.

تو خواهی که هر کس که این بشنود / بدین خوب گفتار تو بگرود
مرا؛ پاک، خوانند، ناپاکرای / ترا مرد هشیارِ نیکی‌فزای *
بگویند: کاو با خرام و نوید / بیامد ورا داد چندی امید
سپهبد ز گفتار او سر بتافت / ازآن پس که جز جنگ کاری، نیافت؛
همی خواهش او همه خوار داشت / زبانی پر از تلخ گفتار داشت!
ندانی، که من، سر ز فرمان شاه / نتابم، نه از بهر تخت و کلاه!!
بدو یابم اندر جهان خوب و زشت / بدوست دوزخ بدو هم بهشت [1]
ترا هرچه خوردی فزاینده باد / بداندیشگان را گزاینده باد [2]
تو اکنون بخوبی بایوان بپوی / سخن هرچه دیدی بدستان بگوی [3]
سلیحت همه جنگ را ساز کن / ازین‌پس مپیمای با من سخن [4]
پگاه آی و در جنگ چاره مساز! / مکن زین سپس، کار، بر خود دراز
تو فردا ببینی بآوردگاه / که گیتی شود پیش چشمت سیاه
بدانی که پیکار مردان مرد / چگونه بُوَد روزِ ننگ و نبرد»
بدو گفت رستم که: «ای شیرخوی / تراگر چنین آمده‌ست آرزوی؛
تنت بر تکِ رخش پیچان کنم / سرت را به کوپال درمان کنم
تو از پَهلَوِ خویش بشنیده‌ای / بگفتار ایشان بگرویده‌ای؛
که: «تیغ دلیران بر اسفندیار / بآوردگه بر، نیاید بکار»
ببینی تو فردا، سِنان مرا / همان گرد کرده عنان مرا
که تا نیز، با نامدارانِ مرد / نجویی به آوردگه بر، نبرد»!
لب مرد برنا پر از خنده شد / همی کهتر آن خنده را بنده شد [5]
برستم چنین گفت کـ: «ای نامجوی / چرا؟ تیز گشتی بدین گفت‌وگوی!
چو فردا بیایی بدشت نبرد / ببینی تو آورد مردان مرد [6]

---

* - پاک: بتمامی، کاملاً ← [پاکباخته: کسیکه همه‌چیز خود را باخته باشد]

۱ - دوزخ و بهشت هرکس از کردار خود او است و پیوند بدیگری ندارد.

۲ - در آیین مهمانداری ایرانی نیست که دربارهٔ آنچه به میهمان خورانده‌اند، سخن گویند، وبدتر از آن گفتار لت دویم است که آنچه را که مهمان خورده باشد، رشگ دشمنانش را برانگیزد!!

۳ - دنبالهٔ سخن.

۴ - لت نخست پیوند درست ندارد: «جنگ‌افزار است همه جنگ را» لت دویم از شاهنامه است: «از این در میپمای با من سخن».

۵ - برنا کودک ۵ تا ۱۰ ساله است... همی نیز در لت دویم نادرخور است و سخن از داستان خسرو پرویز برگرفته شده است در بازی ساختن گردیه نزد خسرو:

لب شاه ایران پر از خنده شد / پرستنده آن خنده را بنده شد

۶ - دوباره‌گویی رج سیوم پیشین است که از نامداران مرد سخن رفت.

نه من کوهم و زیرم اسپی چو کوه / یگانه یکی مردمم چون گروه[1]
گر از گرز من، باد یابد سرت / بگرید بدرد جگر، مادرت
اُگر کشته آیی به آوردگاه / ببندمت بر زین برم نزد شاه
بدان، تا دگر بنده، با شهریار؛ / نجوید بآوردگه، کارزار»
چو رستم بدر شد ز پرده‌سرای / زمانی همی بود بر در بپای[2]
به کِریاس گفت «ای سرای امید / خنک روز، کاندر تو بُد جمّ شید[3]
همایون بُدی گاه کاووس کی / همان روزِ کیخسرو و نیک‌پی[4]
در فرّهی بر تو اکنون ببست / که بر تخت تو ناسزایی نشست»[5]
شنید این سخن‌ها یل اسفندیار / پیاده بیامد برِ نامدار[6]
به رستم چنین گفت که: «ای سرگرای! / چرا تیز گشتی به پرده‌سرای؟[7]
سزد گر بر این بوم زاولستان / نهد دانشی، نامِ غلغلستان![8]
که مهمان چو سیر آید از میزبان / بزشتی برد نام پالیزبان[9]
سراپرده را گفت بدروزگار / که جمشید را داشتی بر کنار[10]
که او راه دادار گیهان بهشت / نه خوش روز بودش، نه خرم بهشت[11]
همان روز کز بهر کاووس شاه / بُدی بوده در سایهٔ بارگاه[12]
کجا راز یزدان همی بازجست / همی خواست دید اختران را درست![13]
زمین زو سراسر پُر آشوب بود / پر از خنجر و غارت و چوب بود[14]
کنون مایه‌دار تو گشتاسپ است / به پیش وی اندر چو جاماسپ است[15]

---

۱ – سخن سخت سست است، و نیز باژگونهٔ رج پیشین است.

۲ – چون بدر شد (= بیرون رفت) چگونه بر در بپای بود؟ و پرده‌سرای را خود «در» نیست.

۳ – **یک:** پرده‌سرای را «کریاس» نیست و کریاس بخشی از دهلیز و هشتی خانه است. **دو:** اگر ای (کریاس) سرای امید است چرا بایستی دریغ روزگاران پیش را خوردن؟

۴ – دنباله سخن.

۵ – اکنون ببست نادرست است: «بسته شد»، و ناسزا واژه‌ای نیست که هماهنگ با گفتارهای پیشین رستم دربارهٔ اسفندیار بوده باشد!

۶ – مگر در میان پرده‌سرای، بر اسب بر نشستن و سوار رفتن شاید؟

۷ – **یک:** «سرگرای» را کاربرد برای مردم نیست «نیزهٔ سرگرای» در گفتار پیشینیان آمده‌است. **دو:** در همین سخن افزاینده رستم با «کریاس» سخن گفته‌بود نه با پرده‌سرای!

۸ – دنبالهٔ گفتار.

۹ – پالیزبان (نگهبان کشتزار) را چه پیوند با میزبان؟!

۱۰ – جمشید را برکنار (= بیرون) داشتن است: «در میان».

۱۱ – روز جمشید هموار خوش بود مگر در سال پایانین، و خرم بهشت را نیز پیوند درست با داستان نیست.

۱۲ – لت دویم را با لت نخست پیوند درست نیست، و پرده‌سرای، بارگاه (= کاخ) نبوده‌است.

۱۳ – راز یزدان را باز نجست:

جهان‌آفرین بی‌نیاز است ازین / ز بهر تو باید سپهر و زمین

*

چه دارد همی آفتاب، از تو، راز؟ / که چون گردد اندر نشیب و فراز؟

۱۴ – دنبالهٔ گفتار.

۱۵ – مایه‌دار پرده‌سرای راگزارش نیست.

نشسته به یک دست او زردهشت　　که با زند و اُست آمده‌ست از بهشت[1]
به دیگر پشوتن گو نیک مرد　　چشیده ز گیتی بسی گرم و سرد[2]
به پیش اندرون فرّخ اسفندیار　　کزو شاد شد گردش روزگار[3]
دل نیک مردان بدو زنده شد　　بد از بیم شمیر او بنده شد»[4]
بیامد بدر، پهلوان سوار　　پس اندر همی دیدش اسفندیار[5]
چو برگشت از او با پشوتن بگفت　　که: «مردیّ و گردی نشاید نهفت
ندیدم بدین گونه اسپ و سوار　　ندانم که چون خیزد از کارزار[6]
یکی ژنده‌پیل است بر کوه کنگ　　اگر با سلیح اندر آید به جنگ[7]
ببالا همی بگذرد فرّ و زیب　　بترسم که فردا ببیند نشیب[8]
همی سوزد از مهر فرّش، دلم　　ز فرمان دادار، دل نگسلم
چو فردا بیاید بآوردگاه　　کنم روز روشن بر او بر، سیاه»
پشوتن بدو گفت: «بشنو سخن　　همی گویمت، ای برادر مکن!
ترا گفتم و بیش گویم همی　　که از راستی دل نشویم همی[9]
میازار کس را، که -آزادمرد!　　سر اندر نیارد بآزار و درد-
بخسپ امشب و بامدادِ پگاه　　برو تا به ایوانِ او بی‌سپاه
به ایوان او روز فرّخ کنیم　　سخن هرچه گویند پاسخ کنیم
همه کار نیکوست زو در جهان　　میان کهان و میان مهان[10]
همی سر نپیچد ز فرمان تو　　دلش راست بینم به پیمان تو[11]
تو با او چه؟ گویی بکین و بخشم!　　بشوی از دلت کین و از خشم چشم»!
یکی پاسخ آوردش اسفندیار　　که: «بر گوشهٔ گلستان رُست خار؛
چنین گفت ک:«ز مردم پاکدین　　همانا نزیبد که گوید چنین

۱ – زند و اُست نادرست است، باری زند را بر اوستا بهنگام روایی زبان پهلوی نوشتند، و در آغاز دفتری بنام زند نبود.
۲ – چون در رج پیشین بیک دست آمد، در این رج نیز بایستی بدیگر دست بیاید.
۳ – پیش اندرون نادرست است... در لت دویم نیز کنش «شد» با «چشیده» در رج پیش، و «نشسته» در رج دویم پیشین همخوان نیست.
۴ – روشن نیست که دل نیکمردان از چه‌کس «زنده»(؟) شد، از اسفندیار! یا از گشتاسب. رج دویم نیز سخنی سخت نابجا است زیراکه «بد» را شاید برای درخت و خانه و هر چیز دیگر نیز آوردن و اینان را توانِ بنده شدن نیست.　۵ – پس اندر.
۶ – «ندیدم» در آغاز این رج نادرست است: «ندیده‌ام» رج دویم نیز نادرست است.
۷ – اسپ را با کوه کنگ در تورانزمین همانند کردن زیبنده نیست، و لت دویم را پیوند با لت نخستین نیست.
۸ – ببالای که؟ فرّ را پیش‌از «فرّ» رج پسین آورده‌اند که نازیبا است، و زیب را نیز در این سخن گزارش نباشد.
۹ – لت دویم بی‌گزارش است.　۱۰ – همه کارهای او برای جهانیان...

پند پشوتن به اسفندیار ۵۲۹

گر ایدونکه دستور ایران تویی   دل و گوش و چشم دلیران تویی[1]
همی خوب داری چنین راه را   خرد را و آزردن شاه را[2]
همه رنج و تیمار ما باد گشت   همان دین زردشت بیداد گشت[3]
که گوید که: هر کاو ز فرمان شاه   بپیچد بدوزخ بود جایگاه»[4]
مرا چند؟ گویی گنهکار شو!   ز گفتار گشتاسپ بیزار شو!
تو گوییٔ و من خود چنین کی کنم   که آن رای و فرمان او پی کنم[5]
گر ایدونکه ترسی همی از تنم   من امروز ترس ترا بشکنم؛
کسی بی زمانه، بگیتی نمرد!   نمرد آنکه نام بزرگی ببرد
تو فردا ببینی که در دشت جنگ   چه کار آورم پیشِ جنگی پلنگ»
پشوتن بدو گفت که:«ای نامدار!   چنین چند؟ گویی تو از کارزار!
که تا تو رسیدی به تیر و کمان   نبد بر تو ابلیس را این گمان[6]
به دل، دیو را راه دادی کنون!   همی نشنوی پندِ این رهنمون!
دلت خیره بینم همی بر ستیز   همه روزه، رایت بشمشیر تیز[7]
چگونه کنم ترس را از دلم   بدین سان کز اندیشه‌ها بگسلم[8]
دو جنگی، دو شیر و، دو مرد دلیر   چه؟ دانم که پشت که آید بزیر!»
ورا نامور هیچ پاسخ نداد   دلش گشت پر درد و سر پر ز باد

---

۱ - پشوتن دستور (وزیر) ایران نبود و جاماسب این خویشکاری را داشت.

۲ - لت نخست سست است و «راه را خوب داشتن» گزارشی ندارد در لت دویم روشن نشد که خرد را چه جایگاه است؟

۳ - اگر را... «بر باد شدن» باید، نه «باد گشت» در لت دویم؛ مهرورزی با رستم. چگونه دین زرتشت را «بیداد» میکند؟

۴ - و افزایندگان ناآگاه را چندان آگاهی از زرتشت نبوده‌است که وی همواره پیروان خویش را به پایداری برابر فرمانروایان ستمگر فراخوانده است!! لت دویم نیز بی‌پیوند است «دوزخ بود جایگاه» نادرست است: «جای وی در دوزخ خواهد بودن».

۵ - گذشته از سستی لت نخست در لت دویم «رای» آهنگ کاری را کردن است و آنرا نمی‌توان همراه فرمان آوردن... و هردو را نمیتوان به اسب همانند کردن که چون او را «پی کنند» از رفتار باز می‌ایستد!!

٦ - لت نخست سست است، «تا تو به پهلوانی رسیدی»... و پهلوانی تنها در کاربرد تیر و کمان نیست! در لت دویم نیز «بند»... این گمان نبود؛ پیش‌از پهلوان شدن اسفندیار بازمی‌گردد... «پیش‌از آنکه به پهلوانی رسی، اهریمن نیز اینچنین دربارهٔ تو نمی‌اندیشید».

۷ - لت دویم پیوند و پایان ندارد. در دیگر نمونه‌ها: «کنون این کفن را کنم ریز ریز» «کنون هر چه گفتم همه ریز ریز» آمده‌است که هیچیک راگزارش نیست.

پند دادن زال مر رستم را

چو رستم بیامد بایوان خویش / نگه کرد چندی بدیوان خویش
زواره بیامد بنزدیک اوی / ورا دید پژمرده و زردروی
بدو گفت: «رو؛ تیغ هندی بیار / یکی جوشن و مغفر کارزار
کمان آر و برگستوان آر و ببر / کمند آر و گرز گران آر و گبر»
زواره بفرمود؛ تا هرچه گفت / بیاورد گنجور او از نهفت[1]
چو رستم سلیح نبردش بدید / سرافشاند و باد از جگر برکشید
چنین گفت که:«ای جوشن کارزار / برآسودی از جنگ، یکروزگار
کنون کار پیش آمدت، سخت باش! / بهر جای پیراهن بخت باش
چنین رزمگاهی که غرّان دو شیر / بجنگ اندر آیند هر دو دلیر![2]
کنون تا چه پیش آرد اسفندیار / چه بازی کند در دم کارزار»[3]
چو بشنید دستان ز رستم سخن / پر اندیشه شد جان مرد کهن
بدو گفت که:«ای نامور پهلوان / چه؟ گفتی کزان تیره گشتم روان!*
تو تا برنشستی بزین نبرد / نبودی مگر نیکدل، رادمرد
همیشه دل از رنج پرداخته / بفرمان شاهان سرافراخته
بترسم که روزت سرآید همی / گر اختر بخواب اندر آید همی[4]
همی تخم دستان ز بن برکنند / زن و کودکان را بخاک افکنند[5]
بدست جوانی چو اسفندیار / اگر تو شوی کشته در کارزار
نماند بزاولستان آب و خاک / ندانند پاک، از بلندی، مغاک
ور ایدونکه او را رسد زین، گزند / نباشد ترا نیز نام بلند
همی هر کسی داستان‌ها زند / برآورده نام ترا بفکند
که او شهریار جوان را بکشت / بدان؛ کاو، سخن گفت با وی درشت!
همی باش در پیش او بر بپای / اُ گرنه هم اکنون بپرداز جای[6]

---

1 – «بفرمود» را در لت نخست، در لت دویم «بیاوَرَد» باید. 2 – سخن را پایان نیست.
3 – این رج را نیز پایان نیست. * – چه گفتی؟ که روانم از آن، تیره گشت!
4 – سخن را به گفتار در رج پیشین پیوند نیست، در لت دویم نیز «اخترت» باید.
5 – یکک: سخن در لت نخست سخت زشت است، و دستان خود از خویش سخن نمی‌گوید... دو: در لت دویم زن و کودکان که را؟ چون زن بگونهٔ یگانه آمده‌است پس گفتار بیک خانواده بازمی‌گردد و اگر آن خانواده خانوادهٔ دستان (= زال) است، در آن خانه هیچ کودک نیست!
6 – «در پیشِ او بر» سخنی نادرست است.

پند زال برستم

به بیغوله‌ای شو فرود از مهان — که کس نشنود نامت اندر جهان[1]
کزین بد ترا تیره گردد روان — بپرهیز ازین شهریار جوان[2]
بگنج و برنج، این جهان؛ بازخر — مبر پیش دیبای چینی تبر
سپاه ورا خلعت آرای نیز — ازو باز خر خویشتن را به چیز[3]
چو بر گردد او از لب هیرمند — تو پای اندر آور برخش بلند
چو ایمن شدی بندگی کن براه — بدان، تا ببینی یکی روی شاه
چو بیند ترا، کی؟ کند شاه بد! — خود از شاه، کردارِ بد، کی؟ سزد»
بدو گفت رستم که: «ای مرد پیر — سخن‌ها بر این گونه آسان مگیر
بمردی مرا سال بسیار گشت — بد و نیک هردو بسر برگذشت
رسیدم به دیوان مازندران — به رزم سواران هاماوران[4]
همان رزم کاموس و خاقان چین — که لرزان بدی زیر ایشان زمین[5]
اگر من گریزم ز اسفندیار — تو در سیستان کاخ و گلشن مدار[6]
چو من ببر پوشم بروز نبرد — سر هور و ماه اندر آرم بگرد[7]
ز خواهش که گفتی بسی رانده‌ام — بر او دفتر کهتری خوانده‌ام
همی خوار گیرد سخن‌های من — بپیچد سر از دانش و رای من
گر او سر ز کیوان فرود آردی؛ — روانش بر مِن درود آردی؛
ازو نیستی گنجِ گوهر دریغ — نه برگستوان و نه کوپال و تیغ
سخن چند گفتم بچندین نشست — ز گفتار، باد است؛ ما را بدست
گر ایدونکه فردا کند کارزار — دل از جان او هیچ رنجه مدار
نپیچم بآورد، با او عنان — نه کوپال بیند نه زخم سنان
ببندم بآوردگه راه اوی — بنیرو بگیرم کمرگاه اوی

۱ – افزایندگان سست‌اندیش اینچنین با سربلندی‌ها و بزرگی‌های رستم جهان پهلوان بازی میکنند! مگر رستم را شاید که همچون پیره‌زنان به بیغوله‌ای ناپیدا فرو رود؟! چگونه شاید چنین اندیشه را بهم پیوستن!؟ آنجا که رخش در سمنگان از رستم ناپدید شد، پادشاه سمنگان به جهان پهلوان میگوید:

نماند پیِ رخش فرّخ نهان — چنین بارهٔ نامور، در جهان

آنگاه این چه گستاخی است که افزاینده از خویش نشان می‌دهد دربارهٔ رستم آنهم از زبان پدرش چنین می‌آورند؟

۲ – از کدام بد؟ اگر در نبرد فردا رستم کشته شود، روانش تیره نمی‌شود و به هماروانان می‌پیوندد.

۳ – لت دویم دوباره‌گویی رج پیشین است.

۴ – فرزند را نشاید از داستانهای پیشین نزد پدر سخن گفتن.

۵ – دنباله همان سخن.

٦ – زال در سخن پیشین بدو نگفته‌بود بگریز... که پند دادش جان خود را با گنج ازو باز خر و بهمراه او بدرگاه گشتاسپ رو.

۷ – هور و ماه را «سر» نباشد.

ز باره بآغوش بردارمش بشاهی ز گشتاسپ بگذارمش[*]
بیارم، نشانَمْش بر تختِ ناز[●] اُزان پس گشایم در گنج، باز
چو مهمان من بوده باشد سه روز چهارم، چو از چرخ، گیتی‌فروز
بیندازد آن چادر لاژورد پدید آید آن جام یاقوت زرد
سبکبار با او ببندم کمر وز ایدر نهم سوی گشتاسپ سر
نشانمش بر نامور تخت آج نهم بر سرش بر، دل افروز تاج
ببندم کمر، پیش او، بنده‌وار؛ نجویم جدایی ز اسفندیار[1]
تو دانی که من پیش تخت قباد چه کردم بمردی تو داری به یاد،[2]
بخندید از گفت او زال زر زمانی بجنباند ز اندیشه سر[3]
بدو گفت زال: «ای پسر، این سخن مگوی و جداکن سرش را ز بُن
که دیوانگان این[○] سخن بشنوند بدین خام گفتار تو نگروند
قبادی بجایی نشسته دژم نه تخت و کلاه و نه گنج درم[4]
تو با شاه ایران برابر مکن سپهدارِ با رای و گنج کهن[5]
چو اسفندیاری که فغفور چین نویسد همی نام او بر نگین
تو گویی که از باره بردارمش به بر، سوی ایوانِ زال آرمش!
نگوید چنین، مردم سالخورَد بگردد درِ اختر بد مگرد»
بگفت این و بنهاد سر بر زمین همی خواند بر کردگار آفرین[6]
همی گفت که: «ای داور کردگار بگردان تو از ما بد روزگار،[7]
بر این گونه تا خور برآمد ز کوه نیامد زبانش ز گفتن ستوه[8]

* - بگذرانمش. این سخن، افزوده می‌نماید، زیراکه اگر رستم؛ اسفندیار را در آغوش بگیرد، همان زمان پادشاهی باسفندیار نمی‌رسد! گمان می‌رود که لت دویُم، همان باشد که در گفتار پسین، در سخن زال نیز آمده‌است: «ببر سوی ایوان زال آرمش» و درست چنین می‌نماید: «**بنزدیک فرخنده زال آرمش**».

● - همهٔ نمونه‌ها تختِ ناز. در ق، ل، سن ۲، و: تختِ آج، تنها در نمونهٔ حمداله مستوفی: «تختِ باز» آمده‌است و پیدا است که «بر تخت، باز» درست است.

۱ - بنده‌وار...

۲ - یادآوری‌های بیهوده با پدر... دوبار «تو» در یک گفتار نیز نادرست است.

۳ - «گفت» در این رج، باگفت در رج پسین ناهمخوان است.

○ - در همهٔ نمونه‌ها «این». اما چنین پیدا است که در گفتار فردوسی «کاین» بوده‌است.

۴ - سخن افزوده دربارهٔ داستان افزوده آوردن قباد از البرز کوه.

۵ - کیقباد... سرِ زنجیره پادشاهان کیانی، شاه نبود، و اسفندیار شاه ایران است؟ زهی گفتار نادرخور!

۶ - ایرانیان را در نماز، سجده نبوده‌است.

۷ - آفرین خواندن بر خداوند، چنین نیست.

۸ - دنبالهٔ همان سخن.

رزم رستم
با
اسفندیار

چو شد روز، رستم بپوشید گبر — نگهبان تن کرد؛ بر گبر، ببر
کمندی به فتراک زین بر، ببست — بران بارهٔ پیل پیکر نشست
بفرمود تا شد زواره برش — فراوان سخن راند از لشگرش[1]
بدو گفت «رو لشگرآرای باش — بر کوههٔ ریگ بر پای باش»[2]
بیامد زواره سپه گرد کرد — به میدان کار و به دشت نبرد[3]
تهمتن همی رفت نیزه به دست — چو بیرون شد از جایگاه نشست[4]
سپاهش بر او خواندند آفرین — که: «بی‌تو مباد اسپ و کوپال و زین
همی رفت رستم زواره پسش — کجا بود در پادشاهی کشش[5]
بیامد چنان تا لب هیرمند — همه دل پر از باد و لب پر ز پند
سپه با برادر هم آنجا بماند — سوی لشگر شاه ایران براند[6]
چنین گفت پس با زواره به راز — که «مردیست این بدرگ دیوساز[7]
بترسم که با او نیارم زدن — ندانم کزین پس چه شاید بُدن[8]
تو اکنون سپه را هم ایدر بدار — شوم تا چه پیش آورد روزگار[9]
اگر تند یابمش هم زان نشان — نخواهم ز زاولستان سرکشان[10]
به‌تنها تن خویش جویم نبرد — ز لشگر نخواهم کسی رنجه کرد[11]

---

۱ - زواره نمیتوانست به (بر) رستم سوار بر رخش رود.

۲ -لشگرآرای باش نادرست است: «لشگر را بیارای» اما چرا زواره لشگر را بیاراید که رستم و اسفندیار پیمان به جنگ تن‌بتن بسته‌بودند.

۳ - میدان کار و دشت نبرد هیچیک درست نمی‌نماید، از آنجا تا در دشتی نبرد رخ ندهد نمیتوان آنرا دشت نبرد نامیدن.

۴ -رستم پیش‌از آنکه بر رخش برنشیند، از جایگاه نشست بیرون رفته‌بود.

۵ - زواره که بمیدان کار(؟) و دشت نبرد رفته‌بود!

٦ - سپه را «را» باید و برادرش نیز بهمراه او نرفته‌بود که او را آنجا (بمانَد) اسفندیار نیز شاه ایران نبود.

۷ - **یک:** چون زواره بهمراه سپاه بر لب هیرمند مانده‌بود، چگونه رستم می‌توانست (براز) با وی سخن گوید. **دو:** چنین سخن که در لت دویم آمده‌است راز نیست و بکار بردن «این» نیز در این لت نابجا است، زیرا که **یک:** پیشتر از اسفندیار سخن نرفته‌بود تا در دنبالهٔ گفتار از وی با «این» یاد شود، **دو:** این را برای نزدیک بکار میبرند، باز آنکه اسفندیار هنوز، دور از رستم است.

۸ - نیارم زدن نیز نادرست است: **یک:** یارستن (جرأت کردن) است و کسیکه بسوی هماورد می‌رود بیگمان «یارا» دارد، وگر بسوی وی نمیرفت. **دو:** نیارم زدن نیز نادرست است، زیرا که رستم برای (زدن با) اسفندیار نمی‌رود، و برای جنگیدن با او آماده شده است.

۹ - پیشتر زواره را با سپاه بر لب هیرمند مانده‌بود.

۱۰ - سخن سخت نادرخور می‌نماید که اگر اسفندیار را همانند روز پیش تند بیند، در نبرد یار نمی‌خواهد... سخن چنین نشان می‌دهد که اگر اسفندیار نرم شده باشد، آنگاه برای جنگ با او از سپاهیان خویش یار می‌خواهد!!! میان سپاهیان سیستان نیز که افزاینده بهمراه رستم کرده‌است بجز از زواره کسی دیگر «سرکش» نیست.

۱۱ - همان گفتار...

کسی باشد از بخت پیروز و شاد — که باشد همیشه دلش پر ز داد»[1]
گذشت از لب رود و بالا گرفت — همی مانده از کار گیتی شگفت[2]
خروشید که:«ای فرّخ اسفندیار — هماوردت آمد، برآرای کار!»
چو بشنید اسفندیار این سَخُن — از آن شیرِ پرخاشجویِ کَهُن
بخندید و گفت:«اینک! آراستم — بدانگه که از خواب برخاستم»[○]
بفرمود تا جوشن و خود اوی — همان ترکش و نیزهٔ جنگجوی[3]
ببردند و پوشید روشن برش — نهاد آن کلاه کیی بر سرش[4]
بفرمود تا زین بر اسپ سیاه — نهادند و بردند نزدیک شاه
چو جوشن بپوشید پرخاشجوی — ز زور و ز شادی که بود اندر اوی[5]
نهاد او، بنِ نیزه را بر زمین — ز روی زمین اندر آمد بزین؛
بسان پلنگی که بر پشت گور — نشیند، برانگیزد از گور، شور!
سپه در شگفتی فروماندند — بر آن نامدار آفرین خواندند[6]
همی شد چو نزد تهمتن رسید — مر او را بران باره تنها بدید[7]
پس از بارگی با پشوتن بگفت — که «ما را نباید بدو یار و جفت[8]
چو تنهاست ما نیز تنها شویم — ز پستی بران تند بالا شویم»[9]
بران گونه رفتند هر دو برزم — تو گفتی که اندر جهان نیست بزم[10]
چو نزدیک گشتند پیرو جوان — دو شیر سرافراز و دو پهلوان

---

۱ – این سخن را چه پیوند با داستان است؟

۲ – از لب رودگذشت، پس‌ازآن ببالا رفت؟ بالاگرفتن نیز بزرگ شدن و بالیدن را می‌رساند!

○ – اینک در زبان کنونی بجای اکنون کاربرد دارد، اما این واژه چیزی را از نزدیک نشان میدهد:

گر سر صلح داری اینک دل — ور سر جنگ داری، اینک جان!

این واژه در خراسان بگونه «اینَه» کاربرد دارد، و در تهران بگونهٔ «ایناهاش». واژهٔ روبروی اینک، آنک است که هنوز کمابیش، کاربرد خود را دارد.

۳ – چون آراسته باشد جوشن و خود بر تن دارد، و نیزه نیز بخودی خود جنگجوی نیست!

۴ – **یک:** مگر اسفندیار با تن برهنه بمیدان آمده‌بود که از «برِ روشنِ او» سخن رود؟ **دو:** با کلاه کیانی بمیدان جنگ نشاید رفتن، که آنجا «خود» بکار آید. **سه:** آن کلاه نیز نادرست است.

۵ – پس‌از بردن اسب جوشن پوشید؟ لت دویم نیز سخت نادرخور و بی‌گزارش است.

۶ – مگر مردان اسفندیار، تازه وی را دیده‌بودند که از جنبش وی در شگفتی فرو مانند.

۷ – همی شد نادرست است: «برفت». در لت دویم: پیشتر تهمتن را تنها دیده‌بود که خود را بدو نشان داده بود. بر آن باره نیز نادرخور است: «بر اسپ»، یا «بر رخش».

۸ – پس، از بارگی سخت نادرخور است: پس‌از آنکه بنزد تهمتن رسید، با پشوتن سخن گفت؟ سخن چنین می‌نماید که هنوز بر اسفندیار روشن نیست که تنها به نبرد رستم باید رفتن، نه همراه گروه! لت دویم نیز نادرست است: «ما را در نبرد (با او) یار نباید».

۹ – لت نخست دوباره گویی رج پیشین است و در لت دویم «پستی» چه باشد، دشت، دشت است و پست نیست و چون بر آن تند بالا گفته می‌شود بایستی روشن کند که کدام تند بالاست!؟ تند بالا راه سر بالایی تپه است که سخت گذر باشد، و در چنان دامن تپه نشاید نبرد کردن مگر آنکه گفته شود ببالای کوه، یا تپه می‌رویم.

۱۰ – دنبالهٔ سخن.

داستان افزوده نبرد زواره و پسران اسفندیار ۵۳۵

خروش آمد از بارهٔ هر دو مرد   تو گفتی بدرّید دشت نبرد[1]
چنین گفت رستم بآوازِ سخت   که: «ای شاه شادان دل و نیکبخت
ازین‌گونه مستیز و بد را مکوش   سوی مردمی یاز و بازآر هوش
اگر جنگ خواهی و خون ریختن   بر این گونه سختی برآویختن[2]
بگو تا سوار آورم زاولی   که باشند با خنجر کاولی[3]
بر این رزمگه‌شان به جنگ آوریم   خود ایدر زمانی درنگ آوریم[4]
بباشد بکام تو خون ریختن   ببینی تکاپوی و آویختن»[5]
چنین پاسخش داد اسفندیار   که: «چندین چه گویی سخن نابکار
ز ایوان بشبگیر برخاستی   ازین تند بالا مرا خواستی[6]
چرا ساختی بند و مکر و فریب   همانا بدیدی؟ بتنگی نشیب![7]
چه باید مرا جنگِ زاولستان   اُگر جنگ ایران و کاولستان[8]
مبادا چنین هرگز آیین من   سزا نیست این کار در دین من[9]
که ایرانیان را بکشتن دهم   خود اندر جهان تاج بر سر نهم[10]
منم پیشرو هر که جنگ آیدم   اُگر پیش جنگ نهنگ آیدم[11]
ترا گر همی یار باید، بیار   مرا یار هرگز نباید بکار[12]
مرا یار در جنگ یزدان بود   سر و کار با بخت خندان بود[13]
تویی جنگجوی و منم جنگخواه   بگردیم، یک با دگر، بی‌سپاه
ببینیم تا اسپ اسفندیار   به آخور رود بی خداوندگار؛
اُگر بارهٔ رستم جنگجوی   بایوان نهد بی‌خداوند، روی»
نهادند پیمان؛ دو جنگی، که کس   نباشد بدان جنگ، فریادرس

---

۱ - دوباره‌گویی سخن فردوسی است:

از اینسو خروشی برآورد رخش   وزانسوی اسپ یل تاجبخش

۲ - بر این گونه نشاید گفتن زیرا هنوز چیزی رخ نداده‌است. بر این گونه سختی نیز نادرخور است.

۳ - افزایندگان همواره خنجر کاولی را برای پساوای زاولی نیاز دارند، و اگر بنیاد بر آن شود که سواران بجنگند، تنها با خنجر نمی‌جنگند!

۴ - این رزمگه نادرخور است، زیرا هنوز رزمی روی ننموده‌است که به «این رزمگه» توان گفتن.

۵ - دنبالهٔ گفتارِ سست.

۶ - از کدام تند بالا؟! رستم از لب هیرمند، اسفندیار را فراخوانده‌بود.

۷ - «چرا ساختی» نادرست است: «چرا می‌سازی».

۸ - مگر زابلستان و کابلستان از ایران جدا بوده‌اند؟ در لت دویم اسفندیار نیز خود را انیرانی (ناایرانی) می‌خواند، زیرا که از جنگ در برابر ایرانیان نیز یاد می‌کند!

۹ - سخن زیبا است اما پیوسته بداستان است.

۱۰ - لت دویم را پیوند درست با لت نخست نیست...: «با کشته شدن ایرانیان تاج بهرهٔ من شود».

۱۱ - هر جنگ آیدم نادرست است: «هر کس که بجنگم آید». لت دویم نیز درهمریخته است: «اُگر نهنگ؛ پیشم بجنگ آید».

۱۲ - «هرگز» در لت دویم نادرخور است، و تنها در این نبرد است که یار بکارش نمی‌آید.

۱۳ - لت دویم را پیوند با لت نخست نیست.

۵۳۶ گشتاسپ

نخستین بنیزه برآویختند همی خون ز جوشن فروریختند
چنین تا سنان‌ها بهم برشکست بشمشیر بردند ناچار دست
بآوردگه، گردن افراختند چپ و راست هر دو همی تاختند[1]
ز نیروی اسپان و زخم سران شکسته شد آن تیغ‌های گران
چو شیر ژیان هر دو آشوفته پر از خشم و اندام‌ها کوفته[2]
همان دسته بشکست گرز گران فروماند از کار، دستِ سران[3]
گرفتند زان پس دوال کمر دو اسپِ تکاور فروبرده سر
همی زور کرد، این برآن، آن بر این نجنبید یک شیر بر پشت زین
پراکنده گشتند از آوردگاه غمین گشته اسپان و مردان تباه[4]
کف اندر دهنشان شده خون و خاک همه ببر و برگستوان چاکچاک[5]

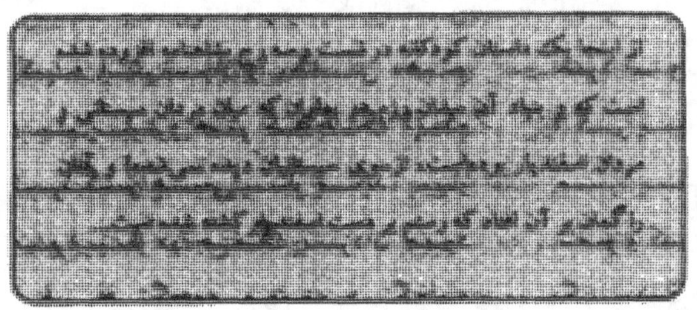

رزم زواره با پسر اسفندیار

بدان گه که رزم یلان شد دراز همی دیر شد رستم سرفراز[6]
زواره بیاورد زان سو سپاه یکی لشگری داغ دل کینه‌خواه[7]
به ایرانیان گفت «رستم کجاست؟ بر این روز بیهوده خامش چراست[8]

---

۱ - گردن افراختند در لت نخست با «همی» تاختند در لت دویم همخوان نیست.
۲ - سخن بی‌پایان است.
۳ - لت نخست را پیوند درست نیست: دستهٔ گرزها بشکست و در لت دویم اگر دست سران از کار فرو ماند، چگونه بیدرنگ می‌توانند دوال کمر هماورد را بگیرد که نیرویی بیشتر از زدن شمشیر می‌خواهد!
۴ - برای دو کس را نشاید «پراکنده گشتند» بکار بردن، و اسب نیز غمگین نمی‌شود.
۵ - سخن نادرست است «کف دهانشان با خون و خاک آمیخت» لت دویم «ببر» باسفندیار نیز بازمی‌گردد، و اسفندیار را «ببر» بر تن نبوده‌است.
٦ - «شد» در لت نخست با «همی شد» در لت دویم همخوان نیست.
۷ - از کدام سو؟ و لشگر را چرا باید داغدل بودن؟
۸ - بایرانیان گفت نادرست است: «از آنان پرسید»! و مگر زواره خود؛ ایرانی نبود؟ لت دویم سخت سست و نادرخور است.

شما سوی رستم بجنگ آمدید   خرامان بجنگ نهنگ آمدید[۱]
همی دست رستم نخواهید بست   بر این رزمگه برنشاید نشست»[۲]
زواره به دشنام لب برگشاد   همی کرد گفتار ناخوب یاد[۳]
برآشفت ازان پور اسفندیار   سواری بُد اسپ افکن و نامدار[۴]
جوانی که نوش‌آذرش بود نام   سرافراز و جنگاور و شادکام[۵]
برآشفت با سگزی آن نامدار   زبان را به دشنام بگشاد خوار[۶]
چنین گفت ک: «آری گوِ برمنش   به فرمان شاهان کند پرورش[۷]
نفرمود ما را یل اسفندیار   چنین با سگان ساختن کارزار[۸]
که پیچد سر از رای و فرمان او   که یارد گذشتن ز پیمان او[۹]
اگر جنگ بر نادرستی کنید   به کار اندرون پیشدستی کنید[۱۰]
ببینید پیکار جنگاوران   به تیغ و سنان و به گرز گران»[۱۱]
زواره بفرمود کاندر نهید   سران را ز خون بر سر افسر نهید[۱۲]
زواره بیامد به پیش سپاه   دهاده برآمد ز آوردگاه[۱۳]
بکشتند ز ایرانیان بی‌شمار   چو نوش‌آذر آن دید برساخت کار[۱۴]

---

۱ – ...نهنگ را چنگ نیست.

۲ – در لت نخست سخن درست چنین باید بودن: «شما را توان آن نیست که بند بر دست رستم نهید!» لت دویم نیز بی‌گزارش است... آنجا که مردان اسفندیار بودند رزمگاه نبود!

۳ – یاد کردن از «زواره» نادرست است، زیرا که گویندهٔ سخنان پیشین نیز خودِ وی بوده‌است.

۴ – پیوند درست میان لت دویم با لت نخست نیست... «که سواری اسپ‌افکن بود».

۵ – افزاینده که نتوانسته‌بود در آغاز نام وی را بیاوَرَد، اینجا از او یاد میکند، و در لت دویم نیز دنبالهٔ آنچه را که در لت دویم گفته‌بود آورده‌است، یک پهلوان را شاید اسپ‌افکن و نامدارو سرافراز و جنگاور... بوده باشد، اما از یک کس همواره نمیتوان با «شادکام»ی یاد کرد، که شادی را هر دم شاید که بناشادی پیوستن! بزودی این را در داستان الوای باز خواهید دید.

۶ – **یک:** برآشفت در این رج با برآشفت در رج دویم پیشین همخوان نیست. **دو:** افزاینده خود، ازپیش خود، از زواره با پاژنام سگزی یاد می‌کند که نشانهٔ دشمنی او با زواره است.

۷ – این گفتار خام، پاسخ گفتار افزودهٔ زواره نیست، در برخی نمونه‌ها بجای پرورش، بدکنش آمده‌است که آنرا نیز گزارش نیست.

۸ – در لت دویم، **یک:** کارزار ساختنی نیست. **دو:** افزاینده دشنام و کینِ خویش را به سیستانیان آشکار میکند، وسگزی (=سکایی) را به «سگ» می‌گرداند. **سه:** چون هنوز نبردی رخ نداده‌است. بند «چنین» در آغاز سخن نابجا است.

۹ – این رج را با رج پیشین پیوند نیست، و پیوند میان لت نخست آن نیز با لت دویم دیده نمی‌شود.

۱۰ – «دُرست» را با «دَست» پساوا نیست، و روشن نمی‌نماید که بر نادرستی جنگ کردن چگونه است... افزاینده را رای بر آن بوده‌است که بگوید بفرمان اسفندیار ما را روی جنگ با شما نیست، اما اگر خواهید که پیکار جنگاوران ما را ببینید، شما در جنگ پیشدستی کنید.

۱۱ – دنبالهٔ گفتار.   ۱۲ – «سران راه» در آغاز لت دویم نادرخور است «سرهای ایشان راه».

۱۳ – دوباره نام بردن از زواره نادرست است.

۱۴ – **یک:** مگر سیستانیان ایرانی نبوده‌اند؟ **دو:** اسفندیار با چند مرد بسیستان آمده‌بود و چندان سپاه بهمراه او نبود که «بیشمار» از آنان کشته شوند. **سه:** برساخت کار نیز نادرخور است، و چنین می‌نمایاند که پس‌از کشته شدن انبوهی از مردان اسفندیار تازه او در اندیشهٔ سامان دادن کار خویش افتاده‌است!

سمند سرافراز را برنشست / بیامد یکی تیغ هندی به دست[1]
یکی نامور بود الوای نام / سرافراز و اسپ افکن و شادکام[2]
کجا نیزهٔ رستم او داشتی / پس پشت او هیچ نگذاشتی
چو از دور نوش‌آذر او را بدید / بزد دست و تیغ از میان برکشید[3]
یکی تیغ زد بر سَر و گردنش / به دو نیمه شد پیل پیکر تنش
زواره برانگیخت اسپ نبرد / به‌تندی به نوش‌آذر آواز کرد[4]
که «او را فکندی کنون پای دار / چو الوای را من نخوانم سوار»[5]
زواره یکی نیزه زد بر برش / به خاک اندر آمد همانگه سرش[6]
چو نوش‌آذر نامور کشته شد / سپه را همه روز برگشته شد[7]
برادرش گریان و دل پر ز جوش / جوانی که بُد نام او مهرنوش[8]
غمی شد دل مرد شمشیر زن / برانگیخت آن بارهٔ پیلتن[9]
برفت از میان سپه پیش صف / ز درد جگر بر لب آورده کف[10]
اُزان سو فرامرز چون پیل مست / بیامد یکی تیغ هندی به دست[11]
برآویخت با او همی مهرنوش / دو رویه ز لشگر برآمد خروش[12]
گرامی دو پرخاشجوی جوان / یکی شاهزاده دگر پهلوان[13]
چو شیران جنگی برآشوفتند / همی بر سر یکدگر کوفتند[14]
در آوردگه تیز شد مهرنوش / نبودش همی با فرامرز توش[15]
یکی تیغ یازید کو را زند / سرِ نامدارش به خاک افکند[16]

---

۱ – این گفتار نشان می‌دهد که آنان سوار بر اسب نیز نبوده‌اند و زواره با سپاهیان زابل، یورش یکجانبه بر سپاه اسفندیار برده‌اند.

۲ – این دو رج از داستان نبرد کاموس کشانی برگرفته شده است، و اگر «آلوا» در آن نبرد کشته شد، چگونه در این نبرد نیز دوباره کشته می‌شود؟ **۳** – دنبالهٔ گفتار.

۴ – «اسپ نبرد» نادرخور است، زیرا که پیدا است که در نبردها بر اسپی بر می‌نشینند که شایستهٔ میدان جنگ بوده باشد.

۵ – چگونه «الوای» را سوار نمی‌خوانَد که وی نیزه‌دار رستم بوده‌است!!

۶ – زواره در این رج با زواره در رج دویم پیش همخوان نیست. لت دویم نیز نادرست است زیرا که چون نیزه بر برِ هماورد زنند، پیکر او بر زمین می‌افتد، نه سرِ او زیرا که سر با زخم شمشیر بر خاک می‌غلتد (و نه اندر می‌آید!)

۷ – بیشمار از سپاهیان اسفندیار که پیش‌ازاین کشته شده‌بودند! پس چگونه در این لت روزِ (همهٔ آنان) برمی‌گردد؟

۸ – دنباله سخن.

۹ – **یک:** چون از مرد شمشیر زن یاد می‌شود پیوند میان این رج با رج پیشین می‌گسلد. **دو:** در لت دویم کدام بارهٔ پیلتن که با «آن» از او یاد می‌شود؟ **۱۰** – دنبالهٔ گفتار. **۱۱** – همچنین...

۱۲ – «همی» در لت نخست نادرخور است: «بر آویخت با او». **۱۳** – دنبالهٔ گفتار.

۱۴ – **یک:** پس‌از برآمیختن بایکدیگر، برآشوفتند؟ **دو:** در لت دویم چه چیز را بر سر یکدگر کوفتند؟ بایستی روشن شود که گرز کوفته‌اند.

۱۵ – دنبالهٔ گفتار.

۱۶ – یازیدن تیغ نادرست است. در نمونه‌های دیگر بگذارد، بفراخت آمده‌است که نادرست می‌نمایند، از آنجا که هرکس گرز خویش را بکار میگیرد، بکار گرفتن (یکی) تیغ نادرخور است.

داستان افزوده نبرد زواره و پسران اسفندیار ۵۳۹

بزد تیغ بر گردن اسپ خویش — سر بادپای اندر افکند پیش[1]
فرامرز گردش پیاده تباه — ز خون لئل شد خاک آوردگاه[2]
چو بهمن برادرش را کشته دید — زمین زیر او چون گل آغشته دید[3]
بیامد دوان نزد اسفندیار — به جایی که بود آتش کارزار[4]
بدو گفت ک:«ای نره شیر ژیان — سپاهی به جنگ آمد از سگزیان[5]
دو پور تو نوش‌آذر و مهرنوش — به خواری به سگزی سپردند هوش[6]
تو اندر نبردی و ما پر ز درد — جوانان و کی‌زادگان زیر گرد[7]
بر این تخمه این ننگ تا جاودان — بماند ز کردار نابخردان»[8]
دل مرد بیدارتر شد ز خشم — پر از تاب مغز و پر از آب چشم[9]
به رستم چنین گفت ک:«ای بدنشان — چنین بود پیمان گردنکشان[10]
تو گفتی که لشگر نیارم به جنگ — ترا نیست آرایش نام و ننگ[11]
نداری ز من شرم و ز کردگار — نترسی که پرسند روز شمار[12]
ندانی که مردان پیمان شکن — ستوده نباشند در انجمن[13]
دو سگزی دو پور مرا کشته‌اند — اُزان خیرگی هم نبرگشته‌اند»[14]
چو بشنید رستم غمی گشت سخت — بلرزید بر سان شاخ درخت[15]
به جان و سر شاه سوگند خورد — به خورشید و شمیر و دشت نبرد[16]
که «من جنگ هرگز نفرموده‌ام — کسی کین چنین کرد نستوده‌ام[17]

---

۱ – نمایشی نادرخور است، زیرا که اگر درازای دست با درازای شمشیر پیرامون یک گز و نیم بوده باشد، چگونه توان اندیشیدن که گردن اسپ را که در برگستوان پیچیده است در نیم گزی خویش چنان زد و برید که سر اسپ بر زمین افتاد؟!

۲ – سخن پیوند ندارد... پس‌از افتادن اسپ، مهرنوش را بایستی بخاک غلتیدن پسانگاه: «فرامرز...».

۳ – لت دویم دوباره‌گویی لت دویم در رج پیشین است.

۴ – اگر بهمن میتوانست که پیاده دوان بمیدان نبرد رستم و اسفندیار رود، چگونه است که زواره آنان را در میدان ندیده‌بود؟

۵ – دوباره نام بردن از سگزی...

۶ – در لت دویم از یک سیستانی نام برده می‌شود، باز آنکه در داستان افزوده دو سیستانی آندو را کشته‌بودند.

۷ – دنبالهٔ سخن.　　۸ – همچنین...　　۹ – چون خشم کسی را فروگیرد بیدارتر نمی‌شود!

۱۰ – پیمان گردنکشان درست نیست: «پیمان ما».

۱۱ – لشگر بجنگ نیاورده بود و آندو بایکدیگر بآوردگاه رفته‌بودند... آرایش نام‌وننگ راگزارش نیست.

۱۲ – دنبالهٔ گفتار.　　۱۳ – همچنین...　　۱۴ – لت دویم راگزارش نیست.

۱۵ – «غمی» نادرست است، اما در همهٔ نمونه‌ها چنین آمده‌است... و غم بالرز همراه نیست.

۱۶ – سخن آشفته و درهمریخته است، زیرا چون کسی بجان و سر شاه سوگند خورَد نیازی بسوگند خوردن بشمشیر نیست که آنرا می‌توان در دست ناکسان نیز دیدن!

۱۷ – جنگ نفرموده‌ام درست است، اما کسی که چنین کرد را نمی‌توانست ستودن، زیرا که خود در میدان جنگ بوده‌است و از آن رویداد آگاهی نداشته‌است! اگر گفته شود «نمی‌ستایم»! سخن درست می‌نماید.

ببندم دو دست برادر کنون / گر او بود اندر بدی رهنمون[1]
فرامرز را نیز بسته دو دست / بیارم برِ شاه یزدان‌پرست[2]
بخون گرانمایگان‌شان بکش / مسوزان ازین رای بیهوده هش»[3]
چنین گفت با رستم اسفندیار / که «بر کین تاووس نر خون مار[4]
بریزیم ناخوب و ناخوش بود / نه آیین شاهان سرکش بود[5]
تو ای بدنشان چارهٔ خویش ساز / که آمد زمانت به تنگی فراز[6]
برِ رخش با هر دو رانت به تیر / برآمیزم اکنون چو با آب شیر[7]
بدان تا که از بندگان زین سپس / نجویند کین خداوند کس[8]
اُگر زنده‌مانی ببندمت چنگ / به نزدیک شاهت برم بی‌درنگ»[9]
بدو گفت رستم که: «زین گفت‌وگوی / چه باشد مگر کم شود آبروی[10]
به یزدان پناه و به یزدان گرای / که اوست بر نیک و بد رهنمای»[11]
⟸ **کمان برگرفتند و تیر خدنگ / ببردند از روی خورشید رنگ**
ز پیکان، همی آتش افروختند / به بر بر زره را همی دوختند[12]
دل شاه ایران بدان تنگ شد / بُروها و چهرش پرآژنگ شد[13]
چو او دست بردی به سوی کمان / نرستی کس از تیر او بی‌گمان[14]
به رنگ تبرخون شدی این جهان / شدی آفتاب از نهیبش نهان[15]

---

۱ - «کنون» کاربرد درست ندارد، زیراکه زواره در آنزمان نزدیک ایشان نبوده‌است. در لت دویم برای بستن بندِ «اگر» کار را دگرگون می‌کند... اندر بدی رهنمون نیز نادرست است: «رهنمون بیدی». ۲ - دنبالهٔ سخن.
۳ - هوش سوزاندنی نیست، و رایِ بیهوده نیز روشن نمی‌نماید که چگونه است.
۴ - سخن را «اگر» باید... «اگر در کین...». ۵ - بکارگرفتن ناخوب و ناخوش با یکدیگر زیبا نمی‌نماید.
۶ - دنبالهٔ داستان.
۷ - برِ رخش را «راه» باید... و هنوز کمان برنگرفته‌اند، تا از تیر سخن رود. و سخن در لت دویم ناشدنی است، چون ران با اسب را بهم دوختن شاید و بهم آمیختن نشاید. ۸ - دنبالهٔ گفتار.
۹ - چون کسی را بیند در آورند، دستش را می‌بندند نه چنگِ وی را.
۱۰ - چه باشد در آغاز لت دویم نادرخور است: «چه برمی‌آید».
۱۱ - خداوند در اندیشهٔ ایرانیان هیچگاه رهنمای به بدی نبوده و نیست.
پایان داستان افزوده.
۱۲ - «همی» در لت نخست نابجا است، و در لت دویم اگر زره بر بَر (= تن) آنان دوخته شود نشانهٔ آنستکه تیر از زره‌گذشته به تن اندر شده است، پس بیدرنگ مرگ می‌آید، و دنبالهٔ گفتار، خام می‌نماید.
۱۳ - اسفندیار شاه ایران نبود، ودلش به چه چیز تنگ شد؟ ۱۴ - «بی‌گمان» در پایان سخن نابجا است.
۱۵ - چون کسی دست بسوی کمان بَرَد، هیچ دگرگونی در رنگ جهان پدیدار نمی‌شود... این جهان نیز نادرخور است: «جهان» در لت دویم آفتاب از نهیب چه چیز، نهان (نه در نهان) می‌شد؟ از دستِ او؟ از کمان او؟ یا از رنگ تبر خون؟... پیدا است که در سخن سست افزاینده «رنگ تبرخون» سزاوارتر می‌نماید... و رنگ تبرخون را نهیب نیست.

رزم رستم و اسفندیار ۵۴۱

یکی چرخ را برکشید از شگاع　　تو گفتی که خورشید شد در شراع[1]
به تیری که پیکانش الماس بود　　زره پیش او همچو قرطاس بود[2]
چو او از کمان تیز بگشاد شست　　تن رستم و رخش جنگی بخست[3]
تنِ رخش ازآن تیرها گشت سست　　نبُد باره و مرد جنگی درست
همی تاخت بر گِردش اسفندیار　　نیامد بر او تیر رستم بکار
فرود آمد از رخش، رستم، چو باد　　سر نامور سوی بالا نهاد
همان رخشِ رخشان سوی خانه شد　　چنان، با خداوند؛ بیگانه شد
ببالا ز رستم همی رفت خون　　بشد سست و لرزان، کُه بیستون
بخندید چون دیدش اسفندیار　　بدو گفت که:«ای رستم نامدار
چرا گم شد؟ آن نیروی پیل مست!　　ز پیکان چرا؟ کوهِ آهن بخست!
کجا رفت؛ آن مردی و گرز تو!　　برزم اندرون فرّه و بُرز تو!
گریزان ببالا چرا برشدی　　چو آواز شیر ژیان بشندی[4]
چرا پیل جنگی چو روباه گشت　　ز رزمش چنین دست کوتاه گشت[5]
تو آنی که دیو از تو گریان شدی　　دد از تف تیغ تو بریان شدی»[6]
زواره پی رخش ناگه بدید　　کزان رود با خستگی درکشید[7]
سیه شد جهان پیش چشمش برنگ　　خروشان همی تاخت تا جای جنگ[8]
تن مرد جنگی چنان خسته دید　　همه خستگی‌هاش نابسته دید[9]
بدو گفت «خیز اسپ من برنشین　　که پوشد ز بهر تو خفتان کین»[10]

---

۱ - افزایندگان را شرم و آزرم نیست، و شگاع را باگاف فارسی و ع تازی چه رویِ گفتن است؟ نمونه‌های گونه گون شعاع، شجاع، آن فزاع،... (خالقی مطلق ۳۸۷-۵) آورده‌اند که هیچیک را گزارش نیست. در لت دویم خورشید چگونه در شراع (بادبان کشتی) می‌رود؟!... آنگاه چرخ برکشیدن را چه روی باشد؟ اگر چرخ همان کمان اسفندیار است که نمیتوان «یکی چرخ» آوردن، و اگر تیر باشد که تیر چرخ نیست... افزایندگان کم دانش نمی‌دانسته‌اند که کمان چرخ چیست، و هرگاه که در سخن مانده‌اند از کمان با چنین نام یاد کرده‌اند.

۲ - تیری که پیکان آن الماس باشد، بهیچ کار نمی‌آید، زیرا که پیکان را از هنگام فریدون از فلز بر می‌آورده‌اند.

۳ - شست را از کمان نمی‌گشایند، سوفارِ تیر را از شست رها می‌کنند. در لت دویم نیز رخش جنگی نادرخور است.

۴ - در لت دویم بشنَدی نادرست است، و رستم از زخم تیر رخش را رها کرد و ببالا بر شد، نه از آواز اسفندیار.

۵ - پس‌از یاد کردن از مردی و گرز و فرّ، و برز رستم، او را بروباه همانند کردن درست نمی‌نماید.

٦ - «شدی» در این گفتار نادرخور است: «میشد».

۷ - میان سخنان اسفندیار از زواره یاد کردن شیوهٔ گفتار فردوسی نیست. آنگاه، وی رخش را دید که از رود خود را ببالا کشید، یا پی رخش را؟

۸ - پیش چشمش بزرگ نادرست است، و «همی تاخت» نیز: «بتاخت» رستم از «جای جنگ» ببالای کوه رفته‌بود. اگر زواره بدین سادگی آوردگاه رستم و اسفندیار را دید، چرا افزایندگان، وی را ببهانهٔ ندیدن رستم بجنگ با مهرنوش و نوش آذر فرستادند؟

۹ - دنبالهٔ گفتار.

۱۰ - در لت نخست (بر) اسپ من باید و لت دویم نیز بی‌پیوند و بی‌گزارش است.

بدو گفت «رو پیش دستان بگوی کزین دودهٔ سام، شد رنگ و بوی[1]
نگه کن که تا چارهٔ کار چیست بر این خستگی‌ها بر آزار کیست[2]
که گر من ز پیکان اسفندیار سوی تو سرآرم بدین روزگار[3]
چنان دانم ای زال کاموز من ز مادر بزادم بدین انجمن[4]
چو رفتی همه چارهٔ رخش ساز من آیم کنون گر بمانم دراز»[5]
زواره ز پیش برادر برفت دو دیده سوی رخش بنهاد و تفت[6]
به پستی همی بود اسفندیار خروشید که: «ای رستم نامدار[7]
ببالا چنین، چند؟ باشی بپای! که؟ خواهد بُدن مر ترا رهنمای!
کمان بفکن از دست و، ببرِ بیان برآهنج، و بگشای تیغ از میان
پشیمان شو و، دست را ده ببند کزین پس تو از من نیابی گزند
بدین خستگی نزد شاهت برم ز کردارها بیگناهت برم
اُگر جنگ؛ جویی، تو اندرز کن* یکی را نگهبان این مرز کن
گناهی که کردی ز یزدان بخواه سزد گر بپوزش ببخشد گناه[8]
مگر دادگر باشدت رهنمای چو بیرون شوی زین سپنجی سرای»[9]
چنین گفت رستم که: «بیگاه شد ز رزم؛ این زمان، دست، کوتاه شد
شب تیره هرگز که جوید نبرد تو اکنون بدین رامشی باز گرد[10]
من اکنون چنین، سوی ایوان شوم بیاسایم و یکزمان بغنوم
ببندم همه خستگی‌های خویش بخوانم کسی را که دارم به پیش
زواره فرامرز و دستان سام کسی را ز خویشان که دارند نام[11]
بسازم کنون هرچه فرمان تست همه راستی زیر پیمان تست»[12]
بدو گفت رویین‌تن اسفندیار که: «ای بَرمنش پیرِ ناسازگار
تو مردی بزرگیّ و، زورآزمای بسی چاره دانی و نیرنگ و رای

---

۱ - سخن درست نمی‌نماید، که برادری، برادر خستهٔ خویش را تنها گذارد و همانند کودکان از میدان گریخته خود را برای رساندن یک آگهی دردناک بپدر رساند!

۲ - نخستین چارهٔ کار همانست که رستم را بایوان خود برند!

۳ - لت دویم سخت سست است، افزاینده را رای بر آن بوده‌است، که بگوید: اگر با چنین خستگی بتوانم خویش را بتو رسانم،

۴ - ...گوییا تازه از مادر زاده شده‌ام.

۵ - اگر (زمانی) دراز بمانم، اکنون می‌آیم؟ سخن نادرست است.

۶ - رخش، پیش‌ازاین بسوی خانه رفته‌بود.

۷ - لت دویم دوباره‌گویی رج ۲۷۴۱۱ است.

* - اندرز کردن: وصیت کردن.

۸ - گناه را از یزدان نتوان خواستن.

۹ - سخن نادرست است، و یزدان در همین جهان رهنمای است.

۱۰ - هرگز در لت نخست نادرست است: «شب تیره نبرد نباید جست».

۱۱ - سخن در رج پیشین آمده‌بود و لت دویم دوباره‌گویی لت دویم رج پیش است.

۱۲ - «کنون» نادرخور است، زیرا که چنین کارها پس‌از برگزاری انجمن خانوادگی انجام می‌پذیرد.

بدیدم همه فرّ و زیب ترا / نخواهم که بینم نشیب ترا
یک امشب بجان دادمت زینهار / به ایوان شُو و کامِ کژّی مخار
سخن هرچه پذرفتی آن را بکن / ازین پس مپیمای با من سخن»
بدو گفت رستم که: «ایدون کنم / چو بر خستگی‌ها بر، افسون کنم» *
چو برگشت از رستم اسفندیار / نگه کرد تا چون رود نامدار [1]
چو بگذشت مانند کشتی ز رود / همی داد تن را ز یزدان درود [2]
همی گفت که: «ای داور داد و پاک / گر از خستگی‌ها شوم من هلاک [3]
که خواهد ز گردنکشان کین من؟ / که گیر دل و راه و آیین من؟» [4]
چو اسفندیار از پسش بنگرید / برآن روی رودش بخشکی بدید [5]
چنین گفت کین را مخوانید مرد / یکی ژنده‌پیل است با دار و برد [6]
گذر کرد با خستگی‌ها، بر آب / ازآن زخم پیکان شده پرشتاب
شگفتی فروماند اسفندیار / همی گفت که:«ای داور کامکار
چنان آفریدی که خود خواستی / زمان و زمین را بیاراستی»
بدانگه که شد نامور باز جای / پشوتن بیامد ز پرده‌سرای [7]
ز نوش‌آذر گرد و ز مهرنوش / خروشیدنی بود با درد و جوش [8]
سراپردهٔ شاه پر خاک بود / همه جامهٔ مهتران چاک بود [9]
فرود آمد از باره اسفندیار / نهاد آن سر سرکشان برکنار [10]
همی گفت زار «ای دو گرد جوان / که جان‌تان شد از کالبد با توان» [11]
چنین گفت پس با پشوتن که «خیز / بر این کشتگان آب خونین مریز [12]

* - افسون کردن: چاره کردن.
۱ - چگونه کسی که برمیگردد، چندان نگاه میکند که گذر او را از رود بیند؟
۲ - چه‌کس از رود بگذشت... لت دویم، ازسوی یزدان نمیتوان بخود (درود دادن) و خود، درود دادنی نیست.
۳ - در لت دویم خستگی‌ها نادرست است: «از این خستگی»، و تنی را که با خستگی میتواند پیاده از دشت و کوه و رود بگذرد، مرگ نمیرسد.
۴ - «دل» و «راه آیین» را نمیتوان در کنار هم آوردن، و این هر سه گرفتنی نیست.
۵ - سخن درست دو رج پس‌تر می‌آید.
۶ - به چه‌کس گفت «مخوانید»! اسفندیار تنها بود... «بَرد» در پایان لت دویم نیز نادرخور است.
۷ - جای اسفندیار همان پرده‌سرای او بود، و چون وی بدانجا رسید پشوتن همانجای توانستی بودن، و آمدنش نادرخور است.
۸ - افزاینده چنان گفته‌است که نوش آذر و مهرنوش می‌خروشیدند...
۹ - اسفندیار شاه نبود.
۱۰ - چون در لت دویم «آن» آمده‌است بیک سر بازمی‌گردد، نه دو سر از دو کس.
۱۱ - هیچکس در زبان فارسی چنین سخن سست را نگفته و نشنیده است... دو گرد جوان!: «پسران جوان من». لت دویم نیز سست می‌نماید.
۱۲ - **یک:** پشوتن بلند شده و بپذیرهٔ اسفندیار آمده‌بود و ننشسته‌بود که بدو فرمان دهند: «خیز». **دو:** در لت دویم افزاینده خواسته‌است از اشک خونین یاد کند و آب خونین گفته‌است،... نمونه‌ای نیک از ساده‌انگاری افزایندگان.

که سودی نبینم ز خون ریختن   نشاید به خاک اندر آویختن[۱]
همه مرگ راییم برنا و پیر   به رفتن خرد بادمان دستگیر»[۲]
بتابوت زرّین و در مهد ساج   فرستادشان زی خداوند تاج[۳]
پیامی فرستاد نزد پدر   که: آن شاخ رای تو آمد به بر[۴]
تو کشتی به آب اندر انداختی   ز رستم همی چاکری ساختی[۵]
چو تابوت نوش‌آذر و مهرنوش   ببینی تو در آز چندین مکوش[۶]
به چرم اندر است گاو اسفندیار   ندانم چه راند بدو روزگار[۷]
نشست از بر تخت با سوگ و درد   سخن‌های رستم همه یاد کرد[۸]
چنین گفت پس با پشوتن که «شیر   بپیچد ز چنگال مرد دلیر[۹]
برستم نگه کردم امروز من   بران برز بالای آن پیلتن[۱۰]
ستایش گرفتم بیزدان پاک   کز اوست امید و زو بیم و باک[۱۱]
که پروردگارش چنان آفرید   بران آفرین کاو جهان آفرید[۱۲]
چنین کارها رفت بر دست او   رسیده به دریای چین شست او[۱۳]
همی برکشیدی ز دریا نهنگ   به دم درکشیدی ز هامون پلنگ[۱۴]
برآن سان بخستم تنش را بتیر   که از خون او خاک شد آبگیر[۱۵]
ز بالا پیاده به پیمان برفت   سوی رود با کبر و شمشیر، تفت[۱۶]
برآمد چنان خسته زان آبگیر   سراسر تنش پر ز پیکان تیر[۱۷]
برآنم که چون او بایوان رسد   روانش ز ایوان بکیوان رسد»[۱۸]

*

۱ – ...و در این رج «خون ریختن» آورده‌است که برابر با کشتار و خونریزی است، لت دویم نیز بی‌گزارش است.

۲ – «برفتن» یا بهنگام رفتن، خرد کارساز نیست و مرگ، خود می‌آید.

۳ – مهد ساج را در نیافتم که چیست! اما در آن بیابان با اندک گروه مردان که بهمراه اسفندیار آمده‌بودند، زرگر از کجا آورده‌بودند که در زمانی کوتاه پیرامونِ نیم روز تابوت زرین بسازند؟!

۴ – لت دویم نادرخور است شاخ رای چه باشد؟ و چگونه باشد؟

۵ – این رج را هیچ گزارش نیست و لت دویم نیز با لت نخست پیوند ندارد.

۶ – «تو» در لت دویم نادرخور است.

۷ – لت نخست را کمبود است: «هنوز گاو اسفندیار...» چه راند بدو روزگار نیز نادرست است: «روزگار بر وی چگونه میگذرد».

۸ – آنکس را که سوگ و درد باشد، پروای آن نیست که سخن از دیگر کس گوید.

۹ – همچنین.

۱۰ – بر (آن) و (آن) پیلتن در یک سخن همخوان نیست.

۱۱ – دنبالهٔ گفتار.

۱۲ – دنبالهٔ سخن.

۱۳ – کدام کارها را گوید؟ شست رستم هیچگاه بدریای چین نرسید.

۱۴ – این سخنان داستان از اژدهای دریای چین می‌گوید که با «دَم» (=نفس) از دریا نهنگ بر میکشید، و رستم را توان آن نبود که با دَم پلنگ برکشد!

۱۵ – گزافهٔ سخت که از خون یک کس، خاک آبگیر (= آب‌گیر) نمی‌شود.

۱۶ – تفت را برای آنکس که سخت شتاب می‌ورزد، توان بکار گرفتن نه برای آنکس که تیر خورده است.

۱۷ – افزاینده خود در این رج، سخن را دگرگونه می‌آورد!

۱۸ – دنبالهٔ سخن پسین.

رسیدن رستم به ایوان خود

اُزان روی، رستم بایوان رسید　　　مر او را، برآنگونه، دستان بدید
زواره فرامرز گریان شدند　　　اُزآن خستگی‌هاش بریان شدند[1]
ز سر بر همی کند رودابه موی　　　بر آواز ایشان همی خست روی[2]
زواره بزودی گشادش میان　　　از او برکشیدند ببر بیان
هر آن کس که دانا بُد از کشورش　　　نشستند یکسر همه بر درش
بفرمود تا رخش را پیش اوی؛　　　ببردند و -هر کس که بُد چاره‌جوی!-
گرانمایه دستان همی کند موی　　　برآن خستگی‌ها بمالید روی[3]
ز سر بر همی کند، رودابه، موی　　　بر آواز ایشان همی خَست، روی[4]
همی گفت «من زنده با پیرسر　　　بدیدم بدینسان گرامی پسر»[5]
بدو گفت رستم ک:«زین غم چه سود　　　که این، ز آسمان، بودنی کار بود[6]
به پیش است کاری که دشوارتر　　　اُز او جان من پر ز تیمارتر[7]
که هرچند من بیش پوزش کنم　　　که این شیردل را فروزش کنم[8]
نجوید همی جز همه ناخوشی　　　بگفتار و کردار، گردنکشی[9]
رسیدم ز هر سو به گرد جهان　　　خبر یافتم ز آشکار و نهان[10]
گرفتم کمربند دیو سپید　　　زدم بر زمین همچو یک شاخ بید[11]
بتابم همی سر ز اسفندیار　　　ازآن زور و آن بخشش کارزار[12]

---

۱ - باری گریان شدن آنان از خسته شدن رستم نادرست می‌نماید، مگر آنکه از شکستی که بر جهان پهلوان آمده‌بود بگریند، که در سخن افزاینده نشانی از آن نیست.　　۲ - زاری رودابه در گفتار پسین می‌آید.

۳ - سخن دوباره دستان در گفتار پیشین آمده‌بود و شایستهٔ زال نیز نبود که همچون زنان موی از سر بر کَنَد.

۴ - کاری که رودابه در رج پسین می‌کند اما آنجا انجمن مردان بود نه جای رودابه.

۵ - سخن، ره بجایی نمی‌برد...: «چرا من زنده ماندم تا در پیری پسر را چنین ببینم».

۶ - بدو گفت در این رج با همی گفت در رج پیشین همخوان نیست.

۷ - «که» در لت نخست پیوندی درست نیست: «کاری دشوارتر پیش می‌آید» در لت دویم تیمار، تیمار است و تیمارتر و پر تیمارتر نادرست است.

۸ - سخن را با گفتار پیشین هیچ پیوند نیست و لت دویم نیز بی‌گزارش است... فروزش کردنِ مرد چگونه باشد؟

۹ - دنبالهٔ سخن.　　۱۰ - «رسیدم به هر سوی جهان» یا «برفتم بگرد جهان»، و هردو را باهم آوردن نادرست است.

۱۱ - **یک:** کمربند؛ بنده و پرستار باشد، محمد بن وصیف سیستانی به یعقوب لیث صفاری گوید:

ای امیری که امیران جهانت، خاص و عام　　　بنده و مولای باشند و، کمربند و غلام

این واژهٔ آمیخته هنوز، در «نوکر کمربسته» در زبان فارسی روان است. اکنون اگر افزاینده از کمربند، «کمر» را خواهد گفتن دیو سپید برهنه بود و «کمر» بر میان نبسته‌بود... **دو:** در لت دویم زدم بر زمین نادرست است: «زدمش بر زمین»... و اگر خواننده داستان رستم و دیو سپید را دوباره بنگرد، این گفتار افزاینده دروغ خویش را بهتر نشان میدهد.

۱۲ - زور اسفندیار از رستم برتر نبود زیرا که بنیزه و شمشیر و گرز و کشتی باهم برابر بودند... و تنها تیر اسفندیار بود که بر رخش و رستم کارگر افتاد... «بخشش کارزار» را نیز گزارش نیست.

خدنگم ز سندان گذر یافتی ... زبون داشتی گر سپر یافتی [1]
زدم چند بر گبر اسفندیار ... گراینده دست مرا داشت خوار [2]
همان تیغ من گر بدیدی پلنگ ... نهان داشتی خویشتن زیر سنگ [3]
نبرد همی جوشن اندر برش ... نه آن پارهٔ پرنیان بر سرش؟ [4]
سپاسم ز یزدان که شب تیره شد ... درآن تیرگی چشم او خیره شد [5]
برستم من از چنگ آن اژدها ... ندانم کز این خستن آیم رها؟ [6]
چه اندیشم اکنون جز این نیست رای ... که فردا بگردانم از رخش پای [7]
به جایی شوم کاو نیابد نشان ... به زاولستان گر کند سرفشان [8]
سرانجام ازان کار سیر آید او ... اگر چه ز بد سیر دیر آید او» [9]
بدو گفت زال «ای پسر گوش دار ... سخن چون بیادآوری، هوش دار!
همه کارهای جهان را در است ... مگر مرگ، کان را دری دیگر است
یکی چاره دانم من این را، گُزین! ... که سیمرغ را، یار خوانم بر این!»
گر او باشدم زین سخن رهنمای ... بماند بما کشور و بوم و جای» [10]

۱ – لت دویم نادرخور است...: «خدنگ من از سپر گذاره میکرد».

۲ – **یک:** زدم چند نیز نادرست است چندان خدنگ بر اسفندیار (و نه تنها به گبر او) زدم. **دو:** در لت دویم «گراینده دست من» نادرست است، زیرا که دست رستم بسوی اسفندیار (گرایش) نداشت، و تیر بسوی او (افکنده) می‌شد.

۳ – در لت نخست «تیغ مرا»... و پلنگ تنها جانور است که خویش را پنهان نمی‌کند.

۴ – **یک:** افزاینده در لت دویم چنان نموده‌است که اسفندیار با شال پرنیان بمیدان نبرد آمده‌بود، باز آنکه پیشتر از گبر او، و پیش‌ازآن از آرایش جنگی اسفندیار یاد شده‌بود. **دو:** افزون بر آن مردان ایرانی (نه در میدان جنگ) همگان شال بر سر می‌بستند، اما شال پرنیان ویژهٔ زنان بود نه مردان. ۵ – شب، خود تیره است... و رستم و اسفندیار یکدیگر را میدیدند، پس شب نیامده بود، و هنوز روز بود.

۶ – بزرگنمایی اسفندیار است ازسوی افزایندگان زیرا که نیروی اسفندیار از رستم بیشتر نبود... لت دویم نیز سخت نادرخور است زیرا مردی که با خستگی از هیرمند گذشته و بایوان خویش رسیده‌است، بیگمان بهبود خواهد یافت... رها نیز «آمدنی» نیست شدنی و گشتنی است. ۷ – افزاینده خواسته‌است بگوید «هر چه اندیشم...» اما نتوانسته‌است سخنِ بهنجار گوید.

۸ – پستی اندیشهٔ افزاینده در این رج نمودار می‌شود... رستم جهان پهلوان، پناه ایران و ایرانیان از سرافشان کردنِ اسفندیار مردمان زابلستان، نیندیشد و خود بتنهایی بگریزد؟!

۹ – دنبالهٔ همان گفتار پست... چون اسفندیار بسیار از مردان زابلستان را بکشد، سرانجام از کشتن سیر می‌شود... (نه سیر می‌آید).

۱۰ –لت نخست پریشان است: «گر او در این کار رهنمای من می‌شود»... در لت دویم کشور و بوم و جای، هر سه یکی است، و هر سه نیز با رفتن زال و رستم برجای می‌مانند.

چاره ساختن سیمرغ و زال بر اسفندیار

ببودند هر دو بران رای‌مند — سپهبد برآمد به بالا بلند[1]
سه مجمر ز ایوان پر آتش ببرد — برفتند با او سه هشیار و گرد[2]
فسونگر چو بر تیغ بالا رسید — ز دیبا یکی پر به بیرون کشید[3]
بمجمر یکی آتشی برفروخت — وزان پرّ سیمرغ لختی بسوخت[4]
چو پاسی ازان تیره شب درگذشت — تو گفتی چو آهن سیاه ابر گشت[5]
همانگه[6] چو مرغ از هوا بنگرید؛ — درخشیدن آتش تیز دید؛
نشسته برش زال با داغ و درد؛ — ز افراز، مرغ اندر آمد چو گرد[7]
بشد زال با اود سوز از فراز — ستودش فراوان و بردش نماز[8]
به پیشش سه مجمر پر از بوی کرد — ز خون جگر بر دو رخ جوی کرد[9]
بدو گفت؛ سیمرغ: «شاها چه بود؟ — که آمد ازین سان نیازت بدود؟»[10]
چنین گفت ک:«این بد، بدشمن رساد — که بر من رسید از بدِ بد نهاد[11]
تن رستم شیردل خسته شد — اُزآن خستگی جان من بسته شد[12]
کزان خستگی بیم جان است و بس — بران گونه خسته ندیده‌ست کس[13]

---

۱ – رایمند نادرست است: «همرای». ببالا بلند نیز در پایان لت دویم نادرخور است: «ببالای بلندی».

۲ – سه مجمر در کار نبود، و با یک مجمر می‌توانستند، پر سیمرغ را سوزاندن. افزاینده خواسته‌است بگوید که سه مرد هشیار با او برفتند، هر یک با مجمری از آتش، اما نتوانسته‌است سخن را بخوبی بیاراید.

۳ – «بر تیغ بالا» نادرست است یا: «ببالای تیغ» یا «بر فراز کوه».

۴ – لت دویم از شاهنامه خالقی مطلق: «ببالای آن پرّ لختی بسوخت». این لت در نمونه‌ها پریشان و ناهمخوان است! قریب: ببالای آن پرّ لختی بسوخت. ق، ل ۲، ز بالای. ک، پ، ب ز بالا بر؛ س ۲، لن، لن ۲: برآتش از. لی، آ: همانجا یکی پرّ سیمرغ سوخت. ق ۲ ببالا از آن پر یکی را بسوخت (خالقی مطلق دفتر پنجم رویهٔ ۳۹۷) شاهنامهٔ سپاهان: وز آن پرّ سیمرغ، لختی بسوخت.

۵ – چو پاسی نادرست است، زیرا که در رج پسین «همانگه» آمده‌است. لت دویم نیز سخت سست است.

٦ – کدام گاه؟

۷ – «مرغ» درلت دویم این رج با «مرغ» در رج پیشین همخوان نیست! نمونه‌ها خالقی مطلق و سپاهان «ز پرواز مرغ اندر آمد به گرد» لن «از افراز».

۸ – **یک**: زال با مجمر بود، و «اود سوز» در دست نداشت. **دو**: زال در نشیب بود، و چگونه از «فراز بشد»؟

۹ – مجمر را پر از بوی نتوان کردن، بوی خوش بر آتش توان ریختن.

۱۰ – درخشیدن آتش تیز به «دود» برگشت.

۱۱ – از «بدنهاد» اسفندیار و گشتاسپ را خواهد گفتن و نژاد آنان بد نبود.

۱۲ – بسته شدن جان چگونه باشد؟

۱۳ – بر آن گونه، بدان گونه، وزان گونه (در نمونه‌ها) هیچیک درست نیست، و بدینگونه شاید گفتن اما داستان، درست نمی‌نماید، زیرا که از خستگی رستم سخت‌تر و بیدرمان‌تر، هزاران بار روی داده و میدهد، گاه باشد که «خسته» از خستگی بیدرنگ جان دهد، و گاه باشد که خسته روزی چند پس‌از خستگی بمیرد! خسته‌ای که با پای خویش چندان راه را پیموده است چنان نیست که پهلوانی چون زال را چون پیر نالان به مویه گری وادارد!

همان رخش گویی که بیجان شده‌ست — ز پیکان تنش زار و پیچان شده‌ست[1]
بیامد بدین کشور اسفندیار — نکوبد همی جز دَرِ کارزار[2]
نخواهد همی کشور و تاج و تخت — بر و بار خواهد همی با درخت»[3]
بدو گفت سیمرغ ک :«ای پهلوان — مباش اندرین کار، خسته روان[4]
سزد گر نمایی بمن رخش را — همان سرفَراز جهانبخش را»[5]
کسی سوی رستم فرستاد زال — که: «لختی بچاره برافراز یال[6]
بفرمای تا رخش را همچنان — بیارند پیش من اندر زمان»[7]
چو رستم بنزدیک ایشان رسید — همان مرغ روشندل او را بدید[8]
بدو گفت ک :«ای ژنده‌پیل بلند! — ز دست که؟ گشتی بدینسان نژند![9]
چرا رزم جُستی ز اسفندیار — چرا آتش افکندی اندر کنار»[10]
بدو گفت زال «ای خداوند مهر — چو اکنون نمودی بما پاک چهر[11]
گر ایدونکه رستم نگردد درست — کجا خواهم اندر جهان جای جست؟[12]
همه سیستان پاک ویران کند — بکام دلیران ایران کند[13]
شود کنده این تخمهٔ ما زبن — کنون بر چه رانیم یکسر سخن»[14]
⇐ **نگه کرد مرغ اندر آن خستگی — بدید اندر او[*] راهِ پیوستگی**
از او چار پیکان به بیرون کشید — بمنقار ازآن خستگی خون کشید
بران خستگی‌ها بمالید پر — هم اندر زمان گشت با زیب و فر[15]
بدو گفت ک :«این خستگی‌ها ببند — همی باش یکچند دور از گزند[16]
یکی پرّ من‌تر بگردان بشیر — بمال اندران خستگی‌های تیر»[17]

---

۱ - بیجان شده؟ یا «گویی که بیجان شده»! ۲ - در کارزار را کوبیدن نشاید.
۳ - چون «بر و بار» را با «درخت» بخواهد همانا، کشور را خواسته است. ۴ - پیوسته بگفتار.
۵ - رستم پهلوان ایران و جهان‌پهلوان بود، نه جهانبخش. ٦ - پیوسته بگفتار.
۷ - «همچنان» چه را خواهد نمودن؟ ۸ - لت دویم را پیوند درست با لت نخست نیست.
۹ - پرسش نادرخور است زیرا که رستم از اسفندیار زخم خورده بود.
۱۰ - آتش را اندر کنار نمی‌افکنند! آتش را در کنار میگیرند.
۱۱ - پرسش از رستم بود، و زال را نبایستی درمیانهٔ پرسش دویدن، و سخنی نه بآیین پاسخ دادن!
۱۲ - آنهم پرسشی همچون پیر زنانِ گریزنده! ۱۳ - دلیران ایران ویرانی سیستان را نمی‌خواسته‌اند، و نمی‌خواهند.
۱۴ - تخمه (=نژاد) ازین کنده نمی‌شود... پریشان می‌شود. لت دویم نیز سست است: «اکنون چه باید کردن».
* - «اندر آن» درست می‌نماید.
۱۵ - چه‌کس با زیب و فر گشت؟ «فرّ» دهشی یزدانی است و با خستگی و بهبود پیوند ندارد.
١٦ - به چه‌کس گفت؟ به زال؟ یا برستم؟... در لت دویم: رستم فردا را باید بمیدان جنگ رفتن!... اگر رستم خسته در زمان با زیب و فر گشت، بستن خستگی نشاید،
۱۷ - **یک:** و در شیر گرداندن پر... و مالیدن بخستگی. **دو:** اندر (آن) خستگی نادرست است، زیرا که چهار جای تیر بوده‌است و (آن) نشاید گفتن. **سه:** (اندر) نیز نشاید... زیرا که چون پر را به اندرون خستگی فرو کنند، خونریزی بیشتر می‌شود: «بر خستگی‌ها بمال».

برآن همنشان رخش را پیش خواست — فرو کرد منقار، بر دستِ راست[1]
برون کرد پیکان شش از گردنش — نبُد خسته گر بسته جایی تنش[2]
همانگه خروشی برآورد رخش — بخندید شادان دلِ تاجبخش[3]
بدو گفت مرغ «ای گوِ پیلتن — تویی نامبردار هر انجمن[4]
چرا رزم جستی ز اسفندیار؟ — گوی تیز و رویین‌تن و نامدار!»[5]
بدو گفت رستم «گر آوازِ بند — نبودی، دلِ من نگشتی نژند[6]
مرا کشتن آسانتر آید ز ننگ — اُگر، باز مانم بجایی ز جنگ»[7]
چنین داد پاسخ که: «از اسفندیار — اگر سر بجا آوری نیست عار[8]
که اندر زمانه چنویی نخاست — بدو دارد ایران همی پشت راست[9]
بپرهیزی از وی نباشد شگفت — مرا از خود اندازه باید گرفت[10]
که آن جفت من مرغ با دستگاه — به دستان و شمشیر کردش تباه[11]
اگر با من اکنون تو پیمان کنی — سر از جنگ جستن پشیمان کنی[12]
نجویی فزونی بر اسفندیار! — گهِ کوشش و جستن کارزار![13]
ور ایدونکه او را بیاید زمان — نیندیشد از پوزشت بیگمان[14]
من امشب یکی چاره سازم ترا — بخورشید، سر برفرازم ترا»[15]
چو بشنید رستم دلش شاد شد — از اندیشهٔ بستن آزاد شد[16]
بدو گفت که: «از گفتِ تو نگذرم — اُگر تیغ بارد هوا بر سرم»[17]

---

۱ - بر دستِ راست راگزارش نیست.

۲ - **یک:** پیکان شش نادرست است: «شش پیکان». **دو:** چگونه شش پیکان که در گردن رخش فرو رفته‌بود خسته نبود... **سه:** رخش را بسته چرا باید بودن؟

۳ - لت دویم ناهموار است اگر «شادان» جدا از دل باشد، دل را خندیدن نیست! و اگر «شادان دل» گوییم که در چنان رویداد، نشاید رستم تاجبخش را «شادان دل» درشمار آوردن!

۴ - «نامبردارِ هر انجمن» نادرست است: «در جهان نامبرداری».

۵ - این سخن با گفتار رج پیشین پیوند ندارد. مگر پهلوان نامبردار نمی‌تواند از پهلوانی دیگر نبرد جوید؟ باری رستم را از اسفندیار، درخواستِ جنگ نبود.

۶ - آواز بند؟: «اگر سخن از بند در میان نبود».

۷ - کشتن نادرخور است: «مرا مردن» لت دویم را نیز پیوند با لت نخست نیست.

۸ - لت دویم بی‌پیوند و بی‌گزارش است.

۹ - دنبالهٔ سخن.

۱۰ - دو لت پیش سخن چنین بود: «اگر سر بجا آوری نیست عار»، و اکنون چنین گفتار می‌آید... سخن را نیز در آغاز پیوند «اگر» باید. لت دویم نیز نادرخور است زیرا که می‌بایستی چنین آید: «ترا از کار من اندازه باید گرفتن».

۱۱ - آن جفت من نادرست است: «جفت مرا»... در داستان افزودهٔ سیمرغ اسفندیار، سیمرغی بود با دو فرزند... و از جفت وی نامی نیامده بود.

۱۲ - سر از جنگ جستن باید «گرداندن» نه پشیمان کردن.

۱۳ - لت دویم رودرروی لت نخست ایستاده‌است. چگونه شاید که هنگام کوشش و کارزار فزونی نجویند! اگر چنین باشد آن دیگر این یک را در یک دم ازمیان برمیدارد!

۱۴ - بیاید زمان نادرست: «زمانه بر او سر آید».

۱۵ - دنبالهٔ داستان.

۱۶ - شیوهٔ گفتار فردوسی چنین است «دل شاد کرد» لت دویم نیز سست می‌نماید.

۱۷ - از گفتِ تو نادرست: «از گفتار تو» باز لت دویم سست است.

⇐ چنین گفت سیمرغ ک:«ز راه مهر — بگویم کنون با تو رازِ سپهر
که هر کس که او خون اسفندیار — بریزد ورا بشکرد روزگار[1]
همان نیز تا زنده باشد ز رنج — رهایی نیابد نمانَدش گنج[2]
بدین گیتی‌اش شوربختی بود — اُگر بگذرد رنج و سختی بود[3]
شگفتی نمایم هم امشب ترا — ببندم ز گفتار بد لب ترا[4]
برو رخش رخشنده را برنشین — یکی خنجر آبگون برگزین»
چو بشنید رستم میان را ببست — اُزان جایگه رخش را برنشست
بسیمرغ گفت «ای گزین جهان — چه خواهد بر این مرگ ما ناگهان[5]
جهان یادگار است و ما رفتنی — به گیتی نماند بجز مردمی[6]
به نام نکو گر بمیرم رواست — مرا نام باید که تن مرگ راست[7]
کجا شد فریدون و هوشنگ شاه — که بودند با گنج و تخت و کلاه[8]
برفتند و ما را سپردند جای — جهان را چنین است آیین و رای»[9]
همی راند تا پیش دریا رسید — ز سیمرغ روی هوا تیره دید
چو آمد بنزدیک دریا فراز — فرود آمد آن مرغ گردنفراز
برستم نمود آن زمان راه خشک — همی آمد از باد او بوی مشک[10]
بمالید بر تارکش پرّ خویش — بفرمود تا رستم آمدش پیش[11]
گزی دید، بر خاک، سر بر هوا — نشست از برش مرغ فرمانروا
بدو گفت: «شاخی گزین راست‌تر — سرش برتر و بُنْش بر کاست‌تر
بدان گز بود هوش اسفندیار — تو این چوب را خوارمایه مدار[12]
بر آتش مر این چوب را راست کن — نگه کن یکی نغز پیکان کهن[13]
یکی نغز پیکان، بر او بر نشان — نمودم ترا، از گزندش نشان»

---

۱ – او در لت نخست با او را (= ورا) در لت دویم ناهمخوان است.
۲ – همان و نیز را نشاید کناریکدیگر آوردن... آیندهٔ داستان نیز چنین نمی‌نماید زیرا که گنج رستم تا پایان زمانش، بر جای بود.
۳ – لت دویم درهمریخته است: «بمینو جهان رنج و سختی بدو میرسد».
۴ – رستم را هیچگاه گفتار بد بر زبان نرفته‌بود.
۵ – این رج را هیچ گزارش نباشد.
٦ – دنبالهٔ گفتار.
۷ – سخن زیبا می‌نماید اما پیوسته بداستان افزوده‌است.
۸ – «کجا شدند» می‌باید.
۹ – ما را سپردند جای نادرست است. جهان را بما وانهادند...
۱۰ – سیمرغ کنار دریا فرود آمد، و راه خشک (؟) برستم نمود؟
۱۱ – و چون پر خویش را بر سر رستم کشید، رستم نزد او بوده‌است و به پیش آمدنش نابجا است.
۱۲ – (بدان) در لت نخست را با (این) در لت دویم همخوان نیست.
۱۳ – این رج درست رویاروی سخن پیشین است «شاخی گزین راست‌تر»، و پیکان کهن (کهنه) را کاربرد نیست و در رج پسین از پیکان نغز سخن میرود.

چو ببرید رستم تن شاخ گز / بیامد ز دریا به ایوان رز[1]
بران کار سیمرغ بُد رهنمای / همی بود بر تارک او بپای[2]
بدو گفت: «اکنون چو اسفندیار / بیاید بجوید ز تو کارزار
تو خواهش کن و لابه و راستی / مکوب ایچگونه درِ کاستی
مگر بازگردد بشیرین سخن / بیاد آیدش روزگارِ کهن
که تو چندگه بودی اندر جهان / برنج و بسختی ز بهر مهان[3]
چو پوزش کنی چند و نپذیردت / همی از فرومایگان گیردت
به زه کن کمان را و این چوب گز / بدین گونه پرورده در آب رز[4]
اَبَر چشم او راست کن هر دو دست / چنانچون بُوَد مردم گز پرست
زمانه برد راست آن را بچشم / بدانگه که باشد دلت پر ز خشم»[5]
تن زال را مرغ پدرود کرد / از او تار و از خویشتن پود کرد[6]
ازآن جایگه نیکدل بر پرید / چو اندر هوا رستم او را بدید[7]
یکی آتش چوب پُرتاب کرد / دلش را بران رزم شاداب کرد[8]
یکی تیز پیکان بدو درنشاند / چپ و راست پرها بر او برنشاند[9]

کشته شدن اسفندیار
از
تیر رستم

سپیده همانگه زکُه بردمید / میان شب تیره اندر خمید

---

۱ - تن شاخ گز سخن نادرستی است که در زبان فارسی پیشینه ندارد، و نیز ایوان رز نادرخور است شاید بودن که افزاینده خواسته‌است «زال زر» راگفتن!

۲ - پیشتر از رهنمایی سیمرغ سخن رفته‌بود، اما اینکه مرغی بدان بزرگی روی سر رستم بایستد، تاکار او بپایان رسد، سخنی است گزافه و سست. پیشتر در سخنان افزوده از نشستن سیمرغ بر روی درخت یاد شده‌بود.

۳ - هنوز رستم از جهان نرفته‌است که باکنش «بودی» از وی یاد شود!

۴ - آب رز نادرست است، و درخت در زمین رسته‌بود.

۵ - **یک:** در لت نخست بچشم چه کس؟ **دو:** در لت دویم، سخن از خشم در میان نبود و پند سیمرغ بر آن بود که «خواهش و لابه، براستی کن».

۶ - پدرود کردن با تن درست نیست، و در آن بیابان زال بهمراه آنان نبود.

۷ - «از آنجایگه» خود نشان میدهد که در ایوان زال نبوده‌اند، و لت دویم نادرخور است، زیرا که پیراستن چوب را به «پریدن سیمرغ در هوا» پیوند داده‌اند.

۸ - لت نخست راگزارش نیست.

۹ - «پرها» در لت دویم نادرست است.

بپوشید رستم سلیح نبرد / بسی از جهان‌آفرین یاد کرد
چو آمد برِ لشگر نامدار / که کین جوید و رزم اسفندیار
بدو گفت: «برخیز از این خواب‌خوَش / برآویز با رستم کینه‌کش»
چو بشنید آوازش اسفندیار / سلیح جهان پیش او گشت خوار
چنین گفت پس با پشوتن که: «شیر / بپیچد ز چنگال مرد دلیر
گمانی نبردم که رستم ز راه / بایوان کشد ببر و گبر و کلاه
همان بارکش رخش زیر اندرش / ز پیکان نبود ایچ پیدا برش [1]
شنیدم که دستان جادوپرست / بهر کار یازد بخورشید، دست!
چو خشم آرد از جادوان بگذرد / برابر نکردم پس این با خرد» [2]
پشوتن بدو گفت پر آب چشم / که: «بر دشمنت باد تیمار و خشم
چه بودت که امروز پژمرده‌ای؟ / همانا بشب خواب نشمرده‌ای؟ [3]
میان جهان این دو یل را چه؟ بود / که چندین همی رنج باید فزود؛
ندانم که بخت تو شد کندرو / که کین آورد هر زمان نو به نو؟» [4]
بپوشید جوشن یل اسفندیار / بیامد برِ رستم نامدار
خروشید چون روی رستم بدید / که: «نام تو باد از جهان ناپدید!
فراموش کردی؟ تو سگزی مگر! / کمان و برِ مردِ پرخاشخر!
ز نیرنگ زالی بدینسان درست / اُگرنه که پایت همی گور جست [5]
بکوبمت زانگونه امروز یال / کزین پس نبینند ترا زنده زال»
چنین گفت رستم باسفندیار / که: «ای سیر ناگشته از کارزار
بترس از جهاندار یزدان پاک / خرد را مکن با دل اندر مغاک
من امروز نز بهرِ جنگ آمدم / پیِ پوزش و نام و ننگ آمدم
تو با من به بیداد کوشی همی / دو چشم خرد را بپوشی همی
بخورشید و ماه و اَوِستا و زند / که دل را نرانی براه گزند [6]
نگیری بیاد آن سخن‌ها که رفت / اُگر پوست بر تن کسی را بکفت [7]

---

۱ - رخش بارکش نبوده‌است، اسپ بارکش را نام «یابو» است، و زیر اندر (= اندرون) نیز نادرست است. بزیرش... لت دویم نیز گزافه است.

۲ - با خشم از جادوان نشاید گذشتن، که چنین کار بند و ترفند و کاردانی میخواهد لت دویم نیز سست می‌نماید.

۳ - خواب شمردنی نیست.

۴ - چون چنین سخن آید، دنبالهٔ «یا» می‌خواهد! «بخت تو برگشت، یا بخت رستم». بخت نیز بهری است که ازپیش برای مردمان (نوشته) شده است، و درگذر زمان کندرو، و تندرو نمی‌شود.

۵ - لت دویم سخت نادرخور است.

۶ - «اوستا و زند» نادرست است.

۷ - نه چنین است و اسفندیار را بهتر است که سخنان پیشین رستم را بیاد آورد! یاد نیز گرفتنی نیست «کردنی» است.

نبرد دوبارهٔ پهلوانان ۵۵۳

بیا! تا ببینی یکی خان من / رونده‌ست کامِ تو بر جان من
گشایم درِ گنجِ دیرینه باز / کجا گِرد کردم بسال دراز
کنم بار بر بارگی‌های خویش / بگنجور ده تا براند ز پیش
برابر همی با تو آیم براه / کنم هرچه فرمان دهی پیش شاه
اگر کشتنیم او کشد شایدم / همان نیز اگر بند فرمایدم[1]
همی چاره جویم که تا روزگار / ترا سیر گرداند از کارزار
نگه کن که دانای پیشین چه گفت / که -هرگز مباد اختر شوم جفت-»
چنین داد پاسخ که: «مرد فریب؛ / نیم روز پرخاش و روز نهیب!
اگر زنده خواهی که مانی بجای / نخستین سخن، بند برنه بپای
از ایوان و خان چندگویی همی / رخ آشتی را بشویی همی»
دگر باره رستم زبان برگشاد: / «مکن شهریارا ز بیداد یاد!
مکن نام من در جهان زشت و خوار / که جز بد نیاید ازین کارزار
هزارانت گوهر دهم شاهوار / همان یارهٔ زرّ با گوشوار[2]
هزارانت بنده دهم نوش لب / پرستنده باشد ترا روز و شب[3]
هزارت کنیزک دهم خلّخی / که زیبای تاج‌اند با فرّخی[4]
دگر گنج سام نریمان و زال / گشایم به پیش تو ای بی‌همال[5]
همه پاک پیش تو گرد آورم / ز زاولستان نیز مرد آورم[6]
که تا مر ترا نیز فرمان کنند / روان را بفرمان گروگان کنند[7]
ازانپس به پیشت پرستاروار / دوان با تو آیم برِ شهریار[8]
ز دل دور کن شهریارا تو کین / مکن دیو را با خرد همنشین
جز از بند، دیگر، ترا دست هست / بمن بر، که شاهیّ و یزدانپرست
که از بند تا جاودان نامِ بد / بمانَد بمن، وز تو انجام بد»

*

۱ -لت نخست بدآهنگ است. خالقی مطلق: «پس ار شاه بکشَد مرا شایدم» که آن را نیز آهنگ درست نیست.

۲ - چون اسفندیار میگوید «از ایوان و خان» سخن مگوی، چه جای نام برده ازگوهر است لت دویم نیز بدآهنگ است.

۳ - هزاران بندهٔ نوش لب(؟) در اندیشه نمی‌گنجد و هزاران را در لت دویم (باشند) باید نه «باشد» افزایندگان پست نهاد، زشت‌خوییِ تاتاران را بایران باستان نیز کشیده‌اند، که هماغوشی با پسران بدانهنگام «گناه مرگ ارزان» شمرده می‌شد!

۴ - رستم سیستانی از کجا یکهزار کنیزک «خلخی» برای اسفندیار می‌آوَرَد؟ و کنیزک پرستار را تاج نشاید.

۵ - **یک:** چون سخن از یک گنج است نشاید از دوکس نام بردن که یکی از آنان هنوز زنده است. **دو:** بی‌همال پایان لت دویم نیز ازبرای فراهم کردن پساوا است.

٦ -گِرد را با مَرد پساوا نیست.

۷ - **یک:** «نیز» بکار نمی‌آید زیرا که آنان را «می‌باید» فرمان بردن. **دو:** دو بار سخن از «فرمان» گفتن شایسته نیست.

۸ - پیشت (پیشِ تو) در لت نخست؛ (با تو) در لت دویم ناهمخوان است.

برستم چنین گفت اسفندیار ... که: «تا چند؟ گویی سخن نابکار!
مرا گویی از راه یزدان بگرد؟ ... ز فرمان شاه جهانبان بگرد؟[1]
که هر کاو ز فرمان شاه جهان؛ ... بگردد سر آید بدو بر، زمان[2]
جز از بند، گر کوشش و کارزار ... به پیشم دگرگونه پاسخ میار!»
به تندی به پاسخ گو نامدار ... چنین گفت که: «ای پرهنر شهریار[3]
همی خوار داری تو گفتار من ... بخیره بجویی تو آزار من»[4]
چنین داد پاسخ که «چند از فریب ... همانا به تنگ اندر آمد نشیب!»[5]
چو دانست رستم، که لابه بکار ... نیاید همی پیشِ اسفندیار
کمان را به زه کرد و آن تیر گز ... که پیکانش را داده بُد آب رز[6]
همی راند تیر گز اندر کمان ... سر خویش کرده سوی آسمان[7]
چنین گفت کای داورِ ماه و هور! ... فزایندهٔ دانش و فرّ و زور
همی بینی این پاک جان مرا ... توانِ مرا هم روانِ مرا
که چندین بکوشم که اسفندیار ... مگر سر بپیچاند از کارزار
تو دانی به بیداد کوشد همی ... بمن جنگ و مردی فروشد همی[8]
به پادافرهٔ این گناهم مگیر ... تو، ای آفرینندهٔ ماه و تیر»

*

چو خودکامه جنگی بدید آن درنگ ... که رستم همی دیر شد سوی جنگ
بدو گفت که: «ای سگزیِ بدگمان! ... نشد سیر؟ جانت ز تیر و کمان!
ببینی کنون تیر گشتاسپی ... دل شیر و پیکان لهراسپی!»
یکی تیر بر ترگ رستم بزد ... چنان کز کمان سواران سزد

*

تهمتن گز اندر کمان راند زود ... برآنسان که سیمرغ فرموده بود
بزد راست بر چشم اسفندیار ... سیه شد جهان پیش آن نامدار!
خم آورد بالای سرو سهی ... ازو دور شد دانش و فرّهی

---

۱ – سخن در این رج...

۲ – ...و این رج، پیوند میان رج‌های پیشین و پسین را می‌گسلاند و افزون بر آن گفتار نیز بی‌پیوند و سست می‌نماید، بویژه لت دویم در این رج که بسا کسان هستند که از شاهان فرمان نمی‌برند و نمی‌میرند!

۳ – پاسخ بتندی نشاید دادن.

۴ – و این سخن «پاسخ» نیست، گزارش رویداد است.

۵ – نشیب برای که؟ برای رستم؟ یا برای اسفندیار؟

٦ – در سخنان افزودهٔ پیشین چوب گز در آب رز «پرورده» شده‌بود، و اکنون پیکان آنرا آب رز می‌دهند، که همه ازبرای پساوا است... کمان را نیز پیش‌از نبرد بزه میکنند.

۷ – همی راند نادرست است: «براند».

۸ – «تو دانی» بخداوند گفتن درخور نیست.

نگون شد سر شاه یزدان‌پرست   بیفتاد چاچی کمانش ز دست

*

گرفته بش و یال اسپ سیاه   ز خون لعل شد خاک آوردگاه[1]
چنین گفت رستم به اسفندیار   که: «آوردی آن تخمِ زَفتی؛ ببار!
تو آنی که گفتی که رویین‌تنم!   بلند آسمان بر زمین برزنم!
من از شست تو هشت تیر خدنگ   بخوردم ننالیدم از نام و ننگ[2]
بیک تیر برگشتی؟ از کارزار!   بخفتی بر این بارهٔ نامدار!
هم اکنون بخاک اندر آید سرت   بسوزد دل مهربان مادرت»
هم آنگه سر نامبردار شاه   نگون اندر آمد، ز پشت سیاه
زمانی همی بود تا یافت هوش   برِ خاک بنشست و بگشاد گوش
سر تیر بگرفت و بیرون کشید   همی پرّ و پیکانش در خون کشید[3]
همآنگه به بهمن رسید آگهی   که: «شد تیره آن فرّ شاهنشهی»
بیامد به پیش پشوتن بگفت   که «پیکار ما، گشت با درد؛ جفت!
تن ژنده پیل اندر آمد بخاک   دل ما از این درد کردند چاک»[4]
برفتند هر دو؛ پیاده، دوان   ز پیش سپه تا برِ پهلوان
بدیدند جنگی برش پر ز خون   یکی تیر پر خون به دست اندرون[5]
پشوتن بر و جامه را کرد چاک   خروشان بسر بر همی کرد خاک[6]
همی گشت بهمن بخاک اندرون   بمالید رخ را بدان گرم خون[7]
پشوتن همی گفت: «راز جهان   که داند؟ ز دین‌آوران و مهان!»[8]
چو اسفندیاری که از بهر دین   بمردی بر آهیخت شمشیر کین[9]
جهان کرد پاک از بدِ بُت‌پرست   به بدکار، هرگز نیازید دست[10]

---

۱ - «نگون شد» و «بیفتاد» در رج پیشین را، در این رج «گرفت» باید. نه «گرفته»!

۲ - نمونه‌ها گوناگون‌اند: هشت تیر، سدوشست تیر، شست تیر... اما «از نام‌وننگ» نالیدن درست نیست.

۳ - پرّ و پیکان تیر در خون کشیدن ویژهٔ تیری استکه از یکسو به هماورد خورَد، و از دیگر سوی بیرون آید، و تیری را که اسفندیار از اینسوی میگیرد و بیرونش می‌کشد، تنها پیکان آن خونین است.

۴ - «دل ما» را «را» باید، وکردند نیز نادرخور است، زیرا آنچه که باسفندیار رسید از خودِ او بود نه از دیگران.

۵ - «جنگی برش» نادرخور است، زیرا که اسفندیار از جنگ و کارزار گذشته‌بود، و چون اسفندیار تیر را از چشم بیرون کشد، آنرا در دست نگاه نمیدارد.

٦ - جامه چاک کردن ویژهٔ زنان بوده‌است.

۷ - همی گشت نادرست است، زیرا که تازه باسفندیار رسیده‌اند.

۸ - نیز همی گفت... در این رج! زیرا که یک سخن، یکبار گفته می‌شود.

۹ - **یک**: پیوند درستِ این رج با رج پیشین «که» است. **دو**: شمشیر از بهر «کین» برآهیخت، یا از بهر «دین»؟

۱۰ - اسفندیار چنین نکرد، و رزم او با ارجاسپ بود که بت‌پرست درشمار نمی‌آمد.

۵۵۶ گشتاسپ

بروز جوانی هلاک آمدش   سر تاجور سوی خاک آمدش[1]
پدر را کز او هست گیتی بدرد   پر آزار از او، جانِ آزادمرد[2]
فراوان بر او بگذرد روزگار   که هرگز نبیند بد کارزار»[3]
جوانان گرفتندش اندر کنار   همی خون ستردند زان شهریار[4]
پشوتن بر او بر، همی مویه کرد   رخی پر ز خون و دلی پر ز درد
همی گفت زار «ای یل اسفندیار!   جهانجوی و از تخمهٔ شهریار
که؟ کند این چنین کوه جنگی ز جای!   که؟ افکند شیر ژیان را ز پای!
که کند این پسندیده دندان پیل   که آگند با موج دریای نیل[5]
چه؟ آمد بر این تخمه از چشم بد!   که بر بدکنش بیگمان بد رسد!
کجا؟ شد برزم اندرون ساز تو!   کجا؟ شد ببزم آن خوش آواز تو!
کجا شد دل و هوش و آیین تو   توانایی و اختر و دین تو[6]
چو کردی جهان را ز بدخواه پاک   نیامدْت از پیل و از شیر باک؛
کنون آمدت؟ سودمندی بکار!   که در خاک بیند ترا، روزگار!
که نفرین بر این تاج و این تخت باد   بدین کوشش بیش و این بخت باد[7]
که چو تو سواری دلیر و جوان   سرافراز و دانا و روشنروان[8]
بدینسان شود کشته در کارزار!   بزاری سر آید بر او روزگار؟[9]
که نفرین بر این تاج و این تخت باد   سزد گر نیاری از آن هیچ یاد[10]
چنین گفت پر دانش اسفندیار   که: «ای مرد دانای بهروزگار
مکن خویشتن پیش من بر، تباه   چنین بود، بهر من از؛ تاج و گاه
تن کشته را خاک باشد نهال   تو از کشتن من بدین سان منال[11]
کجا شد فریدون و هوشنگ و جم؟   ز باد آمده، بازگردد به دم[12]
همان پاکزاده نیاکان ما   گزیده سرافراز و پاکان ما[13]

۱ - هلاک آمدنی نیست، شدنی است.

۲ - «گیتی» (= جهان) از کسی «بدرد» نیست... آزادمرد نیز نادرست است: «آزاد مردان».

۳ - از کجا روشن است که چنین می‌شود؟

۴ - کدام جوانان؟ از آغاز بهمن و پشوتن بودند و تا پایان هم اینان خواهند بود.

۵ - سخن سخت نادرخور است که پهلوانی را بدندان کج پیل همانند کنند، آنهم پسندیده! لت دویم نیز بی‌گزارش است.

۶ - دل و هوش و آیین و توانایی و اختر و دین را در کنار هم نام بردن نادرست است. آیین و دین نیز با مرگ کس بپایان نمی‌رسد. همچنین اختر!

۷ - سخن برگرفته از گفتار مادر اسفندیار است پیش‌از جنبش او بسوی سیستان.

۸ - دنبالهٔ گفتار.

۹ - پیدا است که زمانهٔ سوار دلیر در میدان جنگ بسر می‌رسد!

۱۰ - دوباره گویی همان گفتار.

۱۱ - نهال نادرست است. نهالی (= تشک) از کشتن من نیز نادرست است: «از کشته شدن من».

۱۲ - برای چند کس «شدند» باید.

۱۳ - مگر آنان که نام برده شدند، از نیاکان ما نبودند؟

برفتند و ما را سپردند جای   نماند کس اندر سپنجی سرای[1]
فراوان بکوشیدم اندر جهان   چه در آشکارا، چه اندر نهان
که تا رای یزدان بجای آورم   خرد را بدین، رهنمای آورم
چو از من گرفت این سخن روشنی   ز بد، بسته شد راه اهریمنی؛
زمانه بیازید چنگال تیز   نبُد زو، مرا، روزگار گریز
امید من آن است کاندر بهشت   دل افروز من بدرود هرچه کشت[2]
بمردی مرا پور دستان نکشت   نگه کن بدین گز که دارم بمشت[3]
بدین چوب شد روزگارم بسر   ز سیمرغ و از رستم چاره‌گر[4]
فسون‌ها و نیرنگ‌ها زال ساخت   که اورند و بند جهان او شناخت»[5]
چو اسفندیار این سخن یاد کرد   بپیچید و بگریست رستم بدرد[6]
چنین گفت ک:«از دیو ناسازگار   ترا بهره، رنجِ من آمد بکار[7]
چنان است کاو گفت یکسر سخن   ز مردی بکژّی نیفکند بن[8]
که تا من بگیتی کمر بسته‌ام   بسی رزم گردنکشان جسته‌ام[9]
سواری ندیدم چو اسفندیار   زره‌دار با جوشن کارزار[10]
چو بیچاره برگشتم از دست اوی   بدیدم کمان و بر و شست اوی[11]
سوی چاره گشتم ز بیچارگی   بدادم بدو سر به یکبارگی[12]
زمان ورا در کمان ساختم   چو روزش سرآمد بینداختم[13]
گر او را همی روز باز آمدی   مرا کار گز کی فراز آمدی[14]
از این خاک تیره بباید شدن   به پرهیز، یک دم نشاید زدن[15]

---

۱ – دنبالهٔ گفتار.   ۲ – لت دویم بی‌گزارش است.   ۳ – هنوز چوب خونالود، در مشت اسفندیار است!!

۴ – اسفندیار از کجا دانست که سیمرغ رهنمای رستم بوده‌است؟... اگر میدانست، چرا با رستم دم از بند و کارزار زد؟ این سخنان باژگونهٔ گفتار اسفندیار است در رج چهارم پیشین.

۵ – «اورند» درست رویاروی «بند» است... اورند شیوه پادشاهی نیک است در جهان.

۶ – «این سخن» نادرست است: «این سخنان» «چنین سخنان».

۷ – لت دویم بی‌پیوند است... «بکار» نادرخور است: «رنج من، بهرهٔ تو شد».

۸ – لت دویم در این رج نیز: «از مردی سخن کژ بن نیفکند».

۹ – لت دویم ناهموار است: «رزم از بسا گردنکشان جسته‌ام».

۱۰ – دلیری و نیرومندی اسفندیار را شاید گفتن، نه زره و جوشن او را.

۱۱ – در لت نخست «بر» کاربرد ندارد: «چو بیچاره گشتم».

۱۲ – **یک:** بیچارگی در این رج با بیچاره در رج پیشین همخوان نیست. **دو:** لت دویم نیز نادرخور است زیرا که رستم سر باسفندیار نداد.

۱۳ – زمان ساختنی نیست.   ۱۴ – روز باز آمدن نیز نادرخور است: «اگر زمانش بسر نمی‌رسید».

۱۵ – پیوند با سخن پیشین ندارد و سخن، خود را جداگانه می‌نماید.

همان است کز گز بهانه منم ‌ اُز این تیرگی در فسانه منم»[۱]

اندرز کردنِ اسفندیار رستم را

چنین گفت با رستم اسفندیار ‌ که: «اکنون، سرآمد مرا؛ روزگار
تو اکنون مپرهیز و خیز ایدر آی ‌ که ما را دگرگونه تر گشت رای
مگر بشنوی پند و اندرز من ‌ بدانی سرِ مایه و ارز من
بکوشی و آن را بجای آوری ‌ بزرگی بر این رهنمای آوری»[۲]
تهمتن بگفتار او داد گوش ‌ پیاده بیامد برش با خروش
همی ریخت از دیدگان آب گرم ‌ همی کرد مویه، بآوای نرم
چو دستان خبر یافت از رزمگاه ‌ ز ایوان چو باد اندر آمد براه
ز خانه بیامد بدشت نبرد ‌ دو دیده پر از آب و دل پر ز درد[۳]
زواره، فرامرز چون بیهشان ‌ برفتند چندی ز گردنکشان[۴]
خروشی برآمد ز آوردگاه ‌ که تاریک شد روی خورشید و ماه[۵]
برستم چنین گفت زال «ای پسر ‌ ترا بیش گریم بدرد جگر[۶]
که ایدون شنیدم ز دانای چین ‌ ز اخترشناسان ایرانزمین[۷]
که: هرکس که او خون اسفندیار ‌ بریزد سر آید بر او روزگار[۸]
بدین گیتی‌اش شوربختی بود ‌ اُگر بگذرد رنج و سختی بود»[۹]
چنین گفت با رستم اسفندیار ‌ که: «از تو ندیدم بدِ روزگار
زمانه چنین بود و، بود آنچه بود ‌ سخن هرچه گویم، بباید شنود
بهانه تو بودی، پدر بُد زمان* ‌ نه رستم نه سیمرغ و تیر و کمان
مرا گفت: رو سیستان را بسوز ‌ نخواهم کز این پس؛ بُوَد، نیمروز!

۱ – این رج برداشتی از رج ۲۷۷۴۰ است: بهانه تو بودی، پدر بُد زمان /نه رستم نه سیمرغ و تیر و کمان».

۲ – با آغازگرِ «مگر» در رج پیشین، سخن اسفندیار در همان رج بپایان می‌رسد.

۳ – در رج پیشین سخن از آمدن از ایوان رفته‌بود.

۴ – برفتند به زواره (و) فرامرز بازمیگردد؟ یا به چندی ز گردنکشان؟

۵ – خروش روی خورشید را تیره نمی‌کند. و خورشید و ماه نیز با یکدگر در آسمان دیده نمی‌شوند. مگر در شب چهاردهم ماه!

۶ – در چنان هنگامه جای سخن گفتن زال با رستم نیست، و همگان را می‌بایستی بگفتار اسفندیار گوش دادن.

۷ – **یک:** میان دانای چین و اخترشناسان ایران «و» باید. **دو:** دانای چین یگانه است و اخترشناسان گروه...

۸ – اگر چنین شنیده بود، چرا پیش‌ازاین برستم نگفته‌بود؟

۹ – دنبالهٔ سخن.

* – زمان، زمانه: اَجَل.

اندرز اسفندیار به رستم ۵۵۹

بکوشید، تا لشگر و تاج و گنج … بدو ماند و، من بمانم برنج
کنون بهمن این نامور پور من … خردمند و بیدار دستور من
بمِهرش، پدروار°، اندر پذیر … همه هرچه گویم ترا، یاد گیر!
بزاولستان در، ورا شاد دار … سخن‌های بدگوی را باد دار
بیاموزش آرایش کارزار … نشستنگهِ بزم و دشت شکار
می و رامش و زخمِ چوگان و کار … بزرگیّ و برخوردن از روزگار
چنین گفت جاماسپِ گم بوده نام … -که هرگز به گیتی مبیناد کام-
که بهمن ز من یادگاری بُوَد … سرافرازتر شهریاری بُوَد»
تهمتن چو بشنید بر پای خاست … ببر زد بفرمان او دست راست:
«چو تو بگذری، زین سخن نگذرم … سخن هرچه گفتی بجای آورم
نشانمش بر نامور تخت آج … نهم بر سرش بر، دل‌آرای تاج»
ز رستم چو بشنید دانا سَخُن … بدو گفت کای پهلوانِ کهُن[1]
چنان دان که یزدان گوای من است … بر این دینِ به رهنمای من است[2]
کز این نیکوی‌ها که تو کرده‌ای … ز شاهان پیشین که پرورده‌ای[3]
کنون نام نیکت به بد بازگشت … ز من روی گیتی پر آواز گشت[4]
غم آمد روان ترا بهره زین … چنین بود رای جهان‌آفرین»[5]
چنین گفت پس با پشوتن که: «من … نجویم همی زین جهان جز کفن
چو من بگذرم زین سپنجی سرای … تو لشگر بیارای و شو، بازْ جای
چو رفتی به ایران، پدر را بگوی … که: چون کام یابی بهانه مجوی*
زمانه سراسر بکام تو گشت … همه شهرها زیر نام تو گشت[6]
امیدم نه این بود، نزدیک تو … سزا این بُد؟ از جان تاریک تو!
جهان راست کردم بشمشیرِ داد … ببد، کس نیارست کرد از تو یاد[7]

° - بجای واژهٔ پدروار، «بزنهار» درست می‌نماید، چنانکه در داستان فریدون نیز گذشت، و رج ۲۷۷۸۹ نیز می‌آید.

۱ - اسفندیار پهلوان بود نه دانا! نمونه‌های دیگر گویا، گویان که آن نیز نادرخور است.

۲ - رهنمای دین پیامبران‌اند، زیرا که اگر خداوند رهنمای می‌بود، همانا یک دین برای جهانیان بسنده می‌نمود.

۳ - (از) این در لت نخست با از = ز در لت دویم همخوان نیست، و رستم نیز شاهان را نپرورده بود، و تنها سیاوخش را بپرورد.

۴ - هنوز روی گیتی پر آوازه نشده است.

۵ - اگر رای جهان‌آفرین بر این بود، چرا در سخنان پسین گناه را بگشتاسپ می‌گرداند؟

* - نمونهٔ دیگر «کام دیدی» که هردو نمونه نارسا است. شاهنامه بنداری: «قد ادرکت وطرک»: «همانا رسیدی بآرزویت» و بر این بنیاد سخن فردوسی چنین می‌نماید: «**رسیدی بکامت بهانه مجوی**».

۶ - **یک**: دوباره سخن از کام می‌رود. **دو**: لت دویم نادرست است. مهر پادشاهی یکی است و آن نیز برنگین شاه است.

۷ - **یک**: شمشیر داد چگونه شمشیری است؟ **دو**: لت دویم روشن میکند که آن شمشیر تنها بدخواهان گشتاسپ را می‌کشته است!

۵۶۰ گشتاسپ

به ایران چو دینِ بهی راست شد — بزرگیّ و شاهی مرا، خواست شد[1]
به پیش سران، پندها دادیم — نهانی، بکشتن فرستادیم
کنون زین سخن یافتی کامِ دل — بیارای و بنشین بآرامِ دل[2]
چو ایمن شدی مرگ را دور کن — به ایوان شاهی یکی سور کن[3]
ترا تخت و، سختی و کوشش مرا — ترا تاج، تابوت و پوشش مرا[4]
چه گفت آن جهاندیده دهقان پیر — که نگریزد از مرگ پیکان تیر[5]
مشو ایمن از گنج و تاج و سپاه — روانم ترا چشم دارد براه
چو آیی، بهم، پیش داور شویم — بگوییم و گفتار او بشنویم[6]
چو زو بازگردی، بمادر بگوی — که: سیر آمد از رزم، پرخاشجوی
که با تیر او گبر چون باد بود — گذر کرده بر کوه پولاد بود[7]
پسِ من تو زود آیی ای مهربان — تو از من مرنج و، مرنجان روان
برهنه مکن روی بر انجمن — مبین نیز چهر من اندر کفن
ز دیدار، زاری بیفزایدت — کس از بخردان نیز، نستایدت
همان خواهران را و جفت مرا — که جویا بدندی نهفت مرا[8]
بگویی بدان پرهنر بخردان — که پدرود باشید تا جاودان[9]
ز تاج پدر بر سرم بد رسید — در گنج را جان من شد کلید[10]
فرستادم اینک به نزدیک او — که شرم آورد جان تاریک او»[11]
بگفت این و برزد یکی تیز دم — که بر من ز گشتاسپ آمد ستم
هم آنگه برفت از تنش جان پاک — تنِ خسته، افکنده بر تیره خاک
تهمتن به نزد پشوتن رسید — همه جامه بر تن سراسر درید[12]
بر او جامه رستم همه پاره کرد — سرش پر ز خاک و دلش پر ز درد
همی گفت زار «ای یل اسفندیار — جهانجوی و از تخمهٔ شهریار[13]

---

۱ -گسترش دین بهی با شمشیر و جنگ؟ به پیشگفتار بنگرید.
۲ - **یک:** برای بارِ سیوم سخن از کام میرود. **دو:** چه چیز را بیاراید؟
۳ - مرگ را دور کن، نادرست است، زیرا که هیچکس را توان دور کردن مرگ از خود نیست.
۴ - با مرگ اسفندیار همهٔ سختی‌ها بپایان میرسد.
۵ - این سخنان میان رج‌های ۲۷۷۶۵ و ۲۷۷۷۰ جدایی افکنده‌است.
۶ -گفتار خداوند را شنیدن نادرخور است.
۷ -گبر را به باد نمی‌توان مانند کردن، به جامه و پنبه شاید! لت دویم گزافه و سست.
۸ - جفت را شاید جویای نهفت باشد، اما خواهران را نشاید.
۹ - «بدان» در این رج با «خواهران» و «جفت» در رج پیشین همخوان نیست.
۱۰ - در گنج را «او» باید: «در گنج او را».
۱۱ - دنبالهٔ گفتار.
۱۲ - تهمتن پیشتر بنزد اسفندیار آمده‌بود و پشوتن نیز کنار اسفندیار بود.
۱۳ - «همی گفت» نادرخور است.

اندرز اسفندیار به رستم

بخوبی شده در جهان نام من ... ز گشتاسپ بد شد سرانجام من،[1]
چو بسیار بگریست با کشته گفت ... که «ای در جهان شاهِ بی‌یار و جفت[2]
روان تو بادا میان بهشت ... بداندیش تو بدرَوَد هرچه کشت،[3]
زواره بدو گفت کـ:«ای نامدار ... نبایست پذرفت، زو زینهار!
ز دهقان تو نشنیدی؟ آن داستان ... که یاد آرد از گفتهٔ باستان
که: گر پروری بچّهٔ نره شیر ... شود تیزدندان و گردد دلیر
چو گردد بنیرو و جوید شکار؛ ... نخست اندر آید به پروردگار!
دو پهلو برآشفته از خشم بد ... نخستین ازان، بد به زاول رسد[4]
چو شد کشته شاهی چو اسفندیار ... ببینند ازین پس بد روزگار[5]
ز بهمن رسد بد به زاولستان ... بپیچند پیران کاولستان[6]
نگه کن که چون او شود تاجدار ... به پیش آورد کین اسفندیار،[7]
بدو گفت رستم که: «با آسمان ... نتابد بداندیش و نیکی گمان
من آن برگزیدم که چشمِ خرد ... بدان بنگرد، نام بار آورد
گر او بد کند، پیچد از روزگار ... تو چشم بلا را بتندی مخار»

*

یکی نغز تابوت کرد آهنین ... بگسترد فرشی ز دیبای چین
بیندود یک روی آهن بقیر ... پراکند بر قیر، مشک و ابیر
ز دیبای زربفت کردش کفن ... خروشان بر او نامدار انجمن[8]
ازآن پس بپوشید روشن برش ... ز پیروزه بر سر نهاد افسرش
سر تنگ تابوت کردند سخت ... شد آن بارور خسروانی درخت
چل اشتر بیاورد رستم گزین ... ز بالا فروهشته دیبای چین[9]
دو اشتر بدی زیر تابوت شاه ... چپ و راست، پیش و پس اندر سپاه[10]
همه خسته روی و همه کنده موی ... زبان شاه‌گوی و روان شاه‌جوی
بریده بش و دمِ اسپ سیاه ... پشوتن همی برد پیش سپاه

1 – «بخوبی شده» را کمبود است. 2 – «بسیار بگریست»... نیز. 3 – «روانت بهشتی باد».
4 – خشم خود بدو نکوهیده است، و افزودن «بد» بدان چنین می‌نماید که «خشمِ نیک» نیز در جهان هست!
5 – چه کسان بینند؟ 6 – دو رج پیشتر همین سخن آمد. 7 – سخنِ چند پاره.
8 – پوشش او در رج آینده آمده‌است.
9 – یک: چل اشتر نادرست است و چنین شمار بر زبان و خامهٔ فردوسی نمیگذرد. اگر دیبای چین را ارزش چنان باشد که چل اشتران را با آن بدوزند، چگونه پیکر اسفندیار را نیز با آن پوشیدند؟
10 – بُدی = بودی برای دو اشتر کاربرد ندارد. لت دویم نیز بدآهنگ است.

بر او برنهاده نگونسار زین — ز زین اندر آویخته گرز کین
همان نامور خود و خفتان اوی — همان جوشن و مغفر جنگجوی[1]
سپه رفت و بهمن به زابل بماند — بمژگان همی خون دل برفشاند
تهمتن ببردش بایوان خویش — همی پرورانید چون جان خویش

*

بگشتاسپ آگاهی آمد ز راه — نگون شد سر نامبردار شاه
همی جامه را چاک زد بر برش — بخاک اندر آمد سرِ افسرش
خروشی برآمد ز ایوان بزار — جهان شد پر از نام اسفندیار
بایران، ز هر سو که رفت آگهی — بینداخت؛ هر کس، کلاه مهی
همی گفت گشتاسپ که:«ای پاک‌دین — که چون تو نبیند زمان و زمین[2]
پس از روزگار منوچهر باز — نیامد چو تو نیز گردنفراز[3]
بیالود تیغ و بپالود کیش — مهان را همی داشت بر جای خویش»[4]
بزرگان ایران گرفتند خشم — ز آزرم گشتاسپ شستند چشم[5]
بآواز گفتند که:«ای شوربخت — چو اسفندیاری تو از بهر تخت[6]
بزاول فرستی به کشتن دهی — تو بر گاه تاج مهی برنهی[7]
سرت را ز تاج کیان شرم باد — به رفتن پی اخترت نرم باد»[8]
برفتند یکسر ز ایوان او — پر از خاک شد کاخ و دیوان او[9]
چو آگاه شد مادر و خواهران — ز ایوان برفتند با دختران[10]
برهنه سر و پای پر گرد و خاک — به تن بر همه جامه کردند چاک
پشوتن همی رفت گریان به راه — پس پشت تابوت و اسپ سیاه[11]
زنان از پشوتن درآویختند — همی خون ز مژگان فروریختند[12]
کزین تنگ تابوت، سر برگشای — تن خسته یکبار ما را نمای»[13]

۱ - «خود» را نامور نشاید بودن. ۲ - همی گفت برای یک سخن نادرست است.
۳ - پس رستم و زال و سام چه بوده‌اند؟
۴ - کیش زرتشت را که همرای با جنگ و خونریزی نبود، با تیغ آلوده، نشایستی پالوده کردن!!
۵ - خشم گرفتن نیست «راندنی» است. ۶ - چو اسفندیاری را «را» باید.
۷ - بزاول فرستی نادرست است: «بزاول فرستادی تا او را...»
۸ - باژگونه‌اش درست می‌نماید. تاج کیان از اینکه بر سر تو باشد شرم دارد. لت دویم نیز بی‌گزارش است.
۹ - کاخ را شاید پر خاک شدن، اما دیوان را نشاید.
۱۰ - مادر و خواهران را «آگاه شدند» باید و «دختران» در پایان لت دویم تنها برای پساوا آمده‌است، وگرنه خواهران همان دختران‌اند.
۱۱ - پشوتن می‌آمد، و نمی‌رفت. ۱۲ - از پشوتن نادرست است: «بر پشوتن آویختند».
۱۳ - پشوتن در میان راه چگونه سر تابوت را برگشاید؟

بردن تابوت اسفندیار بنزد گشتاسپ ۵۶۳

بآهنگران گفت سوهان تیز ... بیارید کآمد گهِ رستخیز[1]
سر تنگ تابوت را باز کرد ... بنوّی یکی مویه آغاز کرد[2]
چو مادرش با خواهران روی شاه ... پر از مشک دیدند و ریش سیاه[3]
برفتند یکسر ز بالین شاه ... خروشان به نزدیک اسپ سیاه[4]
پسودند پر مهر یال و برش ... کتایون همی ریخت خاک از برش[5]
کز او شاه را روز برگشته بود ... به آورد بر پشت او کشته بود[6]
کز این پس که را برد خواهی به جنگ ... که را داد خواهی به چنگ نهنگ[7]
به یالش همی اندر آویختند ... همی خاک بر تارکش ریختند[8]
بابر اندرآمد خروش سپاه ... پشوتن بیامد بایوان شاه
خروشید و دیدش، نبردش نماز ... بیامد به نزدیک تختش فراز
بآواز گفت: «ای سر سرکشان ... ز برگشتن بختت آمد نشان
از این، با تن خویش بد کرده‌ای ... دَم از شهر ایران برآورده‌ای
ز تو دور شد فرّه و بخردی ... بیابی تو پادافرهٔ ایزدی
شکسته شد این نامور پشت تو ... وز این پس بود باد در مشت تو[9]
پسر را به خون دادی از بهر تخت ... که مه تاج بیناد چشمت مه بخت[10]
جهانی پر از دشمن و پر بدان ... نماند بتو تاج تا جاودان[11]
بدین گیتی‌ات در، نکوهش بود ... بروزِ شمارت پژوهش بود»[12]
بگفت این و رخ سوی جاماسپ کرد ... که «ای شوم بدکیش و بدزاد مرد[13]
ز گیتی ندانی سخن جز دروغ ... به کژی گرفتی ز هر کس فروغ[14]
میان کیان دشمنی افکنی ... همی این بدان آن بدین بر زنی[15]
ندانی همی جز بد آموختن ... گسستن ز نیکی بدی توختن[16]
یکی کِشت کردی تو اندر جهان ... که کس ندرود آشکار و نهان[17]
بزرگی بگفتار تو کشته شد ... که روز بزرگان همه گشته شد[18]

---

۱ - اما چنین کار را بکرد. ۲ - دنبالهٔ گفتار. ۳ - پیوسته برج پسین.
۴ - ببالین شاه رفتند یا بنزدیک اسپ سیاه؟... افزاینده فراموش کرده‌است که.تابوت اسفندیار را بر دو اشتر نهاده‌بود!
۵ - پر مهر، یا با آه و ناله؟ ۶ - سخن را هیچ گزارش و پیوند نیست. ۷ - روی سخن با کیست؟
۸ - مگر اسفندیار ایستاده‌بود که بیالش در آویزند؟ ۹ - پشت، نامور نمی‌شود!
۱۰ - پسر را به خون دادی نادرست است: «بکشتن دادی». ۱۱ - جهان را اسفندیار از دشمنان پاک کرده‌بود.
۱۲ - دنبالهٔ گفتار. ۱۳ - بدزاد نیز در زبان فارسی پیشینه ندارد.
۱۴ - چرا دروغ؟ پیش‌بینی‌های وی همه براست گردیده‌بود. ۱۵ - چنین نکرده‌بود.
۱۶ - از نیکی نیز نشاید بدی توختن. ۱۷ - کِشت «کردنی» نیست. لت دویم نیز بی‌پیوند است.
۱۸ - کُشته را باگَشته پساوا نیست.

تو آموختی شاه را راه کژ / ایا پیر بیراه و کوتاه کژ[1]
تو گفتی که هوش یل اسفندیار / بود بر کف رستم نامدار،[2]
بگفت این و گویا زبان برگشاد / همه پند و اندرز او کرد یاد[3]
هم اندرز بهمن برستم بگفت / برآورد رازی که بود از نهفت[4]
چو بشنید اندرز او شهریار / پشیمان شد از کار اسفندیار[5]
پشوتن بگفت آنچه بودش نهان / به آواز با شهریار جهان[6]
چو پرداخته گشت از بزرگان سرای / برفتند؛ به‌آفرید و همای
به پیش پدر بر، بخستند روی / ز درد برادر بکندند موی
بگشتاسپ گفتند ک:«ای نامدار / نیندیشی؟ از کار اسفندیار
کجا، شد؛ نخستین، بکینِ زریر / همی گور بستد ز چنگال شیر
ز دشمن همی کین او بازخواست / بدو شد همه پادشاهیت راست
به گفتار بدگوی کردیش بند / به غلّ گران و عمود و به بند*
چو او بسته آمد نیا کشته شد / سپه را همه روز برگشته شد[7]
چو ارجاسپ آمد ز خلّخ به بلخ / همه زندگانی شد از رنج تلخ
چو ما را که پوشیده داریم روی / برهنه بیاورد ز ایوان به کوی[8]
چو نوش‌آذر زردهشتی بکشت / گرفت آن زمان پادشاهی به مشت[9]
تو فرزند دیدی بمردی چه؟ کرد / برآورد از ایشان دم و دود و گرد
ز رویین‌دژ آورد ما را برت / نگهبان کشور بُد و افسرت[10]
از ایدر بزابل فرستادیش! / بسی پند و اندرزها دادیش!
که تا از پی تاج، بیجان شود؟ / جهانی بر او زار و پیچان شود!
نه سیمرغ کشتش نه رستم نه زال / تو کشتی مر او را، چو کشتی منال

---

۱ – **یک:** جاماسپ را چنین آموزش نبود. **دو:** کوتاه کژ نیز در لت دویم تنها ازبرای پساوا است.

۲ – دنبالهٔ گفتار که تنها سخن راست افزایندگان است.

۳ – گویا زبان را پیشتر برگشوده بود که چندان سخن زشت و نابکار گفت!

۴ – اندرز بهمن نادرست است: «اندرز اسفندیار دربارهٔ بهمن».

۵ – پشیمانی، پیشتر روی نموده‌بود که جامه بر تن خویش چاک کرد.

۶ – سخن بی‌پیوند و سست و دوباره‌گویی است.

* – در بیشتر نمونه‌ها «به غل گران و عمود و کمند» آمده‌است، و روشن است که با گرز و کمند کسی را در زندان نمی‌بندند. ق ۲؛ بجای «بگرز»، «بمسمار» آمده‌است، بی‌پساوا، و باز روشن است که نمیتوان آنرا «بمسمار و کمند» خواندن، زیراکه آهنگ سخن برهم می‌خورد. بدینروی سخن چنین آراسته می‌شود: «**به غلّ گران و بمسمار و بند**».

۷ – بسته «آمدنی» نیست، «شدنی» است.

۸ – «چو» در این رج با «چو» در آغاز رج همخوان نیست.

۹ – نیز با «چو» در این رج... پادشاهی را نیز بمشت نمیگیرند که بدست می‌گیرند.

۱۰ – بازگشت به رهاندن خواهران از داستان افزودهٔ هفتخوان اسفندیار.

ترا؛ شرم بادا، ز ریش سپید که فرزند کشتی، ز بهر امید
جهاندار پیش از تو بسیار بود که تخت مهی را سزاوار بود[1]
بکشتن ندادند فرزند را نه از دودهٔ خویش، پیوند را»[2]
چنین گفت پس با پشوتن که «خیز بر این آتش‌تیز بر، آب ریز»[3]
بیامد پشوتن ز ایوان شاه زنان را بیاورد زان جایگاه[4]
پشوتن چنین گفت با مادرش که «چندین بتنگی چه کوبی درش[5]
که او شاد خفته‌ست و روشنروان چو سیر آمد از مرز و از مرزبان»[6]
بپذرفت مادر ز دیندار پند به دادِ خداوند کرد او بسند[7]
ازانپس به هر سال و هر برزنی بایران خروشی بُد و شیونی[8]
ز تیر گز و بند دستان زال همی مویه کردند بسیار سال[9]

نامهٔ رستم زال
به نزدیک
گشتاسپ

همی بود بهمن بزاولستان به نخچیر، گر، با می و گلستان
سواریْ و می خوردن و بارگاه بیاموخت رستم بدان پور شاه[10]
بهر چیز، پیش از پسر داشتش شب و روز خندان ببر داشتش[11]
چو گفتار و کردار پیوسته شد درِ کین بگشتاسپ بر، بسته شد
یکی نامه بنوشت رستم به‌درد همه کار فرزند او یاد کرد
سر نامه کرد آفرین از نخست بر آنکس که کینه نه بودش نه جست*

۱ - سخن از شاهنامه برگرفته شده است از داستان ضحاک.
۲ - پیوند میان لت دویم و لت نخست سست است.
۳ - روشن نیست که این سخن را گشتاسب گفته‌است زیرا که دنبالهٔ گفتار دختران است.
۴ - بیاورد نادرست است: «ببرد».
۵ - «کوبیدن در» با تنگی همراه نمی‌شود.
۶ - در رج پیش سخن از درِ گشتاسپ بود و در این رج روی باسفندیار دارد.
۷ - «دیندار» را هیچ روی گفتن نیست زیرا پشوتن نیز یک پسر او بشمار می‌رفت... «او» در پایان سخن نیز ناسزاوار است.
۸ - هر سال (و) هر برزن نادرست است: بهر سال (در) همهٔ برزن‌ها.
۹ - اسفندیار خود گفته‌بود «که این بد ز گشتاسپ آمد بمن» پس چرا بایستی خروش و شیون از تیر گز بوده باشد؟
۱۰ - می‌خوردن و بارگاه چگونه می خوردنی باشد؟ در لت دویم سخن برستم بازگردد، باز آنکه در رج پیش، روی به بهمن داشت.
۱۱ - دنبالهٔ گفتار.
* - لت دویم در نمونه‌های گوناگون است:

←

۵۶۶ گشتاسپ

دگر گفت، یزدان گوای من است! پشوتن، بدین، رهنمای من است
که من چند گفتم باسفندیار مگر کم کند کینه و کارزار
سپردم بدو کشور و گنج خویش گزیدم ز هر گونه‌ای رنج خویش
زمانش چنین بود، نگشاد چهر مرا دل؛ پر از درد و سر؛ پر ز مهر
بدینگونه بُد گردش آسمان بسنده نباشد کسی با زمان[1]
کنون این جهانجوی نزد من است که فرّخ‌تر از اورمزد من است[○]
هنرهای شاهانش آموختم از اندرز، فامِ خرد توختم
چو پیمان کند شاهِ پوزش‌پذیر کز این پس نیندیشد از کارِ تیر
نهان من و جان من پیش اوست اگر گنج و تاج است و، گر مغز و پوست
چو آن نامه شد نزد شاه جهان پراکنده شد در میان مهان؛
پشوتن بیامد گواهی بداد سخن‌های رستم همه کرد یاد
همان زاری و پند و اروند او سخن گفتن از مرز و پیوند او[2]
ازآن نامور، شاه خشنود گشت گزارنده را آمدن سود گشت[3]
ز رستم دل نامور گشت خوش نزد بیش، بر دل ز تیمار تش[4]
هم اندر زمان نامه پاسخ نوشت به باغ بزرگی درختی بکشت[5]
چنین گفت ک: «از دور چرخ بلند چو خواهد رسیدن کسی از گزند[6]
بپرهیز چون باز دارد کسی اُگر سوی دانش گراید بسی[7]
پشوتن بگفت آنچه درخواستی دل من بخوبی بیاراستی[8]
ز گردون گردان که یارد گذشت خردمند گرد گذشته نگشت[9]
تو آنی که بودیّ و زان بهتری بهند و به قنّوج بر، مهتری[10]

← خالقی مطلق: بر آنکس که کینه نه بودش، نه جست، ل (نیز و، آ) نحست (حرفهای یکم و دوم نقطه ندارد)؛ س: نجست (حرف یکم نقطه ندارد) ق (نیز ل ۳): نجست؛ ک: نخست؛ ل ۲ (نیز لی، ب): نحست (حرف دوم نقطه ندارد)؛ (لن، لن ۲: که بود از نخستین گزین) که از نخستین گزین برای لت نخست که در نمونه‌ها «از نخست آفرین» آمده است. (خالقی مطلق ۴۳۳-۵) مسکو «که کینه نبودش بخست» سپاهان: نبودش نخست. شاهنامه چاپ امیرکبیر بر آنکس که کینه بپوزش نشست.

از برابر نهادن همهٔ نمونه‌ها چنین برمی‌آید که سخن فردوسی چنین بوده‌است: «**بر آنکس که کینه بپوزش بشست**»: «... آفرین بگشتاسپ شاه، که کینهٔ کشته شدن اسفندیار را با پوزش من از دل می‌شوید!»

۱ - لت دویم سست است، زیرا که هیچکس را با زمان نبرد نیست تا بسنده باشد یا نباشد.

○ - در ایران باستان هر روز را نامی بوده‌است، و روز نخست ماه را اورمزد (اهورامزدا) می‌خواندند، و چون روز نخست ماه بویژه در فروردینماه فرخنده‌تر از همهٔ روزها درشمار بود، رستم چنین میگوید.

۲ - گفتار گواهی در رج پیشین بپایان رسید.

۳ - لت دویم راگزارش نیست.

۴ - سخن دوباره.

۵ - لت دویم بی‌پیوند است.

۶ - آیین نامه‌نگاری نیست که گشتاسپ داغدیده به رستم دلداری دهد.

۷ - همچنین.

۸ - رستم چیزی از گشتاسپ درخواست نکرده‌بود، و تنها گفته‌بود «پشوتن، بدین، رهنمای منست».

۹ - دوباره گویی رج چهارم پیشین.

۱۰ - سخن بی‌بنیاد است که اگر آنست که بود، چگونه بهتر از آن می‌شود؟

نامه رستم به گشتاسپ ۵۶۷

ز بیشی هر آنچه‌ت بباید بخواه ‌ ‌ ‌ ز تخت و ز مهر و ز تیغ و کلاه[1]
فرستاده پاسخ بیاورد زود ‌ ‌ ‌ بدان سان که رستمش فرموده بود[2]
چنین تا برآمد بر این گاه چند ‌ ‌ ‌ ببد شاهزاده به بالا بلند[3]
خردمند و با دانش و دستگاه ‌ ‌ ‌ بشاهی برافراخت فرخ کلاه[4]
بدانست جاماسپ کز نیک و بد ‌ ‌ ‌ که آن پادشاهی به بهمن رسد[5]
به گشتاسپ گفت «ای پسندیده شاه ‌ ‌ ‌ ترا کرد باید به بهمن نگاه[6]
ز دانش پدر هرچه جست اندر اوی ‌ ‌ ‌ بجای آمد و گشت با آب روی[7]
به بیگانه شهری فراوان بماند ‌ ‌ ‌ کسی نامهٔ تو بر او برنخواند[8]
به بهمن یکی نامه باید نوشت ‌ ‌ ‌ بسان درختی بباغ بهشت
که داری؟ بگیتی جز او یادگار! ‌ ‌ ‌ گسارندهٔ درد اسفندیار!»

*

خوش آمد سخن، شاه گشتاسپ را ‌ ‌ ‌ بفرمود فرخنده جاماسپ را
که بنویس یک نامه نزدیک اوی ‌ ‌ ‌ یکی سوی گردنکشِ جنگجوی
که: «یزدان سپاس ای جهان پهلوان ‌ ‌ ‌ که ما از تو شادیم و روشنروان
نبیره که از جان گرامی‌تر است ‌ ‌ ‌ بدانش ز جاماسپ نامی‌تر است
به بخت تو آموخت فرهنگ و رای ‌ ‌ ‌ سزد گر فرستی کنون، باز جای
یکی سوی بهمن که: اندر زمان ‌ ‌ ‌ چو نامه بخوانی بزابل ممان[9]
که ما را بدیدارت آمد نیاز ‌ ‌ ‌ برآرای کار و درنگی مساز
برستم چو برخواند، نامه، دبیر ‌ ‌ ‌ بدان، شاد شد، مرد دانش‌پذیر
ز چیزی که بودش بگنج اندرون ‌ ‌ ‌ ز خفتان و از خنجر آبگون
ز برگستوان و ز تیر و کمان ‌ ‌ ‌ ز کوپال و از خنجر هندوان
ز کافور و از مشک و از اود تر ‌ ‌ ‌ هم از انبر و گوهر و سیم و زر
ز بالا و از جامهٔ نابرید ‌ ‌ ‌ پرستار و ز کودک نارسید[10]
کمرهای زرّین و زرّین ستام ‌ ‌ ‌ ز یاقوت با زنگ زرّین دو جام[11]

---

۱ - رستم هیچ نخواسته‌بود. ۲ - لت دویم پریشان است.
۳ - گاه چند آمیزه‌ای نادرست است. در لت دویم نیز سخن نادرست است، زیرا که پیش‌ازاین از بزرگ شدن بهمن و آموزش‌های رستم سخن رفته‌بود. ۴ - بهمن پادشاه نشده‌بود. ۵ - «که از نیک و بد» راگزارش نیست.
۶ - دنبالهٔ گفتار. ۷ - هنوز بهمن از زابلستان به پایتخت نیامده، چگونه از وی دانش جست؟!
۸ - سخن سخت سست است: بشهر بیگانه... و سیستان بیگانه نبود که ازآنِ ایران بود.
۹ - از نامهٔ بهمن پیشتر، یاد شده‌است.
۱۰ - از بالا (= باره، اسب) همراه با جامهٔ نابریده نشاید نام بردن... و کودک نارسیده بچه کار می‌آید که همراه بهمن کنند؟
۱۱ - لت دویم سخت سست است.

همه پاک، رستم به بهمن سپرد   برنده، بگنجور او بر، شمرد
تهمتن بیامد دو منزل براه   پس او را فرستاد نزدیک شاه
چو گشتاسپ روی نبیره بدید   شد از آب دیده رخش ناپدید
بدو گفت: «اسفندیاری تو بس!   نمانی بگیتی جز او را بکس!»
ورا یافت روشندل و یادگیر   ازان پس همی خواندش اردشیر[1]
گوی بود با زور و گیرنده دست   خردمند و دانا و یزدان‌پرست[2]
چو بر پای بودی سرانگشت اوی   ز زانو فزون‌تر بدی مشت اوی[3]
همی آزمودش به یک چند گاه   به بزم و به رزم و به نخچیرگاه[4]
بمیدان چوگان و بزم و شکار   گوی بود مانند اسفندیار[5]
از او هیچ گشتاسپ نشکیفتی   به می خوردن اندرش بفریفتی[6]

*

همی * گفت که:«اینم جهاندار داد   غمین بودم، از بهرِ تیمار، داد
بماناد تا جاودان بهمنم   چو گم شد سرافراز رویین تنم»[7]
سرآمد همه کار اسفندیار   که جاوید بادا سر شهریار[8]
همیشه دل از رنج پرداخته   زمانه به فرمان او ساخته
دلش باد شادان و تاجش بلند   به گردن بدآندیش او را کمند

داستان رستم و شغاد

یکی پیر بُد نامش آزادسرو   که با احمد سهل بودی به مَرو

---

۱ - یافت در لت نخست نادرست است: «دریافت» و بهمن تا پایان زمان خود که شاهی را به همای دختر خویش داد، بهمن خوانده می‌شد، و هیچگاه از وی با نام اردشیر یاد نشده است.
۲ - گیرنده دست را همراه با زور نشاید آوردن، و با زور در گفتار فردوسی همواره بگونهٔ «نیرومند» آمده‌است.
۳ - سر انگشت او پایین‌تر از زانو بود، یا مشت او؟
۴ - پیشتر ورا روشندل و یادگیر (یافته‌بود!)
۵ - و پیشتر در گفتار درست فردوسی چنین آمده‌بود: بدو گفت: اسفندیاری تو، بس! نمانی بگیتی جز او را، بکس!
۶ - فریفتن فرزند ازسوی نیا چه درخور گفتار است؟
* - «چنین گفت» درست می‌نماید.
۷ - دوباره گویی رج پیشین است با سخنی سست.
۸ - ستایش محمود بهنگام یادکرد از غم اسفندیار! ازسوی افزایندگان...

زادن شغاد

دلی پُر ز دانش سری پر سخن *** زبان پر ز گفتارهای کهن[1]

کجا، نامهٔ خسروان داشتی *** تن و پیکری پهلوان داشتی

بسام نریمان کشیدی نژاد *** بسی داشتی رزم رستم بیاد

بگویم کنون آنچ ازو یافتم *** سخن را یک اندر دگر بافتم

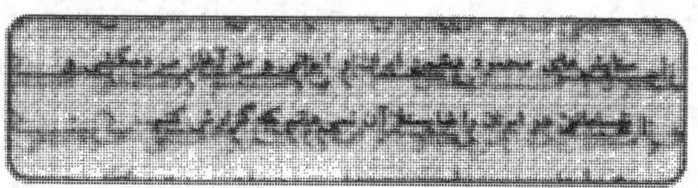

اگر مانم اندر سپنجی سرای *** روان و خرد باشدم رهنمای

سر آرم من این نامهٔ باستان *** به گیتی بمانم یکی داستان

به نام جهاندار محمود شاه *** ابوالقاسم آن فرّ دیهیم و گاه

خداوند ایران و نیران و هند *** ز فرش جهان شد چو رومی پرند

به بخشش همی گنج بپراکند *** به دانایی از گنج نام آکند

بزرگ است و چون سالیان بگذرد *** از او گوید آن کس که دارد خرد

ز رزم و ز بزم و ز بخش و شکار *** ز دادش جهان شد چو خرّم بهار

خنک آنکه بیند کلاه ورا *** همان بارگاه و سپاه ورا

دو گوش و دو پای من آهو گرفت *** تهیدستی و سال نیرو گرفت

ببستم بر این گونه بدخواه بخت *** بنالم ز بخت بد و سال سخت

شب و روز خوانم همی آفرین *** بران دادگر شهریار زمین

همه شهر با من بدین یاورند *** جز آن کس که بددین و بدگوهرند

که تا او به تخت کیی برنشست *** درِ کین و دستِ بدی را ببست

بپیچاند آن را که بیشی کند *** اُگر چند بیشی ز پیشی کند

ببخشاید آن را که دارد خرد *** ز اندازهٔ روز برنگذرد

از او یادگاری کنم در جهان *** که تا هست مردم نگردد نهان

بدین نامهٔ شهریاران پیش *** بزرگان و جنگی سواران پیش

همه رزم و بزم است و رای و سخن *** گذشته بسی روزگار کهن

همان دانش و دین و پرهیز و رای *** همان رهنمونی به دیگر سرای

ز چیزی کز ایشان پسند آیدش *** همین روز را سودمند آیدش

کزان برتران یادگارش بود *** همان مونس روزگارش بود

1 - این رج میان رج‌های پیشین و پسین جدایی می‌افکند.

۵۷۰ رستم و شغاد

همی چشم دارم به دیگر سرای / که آمرزش آید مرا از خدای
که از من پس از مرگ ماند نشان / ز گنج شهنشاه گردنکشان
کنون بازگردم به گفتار سرو / فروزندهٔ سهل ماهان به مرو

*

چنین گفت آن پیرِ دانش پژوه / هنرمند و گوینده و باشکوه
که در پرده بُد زال را بنده‌ای / نوازندهٔ رود و گوینده‌ای
کنیزک؛ پسر زاد روزی، یکی / که از ماه؛ پیدا نبود اندکی *
بـبالا و دیدارِ سام سوار / از او شاد شد، دودهٔ نامدار
ستاره‌شناسان و گنداوران / ز کشمیر و کابل گزیده‌سران
ز آتش پرست و ز یزدان‌پرست / برفتند و با زیج رومی به دست [1]
گرفتند یکسر شمار سپهر / که دارد؟ بران کودک خرد، مهر! [2]
ستاره شمر کان شگفتی بدید / همی این بدان آن بدین بنگرید [3]
بگفتند با زالِ سامِ سوار / که: «ای از بلند اختران یادگار
گرفتیم و جستیم راز سپهر / ندارد بدین کودک خرد، مهر
چو این خوبچهره بمردی رسد / بگاه دلیری و گردی رسد [4]
کند تخمهٔ سام نیرم تباه / شکست اندر آرد بدین دستگاه
همه سیستان زو شود پر خروش / همان، شهر ایران؛ برآید بجوش
شود تلخ از او، روز؛ بر هر کسی / أزانپس بگیتی نماند بسی»
غمین گشت ازآن کار، دستان سام / ز دادار گیتی همی برد نام
بیزدان چنین گفت که:«ای رهنمای / تو داری سپهر روان را بپای؛
بهَر کار، پشت و پناهم تویی / نمایندهٔ رای و راهم تویی
سپهر آفریدی و اختر همان / همه نیکوی باد ما را گمان [5]
بجز کام و آرام و خوبی مباد» / ورا نام کرد آن سپهبد، شغاد
همی داشت مادر، چو شد؛ سیر شیر / دلارام و گوینده و یادگیر [6]
بدانگه که کودک برافراخت یال / برِ شاه کابل فرستادش زال

* - پیکر او همانند ماه بود (در گفتار امروزیان: هیچ فرقی با ماه نداشت)

۱ - سخن لت نخست نادرخور است و کشور روم هنوز در آنزمان در جهان پدیدار نشده‌بود.

۲ - دوباره گویی رج سیوم پسین است.

۳ - پیشتر سخن از ستاره‌شناسان بود، نه ستاره‌شمر، و کدام شگفتی؟ که پیش‌ازاین از آن یاد نشده‌بود؟

۴ - مَردی را باگُردی پساوا نیست.

۵ - سخن سست است و میان رج‌های پیشین و پسین جدایی می‌افکند.

۶ - **یک:** لت نخست را پیوند بایسته نیست. **دو:** کودک تازه از شیر گرفته، دلارام و گوینده نمی‌شود.

جوان شد به بالای سرو بلند　　سواری دلاور به گرز و کمند
سپهدار کابل بدو بنگرید　　همی تاج و تخت کیی را سزید
بگیتی بدیدار او بود شاد　　بدو داد دختر ز بهر نژاد
ز گنج بزرگ آنچه بُد درخوَرش　　فرستاد با نامور دختَرش
همی داشتش چون یکی تازه سیب　　کز اختر نبودی بر او بر نهیب[1]
بزرگان ایران و هندوستان　　ز رستم زدندی همی داستان[2]
چنان بُد که هر سال یک چرم گاو　　ز کابل همی خواستی باژ و ساو[3]

*

در اندیشهٔ مهتر کابلی　　چنان بُد، کز او؛ رستم زابلی
نگیرد ز کارِ درم، نیز؛ یاد　　ازانپس که داماد او شد شغاد
چو هنگام باژ آمد، آن بستدند　　همه کابلستان بهم برزدند
دژم شد ز کار برادر، شغاد　　نکرد آن سخن، پیش کس نیز؛ یاد
چنین گفت با شاه کابل، نهان　　که: «من سیر گشتم ز کارِ جهان
برادر، که او را ز من شرم نیست؛　　مرا سوی او، راهِ آزرم نیست
چه مهتر برادر، چه بیگانه‌ای　　چه فرزانه مردی چه دیوانه‌ای[4]
بسازیم و او را بدام آوریم　　بگیتی؛ بدین کار، نام آوریم»
بگفتند و هر دو برابر شدند　　بـاندیشه از ماه برتر شدند[5]
نگر تا چه گفته است مرد خرد　　که: «هر کس که بد کرد کیفر برد»[6]
شبی تا برآمد ز کوه آفتاب　　دو تن را سر، اندر نیامد بخواب
که: «ما نام او، از جهان کَم کنیم　　دل و دیدهٔ زال، پُر نم کنیم

*

چنین گفت با شاه کابل، شغاد　　که: «گر زین سخن، داد خواهیم داد
یکی سور کن مهتران را بخوان　　می و رود و رامشگران را بخوان
به مَی خوردن اندر، مرا سردگوی　　میانِ سخن، ناجوانمردگوی
ز خواری شوم سوی زابلستان　　بنالم ز سالارِ کابلستان

---

۱ - برداشت از سخن فردوسی است درباره انوشه‌روان امیرک منصور:
همیداشتم چون یکی تازه سیب　　که از باد، بر من نیاید نهیب.
۲ - سخن بی‌هنگام!　　۳ - چه‌کس از کابل باژ و ساو می‌خواست؟ سخن درست دربارهٔ باژ در رج دویم پس‌ازاین می‌آید.
۴ - سخن بی‌پیوند و نادرخور است.
۵ - هردو چگونه برابر شدند؟ افزاینده را رای بر آن بوده‌است که بگوید «هردو همرای شدند» لت دویم نیز بی‌پیوند و سست است.
۶ - مردِ خرد کیست؟ مرد خردمند!

چه پیش برادر چه پیش پدر ترا ناسزا خوانم و بدگهر
برآشوبد او را، سر، از بهرِ من بیاید بدین نامور شهرِ من
برآید چنین کار بر دست ما به چرخ فلک بر بود شست ما[1]
تو نخچیرگاهی نگه کن براه بکَن چاه، چندی بنخچیرگاه
براندازهٔ رستم و رخش ساز به بُن در، نشان، تیغ‌های دراز
همان نیزه و خنجر آبگون سنان از بر و نیزه زیر اندرون[2]
اگر سد کنی چاه بهتر ز پنج چو خواهی که آسوده گردی ز رنج[3]
بجای آر سد مرد نیرنگ‌ساز بکن چاه و بر باد مگشای راز[4]
سر چاه را، سخت کن؛ زان سپس مگوی این سخن نیز، با هیچکس!»

*

بشد شاه و، رای؛ از منش دور کرد بگفتار آن بی‌خرد، سور کرد
مهان را سراسر ز کابل بخواند بخوانِ پسندیده‌شان برنشاند
چو نان خورده شد، مجلس آراستند می و رود و رامشگران خواستند
چو سر پُر شد از بادهٔ خسروی شغاد اندر آشفت از بدخوی[5]
چنین گفت با شاه کابل که: «من همی سرفرازم بهر انجمن
برادر چو رستم، چو دستان پدر از این نامورتر، که؟ دارد گهر!»
از او شاه کابل برآشفت و گفت که: «چندین چه داری سخن در نهفت
تو از تخمهٔ سام نیرم نه‌ای برادر نه‌ای، خویشِ رستم نه‌ای
نکرده‌ست یاد، از تو؛ دستان سام برادر ز تو کی؟ برد نیز، نام!
تو از چاکران کمتری بر درش برادر نخواند ترا مادرش»[6]
ز گفتار او تنگدل شد شغاد برآشفت و سر سوی زابل نهاد
همی رفت با کابلی چند مرد دلی پر ز کین لب پر از باد سرد[7]
بیامد بدرگاه فرّخ پدر دلی پر ز چاره، پر از کینه سر

1 - «چنین کار» چه باشد؟ شست (= غلّاب ماهیگیری) را نیز کام ماهی باید نه چرخ فلک.
2 - لت نخست دوباره‌گویی سستِ رج پیشین است، جایی که تیغ‌های دراز می‌نشانند، از خنجر کاری بر نمی‌آیدا زیر اندرون نیز نادرست است.
3 - سد کنی چاه نادرست است، باری همراه سد، بایستی از خود نام بردن اما افزاینده در این رج نخست لت دویم را سروده است و در پایان لت نخست ازبرای پساوا، به «پنج» نیاز داشته‌است.
4 - دوباره سخن از یکسد می‌رود اما برای کندن چاه مرد نیرنگساز بایسته نیست.
5 - سر، از باده پر نمی‌شود و خسرَوی را با بدخویی پساوا نیست.
6 - سخن سست که مادر دستان سام در آنزمان زنده نبود!
7 - همی رفت نادرست است.

کینه پیوستن شغاد به رستم ۵۷۳

همآنگه* چو روی پسر دید زال   چنان برز بالا و آن فرّ و یال
بپرسید بسیار و بنواختش   هم آنگه برِ پیلتن تاختش
ز دیدار او شاد شد پهلوان   چو دیدش خردمند و روشنروان
چنین گفت که: «ز تخمهٔ سام شیر   نزاید مگر زورمند و دلیر
چگونه است؟ کار تو با کابلی   چه؟ گویند از رستم زابلی!»
چنین داد پاسخ برستم شغاد   که: «از شاه کابل، مکن نیز؛ یاد
ازو نیکویی بد مرا پیش از این   چو دیدی، مرا خواندی آفرین
کنون مَی خورَد جنگ سازد همی   سر از هر کسی برفرازد همی
مرا بر سر انجمن خوار کرد   همان گوهرِ بد پدیدار کرد
همی گفت: تا کی؟ از این باژ و ساو   نه؟ با سیستان ما نداریم تاو●!
ازین پس نگوییم کاو رستم است   نه زو مردی و گوهر ما کم است!
نه فرزند زالی، مرا گفت: نیز   اُگر هستی او خود نیرزد بچیز
ازآن مهتران شد دلم پر ز درد   ز کابل براندم دو رخساره زرد!»

*

چو بشنید رستم برآشفت و گفت   که: «هرگز نمانَد سخن درنهفت
از او نیز مندیش و از لشگرش   که مه لشگرش باد و مه افسرش
من او را بدین گفته بیجان کنم   بر او بر، دلِ دوده، پیچان کنم
نشانم ترا شاد، بر تخت اوی   بخاک اندر آرم سرِ بخت اوی»
همی داشتش روز چند ارجمند   سپرده بدو جایگاه بلند[1]
ز لشگر گزین کرد شایسته مرد   کسی را که بد نامی اندر نبرد[2]
بفرمود تا ساز رفتن کنند   ز زابل بکابل نشیمن کنند
چو شد کار لشگر همه ساخته   دل پهلوان گشت پرداخته
بیامد برِ مرد جنگی، شغاد   که: «با شاه کابل مکن رزم، یاد
که گر نام تو برنوسم بر آب   بکابل نیابد کس آرام و خواب[3]
که؟ یارد که پیش تو آید بجنگ!   اُگر تو بجنبی، که؟ سازد درنگ!
برآنم که او، زان، پشیمان شده‌ست   بدین چاره، خود؛ سوی درمان شده‌ست
بیارد کنون؛ پیش، خواهشگران   ز کابل گزیده فراوان سران»

* – همهٔ نمونه‌ها «همانگه» آورده‌اند، اما پیدا است که بایستی «ز درگه» بوده باشد، زیراکه همانگه در رج پسین و در جای خود می‌آید.
● – مگر نه آنکه ما را نیروی جنگ با سیستان هست!
۱ – سخن سست و بی‌پایان است.
۲ – شایسته مرد نادرست است: «مردان شایسته».
۳ – نام کسی را بر آب نوشتن چگونه باشد؟

چنین گفت رستم که: «این است راه — مرا خود بکابل نباید، سپاه
زواره بس و، نامور سد سوار — پیاده همان، نیز سد نیزه‌دار» *

*

بد اختر، چو از شهر کابل برفت — بدان دشت نخچیر شد، شاه، تفت
ببرد از میان لشگری چاه کن — کجا نام بردند زان انجمن [1]
سراسر در آن دشتِ نخچیرگاه — همه چاه کندند، در زیرِ راه
زده نیزه‌ها را بُن اندر زمین — همان تیغ و ساتور و شمشیرِ کین [2]
بخاشاک کرده سر چاه، کور — نه مردم بدیدی نه چشم ستور [3]
چو رستم دمان، سر برفتن نهاد — سواری برافکند پویان؛ شغاد
که: «آمد گوِ پیلتن با سپاه — بیا پیش و، زان کرده؛ زنهار خواه
سپهدار کابل بیامد ز شهر — زبان؛ پر سخن، دل؛ پر از کین و زهر
چو چشمش بروی تهمتن رسید — پیاده شد از باره کاو را بدید [4]
ز سر شارهٔ هندوی برگرفت — برهنه شد و دست بر سر گرفت
همان موزه از پای بیرون کشید — بزاری، ز مژگان همی خون کشید
دو رخ را بخاکِ سیه برنهاد — همی کرد پوزش ز کار شغاد
که: «گر مست شد بنده از بیهُشی — نمود اندرآن بیهشی، سرکشی
سزد گر ببخشی گناه مرا — کنی تازه آیین و راه مرا»
همی رفت پیشش برهنه دو پای — سری پر ز کینه دلی پر ز رای [5]
ببخشید رستم گناه ورا — بیفزود زان پایگاه ورا [6]
بفرمود تا سر بپوشید و پای — بزین برنشست و بیامد بجای

*

برِ شهر کابل یکی جای بود — ز سبزی زمینش، دل‌آرای بود
بدو اندرون چشمه بود و درخت — بشادی نهادند هر جای تخت
بسی خوردنی‌ها بیاورد شاه — بیاراست خرّم یکی جشنگاه

---

* –(بنگرید به خالقی مطلق، دفتر پنجم رویهٔ ۴۴۸) لن: پنجه هزار در همهٔ نمونه‌ها سد نامدار آمده‌است، و روشن است که پیادگان لشگر، از نامداران نیستند، و پیاده نیزه‌دار است.

۱ – چاهکنان، سپاهی نبوده‌اند که لشگری از آنان فراهم آورند، لت دویم نیز بی‌پیوند است.

۲ – تیغ و ساتور و شمشیر هر سه یکی است، و شمشیر خود ازپیش خود کین بکسی ندارد، مگر آنکه کینه‌ورانِ جهان آنرا بدست گرفته، کین می‌کِشند.

۳ – **یک:** لت دویم را پیوند «که» باید. **دو:** اگر ستوران، آنرا نمی‌دیدند، پس چگونه است که رخش آنرا دریافت!

۴ – «چو» در آغاز لت نخست با که در (کاو) در لت دویم همخوان نیست، و چشم نیز بکسی نمی‌رسد که «می‌افتد».

۵ – برهنه دو پای نادرست است: «برهنه پای». ٦ –لت دویم بی‌پیوند است «از آن پایگاه ورا» چگونه باشد.

مَی آورد و رامشگران را بخواند   مهان را بتخت مهی برنشاند
ازانپس برستم چنین گفت شاه   که: «چون رایت آید بنخچیرگاه؛
یکی جای دارم بر این دشت و کوه   بهر جای، نخچیر گشته گروه[1]
همه دشت غُرم است و آهو و گور   کسی را که باشد تکاور ستور؛
بچنگ آیدش گور و آهو بدشت   ازآن دشتِ خرّم نشاید گذشت»
ز گفتار او رستم آمد بشور   ازان دشت پر آب و نخچیرِ گور
بچیزی که آید کسی را زمان   بپیچد دلش، کور گردد گمان[2]
چنین است کار جهان جهان   نخواهد گشادن بما بر، نهان[3]
بدریا نهنگ و بهامون پلنگ   همان شیر جنگاور تیزچنگ[4]
ابا پشّه و مور در چنگ مرگ   یکی باشد ایدر بُدن نیست برگ

کشته شدن رستم
در
چاه نخچیرگاه

بفرمود تا رخش را زین کنند   همه دشت، پر باز و شاهین کنند
کمان کیانی بزه برنهاد   همی راند بر دشت با شغاد[5]
زواره همی رفت با پیلتن   تنی چند ازان نامدار انجمن[6]
به نخچیر، لشگر پراکنده شد   تهمتن، برابر بدان کنده شد!
زواره تهمتن براه بود   ز بهر زمان کاندر آن چاه بود[7]
همی رخش زان خاکِ نو، یافت بوی!   تن خویش را کرد، چون گِرد گوی؛
همی جَست و ترسان بُد از بوی خاک   زمین را به نعلش همی کرد چاک
بزد گام رخش تکاور براه   چنین تا بیامد میان دو چاه[8]

---

۱ – در گفتار پسین، دو بار سخن از دشت میرود، نه از کوه!

۲ – «گمان» فارسی از ریشه «وی مَنَنگه» اوستایی، چیزی دور از اندیشه و برابر با «شک» تازی است... آنگاه «گمان را کور شدن» چگونه باشد.

۳ – جهان فارسی از گیهان پهلوی از ریشهٔ «گی» (= جان) برآمده‌است، و سخنوران پسین چون آنرا نمی‌شناختند، آنرا از ریشهٔ جهیدن و جَستن گرفته‌اند، و جهانِ جهان (= جهان جهنده) گزارش کرده‌اند.

۴ – دو رج گفتارهای همیشگی در کار جهان.

۵ – همی راند نادرست است.

٦ – نیز زواره همی‌رفت.

۷ – لت نخست سخت سست است، و لت دویم از آن سست‌تر.

۸ – رخش در رج پیشین ایستاده‌بود و زمین را با نئل می‌کوبید، پس، چگونه در راه گام زد؟ بزد گام نیز نادرست است: «گام میزد».

دل رستم از رخش شد پر ز خشم زمانش، خرد را بپوشید چشم*
یکی تازیانه برآورد نرم بزد تنگدل رخش را کرد گرم
چنین تا بیامد میانِ دو چاه ز چنگ زمانه همی جُست راه
دو پایش فروشد بیک چاهسار نبُد جای آویزش و کارزار
بن چاه پر نیزه و تیغ تیز نبد جای مردی و راه گریز
بدرّید پهلوی رخش سترگ بر و یال آن پهلوان بزرگ
بپیچید از آن، پهلوان جهان بدانست پس، آشکار و نهان
بمردی تن خویش را برکشید دلیر، از بنِ چاه، سر؛ بر کشید
چو با خستگی چشم‌ها برگشاد بدید آن بداندیش روی شغاد
بدانست کان چاره و راه اوست شغاد فریبنده بدخواه اوست
بدو گفت کـ :«ای مرد بدبخت و شوم ز کار تو ویران شد آبادبوم●
پشیمانی آید ترا زین سَخُن بپیچی ازین بد، نگردی کهن[1]
برو با فرامرز و یکتاه باش به جان و دل او را نکوخواه باش»[2]
چنین پاسخ آورد ناکس شغاد کـه: «گردون گردان ترا داد داد
تو چندین چه نازی بخون ریختن به ایران بتاراج و آویختن[3]
ز کابل نخواهی دگر بار سیم نه شاهان شوند از تو زین پس به بیم[4]
گه آمد که بر تو سرآید زمان شوی کشته در دام اهریمنان»[5]
همانگه سپهدار کابل ز راه بدشت اندر آمد ز نخچیرگاه
گو پیلتن را چنان خسته دید همان خستگی‌هاش نابسته دید
بدو گفت کـ :«ای نامدارِ سپاه چه؟ بودت بر این دشت نخچیرگاه
شوم زود چندی پزشک آورم ز درد تو خونین سرشک آورم
مگر خستگی‌هات گردد درست نباید مرا رخ بخوناب شست»
تهمتن چنین داد پاسخ بدوی کـه: «ای مرد بدگوهرِ چاره‌جوی
سرآمد مرا روزگار پزشک تو بر من مپالای خونین سرشک
فراوان نمانی سرآید زمان کسی زنده برنگذرد بآسمان[6]

* – زمان: زمانه: اَجَل. ● – ایران.

۱ – **یکه**: از این سخن؟ یا از آن کار؟ **دو**: لت دویم نیز بی‌پیوند است: «بپیچی و».

۲ – سخن سست یکتاه را بجای یگانه آوردن در زبان فارسی پیشینه نیست. ۳ – کار رستم تاراج نبود، آنهم در ایران!

۴ – در لت دویم: بیم شدنی نیست. «بیمگین شدن» درست است.

۵ – خود شغاد، خویش را از اهریمنان نمیتواند شمردن.

۶ – سخن در لت نخست کمبود دارد، در برخی نمونه‌ها «بمانی» آمده‌است، که آن را نیز پیوند درست نیست. لت دویم نیز دگرگون شدهٔ

←

نه من بیش دارم ز جمشید فر — که ببرید بیور میانش به ار[1]
نه از آفریدون و ز کیقباد — بزرگان و شاهان فرخ نژاد[2]
گلوی سیاوش بخنجر برید — گروی زره چون زمانش رسید[3]
همه شهریاران ایران بُدند — به رزم اندرون نرّه شیران بُدند[4]
برفتند و ما دیرتر ماندیم — چو شیر ژیان بر گذر ماندیم[5]
فرامرز، پور جهانبین من — بیاید، بخواهد ز تو، کین من»
چنین گفت پس با شغاد پلید — که «اکنون که بر من چنین بد رسید[6]
ز غربان برآور کمان مرا — به کار آور آن ترجمان مرا[7]
بزه کن بنه پیش من با دو تیر — مبادا کجا، شیرِ نخچیرگیر[8]
ببیند مرا زو گزند آیدم — کمان ار بود سودمند آیدم[9]
ندرّد مگر زنده شیری تنم — زمانی بود تن به خاک افکنم»[10]
شغاد آمد آن چرخ را برکشید — بزه کرد و یکبارش اندر کشید[11]
بخندید و پیش تهمتن نهاد — ز مرگِ برادر همی بود شاد![12]
تهمتن بسختی کمان برگرفت — بدان خستگی تیرش اندر گرفت
برادر، ز تیرش بترسید سخت — بیامد، سپر کرد تن را؛ درخت
درختی بدید از برابر چنار — بر او بر، گذشته بسی روزگار[13]
میانش تهی بار و برگش بجای — نهان شد پسش مرد ناپاک رای[14]
چو رستم چنان دید بفراخت دست — چنان خسته، از تیر بگشاد شست
درخت و برادر بهم بر، بدوخت — بهنگام رفتن، دلش برفروخت!
شغاد از پس زخم او آه کرد — تهمتن بر او درد کوتاه کرد
چنین گفت رستم: «ز یزدان سپاس — که بودم همه ساله یزدان‌شناس

← گفتار فردوسی است: «کسی زنده بر آسمان نگذرد». ۱ – بیور را نشاید بجای بیوراسپ آوردن.
۲ – آفریدون... سخن چنین می‌نماید که فریدون و کیقباد نیز با ارهٔ «بیور» کشته شده‌اند.
۳ – نام گروی زره را بایستی در آغاز سخن آوردن. ۴ – سیاوخش شهریار ایران نبود.
۵ – برفتند نادرست است: «آنان برفتند» لت دویم نیز نادرست است... اگر «بر گذر» آید، «ماندن» درست نمی‌نماید.
۶ – وابسته برج آینده... ۷ – شغاد کمان رستم را بکار آوَرَد؟
۸ – پیش‌از نخچیر کمان را بزه میکردند... باری رستم را در میان چاه، پیشگاهی نیست که کمان را آنجا نهند.
۹ – سخن سست است. ۱۰ – سخن دوباره با پیکری سست‌تر.
۱۱ – «آن چرخ» چه باشد... مگر کسان را توان آن بود که کمان رستم بکشند؟
۱۲ – دوباره سخن ازپیش میرود، و در لت دویم نیز «همی» کاربرد ندارد: «شاد بود».
۱۳ – پس‌از پناه گرفتن بدرخت، درختی بدید؟! ۱۴ – دنبالهٔ همان گفتار.

۵۷۸ رستم و شغاد

ازانپس که جانم رسیدی بلب   بر این کین، ما بر، بنگذشت شب[1]
مرا زور دادی که از مرگ پیش   از این بی‌وفا خواستم کین خویش»[2]
بگفت این و جانش برآمد ز تن   شد آن نامور شیر لشگر شکن
زواره بچاهی دگر در، بمرد   سواری نماند از بزرگان و خرد[3]

*

ازآن نامداران، سواری بجَست   گهی شد، پیاده، گهی برنشست
چو آمد سوی زابلستان، بگفت   که: «پیل ژیان گشت با خاک جفت!
زواره همان و سپاهش همان   سواری نجَست از بدِ بدگمان
خروشی برآمد ز زابلستان   ز بدخواه و از شاه کابلستان
همی ریخت زال، از برِ یال؛ خاک   همی کرد روی و برِ خویش چاک
همی گفت زار: «ای گو پیلتن   نخواهد که پوشد تنم، جز، کفن
گو سرفراز اژدهای دلیر   زواره که بُد نامبردار شیر
شغاد آن بنفرین شوریده‌بخت   بکند ازبُن این خسروانی درخت
که؟ دانست با پیل، روباهِ شوم   همی کین سگالد بدان مرز و بوم!
که؟ دارد بیاد، این چنین روزگار!   که؟ داند شنیدن ز آموزگار!
که چون رستمی پیش بینم به خاک   به گفتار روباه گردد هلاک
چرا؟ پیش ایشان نمردم بزار   چرا؟ ماندَم در جهان یادگار
چرا؟ بایدم زندگانی و گاه   چرا؟ بایدم خواب و آرامگاه»
پسانگه بسی مویه آغاز کرد   چو بر پور پهلو همی ساز کرد[4]
«گوا! شیرگیرا! یلا! مهترا!   دلاور جهانگیرِ گنداورا!
ز جانم برانگیختی تیره گرد   که؟ یارست با تو چنین کار کرد!
کجات آن بزرگ اژدهافش درفش   کجا تیر و گوپال و تیغ بنفش[5]
نماندی بگیتی و رفتی بخاک   که بادا سر دشمنت در مغاک!»

*

پسانگه فرامرز را با سپاه   فرستاد، تا رزم جوید ز شاه
تن کشته از چاه بازآوَرَد   جهان را بزاری نیاز آورد
فرامرز چون پیشِ کابل رسید   بشهر اندرون نامداری ندید

---

۱ - چون جان بلب رسد، هنگام مرگ است، نه تیر افکندن و سخن گفتن. در لت دویم نیز بنگذشت نادرخور است.
۲ - از مرگ پیش، درهمریخته است و سخن نیز دوباره گویی است.   ۳ - بزرگان را نشاید با «خرد» آوردن.
۴- ناگفته، سستی گفتار پیدا است.   ۵ -درفش و تیغ و تیر و کوپال رستم بر جای است.

کشته شدن رستم ۵۷۹

گریزان همه شهر و، گریان شده   ز سوگ جهانگیر بریان شده
بیامد بدان دشت نخچیرگاه   بجایی کجا، کنده بودند چاه
چو روی پدر دید، پورِ دلیر   خروشی برآورد برسان شیر
بدانگونه بر خاک، تن پر ز خون   بروی زمین برفکنده نگون[1]
همی گفت که: «ای پهلوان بلند   بروبت که آورد؟ زینسان گزند[2]
که نفرین برآن مرد بیباک باد   بجای کله بر سرش خاک باد[3]
بیزدان و جان تو ای نامدار   بخاک نریمان و سام سوار[4]
که هرگز نبیند تنم جز زره   بیوسنده و برفکنده گره[5]
بدان، تا که کین گو پیلتن   بخواهم ازآن بیوفا انجمن[6]
هم آن‌کس که با او بدین کین میان   ببستند و آمد به ما بر زیان[7]
نمانم ز ایشان یکی را بجای   هم آن‌کس که بود اندرین، رهنمای»[8]
بفرمود تا تختهای گران   بیارند از هر سوی درگران[9]
ببردند بسیار با هوی و تخت   نهادند بر تخت زیبا درخت[10]
گشاد ان میان بستنِ پهلوی   برآهیخت زو جامهٔ خسروی[11]
نخستین بشستندْش در آب گرم   بر و یال و ریش و تنش نرم‌نرم
همی انبر و زیفران سوختند   همه خستگی‌هاش بردوختند[12]
همی ریخت بر تارکش بر، گلاب   بگسترد بر تنْش، کافورِ ناب[13]
بدیبا تنش را بیاراستند   ازانپس گل و مشگ و مَی خواستند[14]
بشانه زد آن ریش کافورگون   کفندوز بر وی ببارید خون[15]
نبُد جا تنش را همی بر دو تخت   تنی بود؟ یا سایه گستر درخت![16]
یکی نغز تابوت کردند ساج   بر او میخ، زرّین و پیکر، ز آج

۱ – بر خاک در لت نخست با بروی زمین ناهمخوان است. برفکنده نیز نادرست است: «بیفکنده».   ۲ – وابسته برج پسین.
۳ – شغاد نیز مرده بود. ایرانیان باستان بخاک کسی سوگند نمیخوردند و بروان درگذشتگان سوگند یاد می‌شد.
۴ – بیوسنده: بیوسا: منتظر؛ و این واژه به زره بازمی‌گردد.   ۵ – بیوسنده (=منتظر) را با زره وگره پیوند نیست.
۶ – روی سخن با پدر بود، و اکنون «گو پیلتن»!   ۷ – چون آن انجمن در لت پیشین آمد هم آنکس در این رج نادرخور است.
۸ – نیز در این رج.
۹ – درگر: نجّار. روشن نیست که تخت‌های گران را بیاورند، یا درگران را؟ اگر تخت پیش‌ازآن ساخته شده‌بود، به درگر نیازی نیست.
۱۰ – سخن پریشان و بی‌گزارش است.
۱۱ – میان بستن میان بستن است و پهلوی و دیگری ندارد، و رستم نیز پهلوان بود نه پادشاه.
۱۲ – همی سوختند نادرست است و زیفران نیز سوختنی نیست.   ۱۳ – «همی ریخت» در این رج...
۱۴ – ...با «دوختند» رج پیشین همخوان نیست، و کفن از دیبا فراهم نمی‌شود... در لت دویم «مَی» را ازبرای چه خواستند.
۱۵ – کفندوز بر بالین مرده نمی‌آید، زیرا که پیش‌ازآن کفن را دوخته است.
۱۶ – اگر تنش بر دو تخت جای نمی‌گرفت، چگونه در رج پسین از یک تابوت یاد می‌شود. لت دویم نیز نادرخور است.

همه درزهایش گرفته به قیر / براندوده بر قیر، مشک و ابیر
ز چاهی برادرش را برکشید / همی دوخت جایی، کجا، خسته دید[1]
زبر مشک و کافور و زیرش گلاب / ازآنسان همی‌ریخت بر جای خواب[2]
ازانپس تن رخش را برکشید / بشست و بر او جامه‌ها گسترید
بشستند و کردند دیبا کفن / بجستند جایی یکی نارون[3]
برفتند بیداردل درگران / بریدند از آن تخت‌های گران[4]
دو روز اندران کار، شد روزگار / تنِ رخش، بر پیل کردند بار
ز کابلْسِتان تا بزابلْسِتان / زمین شد بکردار غلغلْسِتان
زن و مرد بد ایستاده بپای / تنی را نبُد بر زمین نیز جای[5]
دو تابوت بر دست بگذاشتند / ز انبوه چون باد پنداشتند
به ده روز و ده شب بزابل رسید / کسش بر زمین بر، نهاده ندید
زمانه شد از درد او با خروش / تو گفتی که هامون برآمد بجوش[6]
کسی نیز، نشنید؛ آواز کس / همه بوم‌ها مویه‌گر بود و بس
بباغ اندرون دخمه‌ای ساختند / سرش را بابر اندر افراختند
برابر نهادند زرّین، دو تخت / شد، آن، خوابگاه گو نیکبخت
هر آن کس که بود از پرستندگان / از آزاد و ز پاکدل بندگان[7]
همه مشگ و با گُل برآمیختند / بپای گو پیلتن ریختند
همی هر کسی گفت ک:«ای نامدار / چرا؟ خواستی، مُشک و انبر نثار!
نخواهی همی؟ پادشاهیّ و بزم! / نپوشی همی؟ نیز خفتان رزم!
نبخشی همی؟ گنج دینار نیز / هماناکه شد پیش تو، خوار، چیز
کنون شاد باشی بخرّم بهشت / که یزدانْت از داد و مردی سرشت»
در دخمه بستند و گشتند باز / شد آن نامور شیر گردنفراز
چه جویی همی زین سرای سپنج / کز آغاز رنج است و فرجام رنج[8]
بریزی بخاک ار همه آهنی / اگر دین پرستی ور آهرمنی
تو تا زنده‌ای سوی نیکی گرای / مگر کام یابی بدیگر سرای

---

۱ – ز چاهی درست نمی‌نماید. از چاهی دیگر همی دوخت نیز نادرخور است.

۲ – چون زیر کسی گلاب ریزند، او در گلاب فرو میرود، چه کس می‌ریخت؟ و چنان جای، جای خواب نیست.

۳ – در رج پیشین از گستردن جامه (= پارچه) بر رخش سخن رفته‌بود. در لت دویم چوب درخت نارون بکار درگری نمی‌آید، و افزاینده را پساوا بایسته‌بود.

۴ – از نارون تخته‌های گران بریده نمی‌شود.

۵ – زن و مرد را «بودند» باید، لت دویم پس آنان کجا ایستاده‌بودند؟

۶ – تو گفتی...

۷ – پرستندگان را «بودند» باید. پرستنده و بنده یکی است.

۸ – سه رج از سخنانِ همیشگی.

> از اینجا سی و سه رج در کین کشیدن فرامرز از شاه کابل و کابلیان(!) و هندیان(؟) و ویران کردن و تاراج و کشتار آمده‌است که‌سرتاسر آن سست و افزوده‌است. و از گزارش آن چشم می‌پوشم.

فرامرز چون سوک رستم بداشت سپه را همه سوی هامون گذاشت
در خانهٔ پیلتن باز کرد سپه را ز گنج پدر ساز کرد
سحرگه خروش آمد از کرنای هم از کوس رویین و هندی درای
سپاهی ز زابل به کابل کشید که خورشید گشت از جهان ناپدید
چو آگاه شد شاه کابلستان ازان نامداران زابلستان
سپاه پراگنده را گرد کرد زمین آهنین شد هوا لاژورد
پذیره‌ی فرامرز شد با سپاه بشد روشنایی ز خورشید و ماه
سپه را چو روی اندر آمد به روی جهان شد پر آواز پرخاشجوی
ز انبوه پیلان و گرد سپاه به بیشه درون شیر گم کرد راه
برآمد یکی باد و گردی کبود زمین ز آسمان هیچ پیدا نبود
بیامد فرامرز پیش سپاه دو دیده نبرداشت از روی شاه
چو برخاست آواز کوس از دو روی بی‌آرام شد مردم جنگجوی
فرامرز با خوارمایه سپاه بزد خویشتن را بران قلبگاه
ز گرد سواران هوا تار شد سپهدار کابل گرفتار شد
پراکنده شد آن سپاه بزرگ دلیران زابل بکردار گرگ
ز هر سو بر ایشان کمین ساختند پس لشگر اندر همی تاختند
بکشتند چندان ز گردان هند هم از برمنش نامداران سند
که گل شد همی خاک آوردگاه پراکنده شد هند و سندی سپاه
دل از مرز و ز خانه برداشتند زن و کودک خرد بگذاشتند
تن مهتر کابلی پر ز خون فکنده به صندوق پیل اندرون
بیاورد لشگر به نخچیرگاه به جایی کجا کنده بودند چاه
همی برد بدخواه را بسته دست ز خویشان او نیز چل بت‌پرست
ز پشت سپهبد زهی برکشید چنان کاستخوان و پی آمد پدید
ز چاه اندر آویختش سرنگون تنش پر ز خاک و دهن پر ز خون
چهل خویش او را بر آتش نهاد ازان جایگه رفت سوی شغاد

۵۸۲ رستم و شغاد

بکردار کوه آتشی برفروخت / شغاد و چنار و زمین را بسوخت
چو لشگر سوی زابلستان کشید / همه خاک را سوی دستان کشید
چو روز جفاپیشه کوتاه کرد / به کابل یکی مهتری شاه کرد
ازان دودمان کس به کابل نماند / که منشور تیغ ورا برنخواند
ز کابل بیامد پر از داغ و دود / شده روز روشن بر او بر کبود
خروشان همه زابلستان و بُست / یکی را نبُد جامه بر تن درست
به پیش فرامرز بازآمدند / دریده بر و با گداز آمدند
به یک سال در سیستان سوک بود / همه جامه‌هاشان سیاه و کبود

*

چنین گفت رودابه روزی به زال / که: «از داغ و سوک تهمتن بنال[1]
هماناکه تا هست گیتی‌فروز / ازین تیره‌ترکس ندیده‌ست روز»[2]
بدو گفت زال «ای زن کم خرد / غم ناچریدن بدین بگذرد»[3]
برآشفت رودابه سوگند خورد / که: هرگز نیابد تنم خواب و خورد[4]
روانم روان گو پیلتن / مگر باز بیند بدان انجمن[5]
ز خوردن یکی هفته تن بازداشت / که با جان رستم به دل راز داشت[6]
ز ناخوردنش چشم تاریک شد / تن نازکش نیز باریک شد[7]
ز هر سو که رفتی پرستنده چند / همی رفت با او ز بیم گزند[8]
سر هفته را زو خرد دور شد / ز بیچارگی ماتمش سور شد[9]
بیامد به بستان به هنگام خواب / یکی مرده ماری بدید اندر آب[10]
بزد دست و بگرفت پیچان سرش / همی خواست کز مار سازد خورش[11]

---

۱ - تاکنون شنیده نشده است که کسی را فرمان بنالیدن دهند.
۲ - سخن از گیتی‌فروز آوردن همراه روز تیره، از دیدگاه زبان درست نمی‌نماید.
۳ - شایستهٔ پهلوان بزرگی چون زال نیست که با رودابه دلدار دیرین خود چنین سخن گوید.
۴ - سخن از ناچریدن و نخوردن در میان بود، نه از نخوابیدن!
۵ - سخن را پیوند شایسته نیست: (تا آنکه) روان من، روان گو پیلتن (را).
۶ - رازی در میان نبود... مادر را در سوگ فرزند غم و اندوه و درد است. ۷ - دنبالهٔ گفتار.
۸ - پرستنده چند نادرست است: «چند پرستنده»، و چند پرستنده نیز در کار نبود، زیرا که یک پرستنده نیز توان نگاهبانی از او را داشت.. باری کسیکه برای رسیدن بمرگ، چیزی نمی‌خورد چرا بایستی «بهر سوی» رود؟
۹ - با یک هفته نخوردن، دانش و خرد از مردمان دور نمی‌شود... در همین زمان آنانکه «آب درمانی» میکنند تا چهل روز تنها آب می‌خورند، و خرد آنان بر جای است... لت دویم نیز نادرخور است. کدام سور؟
۱۰ - کسیکه چشمش تاریک شده است، چگونه در تاریکی شب، مارِ مرده‌ای را تواند دیدن؟
۱۱ - **یک:** اگر مار مرده بود، سرش پیچان نتوانستی بودن... **دو:** سَرَش را نیز با خورِش پساوا نیست.

بردن تابوت رستم و رخش بزابلستان ۵۸۳

پرستنده از دست رودابه مار / ربود و گرفتندش اندر کنار[1]
کشیدند از جای ناپاک دست / به ایوانش بردند و جای نشست[2]
به جایی که بودیش بنشاختند / ببردند خوان و خورش ساختند[3]
همی خورد هر چیز تا گشت سیر / فکندند پس جامهٔ نرم زیر[4]
چو باز آمدش هوش با زال گفت / که «گفتار تو با خرد بود جفت[5]
هر آن کس که اورا خور و خواب نیست / غم مرگ با جشن و سورش یکیست[6]
برفت او و ما از پس او رویم / به داد جهان‌آفرین بگرویم»[7]
به درویش داد آنچه بودش نهان / همی گفت با کردگار جهان[8]
که «ای برتر از نام و ز جایگاه / روان تهمتن بشوی از گناه[9]
بدان گیتی‌اش جای دِه در بهشت / برش دِه ز تخمی که ایدر بکشت»[10]

*

چو شد روزگار تهمتن به سر / به پیش آورم داستانی دگر[11]
چو گشتاسپ را تیره شد روی بخت / بیاورد جاماسپ را پیش تخت[12]
بدو گفت ک:«ز کار اسفندیار / چنان داغ دل گشتم و سوگوار[13]
که روزی نبُد زندگانیم خوش / دژم بودم از اختر کینه‌کش[14]
پس از من کنون شاه بهمن بود / همان رازدارش پشوتن بود[15]
مپیچید سرها ز فرمان اوی / مگیرید دوری ز پیمان اوی[16]
یکایک بویدش نماینده راه / که اوست زیبای تخت و کلاه»[17]
بدو داد پس گنجها را کلید / یکی باد سرد از جگر برکشید[18]

---

۱ - پرستنده یک کس است، و کنش «گرفتند» برای او نادرخور است.
۲ - مار در آب افتاده بود، نه در جای ناپاک.
۳ - «بجایی که بودیش» سخت نادرخور است.
۴ - همی خورد نادرست است: «از هر چیز بخورد» در لت دویم، مگر پیش‌ازآن وی را بر روی جامهٔ سخت نشانده‌بودند؟
۵ - دنبالهٔ داستان.
٦ - «غم مرگ» را نمیتوان با «جشن و سور» برابر نهادن.
۷ - دنبالهٔ گفتار.
۸ - سخن سست می‌نماید.
۹ - بی‌گناهی تهمتن روشن بود و گناهی از وی سر نزده‌بود.
۱۰ - اگر تخم نیکی کاشته است، بر آنرا نیز می‌دروَد، و نیازی بخواهش دیگر کس نیست. افزاینده با این داستان کودکانهٔ سست، اندوه مرگ رستم جهان پهلوان را در اندیشه‌ها می‌زداید!
۱۱ - چو در آغاز این رج...
۱۲ - با چو در آغاز این رج ناهمخوان است، و جاماسپ را بنزدیک تخت «فراخواندن» شاید نه «آوردن»!
۱۳ - دنبالهٔ گفتار.
۱۴ - اختر، کینه‌کش نیست که کین کار مردمان است.
۱۵ - «پس‌از من» بس است و «کنون» افزوده می‌نماید. در لت دویم افزاینده خواسته‌است که دستور و وزیر گوید و نتوانسته‌است و بجای آن «رازدار» آورده‌است، که نادرست است، زیراکه بسیار کسان را شاید رازدار پادشاه بودن!
۱٦ - سرها نادرست است: «مپیچید سر»، و از پیمان دوری گرفتن نادرست است. پیمان، شکستنی است.
۱۷ - سخن با جاماسب بود و روی سخن بهمگان برگشت.
۱۸ - گنج راکلید نادرست است: «کلید در گنج‌ها را».

بدو گفت «کار من اندر گذشت   هم از تارکم آب برتر گذشت[1]
نشستم به شاهی سد و بیست سال   ندیدم به گیتی کسی را همال[2]
تو اکنون همی کوش و با داد باش   چو داد آوری از غم آزاد باش[3]
خردمند را شاد و نزدیک دار   جهان بر بداندیش تاریک دار[4]
همه راستی کن که از راستی   بپیچد سر از کژی و کاستی[5]
سپردم ترا تخت و دیهیم و گنج   ازان پس که بردم بسی گرم و رنج»[6]
بگفت این و شد روزگارش به سر   زمان گذشته نیامد به بر[7]
یکی دخمه کردندش از شیز و آج   بر آویختند از برِ گاه تاج[8]
همین بودش از رنج و ز گنج بهر   بدید ازپس نوش و تریاک زهر[9]
اگر بودن این است شادی چراست   شد از مرگ درویش با شاه راست[10]
بخور هرچه برزی و بد را مکوش   به مرد خردمند بسپار گوش[11]
گذر کرد همراه و ما ماندیم   ز کار گذشته بسی خواندیم[12]
به منزل رسید آنکه پوینده بود   رهی یافت آن‌کس که جوینده بود[13]
نگیرد ترا دست جز نیکوی   گر از پیر دانا سخن بشنوی[14]
کنون رنج در کار بهمن بریم   خرد پیش دانا پشوتن بریم[15]

۱ – دنبالهٔ گفتار روی به بهمن دارد!... در لت دویم «هم» نادرخور است.   ۲ – دنبالهٔ سخن.
۳ – سخن را پیوند درست نیست، چون دادگر باشی، از غم آزاد خواهی بود.
۴ – سخن زیبا است اما وابسته بداستان است.   ۵ – از راستی و از کژی کنار هم سخن را نازیبا کرده‌است.
۶ – در آنزمان دیهیم پدیدار نشده‌بود.   ۷ – لت دویم نادرخور است.
۸ – دخمه را در دل سنگ کوهستان می‌سازند.
۹ – افزاینده تریاک و زهر را کنار هم آورده‌است، باز آنکه تریاک؛ پادزهر است.
۱۰ – **یک:** «اگر بودن اینست» نادرست است: «اگر زندگی چنین است» **دو:** «شد» نیز در لت دویم ناهموار است: «درویش و شاه بهنگام مرگ برابرند».   ۱۱ – خوردن را رودرروی بد کردن نهادن درست نمی‌نماید.
۱۲ – «گذر کرد همراه» در این داستان بگشتاسپ بازمیگردد و بیگمان گشتاسپ همراه افزاینده نبوده‌است.
۱۳ – سخن رودرروی گفتارهای پیشین است زیرا که پویندگان را نیز پایان کار، مرگ می‌رسد.
۱۴ – «تو» در این گفتار روی به که دارد؟   ۱۵ – لت دویم بی‌گزارش است.

پادشاهی
بهمنِ اسفندیار

چو بهمن به تخت نیا برنشست   کمر بر میان بست و بگشاد دست
سپه را درم داد و دینار داد   همان کشور و مرز بسیار داد[۱]
یکی انجمن ساخت از بخردان   بزرگان و کارآزموده ردان
چنین گفت ک:«ز کار اسفندیار   ز نیک و بدِ گردشِ روزگار
همه یاد دارید، پیر و جوان   هر آن کس که هستید روشنروان
که رستم به پیکار با ما چه کرد   همان زال افسونگر آن پیرمرد[۲]
فرامرز جز کین ما در جهان   نجوید همی آشکار و نهان[۳]
سرم پر ز درد است و دل پر ز خون   جز از کین ندارم بمغز اندرون[۴]
دو جنگی چو نوش‌آذر و مهرنوش   که از درد ایشان برآمد خروش[۵]
چو اسفندیاری که اندر جهان   بدو تازه بُد روزگار مهان[۶]
به زابلستان زان نشان کشته شد   ز دردش دد و دام سرگشته شد[۷]
هماناکه بر خون اسفندیار   بزاری بگرید به ایوان، نگار[۸]
هم از خون آن نامداران ما   جوانان و جنگی سواران ما[۹]
هر آن کس که او باشد از آب پاک   نیارد سر گوهر اندر مغاک[۱۰]
بکردار شاه آفریدون بود   چو چونین بباشد همایون بود[۱۱]
که ضحّاک را از پی خون جم   ز نام آوران جهان کرد کم[۱۲]
منوچهر با سلم و تور سترگ   بیاورد ز آمل سپاهی بزرگ[۱۳]
به چین رفت و کین نیا بازخواست   مرا همچنان داستان است راست[۱۴]

---

۱ - کشور و مرز بسیار را بکدام سپاهیان داد؟
۲ - همان (=هم آن) و آن پیرمرد همخوان نیستند.
۳ - کار درگذشته روی نموده‌است، و «نجوید» را کاربرد نیست.
۴ - سخن اندکی سست است.
۵ - برآمد خروش نادرست است.
٦ - پیشتر دربارهٔ اسفندیار سخن آمده‌بود.
۷ - لت دویم را پیوند «که» باید.
۸ - «بر خون اسفندیار» نادرست است: «از کشته شدن اسفندیار».
۹ - همچنین.
۱۰ - لت دویم سخت سست و بی پیوند است، و «سر گوهر» چگونه باشد.
۱۱ - آفریدون... سخن درهمریخته و بی‌گزارش است. خالقی مطلق «چو خونی نباشد» که آن را نیز گزارش نیست.
۱۲ - نام ضحاک هنوز در دفتر و دیوان زبان ما روان است.
۱۳ - لت نخست نادرست است: «منوچهر برای نبرد با سلم و تور»
۱۴ - به چین نرفت و بتوران رفت.

چو کیخسرو آمد ز افراسیاب … ز خون کرد گیتی چو دریای آب[1]
پدرم آمد و کین لهراسپ خواست … ز کشته زمین کرد با کوه راست[2]
فرامرز کز بهر خون پدر … به خورشید تابان برآورد سر
به کابل شد و کین رستم بخواست … همه بوم و بر کرد با خاک راست[3]
زمین را ز خون بازنشناختند … همی اسپ بر کشتگان تاختند
به کینه سزاوارتر کس منم … که بر شیر درّنده، اسپ افکنم
اگر بشمری در جهان نامدار … سواری نبینی چو اسفندیار[4]
چه بینید؟ و این را چه؟ پاسخ دهید … بکوشید تا رایِ فرّخ نهید»
چو بشنید گفتار بهمن، سپاه … هر آن کس که بُد شاه را نیکخواه[5]
به آواز گفتند: «ما بنده‌ایم … همه دل بمهر تو آکنده‌ایم
ز کار گذشته تو داناتری … ز مردان جنگی تواناتری
بگیتی همان کن که کام آیدت … اُگر زان سخن فرّ و نام آیدت
نپیچد کسی سر ز فرمان تو … که؟ یارد گذشتن ز پیمان تو!»
چو پاسخ چنین یافت از لشگرش … بکین اندرون تیزتر شد سرش[6]
همه سیستان را بیاراستند … بر این برنهادند و برخاستند[7]
به شبگیر برخاست آوای کوس … شد از گَردِ لشگر، سپهر؛ آبنوس
همی رفت زان لشگر نامدار … سواران شمشیرزن سدهزار[8]

*

چو آمد بنزدیکیِ هیرمند … فرستاده‌ای برگزید ارجمند[9]
فرستاد نزدیک دستان سام … بدادش ز هر گونه چندی پیام[10]
چنین گفت ک:«ز کین اسفندیار … مرا تلخ شد در جهان روزگار[11]
هم از کین نوش‌آذر و مهرنوش … دو شاه گرامی دو فرخ سروش[12]
ز دل کین دیرینه بیرون کنیم … همه بوم زابل پر از خون کنیم»[13]
فرستاده آمد، بزابل، بگفت … دل زال با درد و غم گشت جفت

---

۱ – «از افراسیاب» و «از خون» ناهمخوان‌اند. ۲ – دنبالهٔ گفتار. ۳ – دنبال داستان افزوده.
۴ – روی بگروه سخن میگفت و «بشمری» نادرخور است.
۵ – بشنید سپاه، نادرست است: چون سپاهیان بشنیدند... و بهمن با سپاهیان سخن نرانده‌بود که در انجمن بزرگان و بخردان سخن می‌گفت. ٦ – سخن با لشگریان نبود. ۷ – سیستان را چگونه بیاراستند.
۸ – همهٔ لشگریان رفتند، و در این رج یکسدهزار از لشگریان او... چنین پیدا است که سواران وی بیش‌از یکسدهزار بوده‌اند.
۹ – سخن دربارهٔ فرستاده در رج پنجم پس‌ازاین می‌آید. ۱۰ – همچنین...
۱۱ – چنین گفت از زبان فرستاده‌است و مرا تلخ شد روزگار بفرستاده بازمیگردد.
۱۲ – آنان شاه نبودند، و سروش نیز نبودند. ۱۳ – این رج پیوند درست با سخنان پیشین ندارد.

کین کشیدن بهمن

چنین داد پاسخ که: «گر شهریار　　براندیشد از کار اسفندیار؛
بداند که آن بودنی کار بود　　مرا زان سخن دل پرآزار بود[1]
تو، بودی به نیک و بد، اندر میان　　ز من سود دیدی ندیدی زیان[2]
نپیچید؛ رستم، ز فرمان اوی　　دلش بسته بودی به پیمان اوی
پدرت آن گرانمایه شاه بزرگ　　زمانش بیامد، بدان، شد سترگ
به بیشه درون شیر و نرّ اژدها　　ز چنگ زمانه نیابد رها
همانا شنیدی که سام سوار　　به مردی چه کرد اندران روزگار[3]
چنین تا به هنگام رستم رسید　　که شمشیر تیز از میان برکشید[4]
به پیش نیاکان تو در چه کرد　　به مردی به هنگام ننگ و نبرد[5]
همان کهتر و دایگان تو بود　　به لشگر ز پرمایگان تو بود[6]
به‌زاری؛ کنون، رستم اندر گذشت　　همه زابلستان پر آشوب گشت
شب و روز هستم ز درد پسر　　پر از آب؛ دیده، پر از خاک؛ سر
خروشان و جوشان و دل پر ز درد　　دو رخ زرد و لب‌ها شده لاژورد[7]
که نفرین بر او باد کاو را ز پای　　فکند و بر آن کس که بُد رهنمای[8]
گر ایدونکه بینی، تو؛ پیکار ما　　نجویی، براندیشی از کار ما؛
بیایی، ز دل کینه بیرون کنی　　به مهر اندرین کشور افسون کنی
همه گنج فرزند و دینار سام　　کمرهای زرّین و زرّین ستام[9]
چو آیی به پیش تو آرم همه　　تو شاهیّ و گردنکشانت رمه»[10]
فرستاده را اسپ و دینار داد　　ز هرگونه‌ای چیز بسیار داد
چو آن مایه‌ور پیش بهمن رسید　　ز دستان بگفت آنچه دید و شنید[11]
چو بشنید از او، بهمن نیکبخت　　نپذرفت پوزش، برآشفت سخت
به شهر اندر آمد دلی پر ز درد　　سری پر ز کین، لب؛ پر از بادِ سرد
پذیره شدش زالِ سامِ سوار　　هم از سیستان آنکه بُد نامدار
چو آمد بنزدیک بهمن فراز　　پیاده شد و برد پیشش نماز
بدو گفت: «هنگام بخشایش است　　ز دل، درد و کین، روزِ پالایش است

---

۱ - سخن نبود، و کارزار بود.
۲ - کدام سود را از زال دید؟
۳ - شنیدی نادرست است: «شنیده‌ای».
۴ - از سام بزال و از زال برستم رسیده‌بود.
۵ - رستم نزد نیاکان بهمن کاری نکرده‌بود.
۶ - دایگان نادرست است. نمونه‌های دیگر دایگان، که آن نیز درست نمی‌نماید.
۷ - سخن در رج پیشین بپایان رسیده‌بود.
۸ - این رج را پیوند درست با گفتار پیشین نیست، و سخن نیز سست است.
۹ - دینار سام چگونه دیناری است؟
۱۰ - همه در این رج با همه در رج پیشین همخوان نیست.
۱۱ - مایه‌ور خواندن فرستاده درست نیست.

۵۸۸ پادشاهی بهمن

ازآن نیکوی‌ها که ما کرده‌ایم ٭ ترا در جوانی بپرورده‌ایم[۱]
ببخشای و کار گذشته مگوی ٭ هنر جوی و از کشتگان، کین مجوی
که پیش تو دستان سام سوار ٭ بیامد چنین خوار، با دستوار!»
برآشفت بهمن ز گفتار اوی ٭ چنان سخت شد، تیز بازار اوی؛
هم* اندر زمان، پای، کردش ببند ٭ ز دستور و گنجور، نشنید پند
ز ایوان دستان سام سوار ٭ شتربارها برنهادند بار[۲]
ز دینار و ز گوهر ناپسود ٭ ز تخت و ز گستردنی هرچه بود[۳]
ز سیمینه و تاج‌های به‌زر ٭ ز زرّینه و گوشوار و کمر[۴]
از اسپان تازی به زرّین ستام ٭ ز شمشیر هندی به زرّین نیام[۵]
همان برده و بدره‌های درم ٭ ز مشک و ز کافور و ز بیش و کم[۶]
که رستم فراز آورید آن به رنج ٭ ز شاهان و گردنکشان یافت گنج[۷]
همه ز ابلستان بتاراج داد ٭ مهان را همه بدره و تاج داد[۸]

٭

غمین شد فرامرز در مرز بُست ٭ ز درد نیا دستِ کین را بشست[۹]
سپه کرد و سر سوی بهمن نهاد ٭ ز رزم تهمتن بسی کرد یاد[۱۰]
چو نزدیک بهمن رسید آگهی ٭ برآشفت بر تخت شاهنشهی[۱۱]
بنه برنهاد و سپه برنشاند ٭ به غور اندر آمد دو هفته بماند[۱۲]
فرامرز پیش آمدش با سپاه ٭ جهان شد ز گرد سواران سیاه[۱۳]
اُزان روی، بهمن صفی برکشید ٭ که خورشید تابان زمین را ندید[۱۴]

---

۱ - لت دویم را با لت نخست پیوند درست نیست.

٭ - نمونه‌ها چنین آورده‌اند، اما پیدا است که پیوند «که» درست است.

۲ - «دستان سام سوار» برداشت از سخن رج سیوم پیش است، و شتر (بار) ما برنهادند (بار) نیز نادرست می‌نماید.

۳ - باز افزایندگان، ازگوهر ناپسود یاد می‌کنند که بی‌ارزش است. ۴ - تاج‌های بزد نادرست است: «تاج‌های زرین».

۵ - این رج سه بار در افزوده‌ها، آمده‌است در داستان کیقباد، داستان دوازده رخ، و در این داستان.

۶ - یک: سخن چنین می‌نماید که بردگان را نیز شتروار، بر اشتران بار کردند. دو: «کم» را چه جای یاد کردن است، اگر هرچه را که یافتند بار کردند! ۷ - «آن» نادرست است: «آنها را» لت دویم نیز پیوند با لت نخست ندارد: «و گنج‌هایی را که از...»

۸ - باز سخن از بخش کردن تاج میان سرداران میرود، باز آنکه تاج، ویژهٔ شاه بوده‌است.

۹ - دست کین را بشست، نشان از کسی می‌دهد که از کینه دست شسته باشد، و کین را فراموش کرده باشد.

۱۰ - لت دویم را پیوند درست با گفتار نیست. ۱۱ - بهمن بر تخت شاهنشهی ننشسته‌بود که بزابل آمده‌بود!

۱۲ - یک: افزاینده را کوچکترین آگاهی از شیوهٔ جنگ نبوده‌است، که چون فرامرز از بُست بسیستان لشگر می‌کشد، برای بهمن، بهتر آن می‌نماید که بپذیرهٔ وی نرود، تا او با سپاهیان خود از کوه و دشت بیشتر گذر کند، و سپاهیانش مانده از راه برسند، و شکست بخورند! دو: افزاینده را از زمین و کوه و دشت و شهرهای ایران آگاهی نبوده‌است، زیرا که «غور» دورتر از بُست است، و بهمن را چرا باید برای پذیرهٔ فرامرز بمرزی دورتر رفتن! ۱۳ - با آن سخنان ناراست اکنون فرامرز به پیش بهمن میرسد!

۱۴ - از رده کشیدن سپاهیان خورشید پنهان نمی‌شود!

پند پشوتن ۵۸۹

ز آواز شیپور و هندی درای — همی کوه را دل برآمد ز جای[1]
بشست آسمان روی گیتی به قیر — ببارید چون ژاله از ابر تیر[2]
ز چاک تبرزین و جرّ کمان — زمین گشت جنبان‌تر از آسمان[3]
سه روز و سه شب هم بر این رزمگاه — به رخشنده روز و به تابنده ماه[4]
همی گرز بارید و پولاد تیغ — ز گرد سپاه آسمان گشت میغ[5]
به روز چهارم یکی باد خاست — تو گفتی که با روز شب گشت راست[6]
به سوی فرامرز برگشت باد — جهاندار گشت از دم باد شاد[7]
همی شد پس گرد با تیغ تیز — برآورد زان انجمن رستخیز[8]
ز بُستی و ز لشگر زابلی — ز گردان شمشیرزن کابلی[9]
برآوردگه بر سواری نماند — اُزان سرکشان نامداری نماند[10]
همه سرسر پشت برکاشتند — فرامرز را خوار بگذاشتند[11]
همه رزمگه کشته چون کوه کوه — بهم برفکنده ز هر دو گروه[12]
فرامرز با اندکی رزمجوی — بمردی بروی اندر آورد، روی؛[13]
همه تنش پر زخم شمشیر بود — که فرزند شیران بُد و شیر بود[14]
سرانجام بر دستْ یاز اردشیر — گرفتار شد نامدار دلیر[15]
برِ بهمن آوردش از رزمگاه — بدو کرد کین‌دار چندی نگاه[16]
چو دیدش ندادش بجان زینهار — بفرمود داری زدن شهریار[17]
فرامرز را زنده بر دار کرد — تن پیلوارش نگونسار کرد[18]

---

۱ - این رج از داستان کاووس و شاه هاماوران برگرفته شده است.

۲ - **یک:** از گرد و خاک زمین، آسمان را شاید بقیر اندودن و باژگونهٔ آن نشاید. **دو:** و نیز از ابر تیر نمی‌بارد: «چونان ژاله که از ابر می‌بارد، از آسمان تیر بارید».

۳ - چون هنگام کوفتن تبرزین رسد، کمان را جای کشیدن نیست.

۴ - روز را شاید جنگیدن، اما شباهنگام نشاید. لت دویم را نیز پیوند درست با لت نخست نیست.

۵ - دوباره گویی.

۶ - تو گفتی...

۷ - باد برخاست و برگشت؟ چنین سخن درست نیست.

۸ - **یک:** همی شد نادرست است. **دو:** ازپسِ گرد نادرست‌تر از آن، زیرا که چو سپاه بسپاه دیگر یورش آوَرَد، گرد از سم اسپان آنان برمیخیزد، و آنان همراه با گرد خود بسوی هماورد میروند.

۹ - بهمن بزابل یورش آورده‌بود، و سپاهیان زابلی نمی‌توانستند بیاری فرامرز رفته باشند!

۱۰ - اگر نامداری نماند، فرامرز که بود؟

۱۱ - روی برگاشتند درست است.

۱۲ - کوه کوه سخنی ناهموار است.

۱۳ - اندکی در این سخن نادرست است: «فرامرز با اندک سپاه».

۱۴ - لت دویم سخت سست است.

۱۵ - باز اردشیر را نمی‌شناسیم! در نمونه‌ها؛ شاه اردشیر، تا اردشیر، بزد نعرهٔ اردشیر، یازان شیر (خالقی مطلق ۴۸۰-۵) آمده‌است.

۱۶ - بهمن خود، در رزمگاه بسپاه فرامرز یورش برده‌بود و درست نمی‌نماید که او را برِ بهمن آورند.

۱۷ - در میدان جنگ از کجا دار آورند؟

۱۸ - در گفتار آینده که از (بر پای خاستنِ پشوتن) یاد می‌شود، روشن می‌نماید که آنان در دربار بوده‌اند و نبردی رخ ننموده‌است.

۵۹۰ پادشاهی بهمن

ازان پس بفرمود شاه اردشیر / که کشتند او را به باران تیر[1]

*

⇐ گرامی پشوتن، که دستور بود / ز کشتن، دلش، سخت رنجور بود
به پیش جهاندار، بر پای خاست / چنین گفت که:«ای خسرو داد و راست
اگر کینه بودت به دل، خواستی / پدید آمد از کاستی، راستی
کنون غارت و کشتن و جنگ و جوش / مفرمای و مپسند چندین خروش
ز یزدان بترس و، ز ما شرم دار / نگه کن بدین گردش روزگار
یکی را برآرد به ابر بلند / یکی زو شود زار و خوار و نژند[2]
پدرت آن جهانگیر لشگرفروز / نه تابوت را؟ شد سوی نیمروز[3]
نه رستم بکابل به نخچیرگاه / بدان شد که تا نیست گردد به چاه[4]
تو تا باشی ای خسرو پاک و راد / مرنجان کسی را که دارد نژاد[5]
چو فرزند سام نریمان ز بند / بنالد، بپروردگار بلند؛
بپیچی ازآن، گرچه نیک اختری / چو با کردگار افکَنَد داوری!
چو رستم نگهدار تخت کیان / همه بر درِ رنج بستی میان[6]
تو این تاج از او یافتی یادگار / نه از شاه گشتاسپ و اسفندیار[7]
ز هنگامهٔ کی‌قباد اندر آی / چنین تا به کیخسرو پاک رای[8]
بزرگی به شمشیر او داشتند / مهان را همه زیر او داشتند[9]
از او بند بردار گر بخردی / دلت بازگردان ز راه بدی»[10]
چو بشنید شاه از پشوتن؛ سخن / پشیمان شد از درد و کین کهن
خروشی برآمد ز پرده‌سرای / که: ای پهلوانان با داد و رای[11]
بپیچیدن بازگشتن کنید / مباداکه تاراج و کشتن کنید[12]
بفرمود تا پای دستان ز بند / گشادند و دادند بسیار پند[13]
تن کشته را دخمه کردند جای / بگفتار دستور پاکیزه‌رای[14]

---

۱ – دوباره از شاه اردشیر یاد می‌شود!!
۲ – پندهای هموارهٔ افزایندگان!
۳ – نه تابوت را نادرست است: «نه ازبرای کشته شدن».
۴ – نیست گردد بچاه نیز چنین است.
۵ – باشی نیز... تا هستی.
۶ – چو رستم در این رج،
۷ – ...با «تو این تاج را» در این رج همخوان نیتند.
۸ – یک: «اندر آی» چگونه باشد. دو: هنگامه نیز آشوب و غوغا است: «هنگام» شایستی گفتن. سه: «چنین» نیز در لت دویم نادرخور است: «از گاه کیقباد تا هنگام کیخسرو».
۹ – لت دویم سخت نادرخور است.
۱۰ – «او» برستم بازمیگردد، باز آنکه افزاینده زال را خواهد گفتن.
۱۱ – پهلوانان با داد و رای راگزارش نیست. پهلوان بفرمان شاه می‌جنگد.
۱۲ – گَشتن را با کُشتن پساوا نیست.
۱۳ – پند دادن بزال چگونه باشد؟ به چه چیز پندش دادند.
۱۴ – کسی کشته نشده‌بود.

ز زندان به ایوان گذر کرد زال ... بر او زار بگریست فرخ همال[1]
که «زارا دلیرا گوا رستما ... نبیره‌ی گو نامور نیرما[2]
تو تا زنده بودی که آگاه بود ... که گشتاسپ اندر جهان شاه بود[3]
کنون گنج تاراج و دستان اسیر ... پسر زار کشته به پیکان تیر[4]
مبیناد چشم کس این روزگار ... زمین باد بی‌تخم اسفندیار»[5]
ازان آگهی سوی بهمن رسید ... به نزدیک فرخ پشوتن رسید[6]
پشوتن ز رودابه پر درد شد ... ازآن شیون او رخش زرد شد[7]
به بهمن چنین گفت ک: «ای شاه نو ... چو بر نیمهٔ آسمان ماه نو[8]
به شبگیر از این مرز لشگر بران ... که این کار دشوار گشت و گران[9]
ز تاج تو چشم بدان دور باد ... همه روزگاران تو سور باد[10]
بدین خانهٔ زال سام دلیر ... سزد گر نماند شهنشاه دیر»[11]
چو شد کوه بر گونهٔ سندروس ... ز درگاه برخاست آوای کوس[12]
بفرمود پس بهمن کینه‌خواه ... کز آنجا برانند یکسر سپاه[13]
هم آنگه برآمد ز پرده‌سرای ... تبیره ابا بوق و هندی درای[14]
از آنجا به ایران نهادند روی ... به گفتار دستور آزاده خوی[15]
سپه را ز زابل به ایران کشید ... به نزدیک شهرِ دلیران کشید[16]
برآسود و بر تخت بنشست شاد ... جهان را همی داشت با رسم و داد[17]
به درویش بخشید چندی درم ... از او چند شادان و چندی دژم[18]

---

۱ – زال را بزندان نبرده‌بودند، و در همانجای بند بر یالش بستند و بخواهش پشوتن آنرا گشودند.
۲ – زال را بند کردند، و رودابه برای رستم مویه میکند!...
۳ – پس مویه نیست و دریغ هنگام زندگی رستم را می‌خورد، و اینچنین با «زارا» نبایستی از او یاد کردن. سخن لت دویم نیز نادرست است زیرا که رستم در زمان پادشاهی گشتاسپ نیز میزیست.
۴ – و بهمن نیز فرمان به تاراج نداد. پس‌از آزادی دستان از بندی بودن او سخن گفتن نادرست است.
۵ – دنبالهٔ گفتار.
٦ – از آن آگهی نادرست است: «از آن سخنان، آگهی...».
۷ – از رودابه پر درد شده درست نیست: «پشوتن از درد یا غم رودابه...».
۸ – ماه نو باریک و ناچیز است، و در نیمهٔ آسمان نیز دیده نمی‌شود.
۹ – با مویه و زاری رودابه، کار؛ دشوار نتوانستی شدن.
۱۰ – سخن بی‌پیوند.
۱۱ – دوباره‌گویی رج دویم پیش.
۱۲ – بر گونه درست نیست برنگ سندروس.
۱۳ – بهمن دست از کین کشیده‌بود و کینه‌خواه نبود.
۱۴ – پیشتر از درگاه آوای کوس بلند شده‌بود، و اکنون از پرده‌سرای آوای بوق؟
۱۵ – مگر سیستان از خاک ایران بشمار نمیرفت؟
١٦ – دوباره‌گویی...
۱۷ – رسم را در آیین گفتار فردوسی راه نیست.
۱۸ – بدرویش نادرست است: «بدرویشان». چند شادان و چندی دژم نیز نادرخور است.

۵۹۲ پادشاهی بهمن

جهانا چه خواهی ز پروردگان | چه پروردگان داغ دل بردگان[۱]

*

پسر بُد مر او را یکی همچو شیر | که ساسان همی خواندش اردشیر[۲]
⇐ یکی دختری داشت، نامش همای | هنرمند و با دانش و نیکرای
همی خواندندی ورا چهرزاد | ز گیتی به دیدار او بود شاد
پدر، در پذیرفتش از نیکوی | بران دین که خوانی ورا پهلوی
همای دل افروز تابنده ماه | چنان بُد که آبستن آمد ز شاه
چو شش ماهه شد پر ز تیمار شد | چو بهمن چنان دید بیمار شد[۳]
چو از درد، شاه اندر آمد ز پای | بفرمود تا پیش او شد همای[۴]
بزرگان و نیک اختران را بخواند | به تخت گرانمایگان برنشاند[۵]
چنین گفت ک:«ای پاک تن چهرزاد | زمانه بداد تو آباد باد*
سپردم ترا تاج و تخت بلند | همان گنج و آن لشگر ارجمند
ولیعهد من او بود در جهان | هم آن کس کز او زاید اندر نهان[۶]
اگر دختر آید ترا، گر پسر | ورا باشد این تخت و این تاج زر»○
چو ساسان شنید این سخن خیره شد | ز گفتار بهمن دلش تیره شد[۷]
به دو روز و دو شب بسان پلنگ | از ایران بمرزی دگر شد ز ننگ[۸]
دمان سوی شهر نشاپور شد | پر آزار بُد از پدر دور شد[۹]
زنی را ز تخم بزرگان بخواست | بپرورد و با جان و دل داشت راست[۱۰]
نژادش به گیتی کسی را نگفت | همی داشت آن راستی درنهفت[۱۱]

---

۱ – چه پیوند با گفتار پیشین دارد؟

۲ – از این اردشیر در هیچ جای دیگر سخن نمی‌رود مگر با نام ساسان در افزوده‌های پادشاهی ساسانیان.

۳ – «چو» در آغاز این لت با «چو» در آغاز لت دویم ناهمخوان است. ۴ – همچنین...

۵ – این رج در شاهنامهٔ سپاهان نیامده است و چنین سخن یکبار در این داستان، و یکبار در داستان اسکندر آمده‌است.

* – برابر با شاهنامهٔ سپاهان است در دیگر شاهنامه‌ها:

چنین گفت کاین پاک تن چهرزاد | بگیتی فراوان نبوده‌است شاد

۶ – ولیعهد را در گفتار فردوسی جای نیست.

○ – برابر با شاهنامهٔ سپاهان: دیگر شاهنامه‌ها:

اگر دختر آید برش، گر پسر /ورا باشد این تاج و تخت و کمر (تخت پدر، گنج و کمر، تخت و تاج و کمر) (خالقی مطلق ۴۸۴-۵).

۷ – ساسان از کجا این سخن را شنیده بود. سخن در لت نخست و گفتار در لت دویم همخوان نیستند. ۸ – دنبالهٔ گفتار...

۹ – شهر نیشابور در آنهنگام «رَیْوَنْتَ» خوانده می‌شد و بهنگام ساسانیان نیوشاپوهر، و آنگاه نشاپور و نشابور خوانده شد... اما افزایندگان شهر نشاپور را نیز از مرز ایران بشمار نیاورده‌اند، چنانکه سیستان را!

۱۰ – چگونه اختری از خاندان بزرگان را به گریخته بینوایی (که بینوایی او چند رجِ پستر می‌آید) و هیچکس او را نمی‌شناسد، دادند؟

۱۱ – نژادش نادرست است «نژادش را» بگیتی نیز نادرخور است.

زن پاک تن خوب فرزند زاد ز ساسان پرمایه بهمن‌نژاد[1]
پدر نام ساسان کرد آن زمان مر او را بزودی سرآمد زمان[2]
چو کودک ز خردی به مردی رسید دران خانه جز بینوایی ندید[3]
ز شاه نشاپور بستد گله که بودی به کوه و به هامون یله[4]
همی بود یکچند چوپان شاه به کوه و بیابان و آرامگاه[5]
کنون بازگردم به کار همای پس از مرگ بهمن که بگرفت جای[6]

۱ – «خوب فرزند» نادرست است: «فرزندی نیک بزاد». ۲ – آنزمان نادرخور است.
۳ – دنبالهٔ گفتار. ۴ – گلهٔ پادشاه را به جوان بینوای ناشناس نمی‌سپرند، و گله نیز در کوه و هامون یله نیست.
۵ – چوپان گله را برای چرا بکوه و هامون می‌برد، اما آرامگاه در این سخن کجا باشد؟ ٦ – لت دویم سست است.

پادشاهی همای چهرآزاد

به بیماری اندر بمرد اردشیر   همی بود بی‌کار، تاج و سریر[1]
همای آمد و تاج بر سر نهاد   یکی راه و آیین دیگر نهاد
سپه را همه سربسر بار داد   در گنج بگشاد و دینار داد
به رای و به داد، از پدر برگذشت   همه گیتی از دادش آباد گشت
نخستین که دیهیم بر سر نهاد   جهان را به داد و دهش مژده داد[2]
که این تاج و این تخت فرخنده باد   دل بدسگالان ما کنده باد[3]
همه نیکوی باد کردار ما   مبیناد کس رنج و تیمار ما[4]
توانگر کنیم آنکه درویش بود   نیازش به رنج تن خویش بود[5]
مهان جهان را که دارند گنج   نداریم زان نیکوی‌ها به رنج[6]
چو هنگام زادنش آمد فراز   ز شهر و ز لشگر همی داشت راز
همی تخت شاهی پسند آمدش   جهان داشتن، سودمند آمدش
نهانی پسر زاد و با کس نگفت   همی داشت آن نیکوی درنهفت
بیاورد آزاده‌تن دایه‌ای   یکی پاکِ پرشرم و پرمایه‌ای
نهانی بدو داد فرزند را   چنان شاخِ شادِ برومند را
کسی کاو ز فرزند او نام برد   چنین گفت ک:«ان پاکزاده بمرد
همان تاج شاهی بسر برنهاد   همی بود بر تخت، پیروز و شاد
ز دشمن به هر سو که بد مهتری   فرستاد بر هر سویی لشگری[7]
ز چیزی که رفتی به گرد جهان   نبودی بد و نیک از او درنهان
بگیتی بجز داد و نیکی نخواست   جهان را سراسر همی داشت راست

---

۱ -سریر، دیگر، هیچگاه در سخن فردوسی نیامده است.

۲ - دیهیم در آنزمان پدیدار نشده‌بود، و نخستین که دیهیم بر سر نهاد نیز نادرست است: «چون تاج بر سر نهاد» و لت دویم نیز نادرست است زیرا که پیشتر چنین آمده‌بود: «به رای و بداد، از پدر برگذشت».

۳ -هیچکس برای تاج خویش فرخنده باد نمی‌گوید، و دل بدسگالان، کند، باد... برابر است با «بیداد».

۴ - سخن زیبا است اما گفتار فردوسی در همان رج یادشده سخن را بپایان رسانده‌بود.

۵ - آنکس که نیازش برنج تن خویش است، درویش نیست، زیرا که او کار میکند، و از بهرهٔ آن می‌زید.

۶ - لت دویم بی‌پیوند و بی‌گزارش است.

۷ - این رج را هیچ پیوند با گفتار نیست، و خود نیز پریشان است.

جهانی شده ایمن از داد او   بکشور نبودی بجز یاد او
بدین سان همی بود تا هشت ماه   پسر گشت مانندهٔ رفته شاه
بفرمود تا درگری پاک مغز   یکی تخته جُست از درِ کار، نغز
یکی خُرد چَنتوک از چوب خشک   بکردند و برزد بر او قیر و مشک*
درون نرم کرده به دیبای روم   بر اندوده بیرون او مشک و موم[1]
بزیر اندرش▣ بستر خواب کرد   میانش پُر از درّ خوشاب کرد
بسی زرّ سرخ اندر او ریخته   عقیق و زبرجد برآمیخته[2]
ببستند بس گوهر شاهوار   به بازوی آن کودک شیرخوار
بدانگه که شد کودک از خواب مست   خروشان بشد دایهٔ چربدست
نهادش به چنتوک در، نرم‌نرم   به چینی پرندش بپوشید گرم
سر تنگ تابوت کردند خشک   به دبق و به انبر به قیر و به مشک[3]
ببردند صندوق را نیم شب   یکی، بر دگر، نیز نگشاد لب[4]
ز پیش همایش برون تاختند   به آب فرات اندر انداختند
پس اندر همی رفت پویان دو مرد   که تا، آب با شیرخواره چه کرد[5]
چو کشتی همی‌رفت چوب اندر آب   نگهبان آن را گرفته شتاب[6]
سپیده چو بر زد سر از کوهسار   بگردید چنتوک، بر رودبار
به گازرگهی کاندر او بود سنگ   سر جوی را کارگر، کرده تنگ□
یکی گازر آن خرد صندوق دید   بپویید و از کارگه برکشید[7]
چو بگشاد، گسترده‌ها برگرفت   بماند اندران کار، گازر، شگفت●
بجامه بپوشید و آمد دمان   پر امّید و شادان و روشنروان○

---

* – صندوق تازی شدهٔ چنتوک پهلوی است، که گونهٔ دیگر آن چَنتک = چنته است که هنوز کاربرد دارد.

۱ – روم هنوز در گسترهٔ جهان پدیدار نشده‌بود، لت دویم نیز دوباره‌گویی لت دویم از رج پیشین است مگر آنکه بجای قیر، از موم یاد شده است.   ▣ – «بزیرش یکی» درست می‌نماید.   ۲ – عقیق و زبرجد را نمیتوان با یکدگر برآمیختن!

۳ – تابوت نبود و چنتوک بود.   ۴ – تابوت به صندوق بازگشت. یکی بر دگر، نیز کمبود دارد: «یکی بر دگری».

۵ – دو مرد را میرفتند باید... لت دویم نیز نادرخور است: «چه میکنند».

۶ – صندوق، چوب گردید. نگهبان نیز نادرست است زیرا که دُر سخن افزوده از «دو مرد» یاد شده‌بود.

□ – گازران، یا جامه شویان، جلو آب را می‌بستند، تا آب بسیار شود و بتوان جامه‌ها را در آب فراوان شستن.

۷ – **یک:** «گازر» در این رج با گازر در لت دویم رج پسین همخوان نیست. **دو:** در لت نخست «صندوق را» باید، و در لت دویم «آنرا از کارگه...».

● – در اندیشهٔ من این رج پس‌وپیش شده است:

چو بگشاد، گسترده‌ها برگرفت   بماند اندر آن کار، گازر؛ شگفت

چون صندوق (چنتوک) را بگشاد و اندرون آنرا دید، جامه‌هاییرا که برای شستن گسترده بود گرد کرد...

○ – و چنتوک را در میان جامه‌ها بپوشاند و بخانه آمد.

سبک دیده‌بان پیش مامش دوید   ز صندوق و گازر بگفت آنچه دید[1]
جهاندار پیروز با دیده گفت   که «چیزی که دیدی بباید نهفت»[2]

*

چو بی‌گاه، گازر بیامد ز رود   بدو؛ جفت او گفت: «هست این درود!
که بازآمدی جامه‌ها نیم نم   بدین کارکرد، از که؟ یابی درم!»
زنِ گازر از درد پژمرده بود   یکی کودک زیرکش مرده بود[3]
زن و گازر از درد کودک نوان   خلیده رخان، تیره گشته روان[4]
بدو گفت گازر که «باز آر هوش   ترا زشت باشد ازین پس خروش[5]
کنون گر بماند سخن درنهفت   بگویم به پیش سزاوار جفت[6]
به سنگی که من جامه را بر زنم   چو پاکیزه گردد به آب افکنم[7]
دران جوی صندوق دیدم یکی   نهفته بدو اندرون کودکی[8]
چو من برگشادم در بسته باز   به دیدار آن خُردم آمد نیاز[9]
اگر بود ما را یکی پور خرد   نبودش بسی زندگانی، بمرد؛[10]
کنون یافتی پور با خواسته   به دینار و دیبا بیاراسته»[11]
چو آن جامه‌ها بر زمین بر، نهاد   سر تنگ صندوق را برگشاد
زن گازر آن دید و خیره بماند   بر او بر، جهان‌آفرین را بخواند
رخی دید تابان میان حریر   بدیدار مانندهٔ اردشیر[12]
پر از درّ خوشاب بالین او   عقیق و زبرجد به پایین او[13]
به دست چپش سرخ دینار بود   سوی راست یاقوت شهوار بود[14]
بدو داد زن زود پستان شیر   ببد شاد زان کودک دلپذیر
ز خوبیّ آن کودک و خواسته   دل او ز غم گشت پیراسته

---

۱ – **یک:** سخن پیوند ندارد... «دیده‌بان» از یک کس داستان میگوید، باز آنکه در گفتار افزودهٔ پیشین از دو مرد سخن رفته‌بود. **دو:** روشن نیست که «مام»، مادر کودک خرد است.   ۲ – **یک:** دیده‌بان به «دیده» گردید!

۳ – **یک:** این گفتار پیوند درست با رج پیشین ندارد. **دو:** کودک خرد را چگونه زیرک توان نامیدن؟

۴ – لت نخست بی‌پایان است و در لت دویم خلیده رخان نادرست است: «خلیده دل» و روان نیز تیرگی نمی‌پذیرد.

۵ – پیشتر از آنان با دل خلیده و روان تیره یاد شده‌بود و نه از «خروش».   ۶ – دنبالهٔ گفتار.

۷ – جامه را بسنگ (بر نمی‌زدند!) که جامه را خیسانده میان آن «اشنان» می‌پراکندند، و با چوبی لبه پهن (گوازم پهلوی: جواز در فارسی) آنرا می‌کوبیدند، تا پاکیزه شود. لت دویم نیز پیوند درست با لت نخست ندارد.

۸ – سخن از سنگ بود، و به جوی بازگشت!   ۹ – «من» در این رج با «من» در رج دویم پیشین همخوان نیست.

۱۰ – سخن بویژه در لت دویم سست می‌نماید.   ۱۱ – در داستان شاهنامه سخن از درّ و گوهر رفت نه از دینار!

۱۲ – **یک:** زن گازر از کجا اردشیر ساختگی را دیده‌بود که کودک را همانند او شناسد؟ **دو:** «رخ» در لت نخست با «دیدار» (= رخ) همخوان نیست.   ۱۳ – لت دویم سست و نادرخور است.

۱۴ – باز سخن از دینار می‌رود و یاقوت! باز آنکه در داستان شاهنامه از «درّ و گوهر» سخن رفته‌بود.

بدو گفت گازر که: «این را بجان خریدار باشیم تا جاودان
که این کودک نامداری بُوَد گر او در جهان شهریاری بُوَد»
زن گازر او را چو پیوند خویش بپرورد چونانک فرزند خویش
سیوم روز داراب کردندش نام کز آب روان یافتندش کنام
چنان بُد که روزی زن پاکرای سخن گفت هرگونه با کدخدای
که: «این گوهران را چه؟ سازی کنون! که؟ باشد بدین دانشت رهنمون!»
بزن گفت گازر که: «ای نیک جفت چه خاک و چه گوهر! مرا درنهفت
همان به کز این شهر بیرون شویم ز تنگی و سختی بهامون شویم؛
به شهری که ما را ندانند کس که خواریم و ناشاد و بی دسترس»

*

بشبگیر، گازر، بنه برنهاد برفت و نکرد از بر و بوم یاد[1]
ببردند داراب را در کنار نکردند جز گوهر و زر ببار
بپیمود زان مرز فرسنگ شست به شهری دگر ساخت جای نشست[2]
به بیگانه شهر اندرون، ساخت جای برآنسان که پرمایه‌تر کدخدای
هرآنجا که بُد نامور مهتری فرستاد نزدیک او گوهری[3]
از او بستدی جامه و سیم و زر چنین تا فراوان نماند از گهر[4]
بخانه جز از سرخ یاقوت نیز نماند از بد و نیک صندوق چیز[5]
زن گازر از چیز شد رهنمای چنین گفت یک روز با کدخدای[6]
که «ما بی‌نیازیم زین کارکرد توانگر شدی گرد پیشه مگرد»[7]
چنین داد پاسخ بدو کدخدای که «ای جفت پاکیزه و رهنمای[8]
همی پیشه خوانی ز پیشه چه بیش همیشه ز هر کار پیشه‌ست پیش[9]
تو داراب را پاک و نیکو بدار بدان تا چه بار آورد روزگار»[10]
همی داشتندش چنان ارجمند که از باد، نامد بر او بر، گزند
چو بگذشت، چرخ، از برش چند سال یکی کودکی گشت با فرّ و یال

---

۱ - این رج با گفتار رج پسین همخوان نیست که آنان بداوری رج پسین، بجز از زر و گوهر چیزی با خویش نبردند، و بنه بر نهادن در این رج نادرست است. ۲ - فرسنگ شست، نادرست است: «شست فرسنگ».
۳ - هر آنجا و نامور مهتری سخن را سست می‌کند: «بنزدیک مهتران گوهر فرستاد» یا در سرودهٔ بآیین: «فرستاد گوهر بنزد مهان».
۴ - «او» در این رج با «او» در رج پیشین همخوان نیست. لت دویم،
۵ - با این رج همخوان نیست! در آن رج گوهر فراوان نماند، و در این رج جز از یاقوت سرخ.
۶ - لت نخست ناهموار است. س ۲: «زن گازر خیره» که آن نیز نادرست است.
۷ - این رج رودرروی گفتار پیشین است، زیرا که در آن رج آنان همچون کدخدایان پرمایه می‌زیستند.
۸ - دنبالهٔ گفتار. ۹ - سخن سخت نادرخور است و «کار» و «پیشه» هردو یکی است. ۱۰ - دنبالهٔ گفتار.

به کُشتی شدی با بزرگان؛ بکوی — کسی را نبودی تن و زور اوی
همه کودکان همگروه آمدند — به پیکار، از وی ستوه آمدند[1]
بفریاد شد گازر از کار او — همی تیره شد تیز بازار او[2]
بدو گفت کـ:«این جامه بر زن به سنگ — که از پیشه جستن ترا نیست ننگ»[3]
چو داراب زان پیشه بگریختی — همی گازر از دیده خون ریختی[4]
شدی روزگارش به جستن دو بهر — نشان خواستی زو، بدشت و بشهر[5]
به جایش دیدی کمانی بدست — به آیین گشاده بر و بسته شست[6]
کمان بستدی سرد گفتی بدوی — که «ای پر زبان گرگ پرخاشجوی[7]
به خردی چرا گشته‌ای بدگمان؟ — چه گردی همی گِردِ تیر و کمان؟»[8]
به گازر چنین گفت کـ:«ای باب من — چرا تیره گردانی این آب من[9]
به فرهنگیان ده مرا از نخست — چو آموختم زند و استا درست[10]
ازانپس مرا پیشه فرمای و جوی — کنون از من این کدخدایی مجوی»[11]
بدو مرد گازر بسی برشمرد — ازانپس به فرهنگیانش سپرد[12]
بیاموخت فرهنگ و شد پُرمنش — برآمد ز پیغاره و سرزنش[13]
بدان پرورانده گفت «ای پدر — نیاید ز من گازری کارگر[14]
ز من جای مهرت بی‌اندیشه کن — ز گیتی سواری مرا پیشه کن»[15]
نگه کرد گازر، سواری تمام — عنان پیچ و اسپ افکن و نیکنام

---

۱ - بدنبال این گفتار می‌بایستی از شورش کودکان سخن آید و چنین نیست!
۲ - لت دویم را هیچ پیوند با لت نخست نیست.
۳ - افزاینده، مرد کدخدای را در شهر تازه، بکار گازری واداشت! با گفتار نادرست چنانکه پیش‌ازاین آمد.
۴ - بگریختی نادرست است: «می‌گریخت». ۵ - دو بهر از چند بهر؟ سخن نیز نادرست است: «روزگارش بجستن می‌گذشت».
۶ - زیباترین گفتارِ سختهٔ پیراسته، اما پیوسته بداستان افزوده!
۷ - کمان بستدی نادرست است: «کمانرا از او بستدی» لت دویم نیز سخت نادرخور است کدام زبان از کودک بر می‌آمد؟
۸ - بدگمان، «دشمن» است و او را با کسی دشمن نبود.
۹ - باب (= بابا) در زبان فارسی دری، بجای پدربزرگ است نه پدر... ای باب من نیز نادرست است: «ای بابا».
۱۰ - **یک:** کودک کمانور کشتی‌گیر، چگونه اندیشهٔ فرهنگ و آموزش در سر تواند داشتن؟ **دو:** زند و استا نیز نادرست است.
۱۱ - و پس‌از آموزش، ویرا بایستی پیوستن بکار دبیری نه کار... فرمای و جوی نیز نادرخور است: «بمن کار بفرمای» و «از من کار جوی» لت دویم نیز نادرخور است زیرا گازر از وی کدخدایی نجسته‌بود.
۱۲ - سخن با خرد هماهنگ نیست بدو دشنام بسیار داد و بفرهنگیانش سپرد؟! ۱۳ - دنبالهٔ گفتار.
۱۴ - لت دویم نادرست است. افزاینده نمی‌دانسته‌است که کارگر (=کاریگر) در زبان فارسی (مهندس ساختمان) راگویند:

بیاور، کاریگران سه هزار — ز هر کشوری، هر که بد نامدار

شاهنامه: در ساختن ایوان مداین.
۱۵ - **یک:** جای مهر چگونه جای باشد؟ و چگونه آنرا بی‌اندیشه توان کردن. **دو:** کسی را که در هنگام کودکی و جوانی دبیری آموخته باشد، توان سواری و جنگاوری نیست.

سپردش بدو روزگاری دراز — بیاموخت هرچه‌ش بدان بُد نیاز
عنان و سنان و سپر داشتن — به آوردگه، باره برگاشتن
همان زخم چوگان و تیر و کمان — هنر جستن و دوری از بدگمان
برآن‌گونه شد زین هنرها که چنگ — نسودی به آورد، با او، پلنگ

اندر پژوهش داراب نژاد خویش را

بگازر چنین گفت روزی که:«من — همی این نهان دارم از انجمن[۱]
نجنبد همی بر تو بر، مهر من — نماند به چهر تو بر، چهر من[۲]
شگفت آیدم چون پسر خوانی‌ام — به دکان برِ خویش بنشانی‌ام»[۳]
بدو گفت گازر: «دریغ این سخن — دریغ آن شده رنج‌های کهن[۴]
ترا گر منش زانِ من برتر است — پدرجوی را راز با مادر است»[۵]
چنان بُد که یک روز گازر برفت — ز خانه سوی رود تازید و تفت[۶]
درِ خانه را تنگ، دارا ببست — بیامد بشمشیر یازید دست[۷]
بزن گفت «کژی و تاری مجوی — هر آنچه‌ت بپرسم، سخن، راست گوی[۸]
شما را که باشم؟ به گوهر که‌ام؟ — بنزدیک گازر ز بهر چه‌ام؟»[۹]
زن گازر از بیم زنهار خواست — خداوند داننده را یار خواست[۱۰]
بدو گفت «خون سر من مجوی — بگویم ترا، هرچه گفتی بگوی»[۱۱]
سخن‌ها یکایک بدو بر شمرد — بکوشید و ز کار کژی نبرد[۱۲]
ز صندوق و از کودک شیرخوار — ز دینار و از گوهر شاهوار[۱۳]

---

۱ - از کدام انجمن نهان میدارد؟ ۲ - سخن زیبا است و پیوسته بداستان است.
۳ - گازر چون کدخدایان میزیست و دکانش نبود... افزاینده پیش‌ازاین از کار گازری او در شهر تازه یاد کرده‌بود، و گازران دکان نداشتند. ۴ - دریغ از سخن؟ یا دریغ از رنجی که برای وی برده‌بود؟ رنج نیز رنج است و کهن و نو ندارد.
۵ - داراب نگفته‌بود که منش برتر از تو دارم! لت دویم نیز از گفتار افزودهٔ داستان ضحاک و مرداس برگرفته شده است.
٦ - چنان بد که یک روز... نادرست است. اگر وی را پیشه، گازری بود، هر روز بسوی کارگاه خویش می‌رفت.
۷ - چون در اندرون خانه، در را ببندند، «بیامد» را کاربرد نیست زیراکه هم او و هم مادر در همان خانهٔ (= آنان) در بسته بوده‌اند.
۸ - **یک:** کژی را شاید آوردن اما «تاری» را چه روی باشد؟ **دو:** در لت دویم نیز؛ هرآنچه‌ت بپرسم نادرست است: «هر آنچه را که می‌پرسم»... پاسخ راست بده!
۹ - **یک:** «بگوهر که‌ام» نادرست است: «از کدام گوهرم». **دو:** در لت دویم نیز داراب تنها بنزدیک گازر نبوده‌است و زن و شوی هردو باهم بوده‌اند. ۱۰ - دنبالهٔ گفتار. ۱۱ - «خون سرِ من» نادرخور است و خون نیز جستنی نیست، «ریختنی» است.
۱۲ - بر شمردن، دشنام دادن است و در لت دویم نیز از کار کژی نبردن، نادرست است: «کژی بکار نبرد».
۱۳ - ز = از پیوند بایسته میان این رج و رج پیشین نیست.

بدو گفت «ما دستکاران بدیم / نه از تخمهٔ کامکاران بدیم[1]
ازآنِ تو داریم چیزی که هست / زبردست گشت آنکه بُد زیردست[2]
پرستنده مایم و فرمان تراست / نگر تا چه باید، تن و جان تراست»[3]
چو بشنید داراب خیره بماند / روان را به اندیشه اندر نشاند[4]
بدو گفت: «ازآن خواسته هیچ ماند؟ / اُ گر گازر آن را همه برفشاند؟[5]
که باشد بهای یکی بارگی / بدین روز کندی و بیچارگی»[6]
چنین داد پاسخ که «بیش است ازین / درخت برومند و باغ و زمین»[7]
بدو داد دینار چندان که بود / بماند اندر آن گوهر ناپسود![8]
به دینار اسپی خرید، ارجمند / یکی پر بها زین و گرز و کمند[9]
یکی مرزبان بود با سنگ و رای / بزرگ و پسندیده و رهنمای[10]
خرامید داراب نزدیک اوی / پر اندیشه بُد جان تاریک اوی[11]
همی داشتش مرزبان ارجمند / ز گیتی نیامد بر او بر، گزند[12]
چنان بد که آمد سپاهی ز روم / بغارت، بدان * مرز آباد بوم
برزم اندرون مرزبان کشته شد / سر لشگرش زان سخن گشته شد[13]
چو آگاهی آمد بنزد همای / که: «رومی نهاد اندرین مرز پای»
یکی مرد بُد نام او رشنواد / سپهبَد بُد او، هم، سپهبَدنژاد
بفرمود تا برکشد سوی روم / بشمشیر ویران کند مرز و بوم
سپه گرد کرد آن زمان رشنواد / اَرزگاه بنهاد و روزی بداد
چو بشنید داراب، شد شادکام / بنزدیک او رفت و بنوشت نام
سپه چون فراوان شد از هر دری / همی آمد از هر سویی مهتری

---

۱ - «دستکار» در زبان فارسی پیشینه ندارد.　۲ - لت دویم را پیوند با لت نخست نیست.　۳ - دنبالهٔ گفتار.
۴ - روان را به «اندیشه» نمیتوان (اندر فشاندن؟)　۵ - هیچ ماند نادرست است هیچ ماندهاست... در لت دویم برفشانده است.
۶ - یک: چون گازر داراب را به سواری عنان پیچ و اسپافکن... سپردهبود، بیگمان در همان زمان اسپی نیز برایش میبایستی خرید، از آنجا که سواری را بیاسپ نمیتوان آموخت.　۷ - دنبالهٔ گفتار.　۸ - افزایندهٔ ناآگاه باز ازگوهر ناپسود نام میبرد!
۹ - این سخن بگونههای فراوان دگرگون گشتهاست: در لت نخست در بیشتر نمونهها «از پند» است «ارجمند» «اوپسند»... و در نمونهٔ لن ۲ «او سمند». درلت دویم کم بهازین و یکی کمند آمدهاست، و در نمونهٔ «لی» پربها آمدهاست، و پیدا است که با چندان دینار، کسی زین کم بها نمیخرد، پایان لت؛قریب: یکی کمند، ل، ق ۲، پ، و، لن: دیگر کمند، ق. اسب و کمند، ل ۳گرز و کمند؛ لن (با یک کمند، س، ک، ل ۲، لی، آ، ب، س) یکی گرزه تیغی و دیگر کمند. که هیچیک راگزارش نیست.
۱۰ - مرزبان رهنمای راگزارش نیست.　۱۱ - «جان تاریک» را با «خرامیدن» چه پیوند؟
۱۲ - هنوز از پذیرفته شدن او سخن بمیان نیامده است، و در لت دویم چرا بایستی از گیتی بر او گزند آید؟
* - نمونهها چنین آوردهاند، و پیدا است که «آن مرز آبادبوم» را نادرستی همراه است. آبادبوم پاژنام ایران است و «آن» با آن همراه نمیشود. چنانکه گفته شود «آن ایران». شاید که گفتار فردوسی چنین بوده باشد: **«بغارت سوی مرز آبادبوم»**.
۱۳ -کُشته را با گَشته پساوا نیست.

رشنواد و داراب ۶۰۱

بیامد ز کاخ همایون همای ابا مرزبانان پاکیزه رای
بدان تا سپه پیش او بگذرند براو نام و دیوان‌ها بشمرند[۱]
همی بود چندی برآن پهندشت ز لشگر فراوان بر او برگذشت[۲]
چو داراب را دید با فرّ و برز بگردن برآورده پولاد گرز[۳]
تو گفتی همه دشت پهنای اوست زمین، زیر پوینده بالای اوست[۴]
چو دید آن بر و چهرهٔ دلپذیر ز پستان مادر بپالود شیر[۵]
بپرسید و گفت «این سوار از کجاست؟ بدین شاخ و این برز و بالای راست[۶]
نماید که این، نامداری بود خردمند و جنگی سواری بود[۷]
دلیر و سرافراز و گنداور است ولیکن سلیحش نه اندرخور است»[۸]
چو داراب را فرمند آمدش سپه را سراسر پسند آمدش[۹]
ز اختر یکی روزگاری گزید ز بهر سپهبد چنانچون سزید[۱۰]
چو جنگاوران را یکی گشت رای ببردند لشگر ز پیش همای[۱۱]
فرستاد بیدار کارآگهان بدان، تا نماند سخن در نهان[۱۲]
ز نیک و بدِ لشگر آگاه بود ز بدها گمانیش کوتاه بود[۱۳]
همی رفت منزل به منزل سپاه زمین پر سپاه آسمان پر ز ماه[۱۴]

---

۱ - بهنگام گذر کردن سپاه، از دیوان و نام سخن گفتن درست نمی‌نماید... وانگهی چگونه شاید که همهٔ سپاهیان گذرنده را بنام بشناسد و بشاه بگوید!

۲ - زلشگر فراوان نادرست است، همهٔ لشگریان را می‌بایستی ازپیش شاه گذر کردن.

۳ - لشگریان پیش‌از نبرد گرز را بگردن بر نمی‌آوردند.

۴ - تو گفتی... وگزافهٔ سخت. لت دویم؛ دنبالهٔ همان گزافه که بزرگی اسپ او را بهمهٔ زمین می‌کشاند!

۵ - سخن زیبا است و پیوسته بداستان است.

٦ - همای بپرسید... اما هیچکس پاسخ ویرا نداد!

۷ - اگر نامدار بود چگونه کسی او را نمی‌شناخت؟

۸ - افزاینده فراموش کرده‌بود برای داراب «یکی پر بها زین و گرز و کمند» خریده بود.

۹ - لت نخست نادرست و سست است، و لت دویم بدان پیوسته‌است، و درست نمی‌نماید که ازبرای یک سوار، همهٔ لشگریان را بپسندند.

۱۰ - یکی روزگاری نادرست است: «روزی فرخ را برگزیدند».

۱۱ - جنگاوران رای برفتن نداده بودند، و اخترماران روز جنبش سپاه را برگزیده بودند.

۱۲ - این رج دو بار در پادشاهی خسروپرویز آمده‌است.

۱۳ - «گمانی» نادرست است: «گمان» که آنهم کوتاه نمی‌شود: «بدور بود».

۱۴ - آسمان پر ز ماه را در نیافتم که چگونه است.

داستان رشنواد و داراب و تاق شکسته

چنان بُد که روزی یکی تند باد برآمد غمین گشت زان، رشنواد
یکی ابر و باران و برق و خروش زمین پر ز آب، آسمان پر ز جوش
به هر سو ز باران همی تاختند به دشت اندرون خیمه‌ها ساختند[1]
غمین گشت داراب از آن آبِ تیز ز باران همی جُست راهِ گریز
نه خرگاه بودش نه پرده‌سرای نه خیمه نه انباز و نه چارپای[2]
نگه کرد ویران یکی جای دید میانش یکی تاق برِ پای دید
بلند و کهن بود و آزرده بود همان باد و باران ورا خورده بود
بران تاق آزرده بایست خفت که تنها تنی بود، بی‌یار و جفت
سپهبد همی گردِ لشگر بگشت بران تاق آزرده اندر گذشت
ز ویران خروشی بگوش آمدش کز آن سهم، زَهره بجوش آمدش
که: «ای تاق آزرده هشیار باش تنِ شاه ایران نگهدار باش
نبودش یکی خیمه و یار و جفت بیامد به زیر تو اندر بخفت»[3]
چنین گفت با خویشتن رشنواد که: «این بانگ رعد است، گر تندباد؟»
دگر باره آمد ز ایوان خروش که: «ای تاق، چشم خرد را مپوش
که در تست فرزند شاه اردشیر ز باران مترس این سخن یاد گیر»[4]
سیوم بار آوازش آمد بگوش شگفتی، دلش تنگ شد؛ زان خروش
بفرزانه گفت: «این چه؟ شاید بُدن یکی را، سوی تاق، باید شدن
ببینید تا اندرو خفته کیست؟ چنین بر تن خویش آشفته کیست!»
برفتند و دیدند مردی جوان خردمند و با چهرهٔ پهلوان
همه جامه و باره تَرّ و تباه ز خاک سیه ساخته خوابگاه
به پیش سپهبد بگفت آنچه دید دل پهلوان زان سخن بردمید[5]

---

۱ – افزاینده خواسته‌است بگوید از باران می‌گریختند، و نتوانسته‌است... و در میان تاختن چگونه خیمه(ها ساختند)؟ چادر و پرده‌سرای را بر پای میکنند!

۲ – افزایندگان اسپ داراب را به چارپای (خر) گرداندند، و آنرا نیز از وی بستدند... خرگاه نیز ویژهٔ سپاهبدان بوده‌است، و خیمه را نیز در پهنهٔ سخن فردوسی جای نیست.

۳ – دوباره‌گویی رج ۲۸۶۲۷.

۴ – دیگر باره از شاه اردشیر افزایندگان نام می‌رود! لت دویم: مگر تاق را توان یادگرفتن هست؟

۵ – «برفتند» سخن پیشین را با «بگفت» در این رج همخوانی نیست.

بفرمود کـ:«او را بخوانید زود! / خروشی بر اینسان، که؟ یارد شنود!»
برفتند و گفتند کـ:«ای خفته مرد / از این خواب برخیز و بیدار گرد»
چو دارا به اسپ اندرآورد پای / همانگاه، تاق اندر آمد ز جای
چو سالار شاه آن شگفتی بدید / سر و پای داراب را بنگرید
چنین گفت کـ:«اینک شگفتی شگفت / کز این برتر اندیشه نتوان گرفت»[۱]
بشد تیز با او به پرده‌سرای / همی گفت کـ:«ای دادگر یک خدای[۲]
کسی در جهان این شگفتی ندید / نه از کاردانان پیشین شنید»[۳]
بفرمود تا جامه‌ها خواستند / به خرگاه جایی بیاراستند
بکردار کوه آتشی برفروخت / «بسی اود با مشک و انبر بسوخت[۴]
چو خورشید سر برزد از کوهسار / سپهبد برفتن برآراست کار؛[۵]
بفرمود تا موبدی رهنمای / یکی دست جامه ز سر تا بپای
یکی اسپ با زین و زرّین ستام / کمندیّ و تیغی به زرّین نیام
بداراب دادند و پرسید زوی / که: «ای شیردل مهتر نامجوی
چه؟ مردی تو و زاد بومت کجاست؟ / سَزد گر بگویی همه راز، راست!»
چو بشنید داراب یکسر بگفت / گذشته، همه، برگشاد از نهفت
برآنسان که آن زن بر او کرد یاد / سخن‌ها همی گفت با رشنواد[۶]
ز صندوق و یاقوتِ بازوی خویش / ز دینار و دیبای پهلوی خویش[۷]
یکایک بسالار لشگر بگفت / ز خواب و ز آرام و خورد و نهفت[۸]
همانگه فرستاد کس رشنواد / فرستاده را گفت «بر سانِ باد[۹]
زن گازر و گازر و مهره را / بیارید بهرام و هم زهره را»[۱۰]

---

۱ - پس‌از «شگفتی» رج پیشین دو بار «شگفتی شگفت» نادرخور است.
۲ - در رج دویم پس‌ازاین در پرده‌سرای، جایی برای او می‌آرایند.
۳ - شگفتی چهارم نیز بدان شگفتی‌ها افزوده شد.
۴ - برای چه آتش بر(فروخت)؟ مگر در میان پرده‌سرای می‌توانستند آتشی باندازه کوه برافروزند؟ مشک و انبر را چرا سوزاندند؟
۵- دو رج که میان گفتار جدایی می‌افکند.
۶ - آن زن نادرست است: «زن گازر» یاد کردن اینچنین، از زنی که همچون مادر او را پروریده بود نادرخور می‌نماید.
۷ - سخن از یاقوت نبوده و در داستان از گوهر شاهوار یاد شده است.
۸ - بگفت در این رج با بگفت در رج سیوم پیشین همخوان نیست.
۹ - فرستاد و فرستاده وکس، سخن را درهم ریخته است.
۱۰ - پیش‌ازاین هیچگاه از «مهره» سخن نرفته‌بود و بهرام و زهره نیز سخت نادرخور است.

رزم داراب با لشگر روم و گریز رومیان

بگفت این و زان جایگه برگرفت / ازآن مرز تا روم لشگر گرفت[۱]
سپهبد طلایه به داراب داد / طلایه سنان را بزهر، آب داد[۲]
هم آنگه بیامد طلایه ز روم / اُز این سو نگهدار این مرز و بوم[۳]
ز ناگه دو لشگر بهم بازخوَرد / برآمد همانگاه، گردِ نبرد[۴]
همه یک به دیگر برآمیختند / چو رود روان خون همی ریختند[۵]
چو داراب دید آن سپاه بزرگ / به پیش اندر آمد بکردار گرگ[۶]
ازان لشگر روم چندان بکشت / که گفتی فلک تیغ دارد به مشت[۷]
همی رفت زان گونه بر سان شیر / نهنگی بچنگ، اژدهایی بزیر[۸]
چنین تا به لشگرگه رومیان / همی تاخت بر سان شیر ژیان[۹]
زمین شد ز رومی چو دریای خون / جهانجوی را تیغ شد رهنمون[۱۰]
به پیروزی از رومیان گشت باز / بنزدیک سالار گردنفراز[۱۱]
بسی آفرین یافت از رشنواد / که «این لشگر شاه، بی تو مباد[۱۲]
چو ما بازگردیم زین رزم روم / سپاه اندر آید به آباد بوم[۱۳]
تو چندان نوازش بیابی ز شاه / ز اسپ و ز مهر و ز تیغ و کلاه»[۱۴]
همه شب همی لشگر آراستند / سلیح سواران بپیراستند[۱۵]
چو خورشید برزد سر از تیره راغ / زمین شد بکردار روشن چراغ[۱۶]

---

۱ – چه را برگرفت؟ لت دویم نیز نادرست است لشگر گرفت چگونه باشد؟
۲ – کار طلایه (پیش‌آهنگان سپاه) جنگیدن نیست که سنان را به زهر آبدیده کنند.
۳ – سخن سخت کودکانه است که بیدرنگ از (سپاه) روم پیش‌آهنگان بدانان رسند، و لت دویم را نیز پیوند درست با لت نخست نیست.
۴ – **یک:** همانگه در رج پیشین و ز ناگه لت نخست و همانگاه در لت دویم این رج ناهمخوان‌اند. **دو:** سخن از طلایه دو سپاه بود و به لشگر بازگشت!
۵ – سخنی که ده‌ها بار ازسوی افزایندگان آمده‌است.
۶ – **یک:** پس‌از نبرد و خونریزی و رود خون، داراب به پیش سپاه آمد؟ **دو:** طلایه به‌لشگر و اینجا به سپاه بزرگ دگرگون شد.
۷ – (آن) در لت نخست نابجا است: «ازلشگر روم» لت دویم نیز سخت نادرخور است و فردوسی همواره از گردون یاد می‌کند، نه از فلک!
۸ – «زان‌گونه» چگونه است؟ «بگونهٔ شیر رفت» در لت دویم شمشیر را نشاید به نهنگ همانند کردن.
۹ – زان گونه در رج پیشین به چنین در این رج دگرگون شد. و همی رفت در آن رج به همی تاخت!
۱۰ – زمین را نشاید «رومی» چو دریای خون شدن: «از خون رومیان». پس‌از آنکه دریای خون پدید آمد، تازه تیغ رهنمون وی گردید؟
۱۱ – دنبالهٔ داستان.
۱۲ – «آفرین»، سخنی نیست که در لت دویم آمده‌است.
۱۳ – **یک:** زین رزم روم نادرست است، زیرا که رزم بپایان رسیده‌بود. **دو:** «بازگردیم» در لت نخست با «اندر آید» در لت دویم همخوان نیست.
۱۴ – چیزهایی که در لت دویم از آنها نام برده شده است «نوازش» بشمار نمی‌آید.
۱۵ – **یک:** پس‌از جنگی که به پیروزی رسیده‌بود، چرا بایستی بآرایش لشگر پردازند. **دو:** این رج دو بار دیگر در شاهنامه در پادشاهی نوذر و پادشاهی گشتاسپ آمده‌است.
۱۶ – زمین هیچگاه از پرتو خورشید، چون چراغ روشن نمی‌شود.

رشنواد و داراب ۶۰۵

بهم بازخوردند هر دو سپاه   شد از گرد، خورشید تابان، سیاه[1]
چو داراب پیش آمد و حمله برد   عنان را به اسپ تگاور سپرد[2]
به پیش صف رومیان کس نماند   ز گردان شمشیرزن بس نماند[3]
به قلب سپاه اندر آمد چو گرگ   پراکنده کرد آن سپاه بزرگ[4]
اُزان جایگه شد سوی میمنه   بیاورد چندی سلیح و بنه[5]
همه لشگر روم بر هم درید   کسی از یلان خویشتن را ندید[6]
دلیران ایران بکردار شیر   همی تاختند از پس اندر دلیر[7]
بکشتند چندان ز رومی سپاه   که گِل شد ز خون، خاک آوردگاه[8]
چهل جاثلیق از دلیران بکشت   بیامد صلیبی گرفته به مشت[9]
چو زو رشنواد آن شگفتی بدید   ز شادی دل پهلوان بردمید[10]
بر او آفرین کرد و چندی ستود   بران آفرین مهربانی فزود[11]
شب آمد جهان قیرگون شد، برنگ   همه بازگشتند یکسر ز جنگ[12]
سپهبد به لشگرگه رومیان   برآسود و بگشاد بند میان[13]
ببخشید در شب بسی خواسته   شد از خواسته لشگر آراسته[14]
فرستاد نزدیک داراب کس   که: ای شیردل مرد فریادرس[15]
نگه کن کنون تا پسند تو چیست   اُز این خواسته سودمند تو چیست[16]
نگه‌دار چیزی که رای آیدت   ببخش آنچه دل رهنمای آیدت[17]

---

۱ – روشن شد که افزایندگان را رای بر آن بوده‌است که یکبار دیگر لشگریان ایران را بجنگ با سپاه شکست خوردهٔ رومیان ببرند.

۲ – پیشتر از یورش بردن می‌بایستی لگام اسپ را بر گردن وی افکنند، نه پس‌از یورش.

۳ –کس نماند باژگونهٔ بس نماند است، زیراکه اگر هیچکس نمانده‌است یاد کردن از بس = بسیار نادرخور است.

۴ – دوباره گویی است.

۵ – میمنه را با بُنه پساوا نیست و در میان یورش و کشتار از آوردن بُنه یاد کردن درست نیست.

۶ – لت دویم سخت نادرخور است، مگر کسان را توانِ دیدن خویشتن هست؟

۷ – شیر هیچگاه ازپس نمی‌تازد و پس اندر (= اندرون) آمیزه‌ای نادرست است.

۸ – پیشتر از خون آنان، رود؛ روان شد، و اکنون خاک گِل گردید!

۹ – دلیر و جنگاور، جاثلیق نیست... و در آنزمان هنوز کیش عیسی در جهان پدیدار نشده‌بود که جاثلیق (کاتولیک چلیپا بدست در جنگهای آنان دلیری نشان دهند).

۱۰ – پهلوان در لت دویم همان رشنواد لت نخست است که باهم همخوان نیستند.

۱۱ – چندی ستود نادرست است «ویرا بستود».   ۱۲ – این رج را پیوند «چون» باید.

۱۳ – سپهبد چرا در لشگرگاه ایرانیان نیاساید!

۱۴ – در جهانی که برنگ قیر درآمده و شمع و چراغ نیز نیست چگونه خواسته بخشید؟

۱۵ – داراب که نزدیک وی بود و از ستایش و آفرین مهربانی وی برخوردار شده‌بود!

۱۶ – سودمندتر چیست نادرست است.

۱۷ – «نگه‌دار» هنگامی کاربرد دارد که آن چیز یا چیزها در دست خود داراب بوده باشد و پس‌از آنکه رشنوادلشگر را از خواسته بی‌نیاز

←

۶۰۶ پادشاهی هومای

هر آنچ آن پسندت نیاید ببخش — تو نامی‌تری از خداوند رخش[1]
چو آن دید داراب شد شادکام — یکی نیزه برداشت از بهر نام[2]
فرستاد دیگر سوی رشنواد — بدو گفت: پیروز بادیْ و شاد![3]
چو از باختر تیره شد روی مهر — بپوشید دیبای مشکن سپهر[4]
همان پاسی از تیره شب درگذشت — طلایه پراکند بر گرد دشت[5]
غو پاسبان خاست چون زلزله — همی شد چو آواز شیر یله[6]
چو زرّین سپر برگرفت آفتاب — سر جنگجویان برآمد ز خواب[7]
ببستند گردان ایران میان — همی تاختند از پس رومیان[8]
به شمشیر تیز آتش افروختند — همه شهرها را همی سوختند[9]
ز روم و ز رومی برانگیخت گرد — کس از بوم و بر یاد هرگز نکرد[10]
خروشی به‌زاری برآمد ز روم — که بگذاشتند آن دلارام بوم[11]
به قیصر بر از کین جهان تنگ شد — رخ نامدارانش بی‌رنگ شد[12]
فرستاده آمد بر رشنواد — که: گر دادگر، سر نپیچد ز داد؛[13]
شدند آنکه جنگی بد از جنگ سیر — سر بخت روم اندر آمد به زیر[14]
اگر باژ خواهید فرمان کنیم — بنوّی یکی باژ پیمان کنیم[15]

→ کرده‌بود، هنگام داراب رسید؟

۱ – لت نخست دوباره‌گویی رج پیشین و لت دویم سخت نادرخور است. افزاینده می‌توانست بگزافه بگوید که تو از رستم دلیرتری، نیرومندتری... اما نامی‌تر نمی‌شایست گفتن زیرا که تا پیش‌ازآن جنگ هیچکس داراب را نمی‌شناخت اما افزاینده سست‌اندیش را برای سخنش پساوای رخش بایسته می‌نمود!

۲ – چو آن دید نادرست است: «چون سخن رشنواد را بشنید».

۳ – رو بروی هم بودند، و فرستادن بسوی رشنواد نادرخور است.

۴ – افزاینده باختر را که در فرهنگ ایران اپاختر (= شمال) بوده‌است، بجای خوروَران (= غرب) آورده‌است و نیز او را فراموشی پیش آمد، زیرا پیش‌ازاین از آمدن شب و قیرگون شدن جهان یاد کرده‌بود.

۵ – چون گفته شود: «چون هوا تیره شد»، آوردنِ «همان پاسی از تیره شب درگذشت» نادرخور است.

۶ – **یک:** پاسبانان غریو بر نمی‌داشتند... چندان که زمین را بلرزاند... **دو:** «همی شد» در لت دویم همان «همی رفت» است و روشن نیست که غریو پاسبانان چگونه چون شیر یله می‌رفت!!

۷ – آفتاب، خود؛ زرین سپر است، و خود نمی‌تواند، خود را برگیرد!

۸ – رومیان که کشته شده‌بودند، و زمین از خونشان گل شده‌بود.... پس تاختن ازپس آنان چگونه بود؟ همی تاختند نیز نادرست است: «بتاختند».

۹ – با شمشیر نمیتوان شهرها را سوزاندن.

۱۰ – **یک:** چه‌کس از روم و رومی گرد برانگیخت؟ **دو:** لت دویم سخت نادرخور است، شایستی گفتن که مردمان از شهرها بگریختند، اما «یاد هرگز نکرد» نشاید گفتن.

۱۱ – «که» در آغاز لت دویم پیوند درستی نیست، و گفتار نیز دگرگونهٔ گفتار رج پیشین است.

۱۲ – از کین؟ یا از دردِ شکست؟ و رخ را نیز شاید زرد شده، وُ بیرنگ شدن نشاید.

۱۳ – **یک:** فرستاده آمد نادرست است: «فرستاده‌ای بسوی رشنواد گسیل کرد». **دو:** دادگر نیز پاژنام خداوند است و نشاید که آنرا برای رشنواد بکار بردن.

۱۴ – (شدند) آنکه جنگی (بد) نادرست است: جنگیان از نبرد سیر شدند.

۱۵ – دنبالهٔ گفتار.

فرستاد قیصر ز هرگونه چیز / ابا بردهها بدره بسیار نیز[1]
سپهبد پذیرفت زو آنچه بود / ز دینار و از گوهر ناپسود[2]

*

اُزان جایگه بازگشتند شاد / پسندیده داراب با رشنواد[3]
بره در، بدان تاق ویران رسید / که داراب را اندر او خفته دید[4]
زن گازر و شوی و گوهر بهم / شده هر دو از بیم خواری دژم[5]
ازآنکس کهشان خواند از جای خویش / به یزدان پناهید و رفتند پیش[6]
چو دید آن زن و شوی را رشنواد / ز هرگونه پرسید و کردند یاد[7]
بگفتند با او سخن هرچه بود / ز صندوق و ز گوهر ناپسود[8]
ز رنج و ز پروردن شیرخوار / ز تیمار و ز گردش روزگار[9]
چنین گفت با شوی و زن رشنواد / که «پیروز باشید همواره شاد[10]
که کس در جهان این شگفتی ندید / نه از موبد پیر هرگز شنید»[11]
هم اندر زمان مرد پاکیزهرای / یکی نامه بنوشت نزد همای
ز داراب و از خواب و آرامگاه / هم از جنگ او اندرآن رزمگاه[12]
اُز آن کاو به اسپ اندر آورد پای / هم آنگاه تاق اندر آمد ز جای[13]
از آواز کآمد مر او را به گوش / ز تنگی که شد رشنواد از خروش[14]
ز گازر سخن هرچه بشنید نیز / ز صندوق و ز کودک خرد و چیز[15]
به نامه درون سربسر یاد کرد / برون کرد آنگه هیونی چو گرد[16]
همان سرخ گوهر بدو داد و گفت / که «با باد باید که گردی تو جفت»[17]

---

۱ – **یک:** پس‌از پرسش، بیدرنگ باژ را فرستادند؟ گفتار چنین می‌نماید که اگر باژ خواهید، بشمار می‌دهیم و دست از جنگ بردارید. **دو:** در لت دویم «بدره بسیار نیز» نادرست است.

۲ – آنچه بود نادرخور است: «آنچه را که فرستادند» باز از گوهر ناپسود یاد می‌شود.

۳ – از سپاه ایران یاد نمی‌شود.

۴ – آن تاق ویران شکسته و فروریخته‌بود و «بدان تاق» نشاید گفتن... «بجایگاه آن تاق ویران».

۵ – **یک:** زن و شوی گازر در شهر خویش بوده‌اند، و میان بیابان چه می‌کردند؟ **دو:** گوهرها را نیز فروخته‌بودند، **سه:** در سخن نیز نمی‌توان از زن یا مرد، یا هردو با «گوهر بهم» یاد کردن.

٦ – **یک:** اما افزاینده پس‌از یادکردن از آنان داستان را چنین پیوند می‌زند که رشنواد آنان را نزد خود فراخوانده‌بود!! **دو:** در لت دویم «پناهید» با «رفتند» همخوان نیست.

۷ – سخن چنین نشان میدهد که رشنواد گفتار داراب را باور نکرده‌بود.

۸ – ... گوهر ناپسود!!؟

۹ – هیچ رنج در میان نبود، و آنان با در و گوهر همراه کودک برای خویش زندگانی خوبی همانند کدخدایان فراهم کرده‌بودند.

۱۰ – دنبالهٔ گفتار.

۱۱ – دوباره‌گویی سخن پیشین.

۱۲ – روشن شد که آن نبرد افزوده بشاهنامه بود.

۱۳ – اندر آمد ز جای نادرست است: «تاق فرو ریخت».

۱۴ – رشنواد چگونه از خروش تنگ شد؟

۱۵ – سخنان گازر نیز افزوده بود.

١٦ – چون نامه نوشت، دوباره از نامه درون یاد کردن نشاید.

۱۷ – سخن از گوهر سرخ نیز افزوده بود.

فرستاده تازان بیامد ز جای   بیاورد یاقوت نزد همای[1]
به شاه جهاندار نامه بداد   شنیده بگفت از لب رشنواد[2]
چو آن نامه برخواند و یاقوت دید   سرشکش ز مژگان به رخ برچکید[3]
بدانست کان روز کآمد به دشت   بفرمود تا پیش لشگر گذشت[4]
بدید آن جوانی که بُد فرهمند   به رخ چون بهار و به بالا بلند[5]
نبوده‌ست جز پاک فرزند اوی   گرانمایه شاخ برومند اوی[6]
فرستاده را گفت گریان؛ همای   که:«آمد جهان را یکی کدخدای[7]
نبود ایچ، ز اندیشه مغزم تهی   پر از درد بودم ز شاهنشهی[8]
ز دادار گیهان دلم پرهراس   کجا گشته بودم از او ناسپاس[9]
اُزان نیز، کان بی‌گنه را که یافت   کسی یافت گر سوی دریا شتافت[10]
که یزدان پسر داد و نشناختم   به آب فرات اندر انداختم[11]
به بازوش بر بستم این یک گهر   پسر خوار شد چون بمیرد پدر[12]
کنون ایزد او را به من باز داد   به پیروز نام و پیِ رشنواد»[13]
ز دینار گنجی فروریختند   می و مشک و گوهر برآمیختند[14]
ببخشید بر هر که بودش نیاز   دگر هفته گنج درم کرد باز[15]
به جایی که دانست کآتشکده‌ست   اُگر زند و استا و جشن سده‌ست[16]
ببخشید گنجی بر این گونه نیز   به هر کشوری بر پراکند چیز[17]
به روز دهم بامداد پگاه   سپهبد بیامد به نزدیک شاه[18]

---

۱ – یاقوت را بیاورد، یا نامه را؟   ۲ – رشنواد سخنی بفرستاده نگفته‌بود.   ۳ – دنبالهٔ گفتار.

۴ – آنروز چه کس آمد؟ بایستی از جوان ناشناس نام برده شود. داراب نیز پیش لشگر نگذشته‌بود.

۵ – «آن جوانی» نادرست است: «آن جوان فرهمند را که دید».   ٦ – این رج را پیوندِ «بدانست» شایسته است.

۷ – همای را بایستی برشنواد نامه نوشتن نه با فرستاده سخن گفتن. در لت دویم، آمد یکی کدخدای نادرخور است: «جهان را کدخدای شایسته پدید آمد».   ۸ – ایچ ز اندیشه، نادرست است «هیچگاه»، مغزم تهی نیز نادرخور است.

۹ – پر هراس را «بودم» باید.

۱۰ – افزاینده فراموش کرده‌است که پیش‌ازاین، از گزارش دیده‌بان دربارهٔ چنتوک و گازر یاد کرده‌بود!!... سخن نیز سست است و چنتوک را خود یارای آن نیست که (بسوی دریا شتابد) که، آب او را بسوی دریا می‌برد.

۱۱ – پیوند «که» در این رج نادرخور است.

۱۲ – یک گهر نبود، و از چند گوهر یاد شده‌بود در لت دویم «خوار شد» با «بمیرد» همزمان نیست.

۱۳ – از «نام» و «پای» نمی‌توان باهم یاد کردن.   ۱۴ –گنج را فروریختن نشاید... گنج را گشادن باید.

۱۵ –پرسش آنست که در جهان که را بدینار نیاز نیست؟ و درم را با دینار چه جدایی که هردو بکار زندگی می‌آیند،...

۱٦ – **یک:** لت نخست سخت نادرست است زیرا که جای آتشکده را بر همه‌کس روشن بود... **دو:** زند و استا نادرست است. **سه:** اوستا در هر جای، بیرون آتشکده‌ها نیز یافت می‌شد... افزایندهٔ ناآگاه، «اوستا» را در ردهٔ آتشکده، و جشن سده آورده‌است!!!

۱۷ – «بر این گونه» روشن نمی‌نماید که چگونه است، و چون در سخنان پیشین تنها از دینار و درم یاد شده‌بود، «پراکندن چیز» با آن همراه نیست.   ۱۸ – پیشتر از آن یاد نشده‌بود که نُه روز بدینکارها گذشت که از روز دهم آن یاد شود.

آگاه شدن هومای از کار داراب ۶۰۹

بزرگان و داراب با او بهم کسی را نگفتند از بیش و کم[1]

*

⇐ ز درگاه، پرده فروهشت شاه به یک هفته کس را ندادند راه
جهاندار زرّین یکی تخت کرد دو کرسی ز پیروزه و لاژورد[2]
یکی تاج پر گوهر شاهوار دو یاره یکی توغ گوهرنگار[3]
همه جامهٔ خسروانی به‌زر در او بافته چند گونه گهر[4]
نشسته ستاره شمرَ پیش شاه ز اختر همی‌کرد روزی نگاه؛[5]
به شهریور بهمن* از بامداد جهاندار داراب را بار داد
یکی جام پر سرخ یاقوت کرد یکی دیگری پر ز یاقوت زرد[6]
چو آمد بنزدیک ایوان فراز همای آمد و برد پیشش نماز
برافشاند آن گوهر شاهوار فروریخت از دیده خون بر کنار[7]
پسر را گرفت اندر آغوش، تنگ ببوسید و بپسود رویش بچنگ
بیاورد و بر تخت زرّین نشاند دو چشمش ز دیدار او خیره ماند
چو داراب بر تخت شاهی نشست همای آمد و تاج شاهی به دست[8]
بیاورد و بر تارک او نهاد جهان را به دیهیم او مژده داد[9]
چو از تاج، دارا فروزش گرفت هما اندران کار پوزش گرفت[10]
به داراب گفت «آنچه اندر گذشت چنان دان که بر ما همه باد گشت[11]
جوانی و گنج آمد و رای زن پدر مرده و شاه بی رایزن[12]
اگر بد کند زو مگیر آن به دست که جز تخت هرگز مبادت نشست»[13]
چنین داد پاسخ به مادر جوان که «از هستیِ گوهر پهلوان[14]

---

۱ - سخن را هیچ گزارش نیست.

۲ - افزاینده نمی‌دانسته‌است که یک تخت بسنده است، و بزرگان درگاه که بر کرسی‌ها می‌نشستند، دو کس نبوده‌اند که تنها دو کرسی برای آنان بسازند!

۳ - سخن پایان ندارد.

۴ - سخن پایان ندارد.

۵ - (همه) جامه نیز نادرخور است. جامه‌ای خسروانی، اما کس نتواند که چنین جامه را که تنها از زر بافته باشند در بر کند. جامه را نخ پنبه‌ای یا پشمین باید که شوشه‌های زر را ازمیان بافته‌های آن می‌گذارندند.

* - روز چهارم بهمن‌ماه

٦ - پر سرخ یاقوت نادرست است: «یک جام را پر از یاقوت سرخ کرد» در لت دویم نیز «یکی دیگری»...

۷ - آن گوهر نادرخور است: «گوهرها را»، «جام‌ها را».

۸ - همای، کنار داراب بود، و «بیامد» در این رج نادرخور است.

۹ - چون نزدیک بود، بیاورد نیز در این رج نابجا است، و دیهیم نیز هنوز در جهان ایرانی پدیدار نشده‌بود... دیهیم با یورش اسکندر بایران اندر آمد.

۱۰ - مادر می‌بایستی بهنگام دیدار نخستین از فرزند پوزش خواهد...

۱۱ - ... و چنین سخن، پوزش نیست!

۱۲ - **یک**: گنج آمد، نادرست است. **دو**: رایِ زن را نیز با رایزَن پساوا نیست.

۱۳ - سخن در لت نخست سخت بی‌بنیاد است: «از آن مرنج»... و گفتار نیز در زمانِ روان است «کند» و چنان کارها درگذشته روی نموده‌بود: «اگر بد کردم».

۱۴ - در لت دویم «هستی» نابجا است: «از گوهر پهلوان، شگفت نباشد...».

۶۱۰ پادشاهی هومای

نباشد شگفت ار دل آید به جوش / به یک بد تو چندین چه داری خروش[1]
جهان‌آفرین از تو خشنود باد / دل بدسگالانت پر دود باد[2]
ز من یادگاری بود این سخن / که هرگز نگردد به دفتر کهن،[3]
بر او آفرین کرد فرخ همای / که «تا جای باشد تو بادی بجای،[4]
بفرمود تا موبد موبدان / بخواند ز هر کشوری بخردان[5]
هم از لشگر آن کس که بُد نامدار / سرافراز شیران خنجرگزار[6]
بفرمود تا خواندند آفرین / بشاهی بر آن نامدار زمین
چو بر تاج شاه آفرین خواندند / بر آن تخت بر، گوهر افشاندند
بگفت آنکه اندر نهان کرده بود / ازان کرده بسیار غم خورده بود[7]
«بدانید کز بهمن شهریار / جز این نیست اندر جهان یادگار[8]
به فرمان او رفت باید همه / که او چون شبان است و گردان رمه[9]
بزرگی و شاهی و لشگر وراست / بدو کرد باید همی پشت راست،[10]
بشادی خروشی برآمد ز کاخ / که نورُسته، دیدند فرخنده شاخ*
ببردند چندان ز هر سو نثار / که شد ناپدید اندرآن شهریار[11]
جهان پر شد از شادمانیّ و داد / کسی را نیامد ازآن رنج یاد
همای آن زمان گفت با موبدان / که «ای نامور با گهر بخردان[12]
به سیّ و دو سال آنکه کردم به رنج / سپردم بدو پادشاهیّ و گنج[13]
شما شاد باشید و فرمان برید / ابی رای او یک نفس مشمرید،[14]
چو داراب از تخت کی گشت شاد / به آرام دیهیم بر سر نهاد[15]

---

۱ - دل او بجوش نیامده بود و «یک بد» نیز نادرست است «از یک کار بد»، خروش نیز در میان نبود! ۲ - دنبالهٔ گفتار.
۳ - این سخن نادرخور است: «این رویداد» و «بدفتر کهن» نیز نادرست است یادگاری که نزد ایرانیان کهن نمی‌شود.
۴ - لت دویم سست می‌نماید.
۵ - ز هر کشوری خواندن... ماهها زمان می‌خواهد، باز آنکه در همانروز کارها بانجام رسید.
۶ - کنش بُد = بود بگذشته پیوند می‌خورد و با «بخوانَد» در رج پیشین همساز نیست.
۷ - سخن سست می‌نماید، و پیش‌ازآن داستان را باز گفته‌بود.
۸ - افزاینده، پیشتر او را فرزند اردشیر خوانده‌بود، و نادرستی گفتار پیشین را با این گفتار زدود.
۹ - «رفت باید همه» ناهمخوان است: «همگان را بفرمان وی باید رفتن».
۱۰ - لت دویم باژگونه است، که شاهان بلشگر و مردان پشت راست می‌کنند.
* - که شاخهٔ نورسته: کودک، را همانند شاخه‌ای فرخنده: مرد، دیدند.
۱۱ - پیشتر از افشاندن گوهر بر تخت سخن رفته‌بود؛ بآیین، نه چنانکه زیر گوهرها شاه را بمیرانند! ۱۲ - این گفتار...
۱۳ - ...و دنبالهٔ آن، پیشتر، ازسوی همای گفته شده‌بود. ۱۴ - فرمان برید کمبود دارد: «او را فرمان برید».
۱۵ - تخت کی نادرخور است: تخت کیان. و دیهیم نیز هنوز در ایران روان نشده‌بود.

زن گازر و گازر آمد دوان ... بگفتند که: «ای شهریار جوان[1]
نشست کیی بر تو فرخنده باد ... سر بدسگالان تو کنده باد»[2]
بفرمود داراب ده بدره زر ... بیارند و پرمایه جامی گهر[3]
ز هر جامه‌ای تخته فرمود پنج ... بدادند آن را که او دید رنج
بدو گفت که: «ای گازر پیشه‌دار ... همیشه روان را به اندیشه‌دار[4]
مگر ز آب صندوق یابی یکی ... چو دارا بدو اندرون کودکی»[5]
برفتند یک لب پر از آفرین ... ز دادار بر شهریار زمین[6]
کنون اختر گازر اندر گذشت ... به دکّان شد و برد اُشنان به دشت

---

۱ - آندو را «آمدند» باید.
۲ - برگرفته از شاهنامه است.
۳ - دریوزه‌گری افزایندگان.
۴ - اندیشه از آن مغز است نه ازآنِ روان.
۵ - آن چنتوک را نیز بی‌اندیشه یافته‌بود.
۶ - یک لب نادرست است: «با لبی» اختر گازر گذشت نادرخور است، و گاز را با ده بدره زر و جام پر گوهر گازری کردن نشاید، و گازرگاه نیز در دشت بوده‌است نه در دکان.

پادشاهی داراب

کنون آفرین جهان‌آفرین / بخوانیم بر شهریار زمین[1]
ابوالقاسم آن شاه خورشیدچهر / بیاراست گیتی به داد و به مهر
نجوید جز از خوبی و راستی / نیارد به داد اندرون کاستی
جهان روشن از تاج محمود باد / همه روزگارانش مسعود باد
همیشه جوان تا جوانی بود / همان زنده تا زندگانی بود
چه گفت آن سراینده دهقان پیر / ز گشتاسپ و ز نامدار اردشیر[2]
اُزان نامداران پاکیزه‌رای / ز داراب و ز رسم و رای همای[3]
چو دارا* به تخت مهی برنشست / کمر بر میان بست و بگشاد دست
چنین گفت با موبدان و ردان / بزرگان و بیداردل بخردان
که: «گیتی نجستم به رنج و، بداد؛ / مرا تاج، یزدان بسر برنهاد
شگفتی‌تر از کار من در جهان / نبیند کسی آشکار و نهان
ندانیم جز داد، پاداش این / که بر ما، پس از ما، کنند آفرین
نباید که پیچد کس از رنجِ ما / ز بیشیّ و آکندن گنج ما
زمانه ز داد من آباد باد / دل زیردستان ما شاد باد»
ازان‌پس ز هندوستان و ز روم / ز هر مرز با ارز و آباد بوم
برفتند با هدیه و با نثار / بجُستند خشنودیِ شهریار
چنان بد که روزی ز بهر گَله / بیامد که اسپان ببیند یله
ز پستی برآمد بکوهی رسید / یکی بی‌کران ژرف دریا بدید
بفرمود کز روم و از هندوان / بیارند، کارآزموده ردان
گشایند زان آب دریا دری / رسانند رودی به هر کشوری
چو بگشاد داننده از آب بند / یکی شهر فرمود بس سودمند

---

۱ - پنج رج، سخنان سست و بی‌پایه در ستایش ناستوده‌ترین بندهٔ زرخرید.
۲ - دوباره نام ساختگی اردشیر پیش کشیده می‌شود.
۳ - داستان همای بپایان رسیده‌است و سخن از داراب بایستی گفتن.

* - سخن از پادشاهی «داراب» است، نه «دارا». بنداری چنین آورده است: «لمّا جلس داراب علی تخت السلطنة» چون داراب بر تخت پادشاهی نشست. و بر این بنیاد این لت را چنین باید آراستن: **«چو داراب بر تخت شاهی نشست»**.

چو دیوار شهر اندر آورد گرد — ورا نام کردند داراب‌کرد[۱]
یکی آتش افروخت از تیغ کوه — پرستندهٔ آذر آمد گروه[۲]
ز هر پیشه‌ای کارگر خواستند — همه شهر ایران بیاراستند
بهر سو، فرستاد بی‌مر سپاه — ز دشمن همی داشت، گیتی؛ نگاه
جهان از بداندیش بی‌بیم کرد — دل بدسگالان به دو نیم کرد

رزم داراب با تازیان

چنان بُد که از تازیان سدهزار — نبرده سواران نیزه گزار[۳]
برفتند و سالار ایشان شعیب — یکی نامدار از نژاد قتیب[۴]
جهاندار ایران سپاهی ببرد — بگفتند کان را نشاید شمرد[۵]
فراز آمدند آن دو لشگر بهم — جهان شد ز پرخاشجویان دژم[۶]
زمین، آن سپه را همی برنتافت — برآن بوم، کس، جای رفتن نیافت[۷]
ز رخشنده ژوپین و باران تیر — زمین شد ز خون چون یکی آبگیر[۸]
خروشی برآمد ز هر پهلوی — تلی کشته دیدند بر هر سوی[۹]
سه‌روز و سه‌شب زین‌نشان جنگ بود — زمانه بر آن جنگیان تنگ بود[۱۰]
چهارم عرب روی برکاشتند — بشب، دشت پیکار بگذاشتند[۱۱]
شعیب اندران رزمگه کشته شد — عرب را همه روز برگشته شد[۱۲]
بسی اسپ تازی به زین خدنگ — هم از نیزه و تیغ و خفتان جنگ[۱۳]

---

۱ – اندر آورد (باندرون آوردن) است باز آنکه دیوار شهر بیرون شهر است.

۲ – آتش را از تیغ کوه بر نمی‌افروزند، در آتشکده‌ها می‌نشانند. لت دویم نیز بی‌بنیاد است.

۳ – وابسته به رج پسین.

۴ – برفتند نادرست است. اگر بجنگ ایران آمدند «بیامدند» باید! چون از نژاد قتیب سخن میرود، می‌باید که او شناخته شده باشد، و ما چنین کس را نمی‌شناسیم.

۵ – چه کسان بگفتند؟

۶ – دنبالهٔ گفتار.

۷ – آن سپه درست نیست، زیرا که «دو سپاه» بودند.

۸ – از ژوبین و تیر، زمین خونین نمی‌شود.

۹ – تنها یک خروش در میدان جنگ بر نمی‌آید، که همواره جنگ با خروش همراه است. افزاینده را رای آن بوده‌است که بگوید خروش از دو رویه سپاه برآمد، و چنین گفته‌است.

۱۰ – از سه روز شاید نام بردن اما در شب جنگ نمیتوان کردن.

۱۱ – چهارم نادرخور است: شب چهارم. اما چون از شب چهارم یاد شود بایستی دانستن که روز چهارم نیز بر آنان گذشته‌بود تا بشب چهارم رسند، پس چهار روز جنگ بوده‌است.

۱۲ – **یک:** خرد نمی‌پذیرد که پس‌از گریختن تازیان سردار ایشان کشته شود. **دو:** و اگر در رزمگاه کشته شده‌بود می‌بایستی پیش‌از گریز آنان سخن از کشته شدن وی بیاید. **سه:** کُشته را باگَشته پساوا نیست.

۱۳ – **یک:** زین خدنگ نادرخور است، خدنگ، «راست» است و «تیر» را توان خدنگ خواندن. **دو:** نه «زین» را تازیان را، تا پس‌از اسلام

←

۶۱۴ هخامنشیان

ازان رفتگان ماند آنجا به جای　　　به نزد جهاندار پور همای[1]
ببخشید چیزی که بُد بر سپاه　　　ز اسپ و ز رمح و ز تیغ و کلاه[2]
ز لشگر یکی مرزبان برگزید　　　که گفتار ایشان بداند شنید[3]
فرستاد تا باژ خواهد ز دشت　　　ازاین سال و آن سال کاندر گذشت[4]

رفتن داراب به جنگ روم

شد از جنگِ نیزه‌وران تا بروم　　　همی جُست، رزم، اندر آباد بوم
بروم اندرون شاه بُد فیلقوس　　　کجا بود با رای او شاهِ سوس[5]
نوشتند نامه که پور همای　　　سپاهی بیاورد بی‌مر ز جای[6]
چو بشنید سالار روم این سخن　　　به یاد آمدش روزگار کهن[7]
ز عموریه لشگری گرد کرد　　　همه نامداران روز نبرد[8]
چو دارا بیامد بزرگان روم　　　بپرداختند آن همه مرز و بوم[9]
ز عموریه فیلقوس و سران　　　برفتند گردانِ جنگاوران[10]
دو رزم گران کرده شد در سه روز　　　چهارم چو بفروخت گیتی‌فروز[11]
گریزان بشد فیلقوس و سپاه　　　یکی را نبُد ترگ و رومی کلاه[12]
زن و کودکان نیز کردند اسیر　　　بکشتند چندی به شمشیر و تیر[13]
چو از پیش دارا به شهر آمدند　　　ازآن رفته لشگر دو بهر آمدند[14]
دگر پیش‌تر کشته و خسته بود　　　پس پشتشان نیزه پیوسته بود[15]

→ نیز خود و خفتان نبوده‌است.　　　۱ - دنبالهٔ گفتار.
۲ - رمح تازی (= نیزه) چگونه بگفتار بشکوه فردوسی اندر می‌شود؟　　　۳ - وابسته به رج پسین.
۴ - لت دویم سست است.
۵ - در آغاز پادشاهی داراب فیلیپ مقدونی شاه نبود. لت دویم نیز نادرخور است.
۶ - بدانهنگام؛ داراب را پور بهمن شایستی گفتن.
۷ - میان ایران و روم، تا آن زمان نبردی بهم نپیوسته‌بود که او را از آن، یاد آید!　　　۸ - دنباله سخن.
۹ - «آن» در لت دویم نادرخور است: «مرز روم» اما این سخن درست نیست زیرا که در نبرد آینده، آنان را در روم خواهیم دید!
۱۰ - «برفتند» شایسته نمی‌نماید زیرا که اگر آنان بپذیرهٔ سپاه ایران آمدند، می‌بایستی «بیامدند» آید.
۱۱ - این سخن چند بار در شاهنامه آمده‌است.
۱۲ - **یک:** فیلقوس و سپاه را «گریزان شدند» باید. **دو:** لت دویم نیز سست می‌نماید، زیرا که از فرو ریختن ترگ و کلاه آنان شاید سخن گفتن، اما از نداشتن آن نشاید.　　　۱۳ - سخن در رج پیشین برومیان وابسته‌بود، و در این رج بایرانیان بازمی‌گردد!
۱۴ - «رفته لشگر» نادرست است، و دو بهر از چند بهر؟
۱۵ - «دگر» نادرست است «دیگران» و پیشتر کشته و خسته بوُد. نیز...: «دیگران در جنگ کشته یا خسته شدند» و نیزه به پشت پیوسته نمی‌شود، مگر آنکه به پشت آنان فرو رود! اما در یک جنگ، همگان با نیزه خسته یا کشته نمی‌شود که جنگ‌افزارهای دیگر نیز در جنگ بکار می‌رود.

داراب (کورش) ۶۱۵

به عمّوریه در، حصاری شدند / از ایشان بسی زینهاری شدند[1]
فرستاده‌ای آمد از فیلقوس / خردمند و بیدار و با نعم و بوس[2]
ابا برده و بدره و با نثار / دو صندوق پر گوهر شاهوار[3]
چنین بود پیغام ک: «ز یک خدای / بخواهم که او باشدم رهنمای[4]
که فرجام این رزم بزم آوریم / مباداکه دل سوی رزم آوریم[5]
همه راستی باید و مردمی / ز کژّی و آزار خیزد کمی[6]
چو عمّوریه کان نشست من است / تو آیی و سازی که گیری به دست[7]
دل من به جوش آید از نام و ننگ / به هنگام بزم اندر آیم بجنگ[8]
تو آن کن که از شهریاران سزاست / پدر شاه بود و پسر پادشاست[9]
چو بشنید آزادگان را بخواند / همه داستان پیش ایشان براند[10]
«چه بینید» گفت «اندرین گفت‌وگوی / بجوید همی فیلقوس آب روی»[11]
همه مهتران خواندند آفرین / که «ای شاه بینادل و پاک دین[12]
شهنشاه بر مهتران مهتر است / ز کار آن گزیند کجا درخوَر است[13]
یکی دختری دارد این نامدار / به بالای سرو و به رخ چون بهار[14]
بت آرای چون او نبیند به چین / میان بتان چون درخشان نگین[15]
اگر شاه بیند پسند آیدش / به پالیز سرو بلند آیدش»[16]
فرستادهٔ روم را خواند شاه / بگفت آنچه بشنید از نیکخواه[17]
بدو گفت «رو پیش قیصر بگوی: / اگر جست خواهی همی آب روی[18]
پس پردهٔ تو یکی دختر است / که بر تارک بانوان افسر است[19]

---

۱ - پیدا نیست که پس‌از آنکه بدژ (عموریه) پناه گرفتند، چرا بسیاری از آنان بزینهار آمدند... .
۲ - نعم و بوس!!!
۳ - چون از شمار برده و بدره یاد نمی‌شود از شمار چنتوک یاد کردن سخن را ناهموار میکند.
۴ - بخواهم در آغاز لت دویم نادرست است: «می‌خواهم».
۵ - **یک:** لت نخست کمبود دارد که این رزم را بفرجام بزم پیش آید. **دو:** لت دویم نیز بی‌پیوند است. مبادا که باز، رزم پیوسته شود.
۶ - سخن در لت دویم باژگونه است: «از کمی کژی و آزار خیزد».
۷ - **یک:** «کان» درمیانه سخن نادرخور است. **دو:** نیز «سازی» در لت دویم... چنانکه «بگیری بدست».
۸ - از نام چرا دل بجوش آید... اگر داراب بخواهد عمّوریه را بگیرد، چگونه بزمی است که برزم بازمیگردد؟
۹ - پدر نادرست است «پدرت».
۱۰ - «چون داراب گفتار فرستاده را بشنید».
۱۱ - پیوند لت دویم با لت نخست «که» است..
۱۲ - سخن لت دویم که با «که» برج نخست پیوسته‌است، آفرین نیست.
۱۳ - دنبالهٔ گفتار.
۱۴ - همچنین.
۱۵ - سخن از داستان زال و رودابه برگرفته شده:

بت‌آرای چون او نبیند بچین / بر او ماه و پروین کنند آفرین

۱۶ - لت دویم نادرخور است.
۱۷ - از نیکخواهان.
۱۸ - لت دویم کمبود دارد: «اگر نزدِ ما آب روی خواهی».
۱۹ - باز از داستان زال و رودابه برگرفته شده است:

←

نگاری که ناهید خوانی ورا — بر اورنگ زرّین نشان ورا[1]
به من بخش و بفرست با باژ روم — چو خواهی که بی‌رنج ماندت بوم[2]
فرستاده بشنید و آمد چو باد — به قیصر بر آن گفته‌ها کرد یاد[3]
بدان شاد شد فیلقوس و سپاه — که داماد باشد مر او را چو شاه[4]
سخن گفت هرگونه از باژ و ساو — ز چیزی که دارد پیِ روم تاو[5]
برآن برنهادند سالی که شاه — ستاند ز قیصر که دارد سپاه[6]
ز زر خایهٔ ریخته، سدهزار — ابا هر یکی گوهری شاهوار[7]
چهل کرده مثقال هر خایه‌ای — همان نیز گوهر گرانمایه‌ای[8]
بجستند از مرزبانان روم — هر آن کس که بودند ز آباد بوم[9]
ازانپس همه فیلسوفان شهر — هر آن کس که بودش ازآن شهر بهر[10]
بفرمود تا راه را ساختند — ز هر کار دل را بپرداختند[11]
برفتند با دختر شهریار — گرانمایگان هر یکی با نثار[12]
یکی مهد زرّین بیاراستند — پرستندهٔ تاجور خواستند[13]
ده اشتر همه بار دیبای روم — بسی پیکر از گوهر و زرّ بوم[14]

→ پس پردهٔ او یکی دختر است — که رویش ز خورشید روشنتر است

نیز داستان کاووس و سودابه

پس پردهٔ تو یکی دختر است — شنیدم که تخت مرا درخور است

و داستان سیاوخش و فرنگیس

پس پردهٔ تو یکی دختر است — که ایوان و تخت مرا درخور است

۱ - چگونه شاید که بیگانه‌ای نام دختر کسی را بدو گوشزد کند، که در سخن مهتران نیز این نام نیامده بود.

۲ - مگر دختر قیصر برده‌بود که او را بخشند؟ ۳ - دنبالهٔ گفتار.

۴ - فیلقوس و سپاه را شاد «شدند» باید... (چو) شاه نیز در پایان لت دویم نادرخور است.

۵ - کشور روم را پای نبوده‌است.

۶ - **یک:** لت نخست نادرست است. بر آن نهادند (که) شاه (هر سال) **دو:** لت دویم نیز سخت نادرخور است.

۷ - تاکنون در جهان نتوانسته‌اند که در کالبد تخم مرغ، زر گداخته ریزند، و در کاوش‌های باستانشناسان نیز چنین چیز پیدا نشده است...

۸ - اما ازبرای آنکه روشن شود که این گزافهٔ بزرگ تا چه اندازه بی‌بنیاد است یکسدهزار تخم زر چهل مثقالی، چهار میلیون مثقال می‌شود که چون هر مثقال نزدیک به ۴/۷ گرم باشد، هجده‌میلیون‌وهشتسدهزارگرم یا هجده تن و هشتسد کیلوگرم! این اندازه زر ازکشور کوچکی چون یونان آنروزگار افزون بریکسدهزار گوهر (شاهوار) چگونه فراهم می‌شد؟! لت دویم نیز دوباره گویی ناهماهنگ و سستِ لت دویم از رج پیشین است. ۹ - افزاینده خواسته‌است بگوید که چندین زر و گوهر را از مرزبانان روم گرفتند!

۱۰ - واژهٔ فیلسوف در آغاز روزگار هخامنشیان هنوز پدیدار نشده‌بود، اما فیلسوفان را دارایی و شهر نبود...

۱۱ - فیلسوفان کدام راه را بساختند؟

۱۲ - سخن در لت دویم این رج چنین نشان میدهد که گرانمایگان روم نیز با دختر شهریار بایران رفتند!

۱۳ - ازپس آنکه برفتند... مهد را آراستند؟... و پرستندهٔ تاجورْ در جهان نبوده‌است که تاج ویژهٔ شهریاران بود.

۱۴ - اگر دیبا بود، نمی‌توانستند که بوم آنرا زرین کنند، زیراکه جامهٔ زری را می‌باید باگذراندن شوشه‌های زر ازمیان نخ پنبه‌ای یا پشمین بافند!

شتروار سیسد ز گستردنی — ز چیزی که بد راه را بردنی[1]
دل‌آرای رومی، بمهد اندرون — دلارام و راهب ورا رهنمون[2]
کنیزک پس پشت ناهید شست — ازان هر یکی جامی از زر به دست[3]
به جام اندرون گوهر شاهوار — بت آرای با افسر و گوشوار[4]
سُقُف خوبرخ را به دارا سپرد — گهرها به گنجور او برشمرد[5]
ازان پس بدان رزمگه، بس نماند — سپه را سوی شهر ایران براند[6]
سوی پارس آمد دل‌آرام و شاد — کلاه بزرگی به سر برنهاد[7]

*

شبی خفته بُد ماه با شهریار — پر از گوهر و بوی و رنگ و نگار[8]
همانا که برزد یکی تیزدم — شهنشاه زان تیزدم شد دژم[9]
بپیچید در جامه و سر بتافت — که از نکهتش بوی ناخوش بیافت[10]
ازان بوی شد شاه ایران دژم — پر اندیشه جان، ابروان پر ز خم[11]
پزشکان دانده را خواندند — به نزدیک ناهید بنشاندند[12]
یکی مرد بینادل و نیک رای — پژوهید تا دارو آمد به جای[13]
گیاهی که سوزندهٔ کام بود — به روم اندر اسکندرش نام بود[14]
بمالید بر کام او بر پزشک — ببارید چندی ز مژگان سرشک[15]

---

۱ - شتروار سیسد نادرست است: «سیسد شتروار» اما در روم (یونان) گستردنی و قالی نبوده‌است و نوشته‌های یونانیان باستان این سخن را گواهی میدهند. ۲ - روشن نیست که «دلارام» یادشده در لت دویم کیست.

۳ - کنیزک شست نادرست است: شست کنیزک، و در لت دویم «از آن هر یکی» را گزارش نیست.

۴ - باز روشن نیست که از «بت‌آرای» که را خواهند گفتن! اگر دختر شهریار است که یکبار با نام دلارای رومی از او یاد کرده‌اند و دیگر بار شایسته نمی‌نماید. اگر آرایشگرِ ویژهٔ دختر است که نشاید با افسر و گوشوار از وی یاد کردن.

۵ - در آنزمان هنوز کیش عیسی پدید نیامده بود که سکوبا (=اسقف، و در زبان افزایندگان سقف) پدیدار شود.

۶ - سخن به سکوبا بازمیگردد. باز آنکه افزاینده خواسته‌است بگوید داراب در رزمگاه نماند، و این سخن در لت دویم روشن است.

۷ - کلاه بزرگی (= تاج شاهی) را پیش‌ازاین بر سر نهاده‌بود.

۸ - پر از رنگ و بوی و نگار شاید خفتن و پر از گوهر نشاید.

۹ - «همانا که» نادرخور است، و تیز دم، دم تُند و پر جنبش باشد نه ناخوش.

۱۰ - پیچیدن با سر تافتن همراه است، و (نکَهت) را گذر بر سخن فردوسی نیست... باری اگر (نکهت) باشد که خود بوی (خوش) است، اما، بوی (خوش) در زبان فارسی همان بوی است، و در شاهنامه همواره از بوی با همین کاربرد یاد شده است و در گفتار فردوسی بوی خوش نیامده است:

مشک آنست که خود ببوید، نه آنکه عطار بگوید. (سعدی)

و «بوی بد!» در زبان فارسی «گَند» است، و بر این گفتار چند نکتهٔ نادرست است.

۱۱ - **یک:** باز سخن از «بوی بد» میرود و ابروی پر ز خم نیز در گفتار فردوسی نمی‌آید. **دو:** «پر آژنگ». لت دویم راکنش بایسته نیست: «جانش پر اندیشه شد...». ۱۲ - برای یکبار دمِ تیز که از دهان کسی بیرون آید، پزشکان در کار نیستند.

۱۳ - دنبالهٔ داستان. ۱۴ - دروغ آشکار...

۱۵ - اگر آن گیاه در روم میرویید چگونه بیدرنگ بدست پزشک ایرانی رسید؟ لت دویم به پزشک بازمی‌گردد.

بشد ناخوشی بوی و کامش بسوخت — بکردار دیبا رخش برفروخت[1]
اگرچند مشکین شد آن خوبچهر — دژم شد دل‌آرای را جای مهر[2]
دل پادشا سرد گشت از عروس — فرستاد بازش بر فیلقوس[3]
غمی دختر و کودک اندر نهان — نگفت آن سخن با کسی در جهان[4]
چو نه ماه بگذشت بر خوبچهر — یکی کودک آمد چو تابنده مهر[5]
ز بالا و اورند و بویا برش — سکندر همی خواندی مادرش[6]
به فرخ همی داشت آن نام را — کز او یافت از ناخوشی کام را[7]
همی گفت قیصر به هر مهتری — که پیدا شد از تخم من قیصری[8]
نیاورد کس نام دارا به بر — سکندر پسر بود و قیصر پدر[9]
همی ننگش آمد که گفتی به کس — که دارا ز فرزند من کرد بس[10]
بر آخر یکی مادیان بُد بلند — گه کارزاری و زیبا سمند[11]
همان شب یکی کره‌ای زاد خنگ — برش چون بر شیر و کوتاه لنگ[12]
ز زاینده قیصر برافراخت یال — که آن زادنش فرخ آمد به فال[13]
به شبگیر فرزند را خواستی — همان مادیان را بیاراستی[14]
پسودی همان کره را چشم و یال — که همتای اسکندر او بُد به سال[15]
سپهر اندرین نیز چندی بگشت — ز هر گونه‌ای سالیان برگذشت[16]

۱ – بوی ناخوش «ناخوشی بوی» گردید که نادرخورتر از آنست، سخن نیز در لت نخست پیش‌وپس شده است «کامش را بسوخت و بوی ناخوش برفت».

۲ – چون از چهر نام برده‌است، مشکین = سیاهرنگ بدان می‌پیوند، در لت دویم «جای مهر» چه باشد که دژم نیز می‌شود؟

۳ – دنبالهٔ داستان. ۴ – سخن بی‌پیوند است. دختر غمگین کودکی در نهان داشت.

۵ – برگرفته از داستان سیاوخش است. ٦ – اورند، شیوهٔ پادشاهی نیک است، و چگونه مادرش آنرا دریافت؟

۷ – بفرّخ داشتن نادرست است: «فرخ داشت» در لت دویم کام (را) یافتن نیز نادرخور است «کام یافت».

۸ – سخن سست. ۹ – «نام را ببر آوردن» پست‌ترین سخن است و ریشخند بکارنامهٔ نیاکان ما.

۱۰ – سخنان سست پشت سر هم! افزاینده خواسته‌است بگوید که قیصر را ننگ از آن بود، که آشکار کند، که دارا، از فرزند وی جدا شده است.

۱۱ – جنگجویان، هیچگاه از مادیان در جنگ بهره نمی‌بردند!... کهِ کارزاری نیز آمیزه‌ای سخت نادرست است.

۱۲ – **یک:** «همان شب» به شب زادن سکندر بازمیگردد، باز آنکه چندی از آن گذشته‌بود، و فرزند بالا گرفته‌بود. **دو:** کرّهٔ تازه زاده «کوتاه لنگ» نیست و اسب را با آموزش و بستن دست و پایش باندازهٔ بایسته شیوهٔ گام برداشتن کوتاه را می‌آموزند، تا بهنگام رفتن سوار خویش را نیازارد. ۱۳ – لت نخست سخت سست است «از مادیان سر برافراشت»!!

۱۴ – آراستن مادیان را چه روی بوده‌است؟ آرایش اسپ با زین و برگ و لگام و فسار است بهنگام جنبش، یا رفتن بمیدان نبرد!

۱۵ – با دست چشم کره را پسودن، به وی آزار می‌رساند... افزاینده این اندازه نمی‌داند که اسپ در سه سالگی بزین می‌آید و اسکندر در بیست سالگی نبرد را آغاز کرد، و همسالی آندو با یکدیگر، هماهنگی میان آنان پدید نمی‌آوَرَد.

۱٦ – لت نخست برگرفته از شاهنامه است (پادشاه انوشیران) و لت دویم دوباره‌گویی کودکانه لت نخست است.

سکندر دل خسروانی گرفت / سخن گفتن پهلوانی گرفت[1]
فزون از پسر داشتی قیصرش / بیاراستی پهلوانی برش[2]
خرد یافت لختی و شد کاردان / هشیوار و با سنگ و بسیاردان[3]
ولیعهد گشت از پس فیلقوس / به دیدار او داشتی نعم و بوس[4]
هنرها که باشد کیان را به کار / سکندر بیاموخت ز آموزگار[5]
تو گفتی نشاید مگر داد را / اَگر تخت شاهیّ و بنیاد را[6]
اَزان پس که ناهید نزد پدر / بیامد، زنی خواست دارا دگر[7]
یکی کودک آمدش با فرّ و یال / ز فرزند ناهید کهتر به سال[8]
همان روز داراش کردند نام / که تا از پدر بیش باشد بکام[9]
چو ده سال بگذشت زین با دو سال / شکست اندر آمد بسال و بیال[10]
بپژمرد داراب پور همای / همی خواندندش بدیگر سرای[11]
بزرگان و فرزانگان را بخواند / ز تخت بزرگی فراوان براند[12]
بگفتا که «دارای دارا کنون / شما را بنیکی بود رهنمون[13]
همه گوش دارید و فرمان کنید / ز فرمان او رامش جان کنید[14]
که این تخت شاهی نماند دراز / به خوشی رود زود خوانند باز[15]
بکوشید تا مهر و داد آورید / بشادی مرا نیز یاد آورید»[16]
بگفت این و باد از جگر برکشید / شد آن برگ گلنار چون شنبلید[17]

---

۱ - **یک:** دل خسروانی چگونه باشد که سکندر آنرا گرفت؟ اسکندر را زبان یونانی بود، نه پهلوانی (پهلوی). **دو:** سخن گفتن نیز گرفتنی نیست آموختنی است. ۲ - آراستن برِ پهلوان او چگونه بود، پیش‌از آنکه... ۳ - ...خرد یافته باشد؟

۴ - اسکندر پس‌از کشته شدن فیلیپ بر دشت پاائوسانیاس (ایران باستان، پیرنیا، دفتر پنجم، ۱۲۰۸، برگرفته از دیودوروس سیسیلی، دفتر ۱۶، بند ۹۳) خود برخاست و سپاه گردکرد و بزرگترین آشوب جهانی را پدید آورد... نعم و بوس که افزایندهٔ داستان اسکندر برای نخستین بار، از خود پدید آورده‌است.

۵ - اسکندر از کیانیان نبود، و یونانیان، ایرانیان را از نژاد خدایان(!؟) می‌شمردند. (← جمهوریت افلاتون)

٦ - **یک:** تو گفتی...؟ **دو:** چگونه از چهر کسی میتوان دریافتن که شایستهٔ داد، یا بیداد است؟ **سه:** بنیاد در لت دویم نیز گزارش ندارد.

۷ - سخن سست. ۸ - دنبالهٔ گفتار. ۹ - از نام چگونه کام برمی‌آید؟

۱۰ - «دوازده» در آهنگ سرودهٔ شاهنامه اندر نمی‌شود و بدینروی فردوسی نیز همواره از «ده و دو» یاد کرده‌است، اما ده سال بگذشت زین(؟) با دو سال نادرخور است و دو بار نیز از سال یاد شده است. ۱۱ - دنبالهٔ گفتار.

۱۲ - پس‌از پژمردن، و از پسِ رفتن بدیگر سرای، بزرگان را پیش خواندن نشاید. لت دویم نیز نادرخور و بی‌گزارش است.

۱۳ - چگونه کودک دوازده ساله را توان و فرهنگ و بینش آن هست که بزرگان و فرزانگان کشور را رهنمای بنیکی باشد؟ باژگونهٔ این سخن درست می‌نمود: «شما او را بنیکی رهنمای باشید». ۱۴ - دنبالهٔ گفتار.

۱۵ - تخت بر جای می‌ماند، و شاه می‌رود... لت دویم نیز بی‌گزارش و بدآهنگ است. ۱٦ - دنبالهٔ گفتار.

۱۷ - پیشتر پژمرده شده‌بود، و مرد پژمرده را روی گلنارین نیست.

پادشاهی دارای داراب چهارده سال بود

چو دارا، به دل سوگ؛ داراب داشت | بخورشید، تاج مهی برفراشت[1]
یکی مرد بُد تیز؛ -دارا- و، تند | شده با زبان و دلش، تیغ، کند
چو بنشست بر گاه گفت: «ای سران | سرافراز گُردان و گنداوران
کسی را نخواهم که افتد بچاه | نه از چاه خوانم سوی تخت و گاه
کسی کاو، ز فرمان من بگذرد | سرش را همی، تن، به سر نشمرد
اُگر هیچ، تاب اندر آرد به دل | به شمشیر باشم ورا دلگسل
جز از ما هر آن کس که دارند گنج | نخواهم که ما شاددل او به رنج[2]
نخواهم که باشد مرا، رهنمای | منم رهنمای و منم دلگشای
ز گیتی خور و بخش و پیمان مرا است | بزرگیّ و شاهیّ و فرمان مرا است»
دبیر خردمند را پیش خواند | ز هر در فراوان سخن‌ها براند
یکی نامه بنوشت فرخ دبیر | ز دارای داراب بن اردشیر[3]
به هر سو؛ که بُد، شاه و خودکامه‌ای | بفرمود چون خنجری نامه‌ای
که: «هر کاو ز رای و ز فرمان من | بپیچد، ببیند سرافشان من
همه گوش، یکسر؛ بفرمان نهید | اگر جانسپارید و، گر جان دهید*
در گنج‌های پدر برگشاد | سپه را همه خواند و روزی بداد[4]
ز چار اندر آمد درم تا به هشت | یکی را به جام و یکی را به تشت[5]
درم داد و دینار و برگستوان | همان جوشن و تیغ و گرز گران[6]
هر آن کس که بُد کاردیده سری | ببخشید بر هر سری کشوری[7]

---

۱ - سخن را پیوند درست نیست.

۲ - «دارند»، با هر آنکس همخوان نیست در لت دویم نیز کنش «باشیم» و «باشد» بایسته است.

۳ -لت دویم، خود نشان می‌دهد سخن فردوسی نیست.

* - در همه نمونه‌ها «جان ستایند» آمده‌است، در تنها در نمونه قاهره «جان سپارید» آمده‌است و چنین پیدا است که این گفتار داریوش به گروه جانسپاران که پسان جانوسپار در زبان فارسی و جانوسیار خوانده شدند فرمان می‌دهد و پس‌ازآن به گروه جانداران که نگهبان ویژه شاه بودند. این دو گروه جانسپار و جاندار در زمان داریوش پدیدار شدند. ۴ - برگشود درست است.

۵ - **یک:** اندر (اندرون) آمدن از چهار درم به هشت درست نیست. **دو:** اگر روزیِ سپاهیان را از چهار دینار به هشت دینار رساند، این اندازه سکه را جام و تشت نباید. ۶ - از درم و دینار پیشتر یاد شده‌بود.

۷ -گذشته از سستی گفتار، میان لت دویم با لت نخست پیوند درست نیست.

دارای دارایان (داریوشیان) ۶۲۱

یکی را ز گردنکشان مرز داد　　سپه را همه چیز با ارز داد[1]
فرستاده آمد ز هر کشوری　　ز هر نامداریّ و هر مهتری
ز هند و ز خاقان و فغفور چین　　ز روم و ز هر کشوری همچنین[2]
همه پاک، با هدیه و باژ و ساو　　نه پَی بود با او کسی را نه تاو
یکی شارستان کرد زرنوش نام*　　به اهواز گشتند ازو شادکام
کسی را که درویش بُد داد داد　　به خواهندگان گنج و بنیاد داد[3]

*

بمرد اندران چندگه فیلقوس　　به روم اندرون بود یکچند بوس[4]
سکندر به تخت نیا برنشست　　بهی جست و دست بدی را ببست[5]
یکی نامداری بُد آنگه به روم　　کز او شاد بُد آن همه مرز و بوم[6]
حکیمی که بُد ارسطالیس نام　　خردمند و بیدار و گسترده کام[7]
به پیش سکندر شد آن پاک رای　　زبان کرد گویا و بگرفت جای[8]
بدو گفت ک:«ای مهتر شادکام　　همی گم کنی اندرین کار نام[9]
که تخت کیی چون تو بسیار دید　　نخواهد همی با کسی آرمید[10]
هر آنگه که گویی رسیدم بجای　　نباید به گیتی مرا رهنمای[11]
چنان دان که نادان‌ترین کسی تویی　　اگر پند دانندگان نشنوی[12]
ز خاکیم و هم خاک را زاده‌ایم　　به بیچارگی دل بدو داده‌ایم[13]
اگر نیک باشی بماندت نام　　به تخت کیی بر بوی شادکام[14]
اُگر بد کنی جز بدی نَدْرَوی　　شبی در جهان شادمان نغنوی[15]

---

۱ - در رج پیشین به همهٔ کاردیدگان کشوری بخشیده‌بود، و در این رج تنها یکی از آنان مرز میدهد! درباره سپاه نیز پیش‌ازاین سخن رفته‌بود.　　۲ - «هر کشوری همچنین» نادرخور است، و در رج پیشین از «هر مهتری» یاد شده‌بود.

* - پایتخت زمستانی هخامنشیان.

۳ - خواهندگان بیگمان همان درویشان‌اند، و بهر یک از آنان نمیتوان گنجی دادن... بنیاد را نیز در این سخن گزارش نیست.

۴ - یک: مرگ یک‌کس، در یکروز روی میدهد، نه در چندگاه! دو: این واژهٔ بوس چیست؟ که هم در اندوه و هم در شادی کاربرد دارد!　　۵ - میدانیم که اسکندر بر تخت پدرش فیلیپ نشست. برنشستن نیز در زبان فارسی، سوار بر اسب شدن است.

٦ - چون در لت نخست از «روم» یاد شد، در لت دویم «آن همه مرز و بوم» شایسته نیست.

۷ - حکیم را در گفتار فردوسی راه نیست. اگر خردمندی و بیداری ارستو را بپذیریم، گسترده کام نبود.　　۸ - دنباله سخن.

۹ - کدام کار؟ هنوز که اسکندر کاری نکرده‌است!

۱۰ - اسکندر از کیانیان نبود، و لت دویم نیز با لت نخست پیوند بایسته ندارد.　　۱۱ - دنبالهٔ سخن سست.

۱۲ - این رج از گفتار بزرگمهر برگرفته شده است:

منش پست و بدگوهر آنکس که گفت　　منم! کم بگیتی مرا نیست جفت

۱۳ - کسی دل بخاک نداده‌است.　　۱۴ - تخت یونان نه تخت کیان بود.

۱۵ - درویدن، برابرِ «کردن» نمی‌آید که بایستی نخست از کِشتن سخن آید و پس‌از درویدن.

به نیکی بود شاه را دسترس / به بد روز گیتی نجسته‌ست کس،[1]
سکندر شنید این پسند آمدش / سخنگوی را فرمند آمدش[2]
به فرمان او کرد کاری که کرد / ز بزم و ز رزم و ز ننگ و نبرد[3]
به نو هر زمانیش بنواختی / چو رفتی برِ تخت بنشاختی[4]

یورش اسکندر به ایران

چنان بُد که روزی فرستاده‌ای / سخنگو و بینا و آزاده‌ای
ز نزدیک دارا بیامد بروم / کجا باژ خواهد ز آباد بوم
به پیش سکندر بگفت آن سخن / غمین شد سکندر ز باژ کهن
بدو گفت: «رو پیش دارا بگوی / که: از باژ ما شد کنون رنگ و بوی
که مرغی که زرّین همی خایه کرد / بمرد و سر باژ بی‌مایه کرد»[5]
فرستاده پاسخ بدان سان شنید / بترسید و از روم شد ناپدید[6]
سکندر سپه را سراسر بخواند / گذشته سخن پیش ایشان براند
چنین گفت ک:«ز گردش آسمان / نیابد گذر، مرد نیکی گمان
مرا روی گیتی بباید سپَرد / بد و نیک، چندی بباید شمَرد
شما را بباید کنون ساختن / دل از بوم و آرام پرداختن»
سر گنج‌های نیا باز کرد / بفرمود تا لشگرش ساز کرد[7]
به شبگیر برخاست از روم، غَو / ز شهر و ز درگاهِ سالارِ نَو
برون آمد آن نامور شهریار / به ره بر، چنان لشگر نامدار[8]

---

۱ – لت دویم سخت بی‌پیوند و بی‌گزارش است.
۲ – **یک:** «این» در لت نخست نادرخور است: «این سخنان». **دو:** لت دویم نیز بدآهنگ و بی‌گزارش است.
۳ – «کاری که کرد» در لت نخست نادرخور است: بفرمان او کار میکرد. اما نگرش به زندگی اسکندر جز این میگوید.
۴ – «به نو» نادرست است، «هر بار او را می‌نواخت» و لت دویم نیز بی‌پیوند است: «چون پیش تخت او می‌رفت...».
۵ – زرین همی خایه کرد نادرست است: «خایهٔ زرین می‌کرد».
۶ – از پاسخ ترسیدن نادرخور است، چون پاسخ به پیام شاه داده بود، نه بدو.
۷ – تاریخ‌ها گواهی میدهند که اسکندر برای لشگرکشی بایران چند برابر زری که بهمراه او بود، زر، کم داشت که با گشودن گنج‌های ایران سدها برابر آن کمبود را بدست آورد.
۸ – اسکندر در آغاز نامور نبود، و پس‌از ویران کردن ایران و بآتش کشیدن دفترهای ما، در جهان نامبردار شد.

درفشی پس پشت سالار روم / نوشته بر او سرخ و پیروزه بوم[1]
همای از بر و خیزرانش قضیب / نوشته بر او بر محبّ صلیب
به مصر آمد از روم چندان سپاه / که بستند بر مور و بر پشّه راه
دو لشگر به روی اندر آورده روی / ببودند یک هفته پرخاشجوی
به هشتم به مصر اندر آمد شکست / سکندر سر راه ایشان ببست
ز یک راه چندان گرفتار شد / که گیرنده را دست بیکار شد
ز گوپال و زِ اسپ و برگستوان / ز خفتان و ز خنجر هندوان
کمرهای زرّین و زرّین ستام / همان تیغ هندی به زرّین نیام
ز دیبا و دینار چندان بیافت / که از خواسته بارگی برنتافت
بسی زینهاری بیامد سوار / بزرگان جنگاور نامدار
اُزان جایگه ساز ایران گرفت / دل شیر و چنگ دلیران گرفت
چو بشنید داراکه لشگر ز روم / بجنبید و آمد بدین مرز و بوم
برفتند ز استخر چندان سپاه / که از نیزه، بر باد؛ بستند راه
همی داشت از پارس آهنگ روم / کز ایران گذارد بدان مرز و بوم
چو آورد لشگر به پیش فرات / سپه را شمر بود، بیش از نبات[2]
به گردِ لب آب لشگر کشید / ز جوشن کسی آب دریا ندید[3]

*

سکندر چو بشنید کآمد سپاه / پذیره شدن را بپیمود راه
میان دو لشگر دو فرسنگ ماند / سکندر° گرانمایگان را بخواند
چو سیر آمد از گفتهٔ رهنمای / چنین گفت ک :«اکنون جز این نیست رای؛[4]
که من چون فرستاده‌ای پیش اوی / شوم، برگرایم کم و بیش اوی!»
کمر خواست پر گوهر شاهوار / یکی خسروی جامهٔ زرنگار

---

۱ - خیزران گونه‌ای چوب است اما چگونه خیزران؛ شاخهٔ نرم و تازه (= قضیب) یارای برافراشته داشتن درفش را دارد؟ افزاینده خواسته‌است بگوید که میلهٔ پرچم او از خیزران بود، و چون برای واژهٔ نادرست «محب الصلیب»، پساوایش بایسته‌بوده قضیب را بدان افزوده‌است! افزایندهٔ ناآگاه نمیدانسته‌است که عیسی (و چلیپایی که او را بر دار زدند) چند سد سال پس‌از اسکندر در جهان پدیدار شد. «نوشته» در آغاز لت دویم این رج با «نوشته» در رج پیشین همخوان نیست. اسکندر چون‌لشگر کشید از تنگهٔ داردانل به آسیای کوچک آمد، و بسوی سرزمین ایران راند افزایندگان را آگاهی پراکنده ازلشگرکشی او بمصر بوده‌است، و آنرا از پایان زندگی اسکندر به آغاز زندگی او کشانده‌اند... چون این داستان نادرست است از گزارش سخنان سست آن نیز چشم می‌پوشم.

۲ - لت دویم سست است و نبات بجای گیاه نیز در گفتار فردوسی جای ندارد.

۳ - یاگردِ آب! یا لب آب!

○ - بجای سکندر: «پسانگه» پیشنهاد می‌شود زیرا که دو سکندر در یک گفتار درست نمی‌نماید.

۴ - پیشتر سخن از رهنمای در میان نبود که ازگفتهٔ وی سیر شود.

۶۲۴ هخامنشیان

ببردند بالای زرّین ستام / بزین اندرون تیغ زرّین نیام
سواری دَه، از رومیان برگزید / که دانند هرگونه گفت و شنید
ز لشگر بیامد سپیده‌دمان / خود و نامداران ابا ترجمان[1]
چو آمد بنزدیک دارا فراز / پیاده شد و برد پیشش نماز
جهاندار دارا مر او را بخواند / بپرسید و بر زیر گاهش نشاند
همه نامداران فروماندند / بر او، در نهان، آفرین خواندند
ز دیدار و آن فرّ و فرهنگ اوی / ز بالا و از شاخ و آهنگ اوی
هم آنگه چو بنشست بر پای خاست / پیام سکندر بیاراست راست
نخست آفرین کرد بر شهریار / که: «جاوید بادا سر تاجدار
سکندر چنین گفت ک:«ای نیکنام / بگیتی به هر جای گسترده کام
مرا آرزو نیست با شاه، جنگ / نه بر بوم ایران، گرفتن؛ درنگ
بر آنم که گرد زمین اندکی / بگردم ببینم جهان را یکی*
همه راستی خواهم و نیکویی / بویژه که سالار ایران تویی
اگر خاک داری تو از من دریغ / نشاید سپردن هوا را چو میغ
چنین با سپاه آمدی پیش من / نه آگاهی از رای کم بیش من
چو رزم آوری، با تو؛ رزم آورم / از این بوم، بی‌رزم، برنگذرم
گزین کن یکی روزگار نبرد / بر این باش و زین آرزو، برمگرد
که من سرنپیچم ز جنگ سران / اُگر چند باشد سپاهی گران»[2]
چو دارا بدید آن دل و رای او / سخن گفتن و فرّ و بالای او
تو گفتی که داراست بر تخت آج / ابا یاره و توغ و با فرّ و تاج[3]
بدو گفت: «نام و نژاد تو چیست؟ / که بر فرّ و شاخت نشان کیی‌ست
از اندازهٔ کهتران برتری / من ایدون گمانم که اسکندری
بدین فرّ و بالا و گفتار و چهر / مگر تخت را پروریدت سپهر»
چنین داد پاسخ که: «این؛ کس نکرد / نه در آشتیّ و نه اندر نبرد
نه گویندگان بر درش کمترند / -که بر تارک بخردان افسرند-
کجا، خود پیام آرد از خویشتن / چنان شهریاری سر انجمن

۱ - خود و نامداران نادرست است، و آن ده سوار که در وج پیشین برگزیده شدند، ترجمان بودند که «هر گونه گفت و شنید را می‌دانستند». چنین رویداد در گزارش‌های نبرد اسکندر و دارا نیامده است اما گفتار بشیوهٔ سخن فردوسی است، و شاید که در شاهنامهٔ ابومنصوری بهمین‌گونه ترجمه شده باشد.

* - یکبار

۲ - در لت نخست از جنگ سران یاد شد، و در لت دویم از سپاه گران.

۳ - تو گفتی...

رزم اسکندر ۶۲۵

سکندر بدان مایه دارد خرد   که از رای پیشینگان نگذرد
پیامم سپهبَد بدین گونه داد   بگفتم بشاه، آنچه او کرد یاد»
بیاراستندش یکی جایگاه   چنانچون بود، در خورِ پایگاه[1]
سپهدار ایران چو بنهاد خوان   بسالار فرمود کاو را بخوان[2]
چو نان خورده شد مجلس آراستند   می و رود و رامشگران خواستند
سکندر چو خوردی می خوشگُوار   نهادی سبک، جام را بر کنار
چنین تا می و جام چندی بگشت   نهادن از اندازه اندر گذشت
دهنده بیامد بدارا بگفت   که: «رومی شد امروز، با جام، جفت»
بفرمود تا زو بپرسند -شاه-   که: «جام نبید از چه داری نگاه!
بدو گفت ساقی که: «ای شیرفش   چه؟ داری همی جام زرّین به کش»
سکندر چنین داد پاسخ که: «جام   فرستاده را باشد ای نیکنام
گر آیین ایران جز این است و راه   ببر جام زرّین سوی گنج شاه»
بخندید از آیین او شهریار   یکی جام پر گوهر شاهوار
بفرمود تا بر کفَش برنهند   یکی سرخ یاقوت بر سر نهند
هم اندر زمان باژخواهان روم   کجا رفته بودند ازآن مرز و بوم
ز خانه بدان بزمگاه آمدند   خرامان بنزدیک شاه آمدند
فرستاده روی سکندر بدید   برِ شاه رفت، آفرین گسترید
بدو گفت ک:«این مهتر؛ اسکندر است   که بر تخت با گرز و با افسر است
بدانگه که ما را بفرمود شاه   برفتیم نزدیک او باژخواه
برآشفت و ما را بدان، خوار کرد   بگفتار با شاه پیکار کرد
چو از پادشاهیش بگریختیم   شب تیره اسپان برانگیختیم[3]
ندیدیم مانندهٔ او بروم   دلیر آمده‌ست اندرین مرز و بوم!
همی برگراید سپاه ترا   همان گنج و تخت و کلاه ترا»
چو گفتِ فرستاده بشنید، شاه   فزون کرد سوی سکندر نگاه
سکندر بدانست کاندر نهان   چه گفتند با شهریار جهان
همی بود تا تیره‌تر گشت روز   سوی باختر گشت، گیتی‌فروز[4]

---

۱ - «یکی جایگاه» سخن راست می‌کند.   ۲ - پیدا است که سپهدار ایران، خود، خوان نمی‌نهد.

۳ - نخست اسپ را بایستی برانگیختن پسانگاه گریختن!

۴ - **یک:** چگونه شاید که فرستاده‌ای بدهلیز پرده‌سرای آید و بایستد تا شب شود و نگهبانان وی را نبینند، و از وی نپرسند؟ **دو:** باختر نیز در زبان فارسی و سخن فردوسی برابر با (شمال تازیست) در کاربرد آن نشان میدهد که ازسوی افزایندگان آمده‌است... در همه نمونه‌ها چنین آمده‌است مگر در س: «نهان گشت خورشید گیتی‌فروز».

بیامد بدهلیز پرده‌سرای   دلاور، به اسپ اندر آورد پای
چنین گفت پس با سواران خویش   بلند اختر و نامداران خویش
که: «ما راکنون، جان؛ به اسپ اندر است   چو سستی کند، باد ماند بدست!»
همه، بادپایان برانگیختند   ز پیش جهاندار بگریختند
چو دارا سر و افسر او ندید   بتاریکی از چشم شد ناپدید[1]
نگهبان فرستاد هم در زمان   به نزدیک خیمهٔ بدگمان[2]
چو رفتند بیداردل رفته بود   نه بخت چنان پادشا خفته بود[3]
پس او فرستاد دارا، سوار   دلیران و پرخاشجویان هزار[4]
چو باد از پس او همی تاختند   چو شب تیره بُد، راه نشناختند
طلایه بدیدند و گشتند باز   نبُد سود جز رنجِ، راهِ دراز
چو اسکندر آمد به پرده‌سرای   برفتند گردان رومی ز جای[5]
بدیدند شب، شاه را شادکام   به پیش اندرون پرگهر چارجام[6]
به گُردان چنین گفت ک: «آباد بید   بدین فرخی فال ما شاد بید[7]
که این جام پیروزی جان ماست   سر اختران زیر فرمان ماست[8]
هم از لشگرش برگرفتم شمار   فراوان کم است از شنیده سوار[9]
همه جنگ را تیغها برکشید   اُز این دشت هامون سر اندر کشید[10]
چو در جنگ تن را به رنج آورید   ازان رنج شاهی و گنج آورید[11]
جهان‌آفریننده یار من است   سر اختر اندر کنار من است»[12]
بزرگان بر او خواندند آفرین   که «آباد بادا به قیصر زمین[13]
فدای تو بادا تن و جان ما   برین است جاوید پیمان ما[14]

---

۱ - دارا در میان پرده‌سرای توان دیدن او را بیرون از پرده ندارد.
۲ - «خیمه» را در سخن فردوسی جای نیست.
۳ - پیوند میان لت دویم و لت نخست پیدا نیست.
۴ - سوار نادرست است «سواران دلیر...» شمار را هزار نیز می‌باید پیش‌از سوار آوردن یا بدینگونه «سواری هزار».
۵ - گردان رومی ز جای نادرست است: «گردان رومی به نبردش رفتند».
۶ - هیچگاه می نوشان چهار جام را پیش خویش نمی‌نهند، و جامها را یکایک و بادرنگِ بایسته می‌نوشند.
۷ - فرخی فال نادرست است «فال فرخ».
۸ - پیروزی جان؟ یا پیروزی لشگر؟ لت دویم نیز نادرخور است: «گردش اختران بکام ما است».
۹ - «فراوان کم» آمیزه‌ای نادرست است.
۱۰ - «دشتِ هامون» نیز نادرست است یا دشت، یا هامون.
۱۱ - شاهی بهمهٔ سپاهیان نمی‌رسید... وگنج آورید نیز اندکی سست می‌نماید: «گنج بدست می‌آورید».
۱۲ - از گفتار شاهنامه برگرفته شده است:

جهان‌آفریننده یار تو باد   سر اختر اندر کنار تو باد

۱۳ - این رج نیز از شاهنامه است.
۱۴ - دنبالهٔ گفتار.

ز شاهان که یارد بُدن یار تو ... به مردیّ و بالا و دیدار تو؟[1]

رزم نخست اسکندر
و
دارا

چو خورشید، برزد؛ سر از کوه و راغ ... زمین شد بکردار زرّین چراغ[○]
جهاندار دارا، سپه برگرفت ... جهان؛ چادر قیر بر سر گرفت
بیاورد لشگر ز رود فرات ... به هامون سپه بیش بود از نبات[۲]
سکندر چو بشنید کآمد سپاه ... بزد کوس و آورد لشگر براه
دو لشگر که آن را کرانه نبود ... چو اسکندر اندر زمانه نبود[۳]
ز ساز و ز گردان هر دو گروه ... زمین همچو دریا بُد، و گَرد، کوه
ز خفتان و ز خنجر هندوان ... ز بالا و اسپ و ز برگستوان[۴]
دو رویه سپه برکشیدند صف ... ز خنجر همی یافت خورشید تف[۵]
به پیش سپاه آوریدند پیل ... جهان شد بکردار دریای نیل[۶]
سواران جنگ از پس و پیل پیش ... همه برگرفته دل از جان خویش
تو گفتی هوا خون خروشد همی ... زمین از خروشش بجوشد همی[۷]
ز بس نالهٔ بوق و هندی درای ... همی کوه را دل برآمد ز جای
ز آواز اسپان و بانگ سران ... چرنگیدن گرزهای گران؛[۸]
تو گفتی زمین کوه جنگی شده است ... ز گرد آسمان روی زنگی شده است[۹]
بیک هفته گُردانِ پَرخاشجوی ... بروی اندر آورده بودند، روی
به هشتم برآمد یکی تیره گرد ... برآن سان که خورشید شد لاژورد
بپوشید دیدار ایران سپاه ... گریزان برفتند از آن رزمگاه

---

۱ – «یار تو» نادرخور است: «که یارای جنگ تو را دارد؟»...
○ – این نبرد ۲۳۴۰ سال پیش ۳۳۴ پیش‌ازمسیح روی داد.
۲ – گفتار نادرست دربارهٔ نبات، دوباره آمد.
۳ – لت نخست نادرست است و برای دولشگر نشاید «آن» آوردن لت دویم را نیز پیوند درست با لت نخست نیست.
۴ – «بالا» (= باره) همان اسپ است، این رج دوباره‌گویی سست رج پیشین است.
۵ – «خنجر» نخستین جنگ‌افزار نیست که بدست میگیرند... بنگرید به بخش جنگ‌افزار و آیین نبرد، در پیشگفتار.
٦ – از پیل بگونهٔ درست در رج پسین یاد می‌شود.
۷ – تو گفتی... خون، خروشیدنی نیست.
۸ – وابسته برج پسین...
۹ – تو گفتی... لت دویم نادرست و بی‌پیوند است: «از گرد، آسمان چون روی زنگی شده».

سکندر همی تاخت در پی دمان — یکی پر غم و دیگری شادمان
سکندر بشد تا لبِ رودبار — بکشتند ز ایرانیان بیشمار[1]
سپاه از لب رود برگاشتند — بفرمود تا رود بگذاشتند[2]
به پیروزی آمد بدان رزمگاه — کجا پیش بود آن گزیده سپاه[3]

دودیگر نبرد اسکندر
با
دارا

چو دارا ز پیش سکندر برفت — بهر سو سواران فرستاد، و، تفت[*]
از ایران؛ سران و مهان را بخواند — درم داد و روزی دهان را بخواند
سر ماه را لشگر آباد کرد — سر نامداران پر از باد کرد
دگر باره از آب زان سو گذشت — بیاراست لشگر، بدان پهندشت
سکندر چو بشنید لشگر براند — پذیره شد و سازش آنجا بماند[4]
سپه را چو روی اندر آمد بروی — زمان و زمین گشت پرخاشجوی
سه روز اندر آن رزمشان، شد درنگ — چنان گشت کز کشته شد؛ جای، تنگ
فراوان از ایرانیان کشته شد — جهانجوی را روز برگشته شد[5]
پر از درد برگشت ز آوردگاه — چو یاری ندادش همی هور و ماه
سکندر بیامد پسِ او چو گرد — بسی از جهان‌آفرین یاد کرد[6]
خروشی برآمد ز پیش سپاه — که: ای زیردستان گم کرده راه[7]
شما را ز من بیم و آزار نیست — سپاه مرا با شما کار نیست[8]
بباشید ایمن به ایوان خویش — به یزدان سپرده تن و جان خویش[9]

---

۱ – چون سپاه اسکندر ازپس، دمان میرفتند، سخن از اسکندر بتنهایی نشاید گفتن.
۲ – سپاه از لب رود برگشت؟ یا بفرمان؛ از رود گذشت؟ کدامیک؟ ۳ – بپیروزی آمد نادرست است بپیروزی بازگشت.
* – این نبرد ۲۳۳۹ سال پیش‌از امروز (۳۳۳ سال پیش‌از عیسی) روی نمود.
۴ – لت دویم نادرخور است، زیرا که برای نبرد همواره با ساز نبرد بمیدان میروند!
۵ – کُشته را باگَشته پساوا نیست.
٦ – **یک:** اسکندر را «برفت»، یا «شتافت» باید. **دو:** اسکندر یونانی پیروکیش چند خدایی بود و از جهان‌آفرین یاد نمی‌توانست کردن.
۷ – دنبالهٔ داستان. ۸ – این گفتار نه بر آیین کردار اسکندر است.
۹ – زیردستان را ایوان (=کاخ) نبود و لت دویم نیز بی‌پیوند و بی‌پایان است.

به جان و تن از رومیان رسته‌اید — اگرچه به خون دست‌ها شسته‌اید[1]
چو ایرانیان ایمنی یافتند — همه رخ سوی رومیان تافتند[2]
سکندر بیامد بدشت نبرد — همه خواسته سربسر گرد کرد
ببخشید بر لشگرش خواسته — بنیرو سپاهی شد آراسته
ببود اندران بوم و بر چار ماه — چو آسوده شد شهریار و سپاه[3]
جهاندار دارا به جهرم رسید — که آنجا بُدی گنج‌ها را کلید[4]
همه مهتران پیش باز آمدند — پر از درد و گُرم و گداز آمدند[5]
خروشان پسر چون پدر را ندید — پدر همچنین چون پسر را ندید[6]
همه شهر ایران پر از ناله بود — به چشم اندرون آب چون ژاله بود[7]
ز جهرم بیامد به شهر صطخر — که آزادگان را بران بود فخر[8]
فرستاده‌ای رفت بر هر سویی — به هر نامداریّ و هر پهلوی[9]

*

سپاه انجمن شد بدرگاه شاه — نهادند زرّین یکی زیرگاه
چو دارا بران کرسیِ زر نشست — برفتند گردان خسروپرست[10]
بایرانیان گفت ک:«ای مهتران — خردمند و بیدار، جنگاوران
ببینید تا رای پیکار چیست؟» — همی گفت، با درد و، چندی گریست
چنین گفت ک:«امروز مردن بنام — به از زنده، دشمن بدو شادکام
نیاکان و شاهان ما تا بدند — به هر سال باژی همی بستدند[11]
بهر کار ما را زبون بود، روم — کنون بخت آزادگان گشت شوم[12]
همه پادشاهی سکندر گرفت — جهاندار شد، تخت و افسر گرفت
چنین هم نمانَد بیاید کنون — همه پارس گردد چو دریای خون
زن و کودک و مرد گردند اسیر — نماند بر این بوم، برنا و پیر

---

۱ – «رَسته‌اید» را با «شُسته‌اید» پساوا نیست. ۲ – از چنین رویداد در دفترهای یونانیان نیز سخن نرفته‌است.
۳ – چون اسکندر با سپاه خویش آسوده شد... ۴ – دارا بجهرم رسید؟!... ۵ – دنبالهٔ داستان.
۶ – آنانکه در میدان جنگ کسان خویش را از دست داده بودند، در میان راه زمان آنرا داشتند که از دست رفتگان را بشناسند!
۷ – سخن در لت دویم سست می‌نماید.
۸ – نبرد در گیوگَمِل نزدیک فرات روی داده بود. چگونه سپاهیان بجهرم رفتند، و از آنجا به استخر شدند؟ باز آنکه استخر در فارس نزدیک‌تر بمیدان جنگ بود، تا جهرم! ۹ – سویی را با پهلوی پساوا نیست.
۱۰ – سپاه انجمن شد، و زیرگاه زرین برای شاه نهادند. پس‌از‌آن بزرگان رفتند؟!
۱۱ – «تا بُدند» نادرست است و نیاکان و شاهان برای گفتار بسنده است لت دویم نیز سست است.
۱۲ – «ما را زبون بود» نادرست است و شگفتا که افزاینده می‌توانست گفتن «از ما زبون بود روم» و این گفتار درست، بر اندیشه‌اش گذر نکرد.

مرا گر شوید اندرین، یارمند — بگردانم این رنج و درد و گزند[1]
شکار بزرگان بدند این گروه — همه گشته از شهر ایران ستوه[2]
کنون ما شکاریم و ایشان پلنگ — به هر کارزاری گریزان ز جنگ[3]
اگر پشت، یکسر؛ به پشت آورید — بر و بوم ایشان به مشت آورید
کسی کاندرین جنگ سستی کند — بکوشد که تا جان پرستی کند[4]
مدارید ازین پس به گیتی امید — که شد روم ضحّاک و ما جمشید»[5]
همی گفت گریان و دل پر ز درد — دو رخساره زرد و دو لب لاژورد
بزرگان داننده برخاستند — همه پاسخش را بیاراستند
خروشی برآمد از ایران به‌زار — که: «گیتی نخواهیم بی‌شهریار
همه روی، یکسر، به جنگ آوریم — جهان بر بداندیش تنگ آوریم
ببندیم دامن یک اندر دگر — اگر خاک یابیم اگر بوم و بر»[6]
سلیح و درم داد لشگرش را — همان نامداران کشورش را[7]

سدیگر نبرد اسکندر
با
دارا

سکندر چو از کارش آگاه شد — که دارا به تخت افسر ماه شد[8]
سپه برگرفت از عراق و براند — به رومی همی نام یزدان بخواند[9]
سپه را میان و کرانه نبود — همان بخت دارا جوانه نبود[10]
پذیره شدن را بیاراست شاه — بیاورد ز استخر چندان سپاه[11]

---

۱ – اندرین نادرخور است. اندرین جنگ، اندرین کار. یارمند نیز...: «یاور».
۲ – **یک:** افزاینده از این گرد، یونانیان را خواهد گفتن... **دو:** در لت دویم همه گشته نادرخور است: «همه بودند».
۳ – لت دویم، گریزندگی از جنگ، بیونانیان می‌پیوندد، باز آنکه افزاینده، ایرانیان را خواهد گفتن.
۴ – لت دویم را با لت نخست پیوند نیست.
۵ – کسیکه در رج پیشین: در این رج «نبایدش امید داشتن» شایسته است.
۶ – چون سپاهیان دامن در یکدگر بندند، توان جنبششان نمی‌ماند.
۷ – دارای گریزنده، از کجا سلیح و درم داشت؟
۸ – **یک:** چون از کار(ش) آگاه شد، گفتار لت دویم نادرخور است. **دو:** دارای گریان و گریزان چگونه اختر ماه شد؟
۹ – بهنگام هخامنشیان نامی از «عراق» در میان نبود و یونانیان با خداوند بشیوهٔ اندیشهٔ ایرانی آشنا نبودند که نام یزدان را برومی بخوانند! آنانرا خدایان بیشمار بود.
۱۰ – اسکندر با دوازده‌هزار مقدونی بجنگ آمده‌بود، و اگر در نبرد ستم سپاه او راکرانه نبود این سخن را در نبرد نخستین نیز شایستی گفتن.
۱۱ – سپاهیان ایران در استخر نبودند.

که گفتی ستاره نتابد همی / فلک راه رفتن نیابد همی[1]
سپاه دو کشور کشیدند صف / همه نیزه و گرز و خنجر بکف[2]
برآمد چنان از دو لشگر خروش / که چرخ فلک را بدرّید گوش
چو دریا شد از خونِ گُردان زمین / تن بی‌سران بُد همه دشت کین[3]
پدر را نبُد بر پسر، جای مهر / بر ایشان نبخشید، گَردان سپهر
شب آمد، بدارا، درآمد شکست / سکندر، میان، تاختن را ببست
جهاندار لشگر به کرمان کشید / همی از بد دشمنان جان کشید[4]
سکندر بیامد زی استخر پارس / که دیهیم شاهان بُد و فخر پارس[5]
خروشی بلند آمد از بارگاه / که: ای مهتران نماینده راه[6]
هر آن‌کس که زنهار خواهد همی / ز کرده به یزدان پناهد همی[7]
همه یکسره در پناه منید / بدانید اگر نیکخواه منید[8]
همه خستگان را ببخشیم چیز / همان خون دشمن نریزیم نیز[9]
ز چیز کسان دست کوته کنیم / خرد را سوی روشنی ره کنیم[10]
که پیروزگر دادمان فرهی / بزرگیّ و دیهیم شاهنشهی[11]
کسی کاو ز فرمان ما بگذرد / همی گردن اژدها بسپرد[12]
ز چیزی که دید اندران رزمگاه / ببخشید یکسر همه بر سپاه[13]

*

۱ - در لت نخست سخن بی‌پیوند است و در لت دویم بی‌گزارش و سست. ۲ - آغازِ جنگ، تنها با نیزه است، نه با گرز و خنجر.
۳ - لت دویم نادرست است «تن‌های بی‌سر»... و چون چنین باشد «سرهای بی‌تن نیز» پدیدار می‌شوند.
۴ - افزاینده را هیچ آشنایی از زمین ایران و شهرهای ایران نبوده‌است که یکبار سپاه ایران را از نبرد گرانیکوس به جهرم کشاند، و اکنون بکرمان می‌کشاند، ایران را شهرهای فراوان نزدیک بفرات بود که سپاهیان شکست خوردهٔ ایران، بدانها پناه گیرند.
۵ - اسکندر را چرا نبایستی بدنبال دارا بکرمان رفتن و به استخر پارس شدن؟ «استخر» همواره در سرودهٔ افزایندگان با «فخر» پساوا می‌یافت... «که ایرانیان را بدان بود فخر» و اکنون چون پارس بدان افزوده شد (فخر) پارس نیز جای پساوای آن راگرفت، و استخر که (فخر) ایران بود پایگاهی پست‌تر یافت، و (فخر) پارس گردید.
۶ - «مهتران نماینده راه» چه کسان بودند... اسکندر همواره بگفتار یاران خویش نیز رفتار نمی‌کرد.
۷ - زنهار را از پادشاه پیروز می‌خواستند، و آن «پناه گرفتن بیزدان» نبود.
۸ - «آنکس» در رج پیشین را در این رج «پناه منست» باید نه پناه منید!
۹ - خستگان را پزشک و درمان می‌بایستی، نه مال و دارایی.
۱۰ - این همان اسکندر است، که همه گنج‌های ایران را بتاراج داد؟
۱۱ - دیهیم با آمدن سپاه یونان در ایران پدیدار شد و بدانهنگام هنوز دیهیم در ایران نبود و شناخته نمی‌شد.
۱۲ - گردن اژدها را سپردن چگونه باشد؟ چنین‌کس بر اژدها پیروز است و پیروزگر را ترساندن روا نباشد.
۱۳ - چون افزاینده اسکندر و سپاهش را به استخر کشانده است از رزمگاه تا بدان شهر چند ماهه راه بود، و ازپس چندان روزگار سخن از رزمگاه و بخشیدن خواسته در آن، سخن نشاید گفتن.

چو دارا ز ایران بـه کرمان رسید — دو بـهر از بـزرگان لشگـر نـدید[1]
خـروشی بُـد انـدر مـیان سـپاه — یکـی را نـدیدند بـر سـر کـلاه[2]
بـزرگان فـرزانـه را گـرد کـرد — کسـی را کـه بـا او بُـد انـدر نـبرد[3]
هـمه مـهتران زار و گـریان شـدند — ز بـخت بـد خـویش بـریان شـدند[4]
چـنین گـفت دارا کـه «هـم بـیگمان — ز مـا بـود، بـر مـا، بـدِ آسـمان[5]
شکـن زیـن نشـان در جـهان کس نـدید — نـه از کـاردانـان پـیشین شـنید[6]
زن و کـودک شـهر ایـران اسـیر — جگـر، خسـته از اخـتر و، تـن بـتیر[7]
چـه بـینید و ایـن را چـه درمـان کـنید؟ — کـه بـدخواه را زیـن پشـیمان کـنید![8]
نـه کشـور، نـه لشگـر، نـه تـخت و کـلاه — نـه شـاهی نـه فـرزند و گـنج و سـپاه[9]
ار ایـدونکه بـخشایش کـردگار — نـباشد تـبه شـد بـما روزگـار»[10]
کسـی کـز گـرانـمایگان زیسـتند — بـه پـیش شـهنشاه بگـریستند[11]
بآواز گـفتند کـ:«ای شـهریار — هـمه خسـته‌ایـم از بـدِ روزگـار[12]
سـپه را ز کـوشش سـخن درگـذشت — ز تـارک دم آب بـرتر گـذشت[13]
پـدر بـی‌پسر شـد پسـر بـی‌پدر — چـنین آمـد از چـرخ گـردان بـه سـر[14]
کـه را مـادر و خـواهـر و دخـتر است — هـمه پـاک بـر دست اسـکندر است[15]
هـمان پـاک پـوشیده‌رویان تـو — کـه بـودند لرزنـده بـر جـان تـو[16]
چـو گـنج نـیاکـان بـرترمنش — کـه آمـد بـه دست تـو بـی‌سرزنش[17]

---

۱ – مگر کرمان از خاک ایران نیست؟ در لت دویم نیز لشگر را «را» باید!
۲ – اگر خروش نیز بود، تا از نزدیکی فرات بکرمان رسند، خروش می‌نشست!
۳ – دو رج پیش‌از ناپدید شدن «دوبهر از بزرگان» را ناپدید نشان داد و اکنون همهٔ آنانکه باو در نبرد انباز بودند، وگرد آمدند!
۴ – شدند نادرست است: «زار و گریان بودند».
۵ – «هم بیگمان» آمیزه‌ای درست نیست. در لت دویم، اگر بد از ما بود، نشایستی از «بد آسمان» یاد کردن.
۶ – شکن نادرست است: «شکست».
۷ – افزاینده یکبار ازسوی اسکندر به آنان زینهار می‌دهد، و یکبار ازسوی دارا آنان را ببند می‌کشاند!
۸ – «چه بینید» کمبود دارد: «دراین‌باره چه می‌بینید: و این درد را درمان چیست».
۹ – این رج را هیچ پیوند باگفتار پیشین نیست، و خود نیز بی‌پایان است.
۱۰ – روزگار ایران تباه شده‌بود، و اگر و مگر در کار نبود!!
۱۱ – سخن نادرست است: «ازگرانمایگان، آنانکه زنده مانده‌بودند».
۱۲ – دنبالهٔ گفتار.
۱۳ – لت نخست نادرست است: «کوشش سپاه از اندازه گذشت».
۱۴ – «پسران بی‌پدر شدند...» و در لت دویم نیز: «بر سرمان رفت» یا «بر سرمان گذشت».
۱۵ – این همان افزاینده است که ایرانیان را در پناه اسکندر و زینهار اسکندر درشمار آورده‌بود.
۱۶ – این سخن درست است که داریوش سیوم زن و دخترخویش را بمیدان جنگ برده‌بود، و آنان پس‌ازشکست داریوش بدست اسکندر افتادند، اما این رج پیوسته بگفتار افزوده است و می‌باید از آن چشم پوشید.
۱۷ – چوگنج نیاکان... نادرست است: «باگنج نیاکان».

کنون مانده اندر کف رومیان / نژاد بزرگان و گنج کیان[1]
ترا چاره با او مداراست بس / که تاج بزرگی نماند بکس[2]
کسی گوید آتش زبانش نسوخت / به چاره بَد از تن بباید سپوخت[3]
تو او را به تن زیردستی نمای / یکی در سخن نیز چربی فزای[4]
ببینیم فرجام تو چون بود / که گردش ز اندیشه بیرون بود[5]
یکی نامه بنویس نزدیک او / پر اندیشه کن جان تاریک او[6]
هم این چرخ گردان بر او بگذرد / چنین داند آن‌کس که دارد خرد»[7]
از ایشان چو بشنید فرمان گزید / چنان کز دل شهریاران سزید[8]

❋

دبیر جهاندیده را پیش خواند / بیاورد نزدیک گاهش نشاند[9]
یکی نامه بنوشت با داغ و درد / دو دیده پر از خون و رخ لاژورد[10]
ز دارای داراب بن اردشیر / سوی قیصر اسکندر شهرگیر[11]
نخست آفرین کرد بر کردگار / که زو دید نیک و بد روزگار[12]
دگر گفت کز گردش آسمان / خردمند برنگذرد بی‌گمان[13]
کز او شادمانیم و زو ناشکیب / گهی در فراز و گهی در نشیب[14]
نه مردی بد این رزم ما با سپاه / مگر بخشش و گردش هور و ماه[15]
کنون بودنی بود و ما دل به درد / چه داریم از این گنبد لاژورد[16]
کنون گر بسازی و پیمان کنی / دل از جنگ ایران پشیمان کنی[17]
همه گنج گشتاسپ و اسفندیار / همان یاره و تاج گوهرنگار[18]

---

۱ – مانده اندر کف نادرست است: «بدست رومیان افتاده‌است». ۲ – دنباله سخن.
۳ – سخن در لت نخست سخت کودکانه است: «با گفتن آتش زبان گوینده نمی‌سوزد».
۴ – زیردستی نمودن بتن نیست بکردار است. ۵ – پیوند بایستهٔ این رج «تا» است.
۶ – اگر نامه، نمودار زیردستی نمودن باسکندر است، چرا بایستی جان تاریک او را پر اندیشه کردن؟
۷ – بر او بگذرد نادرخور است بر او (نیز) بگذرد. ۸ – از دل شهریاران نادرخور است.
۹ – چون دبیر را پیش خواند، «بیاورد» در لت دویم نادرخور است، و پیش خواندن، همان نزدیک نشاندن است.
۱۰ – سخن باژگونه است: «با دیدهٔ پر خون... نامه بنوشت» باری نامه نوشتن نیز کار دبیران بوده‌است: «یکی نامه فرمود».
۱۱ – خوانندهٔ آگاه را داوری باید!! ۱۲ – ایرانیان بدِ روزگار را، از برآیند کارهای خویش میدانستند، نه از خداوند.
۱۳ – دنبالهٔ گفتار. ۱۴ – سخن را در این رج پیوند درست با رج پیشین نیست.
۱۵ – افزاینده را رای بر آن بوده‌است که بگوید پیروزی تو نه از مردی و هنر شمار بود... که گردش آسمان شما را پیروز کرد.
۱۶ – چگونه آنکس را که با دیدهٔ خونین و رخ لاژوردین سخن میگوید، دل بدرد نیست؟
۱۷ – «کنون» در این رج با «کنون» در رج پیشین همخوان نیست.
۱۸ – میان لت دویم و لت نخست پیوند درست نیست: «را، بهمراه یاره و...».

فرستم به گنج تو از گنج خویش — همان نیز ورزیدهٔ رنج خویش[1]
همان مر ترا یار باشم به جنگ — به روز و شبانت نسازم درنگ[2]
کسی را که داری ز پیوند من — ز پوشیده رویان و فرزند من[3]
بر من فرستی نباشد شگفت — جهانجوی را کین نباید گرفت[4]
ز پوشیده رویان بجز سرزنش — نباشد ز شاهان برترمنش[5]
چو نامه بخواند خداوند هوش — بیاراید این رای پاسخ نیوش[6]
هیونی ز کرمان بیامد دمان — به نزدیک اسکندر بدگمان[7]
سکندر چو آن نامه برخواند گفت — که «با جان دارا خرد باد جفت[8]
کسی کاو گراید به پیوند اوی — به پوشیده رویان و فرزند اوی[9]
نبیند مگر تختهٔ گور تخت — گر آویخته سر ز شاخ درخت[10]
همه به اصفهان‌اند بی‌درد و رنج — از ایشان مباداکه خواهیم گنج[11]
تو گر سوی ایران خرامی رواست — همه پادشاهی سراسر تراست[12]
ز فرمان تو یک زمان نگذریم — نفس نیز بی‌رای تو نشمریم[13]
بکردار کشتی بیامد هیون — دل و دیدهٔ تاجور پر ز خون[14]

*

چو آن پاسخ نامه دارا بخواند — ز کار جهان در شگفتی بماند[15]
سرانجام گفت «این ز کشتن بتر — که من پیش رومی ببندم کمر[16]

---

۱ - اسکندر همهٔ آنها را... بزور بگرفت، و روشن نیست که داریوش سیُوم برای گنج، چه رنج کشیده‌بود، بجز از خور و خواب و خشم و...». ۲ - یار، برای جنگ با ایرانیان؟ لت دویم نیز بی‌پیوند و بی‌گزارش است.

۳ - کسی نادرست است: «آنانرا که».

۴ - سخن را پیوند «اگر» باید... لت دویم رویداد جهان را، «جهانجویان کینه‌ورند».

۵ - سخن درهمریخته است: «به بند آوردن، و از آن خود کردن پوشیده رویان، باسرزنش همراه است».

۶ - هوش (= اندریافت و ویر) در زبان پهلوی و نیز فارسی هُش خوانده می‌شود که نمونهٔ آن هنوز در آمیزهٔ «هُشیار» به زبان میرود، و آنرا با نیوش پساوا نیست! ۷ - دنباله داستان... ۸ - همچنین.

۹ - گراییدن، نادرخور نیست. دست یازیدن ناشایست است.

۱۰ - افزاینده را رای بر آن بوده‌است که از «تختهٔ مرده‌شوی‌خانه» سخن گوید وگرنه گور را تخته نیست.

۱۱ - نام اصفهان در زمان باستان «سپاهان» بوده‌است و چگونه سپاه پیروز اسکندر، باستخر آمد، و آنان بهمراه او نیامدند؟ لت دویم نیز نادرخور است زیراکه گنج در دست آنان نبوده‌است. ۱۲ - مگر کرمان از سرزمین ایران نبوده‌است.

۱۳ - دروغ بزرگ جهانی!!! ۱۴ - دنبالهٔ داستان.

۱۵ - لت نخست درهمریخته است: «چون دارا پاسخ نامه را بخواند»... لت دویم نیز بی‌گزارش است زیراکه افزایندگان در نامه اسکندر همه از مهر و مردمی و یار یسخن رانده‌بودند، پس شگفتی دارا از آن پاسخ نادرخور است.

۱۶ - و این سخنان... نادرخورتر است زیراکه در سخنان افزایندگان ازسوی اسکندر چنین آمده‌بود:

تو گر سوی ایران خرامی روا است — همه پادشاهی سراسر ترا است
ز فرمان تو یکزمان نگذریم — نفَس نیز بی‌رای تو نشمریم

رزم اسکندر

ستودان مرا بهتر آید ز ننگ   یکی داستان زد بر این مرد سنگ[۱]
که: گر آب دریا بخواهد رسید   در او قطره باران نیاید پدید[۲]
همی بودمی یار هرکس به جنگ   چو شد مر مرا زین نشان کار تنگ[۳]
نبینم همی در جهان یار کس   بجز ایزدم نیست فریادرس»[۴]
چو یاور نبودش ز نزدیک و دور   یکی نامه بنوشت نزدیک فور[۵]
پر از لابه و زیردستی و درد   نخست آفرین بر جهاندار کرد[۶]
دگر گفت ک: «ای مهتر هندوان   خردمند و دانا و روشن‌روان[۷]
هماناکه نزد تو آمد خبر   که ما را چه آمد ز اختر به سر[۸]
سکندر بیاورد لشگر ز روم   نه بر ماند ما را نه آباد بوم[۹]
نه پیوند و فرزند و تخت و کلاه   نه دیهیم شاهی نه گنج و سپاه[۱۰]
ار ایدونکه باشی مرا یارمند   که از خویشتن باز دارم گزند[۱۱]
فرستمت چندان گهرها ز گنج   کزان پس نبینی تو از گنج رنج[۱۲]
همان در جهان نیز نامی شوی   به نزد بزرگان گرامی شوی[۱۳]
هیونی برافکند برسان باد   بیامد بر فور فوران نژاد[۱۴]

*

چو اسکندر آگاه شد زین سخن   که دارای دارا چه افکند بن[۱۵]
بفرمود تا برکشیدند نای   برآمد غو کوس و هندی درای[۱۶]
بیامد ز استخر چندان سپاه   که خورشید بر چرخ گم کرد راه[۱۷]
برآمد خروش سپاه از دو روی   بی‌آرام شد مردم جنگجوی[۱۸]
سکندر به آیین صفی برکشید   هوا نیلگون شد زمین ناپدید[۱۹]

---

۱ – وابسته به رج پسین.   ۲ – رسیدن آب دریا چگونه باشد؟
۳ – داریوش سیوم یار هیچکس نبوده‌است، و جنگ، تنها ازبرای خود می‌کرده‌است.   ۴ – دنبالهٔ گفتار.
۵ – اگر از «دور» یاور نداشت، پس چرا نامه به «فور» در هندوستان نوشت؟
۶ – اگر نخست آفرین بر جهاندار کرد... از لابه و زیردستی و درد، پیش‌ازآن نشایستی یاد کردن... و اگر پیشتر گفته‌بود، که «ستودان مرا بهتر آید ز ننگ»، چرا اکنون تنگ لابه و زیردستی به هندوان را بر خود هموار میکند؟   ۷ – دنبالهٔ گفتار.
۸ – همچنین.   ۹ – نیز...   ۱۰ – دنباله...   ۱۱ – یارمند نادرست است: یاور، یاریگر.
۱۲ – چندان گهر(ها) نادرست است.   ۱۳ – شاه هند در نزد کنام بزرگان (بزرگتر از خود) گرامی خواهد شدن؟
۱۴ – نام «فور» نامی نادرست و ساختگی است، و با این گفتار نام پدر او نیز «فوران» خوانده شد، تنها برای فراهم آوردن پساوای «باد».
۱۵ – دنبالهٔ گفتار.   ۱۶ – دنباله سخن.   ۱۷ – شمار سپاهیانی که با اسکندر بایران آمده‌بودند دوازده‌هزار بود.
۱۸ – سپاه در لت نخست با مردم در لت دویم همخوان نیست: مردم در زبان پهلوی «مرتوم» [illegible] از ریشهٔ مَرِتَ [illegible] اوستایی برگرفته شده است که در زبان فارسی «میرا» یا درگذشتنی بوده باشد، و برابر است با (انسان)، و در گروه «مردمان» بایستی گفتن. و بدینسان مردم یک مرد است و با سپاهش نمیتوان همگان و همراه آوردن.
۱۹ – دو رج پیش‌از خورشید که راه خود راگم کرده‌بود سخن رفت،... باری با رده کشیدن سپاه گرد بر نمی‌خیزد.

چو دارا بیاورد لشگر به راه — سپاهی نه بر آرزو رزمخواه[۱]
شکسته دل و، گشته از رزم سیر — سر بخت ایرانیان گشته زیر[۲]
نیاوختند ایچ با رومیان — چو روبه شد آن دشت شیر ژیان[۳]
⇐ گرانمایگان زینهاری شدند — ز اوج بزرگی به خواری شدند
چو دارا چنان دید برکاشت روی — گریزان همی رفت با های‌هوی
برفتند با شاه، سیصد سوار — از ایران هر آن کس که بُد نامدار
دو دستور بودش گرامی دو مرد — که با او بدندی به دشت نبرد*
یکی، موبدی نام او ماهیار — دگر مرد را نام جانوسپار●
چو دیدند کان کار بی‌سود گشت — بلند اختر و نام دارا گذشت[۴]
یکی با دگر گفت ک :«این شوربخت — ازو دور شد افسر و تاج و تخت[۵]
بباید زدن دشنه‌ای بر برش — اُگر تیغ هندی یکی بر سرش[۶]
سکندر سپارد به ما کشوری — بدین پادشاهی شویم افسری»[۷]
همی رفت با او دو دستور اوی — که دستور بودند و گنجور اوی[۸]
مهین بر چپ و ماهیارش به راست — چو شب تیره شد از هوا باد خاست[۹]
یکی دشنه بگرفت جانوسپار — بزد بر بر و سینهٔ شهریار
نگون شد سر نامبردار شاه — ازو بازگشتند یکسر سپاه

۱ -لشگر را به «راه» نمی‌آورند، بمیدان نبرد می‌کشانند.

۲ - «گشته زیر» در پایان سخن نادرست است... افزاینده می‌توانست گفتن: «سر بخت ایرانیان، زیر پای».

۳ -لت دویم سخت نادرخور است: «چو روباه گشتند».

* - در همهٔ نمونه‌ها چنین آمده‌است، اما «بدندی» برای دوکس کاربرد ندارد. در اندیشهٔ من گفتار فردوسی چنین بوده‌است: **«که بودند با او بدشت نبرد».**

● - این دو پاژنام، ویژهٔ فرماندهان سپاه جانسپاران شاه، و جانداران شاه بود که پسان دگرگون گردید. در شاهنامه‌های ل ۲، پ، و، لن ۲، آ، بگونهٔ جانوسپار آمده‌است که درست است، و در دیگر نمونه‌ها، جانوسبار (= جانوسپار). بنگرید بفرهنگ شاهنامه حسین شهیدی مازندرانی (بیژن) زیر این دو نام.

۴ - کدام کار بی‌سود شد؟ و چون دیدند که شکست بر ایران آمد...

۵ - «این شوربخت» در لت نخست با «او» در رج دویم همخوان نیست.

٦ - یا دشنه، یا تیغ!!

۷ - «سکندر به (هر یک از) ماکشوری می‌بخشد».

۸ - همی رفت برای دوکس کاربرد ندارد.

۹ - چون از مهین سخن رود، برای آن دیگری «کهین» می‌باید آوردن.

سالها پیش، پیشتر از آنکه بدینگونه به ویرایش شاهنامه پردازم (شاید بهنگام ویرایش دویم) روانشاد محمد مشیری استاد تاریخ با من گفت که «گمان دارم که جانوسپار و ماهیار ازبرای نزدیکی باسکندر، داریوش سیوم را نکشته‌اند، که چون وی با کردارهای خویش فر شاهی را از خویش بگسست، و فرّ ایران را تباه کرد و دشمن را بر ایران پیروز گردانید، ویرا در یک دادگاه بیابانی گناهکار شناختند و «ویچیر» (رای) بکشتن او دادند» روانش شاد باد.
اکنون که ویرایش شاهنامه بدین پایه رسیده‌است، روشن می‌شود که اندرز دارا به اسکندر، و کشتن او برای نزدیکی باسکندر، همه، افزودهٔ دشمنان ایرانست، و آنان برای نزدیکی با سکندر، چنین نکرده‌بودند.

اندرز کردن دارا
اسکندر را

به نزدیک اسکندر آمد وزیر / که «ای شاه پیروز و دانش‌پذیر
بکشتیم دشمنت را ناگهان / سرآمد بر او تاج و تخت مهان»
که «دشمن که افکندی اکنون کجاست / بباید نمودن بمن راه راست»
برفتند هر دو به پیش اندرون / دل و جان رومی پر از خشم و خون
چو نزدیک شد روی دارا بدید / پر از خون بر و، روی چون شنبلید
بفرمود تا راه نگذاشتند / دو دستور او را نگه داشتند
سکندر ز باره درآمد چو باد / سر مرد خسته به ران برنهاد
نگه کرد تا خسته گوینده هست / بمالید بر چهر او هر دو دست
ز سر برگرفت افسر خسرویش / گشاد آن بر و جوشن پهلویش
ز دیده ببارید چندی سرشک / تن خسته را دور دید از پزشک
بدو گفت ک:«این بر تو آسان شود / دل بدسگالت هراسان شود
تو برخیز و بر مهد زرّین نشین / اُگر هست نیروت بر زین نشین
ز هند و ز رومت پزشک آورم / ز درد تو خونین سرشک آورم
سپارم ترا پادشاهیْ و تخت / چو بهتر شوی ما ببندیم رخت

جفاپیشگان ترا هم کنون / بیاویزم از دارشان سرنگون
چنان چون ز پیران شنیدیم دوش / دلم گشت پرخون و جان پر ز جوش
ز یک شاخ و یک بیخ و پیراهنیم / به بیشی چرا تخمه را برکنیم»
چو بشنید دارا به آواز گفت / که «همواره با تو خرد باد جفت
برآنم که از پاک دادار خویش / بیابی تو پاداش گفتار خویش
یکی آنکه گفتی که ایران ترا است / سر تاج و تخت دلیران ترا است
به من مرگ نزدیک‌تر زانکه تخت / بپردخت تخت و نگون گشت بخت
بر این است فرجام چرخ بلند / خرامش سوی رنج و سودش گزند
به من درنگر تا نگویی که من / فزونم ازین نامدار انجمن
بد و نیک هر دو ز یزدان‌شناس / اُز او دار تا زنده باشی سپاس
نمودار گفتار من من بسم / بدین در نکوهیدهٔ هر کسم
که چندان بزرگیّ و شاهیّ و گنج / نبُد در زمانه کس از من به رنج
همان نیز چندان سلیح و سپاه / گرانمایه اسپان و تخت و کلاه
همان نیز فرزند و پیوستگان / چه پیوستگان داغ دل خستگان
زمان و زمین بنده بُد پیش من / چنین بود تا بخت بُد خویش من
ز نیکی جدا مانده‌ام زین نشان / گرفتار در دست مردمکشان
ز فرزند و خویشان شده ناامید / سیه شد جهان و دو دیده سپید
ز خویشان کسی نیست فریادرس / امیدم به پروردگار است و بس
بدینگونه خسته، بخاک اندرم / ز گیتی بدام هلاک اندرم
چنین است آیین چرخ روان / اگر شهریارم اُگر پهلوان
بزرگی بفرجام هم بگذرد / شکار است مرگش همی بشکرد»
سکندر ز دیده ببارید خون / بران شاه خسته به خاک اندرون
چو دارا بدید آن ز دل درد او / چو باران سرشگ از رخ زرد او
بدو گفت «مگری کز این سود نیست / از آتش مرا بهره جز دود نیست
چنین بود بخشش ز بخشنده‌ام / هم از روزگار درخشنده‌ام
به اندرز من سربسر گوش دار / پذیرنده باش و بدل هوش دار»
سکندر بدو گفت «فرمان ترا است / بگو آنچه خواهی که پیمان ترا است»
زبان تیز دارا بدو برگشاد / همی کرد سرتاسر اندرز یاد
نخستین چنین گفت که:«ای نامدار / بترس از جهان داور کردگار
که چرخ و زمین و زمان آفرید / توانایی و ناتوان آفرید

نگه کن به فرزند و پیوند من   به پوشیدگان خردمند من
ز من پاک دل دختر من بخواه   بدارش به آرام بر پیشگاه
کجا مادرش روشنک نام کرد   جهان را بدو شاد و پدرام کرد
نیاری به فرزند من سرزنش   نه پیغاره از مردم بدکنش
چو پروردهٔ شهریاران بود   به بزم افسر نامداران بود
مگر زو ببینی یکی نامدار   کجا نو کند نام اسفندیار
بیارایَد این آتش زردهشت   بگیرد همان زند و استا به مشت
نگه دارد این فال جشن سده   همان فرّ نوروز و آتشکده
همان اورمزد و مه و روز مهر   بشوید به آب خرد جان و چهر
کند تازه آیین لهراسپی   بماند کسی دین گشتاسپی
مهان را به مه دارد و که به که   بُوَد دین‌فروزنده و روزبه»
سکندر چنین داد پاسخ بدوی   که «ای نیک دل خسرو راستگوی
پذیرفتم این پند و اندرز تو   فزون زین نباشم بر این مرز تو
همه نیکوی‌ها بجای آورم   خرد را بدین رهنمای آورم»
جهاندار دست سکندر گرفت   به‌زاری خروشیدن اندر گرفت
کف دست او بر دهان برنهاد   بدو گفت «یزدان پناه تو باد
سپردم ترا جای و رفتم به خاک   سپردم روان را به یزدان پاک»
بگفت این و جانش برآمد ز تن   بر او زار بگریستند انجمن
سکندر همه جامه‌ها کرد چاک   به تاج کیان برپراگند خاک
یکی دخمه کردش بر آیین او   بدان سان که بُد فرّه و دین او
بشستش ازان خون به روشن گلاب   چو آمدش هنگام جاوید خواب
بیاراستندش به دیبای روم   همه پیکرش گوهر و زرّ بوم
تنش زیر کافور شد ناپدید   ازان پس کسی روی دارا ندید
به دخمه درون تخت زرّین نهاد   یکی بر سرش تاج مشکین نهاد
نهادش به تابوت زر اندرون   بر او بر ز مژگان ببارید خون
چو تابوتش از جای برداشتند   همه دست بر دست بگذاشتند
سکندر پیاده به پیش اندرون   بزرگان همه دیدگان پر ز خون
چنین تا ستودان دارا برفت   همی پوست گفتی بر او بر بکفت
چو بر تخت بنهاد تابوت شاه   بر آیین شاهان برآورد راه
چو پردخت از دخمهٔ ارجمند   ز بیرون بزد دارهای بلند

یکی دار بر نام جانوسپار
دگر همچنان ازدر ماهیار

دو بدخواه را زنده بر دار کرد
سر شاه‌کش مرد بیدار کرد

ز لشگر برفتند مردان جنگ
گرفته یکی سنگ هر یک به چنگ

بکردند بر دارشان سنگسار
مبادا کسی کاو کشد شهریار

چو دیدند ایرانیان کاو چه کرد
بزاری بران شاه آزادمرد

گرفتند یکسر بر او آفرین
بر آن نامور شهریار زمین

*

ز کرمان کس آمد سوی اصفهان
به جایی که بودند ز ایران مهان

به نزدیک پوشیده‌رویان شاه
بیامد یکی مرد با دستگاه

بدیشان درود سکندر ببرد
همه کار دارا بر ایشان شمرد

چنین گفت ک:«از مرگ شاهان داد
نباشد دل دشمن و دوست شاد

بدانید کامروز دارا منم
گر او شد نهان آشکارا منم

فزون است ازان نیکوی‌ها که بود
به تیمار رخ را نشاید شخود

همه مرگ را ایم شاه و سپاه
اگر دیر مانیم اگرچند گاه

بنه سوی شهر صطخر آورید
به پیوند ما نیز فخر آورید

همان است ایران که بود از نخست
بباشید شادان و تن‌درست»

نوشتند نامه به هر کشوری
به هر نامداری و هر مهتری

ز اسکندر فیلقوس بزرگ
جهانگیر و با کینه‌جویان سترگ:

به دادو دهش دل توانگر کنید
بر آزادگی بر سر افسر کنید

که فرجام هم روزمان بگذرد
زمانه پی ما همی بشمرد

سوی موبدان نامه‌ای همچنین
پر افروزش و پوزش و آفرین

سر نامه از پادشاه کیان
سوی کاردانان ایرانیان

چو انبر سر خامهٔ چین بشست
سر نامه بود آفرین از نخست

بران دادگر کاو جهان آفرید
پس از آشکارا نهان آفرید

دو گیتی پدید آمد از کاف و نون
چرا نه به فرمان او در نه چون

سپهری بر این سان که بینی روان
توانا و دانا جز او را مخوان

بباشد به فرمان او هرچه خواست
همه بندگانیم و او پادشاست

از او باد بر نامداران درود
بر اندازهٔ هر یکی برفزود

جز از نیکنامی و فرهنگ و داد
ز کردار گیتی مگیرید یاد

به پیروزی اندر غم آمد مرا
به سور اندرون ماتم آمد مرا

رزم اسکندر

به دارندهٔ آفتاب بلند	که بر جان دارا نجستم گزند
مر آن شاه را دشمن از خانه بود	یکی بنده بودش نه بیگانه بود
کنون یافت پادافرهٔ ایزدی	چو بد ساخت آمد به رویش بدی
شما داد جویید و پیمان کنید	زبان را به پیمان گروگان کنید
چو خواهید کز چرخ یابید بخت	ز من بدره و برده و تاج و تخت
پر از درد داراست روشن دلم	بکوشم کز اندرز او نگسلم
هر آن‌کس که آید بدین بارگاه	درم یابد و ارج و تخت و کلاه
چو خواهد که باشد به ایوان خویش	نگردد گریزان ز پیمان خویش
بیابند چیزی که خواهد ز گنج	ازان پس نبیند کسی درد و رنج
درم را به نام سکندر زنید	بکوشید و پیمان ما مشکنید
نشستنگه شهریاران خویش	بسازید زین پس به آیین پیش
مدارید بازار بی‌پاسبان	که راند همی نام من بر زبان
مدارید بی‌مرزبان مرز خویش	پدید آورید اندرین ارز خویش
بدان تا نباشد ز دزدان گزند	بماند شادان‌دل و سودمند
ز هر شهر زیبا پرستنده‌ای	پر از شرم بیدار دل بنده‌ای
که شاید به مشکوی زرین ما	بداند پرستیدن آیین ما
چنان کاو به رفتن نباشد دژم	نباید که بر برده باشد ستم
فرستید سوی شبستان ما	به نزدیک خسروپرستان ما
غریبان که بر شهرها بگذرند	جمانده پای و لبان ناچرند
دل از عیب صافی و صوفی به نام	به درویشی اندر دلی شادکام
ز خواهندگان نامشان سر کنید	شمار اندر آغاز دفتر کنید
هر آن‌کس که هست از شما مستمند	کجا یافت از کارداری گزند
دل و پشت بیدادگر بشکنید	همه بیخ و شاخش ز بن برکنید
نهادن بدو کار کردن بدوی	بیابم همان چون کنم جست‌وجوی
کنم زنده بر دار بدنام را	که گم کرد ز آغاز فرجام را
کسی کاو ز فرمان ما بگذرد	به فرجام زان کار کیفر برد
چو نامه فرستاده شد برگرفت	جهانی به آرام در بر گرفت
ز کرمان بیامد به شهر اصطخر	به سر برنهاد آن کیی تاج فخر
تو راز جهان تا توانی مجوی	که او زود پیچد ز جوینده روی

۲۹۳۵۰

۲۹۳۵۵

۲۹۳۶۰

۲۹۳۶۵

۲۹۳۷۰

۲۹۳۷۵

فهرست نام‌های این دفتر

فهرست نام‌های این دفتر

آب زره، ۲۳۷، ۲۳۸، ۲۴۱، ۲۴۶، ۲۴۹، ۲۵۲، ۲۶۷
آذربایجان، ۱۱، ۱۳، ۱۴، ۵۷، ۸۳، ۱۵۰، ۱۵۲، ۱۹۳، ۲۴۶، ۲۶۶، ۲۷۸، ۲۸۸، ۳۰۵
آذرگشسپ (آذرگشسب)، ۱۰۸، ۱۵۰، ۱۷۹، ۲۶۵، ۲۶۶، ۲۷۲، ۲۷۳، ۲۷۷، ۲۷۸، ۲۸۳، ۳۱۲، ۳۶۹
آذر مهربرزین، ۳۷۹
آرال، ۱۵۸
آرتور کستلر، ۳۶۰
آریایی، ۱۳۸، ۱۵۸، ۲۶۷، ۳۸۳
آریاییان، ۳۳۸، ۳۸۱، ۵۱۳
آزادسرو، ۳۰۹، ۳۷۹، ۵۶۸
آسیا، ۹، ۱۴، ۶۱، ۱۵۸، ۱۶۱
آفریدون، ۲۶۴، ۳۳۲، ۵۱۰، ۵۷۷، ۵۸۵
آمل، ۱۴، ۱۶۳، ۵۸۵
آمل چارجوی، ۴۹۰
آمودریا، ۱۵۲، ۱۵۸، ۱۵۹، ۱۶۱، ۱۶۲، ۲۵۳، ۳۱۰، ۳۸۴، ۴۹۰
آموی، ۱۰، ۶۷، ۱۵۸، ۱۵۹، ۱۸۷، ۱۸۸، ۲۱۲
آوه، ۱۸۴
آهرمن، ۲۳، ۴۱، ۹۶، ۳۴۹، ۳۵۶، ۳۶۱، ۳۶۲، ۴۳۷، ۵۱۲، ۵۸۰
ابرشهر، ۲۶۲
ابوالقاسم (محمود غزنوی)، ۱۴۵، ۴۱۶، ۴۳۴، ۵۶۹، ۶۱۲
اپاختر، ۲۸۰، ۲۹۴، ۴۴۵، ۴۵۶، ۶۰۶
احمد سهل، ۵۸
اخواست، ۲۶، ۱۱۲
اران، ۱۴، ۲۶۷
ارجاسپ (ارجاسب)، ۳۷۶، ۳۷۷، ۳۷۸، ۳۸۱، ۳۸۲، ۳۸۳، ۳۸۵، ۳۸۶، ۳۸۷، ۳۸۹، ۳۹۱، ۳۹۴، ۳۹۸، ۳۹۹، ۴۰۴، ۴۰۷، ۴۱۴، ۴۱۵، ۴۱۶، ۴۱۹، ۴۲۰، ۴۲۲، ۴۲۵، ۴۲۶، ۴۲۷، ۴۲۸، ۴۲۹، ۴۳۰، ۴۳۱، ۴۳۲، ۴۳۳، ۴۳۶، ۴۵۹، ۴۶۰، ۴۶۳، ۴۶۴، ۴۶۵، ۴۶۶، ۴۶۷، ۴۶۸، ۴۶۹، ۴۷۰، ۴۷۱، ۴۷۲، ۴۷۳، ۴۷۴، ۴۷۶، ۴۷۷، ۴۷۹، ۴۸۱، ۴۸۳، ۴۸۵، ۴۸۸، ۴۸۹، ۴۹۶، ۵۱۳، ۵۱۸، ۵۱۹، ۵۵۵، ۵۶۴
اردبیل، ۱۵۱، ۱۹۳
اردشیر، ۲۵۴، ۳۹۱، ۳۹۵، ۴۰۲، ۵۶۸، ۵۸۹، ۵۹۰، ۵۹۲، ۵۹۴، ۵۹۶، ۶۰۲، ۶۱۰، ۶۱۲، ۶۲۰، ۶۳۳
ارسطالیس، ۶۲۱
ارمان، ۱۸۳
اروند، ۵۱۸، ۵۶۶

استخر، ۶۲۳، ۶۲۹، ۶۳۰، ۶۳۱، ۶۳۴، ۶۳۵
استقیلا، ۱۸۷
اسدی توسی، ۲۴۲
اسفندیار، ۲۲۱، ۳۷۷، ۳۷۸، ۳۸۵، ۳۸۶، ۳۸۸، ۳۹۰، ۳۹۱، ۳۹۲، ۳۹۴، ۴۰۰، ۴۰۱، ۴۰۳، ۴۰۴، ۴۰۵، ۴۰۷، ۴۰۸، ۴۰۹، ۴۱۰، ۴۱۱، ۴۱۴، ۴۱۷، ۴۱۸، ۴۲۱، ۴۲۲، ۴۲۳، ۴۲۵، ۴۲۶، ۴۲۷، ۴۲۸، ۴۲۹، ۴۳۰، ۴۳۱، ۴۳۲، ۴۳۳، ۴۳۴، ۴۳۵، ۴۳۶، ۴۳۷، ۴۳۸، ۴۳۹، ۴۴۰، ۴۴۱، ۴۴۲، ۴۴۳، ۴۴۴، ۴۴۵، ۴۴۶، ۴۴۷، ۴۴۸، ۴۴۹، ۴۵۰، ۴۵۱، ۴۵۲، ۴۵۴، ۴۵۵، ۴۵۶، ۴۵۷، ۴۵۸، ۴۵۹، ۴۶۰، ۴۶۱، ۴۶۲، ۴۶۴، ۴۶۵، ۴۶۶، ۴۶۷، ۴۶۸، ۴۶۹، ۴۷۰، ۴۷۱، ۴۷۲، ۴۷۳، ۴۷۴، ۴۷۵، ۴۷۶، ۴۷۷، ۴۷۸، ۴۷۹، ۴۸۰، ۴۸۱، ۴۸۲، ۴۸۳، ۴۸۴، ۴۸۵، ۴۸۶، ۴۸۷، ۴۸۸، ۴۸۹، ۴۹۰، ۴۹۱، ۴۹۲، ۴۹۳، ۴۹۴، ۴۹۸، ۴۹۹، ۵۰۰، ۵۰۱، ۵۰۲، ۵۰۳، ۵۰۴، ۵۰۵، ۵۰۶، ۵۰۷، ۵۰۸، ۵۰۹، ۵۱۰، ۵۱۱، ۵۱۲، ۵۱۳، ۵۱۴، ۵۱۵، ۵۱۶، ۵۱۷، ۵۱۸، ۵۱۹، ۵۲۰، ۵۲۱، ۵۲۲، ۵۲۳، ۵۲۴، ۵۲۵، ۵۲۶، ۵۲۷، ۵۲۸، ۵۲۹، ۵۳۰، ۵۳۱، ۵۳۲، ۵۳۳، ۵۳۴، ۵۳۵، ۵۳۶، ۵۳۷، ۵۳۸، ۵۳۹، ۵۴۰، ۵۴۱، ۵۴۲، ۵۴۳، ۵۴۴، ۵۴۵، ۵۴۶، ۵۴۸، ۵۴۹، ۵۵۰، ۵۵۱، ۵۵۲، ۵۵۳، ۵۵۴، ۵۵۵، ۵۵۶، ۵۵۷، ۵۵۸، ۵۵۹، ۵۶۰، ۵۶۱، ۵۶۲، ۵۶۳، ۵۶۴، ۵۶۵، ۵۶۶، ۵۶۷، ۵۶۸، ۵۸۳، ۵۸۵، ۵۸۶، ۵۸۷، ۵۹۰، ۵۹۱، ۶۳۳، ۶۳۹
اسکندر، ۳۸۵، ۴۴۱، ۴۸۰، ۵۹۲، ۶۰۹، ۶۱۷، ۶۱۸، ۶۱۹، ۶۲۱، ۶۲۲، ۶۲۳، ۶۲۴، ۶۲۵، ۶۲۶، ۶۲۷، ۶۲۸، ۶۲۹، ۶۳۰، ۶۳۱، ۶۳۲، ۶۳۳، ۶۳۴، ۶۳۵، ۶۳۷، ۶۴۰
اسلام، ۱۳، ۵۹، ۱۵۸، ۲۲۷، ۲۶۹، ۲۷۹، ۲۸۰، ۳۶۰، ۶۱۳
اسلامی، ۵۹
اشکانیان، ۲۶۳
اشکش، ۱۴، ۵۷، ۶۱، ۶۸، ۷۵، ۱۴۸، ۱۶۲، ۲۵۱، ۲۵۷، ۲۵۸
اصفهان، ۱۳۹، ۳۰۵، ۶۳۴، ۶۴۰
اغریرث، ۱۶۱، ۲۱۲، ۲۶۹
افراسیاب، ۹، ۱۰، ۱۱، ۱۳، ۱۴، ۱۷، ۱۹، ۲۰، ۲۱، ۲۲، ۲۶، ۳۰، ۳۸، ۴۴، ۴۵، ۵۵، ۵۶، ۵۹، ۶۰، ۶۱، ۶۲، ۶۳، ۶۷، ۷۲، ۷۳، ۷۶، ۷۹، ۸۱، ۸۲، ۸۳، ۸۴، ۸۵، ۸۸، ۹۶، ۱۰۱، ۱۰۲، ۱۰۴، ۱۱۱، ۱۱۷، ۱۲۰، ۱۲۲، ۱۲۴، ۱۲۶، ۱۳۷، ۱۳۸، ۱۳۹، ۱۴۹، ۱۵۴، ۱۵۵، ۱۵۶، ۱۵۷، ۱۵۸، ۱۵۹، ۱۶۰، ۱۶۱، ۱۶۲، ۱۶۳، ۱۶۴، ۱۶۵، ۱۶۶، ۱۶۷، ۱۶۸، ۱۷۰، ۱۷۱، ۱۷۲، ۱۷۴، ۱۷۶، ۱۷۸، ۱۸۰، ۱۸۲، ۱۸۳، ۱۸۴، ۱۸۶، ۱۸۷، ۱۸۸، ۱۸۹، ۱۹۰، ۱۹۱، ۱۹۲

فهرست نام‌های این دفتر

۱۹۳، ۱۹۴، ۱۹۵، ۱۹۶، ۱۹۷، ۱۹۸، ۱۹۹، ۲۰۰، ۲۰۱،
۲۰۲، ۲۰۳، ۲۰۴، ۲۰۵، ۲۰۷، ۲۰۸، ۲۰۹، ۲۱۰، ۲۱۱،
۲۱۲، ۲۱۳، ۲۱۵، ۲۱۶، ۲۱۷، ۲۱۸، ۲۱۹، ۲۲۰، ۲۲۱،
۲۲۲، ۲۲۳، ۲۲۴، ۲۲۵، ۲۲۶، ۲۲۷، ۲۲۸، ۲۲۹، ۲۳۰،
۲۳۱، ۲۳۲، ۲۳۳، ۲۳۴، ۲۳۵، ۲۳۶، ۲۳۷، ۲۳۸، ۲۴۰،
۲۴۱، ۲۴۲، ۲۴۳، ۲۴۵، ۲۴۶، ۲۴۸، ۲۵۴، ۲۵۵، ۲۵۶،
۲۵۸، ۲۵۹، ۲۶۰، ۲۶۱، ۲۶۵، ۲۶۶، ۲۶۷، ۲۶۸، ۲۶۹،
۲۷۰، ۲۷۱، ۲۷۲، ۲۷۳، ۲۷۴، ۲۷۵، ۲۷۶، ۲۸۱، ۲۹۴،
۲۹۶، ۳۰۰، ۳۱۰، ۳۳۴، ۳۹۹، ۴۶۷، ۴۹۲، ۵۱۶، ۵۲۰،
۵۲۱، ۵۸۶.

افغانستان، ۲۸، ۱۵۲

افلاتون، ۳۵۲، ۶۱۹

الان، ۱۴، ۷۴

الانان، ۱۴، ۶۱، ۶۸، ۳۰۷

الانیان، ۳۰۷

الیاس، ۳۶۰، ۳۶۱، ۳۶۲، ۳۶۳، ۳۶۴، ۳۶۵، ۳۶۷، ۳۷۰

اندریمان، ۲۶، ۹۳، ۱۰۵، ۱۱۴، ۴۵۹، ۴۷۵، ۴۷۸

اندمان، ۱۵۳، ۱۵۴

اندیان، ۳۸۸

اوخواست، ۲۶، ۱۰۵، ۱۱۲

اورمزد، ۳۰۲، ۳۹۵، ۵۶۶، ۶۳۹

اورمیه، ۲۶۶، ۲۷۰

اوستا (کتاب)، ۱۱۶، ۱۳۳، ۱۴۸، ۱۴۹، ۱۵۵، ۱۷۲،
۲۱۴، ۲۶۰، ۲۶۶، ۳۱۳، ۳۸۱، ۳۸۵، ۴۶۳، ۴۹۳، ۵۲۸،
۵۵۲، ۶۰۸

اوستایی (زبان)، ۲۰۱، ۲۶۹، ۴۶۳، ۵۷۵، ۶۳۵

اولاد، ۳۰۳، ۳۶۱، ۴۳۷، ۵۱۷

اهرن، ۳۴۸، ۳۴۹، ۳۵۰، ۳۵۱، ۳۵۳، ۳۵۵، ۳۵۶، ۳۵۹،
۳۶۱، ۳۶۲، ۳۶۴

اهریمن، ۲۳، ۴۳، ۱۳۷، ۱۶۷، ۲۱۲، ۲۸۱، ۲۹۰، ۲۹۵،
۳۵۶، ۳۶۱، ۳۶۲، ۳۷۸، ۳۸۱، ۴۲۲، ۴۲۵، ۴۳۷، ۴۳۸،
۴۴۱، ۴۹۳، ۵۱۲، ۵۲۹، ۵۵۷

ایران، ۹، ۱۰، ۱۱، ۱۲، ۱۳، ۱۴، ۱۵، ۱۶، ۱۷، ۱۸، ۱۹،
۲۰، ۲۳، ۲۴، ۲۷، ۲۸، ۳۱، ۳۲، ۳۳، ۳۴، ۳۶، ۳۸، ۳۹،
۴۶، ۵۰، ۵۲، ۵۳، ۵۵، ۵۶، ۵۷، ۵۹، ۶۱، ۶۲، ۶۳، ۶۵،
۶۶، ۶۷، ۶۹، ۷۰، ۷۲، ۷۳، ۷۴، ۷۸، ۷۹، ۸۰، ۸۱، ۸۲،
۸۳، ۸۵، ۸۷، ۸۹، ۹۳، ۹۶، ۹۹، ۱۰۰، ۱۰۱، ۱۰۲، ۱۰۴،
۱۰۵، ۱۰۷، ۱۰۸، ۱۱۱، ۱۱۲، ۱۱۶، ۱۱۸، ۱۱۹، ۱۲۰،
۱۲۱، ۱۲۲، ۱۲۴، ۱۲۵، ۱۲۶، ۱۳۰، ۱۳۱، ۱۳۴، ۱۳۶،
۱۳۷، ۱۳۹، ۱۴۱، ۱۴۲، ۱۴۶، ۱۴۸، ۱۵۶، ۱۵۷، ۱۵۸،
۱۶۱، ۱۶۲، ۱۶۴، ۱۶۵، ۱۶۸، ۱۶۹، ۱۷۰، ۱۷۱، ۱۷۲،
۱۷۳، ۱۷۵، ۱۷۶، ۱۸۰، ۱۸۲، ۱۸۳، ۱۸۴، ۱۸۵، ۱۸۶،

۱۸۸، ۱۹۰، ۱۹۲، ۱۹۳، ۱۹۴، ۱۹۵، ۱۹۷، ۱۹۹، ۲۰۱،
۲۰۲، ۲۰۴، ۲۱۱، ۲۱۴، ۲۱۶، ۲۱۷، ۲۲۲، ۲۲۴، ۲۲۷،
۲۲۸، ۲۲۹، ۲۳۱، ۲۳۲، ۲۳۴، ۲۳۵، ۲۳۶، ۲۳۷، ۲۳۹،
۲۴۱، ۲۴۲، ۲۴۶، ۲۴۷، ۲۴۸، ۲۴۹، ۲۵۰، ۲۵۱، ۲۵۲،
۲۵۶، ۲۵۷، ۲۵۹، ۲۶۰، ۲۶۲، ۲۶۳، ۲۶۴، ۲۶۵، ۲۶۷،
۲۶۸، ۲۷۲، ۲۷۳، ۲۷۷، ۲۷۸، ۲۸۵، ۲۸۶، ۲۸۷، ۲۹۰،
۲۹۱، ۲۹۳، ۲۹۴، ۲۹۵، ۲۹۶، ۲۹۷، ۲۹۹، ۳۰۰، ۳۰۱،
۳۰۲، ۳۰۳، ۳۰۴، ۳۰۶، ۳۰۷، ۳۰۹، ۳۱۱، ۳۱۲، ۳۱۳،
۳۱۴، ۳۱۹، ۳۲۰، ۳۲۴، ۳۲۵، ۳۲۶، ۳۲۷، ۳۲۸، ۳۲۹،
۳۳۶، ۳۳۸، ۳۴۵، ۳۴۶، ۳۴۷، ۳۶۰، ۳۶۵، ۳۶۶، ۳۶۷،
۳۶۹، ۳۷۰، ۳۷۱، ۳۷۲، ۳۷۳، ۳۷۴، ۳۸۰، ۳۸۱، ۳۸۲،
۳۸۳، ۳۸۴، ۳۸۵، ۳۸۶، ۳۸۷، ۳۹۸، ۴۰۴، ۴۰۷، ۴۱۰،
۴۱۴، ۴۱۷، ۴۲۰، ۴۲۲، ۴۲۶، ۴۳۳، ۴۳۵، ۴۵۰، ۴۵۲،
۴۵۳، ۴۵۵، ۴۵۹، ۴۶۰، ۴۶۴، ۴۶۵، ۴۶۷، ۴۷۱، ۴۷۵،
۴۷۹، ۴۸۰، ۴۸۱، ۴۸۲، ۴۸۳، ۴۸۵، ۴۸۶، ۴۹۴، ۴۹۵،
۴۹۶، ۴۹۷، ۵۰۰، ۵۰۱، ۵۰۳، ۵۰۴، ۵۰۷، ۵۰۸، ۵۱۲،
۵۱۳، ۵۲۰، ۵۲۱، ۵۲۴، ۵۲۶، ۵۲۹، ۵۳۲، ۵۳۳، ۵۳۵،
۵۴۰، ۵۴۶، ۵۴۸، ۵۴۹، ۵۵۸، ۵۵۹، ۵۶۰، ۵۶۲، ۵۶۳،
۵۶۶، ۵۶۷، ۵۶۹، ۵۷۰، ۵۷۱، ۵۷۶، ۵۷۷، ۵۸۸، ۵۹۱،
۵۹۲، ۶۰۰، ۶۰۲، ۶۰۵.

ایران‌زمین، ۳۰، ۱۰۷، ۱۴۰، ۱۴۲، ۱۵۷، ۱۷۰، ۱۷۳،
۲۲۷، ۲۳۵، ۲۴۳، ۲۵۶، ۲۵۸، ۳۰۶، ۳۲۰، ۳۵۲، ۳۷۱،
۳۸۱، ۳۸۳، ۳۸۹، ۴۰۶، ۴۱۴، ۴۲۸، ۴۲۹، ۵۵۸.

ایرانشهر، ۱۱، ۱۳۷

ایرانی، ۴۹، ۵۰، ۵۸، ۶۲، ۶۷، ۸۴، ۹۹، ۱۰۰، ۱۰۸،
۱۰۹، ۱۱۲، ۱۱۴، ۱۵۰، ۱۵۲، ۱۵۳، ۱۸۲، ۱۹۳، ۱۹۷،
۲۱۴، ۲۱۵، ۲۴۰، ۲۵۶، ۲۵۸، ۲۶۱، ۲۶۳، ۲۶۹، ۲۸۴،
۲۸۸، ۲۸۹، ۳۱۹، ۳۲۰، ۳۲۷، ۳۶۹، ۳۷۲، ۴۳۹، ۴۴۴،
۴۴۸، ۴۶۰، ۴۷۲، ۴۸۰، ۴۹۵، ۵۱۸، ۵۲۶، ۵۳۵، ۵۳۶،
۵۳۷، ۵۴۶، ۶۰۹، ۶۱۷، ۶۳۰.

ایرانیان، ۱۲، ۱۳، ۱۴، ۱۶، ۱۹، ۲۷، ۲۸، ۳۱، ۳۲، ۳۴،
۳۵، ۳۸، ۴۳، ۴۴، ۴۵، ۵۲، ۵۴، ۵۵، ۵۸، ۵۹، ۶۸، ۷۰،
۷۳، ۷۸، ۷۹، ۸۰، ۸۴، ۸۶، ۱۰۱، ۱۰۲، ۱۰۴، ۱۰۵،
۱۰۹، ۱۱۱، ۱۲۰، ۱۲۳، ۱۲۴، ۱۲۵، ۱۲۶، ۱۳۳، ۱۳۷،
۱۳۸، ۱۳۹، ۱۴۲، ۱۴۸، ۱۵۵، ۱۵۶، ۱۶۱، ۱۶۵، ۱۶۶،
۱۶۹، ۱۷۰، ۱۷۲، ۱۷۷، ۱۷۸، ۱۷۹، ۱۸۲، ۱۸۷، ۱۸۹،
۱۹۰، ۱۹۳، ۱۹۴، ۱۹۸، ۲۰۰، ۲۰۱، ۲۰۲، ۲۰۵، ۲۱۴،
۲۱۵، ۲۱۶، ۲۱۷، ۲۱۹، ۲۲۰، ۲۲۲، ۲۲۵، ۲۳۰، ۲۳۱،
۲۳۳، ۲۳۵، ۲۳۹، ۲۴۰، ۲۴۱، ۲۴۲، ۲۵۱، ۲۵۲، ۲۵۶،
۲۶۰، ۲۶۶، ۲۶۷، ۲۶۹، ۲۷۱، ۲۷۹، ۲۸۰، ۲۸۲، ۲۸۵،
۲۸۹، ۲۹۰، ۲۹۱، ۲۹۳، ۲۹۴، ۲۹۷، ۲۹۸، ۲۹۹، ۳۰۰،
۳۰۲، ۳۰۳، ۳۰۵، ۳۰۶، ۳۰۷، ۳۰۸، ۳۰۹، ۳۱۰، ۳۱۱،

فهرست نام‌های این دفتر

۳۱۲، ۳۱۴، ۳۱۹، ۳۲۴، ۳۲۵، ۳۳۲، ۳۴۴، ۳۵۲، ۳۵۴، ۳۶۷، ۳۷۰، ۳۸۰، ۳۸۱، ۳۸۴، ۳۹۱، ۳۹۷، ۴۰۴، ۴۰۵، ۴۰۶، ۴۱۴، ۴۱۸، ۴۱۹، ۴۲۰، ۴۲۲، ۴۲۶، ۴۳۱، ۴۳۵، ۴۴۸، ۴۵۳، ۴۵۴، ۴۵۶، ۴۵۸، ۴۵۹، ۴۶۲، ۴۷۰، ۴۷۴، ۴۷۶، ۴۸۵، ۴۸۷، ۴۸۸، ۴۹۴، ۴۹۷، ۴۹۹، ۵۰۰، ۵۰۱، ۵۰۳، ۵۱۱، ۵۱۳، ۵۱۹، ۵۲۰، ۵۲۱، ۵۳۵، ۵۳۶، ۵۳۷، ۵۴۰، ۵۴۶، ۵۷۹، ۶۰۵، ۶۱۰، ۶۱۴، ۶۱۹، ۶۲۸، ۶۲۹، ۶۳۰، ۶۳۱، ۶۳۲، ۶۳۳، ۶۳۴، ۶۳۶، ۶۴۰.

ایرج، ۱۷، ۶۹، ۷۲، ۱۴۹، ۱۷۲، ۲۰۹، ۲۳۲، ۲۶۲، ۲۷۵، ۲۷۷، ۳۸۵.

ایلا، ۱۶۰، ۱۶۱، ۱۸۷، ۱۸۸.

باختر، ۶۸، ۷۴، ۷۵، ۱۶۱، ۲۷۷، ۲۸۰، ۲۹۴، ۴۳۴، ۴۴۵، ۴۵۶، ۴۹۶، ۶۰۶، ۶۲۵.

بارمان، ۱۰۵، ۱۰۹.

باکو، ۲۶۷.

بامیان، ۶۷.

بخارا، ۶۷، ۶۸، ۱۵۸، ۱۹۱، ۱۹۳، ۲۶۱، ۲۶۲.

بدخشان، ۶۷، ۱۹۸.

برته، ۱۰۵، ۱۱۵، ۱۵۳، ۲۶۷، ۲۷۰، ۲۷۲.

بردع، ۱۵۱، ۱۹۳، ۲۶۷، ۲۷۰، ۲۷۲، ۲۷۳.

بُست، ۶۷، ۴۸۹، ۵۸۲، ۵۸۸.

بستور، ۳۹۱، ۳۹۴، ۳۹۷، ۴۰۱، ۴۰۳، ۴۰۴، ۴۰۶، ۴۱۹، ۴۲۹.

بغداد، ۱۴۹، ۱۵۱، ۱۵۲، ۲۶۳.

بلخ، ۱۹، ۶۷، ۱۵۷، ۱۶۱، ۱۶۲، ۲۶۲، ۳۲۰، ۳۲۱، ۳۷۷، ۳۷۹، ۳۸۴، ۳۹۰، ۴۰۵، ۴۱۴، ۴۱۶، ۴۱۷، ۴۱۸، ۴۱۹، ۴۲۵، ۴۲۸، ۴۳۴، ۴۸۸، ۵۱۹، ۵۶۴.

بلوچستان، ۱۳، ۴۴۴.

بنداری (شاهنامه)، ۹، ۱۶، ۱۳۲، ۲۱۷، ۲۹۶، ۳۷۶، ۴۸۸، ۵۵۹، ۶۱۲.

بنیاد نیشابور، ۲۳۶، ۳۶۰.

بهرام، ۱۳۴، ۱۹۷، ۲۱۱، ۲۷۶، ۳۶۹، ۳۷۱، ۳۷۲، ۵۰۰، ۶۰۳.

بهرام چوبین، ۲۱۱، ۲۴۸، ۳۷۲.

بهرام گور، ۱۶۰.

بهمن، ۴۱۰، ۴۱۱، ۴۱۴، ۴۲۵، ۴۹۱، ۴۹۴، ۴۹۵، ۴۹۷، ۴۹۸، ۴۹۹، ۵۰۰، ۵۰۱، ۵۰۲، ۵۰۵، ۵۰۶، ۵۱۴، ۵۲۱، ۵۳۹، ۵۵۵، ۵۵۶، ۵۵۹، ۵۶۱، ۵۶۲، ۵۶۴، ۵۶۵، ۵۶۷، ۵۶۸، ۵۸۳، ۵۸۴، ۵۸۵، ۵۸۶، ۵۸۷، ۵۸۸، ۵۸۹، ۵۹۱، ۵۹۲، ۵۹۳، ۶۰۹، ۶۱۰، ۶۱۴.

بیدرفش، ۳۸۲، ۳۸۴، ۳۸۸، ۳۹۲، ۳۹۴، ۳۹۹، ۴۰۳، ۴۰۴.

بیژن، ۹، ۱۰، ۱۲، ۲۷، ۲۸، ۲۹، ۳۹، ۴۰، ۴۱، ۴۲، ۴۳، ۴۴، ۴۵، ۴۶، ۴۷، ۴۸، ۴۹، ۵۰، ۵۱، ۵۳، ۵۴، ۵۶، ۸۰، ۸۸، ۹۰، ۹۲، ۹۳، ۹۴، ۹۸، ۱۰۵، ۱۱۰، ۱۲۶، ۱۲۷، ۱۲۸، ۱۲۹، ۱۳۰، ۱۳۲، ۱۳۳، ۱۳۴، ۱۳۵، ۱۴۱، ۱۴۳، ۱۵۰، ۱۹۲، ۲۴۱، ۲۸۳، ۲۹۰، ۲۹۸، ۳۰۲، ۳۰۶، ۳۱۱، ۳۱۳، ۳۱۶، ۳۶۳، ۴۷۸.

بیکند، ۱۵۴، ۱۵۵، ۱۵۸.

پارتی، ۲۶۲.

پارس، ۱۴۹، ۲۶۳، ۲۷۸، ۳۲۱، ۶۱۷، ۶۲۳، ۶۲۹، ۶۳۱.

پارسی، ۱۹۴.

پارسیان، ۲۷۸.

پشن، ۲۸، ۳۶، ۴۱، ۶۵، ۹۷، ۱۲۹، ۲۱۲.

پشنگ، ۸۲، ۱۵۰، ۱۵۵، ۱۵۹، ۱۶۰، ۱۶۱، ۱۶۳، ۱۶۴، ۱۶۸، ۱۷۳، ۱۷۵، ۱۷۷، ۱۷۸، ۱۷۹، ۱۸۱، ۲۱۲، ۲۲۸، ۲۲۹، ۲۷۴، ۲۹۴، ۲۹۶، ۲۹۷.

پشوتن، ۲۲۱، ۳۷۸، ۴۳۷، ۴۳۹، ۴۴۰، ۴۴۱، ۴۴۲، ۴۴۳، ۴۴۵، ۴۵۰، ۴۵۵، ۴۶۱، ۴۷۰، ۴۷۱، ۴۷۲، ۴۷۵، ۴۹۱، ۴۹۴، ۴۹۷، ۵۰۶، ۵۰۹، ۵۱۰، ۵۲۳، ۵۲۸، ۵۲۹، ۵۳۴، ۵۴۳، ۵۴۴، ۵۵۲، ۵۵۵، ۵۵۶، ۵۵۹، ۵۶۰، ۵۶۲، ۵۶۴، ۵۶۵، ۵۶۶، ۵۸۳، ۵۸۴، ۵۸۹، ۵۹۰، ۵۹۱.

پشین، ۶۵، ۵۱۸.

پنجهیر، ۶۷.

پورسپ، ۱۵۰.

پهلوی (زبان)، ۶۴، ۱۱۶، ۱۳۴، ۱۴۸، ۱۴۹.

پیران (پیران ویسه)، ۹، ۱۰، ۱۱، ۱۲، ۱۵، ۱۶، ۱۸، ۱۹، ۲۰، ۲۱، ۲۲، ۲۳، ۲۵، ۲۶، ۲۷، ۲۸، ۳۰، ۳۲، ۳۵، ۳۶، ۳۷، ۳۸، ۴۰، ۴۶، ۵۰، ۵۱، ۵۲، ۵۳، ۵۴، ۵۵، ۵۶، ۵۷، ۶۰، ۶۱، ۶۲، ۶۵، ۶۶، ۷۰، ۷۱، ۷۴، ۷۵، ۷۶، ۷۷، ۷۸، ۸۱، ۸۲، ۸۳، ۸۴، ۸۶، ۸۸، ۸۹، ۹۰، ۹۱، ۹۳، ۹۴، ۹۶، ۹۷، ۹۸، ۹۹، ۱۰۰، ۱۰۱، ۱۰۲، ۱۰۳، ۱۰۴، ۱۰۵، ۱۰۷، ۱۱۰، ۱۱۱، ۱۱۵، ۱۱۶، ۱۱۷، ۱۱۸، ۱۱۹، ۱۲۱، ۱۲۲، ۱۲۳، ۱۲۴، ۱۲۶، ۱۲۷، ۱۲۸، ۱۳۶، ۱۳۷، ۱۳۸، ۱۳۹، ۱۴۳، ۱۴۷، ۱۵۶، ۱۵۷، ۱۶۴، ۱۶۵، ۱۶۷، ۲۱۰، ۲۱۱، ۲۱۷، ۲۲۵، ۲۲۸، ۲۳۵، ۳۶۲، ۴۱۲، ۵۶۱، ۶۳۸.

پیروز ساسانی، ۳۷۲.

تاتار، ۳۷۶.

تاتاران، ۱۶۰، ۵۵۳.

تاجیکستان، ۲۸، ۱۵۲.

تاریخ آتورپاتکان (کتاب)، ۳۶۰.

تازی، ۱۳، ۷۸، ۹۰، ۱۱۰، ۱۱۹، ۱۲۸، ۱۲۹، ۱۳۴، ۱۴۸، ۱۶۴، ۱۹۰، ۱۹۲، ۲۰۱، ۲۰۳، ۲۱۴، ۲۱۷، ۲۴۴، ۲۵۳، ۲۶۴، ۲۷۷، ۲۸۱، ۲۸۶، ۳۰۳، ۳۲۸، ۳۳۲، ۴۳۴.

فهرست نام‌های این دفتر

۳۷۳، ۳۷۵، ۳۷۸، ۴۷۴، ۵۴۱، ۵۷۵، ۵۸۸، ۵۹۵، ۶۱۳، ۶۱۴

تازیان، ۱۳، ۱۳۵، ۳۷۷، ۶۱۳
تازیکان، ۱۴
تازیکستان، ۱۳، ۱۴، ۳۶۶
تالقان، ۶۷
تتاری، ۱۶۰
تراز، ۲۲۰، ۲۲۴، ۴۷۷
ترخان، ۴۷۰، ۴۷۱
ترک، ۹، ۱۰، ۱۲، ۱۹، ۲۰، ۲۲، ۳۱، ۳۳، ۳۴، ۳۷، ۳۹، ۴۰، ۴۴، ۵۲، ۵۳، ۵۴، ۵۵، ۶۷، ۷۴، ۷۵، ۷۶، ۷۸، ۸۶، ۹۲، ۹۳، ۹۵، ۱۰۷، ۱۰۹، ۱۱۱، ۱۱۳، ۱۱۴، ۱۱۵، ۱۲۰، ۱۲۲، ۱۲۴، ۱۲۵، ۱۲۶، ۱۳۴، ۱۳۵، ۱۴۰، ۱۴۱، ۱۵۵، ۱۵۸، ۱۶۰، ۱۶۲، ۱۶۹، ۱۷۴، ۱۷۵، ۱۷۸، ۱۸۴، ۱۸۷، ۱۸۸، ۱۹۱، ۱۹۳، ۱۹۴، ۱۹۸، ۲۰۳، ۲۱۲، ۲۱۳، ۲۱۴، ۲۱۶، ۲۱۹، ۲۲۳، ۲۲۵، ۲۲۸، ۲۴۰، ۲۴۴، ۲۵۹، ۲۶۸، ۳۸۳، ۳۸۶، ۳۸۷، ۳۸۸، ۳۹۱، ۳۹۲، ۳۹۴، ۳۹۶، ۳۹۸، ۴۰۳، ۴۲۲، ۴۳۹، ۴۴۶، ۴۴۷، ۴۴۸، ۴۵۷، ۴۶۰، ۴۶۴، ۴۷۲، ۴۷۴، ۴۷۷، ۴۷۸، ۵۱۹

ترکان، ۹، ۱۰، ۱۲، ۱۹، ۲۰، ۲۲، ۳۱، ۳۴، ۳۶، ۳۷، ۴۰، ۴۴، ۵۲، ۵۳، ۵۴، ۵۵، ۶۷، ۷۴، ۷۵، ۷۸، ۹۲، ۹۳، ۹۵، ۱۰۷، ۱۱۳، ۱۱۵، ۱۲۰، ۱۲۱، ۱۲۲، ۱۲۴، ۱۲۵، ۱۳۴، ۱۴۰، ۱۵۴، ۱۵۵، ۱۵۸، ۱۶۲، ۱۶۸، ۱۶۹، ۱۷۴، ۱۷۸، ۱۸۰، ۱۸۴، ۱۸۶، ۱۸۷، ۱۸۸، ۱۹۱، ۱۹۳، ۱۹۴، ۱۹۸، ۱۹۹، ۲۰۰، ۲۰۸، ۲۱۲، ۲۱۳، ۲۱۴، ۲۱۶، ۲۲۳، ۲۲۵، ۲۲۷، ۲۳۰، ۲۳۳، ۲۳۵، ۲۵۹، ۳۷۲، ۳۸۱، ۳۸۳، ۳۸۵، ۳۸۸، ۳۹۱، ۳۹۲، ۳۹۹، ۴۰۵، ۴۱۷، ۴۱۸، ۴۲۱، ۴۲۳، ۴۲۶، ۴۲۷، ۴۲۸، ۴۲۹، ۴۳۱، ۴۴۶، ۴۴۷، ۴۴۸، ۴۶۴، ۴۷۲، ۴۷۴، ۴۷۵، ۴۷۷، ۴۷۸، ۴۸۸

ترکی، ۳۳، ۳۹، ۱۷۲، ۲۶۸، ۴۲۱، ۴۲۲
ترمذ، ۶۷
تفضلی (احمد)، ۲۶۷
تور، ۱۰، ۱۷، ۲۷، ۳۰، ۳۸، ۴۶، ۵۰، ۶۹، ۷۲، ۸۲، ۱۰۵، ۱۱۷، ۱۲۹، ۱۳۴، ۱۵۵، ۱۶۹، ۱۷۱، ۱۷۲، ۱۹۳، ۲۰۷، ۲۰۹، ۲۱۱، ۲۶۲، ۲۷۷، ۲۸۱، ۲۹۶، ۳۱۰، ۳۲۵، ۳۸۵، ۵۱۹، ۵۷۴، ۵۸۵

توران، ۹، ۱۰، ۱۱، ۱۲، ۱۳، ۱۵، ۱۷، ۱۹، ۲۰، ۲۳، ۲۵، ۲۹، ۳۰، ۳۳، ۳۵، ۳۷، ۳۸، ۴۰، ۴۱، ۴۴، ۵۰، ۵۱، ۵۳، ۵۴، ۵۶، ۶۰، ۶۱، ۶۶، ۶۸، ۶۹، ۷۰، ۷۳، ۷۴، ۷۶، ۷۸، ۷۹، ۸۰، ۸۲، ۸۳، ۸۵، ۸۶، ۸۸، ۸۹، ۹۰، ۹۳، ۹۴، ۹۶، ۹۷، ۹۸، ۹۹، ۱۰۰، ۱۰۱، ۱۰۲، ۱۰۳، ۱۰۴، ۱۰۵، ۱۰۸، ۱۱۴، ۱۱۶، ۱۲۱، ۱۲۲، ۱۲۳، ۱۲۴، ۱۲۵، ۱۲۶، ۱۲۷، ۱۲۸، ۱۳۰، ۱۳۱، ۱۳۲، ۱۳۶، ۱۳۷، ۱۳۸، ۱۳۹، ۱۴۱، ۱۴۶، ۱۵۴، ۱۵۵، ۱۵۶، ۱۵۷، ۱۶۰، ۱۶۱، ۱۶۲، ۱۶۳، ۱۶۴، ۱۶۵، ۱۶۷، ۱۶۸، ۱۶۹، ۱۷۰، ۱۷۱، ۱۷۶، ۱۷۹، ۱۸۰، ۱۸۱، ۱۸۲، ۱۸۳، ۱۸۶، ۱۸۷، ۱۸۹، ۱۹۲، ۱۹۳، ۱۹۴، ۱۹۷، ۱۹۹، ۲۰۰، ۲۰۷، ۲۰۹، ۲۱۱، ۲۱۲، ۲۱۳، ۲۱۶، ۲۱۷، ۲۱۸، ۲۲۰، ۲۲۲، ۲۲۳، ۲۲۴، ۲۲۵، ۲۲۶، ۲۲۷، ۲۲۹، ۲۳۱، ۲۳۲، ۲۳۳، ۲۳۴، ۲۳۶، ۲۳۷، ۲۴۱، ۲۴۵، ۲۴۶، ۲۴۸، ۲۵۵، ۲۵۶، ۲۵۸، ۲۶۱، ۲۷۸، ۲۸۰، ۲۸۱، ۲۹۴، ۲۹۶، ۳۰۴، ۳۷۸، ۳۸۱، ۳۸۴، ۳۸۷، ۳۸۸، ۳۹۲، ۴۰۶، ۴۱۷، ۴۱۸، ۴۲۱، ۴۲۲، ۴۲۳، ۴۲۵، ۴۲۷، ۴۲۸، ۴۲۹، ۴۳۲، ۴۳۳، ۴۳۵، ۴۳۷، ۴۳۸، ۴۳۹، ۴۴۴، ۴۵۲، ۴۵۳، ۴۶۴، ۴۶۵، ۴۶۶، ۴۷۷، ۴۷۸، ۴۷۹، ۴۸۱، ۴۹۶، ۵۱۶، ۵۱۹، ۵۲۸، ۵۸۵

تورانی، ۳۴، ۴۴، ۱۱۲، ۱۲۱، ۱۷۸، ۲۲۸، ۴۷۷، ۴۷۸، ۴۸۱

تورانیان، ۹، ۱۲، ۱۴، ۱۷، ۱۹، ۲۰، ۲۲، ۲۷، ۳۱، ۳۲، ۳۳، ۳۴، ۳۷، ۳۹، ۴۰، ۴۴، ۵۲، ۵۴، ۵۵، ۵۶، ۶۳، ۶۷، ۷۴، ۷۵، ۷۶، ۷۸، ۸۱، ۸۲، ۸۶، ۸۸، ۹۲، ۹۵، ۹۸، ۱۰۰، ۱۰۱، ۱۰۲، ۱۰۵، ۱۰۷، ۱۰۹، ۱۱۰، ۱۱۳، ۱۱۴، ۱۱۶، ۱۲۰، ۱۲۲، ۱۲۴، ۱۲۵، ۱۲۶، ۱۳۴، ۱۳۹، ۱۴۰، ۱۵۵، ۱۶۲، ۱۶۹، ۱۷۵، ۱۷۸، ۱۷۹، ۱۸۲، ۱۸۴، ۱۸۷، ۱۸۸، ۱۹۴، ۱۹۸، ۱۹۹، ۲۰۳، ۲۰۵، ۲۱۲، ۲۱۳، ۲۱۴، ۲۱۶، ۲۱۷، ۲۲۳، ۲۲۵، ۲۳۱، ۲۳۳، ۲۳۴، ۲۵۹، ۲۶۷، ۲۶۸، ۲۷۹، ۲۹۸، ۳۳۲، ۳۸۳، ۴۳۱، ۴۵۲

توری، ۴۲۱، ۴۲۲، ۴۸۹

توس، ۱۲، ۱۵، ۶۲، ۶۳، ۸۳، ۹۹، ۱۴۸، ۱۴۹، ۱۵۰، ۱۵۲، ۱۵۳، ۱۶۳، ۱۸۵، ۱۹۶، ۲۲۹، ۲۳۰، ۲۳۲، ۲۳۳، ۲۵۰، ۲۶۲، ۲۸۳، ۲۸۵، ۲۸۹، ۲۹۰، ۲۹۷، ۲۹۸، ۳۰۱، ۳۰۳، ۳۰۵، ۳۰۶، ۳۰۷، ۳۱۱، ۳۱۳، ۳۲۴، ۳۶۹، ۳۹۵، ۴۶۷، ۵۱۶، ۵۲۰

توس (انتشارات)، ۲۶۷

تهمتن، ۱۹۹، ۲۲۹، ۲۸۹، ۴۰۱، ۴۰۸، ۴۵۸، ۴۷۷، ۴۸۱، ۵۰۰، ۵۳۴، ۵۶۰، ۵۷۴، ۵۷۵، ۵۷۷، ۵۸۲، ۵۸۳، ۵۸۸

تیر (کشوری نزدیک مکران)، ۲۴۹
جادهٔ ابریشم، ۲۶۳
جاماسپ (جاماسب)، ۳۸۴، ۳۸۵، ۳۸۶، ۳۹۰، ۳۹۳، ۳۹۴، ۳۹۶، ۴۰۰، ۴۰۷، ۴۱۰، ۴۲۰، ۴۲۱، ۴۲۲، ۴۲۳، ۴۲۴، ۴۲۵، ۴۸۶، ۴۸۷، ۴۸۸، ۵۱۹، ۵۲۷، ۵۲۹، ۵۵۹، ۵۶۳، ۵۶۴، ۵۶۷، ۵۸۳

جانوسپار، ۶۲۰، ۶۳۶، ۶۴۰
جرنجاش، ۱۶۱، ۱۸۶

فهرست نام‌های این دفتر

جم، ۱۵۳، ۲۰۸، ۲۸۱، ۲۸۳، ۳۱۰، ۳۸۹، ۴۹۶، ۵۲۷،
۵۵۶، ۵۸۵
جمّشید، ۱۴۲، ۲۱۲، ۶۳۰
جمشید، ۱۵۳، ۲۶۴، ۲۹۶، ۲۹۹، ۳۷۷، ۳۷۹، ۵۲۷،
۵۷۷
جهرم، ۶۲۹، ۶۳۱
جهن، ۱۶۰، ۱۶۱، ۱۶۸، ۱۸۱، ۱۸۲، ۱۸۳، ۱۸۴، ۱۸۷،
۱۹۵، ۱۹۶، ۲۰۶، ۲۰۷، ۲۰۹، ۲۱۳، ۲۱۶، ۲۱۷، ۲۱۸،
۲۲۱، ۲۴۰، ۲۴۳
جیهون، ۱۰، ۱۱، ۲۰، ۲۱، ۵۲، ۵۶، ۶۱، ۸۳، ۱۵۷،
۱۵۸، ۱۵۹، ۱۶۱، ۱۶۲، ۱۸۵، ۱۸۸، ۱۹۱، ۱۹۹، ۲۶۲،
۳۸۴، ۳۸۸، ۳۹۰، ۵۱۶
چاچ، ۱۹، ۱۵۴، ۱۹۲، ۱۹۳، ۲۶۱، ۲۶۲
چاچی، ۱۹۳، ۴۰۵، ۵۵۵
چارجو، ۱۵۸
چگل، ۱۶۰، ۳۹۳، ۴۱۴، ۴۲۹، ۴۵۷
چیچست، ۲۶۶، ۲۷۰، ۲۷۱، ۲۷۲، ۲۷۳
چین، ۱۰، ۱۱، ۱۳، ۵۰، ۶۱، ۶۵، ۸۲، ۱۴۲، ۱۴۶،
۱۵۴، ۱۵۵، ۱۶۳، ۱۷۰، ۱۷۱، ۱۷۴، ۱۸۰، ۱۸۹، ۲۰۰،
۲۰۲، ۲۰۷، ۲۰۸، ۲۰۹، ۲۱۴، ۲۲۵، ۲۲۶، ۲۲۷، ۲۳۴،
۲۳۵، ۲۳۶، ۲۳۸، ۲۴۱، ۲۴۴، ۲۴۵، ۲۴۶، ۲۴۷، ۲۴۸،
۲۵۰، ۲۵۲، ۲۵۳، ۲۵۴، ۲۵۸، ۲۶۱، ۲۶۳، ۲۶۸، ۲۸۰،
۳۱۹، ۳۲۳، ۳۷۳، ۳۷۶، ۳۸۰، ۳۸۱، ۳۸۲، ۳۸۳، ۳۸۵،
۳۸۷، ۳۸۸، ۳۸۹، ۳۹۲، ۳۹۳، ۳۹۴، ۳۹۶، ۳۹۷، ۳۹۸،
۳۹۹، ۴۰۳، ۴۱۴، ۴۱۹، ۴۲۷، ۴۲۹، ۴۳۴، ۴۶۰، ۴۶۲،
۴۶۳، ۴۶۴، ۴۷۶، ۴۷۸، ۴۸۲، ۴۸۸، ۴۹۰، ۴۹۵، ۵۰۳،
۵۱۲، ۵۱۳، ۵۱۶، ۵۱۸، ۵۱۹، ۵۲۱، ۵۳۱، ۵۳۲، ۵۴۴،
۵۵۸، ۵۶۱، ۵۸۵، ۶۱۵، ۶۲۱، ۶۴۰
چینی، ۱۰، ۱۵۵، ۲۰۳، ۲۴۰، ۲۴۸، ۲۶۳، ۴۴۶، ۴۷۸،
۴۸۱، ۵۳۱، ۵۹۵
چینیان، ۱۳، ۲۲۷، ۲۴۰، ۳۹۶، ۴۰۵، ۴۸۱، ۵۱۲
حلب، ۳۶۹
حمدالله مستوفی، ۵۳۲
خاقان، ۶۱، ۶۳، ۲۲۵، ۲۳۵، ۲۴۶، ۲۴۷، ۲۴۸، ۳۸۹،
۳۹۱، ۴۰۴، ۴۱۵، ۴۲۷، ۵۱۳، ۵۳۱، ۶۲۱
خالقی مطلق (جلال)، ۱۶، ۲۸، ۳۸، ۵۶، ۶۷، ۹۸،
۱۲۰، ۱۳۷، ۱۴۲، ۱۴۹، ۱۵۰، ۱۶۴، ۱۸۱، ۲۱۵، ۲۴۳،
۲۴۵، ۲۷۰، ۲۹۶، ۳۰۶، ۳۱۳، ۳۳۰، ۳۶۱، ۳۹۵، ۳۹۶،
۴۸۹، ۵۴۱، ۵۴۷، ۵۵۳، ۵۶۵، ۵۷۴، ۵۸۵، ۵۸۹، ۵۹۲
خان آذر، ۲۷۷
خاور، ۱۵۲، ۲۷۷، ۲۸۰، ۲۹۴، ۴۳۴، ۴۴۹، ۴۹۶
خاوران، ۲۸۰

ختلان، ۶۷
ختن، ۱۰، ۸۵، ۲۲۵، ۲۲۶، ۲۳۵، ۲۳۶، ۲۴۸
خرّاد، ۴۶۵، ۴۶۹
خراسان، ۵۷، ۸۳، ۱۳۴، ۱۵۲، ۱۵۳، ۲۰۹، ۲۱۴،
۲۸۰، ۲۹۰، ۳۰۶، ۳۲۰، ۳۵۱، ۳۸۰، ۴۰۸، ۴۴۲، ۴۴۴،
۴۴۹، ۵۳۴
خراسانی، ۱۵۰، ۲۸۹
خراسانیان، ۱۵۲
خراسانی (زبان)، ۴۴۷
خزر، ۷۴، ۳۶۰، ۳۶۱، ۳۶۲، ۳۶۵، ۳۶۷، ۳۷۰
خزران، ۳۶۰، ۳۶۷
خزران (کتاب)، ۳۶۰
خسرو، ۱۲، ۱۴، ۱۸، ۱۹، ۳۲، ۵۶، ۵۷، ۵۸، ۵۹، ۶۲،
۶۳، ۶۴، ۶۸، ۷۰، ۷۴، ۷۵، ۷۹، ۸۱، ۸۳، ۸۴، ۹۶، ۱۰۷،
۱۲۹، ۱۳۵، ۱۳۶، ۱۳۸، ۱۴۱، ۱۴۸، ۱۶۲، ۱۶۳، ۱۷۰،
۱۷۲، ۱۷۴، ۱۷۷، ۱۷۸، ۱۷۹، ۱۸۱، ۱۸۲، ۱۸۵، ۱۸۷،
۱۸۸، ۱۸۹، ۱۹۵، ۱۹۹، ۲۰۰، ۲۰۳، ۲۰۶، ۲۱۹، ۲۲۰،
۲۲۱، ۲۲۶، ۲۲۸، ۲۲۹، ۲۳۴، ۲۴۸، ۲۵۳، ۲۵۷، ۲۶۴،
۲۶۵، ۲۶۶، ۲۷۴، ۲۷۸، ۲۸۳، ۲۸۶، ۲۸۷، ۲۸۹، ۲۹۲،
۲۹۳، ۲۹۷، ۳۰۱، ۳۰۲، ۳۰۵، ۳۰۷، ۳۰۸، ۳۱۰، ۳۱۱،
۳۱۴، ۳۱۵، ۳۱۷، ۳۱۸، ۳۸۲، ۳۸۹، ۳۹۴، ۳۹۵، ۳۹۶،
۴۰۲، ۴۰۵، ۴۱۰، ۴۱۱، ۴۱۲، ۴۱۳، ۴۱۴، ۴۲۱، ۴۴۸،
۴۹۵، ۴۹۸، ۵۰۰، ۵۰۱، ۵۰۴، ۵۰۵، ۵۱۵، ۵۲۶، ۵۹۰،
۶۰۱، ۶۲۹، ۶۳۷، ۶۳۹، ۶۴۱
خشاش، ۳۸۸، ۳۸۹
خلّخ، ۹، ۱۵۴، ۱۶۰، ۳۸۶، ۳۸۷، ۳۹۸، ۴۱۷، ۴۲۷،
۴۳۱، ۴۷۷، ۵۶۴
خلّخی، ۱۶۰، ۳۹۴، ۵۵۳
خنجست، ۲۷۰، ۲۷۱
خوارزم، ۱۱، ۱۲، ۱۴، ۱۵، ۶۱، ۶۳، ۷۴، ۷۵، ۱۵۹،
۱۶۳، ۱۶۵، ۱۷۶، ۱۹۰، ۱۹۱، ۱۹۲، ۲۵۲، ۲۵۳، ۲۵۶،
۲۹۴، ۳۲۰
خوروران، ۱۳۶، ۱۵۲، ۲۸۰، ۲۹۰، ۲۹۴، ۳۲۰، ۴۴۵،
۴۵۶، ۴۶۶، ۵۰۳، ۶۰۶
خوزیان، ۱۴۹
دارا، ۶۲۵، ۶۳۱
داراب، ۵۹۷، ۵۹۸، ۵۹۹، ۶۰۰، ۶۰۱، ۶۰۲، ۶۰۳،
۶۰۴، ۶۰۵، ۶۰۶، ۶۰۷، ۶۰۸، ۶۰۹، ۶۱۰، ۶۱۱، ۶۱۲،
۶۱۳، ۶۱۴، ۶۱۵، ۶۱۷، ۶۱۹، ۶۲۰
دارابکرد، ۸۴، ۶۱۳
دارای داراب، ۶۲۰، ۶۳۳
داستان ایران (کتاب)، ۱۹۲، ۲۲۴، ۲۳۷، ۲۷۸، ۶۴۳،

فهرست نام‌های این دفتر

۳۱۳، ۳۱۴
دریاچه ایسیکول، ۲۳۶
دریاچهٔ خوارزم، ۱۵۸
دریای فراخکرد، ۲۳۷، ۲۳۸
دریای کیماک، ۲۰۸، ۲۰۹، ۲۳۸
دستان، ۱۲، ۱۵۰، ۲۲۸، ۲۸۶، ۲۸۷، ۲۹۰، ۲۹۲، ۲۹۵، ۲۹۶، ۲۹۷، ۳۰۲، ۳۰۸، ۳۱۱، ۳۱۳، ۳۱۶، ۳۱۷، ۳۹۶، ۴۱۳، ۴۱۴، ۴۵۴، ۴۸۷، ۴۹۰، ۴۹۱، ۴۹۷، ۴۹۸، ۵۰۵، ۵۱۱، ۵۱۴، ۵۱۵، ۵۲۴، ۵۲۶، ۵۳۰، ۵۴۲، ۵۴۵، ۵۴۹، ۵۵۲، ۵۵۷، ۵۵۸، ۵۶۵، ۵۷۰، ۵۷۲، ۵۸۲، ۵۸۶، ۵۸۷، ۵۸۸، ۵۹۰، ۵۹۱
دشت سواران نیزه‌گزار، ۱۳، ۱۴، ۴۹۶
دشت سواران نیزه‌وران، ۱۵۲
دقیقی، ۳۷۶، ۳۷۷، ۳۸۱، ۴۱۳، ۴۱۵، ۴۲۴، ۴۲۸، ۴۹۱
دمور، ۷۶، ۱۶۱، ۲۵۹
دنبر، ۱۵۰، ۲۸۶، ۲۹۰، ۲۹۱، ۳۰۴
دنبری، ۲۹۰
دهستان (دهیستان)، ۶۲، ۶۳، ۷۵، ۱۵۲، ۱۵۹، ۱۶۳، ۳۶۰
ذکاء (یحیی)، ۳۲۰
راشد محصل (محمدتقی)، ۲۶۷
رخش، ۳۰۱، ۴۹۰، ۴۹۹، ۵۰۵، ۵۰۷، ۵۱۰، ۵۱۲، ۵۱۳، ۵۲۰، ۵۲۶، ۵۳۱، ۵۳۳، ۵۳۴، ۵۳۵، ۵۴۰، ۵۴۱، ۵۴۲، ۵۴۵، ۵۴۶، ۵۴۸، ۵۴۹، ۵۵۰، ۵۵۲، ۵۷۲، ۵۷۴، ۵۷۵، ۵۷۶، ۵۸۰، ۶۰۶، ۶۱۸
رستم، ۹، ۱۰، ۱۲، ۱۴، ۱۷، ۲۸، ۳۰، ۵۲، ۵۷، ۶۱، ۶۴، ۶۷، ۶۸، ۷۴، ۹۸، ۱۱۷، ۱۱۹، ۱۲۱، ۱۴۸، ۱۵۰، ۱۵۱، ۱۶۳، ۱۷۱، ۱۸۰، ۱۸۵، ۱۹۲، ۱۹۳، ۱۹۸، ۱۹۹، ۲۰۰، ۲۰۱، ۲۰۴، ۲۰۵، ۲۱۶، ۲۱۷، ۲۲۱، ۲۲۸، ۲۲۹، ۲۳۰، ۲۳۲، ۲۳۳، ۲۳۴، ۲۳۹، ۲۴۸، ۲۵۸، ۲۵۹، ۲۸۶، ۲۸۸، ۲۸۹، ۲۹۰، ۲۹۲، ۲۹۵، ۲۹۶، ۲۹۷، ۲۹۸، ۳۰۱، ۳۰۲، ۳۰۴، ۳۱۱، ۳۱۳، ۳۱۵، ۳۱۷، ۳۲۱، ۳۲۷، ۳۳۰، ۳۳۹، ۳۶۱، ۳۷۷، ۴۱۳، ۴۳۷، ۴۴۴، ۴۴۵، ۴۴۶، ۴۵۸، ۴۶۷، ۴۶۸، ۴۷۷، ۴۸۱، ۴۸۴، ۴۸۵، ۴۹۰، ۴۹۱، ۴۹۲، ۴۹۴، ۴۹۵، ۴۹۶، ۴۹۷، ۴۹۸، ۴۹۹، ۵۰۰، ۵۰۱، ۵۰۲، ۵۰۳، ۵۰۴، ۵۰۵، ۵۰۶، ۵۰۷، ۵۰۸، ۵۰۹، ۵۱۰، ۵۱۱، ۵۱۲، ۵۱۳، ۵۱۴، ۵۱۵، ۵۱۶، ۵۱۷، ۵۱۸، ۵۲۰، ۵۲۱، ۵۲۲، ۵۲۳، ۵۲۴، ۵۲۵، ۵۲۶، ۵۲۷، ۵۲۹، ۵۳۰، ۵۳۱، ۵۳۲، ۵۳۳، ۵۳۴، ۵۳۵، ۵۳۶، ۵۳۷، ۵۳۸، ۵۳۹، ۵۴۰، ۵۴۱، ۵۴۲، ۵۴۳، ۵۴۴، ۵۴۵، ۵۴۶، ۵۴۷، ۵۴۸، ۵۴۹، ۵۵۰، ۵۵۱، ۵۵۲، ۵۵۳، ۵۵۴، ۵۵۵، ۵۵۷، ۵۵۸، ۵۵۹، ۵۶۰،

۵۶۱، ۵۶۲، ۵۶۴، ۵۶۵، ۵۶۶، ۵۶۷، ۵۶۸، ۵۶۹، ۵۷۱، ۵۷۲، ۵۷۳، ۵۷۴، ۵۷۵، ۵۷۶، ۵۷۷، ۵۷۸، ۵۷۹، ۵۸۱، ۵۸۲، ۵۸۳، ۵۸۵، ۵۸۶، ۵۸۷، ۵۸۸، ۵۹۰، ۵۹۱، ۶۰۶
رودابه، ۴۹۷، ۴۹۹، ۵۰۳، ۵۴۵، ۵۸۲، ۵۸۳، ۵۹۱، ۶۱۵
روم، ۱۳، ۴۰، ۵۵، ۷۱، ۱۰۹، ۱۱۰، ۱۲۶، ۱۳۳، ۱۳۷، ۱۴۰، ۱۴۲، ۱۵۲، ۱۸۵، ۲۰۱، ۲۰۲، ۲۱۴، ۲۷۹، ۲۸۰، ۳۰۲، ۳۱۹، ۳۲۳، ۳۲۶، ۳۲۸، ۳۳۳، ۳۳۵، ۳۳۶، ۳۳۸، ۳۳۹، ۳۴۰، ۳۴۳، ۳۴۵، ۳۴۷، ۳۴۸، ۳۴۹، ۳۵۱، ۳۵۲، ۳۵۶، ۳۵۷، ۳۵۹، ۳۶۰، ۳۶۱، ۳۶۵، ۳۶۶، ۳۶۷، ۳۶۸، ۳۶۹، ۳۷۰، ۳۷۴، ۴۰۷، ۴۰۸، ۴۸۹، ۴۹۱، ۴۹۶، ۵۰۳، ۵۷۰، ۵۹۵، ۶۰۰، ۶۰۴، ۶۰۵، ۶۰۶، ۶۱۲، ۶۱۴، ۶۱۵، ۶۱۶، ۶۱۷، ۶۲۱، ۶۲۲، ۶۲۳، ۶۲۵، ۶۲۹، ۶۳۰، ۶۳۵، ۶۳۹
رومی، ۳۹، ۴۰، ۵۵، ۷۱، ۷۴، ۱۰۹، ۱۱۰، ۱۲۶، ۱۳۳، ۱۳۷، ۱۴۰، ۱۵۲، ۱۷۷، ۱۸۵، ۲۰۲، ۲۷۹، ۳۰۲، ۳۲۶، ۳۲۷، ۳۳۷، ۳۳۸، ۳۴۰، ۳۴۱، ۳۴۸، ۳۶۵، ۳۶۸، ۳۷۳، ۴۱۹، ۴۲۴، ۴۳۲، ۴۷۳، ۴۸۹، ۵۶۹، ۵۷۰، ۶۰۰، ۶۰۴، ۶۰۵، ۶۰۶، ۶۱۴، ۶۱۷، ۶۲۵، ۶۲۶، ۶۳۰، ۶۳۴، ۶۳۷
رومیان، ۲۱۴، ۳۳۲، ۳۵۲، ۳۵۸، ۳۶۵، ۳۷۰، ۵۱۸، ۶۰۴، ۶۰۵، ۶۰۶، ۶۱۴، ۶۲۴، ۶۲۹، ۶۳۳، ۶۳۶
رویین، ۲۷، ۷۰، ۷۱، ۷۴، ۷۷، ۷۸، ۸۹، ۹۷، ۱۰۵، ۱۱۰، ۱۱۱، ۱۵۶، ۱۵۷، ۱۶۷
رویین‌دژ (رویین‌دز)، ۴۳۲، ۴۳۴، ۴۳۵، ۴۳۶، ۴۵۲، ۴۵۸، ۴۶۲، ۴۶۴، ۴۶۹، ۴۷۱، ۴۷۲، ۴۷۶، ۴۷۹، ۴۸۲، ۵۱۱، ۵۱۹، ۵۶۴
رهام، ۱۲، ۱۵، ۲۰، ۲۴، ۳۳، ۳۴، ۳۶، ۹۹، ۱۰۵، ۱۰۹، ۱۱۰، ۱۱۹، ۱۵۰، ۱۷۵، ۱۷۸، ۱۷۹، ۱۹۶، ۲۸۳، ۲۹۸، ۳۱۷
ری، ۱۴۸، ۱۵۰، ۲۶۳
ریبد، ۱۶، ۲۲، ۴۶، ۵۵، ۶۳، ۸۰، ۹۴، ۱۲۱، ۱۳۶
ریوند، ۵۷، ۶۳، ۱۳۶، ۲۶۲، ۳۲۰
زابل، ۱۴۸، ۲۸۶، ۲۸۷، ۳۰۴، ۴۹۳، ۵۰۴، ۵۰۸، ۵۲۴، ۵۳۸، ۵۶۲، ۵۶۴، ۵۶۷، ۵۷۲، ۵۷۳، ۵۸۰، ۵۸۱، ۵۸۶، ۵۹۱
زابلستان، ۴۹۹، ۵۳۵، ۵۴۶، ۵۶۷، ۵۷۱، ۵۷۸، ۵۸۰، ۵۸۱، ۵۸۲، ۵۸۵، ۵۸۷، ۵۸۸
زابلی، ۳۱۷، ۴۹۹، ۵۷۱، ۵۷۳، ۵۸۹
زابلیان، ۱۵۱، ۲۹۱
زادشم، ۱۵۳، ۱۵۵، ۱۶۸، ۱۷۱، ۱۸۲، ۲۰۸
زال، ۶۷، ۱۵۰، ۲۵۸، ۲۸۷، ۲۸۸، ۲۸۹، ۲۹۰، ۲۹۱، ۲۹۳، ۲۹۴، ۲۹۵، ۲۹۶، ۲۹۷، ۲۹۸، ۳۰۱، ۳۰۴، ۳۰۷،

فهرست نام‌های این دفتر

۳۰۸، ۳۱۵، ۳۱۷، ۳۲۱، ۴۱۳، ۴۱۴، ۴۶۹، ۴۸۹، ۴۹۰، ۴۹۱، ۴۹۸، ۴۹۹، ۵۰۳، ۵۰۶، ۵۰۸، ۵۱۰، ۵۱۵، ۵۱۷، ۵۲۲، ۵۳۰، ۵۳۱، ۵۳۲، ۵۴۲، ۵۴۵، ۵۴۶، ۵۴۷، ۵۴۸، ۵۵۱، ۵۵۲، ۵۵۳، ۵۵۷، ۵۵۸، ۵۶۲، ۵۶۴، ۵۶۵، ۵۷۰، ۵۷۱، ۵۷۳، ۵۷۸، ۵۸۲، ۵۸۳، ۵۸۵، ۵۸۶، ۵۸۷، ۵۹۰، ۵۹۱، ۶۱۵

زاول، ۴۹۲، ۴۹۶، ۴۹۸، ۵۲۴، ۵۶۲

زاولستان، ۱۵۰، ۲۸۶، ۴۱۳، ۴۱۴، ۴۸۷، ۴۸۹، ۴۹۱، ۴۹۸، ۵۰۹، ۵۲۴، ۵۲۷، ۵۳۰، ۵۳۳، ۵۳۵، ۵۴۶، ۵۵۳، ۵۵۹، ۵۶۱، ۵۶۵

زاولی، ۲۹۰، ۵۳۵

زرتشت (زردشت)، ۱۵۵، ۲۸۰، ۳۱۳، ۳۷۸، ۳۷۹، ۳۸۰، ۳۸۱، ۳۸۲، ۳۹۲، ۴۸۸، ۵۱۳، ۵۱۹، ۵۲۹، ۵۶۲

زرتشتی، ۱۵۵

زرتشتیان، ۳۸۰، ۵۱۳

زرسپ، ۱۵۰، ۱۵۳، ۱۸۵، ۲۷۷، ۲۷۸، ۲۸۹، ۳۰۷، ۳۶۹

زرنوش، ۶۲۱

زریر، ۲۱۴، ۳۲۰، ۳۲۳، ۳۲۴، ۳۲۵، ۳۵۴، ۳۶۷، ۳۶۸، ۳۶۹، ۳۷۰، ۳۷۱، ۳۷۲، ۳۷۴، ۳۷۸، ۳۷۹، ۳۸۱، ۳۸۵، ۳۸۶، ۳۸۸، ۳۹۰، ۳۹۱، ۳۹۴، ۳۹۷، ۳۹۸، ۳۹۹، ۴۰۰، ۴۰۱، ۴۰۲، ۴۰۳، ۴۰۴، ۴۰۵، ۴۰۶، ۴۲۹، ۴۸۶، ۴۸۷، ۴۹۷، ۵۰۸، ۵۶۴

زم، ۶۷، ۱۶۲، ۲۸۱

زنگاله، ۲۶

زنگله، ۱۰۵، ۱۰۸، ۱۰۹

زنگه، ۱۲، ۱۵، ۲۵، ۸۷، ۱۰۵، ۱۱۲، ۱۱۳، ۱۱۵، ۱۲۱، ۱۴۹، ۱۵۱، ۲۱۱، ۳۰۶، ۵۰۰

زواره، ۱۵، ۲۴، ۳۴، ۱۵۳، ۱۸۵، ۴۹۰، ۴۹۷، ۴۹۸، ۴۹۹، ۵۰۰، ۵۰۲، ۵۰۵، ۵۰۶، ۵۳۰، ۵۳۳، ۵۳۶، ۵۳۷، ۵۳۸، ۵۳۹، ۵۴۰، ۵۴۱، ۵۴۲، ۵۴۵، ۵۵۸، ۵۶۱، ۵۷۴، ۵۷۵، ۵۷۸

ساسان، ۵۹۲، ۵۹۳

ساسانیان، ۲۶۲، ۳۰۱، ۳۲۸، ۵۹۲

سام، ۱۲، ۵۲، ۲۲۸، ۲۵۸، ۲۹۷، ۳۰۴، ۳۱۷، ۳۲۱، ۳۵۲، ۳۹۶، ۳۹۹، ۴۱۳، ۴۹۰، ۴۹۷، ۵۱۰، ۵۱۱، ۵۱۲، ۵۱۳، ۵۱۴، ۵۱۵، ۵۱۶، ۵۱۷، ۵۲۴، ۵۴۲، ۵۵۳، ۵۶۲، ۵۶۹، ۵۷۰، ۵۷۲، ۵۷۳، ۵۷۹، ۵۸۶، ۵۸۷، ۵۸۸، ۵۹۰، ۵۹۱

سپاهان، ۱۴۸، ۳۰۵، ۶۳۴

سپاهان (شاهنامه)، ۴۵، ۴۹، ۵۵، ۷۴، ۷۸، ۱۰۷، ۱۲۵، ۱۶۳، ۱۸۶، ۲۳۹، ۲۵۶، ۴۸۹، ۴۹۲، ۵۴۷، ۵۶۵

سپهرم، ۲۶، ۱۰۵، ۱۱۱، ۱۱۲

سروش (ایزد، روز)، ۲۷۲، ۲۸۸، ۲۹۳، ۳۰۹، ۳۱۲، ۳۱۳، ۵۸۶

سغد، ۶۸، ۱۹۳، ۱۹۴، ۱۹۵، ۲۶۱

سقیلا، ۳۴۸، ۳۵۳

سکندر، ۶۱۸، ۶۱۹، ۶۲۱، ۶۲۲، ۶۲۴، ۶۲۵، ۶۲۸، ۶۲۹، ۶۳۹، ۶۴۰، ۶۴۱

سگزی، ۵۳۷، ۵۳۹، ۵۵۲، ۵۵۴

سگزیان، ۵۳۹

سلم، ۶۹، ۷۲، ۲۷۷، ۲۸۱، ۳۲۸، ۳۴۰، ۳۴۱، ۵۱۸، ۵۸۵

سنجه، ۳۰۳، ۵۱۷

سهراب، ۳۰۳، ۳۱۰، ۴۹۲، ۵۱۷

سیامک، ۱۰۵، ۱۰۸، ۱۵۰

سیاوخش، ۱۷، ۱۸، ۲۰، ۳۴، ۳۵، ۴۰، ۴۴، ۴۷، ۶۰، ۶۵، ۶۹، ۷۳، ۷۴، ۷۵، ۷۶، ۹۱، ۹۶، ۱۰۳، ۱۲۰، ۱۳۸، ۱۶۴، ۱۷۲، ۱۷۵، ۲۰۴، ۲۰۷، ۲۱۱، ۲۲۰، ۲۲۱، ۲۲۷، ۲۴۳، ۲۵۴، ۲۵۹، ۲۶۹، ۲۷۶، ۲۹۲، ۴۹۰، ۵۰۰، ۵۰۷، ۵۲۱، ۵۵۹، ۵۷۷، ۶۱۵، ۶۱۸

سیاوخش‌کرد، ۷۶، ۲۴۶، ۲۵۴، ۲۵۸

سیاوش، ۳۵، ۳۹، ۴۲، ۴۳، ۴۴، ۴۹، ۵۰، ۷۳، ۷۵، ۹۷، ۱۰۴، ۱۱۰، ۱۱۸، ۱۳۷، ۱۳۸، ۱۳۹، ۱۵۶، ۱۶۴، ۱۶۷، ۱۷۱، ۲۱۰، ۲۱۱، ۲۲۱، ۲۲۷، ۲۲۹، ۲۳۸، ۲۴۳، ۲۴۶، ۲۴۸، ۲۵۴، ۲۵۵، ۲۶۴، ۲۷۵، ۲۷۸، ۲۹۱، ۲۹۶، ۳۰۵، ۳۱۰، ۳۱۶، ۴۹۰، ۴۹۲، ۵۷۷

سیاووش، ۷۴، ۲۵۸، ۲۷۸

سیردریا، ۲۵۳

سیستان، ۱۴، ۲۰۴، ۲۸۶، ۲۸۸، ۳۰۴، ۴۱۳، ۴۱۴، ۴۱۸، ۴۱۹، ۴۹۰، ۴۹۲، ۴۹۳، ۵۱۵، ۵۲۵، ۵۳۱، ۵۳۳، ۵۳۷، ۵۴۸، ۵۵۶، ۵۵۸، ۵۶۷، ۵۷۰، ۵۷۳، ۵۸۲، ۵۸۶، ۵۸۷، ۵۸۸، ۵۹۱، ۵۹۲

سیستانی، ۱۴، ۳۰۱

سیستانیان، ۵۳۷

سیمرغ، ۴۳۶، ۴۴۸، ۴۴۹، ۴۵۰، ۴۵۱، ۵۱۵، ۵۴۶، ۵۴۷، ۵۴۸، ۵۴۹، ۵۵۰، ۵۵۱، ۵۵۴، ۵۵۷، ۵۵۸، ۵۶۴

شاپور، ۱۲، ۲۶۲، ۲۹۸

شاپور ساسانی، ۲۶۲

شادمان یوسف، ۳۶۰

شعیب، ۶۱۳

شغاد، ۵۸، ۵۷۰، ۵۷۱، ۵۷۲، ۵۷۳، ۵۷۴، ۵۷۵، ۵۷۶، ۵۷۷، ۵۷۸، ۵۷۹، ۵۸۱

فهرست نام‌های این دفتر

شگنان، ۶۷
شماخ، ۵۸، ۱۵۰، ۱۸۴
شهر داور، ۱۵۰
شهیدی مازندرانی (حسین)، ۲۳۶، ۶۳۶
شیدوش، ۱۲، ۲۵، ۹۹، ۱۵۱، ۱۸۰، ۱۹۶
شیده، ۹، ۱۱، ۱۲، ۱۵، ۶۱، ۷۵، ۱۶۰، ۱۶۱، ۱۶۴، ۱۶۶، ۱۶۹، ۱۷۰، ۱۷۱، ۱۷۲، ۱۷۳، ۱۷۴، ۱۷۵، ۱۷۶، ۱۷۷، ۱۷۸، ۱۷۹، ۱۸۰، ۱۸۱، ۱۹۱، ۲۲۸، ۲۹۴، ۲۹۶
صطخر، ۶۲۹، ۶۴۰، ۶۴۱
ضحاک، ۹۶، ۲۱۲، ۲۶۷، ۲۸۱، ۲۸۳، ۲۹۶، ۴۹۶، ۵۱۶، ۵۱۷، ۵۶۵، ۵۸۵، ۵۹۹، ۶۳۰
طالقان، ۶۷
طبرد، ۱۸۴
طورک، ۱۸۴
علی‌اف (اقرار)، ۳۶۰
غرچگان، ۶۷، ۱۵۳
غزان، ۱۴، ۶۱، ۱۶۰
غزدژ (غزدز)، ۱۴، ۶۸، ۷۴
غزنین، ۱۴، ۶۷، ۴۸۹
غزی، ۱۶۰
فاریاب، ۶۷
فاسقون، ۳۳۷، ۳۴۰، ۳۴۲، ۳۴۵، ۳۴۷، ۳۶۸
فرامرز، ۱۴، ۴۹۰، ۴۹۷، ۴۹۸، ۵۰۵، ۵۳۸، ۵۳۹، ۵۴۰، ۵۴۲، ۵۴۵، ۵۵۸، ۵۷۶، ۵۷۷، ۵۷۸، ۵۸۱، ۵۸۲، ۵۸۵، ۵۸۶، ۵۸۸، ۵۸۹
فردوسی، ۹، ۱۵، ۲۴، ۲۷، ۳۰، ۴۴، ۴۷، ۴۸، ۴۹، ۵۴، ۷۵، ۷۶، ۸۳، ۸۸، ۹۰، ۹۱، ۱۰۷، ۱۱۰، ۱۱۲، ۱۱۶، ۱۳۳، ۱۴۰، ۱۴۲، ۱۵۰، ۱۵۶، ۱۵۷، ۱۶۱، ۱۶۵، ۱۷۵، ۱۹۲، ۱۹۶، ۲۱۱، ۲۱۶، ۲۳۴، ۲۳۶، ۲۳۷، ۲۴۱، ۲۴۳، ۲۵۲، ۲۵۵، ۲۵۸، ۲۶۴، ۲۶۶، ۲۷۱، ۲۷۴، ۲۷۹، ۲۸۰، ۲۸۵، ۲۸۷، ۲۸۹، ۲۹۳، ۲۹۴، ۲۹۹، ۳۰۰، ۳۰۲، ۳۰۵، ۳۱۳، ۳۱۶، ۳۲۰، ۳۲۸، ۳۳۲، ۳۳۳، ۳۳۴، ۳۴۳، ۳۴۶، ۳۵۱، ۳۵۳، ۳۵۷، ۳۶۱، ۳۶۳، ۳۶۹، ۳۷۶، ۴۱۵، ۴۲۸، ۴۴۰، ۴۴۴، ۴۷۴، ۴۷۸، ۴۸۰، ۴۹۱، ۴۹۴، ۴۹۶، ۴۹۸، ۵۰۳، ۵۱۱، ۵۲۰، ۵۲۱، ۵۳۲، ۵۳۵، ۵۴۱، ۵۴۹، ۵۵۹، ۵۶۱، ۵۶۵، ۵۶۸، ۵۷۱، ۵۷۶، ۵۹۱، ۵۹۲، ۵۹۴، ۶۰۲، ۶۰۴، ۶۱۴، ۶۱۷، ۶۱۹، ۶۲۰، ۶۲۱، ۶۲۳، ۶۲۴، ۶۲۵، ۶۲۶، ۶۳۶
فرشیدورد، ۲۶، ۸۶، ۸۷، ۹۰، ۹۱، ۹۲، ۱۰۲، ۱۲۲، ۱۲۳، ۱۲۵، ۱۲۷، ۱۲۸، ۱۳۰، ۱۳۱، ۱۳۲، ۱۳۵، ۱۴۱، ۱۵۶، ۱۵۷، ۱۶۵، ۱۶۷، ۴۰۸، ۴۱۹، ۴۲۰، ۴۲۴، ۴۲۵، ۴۲۶، ۴۳۰، ۴۳۲، ۴۵۹، ۴۸۸

فرغانه، ۱۳
فروهل، ۲۵، ۳۳، ۱۰۵، ۱۰۸، ۱۰۹
فرهاد، ۱۲، ۱۵، ۲۰، ۲۵، ۴۲، ۸۷، ۹۹، ۱۵۱، ۲۲۵، ۳۱۳
فریبرز، ۱۲، ۱۵، ۲۴، ۳۴، ۳۵، ۳۶، ۹۹، ۱۰۵، ۱۰۶، ۱۵۲، ۱۸۶، ۲۰۴، ۳۰۲، ۳۰۶، ۳۱۱، ۳۱۳، ۳۱۴
فـریدون، ۹، ۱۴، ۱۷، ۳۲، ۶۹، ۷۲، ۹۶، ۹۸، ۱۴۶، ۱۵۳، ۱۵۵، ۱۷۳، ۱۷۷، ۱۷۸، ۲۰۸، ۲۰۹، ۲۱۰، ۲۲۷، ۲۲۸، ۲۶۲، ۲۶۴، ۲۶۷، ۲۶۸، ۲۷۰، ۲۷۱، ۲۷۴، ۲۷۷، ۲۹۳، ۲۹۶، ۳۰۵، ۳۱۲، ۳۱۸، ۳۲۵، ۳۳۲، ۳۸۵، ۳۹۱، ۳۹۷، ۴۸۰، ۴۹۶، ۵۰۴، ۵۱۷، ۵۱۸، ۵۱۹، ۵۴۱، ۵۵۰، ۵۵۶، ۵۷۷
فضل بن احمد، ۱۴۵
فغفور، ۱۰، ۲۰۲، ۲۲۵، ۲۳۵، ۲۳۶، ۲۴۶، ۲۴۷، ۲۴۸، ۵۳۲، ۶۲۱
فلورانس (شاهنامه)، ۱۰، ۱۴، ۳۸، ۴۷، ۸۸، ۱۱۹، ۱۲۵، ۱۳۰، ۱۳۱، ۱۴۲، ۱۵۰، ۱۶۰، ۱۶۶، ۱۸۱، ۲۰۶، ۲۳۷، ۲۴۲، ۲۴۵، ۲۴۶، ۲۶۳، ۲۶۸، ۲۷۹، ۳۰۹
فم‌الاسد، ۲۵۳
فور، ۶۳۵
فیلقوس، ۶۱۴، ۶۱۵، ۶۱۶، ۶۱۸، ۶۱۹، ۶۲۱، ۶۴۰
فیلیپ مقدونی، ۶۱۴
قارن، ۱۵۳، ۱۷۰، ۱۷۳، ۱۷۴، ۱۸۱، ۱۸۲، ۴۳۱
قارنان، ۹۹
قالوس، ۳۶۶، ۳۶۷، ۳۷۰
قاهره (شاهنامه)، ۱۴، ۱۹، ۱۴۲، ۲۶۹، ۲۷۰، ۳۷۶، ۶۲۰
قباد، ۱۵۰، ۱۷۳، ۳۰۵، ۵۳۲
قتیب، ۶۱۳
قجغارباشی، ۲۶۱
قراخان، ۹، ۱۵۸، ۱۶۰، ۱۶۱، ۱۹۱، ۱۹۸، ۱۹۹
قلزم، ۲۲۷
قم، ۳۰۵
قندهار، ۶۸
قنوج، ۲۸۶، ۲۹۰، ۲۹۱، ۵۶۶
قنوچی، ۲۹۰
قیصر، ۳۲۸، ۳۲۹، ۳۳۰، ۳۳۲، ۳۳۳، ۳۳۴، ۳۳۵، ۳۳۷، ۳۳۸، ۳۴۰، ۳۴۱، ۳۴۵، ۳۴۶، ۳۴۷، ۳۴۸، ۳۴۹، ۳۵۰، ۳۵۱، ۳۵۲، ۳۵۴، ۳۵۶، ۳۵۷، ۳۵۸، ۳۵۹، ۳۶۰، ۳۶۱، ۳۶۲، ۳۶۳، ۳۶۴، ۳۶۵، ۳۶۶، ۳۶۷، ۳۶۸، ۳۷۰، ۳۷۱، ۳۷۲، ۳۷۳، ۳۷۴، ۳۷۸، ۴۰۷، ۴۸۵، ۵۱۸، ۶۰۷، ۶۱۵، ۶۱۶، ۶۱۸، ۶۱۹، ۶۲۶، ۶۳۳

فهرست نام‌های این دفتر
۶۵۳

کابل، ۱۴، ۶۸، ۱۵۰، ۲۸۶، ۲۹۸، ۳۰۴، ۳۲۳، ۵۱۶، ۵۷۰، ۵۷۱، ۵۷۲، ۵۷۳، ۵۷۴، ۵۷۶، ۵۷۸، ۵۸۱، ۵۸۲، ۵۸۶، ۵۹۰
کابلستان، ۵۰۵، ۵۳۵، ۵۷۱، ۵۷۸، ۵۸۰، ۵۸۱، ۵۸۹
کابلی، ۴۴۲، ۵۷۱، ۵۷۲، ۵۷۳، ۵۸۱، ۵۸۹
کابلیان، ۱۵۱، ۲۹۱
کاموس، ۹۸، ۳۰۳، ۵۱۳، ۵۳۱، ۵۳۸
کاولستان، ۲۸۶، ۴۸۷، ۴۸۹، ۵۳۵، ۵۶۱
کاولی، ۲۹۰، ۵۳۵
کاووس، ۳۵، ۶۲، ۶۴، ۷۳، ۱۰۵، ۱۳۸، ۱۶۷، ۱۷۲، ۱۷۳، ۱۸۶، ۱۹۰، ۱۹۶، ۲۰۴، ۲۰۶، ۲۰۷، ۲۰۹، ۲۲۴، ۲۴۰، ۲۴۱، ۲۴۲، ۲۴۳، ۲۴۴، ۲۴۵، ۲۴۶، ۲۵۶، ۲۶۳، ۲۶۴، ۲۶۵، ۲۶۶، ۲۷۲، ۲۷۳، ۲۷۵، ۲۷۸، ۲۷۹، ۲۸۱، ۲۸۳، ۲۸۶، ۲۹۱، ۲۹۴، ۲۹۶، ۲۹۹، ۳۰۱، ۳۰۲، ۳۰۳، ۳۰۴، ۳۰۵، ۳۱۰، ۳۱۱، ۳۱۵، ۳۲۰، ۳۶۰، ۳۶۹، ۳۷۱، ۳۷۲، ۳۷۶، ۴۸۹، ۴۹۰، ۵۰۵، ۵۰۹، ۵۱۶، ۵۱۷، ۵۲۰، ۵۲۱، ۵۲۳، ۵۲۷، ۵۸۹، ۶۱۵
کاووسیان، ۳۲۵، ۳۲۶
کتایون، ۳۳۲، ۳۳۳، ۳۳۴، ۳۳۵، ۳۳۶، ۳۳۷، ۳۳۸، ۳۴۵، ۳۴۶، ۳۴۷، ۳۵۵، ۳۵۷، ۳۵۹، ۳۷۳، ۳۷۸، ۴۸۵، ۴۹۱، ۵۱۸
کرگ، ۹۰، ۱۱۴
کرگسار، ۳۸۶، ۳۸۸، ۳۹۴، ۴۲۹، ۴۳۰، ۴۳۱، ۴۳۲، ۴۳۴، ۴۳۵، ۴۳۶، ۴۳۷، ۴۳۸، ۴۳۹، ۴۴۱، ۴۴۴، ۴۴۸، ۴۵۱، ۴۵۳، ۴۵۶، ۴۵۷، ۴۵۸، ۴۵۹، ۴۶۵
کرگساران، ۳۸۷
کرمان، ۱۴۹، ۳۸۰، ۵۱۳، ۶۳۱، ۶۳۲، ۶۳۴، ۶۴۰، ۶۴۱
کروخان، ۱۵۲
کروشان، ۱۵۴
کشماره، ۲۵، ۹۹
کشمیر، ۱۴، ۶۷، ۶۸، ۱۵۰، ۵۷۰
کشواد، ۱۶، ۳۵، ۶۶، ۱۰۵، ۱۱۵، ۱۵۱، ۱۵۳، ۱۷۸، ۲۲۵، ۳۰۰، ۳۱۵
کشوادگان، ۱۵، ۲۰، ۳۵، ۱۰۳، ۱۸۵، ۲۷۰، ۳۱۵، ۳۶۹
کلباد (کلباد ویسه)، ۲۶، ۱۰۵، ۱۰۶
کناید (کناوت)، ۲۱، ۲۲، ۳۷، ۴۶، ۴۷، ۵۰، ۵۵، ۵۶، ۶۳، ۷۸، ۷۹، ۹۴، ۱۰۰، ۱۲۱، ۱۳۶
کندز، ۱۵۵، ۱۵۶
کنگ، ۱۵۸، ۱۶۷، ۱۹۲، ۱۹۳، ۱۹۵، ۲۰۱، ۲۰۲، ۲۰۳، ۲۰۵، ۲۰۸، ۲۰۹، ۲۱۳، ۲۲۴، ۲۲۶، ۲۲۷، ۲۳۵، ۲۳۶، ۲۳۷، ۲۳۸، ۲۳۹، ۲۴۱، ۲۴۶، ۲۵۴، ۲۵۵، ۲۵۶، ۲۵۷، ۲۵۸، ۲۵۹، ۲۶۰، ۲۶۱، ۲۶۴، ۲۶۵، ۲۷۲، ۵۲۸

کولاد غندی، ۳۰۳
کوه اسپروز، ۲۳۷
کوه قاف، ۶۸، ۱۵۳
کهرم، ۱۰۵، ۱۱۵، ۳۸۸، ۳۹۵، ۳۹۶، ۴۱۶، ۴۱۷، ۴۱۸، ۴۱۹، ۴۲۰، ۴۲۷، ۴۲۸، ۴۲۹، ۴۳۰، ۴۳۱، ۴۵۹، ۴۷۰، ۴۷۱، ۴۷۵، ۴۷۶، ۴۷۷، ۴۷۹
کهیلا، ۱۶۰، ۱۶۱، ۱۸۶
کیان، ۹، ۱۷، ۱۸، ۲۴، ۳۴، ۳۵، ۳۸، ۶۷، ۷۳، ۱۳۵، ۱۴۵، ۱۷۱، ۱۷۵، ۱۷۹، ۲۵۷، ۲۶۷، ۲۷۷، ۲۸۲، ۲۸۷، ۲۹۲، ۲۹۳، ۲۹۶، ۳۱۶، ۳۲۱، ۳۲۷، ۳۳۴، ۳۶۵، ۳۸۰، ۳۸۲، ۳۸۳، ۳۸۹، ۳۹۳، ۳۹۵، ۳۹۷، ۴۰۲، ۴۰۴، ۴۰۶، ۴۰۹، ۴۱۱، ۴۱۶، ۴۹۱، ۵۱۶، ۵۲۲، ۵۶۲، ۵۶۳، ۵۹۰، ۶۱۰، ۶۱۹، ۶۲۱، ۶۳۳، ۶۳۹، ۶۴۰
کیانی، ۱۰۶، ۱۷۹، ۲۴۲، ۲۷۰، ۲۷۵، ۳۶۵، ۳۷۶، ۳۸۲، ۴۰۴، ۴۰۷، ۴۱۷، ۴۲۱، ۴۳۰، ۵۳۲، ۵۳۴، ۵۷۵
کیانیان، ۱۷، ۳۷۶، ۶۱۹، ۶۲۱
کیخسرو، ۱۵، ۲۰، ۲۲، ۳۰، ۳۲، ۳۵، ۵۱، ۵۶، ۵۷، ۵۹، ۶۱، ۶۴، ۶۷، ۷۹، ۸۱، ۸۲، ۸۳، ۸۵، ۹۴، ۹۶، ۹۹، ۱۰۰، ۱۰۷، ۱۱۰، ۱۲۴، ۱۳۶، ۱۳۷، ۱۴۲، ۱۴۳، ۱۴۴، ۱۴۷، ۱۴۸، ۱۴۹، ۱۵۰، ۱۵۱، ۱۵۳، ۱۵۴، ۱۵۶، ۱۵۷، ۱۶۲، ۱۶۶، ۱۶۷، ۱۶۸، ۱۶۹، ۱۷۱، ۱۷۲، ۱۷۳، ۱۷۴، ۱۷۶، ۱۷۹، ۱۸۰، ۱۸۱، ۱۸۲، ۱۸۴، ۱۸۸، ۱۹۰، ۱۹۲، ۱۹۳، ۱۹۴، ۱۹۵، ۱۹۶، ۱۹۷، ۱۹۹، ۲۰۰، ۲۰۱، ۲۰۳، ۲۰۴، ۲۰۶، ۲۰۷، ۲۰۸، ۲۰۹، ۲۱۱، ۲۱۲، ۲۱۳، ۲۱۸، ۲۱۹، ۲۲۰، ۲۲۱، ۲۲۲، ۲۲۳، ۲۲۵، ۲۲۶، ۲۲۷، ۲۲۸، ۲۳۱، ۲۳۲، ۲۳۳، ۲۳۵، ۲۳۶، ۲۳۷، ۲۳۸، ۲۳۹، ۲۴۱، ۲۴۲، ۲۴۴، ۲۴۵، ۲۴۶، ۲۴۷، ۲۴۸، ۲۴۹، ۲۵۰، ۲۵۱، ۲۵۴، ۲۵۵، ۲۵۶، ۲۵۷، ۲۵۸، ۲۵۹، ۲۶۰، ۲۶۱، ۲۶۲، ۲۶۳، ۲۶۴، ۲۶۵، ۲۶۶، ۲۶۷، ۲۷۰، ۲۷۲، ۲۷۳، ۲۷۵، ۲۷۶، ۲۷۷، ۲۷۸، ۲۷۹، ۲۸۰، ۲۸۱، ۲۸۲، ۲۸۴، ۲۸۸، ۲۸۹، ۲۹۰، ۲۹۲، ۲۹۳، ۲۹۴، ۲۹۵، ۲۹۶، ۲۹۸، ۲۹۹، ۳۰۰، ۳۰۳، ۳۰۴، ۳۰۵، ۳۰۶، ۳۰۷، ۳۱۰، ۳۱۱، ۳۱۲، ۳۱۳، ۳۱۸، ۳۱۹، ۳۲۱، ۳۲۴، ۳۲۶، ۳۶۰، ۳۸۳، ۴۷۰، ۴۸۹، ۴۹۰، ۵۰۳، ۵۱۶، ۵۱۷، ۵۲۱، ۵۲۷، ۵۸۶، ۵۹۰
کیقباد، ۱۷، ۳۵، ۷۳، ۱۵۰، ۱۵۲، ۲۰۷، ۲۶۷، ۲۹۱، ۲۹۳، ۳۰۴، ۴۹۰، ۴۹۶، ۵۰۳، ۵۰۴، ۵۱۸، ۵۲۲، ۵۳۲، ۵۷۷، ۵۸۸، ۵۹۰
کیکاووس، ۳۵
کیماک، ۲۳۸
گرازه، ۱۵، ۲۴، ۳۴، ۸۸، ۹۲، ۱۰۵، ۱۰۸، ۳۲۳
گردیه، ۲۱۱، ۲۴۸، ۵۲۶
گرزم، ۳۹۲، ۳۹۳، ۴۰۹، ۴۱۰، ۴۲۲، ۴۲۳، ۴۲۴، ۴۲۵،

فهرست نام‌های این دفتر

گرسیوز، ۹، ۷۶، ۱۶۱، ۱۸۶، ۱۸۷، ۲۱۶، ۲۱۷، ۲۱۸، ۴۲۶، ۴۲۷، ۴۸۸، ۵۱۹، ۲۲۱، ۲۴۰، ۲۴۳، ۲۵۸، ۲۵۹، ۲۷۳، ۲۷۴، ۲۷۶، ۲۷۷

گرسیون، ۹

گرگان، ۶۱، ۶۲، ۶۳، ۸۸، ۱۴۸، ۱۵۲، ۱۵۹، ۴۳۷، ۴۳۸، ۴۳۹

گرگین (گرگین میلاد)، ۱۲، ۱۵، ۲۰، ۲۵، ۸۷، ۱۰۵، ۱۱۴، ۱۵۰، ۱۸۰، ۱۹۶، ۲۲۵، ۲۸۳، ۲۹۰، ۲۹۸، ۳۰۶

گروی، ۷۶، ۱۰۴، ۱۰۷، ۱۲۰، ۱۳۶، ۱۳۸، ۲۵۸، ۲۵۹، ۵۷۷

گزیده‌های زادسپرم (کتاب)، ۲۶۷

گژدهم، ۱۲، ۲۵، ۱۵۳

گستهم، ۱۲، ۱۵، ۲۴، ۳۳، ۸۸، ۹۳، ۹۹، ۱۰۰، ۱۲۰، ۱۲۱، ۱۲۶، ۱۲۷، ۱۲۸، ۱۲۹، ۱۳۰، ۱۳۱، ۱۳۲، ۱۳۳، ۱۳۴، ۱۳۵، ۱۴۱، ۱۴۲، ۱۴۳، ۱۵۳، ۱۵۷، ۱۶۱، ۱۶۲، ۱۸۱، ۱۸۲، ۱۹۳، ۱۹۸، ۲۰۰، ۲۱۳، ۲۴۶، ۲۵۹، ۲۶۱، ۲۹۰، ۲۹۸، ۳۰۶، ۳۱۱، ۳۱۳، ۳۲۳

گشتاسپ (گشتاسب)، ۳۲۰، ۳۲۱، ۳۲۲، ۳۲۳، ۳۲۴، ۳۲۵، ۳۲۶، ۳۲۷، ۳۲۸، ۳۲۹، ۳۳۰، ۳۳۱، ۳۳۲، ۳۳۳، ۳۳۴، ۳۳۵، ۳۳۶، ۳۳۷، ۳۳۸، ۳۳۹، ۳۴۰، ۳۴۱، ۳۴۲، ۳۴۳، ۳۴۴، ۳۴۵، ۳۴۶، ۳۴۷، ۳۵۰، ۳۵۱، ۳۵۲، ۳۵۳، ۳۵۴، ۳۵۵، ۳۵۶، ۳۵۷، ۳۵۸، ۳۵۹، ۳۶۰، ۳۶۱، ۳۶۲، ۳۶۳، ۳۶۴، ۳۶۵، ۳۶۹، ۳۷۰، ۳۷۱، ۳۷۲، ۳۷۳، ۳۷۴، ۳۷۵، ۳۷۶، ۳۷۷، ۳۷۸، ۳۷۹، ۳۸۰، ۳۸۱، ۳۸۲، ۳۸۳، ۳۸۴، ۳۸۶، ۳۸۷، ۳۸۹، ۳۹۰، ۳۹۱، ۳۹۴، ۳۹۵، ۳۹۸، ۳۹۹، ۴۰۰، ۴۰۲، ۴۰۶، ۴۱۰، ۴۱۱، ۴۱۳، ۴۱۴، ۴۱۵، ۴۱۷، ۴۱۸، ۴۱۹، ۴۲۰، ۴۲۱، ۴۲۳، ۴۲۵، ۴۲۶، ۴۲۷، ۴۲۸، ۴۲۹، ۴۳۲، ۴۳۳، ۴۳۵، ۴۴۷، ۴۶۷، ۴۷۳، ۴۶۶، ۴۷۵، ۴۷۶، ۴۷۹، ۴۸۳، ۴۸۵، ۴۸۶، ۴۸۷، ۴۸۹، ۴۹۰، ۴۹۱، ۴۹۵، ۴۹۶، ۵۰۹، ۵۱۶، ۵۱۸، ۵۲۱، ۵۲۲، ۵۲۴، ۵۲۵، ۵۲۷، ۵۲۸، ۵۲۹، ۵۳۱، ۵۳۲، ۵۵۹، ۵۶۰، ۵۶۱، ۵۶۲، ۵۶۴، ۵۶۵، ۵۶۶، ۵۶۷، ۵۶۸، ۵۸۳، ۵۸۴، ۵۹۰، ۵۹۱، ۶۰۴، ۶۱۲، ۶۳۳

گلزریون، ۱۹۲، ۱۹۵، ۲۲۴، ۲۲۵

گلگله، ۱۹۳

گودرز، ۱۲، ۱۵، ۱۶، ۱۹، ۲۰، ۲۱، ۲۲، ۲۳، ۲۴، ۲۵، ۲۷، ۲۸، ۲۹، ۳۰، ۳۲، ۳۳، ۳۴، ۳۵، ۳۶، ۳۷، ۳۸، ۳۹، ۴۰، ۴۱، ۴۲، ۴۳، ۵۰، ۵۱، ۵۳، ۵۶، ۵۷، ۵۸، ۵۹، ۶۰، ۶۳، ۶۴، ۶۵، ۶۶، ۷۰، ۷۱، ۷۷، ۷۸، ۷۹، ۸۳، ۸۴، ۸۷، ۸۸، ۹۰، ۹۴، ۹۸، ۹۹، ۱۰۰، ۱۰۱، ۱۰۳، ۱۰۴، ۱۰۵، ۱۰۷، ۱۰۹، ۱۱۲، ۱۱۵، ۱۱۶، ۱۱۷، ۱۱۸، ۱۱۹، ۱۲۰، ۱۲۱، ۱۲۲، ۱۲۳، ۱۲۴، ۱۲۵، ۱۲۶، ۱۲۷، ۱۲۸، ۱۳۵،

۱۳۶، ۱۳۷، ۱۳۸، ۱۳۹، ۱۴۸، ۱۵۱، ۱۵۲، ۱۵۳، ۱۵۶، ۱۶۳، ۱۶۷، ۱۷۵، ۱۸۰، ۱۸۵، ۱۹۶، ۲۰۴، ۲۱۳، ۲۲۵، ۲۳۲، ۲۳۳، ۲۵۱، ۲۷۰، ۲۷۱، ۲۷۲، ۲۷۳، ۲۷۵، ۲۸۳، ۲۸۵، ۲۸۶، ۲۸۹، ۲۹۰، ۲۹۷، ۲۹۸، ۳۰۰، ۳۰۱، ۳۰۲، ۳۰۳، ۳۰۴، ۳۰۵، ۳۰۷، ۳۱۱، ۳۱۳، ۳۱۵، ۳۱۶، ۳۱۷، ۳۶۲، ۳۶۹، ۳۷۱، ۴۶۷، ۵۲۰

گودرزی، ۶۶

گودرزیان، ۲۱۲، ۳۰۵، ۳۷۲

گوزگانان، ۶۷

گیلان، ۲۸، ۱۵۹، ۲۳۷

گیو، ۱۰، ۱۲، ۱۵، ۱۶، ۱۹، ۲۰، ۲۱، ۲۲، ۲۵، ۲۷، ۲۸، ۲۹، ۳۵، ۳۹، ۴۰، ۴۱، ۴۲، ۴۳، ۴۴، ۴۵، ۴۶، ۵۱، ۵۳، ۵۶، ۶۰، ۷۲، ۸۰، ۸۷، ۸۹، ۹۰، ۹۱، ۹۲، ۹۴، ۹۶، ۹۷، ۹۸، ۹۹، ۱۰۴، ۱۰۵، ۱۰۷، ۱۱۰، ۱۲۸، ۱۲۹، ۱۳۰، ۱۳۲، ۱۳۶، ۱۴۳، ۱۵۰، ۱۵۳، ۱۶۳، ۱۸۰، ۱۹۶، ۲۲۹، ۲۳۲، ۲۳۳، ۲۴۰، ۲۴۱، ۲۴۲، ۲۴۳، ۲۴۴، ۲۴۵، ۲۴۶، ۲۵۳، ۲۵۷، ۲۵۹، ۲۷۰، ۲۸۳، ۲۸۵، ۲۸۶، ۲۸۸، ۲۹۷، ۲۹۸، ۳۰۱، ۳۰۲، ۳۰۴، ۳۰۵، ۳۱۱، ۳۱۳، ۳۱۴، ۳۱۷، ۴۷۰، ۵۲۰، ۶۲۹

گیوگان، ۲۴

لاون، ۲۸، ۳۶، ۹۷، ۱۲۹، ۳۰۵

لرستان، ۴۳، ۵۱، ۱۵۲، ۲۸۶

لرستانی، ۳۰۱

لغت فرس (کتاب)، ۸۹، ۲۴۲

لهاک، ۲۶، ۷۴، ۸۶، ۸۷، ۹۰، ۹۱، ۹۲، ۱۰۲، ۱۲۲، ۱۲۳، ۱۲۵، ۱۲۶، ۱۲۷، ۱۳۰، ۱۳۱، ۱۳۲، ۱۳۵، ۱۴۱، ۱۵۶، ۱۵۷، ۱۶۵، ۱۶۷

لهراسپ (لهراسب)، ۱۴، ۵۷، ۶۱، ۶۸، ۷۴، ۱۴۸، ۳۰۶، ۳۰۷، ۳۰۸، ۳۱۰، ۳۱۱، ۳۱۶، ۳۱۷، ۳۱۸، ۳۱۹، ۳۲۰، ۳۲۱، ۳۲۲، ۳۲۳، ۳۲۵، ۳۲۶، ۳۲۷، ۳۴۳، ۳۵۴، ۳۶۵، ۳۶۷، ۳۶۸، ۳۶۹، ۳۷۰، ۳۷۱، ۳۷۲، ۳۷۴، ۳۷۵، ۳۷۷، ۳۸۱، ۳۸۲، ۳۸۳، ۳۸۷، ۴۰۰، ۴۰۱، ۴۰۲، ۴۱۰، ۴۱۴، ۴۱۵، ۴۱۷، ۴۱۸، ۴۱۹، ۴۲۳، ۴۲۵، ۴۲۶، ۴۲۹، ۴۳۲، ۴۵۹، ۴۷۶، ۴۷۹، ۴۸۵، ۴۸۶، ۴۸۸، ۴۹۵، ۴۹۸، ۵۱۸، ۵۱۹، ۵۲۱، ۵۸۶

ماچین، ۱۵۴، ۲۰۹، ۲۳۵، ۲۳۸، ۲۴۱، ۲۵۸، ۴۶۰، ۴۶۴

مازندران، ۹۲، ۱۵۸، ۳۰۳، ۳۰۵، ۳۳۹، ۳۶۰، ۵۱۷، ۵۲۰، ۵۳۱

ماهیار، ۶۳۶، ۶۴۰

ماهیار گوهرفروش، ۱۶۰

مای، ۳۰۴

فهرست نام‌های این دفتر

محبّ صلیب، ۶۲۳

محمود (محمود سبکتکین)، ۱۴۵، ۱۴۶، ۱۶۱، ۲۰۶، ۳۷۶، ۳۷۷، ۴۱۵، ۴۱۶، ۴۳۴، ۵۶۸، ۵۶۹، ۶۱۲

مدیترانه، ۲۲۷

مَرو، ۵۶۸، ۵۷۰

مصر، ۶۲۳

مکران، ۲۰۹، ۲۳۸، ۲۴۱، ۲۴۵، ۲۴۶، ۲۴۷، ۲۴۸، ۲۴۹، ۲۵۰، ۲۵۱، ۲۵۲، ۲۵۳، ۲۵۶، ۲۵۷، ۲۵۸، ۲۶۰، ۲۶۱، ۲۶۵

منوچهر آرش، ۱۵۲

منوچهر (مانوش چیثر)، ۹، ۶۷، ۷۳، ۷۹، ۱۴۹، ۱۵۳، ۱۸۶، ۱۹۶، ۲۱۱، ۲۹۱، ۲۹۲، ۳۰۴، ۴۶۹، ۴۹۰، ۵۶۲، ۵۸۵

منوشان، ۱۴۹، ۱۸۵، ۱۹۶، ۲۰۶

منیژه، ۹، ۱۳۳، ۱۹۲، ۲۴۱، ۳۳۴، ۳۶۳، ۴۶۷، ۴۷۸

موسسه مطالعات و تحقیقات فرهنگی، ۲۶۷

مولیان، ۶۷

مهرنوش، ۴۱۰، ۴۲۵، ۵۳۸، ۵۳۹، ۵۴۱، ۵۴۳، ۵۴۴، ۵۸۵، ۵۸۶

مهر یشت (کتاب)، ۵۱۳

میرین، ۳۳۷، ۳۳۸، ۳۳۹، ۳۴۰، ۳۴۱، ۳۴۲، ۳۴۴، ۳۴۵، ۳۴۷، ۳۴۸، ۳۴۹، ۳۵۰، ۳۵۱، ۳۵۲، ۳۵۹، ۳۶۱، ۳۶۲، ۳۶۴

میلاد، ۸۷، ۱۱۴، ۱۵۰، ۱۹۶

مینوی خرد (کتاب)، ۲۶۷، ۳۸۰

نامخواست، ۳۸۲، ۳۸۴، ۳۹۴، ۳۹۶

ناهید، ۳۷۸، ۴۷۹، ۴۹۱

نریمان، ۵۱۰، ۵۱۵، ۵۵۳، ۵۶۹، ۵۷۹، ۵۹۰

نستوه، ۱۵۲، ۱۶۱، ۳۵۳، ۴۰۰

نستیهن، ۵۲، ۵۳، ۵۴، ۵۵، ۵۶، ۶۲، ۷۸، ۸۰

نشابور (نشاپور)، ۲۶۲، ۵۹۲، ۵۹۳

نشر بلخ، ۳۶۰

نوذر، ۷۳، ۱۵۷، ۱۶۲، ۱۶۳، ۱۸۱، ۱۹۶، ۱۹۸، ۲۱۱، ۲۱۳، ۲۴۵، ۲۴۶، ۲۵۹، ۲۶۱، ۲۶۹، ۲۷۵، ۲۷۹، ۲۸۵، ۳۲۳، ۶۰۴

نوذران، ۶۳

نوش‌آذر، ۴۰۴، ۴۱۹، ۴۲۲، ۴۲۳، ۴۲۵، ۴۷۱، ۵۳۷، ۵۳۸، ۵۳۹، ۵۴۳، ۵۴۴، ۵۶۴، ۵۸۵، ۵۸۶

نیران، ۳۶۶، ۵۶۹

نیشابور، ۵۷، ۲۶۲، ۳۲۰، ۵۹۲

نیشابوریان، ۲۶۲

نیل، ۱۳، ۵۴، ۱۲۱، ۱۴۸، ۱۴۹، ۱۵۱، ۱۸۵

ویسه‌کرد (ویسه‌گرد)، ۱۹، ۶۷

هجیر، ۲۵، ۵۷، ۵۸، ۵۹، ۶۲، ۶۳، ۶۴، ۸۷، ۸۸، ۹۳، ۱۰۵، ۱۱۱، ۱۱۲، ۱۵۱، ۱۹۶

هخامنشیان، ۶۱۶، ۶۲۱، ۶۳۰

هری (هرات)، ۲۶۲

همای (همای چهرآزاد)، ۱۱۵، ۱۲۱، ۳۲۶، ۳۲۷، ۳۶۹، ۴۰۰، ۴۰۶، ۴۰۸، ۴۱۴، ۴۱۹، ۴۲۳، ۴۶۷، ۴۶۸، ۴۷۳، ۵۶۴، ۵۶۸، ۵۹۲، ۵۹۳، ۵۹۴، ۶۰۰، ۶۰۱، ۶۰۷، ۶۰۸، ۶۰۹، ۶۱۰، ۶۱۲، ۶۱۴، ۶۱۹، ۶۲۳

هند، ۱۳، ۱۴۲، ۱۴۶، ۲۰۱، ۲۸۰، ۳۱۹، ۳۲۲، ۴۰۷، ۴۹۶، ۵۶۶، ۵۶۹، ۵۸۱، ۶۲۱، ۶۳۵، ۶۳۷

هندوان، ۱۳، ۱۸، ۶۸، ۷۴، ۲۱۴، ۳۲۲، ۳۵۳، ۳۷۳، ۵۶۷، ۶۱۲، ۶۲۳، ۶۲۷، ۶۳۵

هندوستان، ۱۴، ۶۸، ۳۲۲، ۳۲۳، ۳۲۴، ۴۰۷، ۴۰۸، ۵۰۳، ۵۲۰، ۵۷۱، ۶۱۲، ۶۳۵

هندی، ۲۲، ۵۰، ۸۵، ۸۹، ۱۱۵، ۲۲۵، ۲۷۶، ۲۹۱، ۳۹۲، ۴۲۵، ۴۴۹، ۴۵۰، ۴۵۹، ۴۶۰، ۴۷۳، ۴۷۴، ۴۷۶، ۵۳۰، ۵۳۸، ۵۸۱، ۵۸۸، ۵۸۹، ۵۹۱، ۶۲۳، ۶۲۷، ۶۳۵، ۶۳۶

هنگ افراسیاب، ۲۶۷، ۲۶۸

هوشنگ، ۱۴۲، ۲۹۳، ۲۹۹، ۳۰۸، ۴۹۶، ۵۵۰، ۵۵۶

هوم، ۲۶۸، ۲۶۹، ۲۷۰، ۲۷۱، ۲۷۲، ۲۷۳

هومان، ۲۶، ۳۰، ۳۱، ۳۲، ۳۳، ۳۴، ۳۵، ۳۶، ۳۷، ۳۸، ۳۹، ۴۰، ۴۱، ۴۳، ۴۴، ۴۵، ۴۶، ۴۷، ۴۹، ۵۰، ۵۱، ۵۲، ۵۵، ۵۶، ۶۲، ۷۸، ۸۰، ۹۸، ۱۲۷، ۱۲۸، ۱۲۹، ۱۵۶، ۱۶۵

هیرمند، ۴۹۴، ۴۹۸، ۵۰۰، ۵۰۶، ۵۰۷، ۵۱۰، ۵۳۱، ۵۳۳، ۵۳۵، ۵۴۶، ۵۸۶

هیشوی، ۳۲۷، ۳۲۸، ۳۳۶، ۳۳۸، ۳۳۹، ۳۴۰، ۳۴۱، ۳۴۲، ۳۴۴، ۳۴۵، ۳۴۶، ۳۴۷، ۳۵۰، ۳۵۱، ۳۵۳، ۳۵۵، ۳۵۹

هیونان، ۳۸۳، ۴۳۱، ۴۳۹، ۴۵۷، ۴۶۰، ۴۷۲، ۴۷۴، ۴۷۷، ۴۷۸، ۴۸۱، ۴۸۸، ۵۱۳، ۵۱۹، ۵۲۰

یادگار زریران (کتاب)، ۳۸۵

یزد، ۳۸۰

یمن، ۱۴۹، ۳۶۸، ۴۰۸